U0133419

吕思勉史学经典

两晋南北朝史（上）

吕思勉　著

中国文史出版社

图书在版编目（CIP）数据

两晋南北朝史／吕思勉著. -- 北京：中国文史出版社，2018. 9
（吕思勉史学经典）
ISBN 978-7-5205-0408-9

I. ①两… Ⅱ. ①吕… Ⅲ. ①中国历史—魏晋南北朝
时代 Ⅳ. ①K235

中国版本图书馆 CIP 数据核字（2018）第 149787 号

责任编辑：秦千里

出版发行：**中国文史出版社**

社　　址：北京市西城区太平桥大街 23 号　邮编：100811
电　　话：010—66173572　66168268　66192736（发行部）
传　　真：010—66192703
印　　装：廊坊市海涛印刷有限公司
经　　销：全国新华书店
开　　本：710×1010　1/16
印　　张：65. 25
字　　数：1274 千字
版　　次：2018 年 9 月北京第 1 版
印　　次：2018 年 9 月第 1 次印刷
定　　价：798 元（全 10 册）

出版说明

吕思勉（1884—1957）是中国现代杰出的历史学家，与陈垣、陈寅恪、钱穆并称为"史学四大家"（严耕望语）。他一生向学，阅书无数（二十四史通读数遍），著作宏富，"以史学名家而兼通经、子、集三部，述作累数百万言，淹博而多所创获者，吾未闻有第二人。"（谭其骧语）而尤以史学著作影响深远，比较受读者喜爱的经典包括：通史类的《白话本国史》《中国通史》，断代史类的《先秦史》《秦汉史》《三国史话》《两晋南北朝史》《隋唐史》《中国近代史》，专史类的《中国文化史》《中国政治思想史》。本套《吕思勉史学经典》将这些著作基本收入，仅《中国通史》因与《白话中国史》和《中国文化史》在内容上多有重复而舍弃。

《白话本国史》是吕思勉先生的成名作，也是中国历史上第一部用白话文写成的中国通史。该书由商务印书馆初版于1923年9月，以进化论史观贯穿全书，以社会史为发力重点，超越以政治史为主要内容的传统史学，别开生面，名震一时，之后一版再版，成为二三十年代发行量最大的中国通史，长期被用做大学教材和青年自修的读物。

顾颉刚评价：

编著中国通史的人，最易犯的毛病，是条例史实，缺乏见解，其书无异变相的《纲鉴辑览》或《纲鉴易知录》之类，极为枯燥。及吕思勉出，有鉴于此，乃以丰富的史识与流畅的笔调来写通史，方为通史写作开一个新的纪元。

《白话本国史》四册，书中虽略有可议的地方，但在今日尚不失为一部极好的著作。

余英时说：

吕思勉的通史很实在。关于陈垣和吕思勉两位大家，我是读他们的著作长大的，受益之多，不在任何前辈（如陈寅恪）之下。

经过时间的淘洗，该书这些年重又焕发出夺目的光芒，成为热门读物，散发着经典的魅力。

完成《白话本国史》和《中国通史》之后，吕思勉接受弟子钱穆的建议，开始致力于《国史长编》的撰写。长编依照断代为史、分编成书的体例，分先秦史、秦汉史、两晋南北朝史、隋唐五代史、宋辽金元史和明清史分别撰写，每一个部分都单独成书，而贯通之后即一部大型的中国通史。吕先生笔耕30余年，竭尽平生所学，生前出版了《先秦史》（1941，开明书店）《秦汉史》（1947，开明书店）《两晋南北朝史》（1948，开明书店），身后两年出版了辞世前抱病校阅的《隋唐五代史》（1959，中华书局）。令人太息的是《宋辽金元史》和《明清史》未能毕其功，给中国史学留下巨大的遗憾。

著名历史学家严耕望先生评价这四部断代史道：

> 每部书前半综述这一时代的政治发展概况，后半部就社会、经济、政制、学术、宗教各方面分别论述。前半有如旧体纪事本末，尚较易为功；后半虽类似正史诸志，而实不同。除政制外，无所凭藉，无所因袭，所列章节条目虽尚不无漏略，但大体上已很周赅赡备，皆采正史，拆解其材料，依照自己的组织系统加以凝聚组合，成为一部崭新的历史著作，也可说是一种新的撰史体裁。其内容虽不能周瞻匝密，已达到无懈无憾的境界；但以一人之力能如此面面俱到，而且征引繁复，扎实不苟，章节编排，篇幅有度，无任性繁简之病，更无虚浮矜夸之病。此种成就，看似不难，其实极不易。若只限于一个时代，自然尚有很多人能做得到，但他上起先秦，下迄明清，独立完成四部，宋以下两部亦已下过不少功夫，此种魄力与坚毅力，实在令人惊服。我想前辈成名史学家中，除了诚之先生，恐怕都难做得到。

《三国史话》是大历史学家写的一本小册子，写得喜闻乐见，以丰富的历史和文学知识还原历史真相，纠正了《三国演义》中广为传播的史实谬误，为曹操、魏延等若干被丑化的人物辩诬平反。书中的文章1939年开始在上海科学书店出版的《知识与趣味》连载。1943年由上海开明书店结集发行。后来，吕先生又写了些相关的文章，一并收入。

《中国近代史》为吕思勉先生中国近代史著述的精选集，包括中国近代史讲义、中国近世文化史补编和日俄战争。《日俄战争》曾于1928年由商务印书馆出过单行本。书中内容虽分别写于不同时期，有交叉，有延续，但每部分都是组成中国近代史这个整体不可或缺的部分。吕先生虽为一不为外扰、恬淡为乐的纯粹学者，但身处山河残破、外寇欺凌的时代，其家国情怀沛然于纸上。

《中国文化史》原是吕先生抗日战争时期在"孤岛"上海光华大学授课时的讲稿。分为婚姻、族制、政体、阶级、财产、官制、选举、赋税、兵制、刑法、实业、货币、衣食、住行、教育、语文、学术、宗教等18章。作者自云："此书之意，欲求中国人于现状之所由来，多所了解。故叙述力求扼要，行文亦力求浅显。又多引各种社会科学成说，以资说明。"实则该书内容科学严谨，广博独到，对中国文化做了完整而精炼的描述，堪称学术性与通俗性结合的典范之作，深受学界好评。此书原作为《中国通史》的上册由开明书店在1940年初版发行。

　　《中国政治思想史》原名《中国政治思想史十讲》，是1935年吕先生在上海光华大学的演讲，由吕先生的女儿吕翼仁记录，初刊于《光华大学半月刊》（1935.12—1936.12）。作者厚积薄发，以深厚的史学功力"把几千年来的政治思想先综括之而作一鸟瞰"，做了时期与派别的划分，进而对先秦至近代的政治思想予以梳理和辨析，其中不少论断新颖独特，引人思考。因为面向大学生，文字通俗浅近，条理分明，一些难懂的或易于引起误解的地方都有专门的解释。

　　1957年，顾颉刚闻知吕先生逝世，即在日记里写下盖棺之论："全国中精熟全史者唯此一人。"吕先生平生勇猛精进，呕心沥血，立志写就中国全史，以期说明"中国的社会总相"。他留下的这些经典，是历史爱好者的宝贵精神财富，值得珍视。

目　录

第一章 总 论

魏、晋之际，中国盛衰强弱之大界也。自三国以前，异族恒为我所服，至五胡乱起，而我转为异族所服矣。五胡之乱，起于晋惠帝永兴元年（304）刘渊之自立。越十三年，愍帝被虏，而中国在北方之政府遂亡。自是南北分立。自元帝建武元年（25），至陈后主祯明三年（589），凡二百七十三年，而南卒并于北。隋文帝虽云汉人，然民族之异同，固非以其种姓而以其文化，此则不独隋室，即唐室之先，亦未尝非武川族类也。《廿二史札记》云："两间王气，流转不常，有时厚集其力于一处，则帝王出焉。如南北朝分裂，其气亦各有所聚。晋之亡，则刘裕生于京口；萧道成、萧衍，生于武进之南兰陵；陈霸先生于吴兴；其地皆在数百里内。魏之亡，则周、隋、唐三代之祖，皆出于武川，宇文泰四世祖陵，由鲜卑迁武川。陵生系，系生韬，韬生肱，肱生泰，是为周文帝。杨坚五世祖元寿，家于武川。元寿生惠嘏，惠嘏生烈，烈生祯，祯生忠，忠生坚，是为隋文帝。李渊，三世祖熙，家于武川。熙生天赐，天赐生虎，虎生昞，昞生渊，是为唐高祖。区区一弹丸之地，出三代帝王；周幅员尚小，隋、唐则大一统者共三百余年；岂非王气所聚，硕大繁滋也哉？"王气所聚，说大落空。宋、齐、梁、陈四代之祖，生于数百里内，亦不足论。中华人事繁复，此固无甚关系也。至于周、隋、唐三代之祖，皆生武川，则自以当时此一区中为强兵所在，故力征经营者易起于此，其附从之功臣，亦易出于此。不惟周、隋、唐，北齐兴于怀朔，固与武川同为六镇之一也。武川，今绥远武川县。怀朔，今绥远五原县。唐室武功，超轶汉代，然实用蕃兵、蕃将为多，与汉之征匈奴，纯恃本族之师武臣力者异矣。自唐衰而沙陀入据中原，虽不久覆灭，然契丹、党项、女真、蒙古、满洲，又纷纷窃据，其且举中国之政权而盗之。盖自五胡之乱至清之亡，凡历千六百有八年焉。若是乎，中国民族，实不堪以兵力与异族竞邪？曰：否。《秦汉史》既言之矣。曰："文明之范围，恒渐扩而大，而社会之病状，亦渐溃益深。孟子曰：仁之胜不仁也，犹水胜火。以社会组织论，浅演之群，本较文明之国为安和，所以不相敌者，则因其役物之力大薄之故。然役物之方，传播最易，野蛮之群与文明之群遇，恒慕效如恐不及焉。及其文明程度，劣足与文明之族相抗衡，则所用之器，利钝之别已微，而群体之中，安和与乖离迥判，而小可以胜大，寡可以敌众，弱可以为强矣。"第一章。以文明之群，而转为野蛮之群所胜，宁独中国？马其顿之于希腊，日耳曼之于罗马，顾不然邪？夫党类（class）既分，则与异族为敌者，实非举国之民，特其操治理之权者耳。此等人，当志得意满之余，溺骄淫矜夸之习，往往脆弱不堪一击。卒遇强敌，遂至覆亡。其覆亡也，固亦与寻常一姓之覆亡无异，特覆之者非本族而为异族人耳。此时多数人民，固未尝与异族比权量力，若为人所服，而实不可谓其为人所服也。多数人民与异族之相角，于何见之？其胜负于何决之？曰：视其文化之兴替。两族相遇，文化必有不同，观其孰替孰兴，而文化之优劣分，而民族之存亡，亦由之而判矣。信如是也，中国民族之与异族遇，不以一时争战之不竞见其劣，正以终能同化异族见其优，固非聊作解嘲之语矣。此非谓中国必不能以兵力争胜，亦非谓此后永不必以兵力争胜，不可误会。中国之见侮于异族，乃由执治理之权者之劣弱，其说可得闻与？曰：可。两族相竞，若战陈然，居前行者，实惟政治。后汉自安帝永初以降，政权迄在外戚、宦官手中，自此至灵帝中平六年（189）董卓入洛，凡历八十六年，其紊乱可以想见。此时为举国所想望者，莫如当时所谓名士，然其人实多好名嗜利之徒，读《秦汉史》第十章第四节、第十四章第五节、第十八章第四节可见。此时相需最殷者，曰综核名实，曰改弦更张。督责之治，魏武帝、诸葛武侯皆尝行之，一时亦颇收其效，然大势所趋，终非一二人之力所克挽，故人亡而政亦息焉。近世胡林翼、曾国藩，承积衰极敝之余，以忠诚为唱，以峻切为治，一时亦未尝不收其效，而亦不能持久，先后最相类也。改制更化，魏曹爽一辈人，颇有志焉。然其所图太大，不为时俗所顺悦；又兵争未久，人心积相猜忌，进思徼利，退计自全，乃不得不用阴谋以相争夺。此等相争，正人君子，往往非奸邪小人之敌，曹爽遂为司马宣王所覆。宣王本惟计私图；景王虽为正始风流人物，然既承宣王之业，自不得不专为自全之计；文王更无论矣。与司马氏相结合者，率多骄淫狙诈之徒；司马氏之子弟，亦日习于是，而其材又日下；而时势之艰危，人心之险诐如故；于是以晋初之百端待理；灭吴之后，又直可以有为之时；乃以趣过目前之晋武帝承之，急切之事如徙戎者，且不能举，皇论其他？而杨、贾、八王之祸，且代异己之诛锄而起矣。晋室之倾颓，固非一朝一夕之故，盖自初平以来，积渐所致，势固不易中止也。夫国之所恃为桢干者，固非一二臣卫，而为士大夫之群，今所谓中等阶级也。士大夫而多有猷、有为、有守，旧政府虽覆，树立一新政府，固亦非难。当时之士大夫，果何如哉？中国在是时，民族与国家之见地，盖尚未晶莹。东汉名士，看似前仆后继，尽忠王室，实多动于好名之私，挟一忠君之念耳。此等忠君之念，沿自列国并立之时，不能为一统之益，而时或转为其累。参看《秦汉史》第十四章第四节。又既沿封建之习，则诸侯之国，与卿大夫之家，其重轻本来相去无几，由是王室与私门，其重轻之相去，亦不甚远；益以自私自利之恒情，而保国卫民之念，遂不如其保家全身之切焉。刘、石肆虐，北方之名门巨族，相率迁地以图自全，鲜能出身犯难者，由此也。携家避地，固始汉末，然是时为内乱，而晋初为外患，衡以内乱不与，外患不辟之义,则晋之士大夫,有愧焉尔矣。夫既徒为保家全身之计,则苟得沃土,自必如大月氏之西徙,志安乐而无复报胡之心。东晋之名流,率图苟安而怠恢复;_{如蔡谟之沮庾亮,王羲之之毒殷浩。}其挟有奸雄之才,而又为事势所激者,遂不恤为裂冠毁冕之行;_{如王敦、桓温之称兵。}以此。夫当时北方之士大夫,虽云不足与有为,然南方剽悍之气,固未尝减。_{观周处可见。参看《秦汉史》第十一章第八节。}使晋室东渡之后,得如周瑜、鲁肃、吕蒙、陆逊者而用之,北方之恢复,曾何足计?其时南方之人,盖亦有图自立者,_{如陈敏等是。}而事不易成;北方之名门巨族,挟一王室之名以来,自非其所能抗;而南方之政权,遂尽入北来诸族之手,其何能淑,载胥及溺焉。直至北府兵起,江、淮剽悍之气始有所藉以自见,然积弱之势既成,狙诈之习未改,日莫途远,虽绝世英雄如宋武帝,亦不能竟恢复之绪矣。宋、齐、梁、陈四代,皆起自寒微,所信任者,非复名门巨族。然所用寒人,资望大浅,虽能纲纪庶务,而不能树立远猷。又以防如晋世之内外相猜,大州重任,必以宗室处之而世族之骄淫,既成恒轨,人心之倾险,又难骤更,而骨肉之相屠,遂继君臣之相忌而起矣。佞幸当朝,权奸梗命,其局势较东晋更劣,其渊源,则仍来自东晋者也。一时代之风气,恒随一二人之心力为转移。当神州陆沉之余,宁无痛愤而思奋起者?然豪杰之士,虽无文王犹兴,实亦缘其所处之境。先汉之世,学士大夫,人人有志于致用。自经新莽之丧败,遂旁皇而失其所守。既失之琐碎又偏于泥古,实不能有当于人心。其思力较沉挚者,乃思舍迹而求道。其于五经,遂束阁《诗》、《书》、《礼》、《春秋》而专重《易》;其于诸子,则弁髦名、法、儒、墨、纵横而专言道。其识解自较汉人为高,然其所规画,或失之迂阔而不能行;甚或视世事太渺小;谓有为之法,终如梦幻泡景而不足为。其力薄才弱者,则徒为自娱或自全之计,遂至新亭燕集,徒为楚囚之对泣焉。此以外攘言之也。以言乎内治:则自东汉以来,不复知更化者必先淑其群,而稍以淑己为淑群之道。承之以释、老,而此等见解,愈益牢固而不可拔。而其所谓淑己之道,又过高而非凡民之所知。听其言则美矣,责其实,殆如彼教所谓兔角、龟毛,悉成戏论。此晋、南北朝之士大夫,所以终莫能振起也。至于平民,其胼手胝足,以自效于国家、民族,以视平世,其艰苦固不翅倍蓰;即能陈力于战事者,亦自不乏。然民兵之制既废;三五取丁等法,实为以不教民战;而广占良田,规锢山泽,荫匿户口者,又务虐用其人。北方遗黎,或抟结立坞壁,以抗淫威,亦因所抟结者太小,终难自立。其异族之窃据者,则专用其本族若他异族之人为兵,汉民既手无斧柯,则虽屡直变乱而终无以自奋。此平民所以不获有所藉手,以自效于国家、民族也。凡此,皆晋、南北朝三百年中,我国民不克以兵力攘斥异族之由也。

然则此时代中,我国民之所建树者何如?岂遂束手一无所为乎?曰:其大成就有四焉，而皆与民族之动荡移徙有关，故民族之移徙，实此时代中最大之事也。四者惟何？一曰士庶等级之平夷。二曰地方畛域之破除。三曰山间异族之同化。四曰长江流域之开辟。① 古之为治者，本今所谓属人而非属地，故曰"有分土无分民"。封建之世，等级之严峻，盖非后世所能想像。秦人虽云父兄有天下，子弟为匹夫；汉世用人，虽云不分士庶；然特政事之措置，名门巨族，在民间之权势自若也。古黄河流域，盖汉族居平地而异族居山。长江流域，初盖江湖缘岸，亦为异族所据，后稍与汉同化，其不同风者，乃亦相率而入山。故秦、汉之世，江、河之域，皆颇似后世之西南诸省。而江域拓殖较晚，荆楚犹称火耕水耨，而扬州无论矣。自汉末以来，中原之民，乃因避乱而相率移徙。彼其移徙也，率皆宗党亲戚，相将而行；或则有地方豪望，为之率将；故其户数多至千百；恒能互相周恤，建立纲纪。参看《秦汉史》第十三章第四节。当时移徙之民，与所移徙之地之民，畛域难遽破除者以此，其移徙后易以自立，易以自安者亦以此。以本皆族党、乡里，则能互相扶助而力强；而移徙之余，所处之地虽变，所相人偶之人，仍未大变也。观此，可以知其为力之强。夫在一地方积有权势者，易一境焉，则其权势必归消失。北方诸族之南迁者，观史所载广占良田，规锢山泽，荫匿人户等事，一若皆为豪富之徒，实则此不过其当路秉政者，其余则皆日入于困窘矣。隋、唐以降士庶等级之渐夷，盖非徒九品中正之废，而实缘士族之生计日趋困窘。故与庶族通谱、通昏者，不一而足也。北人之初南徙也，其与当地之民，盖犹格不相入，故必侨置州郡以治之。其时移徙者之意，必曰：寇难削平，复我邦族，则依然故我矣。乃井里之丘墟如故，乡间之旋反无期，政府乃不得不力行土断；人民亦以岁月之久，侨居者与土著者日亲；而积古以来，各地方之畛域，渐次破除矣。当时河域之民，播迁所届，匪惟江域，盖实东渐辽海，西叩玉门，北极阴山，南逾五岭焉。其声教之所暨被，为何如哉？若此者，皆其民之较强者也。其单弱贫困者，不能远行，则相率入山，与异族杂处。当时所谓山胡、山越者，其名虽曰胡、越，而语言风俗，实无大殊，故一旦出山，即可以充兵、补户，可见其本多汉人。然胡、越之名，不能虚立，则又可见其本多异族，因汉人之入山而稍为所化也。湘、黔、粤、桂、川、滇、西康之境，自隋至今，历千三百年，异族之山居者，犹未尽化，而江淮、宛洛、河汾之际，自汉末至南北朝末，仅三百余年而遽成其功，虽曰地势之夷险不同，处境之安危亦异，然其所成就，亦云伟矣。自有史以来，至于秦、汉，文明中心，迄在河域。自河域北出，则为漠南，自河域南徙，则为江域。论者或病中国民族，不能北乡开拓，致屡招游牧民族之蹂躏。然民族之开拓，必乡夫饶富之区。江域之饶富，较之漠南北，奚翅十倍。执干戈

---

① 移民：晋时之移民，士庶等级平，地方畛域化，山胡越归化，江域开辟。

以图侵略，固为民族之要图，开拓饶富之区，以增益文化，其为重大，殆又过之。江域之开拓，实我民族靖献于世界之大劳，其始之自汉末，其成之则晋、南北朝之世也。此皆我民族在此时代中成就之极大者也。其为功，视以兵力攘斥异族于行阵之间者，其大小难易，宁可以道里计？恶得以治理者之劣弱，北方政权，暂入异族之手而少之哉？

民族之所建树，恒视乎其所处之境。自然之境易相类，人造之境则万殊，故各民族之史事，往往初相似而后绝异，以其初自然之力强，入后则人事之殊甚也。东洋之有秦、汉，西洋之有罗马，其事盖颇相类；中国见扰乱于五胡，罗马受破毁于蛮族，其事亦未尝不相类也。然蛮族侵陵以后，欧洲遂非复罗马人之欧洲，而五胡扰乱之余，中国为中国人之中国如故也。此其故何哉？中国有广大之江域以资退守，而罗马无之，殆为其一大端。此固可云地势为之，我民族不容以之自侈，然其殊异之由于人事者，亦不乏焉。罗马与蛮族，中国与五胡，人口之数，皆难确知，然以大较言之，则罗马与蛮族众寡之殊，必不如中国与五胡之甚。两民族相遇，孰能同化人，孰则为人所同化，虽其道多端，而人口之众寡，殆为其第一义，此中国同化五胡之所以易，罗马同化蛮族之所以难也。此非偶然之事，盖中国前此同化异族之力较大实为之。又蛮族受罗马文化之薰陶浅，五胡受中国文化之涵育深。不特慕容廆、苻坚、元宏，即刘聪、石虎，号称淫暴，亦特其一身之不饬，其立法行政，亦未尝不效法中国。当是时，我之民族性，固尚未形成，彼辈之茫昧，殆更甚于我。试观五胡造作史实，绝无自夸其民族，只有自夸其种姓可知。以视后来金世宗、清高宗之所为，迥不侔矣。异族之与我族遇，民族性之显晦，辽、金之间，殆为一大界。 自辽以前，异族无不视汉族为高贵而思攀附之、效法之者。自金以后，则无是事矣。此其故，盖由辽以前诸族，始多附塞，或且入居塞内，女真、蒙古、满洲，则皆距塞较远也。此可见我民族同化异族之力，不待五胡扰乱，而潜移默运，业已有年矣。又不独此也。罗马受蛮族之侵陵，欧洲遂倒演而入于封建之世，而中国自五胡乱后，其为大一统依然也。此又何故哉？此实由罗马之为国，本不如中国之统一，故一旦覆亡，一文官、武将，若地方豪右，教中尊宿，蛮族酋豪，皆能成为一区域之大长，其权力历久而不敝，既无能一统之者，则其彼此之间，遂互相隶属，层累相及，而封建之局成矣。中国当晋、南北朝时，亦是处有豪族、游侠；兵乱之区又有堡坞之主；亦未尝不专制一方，然地势平衍，风俗大同，中枢之力较强，民情亦习于统一，故虽有可成封建政体之端倪，卒无竟成封建政体之事实。此就政治言之也。以宗教言：则罗马之于基督，关系殊疏，而两汉之于孔子，关系极密。政教

分张，事起近世，实由世事日新，而宗教笃旧，不能与时俱进之故。以理言，政治之设施，固应与教化相合。罗马之为治，实未能符合此义。人生虽不免屈于力，其意固恒欲附于德，故罗马解体以后，欧人乃欲奉教主为君王；其教主亦欲以此自居。然实不胜其任也，而政教之分争，遂为欧洲扰攘之大原焉。我国自汉武以后，儒教殆已成国教，然儒之所以为教者，实在人伦日用之间兼示为政者以轨则，而非恃迷信以锢人心，故与异教之相争不烈。国家既已一统，前此各地方之宗教、仅足维系一地方之人心者，既无以厌人之求，而急须一通行全国之大宗教，杂沓之神、祇、鬼、魅，遂稍合并、变化，而成所谓道教者；而佛教亦于此时传入。丁斯时也，所以慰悦人之魂神者，孔教则让诸道、佛；而施于有政，以及人伦日用之际道、佛亦不与儒争。道佛二家之间，道家本无教义，时时窃取佛说以自附益；甚至并其仪式而窃之；一似无以自立。然旧来所信奉之神、祇、鬼、魅，必非一日所能划除，佛教入中国后，虽亦竭力与之调和，或且网罗之以为己助，然佛为异国之教，于中国旧所信奉，固不能一网打尽，亦必不能囊括无遗，而道教于此，遂获有立足之地焉。我国本无专奉一神之习，用克三教并立，彼此相安，即有他小宗教，与三教异同者，苟非显与政府为敌；或其所唱道者，实与当时社会所共仞之道德、法律，藉以维持秩序者不相容，亦未有痛加迫蹙者。① 获慰悦魂神，指道行为之益，而不酿争夺相杀之祸，要不能不谓我国之文化，高于欧洲也。

以上所说，虽已深切著明，读者终将疑我民族之所长，偏于文事，而于武德不能无阙，请更有说以明之。韩陵之战，齐高祖谓高昂曰："高都督纯将汉儿，恐不济事，今当割鲜卑兵千余人，共相参杂，于意云何？"似乎鲜卑之战斗，非汉人所能逮矣。然卫操、姬澹说魏桓、穆二帝招纳晋人，晋人附者稍众。及六修难作，新旧猜嫌，迭相诛戮，卫雄、姬澹，谋欲南归，乃言于众曰："闻诸旧人忌新人悍战，欲尽杀之，吾等不早为计，恐无种矣。"晋人及乌丸惊惧，皆曰："死生随二将军。"于是雄、澹与刘琨任子遵，率乌丸、晋人数万众而叛。是晋人之悍战，又过于鲜卑也。② 齐高祖之雄武，读史者应无异辞，然其先固亦汉人，特久居北边，遂习鲜卑之俗耳。云、代间鲜卑，号称悍战者，其中之汉人，必不少也。大抵当时五胡与汉族之杂处，其情形，当略如后世之汉与回。传奕言："羌、胡异类，寓居中夏，祸福相恤；中原之人，心力不齐；故夷狄少而强，华人众而弱。"正与后世回强汉弱之情形，后先一辙也。③ 然则五胡之乱华，亦不过如清代咸、同间西南、西北之回乱耳，恶得谓华夷之强弱迥异，且由于天之

---

① 宗教：孔与道佛，善于分途，故东洋无政教之争。

② 宗教：拓跋氏中晋人善战。

③ 宗教：异族寓居相团结而强，国人散而弱，此略如后世之汉回。

降材尔殊哉？

晋、南北朝史事，端绪最繁，而其间荦荦大端，为后人所亟欲知者，或仍不免于缺略。又文学取其诙诡可喜，史学则贵求真，二者之宗旨，绝不相同，而当史学未昌之时，恒不免以文为累。晋、南北朝之史，带此性质犹多。试观有言于先者，必有验于后；而敌国材智，所见多同，又恒能彼此相料可知。其时史家，好法《左氏》，实则与后世平话，同一曰科耳。其不足信据，固无俟深求也。至于行文，喜求藻饰，遂使言事，皆失其真，则知几《史通》，固已深讥之矣。兹编之作，钩稽芟落，虽竭吾才，去伪显真，犹恐十不逮一，纠缪绳愆，是所望于大雅。

第二章 晋初情势

第一节 政俗之敝

晋武帝以荒淫怠惰，遗患后嗣名。然帝在历代君主中，实尚未为大恶。所不幸者，则以仅足守成之才，而当开创之世耳。盖晋之王业，虽若成于宣、景、文三朝，然其所就者，实仅篡窃之事，至于后汉以来，政治、风俗之积弊，百端待理者，实皆萃于武帝之初。此其艰巨，较诸阴谋篡窃，殆百倍过之。虽以明睿之姿，躬雄毅之略，犹未必其克济，况如武帝，以中材而涉乱世之末流乎？承前世之积敝，而因受恶名，亦可哀矣。

武帝尝诏郡国守相，三载一巡行属县；泰始四年（268）。申戒郡国计吏、守相、令长；务尽地利，禁游食商贩；泰始五年（269）。临听讼观录囚徒；泰始四年（268）、五年（269）。守令有政绩及清称者，赐之以谷；王宏，夏谡，刘宵，梁柳。见《纪》泰始五年（269）、咸宁元年（275）。诏刺史、二千石纠秽浊，举公清；令内外群臣举清能，拔寒素；太康九年（288）。又屡诏举人才；可见其非无意于为治。又尝增吏俸；泰始三年（267）。班律令；泰始四年（268）。平吴后即定户调式；罢军役；去州郡兵；则亦有意于更制垂后。然是时之所急者，非立法，乃行政；非文诰之频繁，乃督责之峻切；而帝于此，实最阙焉。伐吴之议，羊祜、杜预屡阵之，张华赞之，贾充始终沮遏，而帝仍以充总统诸军。孙晧降，充未之知，方以吴未可平，抗表请班师，谓"方夏江、淮下湿，疾疫必起，虽要斩张华，不足以谢天下"。其表与告捷同至。见《晋书·秦秀传》。王浑与王濬争功，诏责濬不受浑节度。濬言："前被诏书，令浑、濬等皆受充节度，无令臣别受浑节度之文。当受浑节度之诏，以十二日起洛阳，濬十五日日中至秣陵，暮乃被符。"诏文及发至日时，无可诬罔之理，而帝皆漫无别白，为之下者，不亦难乎？帝当篡位之初，即开直言之路，置谏官以掌之。见《纪》泰始元年（265）。以皇甫陶、傅玄共掌谏职。玄复历御史中丞、司隶校尉。刘毅亦尝为司隶。然毅终以峭直不至公辅。其所纠弹者，亦不能尽法惩治。刘颂言："泰始之初，陛下践阼，其所服乘，皆先代功臣之胤，法宽有由，积之在素，异于汉、魏之先，未可一旦直绳御下。"此或亦出于不得已。然颂又言："为政矫世，自宜渐出公涂。张正威断，日迁就肃；譬由行舟，虽不横截迅流，渐靡而往，终得其济"，此诚当日之急务也。朋党之弊，蠹政伤民，所恃在上者有以烛其隐，折其机，乃能破私交而彰公法。杜预论伐吴之计曰："自顷朝廷，事无大小，异意锋起，虽人心不同，亦由恃恩不虑后难，故轻相同异也。"此武帝之宽所不当宽者也，而严所不当严，其弊尤大。愍怀太子之废也，阎缵舆棺上书，以理其冤，不省。及皇大孙立，缵复上疏曰："昔汉武既信奸谗，危害太子，复用望气之言，欲尽诛诏狱中囚。邴吉以皇孙在焉，闭门拒命。后遂拥护皇孙，督罚乳母，卒至成人，立为孝宣皇帝。历观古人，虽不避死，亦由世教，宽以成节。吉虽距诏书，事在于忠，故宥而不责。自晋兴以来，用法大严。① 迟速之间，辄至诛斩。一身伏法，犹可强为，今世之诛，动辄灭门。昔吕后临朝，肆意无道。周昌相赵，三召其王，而昌不遣，先征昌入，乃后召王。此由汉制本宽，得使为快。假令如今，吕后必谓昌已反，夷其三族，则谁复敢杀身成义者哉？此法宜改，可使经远。又汉初废赵王张敖，其臣贯高，谋弑高祖，高祖不诛，以昭臣道。田叔、孟舒十人为奴，髡钳随王，隐亲侍养，故令平安。乡使晋法，得容为义：东宫之臣，得如周昌，固护太子；得如邴吉，距诏不坐，伏死谏争，则圣意必变，太子以安；如田叔、孟舒，侍从不罪者，则隐亲左右，奸凶毒药，无缘得设，太子不夭也。臣每责东宫臣故无侍从者，后闻颇有于道路望车拜辞，而有司收付洛阳狱，奏科其罪，然臣故莫从，良有以也。又本置三率，盛其兵马，所以宿卫防虞。而使者卒至，莫有谨严覆请审者，此由恐畏灭族"云云。此过严之弊也。过宽之弊，由于武帝之纵弛，过严之弊，则其所由来者远矣。《晋书·阮籍传》言："籍本有济世志，属魏、晋之际，天下多故，名士少有全者，由是不与世事，酣饮为常。"当时如籍者，盖不少矣。《易》曰："栋挠之凶，不可以有辅也。"宣王之诛戮名士，不几于自戕其辅佐乎？

《晋书·何曾传》云：曾侍武帝宴，退而告其子遵等曰："国家应天受禅，创业垂统，吾每宴见，未尝闻经国远图，惟说平生常事，非诒厥身谋之兆也。及身而已，后嗣其殆乎？"《山涛传》：帝尝讲武于宣武场。涛时有疾，诏乘步辇从。因与卢钦论用兵之本，以为不宜去州郡武备。帝称之曰："天下名言也"，而不能用。刘颂言："陛下每精事始，而略于考终。故群吏虑事，怀成败之惧，轻饰文彩，以避目下之谴。人主恒能居易执要，以御其下，然后人臣功罪，形于成败之征，无逃其诛赏。"李重亦言："建树官司，功在简久，阶级少则人心定，

① 刑法：晋法大严，使人不能尽忠，太子枉死。

久其事则政化成而能否著。"当时相需最殷者，实为督责之术，固夫人知之矣。刘颂又言："善为政者，纲举而网疏。近世以来，为监司者，类大纲不振，而微过必举。微过不足以害政，举之则微而益乱。大纲不振，则豪强横肆，豪强横肆，则百姓失职矣。大奸犯政而乱兆庶者，类出富强，而豪富者，其力足惮，其货足欲，是以官长顿笔，下吏纵奸。惧所司之不举，则谨密网，以罗微罪，使奏劾相接，状似尽公。而挠法不亮，固已在其中矣。非徒无益于政体，清议乃由此而益伤。""错所急而倒所务"如此，欲以求治得乎？

武帝天资，本近夸毗，平吴以后，尤日即怠荒。史言其"耽于游宴；宠爱后党；亲贵当权，旧臣不得专任；彝章紊废，请谒行矣"。帝性好色。泰始九年（273），诏聘公卿以下子女，以备六宫。采择未毕，权禁断婚姻。使宦者乘使车，给驺骑，驰传州郡，召充选者。司徒李胤，镇军大将军胡奋，廷尉诸葛冲，大仆臧权，侍中冯荪，秘书郎左思，及世族子女，并充三夫人、九嫔。司、冀、兖、豫四州二千石、将吏家补良人以下。名家盛族子女，多败衣瘁貌以避之。大康①二年（281），诏选孙晧妓妾五千人入宫。自此掖庭殆将万人，而并宠者甚众。帝莫知所适，常乘羊车，恣其所之，至便宴寝。宫人乃取竹叶插户，以盐汁洒地，而引帝车。及七年，出后宫才人妓女以下，仅三百七十人而已。怠荒如此，复何暇为久远之计哉？

凡功名之士，多非纯正之徒，故守成与创业异情，而栉风沐雨，共取天下之人，或不足以托孤寄命。然此亦随创业者之心量而殊，苟有安民定国之志，自亦有具公心，抱大志者，相与有成，如魏武帝之有荀文若，蜀汉先主之有诸葛孔明是也。晋之宣、景、文，则诚所谓欺人孤儿寡妇，狐媚以取天下者。党附之者，自多倾险之徒。贾充父逵，为魏诚臣，而充党于司马氏，嗾成济以成高贵乡公之祸。文帝新执朝权，恐方镇有异议，使充诣诸葛诞，阴察其变。充既论说时事，因谓诞曰："天下皆愿禅代，君以为何如？"诞厉声曰："卿非贾豫州之子乎？世受魏恩，岂可欲以社稷输人？"高贵乡公引王沈及裴秀，数于东堂讲燕属文。及将攻文帝，召沈及王业告之，沈、业驰白帝。荀勖者，钟会之从甥，少长会家。会谋反，审问未至，而外人先告之。文帝待会素厚，未之信也。勖曰："会虽受恩，然其性未可许以见得思义，不可不速为之备。"帝即出镇长安。卫瓘以知数杀钟会，又虑后患而戕邓艾，即杜预亦讥其将不免。然预父恕，与宣帝不相能，遂以幽死，而预尚文帝妹高陆公主，因此起家，以视王衰终身不应征聘，不西向坐，且绝管彦之婚者，能无愧乎？此外晋初元老，如石苞、郑冲、王祥、荀颢、何曾、陈骞等，非乡原之徒，则苟合之士。此等人而可以托孤寄命哉？此晋之所

---

① 大：同。

以再传而即倾欤？刘颂论封建之利曰："国有任臣则安，有重臣则乱。树国本根不深，无干辅之固，则所谓任臣者，化而为重臣矣。何则？国有可倾之势，则执权者见疑，众疑难以自信，而甘受死亡者非人情故也。若乃建基既厚，藩屏强御，虽置幼君赤子，而天下不惧，曩之所谓重臣者，今悉反而为任臣矣。何则？理无危势，怀不自猜，忠诚得著，不慑于邪故也。"其于魏、晋之兴替，可谓洞烛其情。晋初之众建亲戚，盖亦所谓"殷鉴不远"者。然逮八王之乱，而亲戚化为重臣矣。不惟圣人有金城之义，而恃私智以求安，庸可得乎？

晋初所任，非功臣之后，则外戚之伦。如山涛为宣穆皇后中表亲，钟会作乱，文帝将西征，而魏诸王公并在邺，乃使行军司马，给亲兵五百人镇邺是也。然无督责之术，虽亲戚亦胡可信？景献皇后从父弟羊琇，居中护军、散骑常侍之职十三年，恒典禁兵，预机密。选用多以得意居先，不尽铨次之理。将士有冒官位者，为其致节，不惜躯命，然放恣犯法。每为有司所贷。其后司隶校尉刘毅劾之，应置重刑。武帝以旧恩，直免官而已。寻以侯白衣领护军。顷之复职。用人如此，虽有忠荩，亦何途以自靖？然偏任亲戚者，势固不得不尔也。王衍以妻为贾后亲见任，而卒覆公悚，诒谋之不臧，其祸固有自来矣。

自后汉以来，选政久已不肃，而武人当道，又相扇以奢淫。贪欲迫之，则营求弥甚，而官方遂不可问。《武帝纪》言：帝承魏氏奢侈，乃厉以恭俭，敦以寡欲。有司尝奏御牛青丝靷断，诏以青麻代之。案帝即位之岁，即下诏大弘俭约。禁乐府靡丽百戏之技，及雕文游畋之具。泰始八年（272），又禁雕文绮组非法之物。咸宁四年（278），大医司马程据献雉头裘①帝以奇技异服，典礼所禁，焚之于殿前。敕内外：敢有犯者罪之。似有意于挽回末俗矣。然以言教不如以身教。帝之营太庙也，致荆山之木；采华山之石；铸铜柱十二，涂以黄金，镂以百物，缀以明珠；见《纪》泰始二年（266）。可谓示之轨物者乎？况乎其后宫之侈，又为古今所罕有也。帝尝幸王济宅。济，浑子，尚帝女常山公主。供馔甚丰，悉贮琉璃器中。蒸豚甚美。帝问其故。答曰："以人乳蒸之。"帝色甚不平，食未毕而去。然不能有所惩也。故当时贵戚如王恺、文明皇后弟。羊琇、贾谧，充孙。勋臣如何曾、曾子劭、石崇、苞子。任恺、庾敳、和峤、王濬，莫不僭侈而无极。虽负高名如王戎；能立功业如刘琨、陶侃者；亦不免焉。陆云拜吴王晏侍中，会晏于西园大营第室，云上书曰："臣窃见世祖武皇帝，临朝拱默，训世以俭。即位二十有六载，宫室台榭，无所新营。屡发明诏，厚戒丰奢。而世俗陵迟，家竞盈溢。渐渍波荡，遂已成风。虽严诏屡宣，而侈俗弥广。"傅咸当咸宁初，上书曰："古者尧有茅茨，今之百姓，竞丰其屋。古者臣无玉食，今之贾竖，皆厌粱肉。

---

① 史事：晋武帝之俭——焚雉头裘。

古者后妃乃有殊饰，今之婢妾，被服绫罗。古者大夫乃不徒行，今之贱隶，乘轻驱肥。"可见时俗之渐靡，而武帝之空言训诫，悉归无效矣。要之当时之所急在齐斧，而帝无铦刀一割之用，此其所以万举而万不当也。

经百年丧乱之余，人民所祷祀以求者，宜莫如休养生息。当时政事之及于民者，果何如乎？刘颂言："董卓作乱，近出百年。四海勤瘁，丁难极矣。六合浑并，始于今日。兆庶思宁，非虚望也。古今异宜，所遇不同，诚亦未可希遵在昔，放息马牛。然使受百役者不出其国，兵备待事其乡，实在可为。纵复不得悉为，苟尽其理，可静三分之二，吏役可不出千里之内。但如斯而已，天下所蒙，已不訾矣。政务多端，世事之未尽理者，难遍以疏举。振领总纲，要在三条：凡政欲静，静在息役，息役在无为。仓廪欲实，实在利农，利农在平籴。为政欲著信，著信在简贤，简贤在官久。三者既举，虽未足以厚化，然可以为安有余矣。"时议省州郡县半吏，以赴农功。荀勖议以为"省吏不如省官，省官不如省事，省事不如清心"。傅咸言："泰始开元，以暨于今，十有五年矣。而军国未丰，百姓不赡；一岁不登，便有菜色者？诚由官众事殷，复除猥滥，蚕食者多，而亲农者少也。旧都督有四，今并监军，乃盈于十。夏禹敷土，分为九州，今之刺史，几向一倍。户口比汉，十分之一，而置郡县更多。空校衙门，无益宿卫，而虚立军府，动有百数。五等诸侯，复坐置官属。诸所宠给，皆生于百姓。一夫不农，有受其饥，今之不农，不可胜计，纵使五稼普收，仅足相接，暂有灾患，便不继赡。以为当今之急，先并官省事，静事息役，上下用心，惟农是务也。"[1] 并官息役之事，盖终西晋之世，未之能行。平籴之法，据《晋书·食货志》：泰始二年（266），即下诏令主者具为条制，然事竟未行。刘颂言平籴已有成制，其未备者可就周足，盖亦徒有其法。[2] 至于综核名实，整饬官方，则晋世之所为，尤翻其反而矣。

《晋书·潘尼传》：尼著《安身论》曰："崇德莫大乎安身，安身莫尚乎存正，存正莫重乎无私，无私莫深乎寡欲。忧患之接，必生于自私，而兴于有欲。自私者不能成其私，有欲者不能济其欲，理之至也。欲苟不济，能无争乎？私苟不从，能无伐乎？人人自私，家家有欲；众欲并争，群私交伐。争则乱之萌也，伐则怨之府也。怨乱既搆，危害及之，得不惧乎？然弃本要末之徒，知进忘退之士，莫不饰才锐智，抽锋擢颖；倾侧乎势利之交，驰骋乎当涂之务；朝有弹冠之朋，野有结绶之友；党与炽于前，荣名扇其后；握权则赴者鳞集，失宠则散者瓦解；求利则托刎颈之欢，争路则搆刻骨之隙。于是浮伪波腾，曲辩云沸；寒暑殊

---

① 职官：傅咸言官多之弊。
② 役法：刘颂愿受役者，不出其国兵备待事其乡。

声，朝夕异价；驽蹇希奔放之迹，铅刀竞一割之用。至于爱恶相攻，与夺交战，诽谤噂沓，毁誉纵横；君子务能，小人伐技；风颓于上，俗弊于下，祸结而恨争也不强，患至而悔伐之未辩。大者倾国丧家，次则覆身灭祀。其故何邪？岂不始于私欲，而终于争伐哉？"此论实抉晋初风俗颓败之由，盖沿后汉之流而益甚者也。傅玄言："魏武好法术，而天下贵刑名；魏文慕通达，而天下贱守节；其后纲维不摄，而虚无放诞之论，盈于朝野，使天下无复清议"；其波靡一世如此。杜预在镇，数饷遗洛中贵要。或问其故。预曰："吾但恐为害，不求益也。"苟晞为兖州，见朝政日乱，惧祸及己，多所交结。每得珍物，即遗都下亲贵。① 兖州去洛五百里，恐不鲜美，募得千里牛，每遣信，且发莫还。纲纪之颓敝如此，欲无沦丧得乎？武帝南郊礼毕，问刘毅曰："卿以朕方汉。何帝也？"对曰："桓、灵。"帝曰："其已甚乎？"对曰："桓、灵卖官，钱入官库，陛下卖官，钱入私门，以此言之，殆不如也。"《晋书·良吏传》言："帝宽厚足以君人，明威未能厉俗。政刑以之私谒，贿赂于此公行。结绶者以放浊为通，弹冠者以苟得为贵。流遁忘反，寖以为常。刘毅抗卖官之言，当时以为矫枉，察其风俗，岂虚也哉？"《惠帝纪》言："帝居大位，政出群下。纲纪大坏，货赂公行。势位之家，以贵陵物。忠贤路绝，谗邪得志。更相荐举，天下谓之互市焉。"盖其所由来者渐矣。

民间风俗，历代迁变甚微，政事之隆窳，所以致一时之治乱者，实其士大夫之群及朝贵之执政权者为之。干宝论西晋之事曰："朝寡纯德之人，乡乏不贰之老。风格淫僻，耻尚失所。学者以老、庄为宗而黜六经。谈者以虚荡为辩而贱名检。行身者以放浊为通而狭节信。进仕者以苟得为贵而鄙居正。当官者以望空为高而笑勤恪。是以刘颂屡言治道，傅咸每纠邪正，皆谓之俗吏；其倚杖虚旷，依阿无心者，皆名重海内；若夫文王日昃不暇食，仲山甫夙夜匪懈者，盖共嗤点，以为灰尘矣。由是毁誉乱于善恶之实，情慝奔于货欲之途。选者为人择官，官者为身择利。而执钧当轴之士，身兼官以十数。大极其尊，小录其要。而世族贵戚之子弟，陵逼超越，不拘资次。悠悠风尘，皆奔竞之士；列官千百，无让贤之举。② 子真著《崇让》而莫之省，子雅制九班而不得用。其妇女：庄栉织纴，皆取成于婢仆，未尝知女工丝枲之业，中馈酒食之事也。先时而婚，任情而动，故皆不耻淫佚之过，不拘妒忌之恶。礼法刑政，于此大坏。如水斯积，而决其堤坊；如火斯畜，而离其薪燎。国之将亡，本必先颠，其此之谓乎？故观阮籍之行，而觉礼教崩弛之所由；察庾纯、贾充之事，而见师尹之多辟；考平吴之功，而知将帅之不让；思郭钦之谋，而悟戎狄之有衅；览傅玄、刘毅之言，而得百官

---

① 史事：杜预、苟晞，贿赂洛中。
② 选举：晋初选举之混乱。

之邪；核傅咸之奏，《钱神》之论，而睹宠赂之彰。民风国势如此，虽以中庸之才，守文之主治之，辛有必见之于祭祀，季札必得之于声乐，范燮必为之请死，贾谊必为之痛哭，又况我惠帝以放荡之德临之哉？"此宝所著《晋纪》之论，《晋书·怀愍二帝纪》取之。盖西晋之亡，其势既如悬厓转石，不可中止矣。此实合一群之人，积若干岁月所造之共业，非一二人所克挽回，亦非一二人所能尸其责也。

第二节 戎狄之患

两汉之世，四裔种落，附塞或入居塞内者甚多。同化非旦夕可期；处置亦难尽得所；郡县、豪民，或且加以侵役；积怨思叛，自所不免；后汉羌乱，则其先声。初平以降，九州云扰，郡县荒废，户口寡少，兵力单薄，遂至坐生其心矣。履霜坚冰，其来有渐，泰始以后风尘之警，则永兴以后大乱之萌芽也。

晋初乱势，西北最烈。《晋书·李憙传》云：憙为仆射，时凉州虏寇边，憙唱议遣军讨之。朝士谓出兵不易，虏未足为患，不从。后虏果出纵逸，凉州覆没，朝廷深悔焉。此事当在泰始六年（270）胡烈败亡以前。《憙传》云：皇大①子立，以憙为太子大②傅。在位累年，迁尚书仆射。案惠帝立为太子，事在泰始三年正月。泰始五年（269），以雍州陇右五郡，陇西，南安，天水，略阳，武都。陇西郡，晋治襄武，在今甘肃陇西县西南。南安，在陇西县东北。天水，晋治上邽，在今甘肃天水县西南。略阳，即魏广魏郡，在今甘肃秦安县东南。武都，今甘肃成县。及凉州之金城，晋初金城郡治榆中，在今县西北。梁州之阴平汉道，魏置郡，今甘肃文县。置秦州。傅玄上疏曰："胡夷兽心，不与华同，鲜卑最甚。③ 本邓艾苟欲取一时之利，不虑后患，使鲜卑数万，散居民间，此必为害之势也。秦州刺史胡烈，素有恩信于西方。今使烈往，诸胡虽已无患，必且消弥，然兽心难保，不必其久安也。若后有动衅，烈计能制之。惟恐胡虏，东入安定，晋郡，治安定，今甘肃泾川县北。西赴武威，晋郡，治姑臧，今甘肃武威县。外名为降，可动复动。此二郡非烈所制，则恶胡东西有窟穴、浮游之地。宜更置一郡于高平川，今清水河，自固原北流，至中卫县入黄河。因安定西州都尉，募乐徙民，重其复除以充之，以通北道，渐以实边。详议此二郡及新置郡，皆使并属秦州，令烈得专御边之宜。"《玄传》系此疏于泰始四年（268），盖误。而《陈骞传》言：骞言于武帝曰：胡烈、牵弘，皆勇而无谋，强于自用，非绥边之

---

① 大：同"太"，吕著中作"大"。
② 吕著以"大"通"太"。
③ 民族：野蛮鲜卑最甚。

才。帝不听。二人后果失羌戎之和，皆被寇丧没。征讨连岁，仅而得定。帝乃悔之。其时乱势已成，固非徒勇所能戡，即得智勇兼备之将，恐亦非一手一足之烈，所能绥定之于旦夕间也。泰始六年（270），六月，凉州叛。胡烈屯于万斛堆，在今甘肃靖边县西。为羌虏所害。时汝南王亮宣帝第四子。督关中，遣救不进，坐免官。遣尚书石鉴行安西将军，督秦州以讨之。《杜预传》：预为安西军司。到长安，更除秦州刺史。鉴使预出兵。预以虏乘胜马肥，而官军悬乏，宜并力大运刍粮，须春进讨，陈五不可，四不须。鉴大怒，奏预。槛车征诣廷尉。其后陇右之事，卒如预策焉。七月，以汝阴王骏宣帝子。督雍、凉。七年（271），四月，北地胡寇金城。北地治富平，今宁夏灵武县。凉州刺史牵弘讨之。群虏内叛，围弘于青山。《续汉志》：青山在北地郡参䜌县界。汉参䜌县，在今甘肃庆阳县西北。弘军败，死之。七月，以贾充督秦、凉。旋以婚于太子，不行。十年（274），凉州虏寇金城。汝阴王骏讨之，斩其帅乞文泥等。明年，为咸宁元年（275），树机能等叛。遣众讨之，斩三千余级。诏骏遣七千人代凉州守兵。树机能、侯弹勃等欲先劫佃兵。骏命平虏将军文俶督秦、凉诸军各进屯以威之。机能乃遣所领二十部及弹勃面缚军门，各遣入质子。安定、北地、金城诸胡吉轲罗侯金多及北虏热同等二十万口又来降。树机能，据《载记》即秃发氏之祖，为河西鲜卑，而《骏传》称为羌虏，盖与羌俱叛也。是岁，六月，西域戊己校尉马循讨叛鲜卑，破之，斩其渠帅。二年（276），五月，汝阴王骏讨北胡，斩其渠帅吐敦。七月，鲜卑阿罗多等寇边。马循讨之，斩首四千余级，获生九千余人。于是来降。三年（277），三月，文俶讨树机能等，并破之。四年（278），六月，凉州刺史杨欣与虏若罗拔能等战于武威，败绩，死之。五年（279），正月，树机能攻陷凉州。晋凉州刺史治武威。使马隆击之。十二月，隆破斩树机能。凉州平。《隆传》云：杨欣失羌戎之和，隆陈其必败，俄而欣为虏所没，河西断绝。帝临朝而叹曰："谁能为我讨此虏，通凉州者乎？"朝臣莫对。隆进曰："陛下若能任臣，臣能平之。"帝曰："必能灭贼，何为不任？顾卿方略何如耳？"隆曰："陛下若能任臣，当听臣自任。"帝曰："云何？"隆曰："臣请募勇士三千人，无问所从来，率之鼓行而西。"帝许之。乃以隆为武威太守。公卿佥曰："六军既众，州郡兵多，但当用之，不宜横设赏募，以乱常典。"帝弗纳。隆募限要引弩三十六钧，弓四钧。立标简试。自旦至中，得三千五百人。隆曰："足矣。"因请自至武库选杖。武库令与隆忿争。御史中丞劾奏隆。隆曰："臣当亡命战场，以报所受，武库令乃以魏时朽杖见给，非陛下使臣之意也。"帝从之。又给其三年军资。隆于是转战而西，杀伤以千数。自隆之西，音问断绝，朝廷忧之。或谓已没。后隆使夜到，帝抚掌欢笑，诘朝，召朝臣谓曰："若从诸卿言，是无秦、凉矣。"乃假隆节。隆到武威，前后诛杀及降附者以万计。率善戎没骨能等与树机能大战，斩之，凉州平。史所传隆事，或恢侈非其实，然大致当不诬，此实以孤军徼幸，亦危矣。然亦可见叛虏原非甚强，特州郡兵力大弱，任督统者又非其人，乱势遂至日滋耳。大康元年（280），七月，虏轲成泥寇西平浩亹。西平郡，治西都，今青海西宁县。浩亹县，在青海乐都县东。杀督将以下三百余人。《马隆传》云：大康初，朝廷以西平荒毁，宜时兴复，以隆为太守。隆击破南虏成奚。毕隆之政，不敢为寇。大熙初，加授护东羌校尉。积十余年，威信振于陇右。时洛阳太守冯翊严舒，与杨骏通亲，密图代隆，毁隆年老谬耄，不宜服戎，于是征隆，以舒代镇。朝廷恐关、陇复扰，乃免舒，遣隆复职，竟卒于官。此又见州郡得人，足致一时之小康矣。三年（282），正月，罢秦州，并雍州。惠帝元康四年（294），五月，匈奴郝散反，攻上党，郡，治潞县，今山西潞城县西北。杀长吏。八月，郝散帅众降，冯翊都尉杀之。汉左冯翊，后汉为郡，今陕西大荔县。六年（296），五月，郝散弟度元帅冯翊、北地马兰羌、卢水胡反。马兰，山名，在今陕西白水县西北。卢水胡居安定界。攻北地，太守张损死之。冯翊太守欧阳建与度元战，连败。时赵王伦宣帝第九子。镇关中，征还，以梁王肜宣帝子。代之。八月，雍州刺史解系又为度元所破。秦、雍氐、羌悉叛，推氐帅齐万年僭号，围泾阳。汉县，后汉废，故城在今甘肃平凉县西。十一月，遣夏侯骏、周处等讨之。处，吴将鲂子。为御史中丞，纠劾不避宠戚。梁王肜违法，处深文按之。朝臣恶其强直，使隶骏西征。中书令陈准知肜将逞宿憾，言"处吴人，有怨无援，宜诏孟观时为积弩将军。以精兵万人，为处前锋"。朝廷不从。时贼屯梁山，在今陕西乾县西北。有众七万，骏逼处以五千兵击之，又绝其后继。七年（297），正月，处遂败死于六陌。在乾县东。陈准与中书监张华以赵、梁诸王，雍容贵戚，进不贪功，退不惧罪；士卒虽众，不为之用，上下离心，难以胜敌；启遣孟观讨之。观所领宿卫兵，皆趫捷勇悍。并统关中士卒。身当矢石，大战十数，皆破之。九年（299），正月，获万年。征梁王肜，以河间王颙安平献王孚孙。孚，宣帝弟。代镇关中。是岁，十二月，贾后废愍怀太子，大难旋作，边务更无人措意矣。

匈奴之众，分为五部，皆居并州塞内，已见《秦汉史》第十二章第十节。晋武帝践阼后，塞外匈奴大水塞泥黑难等二万余落归化。帝复纳之，使居河西故宜阳城下。后复与晋人杂居。由是平阳、魏郡，今山西临汾县。西河、魏郡，晋为国，今山西汾阳县。大原、今山西大原县。新兴、后汉郡，今山西忻县。上党、乐平后汉郡，今山西昔阳县西南。诸郡，靡不有焉。泰始七年（271），正月，匈奴中部帅刘猛此据《胡奋传》。）《本纪》但称匈奴帅。《匈奴传》作单于猛，盖猛时自称单于。叛出塞，屯孔邪城。遣何桢讨之。桢以猛众凶悍，非少兵所制，乃潜诱猛左部督李恪杀猛。此据《匈奴传》。）《本纪》云：桢讨猛，屡破之。《胡奋传》云：使路蕃讨之。以奋为监军，假节，顿军陉北，为蕃后继。击猛破之。猛帐下将李恪斩猛而降。盖非无战事，而非恃战以决胜。陉北，谓陉岭之北。陉岭即雁门山，在今山西代县西北。于是匈奴震服，积年不敢复反。其后稍因忿恨，杀害长吏，渐为边患。《本纪》：咸宁二年（276），二月，并州胡犯塞，监并州诸军事胡奋击破之。至太康五年（284），复有匈奴胡大阿厚，率其部落二万九千三百人归化。七年（286），又有匈奴胡都大博及萎莎胡等，各率种类，大小凡十万余口，诣雍州刺史扶风王骏降附。明年，匈奴都督大豆得一育鞠等，复率种落大小万一千五百口来降。帝并抚纳之。此据《匈奴传》。其见于《本纪》者：尚有咸宁三年（277），西北杂虏及鲜卑、匈奴、五溪蛮夷、东夷三国前后千余辈，各帅种人部落内附。五年（279），三月，匈奴都督拔奕虚帅部落归化。十月，匈奴余渠都督独雍等帅部落归化。案魏陈留王申晋文帝九锡之命，统计四夷内附、纳贡者，八百七十余万口，虽属夸张，亦必有一依据，此等固不必皆入居塞内，然入居塞内者，亦必不少也。惠帝元康中，郝散反，已见前。

东北情势，不如西北之紧急，而幅员广远，种落滋蔓，隐忧之潜伏者亦深。据《晋书》列传，当时治理东北有声威者凡三人：一卫瓘，一唐彬，一张华也。瓘之督幽州，在泰始七年八月。《传》曰：至镇，表立平州，治昌黎，在热河朝阳县境。后兼督之。于时幽、并东有务桓，西有力微，并为边害。瓘离间二虏，遂致嫌隙。于是务桓降而力微以忧死。案平州之立，事在泰始十年二月。咸宁元年六月，《纪》书鲜卑力微遣子来献。力微即后魏神元帝，其子即文帝沙漠汗也。瓘旋征拜尚书令。吴平之后，唐彬监幽州诸军。《彬传》云：因北虏侵据北平，晋郡，今河北遵化县西。故有此命。彬既至镇，训卒利兵，广农重稼。震威耀武，宣谕国命，示以恩信，于是鲜卑二部大莫廆、擿何等并遣侍子、入贡。遂开拓旧境，却地千里。复秦长城塞。自温城未详。泊于碣石，《大康地志》云：乐浪遂城县有碣石，长城所起，地在今朝鲜境。緜亘山谷，且三千里，分军屯守，烽堠相望。由是边境获安。自汉、魏征镇，莫之比焉。鲜卑诸种畏惧，遂杀大莫廆。彬欲讨之。恐列上俟报，虏必逃散，乃发幽、冀车牛。参军许祗密奏之。诏遣御史槛车征彬，付廷尉，以事直见释。咸宁三年（277），正月，复使卫瓘讨力微。太康二年（281），十月，鲜卑慕容廆寇昌黎。魏郡，今热河凌源县。十一月，鲜卑寇辽西，平州刺史鲜于婴讨破之。三年（282），正月，以张华督幽州。三月，安北将军严询破慕容廆于昌黎，杀伤数万人。是岁，八月，罢平州。七年（286），五月，慕容廆又寇辽东。至十年五月，乃来降。《张华传》言：华抚纳新旧，戎、夏怀之。东夷马韩、新弥诸国，依山带海，去州四千余里，历世未附者二十余国，并遣使朝献。于是远夷宾服，四境无虞。频岁丰稔，士马强盛。案晋初东夷来朝献者甚多，《晋书·武帝纪》：咸宁二年（276），二月，东夷八国归化。七月，东夷十七国内附。四年（278），三月，东夷六国来献。是岁，东夷九国来附。五年（279），肃慎来献楛矢。太康元年（280），六月，东夷十国归化。七月，东夷二十国朝献。二年（281），六月，东夷五国内附。三年（282），九月，东夷二十九国归化，献其方物。七年（286），八月，东夷十一国来附。八年（287），八月，东夷二国内附。九年（289），九月，东夷七国诣校尉内附。

十年（289），五月，东夷十一国内附。是岁，东夷绝远三十余国来献。大熙元年（290），二月，东夷七国朝贡。《惠帝纪》：元康元年（291），东夷十七国并诣校尉内附。此等徙侈观听，无与安危，语其实迹，实不如唐彬谨治边塞者之为有益，而惜乎彬之未能久于其任，更广其功也。

四裔归化之多，非始于晋，而在晋初，此等情势，特为尤甚。杂居大多，措理非易，故论者多欲徙去之。邓艾当魏末，即言羌、胡与民同处者，宜以渐出之，使居民表。晋武帝时，侍御史郭钦上疏言："魏初人寡，西北诸郡，皆为戎居。今虽服从，若百年之后，有风尘之警，胡骑自平阳、上党，不三日而至孟津，今河南孟县南。北地、西河、大原、冯翊、安定、上郡，治肤施，今陕西绥德县。尽为狄庭矣。宜及平吴之威，谋臣猛将之略，出北地、西河、安定；复上郡；实冯翊；于平阳已北诸县，募取死罪，徙三河、河内、河南、河东。晋河内郡，治野王，今河南沁阳县。河南今河南洛阳县。河东，晋治蒲阪，今山西永济县。三魏《通鉴》卷九十六晋成帝咸康七年（341）《注》："魏郡、阳平、广平为三魏。"魏郡，今河南临漳县。阳平，今河北大名县。广平，今河北鸡泽县。见士四万家以充之。渐徙平阳、弘农、魏郡、京兆、今陕西长安县。上党杂胡。峻四夷出入之防，明先王荒服之制，万世之长策也。"帝不纳。见《晋书·匈奴传》。及齐万年乱后，山阴令江统山阴，今浙江绍兴县。又作《徙戎论》，言"魏兴之初，与蜀分隔，疆场之戎，一彼一此。魏武皇帝令将军夏侯妙才名渊。唐人作《晋书》，避高祖讳，书其字。讨叛氐阿贵、千万等，后因拔弃汉中，遂徙武都之种于秦川，① 凡魏、晋间人言某川者，犹今言某水流域。秦川，犹言秦地之川。欲以弱寇强国，捍御蜀虏，此盖权宜之计，一时之势，非所以为万世之利也。参看《秦汉史》第十一章十一节。案《三国·魏志·张既传》：魏武拔弃汉中，令既之武都，徙氐五万余落出居扶风、天水界。《杨阜传》云：阜前后徙民氐，使居京兆、扶风、天水界者万余户。又《郭淮传》：正始元年（240），姜维出陇西，淮进军，维退，遂讨迷当等，按抚柔氐三千余落，拔徙以实关中。凉州休屠胡梁元碧等率种落二千余家附雍州，淮奏请使居安定之高平，为民保鄣。其后因置西川都尉。又《蜀志》：后主建兴十四年（236），徙武都氐王符健及氐民四百余户于广都。《张嶷传》云：健请降，遣将军张尉往迎，过期不到，蒋琬深以为念。嶷曰：符健求附款至，必无他变。素闻健弟狡黠，又夷狄不能同功，将有乖离，是以稽留耳。数日，问至。健弟果将四百户就魏，独健来从。则诸胡之入关中，实非魏武一迁而遂已，且先此固已多矣。扶风郡，后汉治槐里，在今陕西兴平县东南。晋移治池阳，在今陕西泾阳县西北。高平，在今甘肃固原县。广都，汉县，在今四川华阳县南。今者当之，已受其弊矣。戎狄志态，不与华同，而因其衰弊，迁之畿服，士庶玩习，侮其轻弱，使其怨恨之气，毒于骨髓，至于蕃育众盛，则坐生其心。以贪悍之性，挟愤怒之情，候隙乘便，辄为横逆；而居封域之内，无障塞之隔；

---

① 民族：迁氐入关，非徒魏武。

掩不备之人，收散野之积；故能为祸滋蔓，暴害不测。此必然之势，已验之事也。当今之宜，宜及兵威方盛，众事未罢，徙冯翊、北地、新平、后汉郡，今陕西邠县。安定界内诸羌，著先零、罕开、析支之地；徙扶风、始平、晋郡，今陕西兴平县。京兆之氐，出还陇右，著阴平、武都之地；使属国抚夷，就安集之。戎、晋不杂，并得其所。纵有猾夏之心，风尘之警，则绝远中国，隔阂山河，虽为寇暴，所害不广。并州之胡，本实匈奴。建安中，使右贤王去卑诱质呼厨泉，听其部落，散居六郡。晋并州统郡国六：太原，上党，西河，乐平，雁门，新兴。雁门治广武，在今山西代县西。咸熙之际，以一部大强，分为三率。泰始之初，又增为四。今五部之众，户至数万。人口之盛，过于西戎。天性骁勇，弓马便利，倍于氐、羌。若有不虞风尘之虑，则并州之域，可为寒心。荥阳句丽，荥阳，晋郡，今河南荥泽县。本居辽东塞外。正始中，幽州刺史毌丘俭伐其叛者，徙其余种。始徙之时，户落百数，子孙孳息，今以千计，数世之后，必至殷炽。此等皆可申谕发遣，还其本域"。阮种对策亦云："自魏氏以来，夷虏内附，鲜有桀悍侵渔之患。由是边守遂怠，郛塞不设，而令丑虏内居，与百姓杂处。边吏扰习；人又忘战；受方任者，又非其才；或以狙诈，侵侮边夷；或干赏啗利，妄加讨戮。夫以微羁而制悍马，又乃操以烦策，其不制者，固其宜也。"案驾驭异族，远者宜结其欢心，致其乡慕；近者宜加之绥抚，使获安生；而晋于此，殊为怠慢。敦煌今甘肃敦煌县。段灼，世为西土著姓。从邓艾破蜀有功。累迁议郎。武帝之世，屡陈时宜，辄见省览。而身微宦孤，不见进叙，乃取长假还乡里。临去，遣息上表，有云："臣前为西郡太守，西郡，后汉末置。今甘肃山丹县南。被州所下己未诏书：羌、胡道远，其但募取乐行，不乐勿强。臣被诏书，辄宣恩广募，示以赏信。所得人名，即条言征西。其晋人自可差简丁强，如法调取。至于羌、胡，非恩意告谕，则无欲度金城、河西者也。自往每兴军渡河，未尝有变。故刺史郭绥，劝帅有方，深加奖厉，要许重报。是以所募，感恩利赏，遂立绩效，功在第一。今州郡督将，并已受封，羌、胡健儿，或王或侯，不蒙论叙也。"驾驭之失宜，可概见矣。不特此也，石勒父祖，本皆部落小帅。《载记》言其父周曷朱，性凶粗，不为群胡所附，每使勒代己督摄，部胡爱信之。邬人郭敬，邬县，在今山西介休县东北。阳曲宁驱，阳曲县，今山西大原县北。并加资赡。勒亦感其恩，为之力耕。大安中，并州饥乱，勒与诸小胡亡散，乃自雁门还依宁驱。北泽都尉刘监欲缚卖之，驱匿之获免。勒于是潜诣纳降都尉李川。路逢郭敬，泣拜言饥寒。敬对之流涕，以带货粥食之，并给以衣服。勒谓敬曰："今日大饿，不可守穷。诸胡饥甚，宜诱将冀州就谷，因执卖之，可以两济。"敬深然之。会建威将军阎粹说并州刺史东嬴公腾，高密文献王泰之子。泰，宣帝弟。执诸胡于山东卖充军实。腾使将军郭阳、张隆虏群胡将诣冀州，两胡一枷。勒时年二十余，亦在其中。数为隆所殴辱。敬先以勒属阳及兄子时。阳，敬族兄也，是以阳、时每为解请。道路饥病，赖阳、时而济。既而卖与荏平人师欢为奴。茌平，今山东茌平县。每耕作于野，常闻鼓角之声。勒以告诸奴，诸奴归以告欢，欢亦奇其状貌而免之。欢家邻于马牧，与牧帅魏郡汲桑往来。勒以能相马，自托于桑，后遂相结为群盗。案勒之见卖，固为乱时事，然必平时先有卖胡为奴之习，乱时乃思借以赡军。《外戚传》言大原诸部，以匈奴、胡人为田客，多者数千，石勒为郭敬、宁驱力耕，亦田客也。其中盖亦未尝无酋率之流如勒者，安得不怨而思叛也？郭敬、宁驱，盖亦所谓豪桀，非独汲桑。当风尘澒洞之时，而听群胡散居内地，与之相结，安得不有横逆之事？江统又言："关中之人，百余万口，率其少多，戎狄居半"，① 此言似失其实。殊不知历代户口，著籍之数，皆与实在生齿迥殊。统之言，盖据当时著籍者言之也。以关中之土沃物丰，而其著籍之数，不过如此，郡县之寡弱，可以概见，安能御方张之寇？况又益之以怠弛无备，如阮种所云者乎？刘卫辰降于苻坚，请田内地，坚许之。乌丸独孤、鲜卑没奕干又降。坚初欲处之塞内。苻融以方当窥兵郡县，为北边之害，不如徙之塞外。其后勃勃卒为北边之害，未始非坚之处置不善，有以启之也。移中国之民于塞外，以启穷荒；迁四夷降者于域中，以资驾驭；自为远大之规。然远图不易速成，迂远而阔于事情，或转以招目前之患。以一时之务论，徙戎自为良策，而惜乎因循玩愒者不能行也。

第三节　封建之制

言晋初之事者，多以其行封建为致乱之原，其实非也。晋初封建之制，行之未必能召乱；而其制亦未尝行。② 其所以召乱者，实由其任宗室诸王大重，承州郡积重之后，而使之出专方任耳。其任诸王大重，论者多谓其出于欲保国祚之私，此亦仅得其一端。当时论者，自有一派，谓郡县易招祸乱，封建可以维持于不敝也。先考其制度，继观其议论，而此事之得失了然矣。

《晋书·地理志》云：文帝为晋王，命裴秀等建立五等之制。惟安平郡公孚即安平献王，见第二节。邑万户，制度如魏诸王。其余：县公邑千八百户，地方七十五里。大国侯邑千六百户，地方七十里。次国侯邑千四百户，地方六十五里。大国伯邑千二百户，地方六十里。次国伯邑千户，地方五十五里。大国子邑八百户，地方五十里。次国子邑六百户，地方四十五里。男邑四百户，地方四十里。

① 户口：江统言关中戎狄居半，盖据著籍之数。

② 封建：晋封建之制未定，所定者亦未行。时人重救强臣擅国、匹夫崛起之祸。然力不强，不足相辅，故段灼欲替公侯而大王，晋初封建不定，诸王出镇由此。

武帝泰始元年（265），封诸王。以郡为国，邑二万户为大国。置上、中、下三军，兵五千人。邑万户为次国。置上军、下军，兵三千人。五千户为小国。置一军，兵千五百人。王不之国，官于京师。罢五等之制。公、侯邑万户以上为大国，五千户以上为次国，不满五千户为小国。《职官志》云：咸宁三年（277），卫将军杨珧，与中书监荀勖，以齐王攸有时望，惧惠帝有后难，因追故司空裴秀立五等封建之旨，从容共陈时宜。以为"古者建侯，所以藩卫王室。今吴寇未殄，方岳任大，而诸王为帅都督，既各不臣其统内，于事重非宜。又异姓诸将居边，宜参以亲戚，而诸王公皆在京师，非捍城之义，万世之固"。帝初未之察，于是下诏议其制。有司奏徙诸王公，更制户邑。皆中尉领兵。其平原、今山东平原县。汝南、今河南汝南县。琅邪、今山东临沂县。扶风、见第二节。齐今山东临淄县。为大国，梁、今河南商邱县。赵、今河北赵县。乐安、今山东桓台县。燕、今北平市西南。安平、今河北冀县。义阳今河南新野县。为次国，其余为小国。皆制所近县，益满万户。又为郡公，制度如小国王。亦中尉领兵。郡侯如不满五千户王。置一军，亦中尉领之。南宫王承，安平献王孙。随王迈，安平献王曾孙。各于泰始中封为县王，邑千户，至是改正。县王增邑为三千户，制度如郡侯。亦置一军。自此非皇子不得为王。而诸王之支庶，亦各以土推恩受封。其大国、次国：始封王之支子为公，承封王之支子为侯，继承封王之支子为伯。小国：五千户已上，始封王之支子为子，不满五千户，始封王之支子，及始封公侯之支子皆为男。非此皆不得封。其公之制度，如五千户国；侯之制度，如不满五千户国；亦置一军，千人，中尉领之。伯、子、男已下各有差，而不置军。大国始封之孙罢下军，曾孙又罢上军；次国始封子孙亦罢下军；其余皆以一军为常。大国中军二千人，上下军各千五百人。次国上军二千人，下军千人。其未之国者：大国置守土百人，次国八十人，小国六十人。郡侯、县公，亦如小国。制度既行，所增徙各如本，奏遣就国。而诸公皆恋京师，涕泣而去。《荀勖传》云：时议遣王公之国，帝以问勖。勖对曰："诸王公已为都督，而使之国，则废方任。又分割郡县，人心恋本，必用嗷嗷。国皆置军，官兵还当给国，而阙边守。"帝重使勖思之。勖又陈曰："如诏，准古方伯选才，使军国各随方面为都督，诚如明旨。至于割正封疆，使亲疏不同，犹惧多所摇动，思维窃宜如前。若于事不得不时有所转封，而不至分割土域，有所损夺者，可随宜节度。其五等体国经远，但虚名，其于实事，略与旧郡、县、乡、亭无异。若造次改夺，恐不能不以为恨。今方了其大者，以为五等可须后裁度。"帝以勖言为允，多从其意。然则有司所奏，实非勖意；而其时齐王亦未之国；故《通鉴考异》谓《职官志》非是而不之取；而据《勖传》，则其制亦初未尽行也。文王之制无论矣。泰始、咸宁之制，大国亦不过如一郡，安足为乱？然则八王之乱，由于方任之重而不由封建明矣。

晋初陈封建之利者，当以陆机、刘颂、段灼之言为最切。观其言，可知当时所行，实未副论者之意也。机作《五等论》，以为行封建，则"南面之君，各务其政；九服之内，知有定主；上之子爱，于是乎生；下之礼信，于是乎结；世平足以敦风，道衰足以御暴。故强毅之国，不能擅一时之势；雄俊之人，无所寄霸王之志"。非如后汉，"强臣专朝，则天下风靡；一夫从衡，而城池自夷"也。"在周之衰，难兴王室，祸止畿甸，害不覃及天下，晏然以安待危。"二汉志士，"虽复时有鸠合，然上非奥主，下皆市人，师旅无先定之班，君臣无相保之志，是以义兵云合，无救劫杀之祸"。"成汤、公旦，文质相济，损益有物，然五等之礼，不革于时，封畛之制，有隆尔者，知侵弱之辱，愈于殄祀，土崩之困，痛于陵夷"也。"且五等之主，为己思政，郡县之长，为吏图物。进取之情锐，而安人之誉迟。是故侵百姓以利己者，在位所不惮，损实事以养名者，官长所夙慕也。五等则不然"矣。颂上疏言："善为天下者，任势而不任人。任势者诸侯是也，任人者郡县是也。国有任臣则安，有重臣则乱。树国本根不深，无干辅之固，则任臣化为重臣。若乃建基既厚，藩屏强御，曩之所谓重臣者，今悉反为任臣矣。第一节已引之，可参看。建侯之理，使君乐其国，臣荣其朝，各流福祚，传之无穷；上下一心，爱国如家，视百姓如子；然后能保荷天禄，兼翼王室。今诸王裂土，皆兼于古之诸侯，而君贱其爵，臣耻其位，莫有安志。其故何也？法同郡县，无成国之制故也。今之建置，宜使率由旧章，一如古典。然人心系常，不累十年，好恶未改，情愿未移。臣之愚虑，以为宜早创大制。迟回众望，犹在十年之外。然后能令君臣各安其位，荣其所蒙，上下相持，用成藩辅。如今之为，适足以亏天府之藏，徒弃谷帛之资，无补镇国卫上之势也。古者封建既定，各有其国，后虽王之子孙，无复尺土，此今事之必不行者也。若推亲疏，转有所废，以有所树，则是郡县之职，非建国之制。今宜豫开此地，令十世之内，使亲者得转处近。案如此，则必时有移徙，安有深根固柢之势？复与郡县之职何异？十世之远，近郊地尽，然后亲疏相维，不得复如十世之内。然犹树亲有所，迟天下都满，已弥数百千年矣。今方始封，而亲疏倒施，甚非所宜。宜更大量天下土田方里之数，都更裂土分人，以王同姓，使亲疏远近，不错其宜，然后可以永安。古者封国，大者不过土方百里，然后人数殷众，境内必盈，其力足以备充制度。今虽一国，周环将近千里，然力实寡，不足以奉国典。所遇不同，故当因时制宜，以尽事适。今宜令诸王国容少而军容多。然于古典所应有者，悉立其制。然非急所须，渐而备之，不得顿设也。至于境内之政，官人用才，自非内史、国相，命于天子，其余众职，及死生之断，谷帛资实，庆赏刑威，非封爵者，悉得专之。今诸国本一郡之政耳，若备旧典，则以虚制损实力，至于庆赏刑断，所以卫下之权，不重则无以威众人而卫上。周之封建，使国重于君，故无道之君，不免诛放，国祚不泯。诸侯思惧，然后轨道。下无亡国，天子乘之，理势自安。汉之树置，君国轻重不殊。故诸王失度，陷于罪戮，国随以亡；不崇兴灭继绝之序；故下无固国。天子居上，势孤无辅，故奸臣擅朝，易倾大业。今宜反汉之弊，修周旧迹。国君虽或失道，陷于诛绝；又无子应除；苟有始封支胤，不问远近，必绍其祚。若无遗类，则虚建之，须皇子生，以继其统。又班固称诸侯失国，亦由网密，今又宜都宽其检。大制都定，班之群后，著誓丹青，书之玉版，藏之金匮，置诸宗庙，副在有司。寡弱小国，犹不可危，岂况万乘之主？乘难倾之邦而加其上，可谓根深华岳而四维之也。"段灼初陈时宜，尝请"诸王十五以上，悉遣之国。为选中郎、傅、相，才兼文武，以辅佐之。听于其国，缮修兵马，广布恩信，连城开地，为晋鲁、卫"。后取长假还乡里，临去，又遣息上表，言"今异姓无裂土专封之邑，同姓并据有连城之地，纵令诸王后世子孙，还自相并，盖亦楚人失繁弱于云、梦，尚未为亡其弓也。诸王二十余人，而公、侯、伯、子、男五百余国。欲言其国皆小乎？则汉祖之起，俱无尺土之地，况有国者哉？天下有事，无不由兵，而无故多树兵本，广开乱源，臣故曰五等不便也。臣以为可如前表，诸王宜大其国，增益其兵，悉遣守藩，使形势足以相接，则陛下可高枕而卧耳。诸侯、伯、子、男名号，皆宜改易之，使封爵之制，禄奉礼秩，并同天下诸侯之例"。虞溥补尚书都令史，尚书令卫瓘重之。溥谓瓘："宜复先王五等之制，以绥久长，不可承暴秦之法，遂汉、魏之失。"盖其时之人，鉴于秦、汉以降，匹夫崛起，强臣擅国，祸辄被于天下，以为惟树国足以救之，而不悟其力不强则不足以相辅，力苟强，则秦始皇所谓自树兵。自汉世，既有叛国而无叛郡矣。柳宗元《封建论》语。其时中央之力强，一郡之地，其势不足以叛也。晋初建国，不过一郡，苟有倾危，岂足相辅？树危国而乘其上，虽多，何安之有？此陆机、刘颂之蔽也。段灼盖知之矣，故欲废公、侯以下，而大诸王之封。晋初封建之制，迟迟不定；定亦不行；而诸王之出镇者相踵，盖亦有见于此。故陆机、刘颂之论；晋未之行，若段灼之言，则晋虽未行其文，既行其实矣，而八王之乱，则正由此，此又灼之蔽也。世事只有日新，而人之见解，恒限于旧，所以救方来之祸者，斟酌损益仍不越于前世之规，亦可哀矣。然此自就诸人之所言者而扬榷之，至于西晋之丧乱，则初不系于此也。

第三章　西晋乱亡

第一节　齐献王争立

晋初异族，形势虽云可忧，然观第二章第二节所述，其力尚未足与中国相敌，使内外安义，未尝不可徐图。八王难作，授之以隙，而势乃不可支矣。八王之乱，原于杨、贾之争；杨、贾之争，又原于齐献王之觊觎大位。推波助澜，譬彼舟流，靡知所届，君子是以作事谋始也。

齐献王攸，为武帝同母弟。皆文明王皇后所生。景帝无后，以攸为嗣。《晋书·武帝纪》云：文帝自谓摄居相位，百年之后，大业宜归攸。每曰："此景王之天下也。"议立世子，属意于攸。何曾等固争，武帝之位乃定。《攸传》亦云：攸特为文帝所宠爱。每见攸，辄抚床呼其小字曰："此桃符坐也。"然《贾充传》云：文帝以景帝恢赞先业，方传位于攸。充称武帝宽仁，且又居长，有人君之德，宜奉社稷。及文帝寝疾，武帝请问后事。文帝曰："知汝者贾公闾也。"则文帝初无宋宣公之心。《羊琇传》云：武帝未立为太子，声论不及弟攸。文帝素意重攸，恒有代宗之议。琇密为武帝画策，甚有匡救。又观文帝为政损益，揆度应所顾问之事，皆令武帝默而识之。其后文帝与武帝论当世之务，及人间可否，武帝答无不允，由是储位遂定。武帝即位，琇宠遇甚厚，已见第二章第一节。观于琇，知贾充之见信于武帝，亦有由也。

武帝后曰武元杨皇后，生毗陵悼王轨、惠帝、秦献王柬。悼王二岁而夭。惠帝以泰始三年（267），立为皇太子。十年（274），后有疾。时帝宠胡贵嫔，后恐后立之，太子不安。临终，枕帝膝曰："叔父骏女男胤，讳芷，字季兰，小字男胤。有德色，愿陛下以备六宫。"因悲泣。帝流涕许之。后崩。咸宁二年（276），立男胤为皇后。是为武悼杨皇后。生渤海殇王恢。亦二岁而薨。太康五年（284）。《惠帝纪》云：帝尝在华林园，在洛阳。本东汉芳林园。魏齐王芳时，避讳，改为华林。闻虾蟆声，谓左右曰："此鸣者为官乎？私乎？"及天下荒乱，百姓饿死，帝曰："何不食肉糜？"其蒙蔽皆此类。然荡阴之役，荡阴，汉县，今河南汤阴县。嵇绍被害于帝侧，血溅御服，帝深哀叹之；及事定，左右欲浣衣，帝曰："此嵇侍中血，勿去。"则绝不类痴骏人语。《贾后传》云：帝尝疑太子不慧，且朝臣和峤等多以为言，《和峤传》：峤见太子不令，因侍坐曰："皇太子有淳古之风，而季世多伪，恐不瞭陛下家事。"帝默然不答。后与荀颢、荀勖同侍。帝曰："太子近入朝，差长进，卿可俱诣之，粗及世事。"既奉诏而还，颢、勖并称太子明识弘雅，诚如圣诏。峤曰："圣质如初耳。"帝不悦而起。峤退居，恒怀慨叹。知不见用，犹不能已。在御坐，言及社稷，未尝不以储君为忧。帝知其言忠，每不酬答。或以告贾妃，妃衔之。惠帝即位，拜太子太傅。太子朝西宫，峤从入。贾后使帝问峤曰："卿昔谓我不瞭家事，今日定云何？"峤曰："臣昔事先帝，曾有斯言。言之不效，国之福也。臣敢逃其罪乎？"《荀勖传》：帝素知太子暗弱，恐后乱国，遣勖及和峤往观之。勖还，盛称太子之德，而峤云太子如初。欲试之。尽召东宫大小官属，为设宴会，而密封疑事，使太子决之。停信待反。妃大惧，倩外人作答。答者多引古义。给使张泓曰："太子不学，而答诏引义，必责作草主，更益谴责，不如直以意对。"妃大喜。语泓："便为我好答，富贵与汝共之。"泓素有小才。具草，令太子自写。帝省之，甚悦。先示太子少傅卫瓘，瓘大踧踖，众人乃知瓘先有毁言。《瓘传》：惠帝之为太子也，朝臣咸谓纯质不能亲政事。瓘每欲陈启废之，而未敢发。后会宴陵云台，瓘托醉，因跪帝床前曰："臣欲有所启。"帝曰："公所言何邪？"瓘欲言而止者三，因以手抚床曰："此坐可惜。"帝意乃悟。因缪曰："公真大醉邪？"瓘于此不复有言。贾后由是怨瓘。启废太子，此何等事？造膝而陈，犹虑不密，岂有于宴会时言之者？望而知其不足信也。殿上皆称万岁。充密遣语妃曰："卫瓘老奴，几破汝家。"夫使惠帝之昏愚而果如《帝纪》所言，岂当复问以疑事？虽以意对，亦岂足见信？且帝果欲试太子，岂不能召而面问之，而不出于官属。帝亦岂不知之？故知史之所传，觉不足信也。

　　贾充为尚书令，兼侍中。《充传》云：充无公方之操，不能正身率下，专以谄媚取容。侍中任恺，中书令庾纯等，刚直守正，咸共疾之。又以充女为齐王妃，惧后益盛。及氐、羌反叛，帝深以为虑，恺因进说，请充镇关中。乃下诏，以充为使持节都督秦、凉二州诸军事。见第二章第二节。充自以为失职，深衔任恺，计无所从。将之镇，百僚饯于夕阳亭，在洛阳西。荀勖私焉。充以忧告。勖曰："公国之宰辅，而为一夫所制，不亦鄙乎？然是行也，辞之实难。独有结婚太子，不顿驾而自留矣。"充曰："然。孰可寄怀？"对曰："勖请行之。"俄而侍宴，论太子婚姻事，勖因言充女才质令淑，宜配储宫。而杨皇后及荀颢，亦并称之。《武元杨皇后传》：初，贾充妻郭氏，使略后，求以女为太子妃。及议太子婚，帝欲娶卫瓘女，然后盛称贾后有淑德，又密使太子太傅荀颢进言，上乃听。《贾后传》：初武帝欲为太子娶卫瓘女。元后纳贾、郭亲党之说，欲婚贾氏。帝曰："卫公女有五可，贾公女有五不可。卫家种贤而多子，美而长、白。贾家种妒而少子，丑而短、黑。"元后固请，荀颢、荀勖，并称充女之贤，乃定婚。说与《充传》又异。帝纳其言。会京师大雪，平地二尺，军不得发。既而皇储当婚，遂诏充居本职。贾后册为太子妃，事在泰始八年二月。《任恺传》云：

恺恶贾充之为人也，不欲令久执朝政，每裁抑焉。充病之，不知所为。后承闲言恺忠贞方正，宜在东宫。帝从之，以为太子少傅，而侍中如故。充计画不行。会秦、雍寇扰，天子以为忧。恺因曰："秦、凉覆败，关右骚动，此诚国家之所深虑。宜速镇抚，使人心有庇。自非威望重臣有计略者，无以康西土也。"帝曰："谁可任者？"恺曰："贾充其人也。"中书令庾纯亦言之。于是诏充西镇长安。《裴楷传》：转侍中。帝尝问曰："朕应天顺人，海内更始，天下风声，何所得失？"楷对曰："陛下受命，四海承风，所以未比德于尧、舜者，但以贾充之徒尚在朝耳。"时任恺、庾纯，亦以充为言。帝乃出充为关中都督。此则直陈充之奸邪，与《任恺传》谓以计间之者亦异。充用荀勖计得留。充既为帝所遇，欲专名势；而庾纯、张华、温颙、向秀、和峤之徒，皆与恺善；杨珧、骏弟。王恂、文明皇后弟。华廙等充所亲敬；于是朋党纷然。帝知之。召充、恺宴于式乾殿，谓曰："朝廷宜一，大臣当和。"充、恺各拜谢而罢。既而充、恺以帝已知之而不责，结怨愈深。《庾纯传》：初，纯以贾充奸佞，与任恺共举充西镇关中，充由是不平。充尝宴朝士，而纯后至。充谓曰："君行常居人前，今何以在后？"纯曰："且有小市井事不了，是以来后。"世言纯之先尝有伍伯者，充之先有市魁者，充、纯以此相讥焉。及纯行酒，充不时饮。纯曰："长者为寿，何敢尔乎？"充曰："父老不归供养，将何言也？"纯因发怒，曰："贾充，天下凶凶，由尔一人。"充曰："充辅佐二世，荡平巴蜀，有何罪而天下为之凶凶？"纯曰："高贵乡公何在？"众坐因罢。充左右欲执纯，中护军羊琇，侍中王济右之，因得出。充惭怒，上表解职。纯惧，上河南尹、关内侯印绶，上表自劾。御史中丞孔恂劾纯。诏免纯官。又以纯父老不求供养，使据礼典正其臧否。议者言纯于礼律未有违。帝复下诏，言"疑贾公亦醉"，复以纯为国子祭酒。此事与汉魏其、武安之事绝相类，而纯终获保全，可见晋武之宽仁，非汉武所及。然朋党之祸，往往乘在上者之宽仁而起，此又不可不知也。或为充谋曰："恺总门下枢要，得与上亲接，宜启令典选，便得渐疏。此一都令史事耳。且九流难精，间隙易乘。"充因称恺才能，宜在官人之职。帝不之疑，即日以恺为吏部尚书，侍觐转希。充与荀勖、冯紞承间浸润，谓恺豪侈，用御食器。充遣尚书右仆高阳王珪安平献王子。奏恺遂免官。《卫瓘传》云：瓘咸宁初拜尚书令，加侍中。大康初，迁司空，侍中、令如故。武帝敕瓘第四子宣尚繁昌公主。数有酒色之过。杨骏素与瓘不平，骏复欲专重权，遂与黄门等毁之，讽帝夺宣公主。瓘惭惧，告老逊位。《和峤传》云：迁中书令。旧监、令共车入朝，时荀勖为监。峤鄙勖为人，以意气加之，每同乘，高抗专车而坐，监令异车，自峤始也。又云：峤转侍中，愈被亲礼。与任恺、张华相善。张华，当晋初为黄门侍郎，数岁拜中书令，后加散骑常侍。帝潜与羊祜谋伐吴，群臣多以为不可，惟华赞成其计。及将大举，以华为度支尚书。乃量计运漕，决定庙算。众军既进，而未有克获，贾充等奏诛华以谢天下。帝曰："此是吾意，华但与吾同耳。"吴灭，进封广武县侯，增邑万户。华名重一世，众所推服。晋吏及仪礼、宪章，并属于华，多所损益。当时诏诰，皆所草定。声誉益盛，有台辅之望焉。而荀勖自以大族，恃帝恩深，憎疾之。每伺间隙，欲出华外镇。会帝问华："谁可托寄后事？"对曰："明德至亲，莫如齐王。"闲言遂行，出为持节都督幽州诸军事。朝议欲征华入相，又欲进号仪同。初华毁征士冯恢于帝，统即恢之弟也。尝侍帝，从容论魏、晋事。因曰："钟会才具有限，而大祖夸奖大过，使搆凶逆。宜思坚冰之渐，无使如会之徒，复致覆丧。"帝默然。顷之，征华为大常，以太庙屋栋折免官，遂终帝之世，以列侯朝见。观此诸文，知当时拥右太子及欲废太子者，各有其徒，仍是一朋党之见耳。武帝明知之而不能破，尚何以为久远之图哉！当时为朋党者多权戚，非下士，此其所以难破。然欲破朋党，断不能以其为权戚而遂多顾忌也。《齐王攸传》云：文帝寝疾，虑攸不安，为武帝叙汉淮南王、魏陈思王故事而泣。临崩，执攸手以授帝。太后临崩，亦流涕谓帝曰："桃符性急，而汝为兄不慈，我若遂不起，恐必不能相容。以是属汝，勿忘我言。"及帝晚年，诸子并弱，而太子不令，朝臣内外，皆属意于攸。中书监荀勖，侍中冯统，皆谄谀自进，攸素疾之。勖等以朝望在攸，恐其为嗣，祸必及己，乃从容言于帝曰："陛下万岁之后，太子不得立也。"帝曰："何哉？"勖曰："百僚皆归心于齐王，太子焉得立乎？陛下试诏齐王之国，必举朝以为不可，则臣言有征矣。"统又言曰："陛下遣诸侯之国，成五等之制，宜从亲始，亲莫若齐王。"案此时已不言五等之制矣，亦见此说之诬。参看第二章第三节。帝既信勖言，又纳统说。大康三年（282），乃下诏，以攸为大司马，都督青州诸军事。明年，策就国。攸愤怨发疾，乞守先后陵，不许。帝遣御医诊视，希旨皆言无疾。疾转笃，犹催上道。攸自强入辞。辞出信宿，欧血而薨。时年三十六。当时争攸不可出者：尚书左仆射王浑，河南尹向雄。浑子济，尚常山公主。济既谏请，又累使公主与甄德妻长广公主俱入，稽颡泣请。帝怒，谓侍中王戎曰："兄弟至亲。今出齐王，自是朕家事，而甄德、王济，连遣妇来生哭人。"《杨珧传》曰：珧初以退让称，晚乃合朋党，搆出齐王攸。中护军羊琇，与北军中候成粲谋，欲因见珧手刃之。珧知而辞疾不出，讽有司奏琇，转为大仆。自是举朝莫敢枝梧，而素论尽矣。《琇传》云：齐王出镇，琇以切谏忤旨，左迁大仆。既失宠，愤怨，遂发病，以疾笃求退，拜特进，加散骑常侍，还第卒。琇欲与成粲手刃杨珧，尚复成何事体？此而不黜，国家尚安有政刑？抑以琇受武帝恩眷之深，而亦与齐王为党，齐王又安得不出乎？琇一蹉跌，遽发病死，而《向雄传》亦云雄以忧卒，盖非徒愤怨，又益之以畏祸矣。当时情势如此，齐王不死，恐蹀血相争之祸，不待八王之难也。齐王之将之国也，下大常议崇锡文物。庾纯子旉为博士，与博士大叔广、刘暾、毅子。缪蔚、郭颐、秦秀、傅珍等上表谏。大常郑默，祭酒曹志，魏陈思王孙。并过其事。志又奏议：当如博士等议。帝以博士不答所问，答所不问，大怒，策免默。尚书朱整、褚契智等奏请收旉等八人付廷尉科罪。诏免志官，以公还第。其余皆付廷尉。纯诣廷尉自首：旉以议草见示，愚浅听之。诏免纯罪。廷尉刘颂奏勇等大不敬，弃市论，求平议。尚书奏请报听廷尉行刑。尚书夏侯骏谓朱整曰："国家乃欲诛谏臣。官立八坐，正为此事。卿可共驳正之。"整不从。骏怒，起曰："非所望也。"乃独为议。左仆射魏舒，右仆射王晃等从骏议。奏留中七日，乃诏秀等并除名。《秦秀传》云：秀素轻鄙贾充。伐吴之役，闻其为大都督，谓所亲曰："充文案小才，乃居伐国大任，吾将哭以送师。"初，贾充前妻李氏，丰之女。丰诛，李氏坐流徙。后娶城阳太守郭配女，城阳，汉郡，晋改为东莞，今山东莒县。名槐。生子黎民，幼殇。女午，通于充为司空时所辟掾韩寿，充因以妻之，生子谧。充薨，槐辄以谧为黎民子，奉充后。郎中令韩咸等上书求改立嗣，事寝不报。槐遂表陈：是充遗意。帝乃诏以谧为鲁公世孙，以嗣其国。自非功如太宰，始封无后如太宰，所取必己自出如太宰，皆不得以为比。及下礼官议充谥，秀议：充以异姓为后，绝父祖之血食，开朝廷之祸门，请谥曰荒。夫异姓为后，固非古礼所许，然武帝既特为充下诏，即不可以常礼拘矣，秀挟私忿悻悻如此，士君子之风度，复何存乎？《王济传》言：济素与从兄佑不平，佑则《武帝纪》云：帝末年用其谋，遣太子母弟秦王柬都督关中，楚王玮、武帝第五子。淮南王允亦武帝子。并镇守要害，以强帝室；玮督荆州，允督扬州。又恐杨氏之逼，以为北军中候，典禁兵者也。当时廷议之喧嚣，其故可以想见。观文帝及文明太后临终之言，知武帝与齐王不和已久。《贾充传》言：充西行既罢，寻迁司空，侍中、尚书令、领兵如故。会帝寝疾，笃，河南尹夏侯和谓充曰："卿二女婿，亲疏等耳，立人当立德。"充不答。帝疾愈，闻之，徙和光禄勋，乃夺充兵权，而位遇无替。然则充婚太子，仅足免患，谓以贪恋权势而出此，尚非其情。抑观此，又知帝不授天下于齐王之决，与其谓齐王以荀勖等而见疏，不如谓勖等以拥右太子而见亲矣。充既婚太子之后，犹以夏侯和一言而见猜防，则知未婚太子以前见出之由，未必任恺等之言获听也。《充传》云："恺等以充女为齐王妃，惧后益盛"，当时排充，或未必不藉口于此。史家杂采众辞，刊落不尽处，往往露出异说来。充前妻李氏，生二女：褒、裕。褒一名荃，裕一名濬。武帝践阼，李以大赦得还。帝特诏充置左右夫人。充母亦敕充迎李氏。郭槐怒，攘袂数充。充乃答诏，托以谦冲，不敢当两夫人盛礼，实畏槐也。荃为齐王攸妃，欲令充遣郭而还其母。时沛国刘含母，沛国，今安徽宿县。及帝舅羽林监王虔前妻，皆册丘俭孙女。此例既多，质之礼官，皆不能决。虽不遣后妻，多异居私通。充自以宰相，为海内准则，乃为李筑室于永年里，而不往来。荃、濬每号泣请充，充竟不往。会充当镇关右，公卿供帐祖道。荃、濬惧充遂去，乃排幔出，于坐中叩头流血，向充及群僚陈母应还之意。众以荃王妃，皆惊起而散。充甚愧愕，遣黄门将宫人扶去。既而郭槐女为皇太子妃，帝乃下诏，断如李比，皆不得还。后荃恚愤而薨。观此，又知郭槐求婚太子之由。而充两女婿亲疏等，而充终亲惠帝而疏齐王者，亦或有其闺房嬖畏之私焉。世及为礼之世，往往以一人一家之私，诒累及于政事，凡在势者皆然，正不必南面之尊而后尔，君子是以穆然于大同之世也。

第二节　八王之乱（上）

八王者汝南文成王亮，见第二章第二节。楚隐王玮，见上节。赵王伦，见第二章第二节。齐武闵王冏，献王子。长沙厉王乂，武帝第六子。成都王颖，武帝第十六子。河间王颙，大原烈王瓌子，瓌，安平献王子。东海孝献王越也。高密文献王泰子，泰，宣帝弟馗子。晋诸王与于乱事者，不仅此八人，而《晋书》以此八人之传，合为一卷，故史家皆称为八王之乱焉。八王之乱，初因杨、贾之争而起，仅在中央，继因赵王篡立，齐、成都、河间三王起兵讨之，遂至覃及四国。晋初乱原，虽云深远，《晋书》谓扇其风，速其祸者，咎在八王，则不诬也。

《晋书·后妃传》云：贾后性酷虐，尝手杀数人；或以戟掷孕妾，子随刃堕。武帝闻之，大怒，将废之。武悼皇后、充华赵粲、杨珧皆为之言，荀勖亦深救之，故得不废。武悼皇后数诫厉之，贾后不知其助己，因以致恨；谓后构之于武帝；忿怨弥深。此等记载，信否亦未可知。要之杨、贾不和，则为事实，而争端潜伏矣。大熙元年（290），四月，武帝崩。据《帝纪》：帝之崩在己酉，辛丑即以杨骏为太尉，都督中外诸军，录尚书事。而《骏传》云：帝自大康以后，不复留心万几，惟耽酒色。始宠后党，请谒公行。骏及珧、济，皆骏弟。势倾天下，时人有三杨之号。及帝疾笃，骏尽斥群公，亲侍左右。因辄改易公卿，树其心腹。会帝小间，见所用者正色曰："何得便尔？"乃诏中书：以汝南王亮与骏夹辅王室。骏从中书借诏观之，得便藏匿。信宿之间，上疾遂笃。后乃奏帝，以骏辅政。帝额之。便召中书监华廙，令何劭，口宣帝旨，使作遗诏，以骏为太尉，太子太傅，假节，都督中外诸军事。侍中、录尚书、领前将军如故。自是二日而崩。与《帝纪》所书自辛丑至己酉凡历九日者迥异，可见史文之不实也。《帝纪》云：帝寝疾弥留，至于大渐，佐命元勋，皆已先没。群臣皇惑，计无所从。会帝小差，有诏以汝南王亮辅政，又欲令朝士有名望年少者数人佐之。杨骏秘而不宣。帝寻复迷乱。杨后辄为诏，以骏辅政。促亮进发。帝寻小间。问汝南王来未意欲见之，有所付托。左右答言未至。帝遂困笃。说与《骏传》略同，而无自是二日而崩语，盖因与上文所记之日不合，故删之也。汝南王亮时为大司马，出督豫州，镇许昌。今河南许昌县。或说亮率所领入废骏，亮不能用，夜驰赴许昌。时司空石鉴，与中护军张劭，监统山陵。有告亮欲举兵讨骏。骏大惧，白太后，令帝为手诏，诏鉴、劭率陵兵讨亮。鉴以为不然，保持之。遣人密觇视，亮已别道还许昌。于是骏止。惠帝即位，以骏为太

傅，大都督，假黄钺，录朝政，百官总己。① 骏虑左右间己，乃以其甥段广、张
邵为近侍。凡有诏命，帝省讫，入呈太后然后出。又多树亲党，皆领禁兵。八
月，立广陵王遹为皇太子，是为愍怀太子。母谢淑媛，父以屠羊为业，选入后庭
为才人，惠帝在东宫，将纳妃，武帝虑其年幼，未知帷房之事，遣往东宫侍寝而
生遹者也。殿中中郎孟观、李肇，素不为骏所礼。黄门董猛，自帝为太子，即为
寺人监，在东宫，给事于贾后。乃与肇、观潜相结托。贾后令肇报亮，使连兵讨
骏。亮曰："骏之凶暴，死亡无日，不足忧也。"肇报楚王玮，玮然之。于是求
入朝。骏素惮玮，先欲召入，防其为变，因遂听之。及玮至，观、肇乃启帝，夜
作诏，中外戒严，遣使奉诏废骏，以侯就第。东安公繇，琅邪武王伷子。伷，宣帝
子。率殿中四百人随其后以讨骏。太傅主簿朱振说骏：烧云龙门，索造事者首。
开万春门，引东宫兵及外营兵，云龙，洛阳宫城正南门。万春，东门。拥翼皇太子，
入宫取奸人。骏素怯懦，不决。殿中兵出，骏逃于马厩，以戟杀之。观等受贾后
密旨，诛骏亲党，夷三族。死者数千人。时元康元年三月也。杨后题帛为书，射
之城外，曰："救太傅者有赏。"贾后因宣言太后同逆。诏送后于永宁宫。魏世太
后所居。特全后母高都君庞氏之命，听就后居止。贾后讽有司奏废太后为庶人，以
庞付廷尉行刑。庞临刑，太后抱持号叫。截发稽颡，上表诣贾后，称妾，请全母
命，不见省。初，太后尚有侍御十余人，贾后夺之。明年，三月，绝膳而崩。

杨骏既诛，征汝南王亮为太宰，与太保卫瓘同辅政。以秦王柬为大将军。东
平王楙后改封竟陵王。义阳成王望子。望，安平献王子。为抚军大将军。楚王玮为卫将
军，领北军中候。下邳王晃安平献王子。为尚书令。东安公繇为尚书左仆射，进
封王。繇欲擅朝政，与亮不平。初，繇有令名，为父母所爱。其兄武陵庄王澹，
恶之如仇。屡搆繇于亮，亮不纳。诛杨骏之际，繇屯云龙门，兼统诸军。是日，
诛赏三百余人，皆自繇出。澹因隙谮之。亮惑其说，遂免繇官，以公就第。坐有
悖言，废徙带方。《贾后传》云：繇密欲废后，贾氏惮之。带方，汉县，公孙康置郡，故治
在今朝鲜平壤西南。楙曲事杨骏，骏诛，依法当死，繇与楙善，故得不坐。至是，
亦免官，遣就国。玮少年果锐，多立威刑，朝廷忌之。亮奏遣诸王还藩，与朝臣
廷议，无敢应者，惟卫瓘赞其事，玮憾焉。玮长史公孙弘，舍人岐盛，并薄于
行，为玮所昵。瓘等恶其为人，虑致祸乱，将收盛。盛知之，遂与弘谋，因李
肇，矫称玮命，谮亮、瓘于贾后。后不之察，使惠帝为诏曰："太宰、太保，欲
为伊、霍之事，王宜宣诏，令淮南、忠壮王允，见上节。长沙、成都王屯宫诸门，
废二公。"夜使黄门赍以授玮。玮欲复奏，黄门曰："事恐漏泄，非本意也。"玮
乃止。遂勒本兵，复矫召三十六军，胡三省《通鉴注》曰：晋洛城内外三十六军。遣

① 史事：惠帝即位，年三十二，即立遹为太子。楚王兵起，朱振说杨骏，引东宫兵翼太
子，然有调和意。

弘、肇收亮、瓘杀之。岐、盛说玮："可因兵势，诛贾模、郭彰，见下。匡正王室，以安天下。"玮犹豫未决。会天明，帝用张华计，遣赍骀虞幡麾众曰："楚王矫诏。"众皆释杖而走，玮左右无复一人。帝遣谒者诏玮还营，遂执下廷尉。诏以玮矫制害二公，又欲诛灭朝臣，图谋不轨，遂斩之。公孙弘、祁盛，皆夷三族。长沙王乂，以玮同母，贬为常山王，之国。杨骏之诛也，司空陇西王泰领骏营。玮之被收，泰严兵将救之。祭酒丁绥谏曰："公为宰相，不可轻动。且夜中仓卒，宜遣人参审定问。"泰从之。玮既诛，乃以泰录尚书事。迁太尉，守尚书令。改封高密王。

楚王之乱，事在元康元年六月，自此至永康元年四月梁、赵之乱，安谧者实历九年，可知以西晋丧乱，归狱于贾后者之诬。①《贾充传》言：贾谧权过人主，奢侈逾度。室宇崇僭，器服珍丽。歌僮舞女，选极一时。开阁延宾，海内辐凑。贵游、豪戚及浮竞之徒，莫不尽礼事之。又言后从舅郭彰，充素相亲遇，亦豫参权势，宾客盈门。世人称为贾、郭。奢僭交通，为当时权戚之通病，未可专罪贾后一家。《传》又言充从子模，沉深有智算。贾后既豫朝政，拜模散骑常侍，二日，擢为侍中。模尽心匡弼。推张华、裴颜，同心辅政。数年之中，朝野宁静，模之力也。此为当时之实录。视他权戚之秉政者，不犹愈乎？《贾后传》云：模知后凶暴，恐祸及己，乃与裴颜、王衍谋废之，衍悔而谋寝。《华传》云：惠帝即位，以华为太子少傅。与王戎、裴楷、和峤，俱以德望为杨骏所忌，皆不与朝政。楚王玮诛，华以首谋有功。拜侍中、中书监。贾谧与后共谋，以华庶族，儒雅有筹略，进无逼上之嫌，退为众望所依，欲倚以朝纲，访以政事而未决。以问裴颜。颜素重华，深赞其事。华遂尽忠匡辅，弥缝补阙。虽当暗主、虐后之朝，而海内晏然，华之功也。裴颜时为侍中，其《传》云：颜以贾后不悦太子，抗表请增崇太子所生谢淑妃位号。乃启增置后卫率吏，给二千兵。《职官志》：惠帝建东宫，置卫率，初曰中卫率。泰始五年（269），分为左右，各领一军。愍怀太子在东宫，又加前后二率。此即下文刘卞所谓四率也。于是东宫宿卫万人。颜深虑贾后乱政，与司空张华，侍中贾模议废之而立谢淑妃。华、模皆曰："帝自无废黜之意，若吾等专行之，上心不以为是。且诸王方刚，朋党异议，恐祸如发机，身死国危，无益社稷。"此谋遂寝。案贾充为颜从母夫，王衍亦婚于贾谧，俱不应有废贾后之意，况贾模乎？当时方重门第，谢淑妃屠家女岂可以母仪天下哉？楚王既诛，愍怀未废九年之中，贾后初无大乱政事；而惠帝愚暗，朝局实后所主持；废之何为？华、颜终与贾后俱死，知其无背贾氏之心。即谓华、颜皆士君子，顾虑名义，不敢轻

---

① 史事：楚王乱后，安谧九年，由贾模用张华、裴颜。云贾模、裴颜、王衍欲废后立谢淑妃诬。云后诈有身欲废太子诬。太子非无罪。

犯，亦安能隐忍至于九年之久？且纵不敢为非常之举，独不可引身而退乎？《张华传》言：华少子题，以中台星坼，劝华逊位，华不从。将死，张林称诏诘之曰："卿为宰相，任天下事，太子之废，不能死节，何也？"华曰："式乾之议，臣谏事具存，非不谏也。"林曰："谏若不从，何不去位？"华不能答。《裴颜传》：或说颜曰："幸与中宫内外，可得尽言。言若不从，则辞病而退。二者不立，虽有十表，难乎免矣。"颜慨然久之，而竟不能行。论者因訾华、颜贪恋权位，其实华、颜皆非如是之人，此观其生平而可知，史文不足信也。颜之请崇谢淑妃位号，增东宫宿卫，盖正所以示大公，为贾氏久远计耳。《贾模传》云：模潜执权势，外形欲远之，每事启奏贾后，事入，辄取急或托疾以避之；至于素有嫌怨，多所中陷，朝廷甚惮之；皆近深文周内。又云：贾后性甚强暴，模每尽言，开陈祸福，后不能从，反谓模毁己，于是委任之情日衰，而谗间之徒遂进，模不得志，忧愤成疾卒，则更莫须有之辞矣。一云模与颜、衍谋废后，衍悔而事寝，一又云颜欲废后而华、模不从，其辞先已不仇，知其皆不足信也。

《愍怀太子传》云：幼而聪慧，武帝爱之，尝对群臣称太子似宣帝，于是令誉流于天下。然又云：及长，不好学，惟与左右嬉戏，不能尊敬保傅。或废朝侍，恒在后园游戏。有犯忤者，手自捶击之。令西园卖葵菜、篮子、鸡、面之属而收其利。东宫旧制，月请钱五十万，备于众用，太子恒探取二月，以供嬖宠。洗马江统陈五事以谏，太子不纳。中舍人杜锡，每尽忠规劝，太子怒，使人以针着锡常所坐毡中而刺之。太子性刚，知贾谧恃后之贵，不能假借。初贾后母郭槐，欲以韩寿女为太子妃，太子亦欲婚韩氏以自固，而寿妻贾午及后皆不听，而为太子聘王衍小女惠风，太子闻衍长女美，而贾后为谧聘之，心不能平。谧谮太子于后曰："太子广买田业，多蓄私财，以结小人者，为后故也。密闻其言云：皇后万岁后，吾当鱼肉之。若宫车晏驾，彼居大位，依杨氏故事，诛臣等而废后于金墉，城名，在洛阳东。如反手耳。不如早为之所，更立慈顺者，以自防卫。"后纳其言。又宣扬太子之短，布诸远近。于是朝野咸知后有害太子意。中护军赵俊请太子废后，太子不听。《张华传》云：左卫率刘卞，甚为太子所信，以贾后谋问华。华曰："不闻。假令有此，君欲如何？"卞曰："东宫俊义如林，四率精兵万人，公居阿衡之任，若得公命，皇太子因朝入录尚书事，废贾后于金墉城，两黄门力耳。"华曰："今天子当阳，太子人子也，吾又不受阿衡之命，忽相与行此，是无其君父，而以不孝示天下也。虽能有成，犹不免罪，况权戚满朝，威柄不一，而可以安乎？"元康九年（299），十二月，后诈称上不和，呼太子入朝。既至，后不见，置于别室。遣婢陈舞赐以酒枣，逼饮醉之。使黄门侍郎潘岳作书草，若祷神之文，有如太子素意，因醉而书之者。小婢承福，以纸笔及书草使太子书之。文曰："陛下宜自了，不自了，吾当入了之。中宫又宜速自了，不自了，吾当手了之。并与谢妃共要：克期两发，勿疑犹豫，以致后患。"云云。太子醉迷不觉，遂依而写之。其字半不成，既而补成之。后以呈帝。帝幸式乾殿，召公卿入，使黄门令董猛，以太子书及青纸诏示之，曰："遹书如此，令赐死。"遍示诸公、王，莫有言者。《遹传》。惟张华谏。裴頠以为宜先检校传书者。又请比校太子手书。贾后乃内出太子素启事十余纸。众人比视，亦无敢言非者。议至日西不决。后知华等意坚，因表乞免为庶人。帝乃可其奏。《张华传》。使前将军东武公澹即武陵庄王。以兵杖送太子、妃王氏、三皇孙于金墉城。考竟谢淑妃及太子保林蒋俊。此据《太子传》。《惠帝纪》于太子废后，即书杀太子母谢氏。《谢夫人传》则云：及愍怀遇酷，玖亦被害。玖，夫人名。明年，正月，贾后又使黄门自首欲与太子为逆。诏以黄门首辞、班示公卿。又遣澹以千兵防送太子，更幽于许昌宫之别坊，令治书侍御史刘振持节守之。《遹传》。赵王伦深交贾、郭，谄事中宫，大为贾后所亲信。太子废，使伦领右卫将军。左卫督司马雅，宗室之疏属也，及常从督许超，并尝给事东宫，与殿中中郎士猗等谋废贾后，复太子。以张华、裴頠，难与图权，伦执兵之要，性贪冒，可假以济事，乃说伦嬖人孙秀。秀许诺，言于伦，伦纳焉。事将起，秀更说伦曰："明公素事贾后，虽建大功于太子，太子含宿怒，必不加赏。今且缓其事，贾后必害太子，然后废后，为太子报仇，亦足以立功，岂徒免祸而已。"伦从之。秀乃微泄其谋，使谥党颇闻之。伦、秀因劝谥等早害太子，以绝众望。永康元年（300），三月，此据《遹传》。《纪》在二月。盖二月遣使，三月至。矫诏，使黄门孙虑至许昌害太子。《王浚传》云：浚镇许昌，与孙虑共害太子。太子既遇害，伦、秀之谋益甚，而超、雅惧后难，欲悔其谋，乃辞疾。二人本欲立功于太子以邀赏，太子死，则失其本图，且不信赵王也。秀复告右卫佽飞督闾和，和从之。乃矫诏，遣翊军校尉齐王冏，将三部司马，晋二卫有前驱、由基、强弩三部司马。废贾后为庶人，送之金墉城。杀张华、裴頠、贾午、贾谥等。伦寻矫诏，自为使持节大都督、督中外诸军事、相国、侍中、王如故，一依宣、文辅魏故事。孙秀等皆封大郡，并据兵权。百官总己，以听于伦。伦素庸下，无智策，复受制于秀。梁王肜见第二章第二节。共伦废贾后，故以为太宰，守尚书令。后或谓孙秀：散骑侍郎杨准，黄门侍郎刘逵欲奉肜以诛伦。会有星变，九月，改司徒为丞相，以肜为之，居司徒府。转准、逵为外官。矫诏害贾庶人于金墉城。淮南王允领中护军，密养死士，潜谋诛伦。伦甚惮之。转为太尉，外示优崇，实夺其兵也。允称疾不拜。伦遣御史逼允，收官属以下，劾以大逆。允率国兵及帐下七百人出讨伦。将赴宫，尚书左丞王舆闭东掖门，不得入，遂围相府。伦子虔为侍中，在门下省，遣司马督护伏胤领骑四百，从宫中出，诈言有诏助允，允不之觉，开陈纳之，下车受诏，为胤所害。坐允夷灭者数千人。齐王冏以废贾后功，转游击将军。冏意不满，有恨色。孙秀微觉之，且惮其在内，出为平东将军，假节，镇许昌。二事俱在八月。明年，永宁元年（301）。正月，伦遂篡位。迁惠帝于金墉。梁、赵之乱，论者皆谓祸原贾后，亦非其真。后果欲废太子，白杨骏败后，何时不可为之？何必待诸八年之后？太子之为人，据传文所载，明为不令，何待后之宣扬？惠帝之立，年三十二，虽不为少，亦不为老，果如史之所言，帝之于后，畏而惑之，《后传》。何难少缓建储，以待中宫之有子？即谓不然，而遹之立，距武帝之崩仅四月，亦何必如是其急？楚王难作，朱振即说杨骏：奉太子以索奸人，然则太子之立，殆杨氏所以掎贾氏；其源既浊，其流必不能清，故后与太子讫不和也。然《后传》言：广城君以后无子，甚敬重愍怀。每劝厉后，使加慈爱。贾谧恃贵骄纵，不能推崇太子，广城君恒切责之。及广城君病笃，占术谓不宜封广城，乃改封宜城。后出侍疾十余日。太子常往宜城第，将医出入，恂恂尽礼。宜城临终，执后手，令尽意于太子，言甚切至。又曰："赵粲及午，必乱汝事，我死后勿复听人。深忆吾言。"观宜城欲以韩寿女妃太子，太子亦欲婚于韩氏以自固，后虽不果，而谧与太子，仍为僚婿；可见当时贾氏与太子，皆有意于调和。太子婚于王氏而不悦，盖以未克婚于韩氏以自固，非必以王衍长女美而贾后为谧娶之也。贾午盖凤有岐视太子之心，故不肯以女与之。其终不克调和而至于决裂者，源既浊流自难清，其咎固不专在贾氏矣。谧之说贾后，不过曰更立慈顺者以自防卫，不云后自有子，则《后传》谓后诈有身，内稿物为产具，取韩寿子慰祖养之，托谅暗所生故弗显，遂谋废太子，以所养代立者自诬。自朱振以降，赵俊、刘卞，纷纷欲奉太子以倾贾后，式乾之事，安敢谓必出虚构？张华谏辞，今不可考。果谓太子无罪邪？抑谓虽有罪不可杀也？《华传》云：后知华等意坚，乃表乞免为庶人，则后说殆近之矣。醉至不辨书草云何，誊录能否半成，亦有可惑。且醉时手迹，必与醒时有异，王公百僚，亦岂不能辨？素启事十余纸，手迹果皆不合，贾后岂肯出之？王公百僚中，岂无一人能抗言者？然则裴颜欲检校传书者，又欲比校手迹，或亦所以为贾后谋，使有以取信于天下耳。颜与张华，皆素负清望，纵不能尽忠太子，宁不亦自惜其名；抗节而去，贾氏岂能遽害之；而依违腼忍，终与贾氏同尽邪？

第三节　八王之乱（下）

自来图篡窃者，必先削除四方之异己。晋初，州郡拥兵之习未除；诸王各据雄藩，更有厝火积薪之势；赵伦不图消弥，反使齐王冏出镇许昌，亦见其寡虑矣。时成都王颖镇邺，汉县。晋怀帝时避讳，改为临漳。今河南临漳县。遂与冏起兵讨伦。兖、豫二州晋兖州，治廪丘，今山东范县。豫州，治项，今河南项城县。时兖州刺史为王彦，豫州刺史为李毅。及南中郎将新野公歆后进封王，谥庄。扶风武王骏子。骏，宣帝子。俱起兵应之。伦遣将距之，破冏兵于阳翟，今河南禹县。而距颖之兵，败于溴水。出河南济源县西，东南流入河。左卫将军王舆，与尚书广陵公漼后封淮陵王。琅邪武王伷子。伷见上节。勒兵入宫，禽孙秀等斩之，逐伦归第。迎惠帝于金墉。诛伦及其党羽。冏之起兵也，前安西参军夏侯奭，自称侍御史，在始平，见第二章

第二节 合众得数千人以应囧。河间王颙时镇关中，囊遣信要颙，颙遣主簿房阳，河间国人张方讨禽囊，及其党数十人要斩之。及囧檄至，颙执囧使，送之于伦。伦征兵于颙，颙遣方率关右健将赴之。方至华阴，今陕西华阴县。颙闻二王兵盛，乃加长史李含龙骧将军，领督护席薳等追方军回，以应二王。至潼关，在今陕西潼关县东南。伦、秀已诛，天子反正，含、方各率众还。

囧入洛，甲士数十万，旌旗器械之盛，震于京都。天子就拜大司马，都督中外诸军事。加九锡之命，备物典策，如宣、景、文、武辅魏故事。以成都王颖为大将军，录尚书事。河间王颙为太尉。梁王肜为太宰，领司徒。时罢丞相，复置司徒。明年二月薨。颖左长史卢志，劝颖推崇齐王，徐结四海之心。颖纳之。遂以母疾归藩，委重于囧。囧遂辅政。大筑第馆。沉于酒色。不入朝见。坐拜百官，符敕三台。选举不均，惟宠亲昵。朝廷侧目，海内失望。囧兄东莱王蕤，与王舆谋废囧。蕤性强暴，使酒，数陵侮囧，囧以兄故容之。囧起义兵，赵王伦收蕤及弟北海王寔系廷尉，当诛，会孙秀死，蕤等悉得免。囧拥众入洛，蕤于路迎之，囧不即见，蕤恚；及囧辅政，蕤从求开府，不得，益怨；遂与典谋废囧。事觉，免为庶人，徙上庸。后汉末郡，今湖北竹山县。后封微阳侯。永宁初，上庸内史陈钟承囧旨害蕤。囧死，诏诛钟，复蕤。舆伏诛，夷三族。

初，李含与安定皇甫商有隙。安定，见第二章第二节。商为梁州刺史，治汉中，今陕西南郑县。为赵王伦所任。伦败，去职，诣河间王颙，颙慰抚之甚厚。含谏曰："商，伦之信臣，惧罪至此，不宜数与相见。"商知而恨之。后含征为翊军校尉。商参齐王囧军事，夏侯奭兄在囧府，商乃称奭立义，为西藩枉害，含心不自安。囧右司马赵骧，又与含有隙。囧将阅武，含惧骧因兵讨之，乃单马出奔于颙。矫称受密诏。颙即夜见之。三王之举义也，常山王乂率国兵应之，为成都王后系。至洛，迁骠骑将军，复本国。乂见齐王囧专权，谓成都王颖曰："天下者，先帝之业也，王宜维之。"闻其言者皆惮之。含说颙："檄长沙讨齐，使先闻于齐，齐必诛长沙，因传檄以加齐罪，去齐立成都。"颙从之。上表请废囧还第，以颖为宰辅。拜含为都督，统张方等向洛。檄乂使讨囧。囧遣其将董艾袭乂。乂将左右百余人驰赴宫，闭诸门，奉天子与囧相攻。囧败，禽囧杀之，幽其诸子于金墉。废北海王寔。以乂为太尉，都督中外诸军事。李含等旋师。

颙本以乂弱囧强，冀乂为囧所擒，以乂为辞，宣告四方，共讨之，因废帝立成都，己为宰相，专制天下，乂杀囧，其谋不果。乂之诛囧也，仍以皇甫商为参军，商兄重为秦州刺史。秦州，大康七年（286）复立。治上邽，今甘肃天水县。李含说颙，表迁重为内职，因其经长安执之。重知其谋，集陇上士众，以讨含为名。乂以兵革累兴，今始宁息，表请遣使诏重罢兵，征含为河南尹。见第二章第二节。颙使侍中冯荪，中书令卞粹与含潜图害乂。皇甫商知含前矫妄及与颙阴谋，具以告乂，乂并诛之。颖时县执朝政，事无巨细，皆就邺谘之。既恃功骄奢，百度弛废，甚于囹时。以乂在内，不得恣其所欲，密欲去乂。大安二年（303），八月，颙以张方为都督领精卒七万向洛。颖假陆机后将军，河北大都督，督王粹、牵秀、石超等二十余万人，来逼京师。帝幸十三里桥。在洛城西，去城十三里，因以为名。遣皇甫商距方于宜阳，县今河南宜阳县。为方所败。九月，帝进军缑氏，汉县，今河南偃师县西南。击牵秀，走之。而张方入京城，烧清明、开阳二门，洛阳城东有建春、东阳、清明三门，南有开阳、津阳、平昌、宣阳四门，西有广阳、西明、阊阖三门，北有大夏、广莫二门，凡十二门。死者万计。石超逼乘舆于缑氏。十月，帝旋于宫。超焚缑氏，服御无遗。王师破牵秀于东阳门外，又破陆机于建春门。石超亦走。乂奉帝讨张方于城内。方军望见乘舆，小退，方止之不得，众遂大败。杀伤满于衢巷。方退壁十三里桥。人情挫衄，无复固志，多劝方夜遁。方曰："兵之利钝是常，贵因败以为成耳。我更前作垒，出其不意，此用兵之奇也。"乃夜潜进，逼洛城七里。乂既新捷，不以为意。十一月，忽闻方垒成，乃出战，败绩。方决千金堨，在洛城西。水碓皆涸。① 乃发王公奴婢手春给兵廪。一品已下不从征者，男子十三以上皆从役。又发奴助兵，号为四部司马。公私穷踧，米石万钱。诏命所至，一城而已。先是朝议以乂、颖兄弟，可以辞说而释，乃使中书令王衍行太尉，光禄勋石陋行司徒，使说颖，令与乂分陕而居。颖不从，及是，城中大饥，而将士同心，皆愿效死；张方以为未可克，欲还长安；而殿中诸将及三部司马，疲于战守，密与左卫将军朱默夜收乂别省，逼东海王越为主，越时为司空，领中书监。启惠帝免乂官，送诸金墉。殿中左右谋劫出之，更以拒颖。越惧难作，欲遂诛乂。黄门郎潘滔劝越密告张方。方遣部将郅辅勒兵三千，就金墉收乂。至营，炙而杀之。八王之中，乂较有才略，乂死，大局益无望矣。

乂之请遣使诏皇甫重罢兵也，重不奉诏。河间王颙遣金城太守游楷，陇西太守韩稚等四郡兵攻之。金城、陇西，皆见第二章第二节。及颙、颖攻乂，乂使皇甫商闲行，赍帝手诏，使游楷等罢兵，令重进军讨颙。商间行过长安，至新平，见第二章第二节。遇其从甥，从甥素憎商，以告颙，颙捕得商，杀之。乂既败，重犹坚守，后城内知无外救，乃共杀重。先是李流乱蜀，诏侍中刘沈统益州刺史罗尚、梁州刺史许雄等讨之。行次长安，颙请留沈为军司。后领雍州刺史。及张昌作乱，诏颙遣沈将州兵万人，征西府五千人自蓝田关讨之，即峣关，在今陕西蓝田县东南。颙又逼夺其众。长沙王乂命沈将武吏四百人还州。张方既逼京都，王湖、祖逖逖时为乂骠骑主簿。言于乂："启上，诏沈发兵袭颙，颙必召张方自救。"乂从之。沈奉诏，驰檄四境，合七郡之众雍州统京兆、冯翊、扶风、安定、北地、始平、新平七郡，皆见第二章第二节。及守防诸军，坞壁甲士万余人袭长安。颙时顿于郑县

---

① 农业：水碓。

之高平亭，郑，秦县，今陕西华县。为东军声援。闻沈兵起，还镇渭城。汉县，即秦咸阳，晋省，今陕西咸阳县。遣督护虞夔率步骑万余逆沈于好畤，汉县，今陕西乾县东。夔众败。颙大惧，退入长安。果急呼张方、沈渡渭而垒，而冯翊太守张辅救颙，沈军败。张方遣其将敦伟夜至，沈众溃，与麾下百余人南遁，为陈仓令所执，陈仓，秦县，今陕西宝鸡县。颙鞭而后要斩之。时永兴元年正月也。张方大掠洛中，还长安。

时以河间王颙为太宰、大都督、雍州牧。成都王颖入京师，复旋镇于邺，增封二十郡，拜丞相。初，贾后既死，立愍怀太子之子臧为皇太孙。赵王伦篡位，废为濮阳王，害之。乘舆反正，复立臧弟襄阳王尚为皇太孙。大安元年（302），薨，乃立清河康王遐武帝子。之子覃为皇太子。及是，颙表颖宜为储副，遂废覃为清河王，立颖为皇太弟。丞相如故。制度一依魏武故事。乘舆服御，皆迁于邺。颖遣从事中郎盛夔等以兵五万，屯十二城门，殿中宿所忌者皆杀之，以三部兵代宿卫。七月，右卫将军陈眕，殿中中郎逯苞、成辅，及长沙故将上官巳等勒兵讨颖。帝北征。于时驰檄四方，赴者云集，军次安阳，汉侯国，晋为县，今河南安阳县。众十余万，邺中震惧。颖会其众问计。东安王繇即东安公进封，见上节，时遭母丧，在邺。曰："天子亲征，宜罢甲缟素，出迎请罪。"司马王混，参军崔旷劝颖拒战。颖从之。遣石超率众五万，次于荡阴。见第一节。陈眕二弟匡、规，自邺赴王师，云邺中皆已离散，由是不甚设备。超众奄出，王师败绩。矢及乘舆。侍中嵇绍，死于帝侧。左右皆奔散。超遂奉帝幸邺。颖害东安王繇，署置百官，杀生自己。立郊于邺南。成都王颙遣张方救邺，方复入洛阳。

初，王沈子浚，以东中郎将镇许昌。愍怀太子幽于许，浚承贾后旨，与孙虑共害之。迁青州刺史。寻徙督幽州。浚为自安计，结好夷狄，以女妻鲜卑务勿尘，又以一女妻苏恕延。三王起义，浚拥众挟两端，遏绝檄书，使其境内士庶，不得赴义，成都王颖欲讨之而未暇也。长沙见害，浚有不平之心。颖乃表请幽州刺史石堪为右司马，以右司马和演代堪，密使杀浚而并其众。演与乌丸单于审登谋之，单于以告浚，浚杀演，自领幽州。遂与并州刺史东嬴公腾见第二章第二节。讨颖。颖遣幽州刺史王斌及石超、李毅等距浚，为乌丸羯朱等所败。邺中大震，百僚奔走，士庶分散。卢志劝颖奉天子还洛阳。时甲士尚万五千人。志夜部分，至晓，众皆成列。而程太妃恋邺不欲去，颖不能决。俄而众溃，惟志与子谧、兄子绲，殿中虎贲千人而已。志复劝颖早发。时有道士，姓黄，号曰圣人，太妃信之，乃使呼入，道士求两杯酒，饮干，抛杯而去，计始决。而人马复散。志于营陈闲寻索，得数乘鹿车。司马督韩玄，收集黄门，得百余人。帝御犊车便发。屯骑校尉郝昌，先领兵八千守洛阳，帝召之，至汲郡而昌至。汲郡，今河南汲县。济河，张方率骑三千奉迎。凡五日至洛。羯朱追至朝歌，汉县，今河南淇县。不及而还。浚乘胜克邺。士众暴掠，死者甚多。鲜卑大略妇女，浚命敢有挟藏者斩，于是沈于易水者八千人。黔庶荼毒，自此始也。张方欲迁都长安，将焚宗庙、宫室，以绝人心。卢志说方，方乃止。十一月，方逼天子幸其垒。停三日便西。军人因妻略后宫，分争府藏。魏、晋已来之积，扫地无遗矣。既至长安，以征西府为宫。惟仆射荀藩，司隶刘暾，大常郑球，河南尹周馥，与其遗官，在洛阳为留台，承制行事，号为东西台焉。以张方为中领军，录尚书事，领京兆太守。十二月，诏成都王颖以王还第，以豫章王炽为皇太弟。炽即怀帝，武帝第二十五子。

帝之征邺也，以东海王越为大都督。六军败，越奔下邳。后汉国，晋为郡，今江苏邳县。徐州刺史东平王楙徐州治彭城，今江苏铜山县。不纳。越径还东海。治郯，今山东郯城县。成都王颖下宽令招之，越不应命。至是，以越为太傅，与太宰颙夹辅朝政，越让不受。东海中尉刘洽劝越发兵以备颖。兵既起，楙惧，乃以州与越。越以楙领兖州刺史。唱议奉迎大驾，还复旧都。率甲卒三万，西次萧县。今江苏萧县。先是豫州刺史刘乔，亦与诸州郡举兵迎驾。范阳王虓康王绥子。绥，馗子，馗，宣帝弟。督豫州，镇许昌。成都王颖为王浚所破也，虓自许屯于荥阳。见第二章第二节。会惠帝西迁，虓与从兄平昌公模长史冯嵩等盟，模后封南阳王，高密文献王子。推越为盟主。越承制，转乔为冀州刺史，冀州治房子，今河北高邑县。以虓领豫州。乔以虓非天子命，不受代，发兵距之。颍川太守刘舆颍川治阳翟，见上。昵于虓，乔上尚书，列舆罪恶。河间王颙宣诏，使镇南将军刘弘，征东大将军刘准，平南将军彭城王释，穆王权子。权，馗子，范阳康王之兄也。《释》，《刘乔传》作绎。《帝纪》与本传同，作释。与乔并力，攻虓于许昌。东平王楙自承制都督兖州，帝遣使者刘虔即拜焉。楙虑兖州刺史苟晞不避己，乃给虔兵，使称诏诛晞。晞时已避位。楙在州，征求不已，郡县不堪命。虓遣晞还兖，徙楙都督青州。晋青州治临菑，今山东临淄县。楙不受命，与乔相结。虓遣将田征击楙，破之。楙走还国。东平国，治须昌，今山东东平县。而乔乘虚破许，虓自拔济河。舆弟琨率众救虓，未至而虓败，琨乃说冀州刺史温羡，使让位于虓。虓遣琨诣幽州乞师，得突骑八百人。此据《琨传》，《乔传》云：琨率突骑五千济河攻虓，其所率不仅幽州兵也。济河攻乔。乔据考城以距之，考城，后汉县，晋省，今河南考城县。不敌而溃。乔收散卒，屯于平氏。汉县，今河南桐柏县西。初，越之起兵，关中大惧。张方谓河间王颙曰："方所领犹有十余万众，奉送大驾还洛宫；使成都王反邺；公自留镇关中；方北讨博陵；国，今河北安平县。如此，天下可以小安。"颙虑事大难济，不许。而成都王颖之废，河北思之，邺中故将公师藩等起兵迎颖，众情翕然，颙乃复使颖都督河北诸军，镇邺。遣将军吕朗屯洛阳。假刘乔节，以其长子祐为东郡太守。东郡，治濮阳，今河北濮阳县。又遣刘弘、刘准、彭城王释等援乔。弘以张方残暴，知颙必败，遣使受东海王越节度。乔遣祐距越于萧县之灵璧，今安徽灵璧县。败之。十二月，吕朗东屯荥阳。颖进据洛阳。颙使颖统楼褒、王阐诸军据河桥以距越。河桥，在今河南孟县南。晋武帝泰始十年（274），杜预所造。明年，为光熙元年（306），范阳王虓济自官渡，城名，在今河南中牟县北。拔荥阳，斩石超。分兵向许昌，许昌人纳之。遣督护田征及刘琨以突骑八百迎越。遇刘祐于谯，汉县，今安徽亳县。祐众溃，见杀。乔众遂散，与骑五百奔平氏。越进屯阳武。秦县，今河南阳武县。初，高密王泰为司空，以缪播为祭酒。越将起兵，以播父时故吏，委以心膂。播从弟右卫率胤，河间王颙前妃之弟也。越遣播、胤诣长安说颙：令奉帝还洛，约与颙分陕为伯。张方自以罪重，惧为诛首，谓颙曰："今据形胜之地，奉天子以号令，谁敢不服？"颙犹豫不决。方恶播、胤为越游说，阴欲杀之。播等亦虑方为难，不敢复言。颙遣方率步骑十万往讨越。方屯兵霸上，而刘乔为虓等所破。颙闻乔败，大惧，将罢兵，恐方不从，迟疑未决，播、胤乃复说颙：急斩方以谢。颙参军毕垣，河间冠族，为方所侮，亦说颙曰："张方盘桓不进，宜防其未萌，其亲信郅辅，具知其谋矣。"郅辅者，长安富人，方从山东来，甚微贱，辅厚相供给及贵，以为帐下督，甚昵之。① 颙便召辅。垣迎说辅曰："张方欲反，人谓卿知之。王若问卿，但言尔。不然，必不免祸。"辅既入，颙问之曰："张方反，卿知之乎？"辅曰："尔。"颙曰："遣卿取之，可乎？"又曰："尔。"颙乃使辅送书于方，因令杀之。送首以示东军，请和于越。越不听。刘琨以方首示吕朗，朗降。王浚遣督护刘根将三百骑至河上，王阐出战，为根所杀。颖顿军张方故垒。范阳王虓遣鲜卑骑与平昌、博陵众袭河桥，平昌，魏郡，治安丘，今山东安邱县西南。楼褒西走。追骑至新安。汉县，今河南渑池县东。道路死者，不可胜数。颖奔长安。越遣其将祁弘、宋胄、司马纂等迎帝。颙使人杀郅辅。四月，遣弘农太守彭随，北地太守刁默距祁弘等于湖。弘农、北地，见第二章第二节。湖县，在今河南阌乡县东。五月，与弘等战，大败。颙又遣马瞻、郭伟于霸水御之。霸水，出蓝田县东，西北过长安入渭。亦战败散走。颙乘单马，逃于大白山。在陕西郿县南。弘等所部鲜卑大掠长安，杀二万余人。弘等奉帝还洛阳，以六月朔至。八月，以东海王越录尚书事，范阳王虓为司空。成都王颖自华阴趋武关，在今陕西商县东。出新野，晋郡，今河南新野县。欲之本国。刘弘拒之。颖弃母、妻，单车与二子庐江王普、中都王廓渡河赴朝歌，收合故将士，欲就公师藩。顿丘太守冯嵩顿丘，晋郡，今河北清丰县西南。执颖及普、廓送邺。范阳王虓幽之。十月，虓暴薨。虓长史刘舆，见颖为邺都所服，虑为后患，秘不发丧，伪令人为台使，称诏，夜赐颖死，其二子亦死。东军以梁柳为镇西将军，守关中。马瞻等出诣柳，因共杀柳。与始平太守梁迈合从，始平，见第二章第二节。迎颙于南山。自大白山而东，渭水南岸之山，通称南山。

---

① 商业：郅辅供给张方。

弘农太守裴廙，秦国内史贾龛，秦国，扶风郡改，以封秦王柬者也。扶风，见第二章第二节。安定内史贾疋等安定，见第二章第二节。起义讨颙。斩马瞻、梁迈等。东海王越遣督护麋晃率国兵伐颙，至郑。颙将牵秀距晃，晃斩秀。此据《颙传》。《牵秀传》云：秀与马瞻等将辅颙以守关中。颙密遣使就东海王越求迎。越遣麋晃等迎颙。时秀拥众在冯翊，晃不敢进。颙长史杨腾，前不应越军，惧越讨之，欲取秀以自效，与冯翊大姓诸严，诈称颙命，使秀罢兵。秀信之。腾遂杀秀于万年。万年县，在今陕西临潼县东北。义军据有关中，颙保城而已，永嘉初，诏书以颙为司徒，而以南阳王模代镇关中。颙就征，模遣将于新安雍谷车上扼杀之，并其三子。此亦据《颙传》。《本纪》：颙之见杀，在光熙元年十二月。

惠帝既还洛阳，大权尽入东海王越之手。光熙元年（306），十一月，帝因食饼，中毒而崩。或云越之鸩。帝后羊氏，父玄之。贾后既废，孙秀议立后。后外祖孙旗，与秀合族；又诸子自结于秀；故以大安元年（302），立为皇后。成都王颖伐长沙，以讨玄之为名。义败，颖奏废后为庶人，处金墉城。陈眕等唱伐成都，复后位。张方入洛，又废后。留台复后位。永兴初，方又废后。河间王颙矫诏，以后屡为奸人所立，遣尚书田淑敕留台赐后死，诏书累至，刘暾与荀藩、周馥驰奏距之，颙见表，大怒，遣收暾，暾奔青州，而后遂得免。帝还洛，迎后复位。后洛阳令何乔又废后。张方首至，其日复后位。及是，后虑太弟立为嫂叔，不得称太后，催清河王覃入，将立之。侍中华混等急召太弟。太弟至，即位，是为怀帝。尊羊后为惠皇后。诸葛玫者，武帝诸葛夫人之昆弟。吏部郎周穆，玫之妻昆弟，《后妃传》云：穆为玫妇弟，《八王传》云：玫为穆妹夫。而清河王之舅也。与玫共说东海王越曰：“主上之为太弟，张方意也。清河王本太子，为群凶所废，先帝暴崩，多疑东宫，公盍思伊、霍之举，以宁社稷乎？”言未卒，越曰：“此岂宜言邪？”叱左右斩之。永嘉初，前北军中候吕雍、度支校尉陈颜等谋立覃为太子。事觉，幽覃于金墉。未几，被害。时年十四。

第四节　洛阳沦陷

怀帝既立，大权仍在东海王越之手。时八王之乱稍澹，然刘渊、石勒等，纷纷并起，势遂不可支矣。

魏武帝分匈奴之众为五部，单于於扶罗之子豹为左部帅，已见《秦汉史》第十二章第十节。豹卒，子渊代之。大康末，拜北部都尉。杨骏辅政，以渊为五部大都督。元康末，坐部人叛出塞免官。成都王颖镇邺，表渊监五部军事。《晋书·载记》言渊初为侍子，在洛阳，王济尝言于武帝，欲任以东南之事，为孔恂、杨珧所阻。后秦、凉覆没，帝畴咨将帅，李憙义欲发五部之众，假渊一将军之号，使平树机能，又为恂所阻。案借用夷兵，为后汉以来习见之事，王济、李憙，盖仍狃于旧习，然是时五胡跋扈之形已见，故孔恂、杨珧，欲防其渐也。惠帝失驭，寇盗蜂起，渊从祖故北部都尉左贤王刘宣等，密共推渊为大单于，使其党呼延攸诣邺，以谋告之。渊请归会葬，成都王颖弗许，乃令攸先归告宣等，招集五部，引会宜阳诸胡，见上节。声言应颖，实背之也。颖为皇太弟，以渊为太弟屯骑校尉。东嬴公腾、王浚起兵，渊说颖：还说五部，以赴国难。颖悦，拜渊为北单于，参丞相军事。渊至左国城，在今山西离石县北。刘宣等上大单于之号，都于离石。今山西离石县。时永兴元年八月也。旋迁于左国城。十一月，僭即汉王位。追尊蜀汉后主为孝怀皇帝，立汉三祖、高祖、世祖、昭烈帝。五宗大宗、世宗、中宗、显宗、肃宗。御主而祭之。东嬴公腾使将讨之，败绩。腾惧，率并州二万余户下山东。渊遣其族子曜寇大原、见第二章第二节。泫氏、汉县，今山西高平县。屯留、汉县，今山西屯留县。长子、汉县，今山西长子孙。中都，汉县，今山西平遥县西北。皆陷之。二年（305），离石大饥，迁于黎亭，《续汉志》：上党郡壶关县有黎亭。壶关，在今山西长治县东南。以就邸阁谷。永嘉元年（307），刘琨为并州刺史，渊遣刘景要击之于板桥，未详。为琨所败，琨遂据晋阳。汉县，今山西大原县。其侍中刘殷、王育劝渊定河东，取长安，以关中之众，席卷洛阳。渊遂进据河东。寇蒲坂、汉县，在今山西永济县北。平阳，见第二章第二节。皆陷之。入都蒲子。汉县，在今山西隰县东北。二年（308），十月，僭即皇帝位，迁都平阳。

石勒，《晋书·载记》云：初名匐，上党武乡羯人也。①上党，见第二章第二节。武乡，晋县，在今山西榆社县北。其先匈奴别部，羌渠之胄。祖耶奕干，父周曷朱，一名乞翼加；并为部落小率。《魏书·羯胡传》无羌渠之胄四字，而多分散居于上党武乡羯室，因号羯胡十四字。羌渠二字，可有二解：匈奴单于之名，一也。见《秦汉史》第十章第六节。《晋书·匈奴传》谓其部落入居塞内者凡十九种，中有羌渠，二也。夷狄多以先世之名为种号，则二名或仍系一实。然羌渠卒于后汉灵帝中平五年（188），石勒卒于东晋成帝咸和七年（332），年六十，当生于晋武帝泰始九年（273），上距中平五年八十五岁，勒果羌渠之胄，非其曾孙，即其玄孙，安得不详世数，泛言胄裔？且于於扶罗等尚为近属，安得微为小率，为人佣耕，至被略卖乎？且安得云别部？勒之称赵王也，号胡为国人，下令禁国人不得报嫂及在丧婚取，其烧葬令如本俗。烧葬之俗，古惟氐、羌有之，见《先秦史》第十三章第三节。然则羌渠之胄，犹言羌酋之裔耳。《晋》、《魏》二书，盖所本同物？羌渠之胄四字，当时盖已有误解者？故《魏书》删之，《晋书》则仍录元文也。晋时羯与匈奴，无甚区别，如晋愍帝出降时下诏张寔，称刘曜为羯贼

①　民族：石勒为羌人。羯室乃地以种名。

是。见《晋书·寔传》。胡三省谓羯为匈奴入居塞内十九种之一,《通鉴》卷八十六晋惠帝永兴二年(305)《注》,案据《晋书·匈奴传》:十九种之一曰力羯。其说盖是。羯室盖地以种姓名,非种姓之名,由地而得也。

石勒微时之事,已见第二章第二节。既免奴为群盗,仍掠缯宝,以赂汲桑。永兴二年(305),七月,公师藩等起兵赵、魏,众至数万,勒与汲桑帅牧人乘苑马数百骑以赴之。桑始命勒以石为姓,勒为名焉。藩济自白马,津名,在今河南滑县北。苟晞讨斩之,勒与桑亡潜苑中。谓茌平牧苑也。勒帅牧人,劫掠郡县,又招山泽亡命以应桑。桑乃自号大将军,称为成都王颖诛东海王越、东嬴公腾。腾时进爵东燕王,光熙元年九月,见《纪》。又改封新蔡。永嘉元年(307),三月,督司、冀诸军事,镇邺。五月,桑入邺,害腾。济自延津,在今河南延津县北。南击兖州。越大惧,使苟晞,王赞讨之。越次于官渡,见上节为晞声援。桑、勒为晞所败,收余众将奔刘渊。冀州刺史丁绍要之于赤桥,在今山东聊城县西北。又大败之。桑奔马牧,茌平马牧。勒奔乐平。见第二章第二节。王师斩桑于平原。见第二章第三节。此据《石勒载记》。《本纪》:十二月,并州人田兰、薄盛等斩汲桑于乐陵。田兰、薄盛系乞活贼,见下。乐陵,今山东乐陵县。时胡部大谓部之大人。张㔨督、冯莫突等拥众数千,壁于上党,勒往从之。因说㔨督归刘渊。渊署㔨督为亲汉王,莫突为都督部大,以勒为辅汉将军平晋王以统之。乌丸张伏利度,有众二千,壁于乐平,渊屡招不能致。勒伪获罪于渊,奔伏利度,因会执之,率其部众归渊。渊加勒督山东征讨诸军事,以伏利度之众配之。

王弥,东莱人。东莱,汉郡,今山东掖县。家世二千石。弥有才干,博涉书记,少游侠京师。光熙元年(306),三月,惤令刘伯根反,惤,汉县,在今山东黄县西南。《王弥传》称伯根为妖贼,《高密孝王略传》谓其诳惑百姓,盖藉宗教以惑众。弥率家僮从之,伯根以为长史。王浚遣将讨伯根,斩之。弥聚徒海渚,为苟纯所败,纯,晞弟,晞使督青州。亡入长广山为群贼,谓长广县之山。长广,汉县,今山东莱阳县。寇青、徐二州。后苟晞击破之。弥退集亡散,众复大振。晞与之连战,不能克。弥进寇泰山、汉郡,今山东泰安县。鲁、汉国,晋郡,治鲁县,今山东曲阜县。谯、见第三节。梁、见第二章第三节。陈、后汉郡,今河南淮阳县。汝南、见第二章第三节。颍川、见第三节。襄城诸郡。襄城,晋郡,今河南襄城县。永嘉二年(308),四月,入许昌。见第二节。五月,遂寇洛阳。司徒王衍破之七里涧。在洛阳东。弥谓其党刘灵曰:"晋兵尚强,归无所厝,刘元海渊字。昔为质子,我与之周旋京师,深有分契,今称汉王,将归之,可乎?"灵然之。乃渡河归刘渊。此据《晋书·弥传》。刘灵,阳平人,公师藩起,灵自称将军,寇掠赵、魏。《通鉴》系弥及灵之降汉于永嘉元年(307)。《考异》曰:"《弥传》:弥败于七里涧,乃与灵谋归汉。案《十六国春秋》:灵为王赞所败,弥为苟纯所败,乃谋降汉。今年春,灵已在渊所,五月弥乃如平阳,则二人降汉已久矣。"案二人先或降汉,然其决心归汉,而深资其力,仍不妨在此时也。阳平,见第二章第二节。

匈奴之众，虽云强劲，然在晋初，似已不甚足用，故刘渊初起时，必冒称汉后，冀得汉人扶翼也。盖匈奴与汉，杂居既久，多能力田，匈奴为汉人佃客，见第二章第二节。其好斗之风，已稍衰矣。是时晋阳荒残已甚，故渊不欲北师。洛阳自魏已来为国都，自其所欲，然力实未足取洛，故刘殷、王育劝其先定河东，取长安。然渊起兵数年以后，仍局促河东一隅，则其兵力实甚有限，微王弥、石勒归之，固不能为大患也。王弥、石勒，初亦不过群盗，使晋有雄武之主，才略之相，指挥州郡，削平之固亦不难。惜乎怀帝受制东海，不能有为；东海既无智勇，又乏度量，不惟不能指挥州郡，反致互相猜嫌。诸征镇惟刘琨为公忠，而并州破败已甚，自守且虞不足；王浚虚骄，苟晞残暴，俱非济世之才。于是中枢倾覆，州郡亦五合六聚而不能救矣，哀哉！

东海王越初甚德苟晞，与之结为兄弟。既而纳长史潘滔之说，转晞为青州，而自牧兖州，由是与晞有隙。越遂督兖、豫、司、冀、幽、并六州。永嘉二年（308），三月，自许迁于鄄城。汉县，今山东濮县。八月，复迁濮阳。汉县，今河北濮阳县。后又迁于荥阳。见第三节。三年（309），三月，自荥阳还洛。初，惠帝之还旧都，缪播亦从怀帝还，契阔艰难，深相亲狎。及怀帝即位，以播为从事黄门侍郎。俄转侍中，徙中书令。专管诏命，任遇日隆。及是，越勒兵入宫，于帝侧收播及其弟散骑常侍大仆胤，尚书何绥，大史令高堂冲，帝舅王延等十余人杀之。奏宿卫有侯爵者皆罢。时殿中武官并封侯，由是出者略尽。以何伦为右卫将军，王景为左卫将军，领东海国兵数百人宿卫。越解兖州牧，领司徒。盖时中枢亦不能与越同心，而越遂处于进退维谷之势矣。

王弥、石勒既降刘渊，渊使之寇邺。时尚书右仆射和郁镇邺。永嘉二年（308），九月，弥与勒攻之，郁奔卫国。汉县，今山东观城县。勒寇冀州，三年（309），四月，陷堡壁百余。七月，渊子聪与王弥寇上党，以石勒为先锋。围壶关，陷之，上党降贼。九月，聪围浚仪。秦县，在今河南开封县西北。曹武等讨之，败绩。聪等长驱至宜阳。平昌公模见第三节。遣淳于定、吕毅等讨之，又败。聪恃胜不设备，弘农太守垣延诈降，弘农，见第二章第二节。夜袭败之。是役也，《载记》称渊素服以迎师，盖其丧败颇甚。然是冬，复大发卒，遣聪、弥与刘曜、刘景等率精骑五万寇洛阳，呼延翼率步卒为之后继。晋颇败其兵，又得乞活帅李浑、薄盛来救，东嬴公腾之镇邺也，携并州将田甄、甄弟兰、祁济、李浑、薄盛等部众万余人至邺，遣就谷冀州，号为乞活。及腾败，甄等邀破汲桑于赤桥，越以甄为汲郡，兰为钜鹿太守。甄求魏郡，越不许。甄怒，越召之不至，遣监军刘望讨之。李浑、薄盛斩兰降。甄与任祉、祁济弃军奔上党。案乞活是时虽降，其众仍屯结不散，是后屡见其名焉。汲郡，见第三节。钜鹿，晋治廮遥，今河北宁晋县。魏郡，见第二章第二节。渊乃召聪等还。石勒寇常山，晋常山郡，治真定，今河北正定县。王浚使祁弘以鲜卑骑救之，大败之于飞龙山。《隋志》：飞龙山在石邑。隋石邑县，在今河北获鹿县东南。勒退屯黎阳。汉县，在今河南濬县东北。时晋使车骑将军王堪，北中郎将裴宪讨勒，宪奔淮南，魏郡，治寿春，今安徽寿县。堪退保仓垣。城名，在开封西北。勒陷长乐，晋国，即汉信都郡，今河北冀县。害冀州刺史王斌。四年（310），二月，袭鄄城，兖州刺史袁孚战败，为其下所杀。勒遂陷仓垣，害王堪。五月，寇汲郡，执太守胡宠。遂南济河。荥阳太守裴纯奔建业。时刘聪攻河内，见第二章第二节。勒复会之。至九月而河内降于勒。六月，刘渊死，子和即伪位，聪弑而代之。命子粲寇洛阳，勒复与粲会。已而粲出轘辕。山名，在今河南偃师县东南，接巩、登封二县界。勒出成皋关。谓成皋县之关。成皋，今河南汜水县。围陈留太守王赞于仓垣，为赞所败，退屯文石津。在今河南延津县东北。欲北攻王浚，而浚将王甲始以辽西鲜卑万余在津北，乃复南济河，攻襄城。汉县，后汉末置郡，今河南襄城县。时王如、侯脱、严嶷等叛于宛，勒并脱、嶷之众，惮如之强不敢攻，见第九节。乃南寇襄阳，汉县，后汉末置郡，今湖北襄阳县。渡沔寇江夏。晋郡，今湖北安陆县。复北寇新蔡，秦县，晋置郡，今河南新蔡县。进陷许昌。王弥之解洛围也，请于刘曜，愿出兖、豫，收兵积谷，以待师期。于是出辕，攻襄城。河东、见第二章第二节。平阳、弘农、上党诸流人在颍川、襄城、汝南、南阳、秦郡，治宛，今河南南阳县。河南者数万家，河南，见第二章第二节。为旧居人所不礼，皆焚烧城邑，杀二千石长吏以应弥。弥又以二万人会石勒寇陈郡、颍川，屯阳翟，见第三节。遣弟璋与勒共寇徐、兖，于是洛阳四面皆敌，日以孤危矣。

时京师饥，东海王越以羽檄征天下兵，无至者。越不得已，乃请出讨石勒，且镇集兖、豫，以援京师。帝曰："今逆虏侵逼郊畿，王室蠢蠢，莫有固志，岂可远出，以孤根本？"越言："贼灭则东诸州职贡流通，若端坐京辇，所忧逾重。"盖时京师实已不能自立矣。十一月，越率众出许昌，以行台自随。留妃裴氏、世子毗及李恽、何伦等守卫京都。以豫州刺史冯嵩为左司马，自领豫州牧。率甲士四万，东屯于项。见上节。于是宫省无复守卫，殿内死人交横。府寺营署，并掘堑自守。盗贼公行，枹鼓之音不绝。镇集外州之效未见，京师反弥不能自立已。

时周馥督扬州，镇寿春，汉县，晋孝武帝避讳，改为寿阳，今安徽寿县。乃表请迁都。言"王都罄乏，不可久居。河朔萧条，崤、函险涩，宛都屡败，江、汉多虞，于今平夷，东南为愈。淮阳之地，北阻涂山，在今安徽怀远县东。南抗灵岳，此指霍山言，在今安徽霍山县西北。名川四带，有重险之固。是以楚人东迁，遂宅寿春。徐、邳、东海，亦足戍御。且运漕四通，无患空乏。臣谨选精卒三万，奉迎皇驾。辄檄荆、湘、江、扬，各先运四年米租十五万斛，布、绢各十四万匹，以供大驾。令王浚、苟晞，共平河朔；臣等戮力，以启南路；迁都弭寇，其计并得。

皇舆来巡，臣宜转据江州，以恢皇略"。馥不先白越，而直上书，越大怒。① 先是越召馥及淮南太守裴硕。馥不肯行，而令硕率兵先进。硕贰于馥，乃举兵，称馥擅命，已奉越密旨图馥，遂袭之。为馥所败，退保东城。秦县，今安徽定远县东南。初，越之收兵下邳也，见上节。使琅邪王睿监徐州诸军事，即元帝，武王仙孙，父曰恭王觐。仙见第二节。镇下邳。寻都督扬州。越西迎驾，留睿居守。及是，硕求救于睿。睿遣甘卓、郭逸攻馥。安丰太守孙惠率众应之。安丰，晋郡，治霍丘，今安徽霍邱县。明年，正月，馥众溃，奔于项，为新蔡王确所拘，确，腾子。忧愤发病卒。案观刘渊、刘聪屡攻洛而不得志，知晋之兵力，尚足以固守洛阳，所苦者为饥馑。论物力之丰歉，自以南方为胜。史称东海王越以羽檄征天下兵，怀帝谓使者曰："为我语诸征镇：若今日尚可救，后则无逮矣。"时莫有至者。此说亦不尽然。是年九月，山简、督荆、湘、交、广、时镇襄阳。王澄、荆州刺史。杜蕤，南中郎将。实并遣兵入援，特为王如所阻耳。见《纪》是年九月。参看第九节。使怀帝果能迁都，江、扬、荆、湘之转漕，必能如期而至。不惟足以自立，且可支援北方。士饱马腾，军心自振。此时北方之破败，尚未至如后来之甚；怀帝号令北方，亦自较元帝为易。淮阳东控徐、兖，西接司、豫，其形势，自与后来之崎岖江左者不同也。史称馥以越不尽臣节，每言论厉然，越深惮之，其覆之也，盖全以其私怨；元帝则越之党耳；其误国之罪亦大矣。

南方之事甫平，东方之难复起。时潘滔为河南尹，与尚书刘望等共诬陷苟晞。晞怒，表求滔等首。又移告诸州，称己功伐，陈越罪状。帝亦恶越专权，永嘉五年（311），正月，乃密诏晞讨越。三月，复诏下越罪状，告方镇讨之。以晞为大将军。越使从事中郎杨瑁为兖州，与徐州刺史裴盾共讨晞。晞使骑收潘滔，滔夜遁，乃执尚书刘曾，侍中程延斩之。越以祸结衅深，忧愤成疾，薨于项。以襄阳王范楚隐王子。为大将军，统其众，还葬东海。见上节。越之出也，以太尉王衍为军司。及是，众推衍为主，率众东下。石勒以轻骑追之，及之苦县之宁平城。苦，汉县，晋更名谷阳，在今河南鹿邑县东。宁平，汉县，晋省，在鹿邑西南。衍遣将军钱端与战，败死。衍军大溃。勒分骑围而射之，相登如山，无一免者。执衍等害之。左卫何伦、右卫李恽闻越薨，秘不发丧，奉裴妃及越世子毗，出自洛阳。从者倾城，所在暴掠。至洧仓，洧水之邸阁，在许昌东。又为勒所败。毗及宗室三十六王，俱没于贼。此据《越传》，《本纪》作四十八王。李恽杀妻子奔广宗。何伦走下邳。裴妃为人所略卖，大兴中得渡江。广宗，后汉县，今河北威县东。于是晋之兵力亦尽矣。

五月，先是苟晞表请迁都仓垣，帝将从之。诸大臣畏潘滔，不敢奉诏。且宫中及黄门恋资财不欲出。至是饥甚，人相食，百官流亡者十八九。帝召群臣会议

---

① 史事：越阻周馥请迁之误。

将行，而警卫不备。帝抚手叹曰："如何？"时无车舆，乃使司徒傅祗出诣河阴，汉平阴县，魏改，在今河南孟津县东。修理舟楫，为水行之备。朝士数十人导从，帝步出西掖门，至铜驼街，为盗所掠，不得进而还。刘聪遣其子粲及王弥、刘曜等率众四万，长驱入洛川。遂出镮辕，周旋梁、陈、汝、颍之间。聪复以禁兵二万七千，配其卫尉呼延晏，自宜阳入洛川，命王弥、刘曜及石勒进兵会之。晏及河南，王师前后十二败，死者三万余人。晏遂寇洛阳，攻陷平昌门。以后继不至，复自东阳门出。洛阳诸门名。皆见上节。时帝将济河东遁，具船于洛水，晏尽焚之，还于张昌故垒。王弥、刘曜至，遂会围洛阳。六月，宣阳门陷，帝开华林园门，见第一节。出河阴藕池，为曜等所追及。百官士庶，死者三万余人。帝蒙尘于平阳。刘聪以帝为会稽公。七年（313），正月，聪大会，使帝着青衣行酒，侍中庾珉号哭，贼恶之。会有告珉及王俊等谋应刘琨者，帝遂遇弑，崩于平阳。时年三十。珉等皆遇害。史载荀崧之言：谓"怀帝天姿清劭，少著英猷，若遭承平，足为守文佳主，而继惠帝扰乱之后，东海专政，无幽、厉之衅，而有流亡之祸"。盖晋之亡，其原因虽非一端，而怀帝之坐困于洛阳，则东海实为之，其罪要未容末减也。

第五节　长安倾覆

怀帝立豫章王铨为太子，铨，清河康王遐子。遐见第三节。与帝同没刘聪。《元帝纪》：大兴三年（320），五月，景寅，孝怀帝太子诠①遇害于平阳，帝三日哭。洛阳之急也，司空荀藩，勖子。与弟光禄大夫组奔辕。见上节。及是，移檄州镇，以琅邪王为盟主。时王浚亦移檄天下，称被中诏，承制以藩为太尉。豫章王端铨弟，铨为太子封。东奔苟晞，晞立为皇太子，自领尚书令，具置官属，保梁国之蒙县。在今河南商邱县东北。使王赞屯阳夏。秦县，今河南大康县。晞出于孤微，位至上将，志颇盈满。奴婢将千人，侍妾数十，终日累夜，不出户庭，刑政苛虐，纵情肆欲，由是众心稍离。九月，石勒攻阳夏，灭王赞，驰袭蒙城，执晞，署为司马，月余乃杀之。豫章王端亦没于贼。时傅祗与晞共建行台，晞推祗为盟主，以司徒持节大都督诸军事传檄四方。祗子宣，尚弘农公主，祗遣宣将公主与尚书令和郁赴告方伯，征义兵。自屯孟津小城，宣弟畅行河阴令，以待宣。祗以暴疾薨。畅没于石勒。孟津，见第二章第二节。河阴，见上节。

南阳王模之代河间王颙也，关中饥荒，百姓相啖，加以疾疠，盗贼公行。模力不能制，乃铸铜人、钟鼎为釜器以易谷，议者非之。东海王越表征模为司空。

---

① 应为铨。

模谋臣淖于定说模曰："关中天府之国，霸王之地，今以不能绥抚而还，既于声望有亏；又公兄弟唱起大事，而并在朝廷，若自强则有专权之罪，弱则受制于人；非公之利也。"模纳其言，不就征。及洛京倾覆，模使牙门将赵染戍蒲坂。见上节。染求冯翊太守，冯翊，见第二章第二节。不得，怒，率众降于刘聪。聪以为平西将军，使与其安西将军刘雅率众二万攻模。刘粲、刘曜率大军继之。模使淖于定距之，为染所败。士众离叛，仓库虚竭。军祭酒韦辅曰："事急矣，早降可以免。"模从之。染箕踞攘袂，数模之罪，送诣粲，粲杀之。时永嘉五年八月也。聪以刘曜为雍州牧，镇长安。

武帝子吴孝王晏之子业，出后伯父柬，见第一节，袭封秦王，荀藩之甥也。避难于密，汉县，今河南密县。与藩、组相遇。行台以密近贼，南趣许、颍。阎鼎者，天水人。天水，见第二章第二节。初为东海王越参军。行豫州刺史，屯许昌。遭母丧，于密县鸠集流人数千，欲还乡里。司徒左长史刘畴，在密为坞主。中书令李暅，此依《阎鼎传》。《王浚传》作李絙。太傅参军驹捷、刘蔚，镇军长史周颛，司马李述，皆来赴畴。金以鼎有才用，且手握强兵，劝藩假鼎冠军将军、豫州刺史，蔚等为参佐。鼎因西人思归，欲立功乡里，乃与抚军长史王毗，司马傅逊怀翼戴秦王之计。谓畴、捷等曰："山东非霸王处，不如关中。"传畅遗鼎书，劝奉秦王过洛阳，拜谒山陵，径据长安。鼎得书，便欲诣洛。流人谓北道近河，惧有抄截欲南自武关。见第三节。畴等皆山东人，不愿西入，荀藩及畴、捷等皆逃散。鼎追藩，不及。暅等见杀。惟颛、述走得免。遂奉秦王自宛趣武关。宛见上节。频遇山贼，士卒亡散。次于蓝田，见第三节。鼎告雍州刺史贾疋。疋，武威人，魏太尉诩曾孙也，初为安定太守。雍州刺史丁绰贪横，失百姓心。谮疋于南阳王模。模以军司谢班伐疋。疋奔泸水，即卢水胡，见第二章第二节。此据《疋传》。《模传》云：模表遣世子保为西中郎将、东羌校尉，镇上邽。秦州刺史裴苞距之。模使帐下都尉陈安攻苞，苞奔安定。疋以郡迎苞。模遣军司谢班伐疋。疋退奔泸水。上邽，见第三节。安定，见第二章第二节。与胡彭荡仲及氐窦首结为兄弟，聚众攻班。绰奔武都。见第二章第二节。疋复入安定，杀班。愍帝以疋为雍州刺史。《晋书·疋传》如此。案时愍帝尚为秦王，《传》采其后称之。疋率戎晋二万余人，将伐长安。新平太守竺恢亦固守。新平，见第二章第二节。刘粲闻之，使刘曜、刘雅及赵染距疋。先攻恢，不克。疋邀击，大败之。曜中流矢，退走。疋追之，至于甘泉。汉甘泉宫，在今陕西淳化县西北甘泉山上。旋自渭桥袭荡仲，杀之。渭桥，在长安西北。关中小定。乃遣州兵迎卫业，达于长安，又使京兆尹梁综助守。遂共奉业为皇太子，时永嘉六年九月也。据《疋传》及《本纪》。《刘聪载记》云：刘曜既据长安，安定太守贾疋，及诸氐、羌，皆送质任，惟雍州刺史麴特、新平太守竺恢固守不降。护军麴允，频阳令梁肃，自京兆南山，将奔安定，遇疋任子于阴密，拥还临泾。推疋为平南将军，率众五万，攻曜于长安。扶风太守梁综及麴特、竺恢等，亦率众十万会之。曜遣刘雅、赵染来距，败绩而还。曜又尽长安锐卒，与诸军战于黄丘，曜众大败，中流矢，退保甘渠。杜人王秃、纪持等攻刘粲于新丰，粲还平阳，曜攻陷池阳，掠万余人，归于长安。时阎鼎等奉秦王为皇太子，入于雍城、关中戎晋，莫不响应。麹特等围长安，曜连战败绩，乃驱士女八万余口，退还平阳。频阳，秦县，在今陕西富平县东北。阴密，汉县，在今甘肃灵台县西。临泾，汉县，在今甘肃镇原县南。扶风，见第二章第二节。黄丘，胡三省《通鉴注》云：在云阳县黄岭山下。灵阳，汉县，在今陕西淳化县西北。甘渠，盖即甘泉。杜县，在长安西南。新丰，汉县，在今陕西临潼县东。池阳，汉县，在今陕西泾阳县西北。雍，汉县，在今陕西凤翔县南。以鼎为太子詹事，总摄百揆。梁综与鼎争权，鼎杀综，以王毗为京兆尹。《鼎传》云：鼎首建大谋，立功天下。始平太守麹允，始平，见第二章第二节。抚夷护军索綝，并害其功，且欲专权。冯翊太守梁纬，北地太守梁肃，北地，见第二章第二节。并综母弟，琳之姻也。谋欲除鼎。乃证其有无君之心，专戮大臣，请讨之。遂攻鼎。鼎出奔雍，为氐窦首所杀。案麹允金城人，世为豪族。金城，见第二章第二节。綝，敦煌人，靖之子。敦煌，见第二章第二节。河间王使与张方东迎乘舆。后转为南阳王模从事中郎。迁新平、冯翊太守。拒刘聪，屡有战功。及模被害，綝泣曰："与其俱死，宁为伍子胥。"乃赴安定，与贾疋、梁综、时为扶风太守。麹允等纠合义众，频破贼党，与鼎共立秦王为太子。亦皆志节之士，非妒贤疾能者。是时之争，盖党派不易骤合，虽各怀公忠之心，而衅祸仍不能弥，扰攘之际类然，亦不足为谁咎也。贾疋亦志节之士，其送质任于刘曜，盖欲以为后图，非叛晋也。贾疋旋因讨贼遇害。《本纪》称贼张连。《疋传》云：荡仲子夫护，帅群胡攻之，疋败走，夜堕于涧，为夫护所害。盖连与夫护，合而为寇。众推麹允领雍州刺史，为盟主，承制选置。明年，永嘉七年(313)，愍帝建兴元年。四月，怀帝崩问至，业即位，是为愍帝。

愍帝既立，以麹允为尚书左仆射，录尚书，雍州刺史如故。索綝为右仆射，领京兆尹。建兴二年(314)，六月，刘曜、赵染寇新丰诸县，索綝讨破之。七月，曜、染等又逼京都，麹允讨破之。染中流矢而死。《本纪》。《刘聪载记》云：染寇北地，中流矢而死。三年(315)，正月，以侍中宋哲为平东将军，屯华阴。见第三节。九月，刘曜寇北地，命麹允讨之。十月，允进攻青白城。此据《本纪》，《允传》作清白城。刘曜闻之，转寇上郡。见第二章第二节。刘聪陷冯翊，太守梁肃奔万年。见第三节。此据《本纪》及《麹允传》。《刘聪载记》：刘曜又进军屯于粟邑。麹允饥甚，去黄白而军于灵武。曜进攻上郡，太守张禹，与冯翊太守梁肃，奔于允吾。于是关右翕然，所在应曜。曜进据黄阜。粟邑，汉县，在今陕西白水县西北。黄白，城名，在今陕西三原县东北。灵武，汉县，在今宁夏宁朔县西北。允吾，汉县，在今甘肃皋兰县西北。黄阜，未详。四年(316)，四月，麹允救上郡，军于灵武，以兵弱不敢进。上郡太守籍韦率其众奔于南郑。梁州治，见第三节。七月，曜攻北地，允率步骑三万救之，王师不战而溃。太守麹昌奔京师。曜进至泾阳，见第二章第二节。渭北诸城悉溃。八月，曜进逼京师。内外断绝，麹允与公卿守长安小城以自固。散骑常侍华辑，监京兆、冯翊、弘农、见第二章第二节。上洛晋郡，今陕西商县。四郡兵，东屯霸上；镇军将军胡崧，南阳王保所遣，见下。帅城西诸郡兵屯遮马桥；并不敢进。

十月，京师饥甚，米斗金二两，人相食，死者大半。大仓有麹数十饼，麹允屑为粥以供帝，至是复尽。帝泣谓允曰："今窘厄如此，外无救援，死于社稷，是朕事也。朕念将士，暴离斯酷。今欲因城未陷，为羞死之事，庶令黎元，免屠烂之苦。行矣遣书，朕意决矣。"十一月，乙未，使侍中宋敞送笺于曜。帝乘羊车，肉袒、衔璧、舆榇出降。群臣号泣攀车，执帝之手，帝亦悲不自胜。曜焚榇受璧，使宋敞奉帝还宫。辛丑，帝蒙尘于平阳。麹允及群官并从。刘聪假帝光禄大夫怀安侯。壬寅，聪临殿，帝稽首于前，麹允伏地恸哭，因自杀。明年，十月，聪出猎，令帝行车骑将军，戎服执戟为导。百姓聚而观之，故老或歔欷流涕。聪闻而恶之。聪后因大会，使帝行酒洗爵；返而更衣，又使帝执盖；晋臣在坐者多失声而泣。尚书郎辛宾抱帝恸哭，为聪所害。十二月，戊戌，帝遇弒，崩于平阳。时年十八。

《本纪》云："帝之继皇统也，属永嘉之乱，天下崩离。长安城中，户不盈百，墙宇颓毁，蒿棘成林。朝廷无车马章服，惟桑版署号而已。众惟一旅，公私有车四乘。器械多阙，运馈不继。巨猾滔天，帝京危急，诸侯无释位之志，征镇阙勤王之举，故君臣窘迫，以至杀辱云。"案愍帝之亡，全由关中之荒毁，及诸镇之坐视。帝即位越月，即以琅邪王睿为左丞相，大都督陕东诸军事。南阳王保为右丞相，大都督陕西诸军事。诏二王："今幽、并两州，勒卒三十万，直造平阳。右丞相宜帅秦、凉、雍虎旅三十万，径诣长安；左丞相帅所领精兵二十万，径造洛阳；分遣前锋，为幽、并后驻。"三年（315），二月，又进琅邪王为大都督督中外诸军事，南阳王为相国。盖其所期望于方镇者至深。进捣贼巢，奔问官守，或非幽、并、扬、徐之力所及，然力之能及者，即不论君臣之义，辅车相依之理，要自不可忘也。当时雍州实为秦、凉外蔽。乃《索綝传》言：帝累征兵于南阳王保，保左右议曰："蝮蛇在手，壮士解腕，且断陇道，以观其后。"从事中郎裴诜曰："蛇已螫头，头可截不？"保以胡崧为前军都督，须诸军集乃当发。麹允欲挟天子趋保，綝以保必逞私欲，乃止。自长安以西，不复奉朝廷，百官饥乏，采稆自存。《张寔传》：其父轨卒，州人推寔摄父位，愍帝因下策书授之。刘曜逼长安，寔遣将军王该率众以援京城，《本纪》：建兴四年（316），四月·凉州刺史张寔遣步骑五千，来赴京都。帝嘉之，拜都督陕西诸军事。及帝将降于刘曜，下诏于寔，进寔为大都督、凉州牧、司空，承制行事。又言已诏琅邪王：时摄大位，君其协赞琅邪，共济艰运。盖西朝区区，始终不忘情于诸侯之释位者如此。然寔叔父西海太守肃，王莽置西海郡，光武中兴弃之。至献帝兴平二年（195），武威太守张雅请置西海郡，分张掖之居延一县以属之。请为前锋击刘曜，寔卒弗许，致肃闻京师陷没，悲愤而卒。盖当时方镇之坐视朝廷倾覆又如此。饥穷之长安，果将何以自立哉？麹允、索綝，自为志节之士。《索綝传》云：刘曜围京城，綝与麹允固守长安小城。胡崧承檄奔命，破曜于灵台。《三辅黄图》：周文王灵台，在长安西四十里。崧虑国家威举，则麹、索功盛，乃案兵渭北，遂还槐里。汉县，今陕西兴平县。案此亦厚诬，当时崧之兵力，实未足以进取也。城中饥窘，人相食，死亡逃奔不可制，惟凉州义众千人，守死不移。帝使宋敞送笺降于曜，綝潜留敞，使其子说曜曰："今城中粮犹足支一岁，未易可克也。若许綝以车骑、仪同、万户郡公者，请以城降。"曜斩而送之，曰："天下之恶一也。"及帝出降，綝随帝至平阳，刘聪以其不忠于本朝，戮之于东市。夫当易子析骸之时，而犹为诳语以徼富贵，纵置綝之志节勿论，有如是其愚者乎？綝之潜留宋敞，使易说辞，盖犹阴有所图，冀存宗社于万一。其说辞如何不可知，而谓其求车骑、仪同、万户郡公，则必敌国诬罔之辞也。① 晋之公卿百官，为刘聪所害者甚多，见于《本纪》者，辛宾外尚有尚书梁允，侍中梁濬，散骑常侍严敦，左丞相臧振，黄门侍郎任播、任伟、杜晏及诸郡守，皆至平阳后见杀。岂皆以其不忠于本朝哉？《麹允传》云：允性仁厚，无威断。吴皮、王隐之徒，无赖凶人，皆加重爵。新平太守竺恢，始平太守杨像，扶风太守竺爽，安定太守焦嵩，皆征、镇、杖节，加侍中、常侍。村坞主帅，小者犹假银青、将军之号，欲以抚结众心。然诸将骄恣，恩不及下，人情颇离，羌、胡因此跋扈，关中淆乱。刘曜复攻长安，百姓饥甚，死者大半。久之，城中窘逼，帝将出降，叹曰："误我事者，麹、索二公也。"夫乌合之众之不易驭久矣，然允及綝用之，虽值饥穷，犹能累致克捷，与逆胡相枝柱者且四年，赏罚无章者而能然乎？羊车之辱，全由愍帝之不能死国，谓"误我事者麹、索二公"，盖深悔当时之称尊矣。然以是为麹、索罪，可乎？

第六节　巴氏据蜀

晋世海宇分裂，首起割据者，实为巴氏，其事尚在刘渊创乱之前，特其地较偏，未能牵动大局耳。《晋书·载记》云：李特，巴西宕渠人。宕渠，汉县，后汉尝置郡，旋废，故城在今四川渠县东北。其先廪君之苗裔也。昔武落钟离山崩，山在今湖北长杨县西北。有石穴二所：其一赤如丹，一黑如漆。有人出于赤穴者，名曰务相，姓巴氏。有出于黑穴者，凡四姓：曰暚氏，《后汉书》作暉氏。樊氏，柏氏，《后汉书》作相氏。郑氏。五姓俱出，皆争为神。于是相与以剑刺穴屋，能著者以为廪

---

① 史事：谓索綝欲降敌、麹允无威断之诬。

君。四姓莫著，而务相之剑悬焉。又以土为船，雕画之，而浮水中，曰："若其船浮存者，以为廪君。"务相船又独浮，于是遂称廪君。乘其土船，将其徒卒，当夷水而下。至于盐阳。《后汉书注》云：今施州清江县水，一名盐水。案即今湖北之清江水。盐阳水神女子，止廪君曰："此鱼盐所有，地又广大，与君俱生，可止无行。"廪君曰："我当为君，求廪地，不能止也。"盐神夜从廪君宿，旦辄去为飞虫。诸神皆从其飞，蔽日昼昏。廪君欲杀之，不可别；又不知天地东西。如此者十日，廪君乃以青缕遗盐神，曰："婴此。即宜之，与汝俱生；弗宜，将去汝。"盐神受而婴之。廪君立碛石之上，望膺有青缕者，跪而射之，中盐神，盐神死，群神与飞者皆去，天乃开朗。廪君复乘土船下，及夷城。夷城石岸曲，泉水亦曲。廪君望如穴状，叹曰："我新从穴中出，今又入此，奈何？"岸即为崩。广三丈余，而阶陛相乘。廪君登之。岸上有平石，方一丈，长五尺。廪君休其上。投策计算，皆著石焉。因立城其旁而居之。其后种类遂繁。秦并天下，以为黔中郡。秦黔中郡，汉改为武陵，故治在今湖南溆浦县境。薄赋敛之，口出钱四十。巴人呼赋为賨，因谓之賨人焉。案此说殊误。《后汉书·刘表传》：江南宗贼大盛；《三国·吴志·士燮传》：燮子徽，自署交趾太守，发宗兵拒戴良；是其字本作宗。宗人所出之赋，则加贝为賨，乃赋以人名，非人以赋名也。及汉高祖为汉王，募賨人平定三秦。既而求还乡里。高祖以其功，复同丰、沛，不供赋税。更名其地为巴郡。汉巴郡，治江州，今四川江北县。俗性剽勇，又善歌舞。高祖爱其舞，诏乐府习之，今巴渝舞是也。《后汉书·南蛮传》，以巴郡南郡蛮为廪君之后，述廪君事与《晋书》同，而辞较略。又有板楯蛮夷者，云：秦昭襄王时，有一白虎，常从群虎，数游秦、蜀、巴、汉之境，伤害千余人。昭王乃重募国中：有能杀虎者，赏邑万家，金百镒。时有巴郡阆中夷人，阆中，秦县，刘璋于此置巴西郡，今四川阆中县西。能作白竹之弩，乃登楼射杀白虎。昭王嘉之，而以其夷人，不欲加封，乃刻石盟要，复夷人顷田不租，十妻不算，伤人者论，杀人者以倓钱赎死。盟曰："秦犯夷，输黄龙一双，夷犯秦，输清酒一钟。"夷人安之。至高祖为汉王，发夷人还伐三秦。秦地既定，乃遣还巴中。复其渠帅罗、朴、督、鄂、度、夕、龚七姓，不输租赋。余户乃岁入賨钱，口四十。世号为板楯蛮夷。阆中有渝水，其人多居水左右。天性劲勇。初为前锋，数陷陈。俗喜歌舞。高祖观之，曰："此武王伐纣之歌也。"乃命乐人习之。所谓巴渝舞也。遂世世服从。至于中兴，郡守常率以征伐。其述巴郡南郡蛮则云：秦惠王并巴中，以巴氏为蛮夷君长，世尚秦女。其民爵比不更，有罪得以爵除。其君长，岁出赋二千一十六钱，三岁一出义赋千八百钱。其民，户出幏布八丈二尺，鸡羽三十镞。观赋法之不同，知巴氏等五姓与罗氏等七姓实为两部落,《晋书》辞不别白。① 然其同为氏族,则无疑也。《晋书》又云:汉末,张鲁居汉中,以鬼道教百姓,賨人敬信巫觋,多往奉之。直天下大乱,自巴西之宕渠,迁于汉中杨车坂,抄掠行旅,百姓患之。号为杨车巴。魏武帝克汉中,特祖将五百余家归之。魏武帝拜为将军,迁于略阳北土。略阳,见第二章第二节。复号之为巴氏。宕渠距阆中近,盐水远,李特之先,似当属板楯蛮夷,不与巴郡南郡蛮同部,特板楯蛮夷,亦未必不以廪君为共祖耳。②

李特父慕,为东羌猎将。特少仕州郡,见异当时。元康中,氐齐万年反,关西扰乱,频岁大饥。百姓乃流移就谷。相与入汉川者数万家。既至汉中,上书求寄食巴、蜀。朝议不许。遣侍御史李苾持节慰劳,且监察之,不令入剑阁。在今四川剑阁县北。苾至汉中,受流人货赂,反为表曰:"流人十万余口,非汉中一郡,所能振赡。东下荆州,水湍迅险,又无舟船。蜀有仓储,人复丰稔,宜令就食。"朝廷从之,由是散在益、梁,不可禁止。永康元年(300),诏征益州刺史赵廞为大长秋,以成都内史耿滕此据《载记》,《帝纪》与《华阳国志》,俱作耿胜。代廞,廞遂谋叛。乃倾仓廪,振施流人,以收众心。特之党类,皆巴西人,与廞同郡,率多勇壮,廞厚遇之,以为爪牙。特等聚众,专为寇盗,蜀人患之。滕密上表,以为"流人刚剽,而蜀人懦弱,客主不能相制,必为乱阶,宜使移还其本。"廞闻而恶之。时益州文武千余人,已往迎滕。滕率众入州。廞遣众逆滕;战于西门,滕败,死之。廞自称大都督、大将军、益州牧。特弟庠,与兄弟及妹夫李含等以四千骑归廞。廞使断北道。庠素东羌良将,部陈肃然。廞恶其齐整,用长史杜淑、司马张粲之言杀之,及其子侄、宗族三十余人。复以特兄弟为督将,以安其众。牙门将许弇求为巴东监军。巴东郡,刘璋置,在今四川奉节县北。杜淑、张粲固执不许。弇怒,于阁合下手刃杀淑、粲;左右又杀弇;皆廞腹心也。特兄弟怨廞,引兵归绵竹。汉县,今四川德阳县北。廞恐朝廷讨己,遣长史费远,犍为太守李苾,犍为,汉郡,后汉治武阳,今四川彭山县东。督护常俊督万余人断北道,次绵竹之石亭。渡名,在今四川什邡县东雒江上。特密收合,得七千余人,夜袭远军,远大溃。进攻成都,廞走。至广都,见第二章第二节。为下人所杀。特至成都,纵兵大掠。遣其牙门诣洛阳,陈廞罪状,先是惠帝以梁州刺史罗尚为益州刺史。督牙门将王敦,上庸都尉义歆,上庸,秦县,后汉置郡,今湖北竹山县。蜀郡太守徐俭,蜀郡,治成都。广汉太守辛冉等广汉郡,后汉治雒,今四川广汉县。凡七千余人入蜀。特等闻尚来,甚惧,使其弟骧于道奉迎,并贡宝物。尚甚悦,以骧为骑督。特及弟流,复以牛酒劳尚于绵竹。王敦、辛冉,并说尚因会斩之,尚不纳。寻有符下秦、雍

---

① 四夷:巴氏五姓、罗氏七姓为两部。《晋书》辞不别白。
② 四夷:李特似出板楯蛮。

州：凡流人入汉川者，皆下所在召还。特兄辅，素留乡里，托言迎家，既至蜀，谓特曰："中国方乱，不足复还。"特以为然，乃有雄据巴蜀之志。朝廷以讨赵廞功，封拜特、流。玺书下益州，条列六郡流人，与特协同讨廞者，将加封赏。会辛冉以非次见征，不愿应召；又欲以灭廞为己功；乃寝朝命，不以实上。众咸怨之。罗尚遣从事催遣流人，限七月上道。辛冉性贪暴，欲杀流人首领，取其资货。乃移檄发遣，又令梓潼太守张演，梓潼，汉县，蜀置郡，今四川梓潼县。于诸要施关，搜索宝货。特等固请，求至秋收。流人布在梁、益，为人佣力，及闻州郡逼遣，人人愁怨，不知所为。又知特兄弟频请求停，皆感而恃之。且水雨将降，年谷未登，流人无以为行资，遂相与诣特。特乃结大营于绵竹，以处流人。移冉求自宽。冉大怒，遣人分榜通逵，购募特兄弟。特见，大惧，悉取以归，与骧改其购云："能送六郡之豪李、任、阎、赵、杨、上官及氐、叟侯王一首，赏百匹。"流人既不乐移，咸往归特，旬月间众过二万，流亦聚众数千。特乃分为二营：特居北营，流居东营。特遣阎式与特同移者，时为始昌令。始昌，晋县，在今甘肃西和县北。诣罗尚求申期。式既至，见辛冉营栅冲要，谋擿流人；又知冉及李苾，意不可回；乃辞尚还绵竹。尚谓式曰："子且以吾意，告诸流人，今听宽矣。"式至绵竹，言于特曰："尚虽云尔，然威刑不立，冉等各拥强兵，一旦为变，亦非尚所能制，深宜为备。"特纳之。冉、苾相与谋曰："罗侯贪而无断，日复一日，流人得展奸计，宜为决计，不足复问之。"乃遣广汉都尉曾元，牙门张显、刘并等，潜率步骑三万袭特营。罗尚闻之，亦遣督护田佐助元。特素知之，乃缮甲厉兵，戒严以待。元等至，发伏击之，杀伤甚众。害佐、元、显，传首以示尚、冉。于是六郡流人，推特为主。上书请依梁统奉窦融故事，推特行镇北大将军，承制封拜；流行镇东大将军；以相镇统。进兵攻冉于广汉。尚遣李苾及费远救冉，不敢进。冉奔江阳。汉县，刘璋置郡，今四川泸县。特入据广汉。进兵攻尚于成都。阎式遗尚书，责其信用谗构，欲讨流人。又陈特兄弟，立功王室，以宁益土。尚览书，知特等将有大志，婴城固守，求救于梁、宁二州。于是特自称使持节、大都督、镇北大将军，承制封拜，一依窦融在河西故事。据《本纪》，时在永宁元年十月。尚频为特所败，乃阻长围，缘水作营，自都安至犍为七百里，与特相距。都安，蜀县，在今四川灌县东。河间王颙遣督护衙博，广汉太守张征讨特。南夷校尉李毅武帝置于宁州。宁州，泰始七年（271）分益州置。治云南，在今云南祥云县南。一说治味，在今云南曲靖县西。又遣兵五千助尚。尚遣督护张龟军繁城，繁，汉县，今四川新繁县西北。三道攻特。特命子荡、雄袭博，躬击张龟。龟大败，博亦败绩。荡追博至汉德，蜀县，今四川剑阁县东北。博走葭萌。汉葭明县，后汉作葭萌，蜀改曰汉寿，晋改曰晋寿，在今四川昭化县东南。荡进寇巴西。郡丞毛植，五官襄珍以郡降。荡进攻葭萌，博又远遁。《纪》大安元年五月。特自称益州牧，都督梁、益二州诸军事，大将军，大都省。准攻张徵。徵据险相持，候特营空虚，遣步兵循山攻之。特逆战，不利。荡军至，殊死战，徵军乃溃。特欲释徵还涪，涪，汉县，晋更名涪城，今四川绵阳县。荡不可，复进攻徵。遂害徵，以骞硕为德阳太守。德阳，后汉县，在今四川遂宁县境。硕略地至巴郡之垫江。汉县，今四川合川县。特之攻张徵也，使李骧等屯军毗桥胡三省云：今怀安军西北有中江，源从汉中弥牟。雒水、毗桥水三水会为一江。案宋怀安军故城，在今四川金堂县东南。弥牟镇，在今四川新都县北。以备罗尚。李流亦进军成都之北。梁州刺史许雄遣兵攻特，特破之。进击破尚水上军。遂寇成都。蜀郡太守徐俭以小城降，罗尚据大城自守。是时蜀人危惧，并结村堡，请命于特，特遣人安抚之。益州从事任明此据《载记》。《罗尚传》作兵曹从事任锐。《通鉴》从《华阳国志》作任叡。说尚曰："特既凶逆，侵暴百姓，又分散人众，在诸村堡，骄怠无备，是天亡之也。可告诸村，密刻期日，内外击之，破之必矣。"尚从之。明先伪降特，因求省家。特许之。明潜说诸村，诸村悉听命。惠帝遣荆州刺史宋岱、建平太守孙阜救尚。建平，吴郡，今四川巫山县。阜次德阳，特遣荡助任臧距阜。尚遣大众，掩袭特营，连战，斩特。《纪》在大安二年三月，云宋岱击斩之。特既死，蜀人多叛，流人大惧。流与荡、雄收遗众还保赤祖。胡三省曰：当在绵竹东。流保东营，荡、雄保北营。流自称大将军、大都督，益州牧。时宋岱水军三万，次于垫江。前锋孙寿破德阳，获骞硕。任臧等退屯涪陵，蜀郡，今四川涪陵县西。罗尚遣督护常深军毗桥，牙门左氾、黄訇、何冲三道攻北营。流身率荡、雄攻深栅，克之，追至成都。尚闭门自守。荡驰马追击，伤死。流以特、荡并死，岱、阜又至，甚惧。李含又劝流降，流将从之。雄与骧迭谏，不纳。流遣子世及含子胡质于阜军。胡兄离，闻父欲降，自梓潼驰还欲谏，不及。退与雄谋袭阜军，曰："若功成事济，约与君三年迭为主。"雄曰："今计可定，二翁不从，将若之何？"离曰："今当制之。若不可制，便行大事。翁虽是君叔，势不得已。老父在君，夫复何言？"雄大喜。乃攻尚军。尚保大城，雄渡江，害汶山太守陈图。晋汶山郡，在今四川理番县境。遂入郫城。郫，秦县，今四川郫县北。流移营据之。三蜀百姓，左思《蜀都赋注》：汉高分蜀置广汉，汉武又分蜀置犍为，故曰三蜀。并保险结坞，城邑皆空，流野无所略，士众饥困。涪陵人范长生，率千余家依青城山。在今四川灌县西南。尚参军涪陵徐舆，求为汶山太守，欲要结长生等，与尚掎角讨流。尚不许。舆怨之，求使江西，遂降于流。说长生等，使资给流军粮，长生从之，故流军复振。流死，诸将共立雄为主。雄自称大将军、益州牧，都于郫城。罗尚遣将攻雄，雄击走之。李骧攻犍为，断尚运道，尚军大馁，攻之又急，遂留牙门罗特固守，委城夜遁。特开门纳雄，遂克成都。于时雄军饥甚，乃率众就谷于郪，汉县，在今四川三台县南。掘野芋而食之。雄以范长生岩居穴处，求道养志，欲迎立为君而臣之。长生固辞。雄乃深自挹损，不敢称制，事无巨细，皆决于李国、李离兄弟。国等事雄弥谨。诸将固请雄即尊位。以永兴元年（304）僭称成都王。范长生乘素舆诣成都。雄迎之于门，执版延坐，拜丞相，尊曰范贤。长生劝雄称尊号。雄于是僭即帝位，国号蜀。《通鉴考异》曰：《晋帝纪》、《三十国晋春秋》皆云：永兴二年六月，雄即帝位。《华阳国志》：光熙元年（306），雄即帝位。《后魏书·序纪》及《李雄传》皆云昭帝十二年雄称帝，即光熙元年（306）也。遣李国、李云等寇汉中。梁州刺史张殷奔长安，参看第九节。国等陷南郑，尽徙汉中之人于蜀。南夷校尉李毅固守不降，雄诱建宁夷使讨之，建宁，蜀郡，在今云南曲靖县西。毅病卒，城陷。杀壮士三千余人，送妇女千口于成都。时李离据梓潼，其部将罗羡、张金苟等，杀离及阎式，以梓潼归罗尚。尚遣其将向奋屯安汉之宜福安汉，汉县，今四川南充县。以逼雄。雄攻奋，不克。李国镇巴西，其帐下文硕，又杀国，以巴西降尚。雄乃引还。遣其将张宝袭梓潼，陷之。会罗尚卒，巴郡乱，李骧攻涪，又陷之，执梓潼太守谯登。乘胜讨文硕，害之。南得汉嘉、汉青衣，后汉改曰汉嘉，蜀置郡，晋并废，故治在今四川雅安县北。涪陵，远人继至。雄于是下宽大之令，降附者皆假复除，益州遂定。遣李骧征越巂，太守李钊降。越巂郡，晋治会无，今四川会理县。《明帝纪》：太宁元年（323），正月，李骧、任回寇台登，将军司马玖死之。越巂太守李钊，汉嘉太守王载以郡叛降于骧。任回，亦与特同移者。台登，汉县，在今四川冕宁县东。进攻宁州，刺史王逊使其将姚岳悉众距战，骧军不利，引还。《王逊传》：转魏兴太守。惠帝末，西南夷叛，宁州刺史李毅卒，城中百余人奉毅女，固守经年。永嘉四年（310），治中毛孟诣京师求刺史，不见省。孟固陈，乃以逊为南夷校尉、宁州刺史。使于郡便之镇。逊与孟俱行。道遇寇贼，逾年乃至。外逼李雄，内有夷寇，吏士散没，城邑丘墟。逊披荒纠厉，收聚离散。诛豪右不奉法度者数十家。征伐诸夷，俘馘千计。于是莫不振服，咸行宁土。先是越巂太守李钊，为李雄所执，自蜀逃归，逊复以钊为越巂太守。李雄遣李骧、任回攻钊。钊自南秦，与汉嘉太守王载共距之。战于温水，钊败绩。载遂以二郡附雄。后骧等又渡泸水寇宁州。逊使将军姚崇、爨琛距之，战于堂狼，大破骧等。崇追至泸水，落水死者千余人。崇以道远，不敢渡水。逊以崇不穷追也，怒，囚群帅，执崇鞭之。怒甚，发上冲冠，冠为之裂，夜中卒。州人立逊仲子坚，行州府事。诏除坚南夷校尉、宁州刺史。陶侃惧坚不能抗对蜀人，太宁末，表以零陵太守尹奉为宁州，征坚还京。《通鉴》：毅殁于光熙元年（306）。其女名秀。钊即毅子，毅存时往省其父，永嘉元年（307），州人奉之。四年（310），王逊至州，以为朱提太守。魏兴，魏郡，今陕西安康县。南秦、晋县，今阙，当在四川旧叙州府境。堂狼，汉县，后汉省，在今云南会泽县境。零陵，汉郡，后汉治泉陵，今湖南零陵县北。朱提，汉县，后汉末置郡，在今四川宜宾县西南。后又使骧子寿攻陷巴东，太守杨谦退保建平。寿别遣费黑寇建平，巴东监军毌丘奥退保宜都。蜀郡，治夷道，今湖北宜都县西北。《成帝纪》：咸和五年（330），十月，李寿寇巴东、建平，监军毌丘奥，太守杨谦退归宜都。李寿攻朱提，又使任回攻木落，未详。分宁州之援。宁州刺史尹奉降，《本纪》：咸和八年（333），李寿陷宁州，刺史尹奉及建宁太守霍彪并降之。遂有南中之地。

巴氏之乱，原因有四：关西丧乱，不能绥抚，听其流移，一也。流人刚剽，蜀人软弱，主不制客，二也。一统未久，人有好乱之心，三也。兵力不足，指挥不一，四也。《载记》所书此事始末，殊不甚确。① 流人漂播，理宜有以食之，谓李苾请许其就食于蜀，由于受赂，似近厚诬。《载记》云：赵廞使苾与黄远同断北道，似附廞为逆者，然晋朝任之如故，则苾或力未能抗廞，而实未附之也。罗尚者，宪之兄子。宪为蜀汉巴东太守，蜀亡，吴乘机攻宪，宪大破其军，拒守经年，甚有威望。赵廞之叛，尚表曰："廞非雄才，计日听其败耳。"其于蜀中事势，似甚了然。尚与李氏，相持积年。梓潼、巴西，先后反正。李国、李离，权侔雄、荡，阎式则为李特谋主，不能制下，皆就诛夷。使尚不死，蜀事正未可知。《尚传》谓其性贪少断，蜀人言曰："尚之所爱，非邪则佞；尚之所憎，非忠则正。富拟鲁、卫，家成市里，贪如豺狼，无复极已。"又曰："蜀贼尚可，罗尚杀我，平西将军，反更为祸。"果如所言，罗羡、文硕，岂肯归之？《李流载记》云：特之陷成都小城，使六郡流人，分口入城，壮勇者督领邬堡。流言于特曰："山薮未集，粮仗不多，宜录州郡大姓子弟，以为质任，送付广汉、絷之二营；收集猛锐，严为防卫。"又书与特司马上官惇，深陈纳降若待敌之义。《罗尚传》亦言：宗岱、孙阜兵盛，诸为寇所逼者，人有奋志，蜀人之非心服可知。特既死，流亦以饥困几败，然则范长生之充隐附逆，其于李氏，盖深有造焉。风谣之可造作久矣，谓特能绥抚，尚病贪残，岂其实哉？尚与李苾、辛冉，刚柔缓急，庸有不同，然潜袭特营，史谓计出冉、苾，而尚仍遣兵助之，其无大异同可知。赵廞且不能容李庠，流人安可复抚？晋朝封拜特、流，乃姑息之政，冉寝朝命，所谓因事制宜。晋朝既以灭廞为特、流之功，官爵之矣，冉安得而攘之？流人不过佣力自活，其有宝货能行赂者，皆其铮铮佼佼者也，好乱乐祸，惑误众人，正在此辈，搜索安得不严？岂能诬为欲货？抑赵廞、李特，既已互相诛夷，李雄、李离，又欲弃其父叔；战甫胜而流即死，其为良死与否，深有可疑；而雄与国、离兄弟，相猜之迹尤显。然则流人酋长，本无大才，亦且不能和辑，平之实非甚难，特晋政不纲，并此而有所不能耳。古称战胜于朝廷，此则可谓战败于朝廷者也。

第七节　张氏据河西

凉州之地，距中原颇远，然与西域相交通，其地实颇富饶，而文明程度亦颇

---

① 史事：《晋书·载记》记李氏据蜀事之诬。

高；西南苞河湟，又为畜牧乐土；故两晋之世，始终有据以自立者。其首起者则张轨也。轨，安定乌氏人。安定，见第二章第二节。乌氏，汉县，在今甘肃平凉县西北。仕为安西军司。轨以时方多难，阴图据河西，遂求为凉州。永宁初，出为护羌校尉、凉州刺史。于是鲜卑反叛，寇盗纵横。轨到官，即讨破之。永兴中，鲜卑若罗、拔能皆为寇。轨遣司马宋配击之，斩拔能，俘十余万口，威名大震。于是大城姑臧。汉县，为武威郡治，见第二章第二节。永嘉初，东羌校尉韩稚，杀秦州刺史张辅，轨遣中督护氾瑗率众二万讨之。先遗稚以书，稚得书而降。轨后患风，口不能言，使子茂摄州事。酒泉太守张镇，酒泉，汉郡，今甘肃酒泉县。潜引秦州刺史贾龛以代轨，密使诣京师，请尚书侍郎曹祛为西平太守，西平，见第二章第二节。为辅车之势。轨别驾麴晁，欲专威福，又遣使诣长安告南阳王模，称轨废疾，以请贾龛，龛将受之。其兄让之，龛乃止。更以侍中爰瑜为凉州刺史。治中杨澹，驰诣长安，割耳盘上，诉轨被诬。模乃表停之。晋昌张越，晋昌，晋郡，在今甘肃安西县东。凉州大族，从陇西内史迁梁州刺史。陇西，见第二章第二节。越志在凉州，遂托病归河西。遣兄镇及曹祛、麴佩移檄废轨，以军司杜耽摄州事，使耽弟越为刺史。轨以子寔为中督护，卒兵讨镇，镇诣寔归罪。南讨曹祛，走之。武威太守张琪遣子坦驰诣京，表请留轨。帝优诏劳轨，依模所表。命诛曹祛。轨命寔率尹员、宋配步骑三万讨祛，斩之。于时天下既乱，所在使命，莫有至者。[1] 而轨遣使贡献，岁时不替。光禄傅祗、大常挚虞遗轨书，告京师饥匮，轨即遣参军杜勋献马五百匹，毯布三万匹。然轨之所以尽力王室者，止于如此，及遣偏师入援而已，不能如陈武帝倾国远出，躬事戡定也。河间、成都二王之难，轨遣兵三千，东赴京师。王弥寇洛阳，轨遣北宫纯、张纂、马鲂、阴濬等率州军击破之，又败刘聪于河东。后王弥遂逼洛阳，轨又遣张斐、北宫纯、郭敷率精骑五千，来卫京都。京都陷，斐等皆没于贼。大府主簿马鲂言于轨曰："四海倾覆，乘舆未返。明公以全州之力，径造平阳，必当万里风披，有征无战。未审何惮，不为此举？"轨曰："是孤心也，"然不能用。盖其本图仅在割据也。秦王入关，轨驰檄关中，言"宜简令辰，奉登皇位。今遣前锋督护宋配，步骑二万，径至长安，翼卫乘舆，折冲左右。西中郎寔，中军三万，武威太守张玹，胡骑二万，骆驿继发，仲秋中旬，会于临晋。"秦县，今陕西大荔县。而秦州刺史裴苞，东羌校尉贯与据险断使命，宋配讨之。西平王叔，与曹祛余党麴儒，劫前福禄令麴恪为主，汉禄福县，后汉曰福禄，为酒泉郡治，即今酒泉县也。执太守赵彝，东应裴苞。寔回师讨之，斩儒等。左督护阴预与苞战狭西，大破之。苞奔凶桑坞。未详。刘曜寇北地，见第二章第二节。轨又遣参军麴陶领三千人卫长安。建兴二年（314），五月，轨卒。州

人推寔摄父位。愍帝以为都督凉州诸军事，西中郎将、凉州刺史、领护羌校尉、西平公。刘曜逼长安，寔遣王该率众援京城。帝嘉之，拜都督陕西诸军事。及帝将降于刘曜，下诏进寔凉州牧、侍中、司空、承制行事。寔以天子蒙尘，冲让不拜。使协赞琅邪王，而寔不许其叔父肃攻刘曜，致肃悲愤而卒，已见第五节。盖其志在割据，一如其父也。寔遣大府司马韩璞等督步骑一万，东赴国难。命讨虏将军陈安，安故太守贾骞，安故，汉县，晋省，张氏复置，并置郡，故城在今甘肃临洮县南。陇西太守吴绍，各统郡兵，为璞等前驱。璞次南安，见第二章第二节。诸羌断路。相持百余日，粮竭矢尽。会张阆率金城军继至，金城，见第二章第二节。乃夹击败之。焦崧、陈安逼上邽，见第三章第三节。南阳王保遣使告急。寔使金城太守窦涛率步骑二万赴之。时保谋称尊号。破羌都尉张说言于寔曰："南阳王忘大耻而欲自尊，终非济时救难者也，不如推崇晋王。"从之。然元帝即位，寔犹称建兴年号。南阳王保欲奔寔，寔遣将声言翼卫，而实御之，盖既专制一方，亦不欲人之上之矣。京兆人刘弘，挟左道，客居天梯山，在姑臧南。受道者千余人，寔左右皆事之。帐下阎沙，牙门赵仰，皆弘乡人。密与寔左右十余人谋杀寔，奉弘为主。寔潜知其谋，收弘杀之。沙等不知，以其夜害寔。此据《晋书·寔传》。《通鉴考异》曰：阎沙、赵仰，《晋春秋》作阎涉、赵印。又寔既死，所遣收刘弘者史初乃辇弘。案《载记》言寔收弘杀之，犹言寔遣人收弘，杀之二字，乃终言其事，不必弘之见杀，在寔见害前也。时大兴三年六月也。子骏年幼，州人推寔弟茂摄事。诛阎沙及党与数百人。

第八节　鲜卑之兴

五胡种落，鲜卑为大，盖匈奴自降汉后，聚居并州；乌丸附塞久，亦不复乡北开拓；朔垂万里，遂悉为鲜卑所据也。晋世鲜卑之大者：曰慕容氏，曰段氏，曰宇文氏，曰拓跋氏，曰秃发氏，曰乞伏氏。秃发、乞伏二氏，仅割据一隅，无关大局。慕容、段、拓跋三氏，与北方大局，关系较深；而宇文氏与慕容氏地近，相龃龉最烈，宇文氏之败，则慕容氏之所由兴也。今先述此四氏缘起如下：

《晋书·载记》曰：慕容廆，昌黎棘城鲜卑人也。昌黎，见第二章第二节。胡三省曰：棘城，在昌黎县界。曾祖莫护跋，魏初，率其诸部，居辽西，从宣帝伐公孙氏有功，拜率义王，始建国于棘城之北。时燕、代多冠步摇冠，莫护跋见而好之，乃敛发袭冠，诸部因呼之为步摇，其后音讹，遂为慕容焉。[1] 案此说似近附会。胡三省谓《魏书》：汉桓帝时，檀石槐分其地为三部，中部大人曰柯最阙，

---

① 民族：慕容得氏之由，案莫护、慕容亦双声。

居慕容寺为大帅，案《三国·魏志·鲜卑传注》引之。是则慕容氏之始，《通鉴》卷八十一晋武帝大康二年（281）《注》。说当近之。慕容寺盖亦地以部族名者也。祖木延，左贤王。父涉归，以全柳城之功，柳城，汉县，后汉省，在今辽宁兴城县西南。进拜鲜卑单于，迁邑于辽东北。辽东，秦郡，晋为国，治襄平，今辽宁辽阳县。涉归死，弟耐篡位，耐，《通鉴》依范亨《燕书》作删。系此事于大康四年（283）。《考异》以大康二年十月寇昌黎为涉归之事。案其事已见第二章第二节。将谋杀廆，廆亡潜以避祸。后国人杀耐，迎廆立之。《通鉴》系大康五年（284）。

《北史》称宇文莫槐为匈奴。云出辽东塞外，其先南单于之远属也。世为东部大人。其语与鲜卑颇异，人皆剪发，而留其顶上，以为首饰。案宇文氏为周之先。《周书·文帝纪》云：其先出自炎帝。神农氏为黄帝所灭，子孙遁居朔野。有葛乌菟者，雄武多算略，鲜卑慕之，奉以为主，遂总十二部落，世为大人。其后曰普回，因狩得玉玺，三纽，有文曰皇帝玺。普回心异之，以为天授。其俗谓天曰宇，谓君曰文，因号宇文国，并以为氏焉。普回子莫那，自阴山南徙，始居辽西。一曰匈奴，一曰鲜卑者？悦般为匈奴后，《北史》谓其剪发齐眉，以锑糊涂之，实与宇文氏剪发而留其顶上同俗，足征其出于匈奴。[①] 语言颇异鲜卑，尤为铁证。然东方本鲜卑之地，盖南单于远属，君临鲜卑者，故云鲜卑奉以为主也。《周书》云：普回九世至侯豆归，为慕容晃所灭，据《北史》，自莫槐至逸豆归凡七君，则即以莫槐承莫那。然普回、莫那，恐均子虚、亡是之流也。莫槐虐用其人，为部下所杀。更立其弟普拨为大人。普拨死，子丘不勤立。娶拓跋郁律女。魏平帝，见下。丘不勤死，子莫廆立。《北史》云：本名犯魏道武讳。《晋书·慕容廆载记》作莫圭。始与慕容氏搆兵。

《北史》云：徒河段就六眷，徒河，汉县，在今辽宁锦县西北。出于辽西。其伯祖曰陆眷，因乱，被卖为渔阳乌丸子大乌九之大人。库辱官家奴。其后渔阳大饥，渔阳，秦郡，魏废之，晋复置，在今河北密云县西南。库辱官以曰陆眷为健，使将人诣辽西逐食，招诱亡叛，遂至强盛。曰陆眷死，弟乞珍代立。乞珍死，子务目尘代立，即就六眷父也。据辽西之地而臣于晋。其所统三万余家，控弦上马四五万骑。

慕容涉归有憾于宇文，廆将修先君之怨，表请讨之。晋武帝弗许。廆怒，入寇辽西，杀略甚众。帝遣幽州诸军讨廆。战于肥如，汉县，今河北卢龙县北。廆众大败。自后复掠昌黎，每岁不绝。又率众伐夫余。夫余王依虑自杀。廆遂夷其国城，驱万余人而归。东夷校尉何龛，遣督护贾沈，迎立依虑之子。廆遣其将孙丁率骑邀之。沈力战，斩丁，遂复夫余之国。廆谋于其众，遣使来降。帝嘉之，拜为鲜卑都督。廆事参看第二章第二节。宇文、段部为寇略，鲜卑辞厚币以抚之。大康

① 民族：宇文染悦般俗，西域势力东渐之始。

十年（289），庑又迁于徒河之青山。元康四年（294），移居大棘城。大安初，宇文莫圭遣弟屈云寇边城。云别帅大素延，《通鉴考异》曰：《燕书纪传》皆谓之素怒延，然则怒延是其名也。攻掠诸郡，庑亲击，败之。素延怒，率众十万围棘城。庑出击之，素延大败。永嘉初，庑自称鲜卑大单于。辽东太守庞本，以私憾杀东夷校尉李臻。附塞鲜卑素连、木津托为臻报仇，攻陷诸县，杀掠士庶。庑讨连、津，斩之。二部悉降。徙之棘城。立辽东郡而归。建兴中，愍帝遣使拜庑昌黎、辽东二国公。

拓跋氏之初，盖亦匈奴败亡后北方鲜卑之南徙者。其后得志，造作先世事实以欺人，史事之真为所蔽者久矣，然即其所造作之语而深思之，其中真迹，固犹可微窥也。《魏书·序纪》云：昔黄帝有子二十五人，或内列诸华，或外分荒服。昌意少子，受封北土，国有大鲜卑山，因以为号。其后世为君长，统幽都之北，广漠之野。畜牧迁徙射猎为业，淳朴为俗，简易为化。不为文字，刻木结绳而已。世事远近，人相传授，如史官之纪录焉。黄帝以土德王，北俗谓土为托，谓后为跋，故以为氏。其裔始均，入仕尧世，逐女魃于弱水之北，民赖其勋，帝舜嘉之，命为田祖，爰历三代，以及秦、汉，獯粥、猃狁、山戎、匈奴之属，累代残暴，作害中州，而始均之裔，不交南夏，是以载籍无闻焉。积六十七世，至成皇帝毛。聪明武略，远近所推。统国三十六，大姓九十九，威振北方，莫不率服。崩，节皇帝贷立。崩，庄皇帝观立。崩，明皇帝楼立。崩，安皇帝越立。崩，宣皇帝推寅立。南迁大泽，方千余里，厥土昏冥沮洳，谋更南徙，未行而崩。景皇帝利立。崩，元皇帝俟立。崩，和皇帝肆立。崩，定皇帝机立。崩，僖皇帝盖立。崩，威皇帝侩立。崩，献皇帝隣立。时有神人，言于国曰："此土荒遐，未足以建都邑，宜复徙居。"帝时衰老，乃以位授子圣武皇帝诘汾，命南移。山谷高深，九难八阻。于是欲止。有神兽，其形如马，其声类牛，先行导引，历年乃出，始居匈奴故地。其迁徙策略，多出宣、献二帝，故人并号曰推寅，盖俗云钻研之义。初圣武帝尝率数万骑，田于山泽。欻见辐轺，自天而下。既至，见美妇人，侍卫甚盛。帝异而问之。对曰："我天女也，受命相偶。"遂同寝宿。旦请还，曰："明年周时，复会此处。"言终而别，去如风雨。及期，帝至先所田处，果复相见。天女以所生男授帝曰："此君之子也。善养视之，子孙相承，当世为帝王。"语讫而去，即始祖也。故时人谚曰："诘汾皇帝无妇家，力微皇帝无舅家。"案云统国三十六者，四面各九国也。云大姓九十九者，与己为百姓也。自受封至成帝六十七世，又五世至宣帝，又七世至献帝，再传而至神元，凡八十一世，九九之积也。自成帝至神元十五世，三与五之积也。九者，数之究也。三与五，盖取三才、五行之义，比拟于三皇、五帝。无文字而能悉记历代之名；而世数及所统国数，无一非三、五、九之积；有是理乎？成帝讳毛，毛无也；诘汾皇帝无妇家，力微皇帝无舅家，造作者盖已微以其情示后人矣。《卫操传》云：桓帝崩后，操为立碑以颂功德，云魏为轩辕苗裔。按操等皆乃心华夏，其于拓跋氏，特欲借其力以犄匈奴耳，何事为之造作虚辞，以诬后世？况拓跋氏当此时，亦未必敢以帝王自居也。道武定国号诏曰："昔朕远祖，总御幽都，控制遐国，虽践王位，未定九州，"此盖其造作之始。① 其自托于轩辕者，以从土德；所以从土德者，则以不欲替赵、秦、燕而承晋故也，说更详后。抑此实有跻诸胡以并华夏之意，或已出于后来。其初自视微而仰望汉族更深，或且欲桃曹魏而承汉，如汉人之以秦为闰位者，故神元元年（220），实与魏之建国同岁也。《记》曰："人藏其心，不可测度也，"况于故为矫诬者乎？然其为矫诬，终不可以掩天下后世之目也。

《晋书·秃发乌孤载记》云：其先与后魏同出。八世祖匹孤，率其部自塞北迁于河西。《魏书·源贺传》：贺秃发傉檀子，傉檀亡奔魏。世祖谓贺曰："卿与朕源同，因事分姓，今可为源氏，"足征《晋书》之说不诬。乌孤五世祖树机能在晋初，以三十年为一世计之，匹孤当在后汉中叶，正北匈奴败亡，鲜卑徙居其地时也。《乌洛侯传》云：真君四年来朝。《本纪》事在三月。称其国西北，有国家先帝旧墟。石室南北九十步，东西四十步，高七十尺。室有神灵，民多祈请。世祖遣中书侍郎李敞告祭焉，刊祝文于室之壁而还。此盖天然石窟，《礼志》亦载此事，而云凿石为庙，则诬矣。乌洛侯在地豆干之北。其国西北有完水，东北流合于难水。其地大小水，皆注于难，东入于海。又西北二十日行，有于己尼大水，所谓北海也。难水今嫩江，完水今额尔古讷河，北海即贝加尔湖，于己尼盖入湖之巨川。魏人编发，故称索虏；而乌洛侯绳发；地豆干在失韦西千余里，失韦丈夫索发；可见自失韦以西北，其俗皆同。《晋书·慕容廆载记》：宇文乞得龟击廆，廆遣子皝距之，以裴嶷为右部都督，率索头为右翼。此非即拓跋氏，盖亦此等民族南出者也。故知当时，此等民族南迁者颇多。魏人曾居黑龙江、贝加尔湖之间，必不诬也。此盖推寅以后所处。自此南迁，故有山岳高深，九难八阻之说也。今西伯利亚之地：自北纬六十五度以北，地理学家称为冻土带，自此南至五十五度曰森林带；又南曰旷野带；极南曰山岳带；逾山则至漠北矣。冻土带极寒，人不能堪之处甚多。森林带多蚊虻，旷野带卑湿多疫疠，亦非乐土。魏之先，盖自冻土带入旷野带，又越山岳带而至漠北者邪？

《宋书·索虏传》云：其先，汉将李陵后也。陵降匈奴，有数百千种，各立名目，索虏亦其一也。《齐书·魏虏传》云：匈奴种也。匈奴女名托跋，妻李陵。胡俗以母名为姓，故虏为李陵之后。虏甚讳之，有言其是陵后者辄见杀。胡

---

① 民族：拓跋造作史事一，云出卫操诬，乃始道武。其族自冻土带来，与秃发同原，力微以上皆伪，初似曾托李陵后，托轩辕似欲承汉。

俗以母名为姓，说无征验。若援前赵改姓刘氏为征，则入中国已久，非其故俗矣，况亦母姓而非其名也。匈奴与鲜卑相涸，事确有之。《魏书·官氏志》有须卜氏、林氏其证。然不得云拓跋氏为匈奴种也。然有云其是陵后者辄见杀，何以言之者如是其多？汉人岂欲以此诬鲜卑哉？抑当时以华夏为贵种，称拓跋氏为陵后，是褒之，非抑之也，汉人岂乐为此？如其为之，正当为鲜卑所乐闻，而又何以见杀？案《隋书·李穆传》云：自云陇西成纪人，成纪，汉县，今甘肃秦安县北。汉骑都尉陵之后也。陵没匈奴，子孙代居北狄，其后随魏南迁，复归汧、陇。祖斌，以都督镇高平，见第二章第二节。因家焉。此其出于依托，自不待言。魏之初，盖亦以攀附华夏为荣，又未敢依附中原华胄，曾自托于陵后，后则以与其所造轩辕之后之说不符，而说既流行，众口相传，势难遽戢，则又一怒而欲以杀僇止之也。亦可谓暴矣。

《魏书·序纪》云：始祖神元皇帝力微元年（220），岁在庚子。魏文帝黄初元年。先是西部内侵，国民离散，依于没鹿回部大人窦宾。后与宾攻西部，军败，失马步走。始祖使人以所乘骏马给之。宾归，令其部内求与马之人，当加重赏。始祖隐而不言。久之，宾乃知，大惊，将分国之半，以奉始祖。始祖不受，乃进其爱女。宾犹思报恩，固问所欲。始祖请率所部，北居长川。在今察哈尔兴和县境。宾乃敬从。积十数岁，德化大洽。诸旧部民，咸来归附。二十九年（248），魏齐王芳正始九年。宾临终，戒其二子，使谨奉始祖。其子不从，乃阴谋为逆。始祖召杀之，尽并其众。《神元皇后传》云：宾临终，戒其二子速侯、回题，令善事帝。及宾卒，速侯等欲因帝会丧为变。语颇漏泄，帝乃先图之。伏勇士于宫中。晨起，以佩刀杀后。驰使告速侯等，言后暴崩。速侯等惊走来赴，因执而杀之。案神元之狡且忍如此，其以忧死，非不幸矣。诸部大人悉皆款服。三十九年（258），魏高贵乡公甘露元年。迁于定襄之盛乐。定襄，汉郡，治成乐，后汉移治善无。成乐，后汉曰盛乐，在今和林格尔境。善无，在右玉县南。夏，四月，祭天。诸部君长，皆来助祭。惟白部大人观望不至，于是征而戮之。远近肃然，莫不震慑。与魏和亲。四十二年（261），遣子文帝如魏，且观风土。魏景元二年（261）也。文皇帝讳沙漠汗，以国太子留洛阳。魏、晋禅代，和好仍密。始祖春秋已迈，帝以父老求归，晋武帝具礼护送。四十八年（267），泰始三年。至自晋。五十六年（275），帝复如晋。其年冬，还国。行达并州，晋征北大将军卫瓘，以帝为人雄异，恐为后患，乃密启晋帝，请留不遣。晋帝难于失信，不许。瓘复请以金锦赂国之大人，令致闲隙，使相危害。晋帝从之，遂留帝。于是国之执事及外部大人，皆受瓘货。五十八年（277），方遣帝。始祖闻帝归，大悦。使诸部大人诣阴馆迎之。阴馆，汉县，在今山西代县西北。酒酣，帝仰视飞鸟，谓诸大人曰："我为汝曹取之。"援弹飞丸，应弦而落。时国俗无弹，众咸大惊。乃相谓曰："太子风采被服，同于南夏；兼奇术绝世；若继国统，变易旧俗，吾等必不得志。不若在国诸子，习本淳朴。"咸以为然；且离间素行；

乃谋危害，并先驰还。始祖问曰："我子既历他国，进德何如？"皆对曰："太子才艺非常，引空弓而落飞鸟，是似得晋人异法怪术，乱国害民之兆，惟愿察之。"自帝在晋之后，诸子爱宠日进，始祖年逾期颐，颇有所惑。闻诸大人之语，意有所疑，因曰："不可容者，便当除之。"诸大人乃驰诣塞南，矫害帝。既而始祖甚悔之。其年，始祖不豫。乌丸王库贤，亲近任势。先受卫瓘之货，故欲沮动诸部。因在庭中砺钺斧。诸大人问欲何为？答曰："上恨汝曹谗杀太子，今欲尽收诸大人长子杀之。"大人皆信，各各散走。始祖寻崩。案神元五十六年（275），为晋武帝咸宁元年（275），《纪》于是年六月，书鲜卑力微遣子来献，《魏书》谓是年文帝如晋，盖依附此文。至魏世与力微言和，其子入侍于洛，则史无可征。《三国·魏志·鲜卑传》：东部大人，有素利弥加厥机，建安中，因阎柔上贡献通市，大祖表宠以为王。厥机死，又立其子沙末汗为亲汉王。名虽相似，而事迹与年代皆不合，不知为两人名欤？抑力微实即厥机部落，造魏史者不敢明言，乃姑留此间隙，以待后人之寻索也？卫瓘之督幽州，纪在泰始七年（271）八月，《本纪》于咸宁三年（277）正月，书使瓘讨力微，则即《魏书》神元崩之岁也。观《魏书》所载事迹，而知《瓘传》谓瓘用离间之策而力微以忧死之说不诬矣。参看第二章第二节。

《魏书·序纪》又云始祖崩，章皇帝悉鹿立，始祖之子也。诸部离叛，国内纷扰，飨国九年而崩。咸宁四年（278）至大康七年（286）。平皇帝绰立，章帝之少弟也。雄武有智略，威德复举。飨国七年而崩。大康八年（287）至惠帝元康三年（293）。思皇帝弗立，文帝之少子也。飨国一年而崩。元康四年（294）。昭皇帝禄官立，始祖之子也。分国为三部：帝自以一部居东，在上谷北，濡源之西，上谷，汉郡，治沮阳，在今察哈尔怀来县东南。濡水，今滦河。东接宇文部。以文帝之长子桓帝猗㐌统一部，居代郡之参合陂北。在今山西大同县东南。或云：在阳高县东北。以桓帝之弟穆帝猗卢统一部，居定襄之盛乐故城。自始祖以来，与晋和好。是岁，元康五年（295）。穆帝始出并州，迁杂胡北徙云中、五原、朔方。盖始叛晋，略其边民也。云中，秦郡，即今之托克托城。五原，汉郡，今绥远五原县。朔方，汉郡，故城在今绥远临河县境。《晋书·地理志》云：后汉灵帝末，羌、胡大扰，定襄、云中、五原、朔方、上郡等五郡，并流徙分散。建安十八年（213），省并州入冀州。魏黄初元年（220），复置并州。自陉岭以北弃之。至晋·因而不改。故此三郡，在当时皆为戎狄之地，其后刘琨弃陉北，仅徙马邑、阴馆、楼烦、繁畤、崞五县之民而已。上郡，陉岭，皆见第二章第二节。马邑，汉县，今山西朔县。楼烦，汉县，在雁门关北。晋徙今崞县东。繁畤，崞，皆汉县，皆在今浑源县西。又西渡河，击匈奴、乌桓诸部。自杏城以北八十里迄长城原，夹道立碣，与晋分界。杏城，在今陕西中部县西北。二年（296），元康六年。葬文帝及皇后封氏。初思帝欲改葬，未果而崩，至是述成前意焉。远近来赴者，二十万人。《皇后传》云：文帝皇后封氏，生桓、穆二帝，早崩，昭帝立，乃葬焉。高宗初，穿天渊池，获一石铭，称桓帝葬母封氏，远近赴会二十余万人。有司以闻，命藏之太庙。《魏书》之所依据，盖即高宗初所造作也。然自力微末年扰乱，至此复获小安，则可想像而得矣。三年（297），元康七年，桓帝度漠北巡，因西略诸国，积五年乃还。拓跋氏之形势，至此盖稍张，晋与匈奴相争，遂思藉其众以为用。

第九节　荆扬丧乱

读史者多以武帝不能徙戎，及去州郡兵备，为晋室致乱之原，其实亦不尽然。五胡杂处，特晋初隐患之一端，而非谓其时所忧，遂止于此。至于除去兵备，则正为弭乱之方。自初平以至大康，为时将近百载，人习于分崩离析者既久，资之以兵，适使其恣睢自擅耳。当吴、蜀荡平之时，为长治久安之计，所忧者自不在草野之窃发，而在牧守之专擅也。晋初急务，在得良吏以抚安海内，使久罹兵革之苦者，欣然有乐生之心；而又有信臣精卒，据要害之处，示天下以形势，以潜消其反侧之念；不在凡州郡皆有兵也。凡州郡皆有兵，必不能皆精，亦不能皆得信臣以将之，难免弭乱则不足，召乱则有余矣。诚能如是，历数十年，则海宇晏安，而五胡之乱，亦可徐图消弭。不然，纵使徙戎之计获行，能否安然卒事，不至中途生变，尚未可知；即谓能之，而内乱既兴，群思借外力以自助，既徙者安保不引之复来？自汉以降，中国所畏忌者，莫如匈奴。晋初虽遭丧乱，而刘渊见羁，卒未肯释，即其明证。然逮东海兵起，成都即卒因欲得五部之援而纵之矣。故知内乱之与五胡，其为当时隐患，正亦未易轩轻也。北方惟刘渊崛起，颇有匈奴人思自立之意，然其所用者仍多中国人；石勒则一中国之盗贼耳；王弥等更不待论矣；故五胡之乱，虽似外患，实亦与内乱相杂也。

当晋初，吴、蜀皆平定未久，自难尽消其反侧之心，而吴之情形，又与蜀异。蜀地险而富乐，自古少外患，故其民弱，而为秦、雍之流民所乘。吴则当春秋、战国时，其人即轻死好斗，历两汉之世，此风未改，第一章已言之。故自吴平之后，其民之叛晋者讫不绝。据《晋书·帝纪》所载：武帝大康二年（281），九月，有吴故将莞恭、帛奉举兵反，攻害建业令，遂围扬州。晋初扬州治寿春，大康初移治建业。八年（287），十月，有南康平固县吏李丰反。南康，晋郡，治雩都，在今江西雩都县东北。后徙治赣，在今江西赣县西南。平固，吴县，在今江西赣、兴国两县间。十一月，有海安令萧辅聚众反。海安，晋县，当在广东旧肇庆府境。十二月，又有吴兴人蒋迪聚党反。后汉汉兴县，吴改称吴兴，今浙江吴兴县。至元帝大兴元年（318），尚有孙皓子璠，以谋反伏诛。《五行志》云：武帝平吴后，江南童谣曰："局缩肉，数横目，中国当败吴当复。"又曰："宫门柱，且当朽，吴当复，在三十年后。"又曰："鸡鸣不拊翼，吴复不用力。"于时吴人皆谓在孙氏子孙，故窃发为乱者相继。可见为《纪》所不书者尚多矣。《刘颂传》：颂除淮南相，在郡上疏曰："封幼稚皇子于吴、蜀，臣之愚虑，谓未尽善。自吴平以来，东南六州将士，更守江表，此时之至患也。内兵外守，吴人有不自信之心，宜得壮王以镇抚之，使内外各安其旧。又孙氏为国，文武众职，数拟天朝，一旦埋替，同于编户，灾困逼身，自谓失地，用怀不靖。今得长王以临其国，随才授任，文武并叙，士卒百役，不出其乡；求富贵者，取之国内。内兵得散，新邦乂安，两获其所，于事为宜。"《华谭传》：大康中，刺史嵇绍举谭秀才。武帝策之曰："吴、蜀恃险，今既荡平，蜀人服化，无携贰之心，而吴人越睢，屡作妖寇。岂蜀人敦朴，易可化诱，吴人轻锐，难安易动乎？"谭对曰："吴阻长江，旧俗轻悍。所安之计，当先畴其人士，使云翔阊阖。进其贤才，待以异礼。明选牧伯，致以威风，轻其赋敛"云云。皆可见当时江表之臬兀，而晋之所以镇抚之者，不免掉以轻心也。

荆楚之风气，不如吴会之劲悍，然其地累经丧乱，故亦易动而难安，而张昌遂为乱首焉。昌，义阳蛮。义阳，见第二章第二节。李流之寇蜀也，昌聚党数千人，诈言台遣其募人讨流。会壬午诏书，发武勇以赴益土，号曰壬午兵。自天下多难，数术者云："当有帝王，兴于江左。"及此调发，人咸不乐西征。昌党因之，诳惑百姓，各不肯去，而诏书催遣严速，遂屯聚为劫掠。时江夏大稔，江夏，见第四节。流人就食者数千口。大安二年（303），昌于安陆县石岩山屯聚。安陆，汉县，今湖北安陆县北。诸流人及避戍役者，多往从之。昌乃变姓名为李辰。据有江夏。造妖言云："当有圣人出。"山都县吏丘沈，山都，秦县。在今湖北襄阳县西北。遇于江夏，昌名之为圣人，立为天子，易姓名为刘尼，称汉后。以昌为相国。又流言云："江、淮已南，当图反逆，官军大起，悉诛讨之。"群小互相扇动，人情皇惧，江、沔间一时焱起，旬月之间，众至十三万。时豫州刺史刘乔，据汝南以御贼。汝南，见第二章第三节。前将军赵骧，助平南将军羊伊守宛。见第四节。新野王歆见第三节。督荆州。昌遣其将黄林向豫州，乔遣将击破之。林东攻弋阳，汉国，魏为郡，今河南潢川县。亦不克。而马武破武昌，吴郡，今湖北鄂城县。害太守。昌西攻宛，破赵骧，害羊伊。进攻襄阳，见第四节。害新野王歆。别率石冰破江、扬。临淮人封云举兵应之，临淮，汉郡，后汉废，晋复置，后改为盱眙，今安徽盱眙县。自阜陵寇徐州。阜陵，汉县，晋废，在今安徽全椒县东。昌又遣将攻长沙、湘东、零陵诸郡。此据本传。《本纪》云：陷武陵、零陵、豫章、长沙。长沙，秦郡，今湖南长沙县。湘东，吴郡。治郴，在今湖南衡阳县东。晋移治临丞，即今衡阳县也。零陵，武陵，皆见第六节。豫章，汉郡，今江西南昌县。昌虽跨带五州，而树立牧守，皆盗桀小人，但以劫掠为务，人情渐离。朝以刘弘督荆州。初进，败于方城。山名，在今河南叶县南。弘遣司马陶侃等进据襄阳，遂讨昌于竟陵。晋郡，今湖北钟祥县。刘乔又遣兵向江夏。侃等与昌苦战，破之，纳降万计，昌窜于下儁山。谓下儁县山中。下儁，汉县，在今湖南沅陵县东北。明年秋，乃禽斩之。

　　张昌虽速亡，而乱势遂蔓衍于下流。陈敏者，庐江人。庐江，晋郡，今安徽霍邱县西。少有干能。以部廉吏补尚书仓部令史。及赵王伦篡逆，三王起义，兵久屯不散，京师仓廪空虚，敏建议漕南方谷以济中州，朝廷从之，以敏为合肥度支。合肥，汉县，今安徽合肥县。迁广陵内史。广陵，汉国，后汉为郡，治江都，今江苏江都县。晋初移治淮阴，今江苏淮阴县。大安二年（303），十一月，扬州秀才周玘，处子。潜结前南平内史王矩，吴南郡，晋改曰南平，治作唐，在今湖南安乡县北，后移治江安，在今湖北公安县东北。共推吴兴太守顾秘都督扬州四郡军事，以讨石冰。冰退，自临淮趋寿阳。见第四节。都督刘准忧惧，计无所出。敏谓准："请合率运兵，公分配众力，破之必矣。"准乃益敏兵击之。敏以少击众，每战皆克。与玘攻冰于建业。冰北走，投封云。敏回讨云。云将张统斩云、冰降。时永兴元年三月也。会稽贺循，会稽，秦郡，治吴，后汉移治山阴。吴，今江苏吴县。山阴，见第二章第二节。亦合众应玘等。移檄冰大将杭宠。宠遁走，所置会稽相、山阴令皆降，一郡悉平。敏以功为广陵相。时惠帝幸长安，四方交争，敏遂有割据江东之志。父亡去职。东海王越当西迎大驾，承制起敏为右将军，假节，前锋都督。越讨刘乔，敏引兵会之，与越俱败于萧。见第三节。敏因中国大乱，遂请东归。收兵据历阳。秦县，晋置郡，今安徽和县。丹阳甘卓，丹阳，秦县，今安徽当涂县东。亦弃官东归，与敏遇于历阳，共图纵横之计。假称皇太弟命，拜敏为扬州刺史。敏为息取卓女，并假江东首望顾荣等四十人为将军、郡守。荣，吴人，吴丞相雍之孙。是时州内豪杰，咸见维絷，惟贺循齐曾孙，邵子。与吴郡朱诞，不与其事。扬州刺史刘机，丹阳太守王旷等，皆弃官奔走。敏弟昶，将精兵数万据乌江。在今安徽和县东北，晋于此置乌江县。恢率钱端等南寇江州，时治豫章。刺史应邈奔走。斌东略诸郡。遂据有吴、越之地。永兴二年十二月。敏命寮佐以己为都督江东军事，大司马，楚公，封十郡，加九锡。列上尚书：称"自江入河，奉迎銮驾。"敏分置子弟为列郡，收礼豪杰，有孙氏鼎峙之计，而刑政无章，不为英俊所服；且子弟凶暴，所在为患。周玘、顾荣之徒，常惧祸败。东海王军谘祭酒华谭，广陵人。又遗荣等书。玘、荣乃遣使密报刘准："遣兵临江，己为内应。"准遣刘机等出历阳，敏使弟昶及将军吴广次乌江以距之。又遣弟闳戍牛渚。山名，即采石，以临江，亦称采石矶，在今安徽当涂县西北。广，玘乡人也。广，吴兴人，家在长城。长城，晋县，在今浙江长兴县东。玘潜使图昶。广遣其属白事，昶倾头视书，挥刀斩之。敏遣甘卓出横江，在和县东南，与牛渚相对。坚甲利器，尽以委之。玘、荣又说卓，卓遂背敏。敏与卓战，未获济，顾荣以白羽扇麾之，众溃。敏单骑东奔，至江乘，秦县，吴省，晋复置，在今江苏句容县北。为义兵所获，斩于建业。时永嘉元年三月也。会稽诸郡，并杀敏诸弟无遗焉。恢据武昌，自称荆州刺史，见《朱伺传》。刘弘使陶侃等讨平之。王敦之叛也，或说甘卓："且伪许敦，待其至都而讨之。"卓曰："昔陈敏之乱，吾亦先从后图，而论者谓惧逼而谋，虽情本不尔，而事实有似，心恒愧之，今若复尔，谁能明我？"此非诚语，惧逼反噬，乃其实情。且非独卓，顾荣、周玘等，恐无不如是也。亦可见是时吴人之心矣。

陈敏之叛也，吴兴人钱璯，亦起义兵。东海王越命为建武将军，使率其属会于京都。璯至广陵，闻刘聪逼洛阳，畏懦不敢进。元帝时镇江左，促以军期。璯乃谋反。永嘉四年（310），二月，劫孙皓子充，立为吴王。既而杀之，寇阳羡。汉县，在今江苏宜兴县南。元帝遣将军郭逸、都尉朱典等讨之，并以兵少未敢前。三月，周玘率合乡里义众，与逸等俱进，斩之。

刘弘以光熙元年（306）卒。明年，为怀帝永嘉元年（307），三月，以高密王简督荆州，镇襄阳。此据《本纪》。本传名略，字元简，谥孝，文献王子，而东海王越之弟也。文献王见第二节。三年（309），三月，薨。以尚书左仆射山简督荆、湘、交、广，寻又加督宁、益。简优游卒岁，惟酒是耽。先是王衍说东海王越：谓"中国已乱，当赖方伯。"乃以弟澄为荆州，族弟敦为青州。谓澄、敦曰："荆州有江、汉之固，青州有负海之险，卿二人在外，而吾留此，足以为三窟矣。"澄既至镇，日夜纵酒，虽寇戎急务，亦不以在怀。及四年九月，而王如反于宛。如，新丰人。新丰，见第五节。初为州武吏，遇乱，流移至宛。时诸流人有诏并遣还乡里，如以关中荒残，不愿归，简与南中郎将杜蕤各遣兵送之，而促期令发，如遂潜结诸无赖少年，夜袭二军，破之。自号大将军、司、雍二州牧。大掠汉、沔。南安庞寔，此据《如传》。《本纪》作新平。南安，新平，皆见第二章第二节。冯翊严嶷，冯翊，亦见第二章第二节。长安侯脱，各率其党攻诸城镇，多杀令长以应之。时京师危逼，简、澄、蕤并遣兵入援，及如战于宛，皆大败。澄独以众进。前锋至宜城，汉县，今湖北宜城县南。遣使诣简，为严嶷所获。嶷伪使人从襄阳来，言"城破，已获山简矣"。阴缓澄使令亡。澄以为信然，散众而还。简为嶷所逼，迁于夏口。今汉口。如又破襄城。见第四节。时石勒济河，如遣众一万屯襄城以距勒。勒击败之，尽俘其众。至南阳，屯于宛北山。如惧勒攻己，使犒师，结为兄弟。勒纳之。侯脱据宛，与如不协，如说勒攻脱。旬有二日而克。严嶷救脱无及，遂降于勒。勒斩脱；囚嶷，送于平阳；尽并其众。南寇襄阳，攻陷江西壁垒三十余所。率精骑三万还攻如。惮如之盛，复趋襄城。如遣弟璃犒师，实欲袭勒。勒迎击，灭之。复屯江西。旋北上。如军中大饥，其党互相攻击，官军进讨，各相率来降。如计无所出，归于王敦。如降无年月，《通鉴》以其余党入汉中在建兴元年（313），乃系之永嘉六年（312）。后为敦所杀。如余党李运、杨武等，自襄阳将三千余家入汉中。初，陈敏作乱，朝廷以张光为顺阳太守，顺阳，晋郡，在今河南光化县北，后移浙川县东南。率步骑五千诣荆州讨之，有功，迁梁州刺史。先是秦州人邓定等二千余家饥饿，流入汉中，保于城固。汉成固县，今陕西城固县西北。渐为抄盗。

梁州刺史张殷，遣巴西太守张燕讨之。巴西，见第六节。定窘急，伪降。并馈燕金银。燕喜，为之缓师。定密结李雄，雄遣众救定，燕退。定逼汉中。太守杜正冲东奔魏兴。见第六节。殷亦弃官而遁。光止于魏兴，结诸郡守，共谋进取。燕唱言不可。光怒，斩燕。却镇汉中。及运、武至，光遣参军晋邈距之。邈受运重赂，劝光纳运。光从邈言，使居城固。既而邈以运多珍货，又欲夺之，言于光曰："运之徒属，不事佃农，但营器杖，意在难测，可掩而取之。"光又信焉。遣邈讨运，不克。光乞师于氐王杨茂搜，茂搜遣子难敌助之。难敌求货于光，光不与。杨武乃厚赂难敌，谓之曰："流人宝物，悉在光处，今伐我，不如伐光。"难敌大喜，声言助光，内与运同。光弗之知也，遣息援助邈。运与难敌夹攻邈等，援为流矢所中，死。贼遂大盛。光婴城固守，愤激成疾卒。建兴元年(313)，十一月，武陷梁州。明年，二月，大略汉中，奔于李雄。

张昌妖妄，王如粗才，皆不足道，杜弢则非其伦矣。其叛既非本心，且其材颇可用，而为诸将贪功者所间隔，卒陷于叛逆以死，弢一身不足惜，然恢复之所以难成，所用不过二等人物，亦为其一大因，此则非细故也。弢，成都人，以才学著称，州举秀才。遭李庠之乱，避地南平。太守应詹，爱其才而礼之。后为醴陵令。醴陵，汉侯国，后汉为县，今湖南醴陵县。时巴、蜀流人汝班、蹇硕等数万家，布在荆、湘间，为旧百姓所侵苦，并怀怨恨。会蜀贼李骧，此又一李骧，非前蜀李特之弟。杀县令，屯聚乐乡，城名，吴陆抗所筑，在今湖北松滋县东。众数百人。弢与应詹击骧，破之。蜀人杜畴、蹇抚等复扰湘州。参军冯素，与汝班不协，言于刺史苟眺曰："流人皆欲反"，眺以为然，欲尽诛流人。班等惧死，聚众以应畴。时弢在湘中，贼众共推为主。弢自称梁、益二州牧、领湘州刺史，攻破郡县。眺委城走广州。治番禺，今广东南海县。时永嘉五年五月也。以上据《杜弢传》。《王澄传》云：巴、蜀流人，散在荆、湘者，与土人忿争，遂杀县令，屯聚乐乡。澄使成都内史王机讨之。贼请降。澄伪许之。既而袭之，以其妻子为赏，沉八千余人于江中。于是益、梁流人四五万家，一时俱反，推杜弢为主。广州刺史郭讷遣始兴太守严佐攻弢，始兴，吴郡，今广东曲江县。弢逆击破之。王澄遣王机击弢，败于巴陵。晋县，今湖南巴陵县。弢遂纵兵肆暴，伪降于山简。简以为广汉太守。广汉，见第六节。眺之走也，州人推安城太守郭察领州事。安城，吴郡，在今江西安福县东南。因率众讨弢。反为所败，察死。弢遂南破零陵，东侵武昌，害长沙、宜都、邵陵太守。宜都，见第六节。邵陵，汉昭陵县，吴置郡，晋县郡俱改曰邵陵，今湖南宝庆县。王澄出军击弢，次于作唐。山简参军王冲叛于豫州，自称荆州刺史。澄惧，使杜蕤守江陵，汉县，今湖北江陵县。迁于屖陵。汉县，在今湖北公安县南。寻奔沓中。胡三省曰：盖在屖陵东。初，澄命武陵诸郡同讨弢，天门太守扈瓌，天门，吴郡，晋置沣阳县为郡治，今湖北石门县。次于益阳。汉县，在今湖南益阳县西。武陵内史武察，为其郡吏所害。瓌以孤军引还。澄怒，以杜曾代瓌。曾，新野人，新野，见第三节。蕤之从祖弟也。骁勇绝人。始为新野王歆镇南参军。历华容令，华容，汉县，今湖北监利县西北。至南蛮司马。永嘉之乱，荆州荒梗，故镇南府牙门将胡亢聚众竟陵，自号楚公。永嘉六年正月。假曾竟陵太守。及是，澄使代扈瑰。瑰故吏袁遂，托为瑰报仇，举兵逐曾。澄使司马毌丘邈讨之，为遂所败。时元帝镇江东，以军谘祭酒周𫖮刺荆州，而征澄为军谘祭酒。𫖮始到州，建平流人傅密等叛，迎杜弢。弢别将王真袭沔阳，𫖮狼狈失据。武昌太守陶侃救之，乃得免，奔建康。建兴元年八月。时王敦都督征讨诸军事，遣侃及豫章太守周访等讨弢，而敦进住豫章，为诸军继援。敦表拜侃荆州，镇于沌口，沌水自湖北潜江县由汉水分枝，东南出，经江陵、监利至汉阳入江。又移入沔江。先是胡亢与其党，自相猜贰，诛其骁将数十人。杜曾心不自安，潜图之。会王冲屡遣兵抄亢所统，亢患之，问计于曾。曾劝令击之，亢以为然。曾因城中空虚，斩亢而并其众。自号南中郎将，领竟陵太守。冲据江陵。陶侃参军王贡，为侃告捷于王敦，还至竟陵，矫侃令，以曾为前锋大督护，进军斩冲，悉降其众。侃召曾不到，贡又恐矫命获罪，遂与曾举兵反。侃欲退入涢中，涢水，出湖北随县，在汉阳西北入江。部将张奕，将贰于侃，诡说曰："贼至而动众，不可。"侃惑之，贼至，为所败，坐免官。奕奔于贼。《本纪》：建兴二年（314），三月，杜弢别将王真袭侃于林障，侃奔滠中。林障，《水经注》：在江夏沌阳县。案沌阳县，齐置，在今汉阳县西。《水经注》涢水过安陆，东南流，分为二水：东通滠水，西入于沔。王敦表侃以白衣领职。侃复率周访等进军入湘。使都尉杨举为先驱，击杜弢，大破之。敦于是奏复侃官。弢前后数十战，将士多物故，于是请降。元帝不许。弢乃遗应詹书，求复北方或夷李雄以自效。詹启呈弢书，言"弢益州秀才，素有清望。李骧为变，弢时出家财，招募忠勇，登坛歃血，义诚慷慨。乡人推其素望，遂相冯结，论弢本情，非首作乱阶者也。"元帝乃使南海太守王运受弢降。南海，秦郡，治番禺。加弢巴东监军。巴东，见第六节。弢受命之后，诸将殉功者攻击之不已，弢不胜愤，遂杀运，而使王真领精卒三千为奇兵，出江南向武陵，断官军运路。陶侃使郑攀等夜趣巴陵，掩其不备，大破之。真步走湘城。湘州治长沙。弢将张彦陷豫章。王敦遣督护缪蕤、李恒受周访节度，共击破之，临陈斩彦。访复以舟师造湘城。而弢遣杜弘出海昏，汉县，今江西永修县。溢口骚动。溢口，溢水入江处，在今江西九江县西。访步出柴桑，汉县，在九江西南。与贼战，破之。围弘于庐陵。庐陵郡，孙策所置，晋治石阳，在今江西吉水县东北。弘突围出，奔于临贺。汉县，吴置郡，今广西贺县。此处据《周访传》。《本纪》事在建兴三年二月，而误合破张彦、杜弘为一事。贼中离沮。杜弢逆疑张奕而杀之，众情益惧，降者滋多。侃等诸军齐进。王真降，众党散溃。弢遁逃，不知所在。此依《弢传》。《本纪》云：弢败走，道死。时建兴三年七月也。

张光之卒也，愍帝以侍中第五琦为荆州刺史，监荆、梁、益、宁四州，出自武关。见第三节。杜曾迎琦于襄阳，为兄子娶琦女，遂分据沔、汉。陶侃新破杜弢，乘胜击曾，轻之，围曾于石城，竟陵郡治。为所败。建兴元年十月。时荀崧督荆州，镇宛，曾攻之。崧求救于周访及襄城太守石览。访使子抚会览救之，曾不能克，引兵向江陵。王敦左转陶侃为广州刺史以从弟廙刺荆州。侃将郑攀、苏温、马俊等上书请留侃，此据《侃传》。《王廙传》作马俊。敦不许。攀等时屯结浈口，浈水入江之口。遂进距廙。廙奔江安。吴公安县，晋改为江安，今湖北公安县东北。建武元年（317），九月，王敦使武昌太守赵诱，襄阳太守朱轨，陵江将军黄峻讨琦。攀等士众疑沮，复散还横桑口。在今湖北天门县南。惧诛，以司马孙景造谋，斩之降。而诱等大败于女观湖，在江陵东北。皆为曾所杀。曾遂逐廙，径造沔口。王敦遣周访讨之，破其众于沌阳，遂定沔、汉。曾走固武当。山名，在今湖北均县南。汉时置武当县，在今均县北。访屡战不能克。潜遣人缘山开道，出不意袭之，曾众溃。马俊、苏温等执曾诣访降，并获第五琦。访斩曾，送琦于主敦，敦斩之。时大兴二年五月也。兼据《本纪》及《周访》、《陶侃》、《王廙》、《朱伺》、《杜曾传》。

王机，长沙人。父毅，广州刺史，甚得南越之情。王澄与之友善，内综心膂，外为牙爪。杜弢之灭也，王敦以元帅加都督江、扬、荆、湘、交、广六州，江州刺史，镇豫章。王澄赴召，过诣敦。澄夙有盛名，出于敦右，兼勇力绝人，素为敦所惮。① 澄犹以旧意侮敦，敦益忿怒，令力士搤杀之。机惧祸及；又属杜弢所在发墓，而独为机守冢，机益自疑；就敦求广州。敦不许。会广州人背郭讷迎机。机遂将奴、客、门生千余人入广州。州部将温邵率众迎机。机自以篡州，惧为敦所讨，乃更求交州。晋交州，治龙编，在今越南河内省。杜弘自临贺送金数千两与机，求讨桂林贼自效。晋桂林郡治，在今广西马平县东南。机为列上，朝廷许之。时交州刺史王谅为贼梁硕所陷。据《陶侃传》。王敦以机难制，又欲因机讨硕，故以降杜弘之勋，转机为交州刺史。硕禁州人不许迎之，机遂住郁林。汉郡，治布山，今广西贵县。杜弘破桂林贼还，遇机于道。机劝弘取交州，弘素有意，于是机与弘及温邵、交州秀才刘沈等并反。寻陶侃为广州，先讨温邵、刘沈，皆杀之。遣督护许高讨机。机走，病死于道。高宝进击梁硕，平之。杜弘诣零陵太守尹奉降。奉送弘与敦。敦以为将，见宠待焉。

钱璯之平也，元帝以周玘为吴兴太守。又以玘频兴义兵，勋诚并茂，乃以阳羡及长城之西乡，丹阳之永世，别为义兴郡，以彰其功。治阳羡。玘宗族强盛，人情所归，帝疑惮之。于时中州人士，左右王业，玘自以为不得调，内怀怨望。复为刁协轻之，耻恚愈甚。时镇东将军祭酒东莱王恢，亦为周颛所侮。乃与玘阴谋，诛诸执政，推玘及戴渊与诸南士，共奉帝以经纬世事。戴渊，广陵人。先是流人率夏铁等寓于淮、泗。恢阴书与铁，令起兵，己当与玘以三吴应之。丹阳、吴兴、吴郡。建兴初，铁已聚众数百人。临淮太守蔡豹斩铁以闻。恢闻铁死，惧罪，

奔于玘。玘杀之，埋于豕牢。帝闻而秘之。召玘为镇东司马。未到，复改授南郡太守。<small>秦郡，治江陵，吴移治公安，晋还治江陵。</small>玘既南行，至芜湖，<small>汉县，在今安徽芜湖县东。</small>又下令，以为军谘祭酒。玘忿于回易，又知其谋泄，遂忧愤发背而卒。将卒，谓子勰曰："杀我者诸伧，子能复之，乃吾子也。"吴人谓中州人曰伧，故云。勰常缄父言，时中国亡官失守之士，避乱来者，多居显位，驾御吴人，吴人颇怨。勰因之欲起兵。潜结吴兴功曹徐馥。馥家有部曲，勰使馥矫称叔父札命以合众。豪侠乐乱者，翕然附之。以讨王导、刁协为名。孙皓族人弼，亦起兵于广德以应之。<small>广德，吴县，今安徽广德县东。</small>建兴三年（315），正月，馥杀吴兴太守袁琇。有众数千，将奉札为主。札闻而大惊，乃告乱于义兴太守孔侃。勰知札不同，不敢发兵。馥党惧，攻馥杀之。孙弼众亦溃，宣城太守陶猷灭之。<small>宣城，晋郡，治宛陵，今安徽宣城县。</small>札兄靖之子筵，时为黄门侍郎，筵族兄续，亦聚众应馥。元帝议欲讨之。王导以为兵少则不足制寇，多遣则根本空虚，筵为一郡所敬，意谓直遣筵，足能杀续。于是诏以力士百人给筵，使轻骑还阳羡。筵既至郡，逼续共诣侃，杀之。筵因欲诛勰，札拒不许，委罪于从兄邵，诛之。元帝以周氏奕世豪望，吴人所宗，故不穷治，抚之如旧。然其后王敦内犯，札守石头，<small>六朝时建业有三城：中台城，为帝居。西石头，为宿兵之所，攻战时恒据此。东东府，凡宰相录尚书事兼扬州刺史者居之，实甲常数千人，如晋会稽王道子、宋武帝、齐高帝是也。</small>开门纳之，盖未尝不衔旧怨？而周氏卒仍为敦辈所忌，可见当时南北之不相容也。

第四章　东晋初年形势

第一节　元帝东渡

惠末大乱，怀、愍崎岖北方，卒无所就，而元帝立国江东，遂获更衍百年之祚，此盖自初平以来，久经丧乱，民力凋弊，朝廷纪纲，亦极颓败，其力不复能戡定北方，而仅足退守南方以自保，大势所趋，非一人一事之咎也。元帝名睿，为宣帝曾孙。嗣为琅邪王。东海王越收兵下邳，使帝监徐州诸军事。俄督扬州。越西迎大驾，留帝居守。永嘉初，移镇建业。周馥表请迁都，帝受东海王越之命，击走之。皆已见第三章第四节。及怀帝蒙尘，司空荀藩，移檄天下，推帝为盟主。江州刺史华轶不从。轶，歆之曾孙。东海王越牧兖州，引为留府长史。永嘉中，历江州刺史。在州甚有威惠。时天子孤危，四方瓦解，轶每遣贡献入洛，不失臣节。谓使者曰："若洛都道断，可输之琅邪王，以明吾之为司马氏也。"然轶自以受洛京所遣，而为寿春所督，时扬州刺史治寿春，见第三章第九节。时洛京尚存，不能只承元帝教命。元帝遣周访屯彭泽以备轶。彭泽，汉县，吴置郡，在今江西湖口县东。访过姑熟。城名，今安徽当涂县。著作郎干宝，见而问之。访曰："华彦夏轶字有忧天下之诚，而不欲录录受人控御，顷来纷纭，粗有嫌隙，今又无故以兵守其门，将成其衅。吾当屯寻阳故县，汉寻阳县，在今湖北黄梅县北。晋置郡，治柴桑，即今江西九江县，始移于江南。既在江西，可以捍御北方，又无嫌于相逼也。"初陈敏之乱，刘弘以陶侃为江夏太守。江夏，见第三章第四节。后以母忧去职。服阕，参东海王越军事。轶表侃为扬武将军，使屯夏口。见第三章第九节。又以侃兄子臻为参军。臻恐难作，托疾而归。侃怒，遣臻还轶。臻遂东归元帝。帝大悦，命臻为参军。加侃奋威将军。侃乃与轶绝。及元帝承制，改易长史，轶又不从命。于是遣左将军王敦都督甘卓、周访、宋典、赵诱讨之。前江州刺史卫展，不为轶所礼，心常鞅鞅。至是，与豫章太守周广为内应，潜军袭轶。轶众溃，奔于安城。见第三章第九节。追斩之，及其五子，传首建业。愍帝即位，加帝左丞相。岁余，进位丞相，大都督中外诸军事。已见第三章第五节。建兴五年（317），二月，平东将军宋哲至，宣愍帝遗诏，使帝摄万几。三月，即晋王位，改元建武。明年，建兴六年(318)，元帝大兴元年。愍帝崩问至，乃即帝位。

《王导传》云：导参东海王越军事。时元帝为琅邪王，与导素相亲善，导知天下已乱，遂倾心推奉，帝亦雅相亲重，契同友执。帝之在洛阳也，导每劝令之国。会帝出镇下邳，请导为安东司马。军谋密策，知无不为。及徙镇建康，吴人不附，居月余，士庶莫有至者，导患之。会敦来朝。导谓之曰："琅邪王仁德虽厚，而名论犹轻，兄威风已振，宜有以匡济之。"会三月上巳，帝亲观禊，乘肩舆，具威仪，导及诸名胜皆骑从。吴人纪瞻、顾荣，皆江南之望，窃觇视之，见其如此，咸惊惧，乃相率拜于道左。导因进计曰："古之王者，莫不宾礼故老，存问风俗，虚己心以招俊义，况天下丧乱，九州分裂，大业草创，急于得人者哉？顾荣、贺循，此土之望，未若引之，以结人心。二子既至，则无不来矣。"帝乃使导躬造循、荣。二人皆应命而至。由是吴会风靡，百姓归心焉。自此之后，渐相崇奉，君臣之礼始定。俄而洛京倾覆，中州士女，避乱江左者十六七。导劝帝收其贤人君子，与之图事。时荆、扬晏安，户口殷实。导为政，务在清静。每劝帝克己厉节，匡主宁邦。于是尤见委杖，情好日隆。朝野倾心，号为仲父。此传颇能道出东晋建国之由。三言蔽之，曰：能调和南方人士，收用北来士大夫，不竭民力而已。史言"惠皇之际，王室多故，帝每恭俭退让，以免于祸。沉敏有度量，不显灼然之迹，故时人未之识焉。"深沉有余，雄略不足，是则元帝之为人也。帝之本志，盖仅在保全江表，而不问北方，即王导之志亦如此，故能志同道合。东晋之所以能立国江东者以此，其终不能恢复北方者亦以此。以建国之规模一定，后来者非有大才，往往不易更变也。

第二节　北方陷没

天下之患，莫大于中枢之失驭。中枢失驭，则虽有诚臣，亦无能为力矣。晋世北方，惟并州败坏最甚；幽、冀、青、兖，皆未尝不足有为；而凉州亦足为秦、雍之援；得雄主而用之，五胡之乱，固未尝不可戡定；即不然，亦可以相枝拄。惠帝既失驭；怀、愍处不可为之时；元帝又绝意于北略；遂至河西一隅而外，无不为异族所蹂躏矣。《诗》曰："其何能淑，载胥及溺，"岂不哀哉？

惠帝西迁以后，能号令中原者，自莫如河南之行台。然荀藩等实手无斧柯，故迄不能振作。藩以建兴元年九月薨，愍帝以其弟组行留事。元帝大兴初，以为石勒所逼，率其属数百人，自许昌渡江而东。许昌，见第三章第二节。

时北方征镇，以青州苟晞、幽州王浚为较强，而丁绍为冀州刺史，亦能捕诛境内之羯贼。晞为石勒所灭，已见第三章第五节。绍以永嘉三年（309）卒，王斌继之，十一月，为勒所害。王浚复兼冀州，然力实不足以守之也。

王弥之入洛阳也，纵兵大掠，刘曜禁之，弥不从。曜斩其牙门王延以徇。弥怒，与曜阻兵相攻。旋以长史张嵩谏，诣曜谢，结分如初。然曜本怨弥先入洛不待己，嫌隙遂搆。弥引众东屯项关。在项县。司隶刘暾，暾东莱掖人。王弥入洛，百官歼焉，惟暾为弥乡里宿望，得免。东莱，见第三章第四节。掖，汉县，今山东掖县。说弥还据青州。弥然之。使左长史曹嶷还乡里招诱，且迎其室。后暾又劝弥征曹嶷，藉其众以诛石勒。于是弥使暾诣青州，令曹嶷引兵会己，而诈要勒共向青州。暾至东阿，汉县，今山东阳谷县东北。为勒游骑所获。勒见弥与嶷书，大怒，乃杀暾，诡请弥宴，手斩之，而并其众。弥在群盗中，较有智略，其声势亦亚于勒，既见并，勒更无所忌惮矣。

永嘉五年（311），十月，勒既没苟晞，并王弥，南寇豫州，至江而还。屯于葛陂，在今河南新蔡县。缮室宇，课农造舟，将寇建业。会霖雨，历三月不止。六年（312），二月，元帝上尚书，檄四方讨勒。江南之众，大集寿春。见第三章第四节。勒军中饥疫，死者大半。勒会诸将计之。右长史刁膺，劝勒送款，待军退之后，徐更计之。勒愀然长啸。其谋主张宾曰："将军攻陷帝都，囚执天子，杀害王侯，妻略妃主，擢将军之发，不足以数将军之罪，奈何还相承奉乎？邺有三台之固，《水经注》：邺城西北有三台，皆因城为之基。魏武所起，中曰铜雀台，高十丈。其后石虎更增二丈。南则金虎台，高八丈。北则冰井台，亦高八丈。西接平阳，宜北徙据之。晋之保寿春，惧将军之往击耳。今卒闻回军，必欣于敌去，未遑奇兵掎击也。辎重径从北道，大军向寿春，辎重既过，大军徐回，何惧进退无地乎？"勒攘袂鼓髯曰："宾之计是也。"于是退膺为将军，擢宾为右长史，号曰右侯。发自葛陂。遣从子虎率骑二千距寿春。会江南运船至，获布米数十艘，将士争之，不设备，晋伏兵大发，败虎于巨灵口，赴水死者五百余人。奔退百里，及于勒军。军中震扰，谓王师大至。勒陈以待之。晋惧有伏兵，退还寿春。勒虽剽悍，此时实尚同流寇。前此所破者，皆晋饥疲之军，非精练之士也。此时勒军饥疫，而晋士饱马腾，形势适相反。[①] 一奋击破之，勒必无力骤取蓟州，王浚幽州之众，亦尚可资犄角，北方之情势一变矣。任其越逸，岂不惜哉？

然勒之危机，犹未已也。勒所过路次，皆坚壁清野，采掠无所获，军中大饥，士众相食。行达东燕，《水经注》：河水东北过延津，又径东燕县故城北。按两《汉志》：东郡有燕县，无东燕县，盖作史者用当时地名书之。延津，见第三章第四节。闻汲郡向冰，有众数千，壁于枋头。汲郡，见第三章第三节。枋头，城名，在今河南濬县西南。勒

---

① 史事：石勒欲寇建业时之危机。

将于棘津北渡，棘津，在今河南延津县东北。惧冰邀之，会诸将问计，张宾请简壮勇千人，诡道潜渡，袭取其船，以济大军。勒从之，又因其资，军遂丰赈，长驱寇邺。时刘舆子演守三台。张宾进曰："刘演众犹数千，三台险固，攻守未可卒下。王彭祖、浚字。刘越石，琨字。大敌也，宜及其未有备，密规进据，西禀平阳，扫定并、蓟。且游行羁旅，人无定志，难以保万全，制天下。邯郸、秦县，在今河北邯郸县西南。襄国，秦信都县，项羽改曰襄国，在今河北邢台县西南。赵之旧都，可择都之。"勒曰："右侯之计是也。"于是进据襄国。宾又言于勒曰："闻广平诸县，广平，见第二章第二节。秋稼大成，可分遣诸将，收掠野谷。遣使平阳，陈宜镇此之意。"勒又然之，于是上表于刘聪，分命诸将攻冀州郡县，壁垒率多降附，运粮以输勒。勒盖至是始免于为流寇，而有建国之规模，皆张宾之谋也。张宾者，赵郡中丘人。中丘，汉县，在今河北内邱县西。尝自拟子房，谓历观诸将，独胡将军可与共成大事，乃提剑军门，自媒于勒者也。王浚使督护王昌，率段疾六眷亦作就六眷。及其弟匹磾，文鸯，从弟末杯，亦作末波。功勒于襄国。勒袭执末杯，因以为质，请和于疾六眷。疾六眷使文鸯与石虎盟而还。浚所恃惟鲜卑，鲜卑叛而浚势摇矣。[1]

当刘渊崛起之际，拓跋氏亦渐强。晋人乃思藉其力以掎匈奴焉。永兴元、二年（304、305）间，东嬴公腾，已再用拓跋氏之众距刘渊。见《魏书·序纪》。永兴二年（305），猗㐌死，永嘉元年（307），禄官又死，猗卢遂合三部为一。是岁，腾迁镇邺，刘琨刺并州。时并土饥荒，百姓随腾南下，余户不满二万。寇贼纵横，道路断塞。琨募得千余人，转斗至晋阳。见第三章第四节。琨在路上表曰："道险山峻，胡寇塞路。辄以少击众，冒险而进。顿伏艰危，辛苦备尝。即日达壶口关。臣自涉州疆，目睹困乏。流移四散，十不存二。携老扶弱，不绝于路。及其在者，粥卖妻子，生相捐弃。死亡委厄，白骨横野。哀呼之声，感伤和气。群胡数万，周匝四山。动足遇掠，开目睹寇，惟有壶关，可得告余。而此二道，九州之险，数人当路，则百夫不敢进。公私往反，没丧者多。婴守穷城，不得薪采。耕牛既尽，又乏田器。以臣愚短，当此至难，忧如循环，不皇寝食。"并州此次荒歉，《晋书》记载不详，然其灾情实极重，刘琨始终不能自立，实由于此。壶口关，在今长治县东南，汉于此置壶关县，见第三章第四节。府寺焚毁，僵尸蔽地。存者饥羸，无复人色。荆棘成林，豺狼满道，寇盗互来掩袭，恒以城门为战场。百姓负楯以耕，属鞬而耨，琨抚循劳来，甚得物情。在官未期，流人稍复，鸡犬之音，复相接矣。《晋书·怀帝纪》：永嘉五年（311），十一月，猗卢寇大原，见第二章第二节。刘琨不能制，徙五县百姓于新兴，事见第三章第八节。新兴，见第

---

[1]　史事：王浚惟恃段氏。刘琨惟恃拓跋。专恃异族兵之殷鉴。然并州实破败，琨可谅也，浚何为哉？段氏反覆，王浚亡幽州入匹磾，异族之用果能获胜，决无甘于爵赏者。契丹和宋……非矣。猗卢下不欲。

二章第二节。以其地与之。《魏书·序纪》，事在其前一年。穆帝三年(347)。云琨遣使以子遵为质，帝嘉其意，厚报馈之。白部大人叛入西河，铁弗刘虎举众于雁门以应之，西河、雁门，皆见第二章第二节。攻琨新兴、雁门二郡。琨来乞师。帝使弟子平文皇帝将骑一万，助琨击之。大破白部。次攻刘虎，屠其营落。虎收其余烬，西走渡河，窜居朔方。见第三章第八节。晋怀帝进帝大单于，封代公。帝以封邑去国县远，民不相接，乃从琨求陉北之地。琨乃徙马邑、阴馆、楼烦、繁峙、崞五县之民于陉南，更立城邑，尽献其地。据《晋书·刘琨传》：琨之表猗卢为代公，乃在晋阳失陷，乞师于猗卢之时。盖拓跋氏本无记注，先世事迹，皆依附中国史籍而成，故年代殊不审谛也。《魏书·铁弗刘虎传》云：南单于之苗裔，左贤王去卑之孙，北部帅刘猛之从子。居于新兴虑虒之北。虑虒，汉县，在今山西五台县北。北人谓胡父鲜卑母为铁弗，因以为号。猛死，子副仑来奔。虎父诰升爰，代领部落。诰升爰死，虎代焉。刘猛之叛，已见第二章第二节。《刘渊载记》：渊欲援成都王颖，刘宣等谏曰："晋为无道，奴隶御我，是以右贤王猛，不胜其忿。属晋纲未弛，大事不遂，右贤涂地，单于之耻也！"然则铁弗为匈奴强部，且与晋有世仇，其助刘渊以攻琨，亦固其所。[1] 琨之免于两面受敌，实藉鲜卑之力。拓跋氏自力微以来，与晋亦为世仇，而琨能用之，其智计亦足尚矣。《魏书·序纪》又云：是年，贾疋、阎鼎共立秦王业为太子，于长安称行台。帝复戒严，与琨更刻大举，命琨自列晋行台，部分诸军。帝将遣十万骑从西河鉴谷南出，晋军从蒲阪东度，蒲阪，见第三章第四节。会于平阳，就食聪粟，迎复晋帝。事不果行。盖琨欲用鲜卑，与关中共攻河东也。计虽未行，琨之志亦壮矣。然晋阳实荒瘠，不足与河东敌。六年 (312)，琨杀奋威护军令狐盛，盛子泥奔刘聪。聪以为乡道，遣子粲陷晋阳。琨父母并遇害。琨奔常山，见第三章第四节。乞师于猗卢。猗卢使子利孙赴琨，不得进。猗卢自将六万骑，次于盂城。盂，汉县，在今山西阳曲县西北。《魏书·序纪》云：遣长子六修，桓帝子普根，及卫雄、范班、箕澹等为前锋，帝躬统大众二十万为后继，乃侈辞。普根，《刘琨集》作扑速根。箕澹，《刘聪载记》、《魏书》、《通鉴考异》引《十六国春秋》皆作姬澹。粲遁走。琨收其遗众，保于阳曲。见第二章第二节。此据《晋书·本纪》。《刘琨传》云：琨引猗卢并力攻粲，大败之，死者十五六。琨乘胜追之，更不能克。猗卢以为聪未可灭，遗琨牛羊、车马而去，留其将箕澹、段繁戍晋阳。《刘聪载记》云：猗卢遣子日利孙、宾六须及将军卫雄、姬澹等率众数万攻晋阳，琨收散卒千余，为之乡道。猗卢率众六万，至于狼猛。曜及宾六须战于汾东，曜坠马，中流矢，身被七创。曜入晋阳，夜与刘粲等略百姓逾蒙山遁归。猗卢率骑追之，战于蓝谷，粲败绩。琨收合散卒，保于阳曲，猗卢城之而还。案是时猗卢之众，盖号称六万。琨众不过千余，可以见其寡弱。宾六须，《通鉴考异》云：《十六国春秋》作宵六须。狼猛，汉县，在阳曲东北。

_____

[1] 史事：刘猛欲复匈奴而败，故铁弗助刘渊以攻，刘琨亦恃鲜卑以御之。

蒙山，在大原西北。蓝谷，在蒙山西。

王浚遣祁弘讨石勒，为勒所杀。刘琨与浚争冀州，使宗人刘希还中山合众。中山，汉国，今河北定县。代郡、上谷、广宁三郡人，皆归于琨。代郡、上谷，皆见第三章第八节。广宁，汉县，晋置郡，在今察哈尔宣化县西北。浚患之，遂辍讨勒之师，与琨相拒。浚遣燕相胡矩燕国，治蓟，今河北蓟县。督护诸军，与疾六眷并力攻破希，驱略三郡士女出塞。琨不复能争浚；遂欲讨勒。使子婿枣嵩督诸军屯易水。召疾六眷，将与之俱攻襄国。疾六眷自以前后违命，恐浚诛之；石勒亦遣使厚赂疾六眷等；由是不应召。浚怒，以重赂诱猗卢子日律孙，令攻疾六眷。反为所破。浚矜豪日甚，不亲为政，所任多苛刻。加亢旱灾蝗；下不堪命，多叛入鲜卑，士卒衰弱。勒用张宾计，诈降于浚。浚喜勒附己，不复设备。建兴二年（314），三月，勒袭执浚，送诸襄国，斩之。《浚传》云：浚将谋僭号。浚虽妄，未必至是。《石勒载记》谓勒遣其舍人，多赍珍宝，奉表推崇浚为天子，表有"伏愿殿下，应天顺时，践登皇阼"之语，盖勒以是饵浚，后遂以是诬之也。浚固骄而寡虑，然谓其遂信勒之推奉为真，有是理哉？《浚传》云：勒遣使刻日上尊号于浚，浚许之。勒屯兵易水。督护孙纬疑其诈，驰白浚，而引军逆勒。浚不听，使勒直前。众议皆曰："胡贪而无信，必有诈，请距之。"浚怒，欲斩诸言者，众遂不敢复谏。盛张设以待勒。勒至城，复纵兵大掠。浚左右复请讨之，不许。及勒登听事，浚乃走。出堂皇，勒众执以见勒。勒遂与浚妻并坐，立浚于前。浚骂曰："胡奴调汝公，何凶逆如此？"勒数浚不于晋，并责以百姓馁乏，积粟五十万斛而不振给。遂道五百骑先送浚于襄国，收浚麾下精兵万人，尽杀之。停二日而还，孙纬遮击之，勒仅得免。夫浚即愚痴，岂有勒纵兵大掠，尚不御之之理。勒众几何？敢甫入城即散之大掠乎？孙纬遮击之，勒尚仅得免，使浚少有备，勒安能得志？故知勒是役必以轻兵掩袭，浚必绝未之知也。勒兵必甚少，故不敢久停，孙纬能遮击败之者亦以此，以少兵能于二日之间收杀浚精兵万人，事亦可疑。浚虽务聚敛，恐积粟亦未能至五十万。盖当时之人，憾浚不能振施，乃为是过甚之辞也。①浚初以田徽为兖州，李恽为青州，徽为勒将孔苌所害。建兴元年六月。恽为勒所杀，浚以薄盛代之。盛执渤海太守刘既，渤海，汉郡，治浮阳，今河北沧县。后汉移治南皮，今河北南皮县。率户五千降于勒。浚既败，勒以晋尚书刘翰行幽州刺史，戍蓟，置守宰而还。翰叛勒，奔于段匹磾。匹磾遂领幽州刺史。盖勒虽能冒险袭杀王浚，兵力实未能及幽州，故段氏复乘虚据之也。匹磾究为异族，且亦无大略，刘琨至此，乃以一身与二虏相枝拄矣。

《石勒载记》云：勒将袭王浚，而惧刘琨及鲜卑、乌丸，为其后患。张宾进曰："刘琨、王浚，虽同名晋藩，其实仇敌。若修笺于琨，送质请和，琨必欣于得我，喜于浚灭，终不救浚而袭我也。"于是轻骑袭幽州，遣张虑奉笺于琨，陈

---

① 史事：谓王浚欲叛，刘琨与石勒图浚之诬。

己过深重，求讨浚以自效。琨既素疾浚，乃檄诸州郡，谓"勒知命思愆，收累年之咎，求拔幽都，效善将来。今听所请，受任通和。"一若勒之害浚，琨实与之通谋者，此诬辞也。琨之与浚争冀州，特以当时朝命不及，州郡本无适主，兵争之际，各求广地以自强，此亦未为非法，非遂与浚相攻伐也，安得谓之仇敌？勒之袭浚，仅停二日，琨虽欲救援，亦无所及，况其力实寡弱乎？浚谋僭号，既属诬辞，虽非信臣，亦无逆节，安得指勒之求拔幽都，为效善之征乎？其为诬罔，又不待辩而自明矣。是岁，琨表愍帝曰："臣前表当与鲜卑猗卢，刻今年三月，都会平阳。会浚为勒所虏，勒势转盛，欲来袭臣，城坞骇惧，志在自守。又猗卢国内，欲生奸谋。幸卢警虑，寻皆诛灭，遂使南北顾虑，用愆成举。勒据襄国，与臣隔山。寇骑朝发；夕及臣城，同恶相求，其徒实繁。自东北八州，勒减其七，先朝所授，存者惟臣，是以勒朝夕谋虑，以图臣为计。窥伺间隙，寇抄相寻。戎士不得解甲，百姓不得在野。自守则稽聪之诛，进讨则勒袭其后。进退惟谷，首尾狼狈"云云。琨之备勒如此，而岂信其归诚，与之谋浚者哉？是岁，为魏穆帝猗卢七年（314）。《魏书·序纪》云：帝复与刘琨约期，会于平阳。会石勒禽王浚，国有匈奴，杂胡万余家，多勒种类，闻勒破幽州，乃谋为乱，欲以应勒。发觉伏诛。讨聪之计，于是中止，盖不徒不能进取平阳，并阴北亦受其震撼矣。故知王浚之亡，实当时北方一大变也。自是之后，刘琨亦力竭于御勒，不暇更图匈奴矣。

建兴三年（315），为魏穆帝之八年。《魏书·序纪》云：晋愍帝进帝为代王，置官属，食代、常山二郡。帝忿聪、勒之乱，志欲平之。先是国俗宽简，民未知禁。至是，明刑峻法，诸部民多以违命得罪。凡后期者，皆举部戮之。或有室家相携，而赴死所。人问何之？答曰："当往就诛。"其威严伏物，皆此类也。盖猗卢歆于爵赏，又贪虏获之利，欲迫其众南下，而其下不欲也。峻刻如此，亦无怪其召祸矣。先是猗卢城盛乐以为北都，见第三章第八节。修故平城以为南都。在今山西大同县东。更南百里，于灅水之阳黄瓜堆筑新平城。在今山西山阴县北。猗卢少子比延有宠，欲以为后，故使长子六修出居新平城，而黜其母。四年（316），猗卢召六修，六修不至。猗卢怒，伐之。不利，与比延皆遇害。猗㐌子普根，先守外境，闻难来赴，攻六修灭之。普根立，月余而薨。普根子始生，桓帝后立之。其冬，又薨。《晋书·刘琨传》云：猗卢父子相图，卢及兄子根皆病死。观猗卢病死之非其实，则普根及其子，恐亦未必善终也。初代人卫操，为卫瓘牙门，数使于拓跋氏。力微死后，操与从子雄及其宗室、乡亲姬澹等数十人，同往奔焉。说猗㐌、猗卢招纳晋人。晋人附之者稍众。猗㐌以为辅相，任以国事。刘渊、石勒之乱，操劝猗㐌助晋。东嬴公腾闻而善之，表加将号。稍迁至右将军，封定襄侯。永嘉四年（310），卒。雄、澹，猗卢并以为将。操卒后为左右辅相。

及是，与刘琨任子遵，率乌丸、晋人三万，牛羊十万来归。琨闻之，大悦。率数百骑，驰如平城抚纳之。琨由是复振。当时以晋人入代，而乃心华夏者，尚有莫含。《魏书·含传》云：雁门繁峙人也。家世货殖，赀累巨万。刘琨为并州，辟含从事。含居近塞下，常往来国中。穆帝爱其才器，善待之。及为代王，备置官属，求含于琨。琨遣入国。含心不愿，琨谕之曰：当今胡寇滔天，泯灭诸夏。百姓流离，死亡涂地。主上幽执，沉溺丑虏。惟此一州，介在群胡之间。以吾薄德，能自存立者，赖代王之力，是以倾身竭宝，长子远质，颇灭残贼，报雪大耻。卿为忠节，亦是奋义之时。何得苟惜共事之诚，以忘出身之大益？入为代王腹心，非但吾愿，亦一州所赖。含乃入代，参国官。后琨徙五县之民于陉南，含家独留。含甚为穆帝所重，常参军国大谋。观是时晋人用事于代者之多，而知刘琨之能用拓跋氏，为有由也。其心亦良苦矣。会石勒攻乐平，见第二章第二节。太守韩据请救于琨。琨以士众新合，欲因其锐以威勒。箕澹谏曰："此虽晋人，久在荒裔，未习恩信，难以法御。今内收鲜卑之余谷，外抄残胡之牛羊，且闭关守险，务农息士，既感化服义，然后用之，则功可立也。"琨不从。悉发其众，命澹领步骑二万为前驱，琨自为后继。勒先据险要，设伏以击澹，大败之。一军皆没。孔苌追澹于桑乾，汉县，在今察哈尔蔚县东北。攻代郡，澹死。并土震骇。寻又灾旱。琨穷蹙不能复守。段匹磾数遣使要琨，欲与同奖王室。琨由是率众赴之，从飞狐入蓟。飞狐口，在蔚、涞源二县间。匹磾见之，甚相崇重。与琨结昏，约为兄弟。箕澹之败，论者或咎琨之躁进。然琨死后，朝廷以匹磾尚强，当为国讨石勒，不举琨哀。琨故从事中郎卢谌、崔悦等上表理琨，曰："并州刺史东嬴公腾，以晋川荒匮，移镇临漳。见第三章第三节。大原、西河，尽徙三魏。皆见第二章第二节。琨受并州，属承其弊，到官之日，遗户无几。当易危之势，处难济之土，鸠集伤夷，抚和戎狄，数年之间，公私渐振。会京都失守，群逆纵逸，边萌顿仆，苟怀晏安。咸以为并州之地，四塞为固，且可闭关守险，畜资养徒。抗辞厉声，忠亮奋发。以为天子沉辱，而不陨身死节，情非所安。遂乃跋履山川，东征西讨。屠谷乘虚，晋阳沮溃。琨父母罹屠戮之殃，门族受歼夷之祸。向使琨从州人之心，为自守之计则圣朝未必加诛，而族党可以不丧。及猗卢败乱，晋人归奔。琨于平城，纳其初附。将军箕澹，又以为此虽晋人，久在荒裔，难以法整，不可便用。琨又让之，义形于色。假从澹议，偷于苟存，则晏然于并土，必不亡身于燕、蓟也。"当海内俶扰之时，手握兵权者，往往心存自保，而大局之所以败坏，则正此等自便私图者为之，闻刘琨之风，亦可以少愧矣。成败本难逆睹，即仅图自守，亦岂必终能自全乎！

建武元年（317），刘琨与段匹磾期讨石勒。匹磾推琨为大都督。檄诸方守，俱集襄国。琨、匹磾进屯固安，汉县，今河北易县东南。以俟众军。涉复辰、疾六眷、末杯等三面俱集。勒遣间使厚赂末杯。末杯间匹磾于涉复辰、疾六眷，涉复辰等引还。琨、匹磾亦退如蓟。会疾六眷病死，匹磾从蓟奔丧，至于右北平。汉郡，治平刚，今热河平泉县。后汉治土垠，在今河北丰润县东。晋改曰北平，见第二章第二节。末杯宣言匹䃅将篡，出军击败之。① 末杯遂害涉复辰及其子弟党与二百余人，自立为单于。《石勒载记》云：段末杯杀鲜卑单于截附真，立忽跋辚为单于。段匹䃅自幽州攻末杯，末杯逆击败之。匹䃅奔还幽州，因害太尉刘琨。琨遣世子群送匹䃅，为末杯所得。末杯厚礼之。许以琨为幽州刺史，与结盟而袭匹䃅。密遣使赍群书，请琨为内应。而为匹䃅逻骑所得。时琨别屯故征北府小城，胡三省曰：盖征北将军所治。不之知也。因来见匹䃅，匹䃅以群书示琨，曰："意亦不疑公，是以白公耳。"琨曰："与公同盟，志奖王室，若儿书得达，亦终不以一子负公也。"匹䃅雅重琨，初无害琨意，将听还屯。其中弟叔军曰："吾胡夷耳，所以能服晋人者，畏吾众也。今我骨肉构祸，是其良图之日。若有奉琨以起，吾族尽矣。"匹䃅遂留琨。琨庶长子遵惧诛，与琨左长史杨桥，并州治中如绥闭门自守。匹䃅谕之不得，因纵兵攻之。琨将龙季猛，迫于乏食，遂斩桥、绥而降。琨被拘经月，远近愤叹。匹䃅所署代郡太守辟闾嵩，与琨所署雁门太守王据，后将军韩据连谋，密作攻具，欲袭匹䃅。韩据女为匹䃅儿妾，闻其谋而告之。匹䃅于是执王据、辟闾嵩及其徒党，悉诛之。会王敦密使匹䃅杀琨；匹䃅又惧众反己；遂称有诏，收琨缢之。时大兴元年五月也。卢谌、崔悦之理琨曰："琨自以备位方岳，纲维不举，无缘虚荷大任，坐居三司。是以陛下登阼，便引愆告逊。前后奉表，具陈诚款。寻令从事中郎臣续澹，以章绶节传，奉还本朝。与匹䃅使荣邵，期一时俱发。又匹䃅以琨王室大臣，惧夺己威重，忌琨之形，渐彰于外。琨知其意如此，虑不可久，欲遣妻息大小，尽诣京城，以其门室，一委陛下。有征举之会，则身充一卒。若匹䃅纵凶愍，则妻息可免。具令臣澹，密宣此旨。求诏敕路次，令相逆卫会王成从平阳逃来，说南阳王保，称号陇右，士众甚盛，当移关中。匹䃅闻此，私怀顾望。停留荣邵，欲遣前兼鸿胪边邈奉使诣保。怀澹独南，言其此事，遂不许引路。丹诚赤心，卒不上达。匹䃅兄眷丧亡，嗣子幼弱，欲因奔丧，夺取其国。又自以欺国陵家，怀邪乐祸，恐父母宗党，不容其罪，是以卷甲囊弓，阴图作乱，欲害其从叔骣，从弟末波等，以取其国。疾六眷之死，《匹䃅本传》及《刘琨传》，皆仅云匹䃅前往奔丧，盖时惟阴谋篡夺，未尝讼言攻战也。《北史》云：就六眷死，其子幼弱匹䃅阴卷甲而往，欲杀其叔羽鳞及末波而夺其国，所据盖即此表？此自为当时情实。《石勒载记》之截附真，疑即疾六眷，当时曾讹传为末杯所杀；忽跋辚疑即疾六眷之子，末杯尝一立之，或始终以之袭号，而实权则在末杯也。疾六眷久贰于石勒，而匹䃅殷勤招致刘琨，疑正欲藉琨之力，以图疾六眷等。若然，则段氏骨肉之间，自相携贰久矣。疾六眷既贰于勒，而固安之次，仍赴琨之期者，盖以琨为王室大臣，未敢显言；抑亦虑琨之奉辞伐己，而匹䃅为之助也。然卒擅引而去，使襄国之伐不成，琨之助匹䃅以图之也固宜。匹䃅亲信，密告

---

① 史事：段氏内争真相。

隣、波，隣、波乃遣人距之，匹磾仅以身免。百姓谓匹磾已没，皆冯向琨。若琨于时有害匹磾之情，则居然可擒，不复劳于人力。此语或失之夸，然使以石勒处此，则必转而图匹磾矣。干戈扰攘之际，忍而无信者多成，守义者多败，此其所以有害于民德也。自此之后，上下并离。匹磾遂欲尽勒胡、晋，徙居上谷。琨深不然之。劝移厌次，见下。南冯朝廷。匹磾不能纳。反祸害父息四人。从兄二息，同时并命。琨未遇害，知匹磾必有祸心。语臣等云：受国厚恩，不能克报，虽才略不及，亦由遇此厄运。人谁不死？死生命也，惟恨下不能效节于一方，上不得归诚于陛下。辞旨慷慨，动于左右。匹磾既害琨，横加诬谤，言琨欲窥神器，谋图不轨。此亦足证谓王浚谋称尊号之诬。岂有可加之于琨，而不可加之于浚？匹磾所能为。而石勒不能为者哉？琨免述、嚣顽凶之思，又无信、布惧诛之情，踦跈乱亡之际，夹肩异类之间，而有如此之心哉？虽臧获之愚，厮养之智，犹不为之，况在国士之列，忠节先著者乎？"匹磾之怀贰，与琨之孤忠，皆可见矣。琨为赵王伦子荂姊婿，与父兄并为伦所委任，论者或以是少之。然于晋氏非纯臣，以效忠民族论，则志节炳然矣。《记》曰："内乱不与焉，外患弗辟也。"内乱外患，又岂可以同日语哉？

匹磾既害刘琨，晋人离散。匹磾不能自固，乃南依邵续。《北史》云：匹磾既杀刘琨，与羽、鳞、末波，自相攻击，部众乖离，欲拥其众，徙保上谷。平文帝闻之，阴严精骑将击之。匹磾恐惧，南奔乐陵。乐陵，见第三章第四节，此时移治厌次，见下。厌次，汉县，晋治在今山东阳信县东。续，魏郡安阳人。见第三章第三节。初为成都王颖参军。后为苟晞参军。除沁水令。汉县，今河南济源县东北。时天下渐乱，续去县还家。纠合亡命，得数百人，王浚假续乐陵太守，屯厌次。以续子义为督护。续绥怀流散，多归附之。石勒既破浚，遣义还招续。续以孤危无援，权附于勒。勒亦以义为督护。既而匹磾在蓟，遗书招续，俱归元帝。续从之。其下谏曰："今弃勒归匹磾，任子危矣。"续垂泣曰："我出身为国，岂得顾子而为叛臣哉？"遂绝于勒。勒乃害义。《刘胤传》曰：续徒众寡弱，谋降于石勒。胤言于续。续从之，乃杀异议者数人，遣使江南。此乃归美于胤之辞。以续之忠，其归朝，必不待胤之说也。帝以续为平原、乐安太守，平原、乐安，皆见第二章第三节。冀州刺史。匹磾攻末杯，石勒知续孤危，遣石虎围续。续为虎所得。虎使续降其城。续呼兄子竺等曰："吾志雪国难，不幸至此；汝等努力，便奉匹磾为主，勿有二心！"时大兴三年二月也。部曲文武，共推其息缉为营主。诏以续本位授缉。虎送续于勒，后为勒所害。匹磾还，闻续已没众惧而散。文鸯以亲兵数百人力战，乃得入城。与竺、缉及续兄子存等婴城距寇。明年四月，见获。惟存得溃围南奔，在道为贼所杀。匹磾至襄国，经年，国中谋推为主，事露，被害。文鸯亦遇鸩死。初石虎攻邺，邺溃，刘演奔于廪丘。见第三章第三节。时在建兴元年（304）。虎又攻之。续使文鸯救演，演奔鸯军，随鸯屯厌次，遇害。

王弥之死也，曹嶷仍为刘聪青州刺史。拥众十余万，有雄据全齐之志。石勒请讨之。聪惮勒并齐，弗许。嶷后叛聪，南禀王命。朝廷以为青州刺史。嶷以建业悬远，声势不接，惧勒袭之，遣使通和。勒授嶷青州牧。嶷尝遣使于勒，请画河为界；而时人议论，亦有以嶷与勒并称者：如刘聪大史令康相，见第五章第一节。盖在东方尚称强大，然勒声势日盛，嶷亦终无以自立已。明帝太宁元年（323），勒使石虎统步骑四万攻嶷。时嶷居广固，城名，在今山东益都县西北。此城为嶷所筑，见《晋书·地理志》。尝议徙海中，保根余山，未详。会疾疫甚，未及就。虎围广固，嶷降。送于襄国，杀之。坑其众三万。青州郡县壁垒尽陷。

时东晋晏然，无意援应北方，惟范阳祖逖，以一军北上。汉涿郡，魏改为范阳，今河北涿县。逖轻财好侠，慷慨有节尚。北方之乱，率亲党数百家，避地淮、泗，元帝用为徐州刺史。寻征为军谘祭酒。居丹徒之京口。丹徒，汉县，在今江苏镇江县东南，孙权尝居此，号其城为京城，后徙建业，乃于其地置京口镇。逖以社稷倾覆，常怀振复之志。其宾客义徒，皆暴桀勇士，逖遇之如子弟。逖说元帝曰："晋室之乱，非上无道而下怨叛也。由藩王争权，自相诛灭，遂使戎狄乘隙，毒流中原。今遗黎既被残酷，人有奋击之志。大王诚能发威命将，使若逖等，为之统主，则郡国豪桀，必因风向赴；沉溺之士，欣于来苏；庶几国耻可雪。愿大王图之。"帝乃以逖为豫州刺史。给千人廪，布三千匹，不给铠仗，使自召募。仍将本流徙部曲百余家渡江。中流，击楫而誓曰："祖逖不能清中原而复济者，有如大江。"辞色壮烈，众皆慨叹。屯于淮阴。秦县，今江苏淮阴县。起冶铸兵器，得二千余人而后进。《通鉴》在建兴元年（313）。初流人坞主张平、樊雅等在谯，见第三章第三节。刘演署平为豫州刺史，雅为谯郡太守，各据一城，众数千人。又有董瞻、于式、谢浮等十余部，众各数百，皆统属平。铚人桓宣，铚，秦县，在今安徽宿县西南。为元帝丞相舍人。帝以宣信厚，又与平、雅同州里，转宣为参军，使说平、雅。平、雅遣军主簿随宣诣丞相府受节度。帝皆加四品将军，即其所部，使捍御北方。逖出屯芦洲，在今安徽亳县东。遣参军殷乂诣平、雅。乂意轻平。平怒，斩乂，阻兵固守。逖诱浮使取平。浮谲平与会，遂斩以献逖。帝嘉逖勋，使运粮给之，而道远不至，军中大饥。进据大丘。汉敬丘县，后汉改称大丘，在今河南永城县西北。张平余众助樊雅攻逖。逖求助于南中郎将王含，又求救于蓬陂坞主陈川。在浚仪。浚仪见第三章第四节。川遣将李头援之。桓宣时为王含参军，含遣宣领兵五百助逖。宣复说下雅。石虎围谯，含又遣宣救之，虎退。宣遂留助逖，讨诸屯坞之未附者。李头感逖恩遇，每叹曰："若得此人为主，吾死无恨。"川闻而怒，遂杀头。头亲党冯宠，率其属四百人归于逖。川益怒，遣将掠豫州诸郡，逖遣将邀击，尽获所掠者。川大惧，遂以众附石勒。逖率众伐川。石虎领兵五万救川。逖设奇以击之，虎大败，收兵掠豫州，徙陈川还襄国，留桃豹守川故城，住西台。逖遣将韩潜等镇东台。相守四旬，豹宵遁，退据东燕。见第二节。逖使潜进屯封丘，汉县，今河南封邱县。冯铁据二台。逖镇雍丘，汉县，今河南杞县。数遣军要截石勒。勒屯戍渐蹙，归附者甚多。逖爱人下士，虽疏交贱隶，皆恩礼遇之，由是黄河以南，尽为晋土。河上堡固，先有任子在胡者，皆听两属。时遣游军伪抄之，明其未附。诸坞主感戴，胡中有异谋，辄密以闻。前后克获，亦由此也。其有微功，赏不逾日。躬自俭约，劝督农桑。克己务施，不畜资产。子弟耕耘，负儋樵薪。又收葬枯骨，为之祭醊。百姓感悦。尝置酒大会，耆老中坐流涕曰："吾等老矣，更得父母，死将何恨？"其得人心如此。石勒不敢窥兵河南，使成皋县见第三章第四节。修逖母墓，因与逖书，求通使交市。逖不报书，而听互市，收利十倍。于是公私丰赡，士马日滋。此据《逖传》。《石勒载记》曰：逖善于抚纳，自河以南，多背勒归顺。勒惮之，不敢为寇。乃下幽州，修祖氏坟墓，为置守冢二家，逖闻之，甚悦。遣参军王愉使于勒，赠以方物，修结和好。勒厚赏其使，遣左常侍董树报聘，以马百匹，金五十斤答之。自后兖、豫义安，人得休息矣。又曰：祖逖牙门童建，害新蔡内史周密，遣使降于勒。勒斩之，送首于逖，曰："天下之恶一也。"逖遣使报谢。自是兖、豫垒壁叛者，逖皆不纳。二州之人，率多两属矣。力既未能戡定，遣使往来，自所不免，不得以越境之交责之也。新蔡，见第三章第四节。会朝廷将遣戴渊为都督，逖以渊吴人，已翦荆棘，收河南地，而渊雍容一旦来统之，意甚怏怏，且闻王敦与刘隗等构隙，虑有内难，大功不遂；感激发病。营缮虎牢城，虎牢，即成皋。未成，而逖病甚。大兴四年（321），九月，卒于雍丘。逖之未卒也，河南义师李矩、郭默，降将赵固等咸受节度。逖卒，弟约继之，无绥驭之才，不为士卒所附，后又与苏峻俱叛，退屯寿春，卒奔后赵，矩等之势益孤矣。

李矩，平阳人。为梁王肜牙门。伐齐万年有殊功。刘渊攻平阳，百姓奔走，矩素为乡人所爱，乃推为坞主，东屯荥阳。见第二章第二节。后移新郑。秦县，晋省，今河南新郑县北。东海王越以为汝阴太守。汉郡，魏废。晋复置，今安徽阜阳县。荀藩承制，假矩荥阳太守。矩招怀离散，远近多附之。藩表元帝，以矩领河东、平阳太守。河东，见第二章第二节。郭默，河内怀人。河内，见第二章第二节。怀，汉县，在今河南武陟县西南。少微贱。以壮勇事太守，为督将。永嘉之乱，默率遗众，自为坞主。以渔舟抄东归行旅，积年，遂致巨富。流人依附者渐众，使谒刘琨。琨假默河内太守。默为刘渊所逼，乞归于矩。矩使其甥郭诵迎致之。后刘聪遣其从弟畅攻矩。矩夜掩破之。畅仅以身免。先是聪使其将赵固镇洛阳，长史周振，与固不协，密陈固罪。矩之破畅也，帐中得聪书，敕畅平矩讫，至洛阳，收固斩之，以振代固。矩送以示固。固即斩振父子，率骑一千来降。矩还令守洛。固、默攻河东，至于绛邑。汉绛县，后汉改称绛邑，在今山西曲沃县西南。聪遣其太子粲率刘雅等攻固，固奔阳城山。在今河南登封县北。矩遣郭诵救之，诵袭破粲。元帝嘉其功，除矩都督河南三郡军事、荥阳太守。大兴元年（318），七月，聪死，粲即伪位。八月，靳准杀粲，遣使归矩。矩驰表于帝。帝遣大常韩胤等奉迎梓宫。未至，而准已为石勒、刘曜所没。帝践阼，以矩为都督司州诸军事、司州刺史。时刘曜弘农太守尹安，弘农，见第二章第二节。振威将军宋始等四军并屯洛阳，各相疑阻，莫有固志。矩、默各遣千骑至洛以镇之。安等乃同谋告石勒。勒遣石生率骑五千至洛阳。矩、默军皆退还。俄而四将复背勒，遣使乞迎。默又遣步卒五百入洛。石生以四将相谋，不能自安，乃虏宋始一军，渡河而北。百姓相率归矩，洛中遂空。矩乃表郭诵为阳翟令，阳翟，见第三章第三节。阻水筑垒，且耕且守。赵固死，石生攻诵，诵辄破之。郭默欲攻祖约，矩禁之，不可。为约所破。石勒遣其养子恩袭默，默战败。矩转蹙弱。默惮后患未已，将降于刘曜，使诣矩谋之。矩不许。后勒遣其将石良率精兵五千袭矩，矩逆击，不利。郭诵弟元，复为贼所执。石生屯洛阳，大略河南，矩、默大饥。默复说矩降曜。矩从默计，遣使于曜。曜遣从弟岳军于河阴，见第三章第四节。与矩谋攻生。后默为石恩所败，自密南奔建康。密县，见第三章第五节。刘岳以外救不至，降于石虎。矩所统将士，有阴欲归勒者，矩知之而不能讨，乃率众南走，将归朝廷。众皆道亡，惟郭诵等百余人弃家送矩。至于鲁阳，汉县，今河南鲁山县。矩坠马卒。时明帝太宁三年（325）夏也。

魏浚，东郡东阿人。东郡，见第三章第三节。寓居关中。初为雍州小史。河间王颙败乱之后，以为武威将军。后为度支校尉。永嘉末，与流人数百家，东保河阴之硖石。津名，在今河南孟津县西。洛阳陷，屯于洛北石梁坞。今在洛阳县东。抚养遗众，渐修军器。其附贼者，皆先解喻。有恃远不宾者，遣将讨之，服从而已，不加侵暴，于是远近感悦，襁负至者甚众。刘琨承制，假浚河南尹。荀藩建行台，在密县，浚诣藩咨谋军事。藩甚悦，要李矩同会。浚因与矩相结而去。刘曜忌浚得众，率军围之。刘演、郭默遣军来救，曜邀破之。浚夜遁走，为曜所得，死之。《通鉴》在建兴元年（313）。族子该领其众。该，刘曜攻洛阳，随浚赴难，先领兵守金墉城，见第三章第二节。曜引去，余众依之。时杜预子尹为弘农太守，屯宜阳界一泉坞，宜阳见第三章第三节。一泉坞，在今宜阳县西。数为诸贼所抄掠，尹要该共距之。该遣其将马瞻将三百人赴尹。瞻知尹无备，夜袭杀之，迎该据坞。乃与李矩、郭默相结以距贼。荀藩即以该为武威将军，统城西雍、凉人，使讨刘曜。元帝承制，以为河东太守，督护河东、河南、平阳三郡。后渐饥弊。曜寇日至。欲率众南徙。众不从。该遂单骑走。至南阳，帝又以为雍州刺史。马瞻率该余众降曜。曜征发既苦，瞻又骄虐，部曲遣使呼该。该密往赴之。其众杀瞻而纳该。该迁于新野。见第三章第三节。率众助周访讨平杜曾。《成帝纪》：咸和元年（326），十月，刘曜将黄秀、帛咸寇酂，该率众奔襄阳。酂，汉县，在今湖北光化县北。诏以为顺阳太守。见第三章第九节。苏峻反，率众救台，病笃，还屯，卒于道。

郗鉴，高平金乡人。高平，见第二章第二节。金乡，后汉县，今山东金乡县。仕为中书侍郎。京师不守，鉴归乡里。时所在饥荒，州中之士，共推为主，举千余家，避难于鲁之峄山。今山东邹县东南之山，古或称为邹山，或称为峄山，又或兼称为邹峄，盖山本名峄，而在邹境也。元帝初镇江东，承制假鉴兖州刺史，镇邹山。时荀藩用李述，刘琨用兄子演，并为兖州。各屯一郡，以力相倾。阖州编户，莫知所适。又徐龛、石勒，左右交侵。外无救援。百姓饥馑，或掘野鼠、蛰燕而食之，终无叛者。三年间，众至数万。刘遐，广平易阳人。广平，见第二章第二节。易阳，汉县，在今河北永年县西。性果毅，便弓马。直天下大乱，遐为坞主，冀方比之张飞、关羽。邵续深器之，以女妻焉。遂壁于河、济之间。贼不敢逼。遐间道遣使受元帝节度，帝以为平原内史。平原，见第二章第三节。建武初，又以为下邳内史。下邳，见第三章第四节。初沛人周坚，一名抚，沛，见第三章第一节。与同郡周默，各为坞主。朝以抚为彭城内史，彭城，见第三章第三节。默为沛国内史。默降祖逖，抚怒，袭杀默，以彭城叛。时大兴元年十二月也。诏遐领彭城内史，与徐州刺史蔡豹、泰山太守徐龛讨之。泰山，见第三章第四节。二年（327），二月，龛斩抚，传首京师。及论功，而遐先之，龛怒，以泰山叛。攻破东莞太守侯史旄而据其坞。东莞，见第三章第一节。石虎伐之，龛惧，求降。元帝许焉。既而复叛归石勒。勒遣其将王伏都、张景等数百骑助之。司徒王导，以太子右卫率羊鉴，是龛乡里冠族，必能制之，请遣北讨。鉴深辞才非将帅。郗鉴亦表鉴非才，不宜妄使。导不纳，强启授以征讨都督，与豹、遐等共讨之。遐时为临淮太守。临淮，见第三章第九节。诸将畏葸，顿兵下邳不敢前。豹欲进军，鉴固不许。龛使请救于石勒，勒辞以外难，而多求于龛；又王伏都等淫其室。三年（328），五月，龛杀之，复求降。元帝恶其反覆，不纳。敕豹、鉴以时进讨。鉴、遐等并疑惮不相听从。于是遣治书侍御史郝嘏为行台催摄。尚书令刁协奏免鉴官，委豹为前锋，以鉴兵配之。豹进据卞城，卞，汉县，在今山东泗水县东。欲以逼龛。石虎屯钜平，汉县，在今山东泰安县西南。将攻豹，豹退守下邳。豹既败，将归谢罪。北中郎将王舒止之。元帝闻豹退，使收之。使者至，王舒夜以兵围豹。豹以为他难，率麾下击之，闻有诏，乃止。舒执豹送建康，斩之。豹在徐土，内抚将士，外怀诸众，甚得远近情，闻其死，多悼惜之。四年（329），二月，龛又来降。石虎以精卒四万攻之。龛坚守不战。列长围守之。永昌元年（322），七月，执龛，送之襄国。勒囊盛于百尺楼，自上攃杀之。坑其降卒三千。郗鉴亦退屯合肥。见第三章第九节。

以上所述，为自关以东，幽、并、青、冀、徐、兖、司、豫八州之地。其自关以西，雍、秦二州之地，则以南阳王保为大。模之死也，保在上邽。见第三章第三节。后贾疋死，裴苞为张轨所杀，保全有秦州。模之败也，都尉陈安归于保。保命统千余人以讨羌，宠遇甚厚。保将张春等疾之，潜安有异志，请除之。保不许。春等辄伏刺客以刺安。安被创，驰还陇城。陇，汉县，晋废，在今甘肃清水县北。大兴二年（319），保闻愍帝崩，自称晋王。俄而陈安叛，氐、羌皆应之。保窘迫，迁于祁山。在今甘肃西和县西北。张寔遣韩璞率五千骑赴难。安退保绵诸。汉道，后汉省。在今甘肃天水县东。保归上邽。屠谷路松多，起兵于新平、扶风，皆见第二章第二节。附保，保以其将杨曼为雍州刺史，王连为扶风太守，据陈仓。见第三章第三节。张顗为新平太守，周庸为安定太守，安定，见第二章第二节。据阴密。见第三章第五节。松多下草壁，在阴密之东。秦、陇氐、羌多归之。刘曜遣刘雅、刘厚攻陈仓，不克。曜率中外精锐以赴之。曼、连谋曰："吾粮廪少，无以支久，不如率见众一战，如其胜也，关中不待檄而至；如其败也，等死，早晚无在。"遂尽众背城而陈。为曜所败，连死之，曼奔南氐。曜进攻草壁，又陷之，松多奔陇城。进陷安定。时上邽大饥，张春奉保之南安。见第二章第二节。陈安自号秦州刺史，称藩于曜。三年（320），正月，张春奉保奔桑城，在甘肃狄道县南。将投张寔。寔以其宗室之望，若至河右，必动物情，遣将阴监逆之，声言翼卫，实御之也。是岁，保病殁。《纪》在五月，云为张春所害。春立宗室司马瞻奉保后。陈安举兵攻春，春走。瞻降于安。安送诣刘曜，曜杀之。陈安至太宁元年（323），为曜所灭。详见第五章第一节。

第三节　东晋初年内乱

当九州云扰之际，克奏戡定之烈者，必为文武兼资之材。武人为于大君，夫人而知其不可矣，而温恭有恪，仅足守文者，亦不足以戡大难。《晋书·王鉴传》：鉴为琅邪国侍郎。杜弢作逆，王敦不能制，鉴疏劝元帝征之。[①] 有曰："当五霸之世，将非不良，士非不勇，征伐之役，君必亲之。故齐桓免胄于邵陵，晋文擐甲于城濮。昔汉高、光武二帝，征无远近，敌无大小，必手振金鼓，身当矢石；栉风沐雨，壶浆不赡，驰骛四方，匪皇宁处；然后皇基克构，元勋以融。今大弊之极，剧于曩代。崇替之命，系我而已。欲使銮旗无野次之役，圣躬远风尘之劳，而大功坐就，鉴未见其易也。魏武既定中国，亲征柳城、扬旌卢龙之岭，顿辔重塞之表。非有当时烽燧之虞，盖一日纵敌，终己之患，虽戎辂蒙崄，不以为劳，况急于此者乎？刘玄德躬登汉山，而夏侯之锋摧；吴伪祖亲溯长江，而关羽之首悬；袁绍犹豫后机，挫衄三分之势；刘表卧守其众，卒亡全楚之地；历观古今，拨乱之主，虽圣贤，未有高拱闲居，不劳而济者也。"此言深能道出历代兴亡成败之由，盖戡定之勋，必资武力，而师之武，臣之力者，大都非孝子顺孙，非兼信、布之才，良、平之智，固无以御之也。晋元帝惟不足以语此，故虽

---

① 史事：王鉴论创业之主不得不躬亲戎事。

能立国江东，而卒以内忧诒后嗣。

王敦，导从父兄。尚武帝女襄城公主。王衍用为青州刺史，已见第三章第九节。后东海王越以为扬州刺史。元帝召为安东军谘祭酒，会扬州刺史刘陶卒，帝复以为扬州刺史，都督征讨诸军事。《敦传》曰："帝初镇江东，威名未著，敦与导等同心翼戴，以隆中兴。时人为之语曰：王与马，共天下。"盖不自为政，当其初起之时，已有大权旁落之势矣。上流经营，敦为元帅。杜弢灭后，为江州刺史都督江、扬、荆、湘、交、广六州，专擅之迹渐彰。时诸将中较有才望者，为陶侃与周访。敦初表拜侃为荆州刺史，及杜弢平，侃将还江陵，诣敦别，敦遂留之，左转为广州刺史，而以其从弟廙刺荆州。廙在州，大诛戮侃时将佐，人情乖沮。元帝乘机，征廙，以周访为荆州。敦又迁之梁州，而自领荆州。访大怒，阴欲图之。访善于抚纳，士众皆为致死，敦颇惮之。大兴三年（320），八月，访卒。帝以湘州刺史甘卓代之。卓本非纯臣，加以老耄，不复为敦所忌，敦欲以其从事中郎陈颁代卓，此据《敦传》。《谯闵王传》云：敦欲以沈充为湘州。帝又违之，而用谯王承。承亦作承，谥闵。刚王逊之子。逊，宣帝弟进之子。逊卒，子定王随立。卒，子邃立。没于石勒。元帝以承嗣逊。然湘州承蜀寇之余，公私困弊，亦不足以掣敦之肘矣。

时帝又以刘隗、刁协、戴渊、周𫖮等为腹心。大兴四年（321），七月，以渊为司州刺史，镇合肥。见第三章第九节。隗为青州刺史，镇淮阴。见第二节。其明年，为永昌元年（322），正月，敦以诛隗为名，举兵武昌。见第三章第九节。吴兴人沈充，初为敦参军，亦起兵以应之。吴兴，见第三章第九节。帝征渊、隗入卫。使太子右卫率周筵统兵三千讨充，右将军周札守石头。见第三章第九节。以陶侃领江州，甘卓领荆州，使各率所统，以蹑敦后。四月，敦前锋攻石头，周札开门应之。戴渊、刘隗攻敦，王导、周𫖮等三道出战，皆大败。帝令隗、协避难。协行至江乘，见第三章第九节。为人所杀，送首于敦。隗至淮阴，为刘遐所袭，奔石勒，后卒于勒。戴渊、周𫖮奉诏诣敦，为敦所杀。刁协时为尚书令，周𫖮为尚书左仆射。

敦之称兵也，使告甘卓。卓伪许之而不赴，使参军乐双谏止敦。敦曰："吾今下，惟除奸凶耳。卿还言之。事济，当以甘侯作公。"双还报，卓不能决。时谯王承遣主簿邓骞说卓。敦虑卓在后为变，遣参军乐道融要卓俱下。道融忿敦逆节，说卓伪许应命，而驰袭武昌。卓得道融说，乃决，露檄讨敦。遣罗英至广州，与陶侃刻期。虞冲与邓骞至长沙，见第三章第九节。令谯王坚守。侃得卓信，即遣参军高宝率兵下，而卓计复犹豫，军次猪口，在今湖北沔阳县。累旬不前。敦大惧，遣卓兄子行参军印求和。时王师败绩，卓乃曰："吾师临敦上流，亦未敢便危社稷，若径据武昌，敦势逼，必劫天子以绝四海之望。不如还襄阳，见第三章第四节。时梁州治此。更思后图。"即命旋军。都尉秦康说卓曰："今分兵取敦不难，但断彭泽，_{见第一节}。上下不得相越，自然离散，可一战擒也。将军既有忠节，中道而废，更为败军将，恐将军之下，亦各求其利，欲求西归，亦不可得也。"乐道融亦日夜劝卓速下，卓不能从。卓性先宽和，忽便强塞。径还襄阳。意气骚扰，举动失常。方散兵大佃，而不为备。襄阳太守周虑，密承敦意，袭害卓，传首于敦。谯王承欲起义，众心疑惑。惟长史虞悝赞之。乃起兵，使悝弟望讨诸不服，斩敦姊夫湘东太守郑澹。_{湘东，见第三章第九节}。敦遣南蛮校尉刘乂等甲卒二万攻承。相持百余日，城没。乂槛送承荆州。刺史王廙承敦旨害之。廙，帝姨弟，帝使喻敦，敦留之，复以为荆州刺史者也。廙寻卒。敦还屯武昌。以兄含为荆州刺史，督沔南。敦又自督宁、益。

是岁，闰月，十一月。元帝崩。太子绍立，是为明帝。帝有文武才略，又习武艺，善抚将士。王敦欲诬以不孝而废焉，不果。明年，为太宁元年（323），敦讽朝廷征己。帝乃手诏征之。四月，敦移镇姑孰。_{见第一节}。转王导为司徒，自领扬州牧。帝以郗鉴刺兖州；都督扬州江西诸军，镇合肥。敦忌之。八月，表鉴为尚书令。十一月，徙王含都督扬州江西诸军，以从弟舒为荆州，彬为江州，邃为徐州。以沈充、钱凤为谋主。_{凤充同郡人，充荐之于敦}。诸葛瑶、邓岳、周抚、李恒、谢雍为爪牙。充等并凶险骄恣，共相驱扇，杀戮自己。又大起营府，侵人田宅；发掘古墓；剽掠市道；士庶解体。周札之应敦也，敦转为光禄勋。寻补尚书。顷之，迁会稽内史。_{会稽，见第三章第九节}。时札兄靖之子懋，为晋陵太守，_{晋陵，晋郡，今江苏武进县}。清流亭侯。_{未详}。懋弟筵，为吴兴内史。_{筵弟赞，大将军从事中郎，武康县侯。后汉永安县，晋改曰武康，今浙江武康县}。赞弟缙，太子文学，都乡侯。_{未详}。次兄子勔，临淮太守，_{见第三章第九节}。乌程公。_{乌程，秦县，在今浙江吴兴县南}。一门五侯，_{札本封东迁县侯。东迁，晋县，今吴兴之东迁镇}。并居列位。吴士贵盛，莫与为比。敦深忌之。敦疾，钱凤说敦曰："今江东之豪，莫强周、沈。公万世之后，二族必不静矣。周强而多俊才，宜先为之所。"敦纳之。时有道士李脱者，以妖术惑众。自言八百岁，故号李八百。^① 自中州至建邺，以鬼道疗病；又署人官位；时人多信事之。弟子李弘，养徒灊山，_{在今安徽潜山县北}。云应谶当王。故敦使庐江太守李恒，_{庐江，见第三章第九节}。告札及其诸兄子与脱谋图不轨。时筵为敦谘议参军，即营中杀筵及脱、弘。又遣参军贺鸾就沈充，尽掩杀札兄弟子。既而遣军会稽袭札。札先不知，卒闻兵至，率麾下数百出拒之。兵散，见杀。是役也，史谓由钱凤欲自托于充，以周氏宗强，谋灭之，使充得专威扬土。案周氏宗强，而与中朝士大夫瑕衅已深，充、凤等欲有所图，正可藉以为用，顾先加以诛翦；敦又从而听之；且任其割剥黎庶此其所为，与后来宋武帝、刘穆之正相反，

---

① 宗教：李八百。

安能有成？可见其本无远略矣。敦无子，养含子应。及敦病甚，拜为武卫将军以自副。钱凤谓敦曰："脱有不讳，便当以后事付应？"敦曰："非常之事，岂常人所能？且应年少，安可当大事？我死之后，莫若解众放兵，归身朝廷，保全门户，此计之上也。退还武昌，收兵自守，贡献不废；亦中计也。及吾尚存，悉众而下，万一徼幸，计之下也。"凤谓其党曰："公之下计，乃上策也。"遂与沈充定谋，须敦死后作难。

初，大原温峤大原，见第二章第二节。为刘琨谋主。琨妻，峤之从母。琨使奉表诣元帝劝进。留仕朝廷。为太子中庶子，与明帝为布衣之交。帝即位，拜侍中。俄转中书令。敦忌之，请为左司马。峤缪为勤敬，综其府事。干说密谋，以附其欲。深结钱凤，为之声誉。敦乃表补峤丹阳尹，见第三章第九节。使觇伺朝廷。峤至，具奏敦之逆谋，请先为之备。帝欲讨敦，知其为物情所畏服，六月，伪言敦死，下诏讨钱凤。敦病转笃，不能御众，使凤及邓岳、周抚等率众三万向京师。以含为元帅。七月朔，至于南岸。温峤移屯水北，烧朱雀桁以挫其锋。朱雀桁，跨秦淮河上，在台城之南。台城正南门名朱雀门，故称朱雀桁，亦称南桁，又称大桁。帝躬率六军出次。夜募壮士，遣千人渡水，掩其未备，破之越城。在秦淮南。俄而敦死。应秘不发丧。沈充自吴兴率众万余人至，与含等合。充司马顾飏说充曰："今举大事，而天子已扼其喉，情离众沮，锋摧势挫，持疑犹豫，必至祸败。今若决破栅塘，因湖水，玄武湖。灌京邑，肆舟舰之势，极水军之用，此所谓不战而屈人之兵，上策也。藉初至之锐，并东南众军之力，十道俱进，众寡过倍，理必摧陷，中策也。转祸为福，因败为成，召钱凤计事，因斩之以降，下策也。"充不能用。飏逃归于吴。时兖州刺史刘遐、临淮太守苏峻等帅精卒万人以至。贼济水至宣阳门，台城南门。遐、峻等横击，大破之。贼烧营宵遁。周抚弟光，捕钱凤诣阙赎罪。充归吴兴，其故将吴儒杀之。含、应乘单舸奔荆州，王舒使人沉之于江。诏王敦群从，一无所问。① 以陶侃代王舒，迁舒广州刺史。舒疾病，不乐越岭，朝议亦以其有功，不应远出，乃徙为湘州。彬亦见原，征拜光禄勋。时制王敦纲纪除名，参佐禁锢，以温峤言罢之。顾飏反于武康，攻烧城邑，州县讨斩之。周抚、邓岳亡入蛮中，明年，诏原敦党，乃出。

王敦乃一妄人。《敦传》言：时王恺、石崇，以豪侈相尚。恺尝置酒，敦与导俱在坐。有女伎，吹笛小失声均，恺便殴杀之。一坐改容，敦神色自若。他日，又造恺。恺使美人行酒。以客饮不尽，辄杀之。酒至敦、导所。敦故不肯持，美人悲惧失色，而敦傲然不视。导素不能饮，恐行酒者获罪，遂勉强尽觞。又云：武帝尝召时贤，共言技艺之事。人人皆有所说。惟敦都无所关，意色殊

---

① 史事：元帝于王敦群从无所问。

恶。自言知击鼓。因振袖扬袍，音节谐均。神气自得，旁若无人。《晋书》好采小说家言，小说家言，多附会失实。然亦必有其由。敦之为人，盖残贼而傲狠，残贼则敢行不义，傲狠则不肯下人。①《王导传》言：元帝初，群臣及四方劝进，敦惮帝贤明，欲更议所立，导固争乃止。夫元帝则何足惮之有？且敦亦尝倾心以辅之矣。故知敦之与帝，非有夙嫌也。且亦非有觊觎天位之心。《祖逖传》言：敦久怀逆谋，畏逖不敢发，逖卒，始得肆意。逖之兵力，岂敦之匹？然一甘卓犹为所惮，则《逖传》之语，似不尽诬。观含、应丧败之速，知敦不死，亦未必能有所为。敦欲使应归身朝廷，保全门户，自其自知之审；含、应既已丧败，王氏犹并见原，苟其束身自归，自可不虞后患，此又敦知朝廷之审也。然则敦实非夙有叛志，不过傲狠之习，为其君所不能堪，君臣之间，因生嫌隙；嫌隙既生，既不肯屈己求全，又不能急流勇退，遂至日暮途远，倒行逆施耳。以睚眦之衅，而酿滔天之祸，其是之谓欤？邦分崩离析，而北伐之志荒矣。

明帝聪明有机断，惜在位仅三年。崩，太子衍立，是为成帝。年方六岁。太后庾氏临朝。司徒王导，与后兄中书令亮，参辅朝政。太宰西阳王羕汝南文成王亮之子，亮见第二章第二节。及温峤、郗鉴、陆晔、卞壶等，并预顾命。羕弟南顿王宗，明帝时为左卫将军，元敬皇后弟虞胤为右卫将军，并为帝所亲昵。宗连结轻侠，以为腹心，导、亮并以为言，帝以其戚属，每容之。及帝疾笃，宗等谋废大臣，规共辅政。亮排闼人，升御床，流涕言之。帝始悟，转宗为骠骑将军，胤为大宗正。咸和元年（326），十月，宗复谋废执政。庾亮使右卫将军赵胤收之。宗以兵距战，为胤所杀。贬其族为马氏。羕亦坐免官，降为弋阳县王。虞胤左迁为桂阳太守。汉郡，今湖南郴县。及苏峻作乱，羕诣峻称述其勋。峻大悦。矫诏复羕爵位。峻平、赐死。世子播、播弟充及息崧皆伏诛。

苏峻者，长广掖人。长广，晋郡，治不其，在今山东即墨县南。掖，见第二节，盖尝来属。永嘉之乱，百姓流亡，所在屯聚，峻纠合，得数千家，结垒于本县。曹嶷领青州，表为掖令。峻辞疾不受，嶷恶其得众，将讨之。峻率所部数百家泛海南渡。讨王敦有功，进历阳内史。历阳，见第三章第九节。峻有锐卒万人，器械甚精，朝廷以江外寄之，而峻潜有异志。抚匿亡命。得罪之家，有逃死者，峻辄蔽匿之。众力日多，皆仰食县官。运漕者相属。稍有不如意，便肆忿言。庾亮乃出温峤督江州，镇武昌。又修石头，以为之备。咸和二年（327），十一月，亮征峻为大司农。峻遂举兵反。初王敦举兵，祖约归卫京都。率众次寿阳，见第三章第四节。逐敦所署淮南太守任台。以功封五等侯，进号镇西将军。使屯寿阳，为北境藩捍。约自以名辈不后郗、卞，而不豫顾命；又望开府，及诸所表请，多不见

---

① 史事：王敦之叛，特由敖狠。

许，遂怀怨望。石聪尝以众逼之，约屡表请救，而官军不至。聪既退，朝议又欲作涂塘以遏胡寇，涂塘，在今和县、六合县间。约谓为弃己，弥怀愤恚。及峻举兵，推崇约而罪执政。约闻而大喜。从子智及衍，并倾险好乱，又赞成其事。于是命逖子沛内史涣，沛国，见第三章第一节。女婿淮南太守许柳以兵会峻。逖妻，柳之姊也，固谏，不从。

十二月，峻将韩晃入姑孰，屠于湖。晋县，在今安徽当涂县南。以庾亮为征讨都督。赵胤为历阳太守，与左将军司马流距峻。战于慈湖，在当涂北。流败，死之。峻济自横江，见第三章第九节。次于陵口。戍名，在当涂北。三年（328），二月，至蒋山。即钟山，在首都东朝阳门外。卞壼帅六师战于西陵，此据《本纪》。《壼传》云：峻至东陵口，壼与战于陵西。败绩。峻攻青溪栅，青溪，在首都东北。因风纵火，王师又大败，壼等皆死之。庾亮又败于宣阳门外。亮奔温峤。峻遂陷宫城。纵兵大掠。侵逼六宫，驱役百官。裸剥士女，皆以坏席、苫草自鄣，无草者以土自覆，哀号之声，震动内外。时官有布二十万匹，金、银五千斤，钱亿万，绢数万匹，他物称是，峻尽费之。大官惟有烧余米数石，以供御膳而已。

温峤闻难作，即下屯寻阳。见第一节。遣督护王愆期、西阳太守邓岳、西阳，汉县，晋置郡，在今湖北黄冈县东。鄱阳内史纪睦等为前锋。鄱阳，吴郡，治鄱阳，今江西鄱阳县。晋移治广晋，在今鄱阳县北。使要陶侃，共赴国难。侃不许。峤屡说不能回，更遣使顺侃意曰："仁公且守，仆宜先下，"遣信已二日，峤参军毛宝别使还，闻之，说峤曰："师克在和，不闻以异。假令可疑，犹当外示不觉，况自作疑邪？宜急迫信，改旧书，说必应俱征。若不及前信，宜更遣使。"峤意悟，即追信改书。峤欲推庾亮为都统，亮固辞。乃与峤推侃为盟主。侃乃遣督护龚登率兵诣峤。已复追登还。峤重与侃书，告以"首启戎行，不敢有辞。假令此州不守，约、峻树置官长，荆楚之危，乃当甚于此州今日。"时峻杀侃子瞻，峤又以此激之。侃乃率所统，与峤、亮同赴京师。至寻阳，议者咸谓侃欲诛执政以谢天下，亮甚惧。及见侃，引咎自责，风止可观，侃不觉释然。乃谓亮曰："君侯修石头以拟老子，今日反见求邪？"五月，峻闻峤将至，逼大驾幸石头。侃等戎卒六万，直指石头。次于蔡洲。在首都西南江中。时峻军多马，南军杖舟楫，不敢轻与交锋，用将军李根计，据白石，在今师子山下。筑垒以自固，庾亮以二千人守之。峻步兵万余，四面来攻。众皆震恐。亮激厉将士，并殊死战。峻军乃走。义军屡战失利。峤军食尽，贷于陶侃。侃怒曰："使君前云：不忧无将士，惟得老仆为主耳。今数战皆北，良将安在？荆州接胡、蜀二虏，仓廪当备不虞。若复无食，仆便欲西归，更思良算。"峤曰："天子幽逼，社稷危殆，峤等与公，并受国恩，是致命之日。今之事势，义无还踵，骑猛虎安可中下哉？公若违众独反，人心必沮，沮众败事，义旗将回指于公矣。"侃无以对。竟陵太守李阳又说侃，乃以米五万石供军。竟陵,见第三章第九节。九月,侃督水军向石头。亮、峤等率精甲一万,从白石挑战。峻劳其将士,因醉突陈,马踬,为李阳部将彭世所斩。峻司马任让等共立峻弟逸为主。

先是郗鉴为徐州刺史,镇广陵,见第三章第九节。城孤粮绝,人情业业,莫有固志。鉴乃设坛场,刑白马,大誓三军。遣将军夏侯长等间行谓温峤曰:"今贼谋欲挟天子,东入会稽,宜先立营垒,屯据要害。既防其越逸,又断贼粮运,然后静镇京口,见第二节。清壁以待贼。贼攻城不拔,野无所掠,不过百日,必自溃矣。"峤深以为然。始将征峻也,王导出王舒为会稽内史,舒时为尚书仆射。以为外援。及峻作逆,乃假舒节,都督,行扬州刺史。峻遣韩晃入义兴,见第三章第九节。张健、管商、弘征等入晋陵。庾亮弟冰,为吴兴内史,弃郡奔舒。舒使御史中丞谢藻,率众一万,与冰俱渡浙江。前义兴太守顾众,众从弟护军参军飏等,起义军以应舒。舒使众督护吴中军,飏监晋陵军事。舒率众次郡之西江,为冰、藻后继。冰、飏等遣前锋进据无锡。汉县,吴省,晋复置,今江苏无锡县。遇张健等数千人。战,大败。冰、飏退钱塘。秦县,后汉省,吴复,今浙江杭县。藻守嘉兴。秦由拳县,吴改曰嘉兴,今浙江嘉兴县。贼遂入吴。烧府舍,掠诸县,所在涂炭。韩晃又攻宣城,见第三章第九节。害太守桓彝。舒更以顾众督护吴、晋陵军,屯兵章埭。未详。吴兴太守虞潭率所领讨健,屯乌苞亭。未详。并不敢进。时暴雨,大水,管商乘船旁出,袭潭及众。潭退保吴兴,众退守钱唐。贼转攻吴兴,潭诸军复退。贼复掠东迁、余杭、秦县,今浙江余杭县。武康诸县。舒遣兄子允之等,以精锐三千,邀贼于武康,出不意,破之。韩晃既破宣城,转入故鄣、秦鄣郡,汉废为故鄣县,在今浙江安吉县西北。长城,见第三章第九节。允之遣兵击之,战于于湖,以强弩射之,晃等乃退。临海、新安诸山县,并反为贼,舒分兵讨平之。临海,吴郡,今浙江临海县东南。新安,吴新都郡,晋改为新安,今浙江淳安县西。时陶侃进郗鉴都督扬州八郡军事,王舒、虞潭,皆受节度。鉴率众渡江,与侃会于茄子浦。未详。胡三省曰:盖其地宜茄子,人多于此树艺,因以名浦。时尚书左丞孔坦奔陶侃,侃引为长史。坦言:"本不应召郗公,遂使东门无限。今宜遣还。虽晚,犹胜不也。"侃等犹疑。坦固争甚切,始令鉴还据京口,立大业、曲阿、废亭三垒以距贼。曲阿,秦县,今江苏丹阳县。大业,里名,在曲阿北。废亭在吴兴。郭默守大业,张健攻之。城中乏水,默窘迫,突围出,三军失色。贼之攻大业,陶侃将救之。长史殷羡曰:"若步战不如峻,则大事去矣。但当急攻石头,峻必救之,大业自解。"侃从之。及峻死,大业之围乃解。韩晃闻峻死,引兵赴石头。管商诣庾亮降。初峻使匡术守苑城。即台城。侍中钟雅,右卫将军刘超,与术及建康令管旆等密谋,欲奉帝出。未及期,事泄。峻使任让收超及雅害之。四年(329),正月,匡术以苑城降。韩晃与苏逸等并力攻术,不能陷。温峤等选精锐将攻贼营。峻子硕,率骁勇数百，渡淮而战。淮，谓秦淮河。于陈斩硕。晃等震惧。以其众奔张健于曲阿。二月，诸军攻石头。李阳与苏逸战于祖浦，即查浦，在首都西。军败。建威长史滕含以锐卒击之，逸等大败。含奉帝御于温峤舟。苏逸以万余人自延陵将入吴兴，延陵，晋县，今丹阳县南之延陵镇。王允之与战于溧阳，秦县，在今江苏溧阳县西北。获之。管商之降也，余众并归张健。健疑弘徽等不与己同，尽杀之。更以舟、车自延陵向长塘。湖名，亦作长荡，在今江苏宜兴县西北。小大二万余口。金银财物，不可胜数。王允之与吴兴诸军击健，大破之。健与马雄、韩晃等轻军走。郗鉴督护李闳追之，及于岩山，胡三省曰：当在溧阳界。斩晃。健等降。并枭其首。

祖约叛后，颍川人陈光攻之，颍川，见第三章第三节。误禽约左右貌类约者，约逾垣得免。光奔石勒。约诸将复阴结勒，请为内应。勒遣石聪攻之。三年（328），七月，约奔历阳。四年（329），正月，赵胤遣将攻之。约以数百人奔石勒。后为勒所杀，并其亲戚中外百余人悉灭之。

苏峻者，骄暴之武夫，其将士亦皆盗贼。盖丧乱之际，结合自保者，固多忠义之士，亦多桀黠之徒也。邵续、郗鉴、李矩、魏浚等，皆端人正士，郭默则非其伦矣。默之归朝也，明帝授为征虏将军。刘遐卒，以默为北中郎将，监淮北军事。朝廷将征苏峻，召默，拜后将军，领屯骑校尉。大业之围既解，征为右军将军。默乐为边将，不愿宿卫。初被征距苏峻也，下次寻阳，见豫章太守刘胤。豫章，见第三章第九节。胤参佐张满等轻默，或裸露见之，默常切齿。温峤东下，留胤守溢口。见第三章第八节。咸和四年（329），四月，峤卒，胤代为江州刺史。位任转高，矜豪日甚。纵酒耽乐，不恤政事。大殖财货，商贩百万。① 是时朝廷空罄，百官无禄，惟资江州运漕，而胤商旅继路，以私废公。有司奏免胤官。默赴召，谓胤曰："我能御胡，而不见用。若疆场有虞，被使出征，方始配给，将卒无素，恩信不著，以此临敌，少有不败矣。时当为官择才，若人臣自择官，安得不乱乎？"胤曰："所论事虽然，非小人所及也。"默当发，求资于胤，胤不与。时胤被诏免官，不即归罪，方自申理，而骄侈更甚，远近怪之。侨人盖肫，先略取祖涣所杀孔炜女为妻，炜家求之，张满等使还其家，肫不与，因与胤、满有隙。至是，肫谓默曰："刘江州不受免，密有异图，与长史、司马张满、荀楷等日夜计谋，反逆已形。惟忌郭侯一人，云当先除郭侯，而后起事。祸将至矣，宜深备之。"默既怀恨，便率其徒，诈称被诏，袭杀胤，传首京师。时十二月也。掠胤女及诸妾并金宝还舫。初云下都，俄遂停胤故府。王导惧不可制，乃大赦天下，枭胤首于大桁，以默为豫州刺史。武昌太守邓岳驰白陶侃。侃闻之，投袂起，曰："此必诈也。"即日率众讨默。导闻之，乃收胤首，诏庾亮助侃讨默。

---

① 商业：刘胤在荆州商贩百万。

默欲南据豫章，而侃已至城下。明年，五月，默将宋侯等缚默降，斩于军门。

苏峻之叛，论者颇咎庾亮激变，此非其实。当时纪纲，颓废甚矣，以峻之骄暴，而居肘腋之地，夫安可以不除？咎亮者不过谓峻若无衅，未能遽称兵以叛耳。不知峻乃粗才，岂有远虑？峻兵一起，西阳王即依附之；彭城王雄、康王释子，释见第三章第三节。章武王休，义阳成王望玄孙。望见第三章第二节。亦叛奔峻；则当时乱源，潜伏非一，峻欲称兵，岂虑无所藉口？听其肆诛求以自封殖，何异藉寇兵而赍盗粮哉？廷议之际，亮谓"今日征之，纵不顺命，为祸犹浅；若复经年；为恶滋蔓，不可复制"；此必确有所见，非苟为危辞以耸听也。或又咎亮一战而北，委君父而奔逃，此亦未审兵势。以峻兵之精，加以虏掠饵其下，其锋自未易当。当时奔北，岂亮一人？若责其委弃君父，则社稷为重君为轻，以身徇一人，纵博忠义之名，夫岂宰相之事？况亦何救于君父之患哉？兵力之不敌，征峻时固早知之，出温峤以为外援，正为此也。然亮亦非略无备豫。温峤闻峻不受诏，便欲下卫京都，三吴又欲起义兵；三吴，见第三章第九节。亮并不听，而报峤书曰："吾忧西陲，过于历阳，足下无过雷池一步也。"雷池，在今安徽望江县。大雷水所积。郗鉴欲率所领东赴，诏亦以北寇不许。盖亮必自度兵力，尚可坚守以待外援，故尔。其后一败不能复固，则非始料所及。兵事变化甚多，固难责其一一逆料。观其守白石，以少击众，终摧方张之寇，以全形要之地，夫固非无将帅之才。视郭默之突围苟免者何如哉？然默虽骄横，固亦嘐嘐宿将也。则知亮之未足深咎也。《孔坦传》云：苏峻反，坦与司马陶回白王导曰："及峻未至，宜急断阜陵之界，阜陵，见第三章第九节。守江西当利诸口。当利，浦名，在和县东南。彼少我众，一战决矣。若峻未至，可往逼其城。今不先往，峻必先至。先人有夺人之功，时不可失。"导然之。庾亮以为峻脱径来，是袭朝廷虚也。故计不行。峻遂破姑孰，取盐米，亮方悔之。《陶回传》云：峻将至，回复谓亮曰："峻知石头有重戍，不敢直下，必向小丹阳南道步来。小丹阳在秣陵南。秣陵在今首都东南。宜伏兵要之，可一战而禽。"亮不从。峻果由小丹阳经秣陵，迷失道，逢郡人，执以为乡道。时峻夜行，甚无部分。亮闻之，深悔不从回等之言，一似亮之坐失机宜者。然以峻兵之精，夫岂一战可决？往逼其城，峻岂不能以少兵守御，悉劲卒东出？观韩晃、张健等之豕突难御可知。然则亮虞峻径来，正是深虑。峻之行军，亦岂略无部分者？史于庾氏多谤辞。① 西阳、南顿，罪状昭著，尚议亮裁剪宗室，其他则更何论？悠悠之辞，岂可据为信谳也？

庾亮言忧西垂过于历阳，所忧者盖在陶侃也。侃之讨苏峻也，一若君为庾亮之君，民为温峤之民，恝然无与于己者。及讨郭默，则大异乎是。闻默杀胤，即

---

① 史事：史于庾氏多谤辞不实，由任法也。

遣将据溢口，自以大军继进。默写中诏呈侃，参佐多谏曰："默不被诏，岂敢为此？进军宜待诏报。"侃厉色曰："国家年小，不出胸怀。且刘胤为朝廷所礼，虽方任非才，何缘猥加极刑？郭默虓勇，所在暴掠。以大难新除，威网宽简，欲因隙会，骋其纵横耳。"即发使上表讨默。与王导书曰："郭默杀方州，即用为方州，害宰相，便为宰相乎？"导答曰："默居上流之势，加有船舰成资，故苞含隐忍，使有其地。一月潜严，足下军到，是以得风发相赴。岂非遵养时晦，以定大事者邪？"侃省书笑曰："是乃遵养时贼也。"夫郭默所传之诏虽伪，王导所发之令则真。藉口国家年少，不出胸怀，遂不遵奉，则当主少国疑之际，不亦人人可以自擅乎？郭默既死，诏侃都督江州，领刺史，侃因移镇武昌，得毋所欲正在是邪？《侃传》言侃媵妾数十，家僮千余，珍奇宝货，富于天府。富自何来？岂必愈于郭默？传又云：或云：侃少时渔于雷泽，网得一织梭，以挂于壁，有顷雷雨，自化为龙而去。又梦生八翼，飞而上天。见天门九重。己登其八，惟一门不得入。闻者以杖击之，因坠地，折其左翼。及寤，左腋犹痛。又尝如厕，见一人朱衣介帻，敛板曰："以君长者，故来相报。君后当为公，位至八州都督。"有善相者师圭，谓侃曰："君左手中指有竖理，当为公。若彻于上，贵不可言。"侃以针决之，见血，洒壁而为公字。以纸裹手，公字愈明。及都督八州，据上流，握强兵，潜有窥窬之志，每思折翼之祥，自抑而止。天门九重，仅登其八，指理不彻，位止于公；盖侃终于人臣后，传述者改易而为是辞，其本所造作，则不知其作何语矣。讨峻之役，处分规略，一出温峤，岂必有藉于侃？然峤既殷勤于前，毛宝又固争于后，得毋虑其据上流之势，而其心不可测邪？世惟有异志者畏人之疑，庾亮修石头而侃谓其拟己，情见乎辞矣。亮之忧之，安得不过于历阳也？然其终能自抑者何也？《侃传》云：侃早孤贫，为县吏鄱阳。① 侃本鄱阳人，吴平，徙家庐江之寻阳。孝廉范逵尝过侃。时仓卒，无以待宾。其母乃截发，得双髻，以易酒肴，乐饮极欢，虽仆从亦过所望。及逵去，侃追送百余里。逵曰："卿欲仕郡乎？"侃曰："欲之，困于无津耳。"逵过庐江太守张夔，称美之。夔召为督邮。迁主簿。会州部从事之郡，欲有所按。侃闭门部勒诸吏。谓从事曰："若鄱郡有违，自当明宪直绳，不宜相逼。若不以礼，吾能御之。"从事即退。夔妻有疾，将迎医于数百里。时正寒雪，诸纲纪皆难之。侃独曰："资于事父以事君，小君犹母也，安有父母之疾而不尽心乎？"乃请行。夔察侃为孝廉。至洛阳，数诣张华。华初以远人，不甚接遇，侃每往，神无忤色。华后与语，异之。除郎中。伏波将军孙秀，以亡国支庶，府望不显，中华人士，耻为掾属，以侃寒宦，召为舍人。时豫章国郎中令杨晫，侃州里也，为乡论所归。侃诣之。晫与同

---

① 阶级：陶侃不篡，由出寒门。

乘，见中书郎顾荣。吏部郎温雅谓晫曰："奈何与小人共载？"然则侃本寒素，其为人也，善于事人，亟于求进，所欲不过富贵。当时庶族，望贵胄之一嚬一笑，皆若天上。讨苏峻之际，侃之骄蹇，可谓极矣，一见庾亮，便尔释然，职由于此。自待既卑，所志又小，加以衰耄，复安能有所作为？然又敢于偃蹇者何也？武人无学，器小易盈，志得意满，遂流于骄蹇而不自觉耳。侃世子瞻，既为苏峻所害，更以夏为世子。及送侃丧还长沙，夏与斌及称，各拥兵数千以相图。既而解散。斌先往长沙。悉取国中器使财物。侃封长沙郡公。夏至，杀斌。庾亮欲放黜之，表未至都，而夏病卒。称，为东中郎将，南平太守，南平，见第三章第九节。南蛮校尉。咸康五年（339），庾亮以为监江夏、随、义阳三郡军事，南中郎将，江夏相。江夏，见第三章第四节。随，汉县，晋置郡，今湖北随县。义阳，见第二章第三节。至夏口见亮，为亮所杀。亮疏言其罪曰："擅摄五郡，自谓监军。辄召王官，聚之军府。故车骑将车刘弘曾孙安，寓居江夏。及将杨恭、赵韶，并以言色有忤，称放声当杀。安、恭惧，自赴水而死。韶于狱自尽。将军郭开，从称往长沙赴丧。称疑开附其兄弟。乃反缚，悬头于帆樯，仰而弹之，鼓棹渡江，二十余里。观者数千，莫不震骇。又多藏匿府兵，收坐应死。臣犹未忍直上，且免其司马。称肆纵丑言，无所顾忌。要结诸将，欲阻兵搆难。诸将皇惧，莫敢酬答。由是奸谋，未即发露"云云。其纵恣，岂不远甚于后来之桓玄？然称之声势，果何自来哉？亮之虞侃，亦其宜矣。

第四节　成康穆间朝局

东晋国势之不振，实由当时风气之泄沓，而此种风气，王导实为之魁，读第一节所述，已可见之。王导死后，庾氏兄弟，相继执政，颇能综核名实，足矫当时之弊。惜其秉权不久。是时朝臣门户之见颇深，外藩专擅之习亦未革，遂使桓温，乘机跋扈，内外相猜，坐视北方之丧乱而不能乘，恢复良机，成为画饼矣。岂不惜哉？

苏峻平后，庾亮领豫州刺史、宣城内史，镇芜湖。宣城、芜湖皆见第三章第九节。咸和七年（332），陶侃卒，亮领江、豫、荆三州刺史，移镇武昌。见第三章第九节。是时政柄仍在王导之手。亮尝欲举兵废之。《亮传》曰：时王导辅政，主幼时艰，务存大纲，不拘细目；委任赵胤、贾宁等，诸将并不奉法，大臣患之。陶侃尝欲起兵废导，而郗鉴不从，乃止。至是，亮又欲率众黜导，又以谘鉴，而鉴又不许。亮与鉴笺曰："昔于芜湖反覆，谓彼罪虽重，而时弊国危；且令方岳道胜，亦足有所镇压；故共隐忍，解释陶公。自兹迄今，曾无悛改。主上自八九岁以及成人，入则在宫人之手，出则惟武官小人，读书无从受音句，顾问未尝遇君子。侍臣虽非俊士，皆时之良也，岂与殿中将军、司马督同年而语哉？不云当高选侍臣，而云高选将军、司马督，岂合贾生愿人主之美，翼以成德之意乎？秦政欲愚其黔首，天下犹知其不可，况乃欲愚其主哉？主之少也，不登进贤哲，以辅道圣躬。春秋既盛，宜复子明辟，不稽首归政，甫居师傅之尊。成人之主，方知师臣之悖，主上知君臣之道，不可以然，而不得不行殊礼之事。万乘之君，寄坐上九，亢龙之爻，有位无人。挟震主之威，以临制百官，百官莫之敢忤。是先帝无顾命之臣，势屈于骄奸而遵养之也。赵、贾之徒，有无君之心，是而可忍，孰不可忍？且往日之事，含容隐忍，谓其罪可宥，良以时弊国危，兵甲不可屡动；又冀其当谢往衅，惧而修己。如顷日之纵，是上无所忌，下无所惮。谓多养无赖，足以维持天下。公与下官，并蒙先朝厚顾，荷托付之重，大奸不扫，何以见先帝于地下？愿公深惟安国家、固社稷之远算；次计公与下官负荷轻重；量其所宜。"鉴又不许，故其事得息。案藩臣称兵，入废宰辅，自非美事。鉴之不许，自是持重之见。然朝政则益以因循紊乱矣。《孔坦传》云：成帝既加元服，犹委政王导。坦每发愤，以国事为己忧。尝从容言于帝曰："陛下春秋以长，圣敬日跻，宜博纳朝臣，谘诹善道。"由是忤导，出为廷尉。坦本为侍中。《孔愉传》云：咸和八年（333），诏给愉亲信十人禀赐。愉上疏固让，优诏不许。重表曰："方今强寇未殄，疆场日骇。政烦役重，百姓困苦。奸吏擅威，暴人肆虐。大弊之后，仓库空虚，功劳之士，赏报不足，困悴之余，未见拯恤，呼嗟之怨，人鬼感动。宜并官省职，贬食节用，勤抚其人，以济其艰。不敢横受殊施，以重罪戾。"从之。王导闻而非之，于都坐谓愉曰："君言奸吏擅威，暴人肆虐，为患是谁？"愉欲大论朝廷得失，陆玩抑之，乃止。后导将以赵胤为护军，愉谓导曰："中兴以来，处此官者，周伯仁、颢。应思远詹耳。今诚乏才，岂宜以赵胤居之邪？"导不从。其守正如此，由是为导所衔。贾宁者，本苏峻腹心，与路永、匡术，同降于导者也。见导及《袁耽传》。导尝欲褒显之，为温峤所拒而止。见《峤传》。时下敦为湘州刺史。温峤、庾亮，移檄征镇，同赴京都，敦拥兵不下，又不给军粮，惟遣督护荀璲领数百人随大军而已。朝野莫不怪叹，虽陶侃亦切齿忿之。峻平之后，有司奏其阻军顾望，不赴国难，无大臣之节，请槛收付廷尉。导以丧乱之后，宜加宽宥，转为广州刺史。时宗庙宫室，并为灰烬。温峤议迁都豫章。见第三章第九节。三吴之豪，三吴，见第三章第九节。请都会稽。见第三章第九节。二论纷纭，未有所适。导曰："建康古之金陵，旧为帝里。又孙仲谋、刘玄德俱言王者之宅。古之帝王，不必以丰俭移都。苟弘卫文大帛之冠，则无往不可；若不绩其麻，则乐土为墟矣。且北寇游魂，伺我之隙。一旦示弱，窜于蛮越，求之望实，惧非良计。今特宜镇之以静，群情自安。"由是峤等谋并不行。此事论者皆美其能镇定。

其实迁会稽有远窜之嫌，迁豫章则更可进据上流，实于恢复之计为便。三吴之豪，不免乡里之见，温峤则纯出于公忠体国之诚。导之所以不肯迁都者，迁都则必有新起握权之人，不如率由旧章，便于把持也。《导传》云：庾亮以望重地逼，出镇于外。南蛮校尉陶称，间说亮当举兵内向。或劝导密为之防。导曰："吾与元规，亮字。休戚是同。悠悠之谈，宜绝智者之口。则如君言，元规若来，吾便角巾还第，复何惧哉？"又与称书，以为"庾公帝之元舅，宜善事之。"于是谗间遂息。时亮虽居外镇，而执朝廷之权。既据上流，拥强兵，趣向者多归之。导内不能平。尝遇西风尘起，举扇自蔽，徐曰："元规尘污人。"《孙盛传》曰：导执政，亮以元舅居外，陶称谗构其间，导、亮颇怀疑贰。盛密谏亮曰："王公神情朗达，常有世外之怀，岂肯为凡人事邪？此必佞邪之徒，欲间内外耳。"导贼周颉而作色于蔡谟，世外之怀安在？《周颉传》：王敦之举兵也，刘隗劝帝尽除诸王。导率群从诣阙请罪。值颉将入，导呼颉谓曰："伯仁，以百口累卿。"颉直入不顾。既见帝，言导忠诚，申救甚至。帝纳其言。颉喜饮酒，致醉而出。导犹在门，又呼颉。颉不与言，顾左右曰："今年杀诸贼奴，取金印如斗大系肘。"既出，又上表明导，言甚切至。导不知救己，而甚衔之。敦既得志，问导曰："周颉、戴若思，南北之望，当登三司，无所疑也？"导不答。又曰："若不三司，便应令、仆邪？"又不答。敦曰："若不尔，正当诛尔。"导又无言。导后料检中书故事，见颉表救己，殷勤款至。导执表流涕，悲不自胜。告其诸子曰："我虽不杀伯仁，伯仁由我而死，幽冥之中，负此良友。"案颉亦元帝腹心，未必真以导为可信。所以救导者，盖当时事势，或以尽除王氏为宜，或谓宜姑容之，所见有不同耳。然颉之救导，虽不为私交，而导授意于敦而杀之，则其忌刻为已甚矣。若思，戴渊字。唐人修《晋书》，于避讳者多称其字，如称刘渊为元海，石虎为季龙是也。今于引元文者皆仍之。《导传》云：导妻曹氏性妒，导甚惮之，乃密营别馆，以处众妾。曹氏知，将往焉。导恐妾被辱，遽令命驾。犹恐迟之，以所执麈尾柄驱牛而进。蔡谟闻之，戏导曰："朝廷欲加公九锡。"导弗之觉，但谦退而已。谟曰："不闻余物，惟有短辕犊车，长柄麈尾。"导大怒，谓人曰："吾往与群贤共游洛中，何曾闻有蔡克儿也。"案晋世名士，往往外若高旷，内实忌刻。《王羲之传》云：王述少有名誉，与羲之齐名，而羲之甚轻之，由是情好不协。述先为会稽，以母丧居郡境。羲之代述，止一吊，遂不重诣。述每闻角声，谓羲之当候己，辄洒扫而待之，如此者累年，而羲之竟不顾，述深以为恨。及述为扬州刺史，将就征，周行郡界，而不过羲之，临发，一别而去。先是羲之尝谓宾友曰："怀祖正当作尚书耳，投老可得仆射，更求会稽，便是逊然。"及述蒙显授，羲之耻为之下，遣使诣朝廷，求分会稽为越州，行人失辞，大为时贤所笑。既而内怀愧叹，谓其诸子曰："吾不减怀祖，而位遇悬邈，当由汝等不及坦之故邪？"述后检察会稽郡，辨其刑政，主者疲于简对，羲之深耻之，遂称病去郡，于父母墓前自誓，曰："自今之后，敢渝此心，贪冒苟进，是有无尊之心而不子也。子而不子，天地所不覆载，名教所不得容。信誓之诚，有如皦日。"其热中躁进，褊隘忌克，鄙夫耻之矣。怀祖，述字。坦之，述之子也。外宽和而内深阻，当时名士，固往往如是，然导居元辅之位，因贪权嗜利，好谀恶直之故，遂不恤败坏国事以徇之，则所诒之害弥大矣。

咸康五年（339），四月，导卒，征庾亮为司徒、扬州刺史，录尚书事。时亮方谋恢复中原，固辞。乃以其弟冰为中书监、扬州刺史，与何充参录尚书事。充，导妻之姊子；充妻，又明穆皇后之妹也；故少与导善，明帝亦友昵之，导与亮并称举焉。明年，正月，亮卒，冰弟翼刺荆州。八年（342），六月，成帝崩。子丕、奕俱幼。庾冰舍之，而立其母弟琅邪王岳，是为康帝。《充传》云：庾冰兄弟，以舅氏辅王室，虑易世之后，戚属转疏，每说成帝，以国有强敌，宜须长君。帝从之。充建议曰："父子相传，先王旧典。忽妄改易，惧非长计。"冰等不从。康帝立，临轩，冰、充侍坐。帝曰："朕嗣鸿业，二君之力也。"充对曰："陛下龙飞，臣冰之力也。若如臣议，不睹升平之世。"充与庾氏立异，盖自兹始？明年，为建元元年（343），充出刺徐州，镇京口。京口，见第二节。以避诸庾。顷之，庾翼将北伐，庾冰出镇江州，征充入领扬州。二年（344），九月，帝疾笃。冰、翼意在简文帝，而充建议立子聃为太子。帝崩，太子立，是为穆帝。冰、翼甚恨之。是岁，十一月，冰卒。明年，为永和元年（345），七月，翼又卒。表以后任委息爱之。论者并以诸庾世在西藩，人情所归，宜依翼所请，以安物情。充曰："荆楚国之西门，户口百万。北带强胡，西邻劲蜀。经略险阻，周旋万里。得贤则中原可定，势弱则社稷同忧。所谓陆抗存则吴存，亡则吴亡者。岂可以白面年少，猥当此任哉？桓温英略过人，有文武识度。西夏之任，无出温者。"议者又曰："庾爱之肯避温乎？如令阻兵，耻惧不浅。"充曰："桓温能制之，诸君勿忧。"乃使温西。爱之果不敢争。于是上流事权，暂握于中枢信臣之手者，自陶侃卒后。复成分争角立之象已。此东晋政局之一大变也。史于庾氏多贬辞，平心论之，或失其实。庾氏之立康帝，可谓欲扶翼其所自出，其欲立简文帝，果何为哉？庾氏弟兄，皆有志于恢复，然则其谓国有强敌，宜立长君，或非虚语也。《成帝纪》云：帝少而聪敏，有成人之量。南顿王宗之诛也，帝不之知。及苏峻平，问庾亮曰："常日白头公何在？"亮对以谋反伏诛。帝泣，谓亮曰："舅言人作贼，便杀之，人言舅作贼，复若何？"亮惧，变色。庾怿亮弟。尝送酒于江州刺史王允之，允之与犬，犬毙，惧而表之。帝怒曰："大舅已乱天下，小舅复欲尔邪？"怿闻，饮药而死。怿本传略同。夫南顿王之伏诛，事在咸和元年九月；苏峻入犯，庾亮出奔，事在三年三月；峻败而帝御温峤舟，亮获入见，乃在四年二月，而弋阳王即以此时伏诛，帝苟欲问南顿王，何待苏峻平后？故或谓此实弋阳王之误，然是时之弋阳，叛状显著，成帝果聪明，不应复有此问；且亦无缘诛之而不使帝知也。《纪》又言帝少为舅氏所制，不亲庶政，而赫然一怒，庾怿遽惧而自裁，有是理乎？妨帝不亲庶政者王导也，于庾氏乎何与？而谤转集于庾氏，何哉？史称王导辅政，以宽和得众，而亮任法裁物，颇以此失人心；又言王导辅政，每从宽惠，而冰颇任威刑；此庾氏所以招谤，而导之虚誉，所由流溢与？恶直丑正，实繁有徒；民之多幸，国之不幸；悠悠之口，岂足听哉？不惟庾氏，即刘隗、刁协，颇为史所讥评，其故亦然。《隗传》云：与协并为元帝所宠，欲排抑豪强。诸刻碎之政，皆云隗、协所建。《协传》云：协性刚悍，与物多忤。每崇上抑下，故为王氏所疾。又使酒放肆，侵毁公卿，见者莫不侧目。然悉力尽心，志在匡救，帝甚信任之。其故可深长思矣。翼尝与冰书曰："大较江东，政以伛舞豪强，以为民蠹，时有行法，辄施之寒劣。如往年偷石头仓米一百万斛，皆豪将辈，而直打杀仓督监以塞责。山遐作余姚半年，而为官出二千户，政虽不伦，公强官长也，而群共驱之，不得安席。纪睦、徐宁，奉王使纠罪人，船头到渚，桓逸还复，而二使免官。虽皆前宰之惛缪，江东事去，实此之由也。兄弟不幸，横陷此中，自不能拔脚于风尘之外，当共明目而治之。"风格峻嶒，时之所须，正此等人也。何充居宰相，史言其无澄正改革之能。虽凡所选用，皆以功臣为先，不以私恩树亲戚，然所昵庸杂，信任不得其人，朝政复稍衰矣。

穆帝即位，年仅二岁，太后褚氏临朝。后父衰，苦求外出。于是以会稽王昱（元帝少子，即简文帝也。）录尚书六条事，复开宗亲秉政之端。

第五章 东晋中叶形势（上）

第一节 刘石兴亡

刘渊以永嘉四年六月死，子和嗣伪位。其卫尉西昌王刘锐、宗正呼延攸和，攸之甥。说和攻其弟鹿蠡王聪、齐王裕、鲁王隆、北海王乂。此据《晋书·载纪》，《通鉴》依《十六国春秋》作乂。斩裕及隆，而和为聪所攻杀。聪让位于其弟乂。乂与公卿涕泣固请，聪乃僭位，而以乂为皇太弟，盖以乂为渊后单氏所生也。聪烝于单氏，乂屡以为言，单氏惭恚而死，乂之宠因之渐衰，然犹追念单氏，未便黜废。

聪后呼延氏死，纳其太保刘殷二女为左右贵嫔，女孙四人为贵人。六刘之宠，倾于后宫。聪稀复出外，事皆中黄门纳奏，左贵嫔决之。尝以小刘贵人赐怀帝，及弑怀帝，复以为贵人。立左贵嫔为皇后。已而死。聪如中护军靳准第，纳其二女为左右贵嫔，大曰月光，小曰月华。数月，立月光为皇后。后又以为上皇后，立贵妃刘氏为左皇后，贵嫔刘氏为右皇后。靳氏有淫行，御史大夫陈元达奏之，聪废靳，靳惭恚自杀。聪追念其姿色，深仇元达。元达，聪之诤臣也，后自杀。聪立上皇后樊氏，张氏之侍婢也。张氏亦聪后。时四后之外，四后盖兼中皇后言之，见下。史文左右采获，叙述不必皆以次也。佩皇后玺绶者七人。中常侍王沈养女，年十四，有妙色，聪立为左皇后。尚书令王鉴，中书监崔懿之，中书令李恂等谏，皆斩之。又立其中常侍宣怀养女为中皇后。聪尝欲为刘后起鸾仪殿，陈元达谏，聪大怒，欲斩之，已而止。然又作太庙，内兴殿观四十余所。游猎无度，晨出晚归。观渔于汾，以烛继昼。立市于后庭，与宫人燕戏，或三日不醒。荒淫之行备矣。

聪大定百官。以其子粲为丞相，领大将军，录尚书事，封晋王。后又以为相国，总百揆，而省丞相。乂太师卢志，太傅崔玮，太保许遐劝乂袭粲，乂弗从。东宫舍人荀裕告之。于是收志、玮、遐，假他事杀之。使冠威卜抽监守东宫。中常侍王沈、宣怀、俞容，中宫仆射郭猗，中黄门陵修等，皆宠幸用事。聪游燕后宫，或百日不出，群臣皆因沈等言事，多不呈聪，以其意爱憎决之。或有勋旧功臣，弗见叙录，奸佞小人，数日便至二千石者。军旅无岁不兴，而将士无钱帛之赏，后宫之家，赐赉及于僮仆，动至数千万。沈等车服、宅宇，皆逾于诸王。子弟中表，布衣为内史、令、长者三十余人，皆奢僭贪残，贼害良善。靳准合宗内外，谄以事之。聪临上秋阁，诛其特进綦毋达，大中大夫公师彧，尚书王琰、田歆，少府陈休，左卫卜崇，大司农朱诞等，皆群奄所忌也。郭猗有憾于乂，谓粲："乂将以三月上巳，因燕作难，宜早为之所。"初，靳准从妹为乂孺子，淫于侍人，乂怒，杀之，而屡以嘲准，准深惭恚，说粲："缓东宫之禁固，勿绝太弟宾客，使轻薄之徒，得与交游，然后下官为殿下露表其罪，主上必以无将之罪罪之。"于是粲命卜抽去东宫。粲使谓乂曰："适奉中诏，云京师将有变敕裹甲以备之。"乂以为信然。准白之。于是使粲围东宫。粲使王沈、靳准收氏、羌酋长十余人穷问之，皆悬首高格，烧铁灼目，乃自诬与乂同造逆谋。于是诛乂素所亲厚大臣及东宫官属数十人，废乂为北部主。粲使准贼杀之。坑士众万五千余人，平阳街巷为空。氏、羌叛者十余万落，以靳准行车骑大将军以讨之。立粲为皇太子，领相国、大单于，总摄朝政如前。

大兴元年（318），七月，聪死，粲嗣伪位。粲自为宰相，威福任情。性严刻无恩惠。好兴造宫室，相国之府，放象紫宫。在位无几，作兼昼夜。饥困穷叛，死亡相继，粲弗之恤也。既嗣伪位，尊聪后靳氏为皇太后。樊氏号弘道皇后，宣氏号弘德皇后。靳等皆年未满二十，粲晨夜烝淫于内。聪死时，上洛王刘景为太宰，济南王刘骥为大司马，昌国公刘颙为太师，朱纪为太傅，呼延晏为太保，并录尚书事。太尉范隆守尚书令，靳准为大司空，领司隶校尉，皆逊决尚书奏事。准私于粲曰："诸公将行伊、霍之事，谋先诛太保及臣，以大司马统万几。"粲诛景、颙、骥及骥母弟吴王逞，大司徒齐王刘劢等。纪、隆奔长安。以靳准为大将军、录尚书事。粲荒耽酒色，游宴后庭，军国之事，一决于准。准勒兵入宫，执粲，数而杀之。刘氏男女，无少长，皆斩于东市。发渊、聪墓，焚烧其宗庙。自号大将军汉天王，置百官，遣使称藩于晋。

自来创业之主，必能躬擐甲胄，四征不庭，独胡刘则不然。当渊之世，即蛰居河东，不能一出。盖渊特以左贤王之后，为众所推，其人本非才武。《晋书·载记》于渊多美辞，特沿袭旧史，不足信也。其时倾覆晋室者，实王弥、石勒等为之，其于胡刘，特文属而已。群盗中以石勒为最狡悍，故东方悉为所并；胡刘种姓中，惟刘曜较有材力，关中实其所陷；故刘粲既没，曜与勒遂成东西对峙之势焉。初聪之立也，以勒为并州刺史。后又以曜为雍州牧，镇长安。而以王弥为大将军，封齐公。勒杀弥，聪大怒，使让其专害公辅，然仍以弥部众配之，势固无如勒何也。其时惟曹嶷声势较盛，故勒请讨嶷而聪弗许，盖欲藉以牵制勒。然《聪载记》

又云：勒与巇相结，规为鼎峙之势，则巇即存，亦未必能为聪用，且亦难保其不桡而从勒也。要之东方之局，实非刘氏所能控驭而已。聪时，平阳大饥，流叛死亡，十有五六。勒遣石越率骑二万，屯于并州，以怀抚叛者。聪使让勒，勒不奉命。司隶部人，奔于冀州者，二十万户。聪大史令康相，尝言于聪曰："石勒鸱视赵、魏，曹巇狼顾青、齐；鲜卑之众，星布燕、代。今京师寡弱，勒众精盛。若尽赵、魏之锐，燕之突骑，自上党而东；上党，见第二章第二节。曹巇率三齐之众以继之；陛下将何以抗之？"当时情势之危急，可以想见矣。及刘粲见杀，刘曜自长安赴之。至赤壁，胡三省曰：《水经注》：河东皮氏县西北有赤石川。案皮氏，秦县，在今山西河津县西。僭即皇帝位。石勒亦统精锐五万讨准，据襄陵北原。襄陵，汉县，在平阳东南。准遣侍中卜泰降于勒。勒与曜竞有招怀之计，乃送泰于曜，使知城内无归曜之意。曜谓泰曰："司空若执忠诚，早迎大驾者，政由靳氏，祭则寡人。"与泰结盟，使还平阳，宣慰诸屠谷。勒疑泰与曜有谋，欲斩泰以速降之。诸将皆曰："今斩泰，准必不复降。就令泰宣汉要盟于城中，使将率诛准，准必惧而速降矣。"勒久乃从诸将议，遣之。泰还平阳，具宣曜旨。准自以杀曜母兄，沉吟未从。寻而乔泰、王腾、靳康、准从弟。马忠等杀准，推尚书令靳明为盟主，明亦准从弟。遣卜泰奉传国六玺降于曜。勒闻之，怒甚，增兵攻之。明战累败，求救于曜。曜使刘雅、刘策等迎之。明率平阳士女万五千归于曜。曜诛明。靳氏男女，无少长皆杀之。曜西奔粟邑。汉县，在今陕西白水县西北。勒焚平阳宫室而还。曜旋徙都长安，改国号曰赵。《曜载记》云：曜隐迹菅涔山，即管涔山。《清一统志》云：诸书皆作管，惟《寰宇志》作菅，言山多菅草也。案《晋书·载记》亦作菅。在今山西宁武县西南。尝夜闲居，有二童子入，跪曰："菅涔王使小臣奉谒赵皇帝。"献剑一口，置前，再拜而去。以烛视之，剑长二尺，光泽非常，赤玉为室，背上有铭曰："神剑御，除众毒。"曜遂服之。剑随四时而变为五色。盖特造作妖言，以示其当王赵而已，此所以讽示石勒也。然尚不能定平阳，安能有赵？石勒又岂妖言所能慑，名号所可束缚者邪？

刘曜豕突，本在关中，故僭号之后，仍以雍、秦为务。曜长水校尉尹车谋反，潜结巴酉徐库彭。曜诛车，囚库彭等五十余人，欲杀之。其光禄大夫游子远谏，曜怒，幽之，而尽杀库彭等。于是巴氐尽叛，推巴归善王句渠知为主。四山羌、氐、巴、羯，应之者三十余万。关中大乱，城门昼闭。乃释子远，用其计，大赦境内，而使子远讨平之。先是上郡氐、羌十余万落，保险不降。上郡，见第二章第二节。酋大虚除权渠，自号秦王。子远又破禽其子伊余，降之。西戎之中，权渠部最强，皆禀其命而为寇暴，权渠既降，莫不归附。后曜又亲征氐、羌。《通鉴》系永昌元年（322）。仇池杨难敌，率众来距，曜前锋击败之。仇池者，山名，在今甘肃成县西。以山巅有池，故曰仇池，池盖今所谓火山湖也。略阳清水氐杨氏，略阳，见第二章第二节。秦、汉以来，世居陇右为豪族。汉献帝建安中，有杨腾者，为部落大帅。腾子驹，勇健多计略，始徙仇池。仇池地方百顷，因以百顷为号。四面斗绝高平。地方二十余里。羊肠盘道，三十六回。山上丰水泉，煮水成盐。驹后有名千万者，拜为百顷氐王。与兴国氐王阿贵，兴国，城名，在今甘肃秦安县东北。俱从马超为乱。超破之后，阿贵为夏侯渊攻灭，千万西南入蜀。千万孙飞龙，渐强盛，晋武帝假征西将军。《魏书·氐传》作平西将军。还居略阳。无子，养外甥令狐氏子为子，名戊搜。惠帝元康六年（296），避齐万年之乱，率部落四千家，还保百顷，自号辅国将军右贤王。关中人士奔流者多依之。愍帝以为骠骑将军左贤王。时南阳王保在上邽，又以戊搜子难敌为征南将军。建兴五年（317），戊搜卒，难敌袭位。与弟坚头分部曲。难敌号左贤王，屯下辨，汉道，后汉为县，在成县西。坚头号右贤王，屯河池。汉县，在今甘肃徽县西。以上据《宋书·氐传》及《三国志·四裔传注》引《魏略》。难敌为曜所败，退保仇池。仇池诸氐、羌，多降于曜。曜西讨杨韬于南安。韬，南阳王保之将。南安，见第二章第二节。韬惧，与陇西太守梁勋等降于曜。陇西，见第二章第二节。曜又进攻仇池。时曜寝疾，兼疠疫甚，乃遣使说难敌。难敌即遣使称藩。陈安请朝，曜以疾笃不许。安怒，且以曜为死也，遂大掠而归。曜乘马舆还，使其将呼延寔监辎重于后，安要击，没之。又使将袭拔汧城。汉汧县，在今陕西陇县南。西州氐、羌悉从安。安士马雄盛，众十余万。太宁元年（323），安攻曜征西刘贡于南安。休屠王石武，先以桑城降曜，桑城，见第二章第四节。及是，自桑城将攻上邽，以解南安之围。安驰归，贡追败其后军。安又驰还赴救，而武骑大至。安众大溃，以骑八千奔陇城。见第四章第二节。贡围之。曜又亲征。安突围出，欲引上邽、平襄之众，还解陇城之围。平襄，汉县，在今甘肃通渭县西南。而上邽被围，平襄已败，乃南走陕中。陕同陕，在陇城南。曜使将追斩之。陇、上邽降。氐、羌悉下，并送质任。杨难敌闻安平，内怀危惧，奔于汉中。《宋书》本传云：与坚头俱奔晋寿，臣于李雄。《晋书·成帝纪》：咸和六年（331），七月，李雄将李寿侵阴平、武都，氐帅杨难敌降之。《李雄载记》：难敌兄弟为刘曜所破，奔葭萌，遣子入质。晋寿。见第三章第六节。阴平，汉道，魏为县，又置郡，在今甘肃文县西北。武都，见第二章第二节。葭萌，见第三章第六节。曜以其大鸿胪田崧为益州刺史，镇仇池。先是，《晋书·张茂传》事在大兴四年（321），《通鉴》系太宁元年（323）。曜遣其将刘咸攻张茂将韩璞于冀城，冀，汉县，晋废，在今甘肃甘谷县南。呼延寔攻宁羌护军阴鉴于桑壁。胡三省曰：当在南安东。临洮人翟松、石琮等逐令长，以县应曜。临洮，秦县，今甘肃岷县。河西大震。茂出次石头，胡三省曰：在姑臧城东。姑臧，见第三章第七节。遣参军陈珍击走之。遂复南安。永昌初，茂使韩璞取陇西、南安之地，以置秦州。及曜平陈安，刘岳方与茂相持于河上。曜自陇上长驱至河，戎卒二十八万五千，临河列营，扬声欲百道俱渡，直至姑臧。茂惧，遣使称藩。曜拜为凉州牧凉王。太宁三年（325），茂卒，无子，寔子骏嗣，曜复以茂官爵授之。咸和初，骏遣武威太守窦涛、金城太守张阆、武兴太守辛岩、扬烈将军宋辑等曾韩璞讨秦州诸郡。武威、金城，皆见第二章第二节。武兴郡，惠帝永宁中，张轨表合秦、雍流移人所置，在姑臧西北。曜遣其将刘胤来距。璞军溃。胤乘胜追奔，济河，攻陷令居，汉县，今甘肃永登县西北。入据振武。胡三省曰：在姑臧东南。河西大震。曜复攻枹罕。汉县，晋废，今甘肃导河县。护军辛晏告急。骏使韩璞、辛岩率步骑二万击之。战于临洮，大为曜军所败。璞等退走。骏遂失河南之地。

刘曜兵锋，看似锐利，实则所遇者皆小敌，以之戡定秦、雍，慑服凉州，尚虞不足，况欲长驱中原邪？而曜且荒淫无度。曜之徙都也，起光世殿于前，紫光殿于后。缮宗庙、社稷、南北郊。又立大学、小学。起酆明观。立西宫。建陵霄台于滈池。在长安西南。又将于霸陵西南营寿陵，霸陵，汉文帝陵，在长安之东。周回四里。下深二十五丈。以铜为棺椁，黄金饰之。侍中乔豫、和苞谏，曜乃停之。封豫安昌子，苞平舆子，并领谏议大夫。省酆明囿，以与贫户。然将葬其父及妻也，复亲如粟邑，以规度之。负土为坟。其下周回二里。作者继以脂烛。怨呼之声，盈于道路。游子远谏，不纳。后复遣使增其父及妻墓高九十尺。其侈，亦几与刘聪无异矣。

石勒之破靳明也，遣其左长史王修献捷于曜。曜遗郭汜等署勒太宰，进爵赵王。勒舍人曹平乐，因使留仕于曜，言于曜曰："勒遣修等来，外表至虔，内觇大驾强弱。谋待修之返，将轻袭乘舆。"时曜势实残弊，惧修宣之。曜大怒，追汜等还，斩修粟邑，停太宰之授。勒大怒，下令曰："孤兄弟之奉刘家，人臣之道过矣。石虎，勒之从子，勒父幼而子之，故或称勒弟，勒此令亦以弟视之，盖胡人不甚重昭穆也。勒杖虎以专征之任，其克定四方，虎战功颇多，故有是言。观是言，便知虎非勒所能制。勒身后之祸，盖势有必至矣。赵王赵帝，孤自为之，名号大小，岂其所节邪？"大兴二年（319），勒伪称赵王。勒将石他，自雁门出上郡，雁门，见第二章第二节。袭北羌王盆句除，俘获而归。曜大怒，投袂而起，次于渭城。见第三章第三节。遣刘岳追之。曜次于富平，魏县，今陕西富平县。为岳声援。岳及石他战于河滨，败之，斩他。上郡距襄国远，声势不相接，故勒不能报。太宁二年（324），勒遣石生屯洛阳。明年，四月，李矩等并溃归。于是关内、河东，皆虞逼处，刘、石兵争始棘矣。生攻曜河内太守尹平于新安，河内，见第二章第二节。新安，见第三章第三节。斩之。曜遣刘岳攻生于洛阳。配以近郡甲士五千，宿卫精卒一万，济自孟津。见第二章第二节。镇东呼延谟，率荆、司之众，胡三省曰：时荆州仍属晋，司州之地，多入后赵，刘曜得其民处之关中。或曰：刘聪以洛阳为荆州，此所谓荆、司，皆晋司州之众也。自崤、渑而东。崤山，在河南洛宁县西北，西接陕县，东接渑池。渑池之西北，则渑坂也。岳围石生于金墉。见第三章第二节。石虎率步骑四万，入自成皋关。见第三章第四节。战于洛西，岳师败绩。岳中流矢，退保石梁。见第四章第二节。虎遂堑栅列围。又败呼延谟，斩之。曜亲率军援岳。虎率骑三万来距。曜次于金谷，在洛阳西北。夜无故大惊，军溃，退如渑池。汉县，在今洛宁县西。夜中又惊，士卒奔溃，遂归长安。虎执岳，送于襄国，坑士卒万六千。此可见曜之不整，其士卒实无战心，不足以临大敌矣。咸和三年（328），七月，勒遣虎率众四万，自轵关入，在今河南济源县西北。伐曜河东，进攻蒲坂。见第三章第四节。八月，曜尽中外精锐，水陆赴之。自卫关北济。在今河南汲县。虎惧，引退。追之，及于高候，胡三省曰：杜佑曰：今绛州闻喜县北有高候原。闻喜，今山西闻喜县。大战，败之，斩其将石瞻，枕尸二百余里，收其资杖亿计。虎奔朝歌。见第三章第三节。曜遂济自大阳，见第三章第四节。攻石生于金墉。荥阳、野王皆降，荥阳，见第二章第二节。野王，汉县，今河南沁阳县。时后赵皆以为郡。襄国大震。十二月，勒命石堪、石聪及其豫州刺史桃豹等会荥阳，石虎进据石门。《水经注》：汉灵帝于敖城西北，垒石为门，以遏浚仪渠口，谓之石门。而荥渎受河水，亦有石门。案敖城，在荥阳西北敖山上。勒统步骑四万赴金墉。诸军集于成皋，步卒六万，骑二万七千。诡道兼路，出于巩、訾之间。巩，东周畿内国，今河南巩县。訾，周邑，在巩县西南。曜摄金墉之围，陈于洛西。勒攻之，曜军大溃。曜少而淫酒，末年尤甚，将战，饮酒数斗，比出，复饮酒斗余，昏醉奔退，为堪所执，送于襄国，后为勒所杀。曜子熙、胤等，胤本曜世子，靳准之乱，没于黑匿郁鞠部。曜僭位，遂立熙为太子。后胤自言，郁鞠送之。曜以熙为后妻羊氏所生，羊有宠，爱之，遂未更易。议西保秦州。尚书胡勋曰："今虽丧主，国尚全完；将士情一，未有离叛；可共并力距险，走未晚也。"胤怒其沮众，斩之。四年（329），二月，率百官奔于上邽。关中扰乱。将军蒋英、辛恕，拥众数十万，据长安，遣使招勒。勒遣石生率洛阳之众以赴之。胤及刘遵，率众数万，将攻石生于长安。九月，勒使虎率骑二万距胤。战于义渠，秦县，后汉省，在今甘肃宁县西北。为虎所败。胤奔上邽。虎乘胜追之，上邽溃，虎执熙、胤并将相诸王等，及其诸卿校公侯已下三千余人，皆杀之。前赵亡。五年（330），勒僭号赵天王，行皇帝事。是岁，八月，遂僭即皇帝位。《晋书·载记》云：勒自襄国都临漳。即邺，晋避愍帝讳，改为临漳县。以成周土中，汉、晋旧都，复有移都之意，乃命洛阳为南都。然勒实并未能都邺也。

第二节　后赵盛衰

在五胡之中，石勒确可称为一人物，以其性虽剽狡，而于中国之情形，颇能晓解也。羯本小种，所以能纵横中原，几至尽并北方者非其种姓之强大，实由勒在诸胡中剽狡独绝，勒死之后继之者无复雄材；而石虎之淫暴，且为诸胡之冠；而胡、羯遂忽焉以尽矣。

石勒之戕苟晞，杀王浚，破刘琨，没邵续，执段匹磾，害徐龛，皆已见前。时刘遐为兖州刺史，自邹山退屯下邳。邹山，见第四章第二节。下邳，见第三章第三节。

琅邪内史孙默叛降于勒。永昌元年八月。琅邪，见第二章第三节。于是冀、并、幽州，辽西以西诸屯结，皆陷于勒。徐、兖间壁垒，亦多送任请降。及曹嶷亡，而青州诸郡县壁垒亦尽陷。祖约退屯寿春，见第三章第四节。勒复使其将王阳屯于豫州。先是朝廷以王邃督青、徐、幽、平，镇淮阴。见第四章第二节。卞敦为徐州刺史，镇泗口。在今清河县境。太宁元年（323），三月，勒陷下邳，敦退保盱眙。见第三章第九节。明年，正月，石瞻复寇下邳。东莞太守竺珍，东海太守萧诞，皆叛降勒。东莞，见第三章第一节。东海，见第三章第三节。刘遐又自下邳退保泗口。卞敦以畏懦征。邃、约、遐亦以王敦之乱，还卫京师。乱平，以遐为徐州刺史，代邃镇淮阴。檀赟为兖州刺史，仍守邹山。檀赟从《本纪》，《载记》作赟。三年（325），四月，石良攻邹山，陷之。石良亦据《本纪》，《载记》作石瞻。朝以郗鉴督青、兖，仅镇广陵而已。广陵，见第三章第九节。时李矩等亦皆溃归，都尉鲁潜，以许昌叛降于勒。许昌，见第三章第二节。勒遂尽陷司、兖及徐、豫滨淮州郡。咸和元年（326），五月，刘遐卒，以郗鉴领徐州刺史，郭默为北中郎将，领遐部曲。遐妹夫田防，及遐故将史迭、卞咸、李龙等不乐他属，共立遐子肇，袭遐故位以叛。诏郭默等讨之。始上道，临淮太守刘矫，临淮，见第三章第二节。率将士数百，掩袭遐营，迭等迸走，斩防及咸，又追斩迭、龙于下邳。十一月，石聪攻寿春，不克，遂侵逡遒、阜陵。汉逡道县，晋作逡道，今安徽合肥县东。阜陵，见第三章第九节。历阳太守苏峻遣将韩晃击走之。历阳，见第三章第九节。济岷太守刘戢，将军张阖等叛，胡三省曰：“《晋志》曰：或云：魏平蜀，徙其豪将家于济河北，为济岷郡。《大康地志》无此郡，未详。”害下邳内史夏嘉，以下邳降于石生。明年，峻与祖约俱反。三年（328），四月，勒攻宛，南阳太守王国叛降于勒。宛、南阳，见第三章第四节。石瞻攻河南太守王羡于邧，陷之。河南，见第二章第二节。邧，汉县，在今湖北黄冈县西北。七月，石聪、石堪陷寿阳，祖约奔历阳。四年（329），二月，苏峻败，约降于勒。五年（330），五月，勒将刘征，聚众数千，浮海寇南沙，晋县，在今江苏常熟县西北。进入海虞。晋县，在常熟东。六年（331），正月，复寇娄县，汉县，在今江苏昆山县东北。掠武进。晋县，在今江苏武进县西北。朝以郗鉴戍京口，见第四章第二节。督扬州之晋陵、吴郡诸军事，讨平之。晋陵，见第四章第三节。吴郡，见第三章第九节。勒又使其荆州监军郭敬，南蛮校尉董功寇襄阳，见第三章第四节。南中郎将周抚奔武昌。见第三章第九节。中州流人，悉降于勒。敬毁襄阳，迁其百姓于沔北，城樊城以戍之。樊城，在襄阳对岸。王师复戍襄阳。七年（332），四月，敬又攻陷之。遂南略江西。七月，陶侃遣子斌与江夏相桓宣乘虚克樊城。江夏，见第三章第四节。侃兄子臻，与竟陵太守李阳拔新野、襄阳。竟陵，见第三章第九节。新野，见第三章第三节。敬旋师救樊，大败，宣复镇襄阳。咸康五年（339），郗鉴卒，以蔡谟都督徐、兖、青三州，及扬州之晋陵、豫州之沛郡诸军事，领徐州刺史。沛郡，见第三章第一节。时石虎于青州造船数百，掠缘海诸县，所在杀戮。谟所统七千余人，所戍东至土山，在江宁县东。西至江乘，见第三章第九节。几于缘江设守已。

石勒世子兴早死，以第二子弘为世子，僭位后立为太子。弘，程遐之甥也，勒以遐为右长史，总执朝政。又令弘省可尚书奏事，使中常侍严震参综可否，征伐刑断乃呈之。又使弘镇邺，配以禁兵万人；车骑所统五十四营，悉以配之；又以骁骑领门臣祭酒王阳专统六夷以辅之；《通鉴》：愍帝建兴二年（314）《注》曰："六夷盖胡、羯、鲜卑、氐、羌、巴蛮，或曰：乌九非巴蛮也。"穆帝永和六年（350）《注》曰："六夷，胡、羯、氐、羌、段氏及巴蛮也。"窃疑当时虽有六夷之名，其种姓并无一定，故前史亦无的说。① 盖所以备石虎，然积重之势，断非如是遂能挽救也。咸和八年（333），七月，勒死。虎执弘。收遐下廷尉。召其子邃率兵入宿卫。文武靡不奔散。弘大恐，让位于虎。虎逼立之。勒妻刘氏谓石堪曰："皇祚之灭，不复久矣，王将何以图之？"堪曰："先帝旧臣，皆已斥外，众旅不复由人，宫殿之内，无所措筹。臣请出奔兖州，据廪丘，见第三章第三节。挟南阳王为盟主，南阳王恢，勒少子。宣太后诏于牧守、征镇，令各率义兵，同讨桀逆。"于是微服轻骑袭兖州，失期不克。遂南奔谯城。见第三章第三节。虎遣其将郭太等追击之，获堪于城父，汉县，在今安徽亳县东南。送襄国，炙而杀之。征石恢还襄国。刘氏谋泄，虎杀之。尊弘母程氏为皇太后。时石生镇关中，石朗镇洛阳，皆起兵。虎留子邃守襄国，统步骑七万，攻朗于金墉。见第三章第二节。金墉溃，获朗，刖而斩之。进师攻长安。以石挺为前锋大都督。生遣将军郭权，率鲜卑涉璝斤众二万为前锋拒之。大战潼关，见第三章第三节。挺死，虎退奔渑池，汉县，在今河南洛宁县西。枕尸三百余里。鲜卑密通于虎，背生而击之。生奔长安，潜于鸡头山。《括地志》：鸡头山，在成州上禄县东北二十里，在长安西南九百六十里。胡三省曰：原州平高县西百里亦有笄头山，在长安西八百里。按上禄，在今甘肃成县西南。平高，即汉高平，北周改名，见第二章第二节。虎进攻长安，旬余，拔之。生为部下所杀。郭权据上邽归顺，上邽，见第三章第三节。京兆、新平、扶风、冯翊、北地皆应之。皆见第二章第二节。虎遣郭敖及其子斌等率步骑四万讨之，次于华阴。见第三章第三节。九年（334），四月，上邽豪族害权以降。虎废弘为海阳王，并程氏及勒子秦王宏、南阳王恢，幽诸崇训宫，寻杀之。弘时年二十二。虎称居摄赵天王。咸康元年（335），九月，迁于邺。三年（337），僭称大赵天王。永和五年（349），僭即皇帝位。

石虎本以兵起，故僭位之后，仍志在穷兵，然时胡、羯之势，已成强弩之末，而鲜卑、氐、羌日大，虎之穷兵，遂适以自促其亡矣。诸部落中，鲜卑慕容氏尤盛。建武初，元帝承制，拜慕容廆都督辽左杂夷、流人诸军事、大单于、昌黎公，昌黎，见第二章第二节。廆让而不受。已遣长史浮海劝进。帝即位，重申前命，廆固辞公封。时二京倾覆，幽、冀沦陷，廆刑政修明，虚怀引纳，流亡士庶

---

① 民族：六夷。

多归之。廆乃立郡以统流人；推举贤才，委以庶政。平州刺史东夷校尉崔毖，王浚妻舅浚所用，见《浚传》。意存怀集，而流亡莫赴，毖意廆拘留，乃阴结高句骊及宇文、段氏，谋灭廆而分其地。大兴初，三国伐廆，攻棘城。见第三章第八节。廆以计间之。二国引归，宇文悉独官独留，为廆所败。于其营候获玉玺三纽，遣长史裴嶷送于建康。《本纪》，事在大兴三年二月。《北史》云：莫廆死，子逊昵延立。攻廆于棘城，为廆所败，乃卑辞厚币，遣使朝贡于昭帝。帝嘉之，以女妻焉。亦见《魏书》本纪。悉独官，即逊昵延也。二年（319），十一月，崔毖奔高句骊。元帝使拜廆平州刺史。四年（321），十二月，加牧，进封辽东郡公，承制海东，置平州守宰。段匹磾之败，末杯仍据辽西。末杯初统其国而不设备，廆遣子皝袭之，入令支，汉县，在今河北迁安县西。收其名马、宝物而还。石勒遣使通和廆距之，送其使于建业。勒怒。时逊昵延死，子乞得龟立。太宁元年（323），勒遣龟击廆。廆克之。乘胜入其国，收其资用亿计，徙其人数万户以归。其后廆与陶侃笺，说宜北伐之意。并赍东夷校尉、辽东相等三十余人疏上侃府，求封廆为燕王。朝议未定。咸和八年（333），五月，廆卒。皝嗣。皝，廆第三子也。宇文乞得龟为其别部逸豆归所逐，奔死于外。皝讨之。逸豆归惧，请和。皝庶兄翰，骁武有雄才，素为皝所忌。母弟仁、昭，并有宠于廆，皝亦不平之。廆卒，并惧不自容。段末杯卒，弟牙嗣。太宁三年三月。牙卒，就六眷之孙辽立。《通鉴》事在太宁三年（325），云：慕容廆与段氏方睦，为段牙谋，使之徙都。牙从之，即去令支。国人不乐。段疾陆眷之孙辽，欲夺其位，以徙都为牙罪，十二月，帅国人攻而杀之。辽《魏书》作护辽。自末杯至辽，晋皆以为幽州刺史。翰出奔辽。仁劝昭举兵废皝。皝杀昭。仁归平郭，汉县，晋废，在今辽宁盖平县南。尽有辽东之地。宇文归、段辽及鲜卑，并为之援。九年（334），成帝遣谒者拜皝平州刺史、大单于、辽东公。皝自征辽东，克襄平。汉县，为辽东郡治，在今辽宁辽阳县北。咸康初，皝乘海讨仁，擒仁，杀之。三年（337），十一月，皝僭即燕王位。使称藩于石虎，陈段辽宜伐，请尽众来会。虎许之。四年（338），虎使桃豹、王华统舟师十万出漂渝津。在今河北天津县北。支雄、姚弋仲羌酋，见下节。统步骑十万为前锋以伐辽。雄长驱入蓟。见第四章第二节。辽恐，弃令支，奔于密云山。在今河北密云县南。皝攻令支以北诸城，掠五千余户而归。虎怒其不会师，进军击之。攻棘城，不克。虎迁辽户二万余于司、雍、兖、豫，以李农为营州牧，镇令支。段辽自密云山使降于虎，又降于皝。虎使麻秋迎辽，皝子恪伏兵袭败之，拥辽及其部众以归。辽谋叛，皝诛之。其子兰，《魏书》作郁兰。为宇文归所执，降于虎。虎谋伐昌黎，遣曹伏将青州之众渡海戍蹋顿城，未详。无水而还。因戍于海岛，运谷三百万斛以给之。又以船三百艘，运谷三十万斛诣高句丽，使典农中郎将王典率众二万，屯田于海滨。又令青州造船千艘。后又令司、冀、青、徐、幽、并、雍兼复之家，五丁取三，四丁取二，合邺城旧军，满五十万。具船万艘，自河通海，运谷、豆千一百万斛于安乐城，安乐，汉县，在今河北顺义县西南。以备征军之调。自幽州东至白狼，汉县，在今热河凌源县南。大兴屯田，然师出无功，《本纪》：咸康六年（340），二月，慕容皝及石成战于辽西，败之，献捷于京师。建元元年（343），六月，石季龙帅众伐慕容皝，皝大败之。皝反自蠮螉塞入，今居庸关。长驱至蓟，进渡武遂津，武武遂，汉县，在今河北武强县东北。入高阳，晋国，今河北蠡县南。所至焚烧积聚，徙幽、冀三万余户以归。七年（341），二月，皝遣其长史刘祥献捷京师，兼言推假之意。并请大举讨平中原。表言朝廷任庾亮之私，又与庾冰书责之。冰以其绝远，非所能制，遂与何充等奏听皝称燕王。是年，皝迁都龙城。皝筑龙城于柳城北，改柳城为龙城县。柳城故城，在今辽宁兴城县西南。龙城，今热河朝阳县。段辽之败也，慕容翰奔于宇文归。皝遣商人招之，翰携其二子还。皝使与子垂为前锋，伐克高句骊。建元二年（344），二月，皝伐逸豆归，仍以翰及垂为前锋归远遁漠北，遂奔高句骊。皝开地千余里，徙其部人五万余落于昌黎。宇文部自是散灭。归而赐翰死。于是内忧外患皆除，益得专力于石氏矣。

刘曜之败也，张骏复收河南地，至于狄道。汉县，今甘肃临洮县西南。置武街、石门、候和、漒川、甘松五屯护军，与石勒分境。武街，晋县，在今临洮县东。石门，在今导河县西南。候和，在今固原县北。漒川、甘松，皆在今青海东南境，前凉曾置甘松郡，后西秦又置漒川郡。勒使拜骏官爵，骏不受，留其使。后惧勒，遣使称臣，贡方物，遣其使归。虎之世，骏亦遣其别驾马诜朝之。虎大说。及览其表，辞颇謇敖，又大怒，使张伏都帅步骑三万击之。与骏将谢艾战于河西，败绩。建元元年（343）。永和二年（346），骏卒，子重华嗣。虎又遣麻秋伐之。秋与伏都伐金城，见第二章第二节。太守张冲以郡降。重华使谢艾击破之。秋又陷大夏，汉县，晋废，张轨复置，骏又置郡，在今甘肃临夏县东南。围枹罕，见上节。欲城长最，城名，在今甘肃永登县南。亦为艾所败。三年（347），虎使石宁率并、司兵二万余人，为秋后继。秋又据枹罕，进屯河内。遣王擢略地晋兴、广武，皆前凉郡。晋兴，在今青海乐都县东南。广武，在永登县东南，后秃发乌孤都此。越洪池岭，在武威东南。至曲柳。地名，在洪池岭北。姑臧大震。姑臧，见第三章第七节。重华又使艾距破之。虎此时之用兵，乃如搏牛之蝱，不可以破虮虱，徒自劳敝而已。

胡、羯之中，石勒少知治体，然亦未尝不淫侈。初据襄国，即命徙洛阳晷影，列之庭立桑梓苑。起明堂、辟雍、灵台。令少府任汪，都水使者张渐等监营邺宫。及虎僭位，淫侈更甚。咸康二年（336），使牙门将张弥徙洛阳钟虡、九龙、翁仲、铜驼、飞廉于邺。又纳解飞之说，于邺正南投石于河，以起飞桥，功费数千亿万，桥卒不成。于襄国起大武殿，于邺造东西宫。大武殿基高二丈八尺，以文石粹之。下穿伏室，置卫士五百人于其中。东西七十五步，南北六十五步。皆漆瓦金铛，银楹金柱，珠帘玉壁，穷极技巧。又起灵风台九殿于显阳殿后，选士庶之女以充之。后庭服绮縠、玩珍奇者万余人。虎畋猎无度，晨出夜归。又多微行，躬察作役之所。志在穷兵。以其国内少马，乃禁畜马，匿者要斩。收百姓马四万余匹，以入于公。兼盛营宫室。于邺起台观四十余所，营长安、洛阳二宫，作者四十余万人。又敕河南四州，具南师之备，胡三省曰：河南四川，洛、豫、徐、兖也。并、朔、秦、雍，严西讨之资。《晋志》曰：石勒平朔方，置朔州。青、冀、幽州，三五发卒。三丁发二，五丁发三。诸州造甲者五十余万人。兼公侯牧宰，竞兴私利。百姓失业，十室而七。船夫十七万人，为水所没，猛虎所害，三分而一。制征士五人，车一乘，牛二头，米各十五斛，绢十匹，调不办者以斩论，将以图江表。于是百姓穷窘，鬻子以充军制，犹不能赴，自经于道路，死者相望，而求发无已。性既好猎，其后体重，不能跨鞍，乃造猎车千乘，辕长三丈，高一丈八尺，置高一丈七尺。格虎车四十乘，立三级行楼二层于其上。克期将校猎。自灵昌津南至荥阳，东极阳都，使御史监察其中禽兽，有犯者罪至大辟。灵昌津，即延津，见第三章第四节。《水经注》云：石勒袭刘曜出此，以冰泮为神灵之助，因号灵昌津。荥阳，见第二章第二节。阳都，汉县，在今山东沂水县南。御史因之，擅作威福。百姓有美女、好牛马者，求之不得，便诬以犯兽，论死者百余家。海岱、河济间，人无宁志矣。又发诸州二十六万人修洛阳宫。发百姓牛二万余头配朔州牧官。增置女官二十四等。东宫十有二等。诸公、侯七十余国，皆为置女官九等。先是大发百姓女，二十已下，十三已上，三万余人，为三等之第，以分配之。郡县要媚其旨，务于美淑。夺人妇者，九千余人。百姓妻有美色，豪势因而胁之，率多自杀。虎子宣及诸公及私令采发者，亦垂一万。总会邺宫。虎临轩简第诸女，大悦，封使者十二人皆为列侯。自初发至邺，诸杀其夫及夺而遣之缢死者三千余人。荆楚、扬、徐间，流叛略尽。宰、守坐不能绥怀下狱诛者，五十余人。金紫光禄大夫逯明，因侍切谏，虎大怒，遣龙腾拉而杀之。虎募骁勇，拜为龙腾中郎。自是朝臣杜口，相招为禄仕而已。麻秋之伐张重华，尚书朱轨，与中黄门严生不协，会大雨霖，道路陷滞不通，生因谮轨不修道，又讪谤朝政，虎遂杀之。于是立私论之条，偶语之律，听吏告其君，奴告其主。威刑日滥。公卿已下，朝会以目。吉凶之问，自此而绝。沙门吴进言于虎曰："胡运将衰，晋当复兴，宜苦役晋人，以厌其气。"此晋字犹今言中国，晋人犹今言中国人也。虎于是使尚书张群，发近郡男女十六万，车十万乘，运土筑华林苑及长墙于邺北，广长数十里。起三观四门。三门通漳水，皆为铁扉。暴风大雨，死者数万人。凿北城，引水于华林园。当即华林苑。城崩，压死者百余人。命石宣祈于山川，因而游猎。乘大辂，羽葆，华盖，建天子旌旗。十有六军，戎卒十八万，出自金明门。《水经注》：邺城有七门：南曰凤阳门，中曰中阳门，次曰广阳门，东曰建春门，北曰广德门，次曰厩门，西曰西明门，盖即金明门也。虎从其后宫，升陵霄观望之，笑曰："我家父子如是，自非天崩地陷，当复何愁？但抱子弄孙，日为乐耳。"宣既驰逐无厌，所在陈列，行宫四面，各以百里为度，驱围禽兽，皆暮集其所。文武跪立，围守重行。烽炬星罗，光烛如昼。命劲骑百余，驰射其中。宣与婕姬显德美人乘辇观之，嬉娱忘返，兽殚乃止。其有禽兽奔逸，当之者坐，有爵者夺马，少驱一日，无爵者鞭之一百。峻制严刑，文武战栗。士卒饥冻而死者，万有余人。宣弓马衣食，皆号为御，有乱其间者，以冒禁罪罪之。所过三州十五郡，胡三省曰：宣所过三州，盖司、兖、豫也。资储靡有孑遗。虎复命子韬亦如之，出自并州，游于秦、晋，《通鉴》作出自并州，至于秦、雍。敖既长，欲既纵，志既满，乐既极，而天崩地陷之祸，起于萧墙之内矣。

第三节　冉闵诛胡

　　一时一地，必有其俗，然此特以大较言之，行事之见于此时此地者，不必其皆风同而道一也。殷、周之世，距今数千岁矣，而其遗俗，犹或见于西南部族之中；欧、非二洲，距美洲皆数千里，而拉丁、条顿诸族，以及黑人之俗，乃错见于新大陆之上；则其明证。一部二十五史，荒淫暴虐之主，以东晋、南北朝之世为多，是何也？则以五胡之所行，固非中国之道也。斯时既有此俗，汉人自亦不免渐染，见废弑之主，人因亦以此等语诬之。然汉人虽染胡俗，其纵恣，究不若胡人之甚。故此等记载，宜分别观之。大抵汉人为君而失德者，史之所载，必诬罔之辞较多，实迹较少，胡人之僭窃者，则反是也。五胡淫暴，胡、羯为甚，而胡、羯之中，尤以石虎父子为甚。其纵恣之深，杀戮之惨，有非中国人所能想像者。然后知天下之大，无奇不有，而拘墟之士，不足以语于通方也。

　　石虎之称居摄赵天王也，立其子邃为太子。使邃省可尚书奏事，选牧守，祀郊庙，惟征伐、刑断，乃亲览之。邃自总百揆，荒酒淫色，骄恣无道。或盘游于田，县管而入。或夜出宫臣家，淫其妻妾。妆饰宫人美淑者，斩首洗血，置于盘上，传共视之。又内诸比丘尼有姿色者，与之交，袭而杀之。合牛羊肉，煮而食之。亦赐左右，欲以识其味也。河间公宣、乐安公韬，有宠于虎，邃疾之如仇。虎荒耽内游，威刑失度。邃以事为可呈，呈之，虎恚曰："此小事，何足呈也？"时有所不闻，复怒曰："何以不呈？"诮责杖捶，月至再三。邃甚恨。私谓常从无穷长生、中庶子李颜等曰："官家难称，吾欲行冒顿之事，卿从我乎？"颜等伏不敢对。邃称疾不省事。率宫臣文武五百余骑，宴于李颜别舍。谓颜等曰："我欲至冀州杀石宣，有不从者斩。"行数里，骑皆逃散，李颜叩头固谏，邃亦昏醉而归。邃母郑氏闻之，私遣中人责邃。邃怒，杀其使。虎闻邃有疾，遣所亲任女尚书察之。邃呼前与语，抽剑击之。虎大怒，收李颜等诘问。颜具言始末。诛颜等三十余人。幽邃于东宫。既而赦之，引见大武东堂。邃朝而不谢，俄而便

出。虎遣使谓邃曰："太子应入朝中宫，何以便去？"邃径出不顾。虎大怒。废
邃为庶人。其夜，杀邃及妻张氏，并男女二十六人，同埋于一棺之中。诛其宫人
支党二百余人。废郑氏为东海太妃。立宣为天王皇太子，宣母杜昭仪为天王皇
后。《通鉴》据《十六国》、《晋春秋》，系咸康三年（337）。《考异》云：《燕书》在四年。
以宣为大单于，韬为太尉，与宣迭日省可尚书奏事。右仆射张离，领五兵尚书，
专总兵要，而欲求媚于宣，因说之曰："今诸公侯吏兵过限，宜渐削弱，以盛储
威。"宣素疾韬宠，甚悦其言。乃使离奏夺诸公府吏，余兵悉配东宫。于是诸公
咸怨。虎又命宣、韬，生杀、拜除，皆迭日省决，不复启。宣使所幸杨杯、牟
皮、牟成、赵生等杀韬，欲因虎亲临杀虎。虎将出，其司空李农谏，乃止。事
觉，幽宣于席库。藏席之所。以铁环穿其颔而锁之。作数斗木槽，和羹饭，以猪狗
法食之。虎取害韬刀箭舐其血，哀号震动宫殿。积柴邺北，树标于其上，标末置
鹿卢，穿之以绳，倚梯柴积。送宣于标所。使韬所亲宦者郝稚、刘霸拔其发，抽
其舌，牵之登梯，上于柴积。郝稚以绳贯其颔，鹿卢绞上。刘霸断其手足，斫
眼、溃腹，如韬之伤。四面纵火，烟炎际天。虎从昭仪已下数千，登中台以观
之。中台，即铜雀台，在三台之中，故称。见第四章第二节。火灭，取灰分置诸门交道
中。杀其妻子九人。宣小子年数岁，虎甚爱之，抱之而泣，欲赦之，其大臣不
听，遂于抱中取而戮之，儿犹挽虎衣而大叫，虎因此发病。又诛其四率已下三百
人，宦者五十人，皆车裂节解，弃之漳水。洿其东宫养猪牛。东宫卫士十余万
人，皆谪戍凉州。胡三省曰：赵未得凉州，置凉州于金城，谪使戍凉州之边也。金城，见第
三章第二节。先是散骑常侍赵揽言于虎曰："中宫将有变，宜防之。"及宣之杀韬
也，虎疑其知而不告，亦诛之。废宣母杜氏为庶人。贵嫔柳氏，尚书耆之女也，
以才色特幸，坐其二兄有宠于宣，亦杀之。虎追其姿色，复纳耆少女于华林园。
见第三章第一节。此疑即虎用吴进说在邺所筑之华林苑，见上节。初，戎昭张豺破上邽，
获刘曜幼女，年十二，有殊色，虎得而嬖之。生子世，封齐公。方十岁，立为太
子。刘氏为皇后。时永和四年（348）也。五年（349），虎僭即皇帝位，大赦。
故东宫谪卒高力等万余人，石宣简多力之士，以卫东宫，号曰高力，置督将以领之。行达
雍城。见第三章第五节。既不在赦例；又敕雍州刺史张茂送之，茂皆夺其马，令步
推鹿车，致粮戍所。高力督梁犊等，因众心之怨，谋起兵东还。阴令胡人颉独鹿
微告戍者，戍者皆踊抃大呼。梁犊乃自称晋征东大将军，率众攻陷下辩。见第一
节。逼张茂为大都督大司马，载以轺车。秦、雍间城戍，无不摧陷。斩二千石长
吏，长驱而东。高力等皆多力善射，一当十余人。虽无兵甲，所在掠百姓大斧，
施一丈柯，攻战若神。所向崩溃。戍卒皆随之。比至长安，众已十万。虎子乐平
王苞，时镇长安，尽锐拒之，一战而败。犊遂东出潼关，见第三章第三节。进如洛
川。虎以李农为大都督，行大将军事，统卫军张贺、征西张良、征虏石闵等，率

步骑十万讨之。战于新安，见第三章第三节。农师不利。战于洛阳，又败。乃退壁成皋。见第三章第四节。犊东掠荥阳、陈留诸郡。荥阳，见第三章第三节。陈留，见第三章第四节。虎大惧，以其子燕王斌为大都督中外诸军事，率精骑一万，统姚弋仲、苻洪等击犊于荥阳东，大败之，斩犊首而还。讨其余党，尽灭之。姚弋仲者，南安赤亭羌人。南安，见第二章第二节。赤亭，在今陇西县西。《晋书·载记》云：其先有虞氏之苗裔。禹封舜少子于西戎，世为羌酋。其后烧当，雄于洮、罕之间。七世孙填虞，汉中元末，寇扰西州，为杨虚侯马武所败，徙出塞。虞九世孙迁那，率种人内附，汉朝嘉之，假冠军将军、西羌校尉、归顺王。处之于南安之赤亭。那玄孙柯回，为魏镇西将军、绥戎校尉、西羌都督。回生弋仲。永嘉之乱，东徙榆眉。亦作隃麋，汉县，晋废，在今陕西汧阳县东。刘曜平陈安，以弋仲为平西将军，封平襄公，邑之于陇上。石虎徙秦、雍豪杰于关东，弋仲率部众数万，迁于清河。汉郡，今河北清河县东。苻洪者，略阳临渭氐人。略阳，见第二章第二节。临渭，魏县，在今甘肃秦安县东南。《晋书·载记》云：始其家池中蒲生，长五丈，五节，如竹形，时咸谓之蒲家，因以为氏焉。又谓其降晋后，有说洪称尊号者，洪亦以谶文有草付应王；又其孙坚背有草付字；遂改姓苻氏。案《晋书·宣帝纪》：魏明帝青龙三年（235），有武都氐王苻双、强端，帅其属六千余人来降；武都，见第二章第二节。又《李特载记》：有氐苻成，与特弟庠俱归赵廞；则苻之为氏，由来已久；且非洪一族，《载记》之言，其不足信，无待深辩。又云：其先盖有扈氏之苗裔，则又当时五胡酋长，自托于神明之胄之积习也。洪父怀归，为部落小帅。永嘉之乱，宗人蒲光、蒲突推为盟主。刘曜僭号长安，洪归曜，拜率义侯。《魏书》云：徙之高陆。高陆，汉高陵县，魏改曰高陆，隋复曰高陵，今仍为县，属陕西。曜败，洪西保陇山。石虎将攻上邽，洪又请降。《本纪》，事在咸和三年（328）。虎灭石生，徙关中豪杰及羌戎，以洪为流人都督，处于枋头。见第四章第二节。关中为氐、羌窟穴，虎徙其种落及豪杰而东，盖以为便于制驭，且可抚而用之，然至风尘涨洞时，则乘机崛起，有非胡、羯所能制者矣。石闵者，本姓冉，内黄人，内黄，汉县，今河南内黄县。为虎养孙。闵善谋策，勇力绝人。虎之败于昌黎，闵军独全，由此大显；及败梁犊，威声弥振；胡、夏宿将，莫不惮之，亦非虎所能畜矣。

平梁犊未几，虎疾甚，以子遵为大将军，镇关右；斌为丞相，录尚书事；张豺为镇卫大将军，领军将军，吏部尚书；并受遗辅政。刘氏惧斌之辅政也害世，与张豺谋诛之。斌时在襄国，乃遣使诈斌曰："主上患已渐损，王须猎者，可小停也。"斌性好酒耽猎，遂游畋纵饮。刘氏矫命，称斌无忠孝之心，免斌官，以王归第。使张豺弟雄率龙腾五百人守之。石遵自幽州至邺，敕朝堂受拜，配禁兵三万遣之。张豺使弟雄等矫虎命杀斌。刘氏又矫命，以豺为太保，都督中外诸军，录尚书事。加千兵百骑，一依霍光辅汉故事。俄而虎死。《纪》在永和五年四月。世即伪位。尊刘氏为皇太后，临朝。进张豺为丞相。豺与张举谋诛李农。举与农素善，以豺谋告之。农惧，率骑百余奔广宗，率乞活数万家，保于上白。广宗，汉国，后汉为县，在今河北威县东。刘氏使张举等统宿卫精卒围之。豺以张离为镇军大将军，监中外诸军事，司隶校尉，为己之副。石遵闻虎死，屯于河内。姚弋仲、苻洪、石闵等既平秦、洛，班师而归，遇遵于李城，《续汉志》：河内平皋县有李城。平皋，在今河南温县东。说遵讨张豺。遵从之。以闵为前锋。张离率龙腾二千，斩关迎遵。斩张豺，夷其三族。遵僭即伪位。罢上白围。封世为谯王，废刘氏为太妃，寻皆杀之。世立凡三十三日。此据《载记》。《十六国春秋》同。《通鉴考异》云：四月己巳至五月庚寅，凡二十二日。遵以石斌子衍为皇太子。石闵督中外诸军事，辅国大将军，录尚书事，辅政。石冲时镇于蓟，见第四章第二节。留沐坚戍幽州，帅众五万，自蓟讨遵。传檄燕、赵，所在云集。比及常山，见第三章第四节。众十余万。遵使石闵与李农等率精卒十万讨之。战于平棘，汉县，今河北赵县。冲师大败。获冲于元氏，汉县，今河北元氏县西北。赐死。坑其士卒三万余人。石苞时镇长安，谋帅关中之众攻邺。苞性贪而无谋，雍州豪右，知其无成，并遣使告晋梁州刺史司马勋。勋率众赴之，去长安二百余里。参看第四章第四节。遵遣车骑王朗，率精骑二万，外以讨勋为名，因劫苞，送之于邺。遵谋诛闵。石鉴以告闵。鉴亦虎子。闵劫李农及右卫王基杀遵。诛遵母郑氏，及其太子衍。遵在位百八十三日。鉴僭位。使石苞及中书令李松、殿中将军张才等夜诛闵、农，不克。鉴恐闵为变，伪若不知者，夜斩松、才，并诛苞。时石祗在襄国，与姚弋仲、苻洪等通和，连兵檄诛闵、农。鉴遣石琨为大都督，琨，虎少男。永和八年（352），将妻妾数人奔京师。敕收付廷尉。俄斩之于建康市。与张举及侍中呼延盛，率步骑七万，分讨祗等。中领军石成，侍中石启，前河东太守石晖谋诛闵、农，闵、农杀之。河东，见第二章第二节。龙骧孙伏都、刘铢等，结羯士三千，伏于胡天，袄祠。①亦欲诛闵等。时鉴在中台，伏都率三十余人，将升台挟鉴以攻之。鉴临问其故，曰："卿是功臣，好为官陈力，朕从台观，卿勿虑无报也。"于是伏都及铢率众攻闵、农，不克。屯于凤阳门。闵、农率众数千，毁金明门而入。凤阳、金明，皆邺城门，见上节。鉴惧闵之诛己也，驰招闵、农，开门内之，谓曰："孙伏都反，卿宜速计之。"闵、农攻斩伏都等。宣令"内外六夷，敢称兵杖者斩之"。胡人或斩关，或逾城而出者，不可胜数。令城内曰："与官同心者住，不同者各任所之。"敕城门不复相禁。于是赵人百里内悉入城，胡、羯去者填八。闵知胡之不为己用也，班令内外："赵人斩一胡首送凤阳门者，文官进位三等，武职悉拜牙门。"一日之中，斩首数万。闵躬率赵人，诛诸胡羯，无贵贱、男女、少长，皆斩之。

---

① 宗教：胡天。

死者二十余万。《天文志·天变史传验事》言：闵杀诸胡十万余人。① 尸诸城外，悉为野犬、豺狼所食。屯据四方者，所在承闵书诛之。高鼻多须，滥死者半。《儒林传》言：闵署韦謏为光禄大夫。时闵拜其子胤为大单于，而以降胡一千，处之麾下。謏谏曰："胡、羯本为仇敌，今之款附，苟全性命耳。或有刺客，变起须臾，败而悔之，何及？愿诛降胡，去单于之号，深思帝王苞桑之诫。"闵志在绥抚，锐于澄定，闻其言，大怒，遂诛之，并杀其子伯阳。当时立单于之号，乃所以统诸胡。闵既诛胡、羯，而又杀谏臣以媚之，则本非有民族内外之见。盖当时五胡，习以汉族以外诸异族为斗士，攻闵者所用多其人，故闵觇知其不为己用而诛之，所翦除者异己，非有钼去非种之心也。② 然各任所之之令一下，胡、羯去而赵人悉来，则民族同异亲疏之义，虽未光大，终阴行于不自知之间，而闵不能引而伸之，以成功而远祸，亦可惜矣。为闵计者当奈何？《隐逸传》言：当时有狄道辛謏者，狄道见上节。性恬静，不妄交游。累征不起。永嘉末，以謏兼散骑常侍，慰抚关中。謏以洛阳将败，故应之。及长安陷，没于刘聪。聪拜謏大中大夫，固辞不受。历石勒、石虎之世，并不应辟命。及闵僭号，复备礼，征为大常。謏遗闵书，言"物极则变，致高则危，宜因兹大捷，归身本朝"。因不食而卒。夫謏，抗志于海宇清晏之时，而受命于洛京危急之日，盖非与世相忘者。峻辞刘、石之命，而独殷勤诒书于闵，盖亦嘉其能除胡、羯，以绥华夏矣。謏岂有拒闵之心哉？所以不食而卒者，盖度闵在北方，终不可以有为，且必不能免于祸，故自杀以坚其归晋之心也。謏亦有心人哉！闵虽非拨乱之才，自不失为一战将。当时在北方，同心大寡，树敌大多，故卒无所成而及于祸。使能归朝而挟晋之所有以为资，杖其名义而北，其情形，自与当日大不相同矣。然则謏之所言，实闵自处之上策，而惜乎闵之不能用也。《载记》言闵僭位后，曾遣使临江告晋曰："胡逆乱中原，今已诛之，若能共讨者，可遣军来也"，则亦非无意求援于晋。然既已称尊，更求晋援，则在家天下之世，其势有所不行，故晋遂置诸不答。抑晋当日，君臣习于宴安，荆、扬又相猜忌，必不能奋迅出师，以为闵援，为闵计者，自不如善刃而藏，以为后图之为得，惜乎闵锐于廓清，而短于知计，终不能用智士之言也。

《通鉴》：永和六年（350），正月，赵大将军闵，欲灭去石氏之迹，托以谶文有继赵李，更国号曰卫，易姓李氏，大赦改元。盖亦有意于伸民族之义，以收民心。然其时民族之义，尚未光大，欲恃是以求多助而摧强敌，实未可恃，况又徒更其名号邪？时则张举及诸公侯、卿校、龙腾等万余人，出奔襄国。石琨奔据

---

① 民族：冉闵所杀诸胡之数。

② 民族：冉闵非有民族观念。

冀州。赵冀州,治信都,今河北冀县。抚军张沈屯滏口,在今河北磁县境。张贺度据石
渎,胡三省曰:魏收《地形志》:邺县有石窦堰。建义段勤据黎阳,勤末杯子。黎阳,汉县,
今河南濬县。宁南杨群屯桑壁,胡三省曰:《括地志》:易州遂城县界有桑丘城。又《水经
注》:常山蒲吾县东南有桑中县故城。按遂城,隋县,在今河北徐水县西。蒲吾,汉县,在今
河北平山县东南。刘国据阳城,胡三省曰:后国自繁阳会石琨击闵,则此阳城乃繁阳城也。
按繁阳,汉县,在今河南内黄县东北。段龛据陈留,龛,兰子。《魏书》云:慕容皝杀护辽,
郁兰奔石虎,虎以所徙鲜卑五千人配之,使屯令支。郁兰死,子龛代之。时盖徙据陈留。姚
弋仲据混桥,在邺东北。苻洪据枋头,众各数万。王朗、麻秋自长安奔于洛阳。秋
承闵书,诛朗部胡千余。朗奔于襄国。苻洪使子雄击麻秋,获之。据《洪载记》。
《石虎载记》云:秋率众奔于洪。案秋既承冉闵书诛王朗部胡,则非与闵为敌者,无缘奔抗闵
之洪也。石琨及张举、王朗率众七万伐邺。闵率骑千余,拒之城北。闵执两刃矛,
驰骑击之,皆应锋摧溃。斩级三千。琨等大败,归于冀州。闵与李农率骑三万讨
张贺度。石鉴密遣宦者召张沈等,使乘虚袭邺。宦者以告闵、农。闵、农驰还,
废鉴,杀之。诛石虎孙三十八人。尽殪石氏。鉴在位百三日。鉴之死,《本纪》在
永和六年闰月。《通鉴考异》云:《三十国》、《晋春秋》皆云闰正月。按长历闰二月。《帝纪》
闰月有丁丑、己丑,是岁正月癸酉朔,若闰正月,即无丁丑、己丑。闵即皇帝位,国号
魏。复姓冉氏。旋诛李农及其三子。

　　冉闵之百战百胜,颇似项籍、孙策,使与石氏遗孽相角,虽不必其有成,亦
未必其遽败,而前燕自辽西而入,挟其方兴之势以临之,其气完,其力厚,则非
闵之所能御矣,是亦其所遭之不幸也。慕容皝以永和四年九月死,子儁嗣伪位。
明年而石虎死。又明年,儁南伐幽州。石虎刺史王午走,留其将王他守蓟。见第
四章第二节。儁攻陷其城,斩他。势遂逼近冀州。石鉴之死也,石祗僭称尊号于襄
国。六夷据州郡拥兵者皆应之。祗遣其相国石琨,率众十万伐邺。进据邯郸。见
第四章第二节。镇南刘国,自繁阳会之。闵大败琨于邯郸。国还屯繁阳。张贺度、
段勤与刘国、靳豚会于昌城,魏收《地形志》:魏郡昌乐县有昌城。昌乐,后魏县,在今
河北南乐县西北。将攻邺。闵遣尚书左仆射刘群为行台都督。使其将王泰、崔通、
周成等帅步骑十二万,次于黄城。未详。闵躬统精卒八万继之。战于苍亭,胡三省
曰:在河上,西南至东阿六十里。东阿,见第四章第二节。贺度等大败。追斩豚于阴安
乡。汉阴安县,在今河北清丰县北。尽俘其众,振旅而归。戎卒三十余万;旌旗钟鼓,
绵亘百余里;史称“虽石氏之盛,无以过之”,盖以是示强也。然惟中不足者,
乃欲藉虚声以慑敌,此亦未足以欺敌矣。史又言“闵至自苍亭,行饮至之礼。清
定九流,准才受任,儒学后门,多蒙显进,于时翕然,方之魏、晋之初”,可见
闵非粗才,惜其所值之敌,大多大逼,不及施展也。闵率步骑十万,攻石祗于襄
国。百余日。祗大惧,去皇帝之号,称赵王,使诣慕容儁、姚弋仲乞师。会石琨
自冀州援祗,弋仲复遣子襄率骑三万八千,儁遣将军悦绾率甲卒三万至。三方劲

卒，合十余万。闵将出击之。卫将军王泰谏曰："穷寇固迷，希望外援。今强救云集，欲吾出战，腹背击我。宜固垒勿出，观势而动，以挫其谋。今陛下亲戎，如失万全，大事去矣。"闵将从之。道士法饶进曰："大白经昴，当杀胡王，一战百克，不可失也。"闵攘袂大言曰："吾战决矣，敢谏者斩。"于是尽众出战。姚襄、悦绾、石琨等三面攻之，祇冲其后。闵师大败，与十余骑奔邺。降胡栗特康等执冉胤及左仆射刘琦等送于祇，尽杀之。百官及诸将士，死者十余万人，于是人物歼矣。贼盗蜂起。司、冀大饥，人相食。自石虎末年，而闵尽散仓库，以树私恩。与羌、胡相攻，无月不战。青、雍、幽、荆州徙户，及诸氐、羌、胡、蛮，数百余万，各还本土。道路交错，互相杀掠；且饥疫死亡；其能达者，十有二三。诸夏纷乱，无复农者。闵悔之。诛法饶父子，支解之。赠韦謏大司徒。石祇使刘显率众七万攻邺。去邺二十三里。闵召王泰议之。泰恚其谋之不从，辞以创甚。闵亲临问之，固称疾笃。闵怒，还宫，顾谓左右曰："巴奴，乃公岂假汝为命邪？"此亦六夷不与闵同心之一证。要将先灭群胡，却斩王泰。于是尽众而战，大败显军。追奔及于阳平。见第二章第二节。斩首三万余级。显惧，密使请降，求杀祇为效。闵振旅而归。会有告王泰招集秦人，将奔关中。闵怒，诛泰，夷其三族。刘显果杀祇，传首于邺，送质请命。骠骑石宁奔于柏人。汉县，今河北唐山县西。刘显复率众伐邺。闵击败之。显还，称尊号于襄国。率众伐常山。见第三章第四节。闵留其大将军蒋干等辅其太子智守邺，亲率骑八千救之。击显，败之。追奔及于襄国。显人将曹伏驹开门为应，遂入襄国，诛显及其公卿已下百余人。焚襄国宫室，迁其百姓于邺。《纪》八年正月。《通鉴考异》曰：《十六国春秋钞》在二月。《燕书》在三月己酉。先是慕容彪陷中山，见第四章第二节。杀闵宁北白同。幽州刺史刘准降于慕容儁。儁略地至于冀州。闵距之。与慕容恪相遇于魏昌。汉苦陉县，后汉改曰汉昌，魏改曰魏昌，今河北无极县东北。十战皆败之。俄而众寡不敌，溃围东走。行二十余里，马无故而死，为恪所禽。时永和八年四月也。儁送闵龙城，斩于遏陉山。恪进据常山，遂进攻邺。儁又遣慕容评围邺。九月，执闵妻董氏、太子智送蓟。参看第六节。儁遂僭帝位于中山。

第四节　庾氏经营北方

石虎自毙，实为晋室恢复北方之一好机会，以斯时北方，骤失统一；氐苻、羌姚，皆一侨居部落，其力甚薄；前燕气力，虽较雄厚，亦甫及河北也。然晋下游兵力不振；上游兵虽较强，而不能专意于北，遂至坐失良机，恢复之图，终成画饼矣。此则积年之因循，与内外之相猜为之也。今略述其事如下：

石勒之死也，石聪以谯来降。谯，见第三章第三节。聪，勒之养子也。孔坦与之书，说以反族归正，图义建功。然时石虎尚能控制其境内，晋朝不能出师，而望聪之自奋，亦难矣。石生起关中，遣使来降；生败，其将郭权，又来归顺；晋亦未能应接。石虎既自立，其徐州从事朱纵，又斩其刺史郭祥，以彭城来降。彭城，汉郡，今江苏铜山县。虎遣王朗击之，纵奔淮南。咸康元年（335），虎自率众，南寇历阳。见第三章第九节。加王导大司马，假黄钺，都督诸军以御之。虎临江而还。又使石遇寇中庐。汉县，在今湖北襄阳县西南。遂围桓宣于襄阳。见第三章第四节。荆州之众救之。攻守二旬，遇军中饥疫，乃还。初周访据襄阳，颇有宣力中原之意。访死，甘卓以老耄继之。王敦居荆州，则意在作逆，而不在于敌。敦败，荆州入于陶侃之手。侃本非有远志，加亦衰耄。尝使长史王敷聘于石勒。见《载记》。苏峻将冯铁，杀侃子，奔于勒，勒以为戍将，侃告勒以故，勒召而杀之，志在与勒相安而已。时桓宣镇襄阳。史称其招怀初附，劝课农桑，能得众心。十余年间，石虎再遣骑攻之，每以寡弱距守。论者以为次于祖逖、周访。然区区一镇之力，又承残破之余，能自守已不易矣。逮陶侃卒，庾亮代镇荆州，慨然有开复中原之志，而上流之形势乃一变。

咸康五年（339），庾亮解豫州，以授毛宝。使与西阳太守樊峻，以精兵一万，俱戍邾城。西阳，见第四章第三节。邾，见本章第二节。亮弟翼为南蛮校尉，南郡太守，镇江陵。见第三章第九节。以武昌太守陈嚣为梁州刺史，趣子午。武昌，见第三章第九节。子午谷，在陕西长安、洋县间。北口曰子，在长安南百里。南口曰午，在洋县东百六十里。亮当率士众十万，据石头城，此石头城在襄阳。为诸军声援。上疏欲并佃并守，修进取之备。比及数年，乘胜齐进，以临河、洛。又言淮泗、寿阳，见第三章第四节。所宜进据。帝下其议。王导与亮意同。郗鉴议以资用未备，不可大举。大常蔡谟，则力言石虎之强，不宜远进。导非有志于恢复者，是时之同亮，盖不欲与亮立异也。郗鉴之论，自是老成持重之见，然亮意本云俟诸数年之后。至蔡谟之论，则似持重而实怯耎。国之强弱，不在一人。谟谓贼之强弱，在虎之能否，其说先已不通，况其所夸称，如拔金墉，斩石生等，非必虎之强邪？谟谓"王师与贼，水陆异势，便习不同。寇若送死，虽开江延敌，以一当十，犹吞之有余。宜诱而致之，以保万全。若弃江远进，以我所短击彼所长，惧非庙胜之算"。其只图画江，不图进取之意，昭然可见矣。而朝议同谟，亮遂不果移镇。时石虎使夔安统五将、步骑七万寇荆、扬北鄙。其将张貉陷邾城，因寇江夏、义阳，江夏，见第三章第四节。义阳，见第二章第三节。毛宝、樊峻及义阳太守郑进并死之。夔安等进围石城，竟陵太守李阳距战破之。竟陵郡，治石城，见第三章第九节。安乃退，略汉东，拥七千余家，迁于幽、冀。史称亮感慨发疾，明年正月卒。案夔安之寇，晋虽有所丧，未为大挫。亮之恢复，本不计近功，何乃因此发疾，遂至于死？史于庾氏多诬辞，恐此说亦不足信也。亮既卒，以翼为荆州刺史，督江、荆、司、雍、梁、益六州，镇武昌。

时郗鉴亦寝疾，上疏逊位。言"臣所统错杂，率多北人。或逼迁徙，或是新附。百姓怀土，皆有归本之心。臣宣国恩，示以好恶，处与田宅，渐得少安。闻臣疾笃，众情骇动。若当北渡，必启寇心。大常臣谟，平简贞正，素望所归，谓可以为都督徐州刺史。臣亡兄息晋陵内史迈，晋陵，见第四章第三节。谦爱养士，甚为流亡所宗；又是臣门户子弟，堪任兖州刺史"。疏奏，以蔡谟为鉴军司。鉴卒，咸康五年八月。遂以谟为徐州刺史。观鉴所陈，可见当时下流兵力之弱，以骄塞如谟者处之，庸有济乎？穆帝时，谟迁侍中司徒，固让。皇太后遣使喻意。自永和四年（348）冬至五年（349）末，诏书屡下，谟固守所执。六年（340），复上疏，以疾病乞骸骨。帝临轩，遣征谟，谟陈疾笃，使主簿谢攸对。自旦至申，使者十余反，而谟不至。时帝年八岁，甚倦，问左右曰："所召人何以至今不来？临轩何时当竟？"君臣俱疲弊。皇太后诏："必不来者宜罢朝。"中军将军殷浩奏免吏部尚书江虨官。简文时为会稽王，命曹曰："蔡公傲违上命，无人臣之礼。若人主卑屈于上，大义不行于下，亦不知所以为政矣。于是公卿奏谟悖慢傲上，罪同不臣。臣等参议，宜明国宪。请送廷尉，以正刑书。"谟惧，率子弟素服，诣阙稽颡，躬到廷尉待罪。皇太后诏依旧制，免为庶人。前倨后恭，可发一噱。《荀羡传》：羡自镇来朝。时谟固让司徒不起。殷浩欲加大辟，以问于羡。羡曰："蔡公今日事危，明日必有桓文之举。"此谟之所以敢于骄塞也。凡骄塞于内者，必屈伏于外，甚有不恤降敌以快其反噬之心者矣。王敦、桓温，徒以傲上，不能敌忾，况谟乎？时左卫将军陈光上疏请伐胡。诏令攻寿阳。谟上疏曰："寿阳城小而固。自寿阳至琅邪，见第二章第三节。城壁相望，其间远者，裁百余里，一城见攻，众城必救。且王师在路，五十余日，大军未至，声息久闻，贼之邮驿，一日千里，河北之骑，足以来赴。停船水渚，引兵造城，前对坚敌，顾临归路，此兵法之所诫也。"仍是怯弱退守之计而已。

庾翼戎政严明，经略深远。数年之中，公私充实，人情翕然。自河以南，皆怀归附。建元元年（343），七月，石虎汝南太守戴开率数千人诣翼降。汝南，见第二章第三节。翼遣使东至辽东，西到凉州，要结二方，欲同大举。慕容皝、张骏并报使请期。九月，翼移镇安陆。见第三章第九节。并使桓宣进取丹水，以摇秦、雍。时以宣为梁州刺史。上疏请令桓温渡戍广陵，见第三章第九节，时温为徐州刺史。何充移据淮泗、赭圻，赭圻，岭名，在今安徽繁昌县西。充时为扬州刺史。路永进屯合肥。见第三章第九节。帝及朝士，皆遣使譬止。翼违诏辄行。至夏口，见第三章第九节。复上表徙镇襄阳。表言所调借牛马，来处皆远。百姓所畜，谷草不充，并多羸瘠，难以涉路。加以向冬，野草渐枯，往反二千，或容蹶顿。辄便随事筹量，权停此举。又山南诸城，每至秋冬，水多燥涸，运漕用功，实为艰阻。计襄阳荆楚之旧，西接益、梁，与关、陇咫尺。北去洛、河，不盈千里。土沃田良，方城险峻。水路流通，转运无滞。进可以扫荡秦、赵，退可以保据上流。是以辄量宜入沔，徙镇襄阳。史言翼本欲向襄阳，虑朝廷不许，故以安陆为辞。当时朝臣，率多怯奥，疆臣欲任事者，诚亦非易，此亦激成王敦、桓温不臣之一端也。时举朝谓之不可，惟翼兄冰意同。桓温及谯王无忌，承子，承见第四章第三节。亦赞成其计。十月，以冰为江州刺史，镇武昌，以为翼援。翼令桓宣进伐石虎将李罴，为所败。翼怒，贬其秩，使移戍岘山。在襄阳南。宣发愤，明年八月，卒。翼以长子方之为义成太守，代领宣众。《宣传》云：陶侃使宣镇襄阳，以其淮南部曲立义成郡，《地理志》及《宋书·州郡志》并云郡孝武时立，盖中废复置？《宋志》：义成郡治均州，当在今湖北光化县西北。《隋志》谓谷城县即义成改置，不知何时移治。谷城，今湖北谷城县也。司马应诞为襄阳太守，司马勋为梁州刺史，戍襄阳。宣帝弟恂子遂，封济南王。二子：眈、绲。眈嗣。徙封中山，薨，无子，绲继。成都王颖使距王浚，没于陈，无子，国除。勋为刘曜将令狐泥所养。成和六年（331），自关右还，自列云是恂之玄孙，遂之曾孙，略阳太守瓘之子，其信否不可知也。十一月，庾冰卒。翼留方之戍襄阳，还镇夏口。诏使翼还督江州。翼欲移镇乐乡，见第三章第九节。诏不许。翼缮修军器，大佃积谷，欲图后举。永和元年（345），七月，卒。部将于瓒、戴义等作乱，翼长史江虨、司马朱焘、将军袁真等共诛之。翼表以第二子爱之行荆州刺史，朝以桓温代翼，又以刘琰代方之。方之、爱之，皆徙于豫章。见第三章第九节。于是上流事权，入于桓温之手矣。已见第四章第四节。庾翼之北伐，举朝异议。中书侍郎范汪，为亮佐吏十余年，亦上书固谏。其说则谓奉师之费，皆当出于江南，运漕不继；又桓宣招怀携贰，待之以至宽，御之以无法，其众实不可用；而东军不进，势甚孤县也。其说自非无见。然时中国，丧乱方剧，厚集其力，自必有乘时大举之机。亮、翼经营上流，历时一纪，荆、江强富，职此之由。其后桓温北征，颇致克捷，所因者实亮、翼之成资也。然温意在自营，故不克罄其力于北略。使以亮、翼之公忠，处温之时势，其所成就，必与温大异矣，而惜乎其兄弟之皆无年也。

第五节　桓温灭蜀

晋室东渡，虽云偏安，然其时叛者，实不过胡、蜀耳。胡强蜀弱，庾氏兄弟，志在平胡，其于蜀，特于咸康五年（339），遣偏师伐之，执其荆州刺史及巴郡太守而已。巴郡，见第三章第六节。桓温之志，在于自张权势，欲张权势，必立功名；欲立功名，必先其易者；故平胡之谋，一变而为伐蜀。

李氏诸子，本尚不足语于奸雄，特乱民之窃据者耳。然其时海内大乱，而蜀独无事，故归之者亦相寻。李雄性宽厚，能简刑约法。其赋：男子岁谷三斛，女丁半之。户调绢不过数丈，绵数两。事少役希，百姓富实。闾门不闭，无相侵盗。颇获休养生息之效焉。然雄意在招致远方，国用不足，诸将每进金银珍宝，多有以之得官者。又国无威仪，官无禄秩；行军无号令，用兵无部对；战胜不相让，败不相救；攻城破邑，动以虏获为先，故卒不能有所为。盖李氏本不知治体，加以居偏僻之区，故其无规模如此也。

李氏骨肉相争，实自李雄、李流时已然，已见第三章第六节。雄立兄荡之子班为太子。李骧谏，不听。退而流涕曰："乱自此始矣。"咸和八年（333），雄死，据《载记》。《本纪》在九年。班嗣伪位。以骧子寿录尚书事，辅政。明年，雄子越杀班于殡宫。以弟期为雄妻任氏所养，让位焉。期诛班弟都。使寿伐都弟玙于涪。见第三章第六节。玙弃城降晋。期以越为相国、大将军、录尚书事。期外任尚书令景骞，尚书姚华、田褒，内信宦竖许涪等，国之刑政，希复关之卿相。诬其尚书仆射李载谋反，下狱死。咸康二年（336），晋遣司马勋安集汉中，期遣李寿攻陷之，遂置守、宰，戍南郑。秦县，今陕西南郑县东。雄子霸、保，并不病而死，皆云期鸩杀之。于是大臣怀惧，人不自安。期多所诛夷，籍没妇女资财，以实后庭。内外凶凶，道路以目。李寿代李玙屯涪，期谋袭之。已而鸩杀寿养弟攸。寿率步骑一万回成都，杀越及景骞等。矫任氏令，废期，幽之别宫。期自缢死。雄子皆为寿所杀。初巴西龚壮，巴西，见第三章第六节。与乡人谯秀齐名。父、叔为李特所害。寿聘秀，以为宾客。数礼聘壮。壮虽不应聘，然数往见寿。寿每问壮以自安之术。壮欲假手报仇，因说寿并有西土，称藩于晋。寿然之。阴与长史略阳罗恒、巴西解思明共谋，略阳，见第二章第二节。以李奕为先登，袭克成都。恒、思明、奕、王利等劝寿称益州牧、成都王，称藩于晋。而任调与司马蔡兴、侍中李艳及张烈等劝寿自立。寿遂僭即伪位。《载记》：期自杀在咸康三年（337），寿僭位在四年（338）。《本纪》：四年（338），四月，李寿杀李期，僭即伪位，国号汉，盖两事并书之。以安车束帛，聘龚壮为太师，壮固辞，特听缟衣素带，居师友之位。有告广汉太守李乾与大臣通谋，欲废寿者，寿令其子广与大臣盟于前殿，徙乾为汉嘉太守。广汉汉嘉，皆见第三章第六节。寿遣其散骑常侍王嘏、中常侍王广聘于石虎。先是虎遗寿书，欲连横入寇，约分天下。寿大悦。乃大修船舰，严兵缮甲，吏卒皆备糇粮。以其尚书令马当为六军都督，大阅军士七万余人。舟师溯江而上。过成都，鼓噪盈江。寿登城观之。其群臣咸曰："我国小众寡，吴会险远，图之未易。"解思明又窃谏恳至。寿于是命群臣陈其利害。龚壮谏曰："陛下与胡通，孰若与晋通？胡豺狼国也，晋既灭，不得不北面事之，若与之争，则强弱势异。愿陛下熟虑之。"群臣以壮之言为然，叩头泣谏。寿乃止。士众咸称万岁。此可见蜀人之无战心矣。初张骏遣使遗雄书，劝去尊号，称藩于晋。雄复书曰："吾过为士大夫所推，然本无心于帝王也。进思为晋室元功之臣，退思共为守藩之将，扫除氛埃，以康帝宇。知欲远遵楚、汉，尊崇义帝，《春秋》之义，于斯莫大。"后骏、遣傅颖假道于蜀，通表京师，雄弗许。骏又遣治中从事张淲称藩于蜀，托以假道。雄大悦，谓淲曰："贵主英名盖世，土险兵强，何不自称帝一方？"淲曰："寡君以乃祖世济忠良，未能雪天下之耻，解众人之倒县，日昃忘食，枕戈待旦。以琅邪中兴江东，故万里翼戴，将成桓、文之事，何言自取邪？"

雄有惭色，曰："我乃祖乃父，亦是晋臣。往与六郡，避难此地，为同盟所推，遂有今日。琅邪若能中兴大晋于中夏，亦当率众辅之。"史又言巴郡尝告急，云有东军，雄曰："吾尝虑石勒跋扈，侵逼琅邪，以为耿耿，不图乃能举兵，使人欣然。"雄之雅谭，多如此类。盖李氏本羁旅之人，无有大志，而又处闭塞之地，不知外间情形，遂至忽自卑、忽自大如此也。李寿久为将帅，似有才能，然其不知治体，亦与前人相类。其将李宏，奔于石虎，寿致书请之，题曰赵王石君。虎不悦，付外议之。中书监王波议宜书答之，并赠以楛矢，使寿知我遐荒毕臻也。宏既至，寿欲夸其境内，下令曰："羯使来庭，贡其楛矢。"虎闻之，怒甚，黜王波，以白衣守中书监。后荧惑守房，又追以此罪要斩之，及其四子，投于漳水以厌之。寿后病，解思明等复议奉王室，寿不从。李演自越嶲书，越嶲，见第三章第六节。劝寿归正返本，释帝称王。寿怒，杀之，以威龚壮、思明等。壮作诗七篇，托言应璩以讽寿。寿报曰："省诗知意。若今人所作，贤哲之话言也，古人所作，死鬼之常辞耳。"动慕汉武、魏明之所为，耻闻父兄时事，上书者不得言先世政化，自以胜之，可谓沐猴而冠者也。

寿既不知治体，而又颇任威刑。闻石虎虐用刑法，王逊亦以杀罚御下，并能控制邦邑，寿心欣慕，人有小过，辄杀以立威。又以郊甸未实，都邑空虚；工匠械器，事未充盈；乃徙旁郡户三丁已上，以实成都；兴尚方御府，发州郡工巧以充之。广修宫室，引水入城，务于奢侈。又广大学，起谦殿。百姓疲于役使，呼嗟满道，思乱者十室而九矣。其左仆射蔡兴切谏，寿以为诽谤，诛之。右仆射李嶷，数以直言忤旨，寿积忿非一，托以他罪，下狱杀之。咸康八年（342），寿死。亦据《载记》，《本纪》在建元元年八月。子势立。弟大将军汉王广，以势无子，求为太弟。势弗许。马当、解思明以势兄弟不多，若有所废，则益孤危，固劝许之。势疑当等与广有谋，遣其太保李奕袭广于涪城，命董皎收马当、思明斩之，夷其三族。贬广为临邛侯。临邛，秦县，今四川邛崃县。广自杀。李奕自晋寿举兵反之。晋寿，见第三章第六节。蜀人多有从奕者，众至数万。势登城距战。奕单骑突门，门者射而杀之，众乃溃散。初蜀土无僚，至此始从山而出，北至犍为、梓潼，皆见第三章第六节。布在山谷，十余万落，不可禁制，大为百姓之患。势既骄吝，而性爱财色，常杀人而取其妻。荒淫不恤国事。夷僚叛乱，军守离缺，境宇日蹙，加之荒俭。性多忌害，诛害大臣，刑狱滥加，人怀危惧。而其势不可支矣。盖偏方之国，天泽之分未严，觊觎之情不戢，君臣上下，相煎日急；而又奕世之后，寖趋骄侈，其初年恃宽俭与民相安之风日衰，以至于此也。

桓温欲伐蜀，谋之于众，众以为不可。惟江夏相袁乔劝之。谓今天下之难，二寇而已。蜀虽险固，方胡为弱，将欲除之，先从易者。蜀人自以斗绝一方，不修攻战之具。若以精卒一万，轻军速进，比彼闻之，我已入其险要，李势君臣，不过自力一战，禽之必矣。蜀土富实，号称天府。袭而取之，有其人众，此国之大利也。江夏，见第三章第四节。永和二年（346），十一月，温乃使乔领二千人为军锋。师次彭模，今四川彭山县。议者欲两道并进，以分贼势。乔曰："今分为两军，万一偏败，则大事去矣。不如弃去釜甑，赍三日粮，全军而进。"温以为然。命参军周楚、孙盛等守辎重，自将步卒，直指成都。势遣李福与昝坚从山阳趣合水距温。山阳，谓青衣山之南也。山在今乐山县东。合水，青衣江入江处。诸将欲设伏于江南，以待王师，坚不从，从江北向犍为。而温于山阳出江南。坚到犍为，方知与温异道，回从沙头津北渡。沙头津，当在犍为东。及至，温已造成都之十里陌，坚众自溃。势悉众与温战于笮桥，在成都东南。大溃。势走葭萌，见第三章第六节。请降。时三年正月也。送于建康，封归义侯。升平五年（361），死于建康。四月，势将邓定、隗文等反，入据成都，七月，立范长生子贲为帝。① 十二月，征西督护萧敬文又反，据涪城，自号益州牧。遂取巴西，通于汉中。时以周抚为益州刺史。五年（349），四月，抚与龙骧将军朱焘击范贲，获之。讨萧敬文，不能克。温又使司马勋会之。敬文固守。自八年二月至于八月，乃降。斩之，传首京师。蜀平。

第六节　殷浩桓温北伐

永和五年（349），四月，石虎死。五月，石遵废石世自立。六月，其扬州刺史王浃以寿春来降。寿春，见第三章第四节。褚裒表请北伐。七月，裒率众三万，径造彭城。见第四节。河朔士庶，归降者日以千计。裒先遣督护王龛伐沛，见第三章第一节。王龛《裒传》作徐龛，今从《本纪》。获伪相支重。鲁郡山有五百余家，亦建义请救。鲁郡，见第三章第四节。裒建龛领锐卒三千迎之。军次代陂，未详，或云：当在沛县境。为李农所败，李农，《裒传》作李菟，今从《本纪》。《载记》与《本纪》同。龛死之。八月，诏裒退屯广陵。见第三章第九节。西中郎将陈逵焚寿春而遁。时遗户二十万口渡河将归顺，会裒已还，威势不接，莫能自拔，死亡咸尽。《裒传》。元文尚有"为慕容皝及苻健之众所掠"句，《通鉴》删之。《考异》云："是时慕容皝卒已逾年，永和六年（350），慕容儁始率众南征；石鉴即位，苻洪始有众十万，永和六年（350），洪死，健始嗣位；皆与裒不相接，今不取。"裒忧慨发病，十二月，卒。以荀羡为徐州刺史。先是桓温亦出屯安陆，见第三章第九节，时在六月。遣诸将讨河北。石遇攻宛，陷之，执南阳太守郭启。十月。南阳治宛，见第三章第四节。雍州豪杰召司马勋，勋出骆谷，在陕西盩厔县西南。进次县钩。《晋书》云：去长安二百余里。时在十月。遣部将刘焕攻长安。关中郡县，皆杀太守、令、长以应勋。而勋兵少，未能自固，为王朗所距，释县钩，拔宛而还。参看第三节。是岁，十一月，石鉴杀石遵自立，

---

① 宗教：前蜀亡后，叛者立范长生子。

六年（350），闰月，冉闵诛鉴；至八年四月，而为慕容儁所灭，北方每每大乱，苻洪、永和六年闰月来降。段龛、时东屯广固，永和七年正月来降。广固，见第四章第二节。张遇、冉闵豫州牧。永和七年八月，以许昌来降。许昌，见第三章第二节。姚弋仲、永和七年十一月来降。魏脱、《本纪》云冉闵将，永和七年十一月来降。《载记》作魏统，云闵兖州刺史。周成、《本纪》与高昌、乐立、李历均云石虎将，以永和七年十二月来降。成时屯廪丘。《载记》云：成为冉闵徐州刺史。廪丘，见第三章第三节。高昌、时屯野王。野王，见第五章第一节。乐立、时屯许昌。李历、时屯卫国。卫国，见第三章第四节。吕护、《载记》云：闵平南高崇，征虏吕护，执洛州刺史郑系，以三河归顺。此洛州为石氏所置，治洛阳。护先尝据鲁口，见下。王擢等擢，《纪》云石虎故将。以永和八年七月降。先后来降。晋初不能应接，更无论挟以攻战矣。故北方纷纷，仍不能为晋有。

北方诸豪中，首先自立者为苻秦，以关中本氐、羌巢穴，其时较诸东方，稍觉宁静，而苻氏先据之也。苻洪之降晋也，晋授以征北大将军、都督河北诸军事、冀州刺史。子健，假节，监河北诸军事。洪自称大将军、大单于、三秦王。永和六年（350），三月，麻秋因宴鸩洪，将并其众。健收斩秋。去秦王之号，称晋爵，告丧于京师，且听王命。时京兆杜洪据长安，京兆，见第二章第二节。自称晋雍州刺史，戎、夏多归之。八月，健自称晋征西大将军、都督关中诸军事、雍州刺史，尽众西行。《洪载记》曰：洪谓博士胡文曰："孤率众十万，居形胜之地，冉闵、慕容儁，可指辰而殄。姚襄父子，克之在吾数中。孤取天下，有易于汉祖。"又曰：洪将死，谓健曰："所以未入关者，言中州可指时而定。今见困竖子，中原非汝兄弟所能办，关中形胜，吾亡后，便可鼓行而西。"此乃苻氏自夸之辞。观洪自称三秦王，便知其早有入关之意。《载记》又言：麻秋说洪西都长安，洪深然之，更可见此中消息。当时诸种落被迁者，原皆急欲乘乱归故土也。洪盖欲西归而未及耳。弟雄率步骑五千入潼关，见第三章第三节。兄子菁自轵关入河东。轵关，见第一节。自统大众，继雄而进。至长安，洪奔司竹在今陕西鄠屋县东南。汉有竹丞，魏置司守之。健入都之。遣使献捷京师，并修好于桓温。七年（351），正月，健僭称天王、大单于。杜洪招司马勋，勋率步骑三万入秦川。四月，健败之于五丈原。在今陕西郿县东南。八年（352），五月，健僭即皇帝位。杜洪屯宜秋，县名，在今陕西泾阳县西北。为其将张琚所杀。琚自立为秦王。健率步骑二万攻琚，斩其首。据《载记》。《司马勋传》云：永和中，张琚据陇东，遣使招勋。勋复入长安。初，京兆人杜洪，以豪族陵琚，琚以勇侠侮洪。洪知勋惮琚兵强，因说勋曰："不杀张琚，关中非国家有也。"勋乃伪请琚，于坐杀之。琚弟走池阳，合众攻勋。勋频战不利，请和，归梁州。《晋书·勋传》，语多不确，今不取。池阳，县第三章第五节。使苻雄攻王擢，擢奔凉州。关中粗定矣。

姚弋仲归晋较晚，晋授以六夷大都督、都督江、淮诸军事、车骑大将军、大单于，而以其子襄督并州，为并州刺史。永和八年（352），弋仲卒。襄秘丧，率户六万，南攻阳平、见第二章第二节。元城、汉县，今河北大名县。发干、汉县，今山东堂邑县西南。皆破之。至荥阳，见第三章第三节。乃发丧成服。与高昌、李历战于麻田，胡三省曰：荥、洛之间，地名有豆田、麻田，各因人所种艺而名之。马中流矢死，赖其弟衮以免。晋处襄于谯城，见第三章第三节。遣五弟为任。《载记》言襄"少有高名，雄武冠世。好学博通，雅善谈论。英济之称，著于南夏"。又言"襄前后败丧，众知襄所在，辄扶老携幼，奔驰而赴之。其为桓温所败也，或传襄创重不济，温军所得士女，莫不北望挥涕"。虽或过誉，当非全虚，其才略或在苻健之上。然寄居晋地，四面迫敌，不如健之入关，有施展之地矣。

时河南一片土，为秦、燕所共觊觎。永和八年（352），二月，张遇叛，使其党上官恩据洛阳。四月，豫州刺史谢尚帅姚襄与遇战于诚桥，在许昌。败绩。苻健使弟雄援遇，因袭遇，虏之。仍以为豫州刺史，镇许昌。是月，冉闵为慕容儁所灭。儁复遣兵围邺。蒋干遣侍中缪嵩、詹事刘猗奉表归顺，且乞师。初，谢尚使濮阳太守戴施据枋头。濮阳，见第三章第四节。枋头，见第四章第二节。及是，自仓垣次于棘津，仓垣，见第三章第四节。棘津，见第四章第二节。止猗不听进，而责其传国玺。猗使嵩还邺复命。干沉吟未决。施乃率壮士百余入邺，助守三台。三台，见第四章第二节。此据《载记》。《谢尚传》云：施遣参军何融率壮士百人入邺，登三台助戍。谲之曰："且出玺付我。今凶寇在外，道路不通，未敢送也，须得玺，当驰白天子耳。闻玺已在吾处，信卿至诚，必遣军粮，厚相救饷。"干以为然，乃出玺付之。施宣言使督护何融迎粮，阴令怀玺送于京师，而冉氏长水校尉马愿、龙骧田香开门降慕容评。施、融与干，悬缒而下，奔于仓垣。于是燕人亦浸浸南下矣。

秦、燕交侵，而晋人不能北师者，则以其内外相持，不徒不能协力，且互相牵掣也。初长平殷浩，长平，晋县，属陈郡，未详今地所在。弱冠有美名。[1] 三府辟，皆不就。庾亮引为记室参军，累迁司徒左长史。庾翼复请为司马，除侍中、安西军司，并称疾不起。于时拟之管、葛。王濛、谢尚，常伺其出处，以卜江左兴亡。因相与省之。知浩有确然之志，既返，相谓曰："深源不起，当如苍生何？"深源，浩字。庾翼诒浩书曰："当今江东，社稷安危，内委何、褚诸君，外托庾、桓数族，恐不得百年无忧。足下少标令名；十余年间，位经内外，而欲潜居利贞，斯理难全。且夫济一时之务，须一时之胜，何必德均古人，韵齐先达邪？王夷甫，先朝风流士也，然吾薄其立名非真，而始终莫取。若以道非虞、夏，自当超然独往，而不能谋始，大合声誉，极致名位。正当抑扬名教，以静乱源，而乃高谈庄、老，说空终日，虽云谈道，实长华竞。及其末年，人望犹存，思安惧乱，寄命推务，而甫自申述，徇小好名，既身囚胡虏，弃言非所。凡明德君子，遇会处际，宁可然乎？而世皆然之，益知名实之未定，弊风之未革也。"史言浩

---

① 史事：殷浩之见诬。失恢复之机咎在桓温。戕浩后。

善玄言，为风流谈论者所宗，世多以成败论人，遂以浩为虚名无实。^① 其实清谈者或无实济，有实济者不必皆不善玄言。梁武帝尝讲经、舍身，陈武帝亦然，二帝可同日语乎？庾翼、谢尚，皆干济之才，翼兄弟尤尚综核名实，而其慕浩如此；翼与浩书，极论王衍之失，正见浩非其俦；知浩非沽名养望之流也。穆帝初，庾冰兄弟及何充等相继卒，充卒于永和二年正月。简文帝时在藩，始综万几，褚衰荐浩，征为扬州刺史。浩频陈让，自三月至七月，乃受拜。桓温灭蜀，威势转振，朝廷惮之。简文以浩有盛名，朝野推服，引为心膂以抗温。为是与温颇相疑贰。会遭父忧，去职，时以蔡谟摄扬州以俟浩。服阕，征为尚书仆射，不拜。复为扬州刺史。遂参综朝权。颍川荀羡，少有令闻，浩擢为义兴、吴郡，以为羽翼。颍川，见第三章第三节。义兴，晋郡，今江苏宜兴县。吴郡，见第三章第九节。王羲之密说浩、羡，令与桓温和同，浩不从。温与朝廷，是时已成无可调和之势。晋朝欲振饬纪纲，自不得不为自强之计。羲之性最怯弱，其说浩、羡与温和同，亦不过为苟安目前之计，然亦未能必温之听从也。而世或以不能和温为浩罪，则瞀矣。六年（350），闰月，浩加督扬、豫、徐、兖、青五州。桓温欲率众北征，上疏求议水陆之宜，久不报。温知朝廷杖浩抗己，甚忿之。虽有君臣之迹，羁縻而已。八州士众、资调，殆不为国家用。胡三省曰：永和元年（345），温督荆、司、雍、益、梁、宁六州。五年（349），遣滕畯帅交、广之兵伐林邑，盖是时已加督交、广矣。七年（351），十二月，声言北伐。拜表便行。顺流而下，行达武昌。众四五万。或劝浩引身告退。吏部尚书王彪之言于会稽王曰："若殷浩去职，人情崩骇，天子独坐，当有任其责者，非殿下而谁？"又谓浩曰："彼抗表问罪，卿为其首。事任如此，猜衅已搆，欲作匹夫，岂有全地邪？且当静以待之。令相王与手书，示以款诚，陈以成败。当必还旆。若不顺命，即遣中诏。如复不奉，当以正义相裁。无事匆匆，先自猖獗。"王与温书，温即还镇。是时未有衅端，温必不敢遽冒天下之大不韪，特欲以虚声恐动，冀朝廷自堕其术中耳。知其情而不为所动，则其技穷矣。殷浩固非不知此，即简文亦非绝无能为，其不为所动，亦未必必待彪之之教也。八年（352），九月，冉智亡，浩帅众北伐。次于寿阳。即寿春，见第三章第四节。《浩传》云：浩潜诱苻健大臣梁安、雷弱儿等，使杀健，许以关右之任。初魏脱卒，弟憬代领部曲，姚襄杀憬，并其众，浩大恶之，使刘启守谯，启，石氏兖州刺史，永和六年五月来奔。迁襄于梁。见第二章第三节。《襄载记》云：浩惮襄威名，乃因襄诸弟，频遣刺客杀襄，刺客皆推诚告实，襄待之若旧。浩潜遣魏憬袭襄，襄乃斩憬而并其众。乃诬罔之辞。既而魏氏兄弟，往来寿阳，襄猜惧。襄部曲有欲归浩者，襄杀之。浩于是谋诛襄。会苻健杀其大臣，健兄子眉，即黄眉。自洛阳西奔，浩以为

---

① 风俗：清淡者或无实济，有实济者不必皆不善玄谈。

梁安事捷，意健已死，请进屯洛阳，修复园陵。使襄为前驱。冠军将军刘洽镇鹿台，建武将军刘遁据仓垣。此据《浩传》。《本纪》云：遣河南太守戴施据石门，荥阳太守刘遁戍仓垣，其事当在此前。鹿台，在今河南淇县。石门，见第五章第一节。又求解扬州，专镇洛阳。诏不许。一似浩绝无能为，徒事勾结敌将，以求侥幸者。然《苻健载记》云：张遇自许昌来降，健纳遇后母韩氏为昭仪。每于众中谓遇曰："卿吾子也。"遇惭恨。引关中诸将，欲以雍州归顺。乃与健中黄门刘晃谋夜袭健，事觉，遇害。于是孔特起池阳，特，《通鉴》作持。刘珍、夏侯显起鄂，汉县，今陕西鄠县。乔景起雍，景，《通鉴》作秉。雍见第三章第五节。胡阳赤起司竹，呼延毒起霸城，汉霸陵县，晋改曰霸城，在今陕西长安县东。众数万人，并遣使诣桓温、殷浩请救。而梁安、雷弱儿，后皆为苻生所杀。弱儿，南安羌酋也，生并诛其九子、二十七孙，其为强族可知。则秦是时，实非无衅，惜浩之兵力，未足长驱，而桓温又不肯于此时出兵，与之协力，诸起兵者，遂不久皆为苻健所灭也。据《通鉴》：孔特之败，在永和九年十一月，刘珍、夏侯显在十二月，胡阳赤在十年正月，惟乔景至八月始败，而温伐秦之兵，以十年二月出。九年（353），十月，浩进次山桑。汉县，今安徽蒙城县北。使姚襄为前锋。襄叛，反击浩。浩弃辎重，退保谯城。十一月，浩启遣刘启、王彬之讨襄于山桑，并为襄所杀。桓温上疏罪状浩。十年（354），二月，遂废浩为庶人。徙东阳之信安县。东阳，吴郡，今浙江金华县。新安，在今浙江衢县境。于是朝右无人，不复能与温抗矣。案殷浩之败，实败于兵力之不足。《孔严传》言：浩引接荒人，谋立功于阃外。严言于浩曰："降附之徒，皆人面兽心，贪而无亲，难以义感，而聚着都邑，杂处人间，使君常疲圣体以接之，虚府库以拯之，足以疑惑视听耳。"浩深纳之。然则姚襄等之不足恃，浩非不知之，所以终用之者，夫固有所不得已也。下流兵力之不足，由来已久，固非浩之咎。抑兵力之不足，由于民寡而地荒，而浩开江田、疁田千余顷，以为军储。浩殁后，其故吏顾悦之上疏讼之，谓其"驱豺狼，翦荆棘，收罗向义，广开屯田，沐雨栉风，等勤台仆"，其忠勤亦至矣。当时不欲出师者，大抵养尊处优，优游逸豫，徒能言事之不可为，而莫肯出身以任事，闻浩之风，能无愧乎？浩所任者：陈逵、蔡裔为军锋。裔，史称其有勇气，声若雷震。尝有二偷入室，裔拊床一呼，而盗俱陨。徒勇固不足尚，要不失为摧锋陷陈之良。谢尚、荀羡为督统，虽非上材，自亦一时之选也。浩自见黜废，遂"自摈山海，杜门终身，与世两绝"。顾悦之讼浩之辞。史既称其"夷神委命，谈咏不辍，虽家人不见其有流放之戚"，乃又言："后桓温将以浩为尚书令，遗书告之，浩欣然许焉。将答书，虑有缪误，开闭者数十，竟达空函。大忤温意，由是遂绝。"姑无论热中躁进，矫情镇物者不为，而温之忌浩，至于毒流后嗣，见下节。又安肯及其身而起用之邪？

殷浩既败，桓温之师遂出。永和十年（354），二月，温统步骑四万发江陵。见第三章第九节。水军自襄阳入均口。在湖北光化县境。至南乡，后汉县，魏置郡，晋废，后复置，在今河南淅川县东南。步自淅川，以征关中。命司马勋出子午道。见第四节。别军攻上洛，见第三章第五节。获苻健荆州刺史郭敬。进击青泥，城名，在今陕西蓝田县南。破之。健遣其子生、此据《温传》，《载记》作子苌。弟雄《载记》云率雄、青等。众数万屯峣柳愁思埦《载记》作尧柳城愁思唯，在蓝田东南。以距温。温军力战，生众乃散。《本纪》：四月，温及苻健子苌战于蓝田，大败之。雄与温弟冲战于白鹿原，《地形志》：在蓝田。又为冲所败。《本纪》在六月，云王师败绩。《载记》同。案雄苟败，未必能再驰袭司马勋，《温传》恐不足信。雄驰袭司马勋，勋退次女娲堡。未详。温进至霸上。在长安东。健以五千人深沟自固。居人皆安堵复业。持牛酒迎温于路者十八九。耆老感泣曰："不图今日，复见官军。"初温恃麦熟，取以为军资，而健芟苗清野，军粮不足。九月，收三千余户而还。案温即克长安，关中沦陷久，氐、羌多，亦非旦夕可以清定；而河北、河东，皆为犬羊窟穴，更非荆、襄一隅之力，所能扫荡也。东西齐力，犹虞不济，而温必逼废殷浩，然后出师，论其形势，实同孤军独进。事小敌如蜀，偷可用也，欲以戡定北方，则难矣。然则温之无成，亦温之自取之也。

姚襄自破殷浩，济淮，屯于盱眙。见第三章第九节。招掠流人，众至七万。流人郭敦等执堂邑内史刘仕降于襄。此据《载记》。《本纪》：永和十年（354），五月，江西乞活郭敞等执陈留内史刘仕而叛。疑仕为陈留内史，而时在堂邑也。堂邑，汉侯国，后置县，晋升为郡，故城在今江苏六合县北。朝廷大震。以吏部尚书周闵为中军将军，缘江备守。谢尚亦自历阳还卫京师。历阳，见第三章第九节。襄将佐、部众皆北人，咸劝襄北还。永和十一年（355），四月，襄寇外黄，汉县，在今河南杞县东。为晋将高季所败。襄收散卒，勤抚恤之，复振。十二年（356），三月，襄入许昌。先是周成反，袭洛阳，河南太守戴施奔于鲔渚。永和十年正月。鲔渚，在河南巩县北。及是，襄将如河东，以图关右，自许攻洛阳，逾月不克。桓温请修复园陵，移都洛阳，表疏十余上，不许，而以温为征讨大都督，督司、冀二州，委以专征之任。温遣督护高武据鲁阳，见第四章第二节。戴施屯河上，勒舟师以逼许、洛。四月，温自江陵伐襄。八月，战于伊水北，大败之。襄走平阳。见第二章第二节。徙其众三千余家于江、汉之间，执周成而归。使毛穆之、陈午、戴施镇洛阳。姚襄寻徙北屈，汉县，今山西吉县。进屯杏城。见第三章第八节。时苻健已死，子生嗣伪位。襄攻其平阳太守苻产于匈奴堡。胡三省曰：在平阳见安帝义熙十二年（416）《注》。苻柳救之，为襄所败，引还蒲阪。见第三章第四节。襄遂攻堡，克之，杀产。遣使从生假道，将还陇西。生将许之。苻坚谏，乃止。命将张平御之。平更与襄通和。襄遣其从兄兰略地鄜城，汉鄜县，后汉省，在今陕西洛川县东南。兄益生及将军王钦卢招集北地。见第二章第二节。生遣苻飞距战，兰败，为飞所执。襄进据黄落。聚名，在今陕西同官县南。生遣苻黄眉、苻坚、邓羌率步骑万五千讨之。战于三原，今陕西三原县东北。苻坚于此置三原护军，后周乃置县。斩襄。襄弟苌，率诸弟降生。时升平元年五月也。六月，而苻坚杀生自立。

石赵之乱也，段勤鸠集胡、羯，得万余人，保枉人山，在今河南濬县西北。自称赵王，附于慕容儁。俄为冉闵所败，徙于绎幕。汉县，在今山东平原县西北。儁即尊号。儁遣慕容恪击闵，慕容垂击勤。恪禽闵，进据常山，见第三章第四节。勤惧而降。王午据鲁口，城名，在今河北饶阳县南。称安国王。死，吕护袭其号。恪进攻之，护奔野王。《通鉴》在永和十年三月。晋宁朔将军荣期，以彭城、鲁郡叛归儁。兰陵、济北、建兴诸郡皆降。兰陵，晋郡，在今山东峄县东。济北，汉国，在今山东长清县境。建兴，未详。苻生河内、黎阳太守，亦以郡归儁。《通鉴》在永和十一年二月。河内，见第二章第二节。黎阳，见第三章第四节。永和十一年（355），十二月，慕容恪寇广固。十二年（356），五月，段龛败之，恪退据安平。见第二章第三节。后复攻之。朝廷使荀羡救之。次于琅邪，见第二章第三节。不敢进。升平元年（357），正月，广固陷。《通鉴》在永和十二年十一月。龛降，儁毒其目而杀之，坑其徒三千余人。留慕容尘镇广固。冉闵之僭号也，李历、张平、高昌等，并率所部，称藩于儁。既而归顺，结援苻坚，并受爵位。又上党冯鸯，上党，见第二章第二节。自称太守，附于张平。平屡言之。儁以平故，赦其罪，以为京兆太守。吕护之走野王也，遣弟奉表谢罪，儁以为河内太守。护、鸯亦阴通京师。《本纪》：永和十一年（355），十二月，上党人冯鸯自称太守，背苻生，遣使来降。张平跨有新兴、雁门、西河、大原、上党、上郡之地，诸郡皆见第二章第二节。垒壁三百余，胡、晋十余万户，遂拜置征镇，为鼎峙之势。《本纪》：升平元年（357），七月，苻坚将张平以并州降，遂以为并州刺史。儁自龙城迁于蓟，又迁于邺。《通鉴》在升平元年十一月。遣慕容评讨张平，平奔平阳。慕舆根讨冯鸯，鸯奔野王。《本纪》：升平二年（358），六月，张平为苻坚所逼，奔于平阳，坚追败之。慕容恪进据上党，冯鸯以众叛归慕容儁。阳骛讨高昌，昌走荥阳。《本纪》：在升平三年七月。慕容臧攻李历，历奔邵陵。见第三章第九节。儁于是复图入寇，兼欲经略关西，乃命州郡校阅见丁，精覆隐漏。率户留一丁，余悉发之。欲使步卒满一百五十万。期明年大集，此明年当为升平二年（358）。将临洛阳，为三方节度。武邑刘贵，武邑，汉县，晋置郡，今河北武邑县。上书极谏，乃改为三五占兵，见第二节。宽戎备一周，悉令明年冬赴集邺都。此明年为升平三年（359）。四年（360），正月，儁死，子㬜嗣。《通鉴》：四年（360），正月，癸巳，燕主儁大阅于邺，欲使大司马恪、司空阳骛将之入寇。会疾笃，乃召恪、骛及司徒评、领军将军慕容根等受遗诏辅政。甲午，卒。戊子，太子㬜即皇帝位。《注》云：“按长历，是年正月甲戌朔，今儁以甲午卒，则戊子在甲午前，即位恐是戊戌。”按甲午为癸巳之明日，儁以甲午死，无缘癸巳尚能大阅，即谓大阅可不亲临，亦无缘尚有入寇之意也。日恐误。于是燕势衰矣，然其侵寇仍不载。

谢尚以升平元年五月卒。六月，以谢奕为豫州刺史。二年（358），三月，慕容儁陷冀州诸郡。诏奕及荀羡北伐。儁尽陷河北之地。八月，奕卒。以谢万为豫州刺史。时苟羡亦有疾，以昙为军司。昙，鉴子。《本纪》：二年（358），八月，以昙为北中郎将徐、兖二州刺史，而十二月又有北中郎将苟羡及慕容儁战于山茌之文。《通鉴考异》曰："《昙传》云：苟羡有疾，以昙为军司，顷之，羡征还，除昙北中郎将刺史。《燕书》：十二月，苟羡寇泰山，杀太守贾坚。《载记》杀贾坚下云败绩，复陷山茌，故知八月昙未为徐、兖二州，恐始为军司耳。"羡攻山茌，汉茌县，魏曰山茌，在今山东长清县东北。拔之，斩儁泰山太守贾坚。儁青州刺史慕容尘遣司马悦明救之，羡师败，山茌复陷。羡以疾笃征还，以昙为徐、兖二州刺史，镇下邳。见第三章第三节。三年（359），泰山太守诸葛攸晋泰山郡，治奉高，在今山东泰安县东北。率水陆二万讨儁。入自石门，此石门在今山东平阴县北。屯于河渚。使部将匡超据碻磝，山名，在今山东东阿县南。萧馆屯于新栅。未详。又遣督护徐冏，率水军三千，泛舟上下，为东西声势。儁遣慕容评、傅颜等统步骑五万，战于东阿，见第四章第二节。王师败绩。十月，儁寇东阿。遣谢万次下蔡，汉县，今安徽凤台县。郗昙次高平以救之。高平，晋郡，治昌邑，在今山东金乡县西北。万矜豪傲物，未尝抚众，诸军恨之。昙以疾笃，退还彭城，万以为贼盛致退，便引军还。众遂溃散，狼狈单归。废为庶人。慕容恪入寇河南，汝、汝南，见第二章第三节。颍、颍川。谯、沛皆陷。五年（361），正月，郗昙卒。二月，以范汪为徐、兖二州刺史。四月，桓温镇宛。使其弟豁取许昌。五月，穆帝崩，时年十九。成帝长子琅邪王丕立，是为哀帝。七月，慕容恪陷野王，吕护退保荥阳。九月，护叛，奔慕容暐，暐待之如初。因遣傅颜与护据河阴。见第三章第四节。桓温命范汪出梁国，以失期，十月，免为庶人。隆和元年（362），三月，以庾希为徐、兖二州刺史，镇下邳。希，冰子。袁真为豫州刺史，镇汝南。四月，吕护寇洛阳，戴施奔宛。五月，桓温遣庾希及竟陵太守邓遐以舟师救洛阳。七月，护等退小平津。在河南孟津县北。护中流矢死。将军段荣，收军北渡，屯于野王。遐进屯新城。汉新成县，后汉作新城，在洛阳南。八月，袁真进次汝南，运米五万斛，以馈洛阳。十二月，庾希退镇山阳。晋县，今江苏淮安县。袁真退镇寿阳。兴宁元年（363），四月，慕容忠寇荥阳，太守刘远奔鲁阳。见第四章第二节。五月，燕兵又陷密，见第三章第五节。远再奔江陵。桓温请还都洛阳。自永嘉之乱，播流江表者，一切北徙，以实河南。诏改授司、冀、并三州，以交、广辽远，罢都督。温辞不受。又加侍中、大司马、都督中外诸军事，假黄钺。是岁，慕容尘攻陈留太守袁披于长平，汝南太守朱斌乘虚袭许昌，克之。二年（364），二月，慕容评袭许昌，颍川太守李福死之。评遂侵汝南，朱斌奔寿阳。又围陈郡，见第三章第四节。太守朱辅固守，桓温遣江夏相刘岵击退之。帝断谷，饵长生药，中毒，不识万几。三月，崇德太后康献褚皇后。复临朝摄政。四月，慕容暐将李洪侵许昌，王师败绩于县瓠。城名，今河南汝南县。朱斌奔淮南，朱辅退保彭城。慕容尘复屯许昌。桓温帅舟师次于合肥。见第三章第九节。加温扬州牧，录尚书事。使侍中颜旄宣旨，召温入参朝政。八月，温至赭圻，见第四节。诏又使尚书车灌止之。温遂城赭圻而居之。固让内录，遥领扬州牧。慕容暐寇洛阳。时陈祐守洛阳，众不过二千。沈充子劲，哀父死于非义，志欲立勋，以雪先耻，表求配祐效力。因以劲补祐长史，令自募壮士，得千余人。助祐击贼，频以寡制众。而粮尽援绝。祐惧不能保全，以救许昌为名，奔新城，留劲以五百人守城。三年（365），二月，以桓豁为荆州刺史。桓冲为江州刺史。是月，帝崩，母弟琅邪王奕立，是为废帝。三月，慕容恪陷洛阳，沈劲死之。燕以慕容筑为洛州刺史，镇金镛。见第三章第二节。慕容垂为荆州牧，配兵一万，镇鲁阳。初梁州刺史司马勋，为政暴酷，常怀据蜀之志。桓温务相绥怀，以其子康为汉中太守。勋逆谋已成，惮益州刺史周抚，未敢发。是岁，抚卒。十月，勋遂反。自称成都王。十一月，帅众入剑阁，攻涪。剑阁、涪，皆见第三章第六节。围益州刺史周楚于成都。楚，抚子。桓温遣江夏相朱序救之。大和元年（366），三月，以桓秘监梁、益二州征讨诸军事。秘亦温弟。三月，桓豁遣督护桓罴攻南郑。见第五节。魏兴人毕钦举兵应罴。魏兴，见第三章第六节。五月，勋众溃。朱序执勋，斩之。十二月，南阳人赵弘、赵忆反，太守桓澹走保新野。见第三章第三节。慕容暐遣其南中郎将赵槃自鲁阳戍宛。暐将慕容厉又陷鲁郡、高平。二年（367），四月，慕容尘寇竟陵，见第三章第九节。太守罗崇击破之。五月，桓豁击赵忆，走之。赵槃奔鲁阳，遣轻骑追执之，戍宛而归。庾希以鲁、高平之没免官。《本纪》：大和二年（367），正月，庾希有罪，走入于海。按希入海在海西废后，见下节。是时特免官耳。今从本传。九月，以郗愔为徐、兖二州刺史。愔，昙之兄也。四年（369），三月，愔以疾解职，又以温领徐、兖。《愔传》曰：温以愔与徐、兖有故义，乃迁愔领徐、兖。温北伐，愔请督所部出河上，用其子超计，以己非将帅才，不堪军旅，固辞解职，劝温并领己所统。《超传》云徐州人多劲悍，温恒云：京口酒可食，兵可用，深不欲愔居之。而愔暗于事机，遣笺诣温，欲共奖王室，修复园陵。超取视，寸寸毁裂。乃更作笺，自陈老病，乞闲地自养。温得笺，大喜，即转愔为会稽太守。会稽，见第三章第九节。此皆亿度附会之辞。愔事天师道，栖心绝谷，绝非将帅之才。温所以暂用之者，正以其易去耳，断不待超之进计也。袁真后虽背叛，当时则久附于温。至愔去而上下流之事势，皆归于温，篡势已成，只待立功以饰观听矣。故北伐之师旋出。

　　是岁，四月，温率弟冲及袁真步骑五万北伐。郗超谏，以为道远，汴水又浅，运道不通。温不从。军次湖陆。秦湖陵县，后汉为国，改名湖陆。在今山东鱼台县东南。攻暐将慕容忠，获之。进次金乡。见第四章第二节。时亢旱，水道不通，乃使参军毛穆之凿钜野三百余里，以通舟运，自清水入河。钜野泽，在今山东钜野县北。本济水所入。王莽末，济渠涸，不复绝河，而荷泽与汶水合流，亦蒙清水之名。超又进策曰："清水入河，无通运理。若寇不战，运道又难，因资无所，实为深虑。今盛夏悉力，径造邺城，彼伏公威略，必望陈而走，退还幽朔矣。若能决战，呼吸可定。设欲城邺，难为功力，百姓布野，尽为官有。易水以南，必交臂请命。此计轻决，公必务其持重，便当顿兵河、济，控引粮运，令资储充备，足及来夏。虽如赊迟，终亦济克。若舍此二策，而连军西进，进不速决，退必愆乏。贼因此势，日月相引。黾勉秋冬，船道涩滞。北土早寒，三军裘褐者少，恐不可以涉冬，此大限阂，非惟无食而已。"温又不从。七月，慕容厉距温，温击败之。厉，《本纪》误作垂，今从《载记》。九月，邓遐、朱序遇傅末波于林渚，在今河南新郑县北。又大破之。遂至枋头。温先使袁真伐谯、梁，开石门以通运。石门，见第五章第一节。真讨谯、梁，皆平之，而不能开石门。军粮竭尽。温焚舟步退。自东燕出仓垣，经陈留，凿井而饮，行七百余里。东燕，见第四章第二节。慕容垂以八千骑追之，战于襄邑，温军败绩，死者三万人。襄邑，秦县，在今河南睢县西。十月，温收散卒，屯于山阳。归罪于袁真，表废为庶人。真据寿阳叛。十二月，温城广陵而居之。明年，二月，袁真死。陈郡太守朱辅立真子瑾，求救于慕容暐。是岁，暐为苻坚所灭。又明年，正月，坚遣王鉴援瑾。桓伊逆击，大破之。温克寿阳，斩瑾。然恢复之计，则无从说起矣。

穆、哀、海西之际，事势与咸和之末，大不相同。咸和末石勒之死，北方虽云丧乱，然不久即平，石虎仍袭全盛之势；其人亦久历戎行，颇有威望；诚非可以旦夕平地。若穆、哀、海西之际，则自永和五年（349）石虎之死，至大和六年（371）秦灭前燕，凡历十九年。冉闵之盛强，既如昙花一见；氐苻仅粗定关中，慕容氏亦未能占有河北，晋于是时，纵未能廓清旧境，河南之可全有，则无足疑也，河南定而关中、河北，亦可徐图矣。秦、燕兵力，实无足称，观桓温两次北伐，皆所向克捷可知。当时司、冀沦陷，寖及徐、豫，且扰及荆州北鄙者，实缘晋之大军不出，所与周旋者皆偏师，力薄而无后援耳。此十九年中，与其谓敌势之方张，毋宁谓晋人之养寇，而养寇之责，则桓温实尸之。永和八年（352），秦有衅而不能乘；其后虽不得已一平姚襄，而仍置河南于不问，一任燕人之蚕食，皆其显而易见者也。殷浩之败也，王羲之遽欲弃淮守江。羲之本怯耎之尤，殊不足论。其与殷浩书，谓当时"割剥遗黎，刑徒竟路，殆同秦政"。又与会稽王笺，谓今"转运供继，西输许、洛，北入黄河，虽秦政之弊，未至于此。以区区吴、越，经营天下十分之九，不亡何待？"亦近深文周纳，危辞耸听。然长江下游之凋敝，则于此可以见之。当时恢复之计，在于步步为营，徐图进取，殷浩所为，颇近于此，而积弱既久，功效非旦夕可期。桓温欲移都洛阳，孙绰上疏①曰："丧乱以来，六十余年，苍生殄灭，百不遗一。河、洛丘墟，函夏

---

① 移民：孙绰论南移者不易一时遣归。

萧条。井烟木刊，阡陌夷灭。生理茫茫，永无依归。播流江表，已经数世。存者长子老孙，亡者丘陇成行。虽北风之思，感其素心，目前之哀，实为交切。一朝拔之，顿驱踣于空荒之地，提挈万里，逾险浮深。离坟墓，弃生业。富者无三年之粮，贫者无一餐之饭。田宅不可复仇，舟车无从而得。舍安乐之国，适习乱之乡。出必安之地，就累卵之危。将顿仆道涂，飘溺江川，仅有达者。臣之愚计，以为且可更遣一将，有威名资实者，先镇洛阳。扫平梁、许，清一河南。运漕之路既通，然后尽力于开垦，广田积谷，渐为徙者之资。如此，贼见亡征，势必远窜。如其迷逆不化，复欲送死者，南北诸军，风驰电赴，若身手之救痛痒，率然之应首尾。山陵既固，中夏小康。陛下且端委紫极，增修德政。去小惠，节游费，审官人，练甲兵，以养士灭寇为先，十年行之，无使瞻废，则贫者殖其财，怯者充其勇，人知天德，赴死如归。以此致政，犹运诸掌。何故舍百胜之长理，举天下而一掷哉？"绰之言，非引日之虚辞，实审时之至计。所云更遣一将，先镇洛阳，膺斯任者，自莫如温。然温徒表请迁都，而终不肯奋身出镇者，其意固别有在也。《王述传》云：桓温平洛阳，议欲迁都。朝廷忧惧，将遣侍中止之。述曰："温欲以虚声威朝廷，非事实也。但从之，自无所至。"事果不行。又议欲移洛阳钟虡。述曰："永嘉不竞，暂都江左。今当荡平区宇，旋轸旧京。若其不尔，宜改迁园陵，不应先事钟虡。"温竟无以夺之。然则温之屡请迁都，不过知朝士之苟安，而以此胁之耳。世皆讥宋武帝急于图篡，平长安而不能留镇，致关右复陷于戎狄。然宋武当时，以一身任举国之重，刘穆之死，后事诚有可忧。设或差池，所系实不仅一身一家之计，返旆之急，庸或非尽恤其私。若桓温距郗超之谋，不肯为赊迟之计者，则诚除图篡外无他故耳。然卒以此致败，后来图篡所以不成，亦由丧败既甚，究有惭德，不能决然自取，致为谢安、王坦之迂缓之计所败耳。狐埋之而狐搰之，是以无成功，岂不信哉？《孙盛传》曰：盛著《晋阳秋》，辞直而理正，咸称良史焉。[1] 既而桓温见之。怒，谓盛子曰："枋头诚为失利，何至如尊君所说？若此史遂行，自是关君门户事。"其子遽拜谢，谓请删改之。时盛年老还家，性方严，有轨宪。虽子孙斑白，而庭训愈峻。至此，诸子乃共号泣稽颡，请为百口切计。盛大怒。诸子遂窃改之。盛写两定本，寄于慕容儁。大元中，孝武帝博求异闻，始于辽东得之，以相考校，多有不同，书遂两存。盛为长沙太守，曾以臧私，为温所按，于温容有私怨。然《晋阳秋》既称辞直理正，必不能过为曲笔。惟谓其寄定本于慕容儁，则于理既有未可，而于势亦有未能；且当枋头败时，慕容儁死已数年矣；而此战之后，慕容氏亦不久即亡；足见此说之不足信。盖所谓得诸辽东之定本，实不出于盛，乃他人所改定，而托之于盛者，其入知枋头之丧败，必更详于盛。然即盛之元本，所言枋头丧败之情形，亦必不止如今史之所传也。此战之失利，诚可谓甚矣。

---

[1] 史籍：孙盛《晋阳秋》。

第七节　桓温废立

桓温篡志，蓄之已久，满拟伐燕一捷，归而即尊，枋头丧败，事出虑外，而篡窃之谋，已如骑虎之势，不得下矣，于是废立之计起焉。《温传》云："温久怀异志，欲先立功河朔，还受九锡，既逢覆败，名实顿减，于是参军郗超进废立之计。"大和六年（371），十一月，温自广陵屯于白石。胡三省曰：此白石当在牛渚西南。牛渚，见第三章第九节。旋诣阙，以崇德太后令，废帝为东海王。其罪状，则谓帝在藩夙有痿疾，嬖人相龙、计好、朱灵宝等参侍内寝，而二美人田氏、孟氏生三男，欲建树储藩，诬罔祖宗，倾移皇基也。《纪》云：悼帝守道，恐遭时议，以宫闱重闷，床第易诬，乃言帝为阉，遂行废辱。又以太后诏立会稽王昱，是为简文帝。太宰武陵王晞，元帝子。有武干，为温所忌。温乃表晞聚纳轻剽，苞藏亡命。又息综矜忍，虐加于人；袁真叛逆，事相连染。请免晞官，以王归藩，免其世子综官。又遣弟秘逼新蔡王晃，东嬴公腾，见第二章第二节。腾后改封新蔡王，被害，谥武哀。子庄王确立。卒，无子，以汝南文成王亮曾孙邈嗣。卒，子晃嗣。亮亦见第二章第二节。自诬与晞、综及著作郎殷涓，太宰长史庾倩，从本传，《本纪》作籍。掾曹秀，舍人刘疆等谋逆，收付廷尉，请诛之。帝不许。乃废晞，及其三子徙于新安，见第三章第三节。晃废徙衡阳，吴郡，今湖南湘潭县西。而族诛殷涓等。涓，浩之子，倩及其弟散骑常侍柔，皆冰之子，希之弟，冰女则东海王妃也。杀东海王二子及其母。废王为海西公。明年，咸安二年（372）。四月，徙居吴。见第三章第九节。庾倩之死也，其兄广州刺史蕴，饮鸩而死。东海太守友，东海，见第三章第三节。子妇温弟秘之女也，故得免。希与子邈及子攸之，逃于海陵陂泽中。海陵，晋郡，今江苏泰县。故青州刺史武沈，希之从母兄也，潜饷给希，经年。温后知之，遣兵捕希。是岁，六月，沈子遵，约希聚众海滨，略渔人船，夜入京口，见第四章第二节。称海西公密旨除凶逆。七月，温遣东海内史周少孙讨禽之。希、邈及子侄五人斩于建康市。遵及党与皆伏诛。惟友及蕴诸子获全。是月，简文帝崩。子昌明立，是为孝武帝。十一月，妖贼卢悚，遣弟子殿中监许龙，晨到海西公门，称太后密诏，奉迎兴复。① 海西公初欲从之，纳保母谏而止。悚突入殿庭，游击将军毛安之等讨禽之。海西公深虑横祸，乃杜塞聪明，终日酣畅；耽于内宠，有子不育。朝廷以其安于屈辱，不复为虞。大元十一年（386），十月，卒于吴。

简文帝崩时：桓温仍镇姑孰。帝遗诏以温辅政，依诸葛亮、王导故事。《王

① 宗教：妖贼卢悚谋复海西公。

坦之传》曰；简文帝临崩，诏大司马温依周公居摄故事。坦之自持诏入，于帝前毁之。坦之，述子，时领右卫将军。帝曰："天下傥来之运，卿何所嫌？"坦之曰："天下宣、元之天下，陛下何得专之？"帝乃使坦之改诏焉。《王彪之传》曰：简文崩，群臣疑惑，未敢立嗣。或云当须大司马处分。彪之正色曰："君崩太子代立，大司马何容得异？若先面谘，必反为所责矣。"于是朝议乃定。彪之时为尚书仆射。及孝武帝即位，大皇太后令：以帝冲幼，加在谅暗，令温依周公居摄故事。事已施行。彪之曰："此异常大事，大司马必当固让，使万几停滞，稽废山陵，未敢奉令。"谨具封还内请停。事遂不行。《温传》曰：温初望简文临终，禅位于己，不尔便为周公居摄。事既不副所望，故甚愤怨。与弟冲书曰："遗诏使吾依武侯、王公故事耳。"孝武帝即位，诏"内外众事，关温施行"。复遣谢安征温入辅。安时为吏部尚书，中护军。宁康元年（373），二月，温入朝。停京师十有四日，归于姑孰。遂寝疾不起。七月，卒。《温传》言温讽朝廷加己九锡，累相催促，谢安、王坦之闻其病笃，密缓其事，锡文未及成而薨。时年六十二。《王彪之传》曰：温遇疾，讽朝廷求九锡。袁宏为文，以示彪之。彪之谓宏曰："卿固大才，安可以此示人？"时谢安见其文，又频使宏改之。宏遂逡巡其事。既屡引日，乃谋于彪之。彪之曰："闻彼病日增，亦当不复支久，自可更小迟回。"宏从之。温亦寻薨。案简文帝自永和二年（346）何充卒秉政，至其立，已二十五年。引用殷浩，以与温抗者，即简文也。①《纪》言帝初即位，温撰辞欲自陈述，帝引见，对之悲泣，温惧不能言。有司奏诛武陵王晞，帝不许。温固执，至于再三。帝手诏报曰："若晋祚灵长，公便宜奉行前诏。如其大运去矣，请避贤路。"温览之，流汗变色，不敢复言。又言帝践阼，荧惑入大微，帝甚恶焉。时中书郎郗超在直。帝乃引入，谓曰："命之修短，本所不计，故当无复近日事邪？"及超请急省其父，帝谓之曰："致意尊公；国家之事，遂至于此，由吾不能以道匡济，愧叹之深，言何能喻？"因咏庾阐诗云："志士痛朝危，忠臣哀主辱。"遂泣下沾襟。然则帝之于温，初无所畏。《纪》又谓帝神识恬畅，而无济世大略；故谢安称为惠帝之流，清谈差胜耳；谢灵运迹其行事，亦以为赧、献之辈；盖非笃论也。《晋书》好博采而辞缺断制，往往数行之间，自相矛盾，要在知其体例，分别观之耳。作者意在博采，原不谓其所著皆可信也。据《本纪》：孝武之立为太子，实与简文之崩同日，然则《王彪之传》谓君崩太子代立，大司马何容得异？语亦有误。其所争者，盖非太子之当立与否，而孝武之当为太子与否也。然则《晋书》记载，多不容泥，谓简文视天下为傥来之运，恐亦诬辞矣。然则桓温图篡虽急，而朝廷拒之甚坚，且镇之以静，终不为其虚声所动，盖自其举兵欲胁废

殷浩以来，至于孝武之初，始终若一，初非谢安、王坦之、王彪之等数人之力也。简文之才力，亦实有足称矣。此又见庾氏之欲推立之，实非为私意也。

温四弟：云、豁、秘、冲。六子：熙、济、韵、祎、伟、玄。熙初为世子，后以才弱，使冲领其众。温病，熙与秘谋杀冲。冲知之，先遣力士拘录熙、济，而后临丧。熙、济俱徙长沙，见第三章第九节。秘亦废弃。云前卒。豁时刺荆州，加督荆、扬、雍、交、广。扬当作梁。冲督扬、豫、江三州，为扬州刺史，镇姑孰。豁子竟陵太守石秀竟陵，见第三章第九节。为江州刺史，镇寻阳。见第四章第一节。八月，崇德太后临朝摄政。九月，以王彪之为尚书令，谢安为仆射，刁彝为徐、兖二州刺史，镇广陵。彝协子。二年（374），正月，彝卒。二月，以王坦之代之。三年（375），五月，坦之卒。以桓冲为徐州刺史，镇丹徒。见第四章第二节。谢安领扬州刺史。太安元年（302），太后归政。安为中书监，录尚书事。二年（303），八月，为司徒。桓豁卒。十月，以桓冲为荆州刺史。王蕴为徐州刺史，督江南晋陵诸军。蕴，孝武后父。晋陵见第四章第三节。谢玄为兖州刺史，广陵相，监江北诸军。玄，安兄子。于是下流之势渐重矣。《王彪之传》云：谢安不欲委任桓冲，故使太后临朝，献替专在于己。《冲传》云：冲既代温居任，则尽忠王室。或劝冲诛除时望，专执权衡，冲不从。谢安以时望辅政，为群情所归，冲惧逼，宁康三年（375），乃解扬州，自求外出。桓氏党与以为非计，莫不扼腕苦谏；郗超亦深止之；冲皆不纳。桓温尚无所成，而况于冲？其不敢为非分之图，亦固其所。然冲之为人，雅与温异，颇有公忠之心，其不为非分之图，亦非尽由才之不及，势之不可也。温据卜流久，且凤怀反侧之心，其余毒，自非一朝所能消弭，故桓玄卒资之以搆逆。然当符坚入寇时，晋之克弘济于艰难者，实赖上下游之无衅，其时上下游之无衅，则冲实为之，冲亦可谓贤矣。

第六章　东晋中叶形势（下）

第一节　秦灭前燕

晋自怀、愍倾覆，元帝东渡以来，中原形势，盖尝三变：刘、石东西对峙，其后刘卒并于石，一也。石虎死后，燕、秦又东西对峙，其后燕卒并于秦，二也。前秦丧败，后燕、后秦，又成东西对峙之局，其力莫能相尚，宋武夷南燕，破后秦，功高于桓、谢矣，然关中甫合即离，其后陵夷衰微，北方遂尽入于拓跋氏；三也。前章所述，为后赵吞并北方，及其分裂之事，此章所述，则前秦吞并北方，及其分裂之事也。

桓温之入关也，苻健太子苌中流矢而死，健立其第三子生为太子。明年，六月，健寝疾。健兄子菁，勒兵入东宫，将杀生自立。时生侍健疾，菁以健为死，回攻东掖门。健闻变，升端门陈兵。众皆舍杖逃散。执菁杀之。数日，健死。生僭即皇帝位。生为史所称无道之主，载其淫暴之迹甚多，然实未可与刘聪、石虎，等量齐观，故刘知幾谓"秦人不死，知苻生之厚诬"也。即就史所载者观之，其消息，仍有可以微窥者。史称健临死，诫生曰："酋帅、大臣，若不从汝命，可渐除之"，即可知其所诛夷，多出于不得已。今观其所杀者：太傅毛贵，车骑尚书梁楞，左仆射梁安，皆受遗辅政者也。左光禄大夫张平，生母之弟也。侍中丞相雷弱儿，司空王堕，侍中太师录尚书事鱼遵，亦皆大臣。弱儿之死也，及其九子二十七孙；遵及其七子十孙；皆可知其族之强大。梁安、雷弱儿，据上章第六节所述，实有通晋之嫌，其余亦可推想。然则生之行诛，亦诚有所不得已，而造谤者则自此起矣。生杀其妻梁氏，盖亦以其族之逼，然皇后且然，更何有于妾媵？于是谓其所幸妻妾，少有忤旨便杀之，流其尸于渭水矣。舅氏既诛，自可谓其母系忧恨而死。生眇一目，造谤者遂谓其不足、不具、少无、伤、残、毁、偏只之言，皆不得道，左右忤旨而死者，不可胜纪；且谓其使大医令程延合安胎药，问人参好恶并药分多少，延曰："虽小小不具，自可堪用。"生以为讥其目，凿延出目，然后斩之矣。当时用刑，率多酷滥，遂谓其常弯弓露刃，以见朝臣，锤钳锯凿，不离左右；又谓宗室勋旧，亲戚忠良，杀害殆尽；王公在位者，悉以疾告归；人情危骇，道路以目矣。他如怠荒、淫秽，自更易诬。《金史·海陵本纪》，述其不德之辞，连章累牍，而篇末著论，即明言其不足信，正同一律。史家之文，惟恐其自己出，断不能以己之所是，著诸篇章；前人之辞，虽明知其不足信，又不容抹杀之不传于后；若一一辩之，则势将不可胜辩；此则不能不望好学深思者之心知其意者也。参看前章第三节。五胡之主，史传其淫暴者，实录居多，惟苻生则系被诬，当与南朝诸主一例。当时苻秦，君与贵戚猜疑之深，至于如此，自非一人之力，所克翦除，故黄眉虽以谋杀生自立，事发伏诛，而生卒为雄子坚及其庶兄法所弑，时姚襄死之翼月也。

　　苻坚既弑苻生，以伪位让其兄法，法自以庶孽不敢当，坚乃僭称大秦天王。旋杀法。其骨肉相屠，亦可谓烈矣。坚为五胡中雄主，读史者多美其能用王猛，其实猛之功烈，亦止在能摧抑豪强；其于政事，庸有综核之才，然史氏所传，实多溢美；至于灭燕，则燕之自亡，直其时，能成其功者甚多，无足称也。《猛传》云：坚僭位，以猛为中书侍郎。时始平多枋头西归之人，始平，见第二章第二节，枋头，见第四章第二节。豪右纵横，寇盗充斥，乃转猛为始平令。猛下车，明法峻刑，鞭杀一吏。百姓上书讼之。有司劾奏。槛车征下廷尉诏狱。坚亲问之，曰："夷吾、子产之俦也。"赦之。岁中五迁，权倾内外。宗戚旧臣，皆害其宠。尚书仇腾，丞相长史席宝，数潜毁之。坚大怒，黜腾为甘松护军，甘松，见第五章第二节。宝白衣领长史。尔后上下咸服，莫敢有言。《坚载记》云：猛亲宠愈密，朝政莫不由之。特进樊世，氐豪也，有大勋于苻氏，负气倨傲，众辱猛。猛言之于坚。坚怒曰："必须杀此老氐，然后百寮可整。"俄而世入言事。坚谓猛曰："吾欲以杨璧尚主，璧何如人也？"世勃然曰："杨璧臣之婿也，婚已久定，陛下安得令之尚主乎？"猛让世。世怒，起将击猛。左右止之。世遂丑言大骂。坚由此发怒，命斩之于西厩。诸氐纷纭，竞陈猛短。坚恚甚，嫚骂，或鞭挞于殿庭。自是公卿已下，无不惮猛。又曰：以猛为京兆尹。其特进强德，健妻之弟也。昏酒豪横，为百姓之患。猛捕而杀之，陈尸于市。其中丞邓羌，性鲠直不挠，与猛协规齐志。数旬之间，贵戚强豪，诛死者二十有余人。于是百僚震肃，豪右屏气。此盖苻生未竟之绪也。必贵戚慑服，然后政令行而民获小康，且可用其力以竞于外，此秦之所以骤强；而是时之燕，适与之相反，其不格明矣。

　　慕容儁之死也，群臣欲立其弟恪。儁第四子。恪辞，乃立其太子暐。时年十一。以恪为太宰，录尚书，行周公事。慕容评为太傅，副赞朝政。慕舆根为太师。慕容垂为河南大都督、兖州牧、荆州刺史，镇梁国。垂，儁之第五子。梁国，见第二章第三节。孙希为并州刺史。傅颜为护军将军。慕舆根与左卫慕舆干潜谋诛恪及评，入白太后可足浑氏，可足浑氏将从之，暐使其侍中皇甫真与傅颜收根等斩之。大和元年（366），慕容恪有疾，召暐兄乐安王臧，告以司马职统兵权，吾终之后，必以授垂。又以告评。月余而死。初恪之攻拔洛阳也，略地至于崤、渑。见第五章第一节。符坚惧其入关，常亲屯陕城以备之。陕，汉县，今河南陕县。其后符双据上邦，双坚弟。上邦，见第三章第三节。符柳据蒲坂，见第三章第四节。叛于坚。符廋据陕城，符武据安定，并应之。安定，见第二章第二节。柳、廋、武，皆健子。将共伐长安。廋降于暐。坚恐暐乘胜入关，乃尽锐以备华阴。见第三章第三节。暐群下议欲遣兵救廋，因图关右，评固执不许，乃止。双等之叛，《通鉴》在大和二年十月。双等皆为坚所讨杀。枋头之役，暐使乞师于坚，请割虎牢以西。虎牢，见第四章第二节。坚遣其将苟池率步骑二万救暐。王师引归，池乃还。可足浑氏与评谋杀垂。垂惧，奔坚。王师既旋，暐悔割虎牢之地。坚以垂为乡道，遣王猛等步骑三万，攻慕容筑于洛阳，暐遣慕容臧精卒十万救之，败于荥阳。见第二章第二节。筑以救兵不至，降于猛。《通鉴》从《燕书》系大和五年正月。《十六国春秋》在四年十二月，见《考异》。大和五年（370），九月，坚又遣王猛率杨安等步骑六万伐暐。猛克上党，见第二章第二节。又令杨安陷晋阳。见第三章第四节。暐遣慕容评等率中外精卒四十余万距之。屯于潞川。潞水，今浊漳水。评以猛悬军深入，利在速战，议以持久制之。猛遣其将郭庆，以锐卒五千，夜从间道，出评营后，并山起火，烧其辎重，火见邺中。暐惧，遣使让评，催其速战。评与猛战于潞川，大败，死者五万余人。评等单骑走还。猛遂长驱至邺。坚复率众十万会之。暐散骑常侍徐蔚等率扶余、句丽及上党质子五百余人，夜开城门，以纳坚军。暐与评等数十骑奔昌黎。见第二章第二节。坚遣郭庆迫暐，及于高阳，见第五章第二节。执之。先是慕容桓以众万余，为评等后继，闻评败，引屯内黄，见第五章第三节。后退保和龙。慕容皝所起宫名，在龙城。及是，庆追评、桓于和龙。桓杀其镇东慕容亮而并其众，攻其辽东太守韩稠于平州。此当指晋平州所治之肥如县，见第三章第八节。庆遣将军朱嶷击桓执之。《本纪》在咸安二年二月。评奔高句丽，高句丽缚而送之。坚以王猛刺冀州，镇邺。郭庆刺幽州，镇蓟。徙暐及其王公已下并鲜卑四万余户于长安。前燕之亡，论者多归罪于慕容评。然评在傿世，亦尝数专征伐，非不知兵者。潞川密迩邺都，一败则不可为悔，秦兵方锐，持重以老其师，未为非计。速战之议，出自燕朝，暐年尚幼，未知谁实主之，评因惧罪而曲从，固违将在外君命有所不受之义，然以丧师之咎，专责诸评，则非平情之论。《垂载记》云：垂本名霸，恩遇逾于世子傿，故傿不能平之。少好畋游，因猎坠马，折齿，傿僭即王位，改名暐，外以慕却暐为名，内实恶而改之。寻以谶记之文，乃去夬，以垂为名焉。此说或出附会，然垂之见忌，由来已久，则由此可知。暐之世，盖政出多门，莫能相尚，其时忌垂者非评一人。且一木焉能支大厦之倾，垂即不去，燕岂能终存邪？《暐载记》云：时外则王师及符坚交侵，兵革不息。内则暐母乱政，评等贪冒，政以贿成，官非才举。其尚书左丞申绍上疏，言"守宰或擢自匹夫、兵将之间，或因宠戚，藉缘时会。又无考绩，黜陟幽明。贪惰为恶者，无刑戮之惧，清勤奉法者，无爵赏之劝。百姓穷弊，侵赇无已。兵士逋逃，乃相招为贼盗。后宫四千有余；僮侍厮养，通兼十倍；日费之重，价盈万金；绮谷罗纨，岁增常调。戎器弗营，奢玩是务。令帑藏虚竭，军士无襜褕之资。宰相侯王、迭以侈丽相尚。风靡之化，积以成俗。卧薪之喻，未足甚焉。"此盖自僭入中原已来，惑于纷华靡丽，积渐至此，并非必至暐之世而后然也。五胡窃据，本无深根固柢之道，一遇劲敌，而其亡也忽焉，亦无足异矣。

第二节　秦平凉州仇池

前凉全盛，盖在张茂、张骏之时，而其衰机亦自此始。史称茂雅有志节，能断大事。凉州大姓贾摹，寔之妻弟也，势倾西土，茂诱而杀之，于是豪右屏迹，威行西域。骏初统任年十八。少卓越不羁，而淫纵无度。然有计略。统任后，厉操改节，勤修庶政；总御文武，咸得其用。自轨据凉州，属天下之乱，所在征伐，军无宁岁，至骏，境内渐平。又使其将杨宣伐龟兹、鄯善，西域并降。分州西界三郡置沙州，治敦煌，见第二章第二节。东界六郡置河州。治枹罕，见第二章第一节。戊己校尉赵贞，不附于骏，骏击禽之，以其地为高昌郡。今新疆吐鲁番县。虽尝为刘曜所败，失河南地，旋即复之。盖前凉之极盛也。然自茂已筑灵钧台，围轮八十余堵，基高九仞。尝以谏者中止，后卒复营之。且大城姑臧。骏又于姑臧城南筑城。起谦光殿，画以五色，饰以金玉穷尽珍巧。殿之四面，各起一殿。东曰宜阳青殿，以春三月居之。章服、器物，皆依方色。南曰朱阳赤殿，夏三月居之。西曰政刑白殿，秋三月居之。北曰玄武黑殿，冬三月居之。其旁皆有直省内官寺署，一同方色。末年任所游处，不复依四时而居。盖河右通市西域，商货流衍，物力颇丰，而其文明程度亦高，故能侈靡如此也。骏子重华，任用谢艾，屡破劲敌。见第五章第二节。王擢为苻健所逼，来奔，重华使攻秦州，克之。永和九年四月。秦州治上邽，见第三章第三节。重华好与群小游戏，政事始衰；及其卒也，复重之以内乱；而思启封疆者，狡焉伺于其侧矣。

重华以永和九年十月卒。传言其在位十一年，据《本纪》，其立以永和二年五月，则止八年（352）。子曜灵嗣。年十岁。伯父长宁侯祚，性倾巧，善承内外。初与重华宠臣赵长、尉缉等结为异姓兄弟。长等遂矫重华遗令，以祚辅政。又言时难未夷，宜立长君。祚先烝重华母马氏，马氏遂从缉议，废曜灵而立祚。祚寻使害曜灵。祚淫虐不道。又通重华妻裴氏。自阖内媵妾，及骏、重华未嫁子女无不暴乱。凉州历世以来皆受晋朝官爵，虽不用中兴年号，迄称建兴若干年，晋迄未与以王封，然张骏时，境内皆称之为王；骏舞六佾，建豹尾，所置官寮府寺，皆拟于王者，而微异其名；然亦未敢更行上僭；骏且尝称藩于蜀，假道以达京师；见第五章第五节。究不能谓其不守臣节也。及祚，乃用长、缉等议，僭即帝位，永和十年(354)。亦可谓妄矣。桓温入关，王擢时镇陇西，驰使言温善用兵，意在难测。祚既震惧，又虑擢反噬，大聚众，声欲东征，实欲西保敦煌，会温还而止。更遣其秦州刺史牛霸击擢，破之。擢奔苻健。其妄自尊大，而实怯懦，又多疑忌如此。祚宗人张瓘镇枹罕，祚恶其强，遣其将易揣、张玲袭之。又遣张掖太守索孚代瓘。张掖，汉郡，今甘肃张掖县。孚为瓘所杀。玲等又为瓘兵所破。瓘军蹑之，祚众震惧。敦煌人宋混，与弟澄等聚众以应瓘。赵长等惧罪，入阊，呼重华母马氏出殿，拜曜灵庶弟玄靓为主。时年七岁。揣等率众入殿，伐长杀之。瓘弟琚及子嵩，募市人数百，扬声言张祚无道，我兄大军，已到城东，敢有举手者诛三族。祚众披散，祚被杀。时永和十一年七月也。废祚所建和平年号，复称建兴四十三年 (355)。诛祚二子。以张瓘为卫将军，领兵万人，行大将军事。陇西李俨，陇西，见第二章第二节。诛大姓彭姚，自立于陇右。玄靓遣牛霸讨之。未达，西平人卫琳又据郡叛。西平，见第二章第二节。霸众溃，单骑而还。瓘遣琚领大众征琳，败之。西平田旋，要酒泉太守马基应琳。酒泉，见第三章第七节。瓘遣司马张姚、王国伐基，败之。斩基、旋首，传姑臧。瓘兄弟强盛，负其勋力，有篡立之谋。宋混与弟澄共讨瓘，尽夷其属。玄靓以混辅政。混卒，又以澄代之。右司马张邕，恶澄专擅，杀之，遂灭宋氏。玄靓以邕为中护军，叔父天锡为中领军，共辅政。邕自以功大，骄矜淫纵。又通马氏，树党专权。天锡又杀之，悉诛其党。天锡专掌朝政。始改建兴四十九年，奉升平之号。升平五年(361)。兴宁元年 (363)，骏妻马氏卒，玄靓以其庶母郭氏为太妃，郭氏以天锡专政，与大臣张钦等谋讨之。事泄，钦等被杀。七月，天锡率众入禁门，潜害玄靓，宣言暴薨。此从《晋书·帝纪》。《通鉴》从《晋春秋》在八月。天锡立。荒于声色，不恤政事。安定梁景，敦煌刘肃，并以门胄，总角与天锡友昵。张邕之诛，肃、景有勋，天锡深德之。赐姓张氏，以为己子，俱参政事。人情怨惧。初苻生闻张祚见杀，玄靓幼冲，命其征东苻柳，参军阎负、梁殊使凉州，以书喻之。时张瓘新辅政，河西所在兵起，惧秦师之至，乃言于玄靓，遣使称藩。大和二年 (364)，羌敛岐自称益州刺史，敛岐从《苻坚载记》。《天锡传》作廉岐。率略阳四千家，背苻坚就李俨。略阳，见第二章第二节。天锡自往讨之。时苻坚亦遣王猛等讨岐。俨遣使谢，并求救于坚。坚遣杨安会猛救俨。及天锡将杨遹战于枹罕东，猛不利。然卒禽敛岐。天锡归，猛又袭俨，执之而还。坚遂以其将彭越为凉州刺史，镇枹罕。参据《本纪》及《坚载记》。时坚强盛，每攻凉州，兵无宁岁。天锡甚惧，献书桓温，刻六年夏大举，盖谓天锡之六年，已而不果。咸安二年（372），苻坚陷仇池。先是王猛获天锡将阴据及甲士五千，至是，悉送所获还凉州。天锡惧，遣使谢罪称藩。大元元年（376），坚遣苟苌、毛盛、梁熙、姚苌等率骑十三万伐天锡。又遣其秦州刺史苟池，河州刺史李辩，凉州刺史王统率三州之众以继之。天锡拒战不利，遂降。坚以梁熙为凉州刺史，领护西羌校尉，镇姑臧。徙豪右七千余户于关中。

刘曜之与石勒连兵也，杨难敌自汉中还袭仇池，克之，执田崧，杀之。咸和九年（334），难敌卒，子毅立。自号左贤王下辨公。以坚头子槃为右贤王河池公。下辨、河池，皆见第五章第一节。咸康元年（335），遣使称藩于晋。三年（337），毅族兄初袭杀毅，并有其众，自立为仇池公，臣于石虎，后复遣使称藩。永和三年（347），以为雍州刺史、平羌校尉、仇池公。十年（354），改封天水公。子国为武都太守。武都，见第二章第二节。十一年（355），毅小弟宋奴，使姑子梁式玉，《本纪》作梁式。因侍直手刃杀初。国率左右诛式玉及宋奴。桓温表为秦州刺史、平羌校尉，而以其子安为武都太守。十二年（356），国从父杨俊复杀国自立。安奔苻生。俊遣使归顺。升平三年（359），以为平羌校尉、仇池公。四年（360），卒，子世立。复以其爵授之。大和三年（368），迁秦州刺史。以其弟统为武都太守。五年（370），世卒。统废其子纂自立。纂一名德。纂聚党杀统。遣使自陈，复以为秦州刺史、平羌校尉、仇池公。初世尝降于苻坚。坚亦署为秦州刺史仇池公。既而归顺于晋。至纂，遂与坚绝。咸安元年（371），坚遣其将苻雅、杨安与益州刺史王统率步骑七万取仇池。雅等次于鹫陕。《通鉴》作鹫峡。《注》云：在仇池北。纂率众五万，晋梁州刺史杨亮，遣督护郭宝，率骑千余救之，战于陕中，为雅等所败。纂收众奔还。雅进攻仇池，纂降。秦以王统为南秦州刺史。加杨安都督，镇仇池。王统，《苻坚载记》作杨统。《殿本考证》云：杨，《十六国春秋》作王，案作王者是也。《宋书·氐传》明言统为纂所杀，纂遣使诣晋自陈，其言不得无据。《苻坚载记》漏叙统为纂所杀之事，其误遂不易见。坚使取仇池之杨安，是否即杨国之子，本无确说。以予观之，似乎非是。坚之取仇池，乃为攻梁、益开路，其后益州陷没，坚乃以杨安为益州牧，镇成都，王统为南秦州刺史，镇仇池，苟为杨国之子，任之恐未必如是之重也。空百顷之地，徙其民于关中。纂后为杨安所杀。语见《宋书·氐传》，此杨安当为杨国之子。此节以《宋书》为主，兼据《晋书·刘曜》及《苻坚载记》。《晋书·本纪》：咸安二年（372），苻坚陷仇池，执秦州刺史杨世，则必误也。

第三节　秦平铁弗氏拓跋氏

自前赵、前燕之亡，幽、并之匈奴、鲜卑，能有所表见者颇鲜，其较为强大者，则河西之铁弗氏，代北之拓跋氏也。苻秦盛时，二部亦尝为所慑服。此二部为世仇，其事迹相关极密。《魏书·序纪》，叙述较详。令以之为主，而以他篇所载，附益订正之。《序纪》讳饰之辞，自不难洞见也。[①]

《魏书·序纪》：穆帝死后，普根立，月余而薨。普根子始生，桓帝后立之，其冬又薨。思帝子郁律立，是为平文帝。元年，岁在丁丑，晋元帝建武元年（317）也。二年（318），元帝大兴元年。刘虎据朔方，见第三章第八节。来侵西部。帝逆击，大破之。其从弟路孤，率部落内附，帝以女妻之。《铁弗传》言：虎归附刘聪，聪以虎宗室，拜安北将军、监鲜卑诸军事、丁零中郎将，则聪实使虎统辖鲜卑也。《序纪》又云：帝闻晋愍帝为刘曜所害，顾谓大臣曰："今中原无主，天其资我乎？"刘曜遣使请和，帝不纳。三年（319），大兴二年。石勒自称赵王，遣使乞和，请为兄弟，帝斩其使以绝之。五年（321），大兴四年。治兵讲武，有平南夏之意。桓帝后以帝得众心，恐不利于己子，害帝，遂崩。大臣死者数十人。《平文皇后传》曰：王氏，广宁人也。年十三，因事入宫。生昭成帝。平文崩，昭成在襁褓，时国有内难，将害诸王子。后匿帝于袴中，惧人知，祝曰："若天祚未终，使汝无声。"遂良久不啼。得免于难。广宁，见第四章第二节。惠帝贺傉立，桓帝中子也。未亲政事，太后临朝，遣使与石勒通和，时人谓之女国使。案王浚见杀，穆帝之众，有欲谋乱以应石勒者，见第四章第二节。然则拓跋部落中，胡、羯党类颇多，平文之死，似亦因其与刘、石构难，而桓帝后因而倾覆之者。使称女国使，可见是时拓跋氏实别无所谓君长也。四年（324），明帝太宁二年。帝始临朝。以诸部人情，未悉款顺，乃筑城于东木根山，徙都之。在今绥远凉城县北。河西有木根山，而此在东，故曰东木根山。五年（325），太宁三年。帝崩，炀帝纥那立，惠帝之弟也。三年（328），成帝咸和二年。石勒遣石虎率骑五千，来寇边部。帝御之于句注陉北，见第二章第二节。不利，迁于太宁。即广宁。时烈帝名翳槐，平文长子。居于舅贺兰部，帝遣使求之。贺兰部帅蔼头，拥护不遣。帝怒，召宇文部，并势击蔼头。宇文众败，帝还太宁。五年（329），咸和四年。帝出居于宇文部。贺兰及诸部大人共立烈帝。石勒遣使求和，烈帝遣弟昭成帝名什翼犍，平文次子。如襄国，见第四章第二节。从者五千余家。七年（331），元康元年。蔼头不修臣职，召而戮之，国人复贰。炀帝自宇文部还入，诸部大人复奉之。烈帝出居于邺。三年（337），咸康三年。石虎遣将李穆，率骑五千，纳烈帝于太宁。国人六千余落叛炀帝，炀帝出居于慕容部。烈帝城新盛乐城，在故城东南十里。见第三章第八节。崩，顾命曰："必迎立什翼犍，社稷可安。"帝弟孤，平文第四子。乃自诣邺奉迎，与帝俱还。《孤传》曰：群臣咸以新有大故，内外未安，昭成在南，来未可果，比至之日，恐生变诈，宜立长君，以镇众望。次弟屈，刚猛多变，不如孤之宽和柔顺。于是大人梁盖等杀屈，共推孤。孤曰："吾兄居长，自应继位，我安可越次而处大业？"乃自诣邺奉迎，请身留为质。石虎义而从之。

---

① 民族：拓跋造作史事之二。

昭成即位，乃分国半部以与之。薨，子斤失职怀怨，构寔君为逆，死于长安。见下。观《魏书》所叙，知拓跋氏是时，内争甚烈，诸部亦多未服，而依倚中原者常克有成，其力固未足与内地敌也。烈帝死后，必立昭成，或亦以结援后赵之故。

昭成即位时年十九。二年（339），咸康五年。始置百官，分掌众职。朝诸大人于参合陂。见第三章第八节。议欲定都灅源川，灅水，今桑乾河支流。连日不决，从太后计而止。《平文皇后传》曰：昭成初，欲定都于灅源川，筑城郭，起宫室。议不决。后闻之曰："国自上世，迁徙为业，今事难之后，基业未固，若城郭而居，一旦寇来，难卒迁动？"乃止。然三年（340），咸康六年。卒移都于云中之盛乐宫。四年（341），咸康七年。又筑盛乐城于故城南八里。昭成盖居邺久，故稍染华风邪？是时之拓跋氏，城郭而居，自无所利，然拓跋氏更内乱久，昭成在位，颇称小康，或亦由其曾居内地，少知治法之故邪？昭成与慕容氏，三世为昏，《序纪》：二年（339），聘慕容元真妹为皇后。四年（341），皇后慕容氏崩。慕容元真遣使朝贡，并荐其宗女。六年（343），慕容元真遣使请荐女。七年（344），遣大人长孙秩迎后慕容元真之女于境。皇后至自和龙。慕容元真遣使奉聘，求交昏，帝许之，以烈帝女妻之。十九年（356），慕容儁亦请昏，许之。二十年（358），慕容儁奉纳礼币。二十三年（361），皇后慕容氏崩。二十五年（363），慕容暐荐女备后官。元真即皝，魏书避恭宗讳，故称其字。和龙，见第一节。而仍与石虎通使。九年（346），石虎遣使朝贡。十年（347），遣使诣邺观衅。十二年（349），穆帝永和五年。石虎死。十三年（350），永和六年。冉闵杀石鉴。十四年（351），永和七年。帝曰："石胡衰灭，冉闵肆祸，中州纷梗，莫有匡救，吾将亲率大军，廓定四海。"乃敕诸部：各率所统，以俟大期。诸大人谏，乃止。案魏自穆帝以来，屡图进取中原，而其下皆不欲。穆帝及平文之死，盖皆以其违众之故。昭成盖性较宽和，故能从众议而止也。然虽未勤民于远，而卒为肘腋之患所中，则以铁弗氏地实相逼也。

昭成四年（342），咸康八年。十月，刘虎寇西境。帝遣军逆讨，大破之。虎仅以身免。虎死，子务桓立，始来归顺，帝以女妻之。《铁弗传》曰：务桓，一名豹子。招集种落，为诸部雄。潜通石虎。虎拜为平北将军、左贤王。盖时铁弗、拓跋二氏之势相埒。十九年（356），永和十二年。正月，务桓死，弟阏头立，《铁弗传》作阏陋头。潜谋反叛。二月，帝西巡，因临河，使人招喻。阏头从命。二十一年（358），升平二年。阏头部民多叛，惧而东走。渡河，半济而冰陷，后众尽归阏头兄子悉勿祈。务桓子。初阏头之叛，悉勿祈兄弟十二人，在帝左右，尽遣归，欲其自相猜离。至是，悉勿祈夺其众，阏头穷而归命。帝待之如初。盖务桓死后，铁弗内相猜携，昭成因而搆之也。二十二年（359），升平三年。四月，悉勿祈死，弟卫辰立。《昭成皇后传》曰：昭成遣悉勿祈还，后戒之曰："汝还，必深防卫辰。辰奸猾，终当灭汝。悉勿祈死，其子果为卫辰所杀。"盖卫辰枭桀，故能为拓跋氏之患也。然其初立时，承内乱之后，势尚不竞，且其兄弟初尝依倚拓跋氏；故是岁八月，《序纪》言卫辰遣子朝贡。二十三年（360），升平四年。六月，皇后慕容氏崩。七月，卫辰来会葬，因而求昏，许之。二十四年（361），升平五年。春，卫辰遣使来聘。二十八年（365），正月，卫辰谋反，东渡河。帝讨之，卫辰惧而遁走。十二月，苻坚遣使朝贡。是年，为晋兴宁三年（365）。《晋书·本纪》云：七月，匈奴左贤王卫辰，右贤王曹毂，帅众二万，侵苻坚杏城。见第三章第八节。《坚载记》云：匈奴左贤王卫辰，遣使降于坚，遂请田内地，坚许之。云中护军贾雍，遣其司马徐斌，率骑袭之，因纵兵掠夺。坚怒，免雍官，以白衣领护军。遣使修和，示之信义。辰于是入居塞内，贡献相寻。兴宁三年（365），右贤王曹毂及卫辰叛，率众二万，攻其杏城已南郡县，屯于马兰山。在今陕西白水县西北。索虏乌延等，亦叛坚而通于辰、毂。坚率中外精锐以讨之。以其前将军杨安、镇军毛盛等为前锋都督。毂遣弟活距战，安大败之，斩活。毂惧而降。坚徙其酋豪六千余户于长安。进击乌延，斩之。邓羌讨卫辰，禽之于木根山。坚自骢马城如朔方，骢马城，在今陕西米脂县北。巡抚夷狄。以卫辰为阳夏公，以统其众。毂寻死。分其部落：贰城已西二万余落，封其长子玺为骆川侯，贰城已东二万余落，封其小子寅为力川侯；号东西曹。贰城，胡三省曰：贰县城，在杏城西北，平凉东南。平凉，苻秦郡，北周改为县，清为府，民国复为县，属甘肃。胡《注》见义熙五年（409）。《序纪》：二十九年（366），大和元年。五月，遣燕凤使苻坚。三十年（367），大和二年。十月，帝征卫辰。卫辰与宗族西走。收其部落而还。《铁弗传》曰：卫辰既立之后，遣子朝献。昭成以女妻卫辰。卫辰潜通苻坚。坚以为左贤王。遣使请田内地，春来秋去。坚许之。后掠坚边民五十余口为奴婢，以献于坚，坚让归之。乃背坚，专心归国。举兵伐坚。坚遣其建节将军邓羌讨禽之。坚至自朔方，以卫辰为阳夏公，统其部落。卫辰以坚还复其国，复附于坚。帝讨卫辰，大破之，收其部落十六七焉。卫辰奔苻坚。坚送还朔方，遣兵戍之。《序纪》昭成攻卫辰在正月，卫辰侵秦在七月，安得云以专心归国而伐坚？盖卫辰附坚，而昭成侵之耳。坚当是时，理宜助卫辰，因边衅起，故不果，且伐之。昭成因是与坚通使，冀共犄卫辰。然卫辰附坚久，故一降伏，坚即复戍之，而昭成转为所犄也。

《魏书·序纪》：昭成三十六年（373），孝武帝宁康元年。五月，遣燕凤使苻坚。三十七年（374），宁康二年。帝征卫辰，卫辰南走。三十八年（375），宁康三年。卫辰求援于苻坚。三十九年（376），大元元年。苻坚遣其大司马苻洛，率众二十万，及朱肜、张蚝、邓羌等诸道来寇，侵逼南境。十一月，白部、独孤部御之，败绩。南部大人刘库仁走云中。帝复遣库仁率骑十万，逆战于石子岭，在云中盛乐西南。不利。帝时不豫，群臣莫可任者，乃率国人，避于阴山之北。高车杂种尽叛，四面寇钞，不得畜牧，复度漠南。坚军稍退，乃还。十二月，至云中，旬有二日，帝崩。《昭成子孙传》云：初昭成以弟孤让国，乃以半部授孤。孤卒，子斤失职怀怨，欲伺隙为乱。是时献明皇帝及秦明王翰皆先终，大祖年六岁。昭成不豫，慕容后子阏婆等虽长，而国统未定。斤因是说寔君昭成庶长子。曰："帝将立慕容所生，而惧汝为变，欲先杀汝。是以顷日以来，诸子戎服，夜持兵杖，绕汝庐舍，伺便将发。吾愍而相告。"时苻洛等军犹在君子津，在云中西南。夜常警备，诸皇子挟杖，旁皇庐舍之间。寔君视察，以斤言为信。乃率其属，尽害诸皇子。昭成亦暴崩。其夜，诸皇子妇及宫人奔告苻洛军。坚将李柔、张蚝勒兵内逼。部众离散。苻坚闻之，召燕凤问其故。以状对。坚曰："天下之恶一也。"乃执寔君及斤，轘之于长安西市。《晋书·苻坚载记》曰：坚既平凉州，又遣其安北将军幽州刺史苻洛为北讨大都督，率幽州兵十万，讨代王涉翼犍。又遣后将军俱难与邓羌等率步骑二十万，东出和龙，西出上郡，见第二章第二节。与洛会于涉翼犍廷。翼犍战败，遁于弱水。据《魏书》《序纪》，当在阴山北。苻洛逐之。势窘迫，退还阴山。其子翼圭，缚父请降。洛等振旅而还。坚以翼犍荒俗，未参仁义，令入大学习礼。以翼圭执父不孝，迁之于蜀。散其部落于汉鄙边故地，立尉监行事官寮领押，课之治业营生。三五取丁。优复三年无税租。其渠帅岁终令朝献。出入行来，为之制限。坚尝至大学，召涉翼犍问曰："中国以学养性，而人寿考，漠北啖牛羊，而人不寿，何也？"翼犍不能答。又问："卿种人有堪将者？可召为国家用。"对曰："漠北人能捕六畜，善驰走，逐水草而已，何堪为将？"又问："好学否？"对曰："若不好学，陛下用教臣何为？"坚善其答。《宋书·索虏传》云：犍为苻坚所破，执送长安。后听北归。犍子开，字涉珪代之。《齐书·魏虏传》云：苻坚遣伪并州刺史苻洛伐犍，破龙庭，禽犍还长安。为立宅，教犍书学。分其部党居云中等四郡。诸部主帅，岁终入朝。并得见犍。差税诸部以给之。坚败，子珪，字涉圭，随舅慕容垂据中山，见第四章第二节。遂领其部案。《魏书·皇后列传》言：昭成皇后慕容氏，生献明帝及秦明王。《序纪》云：昭成三十四年春，长孙斤谋反，拔刃向御坐，太子献明皇帝讳寔格之，伤胁，夏，五月，薨。秋，七月，皇孙珪生。《皇后传》：献明皇后贺氏，父野干，东部大人。后少以容仪，选入东宫。生大祖。苻洛之内侮也，后与大祖及故臣吏避难北徙。俄而高车奄来钞掠。后乘车，与大祖避贼而南。中路失辖。后惧，仰天而告曰："国家胤胄，岂止尔绝灭也？惟神灵扶助。"遂驰。轮正不倾。行百余里，至七介山南，而得免难。案《苻坚载记》，明载坚与什翼犍问答，则禽犍之说，必非虚诬。《魏书》记载，自不如中国史籍之可信。疑执昭成者即其太子，魏人讳言其事，乃伪造一献明，以为道武父，既讳昭成之俘囚，又讳其元子之悖逆，并讳道武之翦灭舅氏，其弥缝亦可谓工矣。然献明、秦明，皆羌无事迹可征；阏婆更无可考见；而为献明所格者，其氏实为魏枝子之氏，而其名又与昭成弟孤之子同，其为子虚乌有之流，更可想见；终不能逃明者之目矣。

《魏书·昭成子孙传》：寔君为昭成庶长子，秦明王翰为第三子，又有寿鸠、纥根、地干、力真、窟咄。惟《窟咄传》云：昭成崩，苻洛以其年长，逼徙长安，苻坚礼之，教以书学，因乱，随慕容永东迁，此外皆无事迹可考。《通鉴》言犍世子寔及弟翰早卒，寔子珪尚幼，慕容妃之子阏婆、寿鸠、纥根、地干、力真、窟咄皆长，盖即据《魏书》为辞，非别有所据。其实诸子是否慕容氏所生，亦难质言也。《魏书》欲伪造寔君悖逆之事，则不得不谓其为慕容氏所生耳。

《魏书·大祖纪》云：年六岁，昭成崩，苻坚遣将内侮，将迁帝于长安，既而获免，语在《燕凤传》。《凤传》云：大祖将迁长安，凤以大祖幼弱，固请于苻坚曰："代主初崩，臣子亡叛，遗孙冲幼，莫相辅立。其别部大人刘库仁，勇而有智；铁弗卫辰，狡猾多变；皆不可独任。宜分诸部为二，令此两人统之。两人素有深仇，其势莫敢先发，此御边之良策。待其孙长，乃存而立之，是陛下施大惠于亡国也。"坚从之。《库仁传》云：母平文皇帝之女，昭成皇帝复以宗女妻之，为南部大人。苻坚以库仁为陵江将军、关内侯，令与卫辰分国部众而统之。自河以西属卫辰，自河以东属库仁。于是献明皇后携大祖及卫、秦二王，卫王仪，秦明王翰子。秦愍王觚，后少子。自贺兰部来居焉。库仁尽忠奉事，不以兴废易节。抚纳离散，恩信甚彰。此中谓大祖少依库仁，亦属虚辞，说见第七节。苻坚当日，盖欲以铁弗部人统河东诸部，然又虑其不为诸部所服，故择一拓跋氏之婿而用之，俾与卫辰可以无猜，而拓跋旧部，亦不至疑怨，所谓御边良策者如此，此或燕凤所教，《凤传》所载之辞，则亦非情实也。

第四节　肥水之战

苻坚之陷仇池也，使杨安镇之。其明年，为宁康元年（373），梁州刺史杨亮，遣子广袭仇池。与安战，败绩。安进寇汉川。坚又遣王统、朱彤、毛当、徐成等助之。亮距战，不利，奔西城。汉县，后汉末置郡，晋改为魏兴，见第三章第六节。彤遂陷汉中。成攻陷二剑。谓大小二剑山，在剑阁北，见第三章第六节。杨安进据梓潼。见第三章第六节。益州刺史周仲孙距之绵竹。见第三章第六节。闻毛当将袭成都，奔于南中。于是梁、益二州皆陷。桓冲使毛穆之督梁州三郡军事，以益州刺史领建平太守，戍巴郡。穆之宝子。建平、巴郡，皆见第三章第六节。又以其子球为梓潼太守。穆之与球攻秦，至巴西，以粮乏，退屯巴东。巴西、巴东，见第三章第六节。穆之病卒。二年（374），五月，蜀人张育、杨光等起兵，与巴僚相应。晋益州刺史竺瑶，威远将军桓石虔豁子。率众三万据垫江。见第三章第六节。育乃自号蜀王，遣使归顺。与巴僚酋帅李重、尹万等围成都。寻育与万争权，举兵相持。七月，邓羌与杨安攻灭之。瑶、石虔退屯巴东。坚之攻凉州也，徐州刺史桓冲，遣宣城内史朱序宣城，见第三章第九节。豫州刺史桓伊向寿阳；见第三章第四节。淮南太守刘波，淮南，见第三章第四节。泛舟淮、泗。旋又遣序与江州刺史桓石秀亦豁子。溯流禀荆州刺史桓豁节度。豁遣督护桓熊与序等游军沔、汉，以图牵制。然相隔大远，声势不接，凉州卒陷没。诏遣中书郎王寻之诣豁，谘谋边事。豁表以梁州刺史毛宪祖监沔北军；朱序为梁州刺史，镇襄阳。时大元二年（377），三月也。八月，桓豁卒。十月，以桓冲为荆州刺史。冲以坚强盛，欲移阻江南，乃徙镇上明。城名，在今湖北松滋县西。谢玄为兖州刺史，多募劲勇。彭城刘牢之等，以骁猛应选。玄以牢之为参军，使领精锐为前锋，百战百胜，号为北府兵。时称京口为北府。下流兵力始强矣。坚使其子丕等围襄阳，久不拔。坚欲亲率众助之。苻融等谏，乃止。四年（379），二月，襄阳陷，朱序见执。遂陷顺阳。见第三章第九节。晋沛郡太守戴逯，沛郡，见第三章第一节。以卒数千戍彭城，见第五章第四节。坚兖州刺史彭超请攻之，愿更遣重将讨淮南诸城。坚乃使超攻彭城，俱难寇淮阴、盱眙。淮阴，见第四章第二节。盱眙，见第三章第九节。又使其梁州刺史韦钟寇魏兴。四月，魏兴陷，太守吉挹死之。五月，俱难陷淮阴，彭超陷盱眙。进攻幽州刺史田洛于三阿，幽州侨置。三阿，地名，在今江苏高邮县北。去广陵百里。广陵，见第三章第九节。京都大震，临江列戍。毛当、王显，初随苻丕攻襄阳，及是亦来会。谢玄遣兵败之。难、超等连弃盱眙、淮阴，退屯淮北。坚闻之，大怒，槛车征超下狱。超自杀。难免为庶人。是役也，秦盖丧败颇甚，史失其详矣。然晋卒罢彭城、下邳二戍。坚以毛当为雍州刺史，镇彭城；毛盛为兖州刺史，镇胡陆；王显为扬州刺史，戍下邳。下邳，见第三章第四节。胡陆，见第五章第六节。《通鉴考异》曰：《帝纪》及诸传，皆不言此年彭城陷没，而《十六国秦春秋》云：彭超据彭城；又云：超分兵下邳，留徐褒守彭城；至七月，以毛当为徐州刺史，镇彭城；王显为扬州刺史，戍下邳；是二城俱陷也。案二城或一时陷没，难、超败，秦复弃之，晋亦弃不戍，而秦乃又取之也。六年（381），十二月，坚荆州刺史都贵，遣其司马襄阳太守阎振，中兵参军吴仲寇竟陵。桓冲遣南平太守桓石虔，竟陵太守郭铨距破之，斩振及仲。竟陵、南平，皆见第三章第九节。七年（382），九月，冲使朱绰讨襄阳。焚沔北田谷。又遣上庸太守郭宝伐魏兴、上党。上庸，见第三章第三节。上党，见第二章第二节。八年（383），冲又率众攻襄阳。遣刘波、桓石虔、石民等攻沔北。石民亦豁子。杨亮伐蜀，拔伍城，蜀汉县，今四川中江县东。进攻涪城。见第三章第六节。胡彬攻下蔡。见第五章第六节。郭铨攻武当。汉县，晋侨置始平郡于此，见第三章第九节。是时，秦之用兵，并不得利。盖梁、益为晋兵力最弱之处，故秦取之甚易；荆州兵力本强，下流亦新振作，故秦所向辄沮也。此时秦欲取晋，非用大兵不可，而肥水之战作矣。

符坚在诸胡中，尚为稍知治体者，然究非大器。尝县珠帘于正殿，以朝群臣。宫宇、车乘、器物、服御，悉以珠玑、琅玕、奇宝、珍怪饰之。虽以尚书裴元略之谏，命去珠帘，且以元略为谏议大夫，然此特好名之为，其诸事不免淫侈，则可想见矣。坚之灭燕也，慕容冲姊为清河公主，年十四，有殊色，坚纳之，宠冠后庭。冲年十二，亦有龙阳之姿，坚又幸之。冲僭子。姊弟专宠，宫人莫进。长安歌之曰："一雌复一雄，双飞入紫宫。"咸惧为乱。王猛切谏，坚乃出冲。其荒淫如此。时西域诸国，多入朝于坚，坚又使吕光征之。苻融固谏，坚不听。盖一欲夸耀武功，一亦贪其珍宝也。燕之平也，以王猛为冀州牧，镇邺；郭庆为幽州刺史，镇蓟。后以猛为丞相，苻融代牧冀州。及陷襄阳，以梁成为荆州刺史镇之。而以苻洛为益州牧，镇成都。命从伊阙，自襄阳溯汉而上。伊阙在洛阳南。洛，健之兄子。雄勇多力，而猛气绝人，坚深忌之，故常为边牧。时镇和龙。见第一节。洛疑坚使梁成害之，遂举兵。苻重镇蓟，亦尽蓟城之众，会洛兵于中山。见第四章第二节。坚遣窦冲、吕光讨之，以苻融为大都督。冲等执洛。吕光追讨苻重于幽州。坚徙洛于凉州。征融为大将军，领宗正，录尚书事。引其群臣于东堂，议曰："凡我族类，支胤弥繁，今欲分三原、九嵏、武都、汧、雍十五万户于诸方要镇，诸君之意如何？"三原，见第五章第六节。九嵏，山名，在今陕西醴泉县北。武都，见第二章第二节。汧，见第二章第一节。雍，见第三章第五节。皆曰："此有周所以祚隆八百，社稷之利也。"于是分四帅子弟三千户，以配苻丕，坚庶长子。镇邺。分幽州置平州，以石越为刺史，领护鲜卑中郎将，镇龙城。见第五章第二节。大鸿胪韩胤领护赤沙中郎将，移护乌桓府于代郡之平城见第四章第二节。中书梁谠为幽州刺史，镇蓟。毛兴为河州刺史，镇抱罕。见第五章第一节。王腾为并州刺史，领护匈奴中郎将，镇晋阳。见第三章第四节。苻晖为豫州牧，镇洛阳。苻叡为雍州刺史，镇蒲阪。见第三章第四节。晖、叡，皆坚子。坚之分氐户而留鲜卑也，论者皆以为坚致败之原，实亦未可一概而论。[1]《坚载记》言：慕容垂奔坚，王猛劝坚除之，坚不听。后其大史令张孟，又言彗起尾箕，扫东井，为燕灭秦之象，劝坚诛慕容暐及其子弟，坚不纳。更以暐为尚书，垂为京兆尹，冲为平阳太守。京兆、平阳，皆见第二章第二节。苻融闻之，上疏谏，坚又不听。其分氐户于诸镇也，坚送丕于灞上，见第五章第六节。流涕而别。诸戎子弟，离其父兄者，皆悲号哀恸，酸感行人，识者以为丧乱流离之象。赵整因侍，援琴而歌曰："阿得脂，阿得脂，博劳旧父是仇绥，尾长翼短不能飞。远徙种人留鲜卑，一旦缓急语阿谁？"坚笑而不纳。一似当年留种人而钼异族，即可措国基于磐石之安者，此事后传会之辞也。当时五胡，降下异族，徙之腹地者甚多。后赵之于苻洪、姚弋仲，即其一证。盖使之远离巢穴，处我肘腋之下，则便于监制；又可驱之以从征役也。坚之灭燕也，徙关东豪桀及诸杂夷十万户于关中，处乌丸杂类于冯翊、北地，皆见第二章第二节。丁零翟斌于新安；参看下节。新安，见第三章第三节。及平凉

---

① 史事：分氐未必失策，失策在伐晋，伐晋亦非如世俗所云。

州，又徙豪右七千余户于关中；意亦如此。此亦未为非计。抑坚在当日，或更有所不得已者。坚甫篡立，即杀其兄法。其后苻双、苻柳、苻廋、苻武复叛。苻融在坚诸弟中，最见宠信。其代王猛镇邺也，史言坚母苟氏，以融少子，甚爱之，比发，三至霸上，其夕，又窃如融所，内外莫知。心本无他，而为人所牵率，致终陷于叛逆者，有之矣。然则苻洛甫平，融即见徵而代之以丕，盖亦有所不得已也。大元七年（382），法子东海公阳，与王猛子散骑侍郎皮谋反。事泄，坚问反状。阳曰：“礼云：父母之仇，不同天地。臣父哀公，死不以罪。齐襄复九世之仇，而况臣也？”坚赦不诛，徙阳于高昌，见第二节。皮于朔方之北。朔方，见第三章第八节。苻融以位忝宗正，不能肃遏奸萌，请待罪私藩，坚不许。坚且能忍于法，而何有于阳？然终不能明正其罪者，势固有所不可也。宗族猜嫌之深，至于如此，安得不使己诸子，各据重镇？欲使诸子各据重镇，安得不配以腹心？然则氐户在当日，不得不分者势也。新平王雕，新平，见第二章第二节。尝以图谶，劝坚徙汧、陇诸氐于京师，置三秦大户于边地，其说正与王猛合，猛顾以雕为左道惑众，劝坚除之，然则谓结聚氐户，而遂可恃以为安，即猛亦不作是说也。五胡在中国，皆为小种，欲专恃己力以与人角，正是尾长翼短之象。尾长则所曳者重而难举，翼短则振起之力微也。外示宽容，阴图消弥，未尝非计之得，特彼此未能融合时，己族亦不可无以自立耳。此则坚之所以败也。然大一统之局未成，负嵎之势先失，固由氐户之散布，实亦肥水一败，有以启之，否则慕容垂、姚苌等，虽怀报复之心，安敢一时俱起？故伐晋之举，实为坚之一大失策。惟此事之真相，亦非如史之所云。史言坚欲伐晋，引草臣议之，群臣皆以为不可。权翼，坚之心腹；石越其大将也；及坚弟阳平公融、太子宏、少子中山公诜皆谏。坚皆弗听，而惟慕容垂、姚苌及良家少年之言是从。坚最信释道安，群臣争不能得，则使安止之。安争又弗能得，乃劝其止洛阳，勿远涉江、淮，坚又弗听。自谓“以吾众旅，投鞭于江，足断其流”。夫晋非慕容暐、张天锡之比，坚不容不知。坚即好谀，亦不容引慕容垂、姚苌为心膂，视良家子为蓍蔡。然则坚之必欲犯晋，盖尚别有其由。《唐书》载大宗之伐高句丽也，曰：“今天下大定，惟辽东未宾，后嗣因士马强盛，谋臣道以征讨，丧乱方始，朕故自取之，不遗后世忧也。”此辞经史家润饰，非其本，实则句丽自隋以来，屡寇辽西，大宗知其为劲敌，度非后嗣所克戡定，故欲自取之耳。然则坚谓“每思桓温之寇，江东不可不灭”，乃其由衷之言。彼其心未尝不畏晋，又知命将出师，必难克捷，故不恤躬自犯顺，而不知其丧败之更大而速也。苻融谏坚伐晋曰：“鲜卑、羌、羯，布诸畿甸；旧人族类，斥徙遐方。今倾国而去，如有风尘之变者，其如宗庙何？监国以弱卒数万，留守京师，鲜卑、羌、羯，攒聚如林，此皆国之贼也，我之仇也。臣恐非但徒返而已，亦未必万全。臣智识愚浅，诚不足采，王景略一时奇士，陛下每拟之孔明，其临终之言，不可忘也。"《猛传》云：猛疾笃，坚亲临省病。问以后事。猛曰："晋虽僻陋，正朔相承。亲仁善邻，国之宝也。臣没之后，愿不以晋为图。鲜卑、羌虏，我之仇也，终为人患，宜渐除之，以便社稷。"言终而死。此说亦不免事后傅会。然猛围邺时，坚留太子宏守长安，自率精锐会之，猛潜至安阳迎坚，曰："监国冲幼，銮驾远临，脱有不虞，其如宗庙何？"此则初非危辞耸听，宇文泰河桥一败，而长安、咸阳，寇难蜂起，即其明证。然则苻融之论，实非无病而呻，而惜乎坚之不知虑也。要之伐晋而胜，风尘之变，自可无虞，一败，则其后患亦有不可胜言者。坚知晋之终为秦患，命将出师之不足以倾晋，而未知躬自入犯之更招大祸，仍是失之于疏；而其疏，亦仍是失之于骄耳。

大元八年（383），苻坚大举入寇。坚先使苻朗守青州。又以裴元略为西夷校尉、巴西、梓潼二郡太守，令与王抚备舟师于蜀。已又下书：悉发诸州公私马。人十丁遣一。兵门在灼然者，为崇文义从。良家子年二十已下，武艺骁勇，富室材雄者，皆拜羽林郎。遣苻融、张蚝、苻方、梁成、慕容暐、慕容垂率步骑二十五万为前锋。坚发长安，戎卒六十余万，骑二十七万。前后千里，旌鼓相望。坚至项城，见第三章第三节。凉州之兵，始达咸阳，苻秦郡，今陕西泾阳县。蜀、汉之军，顺流而下；幽、冀之众，至于彭城；东西万里，水陆齐进。融等攻陷寿春。见第三章第四节。垂攻陷项城。梁成与其梁州刺史王显，弋阳太守王咏等，率众五万，屯于洛涧，在安徽怀远县西南。栅淮以遏东军。晋以谢石为征讨都督，与谢玄、桓伊、谢琰等，水陆七万，相继距融，去洛涧二十五里。龙骧将军胡彬，先保硖石，在安徽凤台县西南，淮水经其中。为融所逼，粮尽，潜遣使告石等曰："今贼盛粮尽，恐不复见大军。"融军人获而送之。融乃驰使白坚，曰："贼少易俘，但惧其越逸。宜速进众军，犄禽贼帅。"坚大悦，舍大军于项城，以轻骑八千，兼道赴之。令军人曰："敢言吾至寿春者拔舌。"故石等弗知。刘牢之率劲卒五千，夜袭梁成垒，克之，斩成及王显、王咏等十将，士卒死者万五千。谢石等以既败梁成，水陆继进。坚与苻融，登城而望王师。见部陈齐整，将士精锐。又望八公山上草木，皆类人形。① 八公山，在凤台县东南。顾谓融曰："此亦劲敌也，何谓少乎？"忧然有惧色。坚遣朱序说石等以众盛，欲胁而降之。序谓石曰："若秦百万之众皆至，则莫可敌也。及其众军未集，宜在速战。若挫其前锋，可以得志。"石闻坚在寿春，惧，谋不战以疲之。谢琰劝从序言。遣使请战，许之。时张蚝败谢石于肥南，谢玄、谢琰勒卒数万，陈以待之，蚝乃退。坚列陈逼肥水，王师不得渡。玄遣使谓融曰："君县军深入，置陈逼水，此持久之计，岂欲战者乎？若小退师，令将士周旋，仆与君公，缓辔而观之，不亦美乎？"坚众皆曰："宜阻

---

① 史事：望八公山草木为兵，乃迷信傅会之谈。

肥水，莫令得上。我众彼寡，势必万全。”坚曰：“但却军令得过，而我以铁骑数十万，向水逼而杀之。”融亦以为然。遂麾使却陈。众因乱，不能止。玄与琰、伊等，以精锐八千，涉渡肥水。石军距张蚝，小退。琰、玄仍进。决战肥水南。坚中流矢。临陈斩融。此据《谢玄传》。《坚载记》云：融驰骑略陈，马倒被杀。坚众奔溃。自相蹈藉，投水死者，不可胜计，肥水为之不流。余众弃甲宵遁，闻风声鹤唳，皆以为王师已至，草行露宿，重以饥冻，死者十七八。坚遁归淮北。时十月也。肥水之战，苻坚实败于徒欲以众慑敌，而别无制胜之方。《坚载记》云：朝廷闻坚入寇，会稽王道子以威仪鼓吹，求助于钟山之神，在首都朝阳门外。亦名蒋山。相传汉末，蒋子文为秣陵尉，逐贼至此，为贼所伤而死。屡著灵异，人因祀以为神。六朝人最信之。奉以相国之号。及坚之见草木状人，若有力焉。足见谓坚望八公山上草木皆类人形，怃然有惧色者，乃傅会之谈。顾坚众十倍于晋，理应雍容暇豫；乃一闻晋兵少易取，而苻融欣喜，急于驰白；坚又轻骑以赴之；既至，则欲以虚声胁降敌军；及战，又急求一决，而不肯阻遏淮水；何其急遽乃尔？无他，自觉绝无制胜之方，故亟思徼幸也。用少众尚不可以徼幸制胜，况大战邪？

第五节　后燕后秦之兴

苻坚之败于肥水也，诸军悉溃，惟慕容垂一军独全。坚以千余骑赴之。垂子宝，劝垂杀坚。此据《坚载记》。《垂载记》：垂弟德亦劝之。垂不从，以兵属坚。坚收集离散，比至洛阳，众十余万。至渑池，见第五章第二节。垂请巡抚燕、岱，并求拜墓。坚许之。权翼固谏，不从。寻惧垂为变，遣石越率卒三千戍邺，张蚝率羽林五千戍并州，留兵四千配毛当戍洛阳。坚遂归长安。坚子丕先在邺。垂至，丕馆之于邺西。初，丁零翟斌，世居康居，后徙中国。咸和五年（330），斌入朝于后赵，后赵以为句町王。永和十九年（363），又有翟鼠，率所部降燕，燕封为归义王。翟氏本居中山，见第四章第二节。苻坚灭燕，徙之新安。见第四章第三节。斌仕秦，为卫军从事中郎。翟斌、翟鼠，事据《通鉴》。丁零本北方部落，翟赋则西域种人。自魏、晋以后，西域种人，入北荒部落，与之杂居，且为其渠帅者众矣。俟叙述四裔事时，当再论之。咸和五年（330）朝赵之翟斌，《通鉴考异》曰：“《晋书》、《春秋》作翟真，按秦亡后慕容垂诛翟斌，斌兄子真北走，故知此乃斌也。”乃是叛。聚众谋逼洛阳。事在大元八年十二月，《本纪》误作翟辽。丕弟晖以告。丕配垂兵二千，遣其将苻飞龙率氐骑一千，为垂之副以讨之。丕诫飞龙曰：“卿王室肺腑，年秩虽卑，其实帅也。垂为三军之统，卿为谋垂之将。用兵制胜之权，防微杜贰之略，委之于卿。卿其勉之。”苻晖遣毛当击翟斌，为斌所败，当死之。垂至河内，见第二章第二节。杀飞龙，悉诛氐兵。召募远近，众至三万。翟斌闻垂将济河，遣使推垂为盟主。垂距之。垂至洛阳，晖闭门死守。斌又遣长史郭通说垂。垂乃许之。垂谋于众曰：
"洛阳四面受敌；北阻大河，控驭燕、赵，非形胜之便。不如北取邺都，据之以
制天下。"众咸以为然。乃引师而东。垂之发邺，中子农及兄子楷、绍，弟子宙
为苻丕所留。及诛飞龙，遣田生密告农等，使起兵赵、魏以相应。于是农、宙奔
列人，汉县，今河北肥乡县东。楷、绍奔辟阳。汉县，今河北冀县东南。众咸应之。丕遣
石越讨农，为农所败，斩越于陈。垂引兵至荥阳。见第二章第二节。以大元八年
（383），自称大将军、大都督、燕王，承制行事。以翟斌为建义大将军，封河南
王；翟檀斌弟。为柱国大将军，封弘农王。九年（384），二月，垂引丁零、乌丸
之众二十余万，长驱攻邺。农、楷、绍、宙等皆会。慕容暐弟燕故济北王泓，先
为北地长史，北地，见第二章第二节。闻垂攻邺，亡命奔关东。收诸马牧鲜卑，众
至数千。遂屯华阴。见第三章第三节。暐乃潜使诸弟及宗人起兵于外。坚遣将军强
永击泓，为泓所败。泓众遂盛。坚以子熙为雍州刺史，镇蒲阪。见第三章第四节。
徵子叡为都督中外诸军事，配兵五万，以窦冲为长史，姚苌为司马，讨泓于华
泽。胡三省曰：华阴之泽。平阳太守慕容冲，起兵河东，冲亦暐弟。平阳，见第二章第二
节。有众二万。进攻蒲阪。坚命实冲讨之。泓闻苻叡至，惧，将奔关东。叡驰兵
要之。姚苌谏，弗从。战于华泽，叡败绩，被杀。苌遣使诣坚谢罪。坚怒，杀
之。苌惧，奔渭北。遂如马牧。西州豪族，推为盟主。苌以大元九年四月，自称
大将军、大单于、万年秦王。时慕容冲与苻坚相攻，众甚盛。苌将西上，恐冲遏
之，乃遣使通和，以子崇为质。进屯北地，厉兵积粟，以观时变。坚率步骑二万
讨之，败绩。窦冲击慕容冲于河东，大破之。冲奔泓军。泓众至十余万。遣使谓
坚曰："秦为无道，灭我社稷。今天诱其衷，使秦师倾败，将欲兴复大燕。吴王
已定关东。时泓自称都督陕西诸军事、雍州牧、济北王，推垂为丞相、都督陕东诸军事、冀州
牧、吴王。可速资备大驾，奉送家兄皇帝并宗室功臣之家。泓当率关中燕人，翼
卫皇帝，还反邺都。与秦以虎牢为界，虎牢，见第四章第二节。分王天下，永为邻
好，不复为秦之患也。"坚大怒，召暐责之。已而复其位，待之如初。命以书招
谕垂及泓、冲，使息兵。暐密遣使者谓泓曰："吾既笼中之人，必无还理。吾罪
人也，不足复顾。可以吴王为相国；中山王冲。为太宰，领大司马；汝可为大将
军，领司徒，承制封拜。听吾死问，汝便即尊位。"泓于是进向长安。泓谋臣高
盖、宿勤崇等，以泓德望后冲，且持法苛峻，乃杀泓，立冲为皇太弟，承制行
事。自相署置。苻坚闻冲去长安二百余里，引归。时苻晖率洛阳、陕城之众七
万，归于长安。陕城，见第一节。坚使苻方戍骊山。在今陕西临潼县东南。配晖兵五万，
使距冲。以苻琳为后继。晖败绩。坚又以尚书姜宇为前将军，与琳率众三万，击
冲于灞上。见第五章第六节。为冲所败。冲遂据阿房城。亦称阿城，在长安西北。十二
月，僭即皇帝位。进逼长安。慕容垂攻邺，拔其郛。苻丕固守中城。垂堑而围

之。分遣老弱，于魏郡肥乡筑新兴城，以置辎重。肥乡，魏县，今河北肥乡县西。壅漳水以灌邺。丕粮竭，马无草，削松木而食之。而翟斌求为尚书令，垂弗许，斌怒，密应丕，使丁零决防溃水。事泄，垂诛之。《通鉴》：并诛其弟檀、敏。斌兄子真，率其部众，北走邯郸。见第四章第二节。引兵向邺，欲与丕为内外之势。垂令其太子宝及子隆击破之。真自邯郸北走。慕容楷追之，战于下邑，《十六国疆域志》谓即梁国之下邑县，案下邑县故城，在今江苏砀山县，东乡方不合，恐非。为真所败。真遂屯于承营。《通鉴》云：真北趋中山，屯于承营，则其地当在中山。中山，见第四章第二节。垂谓诸将曰："苻丕穷寇，必死守不降。丁零叛扰，乃我心腹之患。吾欲迁师，开其逸路。"于是引师去邺，北屯新城。丕始具西问，知苻叡等丧败，长安危逼。乃遣其阳平太守邵兴，率骑一千，将北引重合侯苻谟、高邑侯苻亮、阜城侯苻定于常山；见第三章第四节。固安侯苻鉴、中山太守王兖于中山；以为己援。垂遣张崇要兴，获之。丕又遣其参军封孚，西引张蚝及并州刺史王腾于晋阳。见第三章第四节。蚝、腾以众寡不赴。丕进退路穷。谋于群僚。司马杨膺唱归顺之计。丕犹未从。会黎阳为王师所克，乃变计。黎阳，见第五章第三节。

肥水之捷，刘牢之进克谯城。见第三章第三节。明年，正月，桓冲使部将伐新城、魏兴、上庸三郡，克之。新城，见第五章第六节。魏兴，见第三章第六节。上庸，见第三章第三节。二月，冲卒。荆、江二州并缺。物论以谢玄勋望，宜以授之。谢安恐为朝廷所疑；又惧桓氏失职；又虑桓石虔骁猛，居形胜之地，终或难制。乃以桓石民为荆州，移豫州刺史桓伊刺江州，伊宣子。而以石虔为豫州。四月，竟陵太守赵统伐襄阳，克之。竟陵，见第三章第九节。襄阳，见第三章第四节。朝以谢玄为前锋都督，率桓石虔径造涡、颍，经略旧都。玄次下邳，见第三章第三节。苻坚徐州刺史赵迁弃彭城奔还，彭城，见第五章第四节。玄进据之。遣参军刘袭攻坚兖州刺史张崇于鄄城，克之。九月。鄄城，见第三章第四节。进伐青州。遣淮陵太守高素向广固，淮陵，汉县，晋置郡，在今安徽盱眙县西北。广固，见第四章第二节。降坚刺史苻朗。十月。又进伐冀州。遣刘牢之、济北太守丁匡据碻磝；济北，见第五章第六节。碻磝，城名，在今山东荏平县西南。济阳太守郭满据滑台；《晋志》，兖州有济阳郡，实济阴郡之讹。《宋志》云：晋惠帝分陈留为济阳郡，则《晋志》阙之。郡当治济阳县，在今河南开封县东北。滑台，城名，今河南滑县。奋武将军颜雄渡河立营。此据《谢玄传》。《本纪》及《载记》作颜肱。苻丕遣将桑据屯黎阳，玄命刘袭袭据，走之。丕惧，乃遣弟就与参军焦逵请救于玄。丕书称"假途求粮，还赴国难。须军援既接，以邺与之。若西路不通，长安陷没，请率所领，保守邺城。"文降而已。逵与参军姜让，密说杨膺："正书为表。若王师至而丕不从，可逼缚与之。"膺素轻丕，自以力能逼之，乃改书而遣逵等。玄许之。馈丕米二千斛。遣晋陵太守滕恬之守黎阳。晋陵，见第四章第三节。三魏皆降。三魏，见第二章第二节。时桓石虔以母忧去职，朱序为豫州刺史。肥水之战，坚众小却，序时在其军后，唱云坚败，众遂大奔，序乃得归。玄欲令序镇梁国，见第二章第三节。自住彭城，北固河上，西援洛阳。朝议以征役既久，宜置戍而还，使玄还镇淮阴，见第四章第二节。序镇寿阳。见第三章第四节。慕容垂谓其弟范阳王德曰："苻丕，吾纵之不能去，方引晋师，规固邺都，不可置也。"进师又攻邺，而开其西奔之路。焦遽至，朝廷欲征丕任子，然后出师。遽固陈丕款诚无贰，并宣杨膺之意。乃遣刘牢之等率众二万，水陆运漕救邺。牢之至枋头，见第四章第二节。苻丕征东参军徐义、宦人孟丰告丕：杨膺、姜让等谋反。丕收膺、让戮之。牢之般桓不进。十年（385），四月，乃至邺。垂逆战，败绩。撤邺围，退屯新城。又自新城北走。牢之追之。行二百里，至五桥泽，胡三省曰：在临漳县北。案当在肥乡垂所筑新城之北。争趣辎重，稍乱，为垂所击，败绩。士卒歼焉。牢之策马跳五丈涧得免。会苻丕救至，因入临漳，即邺，见第三章第三节。集亡散，兵复少振。以军败征还。先是梁州刺史杨广伐蜀，遣巴西太守费统为前锋。巴西，见第三章第六节。苻坚益州刺史王广，遣其巴西太守康同拒之。数败，回退还成都。梓潼太守垒袭以涪城来降。梓潼、涪城，皆见第三章第六节。坚梁州刺史潘猛弃汉中奔长安。以上《通鉴》在大元九年（384）。王广使江阳太守李丕守成都，江阳，见第三章第六节。率所部奔陇西。其蜀郡太守任权，斩丕来降。大元十年二月。于是梁、益二州皆复。然于大局无甚关系也。

慕暐容暐之遣诸弟起兵于外也，苻坚防守甚严，暐谋应之而无因。时鲜卑在城者，犹有千余人，暐密结之，诈称子婚三日，请坚幸其第，欲伏兵杀之。谋泄，坚诛暐父子及其宗族。城内鲜卑，无少长，及其妇女皆杀之。长安大饥，人相食。坚与慕容冲战，各有胜负。苻晖屡为冲所败，坚让之。晖愤恚，自杀。大元十年（385），三月，坚使奉表请迎。四月，谢安自率众救之。然特以避会稽王道子而已，非真有意于北略也。见第七章第一节。时长安城中，有书曰《古苻传信录》，载"帝出五将久长得"。先是又谣曰："坚入五将山长得。"坚大信之，告其太子宏曰："既如此言，天或导予。今留汝兼总戎政，勿与贼争利。吾当出陇，收兵运粮以给汝。"遂将其少子中山公诜、张夫人，率骑数百，出如五将。《本纪》在五月。五将山，在今陕西岐山县东北。宣告州郡，期以孟冬救长安。宏寻将母妻、宗室男女数千骑出奔。百寮逃散。慕容冲入长安，《本纪》在六月。纵兵大掠，死者不可胜计。宏归其南秦州刺史杨璧于下辩。见第五章第一节。璧距之。乃奔武都氐豪张兴，武都，见第二章第二节。假道归顺。朝廷处宏于江州。桓玄篡位，以宏为凉州刺史。义熙初，以叛诛。见第七章第三节。八月，谢安卒。姚苌屯北地，闻慕容冲攻长安，议进取之计。群下咸曰："宜先据咸阳。"见上节。苌曰："燕因怀旧之士而起兵，若功成事捷，咸有东归之思，安能久固秦川？吾欲移兵岭北，胡三省曰："谓九嵕之北，凡新平、北地、安定之地皆是。"九嵕，见第四节。新平、安定，皆见第二章第二节。广收资实，须秦敝燕回，然后垂拱取之。"乃遣诸将攻新平，克之。因略地至安定。岭北诸城尽降。苻坚入五将山，苌遣将军吴忠围坚。坚众奔散。苌如新平，忠执坚送之。苌缢坚于佛寺。中山公诜及张夫人皆自杀。时八月也。慕容冲畏垂之强，不敢东归。课农筑室，为久安之计。鲜卑咸怨。十一年（386），二月，冲左将军韩延，因众心不悦，攻杀冲。立冲将段随为燕王。三月，冲仆射慕容恒、尚书慕容永袭杀随。永，虔弟运之孙。立宜都王子颙。帅鲜卑男女四十余万口，去长安而东。恒弟护军韬诱颙，杀之于临晋。见第三章第七节。恒怒，舍韬去。永与武卫刁云攻韬。韬败，奔恒营。恒立冲子瑶。众皆去瑶奔永。永执瑶杀之。立泓子忠。至闻喜，汉县，今山西闻喜城西南。闻垂已称尊号，不敢东。筑燕熙城而居之。在闻喜北。六月，刁云又杀忠。推永为河东王。称藩于垂。以上叙西燕事兼据《北史》及《通鉴》。《晋书》于西燕事始末不具。《本纪》于大元十一年正月，书慕容将许木末杀冲于长安。《慕容盛载记》曰：冲为段木延所杀。木末、木延，盖皆韩延之党也。鲜卑既东，长安空虚。卢水胡郝奴卢水胡，见第二章第二节。帅户四千入之，称帝。姚苌攻奴，降之。苌遂据长安，僭即皇帝位。姚苌僭位，《晋书·载记》在大元十一年（386），《通鉴》系于四月。《晋书·本纪》书其事于十年八月，盖因苻坚死连书之。十一年正月，慕容冲尚在长安，苌必不能于十年八月入长安称帝也。冲死而鲜卑众乃东下，《姚苌载记》谓冲率众东下而长安空虚，亦误。

苻坚之死也，苻丕复入邺城，将收兵赵、魏，西赴长安。会其幽州刺史王永，平州刺史苻冲，频为慕容垂将平规所败，乃遣昌黎太守宋敞，焚烧和龙、蓟城宫室，率众三万，进屯壶关。昌黎，见第二章第二节。壶关，见第三章第四节。遣使招丕。丕乃去邺，率男女六万余口，进如潞川。见第一节。张蚝、王腾迎之，入据晋阳。始知坚死问。大元十年（385），九月，丕僭即皇帝位于晋阳。苻定、苻绍据信都，见第四章第二节。苻谟、苻亮据常山，慕容垂之围邺城也，并降于垂，闻丕称尊号，遣使谢罪。中山太守王兖，固守博陵，见第三章第三节。与垂相持。左将军窦冲，秦州刺史王统，河州刺史毛兴，益州刺史王广，南秦州刺史杨璧，卫将军杨定，并据陇右，遣使招丕，请讨姚苌。丕大悦，各加官爵。已而定、绍、谟、亮，复降于垂。垂子驎陷中山，王兖及固安侯苻鉴，并为所杀。王广攻毛兴于枹罕，见第五章第一节。为所败，奔其兄统于秦州，为陇西鲜卑匹兰所执，送诣姚苌。苌疾笃，姚兴杀之。兴谋伐王统，枹罕诸氏，皆疲不堪命，乃杀兴，推卫平为刺史。已以其年老，复废之，而推苻坚之族孙登。王统亦降于姚苌。见《苌载记》。丕率众四万，进据平阳。慕容永恐不自固，使求假道还东。丕弗许。初苻坚尚书令苻纂，自关中奔丕。及是，丕遣王永及纂攻慕容永。大败，王永死之。纂之奔丕也，部下壮士三千余人。丕猜而忌之。及王永败，惧为纂所杀，率骑数千，南奔东垣。城名，在今河南新安县东。荆州刺史桓石民，遣将军冯该，自陕要击，临陈斩丕。时大元十一年（386），十月也。执其太子宁、长乐王寿，送于京师。丕之臣佐，皆投慕容永。永乃进据长子，见第三章第四节。僭称尊号。苻纂及弟师奴，率丕余众数万，奔据杏城。见第三章第八节。丕尚书寇遗，奉丕子渤海王懿、济北王昶，自杏城奔苻登。十一月，登僭即皇帝位。立懿为皇太弟。后又自立其子崇为皇太子。遣使拜纂都督中外诸军事，进封鲁王。师奴为并州牧朔方王。纂怒，谓使者曰："渤海王世祖之孙，世祖，坚伪庙号。先帝之子，南安王何由不立而自尊乎？"纂长史王旅谏曰："南安已立，理无中改。贼虏未平，不可宗室之中，自为仇敌。愿大王远踪光武推圣公之义，枭二虏之后，徐更图之。"纂乃受命。登冯翊太守兰犊，冯翊，见第二章第二节。与纂首尾，将图长安。师奴劝纂称尊号。纂不从。乃杀纂，自立为秦公。兰犊绝之。慕容永攻犊，犊请救于姚苌。苌自往赴之。师奴距苌，大败，苌尽俘其众。又擒兰犊。苻登能战而寡谋，且极残暴。登初与姚苌弟硕德相持，时岁旱众饥，道殣相望，登每战杀贼，名为熟食，谓军人曰："汝等朝战，夕便饱肉，何忧于饥？"士众从之，啖死人肉。与苌相持积年，关、陇豪右及氐、羌，各有所附。大元十八年（393），十月，苌死。登闻之，喜。留其弟广守雍，见第三章第五节。太子崇守胡空堡，在今陕西邠县西南。登据新平与苌相持最久。后其将金槌以新平叛降苌，登乃转据雍。自雍尽众而东。苌子兴，使尹纬拒之。登败，单马奔雍。广、崇闻登败，出奔，众散，登至，无所归，遂奔平凉，苻秦郡，今甘肃平凉县西北。收集遗众，入马毛山。亦作马髦，《十六国春秋》作马屯山，在今甘肃固原县西南。遣子汝阴王宗质于乞伏乾归，结昏请救。乾归遣骑二万救登。登引军出迎，与姚兴战于山南，被杀。崇奔湟中，僭称尊号。为乾归所逐而死。前秦遂亡。时大元十九年（394）也。

慕容垂以大元十一年正月僭位，定都中山。遣慕容楷等攻苻坚冀州牧苻定，镇东苻绍，幽州牧苻谟，镇北苻亮。定等悉降。先是翟真自承营徙屯行唐。今河北行唐县。真司马鲜于乞杀真。尽诛翟氏。自立为赵王。营人攻杀乞。迎立真从弟成。真子辽奔黎阳。《通鉴》系大元十年四月。成长史鲜于得斩成降垂。垂人行唐，悉坑其众。《通鉴》在七月。垂僭位之月，段辽据黎阳反，执太守滕恬之。三月，泰山太守张愿叛降辽，河北骚动。谢玄自以处分失所，上疏求解所职。时玄督徐、兖、青、司、冀、幽、并七州。诏慰劳，令且还镇淮阴。以朱序为青、兖二州刺史，代玄镇彭城。序求镇淮阴，许之。大元十二年正月。先是翟辽寇谯，又使其子钊寇陈颍，见第三章第三、第四节。序皆击走之。而高平人翟畅，高平，见第二章第二节。又执太守，以郡降辽。慕容垂攻之。辽请降。已而复叛。十三年（388），四月，以朱序为雍州刺史，戍洛阳。河南太守杨佺期，南阳太守赵睦，各领兵千人隶序。河南，见第二章第二节。南阳，见第三章第四节。谯王恬之刺青、兖。《传》作恬。承之孙。承见第四章第三节。五月，翟辽徙屯渭台。七月，其将翟发寇洛阳。河南太守郭给距走之。十四年（389），四月，辽寇荥阳，执太守郑卓。十五年（390），正月，谯王恬之薨。时刘牢之复戍彭城。与翟辽及张愿战于泰山，败绩。苻坚将张遇遣兵击破金乡，见第四章第二节。围泰山太守羊迈。泰山，见第三章第四节。八月，牢之遣兵击走之。遂进平泰山。追翟钊于鄄城。钊走河北，获张遇以归。十五年（390），正月，慕容永率众向洛。朱序自河阴北济，河阴见第三章第四节。与永将王次等战于沁水，次败走。赵睦与江夏相桓不才追永，破之于大行。永归上党。序追至上党之白水。相持二旬，闻翟辽欲向金墉，见第三章第二节。乃还。攻钊于石门。见第四章第三节。遣参军赵蕃攻辽于怀县，见第四章第二节。辽宵遁。序还襄阳。十六年（391），正月，慕容永寇河南，杨佺期击破之。十月，翟辽死，钊代立。十七年（392），六月，慕容垂袭钊于黎阳，败之。钊奔慕容永。岁余，谋叛永，永杀之。初姚苌将窦冲归顺，拜为东羌校尉。冲复反，入汉川，袭梁州。安定人皇甫钊，京兆人周勋等谋纳之。梁州刺史周琼告急于朱序。序遣将军皇甫真赴之。钊、勋散走。序以老病去。十月，擢都恢为雍州刺史。恢昙子。时巴、蜀在关中者，多背姚苌，据弘农以结苻登。登署窦冲为左丞相，徙屯华阴。冲氐人，故欲藉之以抚巴、蜀。杨佺期遣上党太守苟静戍皇天坞以距之。未详。冲数来攻。都恢遣赵睦守金墉，佺期次湖城，见第三章第三节。讨冲走之。十八年（393），十一月，慕容垂伐慕容永。十九年（394），五月，败其兵。六月，围长子。永穷蹙，遣其子弘求救于恢。恢陈"垂若并永，其势难测。今于国计，谓宜救永。"孝武帝以为然，诏王恭、兖州。庾楷豫州。救之。未发，八月，长子陷，永为垂所杀。垂使慕容农略地河南。攻廪丘、见第三章第三节。阳城，汉县，晋尝置郡，后罢，在今河南登封县东南。皆陷之。泰山、琅邪见第二章第三节。诸郡，皆委城奔溃。农进师临海，置守宰而还。垂告捷于龙城之庙。

姚兴以大元十九年（394），僭即帝位于槐里。见第三章第五节。是岁，苻登死。而兴安南强熙、镇远杨多叛，推窦冲为盟主，所在扰乱。兴率诸将讨之。军次武功，汉县，今陕西武功县。多兄子良国，杀多而降。冲弟彰武，与冲离贰，冲奔强熙。熙闻兴将至，率户二千奔秦州。窦冲奔汧川，汧川氐仇高执送之。冲从弟统，率其众降于兴。强熙围上邽，兴秦州牧姚硕德击破之。熙南奔仇池，遂假道归顺。慕容永灭，其河东太守柳恭等各阻兵自守。河东，见第二章第二节。兴遣姚绪讨之。恭势屈，请降。徙新平、安定新户六千于蒲阪。隆安元年（397），兴率众寇湖城。弘农太守陶仲山，华山太守董迈降于兴。弘农，见第二章第二节。华山，胡三省云："晋分弘农之华阴，京兆之郑，冯翊之夏阳置。"盖东晋所置也。郑县，见第三章第三节。夏阳，秦县，在今陕西韩城县西南。兴遂如陕城。进寇上洛，见第三章第五节。陷之。先是晋平远将军护氐校尉杨佛嵩，率胡、蜀三千余户，降于姚苌。杨佺期、赵睦追之。苌遣姚崇赴救，大败晋师，斩睦。苌以佛嵩为镇东将军。及是，兴遣崇与佛嵩寇洛阳。太守夏侯宗之固守金墉。崇攻之，不克。乃陷柏谷，坞名，在河南偃师县西南。徙流人二万余户而还。三年（399），十月，佛嵩卒陷洛阳，执太守辛恭静。洛阳既陷，淮、汉以北诸城，多请降送任于兴。顺阳太守彭泉，亦以郡降。顺阳，见第三章第九节。兴遣杨佛嵩与其荆州刺史赵曜迎之。遂寇陷南乡，后汉侯国，魏为郡，晋废，旋复置，在今河南淅川县东南。略地至梁国而归。

肥水战后，诸胡纷纷，其力，无一足以占据北方者，实为晋人恢复之好机会。然晋于是时，初不能出师经略。若不得已而出师，则谢玄、刘牢之、朱序等兵力皆嫌不足；谢安更无论矣。盖晋之君臣，本无远略；肥水之战，在秦虽有取败之道，在晋亦为幸胜；故其情势如此也。然则后燕、后秦之克分据北方，非其力足自立，乃晋实纵之耳。参看第八第九两节自明。

第六节　秦凉分裂

前凉建国，武功文治，均无足观，特以地处偏隅，为中原控制之力所不及，遂获割据自立者七十余年。苻坚丧败，姚苌继据关中，其驾驭之力，自又在前赵及前秦之下。于是西北一隅，割据者复纷纷而起矣。

吕光，略阳氐人。略阳，见第二章第二节。《载记》云："其先吕文和，汉文帝初，自沛避难徙焉，世为酋豪。"此五胡诸种自托于汉族之故智，不足信也。光为苻坚将，数有战功。前凉之亡也，坚以梁熙为凉州刺史，镇姑臧。见第二节。熙遣使西域，称扬坚之威德，并以采缯赐诸国王。于是朝献者十有余国。后鄯善王休密駄，车师前部王弥寘来朝。大宛献汗血马。天竺献火浣布。康居、于寘及海东诸国，凡六十有二王，皆遣使贡其方物。西域朝献之事，《晋书·坚载记》前后三叙。其实初十余国来朝是一次，此初通时事；后六十二王来朝，则系总括既通以后之事。《晋书》叙述误缠。坚初慕汉文之返千里马，命群臣赋《止马诗》，所献马悉返之。寘等请年年贡献。坚以西域路遥，不许。令三年一贡，九年一朝，以为永制。寘等又乞依汉置都护。坚乃以光为持节都督西讨诸军事，与姜飞、彭晃、杜进、康盛等，配兵七万，以讨定西域。苻融固谏，朝臣又屡谏，皆不纳。光以大元八年（383）发长安。行至高昌，见第二节。闻坚寇晋，欲更俟后命。杜进劝之，光乃进。至焉者，其王泥流，率其旁国请降。龟兹王帛纯距光，光破之，入其城。诸国贡款属路。光以驰二万头，致外国珍宝及奇伎异戏、殊禽怪兽千有余品，骏马万余匹而还至宜禾，晋县，在今甘肃安西县境。梁熙谋闭境距之。高昌太守杨翰请"守高梧谷口，而夺其水。彼既穷渴，自然投戈。如以其远，伊吾之关，亦可距也。此据《苻丕载记》。《光载记》云：请守高梧、伊吾二关。胡三省曰："高梧谷口，当在高昌西界。"伊吾，汉伊吾卢地，晋置伊吾县，在今甘肃安西县西北。若度此二要，虽有子房之策，难为计矣"。熙弗从。美水令犍为张统，美水，未详。犍为，见第三章第六节。说熙奉行唐公洛为盟主，以摄众望。则光无异心，可资其精锐以东。熙又不从。杀洛于西海。苻秦郡，今宁夏居延县。使子胤率众五万，距光于酒泉。见第三章第七节。光至高昌，杨翰以郡迎降。初光闻翰之说，恶之；又闻苻坚丧败，长安危逼；谋欲停师。杜进谏曰："梁熙文雅有余，机鉴不足，终不能纳善从说也。闻其上下未同，宜在速进。"光从之。敦煌太守姚静，晋昌太守李纯，以郡降光。敦煌，见第二章第二节。晋昌，见第三章第七节。光以彭晃、杜进、姜飞等为前锋，击胤于安弥，汉绥弥县，后汉曰安弥，在今甘肃酒泉县东。大败之。胤轻将麾下数百骑东奔，杜进追禽之。武威太守彭济执熙迎光，光杀之。武威，见第二章第二节。西郡太守索泮，酒泉太守宋皓等，并为光所杀。西郡，见第二章第二节。光入姑臧，自领凉州刺史、护羌校尉。《光载记》。《本纪》：大元九年（384），十月，吕光称制于河右，自号酒泉公。十年（385），九月，吕光据姑臧，自称凉州刺史。光主簿尉祐，奸佞倾薄人也。与彭济同谋执梁熙。光深见宠任。乃谮诛南安姚皓，天水尹景等名士十余人，南安、天水，皆见第二章第二节。远近颇以此离贰。光寻擢祐为金城太守。金城，见第二章第二节。祐次允吾，见第三章第五节。袭据外城以叛。祐从弟随据鹯阴以应之。汉鹯阴县，后汉曰鹤阴，在今甘肃靖远县西北。光遣其将魏真讨随。随败，奔祐。姜飞又击败祐。祐奔兴城，胡三省曰："当在允吾之西。"扇动百姓，夷夏多从之。初苻坚之败，张天锡南奔，其世子大豫，为长水校尉王穆所匿。及坚还长安，穆将大豫奔秃发思复鞬。秃发思复鞬送之魏安。前凉郡，在今甘肃古浪县东。魏安人焦松、齐肃、张济等起兵数千，迎大豫于揖次。汉揖次县，《晋书》作揖次，盖调文也。在古浪县北。陷昌松郡。汉苍松县，后汉作仓松，前凉置昌松郡，在古浪县西。光遣杜进讨之，为大豫所败。大豫遂进逼姑臧。王穆谏曰："吕光粮丰城固，甲兵精锐，逼之非利。不如席卷岭西，岭谓洪池岭，见第五章第二节。厉兵积粟，东向而争，不及期年，可以平也。"大豫不从。乃遣穆求救于岭西诸郡。建康太守李隰，祁连都尉严纯及阎袭起兵应之。《唐书·地理志》：张掖西北有祁连山，北有建康军。张掖，见第二节。大豫进屯城西。王穆率众三万，及思复鞬子奚干等陈于城南。光出击，破之，斩奚干等。《通鉴》在大元十一年（386）。大豫自西郡诣临洮，见第五章第一节。驱略百姓五千余户，保据俱城。在临洮界。彭晃、徐炅攻破之。大豫奔广武，见第五章第二节。穆奔建康。广武人执大豫送之，斩于姑臧市。《通鉴》在大元十二年（387）。光于是自称凉州牧酒泉公。《通鉴》在大元十一年十二月。王穆袭据酒泉，自称大将军、凉州牧。时谷价踊贵，斗直五百，人相食，死者大半。光西平太守康宁，自称匈奴王，阻兵以叛。西平，见第二章第二节。光屡遣讨之，不捷。初光之定河西也，杜进有力焉。以为武威太守。既居都尹，权高一时。出入羽仪，与光相亚。光甥石聪，至自关中。光曰："中州人言吾政化何如？"聪曰，"止知有杜进耳，实不闻有舅。"光默然，因此诛进。徐炅与张掖太守彭晃谋叛。光遣师讨炅。炅奔晃。晃东结康宁，西通王穆。光议将讨之。诸将咸曰："今康宁在南，阻兵伺隙。若大驾西行，宁必乘虚，出于岭左。晃、穆未平，康宁复至，进退狼狈，势必大危。"光曰："事势实如卿言。今而不往，当坐待其来。晃、穆共相唇齿又同恶相救，东西交至，城外非吾之有。若是，大事去矣。今晃叛逆始尔，宁、穆与之情契未密。及其仓卒，取之为易。且隆替命也，卿勿复言。"光于是自率步骑三万倍道兼行。既至，攻之。二旬，晃将寇颇斩关纳光。光诛晃。王穆以其党索嘏为敦煌太守，既而忌其威名，率众攻嘏。光闻之，率步骑二万攻酒泉，克之。进次凉兴。胡三省曰："凉兴郡，河西张氏置，在唐瓜州常乐县界。"按唐常乐县，在今甘肃安西县西。穆引师东还，路中众散，穆单骑奔骍马。晋县，在今甘肃玉门县境。骍马令郭文斩首送之。《通鉴》在大元十二年（387）。大元十四年（389），光僭即三河王位。南羌彭奚念入攻白土，后汉县，今西宁东南之白土城。光遣讨之，大败。乃亲讨之。攻克枹罕。见第五章第一节。又以子覆为西域大都护，镇高昌。大元二十一年（396），光僭即天王位。

乞伏国仁，陇西鲜卑人也。在昔有如弗斯、出连、叱卢三部，自漠北南出大阴山。遇一巨虫于路，状若神龟，大如陵阜。乃杀马而祭之，祝曰："若善神也，便开路；恶神也，遂塞不通。"俄而不见，乃有一小儿在焉。时又有乞伏部，《魏书》本传云："其先如弗，自漠北南出"。则乞伏当属三部中之如弗部。如弗与女勃音近，窃疑当居女勃水畔。有老父无子者，请养为子。众咸许之。老父欣然，自以有所依冯，字之曰纥干。纥干者，夏言依倚也。年十岁，骁勇善骑射，弯弓五百斤。四部服其雄勇，推为统主。号曰乞伏可汗托铎莫何。托铎者，言非神非人之称也。其后有祐邻者，即国仁五世祖也。泰始初，率户五千，迁于夏缘。未详。部众稍盛，鲜卑鹿结，七万余落，屯于高平川。见第二章第二节。与祐邻迭相攻击。鹿结败，南奔略阳。祐邻尽并其众。因居高平川。祐邻死，子结权立。徙于牵屯。山名，开头之音转。开头山，在今甘肃平凉县西，即崆峒山也。结权死，子利那立。利那死，弟祁埋立。祁埋死，利那了述延立。讨鲜卑莫侯于苑川，大破之，胡三省曰："苑川水，出天水勇士县之子城南山。东流，历子城川。又北，径牧师苑，故汉牧苑之地也，有东西苑城，相去七里。西城即乞伏所都也。"按勇士，汉县，在今甘肃榆中县东北。《胡注》见成帝咸和四年（329）。降其众二万余落。因居苑川。述延死，子傉大寒立。会石勒灭刘曜，惧而迁于麦田元孤山。《水经注》："麦田山，在安定北界。山之东北有麦田城。又北有麦田泉。"按麦田城，在今甘肃靖远县东北。大寒死，子司繁立。《通鉴》在咸和四年（329）。始迁于度坚山。在今甘肃皋兰县东北，黄河西北。寻为苻坚将王统所袭，部众叛降于统，司繁乃诣统降于坚。坚署为南单于，留之长安。以司繁叔父吐雷为勇士护军，抚其部众。俄而鲜卑勃寒，侵斥陇右，坚以司繁为使持节都督讨西胡诸军事、镇西将军以讨之。勃寒惧而请降。司繁遂镇勇士川。《通鉴》在宁康元年（373）。甚有威惠。司繁卒，国仁代镇。《通鉴》在大元元年（376）。及坚兴寿春之役，征为前将军，领先锋骑。会国仁叔父步颓叛于陇西，坚遣国仁还讨之。步颓闻而大悦，迎国仁于路。国仁乃招集诸部；有不附者，讨而并之；众至十余万。大元十年（385），自称大都督、大将军、大单于、秦、河二州牧，筑勇士城以居之。苻登署为苑川王。十三年（388），国仁死，子公府幼，君臣立其弟乾归。迁于金城。亦受署于苻登。登为姚兴所逼，遣使请兵，乾归遣骑二万救之。会登为兴所杀，乃还。国仁、乾归，多服氐、羌、鲜卑杂部，尽有陇西、巴西之地。吕光遣吕方及其弟吕宝讨乾归。窦济河，为乾归所败，宝死之。光率众十万，将伐乾归。左辅密贵周，左卫莫者羖言于乾归，乾归乃称藩于光，遣子勃勃为质。既而悔之，诛周等。乾归从弟轲弹，与乾归弟益州不平，奔于光。光又伐之。咸劝其东奔成纪。见第三章第八节。乾归不从。隆安元年（397），光次于长最，见第五章第二节。使子纂克金城，弟天水公延克临洮、武始、河关。晋狄道郡，张骏改为武始。狄道，见第五章第二节。河关，汉县，在今甘肃导河县西。乾归乃纵反间，称乾归众溃，东奔成纪。延信之，引师轻进。与乾归遇，败死。光还。乾归迁于苑川。姚兴使姚硕德率众五万伐之。兴僭师继发。乾归距之陇西，为兴所败。遁还苑川。遂走金城。率骑数百，驰至允吾。秃发利鹿孤遣弟傉檀迎之。隆安四年（400）。

秃发乌孤，河西鲜卑人也。其先与后魏同出，已见第三章第八节。乌孤八世祖匹孤，率其部自塞北迁于河西。其地东至麦田、牵屯，西至湿罗，未详。南至浇河，在今青海巴燕县西，后凉尝置郡。北接大漠。匹孤卒，子寿阗立。《魏书》云："初母孕寿阗，因寝产于被中，乃名秃发，其俗为被覆之义。"案秃发、拓跋，明系同音异译。《廿二史考异》云："古读轻唇如重唇，发从发得声，与跋音正相近。魏伯起书尊魏而抑凉，故别而二之。晋史亦承其说。"案此亦非魏收所为，盖魏人当日，有意将己与南凉之氏，异其译文也。后土之说，既不足信，被覆之义，或反是真。特迁徙既始匹孤，则其与元魏之分携，亦当在此际，无缘至寿阗始得此氏。此或被覆之义为实，产于被中之说，出于附会；亦或产于被中之说并真，惟初不属于寿阗。传说之辗转淆讹，率多如此，不足怪也。寿阗卒，孙树机能立。其事已见第二章第二节。树机能死，从弟务丸立。死，孙推斤立。死，子思复鞬立。部众稍盛。乌孤即思复鞬之子也。吕光署为河西鲜卑大都统、广武县侯。筑廉川堡都之。在今青海乐都县东。乌孤讨破诸部。光进其封为广武郡公。又遣使署为益州牧、左贤王。乌孤不受。隆安元年（397），自称大都督、大将军、大单于、西平王。曜兵广武，攻克金城。光遣将军窦苟来伐，战于街亭，大败之。街亭，在今甘肃永登县北。降光乐都、湟河、浇河三郡。乐都、湟河，皆后凉郡。乐都即今乐都县。湟河在乐都东南。岭南数万落皆附之。后光将杨轨来奔，见下。乌孤更称武威王。二年（398），据《本纪》。徙于乐都。署弟利鹿孤为西平公，镇安夷；汉县，在今青海西宁县东。傉檀为广武公，镇西平。见第二章第二节。阴有图姑臧之志。后又以利鹿孤为凉州牧，镇西平。三年（399），八月，乌孤卒，利鹿孤即伪位。徙居西平。乞伏乾归之败，利鹿孤遣傉檀迎之，处之于晋兴。见第五章第二节。南羌梁弋等遣使招之。乾归将叛，谋泄，利鹿孤遣弟吐雷屯于扪天岭。胡三省曰："在允吾东南。"乾归惧为利鹿孤所害，送其子炽磐兄弟为质，而奔长安。隆安四年八月。姚兴大悦，署为河州刺史、归义侯。遣还镇苑川，尽以其部众配之。

沮渠蒙逊，张掖临松卢水胡人也。卢水胡，见第二章第二节。临松，前凉郡，在张掖之南。其先世为匈奴左沮渠，遂以官为氏。《晋书·载记》。羌之酋豪曰大，故又以大冠之焉。①《宋书·大且渠蒙逊传》。《传》曰"以位为氏，以大冠之"，则大非氏。世居卢水为酋豪。祖祁复延，封狄地王。父法弘袭爵。苻氏以为中田护军。胡三省曰："中田护军，盖吕光所置，镇临松。"案苻氏时已有之，则非吕光所置也。胡《注》见安帝元兴二年（403）。蒙逊代父领部曲，有雄略，多计数，为诸胡所推服。吕光自王于凉州，使蒙逊自领营人配箱直。又以蒙逊叔父罗仇为西平太守。隆安元年（397），春，光遣子纂率罗仇伐乞伏乾归，为乾归所败。光委罪罗仇，杀之。此据《宋书·蒙逊传》。《晋书·蒙逊载记》，以罗仇与麹粥，皆为蒙逊伯父。从光征河南，光前军大败，麹粥劝兄罗仇叛光，罗仇不肯，俄而皆为光所杀。据《吕光载记》，罗仇为光尚书，麹粥为三河太守。三河，后凉郡，治白土。四月，蒙逊求还葬罗仇，因聚众万余人叛光。杀临松护军，屯金山。在今甘肃山丹县西南。五月，为吕纂所破，将六七人逃山中。亦据《宋书》本传。《晋书·蒙逊载记》：蒙逊并杀光中田护军马邃，临松令井祥。《吕光载记》云纂败蒙逊于忽谷。胡三省曰："忽谷，当在删丹界。"蒙逊兄男成，先为将军，守晋昌。闻蒙逊起兵，逃奔赀虏，扇动诸夷，众至数千。酒泉太守垒成讨之，败死。男成进攻建康。说太守段业，业京兆人，为杜进记室。欲奉为主。业不从。相持二旬，外救不至。业先与光侍中房晷、仆射王详不平，虑不自容，乃许之。男成等推业为凉州牧、建康公。光命吕纂讨业。蒙逊进屯临洮，为业声势。战于合离，亦作合黎，山名，在今张掖、山丹、高台、酒泉四县之北。纂师大败。光散骑常侍大常郭黁与干详谋叛，光诛详，黁据东苑以叛。姑臧有东西苑城。光驰使召纂，纂引还。黁推后将军杨轨为盟主。黁败，奔乞伏乾归。杨轨南奔廉川。光病甚，立其太子绍为天王，自号大上皇帝。以其二庶兄纂为太尉，弘为司徒。十二月，光死。明年，纂叛，绍自杀。纂僭即天王位。弘起兵东苑，众溃，奔广武。吕方执弘系狱。驰使告纂。纂遣力士拉杀之。纂伐秃发利鹿孤，利鹿孤使傉檀距败之。纂西击段业，围张掖，略地建康。傉檀帅骑一万袭姑臧。纂闻之，乃还。

段业以沮渠男成为辅国将军，委以军国之任。王德以晋昌，孟敏以敦煌降业。男成及德围张掖，克之。业因据张掖。沮渠蒙逊率部曲投业，业以为临池太守。在今巴燕县西。王德为酒泉太守。寻又以蒙逊领张掖太守。隆安二年（398），四月，业使蒙逊将万人攻昌光弟子纯于西郡，执之以归。四年（400），业以孟敏为沙州刺史，署李暠为效谷令。效谷，汉县。在今敦煌县西。敏卒，其下推暠为敦煌太守，称藩于业。业以暠为敦煌太守。已又以索嗣代之。暠遣其二子歆、让逆

---

① 史事：大沮渠蒙逊，乃以大冠沮渠，大非氏。

战，破之。嗣奔还张掖。暠罪状嗣于段业。沮渠男成恶嗣，因劝除之。业乃杀嗣，遣使谢暠。分敦煌之凉兴、乌泽，未详。晋昌之宜禾三县为凉兴郡，进暠持节都督凉兴已西诸军事。晋昌太守唐瑶，移檄六郡，胡三省曰："盖敦煌、酒泉、晋昌、凉兴、建康、祁连也。"推暠为凉公，领秦、凉二州牧。遣宋县东伐凉兴，并击玉门已西诸城，皆下之。玉门关，在今甘肃敦煌县西。时王德叛业，自称河州刺史，业使蒙逊西讨，德焚城，将部曲投唐瑶。蒙逊追德至沙头，汉池头县，后汉曰沙头，在今甘肃玉门关西南。大破之，虏其妻子部落而还。初业以门下侍郎马权代蒙逊为张掖太守。蒙逊潜之于业，业杀之。蒙逊谓男成曰："所惮惟索嗣、马权，今皆死矣。蒙逊欲除业以奉兄，何如？"男成曰："业羁旅孤飘，我所建立。有吾兄弟，犹鱼之有水。人既亲我，背之不详。"乃止。及是，蒙逊请为西安太守。西安，后凉郡，在张掖东南。业许焉。蒙逊期与男成同祭兰门山。在今甘肃山丹县西南。密遣司马许咸告业曰："男成欲谋叛，以假日作逆。若求祭兰门山，臣言验矣。"至期日，果然。业收男成令自杀。蒙逊举兵攻业。业先疑其右将军田昂，幽之于内。至是，谢而赦之，使讨蒙逊。昂归于蒙逊。蒙逊至张掖，昂兄子承爱，斩关纳之。遂斩业。时隆安五年三月也。蒙逊自称凉州牧、张掖公。

吕纂游畋无度，荒耽酒色。隆安五年（401），二月，为光弟宝之子隆、超所弑，并杀其弟纬。隆僭即天王位。隆多杀豪望，以立威名。内外嚣然，人不自固。魏安人焦朗，使说姚兴将姚硕德，且遣妻子为质。硕德遂率众至姑臧。超出战，大败。隆收集离散，婴城固守。东人多谋外叛。将军魏益多，又唱动群心。乃谋杀隆、超。事发，诛之，死者三百余家。于是群臣表求与姚兴通好。隆弗许。超谏：以"连兵积岁，资储内尽，强寇外逼；百姓嗷然，无糊口之寄；张、陈、韩、白，亦无如之何。"隆乃请降。硕德表为凉州刺史、建康公。于是遣母弟、爱子、文武旧臣五十余家质于长安。硕德乃还。姑臧谷价踊贵，斗直钱五千，人相食。城门昼闭，樵采路绝。百姓请出城，乞为夷虏奴婢者，日有数百。隆惧沮动人情，尽坑之。积尸盈于衢路。俟檀、蒙逊，频来伐之。隆以二寇之逼，遣超率骑二百，多赍珍宝，请迎于姚兴。兴遣其将齐难等步骑四万迎之。隆率户一万，随难东迁。后坐与子弼谋反，为兴所诛。后凉遂亡。时元兴二年八月也。据《通鉴》。

姚硕德之围姑臧也，沮渠蒙逊以昌隆既降于兴，酒泉、凉宁二郡又叛降李暠，凉宁，晋郡，在今甘肃玉门县境。乃遣弟建忠挈及牧府长史张潜见硕德于姑臧，请军迎接，率郡人东迁。硕德大悦，拜潜张掖太守，挈建康太守。潜劝蒙逊东迁。挈私于蒙逊曰："吕氏犹存，姑臧未拔，硕德粮竭将还，不能久也，何故违离桑梓，受制于人？"辅国臧莫孩曰："建忠之言是也。"蒙逊乃斩张潜。齐难迎吕隆，隆劝难伐蒙逊，难从之。莫孩败其前军。难乃结盟而还。兴使拜蒙逊镇西大将军、沙州刺史、西海侯。

　　秃发利鹿孤,以隆安五年(401)僭称河西王,仍臣于姚兴。元兴元年(402),死,弟傉檀嗣。僭号凉王。迁于乐都。姚兴遣使拜为车骑将军、广武公。傉檀大城乐都。姚兴建节王松忩率骑助吕隆守姑臧。至魏安,为傉檀弟文真所围。众溃。执松忩,送于傉檀。傉檀大怒,送松忩还,归罪文真,深自陈谢。齐难之迎吕隆,傉檀摄昌松、魏安二戍以避之。元兴三年(404),据《通鉴》。傉檀去其年号,罢尚书丞郎官,上表姚兴求凉州。兴不许。义熙二年(406),亦据《通鉴》。傉檀献马三千匹,羊三万头于兴。兴以为忠于己,乃署傉檀为凉州刺史,而征其镇姑臧之王尚还。四年(408),亦据《通鉴》。傉檀招秦河州刺史彭奚念,奚念阻河以叛。姚兴使其子弼伐之。弼济自金城,进拔昌松,长驱至姑臧。傉檀婴城固守,出兵击弼,败之。然仍遣使人诣兴谢罪焉。

　　乞伏炽磐以元兴元年(402),自西平奔长安。姚兴以为兴晋太守。治浩亹,见第二章第二节。寻遣使加乾归左贤王,遣随齐难迎吕隆于河西。兴虑乾归终为西州之患,因其朝也,留为主客尚书,《通鉴》在义熙三年(407)。以炽磐行西夷校尉,监抚其众。炽磐以长安兵乱将始,乃招结诸部一万七千,筑城于嶷峛山,在甘肃洮沙县东南。据之。炽磐攻克枹罕。使告乾归,乾归奔还苑川。收众三万,迁于度坚。义熙五年(409),七月,据《本纪》。僭称秦王。此从《载记》。《本纪》作西秦王,恐非。复都苑川。攻克姚兴金城、略阳、南安、陇西诸郡。兴力未能西讨,恐更为边害,使署为都督陇西、岭北匈奴、杂胡诸军事、河州牧,大单于、河南王。乾归方图河右,权宜受之,遂称藩于兴。而务征讨诸杂部及吐谷浑,以益其众。八年(412),五月,乾归为兄子公府所弑,并其诸子十余人。炽磐与乾归弟智达、木奕干讨禽,并其四子镮之。炽磐袭伪位。

　　姚硕德之破吕隆也,李暠亦遣使降于姚兴,兴拜为安西将军、高昌侯。义熙元年(405),暠遣舍人黄始、梁兴闲行奉表诣阙。迁居酒泉。秃发傉檀来通好,暠遣使报聘。沮渠蒙逊侵寇,暠与通和立盟。蒙逊背盟来侵,暠遣世子歆要击败之。以前表未报,复遣沙门法泉闲行奉表。初苻坚建元之末,坚建元元年(365),为晋兴宁三年,终于二十年(384),为晋大元九年。徙江、汉之人万余户于敦煌。中州之人有田畴不辟者,亦徙七千余户。郭黁之寇武威,武威、张掖已东之人,西奔敦煌、晋昌者数千户。及暠东迁,皆徙之于酒泉。分南人五千户置会稽郡,中州人五千户置广夏郡,余万三千户,分置武威、武兴、张掖三郡。筑城于敦煌南子亭,以威南虏焉。

　　后凉之兴,事势与前凉大异。前凉张氏,夙尝树德于河西;张轨之西也,冯藉晋室之威灵,其人亦颇知治体;然凉州之大姓及诸郡守,尚多不服,久而后定,况于吕光,仅一武人,既无筹略,且迫昏耄者乎?光所以能戡定梁熙,暂据河右者,盖以其所率之兵颇精,且为思归之士故。然实未能据有凉州,且未能一日安也。姚兴虽灭后凉，然特因其自亡，又迫勃勃之难，故更无余力西略。西秦、南凉、北凉、西凉，皆以文属而已。氐、胡、鲜卑，皆不知治体，惟段业、李暠为汉人，为治较有规模，然业以大阿倒持，终至颠覆；暠亦弱不自振。要之：西北一隅，脱离王化既久，一时不易收拾也。

第七节　拓跋氏再兴

《魏书》以昭成帝为子所弒，道武为昭成之孙，不如《晋书》及《宋》、《齐》二书，以昭成为苻坚所禽，道武为昭成之子之可信，说已见第三节。而《宋书》云：秦后听什翼犍北归，犍死，涉归代立，又不如《齐书》云：坚败，珪随慕容垂，其后还领其部之可信。何者？犍苟还北，不应略无事迹可见；而珪初年御外侮，戡内乱，深得后燕之援，亦必非无因也。《魏书·道武帝纪》曰：苻坚使刘库仁、刘卫辰分摄国事，南部大人长孙嵩及元他等，尽将故民，南依库仁，帝于是转幸独孤部。《贺讷传》曰：昭成崩，诸部乖乱，献明后与大祖及卫、秦二王依讷。会苻坚使刘库仁分摄国事，于是大祖还居独孤部。七年（411），晋大元八年。十月，苻坚败于淮南。是月，慕容文等杀库仁，库仁弟眷摄国部。九年（413），大元十年。库仁子显，杀眷而代之。乃将谋逆。商人王霸知之，履帝足于众中。帝乃驰还。是时故大人梁盖盆子六眷，为显谋主，尽知其计，密使部人穆崇驰告。《献明皇后传》云：帝姑为显弟亢埿妻，知之，密以告后。梁眷亦来告难。后乃令大祖去之。《奚牧传》云：眷使牧与穆崇至七介山以告。七介山，《献明后传》作七个山，在善无县。善无，见第三章第八节。帝乃阴结旧臣长孙犍、元他等。秋，八月，乃幸贺兰部。据《贺讷传》，贺兰部时在太宁。太宁见第三节。《穆崇传》云：崇机捷便辟，少以盗窃为事。大祖之居独孤部，崇常往来奉给，时人无及者。刘显之谋逆也，平文皇帝外孙梁眷知之，密遣崇告大祖，大祖驰如贺兰部。道武之曾居独孤部，当非虚诬，然谓其早依库仁，则又难信。《库仁传》云：慕容垂围苻丕于邺，又遣将平规攻坚幽州刺史王永于蓟。库仁自以受坚爵命，遣妻兄公孙希率骑三千助永击规，大破之。库仁复将大举以救丕，发雁门、上谷、代郡兵，次于繁畤。雁门，见第二章第二节。上谷、代郡、繁畤，皆见第三章第八节。先是慕容文等当徙长安，遁依库仁部。常思东归其计无由。至是，知人不乐，乃夜率三郡人攻库仁。库仁匿于马厩，文执杀之。乘其骏马奔垂。窃疑道武之还独孤部，实在库仁助秦抗燕之时。盖库仁所统，本拓跋氏之旧部，故慕容垂于此时，释珪北归，以牺库仁；逮不为刘显所容，乃又遁居贺兰部也。贺兰、拓跋，旧为昏姻，其部落中自必有愿助珪者，珪乃得所冯依矣。

《神元平文诸帝子孙传》云：上谷公纥罗，神元曾孙。初从大祖自独孤部如贺兰部，招集旧户，得三百家，与弟建议劝贺讷推大祖为主。《贺讷传》云：刘显谋逆，大祖轻骑北归，讷见大祖，惊喜，拜白："官家复国之后，当念老臣。"味讷此语，一若不知珪之尚存；即知之，亦久不得其消息者；亦可见谓什翼犍死后珪即依贺兰部之诬。大祖笑曰："诚如舅言，要不忘也。"讷中弟染干粗暴，忌大祖，常图逆，每为皇姑辽西公主拥护，染干不得肆其祸心。讷祖纥，尚平文女。纥生野干，尚昭成女辽西公主。野干即讷与染干及献明皇后父也。《献明后传》曰：染干忌大祖之得人心，举兵围逼行宫。后出，谓染干曰："汝等今安所置我，而欲杀吾子也？"染干惭而去。《尉古真传》曰：大祖之在贺兰部，贺染干遣侯引、乙突等诣行宫，将肆逆，古真知之，侯引等不敢发。于是诸部大人，请讷兄弟：求举大祖为主。染干曰："在我国中，何得尔也？"讷曰："帝大国之世孙，兴复世业于我国中，当相持奖，立继统勋。汝尚异议，岂是臣节？"遂与诸人劝进。大祖登代王位于牛川，牛川，出绥远凉城西，经左云至大同入河。是为拓跋珪复有部众之始，《魏书》以是为登国元年（386），实晋大元十一年也。《魏书》谓是岁四月，珪又改称魏王。案《本纪》：天兴元年（398），晋隆安二年。六月，丙子，诏有司议定国号。群臣曰"昔周、秦以前，世居所生之土，有国有家，及王天下，即承为号。自汉以来，罢侯置守，时无世继，其应运而起者，皆不由尺土之资。今国家万世相承，启基云、代，臣等以为若取长远，应以代为号。"诏曰："昔朕远祖，总御幽都，控制遐国。虽践王位，未定九州。逮于朕躬，处百代之季，天下分裂，诸华乏主。民俗虽殊，抚之在德。故躬率六军，扫平中土。凶逆荡除，遐迩率服。宜仍先号，以为魏焉。"《崔玄伯传》云：司马德宗遣使来朝，大祖将报之，诏有司博议国号。玄伯议曰："三皇五帝之立号也，或因所生之土，或即封国之名。故虞、夏、商、周，始皆诸侯，及圣德既隆，万国宗戴，称号随本，不复更立。惟商人屡徙，改号曰殷，然犹兼行，不废始基之称。故《诗》云：殷商之旅；又云：天命玄鸟，降而生商，宅殷土茫茫；此其义也。昔汉高祖以汉王定三秦，灭强楚，故遂以汉为号。国家虽统北方广漠之土，逮于陛下，应运龙飞。虽曰旧邦，受命惟新。是以登极之初，改代曰魏。又慕容永亦奉进魏土。夫魏者大名，神州之上国，期乃革命之征验，利见之玄符也。臣愚以为宜号为魏。"大祖从之，于是四方宾王之贡，咸称大魏矣。然则魏之定称为魏，实在破慕容氏取邺之后，前此尚魏、代杂称也。克邺称魏，事极寻常，尚居牛川之时，何缘以魏为号？观玄伯慕容永奉进魏土之语，则知永实以是封珪，盖欲与之攻慕容垂，而以是为饵耳。狼子野心，且不欲受封于晋，而况于永？然在当日，仍不讨抉择于此二者之间，不过聊去代称，以示不臣于晋耳。云议国号，亦属诬辞，在当日，不过议一对晋之称号耳。其后自大愈甚，乃并永封以魏土之事而刊削之。然如是，则魏之号无自来，乃又伪造一自行改称之事实。矫诬至此，叹观止矣。然终不能尽掩天下后世之目也。

《道武本纪》：道武既即代王位，以长孙嵩为南部大人，叔孙普洛为北部大人。二月幸定襄之盛乐，见第三章第八节。息众课农。三月，刘显自善无南走马邑，见第三章第八节。其族奴真率所部来降。《刘库仁传》云：奴真兄犍，先居贺兰部，至是，奴真请召犍而让部焉，大祖义而许之。犍既领部，自以久托贺讷，德之，乃使弟去斤遗之金马。讷弟染干因谓之曰：我待汝兄弟厚，汝今领部，宜来从我。去斤请之奴真，奴真杀犍及去斤。染干闻其杀兄，率骑讨之。奴真惧，徙部来奔。大祖自迎之。遣使责止染干。《本纪》又云：五月，车驾幸陵石。胡三省云：在盛乐东。护佛侯部帅侯辰，乙弗部帅代题叛走。七月，车驾还盛乐。代题复以部落来降。旬有数日，亡奔刘显。帝使其孙倍斤代领部落。是月，刘显弟亢泥率骑掠奴真部落。既而率以来降。初帝叔父窟咄，为苻坚徙于长安，因随慕容永。永以为新兴太守。新兴，见第二章第二节。八月，刘显遣弟亢泥迎窟咄，以兵随之，来逼南境。于是诸部骚动，人心顾望。帝左右于植等与诸部人谋应之。事泄，诛造谋者五人，余悉不问。于植，《北史》作于桓。《魏书·窟咄传》作于桓，《穆崇传》作于植。《窟咄传》云：同谋人单乌干以告。大祖虑骇人心，沉吟未发。后三日，桓以谋白其舅穆崇，崇又告之。大祖乃诛桓等五人，余莫题等七姓，悉原不问。案题后仍见杀，见本传。帝虑内难，乃北逾阴山，幸贺兰部，阻山为固。遣行人安同、长孙贺使于慕容垂以征师。贺亡奔窟咄，见《窟咄传》。垂遣使朝贡。并令其子贺驎即慕容麟。帅步骑以随同等。《窟咄传》云：步骑六千。十月，贺驎军未至，而寇已前逼。于是北部大人叔孙普洛等十三人及诸乌丸亡奔卫辰。帝自弩山迁幸牛川，弩山，未详。屯于延水。东洋河上源，出绥远兴和县东北。南出代谷，在句注北。句注，见第二章第二节。会贺驎于高柳。汉县，后汉末省，晋复置，在今山西阳高县西北。大破窟咄。窟咄奔卫辰。卫辰杀之。帝悉收其众。十二月，慕容垂遣使朝贡。奉帝西单于印绶，封上谷王，上谷，见第三章第八节。帝不纳。二年（399），晋大元十二年。五月，遣行人安同征兵于慕容垂。垂使子贺驎帅众来会。六月，帝亲征刘显于马邑，南追至弥泽，在今山西朔县西南。大破之。显南奔慕容永。尽收其部落。《张衮传》云：时刘显地广兵强，跨有朔裔。会其兄弟乖离，共相疑阻。衮言于大祖曰："显志大意高，希冀非望。今因其内衅，宜速乘之。若轻师独进，或恐越逸，可遣使告慕容垂，共相声援。东西俱举，势必禽之。"大祖从之，遂破走显。《显传》云：大祖讨显于马邑，追至弥泽，大破之。卫辰与慕容垂通好，送马三千匹于垂，垂遣慕容良迎之，显击良军，掠马而去。垂怒，遣子驎、兄子楷讨之。显奔马邑西山。麟轻骑追之，遂奔慕容永于长子。部众悉降于驎。驎徙之中山。刘显败而拓跋氏之旧业复矣，而贺兰部之衅忽起。《本纪》：登国四年（389），晋大元十四年。二月，道武讨叱突邻部，大破之。贺染干兄弟率诸部来救，与大军相遇，逆击，走之。《贺讷传》言：大祖讨叱突邻部，讷兄弟遂怀异图。讷于大祖，素称忠勤，刘显之难，窟咄之患，实再藉其力以济，及是，忽因一叱突邻部而启衅，其故安在，不可知矣。五年（390），大元十五年。三月，慕容垂遣子贺驎率众来会。四月，行幸意辛山，胡三省曰：在牛川北，贺兰部所居。与贺驎讨贺兰、纥突隣、纥奚诸部落，大破之。纥突隣邻、纥奚二部，常为寇于意辛山见《高车传》。六月，还幸牛川。卫辰遣子直力鞮寇贺兰部，围之。贺讷等请降告困。七月，帝引兵救之。至羊山，未详。直力鞮退走。《贺讷传》言：大祖遂徙讷部落及诸弟，处之东界。盖至是而贺兰部处于拓跋氏钳制之下，欲叛不能矣。然因此，复与慕容垂启衅。是岁，八月，遣秦王觚使于慕容垂。六年（391），大元十六年。六月，《本纪》言慕容贺驎破贺讷于赤城，今察哈尔赤城县。帝引兵救之，驎退走。《讷传》云：讷又通于慕容垂，垂以讷为归善王，染干谋杀讷而代立，讷遂与染干相攻，垂遣子驎讨之，败染干于牛都。胡三省云：其地当在牛川东，夷人放牧，于此聚会，故名。破讷于赤城。大祖遣师救讷，驎乃引还。讷与染干相争，慕容氏当有所右，而兼讨之者，盖欲慑服其部，特以讨乱为名而已。大祖为之出师，而慕容垂所图不遂，乃止元觚而求名马，大祖遂绝之，而遣使于慕容永。永使其大鸿胪慕容钧奉表劝进尊号。于是垂卵翼道武，永拥右刘显、染干，积年相敌者，局势一变。其月，卫辰遣子直力鞮出梱阳塞，梱阳，汉县，今绥远固阳县。侵及黑城。九月，帝袭五原，见第三章第八节。屠之，收其积谷。十一月，卫辰遣子直力鞮寇南部。车驾出讨，大破直力鞮军于铁岐山南。未详。自五原金津南渡河，次其所居之悦跋城。即代来城，在今鄂尔多斯右翼境内。卫辰父子奔遁。诏诸将追之，禽直力鞮。十二月，获卫辰尸，斩以徇。遂灭之。《铁弗传》云：卫辰单骑遁走，为其部下所杀。《昭成子孙传》：秦明王翰之子大原王仪获其尸。自河以南诸部悉平。卫辰子屈丐即赫连勃勃。《铁弗传》云：大宗改其名曰屈孑，屈孑者，卑下也。奔薛干部，征之，不送。八年（393），大元十八年。八月，帝南征薛干部帅大悉佛于三城。胡三省曰：魏收《地形志》：偏城郡广武县有三城，唐延州丰林县，古广武县地。案唐丰林县，在今陕西肤施县东。会其先出击曹覆，帝乘其虚，屠其城，徙其民。薛干部，《晋书·勃勃载记》作叱干，大悉佛作佗斗伏，参看第九节。曹覆盖东西曹之部落也。铁弗氏与拓跋氏相抗近百年，至是倾覆，拓跋氏遂独雄于代北矣，此则猗卢、什翼犍之世所未有之形势也。

第八节　后燕分裂灭亡

从来北狄之强盛，大率由于互相并兼。自刘显破而拓跋氏之旧业复，卫辰亡而其累代之大敌去，其势既日张矣；而道武又频年征讨北方诸部落，自登国三年（388）至天兴元年（398），皆见《本纪》。得其畜足以为富，得其人足以为强，其势遂不可制。然中原之虚实，究非拓跋氏所深悉；慕容氏虽亟战兵疲，使其按兵不动，拓跋氏亦未敢遽犯之也；乃轻率出兵，而又任一不知兵之慕容宝，弟子舆尸，而灭亡之祸，遂迫眉睫矣。

慕容垂灭慕容永之明年，为晋大元二十年（395），命其子宝伐魏，大败于参合陂。见第三章第八节。是役也，据《晋书·载记》：宝及垂子农、麟，众凡八万，而德及垂兄子绍，以步骑万八千为后继。魏闻宝将至，徙往河西。宝进师临河，惧不敢济。还次参合。忽有大风，黑气状若隄防，或高或下，临覆军上。沙门支昙猛言于宝曰：“风气暴迅，魏师将至之候，宜遣兵御之。”宝笑而不纳。昙猛固以为言，乃遣麟率骑三万为后殿。麟以昙猛言为虚，纵骑游猎。俄而黄雾四塞，日月晦明。是夜，魏师大至。三军奔溃。宝与德等数千骑奔免。士众还者十一二。绍死之。据《魏书·本纪》：则宝以是年七月，来寇五原。见第三章第八节。帝遣许谦征兵于姚兴。先是慕容永来告急，遣陈留公元虔救之，因屯秀容。后魏县，郡亦治焉。北秀容，在今山西朔县西北。南秀容，在岚县南，即尒朱氏所居也。其明年，大元十九年(394)。又使东平公元仪屯田于河北五原，至于棝阳塞外。见上节。及是，元仪徙据朔方。见第三章第八节。八月，帝亲治兵于河南。九月，进师。是时元虔五万骑在东，以绝其左；元仪五万骑在河北，以承其后；略阳公元遵七万骑，塞其中山之路。十月，辛未，宝烧船夜遁。十一月，己卯，帝进军济河。乙酉，夕至参合陂。丙戌，大破之。《宝传》云：宝烧船夜遁。是时河冰未合，宝谓大祖不能渡，故不设斥候。十一月，天暴风，寒，冰合。大祖进军济河。留辎重，简精锐二万余骑急追之。晨夜兼行。暮至参合陂西。宝在陂东，营于蟠羊山南水上。靳安言于宝曰：“今日西北风劲，是追军将至之应，宜设警备，兼行速去，不然必危。”宝乃使人防后。先不抚循，军无节度，将士莫为尽心。行十余里，便皆解鞍寝卧，不觉大军在近。前驱斥候，见宝军营，还告。其夜，大祖部分众军。诸将罗落东西，为掎角之势。约勒士卒，束马，口衔枚无声。昧爽，众军齐进。日出登山，下临其营。宝众晨将东引，顾见军至，遂惊扰奔走。大祖纵骑腾蹑，大破之。有马者皆蹶倒冰上，自相镇压，死伤者万数。四五万人，一时放仗，敛手就羁；遗迸去者，不过千余。生禽其王公、文武将吏数千；获器甲、辎重、军资、杂财十余万计。案燕是役，兵数不盈十万，元虔等果有十七万骑，罗其三面，尚何必征师于姚兴？大祖之蹑慕容宝，不过二万余骑，虽云简锐轻行，然代北饶于马骑，岂有舍大兵不用之理？《魏书·张衮传》言：宝来寇，衮言于大祖曰：“宝乘滑台之功，因长子之捷，倾资竭力，难与争锋。愚以为宜羸师卷甲，以侈其心。”大祖从之，果破之参合。是知魏人此时，众寡强弱，皆与燕不侔，《魏书·本纪》之言，必非实录也。魏人获捷，实在避其朝锐，击其暮归，遂获乘天时之利；而宝自七月进兵，至于十月，既不能见可而进，又不能知难而退，遂至锐气隳尽，为敌所乘，其不知兵可知；一时警备之不周，盖尚其次焉者矣。是役在魏人亦为意外之捷，然魏人累世觊觎中原，至此，则益启其窥伺之心，遂为大举入塞之本。其于魏事，实为一大转捩。道武时开化尚浅，《魏书》

所记年号，疑多出后来追拟，于是年纪元为皇始，实有由也。

《晋书·慕容垂载记》曰：宝恨参合之败，屡言魏有可乘之机。慕容德亦曰："魏人狃于参合之捷，有陵太子之心，宜及圣略，摧其锐志。"垂从之。留德守中山，自率大众出参合。凿山开道，次于猎岭。胡三省曰："在夏屋山东北，魏都平城，常猎于此。"案夏屋山，在今山西代县东北。遣宝与农出天门。慕容隆、慕容盛逾青山，胡三省曰："青岭即广昌岭，所谓五回道也。其南层压刺天，壁立直上，盖即天门也。"案五回岭，在今河北易县西南。袭魏陈留公泥于平城，泥，《魏书·本纪》作虔。陷之，收其众三万余人而还。垂次参合，见往年战处，积骸如山，设吊祭之礼。死者父兄，一时号哭。军中皆恸。垂惭愤欧血，因而成疾。乘马舆而进。过平城北三十里，疾笃，筑燕昌城而还。《水经注》：在平城北四十里。宝等至云中，闻垂疾，皆引归。有叛者，奔告魏曰："垂病已亡，舆尸在军"；魏又闻参合大哭；以为信然，乃进兵追之，知平城已陷而退。垂至上谷之沮阳，死。沮阳，汉县，在今察哈尔怀来县南。据《魏书·本纪》：垂之来攻，在大元二十一年三月。元虔既死，垂遂至平城，西北逾山结营。闻帝将至，乃筑城自守。则垂于是役，颇有犁庭扫穴之志，因疾笃而远；然其还师仍有警备；故魏之追师不敢逼也。此亦可见慕容宝以不知兵而败，而非其兵力之不足用矣。然燕于是役，实无所获，其气弥挫，而魏之势乃愈张；更有内乱授之以隙，而败亡之祸，不可逭矣。

慕容垂死于大元二十一年四月。宝匿丧，还至中山，乃僭立。垂临死，顾命以宝庶子清河公会为宝嗣，而宝宠爱少子濮阳公策，意不在会。宝庶长子长乐公盛，自以同生年长，耻会先之，乃盛称策宜为储贰，而非毁会。宝大悦。访其赵王麟、安阳王隆。麟等咸希旨赞成之。宝遂与麟等定计，立策母段氏为皇后，策为太子。时年十一。盛、会进爵为王。是岁六月，魏遣将攻宝广宁太守刘亢埿，斩之。广宁，见第四章第二节。徙其部落。宝上谷太守慕容普邻捐郡奔走。八月，珪大举攻宝。南出马邑，逾于句注。马邑，见第三章第八节。句注，见第二章第二节。别将封真袭幽州，围蓟。见第四章第二节。九月，珪至阳曲，见第二章第二节。宝并州牧辽西王农弃城遁。宝引群臣议之。中山公符谟曰："魏军强盛，若逸骑平原，殆难为敌，宜杜险拒之。"中书令眭邃曰："魏军多骑，马上赍粮，不过旬日。宜令郡县，聚千家为一堡，深沟高垒，清野待之。不过六旬，自然穷退。"尚书封懿曰："今魏师十万，天下之勍敌也。百姓虽营聚，不足自固，是则聚粮集兵，以资强寇；且动众心，示之以弱。① 阻关距战，计之上也。"慕容麟曰："魏今乘胜气锐，其锋不可当，宜自完守设备，待其弊而乘之。"于是修城积粟，为持久之备。十月，珪出井陉。在今河北井陉县东北，与获鹿县界。十一月朔，至真定。汉国，

---

① 兵：百姓营聚不足自固，所以聚粮集兵以资敌。

今河北正定县。自常山以南，守宰或走或降，惟中山、邺、信都三城不下。常山，见第三章第四节。信都，见第四章第二节。珪遣元仪五万骑攻邺，王建、李栗攻信都，而自进军围中山。不克，走之鲁口。见第五章第六节。隆安元年（397），正月，围信都。宝冀州刺史宜都王慕容凤逾城走，信都降。宝步卒十二万，骑三万七千出攻魏，次于曲阳柏肆，败还。《晋书·载记》云：宝闻魏有内难，乃尽众出距。步卒十二万，骑三万七千，次于曲阳柏肆。魏军进至新梁。宝惮魏师之锐，乃遣征北隆夜袭魏师，败绩而还。魏军方轨而至，对营相持。上下凶惧，三军夺气。农、麟劝宝还中山，乃引归。魏军追击之。宝、农等弃大军，率骑三万奔还。时大风雪，冻死者相枕于道。宝恐为魏军所及，命去袍杖戎器，寸刃无返。《魏书·本纪》云：宝闻帝幸信都，乃趣博陵之深泽，屯滹沱水。二月，帝进幸杨城。丁丑，军钜鹿之柏肆坞，临滹沱水。其夜，宝悉众犯营。燎及行宫，兵人骇散。帝惊起，不及衣冠，跣出击鼓。俄而左右及中军将士，稍稍来集。帝设奇陈，列燎营外，纵骑冲之。宝众大败。戊寅，宝走中山。柏肆之役，远近流言，贺兰部帅附力眷，纥突隣部帅匿物尼，纥奚部帅叱奴根聚党反于阴馆。南安公元顺率军讨之，不克，死者数千。诏安远将军庾岳还讨叱奴根等，灭之。顺者，昭成孙，地干之子也。其《传》云：留守京师。柏肆之败，军人有亡归者，言大军奔散，不知大祖所在。顺闻之，欲自立，纳莫题谏乃止。是役，燕盖谲知珪营所在，悉力攻之，使能禽斩珪，事势必大变，惜乎其功亏一篑也。曲阳，汉上曲阳县，今河北曲阳县，时为钜鹿郡治。柏肆坞，在今河北叶城县北。新梁，未详。博陵，见第三章第三节。深泽，汉县，在今河北深泽县东南。杨城，《郡国志》在中山蒲阴县，蒲阴，在今河北完县东。阴馆，见第三章第八节。三月，珪至卢奴。汉县，为中山郡治，《元和志》云：后燕都中山，改为弗违。宝遣使求和，请送元觚，割常山已西，许之。已而宝背约。辛亥，魏围中山。其夜，燕尚书慕容皓谋杀宝立麟，事觉，与同谋数十人斩关奔魏。麟惧不自安，以兵劫左卫将军北地王精，谋率禁旅弑宝。精以义距之。麟怒，杀精，出奔丁零。盖翟氏之部落。初宝闻魏之来伐也，使慕容会率幽、平之众赴中山。麟既败，宝恐其逆夺会军，将遣兵迎之。麟侍郎段平子自丁零奔还，说麟招集丁零，军众甚盛，谋袭会军，东据龙城。宝与其太子策及农、隆等万余骑迎会于蓟，以开封公慕容详守中山。会步骑二万，迎宝蓟南。宝分其兵给农、隆。遣西河库辱官骥率众三千，助守中山。幽、平之士，不乐去会，请曰："清河王天资神武，权略过人，臣等与之，誓同生死。愿陛下与皇太子、诸王，止驾蓟宫，使王统臣等，进解京师之围；然后奉迎车驾。"宝左右谮而不许。众咸有怨言。左右劝宝杀会。侍御史仇尼归闻而告会曰："兵已去手，恐无自全之理。盍诛二王，废太子，大王自处东宫，兼领将相，以匡社稷。"会不从。宝谓农、隆曰："观会为变，事当必然。宜早杀之。不尔，恐成大祸。"农等固谏，乃止。会闻之，弥惧，奔于广都黄榆谷。胡三省曰：广都县，魏收《地形志》属建德郡，在汉白狼县界，隋省入柳城县。白狼，见第五章第二节。遣仇尼归等率壮士二十余人分袭农、隆。隆见杀，农中重创。既而会归于宝。宝意在诛会，诱而安之。潜使左卫慕容腾斩会，不能伤。会复奔其众。于是勒兵攻宝。宝率数百骑驰如龙城。会率众追之。遣使请诛左右佞臣，并求太子。宝弗许。会围龙城。侍御郎高云夜率敢死士百余人袭会，败之。众悉逃散。会单马奔中山，逾围而入。为慕容详所杀。详僭称尊号。荒酒奢淫，杀戮无度。诛其王公已下五百余人。内外震局，莫敢忤视。四月，魏以军粮不继，罢邺围。五月，复罢中山之围。城中大饥，公卿饿死者数十人。七月，详遣乌丸张骧率五千余人出城求食。麟自丁零中入于骧军，因其众复入中山，杀详而自立。此据《魏书·本纪》。《晋书》在九月，当由闻其事较迟也。拓跋珪至鲁口，遣长孙肥率千骑袭中山，据《魏书·本纪》。《肥传》作七千骑。入其郭而还。八月，丙寅朔，珪自鲁口进军常山之九门。汉县，在今藁城县西北。时大疫，人、马、牛多死。珪问疫于诸将。对曰："在者才十四五。"时群下咸思还北。珪知其意，谓之曰："斯固天命，将若之何？四海之人，皆可以为国，在吾所以抚之耳，何恤乎无民？"① 群臣乃不敢复言。珪之虐用其下如此，使燕抗距之力少强，未有不为猗卢、郁律之续者，而惜乎燕之不足以语此也。珪又使元遵袭中山，芟其禾菜，入郭而还。九月，麟饥穷，率三万余人，出攻新市。汉县，在今河北新乐县西南。十月，珪进兵破之。麟单马走西山，中山之西山。遂奔邺。中山降魏。魏遣三万骑赴卫王仪，将以攻邺。

慕容垂临终，敕宝以邺城委慕容德。宝既嗣位，以德为冀州牧，镇邺，专总南夏。魏将拓跋章攻邺，此据《晋书·载记》，当即魏卫王仪。德遣南安王慕容青等夜击败之。魏师退次新城。即慕容垂所筑，见第五节。青等请击之。别驾韩诨言："魏利在野战，深入近畿，顿兵死地，前锋既败，后陈方固。彼众我寡，动而不胜，众心难固；且城隍未修，敌来无备。不如深沟高垒，以逸待劳。"德乃召青还师。魏又遣辽西公贺赖卢率骑与章围邺。章、卢内相乖争，各引军潜遁。德遣军追破章军，人心始固。贺赖卢，《魏书·外戚传》作贺卢。贺赖即贺兰异译。卢讷之弟。其传云：大祖遣卢会卫王仪伐邺，而卢自以大祖之季舅，不肯受仪节度。大祖遣使责之。卢遂忿恨。与仪司马丁建构成其嫌，弥加猜忌。会大祖勃仪去邺，卢亦引归。大祖以卢为广川太守。卢性雄豪，耻居冀州刺史王辅下，袭杀辅，奔慕容德。案此亦魏可乘之隙，而惜乎燕无以乘之也。贺兰此时之服于魏，盖犹力屈，非心服，卢之外叛，必非以争宠与骄纵也。广川，汉县，后燕置郡，故城在今河北枣强县东。群臣议以慕容详僭号中山，魏师盛于冀州，未审宝之存亡，固劝德即尊号。德不从。会慕容达自龙城奔邺，称宝犹存，群议乃止。寻而宝以德为丞相，领冀州牧，承制南夏。麟奔邺，说德曰："中山既没，魏必乘胜攻邺。虽粮储素积而城大难固；且人心沮动，不可以战。及魏军未至，拥众南渡，就鲁阳王和，据滑台，见第五节。聚兵积谷，伺隙而动，计之上也。魏虽拔中山，势不久留，不过驱掠而返，人不乐徙，理自生变，然后振威以援之，

---

① 民族：拓跋氏之暴，代北之残虐。不知恤民，徒知利其器械者，阿利之为也。张作霖将败，某西人以兵械，犹谓其必胜焉。

魏则内外受敌，可一举而取也。"先是慕容和亦劝德南徙，于是许之。率户四万，车二万七千乘，自邺徙于滑台。依燕元年故事称元年。隆安二年正月。慕容麟潜谋为乱，事觉，赐死。据《晋书·载记》。《本纪》云：麟为魏师所杀，误。魏克邺。拓跋珪至邺，有定都之意。已复自邺还中山。发卒万人治直道，自望都铁关凿恒岭至代，五百余里。望都，汉县，今河北望都县西北。徙山东六州民吏及徒河、高丽、杂夷三十六万，百工十余万而还。此时中原之民，未必心服，故珪不能遂留。被徙者自未必乐从，然燕无兵力援接，则人民虽欲自拔而末由矣。燕当是时，其破败之势，诚可伤悼也。

慕容德遣侍郎李延劝慕容宝南伐，宝大悦。慕容盛谏，宝将从之，而慕舆腾劝之。宝乃曰："吾计决矣，敢谏者斩。"以腾为前军，慕容农为中军，宝为后军。步骑三万，发自龙城，次于乙连。未详。长上段速骨、宋赤眉，因众军之惮役也，杀司空乐浪王宙，逼立高阳王崇。隆子。《通鉴》云：速骨等皆隆旧队。宝单骑奔农。仍引军讨速骨。众咸惮征乐乱，投杖奔之。腾众亦溃。宝、农驰还龙城。兰汗者，慕容垂之季舅，而慕容盛又汗之婿也。潜与速骨通谋。速骨进师攻城，农为汗所谲，潜出赴贼，为速骨所杀。众皆奔散。宝与盛、腾等南奔。兰汗奉慕容策承制。遣使迎宝，及于蓟城。宝欲还北。盛等以汗之忠款，虚实未明，今单马而还，汗有贰志者，悔之无及。宝从之，乃自蓟而南。至黎阳，见第三章第四节。遣其中黄门令赵思召慕容钟来迎。钟德之从弟。钟首议劝德称尊号，闻而恶之，执思付狱，驰使白德。慕舆护请驰问宝虚实。乃率壮士数百，随思而北。因谋杀宝。宝遣思之后，知德摄位，惧而北奔。护至，无所见，执思而还。德以思闲习典故，将任之。思不肯。德固留之。思责德不当自立。德怒，斩之。宝遣腾招散兵于钜鹿，盛结豪桀于冀州，段仪、段温收部曲于内黄，见第五章第三节。众皆响会，刻期将集，而兰汗遣迎宝。宝还至龙城。汗引宝入外邸，弑之。时隆安二年五月也。据《晋书·本纪》。汗又杀策及王公卿士百余人。

宝之如龙城，盛留在后，宝为兰汗所杀，盛驰进赴哀。将军张真固谏。盛曰："我今投命，告以哀穷，汗性愚近，必顾念婚姻，不忍害我。旬月之闲，足展吾志。"遂入赴丧。汗妻乙氏，泣涕请盛。汗亦哀之。遣其子穆迎盛，舍之宫内，亲敬如旧。汗兄提、弟难，劝汗杀盛，汗不从。慕容奇，汗之外孙也，汗亦宥之。奇入见盛，遂相与谋。盛遣奇起兵于外，众至数千。汗遣兰提讨奇。提骄狠淫荒，事汗无礼，盛因闲之。汗发怒，收提诛之。遣其抚军仇尼慕率众讨奇。汗兄弟见奇之诛，莫不危惧，皆阻兵背汗。袭败盛军。汗大惧，遣穆率众讨之。穆又劝汗诛盛。汗欲引见察之。盛妻以告。于是伪称疾笃，不复出入。汗乃止。李旱、宦者，《魏书》作李早。卫双、刘志、张豪、张真，皆盛之旧昵，穆引为腹心。旱等屡入见盛，相与结谋。穆讨兰难等，斩之。大飨将士。汗、穆皆醉。盛夜因如厕，祖而逾墙，入于东宫，与李旱等诛穆。众皆踊呼。进攻汗，斩之。汗二子鲁公和、陈公杨分屯令支、白狼，令支，见第五章第二节。遣李旱、张真袭诛之。时隆安二年七月也。《晋书·本纪》。盛以长乐王称制。慕容奇与丁零严生、乌丸王龙阻兵叛盛，盛击败之，执奇，斩龙生等百余人。盛于是僭即帝位。八月。后复去皇帝之号，称庶民大王。从《魏书》本传。《晋书·载记》作庶人，系唐人避讳改字。

晋南阳太守闾丘羡、宁朔将军邓启方率众二万伐燕，次于管城。在今河南郑县，后隋于此置管城县。慕容德遣其中军慕容法、抚军慕容和等拒之，王师败绩。隆安二年八月。初苻登为姚兴所灭，登弟广，率部落降于德，拜冠军将军，处之乞活堡。在今河北河间县北。广自称秦王，败德将慕容钟。时德始都滑台，介于晋、魏之间，地无十城，众不过数万，及钟丧师，反侧之徒，多归于广。德乃留慕容和守滑台，亲率众讨广，斩之。慕容宝之至黎阳也，和长史李辩劝和纳之，和不从，辩惧谋泄，乃引晋军至管城，冀德亲率师，于后作乱。会德不出，愈不自安。及德此行也，辩又劝和。和不从。辩怒，杀和，以滑台降魏。时将士家悉在城内，德将攻之，韩范言"人情既危，不可以战，宜先据一方，为关中之基，然后蓄力而图之"，德乃止。德右卫将军慕容云斩李辩，率将士家累二万余人而出。三军庆悦。德谋于众。张华劝德据彭城。见第五章第四节。潘聪曰："滑台四通八达，非帝王之居；且北通魏，西接秦，此二国者，未可以高枕待之也。彭城土旷人希，地平无险。晋之旧镇，必距王师。又密迩江、淮，水路通浚，秋夏霖潦，千里为湖，水战国之所短，吴之所长，今虽克之，非久安之计也。"劝德据广固。见第四章第二节。德乃引师而南。兖州北鄙诸县悉降。使喻齐郡太守辟闾浑，齐郡，见第二章第三节。浑不从。遣慕容钟率步骑二万击之。浑将妻子奔魏。德遣兵追斩之于莒城。莒，汉县，今山东莒县。德遂入广固。时隆安三年六月也。

燕辽西太守李朗，在郡十年，威制境内，慕容盛疑之，累征之，朗不赴。朗以母在龙城，未敢显叛，乃阴引魏军，将为自安之计。因表请发兵以距寇。盛知其诈，讨斩之。魏袭幽州，执刺史卢溥而去。溥本魏河间太守，就食渔阳，据有数郡，慕容盛以为幽州刺史。渔阳，见第三章第八节。遣孟广平援之，无及。盛率众三万伐高句丽，袭其新城、南苏，皆克之。《辽志》：苏州安复军，高句丽南苏州。辽苏州，今辽宁金县也。新城亦当在辽西。散其积聚，徙五千余户于辽西。此谓燕之辽西郡，非泛指辽河以西。又讨库莫奚，大虏获而还。盛是时之力，未足以与魏争，而立国根本，复在龙城，句丽与奚，形势实逼，故先图攘斥之，抑亦利徙户、虏获，以强其众也。盛幼而羁贱流漂，长则遭家多难，夷险安危，备尝之矣。惩宝暗而不断，遂峻极威刑。纤芥之嫌，莫不栽之于未萌，防之于未兆。旧臣靡不夷灭。于是上下振局，人不自安。亲戚忠诚，亦皆离贰。隆安五年（401），七月，《本纪》。盛左将军慕容国，与殿中将军秦舆、段赞等，谋率禁兵袭盛。事觉，诛之，死者五百余人。前将军思悔侯段玑，舆子兴，赞子泰等，因众心动摇，夜于禁中鼓噪大呼。盛闻变，率左右出战。众皆披溃。俄有一贼，从暗中击伤盛，遂死。初盛立其子辽西公定为太子。时以国多难，宜立长君。群望皆在平原公元，宝第四子。而河间公熙，垂少子。嬖于太后丁氏，丁氏意在于熙。遂废定，迎熙入宫。熙僭即尊位。诛段玑、秦兴等，并夷三族。元以嫌疑赐死。并杀定。见《魏书》。熙宠幸苻贵人，丁氏怨恚咒诅，与兄子七兵尚书信谋废熙。熙闻之，大怒，逼丁氏令自杀，而葬以后礼。诛信。又尽杀宝诸子。

熙大筑龙腾苑，广袤十余里，役徒二万人。起景云山于苑内，基广五百步，峰高十七丈。又起逍遥宫、甘露殿，连房数百，观阁相交。凿天河渠，引水入宫。又为其昭仪苻氏凿曲光海、清凉池。季夏盛暑，士卒不得休息，暍死者大半。立其贵嫔苻氏为皇后。昭义苻氏死，伪谥愍皇后。二苻并美而艳，好微行游燕，熙弗之禁也。请谒必从。刑赏大政，无不由之。初昭仪有疾，龙城人王温称能疗之。未几而卒。熙忿其妄也，立于公交车门，支解温而焚之。其后好游田，熙从之，北登白鹿山，《水经注》：白狼水出白狼县东南，北屈径白鹿山西，即白狼山也。白狼县，见第五章第二节。东逾青岭，胡三省曰：在龙城东南四百余里。南临沧海。百姓苦之。士卒为虎狼所杀及冻死者，五千余矣。会高句骊寇燕郡，见第四章第二节。杀掠百余人，熙伐高句骊，以苻氏从。为冲车地道，以攻辽东。见第三章第八节。熙曰："待划平寇城，朕当与后乘辇而入。"不听将士先登。于是城内严备，攻之不能下。会大雨雪，士卒多死，乃引归。拟邺之凤阳门作弘光门，累级三层。熙与苻氏袭契丹，惮其众盛，将还，苻氏弗听，遂弃其辎重，轻袭高句骊。周行三千余里。士马疲冻，死者属路。攻木底城，不克而还。《慕容觌载记》：慕容翰与高句骊王钊战于木底，大败之，乘胜遂入九都。九都，在今辽宁辑安县境，木底城，当在新宾县之东。为苻氏起承华殿，高承光一倍。负土于北门，土与谷同价。典军杜静，载棺诣阙，上书极谏。熙大怒，斩之。苻氏尝季夏思冻鱼脍，仲冬须生地黄，皆下有司切责，不得加以大辟。苻氏死，制公卿已下，至于百姓，率户营墓。费殚府藏。下锢三泉，周输数里。熙被发徒跣，步从苻氏表，而变起于内矣。

冯跋，长乐信都人也。父安，慕容永时为将军。永灭，跋东徙和龙，《魏书》云：东徙昌黎。昌黎，见第二章第二节。家于长谷。跋母弟素弗，次丕，次弘，皆任侠不修行业，惟跋恭慎，勤于家产。慕容宝僭号，署跋中卫将军，熙以为殿中左监，稍迁卫中郎将。犯熙禁，与诸弟逃于山泽。左卫将军张兴，亦坐事亡奔。与跋从兄万泥等二十二人结盟，推慕容云为主。云本高氏，句丽支庶，袭败慕容会，宝命为子者也。发尚方徒五千余人，闭门拒守。熙攻之，败走，为人所执。云杀之，及其诸子。时为义熙三年（407）。此从《本纪》。《通鉴》同。《载记》作二年。云僭即天王位，复姓高氏。署跋侍中，都督中外诸军事。云宠养壮士，以为腹心。离班、桃仁等，并专典禁卫，赏赐月至数千万，衣食卧起，皆与之同。五年（409），九月，离班、桃仁弑云。跋帐下督张泰、李桑讨杀之。众推跋为主。跋僭称天王于昌黎，不徙旧号，即国曰燕。据《本纪》。《载记》云大元二十年（395），误。万泥及跋从兄子乳陈据白狼以叛，跋弟弘讨斩之。尚书令孙护及弟叱支、乙拔，辽东太守务银提以有功怨望，并为跋所诛。

第九节　秦夏相攻

后燕、后秦，虽乘苻坚之丧败，幸复旧业，然其兵力皆无足观。后燕一遇后魏，遂至溃败决裂，不可收拾。后秦之内衅，不如后燕之深，故其溃败亦不如燕之速，然亦一与魏遇，即为所败；其后与夏相持，又数为所苦。盖时中原凋敝已甚，一时不易振作，而塞北方兴之势，遂不可御矣。此东晋与南北朝事势之转捩也。元魏、周、齐，所以能据有北方几二百年者，一由南朝依然不振，一亦由北方雕敝已甚，莫能起而与之抗也。

勃勃之奔叱干部也，叱干酋长佗斗伏欲送之于魏。兄子阿利谏，弗从。阿利乃潜遣劲勇，篡之于路，送诸没奕干。没奕干者，鲜卑部落，降于姚兴，兴以为高平公者也。高平，见第二章第二节。没奕干以女妻勃勃。姚兴以勃勃为五原公，使镇朔方，盖仍复其旧业。大元十八年（393），魏登国八年。魏道武袭败叱干。以上参看第七节。元兴元年（402），魏天兴五年。又使其常山公遵袭没奕干。没奕干弃其部众，率数千骑，与勃勃奔秦州。魏军进次陇西之瓦亭。在今甘肃固原县南。长安大震，诸城闭门固守。魏平阳太守贰尘入侵河东。平阳河东，皆见第二章第二节。兴遣姚平、狄伯支等率步骑四万伐魏。攻干城，陷之。乾城，《魏书》作乾壁，在河东。遂据柴壁。在今山西临汾县境。八月，魏道武自将围之。兴遣其光远党娥、立节雷星、建忠王多等，率杏城及岭北突骑赴援。杏城，见第三章第八节。此岭谓九嵕山，见第六章第四节。越骑唐方、积弩姚良国，率关中劲卒，为平后继。姚绪统河东见兵，为前军节度。姚绍率洛东之兵，姚详率朔方之众，以会于兴。兴率戎卒四万七千，自长安赴之。魏闻兴至筑长围，以防平之出，拒兴之入。兴临汾西，卒不能救。十月，平粮竭矢尽，将麾下三十骑赴汾水死。狄伯支等将卒四万，皆为魏所禽。魏军乘胜进攻蒲阪。见第三章第四节。姚绪固守不战，乃还。是役也，兴几于竭全力以赴之，而卒为魏所挫，秦遂为魏所轻矣。《晋书·载记》云：拓跋珪送马千匹，求婚于兴。兴许之，以魏别立后，遂绝婚，故有柴壁之战。至义熙二年（406），魏天赐三年。乃复与魏通和。魏放狄伯支等还。五年（409），魏明元帝永兴元年。珪死，子明元帝嗣立，遣使聘于兴，且请婚。兴许之。《晋书·兴载记》。《魏书·本纪》云：兴遣使朝贡，并请进女，事系永兴五年（413），晋义熙九年也。至十一年（415），魏神瑞二年。兴乃以西平长公主妻嗣，是为魏明元昭哀皇后。《魏书·

帝纪》及《后妃传》皆云：以后礼纳之。《后妃传》云：后以铸金人未成，未升尊位，然帝宠幸之出入居处，礼秩如后。是后犹欲正位，而后谦让不当。泰常五年（420）宋武帝永初元年。薨，帝追恨之，赠皇后玺绶，后加谥焉。此乃妄说。《魏书》讳饰之辞最多，《后妃传》尤甚，读至后文自见。道武而后，虽沐猴而冠，妄有制作，未必能行。彼其宫中，安有所谓礼秩，云以后礼纳之即后耳。魏虽战胜，其视中原，犹如天上，故道武、明元，再世求昏于秦。大国之女下降，当时盖引为宠荣，安得不以后礼逆之？此犹之成吉思汗虽战胜，而仍尊礼卫绍王女也。后秦当时，盖无意北略；魏亦未遑南牧；匪寇昏媾，汔可小休，而匈奴之患起矣。

　　勃勃之为人也，可谓安忍无亲。初依没奕干，稍强，遂袭杀之而并其众。众至数万。义熙三年（407），六月，僭称天王大单于。自以匈奴为夏后氏之苗裔也，称大夏。其年，讨鲜卑薛干等三部，破之，降其众万数千。《晋书·勃勃载记》。薛干即叱干，《晋书》杂采诸书，未加勘正，故其称名不画一也。《魏书·道武帝纪》：登国十年（395），大悉佛自长安还岭北，上郡以西皆应之，盖叱干部落，虽一破坏，旋仍复国，至是乃为勃勃所破。上郡见第二章第二节。遂进攻姚兴三城已北诸戍，三城见第七节。诸将言高平险固，山川沃饶，可都。勃勃曰："我若专固一城，彼必并力于我，众非其敌，亡可立待。吾以云骑风驰，出其不意；救前则击其后，救后则击其前；使彼疲于奔命，我则游食自若，不及十年，岭北、河东，尽我有也。"于是侵掠岭北。岭北诸戍，门不昼启。兴使左仆射齐难等率骑二万讨勃勃，为勃勃所禽。又遣其弟平北姚冲、征虏狄伯支、辅国敛曼嵬、镇东杨佛嵩率骑四万讨勃勃。冲次于岭北，欲回袭长安，伯支不从，乃止。冲惧其谋泄，遂鸩杀伯支。兴自平凉如朝那，平凉，见第六章第三节。朝那，汉县，在今甘肃平凉县西北。赐冲死。兴如贰城。见第六章第三节。此据《兴载记》。《勃勃载记》云：姚兴来伐，至三城。诸军未集，勃勃骑大至，左将军姚文宗率禁兵，中垒齐莫统氐兵死战，勃勃乃退。兴留禁兵五千配姚详守贰城，自还长安。《通鉴》在义熙五年（409）。勃勃遣将胡金纂此据《兴载记》。《勃勃载记》作尚书金纂。万余骑攻平凉。兴如贰城，因救平凉，纂众大溃，生禽纂。勃勃又遣兄子提亦据《兴载记》。《勃勃载记》作罗提。攻陷定阳。汉县，在今陕西宜川县西北。又寇陇右。攻白崖堡，《十六国疆域志》曰：一作柏阳，又作伯阳，在清水。案清水，汉县，在今甘肃清水县西。破之。遂趣清水。略阳太守姚寿都委守奔秦州。略阳，见第二章第二节。勃勃又收其众而归。兴自安定追之，安定，见第二章第二节。至寿渠川，《十六国疆域志》云：在临泾。案临泾，汉县，在今甘肃镇原县南。不及而还。《通鉴》义熙六年（410）。姚详镇杏城，为勃勃所逼，粮尽，委守，南奔大苏。《勃勃载记》云：详弃三城。大苏，《十六国疆域志》云在冯翊。冯翊，见第二章第二节。勃勃要之。《勃勃载记》云：遣平东鹿奕干婴之。兵散，为勃勃所执。兴遣卫大将军姚显迎详，详败，遂屯杏城。兴因令显都督安定、岭北二镇事。岭北镇，未详治所。以杨佛嵩为雍州刺史，率岭北见兵，以讨勃勃。为勃勃所执，绝亢而死。《通鉴》义熙七年（411）。义熙九年（413），勃勃以叱干阿利领将作大匠，发岭北夷夏十万人，于朔方水北、黑水之南，营起都城。勃勃自言："朕方统一天下，君临万邦，可以统万为名。"统万城，在今陕西横山县西。阿利性工巧，然残忍刻薄。乃蒸土筑城，锥入一寸，即杀筑者而并筑之。勃勃以为忠，故委以营缮之任。又造五兵之器，精锐尤甚。既成呈之，工匠必有死者。射甲不入，即斩工人，如其入也，便斩铠匠。又造百炼刚刀，为龙雀大环，号曰大夏龙雀。复铸铜为大鼓、飞廉、翁仲、铜驼、龙虎之属，皆以黄金饰之，列于宫殿之前。凡杀工匠数千。以是器物莫不精丽。案勃勃之世仇为魏；是时形势与之相逼者，亦莫如魏。勃勃欲雪仇耻而求自安，惟有东向以与拓跋氏争一日之命。姚兴有德，可以为援，勃勃顾乘其衰敝而剽掠之，而于拓跋氏则视若无靓。此无他，觊关中之富厚，志在剽掠，而于仇耻则非所知耳。《魏书·铁弗传》曰：屈孑性奢，好治宫室。城高十仞，基厚三十步，上广十步；宫墙五仞；其坚可以砺刀斧。台榭高大，飞阁相连，皆雕镂图画，被以绮绣，饰以丹青，穷极文采。世祖顾谓左右曰："蕞尔国，而用民如此，虽欲不亡，其可得乎？"魏之用民力，不为不甚，而其惊心怵目于夏如此，夏之虐用其民可知，尚安有久长之理哉？勃勃又下书曰："朕之皇祖，自北迁幽朔，姓改姒氏，音殊中国，故从母氏为刘。子而从母之姓，非礼也。古人氏族无常，朕将以义易之。帝王者，系天为子，是为徽赫，实与天连，今改姓曰赫连氏。系天之尊，不可令支庶同之，其非正统，皆以铁伐为氏，庶朕宗族子孙，刚锐如铁，皆堪伐人也。"案铁伐即铁弗异译，勃勃盖自造一氏，而枝庶则仍其旧耳。[1] 勃勃攻姚逵于杏城，克之，执逵。姚弼救之，不及。勃勃又遣其将赫连建寇贰县。数千骑入平凉，遂入新平。见第二章第二节。姚弼讨之。战于龙尾堡，在今陕西岐山县东。大破之，擒建。初勃勃攻彭双方于石堡，未详。方力战，距守积年，不能克，闻建败，引还。时义熙十一年（405）也。据《通鉴》。是岁姚兴病笃，明年死，内乱起，晋兵复至，而其国不可支矣。

兴初立其子泓为皇太子。天水姜纪，天水，见第二章第二节。吕氏之叛臣，阿谄奸诈，好闲人之亲戚。兴子广平公弼，有宠于兴，纪遂倾心附之。弼为雍州刺史，镇安定，与密谋还朝。令倾心事常山公显，树党左右。兴遂以弼为尚书令、侍中、大将军。既居将相，虚襟引纳，收结朝士，势倾东宫，遂有夺嫡之谋。姚文宗有宠于泓，弼深疾之，诬文宗有怨言，以侍御史廉桃生为证。兴怒，赐文宗死。是后群臣累足，莫敢言弼之短。兴遣姚绍兴从弟。与弼率禁卫诸军镇抚岭北。弼宠爱方隆，所欲施行，无不信纳。乃以嬖人尹冲为给事黄门侍郎，唐盛为治书

---

[1] 民族：勃勃氏其支庶曰铁伐，实即铁弗。然则以译文字义为褒贬者，铁弗氏亦然。

侍御史。左右机要，皆其党人。义熙十年（414），据《通鉴》。兴寝疾，弼潜谋为乱。招集数千人，被甲伏于其第。兴子懿，自蒲板将赴长安；镇东豫州牧洸，起兵洛阳；平西谌，起兵于雍。见第三章第五节。兴疾瘳，免弼尚书令，以将军公就第。懿等闻兴疾瘳，各罢兵还镇。抗表罪弼，请致之刑法；懿、洸、宣、赤兴子。谋来朝，又请委之有司；兴皆弗许。十一年（415），三月，亦据《通鉴》。弼谮宣于兴。宣司马权丕至长安，兴责以无匡辅之益，将戮之。丕性倾巧，因诬宣罪状。兴大怒，遂收宣于杏城，下狱，而使弼将三万人镇秦州。九月，兴药动，弼称疾不朝，而集兵于第。兴乃收弼。兴疾转笃，兴子南阳公愔，与其属率甲士攻端门。兴力疾临前殿，赐弼死。愔等奔溃，逃于骊山。见第五节。十二年（416），二月，兴死。《通鉴考异》云：《晋·本纪》、《三十国晋春秋》皆云：义熙十一年二月，姚兴卒。《魏·本纪》、《北史·本纪》、《姚兴》、《姚泓载记》，皆云十二年。按《后魏书·崔鸿传》：大祖天兴二年（399），姚泓改号，鸿以为元年，故《晋·本纪》、《三十国晋春秋》，凡弘始后事，皆在前一年，由鸿之误也。案弘始，姚兴年号，天兴二年（399），晋隆安三年也。泓僭位。诛愔。命其齐公姚恢泓从弟。杀安定太守吕超，弼之党。恢久乃诛之，泓疑其有阴谋，恢自是怀贰，阴聚兵甲焉。北地太守毛雍据赵氏坞以叛，北地，见第二章第二节。《通鉴》大元九年（384）《注》云：赵氏坞，据《晋书·载记》在北地，所据者盖即《姚泓载记》之文。姚绍讨禽之。姚宣时镇李闰，在冯翊东。未知雍败，遣部将姚佛生等来卫长安。宣参军韦宗说宣弃李闰，南保邢望。《括地志》：在李闰南四十里。宣既南移，诸羌据李闰以叛，绍进讨，破之。宣诣绍归罪，绍怒，杀之。初宣在邢望，泓遣姚佛生论宣，佛生遂赞成宣计，绍数其罪，又戮之。勃勃克上邦。见第三章第三节。进陷阴密。见第三章第五节。姚恢弃安定，奔于长安。安定人胡俨、华韬等据城降于勃勃。勃勃留羊苟儿镇之，进攻姚谌于雍。谌奔长安。勃勃次郿。汉县，今陕西郿县东北。泓遣姚绍御之。勃勃退如安定。胡俨等袭杀羊苟儿，以城降泓。勃勃引归杏城。未几，晋师出。姚恢叛泓，率镇户内伐，见第七章第七节。勃勃遂据安定。岭北镇戍、郡县悉降。

第七章　东晋末叶形势

第一节　道子乱政

晋孝武帝性甚愚柔，虽以苻坚之送死，幸致肥水之捷，此乃适值天幸，而非其有戡乱之才也。帝任会稽王道子，初封琅邪，大元十七年（392），徙封会稽。政治大乱；逮至大权旁落，又用王恭、殷仲堪以防之，所任亦非其人；致肇桓玄之篡窃，刘裕因之得政，而晋祚终矣。

道子者，帝母弟。大元五年（380）为司徒。八年（383）录尚书。十年（385），谢安卒，遂领扬州刺史，都督中外诸军事。数年，又领徐州刺史，为太子太傅。《谢安传》言：安以道子专权，奸谄颇相扇构，出镇广陵之步丘以避之。今江苏江都县之邵伯镇。案是时扇构于安与道子之间者，为王国宝、王珣、王泯等。国宝坦之子。史言其少无士操，不修廉隅。妇父谢安，每抑而不用。而国宝从妹为道子妃，与道子游处，遂闲毁安。珣与泯皆导孙。皆谢氏婿。以猜嫌致隙。安既与珣绝昏，又离泯妻，二族遂成仇衅。安卒后，珣迁侍中，孝武深杖之；而道子辅政，以国宝为中书令、中领军。史言国宝谗谀之计行，而好利险诐之徒，以安功名盛极而构会之，嫌隙遂成。盖皆恩怨权利之私，非因国事而有异同也。然朝政则自此大素矣。帝溺于酒色，为长夜之饮；又好佛法，立精舍于殿内，引诸沙门居之；《本纪》大元六年（381）。而道子亦崇信浮屠，用度奢侈，下不堪命，为长夜之饮，蓬首昏目，政事多阙；盖二人之失德正同。帝不亲万几，但与道子酣歌为务。于是姆姆尼僧，并窃弄其权。凡所幸接，皆出自小坚。如赵牙出自优倡，而道子以为魏郡太守；茹千秋本钱塘捕贼吏，而以为骠骑咨议参军。牙为道子开东第，筑山穿池，列树竹木，功用巨万。千秋则卖官贩爵，聚赀货累亿。官以贿迁，政刑缪乱。然郡守长吏，多为道子所树立；既为扬州、总录，势倾天下，朝野辐凑；其必又有构之于帝者势也。

时帝所任用者，为王恭、后兄，时为中书令。殷仲堪、尚书仆射，领吏部。王珣、徐邈、为中书舍人，迁散骑常侍。郗恢、王雅等。雅为丹阳尹。《王珣传》云："时帝性好典籍，珣与殷仲堪、徐邈、王恭、郗恢等，并以才学文章，见昵于帝。"盖帝所好者多文学之才，非经纶之器，故任之以事，多见覆餗也。《王国宝传》云："王雅有宠，荐王珣于帝。"中书郎范宁，国宝舅也，深陈得失。帝渐不平于道子，然外每优崇之。宁劝帝黜国宝。国宝乃使陈郡袁悦之，为道子所亲爱者。因尼支妙音，致书太子母陈淑媛，说国宝忠谨，宜见亲信。帝知之，讬以他罪杀悦之。国宝大惧，遂因道子潜毁宁。帝不获已，流涕出宁为豫章太守。豫章，见第三章第九节。《王恭传》言悦之之诛由于恭。《王恭传》作悦，盖其人名悦，字悦之。六朝人多以字行，史所书者，亦名字不一也。盖至是而主相之衅成矣。《道子传》言：道子为皇太妃所爱，孝武及道子母李氏，本出微贱。孝武即位，尊为淑妃。大元三年（378），进为贵人。九年（384），又进为夫人。十二年（387），加为皇太妃。十九年（394），乃尊为皇太后。亲遇同家人之礼，遂恃宠乘酒，时失礼敬，帝益不能平。博平令闻人奭上疏，博平，汉县，今山东博平县西北。言茹千秋罪状。又言尼妪属类，倾动乱时。谷贱人饥，流殍不绝。权宠之臣，各开小府，施置吏佐，无益于官，有损于国。疏奏，帝益不平，而逼于太妃，无所废黜。其实当时大阿已有倒持之势，亦非尽由太妃之逼也。

　　帝乃"出王恭为兖州，大元十五年二月。镇京口。殷仲堪为荆州；大元十七年十一月。镇江陵。本为荆州者王忱，国宝弟也，以是年十月卒。以王珣为仆射，王雅为太子少傅；以张王室而潜制道子"。《道子传》。《王雅传》云：帝以道子无社稷器干，虑宴驾之后，王室倾危，乃选时望，以为藩屏。将擢王恭、殷仲堪等，先以访雅。雅言"恭秉性峻隘；仲堪亦无弘量，且干略不长；委以连率之重，据形胜之地，四海无事，足以守职，若道不常隆，必为乱阶"。帝以恭等为当时秀望，谓雅疾其胜己，故不从。此或事后傅会之谈，然当时局势，外若无事，内实艰危，非恭与仲堪所能负荷，则殆不容疑也。

　　大元十一年（386），九月，帝崩。《本纪》云：时张贵人有宠，年几三十，帝戏之曰："汝以年当废矣。"贵人潜怒。向夕，帝醉，遂暴崩。时道子昏惑，元显专权，竟不推其罪人。《天文志》云：兆庶宣言，夫人张氏，潜行大逆。《五行志》云：帝崩，兆庶归咎张氏。《草妖》。又云：张夫人专幸，及帝暴崩，兆庶尤之。《雨雹》。夫宫禁之事，氓庶何知焉？不推贼而广布流言，贼之所在可知矣。《魏书·僭晋传》云：昌明以嬖姬张氏为贵人，宠冠后宫，威行阃内。于时年几三十。昌明妙列伎乐，陪侍嫔少，乃笑而戏之云："汝年当废，吾已属诸姝少矣。"张氏潜怒。昌明不觉，而戏逾甚。向夕，昌明稍醉，张氏乃多潜饮宦者、内侍而分遣焉。至暮，昌明沉醉卧，张氏遂令其婢蒙之以被。既绝而惧，货左右，云以魇死。其说较《晋书》为详，即当时所散布之流言也。此事大不近情理，然孝武绝于宦官宫妾之手，则似无足疑。观国宝勾结能及于陈淑媛，则知当时宫禁之内，衽席之间，未始非危机之所伏也。太子德宗立，是为安帝。以道子为太傅，摄政。[①] 明年，为隆安元年（397），帝加元服，道子归政。以王

————————————

① 史事：晋武帝之死？

珣为尚书令，王国宝为左仆射。《国宝传》云：弟忱为荆州卒，国宝自表求解职迎母，并奔忱丧。诏特赐假。而盘桓不时进发。为御史中丞褚粲所奏。国宝惧罪，衣女子衣，托为王家婢，诣道子告其事。道子言之于帝，孝武。故得原。后骠骑参军王徽请国宝同燕。国宝素骄贵，使酒，怒尚书左丞祖台之，攘袂大呼，以盘盏、乐器掷台之。台之不复言。复为粲所弹。诏以国宝纵肆情性，甚不可长；台之懦弱，非监司体；并坐免官。顷之，复职。愈骄蹇，不遵法度。起斋伒清暑殿。帝恶其僭侈。国宝惧，遂谀媚于帝，而颇疏道子。道子大怒。尝于内省面责国宝，以剑掷之，旧好尽矣。是时王雅亦有宠，荐王珣于帝。帝夜与国宝及雅宴。帝微有酒，令召珣。将至，国宝自知才出珣下，恐至倾其宠，因曰："王珣当今名流，不可以酒色见，"帝遂止。而以国宝为忠，将纳国宝女为琅邪王妃，即恭帝，安帝母弟。道子改封会稽，立为琅邪王。未婚而帝崩。安帝即位，国宝复事道子。进从祖弟绪，为琅邪内史，亦以佞邪见知。道子复惑之，倚为心腹。国宝遂参管朝权，威震内外。迁尚书左仆射，领选，加后将军、丹阳尹。道子悉以东宫兵配之。案国宝果与道子中离，其复合，安得如是之易？孝武与国宝，猜隙已探，岂容忽以为忠？王珣与孝武久昵，亦岂国宝所能闲？此皆不待深求，而知其非实录者也。是时地近而势逼者，自莫如王恭。《恭传》言：恭赴山陵，绪说国宝，因恭入觐相王，伏兵杀之。国宝不许。而道子亦欲辑和内外，深布腹心于恭，冀除旧恶。恭多不顺。每言及时政，辄厉声色。道子知恭不可和协，王绪之说遂行。或劝恭因入朝，以兵诛国宝，而庾楷党于国宝，士马其盛，恭惮之，不敢发。庾楷者，亮之孙，时为豫州刺史，镇历阳者也。历阳，见第三章第九节。王恭在是时，与道子决无可以调和之理。既终不能调和，则势必至于互相诛夷。以恭辞色之不顺，为不能和协之原因，则所见大浅矣。恭于是时，若能整兵入朝，推问孝武帝崩状，最为名正言顺，恭后罪状国宝曰："专宠肆威，将危社稷。先帝登遐，夜乃犯合叩扉，欲矫遗诏。赖皇太后聪明，相王神武，故逆谋不果。"弑逆之罪，既纵而不问于先，遂不能更举之于其后矣。既有所忌而不敢发；道子等亦因有所顾虑，不敢诛恭，于是京邑蹀血之祸抒，方镇连衡之局起，而桓玄遂乘机肆逆矣。

桓玄者，温之孽子。温甚爱异之。临终，命以为嗣，袭爵南郡公。时玄年五岁。常负其才地，以雄豪自处。众咸惮之。朝廷亦疑而未用。玄年二十三，始拜太子洗马。时议谓温有不臣之迹，故折玄兄弟而为素官。大元末，出补义兴太守，郁郁不得志，弃官归国。南郡，见第三章第九节。义兴，见第五章第六节。殷仲堪惮其才地，深相要结；玄亦欲假其兵势，诱而悦之。王国宝谋削弱方镇，内外骚动。玄乃说仲堪曰："国宝与君诸人，素已为对。孝伯居元舅之地，必未便动之，惟当以君为事首。若发诏征君为中书令，用殷觊为荆州，见下。君何以处之？"仲堪曰："忧之久矣，君谓计将安出？"玄曰："君若密遣一人，信说王恭，宜兴晋阳之师，以内匡朝廷，己当悉荆楚之众，顺流而下。推王为盟主，仆等亦皆投袂，当此无不响应，此桓、文之举也。"仲堪迟疑未决。俄而王恭信至，招仲堪及玄，匡正朝廷。仲堪以恭在京口，去都不盈二百，荆州道远，连兵势不相及，乃伪许恭，而实不欲下。恭得书，大喜。乃抗表京师，罪状国宝及绪。国宝皇遽，不知所为。绪说国宝：令矫道子命，召王珣、车胤杀之，以除群望，因挟主相，以讨诸侯。车胤者，以寒素博学，知名于世。宁康初，为中书侍郎，累迁侍中。后为护军将军。王国宝讽八坐，启以道子为丞相，加殊礼，胤称疾不署。隆安初，为丹阳尹，迁吏部尚书。亦不附道子、国宝者也。国宝许之。珣、胤既至，而不敢害，反问计于珣。珣劝国宝放兵权以迎恭。国宝信之。又问计于胤。胤曰："朝廷遣军，恭必城守。若京城未拔，而上流奄至，君将何以待之？"国宝大惧。遂上疏解职，诣阙待罪。既而悔之。诈称诏复本官，欲收兵距王恭。道子既不能距诸侯，欲委罪国宝，乃遣谯王尚之恬子。时为骠骑咨议参军。恬见第五节。收国宝，付廷尉，赐死；并斩王绪于市以谢恭。恭乃还京口。仲堪闻恭已诛国宝等，始抗表兴师。遣杨佺期次巴陵。见第三章第九节。道子遗书止之。仲堪乃还。仲堪既纳桓玄之说，乃外结雍州牧郗恢，内要从兄南蛮校尉觊，南郡相江绩等。恢、觊、绩并不同之。乃以杨佺期代绩。觊自逊位。觊以忧卒。江绩入为御史中丞。道子世子元显，夜开六门，绩与车胤，密启道子，欲以奏闻。道子不许。元显逼令自裁。盖其时王国宝、王绪既诛，道子素懦弱；王恭、殷仲堪，本文学侍从之选，非有乐乱之心；而元显年十六，聪明多涉，志气果锐，傅会者谓有明帝之风，恶王恭，尝请道子讨之；兵端冬戢不戢，实不在道子、恭、仲堪而在元显，故绩与胤欲去其权，不可谓非关怀大局者也。道子既不听，转拜元显为征虏将军，举其先卫府及徐州文武，悉以配之；桓玄求为广州，道子不欲使在荆楚，顺其意许之，玄亦受命不行；内外之衅仍结矣。道子复引谯王尚之为腹心。尚之说道子曰："藩伯强盛，宰相权轻，宜密树置，以自藩卫。"道子深以为然。乃以其司马王愉为江州刺史，割豫州四郡，使愉督之。庾楷怒，遣子鸿说王恭曰："尚之兄弟，专弄相权，欲假朝威，贬削方镇。及其议未成，宜早图之。"恭以为然。复以告仲堪、玄。玄等从之。推恭为盟主，刻期同赴京师。时内外疑阻，津逻严急，仲堪之信，因庾楷达之，以斜绢为书，内箭干中，合镝漆之。楷送于恭。恭发书，绢文角戾，不复可识，谓楷为诈；又料仲堪去年已不赴盟，今无连理；乃先期举兵。隆安二年七月。上表，以讨王愉、司马尚之兄弟为辞。司马刘牢之谏，恭不从。道子使人说庾楷。楷怒曰："王恭昔赴山陵，相王忧惧无计，我知事急，即勒兵而至；去年之事，亦俟令而奋。既不能距恭，反杀国宝。自尔已来，谁敢复攘袂于君之事乎？"道子日饮醇酒，而委事于元显。以为征讨都督。王恭本以才地陵物，虽杖刘牢之为爪牙，但以行陈武将相遇，礼之甚薄。牢之深怀耻恨。元显遣庐江太守高素说牢之，使叛恭。"事成，当即其位号。"牢之许焉。恭参军何澹之以其谋告恭。牢之与澹之有隙，故恭疑而不纳。乃置酒请牢之，于众中拜牢之为兄。精兵利器，悉以配之，使为前锋。行至竹里，在今江苏句容县北。六朝时京口至建康，恒取道于此。牢之背恭，遣其婿高雅之、子敬宣因恭曜军，轻骑击恭。恭败，奔曲阿。见第四章第三节。将奔桓玄，至长塘湖，见第四章第三节。湖浦尉收送京师，斩之。恭信佛道，临刑犹诵佛经，自理须鬓，谓监刑者曰："我暗于信人，所以致此。原其本心，岂不忠于社稷？但令百代之下，知有王恭耳。"家无财货，惟书籍而已。其居心实可谅也。牢之遂代恭。谯王尚之讨庾楷。楷遣汝南太守段方逆战于慈湖，在今安徽当涂县北。大败，被杀。楷奔桓玄。殷仲堪使杨佺期舟师五千为前锋。桓玄次之，自率兵二万，相继而下。佺期、玄至溢口，见第三章第九节。王愉奔于临川，吴郡，治临汝，今江西临川县。玄遣偏军追获之。佺期进至横江，见第三章第九节。谯王尚之退走。尚之弟恢之所领水军皆役。玄等至石头，仲堪至芜湖，皆见第三章第九节。忽闻王恭已死，刘牢之领北府兵在新亭，在今首都之南。玄等三军失色，无复固志，乃回师屯于蔡洲。见第四章第三节。仲堪素无戎略，军旅之事，一委佺期兄弟。玄从兄修冲子。告道子曰："西军可说而解也，修知其情矣。若许佺期以重利，无不倒戈于仲堪者。"此据《仲堪传》。《修传》云：修进说曰："殷、桓之下，专恃王恭，恭既破灭，莫不失色。今若优诏用玄，玄必内喜，则能制仲堪、佺期，使并顺命。"案是谋既败，江绩奏修承受杨佺期之言，交通信命，则此说似不如《仲堪传》之确。此时桓玄一人之力，亦未必能兼制仲堪与佺期也。道子纳之。乃以玄为江州，佺期为雍州，黜仲堪为广州，以桓修为荆州。仲堪令玄等急进军。玄等喜于宠授，并欲顺朝命，犹豫未决。仲堪弟遹，《桓玄传》云：遹仲堪从弟。为佺期司马，夜奔仲堪，说佺期受朝命，纳桓修。仲堪皇遽，即于芜湖南归。徇于玄等军曰："若不各散而归，大军至江陵，当悉戮余口。"仲堪将刘系，领二千人隶于佺期，辄率众归。玄等大惧，狼狈追仲堪。至寻阳，见第四章第一节。及之。仲堪与佺期以子弟交质。遂于寻阳结盟。玄为盟主。十月。并不受诏，申理王恭，求诛刘牢之、谯王尚之等。朝廷深惮之。诏仲堪还复本位。仲堪等乃奉诏，各还所镇。

桓玄之未奉诏也，欲自为雍州，以郗恢为广州。恢惧玄之来，问于众。咸曰："佺期来者，谁不戮力？若桓玄来，恐难与为敌。"既知佺期代己，乃谋于南阳太守闾丘羡，南阳见第三章第四节。称兵距守。佺期虑事不济，乃声言玄来入沔，而佺期为前驱。恢众信之，无复固志。恢军散，请降。佺期入府，斩闾丘羡，放恢还都。抚将士，恤百姓；缮修城池，简练甲卒，甚得人情。初桓玄在荆州，豪纵，士庶惮之，甚于州牧。仲堪亲党劝杀之，仲堪不听。及还寻阳，资其声地，推为盟主。玄逾自矜重。佺期为人骄悍，常自谓承藉华胄，江表莫比，而玄每以寒士裁之，佺期甚憾。《佺期传》云：弘农华阴人，汉太尉震之后也。曾祖准。自震至准，七世有名德。祖林，少有才望，直乱没胡。父亮，少仕伪朝，后归国，终于梁州刺史，以贞干知名。佺期沉勇果劲，而兄广及弟思、平等，皆强犷粗暴。自云门户承藉，江表莫比，有以其门第比王珣者，犹恚恨，而时人以其晚过江，婚宦失类，每排抑之。恒慷慨切齿，欲因事际以逞其志。弘农，见第二章第二节。华阴，见第三章第三节。即于坛所欲袭玄。仲堪恶佺期兄弟虓勇，恐克玄之后，复为己害，苦禁之。玄亦知佺期有异谋，潜有吞并之计，于是屯于夏口。见第三章第九节。玄既与仲堪、佺期有隙，恒虑掩袭，求广其所统。朝廷亦欲成其衅隙，乃诏加玄都督荆州四郡，胡三省曰：谓长沙、衡阳、湘东、零陵。长沙，见第三章第九节。衡阳，见第五章第七节。湘东，见第三章第九节。零陵，见第三章第六节。以其兄伟为南蛮校尉。佺期甚忿惧。仲堪亦虑玄跋扈，遂与佺期结昏为援。会姚兴侵洛阳，佺期乃建牙，声云援洛，密欲与仲堪共袭玄。仲堪虽外结佺期，而疑其心，距而不许。犹虑弗能禁，复遣通屯于北境以遏之。佺期既不能独举且不测仲堪本意，遂息甲。南蛮校尉杨广，佺期之兄也，欲距桓伟。仲堪不听。乃出广为宜都、建平二郡太守。宜都、建平，皆见第三章第六节。佺期从弟孜敬，先为江夏相，江夏，见第三章第四节。玄以兵袭而召之。既至，以为咨议参军。玄于是兴军西征，亦声云救洛。与仲堪书，说佺期受国恩而弃山陵，宜共罪之。今亲率戎旅，径造金塘。见第三章第二节。使仲堪收杨广。仲堪知不能禁，乃曰："君自沔而行，不得一人入江也。"玄乃止。隆安三年（399），荆州大水，仲堪振恤饥者，仓廪空竭。玄乘其虚而伐之。时梁州刺史郭铨之镇，路经夏口，玄授以江夏之众，使督诸军并进。密报兄伟，令为内应。伟皇遽，不知所为，乃自赍疏示仲堪。仲堪执伟为质，而急召佺期。佺期曰："江陵无食，可来见就，共守襄阳。"仲堪给之曰："比来收集，已有储矣。"佺期信之，率众赴焉。步骑八千，精甲耀日。既至，仲堪惟以饭馈其军。佺期大怒，曰："今兹败矣。"乃不见仲堪，与兄广击玄。殆获郭铨。会玄诸军至，佺期众尽没，单马奔襄阳。仲堪出奔酂城。见第四章第二节。玄遣将军冯该蹑佺期，获之。广为人所缚送。玄并杀之。仲堪闻佺期死，将以数百人奔姚兴。至冠军，汉县，在今河南邓县北。为该所得。玄令害之。玄遂平荆、雍。表求领荆、江二州。诏以玄为荆州刺史，桓修为江州刺史。玄上疏固争，复领江州。玄又辄以伟为雍州刺史。时寇贼未平，朝廷难违其意，许之。玄于是树用腹心，兵马日盛。

第二节　孙恩之乱

殷仲堪等之举兵也，会道子有疾，加以昏醉，元显知朝望去之，谋夺其权，讽天子解道子扬州、司徒，而道子不之觉。元显自以少年，顿居权重，虑有讥议，于是以琅邪王领司徒，自为扬州刺史。道子酒醒，方知去职，而无如之何。庐江太守张法顺，为元显谋主。元显性苛刻，生杀自己，法顺屡谏不纳。又发东土诸郡免奴为客者，号曰乐属，移京师以充兵役，东土嚣然。孙恩遂乘衅作乱。

孙恩，琅邪人，琅邪，见第二章第三节。孙秀之族也。世奉五斗米道。恩叔父泰，师事钱唐杜子恭。钱唐，见第四章第三节。子恭有秘术。尝就人借瓜刀。其主求之。子恭曰："当即相还耳。"既而刀主行至嘉兴，有鱼跃入船中，破鱼得瓜刀。其为神效，往往如此。嘉兴，见第四章第三节。子恭死，泰传其术；浮狡有小才；诳诱百姓，愚者敬之如神，皆竭财产，进子女，以求福庆。王珣言于会稽王道子，流之于广州。广州刺史王怀之，以泰行郁林太守。郁林，见第三章第九节。南越以外皆归之。太子少传王雅，先与泰善，言于孝武帝，以泰知养性之方，因召还。道子以为徐州主簿。犹以道术，眩惑士庶。稍迁新安太守。新安，见第四章第三节。王恭之役，泰私合义兵，得数千人，为国讨恭。黄门郎孔道，鄱阳太守桓放之，鄱阳，见第四章第三节。骠骑谘议周勰等，皆敬事之。会稽世子元显，亦数诣泰，求其秘术。泰见天下兵起，以为晋祚将终，乃扇动百姓，私集徒众。三吴士庶多从之。三吴，见第三章第九节。于时朝士，皆惧泰为乱，以其与元显交厚，咸莫敢言。会稽内史谢辅发其谋。会稽，见第三章第九节。道子诛之。恩逃于海。众闻泰死，皆谓蝉蜕登仙。①就海中资给恩。恩聚合亡命，得百余人，志在复仇。及元显纵暴，吴会百姓不安，吴会二字，初指吴与会稽言之，其后则为泛称。恩因其骚动，自海攻上虞，泰县，今浙江上虞县西。杀县令。因袭会稽，害内史王凝之。时隆安三年十一月也。恩有众数万。于是会稽谢针，吴郡陆瓌，吴郡，见第三章第九节。吴兴丘尪，吴兴，见第三章第九节。义兴许允之，义兴，见第五章第六节。临海周胄，临海，见第四章第三节。永嘉张永，永嘉，晋郡，今浙江永嘉县。及东阳、见第五章第六节。新安凡八郡，一时俱起，杀长吏以应之。旬日之中，众数十万。恩据会稽，自号征东将军，号其党曰长生人。宣语令诛杀异己。有不同者，戮及婴孩。由是死者十七八。畿内诸县，处处蜂起。朝廷震惧，内外戒严。遣卫将军谢琰、镇北将军刘牢之讨之。吴会承平日久，人不习战；又无器械；故所在破亡。诸贼皆烧仓廪，焚邑屋，刊木，堙井，虏掠财货，相率聚于会稽。其妇女有婴累不能去者，囊簏盛婴儿没于水，而告之曰："贺汝先登仙堂，我寻后就汝。"牢之遣将桓宝救三吴，子敬宣为宝后继。比至曲阿，见第四章第三节。吴郡内史桓谦此依《牢之传》。《本纪》同。《恩传》作桓谨。已弃郡走。牢之乃率众东讨，拜表辄行。琰至义兴，斩贼许允。进讨丘尪，破之。牢之至吴兴，击贼屡胜。径临浙江。琰屯乌程，见第四章第三节。遣司马高素助牢之。牢之率众军济浙江。恩虏男女二十余万口，一时逃入海。惧官军之蹑，乃缘道多弃宝物、子女，时东土殷实，莫不粲丽盈目，牢之等遽于收敛，故恩复得逃海。朝廷以谢琰为会稽，率徐州文武戍海浦。琰本为徐州刺史。

① 宗教：孙恩，秀之族。孙泰死，众谓蝉蜕登仙。恩死亦然，恩号其党曰长生人，令诛杀异己，死亡多，孙恩酷忍，焚烧刊木堙井，其党之多。

琰无抚绥之能，而不为武备。四年（400），恩复入余姚，秦县,今浙江余姚县。破
上虞，进至刑浦。此据《恩传》。《琰传》作邢浦,云在山阴北三十五里。山阴,见第二章
第二节。琰遣参军刘宣之距破之。既而上党太守张虔硕战败，群贼锐进。琰败绩。
帐下督张猛，于后斫琰马，琰堕地，与二子俱被害。朝廷大震。遣冠军将军桓不
才，辅国将军孙无终，宁朔将军高雅之击之。恩复还海。于是复遣牢之东屯会
稽。吴国内史袁山松筑扈渎垒，在今上海市北。缘海备恩。明年，二月，恩复入浃
口。《东晋疆域志》云：在余姚、鄞县之间。鄞汉县,在今浙江鄞县东。雅之败绩。牢之
进击，恩复还于海。五月，转寇扈渎，害袁山松。仍浮海向京口。见第四章第二
节。牢之率众西击，未达，而恩已至。朝廷骇惧，陈兵以待之。牢之在山阴，使
刘裕自海盐赴难。海盐,汉县,在今浙江平湖县东南。晋徙治今海盐县。牢之率大众而
还。裕兵不满千人，与贼战，破之。恩闻牢之已还京口，乃走郁州。今江苏灌云县
东北之云台山,古在海中,称郁州,亦曰郁洲。高雅之击之，为贼所执。贼寇广陵，见
第三章第九节。陷之。浮海而北。刘裕与刘敬宣并军蹑之于郁州。累战，恩复大败。
渐衰弱。复缘海还南。裕亦寻海要截。复大破恩于扈渎。恩遂远进海中。及桓玄
用事，恩复寇临海，太守辛景讨破之。恩穷蹙，乃赴海自沉。妖党及伎妾，谓之
水仙，投水从死者百数。时元兴元年三月也。案恩之所为，与张角极相似。诳惑
多而不能战。其诳惑士大夫之力，或犹过之，读本节所述即可见。沈约《宋书·自序》言：
杜子恭通灵有道术，东土豪宗，及京邑贵望，并事之为弟子，执在三之敬。沈警累世事道,
亦敬事子恭。子恭死，门徒孙泰，泰弟子恩传其业，警复事之。恩作乱，警子穆夫，为其前
部参军，与弟仲夫、任夫、豫夫、佩夫并遇害。警等为人如何不必论，要亦士大夫之家也。
此或由其本为衣冠中人而然。然其所用，仍多亡命之徒，故其残杀破坏极甚。
《恩传》言：恩房男女二十余万口，一时逃入海，虽曰缘道多弃子女，能从者当尚不下十余万
人。又云：自恩初入海，所房之口，其后战死及自溺，并流离被传卖者，至恩死时，裁数千
人存；而恩攻没谢琰、袁山松，陷广陵，前后数十战，亦杀百姓数万人。则死亡者当在二十
万以上矣。当时海岛，能容几何人？十余万人，安能一入海？此自不免言之过甚，然其死
亡之众，则必不诬也。五斗米道诳惑之力固大，然亦可见是时东土之不安也。

第三节　桓玄篡逆

孙恩之作乱也，加道子黄钺，以元显为中军以讨之。又加元显录尚书事。道
子更为长夜之饮，政无大小，一委元显。时谓道子为东录，元显为西录，西府车
骑填凑，东第门可设雀罗矣。于是军旅洊兴，国用虚竭，自司徒已下，日廪七
升，而元显聚敛不已，富过帝室。及谢琰为孙恩所害，元显求领徐州，加侍中、
后将军、开府仪同三司，都督十六州诸军事。扬、豫、徐、兖、青、幽、冀、并、荆、

江、司、雍、梁、益、交、广。寻以星变解录，复加尚书令。桓玄屡上疏求讨孙恩，诏辄不许。其后恩逼京都，玄建牙聚众，外托勤王，实欲观衅而进。复上疏请讨恩。会恩已走，玄又奉诏解严。玄以兄伟为江州，镇夏口。见第三章第九节。司马刁畅镇襄阳。见第三章第四节。遣桓振、石虔子。皇甫敷、冯该戍溢口。见第三章第九节。自谓三分有二，势运所归，屡使人上祯祥，以为己瑞。致笺道子，语多侮嫚。元显大惧。张法顺言："桓氏世在西藩，人或为用。孙恩为乱，东土涂地，玄必乘此，纵其奸凶。及其始据荆州，人情未辑，宜发兵诛之。"元显以为然。遣法顺至京口，见第四章第二节。谋于刘牢之。牢之以玄少有雄名，杖全楚之众，惧不能制；又虑平玄之后，不为元显所容；深怀疑贰。法顺还，说元显曰："观牢之颜色，必贰于我，未若召入杀之。不尔，败人大事。"元显不从。元兴元年（402），正月，加元显侍中、骠骑大将军、开府，征讨大都督、督十八州诸军事，仪同三司，加黄钺、班剑二十人，以伐桓玄。以牢之为前锋，谯王尚之为后部。法顺又言于元显曰："自举大事，未有威断，桓谦兄弟，每为上流耳目，宜斩之以孤荆州之望。谦冲子，时为元显咨议参军。且事之济不，系在前军，而牢之反复；万一有变，则祸败立至；可令牢之杀谦兄弟，以示不贰；若不受命，当为其所。"元显曰："非牢之无以当桓玄。且始事而诛大将，人情必动。"法顺言之再三，元显不可，而以谦为荆州刺史，以安荆楚。于时扬土饥虚，运漕不继，玄断江路，商旅遂绝，公私匮乏，士卒惟给粞橡。玄本谓扬土饥馑，孙恩未灭，朝廷必未皇讨己，可得蓄力养众，观衅而动。闻元显将伐之，甚惧，欲保江陵。见第三章第九节。长史卞范之说曰："元显口尚乳臭，刘牢之大失物情，兵临近畿，土崩之势，翘足可待。何有延敌入境，自取蹙弱者乎？"玄大悦。乃留其兄伟守江陵，抗表率众，东下寻阳。见第四章第一节。移檄京邑，罪状元显。檄至，元显大惧，下船而不敢发。玄既失人情，而兴师犯顺，虑众不为用，恒有回旆之计。既过寻阳，不见王师，意甚悦。其将吏亦振。庾楷以玄与朝廷构怨，恐事不克，祸及于己，密结元显，许为内应。谋泄，收絷之。至姑孰，见第四章第一节。使冯该等攻谯王尚之。尚之败，逃于涂中。涂同滁。十余日，为玄所得。尚之弟休之镇历阳。见第三章第九节。以五百人出城力战，不捷，奔南燕。玄遣何穆说刘牢之。时尚之已败，人情转沮，牢之乃颇纳穆说，遣使与玄交通。其甥何无忌与刘裕固谏，不从。俄令子敬宣降玄。《宋书·敬宣传》云：牢之以道子昏暗，元显淫凶，虑平玄之后，乱政方始，欲假手于玄，诛除执政，然后乘玄之隙，可以得志于天下，将许玄降。敬宣谏曰："方今国家乱扰，四海鼎沸，天下之重，在大人与玄。玄藉先父之基，据荆南之势，虽无姬文之德，实为三分之形。一朝纵之，使陵朝廷，威望既成，则难图也。董卓之变，将生于今。"牢之怒曰："吾岂不知今日取玄，如反覆手。但平玄之后，令我那骠骑何？"遣敬宣为任。案玄一平元显，即夺牢之兵权；旋窃大位；或非牢之当时计虑所及，然谓取玄如反覆手，则亦诬也。《晋书》谓牢之因尚之之败，人情转沮，乃颇纳何穆之说，自近于实。玄至新亭，见

第一节 元显弃船，退屯国子学堂。明日，列陈宣阳门外。佐吏多散走。刘牢之遂降于玄。元显回入西阳门，牢之参军张畅之率众逐之。众溃。元显奔入相府。惟张法顺随之。玄遣收元显，送付廷尉，并其六子皆害之。张法顺亦见杀。又奏道子酣纵不孝，当弃市。诏徙安成郡。见第三章第九节。使御史杜竹林防卫，竟承玄旨鸩杀之。玄以刘牢之为会稽太守。会稽，见第三章第九节。牢之叹曰："始尔便夺我兵，祸将至矣。"时玄屯相府，敬宣劝牢之袭之。牢之犹豫不决。移屯班渎。将北奔广陵相高雅之，据江北以距玄。《宋书·敬宣传》曰：牢之与敬宣谋共袭玄，期以明旦，直尔日大雾，府门晚开，日旰，敬宣不至，牢之谓所谋已泄，率部众向白洲，欲奔广陵。白洲当即班渎。胡三省曰：班渎在新洲西南。案新洲，在今首都北江中。广陵，见第三章第九节。集众大议。参军刘袭曰："事不可者莫大于反，而将军往年反王兖州，近日反司马郎君，今复欲反桓公，一人三反，岂得立也？"语毕趋出。佐吏多散走。敬宣先还京口援其家，失期不至，牢之谓为刘袭所杀，乃自缢而死。俄而敬宣至，不皇哭，奔高雅之，与雅之俱奔南燕。

桓玄入京师，矫诏加己总百揆，侍中，都督中外诸军事，丞相，录尚书事，扬州牧，领徐州刺史。害庾楷父子，谯王尚之，尚之弟丹阳尹恢之，广晋伯允之等。以兄伟为荆州刺史，领南蛮校尉。从兄谦为左仆射，领选。修为徐、兖二州刺史。石生为江州刺史。卞范之为丹阳尹。玄让丞相，自署太尉，领豫州刺史。出居姑孰。固辞录尚书事，诏许之，而大政皆谘焉。小事则决于桓谦、卞范之。自祸难屡搆，干戈不戢，百姓厌之，思归一统。及玄初至也，黜凡佞，擢俊贤，君子之道粗备，京师欣然。后乃陵侮朝廷，幽摈宰辅；豪奢纵欲，众务繁兴；于是朝野失望，人不安业。玄又害吴兴太守高素，吴兴，见第三章第九节。辅国将军竺谦之，谦之从兄高平相朗之，高平，见第二章第二节，此时为侨置。辅国将军刘袭，袭弟彭城内史季武，彭城，见第五章第四节。冠军将军孙无终等，皆刘牢之党，北府旧将也。袭兄冀州刺史轨奔南燕。二年（403），桓伟卒，以桓修代之。从事中郎曹靖之说玄：以修兄弟，职居内外，恐权倾天下。玄纳之，乃以南郡相桓石康为西中郎将、荆州刺史。南郡，见第三章第九节。石康豁子。玄所亲杖惟伟。伟死，玄乃孤危，而不臣之迹已著；自知怨满天下，欲速定篡逆。殷仲文妻，玄之妹也，仲文，觊弟。玄使总录诏命，以为侍中，与卞范之又共促之。于是先改授群司。又矫诏加其相国，总百揆，封十郡，为楚王，加九锡。南阳太守庾仄，南阳，见第三章第四节。殷仲堪党也，九月，乘桓石康未至，起兵。袭冯该于襄阳，走之。江陵震动。桓济子亮，以讨仄为名，起兵罗县。汉县，在今湖南湘阴县东北。南蛮校尉羊僧寿，与石康攻襄阳，庾仄众散，奔姚兴。长沙相陶延寿长沙，见第三章第九节。以亮乘乱起兵，遣收之。玄徙亮于衡阳，见第五章第七节。诛其同谋桓奥等。十二月，玄篡位。以帝为平固公，平固，见第三章第九节。迁居寻阳。玄入建康。

刘牢之虽死，高素等虽见诛钼，然北府之人物未尽也，而是时为其首领者，实为刘裕。初孙恩之死也,余众推恩妹夫卢循为主。桓玄欲且辑宁东土,以循为永嘉太守。永嘉见上节。循虽受命,而寇暴不已。玄复遣裕东征。何无忌随至山阴,见第二章第二节。劝裕于会稽起义。裕以为玄未据极位;且会稽遥远,事济为难;不如俟其篡逆事著,于京口图之。据《宋书·武帝纪》。《孔靖传》以是为靖之谋。玄既篡位,裕乃与其弟道规及刘毅、桓弘中兵参军。弘冲子,时为青州刺史,镇广陵。何无忌、魏咏之、殷仲堪客。檀凭之、桓修长流参军。孟昶、青州主簿。诸葛长民、豫州刺史习遗左军府参军。王元德、名叡。弟懿,字仲德。兄弟名犯晋宣、元二帝讳,并以字称。辛扈兴、童厚之等谋讨之。元兴三年(404),二月,裕托以游猎,与无忌等收集义徒,袭京口,斩桓修。刘毅潜就孟昶,起兵袭杀桓弘,因收众济江。诸葛长民谋据历阳,失期不得发,习遗执之,送于桓玄。未至而玄败,送人共破槛出之,还趣历阳。遂弃城走,为其下所执,斩于石头。元德、扈兴、厚之谋于京邑攻玄,事泄,并为玄所杀。玄召桓谦、卞范之等谋之。谦等曰:"亟遣兵击之。"玄曰:"不然。彼兵速锐,计出万死,遣少军不足相抗,如有蹉跌,则彼气成而吾事败矣。不如屯大众于覆舟山以待之。覆舟山,在首都大平门内,钟山之西足也。彼安行二百里,无所措手,锐气已挫;忽见大军,必惊惧。我案兵坚陈,勿与交锋。彼求战不得,自然走散,此计之上也。"谦等固请,乃遣顿丘太守吴甫之、右卫将军皇甫敷北拒之。义众推刘裕为盟主,移檄京邑。三月,遇吴甫之于江乘,见第三章第九节。斩之。进至罗落桥。在江乘南。皇甫敷率数千人逆战。刘裕、檀凭之各御一队。凭之败死。裕进战弥厉,斩敷首。桓玄使桓谦屯东陵口,在覆舟山东。卞范之屯覆舟山西,众合二万。刘裕躬先士卒奔之,将士皆殊死战,谦等诸军,一时土崩。玄将子侄浮江南走。裕镇石头,见第三章第九节。立留台总百官。以王谧导孙。录尚书事,领扬州刺史。裕督扬、徐、兖、豫、青、冀、幽、并八州,为徐州刺史。奉武陵王遵为大将军,承制。遵武陵威王晞子,晞元帝子。以刘毅为青州刺史,与何无忌、刘道规蹑玄。

桓玄经寻阳,江州刺史郭昶之备乘舆法物资之。玄收略,得二千余人,挟天子走江陵。何无忌、刘道规破玄将郭铨、何澹之及郭昶之等于桑落洲。在九江东北。众军进据寻阳。桓玄大聚兵众。召水军,造楼船、器械。率众二万,挟天子发江陵,浮江东下。与刘毅等遇于峥嵘洲。在湖北鄂城县东。众惮之,欲退还寻阳。刘道规曰:"彼众我寡,强弱异势,畏懦不进,必为所乘,虽至寻阳,岂能自固?玄虽窃名雄豪,内实恇怯;加已经崩败,众无固心;决机两陈,将雄者克。"因麾众而进。毅等从之。大破玄军。玄弃其众,复挟天子还江陵。冯该劝更下战,玄不从。欲出汉川,投梁州刺史桓希,而人情乖沮,制令不行。玄乘马出城,至门,左右于暗中斫之,不中。前后相杀交横。玄仅得至船。于是荆州别驾王康产奉帝入南郡府舍,太守王腾之率文武营卫。初玄之篡位也,遣使加益州刺史毛璩散骑常侍、左将军。璩执留其使,不受命。玄以桓希为梁州刺史,使王异据涪,郭法戍宕渠，师寂戍巴郡，周道子戍白帝以防之。涪、宕渠、巴，皆见第三章第六节。白帝，城名，在今四川奉节县东。璩传檄远近，列玄罪状。遣巴东太守柳约之、建平太守罗述，征虏司马甄季之击破希等。巴东、建平，皆见第三章第六节。仍率众次于白帝。初璩弟宁州刺史璠丧官，璩兄孙佑之及参军费恬，以数百人送丧葬江陵。会玄败，谋奔梁州。璩弟子修之，时为玄屯骑校尉，诱使入蜀。玄从之。达枚回洲，在江陵南。恬与佑之迎击，益州督护冯迁斩玄并石康及玄兄子濬。玄子昇，时年数岁，送江陵市，斩之。毛璩又遣将攻汉中，杀桓希。

玄之败于峥嵘洲，义军以为大事已定，追蹑不速，据《宋书·武帝纪》。《刘道规传》云：遇风不进。玄死几一旬，众军犹不至。桓振逃于华容之涌中。涌水在华容。华容、汉县，今湖北监利县西北。玄先令将军王稚徽戍巴陵，见第三章第九节。稚徽遣人招振，云桓歆已克京邑，饮玄兄，时聚众向历阳，为诸葛长民、魏咏之所破。冯稚等复平寻阳，稚玄将，尝袭陷寻阳，刘毅使刘怀肃讨平之。怀肃，裕从母兄。刘毅诸军并败于中路。振大喜，乃聚党数十人袭江陵。比至城，有众二百。桓谦先匿于沮川，亦聚众而出。遂陷江陵。闰五月，迎帝于行宫。王康产、王腾之皆被害。桓振闻桓昇死，大怒，将肆逆于帝。谦苦禁之，乃止。遂命群臣辞以楚祚不终，百姓之心，复归于晋，更奉进玺绶。以琅邪王镇徐州。振为都督八州、荆州刺史。振少薄行，玄不以子姝齿之。及是，叹曰："公昔不早用我，遂致此败。若使公在，我为前锋，天下不足定也。今独作此，安归乎？"遂肆意酒色；暴虐无道，多所残害。何无忌击桓谦于马头，在今湖北公安县东北。桓蔚于龙洲，皆破之。蔚秘子。义军乘胜竞进。桓振、冯该等距战于灵溪，《水经注》：江水自江陵东径燕尾洲北，会灵溪水。龙洲，在灵溪东。案龙洲，据《桓玄传》。《何无忌传》作龙泉。道规等败绩，死没者千余人。刘毅坐免官，寻原之。义军退次寻阳，更缮舟甲。进次夏口。冯该等守夏口，孟山图据鲁城，亦作鲁山城，在今湖北汉阳县东北。桓山客守偃月垒。据《桓玄传》。《宋书·刘道规传》作桓仙客。偃月垒，亦曰却月城，在汉水左岸。刘毅攻鲁城，道规攻偃月垒，二城俱溃。冯该走，禽山图、仙客。毅等平巴陵。十二月。义熙元年（405），正月，南阳太守鲁宗之起义兵，袭襄阳，破伪雍州刺史桓蔚。何无忌诸军次马头。桓振拥帝，出营江津。戍名，在江陵南。请割荆、江二州，奉送天子。无忌不许。鲁宗之破伪虎贲中郎将温楷，进至纪南。城名，在江陵北。振自击之，宗之失利。刘毅率何无忌、刘道规等破冯该于豫章口，在江陵东。推锋而前，遂入江陵。振见火起，知城已陷，遂与桓谦北走。是日，安帝反正。大赦天下，惟逆党就戮。诏特免桓胤一人。冲长子嗣之子。三月，桓谦出自涢城，在云杜东南。云杜，汉县，在今湖北沔阳县北。袭破江陵。刘怀肃自云杜伐振，破之。广武将军唐兴临陈斩振。怀肃又讨斩冯该于石城。见第三章第九节。桓亮先侵豫章，见第三章第九节。时刘敬宣自南燕还，刘裕以为江州刺史，讨走之。桓玄以苻宏为梁州刺史，与亮先后入湘中；其余拥众假号者以十数：皆讨平之。桓谦、桓怡、弘弟。桓蔚、桓谧、何澹之、温楷，皆奔于秦。诏徙桓胤及诸党与于新安诸郡。三年（407），东阳太守殷仲文，东阳，见第五章第六节。桓玄峥嵘洲之败，留皇后王氏及穆帝后何氏于巴陵。仲文时在玄槛，求出别船，收集散卒，因奉二后奔夏口降。与永嘉太守骆球谋反，永嘉，见第二节。欲建桓胤为嗣，刘裕并其党收斩之。

桓玄乃一妄人，《晋书》言其缪妄之迹甚多，庸或不免傅会，如谓玄篡位入宫，其床忽陷，群下失色，殷仲文曰："将由圣德探厚，地不能载，"玄大悦，此等几类平话。又谓其弃建康西走时，腹心劝决战，玄不暇答，直以策指天而已，亦与其据覆舟山待义兵之策，判若两人也。然其纵侈，玄之出镇姑孰，即大筑城府，台馆山池，莫不壮丽。性好畋游，以体大不堪乘马，乃作徘徊舆，施转关，令回动无滞。①自篡盗之后，骄奢荒侈。游猎无度，以夜继昼；或一日之中，屡出驰骋。性又急暴，呼召严速，直官咸系马省前。贪鄙，好奇异，尤爱宝物，珠玉不离于手。人士有法书、好画及园宅者，悉欲归己。犹难逼夺之，皆蒱博而取。遣臣佐四出，掘果移竹，不远数千里。尝诈欲讨姚兴，初欲饰装，无他处分，先使作轻舸，载服玩及书画等物。或谏之。玄曰："书画服玩，既宜恒在左右；且兵凶战危，脱有不意，当使轻而易运。"众皆笑之。此等事或疑其非实，然袴袴子弟，习于纵侈，不知虑患，确有此等情形也。好虚名，元兴二年(403)，玄诈表请平姚兴，又讽朝廷作诏不许。谓代谢之际，宜有祯祥，乃密令所在上临平湖开，又诈称江州甘露降。以历代咸有肥遁之士，己世独无，乃征皇甫谧六世孙希之为著作，并给其资用，皆令让而不受，号曰高士。败走后，于道作起居注，叙其距义军之事，自谓经略指授，算无遗策，诸将违节度，以致亏丧，非战之罪。于时不皇与群下谋议，惟耽思诵述，宣示远近。荆州郡守，以玄播越，或遣使通表，有匪宁之辞，玄悉不受，仍令所在表贺迁都焉。临平湖，在浙江杭县东北。故老相传：此湖塞，天下乱，此湖开，天下平。喜佞媚，《玄传》言玄信悦谀誉，逆忤谠言。吴甫之、皇甫敷败，玄闻之，大惧，问于众曰："朕其败乎？"曹靖之曰："神怒人怨，臣实惧焉。"玄曰："卿何不谏？"对曰："辇上诸君子，皆以为尧、舜之世，臣何敢言？"不知政理，玄尝议复肉刑，断钱货，回复改异，造革纷纭。临听讼观录囚徒，罪无轻重，多被原放。有干舆乞者，时或恤之。尚书答春搜字误为春菟，凡所关署，皆被降黜。奔败之后，惧法令不肃，遂轻怒妄杀。虽少负雄名，而实则怯懦，峥嵘洲之战，义兵数千，玄众甚盛，而玄惧有败衄，常漾轻舸于舫侧，故其众莫有斗心。要非诬辞也。玄之叛逆，不过当时裂冠毁冕之既久，势所必至，无足深异。晋室自东渡以后，上下流即成相持之局，而上流之势恒强，朝廷政令之不行，恢复大计之受阻，所关匪细，至桓玄败而事势一变矣。然中原丧乱既久，国内反侧又多，卒非一时所克收拾，此则宋武之雄才，所以亦仅成偏安之业也，亦可叹矣。而蜀中乘此扰攘，又成割据之局者数年，尚其至微末者也。

桓玄之死也，柳约之进军至枝江，汉县，在今湖北枝江县东。而桓振复攻没江

---

① 工业：徘徊舆。

陵，刘毅等还寻阳，约之亦退。俄而甄季之、罗述皆病。约之诣振伪降，欲袭振，事泄，被害。约之司马时延祖，涪陵太守文处茂等涪陵，见第三章第六节。抚其余众，保涪陵。振遣桓放之为益州，屯西陵。峡名，在今湖北宜昌县西北。处茂距击破之。毛璩闻江陵陷，率众赴难。使弟瑾、瑗顺外江而下。外水谓岷江，涪江曰内水，沱江曰中水。参军谯纵及侯晖等领巴西、梓潼军下涪水，与璩会巴郡。巴西梓潼，皆见第三章第六节。此据《毛璩传》。《谯纵传》云领诸县氐。晖有贰志，因梁州人不乐东也，与巴西阳昧结谋，于五城水口，五城水，涪水支流，在广都入江。广都，见第六章第八节。逼纵为主。攻瑾于涪城。城陷，瑾死之。纵乃自号梁、秦二州刺史。时朝廷新以此授瑾。《通鉴》，事在义熙元年二月。璩时在略城，胡三省曰：据《晋书·毛璩传》，去成都四百里。遣参军王琼率三千人讨反者。又遣瑗领四千人继进。纵遣弟明子及晖距琼于广汉。见第三章第六节。琼击破晖等。追至丝竹，见第三章第六节。明子设二伏以待之，大败琼众，死者十八九。益州营户李腾开城以纳纵。璩下人受纵诱说，遂共害璩及瑗，并子侄之在蜀者，一时殄役。纵以从弟洪为益州刺史。明子为巴州刺史，率其众五千人屯白帝。自称成都王。瑾子修之，下至京师，刘裕表为龙骧将军，配给兵力，遣令奔赴。又遣益州刺史司马荣期及文处茂、时延祖等西讨。修之至宕渠，荣期为参军杨承祖所杀。修之退还白帝。《通鉴》义熙二年九月。承祖自下攻之，不拔。修之使参军严纲收兵，汉嘉太守冯迁汉嘉，见第三章第六节。率兵来会，讨承祖斩之。时文处茂犹在益郡，修之遣兵五百，与刘道规所遣千人俱进，而益州刺史鲍陋不肯进讨。《通鉴》在义熙三年（407）。纵遣使称藩于姚兴。九月。且请桓谦为助。兴遣之。刘裕表遣刘敬宣率众五千伐蜀。分遣巴东太守温祚巴东，见第三章第六节。以二千人扬声外水，自率鲍陋、文处茂、时延祖由垫江而进。垫江，见第三章第六节。达遂宁郡之黄虎，城名，在今四川射洪县东。谯道福等悉众距险。敬宣粮尽，军中多疾疫，姚兴又遣兵二万救纵，王师遂引还。纵遣使拜师，仍贡方物，兴拜为蜀王。

第四节　宋武平南燕

东晋国力，本不弱于僭伪诸国；而北方可乘之隙亦多；所以经略中原，迄无所就者，实以王敦、桓温等，别有用心，公忠之臣，如庾亮、殷浩等，又所值或非其时，所处或非其地，未获有所展布之故。当五胡初起之时，中原丧乱未久，物力尚较丰盈；石虎、苻坚，又全据中原之地；图之庸或较难，至肥水战后，后燕、后秦诸国，则更非其伦矣。此时傥能北伐，奏绩自属不难；而其地近而易图者，尤莫如南燕，此所以桓玄平后仅五年，而刘裕遂奏削平之绩也。

刘敬宣等之奔南燕也，南燕侍中韩范上疏劝慕容德入寇。德命王公详议。咸以桓玄新得志，未可图，乃止。俄闻玄败，德乃以慕容镇为前锋，慕容钟为大都督，配以步卒二万，骑五千。刻期将发，而德寝疾，于是罢兵。义熙元年（405），德死。此据《载记》,《通鉴》同,《本纪》在元兴三年十月。案《载记》记南燕之事，较《本纪》皆后一年。初，德兄北海王纳，苻坚破邺，以为广武太守。广武,见第五章第二节。数岁去官，家于张掖。见第六章第二节。及慕容垂起兵，坚收纳及德诸子皆诛之。纳母公孙氏，以耄获免。纳妻段氏方娠，未决，因于郡狱。狱掾呼延平，德故吏也，尝有死罪，德免之。至是，将公孙及段氏逃于羌中，而生子焉。东归后，德名之曰超。超年十岁，公孙氏卒，平又将超母子，奔于吕光。吕隆降于姚兴，超随凉州人徙于长安。以诸父在东，深自晦匿。由是得去来无禁。德遣使迎之，超不告母妻而归。德无子，立超为太子。德死，超嗣伪位。

初，德从弟钟，累进策于德，德用之颇中，由是政无大小，皆以委之。超立，以为都督中外诸军、录尚书事。[1] 俄以为青州牧。外戚段宏为徐州。南燕五州:并州治阴平，汉侯国，后汉为县，晋废，在今江苏沭阳县西北。幽州治发干，见第五章第六节。徐州治莒，见第六章第八节。兖州治梁父，汉县，在今山东泰安县南。青州治东莱，见第三章第四节。而以公孙五楼为武卫将军，领屯骑校尉，内参政事。钟、宏及兖州慕容法谋反。超遣慕容镇攻青州，慕容昱攻徐州，慕容凝、韩范攻兖州。钟奔后秦。宏奔魏。凝谋杀韩范，范知而攻之，凝奔法。范并其众，攻克兖州。凝奔后秦，法奔魏。公孙五楼为侍中、尚书，领左卫将军，专总朝政。兄归为冠军、常山公。叔父颓为武卫、兴乐公。五楼宗亲，皆夹辅左右。王公内外，无不惮之。超母、妻先在长安，为姚兴所拘，兴责超称藩，求大乐诸妓。超送大乐百二十人。兴乃还其母、妻。《超载记》云，义熙五年（409），正旦，超朝群臣，闻乐作，叹音佾不备，悔送伎于兴，遣斛谷提、公孙归等入寇，陷宿豫，汉厹犹县,晋改曰宿豫,在今江苏宿迁县东南。大掠而去。简男女二千五百，付大乐教之。案兴责超称藩求伎时，又云："若不可，便送吴口千人，"超遣群臣详议，段宏主掠吴口与之，尚书张华主降号，超从华议，可见其非欲搆衅于晋。宿豫之衅，未知其由，谓由掠生口以备伎乐，恐未必然。超所掠乃生口，非乐工，岂有南人可教，北人不可教之理邪？超又遣公孙归等入济南，汉郡,今山东历城县。执太守赵元，略男女千余人而去。于是刘裕出师讨之。四月，舟师发京都，泝淮入泗。五月，至下邳。见第三章第四节。留船舰辎重，步军进琅邪。见第二章第三节。所过皆筑城为守。超引见群臣，议距王师。公孙五楼曰："吴兵轻果，所利在战，初锋勇锐，不可争也。宜据大岘，在今山东临朐县东南。使不得入。旷日延时，沮其锐气。徐简精骑二千，循海而南，绝其粮道；别敕段晖，率兖州之军，绿山东下，腹背

---

① 史事：慕容超、公孙五楼之诬。

击之，上策也。各命守宰，依险自固。校其资储，余悉焚荡。芟除粟苗，使敌无所资。坚壁清野，以待其衅，中策也。纵贼入岘，出城逆战，下策也。"超曰："京都殷盛，户口众多，非可一时入守。青苗布野，非可卒芟。纵令过岘，至于平地，徐以精骑践之，此成禽也。"慕容镇曰："若如圣旨，必须平原，用马为便。宜出岘逆战。战而不胜，犹可退守。不宜纵敌入岘，自诒窘逼。"超不从。镇谓韩谟云："主上既不能芟苗守险，又不肯徙民逃寇，酷似刘璋矣。"超闻而大怒，收镇下狱。乃摄莒、梁父二戍。修城隍，简士马，蓄锐以待之。《宋书·武帝纪》云：初公将行，议者以为"贼闻大军远出，必不敢战。若不断大岘，当坚守广固，刈粟清野，以绝三军之资。非惟难以有功，将不能自反。"公曰："我揣之熟矣。鲜卑贪，不及远。进利克获，退惜粟苗。谓我孤军远入，不能持久。不过进据临朐，汉县，今山东临朐县。退守广固。我一入岘，则人无退心。驱必死之众，向怀贰之虏，何忧不克？彼不能清野固守，为诸军保之。"公既入岘，举手指天曰："吾事济矣。"此等皆傅会之谈。此行也，晋兵力颇厚，宋武用兵，又极严整；观其所过筑城为守可知。简骑二千，安能绝其粮道？民难一时入守，苗非仓卒可芟，亦自系实情。战既不如，守又难固，即据大岘，安能必晋兵之不入？弃大岘而悉力逆战，盖所谓以逸待劳；不胜即退守广固，则所守者小，为力较专；此亦未为非计。慕容镇之下狱，必别有其由，非徒以退有后言也。王师次东莞，见第三章第一节。超遣段晖、贺赖卢等六将，步骑五万，进据临朐。王师度岘，超率卒四万就晖等。临朐有巨蔑水，去城四十里，超告公孙五楼，急往据之。孟龙苻奔往争之，五楼乃退。众军步进，有车四千乘，分为两翼，方轨徐行，又以轻骑为游军。未及临朐数里，贼铁骑万余，前后交至。刘裕命刘藩等齐力击之。日向昃，又遣檀韶直趋临朐。即日陷城。超闻临朐拔，引众走。裕亲鼓之，贼乃大破。斩段晖。超奔还广固。徙郭内人，入保小城。使其尚书郎张纲乞师于姚兴。赦慕容镇，进录尚书，都督中外诸军事，引见群臣谢之。镇进曰："内外之情，不可复恃。如闻西秦，自有内难，恐不暇分兵救人。正当更决一战，以争天命。今散卒还者，犹有数万，可悉出金帛、宫女，饵令一战。不可闭门，坐受围击。"慕容惠曰："今晋军乘胜，有陵人之气，败军之将，何以御之？秦虽与勃勃相持，不足为患；二国连衡；势成唇齿；今有寇难，秦必救我。但自古乞援，不遣大臣，则不致重兵。尚书令韩范，德望具瞻，燕、秦所重，宜遣乞援，以济时艰。"于是遣范与王簿往。张纲自长安归，奔于刘裕。此据《晋书·载记》。《宋书·武帝纪》云：纲从长安还，泰山太守申宣执送之。泰山，见第三章第四节。右仆射张华，中丞封铠，并为裕军所获。裕令华、铠与超书，劝令早降。超乃诒裕书，请为藩臣，以大岘为界。并献马千匹，以通和好。裕弗许。江南继兵，相寻而至。尚书张俊，自长安还，又降于裕。说裕密信诱韩范，啖以重利。"范来，则燕人绝望，自然降矣。"裕从之。表范为散骑常侍，遗书招之。时姚兴遣姚强率步骑一万，随范就姚绍于洛阳，并兵来援。会赫连勃勃大破秦军，兴追强还长安。范叹曰："天其灭燕乎？"会得裕书，遂降于裕。《宋书·武帝纪》云：录事参军刘穆之，有经略才具，公以为谋主，动止必谘焉。时姚兴遣使告公曰："慕容见与隣好；又以穷告急；今当遣铁骑十万，径据洛阳，晋军若不退者，便遣长驱而进。"公呼兴使答曰："语汝姚兴：我定燕之后，息甲三年，当平关、洛。今能自送，便可速来。"穆之闻有羌使，驰入，而公发遣已去。穆之尤公曰："常日事无大小，必赐与谋。此宜善详，云何卒尔？所答兴言，未能威敌，正足怒彼耳。若燕未可拔，羌救大至，不审何以待之？"公笑曰："此是兵机，非卿所解，故不语耳。夫兵贵神速，彼若审能遣救，必畏我知，宁容先遣信命？此是见我伐燕，内已怀惧，自张之辞耳。"此亦傅会之谈。夏寇虽急，秦未必待姚强所率万人以自救。晋当时兵力颇厚，而洛阳距广固遥远，即合姚绍，复何能为？然则姚兴之遣姚强，特聊以自解于韩范，本未必有救燕之意。遣使为请，必当逊顺其辞，不得如史之所云也。明年，二月，城陷。超出亡，被获。送建康市斩之。时年二十六。案慕容超之亡，实处于势不可救。刘敬宣之奔慕容德也，尝结青州大姓诸省封，并要鲜卑大帅免逵谋灭德，推司马休之为主。刻日垂发。高雅之欲要刘轨。时轨为德司空，大被委任。敬宣曰："此公年老，有安齐志，不可告也。"雅之以为不然，告轨。轨果不从，谋颇泄，乃相与杀轨而去。至淮、泗闲，会宋武平京门，即驰还。当德之时，燕之易倾如此，超更何以自固乎？《载记》谓超不恤政事，畋游是好，百姓苦之，此或在所不免，然五胡之酋，荒淫暴虐，十倍于超者，则有之矣。史又咎超信任公孙五楼，五楼之于南燕，盖亦在外戚之列，特较段宏辈年少耳，非佞幸也。观慕容钟、慕容法、段宏、慕容凝之一时俱叛，则超之任新进而弃旧臣，亦必有不得已者。即其严刑峻法亦然。慕容钟等之叛也，超收其党侍中慕容统、右卫慕容根、散骑常侍段封诛之，车裂仆射封嵩于东门之外。超尝议复肉刑，下诏曰："不忠不孝若封嵩之辈，枭斩不足以痛，宜致烹、辗之法，亦可附之律条。"张纲为刘裕造攻具，超县其母支解之。此固不免暴虐，亦有激而然也。当危急时，其臣劝以出降，皆不肯听；及见执，刘裕数以不降之状，超神色自若，一无所言，惟以母托刘敬宣而已；在亡国之君中，固为有气节者。公孙五楼，始终尽忠于超；将亡之时，犹与贺赖卢为地道出战，使王师为之不利；亦为陈力授命之臣，未可以成败论也。

第五节　宋武平卢循谯纵

卢循，谌之曾孙，娶孙恩妹。恩作乱，与循通谋。恩亡，余众推为主。元兴二年（403），正月，寇东阳。见第五章第六节。八月，攻永嘉。见第二节。刘裕讨循，至晋安，晋郡，今福建闽侯县东北。循窘急，泛海到番禺，秦县，今广东番禺县。寇广州，逐刺史吴隐之，自摄州事。三年十月。遣使贡献。时朝廷新诛桓氏，中外多虞，乃权假循广州刺史。义熙元年(405)。刘裕伐慕容超，循所署始兴太守徐道覆，始兴，见第三章第九节。循之姊夫也，使人劝循乘虚而出。循不从。道覆乃自至番禺说循。循甚不乐此举，无以夺其计，乃从之。初道覆密欲装舟舰，乃使人伐船材于南康山，南康，晋郡，治雩都，今江西雩都县北。后徙治赣，在今赣县西南。伪云将下都货之。后称力少，不能得致，即于郡贱卖之，价减数倍。居人贪贱，卖衣物而市之。赣石水急，出船甚难，皆储之。如是者数四。船版大积，而百姓弗之疑。及道覆举兵，按卖券而取之，无得隐匿者。① 乃并力装之，旬日而办。遂举众寇南康、庐陵、豫章诸郡。庐陵、豫章，皆见第三章第九节。守相皆委任奔走。道覆顺流而下，舟舰皆重楼。江州刺史何无忌距之，船小，为贼所败，无忌死之。时刘毅为豫州刺史，镇姑孰，见第四章第一节。具舟船讨之，将发而疾笃，内外失色。朝廷欲奉乘舆北走就刘裕。寻知贼定未至，人情小安。裕班师，至下邳，见第三章第四节。以船运辎重，自率精锐步归。至山阳，见第五章第六节。闻何无忌被害，虑京邑失守，乃卷甲闲行，与数千人至淮上，单船过江，进至京口，见第四章第一节。众乃大安。四月，裕至京师，刘毅以舟师二万，发自姑孰。循之下也，使道覆向寻阳，见第四章第一节。自寇湘中诸郡。荆州刺史刘道规遣军至长沙，见第三章第九节。为循所败。循至巴陵，见第三章第九节。将向江陵。道覆闻毅上，驰使报循曰：“毅兵众甚盛，成败系之于此，宜并力摧之。根本既定，不忧上面不平也。”循即日发江陵，与道覆连旗而下。别有八艚舰九枚，起四层，高十二丈。五月，毅败绩于桑落洲。见第三节。初循至寻阳，闻刘裕已还，不信也既破毅，乃审凯入之问。循欲退还寻阳，进平江陵，据二州以抗朝廷。道覆谓宜乘胜径进。固争之，多日乃见从。毅败问至，内外汹扰。于时北师始还，多创夷疾病；京师战士，不盈数千。贼既破江、豫二镇，战士十余万，舟车百里不绝。奔败还者，并声其雄盛。孟昶、诸葛长民欲拥天子过江，刘裕不听。昶仰药死。见第六节。议者谓宜分兵守诸津要。刘裕以为贼众我寡，分屯则测人虚实；且一处失利，则沮三军之心。乃移屯石头，见第三章第九节。栅淮，断查浦。见第四章第三节。此据《宋书·武帝纪》。《晋书·卢循传》作柤浦。道覆欲自新亭、白石，焚舟而上。新亭，见第一节。白石，见第四章第三节。循以万全为虑，固不听。裕登石头以望循军，初见引向新亭，顾左右失色。既而回泊蔡洲。见第四章第三节。道覆犹欲上，循禁之。自是众军转集。循攻栅，不利。焚查浦步上，屯丹阳郡，见第三章第九节。又为裕所败。

---

① 交通：徐道复储船材数四，装之旬日而辨，其装颇速。但同党为之隐蔽。孙恩以二十余万口入海，虽不实，众必多，则船亦必多矣。

乃进攻京口，寇掠诸县，无所得。循谓道覆曰："师老矣，可据寻阳，并力取荆州，徐更与都下争衡。"七月，贼自蔡洲还屯寻阳。遣王仲德等追之。刘裕还东府，见第三章第九节。大治水军。皆大舰重楼，高者十余丈。先是以庾悦为江州刺史，自寻阳出豫章。见第三章第九节。循之走也，复遣索邈领马军步道援荆州。邈在道为贼所断，徐道覆败后方达。孙季高率众三千，自海道袭番禺。时谯纵遣使朝于姚兴，请大举入寇。遣桓谦、谯道福率众二万，东寇江陵，兴遣前将军苟林率骑会之。刘道规遣司马王镇之及檀道济、到彦之等赴援朝廷，至寻阳，为林所破。卢循即以林为南蛮校尉，分兵配之，使伐江陵。扬声云：徐道覆已克京邑。林屯江津，谦屯枝江。江津、枝江，皆见第三节。荆楚既桓氏义旧，并怀异心。道规乃会将士告之曰："桓谦今在近畿，闻诸长者，颇有去就之计。吾东来文武，足以济事。若欲去者，本不相禁。"因夜开城门，达晓不闭。众咸惮服，莫有去者。雍州刺史鲁宗之率众数千来赴。或谓宗之未可测。道规乃单马迎之，宗之感悦。道规使宗之居守，驰往攻谦。水陆齐进。谦大败，单舸走，欲下就林。追斩之。遂至涌口，在江陵东。林又奔散。刘遵追林至巴陵，斩之。此据《宋书·道规传》。《武帝本纪》云追至竹町，竹町当在巴陵。《晋书·姚兴载记》则云：苟林惧，引而归。先是桓歆子道儿逃于江南，出击义阳，与卢循相连结，循使蔡猛助之。道规遣参军刘基破道儿于大薄，未详。临陈斩猛。桓石绥自洛甲口《通鉴》作洛口。《注》云：汉水过魏兴安阳县，东至洗城南，与洛谷水合，所谓洛口也。安阳，汉县，在今陕西城固县东。自号荆州刺史，征阳令王天恩自号梁州刺史。胡三省曰：征阳当作微阳。微阳，在今湖北竹山县西。梁州刺史傅韶使子弘之讨石绥等，并斩之。《宋书·傅弘之传》。十月，刘裕治兵大办，率舟师南伐。是月，徐道覆率众三万寇江陵，刘道规又大破之。道覆走还谥口。见第三章第九节。卢循初自蔡洲南走，留其亲党范崇民五千人，高舰百余戍南陵。城名，在今安徽繁昌县西。王仲德等闻大军且至，乃进攻之。十一月，大破崇民军，焚其舟舰。循广州守兵，不以海道为意。孙季高乘海奄至，焚贼舟舰，悉力而上，四面攻之，即日屠其城。循父以轻舟奔始兴。刘裕屯军雷池，见第四章第三节。虑贼战败，或于京江入海，遣王仲德以水舰二百，于吉阳断之。吉阳，矶名，在安徽东流县东北。十二月，卢循、徐道覆率众二万，方舰而下。刘裕命众军齐力击之。军中多万钧神弩，所至莫不摧陷。贼舰悉泊西岸。岸上军先备火具，乃投火焚之，烟焰张天，贼军大败。循等还寻阳，悉力栅断左里。在江西都昌县西北。大军至，攻栅而进。循兵殊死战，弗能禁。诸军乘胜奔之。循单舸走。裕遣刘藩、孟怀玉轻兵追之。循收散卒，尚有数千人，据《宋书·武帝纪》。《晋书》云千余人。径还广州。道覆还保始兴。七年，二月，循至番禺。孙季高距战。二十余日，循乃破走。追奔至郁林，见第三章第九节。会病，不能穷讨，循遂走向交州。至龙编，汉县，在今安南北境。刺史杜慧度诱而败之。循自投于水。徐道覆屯结始兴，孟怀玉攻围之，身当矢石，旬月乃陷，斩道覆。

卢循之乱，宋武帝之智勇，诚不可及，然史之所传，亦有颇过其实者。何无忌之败以船小；刘毅之败，以卢循、徐道覆并力而下；其兵力皆本不相敌。而宋武则大治水军而后战。船既高大，又有万钧神弩以助之，其兵力，盖在卢循、徐道覆之上。然则毅、无忌之败，宋武之胜，实由兵力之不同，非尽智勇之不若也。卢循之众虽盛，恐未必能战，何者？孙恩唱乱，实恃扇惑之广，即循亦然。史言徐道覆大积船版而百姓弗之疑，然诸葛长民表言："贼集船伐木，而南康相郭澄之，隐蔽经年，又深相保明，屡欺无忌，罪合斩刑，"则其能阴造逆谋，实恃同党之隐蔽。桑落洲一败，而豫州主簿袁兴国，即据历阳以应贼，琅邪内史魏咏之遣将讨斩之。历阳，见第三章第九节。则刘毅肘腋之下，亦有循之党在焉。《宋书·武帝纪》言贼不能力攻京都，犹冀京邑及三吴有应之者，盖此一带，本自杜子恭以来，扇惑最广之地也。孙恩覆灭，前辙昭然，乌合之众，其何能战？卢循始终欲据荆、江，不欲与晋大兵决战，后又不肯力攻京都者盖以此。如史之所传，则循之败，全由其过于持重，使早从道覆之计，宋武将亦不能支，恐其实未必如此。以兵谋论，循之持重，或实胜于道覆之轻进也。《晋书·卢循传》言循败于杜慧度，知不免，先鸩妻子十余人，又召伎妾问曰："我今将自杀，谁能同者？"多云："雀鼠贪生，就死实人情所难。"或云："官尚当死，某岂愿生？"于是悉鸩诸辞死者，因自投于水。此乃教外谤毁之辞。《传》又言孙恩性酷忍，循每谏止之，人士多赖以济免，岂有仁于疏逖，而转忍于其所戚近者哉？自来所谓邪教者，其真相多不为世所知。然观其信从者之众，之死不相背负者之多，而知其实非偶然。试观张鲁，治国实颇有规模，可知其所以得众者，亦有由也。

谯纵据蜀，史言其本由追胁，然其后则遂甘心作逆，屈膝羌虏，而与卢循等相景响焉。盖既无途自反，遂欲乘机作刘备者也。义熙九年（413），宋武帝既诛刘毅，定荆州，乃以朱龄石为益州刺史，率臧熹、蒯恩、刘钟、朱林等凡二万人伐蜀。《通鉴》系八年十二月。龄石资名素浅，裕违众拔之，授以麾下之半。臧熹，裕妻弟也，位出其右，亦隶焉。裕与龄石密谋曰："刘敬宣往年出黄虎无功，贼谓我今应从外水往，而料我当出其不意，犹从内水来也，必以重兵守涪城。内水、外水、黄虎，皆见第三节。涪城，见第三章第六节。若向黄虎，正陷其计。今以大众自外水取成都，疑兵出内水，此制敌之奇也。"于是众军悉从外水。臧熹、朱林于中水取广汉。中水，见第三节。广汉，见第三章第六节。使羸弱乘高舰十余，由内水向黄虎。谯纵果备内水，使谯道福以重兵戍涪城。侯晖、谯诜等率众万余屯彭模，今四川彭山县。夹水为城。六月，龄石至彭模，欲蓄锐养兵，伺隙而进。刘钟曰："前扬声大将由内水，故道福不敢舍涪。今重兵逼之，出其不意，侯晖之徒，已破胆矣。正可因其机而攻之。克彭模之后，自可鼓行而前，成都必不能守。若缓兵相持，虚实相见，涪军复来，难为敌也。"从之。七月，龄石率刘钟、蒯恩等攻城，皆克，斩侯晖、谯诜。众军乃舍船步进。臧熹至广汉，病卒。此据《晋书·谯纵传》。《宋书·熹传》云：成都既平，熹乃遇疾。朱林至广汉，复破道福别军。纵投道福于涪。道福怒，投以剑，中其马鞍。纵去之，乃自缢。道福散金帛以赐其众，众受之而走。道福独奔广汉。广汉人杜瑾缚送之，斩于军门。桓谦弟恬，随谦入蜀，为宁蜀太守，宁蜀，东晋郡。在今四川华阳县东南。至是亦斩焉。龄石遣司马沈叔任戍涪。蜀人侯产德作乱，叔任击斩之。此据《宋书·龄石传》。《沈演之传》：父叔任，为巴西梓潼太守，戍涪城。东军既反，二郡强宗侯劢、罗奥聚众作乱，破平之。

第六节　宋武翦除异己

宋武帝起自细微，内戡桓玄，平卢循，定谯纵；外则收复青、齐，清除关、洛，其才不可谓不雄。然猜忌亦特甚。同时并起诸贤，几无不遭翦灭者。虽国内以此粗定，然中原沦陷既久，非有才高望重者，不克当戡定之任。并时流辈，既已诛夷，而所卵翼成就者，不过战将，资名相埒，莫能相统，关中且以此不守，更无论进图恢复矣。诒元嘉以北顾之忧，不得谓非谋之不臧也。

宋武在北府诸将中，资名盖本当首屈，故义旗初建，即见推为盟主。既平桓玄，王谧与众议推裕领扬州，裕固辞，乃以谧录尚书，领扬州刺史。义熙三年（407），谧薨。刘毅等不欲裕入，议以中领军谢混为扬州。或欲令裕于丹徒领州，丹徒，见第四章第二节。而以内事付尚书仆射孟昶。遣尚书右丞皮沈以二议谘裕。裕参军刘穆之言："扬州根本所系，不可假人。惟应云：此事既大，非可县论，便暂入朝，共尽同异。公至京，彼必不敢越公更授余人明矣。"裕从之。四年（408），遂入为扬州刺史，录尚书事。中枢政柄，至此始全入裕手。

五年（409），三月，裕北讨，以丹阳尹孟昶监留府事。卢循叛，青州刺史诸葛长民入卫。时镇丹徒。刘毅败问至，昶、长民欲拥天子过江，裕不听。昶固请不止。裕曰："我既决矣，卿勿复言。"昶乃为表曰："臣裕北讨，众并不同，惟臣赞裕行计。使强贼乘闲，社稷危逼，臣之罪也。今谨引分，以谢天下。"乃仰药死。夫昶岂草间求活之人？北迁之议，王仲德、虞丘进并以为不可，皆见宋书本传。岂昶之智而出其下？其欲出此，盖非以避卢循，而实以图裕也。昶之所以死可知矣。此为裕诛戮功臣之始。

资名才力，与裕相亚，而尤意气用事，不肯相下者，莫如刘毅。《宋书·武帝纪》云：初高祖家贫。尝负刁逵社钱三万，经时无以还。逵执录甚严。王谧造逵见之，密以钱代还，由是得释。高祖名微位薄，盛流皆不与相知，惟谧交焉。桓玄将篡，谧手解安帝玺绶，为玄佐命功臣。及义旗建，众并以谧宜诛，惟高祖保持之。刘毅尝因朝会，问谧玺绶所在，谧益惧。《刘敬宣传》云：毅之少也，为敬宣宁朔参军，时人或以雄杰许之。敬宣曰："毅性外宽而内忌，自伐而尚人，若一旦遭逢，亦当以陵上取祸耳。"毅闻之，探以为恨。及在江陵，知敬宣还，乃使人言于高祖曰："刘敬宣父子，忠国既昧，今又不豫义始，猛将劳臣，方须叙报，如敬宣之比，宜令在后。若使君不忘平生，欲相申起者，论资语事，正可为员外常侍耳。闻已授郡，实为过优；寻知复为江州，尤所骇惋。"案敬宣论毅之语，显系毅被祸后傅会之谈，毅之怨敬宣，未必以此，特以其为高祖所左右耳。《传》又云：敬宣回师于蜀，毅欲以重法绳之。高祖既相任待，又何无忌明言于毅，谓"不宜以私怨伤至公。若必文致为戮，已当入朝，以廷议决之。"毅虽止，犹谓高祖曰："夫生平之旧，岂可孤信？光武悔之于庞萌，曹公失之于孟卓，公宜深虑之。"毅出为荆州，谓敬宣曰："吾忝西任，欲屈卿为长史、南蛮，岂有相辅意乎？"其敖慢陵上，且专与高祖为难可见。裕素不学，而毅颇涉文雅，朝士有清望者多归之。与尚书仆射谢混，丹阳尹郗僧施尤深相结。裕之伐南燕也，朝议皆谓不可，毅尤固止之。见《宋书·谢景仁传》。卢循之逼，毅欲往讨，裕与毅书曰："吾往与妖贼战，晓其变态。今修船垂毕，将居前扑之。克平之日，上流之任，皆以相委。"又遣毅从弟藩往止之。毅大怒，谓藩曰："我以一时之功相推耳，汝便谓我不及刘裕也？"投书于地，遂以舟师发姑孰。卢循自蔡洲南走，毅固求追讨。长史王诞密白裕曰："毅与公同起布衣，一时相推耳。既已丧败，不宜复使立功。"其欲争立功名，以收物望，彼此亦相若也。卢循平后，毅求督江州，裕即如所欲与之。时江州刺史为庾悦，毅数相挫辱，悦不得志，遂以疽发背卒。史言毅微时为悦所侮，以此致憾，其实亦未必然，悦为裕所亲任，毅或有意相摧折耳。义熙八年（412），四月，刘道规以疾求归，以毅刺荆，道规刺豫。毅至江陵，乃以其辄取江州兵及留西府文武万余不遣，又告疾，请兖州刺史刘藩为副为罪状，自往讨之。时藩入朝，收之，及谢混并于狱赐死。遣参军王镇恶前发，诈称刘兖州上袭毅。毅自缢死。裕至江陵，又杀郗僧施焉。时为南蛮校尉。

　　裕之讨刘毅，以诸葛长民监留府事，而加刘穆之建武将军，置佐吏，配给资力以防之。长民诒刘敬宣书曰："异端将尽，世路方夷，富贵之事，相与共之。"敬宣使以呈裕。九年（413），二月，裕自江陵还。前刻至日，辄差其期。既而轻舟径进，潜入东府。见第三章第九节。明旦，长民至门，裕伏壮士丁旿于幙中，引长民进语，旿自后拉而杀之。并诛其弟黎民。小弟幼民，逃于山中，追禽戮之。

　　司马休之自南燕还也，裕以为荆州刺史。桓振复袭江陵，休之战败，免官。刘毅诛，复以休之为荆州刺史。休之宗室之重，又得江、汉人心。其子文思，嗣休之兄尚之，袭封谯王。在京师，招集轻侠。十年（414），裕诛其党，送文思付休之。休之表废文思，与裕书陈谢。雍州刺史鲁宗之，常虑不为裕所容，与休之相结。十一年（415），正月，裕收休之次子文宝、兄子文祖，并于狱赐死。率众军西讨。宗之自襄阳就休之，共屯江陵。使文思及宗之子竟陵太守轨距裕。竟陵，见第三章第九节。江夏太守刘虔之邀之，江夏，见第三章第四节。军败见杀。裕命彭城内史徐逵之、彭城，见第五章第四节。逵之湛之父。《宋书·湛之传》作达之《胡藩传》及《南史》诸传并作逵之。参军王允之出江夏口，在今湖北公安县东。复为轨所败，并没。时裕军泊马头，见第三节。即日率众军济江。江津岸峭，壁立数丈，休之临岸置陈，无由可登。裕呼参军胡藩令上。藩有疑色。裕怒，命左右录来，欲斩之。藩不受命，顾曰："藩宁前死耳。"以刀头穿岸，少容脚指，于是径上。随之者稍多。既得登岸，殊死战。贼不能当，引退。因而乘之，一时奔散。休之等先求援于秦、魏。秦遣姚成王、司马国璠率骑八千赴之。国璠者，安平献王孚后，先与弟叔璠俱奔秦者也。至南阳，见第三章第四节。魏辰孙嵩至河东，见第二章第二节。闻休之败，皆引归。休之、文思、宗之、轨等并奔于秦。姚兴将以休之为荆州刺史，任以东南之事。休之固辞，请与鲁宗之等扰动襄、阳、淮、汉。乃以休之为镇南将军扬州刺史。宗之等并有拜授。及裕平姚泓，休之等复奔魏长孙嵩军。时魏遣援泓者。月余，休之死嵩军中。据《魏书》。《晋书》本传云：休之将奔于魏，未至道卒，谓其未至魏都，非谓未至魏军也。又云：文思为裕所败而死，则误。时与休之同投魏者，尚有新蔡王道赐。族属未详。晃废后以道赐袭。晃见第五章第七节。自行归魏者，又有汝南王亮之后准，亮见第二章第二节。准弟景之、国璠、叔璠，及自云元显子之天助。国璠，魏爵为淮南公，道赐爵池阳子。文思与国璠等不平，而伪亲之，引与饮燕。国璠性疏直，因醉，语文思：将与温楷亦与休之同奔魏。及三城胡酋王珍、曹栗等外叛。三城，见第六章第七节。因说魏都豪强可与谋者数十人。文思告之，皆坐诛。然则文思似确有凶德，非尽刘裕诬之也。又有司马楚之者，宣帝弟大常馗之八世孙。刘裕诛夷司马氏戚属，楚之叔父宣期、兄贞并见杀。楚之亡匿诸沙门中。济江，西入竟陵蛮中。休之败，亡于汝、颍之间。楚之少有英气，能折节待士，与司马顺明、道恭等所在聚党。参看下节。及裕代晋，楚之收众据长社。秦县，在今河南长葛县西。归之者常万余人。裕遣刺客沐谦刺之。楚之待谦甚厚，谦遂委身事之。宋永初三年（422），魏奚斤略地河南，楚之遂请降，助之猾夏。案宋武帝之兴，实能攘斥夷狄；即以君臣之义论，"布衣匹夫，匡复社稷"，司马休之表语。其功亦为前古所未有。孔子之称齐桓也，曰："微管仲，吾其被发左衽矣，"宋武当之，盖无愧焉。不念其匡维华夏之功，徒以一姓之私，事仇而图反噬，休之等之罪，固不容于死矣。当时晋宗室为宋武所诛者，尚有梁王珍之、璡孙。璡武陵威王晞子。晞见第五章第七节。珣之。西阳王羕玄孙，为会稽思世子道生后。道生简文帝之子也。义熙中，有称元显子秀熙，避难蛮中而至者。道子妃请以为嗣。宋武意其诈，案验之，果散骑郎滕羡奴也。坐弃市。道子妃哭之甚恸。此事之真伪，亦无以言之，然观于休之等之纷纷反噬，则除恶固不可不务尽也。

第七节 宋武暂平关中

《晋书·姚兴载记》云：刘裕诛桓玄，遣参军衡凯之诣姚显请通和，显遣吉默报之，自是聘使不绝。晋求南乡诸郡，兴许之，遂割南乡、顺阳、新野、舞阴等十二郡归于晋。南乡，见第六章第五节。顺阳，见第三章第九节。新野，见第三章第三节。舞阴，汉县，在今河南泌阳县北。此等皆兴置以为郡。盖时桓氏遗孽，归秦者多，刘裕恐其为患，故欲暂与通和；而兴亦外患方殷，未能恶于晋；所置诸郡，亦本非其所能守也。然桓氏遗孽，兴卒加以卵翼；谯纵、司马休之等叛徒，兴亦无不与相影响者；其终不可以久安审矣。故荆、雍既定，兴又适死，而经略关、洛之师遂出。

义熙十二年（416），刘裕伐秦。八月，发京师。九月，次彭城。见第五章第四节。使王仲德督前锋诸军事，以水师入河。檀道济、王镇恶向洛阳。刘遵考、沈林子出石门。见第五章第一节。朱超石、胡藩向半城。亦作畔城。据魏收《地形志》，在平原郡聊城县。案聊城，汉县，在今山东聊城县西北。咸受统于仲德。道济、镇恶自淮、肥步向许、洛。羌缘道城守，皆望风降服。沈林子自汴入河。攻仓垣，见第三章第四节。伪兖州刺史韦华率众归顺。仲德从陆道至梁城。见第二章第三节。魏兖州刺史尉建弃州北渡。仲德遂入滑台。见第六章第五节。十月，众军至洛阳。王师之出，秦姚绍、姚恢等方讨勃勃，取安定。见第二章第二节。绍还长安，言于泓曰："安定孤远，卒难救卫，宜迁诸镇户，内实京畿，可得精兵十万。"左仆射梁喜曰："关中兵马，足距晋师。若无安定，虏马必及于郿、雍。"郿，见第六章第九节。雍，见第三章第五节。泓从之。吏部郎懿横言："恢于广平之难有忠勋，未有殊赏。今外则置之死地，内则不豫朝权；安定人自以孤危逼寇，思南迁者，十室而九；若恢拥精兵四万，鼓行而向京师，得不为社稷之累乎？宜征还朝廷。"泓曰："恢若怀不逞之心，征之适所以速祸耳。"又不从。王师至成皋，见第三章第四节。姚洸时镇洛阳，驰使请救。泓遣其越骑校尉阎生率骑三千赴之。武卫姚益男将步卒一万，助守洛阳。又遣其征东并州牧姚懿，南屯陕津，见第六章第一节。懿时镇蒲阪。蒲阪，见第三章第四节。为之声援。洸部将赵玄说洸："摄诸戍兵士，固守金塘。见第三章第二节。金塘既固，师无损败，吴寇终不敢越我而西。"时洸司马姚禹，潜通于檀道济；主簿阎恢、杨度等，皆禹之党，固劝洸出战。洸从之。乃遣玄率精兵千余，南守柏谷坞；见第六章第五节。广武石无讳东戍巩城。见第五章第一节。会阳城及成皋、荥阳、虎牢诸城悉降，阳城，见第六章第五节。荥阳，见第二章第二节。虎牢，见第四章第二节。道济等长驱而至。无讳至石关，胡三省曰：偃师县西南有汉广野君郦食其庙，庙东有二石阙。奔还。玄与毛德祖战，败死。德祖，王镇恶之司马。姚禹逾城奔于王师。道济进至洛阳。洸惧，遂降。时阎生至新安，益男至湖城，遂留不进。新安，湖城，皆见第三章第三节。姚懿司马孙畅，劝懿袭长安，诛姚绍，废泓自立。懿纳之。乃引兵至陕津，散谷帛以赐河北夷夏。泓遣姚赞及冠军司马国璠、建义虵玄屯陕津，武卫姚驴屯潼关。见第三章第三节。懿遂举兵僭号。姚绍入蒲阪，执懿，囚之诛孙畅等。明年，姚恢率安定镇户三万八千趣长安。移檄州郡，欲除君侧之恶。姚绍、姚赞赴难，击破之，杀恢及其三弟。

是岁，正月，刘裕以舟师发彭城。王镇恶至宜阳。见第三章第四节。檀道济、沈林子攻拔襄邑堡。胡三省曰：在秦所分立之河北郡河北县，晋属河东。案河东，见第二章第二节。泓建威薛帛奔河东。道济自陕北渡，攻蒲阪。泓遣姚驴救蒲阪，胡翼度据潼关。又进姚绍督中外诸军，使率武卫姚鸾等步骑五万，距王师于潼关。姚驴与泓并州刺史尹昭夹攻檀道济，道济深壁不战。沈林子说道济曰："蒲阪城坚，非可卒克。攻之伤众，守之引日。不如弃之，先事潼关。潼关天限，形胜之地，镇恶孤军，势危力寡，若使姚绍据之，则难图矣。如克潼关，尹昭可不战而服。"道济从之，弃蒲阪，南向潼关。姚赞率禁兵七千，自渭北而东，进据蒲津。

王仲德之入滑台也，宣言"本欲以布帛七万匹，假道于魏，不谓魏之守将，便尔弃城。"魏明元帝闻之，诏其相州刺史叔孙建自河内向枋头，河内，见第二章第二节。枋头，见第四章第二节。以观其势。仲德入滑台月余，又诏建波河曜威，斩尉建，投其尸于河。然建亦不能制仲德。明元帝令建与刘裕相闻，以观其意。裕亦答言："军之初举，将以重币假途会彼边镇弃守。"明元帝诏群臣议之。外朝公卿咸曰："函谷天险，裕舟船步兵，何能西入？脱我乘其后，还路甚难；北上河岸，其行为易；扬言伐姚，意或难测。宜先发军，断河上流，勿令西过。"又议之内朝，咸同外计。明元帝将从之。崔浩曰："如此，裕必上岸北侵，则姚无事而我受敌。今蠕蠕内寇，民食又乏，不可发军。未若假之水道，纵其西入，然后兴兵，塞其东归之路。使裕胜也，必德我假道之惠，令姚氏胜也，亦不失救邻之名。夫为国之计，择利而为之，岂顾昏姻酬一女子之惠哉？"议者犹曰："裕西入函谷，则进退路穷，腹背受敌；北上岸，姚军必不出关助我；扬声西行，意在北进，其势然也。"明元帝遂从群议，遣长孙嵩发兵拒之。时魏泰常二年（417），即晋义熙十三年二月也。三月，朱超石前锋入河。魏遣黄门郎鹅青，此据《宋书·朱龄石传》。《魏书》作娥清。安平公乙旃眷，襄州刺史托跋道生，青州刺史阿薄干步骑十万屯河北。常有数千骑，缘河随大军进止。时军人缘河南岸牵百丈，河流迅急，有漂渡北岸者，辄为虏所杀略。遣军裁过岸，虏便退走，军还即复东来。刘裕乃遣白直队主丁昕，率七百人，及车百乘，于河北岸上。去水百余步，为却月陈，两头抱河。车置七仗士。事毕，使坚一白旄。虏见数百人步牵车上，不解其意，并未动。裕先命朱超石驰往赴之。并赍大弩百张。一车益二十人，设彭排于辕上。虏见营陈既立，乃进围之。超石先以轻弓小箭射虏。虏以众少兵弱，四面俱至。明元帝又遣其南平公托跋嵩三万骑至。托跋嵩即长孙嵩。魏人后来改氏，史家于其未改时，亦多依所改者书之。遂肉薄攻营。于是百弩俱发。又选善射者丛箭射之。虏众既多，不能制。超石初行，别资大锤并千余张稍，乃断稍长三四尺，以锤锤之。一稍辄洞贯三四虏。虏众不能当，一时奔溃。临陈斩阿薄干首。虏退还半城。超石率胡藩、刘荣祖等追之，复为所围。奋击尽日，杀虏千计。虏乃退走。此战也，以少击众，实可谓为一奇捷，晋可谓师武、臣力矣。魏师既败，遂假晋以道。盖索虏是时，亦破胆矣。《魏书·长孙嵩传》：大宗假嵩节，督山东诸军事。传诣平原，缘河岸列军。次于畔城，军颇失利。诏假裕道。《于栗磾传》：镇平阳。刘裕之伐姚泓也，栗磾虑其北扰，遂筑垒于河上，亲自守焉。裕遗栗磾书，假道西上。栗磾表闻，大宗许之。平原，见第二章第三节。平阳，见第二章第二节。

　　魏人既许假道，刘裕遂至洛阳。使沈田子入上洛。见第三章第五节。进及青泥。姚泓使姚和都屯尧柳以备之。青泥、尧柳，皆见第五章第六节。姚绍以大众逼檀道济。道济固垒不战。绍欲分军据阌阳，乡，属湖县，今河南阌乡县。断其粮道。胡翼度言军势宜集，若偏师不利，则人心骇惧，绍乃止。绍旋欧血死，以后事托姚赞。众力犹盛。刘裕至湖城，见第三章第三节。赞乃引退。七月，裕次陕城。遣沈林子从武关入，武关，见第三章第三节。会田子于青泥。姚泓欲自击大军，虑田子袭其后，欲先平田子，然后倾国东出。八月，使姚裕率步骑八千距田子，躬将大众随其后。裕为田子所败，泓退还灞上。见第五章第六节。关中郡县，多潜通于王师。刘裕至潼关。薛帛据河曲叛泓，裕遣朱超石、徐猗之会帛攻蒲阪，克之。贼以我众少，复还攻城。猗之遇害，超石奔潼关。王镇恶率水军入渭。姚强屯兵河上，姚难屯香城，在渭水北蒲津口。为镇恶所逼，引而西。姚泓自灞上还，次石桥以援之。石桥，在长安东北。姚强、姚难陈于泾上。镇恶遣毛德祖击强，强战死。难遁还长安。镇恶直至渭桥，在长安北。弃船登岸。时姚丕守渭桥，为镇恶所败，泓自逍遥园赴之。逍遥园，在长安东北。逼水地狭，因丕之败，遂相践而退。泓奔石桥。赞众亦散。泓将妻子诣垒门降。赞率子弟、宗室百余人亦降。刘裕尽诛之。余宗迁于江南。送泓于建康，斩于市。

　　秦之未亡也，晋齐郡太守王懿降于魏，齐郡，见第二章第三节。上书陈计，谓刘裕在洛，以军袭其后路，可不战而克。魏明元帝善之。《魏书·崔浩传》。姚赞亦遣司马休之及司马国璠自轵关向河内，轵关，见第五章第一节。引魏军以蹑裕后。于是明元帝敕长孙嵩："简精兵为战备。若裕西过，便率精锐，南出彭、沛。沛，见第三章第一节。如不时过，但引军随之。彼至崤、陕间，崤山，见第五章第一节。必与姚泓相持，一死一伤，众力疲敝，比及秋月，徐乃乘之。"于是嵩与叔孙建自成皋南济。裕克长安，乃班师。盖魏人不意秦之亡如是其速也。然明元帝亦不武，不如勃勃之慓锐，故刘裕不能久驻长安，而关中遂入于夏。

《宋书·武帝纪》云：公之初克齐也，欲停镇下邳，清荡河、洛，以卢循之乱不果。及平姚秦，又欲息驾长安，经略赵、魏，以刘穆之卒，乃归。穆之者，东莞莒人，莒，见第六章第八节。世居京口。见第四章第二节。高祖起兵，为府主簿。从平京邑。高祖始至，诸大处分，仓卒立定，并所建也。遂委以心腹之任，动止谘焉。穆之才甚敏，本传云：穆之与朱龄石，并便尺牍。常于高祖坐与龄石答书，自旦至中，穆之得百函，龄石得八十函，而穆之应对无废。又言高祖伐秦时，穆之内总朝政，外供军旅，决断如流，事无拥滞。宾客辐凑，求诉百端，内外诸禀，盈阶满室，目览辞讼，手答笺书，耳行听受，口并酬应，不相参涉，皆悉赡举。而亦竭节尽诚，无所遗隐。从征广固，还拒卢循，常居幕中画策，决断众事。高祖西讨刘毅，以诸葛长民监留府，总摄后事，留穆之以辅之，加建威将军，置佐吏，配给资力。西伐司马休之，以中弟道怜知留任，事无大小，一决穆之。十二年北伐，留世子为中军将军，监太尉留府，转穆之左仆射，领监军、中军二府军司将尹。盖恃为留守之长城矣。穆之以十三年十一月卒，以司马徐羡之代管留任。于时朝廷大事，当决穆之者，并悉北谘；穆之前军府文武二万人，以三千配羡之建威府，余悉配世子中军府；其倚任，远非穆之之比矣。穆之之殁，高祖表天子曰："岂惟谠言嘉谋，溢于民听。若乃忠规远画，潜虑密谋，造膝诡辞，莫见其际。功隐于视听，事隔于皇朝，不可胜记。"此与魏武帝之惜荀文若正同。一代革易之际，必以武人位于大君，此不过藉其犷悍之气，以肃清寇盗，驾驭武夫，至于改弦更张，所以扫除秽浊，而开百年郅治之基者，必藉有文学之士以为之辅。此其功，与武人正未易轩轾，特不如武人之赫赫在人耳目耳。然当革易之际，能为大君而开一代之治者，亦必非犷悍寡虑之流，不过武功文治，各有专长，不得不藉文人以为之辅。既相须之孔殷，自相得而益彰，其能相与有成，亦断非徒为一身之计也。《宋书·王弘传》言：弘从北征，前锋已平洛阳，而未遣九锡，弘衔使还京师，讽旨朝廷。时刘穆之掌留任，而旨从北来，穆之愧惧，发病，遂卒。此真以小人之腹，度君子之心，与谓荀文若不得其死者无异。《张邵传》言：武帝北伐，邵请见曰："人生危脆，必当远虑。穆之若邂逅不幸，谁可代之？"可见穆之罹疾已久矣。《南史》言武帝受禅，每叹忆穆之，曰："穆之不死，当助我理天下。可谓人之云亡，邦国殄瘁。"又岂专为一身起见哉！十二月，裕发长安。以弟二子义真为雍州刺史，留镇，而留腹心将佐以辅之。以王修为长史。义真时年十二耳。十四年（418），正月，裕至彭城，复以刘遵考为并州刺史，镇蒲阪。遵考，裕族弟也，裕时诸子并弱，宗族惟有遵考，故用焉。赫连勃勃闻裕东归，大悦。问取长安之策于王买德。买德教以置游兵，断青泥、上洛之路，杜潼关、崤、陕，而以大兵进取长安。勃勃善之。以子璝都督前锋诸军事，率骑二万，南伐长安，子昌屯兵潼关；买德南断青泥；而勃勃率大军继发。义真中兵参军沈田子与司马王镇恶拒之北地。见第二章第二节。田子素与镇恶不协，矫刘裕令，请镇恶计事，于坐杀之。王修收杀田子。治中从事史傅弘之击赫连璝，大破之，夏兵退。

义真年少，赐与不节，王修每裁减之，左右并怨，白义真曰："镇恶欲反，故田子杀之，修今杀田子，是又欲反也。"义真乃使左右刘包等杀修。修既死，人情离骇，无相统一。于是悉召外军，入于城中，闭门距守。关中郡县，悉降于夏。勃勃进据咸阳，见第六章第四节。长安樵采路绝，不可守矣。十月，刘裕遣朱龄石代义真。敕龄石："若关右必不可守，可与义真俱归。"诸将竞敛财货，多载子女，方轨徐行。傅弘之谓宜弃车轻行，不从。《晋书·勃勃载记》云："义真大掠而东，百姓遂逐朱龄石，而迎勃勃入于长安，"岂不痛哉？赫连溃率众三万，追击义真。至青泥，为所及。蒯恩断后，被执，死于虏中。恩时遣入关迎义真者。毛修之、傅弘之并没于虏。修之夏亡没于魏。弘之，勃勃逼令降，不屈，时天寒，裸之，叫骂，见杀。王敬先戍潼关之曹公垒，朱龄石率余众就之。虏断其水道，众渴不能战，城陷。被执至长安，皆见杀。刘裕遣朱超石慰劳河、洛，始至蒲阪，直龄石弃长安去，济河就之，亦与龄石并陷虏见杀。刘遵考南还，代以毛德祖，义真中兵参军。勃勃遣其将叱奴侯提率步骑三万攻之，德祖奔洛阳。关中遂没。

《宋书·武三王传》曰：高祖闻青泥败，未得义真审问。有前至者，访之，并云："暗夜奔败，无以知其存亡。"高祖怒甚，刻日北伐。谢晦谏，不从。及得段宏启事，知义真已免，乃止。宏义真中兵参军，以义真免者。此浅之乎测丈夫者也。高祖即善怒，岂以一子，轻动干戈？《郑鲜之传》云：佛佛虏陷关中，高祖复欲北讨，鲜之上表谏曰："虏闻殿下亲御大军，必重兵守潼关。若陵威长驱，臣实见其未易；若舆驾顿洛，则不足上劳圣躬。贼不敢乘胜过陕，远慑大威故也。若舆驾造洛而反，凶丑更生揣量之心，必启边戎之患。江南颙颙，忽闻远伐，不测师之深浅，人情恐惧，事又可推。往年西征，刘钟危殆；伐司马休之时，以刘钟领石头戍事，屯冶亭，有盗数百夜袭之，京师震骇，钟讨平之。冶亭，在建康东。前年劫盗破广州，人士都尽；三吴心腹之内，诸县屡败，三吴，见第三章第九节。皆由劳役所致。又闻处处大水，加远师民敝，败散自然之理。殿下在彭城，劫盗破诸县，事非偶尔，皆是无赖凶愿。凡顺而抚之，则百姓思安；违其所愿，必为乱矣。"此当时不克再举之实情。《王仲德传》云：高祖欲迁都洛阳，众议咸以为宜，仲德曰："非常之事，常人所骇。今暴师日久，士有归心，固当以建业为王基，俟文轨大同，然后议之可也。"帝深纳之。《武三王传》亦言：高祖之发长安，诸将行役既久，咸有归愿，止留偏将，不足镇固人心，故以义真留镇。洛阳不能久驻，而况长安？将士不免思归，而况氓庶？势之所限，虽英杰无如之何。《南史·谢晦传》言：武帝闻咸阳沦没，欲复北伐，晦谏以士马疲怠，乃止，与《武三王传》之言适相反，固知史之所传，不必其皆可信也。

世皆誉宋武之南归，由其急于图篡，以致"百年之寇，千里之土，得之艰难，失之造次，使丰、鄗之都，复沦寇手"，司马光语，见《通鉴》。此乃王买德对赫连勃勃之辞，非敌国诽谤之言，则史家傅会之语，初非其实。宋武代晋，在当日，业已势如振槁，即无关、洛之绩，岂虑无成？苟其急于图篡，平司马休之后，径篡可矣，何必多此伐秦一举？武帝之于异己，虽云肆意翦除，亦特其庸中佼佼者耳，反侧之子必尚多。刘穆之死，后路无所付托，设有窃发，得不更诒大局之忧？欲攘外者必先安内，则武帝之南归，亦不得訾其专为私计也。义真虽云年少，留西之精兵良将，不为不多。王镇恶之死，事在正月十四日，而勃勃之图长安，仍历三时而后克，可见兵力实非不足。长安之陷，其关键，全在王修之死。义真之信谗，庸非始料所及，此尤不容苛责者也。惟其经略赵、魏，有志未遂，实为可惜。当时异族在中原之地者，皆已力尽而毙，惟铁弗、拓跋二虏，起于塞北，力较厚而气较雄；而拓跋氏破后燕后，尤为土广而人众。所以清定之者，实不当徒恃河南为根基，而断当经营关中与河北，以非如是则势不相及也，此观于后来元嘉之丧败而可知。武帝平秦之日，拓跋氏实无能为；铁弗氏之兵力，亦极为有限。拓跋氏虽因力屈假道，初实为秦形援，后又侵扰河南，伐之实为有辞。铁弗氏必不敢动。秦凉诸国，一闻王师入关，早已赡落。乞伏炽磐曾使求自效。沮渠蒙逊，猾夏最深，然朱龄石遣使招之，亦尝上表求为前驱。见第八节。当时此诸国者，未尝不可用之以威勃勃，而铁弗氏与拓跋氏，本属世仇；勃勃惟利是视；苟有事于拓跋氏，亦未必不可驱之，使与我相掎角。然则宋武设能留驻北方二三年，拓跋嗣或竟为什翼犍之续，亦未可知也。惟即如是，五胡乱华之祸，是否即此而讫，亦未可定。崔浩之为拓跋嗣策中国也，曰："秦地戎夷混并，虎狼之国，刘裕亦不能守之。孔子曰：善人为邦百年，可以胜残去杀，今以秦之难制，一二年间，岂裕所能哉？且可治戎束甲，息民备境，以待其归，秦地亦当终为国有。"浩实乃心华夏者，其为此言，盖所以息索虏之觊觎，而非为之计深远，说别详后。然于关中之情形，亦颇有合。宋武之平姚秦，已迫迟暮，其能竟此大业与否，亦可疑也。宋武之所阙，仍在于其度量之不弘。大抵人勋业所就，恒视乎其所豫期。长安之所以不守，实由将士之思归，及其贪暴，《王镇恶传》：是时关中丰盈，仓库殷积，镇恶极意收敛，子女玉帛，不可胜计。观于义真败后，诸将尚竞敛财货，多载子女，方轨徐行，则平时极意收敛者，正不止镇恶一人也。而其所以如此，则平时之所以自期待者使之。神州陆沉，既百年矣，生斯土者，孰非其奇耻大辱？使为之率将者，果有恢复境壤，拯民涂炭之心，自不以消除关洛为已足；上之所好，下必甚焉，为其所卵翼栽成者，自亦不敢启思归之念，怀欲货之思矣。王镇恶之至潼关也，姚绍率大众距险，深沟高垒以自固。镇恶县军远入，转输不充，将士乏食。驰告高祖，求发粮援。时高祖缘河，索虏屯据河岸，军不得前。高祖初与镇恶等期：克洛阳后，须大军至，及是，呼所遣人，开舫北户，指河上虏示之曰："我语令勿进，而轻佻深入，岸上如此，何由得遣运？"此时王师实为一大危机，而镇恶亲到弘农，督上民租，百姓竞送义粟，军遂复振，高祖将还，三秦父老，诣门流涕诉曰："残民不沾王化，于今百年。始睹衣冠，方仰圣泽。长安十陵，是公家坟墓，咸阳宫殿数千间，是公家屋宅；舍此欲何之?"义真进督东秦，时陇上流人，多在关中，望因大威，复归本土，及置东秦，父老知无复经略陇右、固关中之意，咸共叹息。王镇恶之死也，沈田子又杀其兄弟及从弟七人，惟镇恶弟康，逃藏得免。与长安徙民张昐丑、刘云等唱集义徒，得百许人。驱率邑郭侨户七百余家，共保金墉，为守战之备。时有邵平，率部曲及并州乞活千余户屯城南，迎亡命司马文荣为主。又有亡命司马道恭，自东垣见第六章第五节。率三千人屯城西。亡命司马顺明，五千人屯陵云台。顺明遣刺杀文荣，平复推顺明为主。又有司马楚之屯柏谷坞。索虏野坂城主黑弰公即于栗磾。游骑在芒上。北邙山，在洛阳东北。攻逼交至。康坚守六旬，救军至，诸亡命乃各奔散。盖遗黎之可用如此：关中诚如崔浩言，戎夷混并，然汉人之能为国宣力者实更多。① 即戎夷亦非无可用，此又证以后来柳元景之出师，盖吴之反魏而可知者也。义真之归也，将镇洛阳，而河南萧条，未及修理，乃改除扬州刺史。毛德祖全军而归，以为荥阳、京兆太守，寻迁司州刺史，戍虎牢。此等兵力，其不足以固河南审矣。郑鲜之言："西虏或为河、洛之患，今宜通好北虏，则河南安，河南安则济、泗静。"盖至此而徒保河南，弃置河北之势成矣。哀哉。

第八节　魏并北方

宋武帝既弃关中，其明年，遂受晋禅，受禅后三年而崩。子少帝立，为徐羡之等所废。文帝继位，初则谋诛永平逆党，继又因彭城王专权，尽力谋诛刘湛等，经略之事，匪皇顾虑；而其时北魏大武帝继立，剽悍之气，非复如明元之仅图自守，北方诸国，遂悉为所并，欲图恢复益难矣。自晋义熙十四年（418）弃关中，至宋元嘉十六年（439）魏灭北凉，尽并北方，其间凡二十二年，中国实坐失一不易再得之机会也。今略述北方诸国及其为魏所并之事，以终晋世北方分裂之局。

秃发傉檀既得姑臧，征集戎夏之兵五万余人，大阅于方亭。地属显美。显美，汉县，在今甘肃永昌县东。遂伐沮渠蒙逊，入西陕。蒙逊率众来距。战于均石，为蒙逊所败。蒙逊攻西郡，陷之。胡三省曰：均石，在张掖之东，西陕之西，盖西郡界。案西郡，见第二章第二节。赫连勃勃初僭号，求昏于傉檀，傉檀勿许。勃勃怒，率骑二万伐之。自阳非至于支阳，三百余里，杀伤万余人，驱掠二万七千口，牛、

---

① 民族：遗民之乃心华夏。

马、羊数十万而还。阳非亭,在今甘肃永登县西。支阳,汉县。胡三省引刘昫曰:唐兰州广
武县,杜佑曰:唐会州会宁县。案广武,见第五章第二节。会宁,在今甘肃靖远县东北。傉
檀率众追之。战于阳武,峡名,在靖远县境。为勃勃所败。将佐死者十余人。傉檀
与数骑奔南山,胡三省曰:支阳之南山,《本纪》事在义熙三年十一月。几为追骑所得。
傉檀惧东西寇至,徙三百里内百姓,入于姑臧。国中骇怨。屠谷成七儿,因百姓
之扰,率其属三百人叛。军谘祭酒梁衷,辅国司马边宪等七人谋反,傉檀悉诛
之。姚兴乘机,遣其子弼及敛成等率步骑三万来伐,又使姚显为弼等后继。遗傉
檀书,云遣齐难讨勃勃,惧其西逸,故今弼等于河西邀之。傉檀以为然,遂不设
备。弼陷昌松,见第六章第六节。至姑臧,屯于西苑。姑臧有东西苑城,见第六章第六
节。州人王钟、宋钟、王娥等密为内应。候人执其使送之。傉檀欲诛其元首。前
军伊力延侯曰:"今强敌在外,内有奸坚,兵交势踧,祸难不轻,宜悉坑之,以
安内外。"傉檀从之,杀五千余人,以妇女为军赏。命诸郡县,悉驱牛羊于野。
敛成纵兵虏掠。傉檀遣十将率骑分击,大败之。姚弼固垒不出。姚显闻弼败,兼
道赴之。委罪敛成,遣使谢傉檀,引师而归。傉檀于是僭即凉王位。《纪》在义熙
四年十一月。遣其左将军枯木、驸马都尉胡康伐沮渠蒙逊,掠临松人千余户而还。
蒙逊大怒,率骑五千,至于显美方亭,徙数千户而还。傉檀太尉俱延伐蒙逊,又
大败归。傉檀将亲伐之。尚书左仆射赵晁及大史令景保谏。傉檀曰:"吾以轻骑
五万伐之。蒙逊若以骑兵距我,则众寡不敌;兼步而来,则舒疾不同。救右则击
其左,赴前则攻其后,终不与之交兵接战,卿何惧乎?"既而战于穷泉,《十六国
疆域志》云:在昌松。傉檀大败,单马奔还。《纪》义熙六年三月。蒙逊进围姑臧。百
姓惩东苑之戮,即王钟等之诛。悉皆惊散。傉檀遣使请和,以司隶校尉敬归及子他
为质。归至胡坑逃还,他为追兵所执。胡坑,胡三省曰:在姑臧西。蒙逊徙八千余户而
归。右卫折掘奇镇据石驴山以叛。胡三省曰:石驴山,在姑臧西南,属晋昌郡界。案晋
昌,晋郡,在今甘肃安西县东。傉檀惧为蒙逊所灭,又虑奇镇克岭南,乃迁于乐都。
今青海乐都县。留大司农成公绪守姑臧。焦谌等闭门作难,推焦朗为大都督,谌为
凉州刺史。蒙逊攻克之。《通鉴》在义熙七年二月。《晋书》云宥朗。《宋书·蒙逊传》
云:义熙八年(412),蒙逊攻焦朗,杀之,据姑臧。盖因蒙逊迁居姑臧而追叙其攻克之事。
遂伐傉檀。围乐都,三旬不克。傉檀以子安周为质,蒙逊引归。傉檀又将伐蒙
逊。邯川护军孟恺谏,不从。邯川城,在今青海巴燕县黄河北岸。五道俱进。至番和、
苕藿,掠五千余户。番和,汉县,后凉置郡,在今甘肃永昌县西。苕藿,在张掖东。其将
屈右,劝其倍道还师,早度峻险。卫尉伊力延曰:"彼徒我骑,势不相及。若倍
道还师,必捐弃资财,示人以弱,非计也。"俄而昏雾风雨,蒙逊军大至,傉檀
败绩而还。蒙逊进围乐都。傉檀婴城固守,以子染干为质,蒙逊乃归。久之,蒙
逊又攻乐都,二旬不克。蒙逊迁于姑臧。义熙八年(412),僭即河西王位。傉檀
弟湟河太守文支湟河,见第六章第六节。降蒙逊,蒙逊又来伐。傉檀以太尉俱延为

质，蒙逊引还。《通鉴》在义熙九年四月。傉檀议欲西征乙弗。孟恺谏曰："连年不收，上下饥弊，远征虽克，后患必深。不如结盟炽磐，通籴济难；慰喻杂部，以广军资。畜力缮兵，相时而动。"傉檀谓其太子虎台曰：虎台从《魏书》。《晋书》作武台，乃唐人避讳改。"今不种多年，内外俱窘，事宜西行。以拯此弊。蒙逊近去，不能卒来。且夕所虑，惟在炽磐，彼名微众寡，易以讨御。吾不过一月，自足周旋。汝谨守乐都，无使失坠。"乃率骑七千袭乙弗，大破之，获牛、马四十余万。炽磐果率步骑二万，乘虚来袭。抚军从事中郎尉肃言于虎台曰："外城广大，难以固守，宜聚国人于内城，肃等率诸晋人，距战于外。如或不捷，犹有万全。"虎台惧晋人有贰心也，乃召豪望有谋勇者，闭之于内。孟恺泣白："恺等进则荷恩重迁，退顾妻子之累，岂有二乎？今事已急矣，人思自效，有何猜邪？"一旬而城溃。乌孤子樊尼，自西平奔告傉檀。西平，见第二章第二节。傉檀谓众曰："今乐都为炽磐所陷，男夫尽杀，女妇赏军，虽欲归还，无所赴也。卿等能与吾藉乙弗之资，取契汗以赎妻子，是所望也。不尔即归炽磐，便为奴仆矣，岂忍见妻子在他人抱中？"遂引师而西。众多逃返。遣镇北段苟追之，苟亦不还。于是将士皆散。惟中军纥勃、后军洛肱、安西樊尼、散骑侍郎阴利鹿在焉。傉檀曰："蒙逊与吾，名齐年比，炽磐姻好少年，俱其所忌，势皆不济。与其聚而同死，不如分而或全。樊尼长兄之子，宗部所寄，吾众在北者，户垂二万，蒙逊方招怀遐迩，存亡继绝，汝其西也。纥勃、洛肱，亦与尼俱。吾年老矣，所适不容，宁见妻子而死。"遂归炽磐。惟阴利鹿随之。岁余，为炽磐所鸩。案好战者必亡，其傉檀之谓乎？《晋书·载记》云："乌孤以安帝隆安元年（397）僭立，至傉檀之世，凡十九年，以安帝义熙十年（414）灭。"《本纪》亦系傉檀之亡于义熙十年六月。案自隆安元年（397）至义熙十年（414），止十八年（422）。《乞伏炽磐载记》云："炽磐以义熙六年（410）袭伪位。"《本纪》在八年。又云："僭立十年而入乐都。"则当为元熙元年（405），年岁相距大远矣。疑僭立二字衍，而《秃发氏载记》之"凡十九年"，当作十八也。《通鉴》云：傉檀之死也，沮渠蒙逊遣人诱虎台，许以番禾、西安二郡处之；西安，后凉郡，在张掖东南。且借之兵，使伐秦，报其父仇，复取故地。虎台阴许之。事泄而止。炽磐后，虎台妹也，炽磐待之如初。后密与虎台谋曰："秦本我之仇雠，虽以昏姻待之，盖时宜耳。先王之薨，又非天命，遗令不治者，欲全济子孙故也。胡三省曰：不治，谓被鸩而不解也。为人子者，岂可臣妾于仇雠，而不思报复乎？"乃与武卫将军越质洛成谋弑炽磐。后妹为炽磐左夫人，知其谋而告之。炽磐杀后及虎台等十余人。事在宋景平元年（423）。

乞伏炽磐既兼秃发傉檀，兵强地广。沮渠蒙逊遣其将运粮于湟河，自率众攻克炽磐之广武郡。见第五章第二节。以运粮不继，自广武如湟河，度浩亹。见第二章

第二节。炽磐遣将距之，皆为蒙逊所败。蒙逊以弟汉平为湟河太守，乃引还。炽磐率众三万袭湟河，汉平降。义熙十一年（415）。炽磐攻漒川，西秦郡，在今青海东南境。师次沓中。在今甘肃临潭县西。蒙逊攻石泉以救之，石泉，县名，《十六国疆域志》云：属漒川。炽磐引还。蒙逊亦归。遣使聘于炽磐，遂结和亲。

西凉立国酒泉，与蒙逊形势甚逼。《晋书》本传云："蒙逊每年侵寇不止，玄盛志在以德抚其境内，但与通和立盟，弗之校也。寻而蒙逊背盟来侵，玄盛遣世子士业要击，败之，属世子谭早卒，立次子歆为世子，歆字士业。获其将沮渠百年。《本纪》在义熙七年十月。玄盛谓张氏之业，指期而成，河西十郡，岁月而一，既而秃发傉檀入据姑臧，且渠蒙逊基宇稍广，于是慨然，著《述志赋》焉。"盖其势实最弱也。义熙十三年（417），二月，嵩卒，子歆嗣。此树《晋书·本纪》。《宋书·且渠蒙逊传》云五月。蒙逊遣其张掖太守且渠广宗诈降诱歆。歆遣武卫温宜等赴之，亲勒大军，为之后继。蒙逊帅众三万，伏于梦泉。胡三省曰：《新唐书·地理志》：张掖郡西北百九十里有祁连山，山北有建康军，军西百二十里有梦泉守捉城。歆闻之，引兵还，为蒙逊所逼，歆亲贯甲先登，大败之。《宋书·蒙逊传》云：歆伐蒙逊，至建康。蒙逊拒之。歆退走。追到西支涧，蒙逊大败，死者四千余人。乃收余众，增筑建康城，置兵戍而还。《晋书·蒙逊载记》云：蒙逊为李士业败于解支涧，复收散卒欲战，前将军成都谏，蒙逊从之，城建康而归。建康见第六章第六节。解支涧，胡三省曰："《晋书》作鲜支涧，当从之，"然今《晋书》作解支涧，《十六国疆域志》亦同。明年，蒙逊大伐歆。歆将出距之。左长史张体顺固谏，乃止。蒙逊大芟禾稼而还。《通鉴》在义熙十四年（418）。歆用刑颇峻，又缮筑不止。从事中郎张显，主簿泛称疏谏，并不纳。永初元年（420），七月，据《宋书·且渠蒙逊传》。蒙逊东略浩亹，歆承虚攻张掖。其母尹氏及宋繇固谏，并不从。县属臣，受顾命者。遂率步骑三万东伐，次于都渍涧。《十六国疆域志》引《通志》云：在蓼泉西。蒙逊自浩亹来距。战于坏城，《十六国疆域志》云：在福禄县。福禄，见第三章第七节。为蒙逊所败。勒众复战，又败于蓼泉，被害。蒙逊遂入酒泉。歆弟敦煌太守恂，据郡自称大将军。十月，蒙逊遣世子正德攻之，不下。明年，正月，蒙逊自往，筑长堤，引水灌城，数十日，又不下。三月，恂武卫将军宋丞，广武将军弘举城降。恂自杀。李氏亡。歆之亡在永初元年（420）。本传云：士业立年而宋受禅，误。故又云，其灭在永平元年（508），皆误多三年。

赫连勃勃既陷长安，遂僭称皇帝。《魏书》在泰常三年（418），即晋义熙十四年（418）。《北史》在泰常四年（419），即晋元熙元年。群臣劝都长安。勃勃曰："荆吴僻远，势不能为人之患。东魏与我同境，去北京裁数百余里。若都长安，北京恐有不守之忧。诸卿适未见此耳。"乃于长安置南台，以其太子璝领雍州牧，录南台尚书事，而还统万。《魏书》云：以长安为南都。案云荆吴不足为患，姚泓之灭，岂特殷鉴不远？知东魏为心腹之忧，则终勃勃之世，何不闻以一矢东向相加遗邪？知此等皆史家傅会之辞，非其实也。勃勃性凶暴好杀。其在长安也，尝征隐士韦祖思，既至，恭惧过礼，勃勃怒曰："吾以国士征汝，奈何以非类处吾？汝昔不拜姚兴，何独拜我？我今未死，汝犹不以我为帝王，我死之后，汝辈弄笔，当置吾何地？"遂杀之。其猜忌汉人如此。常居城上，置弓箭于侧，有所嫌忿，便手自杀之。群臣忤视者毁其目，笑者决其唇，谏者谓之诽谤，先截其舌而后斩之。夷夏嚣然，人无生赖。议废其长子璝，璝自长安起兵攻勃勃。勃勃中子昌破璝，杀之。勃勃以昌为太子。《通鉴》元嘉元年（424）。元嘉二年（425），勃勃死，昌僭立。三年（426），九月，魏遣奚斤袭蒲阪，见第三章第四节。周几袭陕城。见第六章第一节。十月，魏大武帝西伐，临君子津。见第六章第三节。十一月，以轻骑一万八千济河袭昌，略居民，徙万余家而还。奚斤东至蒲阪，昌守将赫连乙升弃城西走。昌弟助兴守长安，乙升复与助兴西走安定。见第二章第二节。奚斤遂入蒲阪，西据长安。四年（427），正月，昌遣其弟平原公定率众二万向长安。五月，魏大武帝乘虚西伐。济君子津，轻骑三万，倍道兼行。群臣咸谏曰："统万城坚，非十日可拔。今轻军讨之，进不可克，退无所资。不若步兵攻具，一时俱往。"大武曰："夫用兵之术，攻城最下，不得已而用之。如其攻具一时俱往，贼必惧而坚守。若攻不时拔，则食尽兵疲，外无所掠，非上策也。朕以轻骑至其城下，彼先闻有步兵，而徒见骑至，必当心闲。朕且羸师以诱之，若得一战，禽之必矣。所以然者，军士去家二千里，复有黄河之难，所谓置之死地而后生也。"遂行。次于黑水。见第六章第九节。去统万三十余里。分军伏于深谷，而以少众至其城下。昌将狄子玉来降，说"昌使人追定，定曰：城既坚峻，未可攻拔，待禽斤等，然后徐往，内外击之，何有不济？昌以为然"。大武恶之。退军城北，示昌以弱。会军士负罪，亡入昌城，言"魏军粮尽，士卒食菜，辎重在后，步兵未至，击之为便"。昌信其言，引众出城。大武收军伪北，分骑为左右以犄之，昌军大溃。不及入城，奔于上邽。见第三章第三节。遂克其城。《魏书·本纪》在六月。是役也，昌虽寡谋，魏亦幸胜。其时魏兵不足二万，而昌众步骑三万；大武引而疲之，行五六里，冲其陈，尚不动；及战，大武坠马，流矢中掌，其不败者亦幸耳。娥清以五千骑攻赫连定，定亦走上邽。奚斤追之，至雍，见第三章第五节。不及而还。大武诏斤班师。斤请益铠马平昌，不许。抗表固请，乃许之。给斤万人，遣将军刘拔送马三千匹与斤。五年（428），魏神䴥元年。二月，昌退屯平凉。斤进军安定。马多疫死，士众乏粮，乃深垒自固。遣大仆丘堆等督租于民间，为昌所败。昌日来侵掠，刍牧者不得出，士卒患之。监军侍御史安颉请募壮勇出击。斤言"以步击骑，终无捷理"，欲须救骑至。颉曰："今兵虽无马，将帅所乘，足得二百骑，就不能破，可折其锐。且昌狷而无谋，每好挑战，众皆识之，若伏兵掩击，昌可禽也。"斤犹难之。颉乃阴与尉眷等谋，选骑待焉。昌来攻垒，颉出应之。昌于陈前自接战，军士识昌，争往赴之。会天大风，扬尘，昼昏，众乱。昌退。颉等追击，昌马蹶而坠，遂禽昌。《通鉴考异》曰："《十六国春秋钞》云：承光三年（427），五月，战于黑渠，为魏所败。昌与数千骑奔还，魏追骑亦至。昌河内公费连乌提守高平，徙诸城民七万户于安定以都之。四年（428），二月，魏军至安定。三城溃。昌奔秦州。魏东平公娥青追禽之，送于魏。与《后魏纪传》不同，今从《后魏书》。"案承光赫连昌年号，承光三年（427），宋元嘉四年也。观此，弥知魏大武之克统万为幸胜，当时设与之坚持，未有不以乏粮为患者也。昌余众立定，走还平凉。奚斤耻功不在己，轻赍三日粮，追定于平凉。娥清欲寻水而往，斤不从。定知其军无粮乏水，邀其前后。斤众大溃。与娥清、刘跋，俱为定所禽，士卒死者六七千人。丘堆先守辎重在安定，闻斤败，弃甲东走蒲阪。定复入长安，魏大武诏安颉镇蒲阪以拒之。又诏颉斩丘堆。六年（429），五月，定侵统万，至侯尼城而还。胡三省曰：侯尼城，在平凉东。七年（430），九月，定遣弟谓以代攻墉城，见第五章第六节。魏始平公隗归击破之。定又将数万人东击归。十一月，魏大武帝亲率轻骑袭平凉。定救平凉。登鹑觚原，鹑觚，汉县，在今甘肃灵台县东北。方陈自固。大武四面围之，断其水草。定引众下原。击之，众溃。定被创单骑走，收余众西保上邽。诸将乘胜进军，遂取安定。十二月，定弟社干、度洛孤出降。长安、临晋、见第三章第七节。武功见第六章第五节。守将皆奔走。关中遂入于魏。

当刘裕伐秦之际，乞伏炽磐尝遣使诣裕求效力，拜为西平将军河南公。《宋书·武帝本纪》。及魏伐夏之岁，炽磐又遣使于魏，请伐赫连昌。《魏书·本纪》始光三年正月。盖皆欲乘时以徼利也。及魏克统万，炽磐乃遣其叔泥头、弟度质于平城。元嘉五年（428），炽磐死，子暮末嗣伪位。暮末依《晋书》。《宋》、《魏书》及《十六国春秋》皆作茂蔓。炽磐之死，《晋书》在元嘉四年（427）。下文云：暮末在位三年，为赫连定所杀，在元嘉七年（430）。又云：始国仁以孝武大元十年（385）僭位，至暮末四世，凡四十有六载，数亦相合。然据《魏书·本纪》：暮末之灭，在神麚四年正月，则当为元嘉八年（431），《宋书·大沮渠蒙逊传》亦同。考《魏书·本纪》，赫连定之奔上邽，在神麚三年十一月，似其年内未必能亡暮末，疑《晋书》纪事，误移前一年也。明年，沮渠蒙逊攻枹罕。见第五章第一节。暮末大破之，禽其世子兴国。暮末政刑酷滥，内外崩离。为赫连定所逼，遣使请迎于魏。魏大武许以安定以西、平凉以东封之。暮末乃焚城邑，毁宝器，率户万五千至高田谷。胡三省曰：当在南安郡界。为赫连定所拒，遂保南安。见第二章第二节。魏大武遣使迎之。暮末卫将军吉毗固谏，以为不宜内徙，暮末从之。赫连定遣其北平公韦代当即谓以代。率众一万攻南安。城内大饥，人相食。暮末及宗族五百余人出降，送于上邽。时元嘉八年正月也。从《魏书》，《通鉴》同。是岁，六月，赫连定北袭沮渠蒙逊，为吐谷浑慕瓆所执。明年，二月，送于魏，魏杀之。《宋书·沮渠蒙逊传》：元嘉七年（430），四月，定奔上邽。十一月，茂蔓闻定败，将家户与兴国东征，欲移居上邽。八年（431），正月，至南安。定率众御茂蔓，大破之。杀茂蔓，执兴国而还。四月，定避拓跋焘，欲渡河西击蒙逊。五月，率部曲至治城

峡口。渡河，济未半，为吐谷浑慕瑪所邀，见获。兴国被刭，数日死。其事述与《魏书》多
牴牾，似不甚审。治城，胡三省曰："魏收《地形志》：凉州东陉郡有治城县，其地当在黄河
南。又凉州有建昌郡，亦有治城县。"案东陉郡之治城，当在旧凉州府境，建昌郡之治城，当
在旧兰州府境。胡《注》见元嘉六年（429）。赫连昌尚魏始平公主，封为秦王。元嘉
十一年（434），叛魏，西走河西，为候将所格杀。魏人并杀其群弟。

　　冯跋在僭伪诸国中，颇称有道。尝下书除前朝苛政。命守宰当垂仁惠，无得
侵害百姓。兰台都官，明加澄察。分遣使者，巡行郡国。孤老久病，不能自存
者，振谷帛有差。孝弟力田，闺门和顺者，皆褒显之。又下书省徭薄赋。堕农者
戮之，力田者褒赏。命尚书纪达，为之条制。每遣守宰，必亲见东堂，问为政事
之要。令极言无隐，以观其志。又下书，令百姓人植桑一百根，拓二十根。禁厚
于送终，贵而改葬。蝚蠕勇斛律遣使求跋女伪乐浪公主，群下议前代旧事，皆以
宗女妻六夷，乐浪公主不宜下降非类，跋不听。库莫奚虞出库真献马请交市，许
之。契丹库莫奚降，署其大人为归善王。凡兹厚抚四夷，亦皆欲以息民也。史称
冯氏出自中州，有殊异类。虽旧史称其信惑妖祀，斥黜谏臣，然能育黎萌，保守
疆宇二十余年，实人事而非天意。信不诬也。跋于夷夏之际，亦深有抉择。晋青
州刺史申永遣使浮海来聘，跋使其中书郎李扶报之。魏明元帝遣谒者于什门往
使，为跋所留。明元帝使长孙道生率众二万攻之，以其有备，不克而还。魏泰常
三年（418），即晋义熙十四年。可谓明于去就矣。惜亦以内乱不终，是则当上下交
征、不夺不餍之世，积习不易挽也。

　　跋长弟素弗，任侠放荡，惟交结时豪为务。当世侠士，莫不归之。史称跋之
伪业，实素弗所建。故高云死时，众推跋为主，跋曾以让素弗。而素弗不可。跋
僭位，以为宰辅。素弗谦虚恭慎，虽厮养之贱，皆与之抗礼。车服务于俭约。修
己率下，百僚惮之。惜跋之七年即死。义熙十一年（415）。元嘉七年（430），跋有
疾。跋长子永先死，立次子翼为世子，摄国事。翼勒兵以备非常。跋妾宋氏，规
立其子，谓之曰："主上疾将瘳，奈何代父临国乎？"翼遂还。宋氏矫绝内外，
遣阉人传问。惟中给事胡福，独得出入，专掌禁卫。跋疾甚，福虑宋氏将成其
计，乃言于跋季弟弘。弘勒兵而入。跋惊怖死。弘袭位。翼勒兵出战，不利，遂
死。跋有男百余人悉为弘所杀，亦可谓甚矣。然弘仍不肯屈志于魏。九年
（432），魏延和元年。六月，魏大武伐之。七月，围之。弘婴城固守。其营丘、辽
东、成周、乐浪、带方、玄菟六郡皆降。胡三省曰：燕自慕容已来，分置郡县于辽西，
其后或省或并，为郡为县，皆不可考。大武徙其三万余户于幽州。弘先废其元妻王
氏，黜世子崇，令镇肥如，汉县，在今河北卢龙县北。以后妻慕容氏子王仁为世子。
崇母弟广平公朗、乐陵公邈出奔辽西，劝崇降魏。崇纳之。遣邈入魏。魏大武拜
崇为幽、平二州牧，封辽西王。弘遣其将封羽围崇。十年（433），魏延和二年。正
月，魏遣其永昌王健救崇。封羽以凡城降魏。凡城，在今热河平泉县境。徙三千余家

而还。六月，健又往攻和龙。十一年（434），_{魏延和三年。}闰三月，弘上表称藩于魏，乞进女。魏大武帝许之，而征王仁入朝。弘不遣。魏又屡遣兵往攻。弘密求迎于高句骊。十三年（436）_{魏大延二年，}句骊遣将葛卢等率众迎之。五月，弘拥其城内士女，入于句骊。句骊处之于平郭。_{见第五章第二节。}寻徙北丰。_{在今辽宁沈阳县西北。}魏使散骑常侍封拨如句骊征送弘。句骊不听。大武议欲击之，纳乐平王丕计而止。弘素侮句骊，政刑赏罚，犹如其国。句骊乃夺其侍人，质任王仁。初弘于宋岁献方物。及是，表求迎接。文帝遣王白驹、赵次兴迎之，并令句骊料理资遣。句骊王琏不欲使弘南，而魏又征弘于句骊，句骊乃遣将孙漱、高仇等袭杀之。时元嘉十五年三月也。_{魏大延四年（438）。}白驹等率所领七千余人掩讨，禽漱，杀高仇等二人。琏以白驹等专杀，遣使执送之。上以远国，不欲违其意，白驹等下狱见原。其明年，文帝北讨，诏琏送马，琏献马八百匹，盖帝方有事于索房，不欲以一人伤一国之好也，然于北燕，则有违字小之仁矣。

《沮渠蒙逊载记》云：晋益州刺史朱龄石遣使来聘，蒙逊遣舍人黄迅报聘，因表曰："承车骑将军刘裕，秣马挥戈，以中原为事，可谓天赞大晋，笃生英辅。若六军北轸，克复有期，臣请率河西戎为晋右翼前驱。"盖龄石遣使，喻以夹攻后秦也。及刘裕灭姚泓，蒙逊闻之，怒甚。其门下校郎刘祚言事，蒙逊曰："汝闻刘裕入关，敢研研然也？"遂杀之。可谓非我族类，其心必异矣。然蒙逊既据河西之地，故其文明程度究较高。义熙十四年（418），遣使奉表称藩。晋以为凉州刺史。宋世亦累受爵命。蒙逊之灭西掠，以唐瑶之子契为晋昌太守。契，李暠孙宝之舅也。叛蒙逊。蒙逊遣其世子正德攻契。景平元年（423），三月，克之。契奔伊吾。_{见第六章第六节。}八月，芮芮来抄。蒙逊遣正德拒之。军败，见杀。乃以次子兴国为世子。又为乞伏暮末所禽。蒙逊送谷三十万斛以赎之，暮末不遣。蒙逊乃立兴国弟菩提为世子。元嘉十年（433），四月，蒙逊死。众议以菩提年幼，推立其弟三子茂虔。《宋书》及《十六国春秋》同。《魏书》作牧犍。十一年（434），上表告私谥蒙逊为武宣王。诏仍加封授。十四年（437），表献方物，并献书百五十四卷，求书数十件。文帝赐之。《魏书·本纪》：蒙逊以始光三年（426）内附。_{元嘉三年。}其后神麚元年（428）、三年（430），_{元嘉五年、七年。}皆书蒙逊遣使朝贡。而《蒙逊传》载神麚中蒙逊表辞曰："前后奉表，贡使相望，去者杳然，寂无还反，未审津途寇险，竟不仰达？为天朝高远，未蒙齿录？往年侍郎郭只等还，奉被诏书，三接之恩始隆，万里之心有赖。"又云"商胡后至，奉公卿书，援引历数安危之机，厉以窦融知命之美"云云。则当赫连氏败亡之时，蒙逊求通于魏颇切，而魏初不甚省录。后蒙逊又遣子安周入侍于魏，魏大武乃于神麚四年（431）_{元嘉八年。}九月，遣使册为凉州牧凉王。及茂虔立，自称河西王，大武即如所称册之。先是大武遣李顺迎蒙逊女为夫人，会蒙逊死。茂虔受蒙逊遗意，送妹于平城，拜右昭仪。而茂虔取大武妹武威公主。《魏书》本传言：牧犍淫嫂李氏，兄弟三人传嬖之。李与牧犍姊共毒公主。上遣解毒医乘传救公主，得愈。上征李氏，牧犍不遣，厚送，居于酒泉。然《外戚传》言：世祖平凉州，颇以公主通密计。《西域传》言：初世祖每遣使西域尝诏牧犍令护送。至姑臧，牧犍恒发使导路，出于流沙。后使者自西域还，至武威，见第三章第二节。牧犍左右谓使者曰：我君承蠕蠕吴提妄说，云去岁魏天子自来伐我，士马疫死，大败而还，我禽其长弟乐平王丕。我君大喜，宣言国中。又闻吴提遣使告西域诸国，称魏已削弱，今天下惟我为强，若更有魏使，勿复恭奉。诸国亦有贰者。牧犍事主，稍以慢惰。使还，具以状闻。世祖遂议讨牧犍。此亦可见武威远嫁，实为内闲。不然，世岂有河西中毒，闻于代北，遣医往救，犹获全济者邪？蒙逊猾虏，更事颇多，其于索虏，未尝不心焉鄙之，然强弱不敌，蒙逊知之甚明，故其事魏颇谨，魏人欲伐之而无由，乃为是阴谋诡计，终则其所据为口实者，仍支离不可究诘也。元嘉十六年（439），魏大延五年。六月，大武自将攻茂虔。茂虔婴城自守。九月，城陷，乃降。时茂虔弟仪德守张掖，仪德从《宋书》，《魏书》作宜得。无讳守酒泉，从子丰周守乐都，从《宋书》，《魏书》作弟安周。从弟唐儿守敦煌。见第二章第二节。仪德烧仓库，西奔酒泉，丰周南奔吐谷浑。魏奚眷讨张掖，遂至酒泉。无讳、仪德复奔晋昌，西就唐儿。初秃发傉檀亡，其子保周奔蒙逊，后奔魏，魏以为张掖公。延和元年（432），宋元嘉九年。及是，进其爵为王，遣谕诸部鲜卑。保周因率诸部叛于张掖。十七年（440），魏大平真君元年。正月，无讳、仪德围酒泉。三月，克之。四月，攻张掖，不克。保周屯于删丹，汉县，今甘肃山丹县。魏永昌王健攻之。七月，保周遁走，自杀。八月，无讳降。十八年（441），魏大平真君二年。正月，拜为凉州牧、酒泉王。三月，复封沮渠万年为张掖王。万年，牧犍兄子。五月，唐儿反无讳。无讳留从弟天周守酒泉，与仪德讨唐儿，杀之，复据敦煌。七月，魏奚眷围酒泉。十月，城中饥，万余口皆饿死。天周杀妻以食战士。食尽，城乃陷。执天周至平城，杀之。《魏书·本纪》：四月，诏奚眷征酒泉，获沮渠天周，乃终言之。于是虏兵甚盛，无讳众饥馑不自立。十一月，遣弟安周五千人伐鄯善。鄯善王恐惧，欲降，魏使者劝令拒守。安周连战不能克，退保东城。盖鄯善之东城，为安周所据者。十九年（442），魏大平真君三年。鄯善王比龙西奔且末，其世子乃从安周。四月，无讳渡流沙，据鄯善。士卒渡流沙，渴死者大半。初李宝随唐契奔伊吾，臣于芮芮。其遗民归附者，稍至二千。至是，自伊吾归敦煌，遣弟怀远奉表于魏。魏拜怀远敦煌太守，授宝沙州牧、敦煌公。真君五年（444），即元嘉二十一年，因其入朝留之。唐契攻高昌。高昌城主阚爽告急。八月，无讳留丰周守鄯善，自将家户赴之。未至，芮芮遣部帅阿若救高昌，杀唐契。其部曲奔无讳。九月，无讳遣将卫奈夜袭高昌，阚爽奔芮芮。无讳复据高昌。遣常侍泛儁奉表京师，献方物。宋文帝以为凉州刺史、河西王。《本纪》在六月，则其遣使在据高昌之前。《魏书·西域传》云：无讳兄弟渡流沙，鸠集遗人，破车师国。真君十一年（450），元嘉二十七。车师王车夷落遣使琢进、薛直上书，言臣国自为无讳所攻击，经今八岁。人民饥荒，无以存活。贼今攻臣甚急，臣不能自全，遂舍国东奔。三分免一。即日已到焉耆东界。思归天阙，幸垂振救。于是下诏抚慰，开焉耆仓给之。自真君十一年（450）上溯八年，则元嘉十九（442）、二十年（443）间也。二十一年（444），魏真君五年。无讳病死，安周代立。宋仍以无讳官爵授之。《魏书·车伊洛传》口：焉耆胡也。世为东境部落帅，恒修职贡。世祖录其诚款，延和中，授伊洛平西将军，封前部王。《通鉴》作车师前部王。伊洛大悦。规欲归阙。沮渠无讳断路，伊洛与无讳连战，破之。时无讳卒，其弟天周，夺无讳子乾寿兵，规领部曲。伊洛前后遣使招谕乾寿等，率户五百余家来奔，伊洛送之京师。又招谕李宝弟钦等五十余人，送诣敦煌。伊洛又率部众二千余人伐高昌，讨破焉耆东关七城。伊洛征焉耆，留其子歇守城。安周乘虚，引蠕蠕三道围歇。歇固守，连战，久之，外无救援，为安周所陷，走奔伊洛。伊洛收集遗散一千余家，归焉耆镇。《唐和传》言：和契之弟。契与阿若战段，和收余众奔前部王。时沮渠安周屯横截城，和攻拔之，斩安周兄子树。又克高宁、白力二城，斩其戍主。后与前部王车伊洛击破安周，斩首三百。此为无讳末年，安周初年之事。大平真君六年（445），宋元嘉二十二年也，魏大武诏万度归发凉州以西兵袭鄯善。《鄯善传》言：其王真达面缚出降，度归释其缚，留军屯守，与真达诣京都。是岁，拜韩牧为鄯善王以镇之，赋役其人，比之郡县。丰周亡于此时，抑已先亡，则不可考矣。《魏书·高昌传》云；和平元年（459），宋大明四年。安周为蠕蠕所并，蠕蠕以阚伯周为高昌王。《宋书·氏胡传》言：世祖大明三年（459），安周奉献方物，实其灭亡前之一岁也，亦可哀矣。茂虔亦为魏所害，事别见后。

第八章　宋初南北情势

第一节　宋初内衅

晋安帝以义熙十四年十二月见弒。史称帝不惠。自少及长，口不能言。虽饥饱寒暖，无以辨也。凡所动止，皆非己出。桓玄之篡，因此获全。刘裕将为禅代，以谶云"昌明之后有二帝"，乃使中书侍郎王韶之缢之，而立其弟恭帝德文，以应谶焉。元熙二年（420），六月，禅位于裕，是为宋高祖武皇帝。以恭帝为零陵王。永初二年（421），九月，使其后弟褚淡之弒之。

宋武帝七子：长少帝义符，次庐陵孝献王义真，次文帝义隆，次彭城王义康，次江夏文献王义恭，次南郡王义宣，次衡阳文王义季。帝以荆州上流形胜，地广兵强，遗诏诸子次第居之。《宋书·义宣传》。又以京口要地，去都邑甚迩，非宗室近戚，不得居焉。①《刘延孙传》。永初三年（422），五月，帝崩。少帝立。司空徐羨之，中书监傅亮，领军将军谢晦辅政。景平二年（424），废南豫州刺史庐陵王义真为庶人。南豫州，治历阳，见第三章第九节。徙新安郡。见第四章第三节。旋使使诛之。时年十八。五月，江州刺史檀道济，扬州刺史王弘入朝。皇太后令：废帝为营阳王。幽之吴郡。见第三章第九节。六月，见弒。时年十九。迎立荆州刺史宜都王义隆，是为大祖文皇帝。时年十八。史称少帝有失德。于华林园为列肆，亲自酤卖。华林园本在洛阳，见第三章第一节。此东渡后所营，在台城内。又开渎聚土，以象破冈埭。破冈渎，在今江苏丹阳县境。与左右引船唱呼，以为欢乐。夕游天泉池，本在洛阳，此亦东渡后所开。即龙舟而寝，其朝未兴而兵至。见《本纪》，亦见《徐羡之传》。案自古帝王，纵恣者多矣，少帝未逮弱龄，即有失德，未至不可谏诲也，何至遽行废立？况又以帝废则次立者应在义真而先废之，且杀之乎？亦可谓甚矣。范泰谓所亲曰："吾观古今多矣，未有受遗顾托，而嗣君见杀，贤王婴戮者也，"诚哉其然也。羨之等果何所恃而敢为此？抑亦何所迫而遽出此哉？时傅亮

---

① 史事：宋武帝诏诸子以次居荆州，非宗室近戚不得居京口。

实奉迎文帝，帝以少帝见害，不敢下。司马王华曰："先帝有大功于天下，四海所服。徐羡之中材寒士，傅亮布衣诸生，非有晋宣帝、王大将军之心明矣。废主若存，虑将来受祸；又畏庐陵严断，必不自容；殿下宽叡慈仁，远近所知，越次奉迎，冀以见德。悠悠之论，殆必不然。且三人势均，莫相推伏，就怀不轨，势必不行。不过欲握权自固，以少主仰待耳。今日就征，万无所虑。"① 兼采《宋书》、《南史》本传。此言可谓洞见事情。时到彦之为南蛮校尉，文帝欲使领兵前驱，彦之曰："了彼不贰，便应朝服顺流，若使有虞，此师既不足恃，更开嫌隙之端。"亦逆料诸人之无异心，非敢无备也。文帝引见傅亮。哭泣，哀动左右。既而问义真及少帝薨废本末，悲号呜咽，侍侧者莫能仰视。亮流汗沾背，不能答。于是布腹心于到彦之、王华等。及至都，徐羡之问帝可方谁？亮曰"晋文、景以上人。"羡之曰："必能明我赤心。"亮曰："不然。少帝之废，徐羡之即以谢晦为荆州刺史。晦虑不得去，甚忧皇。及发新亭，见第七章第一节。顾望石头城，喜曰："今得脱矣。"至江陵，亦深结王华，冀以免祸。观此诸事，羡之等在当日，实求自全之意多，觊觎非分之想，可谓绝无。然敢行灭族之事，何也？《范泰传》载泰谏少帝之辞曰："伏闻陛下，时在后园，颇习武备。"《义真传》云：义真聪明爱文义，而轻动无德业。与谢灵运、颜延之、慧琳道人，并周旋异常。云得志之日，以灵运、延之为宰相，慧琳为西豫州都督。即豫州,亦曰北豫州。在历阳，多所求索，羡之等每裁量不尽与。深恶执政。表求还都。而少帝失德，羡之等密谋废立，则次第应在义真。因其与少帝不协，乃奏废之。《谢灵运传》曰：灵运为性褊激，多愆礼度。朝廷惟以文义处之。自谓才能，宜参机要。既不见知，常怀愤愤。少帝即位，权在大臣，灵运搆扇异同，非毁执政，徐羡之等患之。灵运时为太子左卫率,因此出为永嘉太守。《颜延之传》云：时尚书令傅亮，自以文义之美，一时莫及，延之负其才辞，不为之下，亮甚疾焉。庐陵王义真，颇好辞义，待接甚厚。徐羡之等疑延之为同异，意甚不悦。延之时为太子中舍人。盖少帝年少，羡之等不免专权。延之、灵运，皆轻躁之徒，疏于虑患，遂乘机搆扇义真，兄弟合谋，欲除其偪。后园之习武备，淮左之求入朝，所图正是一事。云庐陵与少帝不协，则适得其反矣。宋初杀机未启，非如后来之君臣动辄相屠，羡之等即或见废，亦不过免官归第，何至遽行灭族之事？此无他，利令智昏，贪恋权势而不肯去，所谓苟患失之，无所不至也。废立大事，虽威权闻望，十倍于羡之等者，犹或无以善其后，况如羡之等之植根浅薄者乎？《谢晦传》云：晦与羡之、亮谋自全之计，以晦据上流，而檀道济镇广陵，见第三章第九节。各有强兵，以制持朝廷；羡之、亮于中秉权；可以持久。此等计虑，又安足恃乎？羡之等之

---

① 阶级：王华见徐羡之寒士，此武帝所以付托之欤。

废立，盖深得王弘及檀道济之力，以弘门第高华，弘导之曾孙，珣子。道济先朝旧臣，威服殿省，且有兵众也。见《羡之传》。然弘实非首谋，其弟昙首，又为文帝所亲委。道济素与弘善，弘时被遇方深，道济弥相结附。文帝乃用二人以携其党。元嘉三年（426），正月，下诏诛羡之及亮。使中领军到彦之及道济讨晦。雍州刺史刘粹，断其走伏。雍州时治襄阳。羡之走出郭，自缢死。时年六十三。亮被收付廷尉，伏诛。晦问计于记室何承天。承天曰："大小既殊，逆顺又异。境外求全，上计也。以腹心领兵戍义阳，见第二章第三节。将军率众于夏口一战，夏口，见第三章第九节。若败，即趋义阳，以出北境，此其次也。"晦良久曰："荆楚用武之国，且当决战，走不晚也。"其眛险冒利，犹故智也。于是率军二万，发自江陵。舟舰列自江津，见第七章第三节。至于破冢。戍名，在江陵东南。旌旗相照，蔽夺日光。然本非将才，徒眩耳目而已。到彦之至彭城洲，在今湖南岳阳县东北。为晦军所败，退保隐圻。在今湖南临湘县东北。而道济继至。晦闻羡之等死，谓道济必不独全，及闻率众来上，皇惧无计。西人离沮，无复斗心，遂一时溃散。晦夜投巴陵，见第三章第九节。得小船还江陵，与七骑北走。至安陆延头，为戍主所执，安陆，见第三章第九节。送京师，伏诛。时文帝亲征，至芜湖，见第三章第九节。闻晦破，乃还。帝遣中书舍人谓传亮曰："以公江陵之诚，当使诸子无恙。"亮长子演先卒，演弟悝、湛并逃亡，徙湛弟都于建安。吴郡，今福建建瓯县。羡之子乔之，尚高祖第六女富阳公主，及弟乞奴并从诛。兄子佩之，逷之兄。逷之尚高祖长女会稽长公主。高祖以其姻戚，累加宠任。景平初，以羡之秉权，颇与政事。与吴兴太守王韶之，侍中程道惠，中书舍人邢安泰、潘盛相结。时谢晦久病连灸，不堪见客，佩之等疑其托疾有异图，与韶之、道惠同载诣傅亮，称羡之之意，欲令亮作诏诛之，亮不可，乃止。羡之既诛，大祖特宥佩之，免官而已。其年冬，佩之又结殿中监茅亨谋反，亨密以闻，乃收斩之。豪家子弟之轻妄好乱如此。

　　文帝之为人也，颇深沉有谋，而其度量失之不广。帝之见迎也，众皆疑沮，惟王华、王昙首、到彦之赞之，故即位，即征彦之为中领军，而以华、昙首与殷景仁、刘湛并为侍中。景仁、湛皆历职武帝之世，景仁为少帝黄门侍郎，湛则随义真、义康于豫、南豫二州为长史，并以干用名于时者也。谢晦之败，义康继为荆州，而王弘为侍中，扬州刺史，录尚书事。平陆令成粲及范泰，并劝弘计权义康。弘从之，固自陈请。元嘉六年（429），遂征义康为侍中，司徒，南徐州刺史，南徐州，治京口。与弘分录。弘既多疾，且每事推谦，内外众务，遂一断之义康。九年（432），弘薨，义康又领扬州刺史。时为文帝所任者，尚有孔宁子。初为镇西谘议参军，及即位，以为黄门侍郎。《王华传》言：宁子与华，并有富贵之愿。宁子以元嘉二年（425）病卒，而王弘辅政，弟昙首，为大祖所任，与华相埒。华常谓己力用不尽。每叹息曰："宰相顿有数人，天下何由得治？"文帝之所任者，亦皆非局量恢宏之人，然观华此言，亦可见帝之猜忌不能专有所任，知成粲范泰之劝王弘引退，为有由也。帝有虚劳疾，寝顿积年。每意有所想，便觉心中痛裂。属续者相系。而义康好吏职，锐意文案。聪识过人，一闻必记。常所暂遇，终身不忘。又自强不息，无有懈倦。虽位卑人微，皆被引接。大权遂为所窃。史称其"专总朝权，事决自己。生杀大事，以录命断之。凡所陈奏，入无不可。方伯已下，并委任用。由是朝野辐凑，势倾天下。凡朝士有才用者，皆引入己府，无施及忤旨者，即度为台官。私置僮部六千余人，不以言台。"盖已成尾大不掉之势矣。王华以元嘉四年（427），王昙首以七年（430）卒。义康之入，义恭代镇江陵，刘湛出为长史。八年（431），殷景仁引湛还朝，共参政事。召为太子詹事。《湛传》云："湛与景仁素款，又以其建议征之，甚相感悦。及俱被时遇，猜隙渐生。以仁专管内任，谓为闲己。昔为义康上佐，遂以旧情，委心自结。欲因宰相之力，以回主心，倾黜景仁，独当时务。义康屡搆之于大祖。其事不行。"语白：与其媚于奥，宁媚于宠，谓湛是时之结义康，乃欲藉其力以回主眷，其谁信之?《义康传》云："南阳刘斌，湛之宗也。有涉俗才用。为义康所知，自司徒右长史擢为左长史。从事中郎王履，谧之孙。主簿刘敬文，祭酒孔胤秀，并以倾侧自入。见大祖疾笃，皆谓宜立长君。斌等遂结朋党，伺察省禁。有尽忠奉国，不与己同志者，必搆造怨衅，加以罪黜。每采拾景仁短长，或虚造异同以告湛。"其欲去景仁之故，盖可知矣。九年（432），景仁迁尚书仆射。湛代为中领军将军。十二年（435），景仁复迁中书令。湛愈忿怒。景仁乃称疾解职。上使停家养病。湛议遣人若劫盗者于外杀之。上微闻之，迁景仁密迩宫府，故其计不行。十三年（436），义康杀檀道济。道济自谢晦诛后，仍为江州。《传》云："道济立功前朝，威名甚重；左右腹心，并经百战；诸子又有才气；朝廷疑畏之。大祖寝疾累年，屡经危殆，义康秉政，虑宫车晏驾，道济不可复制。十二年（435），上疾笃，会索虏为边寇，召道济入朝。既至，上闲。十三年（436），春，将遣还镇，已下船矣，会上疾动，召入祖道，收付廷尉，及其子八人并伏诛。又收司空参军薛彤付建康伏法。又遣至寻阳收道济子三人及司空参军高进之诛之。彤、进之并道济腹心，有勇力，时以比张飞、关羽。"案道济本无远志；既与景平之逆，后来虽自湔洗，亦未必能为文帝纯臣；然犹忌而诛之，可见事势之亟矣。十七年（440），十月，收刘湛付廷尉伏诛。子黯、亮、俨从诛，弟素徙广州。又诛刘斌及刘敬文、孔胤秀等。王履废于家。义康改授江州刺史，出镇豫章。见第三章第九节。征虏司马萧斌，昔为义康所昵，刘斌等害其宠，谗斥之，乃以斌为咨议参军，领豫章太守。事无大小，皆以委之。《景仁传》言："景仁外疾者五年。虽不见上，而密表去来，日中以十数。朝政大小，必以问焉。影述周密，莫有窥其际者。收湛之日，景仁使拂拭衣冠。寝疾既久，左右皆不晓其意。其夜，上出华林园延贤堂召景仁。犹称脚疾，小状舆以就坐。诛讨处分，一皆委之。"《湛传》言：是岁湛"所生母亡。时上与义康，形迹皆乖，衅难将结，湛亦知无复全地。及至丁艰，谓所亲曰：今年必败。常日正赖口舌争之，故得推迁耳。今既穷毒，无复此望，祸至其能久乎？《南史》云："湛伏甲于室，以待上临吊，谋又泄，竟弗之幸。"案此时似不易行此事，其说恐不足信。湛生女辄杀之，为士流所怪"，盖亦逆知其将败，不欲其辱为婢妾也。其君臣之藏机于深以相图如此，岂不哀哉？

义康既出，殷景仁代为扬州刺史，月余卒。征义恭为侍中，司徒，录尚书。奉行文书而已。帝乃安之。时帝之所任者，为沈演之、范晔、庾炳之、何尚之等。演之为右卫将军，晔为左卫将军，对掌禁旅，同参机密。炳之为尚书吏部郎。尚之为吏部尚书。演之者，劲曾孙。亦义康寮属。史称其与殷景仁素善，尽心于朝廷。晔，泰少子。尝为义康参军。后为尚书吏部郎，以事为义康所左迁，意好乖离。炳之者，冰之孙。《传》言时"朝士游殷氏者不入刘氏之门，独炳之游二人之间，密尽忠于朝廷。景仁称疾不朝见者历年，大祖常令炳之衔命去来，湛不疑也。"尚之为大祖所知，为侍中。元嘉十三年（436），义康欲以刘斌为丹阳尹，上不许，而以尚之为之。尚之女适刘湛子黯，而湛与尚之，意好不笃。湛欲领丹阳，乃徙尚之为祠部尚书，领国子祭酒，尚之甚不平。盖一时所用，莫非与义康为敌者矣，然难殊未已。

鲁国孔熙先，鲁国，见第三章第四节。博学，有纵横才志。为员外散骑侍郎，不为时所知，久不得调。其父默之，为广州刺史，以藏货得罪下廷尉，义康保持之，故得免。范晔外甥谢综，义康大将军记室参军。父述，亦为义康所遇。综弟约，又为义康女夫。丹阳尹徐湛之，逵之子也。素为义康所爱。虽为舅甥，恩同子弟。与刘湛等颇相附协。及湛得罪，事连湛之。大祖大怒，将致大辟，以其母故得全。《湛之传》曰：会稽公主，身居长嫡，为大祖所礼，家事大小，必咨而后行。高祖微时，贫陋过甚。尝自新洲伐荻，有纳布衫袄等衣，皆敬皇后手自作。高祖既贵，以此衣付公主，曰："后世若有骄奢不节者，可以此衣示之。"及是，湛之忧惧无计，以告公主。公主即日入宫。既见大祖，因号哭下床，不复施臣妾之礼，以锦囊盛纳衣掷地以示上，曰："汝家本贫贱，此是我母为汝父作此纳衣。今日有一顿疮便欲害我儿子。"上亦号哭。湛之由此得全。后复为丹阳尹。熙先倾身事综，以交于晔。《晔传》言：晔素有闺庭论议，朝野所知，故门胄虽华，而国家不与姻娶，熙先因以此激之。晔与沈演之并为上所知待，每被见多同。晔若先至，必待演之俱入，演之先至，常独被引，晔又以此为怨。综随镇豫章，还申义康意于晔，求解晚隙，复敦往好。大将军府史仲承祖，义康旧所信念，屡衔命下都，亦潜结腹心，规有异志。闻熙先有诚，密相结纳。承祖结事湛之，告以密计。申义康意于萧思话及晔。思话，孝懿皇后武帝继母弟子，时为侍中，领太子左卫率。有法略道人，先为义康所供养，粗被知待；又有王国寺法静尼，亦出入义恭家；皆感激旧恩，规相拯拔。并与熙先往来。使法略罢道。① 本姓孙，改名景玄。以为臧质宁远参军。质，武敬皇后弟子，尝为义恭抚军参军，时为徐、兖二州刺史。法静尼妹夫许耀，领队在台，宿卫殿省，许为内应。豫章胡遵世，为臧质宁远参军，去职还家，与法略甚款，密相酬和。湛之谓晔等："臧质岁内当还，已报质，悉携门生义故。质与萧思话款密，当使要之。二人并受大将军眷遇，必无异同。思话三州义故，众力亦不减质。郡中文武，及合诸处侦逻，亦当不减千人。不忧兵力不足，但当勿失机耳。"元嘉二十二年（445），九月，衡阳王义季、南平王铄文帝子。出镇。上于武帐冈祖道，武帐冈，在建康广莫门外。晔等期以其日为乱，而差互不得发。十一月，湛之上表告之。晔及熙先、综、仲承祖、许耀并伏诛。免义康及子女为庶人，绝属籍，徙付安成郡。见第三章第九节。以沈邵为安成公相，领兵防守。遵世，藩第十四子。藩庶子六十人，多不遵法度。大祖以藩功臣，不欲显其事，使江州以他事收杀之。二十四年（447），藩第十六子诞世，第十七子茂世，率群从二百余人，攻破郡县，欲奉义康。直交州刺史檀和之至豫章，讨平之。于是徙义康广州，仍以沈邵行广州事。未行，直邵病卒。索虏来寇瓜步，天下骚动，见第七节。上虑异志者或奉义康为乱，二十八年（451），正月，遣赐义康死。盖义康之事，推波助澜，前后凡二十余年焉。其中范晔谋乱一节，事极可疑。何者？国家不与姻娶，并非当时士大夫所耻。若耻闺庭为人论议，为乱岂足雪之？晔蒙文帝眷顾，不为不深，即与沈演之厚薄稍殊，亦何至深怨，冒险而行赤族之事？是时之义康，岂易扶翼，况晔意好凤离，迥非刘湛之比邪？王鸣盛言："熙先说诱蔚宗，晔字。蔚宗始则执意不回，终乃默然不答，其不从显然，反谓其谋逆之意遂定；蔚宗言于上，以义康奸衅已彰，将成乱阶，反谓其欲探时旨；此皆求其故而不得，从而为之辞。乃云：武帐冈祖道，蔚宗等期以其日为乱，区区文士，欲作寿寂之、姜产之技俩，是何言与？案《宋书》记此事，但云差互不得发而已。《南史·晔传》则云：许耀侍上，扣刀以目晔，晔不敢视，俄而坐散，差互不得发。夫当时兵权在耀，耀而欲发，何必请命于晔？此真所谓求其故而不得，从而为之辞者也。史事真相不传者，后人往往以意附会，为之弥缝。看似可信，实则愈离其真。《南》、《北史》所采，固有足补正旧史处，然此等处亦不少，不可不分别观之也。初被收，不肯款服，自辩云：今宗室磐石，蕃岳张峙，设使窃发侥幸，方镇便来讨伐，几何而不诛夷？且臣位任过重，一阶两级，自然必至，如何以灭族易此？又云：久欲上闻，逆谋未著；又冀其事消弭，故推迁至今。然则蔚宗特知情不举，乃竟以为首乱之人，何哉？《宋书》全据当时锻炼之辞书之，而犹详载其自辩语，《南史》并此删之，则蔚宗冤竟不白矣。"《十七史商榷》。案王氏之言是也。《宋书》言晔不即首款，上复遣问曰："熙先近在华林门外，宁欲面辩之乎？"晔辞穷，乃曰："熙先苟诬引臣，臣当如何？"熙先闻

---

① 宗教：法略罢道。

晔不服，笑谓殿中将军沈邵之曰："凡诸处分，苻檄书疏，皆范晔所造及治定，云何于今，方作如此抵蹋邪？"上示以墨逃，晔乃具陈本末，曰："久欲上闻"云云。见上。其夜，上使尚书仆射何尚之视之，问曰："卿事何得至此？"晔曰："君谓是何？"尚之曰："卿自应解。"晔曰："外人传庾尚书庾炳之。见憎，计与之无恶。谋逆之事，闻孔熙先说此，轻其小儿，不以经意，今忽受责，方觉为罪。君方以道佐世，使天下无冤，弟就死之后，犹望君照此心也。"夫使苻檄书疏，皆出于晔，尚何得喋喋咕咕？观其对何尚之之言，则是逆谋惟闻诸熙先，此外罪状，悉属诬安矣。王氏谓《宋书》所据，皆当日锻炼之辞，诚不诬也。此狱主谋，实惟熙先，熙先非端人，其必欲诬引晔，或正以其不同而怨之，而陷之邪？此亦不能为作《宋书》者咎。史家行文，不能以己意为事实，亦断不能事事附以己意，加之辨正；据所传旧文书之，而其真伪则待后人自辨，固作史之道应尔；后人误以狱辞为事实，此自后人无识，作史者不任咎也。惟如《南史》之轻于刊落，则实不免粗疏耳。《徐湛之传》言：晔等谋逆，湛之始与之同，后发其事，所陈多不实，为晔等款辞所连，乃诣廷尉归罪，上慰遣令归郡。其后湛之仍见信任。《何尚之传》言：晔任参机密，尚之察其意趣异常，白大祖："宜出为广州。若在内衅成，不得不加以铁钺，屡诛大臣，有亏皇化。"上曰："始诛刘湛等，方欲超升后进。晔事迹未彰，使豫相黜斥，万方将谓卿等不能容才，以我为信受谗说。但使共知如此，不忧致大变也。"观此二事，亦可见晔之罪状，必非真实也。《何尚之传》语，乃事后附会之辞。尚之或欲出晔，必不能逆亿其有逆谋。苟逆忆其有逆谋，而文帝以如此之辞拒之，尚之又何以自容邪？然晔虽未与逆谋，谓非知情不举固不可。而当日之知情不举者，又何止晔一人？君亲无将，将而必诛，此义在君主专制之世，固不能谓为非正，而当时之人，乃视犯上作乱，恬不为怪如此，此其君臣相杀之祸，所以史不绝书与？义康一案，《宋书》所载者，颇多义康一面之辞。如《义康传》云：素无术学，暗于大体。自谓兄弟至亲，不复存君臣形迹。在安成，读书，见淮南厉王事，废书叹曰："前代乃有此，我得罪为宜也。"夫义康之得罪，非以不存形迹也。即以形迹论，义康与文帝，非田舍兄弟也，身居总录，又长吏职，而可诿为不知乎？此意存回护者也。《殷景仁传》言：诛刘湛后，为扬州刺史，拜毕，便觉其情理乖错，月余卒，或云见刘湛为祟，此为湛不平者所造作也。观此等，亦可见当时私党之盛，及其时天泽之分之不严。

范晔诛后，庾炳之以为何尚之所奏免官。沈演之、何瑀之并卒。文帝所任者，为江湛及徐湛之，湛，元嘉二十五年（448）为侍中，任以机密。二十七年（450），转吏部尚书。湛之，范晔之败，出为南兖州刺史。二十六年（449），复入为丹阳尹。二十七年（450），索房至瓜步，湛之领兵置佐，与皇太子分守石头。二十八年（451），转尚书右仆射，领护军将军。何尚之虽为令，而朝事悉归湛之。世谓之江、徐。史称炳之内外归附，势倾朝野。领选既不辑众论，又颇通货贿。何尚之密奏其"诸恶纷纭，过于范晔，所少贼一事耳。"又云。"历观古今，未有众过藉藉，受货数百万，更得高官厚禄如今者也。"二十五年（448），乃免官。而江湛则极清廉。尝为上所召，直浣衣，称疾经日，衣成然后赴。后来元凶之难，亦能守节不移。则文帝所任之人，亦得失互见也。

第二节　拓跋氏坐大（上）

晋之末叶，北方诸国，相次衰颓，拓跋氏兴于代北，气力较完，诸国遂悉为所并，说已见前。是时拓跋氏初兴，虽有食牛之气，未成封豕之形；且其内衅甚多，可乘之隙实不少。惜乎中国亦多故；且自东渡已来，未尝以恢复为务，在北方之实力大薄，遂无以乘之，而听其坐大也。

拓跋氏之初兴，即有觊觎中原之意，观前所述猗卢、郁律、什翼犍之事可知。道武中兴，所注意者似在魏，其时与西燕且似有成约，说亦见前。天兴元年（398），晋安帝隆安二年。克邺，史称其有定都之意，然卒徙山东六州民吏及徒何、高丽、杂夷三十六万，百工技巧十余万口而北。是岁七月，遂定都平城。时于邺置行台，至天兴四年（401），即晋隆安五年四月，亦罢之。盖其力实未足控制中原，故不敢自安也。天兴四年（401），以长孙肥为兖州刺史，给步骑二万，南徇许昌，见第三章第二节。略地至彭城，见第五章第四节。亦不过钞掠而已。其明年，晋安帝元兴元年（402）。道武自将破姚兴于乾壁。见第六章第八节。又明年，元兴二年（403）。桓玄篡晋。《魏书·本纪》言：是岁五月，大简车徒，将略江、淮，平荆、扬之乱。其明年，为天赐元年（404），元兴三年。四月，使公孙表使于江南，以观桓玄之衅，直玄败而还。是秋，江南大乱，流民襁负而奔淮北者，行道相寻。《魏书》之言，固多夸侈，然是时江南有衅，则系实情，而魏迄不能有所举动，固知其力实有限也。

道武末年，似病狂易。史云由寒食散发。盖代北风气，本尚野蛮，道武性又暴戾，更益之以药力，遂至不可收拾矣。其天赐六年（409），晋义熙五年也，为其子绍所杀。子嗣，戡乱自立，是为大宗明元帝。《魏书·道武纪》云：初帝服寒食散，药数动发，至此逾甚。或数日不食，或不寝达旦。归咎群下，喜怒乖常。谓百寮左右，人不可信。虑如天文之占，或有肘腋之虞。追思既往成败得失，终日竟夜，独语不止，若旁有鬼物对扬者。朝臣至前，追其旧恶，皆见杀害。其余或以颜色变动，或以喘息不调，或以行步乖节，或以言辞失措，帝皆以为怀恶在心，变见于外，乃手自殴击。死者皆陈天安殿前。于是朝野人情，各怀危惧。有司懈怠，莫相督摄。百工偷劫，盗贼公行。巷里之间，人为希少。帝亦闻之，曰："朕纵之使然，待过灾年，当更清治之耳。"夫所杀果止朝臣，何至巷里之间，人为希少？说不足信，无俟深辩。《宋书·索虏传》言：先是有神巫，诫开：《索虏传》：道武名开，字涉珪。"当有暴祸，惟诛清河，杀万民，乃可以免。"开乃灭清河一郡；清河，见第五章第三节。常手自杀人，欲令其数满万。或乘小辈，手自执剑，击担辇人脑，一人死，一人代。每一日，死者数十。夜恒变易寝处，人莫得知，惟爱妾名万人知其处。万人与开子清河王私通。虑事觉，欲杀开。令万人为内应，夜伺开独处，杀之。开临死，曰："清河、万人之言，乃汝等也。"敌国传闻，固难尽审，然道武所杀，必不止于朝臣，则可信矣。此皆中国之遗黎，沦没不能自拔者也。哀哉！道武所杀朝臣，如和跋、奚牧、莫题、庾岳、贺狄干、李栗等，其罪名皆莫须有，传见《魏书》卷二十八。晁崇及其弟懿，见《卫艺传》。

《魏书·清河王绍传》云：绍凶很险悖，不遵教训。好轻游里巷，劫剥行人，斫射犬豕，以为戏乐。大祖尝怒之，倒县井中，垂死乃出。大宗常以义方责之，遂与不协。恒惧其为变。而绍母夫人贺氏有谴，大祖幽之于宫，将杀之。会日暮，未决。贺氏密告绍曰："汝将何以救吾？"绍乃夜与帐下及宦者数人，逾宫犯禁。《大宗纪》云：初帝母刘贵人赐死，大祖告帝曰："昔汉武帝将立其子，而杀其母，不令妇人后与国政，使外家为乱。汝当继统，故吾远同汉武，为长久之计。"帝素纯孝，哀泣不能自胜。大祖怒之。帝还宫，哀不自止，日夜号泣。大祖知而又召之。帝欲入。左右曰："今陛下怒盛，入或不测。不如且出，待怒解而进，不晚也。"帝惧，从之。乃游行，逃于外。《皇后传》云：魏故事，后宫产子，将为储贰，其母皆赐死。大祖末年，后以旧法薨。夫魏自道武以前，安有建储之事？果系故事，道武但云上遵祖制可矣，何必远征汉武？《后传》之说，其为诬罔，不辩自明。综观始末，似大宗先因母咎获谴，而绍又继之也。绍母为献明皇后道武母。妹，实道武之从母。贺氏即贺兰氏，在代北故为强部，道武倚以复国，而其后为好不卒，致动干戈，实力服而非心服。是役也，《绍传》言肥如侯贺护，举逢于安阳城北，汉代郡东安阳县城，在今察哈尔蔚县西北。故贺兰部人皆往赴之。其余旧部，亦率子弟，招集族人，往往相聚。护，《外戚传》作泥，为讷从父弟悦之子。《传》称贺兰部人至大宗即位乃罢，盖几酿成大变矣。大宗闻变乃还。《绍传》。惟东宫旧臣王洛儿、车路头从之。《洛儿传》云：大宗昼居山岭，夜还洛儿家。洛儿邻人李道，潜相奉结。绍闻，收道斩之。洛儿犹冒难，往返京都，通问于大臣。大臣遂出奉迎。百姓奔赴。《绍传》云：大宗潜于山中，使人夜告北新侯安同。众皆响应。至城西，卫士执送绍。于是赐绍母子死。诛帐下阉官、宫人为内应者十数人。其先犯乘舆者，群臣于城南都街生脔割而食之。绍时年十六。《北史》言昭成帝九子：庶长曰寔君，次曰献明帝，次曰秦王翰，次曰关婆，次曰寿鸠，次曰纥根，次曰地干，次曰力真，次曰窟咄。献明帝似无其人，窟咄尝与道武争国，皆已见前。秦王翰子曰卫王仪，曰阴平熹王烈，曰秦愍王觚。寿鸠子曰常山王遵。纥根子曰陈留桓王虔。虔子曰朱提王悦，陈留景王崇。地干子曰毗陵王顺。力真子曰辽西公意烈。翰早卒。关婆、寿鸠、纥根、地干、力真，皆无事述可见。觚为慕容麟所杀，事亦见前。《遵传》云：好酒色。天赐四年（407），晋义熙三年。坐醉乱，失礼于大原公主，赐死。顺，柏肆之败欲自立，亦已见前。其《传》云：道武好黄、老，数召诸王及朝臣，亲为说之。在坐莫不祗肃。惟顺独坐寐，不顾而唾。帝怒，废之。以王薨于家。夫道武岂能知黄、老者？即谓所谓黄、老，乃方士所托，道武好服食，故知其名，亦安能说其义？且方士之为药物者，亦曷尝有义可说？是顺之废，其罪状不可知也。《意烈传》云：先没于慕容垂，道武征中山，见第四章第二节。弃妻子，迎于井陉。见第六章第八节。及平中原，有战获勋，赐爵辽西公，除广平太守。广平，见第二章第二节。时和跋为邺行台，意烈性雄耿，自以帝属，耻居跋下，遂阴结徒党，将袭邺。发觉，赐死。此时而欲袭邺，云以耻居和跋下，其谁信之？卫王仪，在道武之世，战功最多。又尝使于慕容氏。及道武破燕，将还代都，置中山行台，诏仪守尚书令以镇之。寻征仪，以丞相入辅。《仪传》云：上谷侯岌、张衮，代郡许谦等，有名于时。上谷、代郡，皆见第三章第八节。初来入军，闻仪待士，先就仪。仪并礼之，共谈当世之务。谦等三人曰："平原公有大才，不世之略，吾等宜附其尾。"平原公，仪初封。道武以仪器望，待之尤重。数幸其第，如家人礼。仪矜功恃宠，遂与宜都公穆崇伏甲谋乱。崇子逐留，在伏士中。道武召之，将有所使。逐留闻召，恐发，逾墙告状。帝秘而恕之。《崇传》云：天赐三年（406）薨。先是卫王仪谋逆，崇豫焉，大祖惜其功而秘之。及有司奏谥，大祖亲览谥法，至述义不克曰丁，大祖曰："此当矣。"乃谥曰丁公。案刘显之谋，窟咄之难，大祖皆赖崇以免，可谓心膂之臣，而亦与仪通谋，大祖且不敢举发，仪之声势可知矣。天赐六年（409），天文多变。占者云："当有逆臣，伏尸流血。"帝恶之。颇杀公卿，欲以厌当天灾。仪内不自安，单骑遁走。帝使人追执之，遂赐死。观下文所引《陈留景王崇传》，仪之死，恐亦未必如史之所云也。《悦传》云：悦袭封后为宗师。悦恃宠骄矜，每谓所亲王洛生之徒曰："一旦宫车晏驾，吾止避卫公，除此谁在吾前？"初姚兴之赎耿伯支，悦送之，路由雁门，见第二章第二节。悦因背诱奸豪，以取其意。后遇事谴逃亡，投雁门，规收豪杰，欲为不轨。为土人执送。帝恕而不罪。明元即位，引悦入侍。仍怀奸计。说帝云："京师杂人，不可保信，宜诛其非类者。"又云："雁门人多诈，并可诛之。"欲以雪其私忿。帝不从。悦内自疑惧。怀刃入侍，谋为大逆。叔孙俊疑之。窃视其怀，有刃。执而赐死。案《安同传》云：大宗在外，使夜告同，令收合百工技巧，众皆响应奉迎。所谓百工技巧，疑即天兴元年（398）所徙，此亦当在京师杂人之列。是时贺兰部屯聚安阳，诸部亦往往相聚，盖皆内怀疑贰，大宗不获用代北诸部，乃藉新徙之汉人，以倾清河也。《烈传》云：元绍之逆，百僚莫敢有声，惟烈行出外，诈附绍，募执明元。绍信之。自延秋门出，遂迎立明元。《崇传》云：卫王死后，道武欲敦宗亲之义，诏引诸王子弟入宴。常山王素等三十余人，咸谓与卫王相坐，疑惧，皆出逃遁，将奔蠕蠕。素，遵子。惟崇独至。道武见之，甚悦。厚加礼赐。遂宠敬之。素等于是亦安。然则当时宗室之中，不怀疑叛者，惟烈、崇二人而已，犹未知其果出本心，抑事势邂逅，不得不然也。拓跋氏亦危矣哉！清河之变，盖不减六修之难。然六修之难，卫雄、箕澹，能率晋人南归，而清河之变，播迁之百工技巧，只为明元之奉，则以六修难时，刘琨在北，声势相接，清河变时则不然也。兼弱、攻昧，取乱、侮亡，武之善经也，亦必我有以兼之、攻之、取之、侮之而后可。不然，纵机会日至，亦何益哉？

明元雄略，迥非道武之伦，故宋武戡定关中，审慎迟回，卒不敢救。然明元亦非忘情猾夏者，故宋武一死，而兵衅遂启，其事别见第四节。明元旋死，子焘立，是为魏世祖大武皇帝，而其猾夏弥甚矣。《魏书·明元纪》：泰常七年（422），宋武帝永初三年。四月，甲戌，封皇子焘为泰平王。初帝素服寒食散，频年动发，不堪万几。五月，诏皇太子临朝听政。当时实未立大武为太子，疑当作皇长子。是月，泰平王摄政。八年（423），宋少帝景平元年。十有一月，帝崩于西宫。大武监国后，明元避居之处，见下。时年三十二。《世祖纪》云：大宗明元皇帝之长子也。母曰杜贵嫔。《皇后传》云：明元密皇后杜氏，魏郡邺人，阳平王超之妹也。初以良家子选入太子宫。有宠。生世祖。及大宗即位，拜贵嫔。泰常五年（420），永初元年。薨。世祖保母窦氏，初以夫家坐事诛，与二女俱入宫。大宗命为世祖保母。性慈仁，勤抚导。世祖感其恩训，奉养不异所生。及即位，尊为保太后。后尊为皇太后。《齐书·魏虏传》云：佛狸母是汉人，为木末所杀。佛狸以乳母为太后。自此已来，太子立，辄杀其母。《宋书·索虏传》云：焘年十五六，不为嗣所知，遇之如仆隶。嗣初立慕容氏女为后，又娶姚兴女，并无子，故焘得立。《魏书·外戚传》：杜超，泰常中为相州别驾，魏于邺置相州。奉使京师。时以法禁，不得与后通问。始光中，宋文帝元嘉元年（424）至四年（427）。世祖思念舅氏，以超为阳平公，尚南安长公主，拜驸马都尉。以法禁不得通问，乃讳饰之辞。焘母在魏宫，盖并无位号，后又因事为明元所杀。焘非藉窦氏保全之力，则得其长育之功，故感之甚深也。然其获建为继嗣，则又深得崔浩之力。① 《浩传》云：大宗恒有微疾，怪异屡见，乃使中贵人密问于浩曰："朕疾弥年，疗治无损，恐一旦奄忽，诸子并少，将如之何？"浩曰："自圣化隆兴，不崇储贰，是以永兴之始，社稷几危。今宜早建东宫，选公卿忠贤，陛下素所委仗者，使为师傅，左右信臣，简在圣心者，以充宾友；入总万几，出统戎政，监国抚军，六柄在手；

---

① 民族：崔浩说立太武。宋武崩后，劝止南伐，不听，又止攻城，浩事见。

则陛下可以优游无为，颐神养寿，进御医药。万岁之后，国有成主，民有所归，则奸宄息望，旁无觊觎。此乃万世之令典，塞祸之大备也。今长皇子焘，年渐一周，明叡温和，众情所系，时登储副，则天下幸甚。立子以长，礼之大经。若须并待成人而择，倒错天伦，则生履霜坚冰之祸。自古以来，载籍所记，兴衰存亡，鲜不由此。"大宗纳之。于是使浩奉策告宗庙，命世祖为国副主，居正殿临朝。司徒长孙嵩、山阳公奚斤、北新公安同为左辅，坐东厢西面。浩与太尉穆观，散骑常侍丘堆为右弼，坐西厢东面。百官总己以听焉。大宗避居西宫。时隐而窥之。听其决断，大悦。谓左右侍臣曰："以此六人辅相，吾与汝曹游行四境，伐叛柔服，可得志于天下矣。"会闻宋武之丧，遂欲取洛阳、虎牢、滑台。浩谏，不听。后卒自将南下。见第四节。世岂有不堪听政，而可以即戎者？然则谓明元传国，由于疾作，又魏史讳饰之辞也。其后献文传位孝文，亦自将出击柔然，然则以一人主国政，一人事征伐，盖拓跋氏之成法。①《序纪》言禄官、猗㐌、猗卢三人，同时并立，禄官坐守，而猗㐌、猗卢，并出经略，亦其类也。明元时，道武诸子，多先后殂谢，道武十男：明元、清河而外，曰浑，曰聪，皆早死，未封。曰河间王修，曰长乐王处文，皆死于泰常元年（416），即晋义熙十二年；曰阳平王熙，死于泰常六年；曰河间王曜，死于泰常七年（422），即宋永初二年，三年；皆在大武监国之前。惟广平王连，至大武始光元年（424），即宋元嘉元年；京兆王黎，至大武神䴥元年（428），即宋元嘉五年乃死。而与大武并生者六人：曰乐平戾王丕，母大慕容夫人。曰安定殇王弥，母氏阙。曰乐安宣王范，母慕容夫人。曰永昌庄王健，母尹夫人。曰建宁王崇，曰新兴王俊。母氏并阙。《刘洁传》云：世祖监国，洁与古弼等选侍东宫，对综机要，洁典东部事，弼典西部。敷奏百揆。世祖即位，委以大任。超迁尚书令。鹿浑谷之役，见下节。洁私谓亲人曰："若军出无功，车驾不返者，吾当立乐平王。"洁又使右丞张嵩求图谶，问"刘氏应王，继国家后，我审有名姓否？"对曰："有姓而无名。"穷治款引。搜嵩家，果得谶书。洁与南康公狄邻及嵩等皆夷三族，死者百余人。《丕传》云：坐刘洁事以忧薨。子拔袭爵，后坐事赐死，国除。丕之薨及日者董道秀之死也，高允遂著《筮论》，曰："昔明元末起白台，其高二十余丈。乐平王尝梦登其上，四望无所见。王以问道秀。筮之，曰：'大吉。'王默而有喜色。后事发，遂忧死，而道秀弃市。"《范传》云：刘洁之谋，范闻而不告。事发，因疾暴薨。健子仁，与濮阳王闾若文谋为不轨。发觉，赐死。崇子丽，文成时封济南王。后与京兆王杜文宝谋逆，父子并赐死。俊坐法削爵为公。俊好酒色，多越法度。又以母先遇罪，而己被贬削，恒致怨望。渐有悖心。事发，赐死。然则大武兄弟六人，始终无异意者，安定殇王一人而已，得毋以其殇故邪？乐平王之觊觎，早在明元之末，则明元之使大武监国，必非由于疾病。六人之母，未必无贵于大武者，大武之得立，

---

① 政体：一人主国政，一人事征伐，盖拓跋氏成法。

盖实以其长，崔浩盖以是动明元也。《北史·长孙嵩传》云：明元寝疾，问后事于嵩。嵩曰："立长则顺，以德则人服。今皇长子贤而世嫡，天所命也，请立。"乃定策，诏大武临朝监国。浩实乃心华夏者，见第六节。岂以大武母为汉人而辅立之与？① 然大武乃纯以鲜卑人自居。大武与宋文帝书曰："彼年已五十，未尝出户，虽自力而来，如三岁婴儿，复何知我鲜卑常马背中领上生活"，见《宋书·索虏传》。《魏书·本纪》言其"性清俭率素。服御饮膳，取给而已。不好珍丽。食不二味。所幸昭仪、贵人，衣无兼采。每以财者军国之本，无所轻费。赏赐皆是死事勋戚之家，亲戚爱宠，未尝横有所及"。岂以其少见遇如仆隶，故习于俭素与？又云："临敌常与士卒同在矢石之间，左右死伤者相继，而帝神色自若，是以人思效命，所向无前。命将出师，指授节度，从命者无不制胜，违爽者率多败失。性又知人，拔士于卒伍之中，惟其才效所长，不论本末。"言虽溢美，然《宋书·索虏传》亦言其"壮健有筋力，勇于战斗，攻城临敌，皆亲贯甲胄"，则其长于用兵，自非虚言。于是南吞僭伪诸国，北攘柔然、高车，而祸之中于中国者亦弥深矣。

第三节　拓跋氏坐大（下）

从来北狄之盛强，率以其裹胁之众，前已言之。拓跋氏此等经略，始于道武而盛于大武，实其盛强之大原因也。今略述其事如下：

漠南北之地，秦、汉之世，为匈奴所居；后汉匈奴西徙，则鲜卑继其后，其事已详《秦汉史》。晋世鲜卑侵入中国，踵其后者，实惟铁勒。铁勒之地，自天山之北，越两海而接拂菻，其蔓衍盖甚广。其最近中国者，则高车也。《北史》云：高车，初号为狄历，北方以为敕勒，诸夏以为高车、丁零。其语略与匈奴同，而时有小异。② 或云：其先匈奴之甥也。其种有狄氏、袁纥氏、案此即回纥之异译。斛律氏、解批氏、护骨氏、异奇斤氏。后文云：高车之族，又有十二姓：一曰泣伏利氏，二曰吐卢氏，三曰乙旃氏，四曰大连氏，五曰窟贺氏，六曰达薄氏，七曰阿仑氏，八曰莫允氏，九曰俟分氏，十曰副伏罗氏，十一曰乞袁氏，十二曰右叔沛氏。俗云：匈奴单于生二女，姿容甚美，国人皆以为神。单于曰："我有此女，安可配人？将以与天。"乃于国北无人之地筑高台，置二女其上，曰："请天自迎之。"经三年，其母欲迎之。单于曰："不可，未彻之闲耳。"复一年，乃有一老狼，昼夜守台嗥呼，因穿台下为空穴，经年不去。其小女曰："吾父处我于此，欲以与天，而

① 民族：崔浩似以汉母扶太武，然太武全为鲜卑人气质，与孝文适相反。

② 民族：高车语略与匈奴同，但时有小异。传说亦云匈奴单于女之种。然亦与突厥神话同托于狼。

今狼来，或是神物，天使之然。"将下就之。其姊大惊曰："此是畜生，无乃辱父母？"妹不从，下为狼妻而产子。后遂滋繁成国。故其人好引声长歌，又似狼嗥。铁勒与突厥同族，此观突厥神话亦托于狼可知。高车一枝，则铁勒之最东而与匈奴混者，故其语同，而其神话亦与匈奴相涉也。《北史》又云：无都统大帅，当种各有君长。为性粗猛，党类同心。至于寇难，翕然相依。斗无行陈，头别冲突。乍出乍入，不能坚战。盖其部族未能统一，亦无法制，故不能为患。然有能抚而有之者，则其众固足用矣。其地在鹿浑海西北百余里。鹿浑海，盖今蒙古三音诺颜汗部之桑金达赖泊也。在右翼右末旗之西。

铁勒部落近于魏者，尚有吐突隣、解如、纥突隣、纥奚、侯吕隣、薛干、即赫连勃勃所奔。黜弗、素古延、越勤倍泥等。道武时多为魏所破。时又讨库莫奚、袁纥、即上高车六种之一。叱奴、豆陈等部，破之。其事在登国三年（388）至八年（393）间，晋孝武帝大元十三至十八年。皆见《魏书·大祖纪》及《高车传》：此实魏之所以骤强。然亦有始终不服者，则柔然是也。《北史·蠕蠕传》云：姓郁久闾氏。始神元之末，掠骑有得一奴，发始齐肩，亡本姓名，其主字之曰木骨闾。木骨闾者，首秃也。木骨闾与郁久闾声近，故后子孙因以为氏。此盖魏人造作之说，以奴虏诬柔然之先。木骨闾既壮，免奴为骑卒。穆帝时，坐后期当斩。亡匿广漠溪谷间，收合逋逃，得百余人，依纯突隣部。当系纥突隣之误。木骨闾死，子车鹿会，雄健，始有部众，自号柔然。后大武以其无知，状类于虫，故改其号为蠕蠕。案蠕蠕与柔然，实即一音之异译。故《宋书》作芮芮。此非更其名，乃易其字耳。清人每诋语汉人好以丑恶字样译外族人名，乃举旧史译名，妄加更改，并滥及地名及他译名。观魏大武此举，则知此等褊见，实仍出自塞外小部族人，中原无是也。《蠕蠕传》又云：车鹿会既为部帅，岁贡马畜、貂豹皮。冬则徙度漠南，夏则还居漠北。车鹿会死，子吐奴傀立。吐奴傀死，子跋提立。跋提死，子地粟袁立。地粟袁死，其部分为二：地粟袁长子匹候跋，继父居东边，次子缊纥提，别居西边。及昭成崩，缊纥提附卫辰而贰于魏。登国中讨之。蠕蠕遁走。长孙肥追之，至涿邪山。《汉书·匈奴传》：汉使因杆将军出西河，与强弩都尉会涿邪山，亡所得，其地当在河套西北。匹候跋请降。获缊纥提子曷多汗，及曷多汗兄诰归之、社仑、斛律等。缊纥提西遁，将归卫辰。道武追之。至跋那山，据下文在上郡。缊纥提复降。九年（443），晋大元十九年。曷多汗与社仑率部众弃其父西走。长孙肥追之。至上郡跋那山，斩曷多汗。社仑奔匹候跋。匹候跋处之南鄙，令其子四人监之。社仑执四子而叛。袭执匹候跋。匹候跋诸子收余众，亡依高车斛律部。社仑欲聚而歼之，释匹候跋。匹候跋归其诸子。社仑密举兵袭杀匹候跋。匹候跋子十五人，归于道武。社仑掠五原以西诸部，五原，见第三章第八节。北度大漠。侵高车，深入其地。势益振。北徙弱洛水。即《勿吉传》之如洛瓖水。其下文又作洛孤水。

今之西辽河也。始立军法。千人为军，军置将一人。百人为幢，幢置帅一人。先登者赐以虏获，退懦者以石击首杀之，或临时捶挞。无文记，将帅以羊矢粗计兵数。后颇知刻木为记。其西北有匈奴余种，国尤富强。部帅曰拔也稽，举兵击社仑。社仑逆战于颉根河，今鄂尔坤河。大破之。后尽为社仑所并，号为强盛。随水草畜牧。其西则焉耆之地；东则朝鲜之地；北则渡沙漠，穷瀚海；南则临大碛。其常所会庭，敦煌、张掖之北。敦煌，见第二章第二节。张掖，见第六章第二节。小国皆苦其寇钞，羁縻附之。于是自号豆代可汗。豆代，犹魏言驾驭开张也。道武谓尚书崔宏曰："蠕蠕之人，昔来号为顽嚚。每来钞掠，驾犍牛奔遁，驱犍牛随之。犍牛伏不能前。异部人有教以犍牛易之者。蠕蠕曰：其母尚不能行，而况其子？终于不易。遂为敌所虏。今社仑学中国，立法，置战陈，卒成边害。道家言圣人生，大盗起，信矣。"案弱洛水距敦煌、张掖甚远，社仑之北徙弱洛水，与其立庭于敦煌、张掖之北，盖非一时事。观《北史》所述疆域四至，实已尽据漠北，跨及西域。盖时北方更无强部，故其开拓之易如此。[1]　西域诸国，文化较高，柔然之能立法整军，实由于此，非必学自中国也。然非吞并高车诸部，其众骤增，亦断不能及此。故柔然与魏为敌，不犹高车与魏为敌，实突厥兴起之先声也。

天兴五年（402），晋元兴元年。社仑闻道武征姚兴，遂犯塞。入自参合陂，见第三章第八节。南至豺山及善无北泽。胡三省云：豺山，在善无。案善无，见第三章第八节。时遣常山王遵以万骑追之，不及。天赐三年（406），晋义熙二年。夏，社仑寇边。永兴元年（409），义熙五年。冬，又犯塞。二年（410），义熙六年。明元讨之。社仑遁走。道死。其子度拔，年少，未能御众。部落立社仑弟斛律，号蔼苦盖可汗。魏言姿质美好也。斛律畏威自守，不敢南侵，北边安静。神瑞元年（414），与冯跋和亲。跋聘斛律女为妻。斛律长兄子步鹿真，大臣树黎共谋，令勇士夜就斛律穹庐后伺其出执之，与女俱嫔于和龙。步鹿真立。委政树黎。初高车叱洛侯，叛其渠帅，导社仑破诸部。社仑德之，以为大人。步鹿真与社仑子社拔，共至叱洛侯家，淫其少妻。少妻告步鹿真："叱洛侯欲举社仑季父仆浑之子大檀为主。"步鹿真闻之，归发八千骑，往围叱洛侯。叱洛侯焚其珍宝，自刎死。多珍宝，亦见其与西域交通之密。步洛真遂掩大檀。大檀发军执步鹿真及社拔，绞杀之。大檀先统别部，镇于西界，能得众心，国人推戴之。号牟汗纥升盖可汗。魏言制胜也。大檀率众南徙犯塞。明元亲讨之。大檀遁走。遣奚斤追之。遇寒雪，士众冻死及堕指者十二三。魏史讳饰之辞最多，如此等处，皆可知其实败绩也。明元崩，大武即位，大檀闻而大喜。始光元年（424），宋元嘉元年。秋，乃寇云中。见第三章第八节。大武亲讨之。大檀围大武五十余重，骑逼马首，相次如堵焉。二年

---

[1]　民族：柔然之强，实由社仑掠高车，深入其地，其文化盖得诸西域。

（429），_{宋元嘉二年}，大武大举。东西五道并进。至漠南，舍辎重，轻骑赍十五日粮，绝漠讨之。大檀部落骇惊，北走。神䴥二年（429），_{宋元嘉六年。}五月，大武又分两道袭之。大檀焚烧庐舍，绝边西走，莫知所至。于是国落四散，窜伏山谷。畜产野布，无人收视。大武缘栗水西行，_{栗水，今翁金河。}过汉将窦宪故垒。六月，次菟园水。_{今三音诺颜部之拜达里克河。}分军搜讨。东至瀚海，西至张掖水，北度燕然山。_{即窦宪故垒所在也。}东西五千余里，南北三千余里。高车诸部，杀大檀种类，前后归降者，三十余万。俘获首虏及戎马百余万匹。八月，太武闻东部高车屯己尼陂，_{《乌洛侯传》云：其西北二十日行，有于己尼大水，所谓北海也。北海，即今贝加尔湖。己尼陂，当在今三音诺颜部，当入贝加尔湖诸水之源。}人畜甚众，去官军千余里，遣左仆射安原等往讨之。高车诸部，望军降者数十万。大檀部落衰弱，因发疾而死。子吴提立。号敕连可汗。_{魏言神圣也。}四年（431），_{宋元嘉八年。}遣使朝献。延和三年（444），_{元嘉十一年。}二月，以吴提尚西海公主。又遣使者纳吴提妹为夫人。又进为左昭仪。大延二年（436），_{元嘉十三年。}绝和犯塞。四年（438），_{元嘉十五年。}又分三道征之。不见蠕蠕而还。时漠北大旱，无水草，军马多死。五年（439），_{元嘉十六年。}大武西伐沮渠牧犍。宜都王穆寿_{崇孙。}辅景穆居守。长乐王嵇敬、建宁王崇二万人镇漠南，以备蠕蠕。吴提果犯塞。寿素不设备。贼至七介山，_{见第六章第七节。}京邑大骇，争奔中城。司空长孙道生拒之吐颓山。_{未详。}吴提之寇也，留其兄乞列归与北镇诸军相守。_{胡三省曰：北镇即魏六镇，以在平城之北，故曰北镇。或曰：即怀朔镇。案怀朔镇见第一章。}敬、崇等破之阴山之北，获乞列归。吴提闻而遁走。道生追之，至于漠南而还。《穆寿传》云：舆驾行次云中，将济河，宴诸将。世祖别御静室，召寿及司徒崔浩，尚书李顺。世祖谓寿曰："蠕蠕吴提，与牧犍连和，今闻朕征凉州，必来犯塞。若伏兵漠南，珍之为易。朕故留壮兵肥马，使卿辅佐太子。收田既讫，便可分伏要害，以待虏至。引使深入，然后击之，擒之必矣。凉州路远，朕不得救卿。若违朕指授，为虏侵害，朕还斩卿。崔浩、李顺为证，非虚言也。"寿顿首受诏。寿信卜筮之言，谓贼不来，竟不设备。《公孙表传》：表子质，初为中书学生，稍迁博士。寿雅信任，以为谋主。质信好卜筮，筮者咸云寇必不来，故不设备。由质几至败国。而吴提果至，侵及善无，京师大骇。寿不知所为，欲筑西郭门，请恭宗避保南山。惠太后不听，乃止。_{保太后谥惠。}遣司空长孙道生等击走之。世祖还，以无大损伤，故不追咎。夫以世祖之酷，寿果违命，安不致诛？《寿传》之不足信，不待言也。乞列归之见获也，叹曰："沮渠陷我"；而《牧犍传》亦言：牧犍闻蠕蠕内侵，幸车驾返旆，遂婴城自守；则吴提是役，确为救沮渠氏而来，可见其与西方关系之密。是役也，寇入颇深，魏史习于讳饰，乃造作引使深入之言，聊以解嘲耳。然亦可见吴提兵锋之锐矣。真君四年（444），_{元嘉二十年。}大武又分军四道：乐安王范、建宁王崇各统十二将出东道。乐平王督十五将出西道。车驾出中道。中山王辰领十五将，为中军后继。车驾至鹿浑谷，胡三省曰:即鹿浑海之谷，本高车袁纥部所居。其地在平城西北，其东即弱洛水。与贼相遇。吴提遁走。追至颇根河，破之。车驾至石水而还。石水,今色楞格河。《恭宗纪》云：真君四年（444），从世祖讨蠕蠕。至鹿浑谷，与贼相遇。虏皇怖，部落扰乱。恭宗言于世祖曰："今大军卒至，宜速进击，掩其不备，破之必矣。"尚书令刘洁固谏，以为"尘盛贼多，出至平地，恐为所围，须军大集，然后击之可也。"恭宗谓洁曰："此尘之盛，由贼惶扰，军人乱故。何有营上，而有此尘?"世祖疑之，遂不急击。蠕蠕远遁。既而获虏候骑，世祖问之，对曰："蠕蠕不觉官军卒至，上下皇惧，引众北走。经六七日，知无追者，始乃徐行。"世祖深恨之。《洁传》云：时议伐蠕蠕，洁意不欲，群臣皆从其议。世祖决行，乃问于崔浩。浩固言可伐。世祖从浩议。既出，与诸将期会鹿浑谷。而洁恨其计不用，欲沮诸将，乃矫诏更期，故诸将不至。时虏众大乱，恭宗欲击之，洁执不可。停鹿浑谷六日，诸将犹不进。贼已远遁。追至石水，不及而还。师次漠中，粮尽，士卒多死。洁阴使人惊军，劝世祖弃军轻还。世祖不从。洁以军行无功，奏归罪于崔浩。世祖曰："诸将后期，及贼不击，罪在诸将，岂在于浩?"浩又言洁矫诏，事遂发。舆驾至五原，收洁幽之。《宋书·索虏传》：元嘉二十年（444），焘伐芮芮，大败而还，死者十六七。不听死家发哀，犯者诛之。《魏书·世祖纪》：真君五年（445），元嘉二十一年。二月，辛未，中山王辰等八将，以北伐后期，斩于都南。综观诸文，大武是役，实以轻出致败，被围谷中者六日。当时盖几至不免，故刘洁有欲立乐平王之议也。见上节。亦足见其丧败之甚矣。真君五年（445），大武复幸漠南，欲袭吴提。吴提远遁，乃止。吴提死，子吐贺真立。号处可汗，魏言唯也。十年（449），元嘉二十六年。正月，大武北伐。吐贺真远遁。九月，又北伐。高昌王那出东道，略阳王羯儿出中道，与诸军期会于地弗池。未详。吐贺真悉国精锐，军资甚盛，围那数十重。那掘长围坚守。相持数日。吐贺真数挑战，辄不利。以那众少而固，疑大军将至，解围夜遁。那引军追之，九日九夜。吐贺真益惧，弃辎重逾穿隆岭远遁。穿隆岭,未详。那收其辎重，引军还，与大武会于广泽。未详。羯儿尽收其人户畜产百余万。自是吐贺真遂单弱远窜，边疆息警矣。大安四年（458），宋孝武帝大明二年。大武北征。骑十万，车十五万两，旌旗千里。遂渡大漠。吐贺真远遁。刊石纪功而还。大武征伐之后，意存休息；蠕蠕亦怖威北窜，不敢复南。魏初与柔然之交涉，至此为一结束。魏史善讳饰，观上文所考辨可知。魏攻柔然，实始终未获大捷，然其时魏人兵力颇盛，屡次大举，柔然避之，渐趋西北，自系实情。[1] 北边抒，而魏益

---

① 兵：慕容垂征拓跋，颇有魏武征乌丸之风。魏大武伐柔然，武功多近夸侈，然亦有此作用。

得专力于南矣。

魏之经略高车，亦始道武之世。《北史·高车传》云：部落强大。常与蠕蠕为敌，亦每侵盗于魏。魏道武袭之，大破其诸部。后复渡弱洛水西行。至鹿浑海，简轻骑西北袭破之。虏获生口，牛、马、羊二十余万。分命诸将，为东西二道；亲勒军从中道；自驳䯄水西北徇，驳䯄水，在今绥远陶林县西北。略其部。诸军同时云合，破其杂种三十余落。卫王仪别督诸将，从西北绝漠千余里，复破其遗迸七部。道武自牛川南引，牛川，见第六章第七节。大校猎。以高车为围，骑徒遮列，周七百余里。聚杂兽于其中。因驱至平城，以高车众起鹿苑。南因台阴，北距长城，东苞白登之西山。白登，山名，在今山西大同县东。寻而侄利曷莫弗敕力健，率其众九百余落；后马车解批莫弗幡豆建，复率其部三十余落内附。己尼陂之役，《传》称高车诸部，望军而降者数十万落，获马、牛、羊六百余万。皆徙置漠南千里之地。乘高车，逐水草，牧畜蕃息。数年之后，渐知粒食。岁致献贡。由是国家马及牛、羊，遂至于贱；毡皮委积。文成时，五部高车，合聚祭天，众至数万。大会走马，杀牲游绕，歌吟忻忻。其俗称自前世以来，无盛于此会。高车诸部，是时尚未能自立共主，魏人柔服之，既可增益众力，又于富厚有裨，实于魏之盛强，更有关系也。

第四节　宋初与魏兵衅

宋武帝之伐姚秦，魏明元虽以屈于兵力，未能救，然其心实未尝一日而忘南牧，故武帝甫崩，而兵衅即起。《宋书·索虏传》云：高祖西伐长安，嗣先取姚兴女，乃遣十万骑屯结河北以救之，大为高祖所破。于是遣使求和。自是使命岁通。高祖遣殿中将军沈范、索季孙报使。反命，已至河，未济，嗣闻高祖崩问，追范等，绝和亲。大祖即位，方遣范等归。《魏书·崔浩传》言：明元使大武监国后，闻宋武崩，欲取洛阳、虎牢、见第四章第二节。时为司州治。滑台。见第六章第五节。时为兖州治。浩曰："陛下不以刘裕猝起，纳其使贡；裕亦敬事陛下；不幸今死，乘丧伐之，虽得之不令。宜遣人吊祭，存其孤弱，恤其凶灾，布义风于天下。若此，则化被荆、扬，南金、象齿、羽毛之珍，可不求而自至。裕新死，党与未离，兵临其境，必相率拒战，功不可必。不如缓之，待其恶稔。如其强臣争权，变难必起，然后命将扬威，可不劳士卒，而收淮北之地。"大宗锐意南伐，诘浩曰："刘裕因姚兴死而灭其国，裕死，我伐之，何为不可？"浩固执曰："兴死，二子交争，裕乃伐之。"大宗大怒，不从浩言，遂遣奚斤南伐。观此，可知其处心积虑，欲图河南矣。

南伐既决，议于监国之前，曰："先攻城也？先略地也？"奚斤曰："请先攻城。"浩曰："南人长于守城，苻氏攻襄阳，经年不拔。今以大国之力，攻其小城，若不时克，挫损军势，敌得徐严而来，我怠彼锐，危道也。不如分军略地，至淮为限。列置守宰，收敛租谷。滑台、虎牢，反在军北，绝望南救，必沿河东走。若或不然，即是圄中之物。"公孙表请先图其城。《表传》云：大宗以为掠地至淮，滑台等三城，自然面缚。表固执宜先攻城。大宗从之。观宋、魏后来兵事，浩议似是，然是时宋兵力尚强，魏兵力亦有限，既以徐严而来，我怠彼锐为惧，即略地至淮，又安能守？况未必能略地至淮邪？是时用兵，必争河南数重镇，其势然也。观明元自将南下，仍力攻滑台、虎牢可知。往史所载名臣言论，颇多事后附会之谈。《浩传》所载浩先略地之议，盖鉴于瓜步之役，佛狸横肆杀掠，六州荒残，河南遂不可守，乃为是言，实则明元时所谓略地，不过如道武时长孙肥之所为，师速而捷，安足以决胜负？浩盖不欲虏之得志也，亦可见其乃心华夏矣。

魏南伐之将，为奚斤、周几、公孙表。永初三年（422），魏泰常七年。十月，斤等济河。攻滑台，不拔。求济师。明元遂自将南下。十一月，魏安颉等陷滑台。奚斤留公孙表守辎重，自率轻兵，徇下兖、豫。遂围虎牢。司州刺史毛德祖欲击之，虏退还滑台。十二月，明元至冀州。遣叔孙建等徇青、兖。兖州刺史徐琰奔彭城。建围青州刺史竺夔及济南太守垣苗于东阳。青州本治广固，武帝平南燕，夷其城，迁治东阳，在今山东益都县东。奚斤、公孙表复向虎牢。景平元年（423），魏泰常八年。正月，魏将于栗磾破金塘，见第三章第二节。河南太守王涓之弃城走。斤等遂进围虎牢。明元帝自率大众至邺，分兵击青州，又遣兵益虎牢之围。宋豫州刺史刘粹，时治县瓠，见第五章第六节。遣步骑五百据项，见第三章第三节。兖州刺史郑顺之戍湖陆；见第五章第六节。兵力皆薄。南兖州刺史檀道济，徐州刺史王仲德率水军北救。至彭城，以青、司并急，而所领不多，不足分赴，青州道近，竺夔兵弱，乃先救青州。四月，虏闻道济将至，焚攻具走。时东阳被攻日久，城转毁坏，战士多死伤，且暮且陷，虽以救至获免，然其城遂不可守，竺夔乃移镇不其。汉县，在今山东即墨县西南。虏军径趋滑台。道济、仲德步兵乏粮，追之不及，停于湖陆。明元帝率大众至虎牢。自督攻城，不能下。留三千人益奚斤，自向洛阳。遂渡河北归。滑台兵亦就奚斤，共攻虎牢。毛德祖劲兵战死殆尽。昼夜相拒，将士眼皆生疮。德祖恩德素结，众无离心。公孙表旋见杀。《宋书·索虏传》云：表有权略，德祖以闲杀之。《魏书·表传》则云：表以攻虎牢士卒多伤死获罪。二说自当以《魏书》为确，亦可见德祖拒守之功矣。然孤城无援，至闰四月，卒陷。德祖后殁于虏中。德祖初从武帝北伐，为王镇恶司马，为前锋。史云：镇恶克立大功，盖德祖之力，实良将也，以无援弃之，亦可惜矣。魏既陷虎牢，使周几镇枋头而北归。枋头，见第四章第二节。奚斤之围虎牢也，尝南下许昌。见第三章第二节。颍川太守李元德败走。虏用庾龙为太守。刘粹遣兵袭斩之。至是，元德复戍许昌。仍除荥阳太守，督二郡军事。谓荥阳、颍川二郡。荥阳，见第二章第二节。颍川，见第三章第三节。十一月，周几遣军，并招集亡命攻许昌。元德奔项。虏又破汝阳、汉县，在今河南商水县西北。邵陵，汉县，见第三章第九节。毁钟离而还。钟离，汉县，在今安徽凤阳县东北。宋是时盖内衅正结，莫或以北方为意，故魏得以乘其隙也。自武帝灭南燕以来，江东之声势，未尝不震动北方，至此，虏始有以窥中国之浅深矣。

宋文帝与魏大武，同年建元。元嘉、始光。宋方尽力于景平逆党，魏亦北伐柔然，西攻赫连，故其初年，疆场无事。至元嘉七年（430），魏神麚三年。文帝乃欲大举以复河南。是岁，三月，诏到彦之统徐州刺史王仲德、兖州刺史竺灵秀舟师入河。段宏精骑八千，直指虎牢。豫州刺史刘德，劲勇一万，与相犄角。长沙王义欣武帝仲弟长沙景王道怜之子。出镇彭城，监诸军事。文帝先遣殿中将军田奇告魏："河南旧是宋土，中为彼所侵。今当修复旧境。不关河北。"大武大怒，谓奇曰："我生头发未燥，便闻河南是我家地，此岂可得？必进军，权当敛戍相避，须冬行地净，河冰合，自更取之。"彦之进军，虏悉敛河南戍归北。彦之留朱修之序孙。守滑台，尹冲守虎牢，杜骥守金墉，而自还东平。汉国，治无盐，在今山东东平县东。晋治须昌，在今东平县西北。十一月，虏将叔孙建、长孙道生济河。彦之将回师，垣护之以书谏，护之时以殿中将军随彦之北伐。谓宜使竺灵秀进滑台，助修之固守，而大军进拟河北。彦之不听，自历城焚舟，弃甲，南走彭城。历城，汉县，今山东历城县。时为兖州治。竺灵秀亦弃须昌奔湖陆。于是洛阳、金塘、虎牢，并为魏将安颉及司马楚之所陷。杜骥奔走。尹冲众溃而死。颉与楚之遂攻滑台。宋遣檀道济往援。叔孙建、长孙道生拒之。道济兵寡，不得进。八年（431），魏神麚四年。二月，滑台陷。修之没虏。道济仅于历城全军而还。初遣彦之，资实甚盛，及还，凡百荡尽，府藏为空。下狱免。竺灵秀以弃军伏诛。

宋师出虽无功，然魏人是时，亦未能经营河南，徒藉数降人以守之而已。诸降人中，丧心病狂，甘心为虎作伥者，为司马楚之及刁雍。楚之，当司马休之之败，亡命汝、颍之间。后复收众据长社。见第七章第六节。奚斤略地河南，楚之请降。魏假以荆州刺史。大武初，征入朝。南藩诸将，表宋欲为寇，使楚之屯颍川以距之。元嘉七年（430），到彦之溯河而西，楚之列守南岸，至于潼关。见第三章第三节。遂以其众从安颉。既破滑台，上疏请扫除南中，平一区宇。大武以兵久劳，不许。刁雍，《魏书·传》云：兄逞，以刘裕负社钱，执而征焉。及裕诛桓玄，先诛刁氏。雍为畅故吏所匿，奔姚兴。泓灭，与司马休之等归魏。求于南境自效。大宗许之。遂于河、济之间，招集流散，扰动徐、兖。泰常八年（423），大宗南幸邺，给五万骑，使别立军。遣助叔孙建攻东阳。雍招集谯、梁、彭、沛民五千余家，谯，见第三章第三节。梁，见第二章第三节。彭即彭城，沛，见第三章第一节。置二十七营。迁镇济阴。汉梁国，后改为济阴郡，晋曰济阳，见第六章第五节。延和二年（433），宋元嘉十年。立徐州于外黄，见第五章第六节。置谯、梁、彭、沛四郡、九县，以雍为刺史。在镇七年，至大延四年（438），宋元嘉十五年。乃征还京师。真君十年（450），宋元嘉二十六年。复授徐、豫二州刺史。历五年乃去。时又有王慧龙者，其《传》云：自云愉之孙。刘裕微时，愉不为礼。及得志，愉合家见诛。慧龙年十四，为沙门僧彬所匿。西上江陵，依叔祖忱故吏荆州前治中习辟疆。时刺史魏咏之卒，辟疆与江陵令罗修等谋举兵，推慧龙为盟主，袭州城。刘裕遣其弟道规为荆州，众遂不果。罗修将慧龙又与僧彬北诣鲁宗之。宗之资给，自虎牢奔姚兴。姚泓灭归国。鲁轨云：慧龙是王愉家竖，僧彬所通生也。崔浩弟恬，以女妻之。大宗以为洛城镇将，配兵三千人，镇金墉。十余日，大宗崩，世祖即位，咸谓南人不宜委以师旅，遂停前授。久之，抗表愿得南垂自效。崔浩固言之，乃授南蛮校尉，安南大将军左长史。谢晦起兵，引为援。慧龙进围项城。晦败，乃班师。王玄谟寇滑台，与安颉等同讨之。拜荥阳太守。在位十年。真君元年（441），宋元嘉十七年。拜虎牢镇都副将。未至镇卒。寇赞者，姚泓灭，秦、雍人千余家推为主，归魏。拜河南郡太守。其后秦、雍人来奔河南、荥阳、河内者，户至万数。河南、河内，皆见第二章第二节。拜赞南雍州刺史，于洛阳立雍之郡县以抚之。在州十七年。案慧龙为崔浩所拥右。史言其自以遭难流离，常怀忧悴，乃作《祭伍子胥文》以见意。生一男一女，遂绝房室。布衣疏食，不参吉事。时制南人归国者，皆葬桑乾，而慧龙临殁，乞葬河内。虽重私仇，似非全不知夷夏之辨者。寇赞者，谦之之兄。观第六节所述，崔浩及谦之，皆有心于覆虏，则慧龙及赞，亦未必能为虏效死也。此外如司马天助、自云元显之子，魏尝以为青、徐、又以为青、兖二州刺史。司马灵寿等，灵寿叔璠子，亦尝从安颉。则更微末不足道矣。此等人即不论其立心如何，其力亦不足用。故魏人是时，亦不能守河南，宋师至，即不得不敛戍以避。而惜乎宋之兵力，未能一举而大创之，使其马首不敢复南乡也。

第五节　义民抗魏（上）

自永嘉丧乱，至于晋末，中原沦陷，已逾百年。是时民族意识，尚未光昌，史家仅录官书，或载士大夫言行、家世；又好文饰，往往以辞害意，失事实之真；以致异族野蛮横暴，及我民族吞声饮泣，冒死反抗之迹，可考者甚希。然谓我人民遂甘心屈服于异族，则决无此理。当时坞堡之主，山泽之雄，切齿腐心，誓钼非种，而名湮没而不彰者，盖不知凡几矣！魏起北方，本极残虐；拓跋氏在塞外时，即极残虐，观第四章第二节所述穆帝之事，可见一斑。其入中原，残虐尤甚。《魏书·王建传》云：从破慕容宝于参合陂。大祖乘胜，将席卷南夏，于是简择俘众，有才能者留之，其余欲悉给衣粮遣归，令中州之民，咸知恩德。乃召群臣议之。建曰："不如杀之。"诸将咸以建言为然，建又固执，乃坑之。及围中山，慕容宝走和龙，徒河人共立慕容普驎为主。大祖悉众攻之，连日不拔。使人登巢车临城招之。其众皆曰："群小无知，但恐复为参合之众，故求全日月之命耳。"大祖闻之，顾视建而唾其面。此乃归过于下之辞，观大祖"何恤无民"之言，其待俘虏，尚安有恩德之可言邪？知其虐杀之事，为史所不载者必多矣。既入中原，不知吏治，守宰无禄，贪残弥甚；故抗之者尤多。① 魏守宰贪残之甚，观其《本纪》所载整顿吏治之事之频繁，即可见之。魏人非知吏治者，政令之峻切，不足见其恤民之心，只足见其官方之坏耳。道武都平城之岁，即遣使循行郡国，举奏守宰不如法者，亲览察黜陟之，此犹可诿曰：戡定之初也。明元帝神瑞元年（414），十一月，诏使者巡行诸州，校阅守宰资财。非自家所赍，悉薄为臧，守宰不如法者，听百姓诣阙告之，可见贪取及违法者之多。二年（415），三月，诏以刺史守宰，率多逋惰，今年赍调县违者，谪出家财以充，不听征发于民，又可见其下既病民，上又病国也。大武帝始光四年（427），十二月，行幸中山，守宰以贪污免者十数人。神麚元年（428），正月，以天下守令多非法，精选忠良悉代之。大延三年（437），五月，诏天下吏民，得举告守令之不如法者。真君四年（444），六月，诏复民赍赋三年，其田租岁输如常，牧守不得妄有征发。可见至大武之世，吏治亦迄未尝善也。道武甫破后燕，叛者即群起。道武平邺北还，至恒山之阳，博陵、渤海、章武，即群盗并起。其年，九月，乌丸张骧子超，又收合亡命，聚党二千余家，据南皮。此等虽旋即破灭，然继起者仍不绝。最大者，如河西之山胡白龙，自延和三年（434）至大延三年（437），即自宋元嘉十一年至十四年乃灭。渤海，汉郡，治浮阳，今河北沧县。后汉移治南皮，今河北南皮县。章武，晋国，今河北大城县。明元时，小所在屯聚，用崔宏言大赦，乃获暂安。见《宏传》。魏人是时，盖如厝火积薪之下而寝其上矣。而大武时盖吴举义，声势尤大。

《魏书·本纪》：大平真君六年（446），宋元嘉二十二年。九月，卢水胡盖吴聚众反于杏城。卢水胡，见第二章第二节。杏城，见第三章第八节。十月，长安镇副将元纥讨之，为吴所杀。吴党遂盛。民皆渡渭奔南山。渭水南岸之山。于是发高平敕勒骑赴长安。高平，后魏郡，今甘肃固原县。诏将军叔孙拔乘传领摄并、秦、雍，兵屯渭北。十一月，吴遣其部落帅白广平西略。新平、安定诸夷酋，皆聚众应之。新平、安定，皆见第二章第二节。杀汧城守将。汧县，见第五章第一节。吴遂进军李闰堡，见第六章第八节。分兵略临晋已东。临晋，见第三章第七节。将军章直与战，大败之。兵溺死于河者，三万余人。吴又遣兵西掠。至长安，将军叔孙枝与战于渭北，大

---

① 史事：魏吏治之坏。

破之。斩首三万余级。河东蜀薛永宗，聚党盗官马数千匹，驱三千余人入汾曲。西通盖吴，受其位号。秦州刺史周鹿观讨之，不克而还。魏秦州治上封，即上邽县之更名也。上邽，见第三章第三节。诏殿中尚书元处真，尚书慕容嵩二万骑讨薛永宗，殿中尚书乙拔率五将三万骑讨盖吴，寇提三将一万骑讨白广平。盖吴自号天台王，《宋书·索虏传》：吴于杏城天台，举兵反虏。署百官。车驾西征。七年（447），宋元嘉二十三年。正月，次东雍州。魏神䴥中置，治正平，今山西新绛县。孝昌后治郏，今陕西华县。围薛永宗营垒。永宗出战，大败。六军乘之，永宗众溃。永宗男女无少长赴汾水死。车驾南幸汾阴，临戏水。在陕西临潼县东。盖吴退走北地。见第二章第二节。二月，幸鳌屋，汉县，在今陕西盩屋县东。诛叛民耿青、孙温二垒与盖吴通谋者。军次陈仓，见第三章第三节。诛散关氏害守将者。散关，在今陕西宝鸡县西南。诸军乙拔等大破盖吴于杏城，吴弃马遁走。三月，车驾旋轸。幸洛水，分军诛李闰叛羌。是月，金城边冏、天水梁会反，金城，天水，皆见第二章第二节。据上邽东城。秦州刺史封敕文击之，斩冏。众复推会为帅。五月，闾根率骑诣上邽，与敕文讨梁会。会走汉中。盖吴复聚杏城，自号秦地王。假署山民，众旅复振。于是遣永昌王仁、高凉王那督北道诸军同讨。六月，发定、冀、相三州兵二万人屯长安南山诸谷，以防越逸。八月，盖吴为其下人所杀，传首京师。《魏书·陆俟传》云：俟督秦、雍二州诸军事，为长安镇大将，与高凉王那击盖吴于杏城，大破之。获吴二叔，诸将欲送京师。俟独不许，曰：“吴一身藏窜，非其亲信，谁能获之？若停十万之众，以追一人，非上策也。不如私许吴叔，免其妻子，使自追吴。”高凉王那亦从俟计。遂遣吴二叔，与之期。及期，吴叔不至。诸将咎俟。俟曰：“此未得其便耳，必不背也。”后数日，果斩吴以至。《宋书·索虏传》云：屠各反叛，吴自攻之，为流矢所中死。吴弟吾生，率余众入木面山，皆寻破散。夫吴即丧败，何至挺身而走？即谓如是，其二叔亦安能必擒之？知《陆俟传》之言不实。盖时吴已死，众败散，吴叔降魏，俟乃建议使之归，徼幸可得吴首耳。木面山，未详。永昌王仁平其遗烬。高凉王那破白广平，生擒屠各路那罗，斩于京师。八年（448），宋元嘉二十四年。正月，吐京胡阻险为盗。吐京，后魏郡，在今山西孝义县西。诏武昌王提、淮南王他讨之，不下。山胡曹仆浑等渡河西，保山以自固，招引朔方诸胡。朔方，后魏县，今陕西清涧县。提等引军讨仆浑。二月，高凉王那等自安定讨平朔方胡。因与提等合军，共攻仆浑，斩之。其众赴险死者以万数。九年（449），宋元嘉二十五年。二月，西幸上党，诛潞叛民二千余家，徙西河离石民五千余家于京师。离石，见第三章第四节。案自魏、晋以降，所谓胡者，种类极杂，而要以西域胡之程度为最高。①割据诸国，抗魏最烈者，莫如沮渠氏，即以其多与西域交通故也。盖吴为卢水胡，实与沮渠氏同族；而其部帅白广平之白，亦西域

---

①　民族：西域胡程度最高，抗魏最烈。沮渠以与西域交通故，盖吴盖亦然。沮渠牧犍见。

姓；盖皆西域种类，不则深受其陶融者。是役也，汉族而外，响附之者，有氐，有羌，有屠谷，有蜀，有新平、安定诸夷酋，吐京、朔方诸胡，及诸山民，与山胡杂居者。盖几合北方诸族而与魏为敌矣。据《宋书·索虏传》：吴起义时，年仅二十有九；魏大武累遣兵攻之辄败；自将攻之，又大小数十战不能克；可谓奇材。吴上表归顺，辞旨斐然。其第一表云："伏愿陛下：给一旅之众，北临河、陕。赐臣威仪，兼给戎械。进可以厌捍凶寇，覆其巢穴，退可以宣国威武，镇御旧京，"其辞可谓甚壮。第二表曰："虏主二月四日，倾资倒库，与臣连营。接刃交锋，无日不战。摧贼过半，伏尸蔽野。伏愿特遣偏师，赐垂拯接。"盖时亲与虏主，旗鼓相当，故望宋发兵为援也。元嘉二十七年（450）之役，诸路丧败，惟关陕一军，所向克捷，足见关中民气之可用。《魏·本纪》：真君八年（447），六月，西征诸将元处真等，坐盗没军资，所在虏掠，臧各千万计，并斩之。当师徒桡败，敌焰方张之日，而其所为如此，其为中国驱除亦至矣。而宋文帝于此，仅加吴以爵号，使雍、梁遣兵界上援接，竟亦不出，可谓之善乘机者邪？

《魏书·薛辩传》曰：其先自蜀徙于河东之汾阴，汉县，在今山西荣河县北。因家焉。祖陶，与薛祖、薛落等分统部众，世号三薛。①父强，复代领部落。而祖、落子孙微劣，强遂总摄三营。善绥抚，为民所归。历石虎、苻坚，常冯河自固。仕姚兴，为镇东将军，入为尚书。强卒，辩复袭统其营。为兴尚书郎、建威将军、河北太守。河北，见第四章第二节。此时盖于此置郡。刘裕平姚泓，辩举营降裕。拜为宁朔将军，平阳太守。平阳，见第二章第二节。及裕失长安，辩来归国。仍立功于河际。大宗授平西将军、雍州刺史，赐爵汾阴侯。泰常七年（422），宋永初三年。卒。子谨，初授河东太守，后袭爵，迁秦州刺史。真君五年（445），为都将，从驾北讨，以后期，与中山王辰等斩于都南。见第三节。《宋书·薛安都传》云：河东汾阴人。世为强族，同姓有三千家。父广，为宗豪。高祖定关、河，以为上党太守。上党，见第二章第二节。安都少以勇闻，身长七尺八寸，便弓马。索虏使助秦州刺史北贺泊击反胡白龙子，灭之。由是为伪雍、秦二州都统。州各有刺史，都统总其事。元嘉二十一年（444），索虏主拓跋焘击芮芮，大败。安都与宗人薛永宗起义。永宗营汾曲，安都袭得弘农。见第二章第二节。会北地人盖吴起兵，遂连衡相应。焘自率众击永宗，灭其族，进击盖吴。安都料众寡不敌，率壮士辛灵度等归国。大祖延见之。求北还，搆扇河、陕，招聚义众。上许之。给锦百匹，杂缯三百匹。复袭弘农，虏已增戍，城不可克；盖吴又死；乃退还上洛。见第三章第五节。《魏书》辩子《初古拔传》云：安都为其族叔，则安都于谨为族兄弟。安都、永宗之叛魏，殆以谨被杀故邪？《魏书·安都传》云：真

---

① 宗族：河东之薛。

君五年（445），与东雍州刺史沮渠秉谋逆，事发，奔于刘义隆，则是役尚牵涉沮渠氏，其结合可谓甚广。永宗举义，实在盖吴之前一年，特其声势不如吴之盛，故《魏书》但视作吴之附从耳。薛为河东强族，本无归虏之志。薛谨见戮，永宗又举宗赴义，其仇耻可谓甚深。故安都归国，报雪之志甚坚。宋用之不能尽其材，后且因内乱，仍殴之归虏亦可惜也。初古拔当大武亲讨盖吴、永宗时，诏其纠合宗乡，壁于河际，断二寇往来之路，绝不闻其投袂奋起，此或迫于兵势，不得不然，然其后迄仍仕魏，则可谓忘不共之仇矣。

《魏书·沮渠牧犍传》云：牧犍淫嫂李氏，兄弟三人传嬖之。李与牧犍共毒公主，上征李氏，牧犍不遣，已见前。又云：既克，犹以妹婿待之。其母死，以王太妃礼葬焉。又为蒙逊置守墓三十家。授牧犍征西大将军，王如故。初官军未入之间，牧犍使人斫开府库，取金、银、珠、玉及珍奇器物，不更封闭，小民因之入盗，巨细荡尽。有司求贼不得。真君八年（448），其所亲人及守藏者告之。上乃穷竟其事。搜其家中，悉得所藏器物。又告牧犍父子，多畜毒药，前后隐窃杀人，乃有百数。姊妹皆为左道，朋行淫佚，曾无愧颜。始罽宾沙门曰昙无谶。东人鄯善。自云能使鬼治病，令妇人多子。与鄯善王妹曼头陁林私通。发觉，亡奔凉州。蒙逊宠之，号曰圣人。昙无谶以男女交接之术，教授妇人。蒙逊诸女、子妇，皆往受法。世祖闻诸行人言昙无谶之术，乃召昙无谶。蒙逊不遣。遂发露其事，拷讯杀之。至此，帝知之。于是赐昭仪沮渠氏死。蒙逊女。诛其宗族。惟万年及祖，皆牧犍兄子。以前先降得免。是年，人又告牧犍犹与故臣民交通，谋反，诏司徒崔浩就公主第赐牧犍死。案牧犍果听其嫂与姊共毒公主，则于公主恩义已绝，降下之日，即不追举其罪，亦必使之离昏。乃牧犍之死，史言其与主诀良久乃自裁，此犹可曰不必果有恩义也，而牧犍既死，公主改适李盖，惠之父，见《外戚传》。及其死，仍与牧犍合葬，此何为者邪？且魏法最酷，牧犍罪衅，果如史之所云，其待之，又安得如是其厚乎？府库所藏，巨细荡尽，有司求贼不得可也，并斫开府库，不更封闭之事而不知，则无是理，安待降下既久，所亲人及守藏者告之乎？昙无谶，据《释老志》所载，实为戒行高僧。《释老志》之言，固难尽信，以其为宗教家言。然使其果以通于房中术而见求，岂复以是为罪？又何必惧而杀之？《李顺传》言谶有方术，世祖诏顺：令蒙逊送之京邑，顺受蒙逊金，听其杀之，世祖克凉州，闻而嫌顺。顺之死，在真君三年（442），宋元嘉十九年。与此云世祖至是始知之者，又不相符。《释老志》云：谶历言他国安危，多所中验，蒙逊每以国事谘之，其见求当正以此耳。所以以淫佚诬之者？《释老志》又言：盖吴反杏城，关中骚动。① 帝西伐，至于长安。先是长安沙门，种麦寺内，御驺牧马于麦中。帝入观马，沙门饮从官酒，从官入其便室，见大有弓矢矛盾，出以

---

① 宗教：盖吴时沙门或反魏。

奏闻。帝怒曰："此非沙门所用，当与盖吴通谋，规害人耳。"命有司案诛一寺。阅其财产，大得酿酒具及州郡牧守、富人所寄藏物，盖以万计。又为窟室，与贵室女私行淫乱。帝既忿沙门非法，崔浩时从行，因进其说，遂有诛长安沙门，焚破佛像，敕留台下四方，一依长安行事之举。然则佛法见废，实由见疑与盖吴通谋，谓由崔浩进说者，尚未知其真际也。《释老志》又言凉州自张轨后世信佛教，大延中，凉州平，徙其国人于京邑，沙门、佛法皆俱东，象教弥增矣。《本纪》：牧犍之亡，凉州人被徙者三万余家，而凉州人多不服魏。据《魏书·北史列传》：张湛、宗钦、段承根，皆凉州人，皆与崔浩善。钦、承根皆与浩俱死。湛赠浩诗、颂，浩常报答。及浩被诛，湛惧，悉烧之。闭门却扫，庆吊皆绝，仅乃得全。湛兄铣，浩礼之与湛等。承根父晖，大武闻其名，颇重之，以为上客。后从大武至长安，或告晖欲南奔。问曰："何以知之？"曰："晖置金于马鞯中，不欲逃亡，何由尔也？"大武密遣视之，果如告者之言，遂斩之于市，暴尸数月。崔浩实乃心华夏者，见下节，诸人皆与浩善，可见其志之所在矣。然则沙门之见疑，牧犍之以与故臣民交通见告，宜也。然虏待牧犍素厚，又以人反之为讳，不欲明言其叛，乃不得不造作莫须有之辞以诬之。① 《本纪》言大武克姑臧，收其珍宝，不可胜计，而此时可以斫开府库见告，则知隐窃杀人，朋行淫佚，同为求其罪而不得而为之辞。所以必见诬以淫佚者？以是时沙门适有淫佚之事，而昙无谶先见召不至，遂牵连之以诬牧犍。然鲜卑亦素行渎乱，后人不知其说之诬，乃又亿测谶之见求，必以其通于房中术之故，而诬人者转以自诬矣，岂不诡哉？万年与祖，初虽叛国，后亦以谋叛魏见诛，则牧犍之有反谋，亦不足异也。

第六节 义民抗魏（下）

盖吴之叛，为人民之抗魏，而当时之士大夫，亦多不服魏者。道武之破后燕也，以卢溥为幽州刺史，而溥叛之，事已见前。溥与张衮同乡里，衮数谈荐之，其叛也；衮因之获罪。时又有中山太守仇儒，不乐内徙，亡匿赵郡，见第二章第三节。推群盗赵准为主，连引丁零，扇动常山、钜鹿、广平诸郡，常山、钜鹿，皆见第三章第四节。广平，见第二章第二节。事见《魏书·长孙肥传》。此皆士大夫之抗魏者也。长安之亡也，毛修之没于夏，夏亡，又入魏。魏以为吴兵将军。滑台之陷，朱修之亦没焉。大武以宗室女妻之，以为云中镇将。元嘉九年（432），大武伐和龙，二人皆从。朱修之与同没人邢怀明，谋率吴兵，袭杀大武。又有徐卓者，亦欲率南人以叛。修之以告毛修之，毛修之不听，乃止。《魏书·毛修之

---

① 民族：拓跋造作史事三。

传》云：是时诸军攻城，宿卫之士，多在战陈，行宫人少，是日无修之，大变几作，焘亦危矣，徐卓事泄被杀。朱修之与邢怀明奔北燕，后获南归。毛修之虽沮大计，然史言朱修之之见俘，修之经年不忍问家消息，久之乃访焉。修之具答。并云："贤子亢矫，甚能自处。"修之悲不得言。直视良久，乃长叹曰：乌乎！自此一不复及。其心固未尝忘中国也，亦可悲矣。是时之不听朱修之，殆势固有所不可邪？当时士大夫中，此等人必多矣。而处心积虑，密图覆虏，历数十年；当其不得已而立虏朝时，亦随事匡救，为中国谋；不幸所图不成，遂至所志不白者，尤莫如崔浩。千五百年之后，考其行事，想见其为人，犹未尝不使人感激兴起也。

元嘉七年（430）战后，宋、魏复通好，信使每年不绝。盖宋文帝虽志复河南，而身既婴疾，又为介弟所逼，内忧未弭，未有长策；魏方以柔然为事，北方割据诸国，亦尚未尽灭；故彼此暂获相安也。二十年（443），魏伐柔然，有鹿浑谷之败；继以薛永宗、盖吴之举义；其势孔亟，顾于二十二年，使永昌王仁、高凉王那略淮、泗以北，各迁数千户而去，其意盖以示强。至二十七年（450），魏真君十一年。魏内忧既澹，北寇亦抒，二月，魏主乃自将入寇。攻汝南。见第二章第三节。陈、南顿太守郑琨，陈，见第三章第四节。南顿，汉县，晋置郡，在今河南项城县北。汝南、颍川太守郭道隐颍川，见第三章第三节。并委守走。虏钞略淮西六郡，杀戮甚多。因围县瓠。见第五章第六节。南平王铄时镇寿阳，见第三章第四节。遣陈宪行郡事。时城内战士，不满千人，而宪婴城固守，四十余日，所杀伤万计，虏卒不能克，其功亦伟矣。大武遣永昌王仁步骑六万，将所略六郡生口，北屯汝阳。见第四节。时武陵王骏镇彭城，文帝敕遣千骑赍三日粮袭之，以参军刘泰之《魏书》作刘坦之。为帅。杀三千余人，烧其辎重。虏众一时散走。而汝南城南，有虏一幢，登城望见泰之无继，又有别帅自虎牢至，虎牢，见第四章第二节。因引出击之。泰之败死。大武椎恐寿阳有救兵，不以彭城为虑，及闻汝阳败，又传彭城有系军，大惧，谓其众曰："今年将堕人计中，"即烧攻具欲走，会泰之死问续至，乃停。文帝遣臧质轻往寿阳，即统其兵。南平王铄遣司马刘康祖与质救县瓠。大武乃烧营遁走。是役也，虏虽未克县瓠，而虏掠甚多，南师屡无功，为所轻侮，乃与文帝书曰："彼今若欲保全社稷，存刘氏血食者，当割江以北输之，摄守南度。如此，释江南，使彼居之。不然，可善敕方镇、刺史、守宰，严供张之具，来秋当往取扬州。大势已至，终不相纵。顷者往索真珠裆，略不相与，今所臠截髑髅，可当几许珠裆也？彼往日北通芮芮，西结赫连、蒙逊、吐谷浑，东连冯弘、高丽，凡此数国，我皆灭之，以此而观，彼岂能独立？芮芮吴提已死，其子菟害真，袭其凶迹，以今年二月复死。我今北征，先除有足之寇。彼若不从命，来秋当复往取。以彼无足，故不先致讨。北方已定，不复相释。"盖其大举入犯之志决矣。崔浩起义图于此时，诚可谓得其当也。

崔浩者，宏子。宏，清河东武城人。东武城，汉县，在今山东武城县西。少仕苻坚。后又仕慕容垂，为高阳内史。高阳，见第五章第二节。魏道武伐后燕，次常山，见第三章第四节。宏弃郡，东走海滨。道武素闻其名，遣骑追求，执送军门。与语，悦之。以为黄门侍郎。与张衮对总机要，草创制度。后迁吏部尚书。及置八部大人，以拟八坐，宏通署三十六曹，如令、仆统事。深为道武所任。大和中，孝文追录先朝功臣，以宏配享庙庭焉。然《宏传》云：始宏因苻坚乱，欲避地江南，于泰山为张愿所获，泰山，见第二章第四节。本图不遂，乃作诗以自伤，而不行于时，盖惧罪也。及浩诛，高允受敕收浩家，始见此诗，允知其意。允孙绰，录于允集。则宏亦乃心华夏者。《传》又言：宏未尝謇谔忤旨，及大祖季年，大臣多犯威怒，宏独无谴，盖其仕虏原非本心，故亦不为之尽力也。浩当道武时，给事秘书，转著作郎，不过以工书常置左右而已。及明元立，拜博士祭酒。明元好阴阳术数，而浩能为《易》筮，通天文，又善说《洪范》五行，始与军国大谋，甚为宠密。浩劝立大武为太子，大武监国，浩为右弼，已见前。大武立，左右共排毁之，以公归第。后议伐赫连昌，群臣皆以为难，惟浩赞之，乃稍见信任。出入卧内。加侍中。后迁司徒。恭宗总百。撲复与宜都王穆寿辅政。盖汉人中甚得虏亲任者。元嘉二十七年（450），六月，浩被诛。史言其以史事，云：初大祖诏尚书郎邓渊著国记十余卷，编年次事，体例未成。逮于大宗，废而不述。神麚二年（429），宋元嘉六年。诏集诸文人，撰录国书。浩及弟览、高谠、邓颖、晁继、范享、黄辅等共参著作，叙成国书三十卷。及平凉州之后，复命浩监秘书事，以中书侍郎高允、散骑侍郎张伟参著作，续成前纪。著作令史闵湛、郗标，素谄事浩，乃请立石铭，刊载国书，并勒所注《五经》。浩赞成之。恭宗善焉。遂营于天郊东三里，方百三十步，用功三百万乃讫。浩尽述国事，备而不典，而石铭显在衢路，往来行者，咸以为言，事遂闻发。①此《魏书》之辞。《北史》云："北人咸悉忿毒，相与构浩于帝。"其辞较《魏书》为、重。盖浩之死实非以史事，后人不知其真，以其见戮之酷，谓其触忌必深，传之久，不免增益其辞；李延寿亦不知其真，遂采之以改《魏书》也。有司案验浩，取秘书郎、吏及长历生数百人意。状浩伏受赇。其秘书郎、吏以下尽死。夫魏史之伪造不足信旧矣。以魏威刑之峻，浩安敢显触其忌？浩若欲传其真，自可以作私史。果触其忌，闵湛、郗标，安敢请刊？恭宗亦焉得而善之？且史事之发，与浩同作者，皆一无所问；仅高允，于浩被收时召入诘责，旋亦见释。其后允久典史事，史称其所续者仍浩故事也。然则浩书亦迄未尝废，触北人之怒者安在？而浩之诛也，清河崔氏无远近，清河，见第五章第三节。范阳卢氏，范

---

① 史籍：崔浩，魏史无触忌处。拓跋氏史，崔浩所为，无触忌处。

阳,见第四章第二节。大原郭氏,大原,见第二章第二节。河东柳氏,河东,见第二章第二节。皆浩之姻亲,尽夷其族。浩幽执,置之槛内,送于城南,使卫士数十人溲其上,呼声嗷嗷,闻于行路。史称自宰司之被戮辱,未有如浩者。此岂似以史事获罪者乎?《宋书·柳元景传》云:元景,河东解人。解,汉县,在今山西临晋县西南。曾祖卓,自本郡迁于襄阳。从祖弟光世,先留乡里,索虏以为河北太守。河北,见上节。光世姊夫伪司徒崔浩,虏之相也。元嘉二十七年(450),拓跋焘南寇汝、颍,浩密有异图,光世要河北义士为浩应。浩谋泄被诛,河东大姓坐连谋夷灭者甚众。光世南奔得免。其说决非虚诬矣。《魏书·卢玄传》言:玄,浩之外兄。玄子度世,以浩事,弃官,逃于高阳郑罴家。罴匿之。使者囚罴长子,将加捶楚。罴戒之曰:"君子杀身以成仁,汝虽死勿言。"子奉父命,遂被考掠;至乃火爇其体,因以物故;卒无所言。度世四子:渊、敏、昶、尚。初玄有五子,嫡惟度世,余皆别生。浩之难,其庶兄弟常欲害之,度世常深忿恨。① 及度世有子,每戒约令绝妾孽,以防后患。至渊兄弟,婢贱生子,虽形貌相类,皆不举接,为识者所非。郑罴不闻以侠名,何至以亡命之人而弃其子。疑浩之义图,玄与罴皆与焉。孝文迁洛后,元丕子隆、超谋叛,丕亦心许之,而丕后妻之子不与。杨侃与庄帝密图尒朱荣,尒朱兆入洛,侃时休沐,得潜窜归华阴。见第三章第三节。后尒朱天光遣侃子妇父招慰之,立盟许恕其罪。侃从兄昱,恐为家祸,令侃出应。"假其食言,不过一人身死,冀全百口。"侃往赴之,遂为天光所害。其事实颇与度世、罴类也。《宋书》之为实录,不待言矣。是役也,盖汉族之士大夫,大结合以谋虏。虏自知窃据,最讳人之反之,乃隐匿其事。适会是时,有不快于浩之国书者,乃借是以杀浩,又多杀郎吏,以掩人耳目,其谋可谓甚拙,而其事则亦酷矣。乃天下后世,竞为所欺,司马公作《通鉴》,亦以《宋书》为不足信而不之取,何哉?见《考异》。至于高允召问时之辞,则又多半出于后来之附会者也。《允传》载游雅之言,谓诏责时,崔浩声嘶股战不能言,而允数陈事理,申释是非,辞义清辨,音韵高亮。斯言未知信否,即谓为信,亦正可见浩之获罪,不以史事,故允虽被责而不惧也。《传》又云:世祖敕允为诏,自浩巳下,僮吏巳上,百二十八人,皆夷五族。允持疑不为。频诏催切。允乞更一见,然后为诏。诏引前。允曰:"浩之所坐,若更有余衅,非臣敢知。直以犯触,罪不至死。"世祖怒,命介士执允。恭宗拜请。世祖曰:"无此人忿朕,当有数千口死矣。"浩竟族灭,余皆身死。观"直以犯触,罪不至死"之言,浩所坐非史事,灼然可见矣。国书犯触,戮及僮吏,魏法虽酷,亦不至是,况本无所犯触邪?所以为是淫刑者?不过欲以极刑加于谋叛之人,而又讳言其事,乃为是以掩人耳目耳。滥杀如此,其视汉人,岂特草芥之不若邪?

　　浩称虏朝名臣,然细观所言,便见其设谋画策,无一非为中国计者。神瑞二

---

① 婚姻:卢度世庶弟欲乘崔浩之祸害之,度世戒绝妾孽。

年（415），晋义熙十一年。秋，谷不登，魏大史令王亮、苏坦劝明元帝迁邺，浩与特进周澹固争之，盖不欲虏荐居中国，抑虑其因饥而至，诒害于民也。宋武之伐姚秦，魏内外朝臣咸欲断河上流，勿令西过；王懿降魏，又劝绝宋武后路，明元因欲遣精骑南袭彭城、寿春；宋武崩，又欲乘丧取洛阳、虎牢、滑台：浩皆力争之，后又阻其攻城之议。皆已见前。大武欲用兵于柔然及割据诸国，浩无不力赞之者，盖欲引其力以外向，使不得专于中国，且以疲之也。神䴥二年（429）之役，朝臣内外，尽不欲行，保太后尤固止之。时宋方议北伐，论者谓吴贼南寇，舍之北伐，帅行十里，其谁不知？此固不得谓为过虑，而浩力反之。其后南镇诸将，表宋大严，欲犯河南，请兵三万，先其未发逆击之，因诛河北流民之在界上者，绝其乡道，此亦事势应尔，浩又訾诸将欲南抄以取赀财，为国生事，非忠臣。大武闻赫连定与宋遥分河北，欲先事定，诸将以宋师犹在河中为疑，胡三省曰：谓在河之中流。浩又决其不来。其心存中国，显然可见。伐赫连昌之役，实为幸胜，说亦见前。将伐沮渠牧犍也，奚斤、李顺等三十余人沮之，浩赞之。顺等之言曰："自温圉河以西，温圉，《北史》作温圈。至于姑臧城南天梯山上，冬有积雪，深十余丈，至春夏消液，下流成川，引以溉灌。彼闻军至，决此渠口，水不通流，则致渴乏。去城百里之内，赤地无草，又不任久停军马。"浩则曰："《汉书·地理志》，凉州之畜，为天下饶，若无水草，何以畜牧？又汉人为居，终不于无水草之地筑城郭，立郡县也。"夫顺等所言，乃姑臧城外之事，浩所引，止足明凉州一州，非无水草耳。所攻在于姑臧，城外军马难停，一州水草纵饶，何益于事？若谓汉家郡县，不应立于无水草之地，则自汉至魏，水道岂无变迁？大武之攻姑臧，亦幸而牧犍未能坚守耳，使其能之，而决渠以绝水道，未知将何以善其后也？鹿浑谷之役，浩说大武潜军轻出，致为敌所围，信臣见诛，薛谨又以此死，卒招薛永宗、安都之叛，浩之所以误虏者深矣。凉州之下，浩劝不徙其民，大武不听。后搜于河西，召浩议军事，浩仍欲募徙豪强大家，以实凉土，军举之日，东西齐势，以击蠕蠕，其欲引虏力以外向，且以疲之，犹曩志也。浩不信佛，亦不好老、庄之言，而独信寇谦之。《释老志》言：谦之以始光初奉其书而献之，时朝野闻之，若存若亡，未全信也，浩独异其言，上疏赞明其事。《浩传》言：浩父疾笃，浩乃翦发截爪，夜在庭中，仰祷斗极，为父请命，求以身代，叩头流血，岁余不息。及得归第，欲修服食养性之术，而谦之有《神中录图新经》，浩因师之。此岂似浩之所为？《释老志》又言：谦之尝遇仙人成公兴，谓谦之未便得仙，政可为帝王师耳。又谓老君玄孙李谱文为牧土宫主，领治三十六土人鬼之政，地方十八万里有奇，而以嵩岳所统平土方万里授谦之。《浩传》载谦之谓浩："受神中之诀，当兼修儒教，辅助大平真君，"因属浩撰列王者治典，并论其大要。其非忘情于世可知。攻赫连昌及神䴥二年（429）之役，浩赞之，谦之亦赞之，二人之势若掎榜，可以概见。虏迷信素深，浩与谦之，殆欲以是愚之邪？《浩传》又言：浩从太宗幸西河，与同僚论五等郡县之是非，考秦始皇、汉武帝之违失，好古识治，人服其言。及受谦之之属，乃著书二十余篇，上推大初，下尽秦汉，大致先以复五等为本。夫封建之不可复，浩宁不知之？然而为是言者？当时世家豪族，欲驱虏者盖多，然皆手无斧柯，故卒无所成就。使魏用浩之说以行封建，则如柳光世、薛永宗、安都之辈，必有膺茅受土者，合从缔交，圜视而起，而其情势大异矣。《高允传》言：浩荐冀、定、相、幽、并之士数十人，各起家郡守，恭宗不可，浩固争而遣之，岂欲多所树置，为登高一呼，四山皆应之计邪？或与其主复封建同一用意也？浩为人写《急就章》以百数，必称冯代强，《急就篇》有冯汉强之语，魏以汉强为讳，故易之。其藏机于深如此，而所谋卒泄，岂非天哉！其事因魏人讳匿之深，遂无可考见，然仍有可微窥者。《卢玄传》言：浩大欲齐整人伦，分明姓族。玄劝之曰："夫创制立事，各有其时。乐为此者，讵几人也？宜其三思。"浩当时虽无异言，然竟不纳。浩败颇亦由此。则浩之谋，似仍为汉人所泄也，亦足忿疾矣。

第七节　魏大武南寇

元嘉二十七年（450），七月，宋文帝大举北伐。命王玄谟率沈庆之、申坦前驱人河，青、冀二州刺史萧斌为之统帅。臧质勒东宫禁兵，统王方回、刘康祖、梁坦径造许、洛。徐、兖二州刺史武陵王骏，豫州刺史南平王铄，东西齐举。太尉江夏王义恭，出次彭城，为众军节度。又诏梁、南、北秦三州刺史刘秀之统杨文德及巴西、梓潼二郡太守刘弘宗，震荡沔、陇。萧思话部枝坦、刘德愿由武关。见第三章第三节。玄谟取碻磝。进攻滑台，积旬不克。碻磝、滑台，皆见第六章第五节。九月，魏大武自将南下。十月，渡河。时玄谟军众亦盛，器械甚精。垣护之驰书劝其急攻，护之时为钟离太守，随玄谟入河。不从，遂奔退。麾下散亡略尽。护之时以百舸据石济，古棘津，见第四章第二节。魏军悉牵玄谟水军大艑，连以铁锁三重，断河以绝其还路。河水迅急，护之中流而下，每至铁锁，以长柯斧断之，惟失一舸，留戍糜沟。城名。沈庆之与萧斌留碻磝。斌遣庆之率五千人往救。庆之曰："玄谟兵疲众老，虏寇已逼，各军营万人，乃可进耳。少军轻往，必无益也。"斌固遣之，而玄谟已退。斌以前驱败绩，欲死固碻磝。庆之固争，乃退还历城。见第四节。玄谟自以退败，求戍碻磝。江夏王以为不可守，召令还。二十八年正月，亦至历城。魏大武自碻磝而南。永昌王仁《宋书》作库仁真。发关西兵趋汝、颍，高凉王那《宋书》作高渠王阿斗邲。自青州道并南出。诸镇悉敛民保城。十一月，大武至邹山。见第四章第二节。戍主崔邪利败没。虏众进趋彭城。彭城众力虽多，而军食不足，历城众少而食多。沈庆之欲以车营为函箱，陈精兵为外翼，奉二王直趋历城。义恭长史何勖欲席卷奔郁洲，见第七章第二节。自海道还都。骏长史张畅言：“食虽少，且夕未至窘乏。一摇动，则奔溃不可止矣。”骏然之，义恭乃止。南平王铄遣兵克长社、见第七章第六节。大、小索。大索城，今河南荥阳县。小索城在其北。时铄遣刘康祖继进，而文帝命其速返。虏众八万，与之相及于尉武。亭名，在安徽寿县西。康祖众仅八千，大战一日夜，杀虏填积。康祖中矢死，军遂败，自免者裁数十人。虏焚马头、钟离，马头，宋郡，今安徽怀远县东南。钟离，见第四节。进胁寿阳。铄保城固守。虏遂过寿阳而东。其向青州之兵攻东阳。见第四节。文帝遣申恬往援之，萧斌又遣解荣之与垣护之往援，与齐郡太守庞秀之保城。虏遂东略清河，从东安、东莞出下邳。清河，见第五章第三节。东安，汉县，在今山东沂水县东。东莞，汉县，即今沂水县治。下邳，见第三章第四节。下邳太守垣阆，亦仅能闭城拒守而已。大武自彭城南出。十二月，于盱眙渡淮。盱眙，见第三章第九节。文帝遣臧质率万人往救。至盱眙，大武已过淮。其所属胡崇、臧澄之、毛熙祚并战殁。质众亦奔散，以七百人入盱眙，与太守沈璞共守。大武留数千人守盱眙，自率大众南向。其中书郎鲁秀出广陵，见第三章第九节。高凉王出山阳，见第五章第六节。永昌王出横江，见第三章第九节。所过莫不残害。大武至瓜步，山名，在今江苏六合县东南。发民室屋，及伐蒹苇，于滁口造箄筏，声欲渡江。文帝大具水军，为防御之备。自采石至于暨阳，采石，见第三章第九节。暨阳，晋县，在今江苏江阴县东。船舰盖江，旌甲星烛。大武使饷文帝橐驼名马，求和请昏。① 上遣田奇饷以珍馐异味。大武以孙儿示奇，曰：“至此非惟欲为功名，实是贪结姻缘。若能酬酢，自今不复相犯秋豪。”又求嫁女与武陵王骏。见《宋书·索虏传》。《魏书·世祖纪》言：宋请进女于皇孙，以求和亲，大武以师婚非礼，许和而不许婚，此非实录。魏此时虽战胜，其视中原，尚如天上。姚兴嫁女与明元，明元以后礼纳之，况于天朝乎？《宋书·江湛传》云：文帝大举北伐，举朝以为不可，惟湛赞成之。虏遣使求婚，上召太子劭以下集议。众并谓宜许。湛曰：“戎狄无信，许之无益。”劭怒，谓湛曰：“今三王在厄，讵宜苟执异议？”声色俱厉。劭又谓上曰：“北伐败辱，独有斩江湛，可以谢天下。”上曰：“北伐自我意，江湛但不异耳。”明年，虏自彭城归，复求互市，亦无成议，至孝武世乃通之。详见第九章第五节。文帝虽无武略，恢复之志自坚；一二密勿之臣，亦与之志同道合；安有屈辱求婚之事邪？二十八年（451），魏正平元年。正月朔，虏略民户、烧邑屋而去。复围盱眙。大武使就臧质求酒，质封溲便与之。大武怒甚。筑长围，一夜便合。开

---

① 民族：魏太武至瓜步求婚于宋，后讳之，返云宋求婚魏不许。

攻道趣城东北，运东山土石填之。又恐城内水路遁走，乃引大船作浮桥，以绝淮道。大武与质书，质答曰："王玄谟退于东，梁坦散于西，尔谓何以？不闻童谣言邪？虏马饮江水，佛狸死卯年，此期未至，以二军开饮江之径耳，冥期使然，非复人事。尔若有幸，得为乱兵所杀；尔若不幸，则生相铄缚，载以一驴，直送都市。我本不图全，若天地无灵，力屈于尔，蓝之粉之，屠之裂之。如此，未足谢本朝。尔识知及众力，岂能胜苻坚邪？即时春雨已降；四方大众，始就云集；尔但安意攻城，莫走。粮食阙乏者，告之，当出廪相诒。得所送剑刀，欲令我挥之尔身邪？"大武大怒。乃作铁床，于其上施铁镵，云破城得质，当坐之此上。然力攻三旬不能克。闻彭城断其归路，京邑遣水军入淮；且疾疫，死者甚众；二月二日，乃解围去。自彭城北还。义恭震惧不敢追。四月，其荆州刺史鲁爽归顺。爽，宗之孙，轨之子也。虏以轨为荆州刺史、襄阳公，镇长社。武陵王骏镇襄阳，轨遣人奉书，规欲归南，以杀刘康祖、徐湛之父不敢。文帝累遣招纳，许以为司州刺史。轨死，爽袭其官爵。爽粗中使酒，数有过失，大武怒，将诛之，爽惧，密怀南归计。次弟秀，以军功为中书郎，以事为大武所诘，复恐惧。大武入寇，秀从。先是殿中将军程天祚，助成彭城，为虏军所获。事在元嘉二十七年（450）。天祚善针术，深被大武赏爱。恒劝秀南归，秀纳之。及大武北还，遂与爽俱来奔。诏以爽为司州刺史。复领义阳内史，北镇义阳。义阳，本治新野，见第二章第三节。晋末移治仁顺，在今河南信阳县南。秀为荥阳、颍川二郡太守。虏是役，凡破南兖、徐、兖、豫、青、冀六州，杀掠不可胜数。[1]《宋书·索虏传》述其残破之状曰："自江、淮至于清、济户口数十万，自免湖泽者，百不一焉。村井空荒，无复鸣鸡吠犬。至于乳燕赴时，衔泥靡托，一枝之间，连窠十数，春雨载至，增巢已倾。甚矣，覆败之至于此也！"亦可哀矣。

东路虽云丧败，西路之军，则颇致克捷。时随王诞为雍州刺史。二十七年（450），八月，诞遣尹显祖出赀谷，鲁方平、薛安都、庞法起入卢氏，卢氏，汉县，今河南卢氏县。赀谷，在县南山之南。田义仁入义阳，中兵参军柳元景总统群帅。外兵参军庞季明，年七十三，秦之冠族，羌人多怀之。求入长安，招怀关、陕。乃自赀谷入卢氏。卢氏人赵难纳之。闰十月，法起、安都、方平诸军入卢氏。以难为卢氏令。难驱率义徒，为众军乡道。季明出自本城，与法起会，遂入弘农。见第二章第二节。元景度熊耳山。在卢氏县南。安都顿军弘农。法起进据潼关。见第三章第三节。季明率方平、赵难向陕西七里谷。陕县，见第六章第一节。十一月，元景众至弘农。以元景为太守。元景命安都等并造陕下。虏洛州刺史张是提众二万，度崤来救。崤山，见第五章第一节。大战，斩之。法起率众次潼关。先是华山太守刘槐，

---

[1] 兵：元嘉北伐，六州破坏，又内治自此而衰，故用兵不可不慎。

纠合义兵攻关城，拔之，力少不固，顷之，又集众以应王师，法起次潼关，槐亦至，即据之。卢蒲城镇主遣伪帅何难于封陵自列三营，以拟法起。封陵白，在今山西永济县南。何难欲济河以截军后。法起回军临河，纵兵射之，贼退散。关中诸义徒，处处蜂起；四山羌、胡，咸皆请奋。而王玄谟等败退，虏遂深入，文帝以元景不宜独进，且令班师，元景等乃还。

震荡汧、陇之师，亦小有功绩。初仇池杨宋奴之死也，二子佛奴、佛狗，逃奔关中。苻坚以佛奴为右将军，佛狗为抚夷护军。后以女妻佛奴子定，以定为尚书领军将军。坚败于淮南，关中扰乱，定尽力奉坚。坚死，乃将家奔陇右。徙治历城。城在西县界，去仇池百二十里。西汉县，在今甘肃天水县西南。置仓储以百顷。招合夷、晋，得千余家，自号平羌校尉，仇池公，称藩于晋。孝武帝即以其号假之。求割天水之西县，武都之上禄为仇池郡，见许。上禄，见第五章第二节。大元十五年（390），又以定为秦州刺史。其年，进平天水、略阳郡，天水，略阳，皆见第二章第二节。遂有秦州之地。十九年（394），攻乞佛乾归，军败，见杀。后杨盛谥为武王。无子。佛狗子盛，先为监国，守仇池，袭位。安帝以为仇池公。宋武帝永初三年（422），改封武都王。文帝元嘉二年（425），六月，卒。私谥惠文王。世子玄立。以为北秦州刺史、武都王。明年，玄附魏。又明年，魏以为梁州刺史、南秦王。六年（429），卒。私谥孝昭王。弟难当，废玄子保宗一名羌奴。而自立。宋仍以为秦州刺史、武都王。七年（430）。难当使保宗镇宕昌，在今甘肃岷县南。次子顺镇上邽。见第三章第三节。保宗谋袭难当，事泄，收系之。先是流民许穆之、郝恢之投难当，并改姓司马。穆之自云名飞龙，恢之自云名康之，云是晋室近戚。康之寻为人所杀。益州刺史刘道济，粹弟。委任长史费谦等，聚敛兴利，民皆怨毒。[①] 九年（432），《氏胡传》作十年，此从《道济传》。难当以兵力资飞龙，使人蜀为寇。道济遣军击斩之。初道济以五城人帛氏奴、梁显为参军，即伍城，见第六章第四节。督护费谦，固执不与。远方商人多至蜀土，资货或有直数百万者。谦等限布、丝、绵等各不得过五十斤。马无善恶，限蜀钱二万。府又立冶，一断民鼓铸，而贵卖铁器。商旅吁嗟，百姓咸欲为乱。氏奴既怀忿恚，因聚党为贼盗。其年，七月，及赵广等诈言司马殿下犹在阳泉山中。阳泉，蜀汉县，在今四川德阳县西。蜀土侨旧，翕然并反。道济婴城自守。赵广迎道人程道养，诈称飞龙。众十余万。四面围城。道济使中兵参军裴方明击破之。贼溃还广汉、涪城。皆见第三章第六节。时道济疾已笃。十年（433），正月，贼复大至。道济卒。裴方明等秘丧。击贼，败之。荆州刺史临川王义庆遣兵往援，破贼。道养等仍藏窜为寇盗不绝。十三年（436），文帝遣萧汪之往讨，降帛氏奴。十四年（437），四月，赵广等

---

① 商业：刘道济帅蜀，以得罪商人致死。

亦降。道养为其下所杀。乱乃定。盖前后历六年焉。时梁州刺史甄法护，亦刑法不理。十年，文帝使萧思话代任。难当因法护下，思话未至，举兵袭梁州，遂有汉中之地。魏拜为南秦王。十一年（434），思话使司马萧承之讨平之。先是桓玄篡晋，以桓希为梁州，希败走，杨盛据有汉中，刺史范元之、傅歆悉治魏兴，见第三章第六节。惟得魏兴、上庸、新城三郡。上庸，见第三章第三节。新城，见第五章第六节。其后索邈为刺史，乃治南城。汉中之苞中县。及是，南城为贼所焚烧，不可固，思话乃还治南郑。见第五章第五节。难当使奉表谢罪，诏宥之。十二年（435），难当释保宗，遣镇童亭。即董亭，在今天水县东南。《魏书》作薰亭，盖董之字误。保宗奔魏。魏大武帝以为南秦王，遣袭上邽。顺退守下辨。见第五章第一节。十三年（436），三月，难当自立为大秦王。然犹奉朝廷，贡献不绝。是岁，五月，难当据上邽。七月，魏使乐平王丕攻之。九月，至略阳。难当奉诏摄上邽守。十六年（439），魏以保宗为秦州牧武都王，镇上邽。难当攻之，为魏镇将元勿头所却。十七年（440），其国大旱，多灾异，降大秦王，复为武都王。十八年（441），十月，倾国南寇，规有蜀土。十一月，陷葭萌，犹晋寿太守申坦。葭萌、晋寿，皆见第三章第六节。遂围涪城。十余日不克，乃还。十九年（442），正月，文帝遣裴方明等甲士三千人，又率荆、雍二州兵讨之。难当将妻子奔魏。后死于魏。仇池平。以胡崇之为秦州刺史，守仇池。魏使古弼督陇右诸军及殿中虎贲，与杨保宗从祁山南入。祁山，在今甘肃西和县东北。皮豹子与司马楚之等督关中诸军，从散关西入。散关，见第五节。司马文思督洛、豫诸军事，南趋襄阳；刁雍东趋广陵；邀方明归路。二十年（443），正月，崇之至浊水，去仇池八十里。遇魏将拓跋齐等，败殁。余众奔还汉中。保宗谋叛魏，被执，送平城。三月，顺司马苻达，难当从事中郎任胐等起义，立保宗弟文德。拓跋齐闻兵起，遁走。追击，斩之。诏以文德为北秦州刺史，封武都王。文德既受朝命，进戍葭芦。城名，在今甘肃武都县东南。二十五年（448），魏皮豹子攻之，文德奔汉中。时武陵王骏镇襄阳，执文德，归之京师。以失守，免官，削爵土。二十七年（450），起文德为辅国将军，率军自汉中西入，摇动沔、陇。文德宗人杨高，率阴平、平武群氐来拒。阴平，见第五章第一节。平武，汉刚氐道，蜀汉分置广平县，晋改曰平武，在今四川平武县西北。文德大破追斩之。阴平、平武悉平。又遣文德伐啖提氐，未详。不克。秀之执文德送荆州，而使文德从兄头戍葭芦焉。

二十九年（452），二月，魏大武帝死。其六月，文帝复命徐、兖二州刺史萧思话北伐。以张永为冀州刺史，督王玄谟、申坦等经略河南。攻碻磝，十八日不能拔。八月七日夜，虏开门，烧楼及攻车。士卒烧死及为虏所杀甚众。永即夜撤围退军，不报诸将。众军惊扰，为虏所乘，死败涂地。鲁爽、秀及程天祚并荆州军四万出许、洛。克长社、大、小索。进攻虎牢。欲舟师入河，断其水门。碻磝败退，水军不至，亦收众还。帝又以臧质为雍州刺史，使率所统向潼关。质顿兵近郊，不时发。及爽攻虎牢，乃使司马柳元景率薛安都等北出。至关城，关城主弃戍走，即据之。元景至洪关，在今河南灵宝县西南。欲与安都济河攻蒲坂。见第三章第四节。会爽退，亦还。

自景平之初，至于元嘉之末，宋、魏战争，历三十年，宋多败衄，北强南弱之形势，由此遂成，此实关系南北朝百六十年之大局，非徒一时之得失也。综其失策，凡有数端：夫以大势言之，则拓跋氏实当五胡之末运。然占地既广，为力自雄；又代北距中原远，欲一举而覆其巢穴，殊非易事；故宋欲钳魏，实未可以轻心掉之。夫欲攻代北者，非徒自江、淮出兵，远不相及也，即河南犹虞其声势之不接，故欲攻代北，非以河北及关中为根据不可。当元嘉五年（428）之时，谢灵运尝上书劝伐河北。其言有曰："北境自染逆虏，穷苦备罹。征调赋敛，靡有止已。所求不获，辄致诛殛。身祸家破，阖门比屋。""或惩关西之败，而谓河北难守，二境形势，表里不同。关西杂居，种类不一，河北悉是旧户，差无杂人。"灵运固非经略之才，斯言则不能谓为无理。盖吴举义，元景西征，胡、蜀、氐、羌，莫不响应，关中如此，岂况河北？故谓河北、关中不可复者非也。然河北、关中虽可取，亦必我有以取之。欲取河北，必先固河南，欲固河南，必先实淮土；而欲取关中，则必经营宛、洛与蜀、汉。自晋之东渡，置北方于度外久矣。宋武虽钳南燕，覆后秦，然受命已在末年，经略未遑远及。史家病其"绵河置守，兵孤援阔"，《何承天传论》。景平丧败，职此之由。孝武初，周朗上书，有云："毒之在体，必割其缓处。函、渭灵区，阒为荒窟；伊、洛神基，蔚成茂草；岂不可怀？历下、泗间，何足独恋？议者必谓胡衰不足避，而不知我之病甚于胡矣。空守孤城，徒费财役。虏但发轻骑三千，更互出入，春来犯麦，秋至侵禾，水陆漕输，居然复绝，于贼不劳，而边已困，不至二年，卒散民尽，可跷足而待也。"当时河南形势之恶如此。斯时当务之急，实在于自固藩翰，而宜戒轻率出兵。故何承天作论，谓"安边固守，于计为长"。而其安边固守之方：则一曰"移远就近，以实内地"；二曰"浚复城隍，以增阻防"；三曰"纂耦车牛，以饰戎械"；城不可固，则以车为藩，平行趋险，贼不能干。故纂耦车牛，与浚复城隍同意。四曰"计丁课仗，勿使有阙"。周朗亦言："缘淮城垒，皆宜兴复，使烽鼓相达，兵火相连。"承天又病"有急之日，民不知战。广延赏募，奉以厚秩。发遽奔救，天下骚然。方伯、刺史，拱守坐听，自无经略，惟望朝廷遣军。"谓非"大佃淮、泗，内实青、徐，使民有赢储，野有积谷，精卒十万，一举荡夷，则不足稍勤王师，以劳天下。"朗亦言："须办骑卒四十万而国中不扰，取谷支二十岁而远邑不惊，然后可越淮穷河，跨陇出漠。"此诚老成谋国之至计也。乃宋之君臣，恢复之壮志空存，而于生聚教训之谋，则迄未尝及。元嘉二十七年（450）

之役，兵一动，即减百官俸三分之一。至大明六年二月始复。罢国子学。王公、妃主，及朝士、牧、守，各献金帛等物。富室小民，亦有献私财至数十万者。又以兵力不足，用何尚之议，发南兖州三五民丁。说见第五章第二节。又募天下弩手，不问所从，若有马步众艺，武力之士应科者，皆加厚赏。有司又奏军用不充，扬、南徐、兖、江四州，富有之民，家赀满五千万，僧尼满二千万者，并四分换一，过此率讨，事息即还。① 临事张皇如此，安可以兴大役乎？二十九年之役，青州刺史刘兴祖建议伐河北，曰："河南阻饥，野无所掠，脱意外固守，非旬月可拔，稽留大众，转输方劳。伐罪吊民，事存急速。今伪帅始死，兼逼暑时，国内猜扰，不暇远赴；关内之众，财足自守。愚谓宜长驱中山，据其关要。冀州已北，民人尚丰，兼麦已向熟，资因为易。向义之徒，必应响赴。若中州震动，黄河以南，自当消溃。臣城守之外，可有二千人，今更发三千兵，使别驾崔勋之，直冲中山。申坦率历城之众，可有二千，骆驿俱进。较略二军，可得七千许人。既入其心腹，调租发车，以充军用。若前驱乘胜，张永及河南众军，便宜一时济河，使声实兼举。愚计谬允，宜并建司牧，抚柔初附。定州刺史取大岭，未详。冀州刺史向井陉，见第六章第八节。并州刺史屯雁门，幽州刺史塞军都，岭名，在今河北昌平县西北。相州刺史备大行。若能成功，清一可待；若不克捷，不为大伤。"上意止存河南，不纳。论者或以为惜。然魏于河南，尚不肯舍，况于河北，窥其腹心，岂有不以死力争之之理？而可以七千人徼幸邪？孔子曰："暴虎，冯河，死而无悔者，吾不与也，必也临事而惧，好谋而成者也。"宋之君臣，不度德、量力，而好轻举如此，安得而不丧败哉？此以远计言之也。专就战事论之，其失亦有可得而言者。魏大武与文帝书曰："彼尝愿欲共我一过交战，我亦不痴，复不是苻坚，何时与彼交战？昼则遣骑围绕，夜则离彼百里宿去。彼人民好降我者驱来，不好者尽刺杀之。彼吴人正有斫营技，我亦知彼情，离彼百里止宿。虽彼军三瑞安逻，使首尾相次，募人财五十里，天自明去，此募人头何得不输我也？彼谓我攻城日当掘堑围守，欲出来斫营，我亦不近城围彼，止筑堤引水灌城取之。彼扬州城南北门有两江水，此二水引用，自可如人意也。"此书所云，均系实语，并非虚辞，观其屡攻城不能克；又其战胜，若兵力相当，则恒由宋将帅怯懦，不则宋人恒能以少制众，杀伤过当可知。然则魏人攻城既非所长，野战亦无把握，论其兵力，实尚不逮南朝，而宋顾屡为所困者？魏人于中国无所爱惜，恃其骑兵剽捷，专以杀掠为务。故宋与之遇，师徒之覆败，所损尚浅，而人民之涂炭，受祸实深。经其剽略之地，元气大伤，不徒进取，即守御亦不易言矣。故魏欲避战，而宋斯时之长策，则在与之决战。欲与之决战，则非有骑兵不可。《宋书·

① 财政：换民钱实强迫捐献耳。

索虏传》论，谓彼我胜负，一言可蔽，由于走不逐飞。周朗亦云："今人知不以羊追狼，蟹捕鼠，而令重车弱卒，与肥马悍胡相逐，其不能济固宜。汉之中年能事胡者，以马多也，胡后服汉者，亦以马少也。既兵不可去，车骑宜蓄。"其言可谓深切著明。终南北朝之世，北方非无可乘之机，而南方迄不能大捷，恢复境土者，无骑兵与之决胜于中原，实为一大原因，非徒宋世如此也。元嘉二十七年（450）之役，沈庆之固陈不可，亦以马步不敌为言。文帝顾云："虏所恃惟马。夏水浩汗，河水流通，泛舟北指，则碻磝必走。滑台小戍，易可覆拔。克此二戍，馆谷吊民，虎牢、洛阳，自然不固。比及冬间，城守相接，虏马过河，便成禽也。"何其言之易也？岂忘景平之覆辙邪？不特此也，文帝非不恭俭，然实非能用兵之人，而尤暗于择将。王玄谟，怯懦之夫也，帝乃谓殷景仁曰："问玄谟陈说，使人有封狼居胥意，"此以口舌官人也。檀道济最称持重，帝乃谓其养寇自资。到彦之逗桡不前，帝则恕以中途疾动。张永者，涉猎书史，能为文章，善隶书，晓音律，骑射杂艺，触类兼通，又有巧思，纸及墨皆自营造，此乃文学之士，艺术之徒，帝顾谓其堪为将，授以专阃。用人如此，安得而不覆败？沈庆之谏北伐，帝使徐湛之、江湛难之。庆之曰："治国譬如治家，耕当问奴，织当问婢。陛下今欲伐国而与白面书生辈谋之，事何由济？"观其用张永，则并白面书生而不逮矣。二十九年之役，庆之又固谏，不从，以立议不同，遂不使北出，好同恶异如此，安可用人？身未尝履行陈，而出军行师，每好县授兵略，见《徐爰传》。至于攻战日时，莫不仰听成旨，《本纪》赞。此尤用兵之大忌，而帝又犯之，尚安有成功之望邪？

第九章　宋齐兴亡

第一节　元凶弑逆

文帝北伐，虽云丧败，然其时境域如故，使有大有为之君，吊死扶伤，厉兵秣马，固未尝不可徐图恢复也。乃北伐未几，身死逆子之手，兵端既启，骨肉相屠，卒授异姓以篡夺之隙。丧乱弘多，自不暇于外攘，不惟河南不可复，即淮北亦不能守矣。哀哉！

宋世宗戚之祸，实始于义康之谋夺宗，而发于元凶之弑逆。文帝后袁氏，生子劭及东阳献公主英娥。劭姊。上待后恩礼甚笃。后潘淑妃有宠，后愤恚成疾。元嘉十七年（440），崩。劭以元嘉六年三月，立为太子。潘淑妃生濬。一说：濬为淑妃所养，见下。封始兴王。劭深疾潘氏及濬。濬虑将来受祸，曲意事劭。劭与之遂善。文帝务在本业，敦劝农桑，使宫内皆蚕，欲以风厉天下。有女巫严道育，本吴兴人。吴兴，见第三章第九节。自言通灵，能役使鬼物。夫为劫，坐没入奚官。东阳公主应阁婢王鹦鹉白公主。主乃白上，托云善蚕，求召入。见许。主及劭并信惑之。濬与劭并多过失，虑上知，使道育祈请，欲令过不上闻。后遂为巫蛊。初主有奴陈天兴，鹦鹉养以为子，而与之淫通。鹦鹉、天兴及宁州所献黄门陈庆国，并预巫蛊事。宁州，见第三章第六节。劭以天兴补队主。东阳主薨，鹦鹉应出嫁。劭虑言语难密，与濬谋之。时吴兴沈怀远，为濬府佐，见待异常。乃嫁鹦鹉与怀远为妾。不以启上。虑后事泄，因临贺公主微言之。上后知天兴领队，遣阉人奚承祖诘让劭曰：“临贺公主南第，先有一下人欲嫁，又闻此下人养他人奴为儿，而汝用为队主，抽拔何乃速？汝间用主、副，并是奴邪？欲嫁置何处？”劭惧，驰书告濬。并使告临贺主：“上若问嫁处，当言未有定所。”鹦鹉既适怀远，虑与天兴私通事泄，请劭杀之。劭密使人害天兴。庆国谓宣传往来，惟有二人，虑将见及，乃具以其事白上。上惊愕，即遣收鹦鹉，封籍其家。得劭、濬书数百纸，皆呪诅巫蛊之言。得所埋上形像于宫内。道育变服为尼，逃匿东宫。濬往京口，濬时为南徐州刺史。又载以自随。或出止民张旿家。助东宫置兵，本与羽林等。

元嘉二十八年（451），彗星起毕昴，入大微，扫帝坐端门，灭翼轸。二十九年（452），荧惑逆行守氐。自十一月霖雨、连雪，大阳罕曜。三十年（453），正月，大风飞霰，且雷。上忧有窃发，辄加劭兵众。东宫实甲万人。车驾出行，劭入守，使将白直队自随。其年，二月，濬自京口入朝，当镇江陵，<small>时改刺荆州。</small>复载道育还东宫，欲将西上。有告上云："京口民张旿家有一尼，服食、出入征北府内，似是严道育。"上初不信。试使掩录，得其二婢。云道育随征北还都。上惆怅惋骇。乃欲废劭，赐濬死。而第三子武陵王骏不见宠，故累出外藩；第四子南平王铄，第七子建平王宏，并为上所爱，铄妃江湛妹，湛劝上立之，自寿阳征入朝，<small>时为豫州刺史。</small>既至，又失旨；欲立宏，嫌其非次；是以议久不决。<small>此据《徐湛之传》。《王僧绰传》云：随王诞妃，湛之妹，湛之欲立之。案文帝诸子，孝武帝次三，南平王次四，帝既不欲立之，庐陵王绍次五，出后义真，次六即诞，湛之欲立之，或亦未必尽出私意也。</small>而以语潘淑妃。淑妃具以告濬。濬驰报劭。劭因有异谋。每夜辄飨将士，或亲自行酒。王僧绰者，昙首子，即尚东阳献公主者也。元嘉二十八年（451），迁侍中，时年二十九。帝颇以后事为念，以其年少，欲大相付托，朝政小大，皆与参焉。劭于东宫夜飨将士，僧绰具以启闻，劝上速断。不听。劭乃使斋帅张超之等集素所蓄养兵士二千余人。诈云受敕有所收讨。超之等数十人驰入，拔刀径上合殿。时上与徐湛之屏人共言论，或连日累夕。每夜，常使湛之自秉烛绕壁检行，虑有窃听者。劭入弑之旦，其夕，上与湛之屏人语，至晓，犹未灭烛。超之手行弑逆，二月甲子。并杀湛之。遣人杀江湛及其五子。又杀帝亲信左右数十人。转王僧绰为吏部尚书，委以事任。顷之，劭料检帝巾箱及江湛等书疏，得僧绰所启飨士并废诸王事，乃收害焉。<small>案文帝猜忌大甚，而又多疑少决，此皆非君德，宜其及祸也。既知劭、濬逆谋，不能去劭之兵，仍谓荆州上流之重，宜有至亲，而以濬居之。徐湛之再与逆谋，仍极亲任，不过以甥舅故耳。《王僧绰传》云：父昙首，与王华并为大祖所任。华子嗣，人才既劣，信遇亦轻。僧绰尝谓中书侍郎蔡兴宗曰："弟名位应与新建等，超至今日，盖以姻戚所致也。"此诚言，非谦辞也。此皆足征文帝之偏私。新建，嗣之封。</small>

劭之将弑逆也，召前中庶子右军长史萧斌<small>斌父摹之，源之从父弟，源之，思话父也。</small>及左卫率袁淑等告之。淑不从，被杀。斌初亦谏，后为所胁，与之同载。劭遣人谓鲁秀曰："徐湛之常欲相危，我已为卿除之矣。"<small>湛之父为鲁轨所杀。爽、秀归顺。</small>湛之以为庙算远图，特所奖纳，不敢苟申私怨，乞屏居田里，不许。使秀与屯骑校尉庞秀之对掌军队。秀之，斌故吏也，甚加信委。时武陵王骏刺江州，文帝使步兵校尉沈庆之等伐缘江蛮，使骏总统诸军，方次西阳之五洲，<small>西阳，见第四章第三节。五洲，在今湖北蕲水县西。</small>即率众入讨。荆州刺史南谯王义宣，雍州刺史臧质，并举义兵。劭分浙江东为会州，以会稽太守随王诞为刺史。<small>会稽，见第三章第九节。</small>诞将受命，其参军沈正说司马顾琛，俱入说诞。诞犹豫未决。会武陵王骏使至，乃起兵。豫州刺史刘遵考亦起义。遵考，武帝族弟。劭以萧思话为徐、兖二州刺史，思话还彭城，亦起义。武陵王骏以柳元景为前锋。濬及萧斌劝劭勒水军自上决战；不尔，则保据梁山。在今安徽当涂、和县间。江夏王义恭虑义兵仓卒，船舫陋小，不宜水战，乃进策曰："贼骏年小，未习军旅，远来疲弊，宜以逸待之。今远出梁山，则京都空弱，东军乘虚，或能为患。若分力两赴，则兵散势离。不如养锐待期，坐而观衅。"劭善其议。萧斌厉色争之，不纳。劭疑朝廷旧臣，悉不为己用，厚接王罗汉、鲁秀，悉以兵事委之。罗汉先为南平王铄右军参军，劭以为有将用，故以心膂委焉。或劝劭保石头城。劭曰："昔人所以固石头，俟诸侯勤王耳。我若守此，谁当见救？惟应力战决之，不然不克。"时义军船率小陋，虑水战不敌。至芜湖，见第三章第九节。柳元景大喜，倍道兼行。闻石头出战舰，乃于江宁步上。晋分秣陵置临江县，更名江宁，在今首都西南。潜至新亭，见第七章第一节。依山建垒。时四月也。劭使萧斌、鲁秀、王罗汉等精兵万人攻垒。将士怀劭重赏，皆为力战。元景蓄力以待其衰，击破之。劭又率腹心，自来攻垒。元景又破之。萧斌、王罗汉皆降。斌于军门伏诛。罗汉后亦死。斌弟简，为南海太守，世祖使讨之，经时乃克。斌、简诸子并诛灭。庞秀之、鲁秀等亦各南奔。义军遂克京城。劭、濬皆伏诛。时五月也。武陵王骏至新亭，即位。是为世祖孝武皇帝。

元凶之变，《宋书》谓"自赫胥以降，未闻斯祸。惟荆、营二国，弃夏即戎；武灵胡服，亦背华典；然后有之。生民得无左衽，亦为幸矣"。其实世禄之家，争夺相杀，乃其恒事，宋史之论，殊不免于拘墟也。劭之杀潘淑妃也，谓濬曰："潘淑妃遂为乱兵所害。"濬曰："此是下情，由来所愿。"按《宋书·文九王传》，以濬为淑妃所生，《南史·文帝诸子传》总叙处亦同，而《劭传》又云：濬母卒，使潘淑妃养之，《宋书·二凶传》无此语。盖李延寿兼采异说。濬果淑妃所生，二凶虽悖，其言或未必如是。延寿所采异说盖是。然淑妃即濬阿保，出此语亦悖矣。劭又与文帝第四女海盐公主私通。见《宋书·赵伦之传》。其无伦理如此。劭之攻新亭垒而败也，以辇迎蒋侯神像于宫内，稽颡乞恩。拜为大司马；封钟山郡王，食邑万户；加节钺。苏侯为骠骑将军。其无知识又如此：纨袴子弟，又曷可教哉？劭之行弑逆也，出坐东堂，呼中书舍人顾瑕问曰："共欲见废，何不早启？"未及答，斩之。徐湛之子聿之，及江夏王义恭子十二人皆见杀。庞秀之南奔，子弟为劭所杀者，亦将十人。见《南史·萧思话传》。又以宿恨杀长沙悼王瑾，景王之孙。临川王晔，武帝少弟临川烈武王道规无子，以长沙景王第二子义庆嗣。是为景王。晔康王子。桂阳侯觊，景王子义融之子。新渝侯玠。义庆弟子。又欲杀三镇士庶家口，义恭及何尚之说之，乃止。其好杀加此。而义军之惨酷，亦未尝末减。劭、濬及劭四子，濬三子，并枭首大航，见第四章第三节。暴尸于市。又投劭、濬尸首于江。劭妻殷氏，赐死廷尉。濬妻褚氏，丹阳尹湛之女，湛之南奔，即见离绝，故免于诛。其余子女、妾媵，并于狱赐死。张超之为乱兵所杀，割肠刳心，脔剖其肉，诸将生啖之，焚其头骨。严道育、王鹦鹉并都街鞭杀，于石头四望山下焚其尸，扬灰于江。四望山，在今首都西南。杀机一启，而后来者益变本加厉不可止矣，哀哉！

第二节　孝武世诸王之祸

　　文帝兄弟，自义康废后，尚有义恭、义宣、义季三人。义康之废，义恭入为总录，已见前。元凶弑逆，使义恭入住尚书下省，挟以出战，恒录在左右，故不能自拔。战败后，使义恭于东堂简将，乃得单马南奔。至新林，浦名。在今首都西南。即上书劝孝武即位。孝武以义恭为太尉，录尚书六条。事宁，进位大传，领大司马。仍以空名尊之而已。初武帝遗诏，诸子以次居荆州。见第八章第一节。谢晦平后，以授义康。义康入相，义恭居之。临川王义庆，宗室令望，而烈武王有大功于社稷，又居之。其后应在义宣。文帝以义宣人才素短，不堪居上流，元嘉十六年（439），以义季代义庆，而以义宣为南徐州刺史。会稽公主每以为言。上迟回久之，二十一年（444），乃以义宣刺荆州，而以义季为南兖州刺史。二十二年（445），迁徐州。义季自义康废后，为长夜之饮，遂以成疾。迁徐州之明年，索虏侵边，北境骚动，义季无他经略，惟饮酒而已。二十四年（447）薨。而义宣至镇，勤自课厉，政事修理。在镇十年，兵强财富。《宋书·义宣传》云："义宣首唱大义，威名著天下。"案《恩幸传》言：董元嗣与戴法兴、戴明宝，俱为世祖南中郎将典签。元嘉三十年（458），奉使还都。直元凶弑立，遣元嗣南还，报上以徐湛之等反。上时在巴口，在今湖北黄冈县东。元嗣具言弑状。上遣元嗣下都，奉表于劭。既而上举义兵。劭责元嗣。元嗣答曰："始下未有反谋。"劭不信，备加考掠。不服。遂死。《南史·沈庆之传》曰：孝武出次五洲，总统群帅。庆之从巴水出，至五洲谘受军略。会孝武典签董元嗣自建业还，陈元凶弑逆，时元凶密与庆之书，令杀孝武。庆之入求见，孝武称疾不敢见。庆之突前，以元凶手书呈简。孝武泣，求入内与母辞。庆之曰："下官受先帝厚恩，尝愿报德。今日之事，惟力是视。殿下何疑之深？"帝起，再拜曰："家国安危，在于将军。"庆之即勒内外处分。府主簿颜竣，延之子。闻庆之至，驰入见帝，曰："今四方尚未知义师之举，而劭据有天府。首尾不相应赴，此危道也。宜待诸镇唇齿，然后举事。"庆之厉声曰："今方兴大事，而黄头小儿皆参预，此祸至矣。宜斩以徇众。"帝曰："竣何不拜谢？"竣起再拜。庆之曰："君但当知笔札之事。"于是处分，旬日，内外皆整办。时谓神兵。《义宣传》云：元凶弑立以义宣为中书监、太尉、领司徒。义宣闻之，即时起兵。征聚甲卒，传檄远近。会世祖入讨，义宣遣参军徐遗宝，率众三千，助为前锋。元嗣之还，与元凶下荆州之令，抵达先后，不能甚远。孝武当日，尚遣元嗣奉表于劭；庆之处分，虽云神速，亦绵旬日；而义宣闻命即起，则似义宣义举，实在孝武之前。但观颜竣之语，则当孝武与庆之定谋之时，尚未知义宣义问耳。当天崩地坼之时，称兵者孰甘为牛后？即拥戴之者亦然。观沈庆之叱颜竣之语，其欲立功名之心，显然可见。果不知江陵义举，抑或知之而故不相承奉，亦殊难言之矣。父死子继，邦之旧典。孝武于文帝诸子，次居第三，二凶既行弑逆，孝武以讨贼居位，原不能谓为不正，然欲义宣甘心承奉，则其势甚难，而诸臣就素所亲昵者而各有所奉，亦势也。《臧质传》云：质始闻国祸，便有异图。以义宣凡暗，易可制勒，欲外相推奉，以成其志，以义宣已推崇世祖，故其计不行。《柳元景传》云：质潜报元景，使率所领西还。元景即以质书呈世祖。谓其使曰："臧冠军当是未知殿下义举耳。方应伐逆，不容西还。"质以此恨之。此皆诬辞。臧质、鲁爽，盖皆与义宣素洽。观义宣兵一起，二人即俱往江陵可知。质女为义宣子采妇，自尤易相结也。

孝武既即位，改封义宣为南郡王，以为丞相、扬州刺史。随王诞为竟陵王，以为荆州刺史。而以臧质刺江州。沈庆之刺南兖州。柳元景刺雍州，垣护之刺冀州。迁鲁爽刺南豫州。鲁秀刺司州。刘秀之刺益州。徐遗宝刺兖州。王玄谟刺徐州。义宣不肯就征，诞亦固求回改，谓位号正与濬同。乃以诞为扬州，义宣仍刺荆州。臧质建议：爪牙不宜远出。上重违其言，更以柳元景为领军将军，而以朱修之为雍州。孝建元年（454），义宣与臧质、鲁爽、徐遗宝同举兵反。《义宣传》云：义宣报爽及遗宝，本刻秋冬举兵，而爽狂酒失旨，正月便反，遗宝亦勒兵向彭城，义宣及质，狼狈举兵。此亦可惑。爽虽狂酒，刻反期何等事，而可失旨？况爽即失旨，岂遗宝亦失旨邪？《通鉴考异》曰："《宋本纪》：二月，庚午，爽、臧质、南郡王义宣、徐遗宝举兵反。《义宣传》云：其年正月便反。《宋略》云：二月，义宣等反。按爽之反，帝犹遣质收鲁弘，则非同日反明矣。又按《长历》：是月戊辰朔，然则庚午三日也。《义宣传》起兵在二月二十六日，但不知爽反在正月与二月耳。"案义宣之反，若在二月二十六日，则狼狈举兵之说似可信，然爽起兵必以承奉义宣为言，义宣恐未必能迟至是时始举兵也。质使鲁弘东下大雷，见第四章第三节。义宣遣谘议参军刘湛之就之。又使鲁秀攻朱修之。而自率众十万，会质俱下。鲁爽使弟瑜据小岘，自次大岘。大岘，见第七章第四节。小岘在其西。帝以兵力配历阳太守张幼绪，历阳，见第三章第九节。使薛安都率步，又别遣水军援之。幼绪悝怯，引还。下之狱。而征沈庆之督统诸军。爽以食少引退，庆之使安都轻骑追之。及于小岘。爽亲断后。及战，爽饮酒过醉，为安都刺杀。瑜亦为部下所杀。遂平寿阳。时又以夏侯祖权为兖州刺史。徐遗宝袭彭城，祖权击破之。遗宝，垣护之妻弟也。初与护之书，劝使同逆。护之驰使以闻，而自率步骑袭湖陆。见第五章第六节。时为兖州治。遗宝弃城奔鲁爽。
爽败，逃东海郡界，为土人所杀。东海，见第三章第三节。义宣等至鹊头，山名，在今
安徽铜陵县西北。而爽、遗宝败问至。时上以王玄谟为豫州刺史，率舟师顿梁山。
见上节。征垣护之据历阳。使柳元景为大统。元景屯姑孰，见第四章第一节。《垣护之
传》作南州，即姑孰也。使郑琨、武念戍南浦。在今安徽当涂县境。臧质径入梁山。义
宣屯芜湖。见第三章第九节。质欲以万人取南浦，万人缀玄谟，浮舟直指石头。义
宣将从之。刘谌之曰："质求前驱，此志难测。不如尽锐攻梁山，事克然后长驱，
万全之计也。"乃止。五月十九日，质攻梁山，克其西垒。欲仍攻东垒。义宣党
颜乐之曰："质若复拔东城，则大功尽归之矣，宜遣麾下自行。"乃遣刘谌之就
质。案此时义宣所猜，是否在质，已有可疑；且质以十九日克西城，而义宣之至梁山在二十一
日，相距不过二日耳，尚何虑质专其功？又质欲攻东城，何必请命于义宣？故此说殊未必实
也。质遣庞法起等攻南浦，败绩。二十一日，义宣至梁山。质出军东岸。玄谟使
垣护之、薛安都等出垒奋击，大败之。护之等因风纵火。船舰先见焚烧，延及西
岸营垒。众遂奔溃。质欲见义宣计事，义宣密已出走矣。质不知所为，亦走。鲁
秀之攻襄阳，朱修之断马鞍山道，《水经注》：樱溪水出襄阳西柳子山下，东为鸭湖，湖
在马鞍山东北。秀不得前，乃退。刘秀之遣参军韦山松袭江陵，为秀所杀。及是，
义宣步向江陵。秀及其司马竺超民等，仍欲收合余烬，更图一决。而义宣惛垫，
无复神守。左右腹心，相率奔散。欲随秀北走，复与秀相失。未出郭，将士逃散
尽，复还向城。超民乃送之就狱。时孝武已以朱修之为荆州刺史矣，至江陵，于
狱尽之。子十八人，除竦、悉、达早卒外，皆死。秀众叛且尽，为刘秀之所射，
中箭赴水死。臧质至寻阳，焚烧府舍，载伎妾西奔。使所宠何文敬领兵居前。至
西阳，见第四章第三节。西阳太守鲁方平，质之党也，怀贰，诳文敬曰："诏书敕
旨，惟捕元恶一人，余并无所问。"文敬弃众而走。质先以妹夫羊冲为武昌郡，
见第三章第九节。往投之，已为郡丞胡庇之所杀。质无所归，入南湖在武昌东。逃
窜，为追兵所杀。豫章太守任荟之，临川内史刘怀之，鄱阳太守林仲儒，为质尽
力，皆伏诛。豫章，见第三章第九节。临川，见第七章第一节。鄱阳，见第四章第三节。孝
武又欲杀竺超民及质长史陆展兄弟，尚书令何尚之言之，乃得原。案臧质数有战
功，拒房尤著绩；鲁爽，史称其少染殊俗，无复华风，亦不失为一战将；秀之才
略，尤优于其兄；不能用以拒房，而俱毙于内战，实可惜也。

义宣既败，义恭乃上表省录尚书。又与竟陵王诞奏裁诸王、侯车服、器用、
乐舞、制度，凡九事。有司附益，为二十四条。时西阳王子尚孝武次子。有盛宠，
义恭又解扬州以避之。《义恭传》言其性嗜不恒，日移时变。自始至终，屡迁第
宅。与人游款，意好亦多不终。而奢侈无度，不爱财宝。左右亲幸者，一日乞
与，或至一二百万。小有忤意，辄追夺之。大明时，资供丰厚，而用常不足。赊
市百姓物，无钱可还，民有通辞求钱者，辄题后作原字。善骑马。解音律。游行

或三五百里。盖亦故为是以避祸也。① 初晋氏南迁，以扬州为京畿，谷帛所资皆出焉。以荆州为重镇，甲兵所聚尽在焉。常使大将居之。二州户口，居江南之半。上恶其强大，分扬州浙东五郡会稽、东阳、永嘉、临海、新安。置东扬州，治会稽。荆、湘、江、豫州之八郡荆江夏、武陵、天门、竟陵、随、湘巴陵、江武昌、豫西阳。置郢州。治江夏。罢南蛮校尉，迁其营于建康。荆、扬并因此虚耗。何尚之建言复合二州，上不许。

南平穆王铄，初领兵戍石头。元凶弑立，以为中军护军将军。世祖入讨，劝屯兵京邑，使铄巡行抚劳。以为南兖州刺史。柳元景至新亭，见第七章第一节。劝亲自攻之，挟铄自随。江夏王义恭南奔，使守东府。义军入宫，铄与濬俱归世祖。铄素不推事世祖，又为元凶所任使，世祖以药内食中毒杀之。

武昌王浑，文帝第十子。少而凶戾。尝出石头，怨左右人，援防身刀斫之。孝武即位，授南彭城东海二郡太守，出镇京口。孝建元年（454），迁雍州刺史。浑至镇，与左右人作文檄，自号楚王，号年为永光元年（465），备置百官，以为戏笑。孝武闻之，逼令自杀。时年十七。时为义宣叛之明年，越五年而竟陵王之祸作。

竟陵王诞，文帝第六子。其《传》云：义宣之反，有荆、江、兖、豫四州之力，势震天下。孝武即位日浅，朝野大惧。上欲奉乘舆法物，以迎义宣。诞固执不可，然后处分。上流平定，诞之力也。此亦诬罔之辞。以孝武之猜鸷，安肯慑于虚声，遽弃大位？当时盖有是语而非由衷之言，诞亦知旨而执之，及后既叛，乃以是为功，好诞者因以为实事耳。当时史文，固多如是，不可不分别观之也。诞叛后，为表投之城外云："丞相构难，臧、鲁协从，朝野恍忽，咸怀忧惧。陛下欲百官羽仪，星驰推奉。臣前后固执，方赐允俞。社稷获全，是谁之力？"诞造立第舍，穷极工巧，园池之美，冠绝一时。多聚才力之士，实之第内。精甲利器，莫非上品。此等又皆孝武一面之辞，其信否亦不可知也。上意不平。孝建二年（455），出诞为南徐州刺史。大明元年（457），又徙之南兖州，而以刘延孙为南徐，与之合族。② 高祖遗诏，非宗室近戚，不得居京口，见第八章第一节。《延孙传》云：延孙与帝室，虽同是彭城人，别属吕县。刘氏居彭城县者，又分为三里：帝室居绥舆里，左将军刘怀肃居安上里，豫州刺史刘怀武居丛亭里。及吕县为四刘。虽同出楚元王，由来不序昭穆。延孙于帝室，本非同宗。时竟陵王诞为徐州，上深相畏忌，不欲使居京口，迁之于广陵，广陵与京口对岸，使腹心为徐州，据京口以防诞，故以南徐授延孙，而与之合族，使诸王序亲。吕，汉县，在今江苏铜山县北。诞既见猜，亦潜为之备。因索虏寇边，修治城隍，聚粮治杖。嫌隙既著，道路常云诞反。三年（459），建康民陈文绍，吴郡民刘成，豫章民陈谈之

---

① 商业：宋武帝第五子江夏文献王义恭，孝武帝时赊市百姓物，盖以自晦也。

② 宗族：宋孝武与刘延孙合族。

上书告诞有反谋。四月，上使有司奏诞罪状，贬爵为侯，遣令之国，而以垣阆为兖州刺史，配以羽林禁兵，遣给事中戴明宝随阆袭之。事泄，为诞所败。阆遇害，明宝奔还。上乃遣沈庆之率大众讨诞。庆之进广陵。豫州刺史宗悫，徐州刺史刘道隆并率众来会。诞见众军大集，欲弃城走，而其众并不欲去，乃复还。时垣护之、崔道固、庞孟虬、殷孝祖等破索虏还，时使北援青州，见第五节。至广陵，上使并受庆之节度。又遣屯骑校尉谭金，前虎贲中郎将郑景玄率羽林兵隶庆之。庆之填堑治攻道，直夏雨不得攻城，上玺书催督，前后相继。及晴，又使太史择发日，将自济江。太宰江夏王义恭表谏，乃止。七月，庆之攻广陵，克之，杀诞。诞初使黄门吕昙济，与左右素所信者，将世子景粹，藏于民间。出门，并各散走。惟昙济不去。十余日，乃为沈庆之所捕得，斩之。贬诞姓为留氏。帝命城中无大小并斩。沈庆之执谏，乃自五尺以下全之。杀城内男为京观，死者数千。女口为军赏。初义宣之反也，义恭参军宗越，亦隶行间。追奔至江陵。时朱修之未至，越多所诛戮；又逼略义宣子女；坐免官，系尚方。寻被宥，复官。诞之叛，越以长水校尉领马军隶庆之。及孝武命杀城内男丁，越受旨行诛。躬临其事。莫不先加捶拔，或有鞭其面者，而越欣欣然若有所得。诞之初叛也，孝武忿其左右腹心，同籍期亲并诛之，死者以千数，或有家人已死，方自城内叛出者。琅邪王玙之，五子悉在建业。玙之常乘城，沈庆之缚其五子，示而招之。许以富贵。玙之曰："吾受主王厚恩，不可以二心。三十之年，未获死所耳，安可以私亲诱之？"五子号叫，于外呼其父。及城平，庆之悉扑杀之。诞遣使要结远近。山阳内史梁旷，山阳，见第五章第六节。家在广陵，诞执其妻子，而旷斩使拒诞。诞怒，灭其家。刘遵考子琨之，为诞主簿。诞作乱，以为中兵参军。不就。系狱数十日，终不受。诞杀之。彭城邵领宗在城内，阴结死士欲袭诞，事泄，诞支解之。一时君臣之酷虐如此，[1] 人理不几于灭绝邪？

海陵王休茂，文帝第十四子。大明二年（458），为雍州刺史。司马庾深之行府事。休茂性急疾，欲自专，深之及主帅每案之，常怀忿怒。左右张伯超多罪过，主帅常加呵责。伯超惧罪，劝休茂杀行事及主帅，且举兵自卫。"此去都数千里，纵大事不成，不失入虏中为王。"休茂从之。夜挟伯超及左右，率夹毂队杀深之及典签。集征兵众，建牙驰檄。参军尹元庆起义禽斩之。《宋书·本纪》云：义成太守薛继考讨斩之。《休茂传》云：继考为休茂尽力攻城，及休茂死，诈称立义，乘骄还都，事泄，伏诛。旧史盖据其事未泄前之诡辞，而修《宋书》者误袭之也。《南史》云：尹元庆起义斩之，当得其实。义成，见第五章第四节。时五年四月也。休茂时年十七。母、妻皆自杀。同党悉伏诛。

休茂既死，义恭上表言：① "诸王贵重，不应居边。华州优地，时可暂出。既已有州，不须置府。若位登三事，止于长史、掾属。若宜镇御，别差押城大将。若情乐冲虚，不宜逼以武事。若舍文好武，尤宜禁塞。僚佐文学，足充话言，游梁之徒，一皆勿许。文武从镇，以时休止，妻子室累，不烦自随。百僚修诣，宜遵晋令，悉须宣令齐到，备列宾主之则。衡泌之士，亦无烦干候贵王。器甲于私，为用盖寡，自金银装刀剑战具之服，皆应输送还本。曲突徙薪，防之有素，庶善者无惧，恶者止奸。"其所以间之者弥密，然人心好乱，枭桀乘机，徒恃具文终不足树维城之固也。

第三节　前废帝之败

凡置君如弈棋之世，往往君臣上下，彼此相猜。因相猜而相图，则君位之不固弥甚。而其相猜亦弥甚。迭相为因，而争夺相杀之祸，不绝于时矣。② 刘宋之所以败，正坐此也。

宋文帝之为人，已不免失之猜忌，而孝武及明帝二世尤甚。《南史·本纪》言：孝武帝末年，为长夜之饮。每旦寝兴，盥漱毕，仍复命饮。俄顷数斗。凭几惽睡，若大醉者。或外有奏事，便肃然整容，无复酒色。外内服其神明，无敢弛惰。是其人未尝无监察之小才。然性严暴，睚眦之间，动至罪戮。《佞幸·戴法兴传》。又好狎侮群臣，随其状貌，各有比类。如多须者谓之羊；颜师伯戢齿号之曰龋；刘秀之俭吝，呼为老悭。宠一昆仑奴，常在左右，令以杖击群臣，自柳元景以下，皆罹其毒。《王玄谟传》。江智渊初为竟陵王诞从事中郎。诞将为逆，智渊悟其机，请假先返。诞事发，即除中书侍郎。迁尚书吏部郎。智渊爱好文雅，辞采清赡。上初深相知待，恩礼冠朝。后以方退，渐不会旨，见出，以忧卒。参看下文。沈怀文为侍中，随事纳谏，匡正尤多，帝多不听。帝每宴集，在坐者咸令沉醉，怀文素不饮酒，又不好戏，帝谓故为异己，遂以事收付廷尉赐死。其好狎侮如此。即位之初，普责百官谠言，而庐陵内史周朗，庐陵，见第三章第九节。以上书忤旨，大明四年（460），使有司奏其居丧无礼，传送宁州，见第三章第六节。于道杀之。颜竣旧为僚佐；讨劭之役，上发寻阳，便有疾，竣常出入卧内，断决军机；即位，为侍中，转吏部尚书；义宣、臧质反，诸子藏匿建康、秣陵、湖熟、江宁县界，秣陵，见第四章第三节。湖熟，汉县，在今江宁县东南。江宁，见第一节。又以为丹阳尹，可谓股肱心膂之臣。而以谏诤恳切，藉竟陵王诞之叛陷之，先打折足，然后于狱

_____

① 封建：宋孝武时裁抑诸王。

② 史事：南朝诸主辩诬。

赐死。沈怀文与竣及周朗素善，帝尝谓之曰："竣若知我杀之，亦当不敢如此。"及怀文被系，其三子行谢，情哀貌苦，见者伤之。柳元景欲救怀文，言于帝曰："沈怀文三子，涂炭不可见，愿陛下速正其罪。"帝曰："宜急杀之，使其意分。"竟杀之。其好谀恶直，刻薄寡恩又如此。其所任者：颜师伯，帝为徐州时主簿。以善于附会，大被知遇。及践阼，以为黄门侍郎。累迁侍中、吏部尚书为尚书右仆射。戴法兴、戴明宝、蔡闲，皆为南台侍御史，兼中书通事舍人。巢尚之，亦为中书通事舍人。选授、迁转、诛赏大处分，皆与法兴、尚之参怀。内外诸杂事，多委明宝。蔡闲早卒。师伯居权日久，天下辐凑。游其门者，爵位莫不逾分。多纳货贿家产丰积。伎姜声乐，尽天下之选。园池第宅，冠绝当时。法兴、明宝，亦大通人事，多纳货贿。明宝骄纵尤甚。所任如此，安有可托孤寄命之臣邪？身死未几，而嗣子遽败，固其所也。

　　大明八年（464），闰五月，孝武帝崩。太子子业立，是为前废帝。时年十六。遗诏：江夏王义恭解尚书令，加中书监。柳元景领尚书令，入住城内。事无巨细，悉关二公。大事与沈庆之参怀。若有军旅，可为总统。尚书中事委颜师伯。外监所统委王玄谟。废帝即位，复置录尚书，以义恭为之。颜师伯迁尚书右仆射，领丹阳尹。元景、庆之、师伯、玄谟，固皆孝武帝所视为亲信之原臣也，然未再期而变起。景和元年（465），八月，免戴法兴官，旋赐死。巢尚之亦解舍人。转颜师伯为尚书仆射，而以王景文为右仆射，分其台任。景文名彧，与明帝名同，以字行。其妹为明帝后。观废帝用人，可知其不尽与诸叔立异也。又夺其丹阳尹。义恭、元景、师伯等忧惧，谋废帝而立义恭。以告沈庆之。庆之发其事。帝亲率宿卫诛之。《佞幸传》言：帝即位，法兴迁越骑校尉。时义恭录尚书事，任同总己，而法兴执权日久，威行内外，义恭积相畏服，至是慑惮尤甚。废帝未亲万几，凡诏敕施为，悉决法兴之手；尚书中事无大小专断之；师伯、义恭，守空名而已。《传》又云：前废帝即祚，权任悉归法兴，而明宝轻矣。一似义恭、师伯，与法兴各不相干者。然又云：帝所爱幸阉人华愿儿，有盛宠，赐与金帛无算。[1] 法兴常加裁减，愿儿甚恨之。帝常使愿儿出市里，察听风谣。而道路之言，谓法兴为真天子，帝为应天子。应，《南史》作赝。愿儿因此告帝曰："外间云：宫中有两天子，官是一人，戴法兴是一人。官在深宫中，人物不相接。法兴与太宰颜、柳一体。吸习往来，门客恒有数百。内外士庶，莫不畏服之。法兴是孝武左右，复久在宫闱，今将他人作一家，深恐此坐席非复官许。"则法兴与义恭等，实已互相交关，愿儿于法兴，纵有私怨，然其告前废帝之语，必不能凭空造作，史固云道路先有法兴为真天子，帝为应天子之语，而后愿儿因之进说也。此语亦非史家所能造，即或传述出于附

---

① 史事：嬖幸无不好贿。

会，亦必当时实有此情形，附会者乃能为是说也。故法兴死而义恭等之变遂作。夫南北朝之主，所以好用寒人者？一以其时之士大夫，优游不能任事；一亦由其时争夺相杀，习为故常，寒人分望有限，不至觊觎非分耳。今戴法兴等亦与义恭等相交关，又曷怪废帝之欲加以翦除哉？史言帝年渐长，凶志转成。欲有所为，法兴每相禁制。每谓帝曰："官所为如此，欲作营阳邪？"一似法兴虽无礼于其君，意实在防闲其非者。然废帝即位，年已十六，欲有所为，何待期年之后？则此说不足信也。期年之中，不蜚不鸣，而一旦发之仓卒；而征讨之师，且继之而出；则知废帝非绝无能为，且非轻躁之流矣。

晋熙王昶者，文帝第九子，时为义阳王，晋熙乃其投北后明帝所改封。为徐州刺史。《昶传》云：昶轻訬褊急，不能只事世祖，大明中，常被嫌责。民间喧然，常云昶当有异志。永光、景和中，废帝初改元为永光，诛义恭后，又改元为景和，实一年也。此声转甚。废帝既诛群公，弥纵狂悖。常语左右曰："我即大位来，遂未尝戒严，使人邑邑。"义恭诛后，昶表请入朝，遣典签蘧法生衔使。《魏书》作虞法生。帝谓法生曰："义阳与太宰谋反，我正欲讨之，今知求还，甚善。"又屡诘问法生："义阳谋反，何故不启？"法生惧祸，叛走还彭城。帝因此北讨。亲率众过江。法生既至，昶即聚众起兵。统内诸郡，并不受命；将佐文武，悉怀异心。昶知其不捷，乃夜与数十骑开门北奔索虏。时九月也。昶之必叛，读其传文可见，更不得归咎于废帝之激变矣。

《孝武十四王传》云：始平孝敬王子鸾，孝武帝第八子。大明四年（460），年五岁，封襄阳王。仍为东中郎将、吴郡太守。吴郡，见第三章第九节。其年，改封新安王。五年（461），迁北中郎将，为徐州刺史，领南琅邪太守。南琅邪，东晋以江乘侨立，齐徙治白下。母殷淑仪，宠倾后宫，子鸾爱冠诸子。凡为上所盼遇者，莫不入子鸾之府、国。及为南徐州刺史，又割吴郡以属之。六年（462），丁母忧。追进淑仪为贵妃，班亚皇后。谥曰宣。上自临南掖门临过丧车，悲不自胜。拟《汉武帝李夫人赋》。又讽有司，创立新庙。葬毕，诏子鸾摄职，以本官兼司徒。又加都督南徐州诸军事。八年（464），加中书令，领司徒。前废帝即位，解中书令，领司徒，加持节之镇。帝素疾子鸾有宠，既诛群公，乃遣使赐死。时年十岁。子鸾临死，谓左右曰："愿身不复生王家。"同生弟、妹并死。与子鸾同生者：孝武帝第十四子齐敬王子羽，大明三年（459）卒。第十九子晋陵孝王子云，六年（462）卒。是时死者，为第二十二子南海哀王子师，及第十二皇女。案孝武宫闱，颇多遗行。孝武所生路淑媛，即位之后，尊为皇太后。《传》云：上于闱门之内，礼敬甚寡。有所御幸，或留止太后房内。故民间喧然，咸有丑声。《南史·后妃传》云：淑仪南郡王义宣女。义宣败后，帝密取之，假姓殷氏。左右宣泄者多死。故当时莫知所出。或云：是殷琰家人，入义宣家，义宣败入宫云。《宋书目录》孝武文穆皇后下有宣贵妃，而《传》无其文。《江智渊传》云：上宠姬宣贵妃殷氏卒，使群臣议谥，智渊上议曰怀，上以不尽嘉号，甚衔之。后车驾幸南山，乘马至殷氏墓，群臣皆骑从。上以马鞭指墓石柱谓智渊曰："此上不容有怀字。"智渊益惶惧。大明七年（463），以忧卒。即此人也。《袁颙传》云：大明末，新安王子鸾以母婴有盛宠，太子在东宫多过失，上微有废太子立子鸾之意，从容颙言之。颙盛称太子好学，有日新之美。《南史》此下又云："帝怒，振衣而入，颙亦厉色而出。左丞徐爱言于帝，请宥之，帝意解。"则子鸾在孝武时实有夺宗之势，府国人才既多，容有居为奇货者，废帝之除之，或亦有所不得已邪？愿身不复生土家之言，非十岁小儿所能作，即其徒党所造作也。①

《宋书·后妃传》云：前废帝何皇后，父瑀，尚高祖少女豫章康长公主。豪竞于时。子迈，尚太祖第十女新蔡公主。迈少以贵戚居显宦，好犬马驰逐。多聚才力之士。有墅在江乘县界，江乘，见第三章第九节。去京师三十里，迈每游履，辄结驷连骑，武士成群。大明末，为豫章王子尚抚军谘议参军。废帝纳公主于后宫，伪言薨殒，杀一婢，送出迈第殡葬行丧礼。常疑迈有异图。迈亦招聚同志，欲因行幸废立。事觉，废帝自出讨迈，诛之。时十一月三日也。孝武帝第三子晋安王子勋，时为江州刺史。其《传》云：迈谋因帝出行为变，迎立子勋。事泄，帝自率宿卫兵诛迈，使八坐奏子勋与迈通谋。又手诏子勋曰："何迈欲杀我立汝，汝自计孰若孝武邪？可自为其所。"遣左右朱景云送药赐子勋死。景云至盆口，见第三章第九节。停不进，遣信报长史邓琬。琬等因奉子勋起兵，以废立为名。案迈旧为子尚僚属，子尚是时，近在京邑，而齿长于子勋，迈欲行废立，何不拥戴之，乃远迎子勋邪？即此一端观之，而知此段史事，全不足信矣。

既杀何迈，遂诛沈庆之。《庆之传》云：帝凶暴日甚，庆之犹尽言谏争，帝意稍不说。及诛何迈，虑庆之不同，量其必至，乃闭清溪诸桥以绝之。庆之果往，不得度而还。帝乃遣庆之从子攸之赍药赐庆之死。此非实录，自不待言。庆之此时，年已八十，当其七十时，已于娄湖在今首都东南②广开田园之业，俨然一田舍翁矣，尚安有远志？且庆之于孝武，始终尽忠。既发义恭之谋，又从废帝度江讨义阳王昶，则于废帝亦非怀贰。既无侵逼之虞；而且藉其声望，足资镇慑；其于废帝，可谓有害无利，乃亦从而杀之，此实最不可解者也。案废帝事之真相，全在袁颙、蔡兴宗、徐爱三人传中。《颙传》言其沮孝武帝废立之意，已见前。又云：世祖又以沈庆之才用不多，言论颇相蚩毁，颙又陈庆之忠勤有干略，堪当重任。由是前废帝深感颙，庆之亦怀其德。景和元年（465），诛群公，欲引进颙，任以朝政。迁为吏部尚书。又下诏曰："宗社多故，衅因冢司。景命

① 阶级：愿生不复生王家语，非十岁小儿，盖徒党造作。
② 地权：沈庆之于娄湖开田园，娄湖在今首都东南按：此处首都，指南京。

未沦，神祚再又。自非忠谋密契，岂伊克珍？侍中祭酒领前军将军新除吏部尚书颜，游击将军领著作郎兼尚书左丞徐爰，诚心内款，参闻嘉策，匡赞之效，实监朕怀。宜甄茅社，以奖义概。颜可封新隆县子，爰可封吴平县男，食邑各五百户。"是诛群公之际，颜与爰皆参与密谋也。徐爰《宋书》入《恩幸传》，前人久议其失矣。爰乃学人，而史谓其便辟善事人，能得人主微旨。既长于附会，又饰以典文，故为大祖所任遇。大明世委寄尤重。朝廷大礼仪，非爰议不行。虽复当时硕学，所解过人者，既不敢立异，所言亦不见从。此皆文致周内之辞也。又云：前废帝凶暴无道，殿省旧人，多见罪黜，惟爰巧于将迎，始终无迕。诛群公后，以爰为黄门侍郎，领射声校尉。宠待隆密，群臣莫二。帝每出行，常与沈庆之、山阴公主同辇，爰亦预焉。可以见其君臣之相契矣。《传》又云：俄而意趣乖异，宠待颇衰。始令颜与沈庆之、徐爰参知选事，寻复反以为罪，使有司纠奏，坐白衣领职。从幸湖熟，往返数日，不被唤召。颜虑及祸，诡辞求出。沈庆之为颜固陈，乃见许。除建安王休仁长史、襄阳太守。休仁不行，即以颜为雍州刺史。颜舅蔡兴宗谓之曰："襄阳星恶，岂可冒邪？"颜曰："白刃当前，不救流矢，事有缓急故也。今者之行，本愿生出虎口。且天道辽远，何必皆验？如其有征，当修德以禳之耳。"于是狼狈上路。恒虑见追，行至寻阳，喜曰："今始免矣。"夫一州之主，岂足以当星象？颜之出，乃废帝所以树外援，观下节自明。然则废帝非真疏颜；颜之遄征，亦非所以避废帝；灼然可见矣。其出也，又安待庆之为之请？然既曰庆之为之请，则庆之是时之参与密谋，又可见也。然庆之发义恭等反谋，史言以与义恭等素不厚故，夫使庆之与义恭等果素不厚，义恭等安敢以反谋告之？则庆之与义恭等，亦非无交关。庆之是时，年老矣，气衰矣，专为免祸计而已矣，其发义恭之谋也，安知非逆料其事之不能成？然则势有可畏甚于义恭者，安保其不依违两可，甚且折而从之邪？《蔡兴宗传》云：兴宗为吏部尚书。前废帝即位，兴宗时亲奉玺绶。嗣主容色自若，了无哀貌。兴宗出，谓亲故曰："鲁昭在戚而有嘉容，终之以衅结大臣，昭子请死，国家之祸，其在此乎？"时义恭引身避事，政归近习。戴法兴、巢尚之专制朝权，威行远近。兴宗每至上朝，辄与令、录以下，陈欲登进贤士之意。又箴规得失，博论朝政。义恭素性恇桡，阿顺法兴，常虑失旨。闻兴宗言，辄战惧无计。先是大明世奢侈无度，多所造立，赋调烦严，征役过苦。至是，发诏悉皆削除。由是紫极殿、南北驰道之属，皆被毁坏。《本纪》：景和元年（465），八月，乙丑，复南北二驰道。自孝建已来，至大明末，凡诸制度，无或存者。兴宗于都坐慨然谓颜师伯曰："先帝虽非盛德主，要以道始终。三年无改，古典所贵。今殡宫始彻，山陵未远，而凡诸制度、兴造，不论是非，一皆刊削，虽复禅代，亦不至尔，天下有识，当以此窥人。"师伯不能用。兴宗每陈选事，法兴、尚之等辄点定回换，仅有在者。兴宗于朝堂谓义恭及师伯曰："主上谅暗，不亲万几，而选举密事，多被删改，复非公笔，亦不知是何天子意？"旋以选事忤义恭，出为吴郡太守。固辞郡。执政愈怒，又转为新安王子鸾辅军司马南东海太守，南东海，宋郡，今江苏丹徒县。行南徐州事。又不拜。苦求益州。义恭于是大怒，表陈其失。诏除兴宗新昌太守。新昌，吴郡，在今越南境。郡属交州，朝廷莫不嗟骇。先是兴宗纳何后寺尼智妃为妾，姿貌甚美，有名京师。迎车已去，而师伯密遣人诱之，潜往载取。兴宗迎人不觉。及兴宗被徙，论者并云由师伯。师伯甚病之。法兴等既不欲以徙大臣为名，师伯又欲止息物议，由此停行。顷之，法兴见杀，尚之被系，义恭、师伯诛，复起兴宗为临海王子顼前军长史、南郡太守，行荆州事。不行。时前废帝凶暴，兴宗外甥袁颛为雍州刺史。劝兴宗行，曰：“朝廷形势，人所共见。在内大臣，朝夕难保。舅今出居陕西，当时人称荆州为陕西。为八州事；颛在襄、沔，地胜兵强，去江陵咫尺，水陆通便；若朝廷有事，可共立桓、文之功。岂与受制凶狂，祸患不测，同年而语乎？”兴宗曰：“吾素门平进，与主上甚疏，未容有患。宫省内外，人不自保，会应有变。若内难得弭，外衅未必可量。汝欲在外求全，我欲居内免祸，各行所见，不亦善乎？”综观传文，兴宗盖夸者死权之徒，所深憾者在于戴法兴、巢尚之，而于义恭及颜师伯，并无积怒深怨。朝廷以其尝为义恭、师伯所颛，又于袁颛为甥舅，欲用为荆州，使与颛协力，而兴宗则初无尽忠于废帝之心。且其人之好恶，颇与人殊。景和革孝建、大明之奢，平心论之，必不能谓非善政，而兴宗亦以为非，则其于废帝，实早存一疾视之成见。职是一念，遂为大宗所中，其答袁颛，尚仅以自全为念者，未几即与大宗为徒党，而为之四出说诱焉。《兴宗传》又曰：重除吏部尚书。太尉沈庆之，深虑危祸，闭门不通宾客。尝遣左右范羡诣兴宗属事。兴宗谓羡曰：“公闭门绝客，以避悠悠请托耳，身非有求，何为见拒？”还造庆之。庆之遣羡报命，要兴宗令往。兴宗因说之曰：“公威名素著，天下所服。今举朝皇皇，人人危怖，指麾之日，谁不景从？如其不断，且暮祸及。”庆之曰：“仆比日前虑，不复自保，但尽忠奉国，始终以之，正当委天任命耳。加老罢私门，兵力顿阙，虽有其意，事亦无从。”兴宗曰：“殿内将帅，正听外间消息。若一人唱首，则俯仰可定。况公威风先著，统戎累朝。诸旧部曲，布在宫省。宗越、谭金之徒，出公宇下，并受生成；攸之、恩仁，公家口子弟耳；谁敢不从？且公门徒义附，并三吴勇士；三吴，见第三章第九节。宅内奴童，人有数百。陆攸之今入东讨贼，又大送铠杖，在青溪未发。攸之公之乡人，骁勇有胆力，取其器杖，以配衣宇下，使攸之率以前驱，天下之事定矣。仆在尚书中，自当率百僚案前世故事，更简贤明，以奉社稷。今若迟疑不决，当有先公起事者，公亦不免附从之祸。车驾屡幸贵第，醉酣弥留，又闻屏左右独入阎内，此万世一时，机不可失。”庆之曰：“此事大，非仆所能行。事至，故当抱忠以殁耳。”时领军王玄谟，大将有威名，邑里讹言，云已见诛，市道喧扰。此讹言盖欲为变者所为。玄谟典签包法荣，家在东阳，见第五章第六节。兴宗故郡民也。为玄谟所信。见使至。兴宗因谓曰："领军殊当忧惧。"法荣曰："领军此日，殆不复食，夜亦不眠。常言收已在门，不保俄顷。"兴宗曰："领军忧惧，当为方略那得坐待祸至？"初玄谟旧部曲，犹有三千人。废帝颇疑之，彻配监者。玄谟大息深恨。启留五百人岩山营墓。岩山，在秣陵。事犹未毕，帝欲猎，又悉唤还城。岩兵在中堂。在台城外、秦淮北，见元嘉元年（424）《通鉴注》。兴宗劝以此众举事，曰："当今以领军威名，率此为朝廷唱始，事便立克。领军虽复失脚，自可乘舆处分。祸殆不测，勿失事机。君还可白领军如此。"玄谟遣法荣报曰："此亦未易可行，期当不泄君言。"大宗践阼，玄谟责所亲故吏郭季产、女婿章希真等曰："当艰难时，周旋辈无一言相扣发者。"季产曰："蔡尚书令包法荣所道，非不会机，但大事难行耳，季产言之亦何益？"玄谟有惭色。右卫将军刘道隆，怀肃弟子。怀肃，武帝从母兄。为帝所宠信，专统禁兵。乘舆常夜幸著作佐郎江斅宅，兴宗马车从，道隆从车后过，兴宗谓曰："刘公，比日思一闲写。"道隆深达此旨，掐兴宗手曰："蔡公勿多言。"乌乎！自有史籍以来，未见是处游说，劝人行逆如兴宗者也。兴宗自恃素门平进，与主甚疏，可以无患，其敢于四出游说者以此。大宗之用之，盖亦以此。庆之固尝发义恭之事矣，而是时缄口不言；玄谟亦相期不泄；可见大宗非如义恭之易与也。《沈文秀传》云：文秀，庆之弟子。前废帝即位，为射声校尉。景和元年（465），迁青州刺史。将之镇部曲，出屯白下。城名，在今江宁县北。说庆之曰："主上狂暴如此，土崩将至，而一门受其宠任，万物皆谓与之同心。且此人性情无常，猜忌特甚，将来之祸，事又难测。今因此众力，图之易于反掌。千载一时，万不可失。"庆之不从。文秀固请非一，言辄流涕。终不回。文秀后亦尽忠于子勋，且尽力以抗虏，其人似非无气节者，《传》所云不知信否，然危而不能持，颠而不能扶，有先之起事者，即不免受附从之祸，为一身一家计，则诚如兴宗之言，有可深念者矣。文秀得毋门户之计深，而进是说于庆之邪？八十田舍翁，安知不为所动？抑《攸之传》言：攸之随庆之征广陵有功，事平当加厚赏，为庆之所抑，攸之甚恨之。从来门内之衅，恒酷于门外。攸之是时，与宗越、谭金、童大壹，同为废帝腹心，谗构庆之，固自易易，庆之得毋为所中欤？是则不可知已。宗戚外叛，嬖幸内离，而独恃数武人以御侮，此废帝之所以终败欤？

南平穆王铄三子：敬猷，敬渊，敬先。《铄传》云：帝召铄妃江氏入宫，使左右于前逼迫之。江氏不受命。谓曰："若不从，当杀汝三子。"江氏犹不肯。于是遣使于第杀敬猷、敬渊、敬先，鞭江氏一百。其夕，废帝亦殒。案宋氏宫闱，极为混乱，此等淫亵之事，固难保其必无。然《休仁传》言：帝尝于休仁前，使左右淫逼休仁所生杨太妃。左右并不得已顺命。以至右卫将军刘道隆，道隆欢以奉旨，尽诸丑状。及太宗立，道隆为护军，休仁请解职，曰："臣不得与此人同朝，"上乃赐道隆死。乍观之，其言似未必诬，更一观《蔡兴宗传》，则道隆乃兴宗欲构使为逆而不果者，则又安知其以何罪死邪？穆王三子之见杀，岂以其父为孝武所杀，虑其报复故欤？江氏之见逼迫纵不虚，三子之见杀，亦未必以其母之不受命也。

文帝之子，是时存者，尚有六人：东海王祎，湘东王彧，明帝。始安王休仁，晋平剌王休祐，桂阳王休范，巴陵哀王休若也。《休仁传》言：废帝忌惮诸父，并囚之殿内，殴捶凌曳，无复人理。休仁及太宗、休祐，形体并肥壮，帝乃以竹笼盛而称之。以太宗尤肥，号为猪王。号休仁为杀王，休祐为贼王。以三王年长，尤所畏惮，常录以自近不离左右。祎凡劣，号为驴王；休范、休若年少；故并得从容。尝以木槽盛饭，内诸杂食，搅令和合，掘地为坑阱，实之以泥水，裸太宗内坑中，和槽食置前，令太宗以口就槽中食，用为欢笑。欲害太宗及休仁、休祐，前后以十数。休仁多计数，每以笑调佞谀说之，故得推迁。时廷尉刘矇，妾孕临月，迎入后宫，冀其生男，欲立为太子。《本纪》：景和元年（465），十一月，丁未，皇子生，少府刘胜之子也，与《休仁传》不合。《南史》作少府刘矇。《通鉴考异》云：《宋略》同。案废帝是时，年仅十七，是月十三日，壬寅，始立皇后，岂有急欲立太子之理？疑废帝后宫实有子，明帝绝之，而以非种诬之也。太宗尝忤旨，帝怒，乃裸之，缚其手脚，以杖贯手脚内，使人檐付大官，曰："即日屠猪。"休仁笑谓帝曰："猪今日未应死。"帝问其故。休仁曰："待皇太子生，杀猪取其肝肺。"帝意乃解，曰："且付廷尉。"一宿出之。帝将南游荆、湘二州，明旦欲杀诸父便发，其夕，太宗克定祸难。《本纪》云：先是讹言云：湘中出天子，帝将南巡荆、湘以厌之，先欲诛诸叔，然后发引。太宗与左右阮佃夫、王道隆、李道儿密结帝左右寿寂之、姜产之等十一人，谋共废帝。戊午夜，戊午二十九日。帝于华林园竹林堂射鬼。华林园，见第八章第一节。时巫觋云此堂有鬼，故帝自射之。寿寂之怀刀直入，姜产之为副。帝欲走，寂之追而殒之。《恩幸传》云：阮佃夫，太宗初出阁，选为主衣。永光中，又请为世子师。甚见信待。景和末，太宗被拘于殿内，住在秘书省。佃夫与王道隆、李道兄及帝左右淳于文祖共谋废立。时直阁将军柳光世，亦与帝左右缪方盛、周登之有密谋，未知所奉。登之与太宗有旧，方盛等乃使登之结佃夫。佃夫大悦。先是帝立皇后，普暂彻诸王奄人。太宗左右钱蓝生，亦在其列。事毕未被遣。密使蓝生候帝，虑事泄，蓝生不欲自出，帝动止辄以告文祖，令文祖报佃夫。十一月二十九日晡时，帝出幸华林园。休仁、休祐、山阴公主并侍侧。太宗犹在秘书省，不被召，益忧惧。佃夫以告外监典事朱幼；又告主衣寿寂之，细铠主姜产之；产之又语所领细铠将王敬则；幼又告中书舍人戴明宝；并响应。幼豫约勒内外，使蓝生密报休仁等。时帝欲南巡，腹心直阁将军宗越等其夕并听出外装束，惟有队主樊僧整防华林阁，是光世乡人，光世要之，僧整即受命。产之又要队副聂庆，及所领壮士富灵符、俞道龙、宋逵之、田嗣。并聚于庆省。时巫觋云后堂有鬼，其夕，帝于竹林寺与巫共射之。寂之抽刀先入，产之随其后。文祖、方盛、登之、灵符、庆、嗣、敬则、道龙、遂之又继进。休仁闻行声甚疾，谓休祐曰："事作矣。"相随奔景阳山。在华林园中，见第九章第七节。帝见寂之至，引弓射之，不中，乃走。寂之追而殒之。案废帝是时，无欲幸荆、湘之理。观其出袁颉为雍州，又欲使其舅蔡兴宗为荆州，而后来湘州行事何惠文，亦尽忠于子颉勋，则是时建业形势，殆甚危急，废帝欲用上流，以戡祸难也。果如史之所言，太宗与休仁、休祐，其死久矣，尚安得从容要结，以成其谋乎？《后废帝纪赞》云："前废帝卑游亵幸，皆龙驾帝饰，传警清路，苍梧王则藏玺怀绂，鱼服忘返，危冠短服，匹马孤征，"则知帝于戒备初未尝疏，图之实非易易。故蔡兴宗历说沈庆之、王玄谟、刘道隆，皆欲借重于兵力，逮三人皆不见听，乃不得已而用寿寂之等，为铤而走险之计也，其成亦幸矣。《本纪》言：帝少好讲书，颇识古事，自造世祖诔及杂篇章，往往有辞采，与袁颉之言，颇相符会。《佞幸传》言：大明中，有奚显度者，官至员外散骑侍郎。常使主领人功。苛虐无道，动加捶扑。暑雨寒雪，不听暂休。人不堪命，有自经死者。人役闻配显度，如就刑戮。前废帝戏言："显度刻虐，为百姓所疾，比当除之，"左右因唱喏，即日宣旨杀焉。时人比之孙皓之杀岑昏。此实废帝有意除之，比诸孙皓乃诬谤之辞耳。更观其能革孝建、大明之侈靡，自不失为干父之蛊，而蔡兴宗亦以为罪，天下岂有真是非哉？戴法兴之死也，帝杀其三子。又截法兴棺焚之。义恭子十二人先为元凶劭所杀，至废帝，又杀其四子。颜师伯六子，柳元景九子皆见杀。元景弟侄在京邑、襄阳从死者又数十人。又断义恭支体；分裂肠胃；挑取眼睛，以蜜渍之，为鬼且精。此等语不知皆实否，即谓皆实，亦一时风气如此，不能独责一人也。

第四节　子勋败亡

前废帝既死，湘东王彧以太皇太后令即帝位，太皇太后，孝武母路淑媛。是为太宗明皇帝。其明日，杀豫章王子尚及山阴公主楚玉，并废帝同母也。废帝同母五人：子尚、楚玉及临淮康哀公主楚佩、皇女楚琇、康乐公主修明也。子尚，《传》称其凶慝有废帝风，而不能举其实迹，盖近于诬。楚玉，《传》言其肆情淫纵。以褚渊貌美，请以自侍十日。废帝许之。渊虽承旨而行，以死自固，楚玉不能制也。此事《废帝纪》亦载之。又云：主谓帝曰："妾与陛下，虽男女有殊，俱托体先帝。

陛下六宫万数，而妾惟驸马一人，事不均平，一何至此?"① 帝乃为主置面首左右三十人。此更不近情矣，世岂有肆情淫纵之人，而必持男女平权之论者邪? 宗越、谭金、童大壹谋作难，以告沈攸之。攸之具白明帝。明帝即收越等下狱杀之。攸之之为人可知矣。然明帝虽肆意剪除，卒不能弭寻阳之难。

《袁颙传》曰：颙至寻阳，与邓琬款狎，相过常请闲，必尽日穷夜。颙与琬人地本殊，众知其有异志矣。既至襄阳，便与刘胡颙谙议参军。缮修兵械，篡集士卒。盖朝旨使颙要结琬，为勤王之备也。《琬传》云：大宗定乱，进子勋车骑将军、开府仪同三司。令书至，诸佐吏并喜，造琬曰："暴乱既除，殿下又开黄阁，实为公私大庆。"琬以子勋次居第三；又以寻阳起事；有符世祖，理必万克。乃取令书投地曰："殿下当开端门，黄阁是吾徒事耳。"众并骇愕。此乃诬罔之辞。子勋非反废帝，说已见前，其举兵盖实在此时也。于是郢州刺史安陆王子绥，孝武帝第四子。荆州刺史临海王子顼，孝武帝第七子。会稽太守寻阳王子房，孝武帝第六子。会稽，见第三章第九节。雍州刺史袁颙，梁州刺史柳元怙，元景从兄。益州刺史萧惠开，思话子。广州刺史袁昙远，徐州刺史薛安都，青州刺史沈文秀，冀州刺史崔道固，湘州行事何惠文，吴郡太守顾琛，吴郡，见第三章第九节。吴兴太守王昙生，吴兴，见第三章第九节。晋陵太守袁标，晋陵，见第四章第三节。义兴太守刘延熙，义兴，见第五章第六节。并与之同。四方贡计，并诣寻阳。此中固有废帝豫行布置者，然临时承奉者必多也，亦可见顺逆之自在人心矣。

明帝遣王玄谟领水军南讨，吴兴太守张永为其后继。又使沈攸之、江方兴、刘灵遗屯虎槛。洲名，在芜湖西南。建安王休仁总统诸军。而东兵之势尤急。初明帝征子房为抚军，领大常，其长史孔觊不受命。帝使故佐庚业代觊，都水使者孔璪入东慰劳。璪劝颙起兵，业亦与同。军至晋陵，部陈甚盛。明帝乃使沈怀明、张永东讨，巴陵王休若总众军。殿中侍御史吴喜，请得精兵三百，致死于东。明帝大悦。简羽林士配之。又使任农夫为之助。喜进平义兴，刘延熙投水死。帝又使江方兴等助破晋陵军。喜进平吴兴。至钱唐，见第四章第三节。斩庚业。上虞令王晏上虞，见第七章第二节。起兵攻郡，杀孔觊，执子房送京都。孔璪为其门生所杀。顾琛、王昙生、袁标诣喜谢罪。喜皆宥之。东事不久即平，乃得专力于西矣。

邓琬初遣孙冲之以万人据赭圻，冲之，巴东、建平二郡太守，方之郡，邓琬逆用之，使与陶亮并统前军。巴东、建平，皆见第三章第六节。赭圻，见第五章第四节。又使陶亮统诸州兵合二万人，一时俱下。亮，子勋录事参军。时统郢、荆、湘、梁、雍五州之兵。时朝廷惟保丹阳一郡，永世县旋又反叛，吴永平县，晋更名永世，在今江苏溧阳县南。时

---

① 婚姻：六宫万数，驸马一人，说不足信。

县令为孔景宣，寻为本县人徐崇之起兵所杀。义兴兵垂至延陵，见第四章第三节。内外忧危，咸欲奔散。兖州刺史殷孝祖外甥司徒参军葛僧韶建议征孝祖入朝，明帝遣之。孝祖率文武二千人，随僧韶还都，并伧楚壮士，人情乃安。明帝使孝祖督前锋诸军向虎槛。陶亮屯军鹊洲。在今安徽繁昌县东北江中。三月三日，水陆攻赭圻。孝祖为流矢所中死，军败。时江方兴复还虎槛，休仁遣领孝祖军，沈攸之代孝祖为前锋都督。孙冲之欲直取京都、陶亮不从。攸之进战，破之。冲之等于湖、白口筑二城，胡三省曰：巢湖及白水口也。又为军主张兴世所拔。陶亮惧，呼冲之还鹊尾，诸名，在今安徽无为县境。留薛常宝守赭圻。邓琬又遣刘胡，率众三万，铁骑二千，来屯鹊尾。胡宿将屡有战功，攸之等惮之。常宝粮尽，告胡求援。胡运米饷之。为攸之所败。四月四日，常宝突围走。休仁进据赭圻。时胡等兵众强盛，袁颛又悉雍州之众来赴。六月十八日，率楼船千艘据鹊尾。张兴世建议越鹊尾上据钱溪，亦名梅根河，在今安徽贵池县东。沈攸之、吴喜赞之。刘胡累攻之，不能克。攸之、喜因进攻浓湖。在繁昌西。袁颛驰召胡还。胡军亦乏食。邓琬大送资粮，至南陵，戍名，在繁昌西北。梁置县，唐移治今南陵。不敢下。胡遣兵迎之，又为钱溪所破，资实覆没都尽，烧米三十万斛。八月二十四日，胡遂委颛奔走。颛闻胡去，亦走。至鹊头，与戍主薛伯珍步取青林，山名，在今安徽当涂县东南。欲向寻阳，为伯珍所杀。胡至竟陵，见第三章第九节。郡丞陈怀真杀之。初废帝使荆州录送长史行事张悦。畅弟。至溢口，邓琬称子勋命释之。以为司马，与琬共掌内外众事。及是，杀琬诣休仁降。蔡那为明帝将，子道渊，被系作部，因乱脱锁入城，执子勋囚之。沈攸之诸军至，杀之。及其母。子勋时年十一。诸军分向荆、郢、雍、湘及豫章，皆平之。梁州亦降。袁昙远为其将李万周所杀。始兴士人刘嗣祖，据郡为明帝。昙远遣万周讨之。嗣祖诳万周云：寿阳已平。万周信之，还袭杀昙远。始兴，见第三章第九节。初邓琬征兵巴东，巴东太守罗宝称持疑未决。会暴病死。巴东人任叔儿起兵据白帝。见第七章第三节。萧惠开遣巴郡太守费欣寿攻之，巴郡，见第三章第六节。败殁。更遣州从事程法度领三千人步出梁州，又为氐贼杨僧嗣所断。惠开为治，多任刑诛，蜀土咸怀猜怨。晋原遂反。汉江原县，李雄置郡，并县改曰汉原。蜀平后，郡改称晋原，而县复曰江原。在今四川崇庆县东。诸郡悉应之。并来围城。闻子勋平，蜀人并欲屠城，以望厚赏。惠开每遣兵出战，未尝不捷，而外众逾合，胜兵者十余万人。明帝以蜀土险远，赦其诛责，遣惠开弟惠基步道使蜀，具宣朝旨。至涪，见第三章第六节。蜀人遏留不听进。惠基率部曲破其渠帅，然后得前。惠开奉旨归顺，城围得解。而时明帝又遣惠开宗人宝首水路慰劳益州，宝首欲以平蜀为功，更奖说蜀人。于是处处蜂起。凡诸离散，一时还合。惠开遣战，大破之，生禽宝首，蜀乱乃平。案孝武以讨元凶立，实不得谓为不正，孝武正则子业亦正；所云淫虐，事既多诬；则明帝实为篡弑，此所以四方同契，不谋而咸奉寻阳也。寻阳兵之起也，萧惠开集将佐谓之曰："湘东大祖之昭，晋安世祖之穆，其于当璧，并无不可。但景和虽昏，本是世祖之嗣，不任社稷，其次犹多。吾奉武、文之灵，并荷世祖之眷，今便当投袂万里，推奉九江。"此固义正辞严。葛僧韶说殷孝祖曰："国乱朝危，宜立长主。群小相扇，贪利幼弱。使天道助逆，群凶事申，则主幼时艰，权柄不一，兵难互起"云云。此当时推奉明帝者之议论也，然不得谓为正。史称邓琬性鄙暗。贪吝过甚。财货酒食，皆身自量校。此正见其综核名实，赏罚不苟。至是，父子并卖官粥爵，使婢仆出市道贩卖。酣歌博弈，日夜不休。大自矜遇。宾客到门者，历旬不得前。群小横恣，竞为威福。士庶忿怨，内外离心。此皆故为訾訾之辞。又云：张悦呼琬计事，琬曰："正当斩晋安王，封府库以谢罪耳。"则尤为厚诬君子。袁颛之与薛伯珍俱走也，夜止山间，杀马劳将士，顾谓伯珍曰，"我举八州，以谋王室，未一战而败，岂非天邪？非不能死，望一至寻阳，谢罪主上，然后自刎耳。"因慷慨叱左右索节，无复应者。何惠文才兼将吏，干略有施。时衡阳内史王应之，衡阳，见第五章第七节。起兵袭长沙，见第三章第九节。与惠文交手战，为惠文所杀。明帝特加原宥。惠文曰："既陷逆节，手刃忠义，天网虽复恢恢，何面目以见天下之士？"卒不食而死。孔觊为王晏所得，晏谓之曰："此事孔璪之为，无豫卿事。可作首辞，当相为申上。"觊曰："江东处分，莫不由身，委罪求活，便是君辈行意耳。"晏乃斩之东阁外。袁颛初以粮仗未足，且欲奉表明帝，其子戬曰："一奉表疏，便为彼臣，以臣伐君，于义不可。"颛从之，便建牙驰檄，奉表劝子勋即大位，与邓琬书，使勿解甲。然则一时臣卫，莫匪执德不回，琬年已六十，白头举事，复何所图？岂有反卖晋安以求活者邪？琬与袁颛、孔觊等，皆非能用兵之人。刘胡虽号宿将，功仅在于平蛮，亦不足当大敌，且不免于偃蹇。《邓琬传》云：袁颛本无将略，性又怯挠。在军中，未尝戎服，语不及战陈，惟赋诗谈义而已。不能抚绥诸将。刘胡每论事，酬对甚简。由此大失人情。胡常切齿恚恨。虽近诬诋，然谓颛本无将略，当非全虚；即刘胡与颛不协，亦系实情，观其弃颛而走可知也。特不如史所言之甚耳。薛安都、崔道固、沈文秀皆将才，而去京邑远，势不相及。明帝所用诸将帅，年较少，气较锐。沈攸之既陷逆节，兵败便无所容，其致死也，盖非徒尽忠，亦谋自卫。吴喜、张兴世辈，则欲乘时以立功名。上流及东方诸将，自谓奉顺，且恃势大，不免疏虞，自非其敌。然成败之分，固非逆顺所在也。

先是孝武帝时，山阳王休祐为豫州刺史，废帝景和元年（465），入朝，以长史殷琰行府州事。明帝以休祐为荆州，即以琰为豫州刺史。以西汝阴太守庞道隆为琰长史，西汝阴，宋郡，今安徽阜阳县。殿中将军刘顺为司马。顺劝琰同子勋。琰家累在京邑，欲奉明帝，而士人杜叔宝等咸劝琰同子勋。琰素无部曲，门义不过数人，受制于叔宝等。叔宝者，坦之子，既土豪乡望，内外诸军事并专之。汝南、新蔡二郡太守周矜，起兵县瓠见第五章第六节。为明帝，袁颛遣信诱矜司马常珍奇，珍奇即日斩矜，送首诣颛。颛以珍奇为汝南、新蔡二郡太守。明帝以义阳内史庞孟虬为司州刺史，义阳，见第八章第七节。孟虬不受命，起兵同子勋。子勋召孟虬出寻阳，以其子定光行义阳郡事。明帝知琰逼迫士人，事不获已，犹欲羁縻之。泰始二年（466），正月，乃遣刘勔率吕安国西讨，休祐出镇历阳，见第三章第九节。为诸军总统。是月，刘顺等以八千人东据宛唐，亭名。此据《殷琰传》。《黄回》、《王敬则传》并作死虎。《水经注》作死厝，在今安徽定远县西南。与勔相持。叔宝本谓台军停住历阳不办进，顺等至无不瓦解，惟赍一月粮。既与勔相持，军食尽。报叔宝送食。安国间道袭其米车，烧之。顺众溃，奔还寿阳。三月一日。仍走淮西就常珍奇。勔于是方轨而进。叔宝敛居民及散卒婴城自守。琰本无反心，叔宝等亦有降意，而众心持疑，莫能相一，婴城愈固。六月，弋阳西山蛮田益之弋阳，见第三章第九节。攻庞定光，子勋以孟虬为司州刺史，率精兵五千救义阳，并解寿阳之围。益之奔散。孟虬向寿阳。七月，至弋阳，见破，走向义阳，义阳已为王玄谟子昙善起兵所据，乃逃于蛮中。先是刘胡遣薛道标渡江扇动群蛮，规自庐江袭历阳。庐江，见第三章第九节。攻合肥，见第三章第九节。陷之。寻阳平定，道标突围走常珍奇。寿阳人情危惧，将请救于索虏。主簿夏侯详说殷琰曰："今日之举，本效忠节。社稷有奉，便当归身朝廷。何可屈身，北面异域？"琰许之，即使详诣刘勔，详请勔解围退舍，勔亦许之。遣到城下。详呼城中人，语以勔辞。即日琰及众俱出，时十二月也。

第五节　宋失淮北

凡群疑众难之际，最忌欲藉杀戮以立威。《宋书·蔡兴宗传》言：明帝之初，诸方举兵，朝廷所保，惟丹阳、淮南数郡，其间诸县，或已应贼，东兵已至永世，宫省危惧。参看上节。上集群臣，以谋成败。兴宗曰："今普天同逆，人有异志，当镇以静，以至信待人。比者逆徒亲戚，布在宫省，若绳之以法，则土崩立至。宜明罪不相及之义。物情既定，人有战心。六军精勇，器甲犀利，以待不习之兵，其势相万耳。愿陛下勿忧。"此言实深协事宜，而明帝能从之，此其所以获胜也。《孔觊传》言：帝之遣兵东讨也，将士多是东人，父兄子弟，皆已附逆，上因送军，普加宣示，曰："朕方务德简刑，使四罪不相及，助顺同逆者，一以所从为断，卿等当深达此怀，勿以亲戚为虑也。"众于是大悦。《本纪》言：上即大位，以宽仁待物。诸军有父兄子弟同逆者，并授以禁兵，委任不易，故众为之用，莫不尽力。平定天下，逆党多被全。其有才能者，并见授用，有如旧臣。此皆明帝能用兴宗之言之征也。不特此也，《吴喜传》言：喜孝武世见驱使，常充使命。性宽厚，所至人并怀之。及东讨，百姓闻吴河东来，便望风解散，故喜所至克捷。《殷孝祖传》言：孝祖负其诚节，凌轹诸将。台军有父子兄弟在南北，孝祖并欲推治。由是人情乖离，莫乐为用。刘勔之攻寿阳也，明帝使中书为诏譬殷琰。蔡兴宗曰:"天下既定,是琰思过之日,陛下宜赐手诏数行,以相私慰。今直中书为诏,彼必疑诏非真,未足所以速清方难也。"不从。琰得诏,谓刘勔诈造,果不敢降。及城下,勔并抚宥,无所诛戮。自将帅以下,财物资贷,皆以还之。约令三军,不得妄动。城内士民,秋豪无所失。百姓感悦,生为立碑。用能抗拒索虏,卒不陷没。并可见宽仁与残暴之得失也。然帝天姿本刻薄,故仅能用之危急之际,及力所不及窎远之区,如蜀。所全者亦不过无足深忌之人,逮祸患一纾,而措置遂迥异矣。卒因此而失淮北及豫西。孟子曰:"不嗜杀人者能一之;"又曰:"以力服人者非心服;"诚百世之龟鉴也。

薛安都从子索儿,前废帝景和中为前将军,直阁,从诛诸公。明帝即位,以为左将军,直阁如故。右将军柳光世,本豫废立,及宗越、谭金诛,光世惧,亦与安都通谋。见《宋书·光世传》附《柳元景传》。泰始二年(466),正月,索儿、光世携安都诸子及家累,席卷北奔。初沈庆之死,前废帝遣直阁江方兴领兵诛沈文秀。未至,明帝已篡立,驰驿驻之。方兴既至,为文秀所执。寻见释,遣还京师。帝征兵于文秀,文秀遣刘弥之、张灵庆、崔僧琁三军来赴。安都遣使报文秀,文秀又令弥之等回应安都。崔道固亦遣子景征及傅灵越往应。弥之等南出下邳,见第三章第四节。灵越自泰山道向彭城。泰山,见第三章第四节。时济阴太守申阐守睢陵,济阴,见第八章第四节。睢陵,汉县,今江苏睢宁县。宋侨治,在今安徽盱眙县西。应明帝,索儿率灵越等攻之。弥之等至下邳,归顺明帝。僧琁不同,率所领归安都。索儿闻弥之有异志,驰赴下邳。弥之等溃,为所执,见杀。明帝以申令孙为徐州代安都。令孙北投索儿。索儿使令孙说申阐,阐降。索儿执阐及令孙并杀之,引军波淮。明帝以萧道成为前锋,北讨。桂阳王休范总统诸军。道成击索儿,破之。索儿走向乐平县界,汉清县,后汉改曰乐平,在今山东堂邑县东南。为申令孙子孝叔所杀。时王广之隶刘勔,攻殷琰于寿阳。傅灵越奔逃,为广之军人所禽,送诣勔。勔躬自慰劳,诘其叛逆。对曰:"九州唱义,岂独在我?"勔又问:"四方阻逆,主上皆加以旷荡,即其才用,卿何不早归天阙?"答曰:"薛公举兵淮北,威震天下,不能专任智勇,委付子侄,致败之由,实在于此。然事之始末,备皆参豫,人生归于一死,实无面求活。"勔壮其意,送还京师。明帝欲加原宥。灵越辞对如一,终不回改,乃杀之。亦足见当时是非所在矣。山阳内史程天祚,山阳,见第五章第六节。据郡同安都,攻围弥时,然后归顺。《纪》在六月。索儿之死也,安都使柳光世守下邳,亦率所领归降。子勋既败,安都亦遣使归款。明帝以四方已平,欲示威于淮外,遣张永、沈攸之以重军迎之。蔡兴宗言:"安都势必疑惧,或能招引北虏,为患不测。彭城险固,兵强将勇,围之既难,攻不可拔,臣为朝廷忧之。"时张永已行,不见从。安都惧,乃遣信要引索虏。时常珍奇亦乞降,明帝以为司州刺史,而珍奇虑不见纳,亦求救于索虏。《魏书》云:子勋败,珍奇遣使驰诣长社镇请降。长社,见第七章第六节。而南北之兵端遂起。

南朝之孝武帝,略与北朝之文成帝同时。《宋书·索虏传》言:世祖之立,索虏求互市，江夏王义恭、竟陵王诞、建平王宏、何尚之、何偃以为宜许，柳玄景、王玄谟、颜竣、檀和之、褚湛之以为不宜许，时遂通之，盖亦有意于绥抚矣。大明元年（457），虏寇兖州。明年，又寇青州。孝武遣庞孟虬、殷孝祖往援，受青州刺史颜师伯节度，击破之。四年（460），三月，虏寇北阴平。东晋郡，今四川梓潼县西北。其十二月，遣使请和。自是使命岁通。《魏书·文成帝纪》言：世祖经略四方，内颇虚耗，高宗与时消息，静以镇之，其时固无大兵革也。明帝泰始二年（466），文成帝死，子献文帝立，主少国疑，内忧颇切，见第十一章第一节。亦岂有意于远略？乃因薛安都、常珍奇之叛，卒招魏人南牧之师，内忧之引致外患也，诚可痛矣。

魏使尉元、孔伯恭出东道，救彭城，使元石、张穷奇出西道，救悬瓠。元石进至上蔡，汉县，在今河南上蔡县西。宋徙治县瓠。常珍奇率文武来迎。既相见，议欲顿兵汝北。参军事郑羲曰："珍奇虽来，意未可量，不如直入其城，夺其管籥，据有府库。"石从之。城中尚有珍奇亲兵数百人，在珍奇宅内。羲谓石曰："观珍奇，甚有不平之色，可严兵设备，以待非常。"其夜，珍奇果使人烧府厢屋，欲因救火作难。以石有备，乃止。虏骑救殷琰，至师水，出湖北随县，经河南信阳县至罗山县入淮闻城陷，乃破义阳，见第八章第七节。杀掠数千人而去。珍奇引虏西河公、即元石。长社公攻汝阴太守张景远，汝阴，见第四章第二节。景远与军主杨文苌拒击，大破之。景远寻病卒，以文苌代为汝阴太守。刘勔为豫州刺史。泰始四年（468），淮西人贾元友上书，劝明帝北攻悬瓠，可收陈、南顿、汝南、新蔡四郡之地。陈、新蔡，皆见第三章第四节。南顿，见第八章第六节。汝南，见第二章第三节。上以所陈示刘勔。勔言其不足信。且曰："自元嘉以来，伧荒远人，多干国议；负儋归阙，皆劝讨虏；从来信纳，皆诒后悔。界上之人，惟视强弱。王师至境，必壶浆候涂，裁见退军，便抄截蜂起。首领回师，何尝不为河畔所弊？"明帝纳之，元友议遂寝。勔与常珍奇书，劝令反虏。珍奇乃与子超越，羽林监式宝，于谯杀虏子都公费拔等，凡三千余人。谯县，见第三章第三节。勔驰驿以闻。上大喜，以珍奇为司州刺史，超越为北豫州刺史，式宝为陈、南顿二郡太守。珍奇为虏所攻，引军南出。虏追击，破之。珍奇走依山，得至寿阳。超越、式宝，为人所杀。此据《宋书·刘勔传》。《魏书·珍奇传》云：魏以珍奇为豫州刺史。珍奇表请图南服。虽有虚表，而诚款未纯。岁余，征其子超。超母胡氏，不欲超赴京师，密怀南叛。时汝、徐未平，元石自出攻之，珍奇乘虚，于县瓠反叛。烧城东门，斩三百余人。虏掠上蔡、安城、平舆三县居民。屯于灌水。石驰往讨击，大破之。会日暗，放火烧其营。珍奇乃匹马逃免。其子超，走到苦城，为人所杀。小子沙弥，囚送京师，刑为阉人。灌水，出河南商城县，东北至固始县入史河。安城、平舆，皆汉县，在今河南汝南县东南。苦亦汉县，在今河南鹿邑县东。

初明帝遣毕众敬诣兖州募人。众敬，孝武帝时，为泰山太守。至彭城，薛安都使行兖州事。时殷孝祖留其妻子，使司马刘文石守城。众敬率众取瑕丘，汉县，晋省，在今山东滋阳县西。杀文石。州内悉附。惟东平太守申纂据无盐，汉县，在今山东东平县东。不与之同。明帝授纂兖州刺史。安都降房，众敬不同其谋。子元宾，以母并百口，悉在彭城，日夜啼泣，遣请众敬。众敬犹未从之。众敬先已表谢明帝，帝授以兖州刺史，而以元宾有他罪，犹不舍之。此据《魏书·众敬传》。《通鉴》从《宋略》，云元宾先坐他罪诛。众敬拔刀斫柱曰："皓首之年，惟有此子，今不原贷，何用独全？"及尉元至，遂以城降。元遣将入城。事定，众敬悔恚，数日不食焉。

毕众敬既下，申纂小诈降，尉元遂长驱而进。《魏书·李灵传》云：车达九里山，在今江苏铜山县北。安都率文武出迎。元不加礼接。安都还城，使遂不至。元令李璨与高闾入城说之。安都乃与俱载赴军。元等入城收管籥。《安都传》云：元等既入彭城，安都中悔，谋图元等，欲遂以城叛。会元知之，不果发。安都因重货元等，委罪于女婿裴祖隆。元乃杀祖隆而隐安都谋。《宋书·安都传》则云：祖隆谋杀尉元，举城归顺，事泄见诛。案安都果欲归罪，不患无人，何必自杀其女婿？《宋史》之言是也。安都盖本同祖隆之谋，房亦惧激变，不敢穷治耳，不必由贪其贿也。张永、沈攸之屯下磦，未详。其辎重在武原，汉县，在下邳北。米船在吕梁，《水经注》：泗水自彭城东南过吕县南，泗水之上，有石梁焉，故曰吕梁。吕县，见第二节。为元所破。永、攸之引退，为房所乘，大败于吕梁之东。时泰始三年正月也。攸之留长水校尉王玄载守下邳，积射将军沈韶守宿豫，见第七章第四节。睢陵、淮阳，晋郡，在今江苏淮阴县西南。亦皆置戍，而身还淮阴。见第四章第二节。东安、东莞二郡太守张谠守团城，在彭城东北。始同安都，末亦归顺，明帝以为徐州刺史；兖州刺史王整，兰陵太守桓忻，兰陵，见第五章第六节。保险自固；至是亦皆降于房。尉元表言："贼向彭城，必由清、泗过宿豫，历下邳；趋青州，路亦由下邳入沂水，经东安。汉县，晋置郡，在今山东沂水县西北。今若先定下邳，平宿豫，镇淮阳，戍东安，则青、冀诸镇，可不攻而克。若四处不服，青、冀虽拔，百姓狼顾，犹怀徼幸之心。宜释青、冀之师，先定东南之地。"八月，明帝复令沈攸之进围彭城。攸之以清、泗既乾，粮运不继，固执以为非宜。往返者七。上大怒。攸之惧，乃进军。至下邳，尉元使孔伯恭步骑一万拒之。军主陈显达，攸之使守下邳，引兵迎攸之。至睢清口，胡三省曰：清水合于泗水，故泗水亦得清水之名。《水经注》：泗水过下邳县西，又东南，得睢水口。泗水又东南入于淮水，故谓之睢清口。为房所破。攸之弃众南奔。王玄载狼狈夜走。宿豫、淮阳，皆弃城而遁。魏乃以高闾与张谠对为东徐州刺史，李璨与毕众敬对为东兖州刺史，而拜尉元为徐州刺史。东徐州，治下邳。东兖州，治瑕丘。徐州，治彭城。

刘弥之为青州强姓，门族甚多。弥之既降明帝，诸宗从相率奔北海，据城以拒沈文秀。北海，汉郡，宋治平寿，在今山东潍县西南。平原、乐安太守王玄默据琅邪，清河、广川太守王玄邈据盘阳，汉县，晋省，今山东淄川县。高阳、渤海太守刘乘民据灵济，汉狄县，后汉改曰临济，在今山东高苑县西北。并应明帝。文秀遣攻北海，陷之。乘民从弟伯宗，合率乡兵，复克北海。因向东阳。文秀拒之，伯宗战败见杀。明帝遣青州刺史明僧暠，东安、东莞太守李灵谦伐文秀。玄邈、乘民、僧暠等并进军攻城。每战，辄为文秀所破，离而复合者十余。寻阳平定，上遣文秀弟文炳诏文秀。泰始三年（467），二月，文秀归命请罪。即安本任。崔道固为土人起兵所攻，屡战失利，闭门自守。上遣使宣慰。道固亦奉诏归顺。二人先俱遣使引虏。虏使长孙陵、侯穷奇赴之。又使慕容白曜督骑五万，次于碻磝，见第六章第五节。为东道后援。白曜攻申纂，三月，克之。纂为乱兵所伤，走出，被禽，送于白曜。城中火起，纂创重不能避，烧死。清河房法寿，清河，见第五章第三节。少轻率勇果，结群小为劫盗。与王玄邈起兵，西屯合讨道固。玄邈以为司马。道固既归明帝，乃罢兵。道固虑其扇乱百姓，切遣之。法寿不欲行。其从祖兄弟崇吉，为沈文秀中兵参军。大原戍守傅灵越南赴，文秀以崇吉行郡事。大原，晋县，亦曰升城，宋置郡，在今山东长清县东北。崇吉背文秀，同于明帝。其母、妻在历城，为道固所拘。道固既归明帝，乃出其母。明帝以崇吉为并州刺史，领太原太守，戍升城，慕容白曜遣人招之，崇吉不降，遂闭门固守。升城至小，胜仗者不过七百人。白曜侮之，遣众陵城，不克。乃筑长围三重，更造攻具，日夜攻击。自二月至四月，粮矢俱尽。崇吉突围走。母、妻见获。崇吉东归旧邬，阴募壮士，欲篡其母，还奔河南。白曜知其如此，守备严固。崇吉乃托法寿为计。时道固以兼治中房灵宾督清河、广川郡事，广川，汉县，后汉为国，今河北枣强县。宋侨治今山东长山县。戍盘阳。法寿恨道固逼切，遂与崇吉潜谋，袭克之。仍归款于白曜，以赎母、妻。魏以法寿与韩麒麟对为冀州刺史，督上租粮，而以其从兄弟为诸郡太守。白曜先已攻克垣苗、麋沟二戍。皆在大原县界。于是长孙陵、尉眷东讨青州，白曜进攻历城。时三年八月也。道固固守拒之。虏每进，辄为所摧。然孤城无援，至四年二月，卒陷。道固兄子僧佑，明帝使领众数千，从淮海扬声救援。将至不其，见第八章第四节。闻道固败，母、弟入魏，徘徊不进。白曜使道固子景徽往喻，僧祐遂降。幽州刺史刘休宾，乘民之兄弟也。镇梁邹。汉县，晋省，今山东邹平县。白曜军至升城，遣人说之。休宾不从。龙骧将军崔灵延，行渤海郡房灵建等数十家，皆入梁邹，同举休宾为兖州刺史。明帝即以授之。休宾妻，崔邪利女也，邪利守邹山败没，见第八章第七节。生一男，字文晔，与邪利俱入魏。白曜表请崔与文晔。既至，以报休宾。又于北海执休宾兄弟延和妻子，送至梁邹，巡视城下。休宾答白曜，许历城降当即归顺。密遣兼主簿尹文达向历城，观魏军形势。白曜使至升城见休宾妻子。文曜攀援文达，哭泣号啕。以爪发为信。文达回还，复经白曜，誓约而去。还谓休宾曰："升城已败，历城匪朝则夕，公可早图之。"休宾抚爪发泣涕曰："吾荷南朝厚恩，受寄边任，今顾妻子而降，于臣节足乎？"然密与兄子闻慰为降计。闻慰曰:"此故当文达诳诈耳。年常抄掠,岂有多军也?"休宾又遣文达出,与白曜为期,刻日许送降款。白曜许城内贤豪,随人补授,文达即为梁邹城主。初白曜之表取休宾妻子也,魏献文帝以道固既叛,诏授休宾冀州刺史。至是,付文达诏策。文达还,谓休宾曰:"白曜信誓如此,公可早为决计。恐攻逼之后,降悔无由。"休宾于是告闻慰:早作降书。闻慰执不作。遂差本契。白曜寻遣夜至南门下,告城上人曰:"汝语刘休宾,何由遣文达频造仆射,许送降文,违期不来?"于是门人唱告,城内悉知,遂相维持,欲降不得。寻被攻逼,经冬至春。历城降下,白曜遣道固子景业与文晔至城下。休宾知道固降,乃出。

历城既下,白曜遂围东阳。先是沈文秀既受朝命,乘虏无备,纵兵掩击,杀伤甚多。及虏围城,文秀善于抚御,将士咸为尽力。每与虏战,辄摧破之。掩击营寨,往无不捷。明帝所遣救兵,并不敢进。乃以文秀弟文静统高密、北海、平昌、长广、东莱五郡军事,海道救青州。高密,宋郡,在今山东胶县西南。平昌,见第三章第三节。长广、东莱,皆见第四章第三节。至不其,为虏所断遏,不得进,因保城自守。又为虏所攻。屡战辄克。四年(468),城陷,文静见杀。文秀被围三载,外无援军,士卒为之用命,无离叛者。日夜战斗,甲胄生虮虱。五年(469),正月二十四日,城为虏所陷。文秀解释戎衣,缓服静坐。命左右取所持节。虏既入,兵刃交至。问曰:"青州刺史沈文秀何在?"文秀厉声曰:"身是。"因执之。牵出听事前,剥取衣服。时白曜在城西南角楼,裸缚文秀至曜前。执之者令拜。文秀曰:"各二国大臣,无相拜之礼。"曜命还其衣服,设酒食,锁送桑乾。见第四章第二节。此据《宋书·文秀传》。《魏书·白曜传》云,克城之日,以沈文秀抗踞,不为之拜,忿而捶挞。《文秀传》云:白曜忿之,乃至挝挞。后还其衣,为之设馔。

是岁,五月,虏徙青、齐民于平城,置升城、历城民望于下馆,此据《白曜传》。《道固传》云:初在平城西,后徙治旧阴馆之西。阴馆见第三章第八节。置平齐郡、怀宁、归安二县以居之。自余悉为奴婢,分赐百官。薛安都大见礼重。子侄群从,并处上客,皆封侯。至于门生,无不收叙。又为起第宅,馆宇崇丽。资给甚厚。房法寿为上客,崇吉为次客,崔、刘为下客。法寿供给,亚于安都等。沈文秀与长史房天乐、司马沈嵩等锁送平城。面缚,数罪,宥死。待为下客,给以粗衣疏食。安都、道固、文秀、众敬皆没于魏。崇吉,停平城半岁南奔。① 夫妇异路,薙发为沙门,改名僧达。投其族叔法延。住岁余,清河张略之,亦豪侠士也,崇吉遗其金帛,得以自遣。妻从幽州南出,亦得相会。崔僧祐与法寿诸人皆不穆。法寿等讼其归国无诚,拘之岁余,因赦乃释。后坐与沙门谋反,见杀。

青、冀、兖、徐,至是皆陷,并失豫州之淮西。明帝乃侨立兖州于淮阴,见

———————————

① 阶级:房崇吉南奔,藉清河侠张略之之力。

第四章第二节。徐州于钟离。见第八章第四节。青、冀二州，共一刺史，治郁州。见第七章第二节。初刘道隆刺徐州，辟垣崇祖为主簿，厚遇之。景和世，道隆求出为梁州，与之同行，使还下邳召募。明帝立，道隆被诛。薛安都使将裴祖隆、王世雄据下邳，祖隆引崇祖共拒战。会刘弥之归降，祖隆士众沮散。崇祖与亲近数十人夜救祖隆，与俱走还彭城。虏既陷徐州，崇祖仍为虏将游兵琅邪间，琅邪，见第二章第三节。不复归，虏不能制。崇祖密遣人于彭城迎母，欲南奔。事觉，虏执其母为质。崇祖妹夫皇甫肃，兄妇薛安都之女，故虏信之。肃乃将家属及崇祖母奔朐山。在今江苏东海县南。崇祖因将部曲据之。遣使归命。萧道成镇淮阴，版为朐山戍主，送其母还京师。明帝纳之。崇祖启明帝曰："淮北士民，力屈胡虏，南向之心，日夜以冀。崇祖父、伯，崇祖，护之弟子。并为淮北州郡，门族布在北边，百姓所信。一朝啸咤，事功可立。乞假名号，以示远近。"① 明帝以为北琅邪、兰陵二郡太守。兰陵，见第五章第六节。数陈计算，欲克复淮北。时虏声当寇淮南。明帝以问崇祖。崇祖因启："宜以轻兵深入，出其不意，进可立不世之勋，退可绝窥窬之意。"帝许之。崇祖将数百人，入虏界七百里，据蒙山，在今山东蒙阴县南。扇动郡县。虏率大众攻之。崇祖败追者而归。泰豫元年（472），以崇祖行徐州事，徙戍龙沮。在东海县南六十里。崇祖启断水，清平地，以绝虏马。帝以问刘怀珍，云可立。崇祖率将吏塞之。未成，虏主谓伪彭城镇将平阳公曰："龙沮若立，国之耻也，以死争之。"数万骑奄至。崇祖马稍陷陈，不能抗，乃筑城自守。会天雨十余日，虏乃还。龙沮竟不立。

淮北之陷，全误于明帝及沈牧之等，志仅在于阋墙，而不在于御侮。寻阳之起，建康仅保丹阳、淮南数郡，然卒能摧折强敌，足见其时之兵力，非不足用。综观战事始末，知沈攸之等之将才，亦有足取。使能并力北向，何至以方数千里之地，拱手授人？乃争于内则征兵遣将，络绎于途，而其将帅亦能彼此和衷，殷孝祖之死也，人情震骇，并谓沈攸之宜代孝祖为统。时建安王休仁遣江方兴、刘灵遗各率三千人赴赭圻。攸之以为孝祖既死，贼有乘胜之心，若不更攻，则示之以弱，方兴名位相亚，必不为己下，乃率诸军主诣方兴，推为统。方兴甚悦。明旦进战，遂致克捷。此事非攸之所能为，所以能为之者，实以既叛废帝，败则无地自容，迫而出此也。知计迭出；如张兴世建议，越鹊尾上据钱溪。战于外则将师皆逗桡不前，庙堂亦熟视无睹，攻围虽久，应接终希；此何哉？寻阳得志，则君若臣皆无地自容，淮北陷没，不过蹙国弃民，君若臣之安富尊荣如故也。不但此也，沈文秀等皆嘐喈宿将，智勇兼人，始同子勋，穷而归顺，安知非明帝所忌？亦安知非攸之等所疾？而故借虏手以除之乎？此非深文周内之辞，综观明帝及攸之等之为人，固令人不得不作此想也。陷虏诸人，其才皆有可用，其心亦无一愿投虏者。有之，则惟一少为劫盗之虏法寿耳。

---

① 宗族：垣崇祖启明帝，门族布在北边，一朝啸咤，事功可立。

而民心尤为可恃。刘休宾欲降虏，而为其城民所持。常珍奇降虏，淮西七县之民，并连营南奔。尉元请攻下邳云："彭城、下邳，信命未断。此城之人，元居贼界，心尚恋土。辄相诳惑，希幸非望。南来息耗，壅塞不通。虽至穷迫，仍不肯降。"明帝遣明僧暠北征，又使刘怀珍缘海救援。至东海，见第三章第三节。僧暠已退保东莱。怀珍进据朐城。众心汹惧，或欲且保郁州。怀珍曰："卿等传沈文秀厚赂胡师，规为外援，察其徒党，何能必就左衽？"遂进至黔陬。汉县，在今山东胶县西南。然则文秀之能固守，岂独其抚驭之才，亦以人同此心，不愿陷虏故也。人心如此，而以君若臣之仅图私计弃之，岂不痛哉？

第六节　明帝诛戮宗室大臣

明帝之猜忌好杀，尤甚于孝武帝。《南史·孝武帝母路太后传》云：明帝少失所生，为太后所摄养，抚爱甚笃。及即位，供奉礼仪，不异旧日。有司奏宜别居外宫，诏欲亲奉晨昏，尽欢闱禁，不如所奏。及闻义嘉难作，义嘉，子勋年号。太后心幸之。延上饮酒，置毒以进。侍者引上衣，上寤，起以其卮上寿，是日，太后崩。案太后果欲毒杀帝，必不能与外间一无牵连，而当时绝未闻有此，其说恐不足信，而帝之毒后则真矣。孝武帝二十八男：前废帝，豫章、晋安、始平、南海四王，事已见前。皇子子深、子凤、子玄、子衡、子况、子文、子雍皆早夭。齐敬王子羽，晋陵孝王子云，淮阳思王子霄，皆卒于大明世。安陆王子绥，松滋侯子房，十一岁。临海王子顼，十一岁。皆以同子勋见杀。邵陵王子元，为子勋所留，事平赐死。九岁。永嘉王子仁，十岁。始安王子真，十岁。淮南王子孟，八岁。南陵王子产，庐陵王子兴，东平王子嗣，四岁。皇子子趋、子期、子悦，亦皆见杀。《南史·后废帝纪》云："孝武帝二十八男，明帝杀其十六，余皆帝杀之，"误。钱大昕《廿二史考异》云：泰始六年（470）诏曰：世祖继体，陷宪无遗，则孝武之嗣，绝于明帝之世，史固有明文矣。长沙景王之孙祗，为南兖州刺史，谋应子勋；瞻为晋安太守，弼为武昌太守，晋安，见第七章第五节。武昌，见第三章第九节。并与子勋同，皆死。韫为宣城太守，宣城，见第三章第九节。弃郡赴朝廷。韫人才凡鄙，以此特为帝所宠。袭为安城太守，安城，见第三章第九节。据郡拒子勋，亦以庸鄙封侯焉。

明帝兄弟：东海王祎，本为司空，帝即位，进太尉，改封庐江王。泰始五年（469），河东柳欣慰谋反，欲立祎，祎与相酬和，降为南豫州刺史，出镇宣城。上遣腹心杨运长领兵防卫。明年，六月，逼令自杀。子充明，废徙新安歙县。今安徽歙县。太祖诸子，祎尤凡劣，诸兄弟并蚩鄙之，其实未必能谋反也。山阳王休祐，帝初命其刺荆州。寻改江州、南豫州。又改豫州，督刘勔等讨殷琰。琰未平，又徙荆州。改封晋平王。休祐素无才能，强梁自用。大明世，年尚少，未得自专。至是，贪淫好财色。哀刻所在，多营财货。民不堪命。泰始六年（470），征为南徐州刺史，留之京邑，遣上佐行府州事。休祐很戾强梁，前后忤上非一。上积不能平；且虑其将来难制。七年（471），二月，因其从射雉，遣寿寂之等杀之，讳云堕马。是年，五月，遂杀建安王休仁。休仁年与帝邻亚，俱好文籍，素相友爱。及废帝世，同经危难，史云：大宗资其权谲之力。又云：大宗甫阴废帝，休仁即日推崇，便执臣礼，盖谋之有素矣。及即位，以为司徒、尚书令、扬州刺史。大勋克建，任总百揆，朝野四方，莫不辐凑。上渐不悦。休仁悟其旨，五年（469），冬，表解扬州。及杀晋平王，休仁忧惧转切。其年，上疾笃，与杨运长为身后之计，五月，遂杀之。下诏谓其"规逼禁兵，谋为乱逆，申诏诰厉，辨核事原，惭恩惧罪，遽自引决。"有司又奏休祐与休仁共为奸谋，乃追免休祐为庶人，十三子并徙晋平郡。晋晋安郡，泰始四年（468），改为晋平，晋安，见第七章第五节。休仁降始安县王。子伯融，听袭封爵。伯猷，先绍江夏国，令还本，赐爵乡侯。后废帝时，建平王景素为逆，杨运长等称诏赐之死。伯融时年十九，伯猷年十一。休仁之死也，上与诸方镇及诸大臣诏曰："休仁既经南讨，与宿卫将帅习狎。共事相识者，布满外内。常日出入，于厢下经过，与诸相识将帅，都不交言。及吾前积日失适，休仁出入殿省，诸卫主帅，裁相悉者，无不和颜，厚相抚劳。"此或是实语。杀机既动，彼此相猜，不必冀幸非常，即为免祸计者，亦或不得不尔也。而诏又云："为诏之辞，不得不云有兵谋，非事实也，"则又虑四方因休仁有异意而生觊觎，故曲讳之，转非其实矣。史云：上与休仁素厚，至于相害，虑在后嗣不安。休仁既死，痛悼甚至。谓人曰："我与建安，年时相邻，少便狎从。景和、泰始之间，勋诚实重。事计交切，不得不相除。痛念之至，不能自已。欢适之方，于今尽矣。"因流涕不自胜。亦云苦休若，初刺雍州。四年（468），迁湘州。休祐入，改荆州。休祐被杀，休仁见疑，京邑讹言：休若有至贵之表，帝以言报之。休若闻，甚忧惧。会被征代休祐为南徐州，腹心将佐，咸谓还朝必有大祸。中兵参军主敬先因陈不宜入。劝割据荆楚，以距朝廷。休若伪许之。敬先既出，执录，驰使白之。敬先坐诛死。休若至京口，休仁见害，益怀危虑。上以休若和善，能谐辑物情，虑将来倾幼主。欲遣使杀之，虑不奉诏，征入朝又恐猜骇；乃伪迁休若为江州刺史，征还召拜。手书殷勤，使赴七月七日。即于第赐死。于是文帝之子，存者惟一休范矣。

帝之猜忌好杀，不徒在同姓诸王也，袁颛忠于所事，当其对敌，不得不事翦除，事平，固无所谓恩怨，乃流其尸于江；徐爰亦何能为，乃徙之交、广，亦可谓酷矣。其所任者，为阮佃夫、王道隆、杨运长之徒。史称其并执权柄，亚于人主，巢、戴大明之世，方之蔑如也。佃夫大通货贿。宅舍园池，诸王邸第莫及。伎女数千，艺貌冠绝当时。金玉锦绣之饰，宫掖不逮。每制一衣，造一物，京邑莫不法效。仆从附隶，皆受不次之位。道隆亦家产丰积。惟杨运长不事园池，不受饷遗。李道儿亦执权要。寿寂之则见杀。史称寂之为南泰山太守，治南城，未详今地。多纳货贿，请谒无穷。有一不从，切齿骂詈。常云：利刀在手，何忧不办？鞭尉史，斫逻将。七年（471），为有司所奏，徙送越州。宋置，治临漳，今广东合浦县东北。行至豫章，见第三章第九节。谋欲逃叛，乃杀之。案寂之罪固当诛，然明帝诛之，则亦未足以服其心也。而吴喜尤枉。喜实有大功于帝。史云：初喜东征，白大宗：得寻阳王子房及诸贼帅，即于东枭斩。东土既平，喜见南方贼炽，虑后翻覆受祸，乃生送子房还都，凡诸大土帅顾琛、王昙生之徒，皆被全活。上以喜新立大功，不问也，而内密嫌之。及平荆州，恣意剽虏，臧私万计。又尝对宾客言："汉高、魏武，本是何人？"益不悦。其后诛寿寂之，喜内惧，因启乞中散大夫，上尤疑骇。会上有疾，为身后之虑，以喜素得人情，疑其将来不能事幼主，乃赐死。此所言罪状，并据帝与刘勔、张兴世、萧道成诏辞，多非其实。喜之贪残罔极，罪固当诛，然帝之诛之，则亦初不以此也。① 喜平东土之时，本不利多杀，此乃明帝之深谋，安有衔之之理？诏又谓张灵度与柳欣慰等谋立祎，使喜录之，而喜密报令去，则尤诬矣。以明帝之猜忌，果有此事，安能容忍历年？汉高、魏武，本属何人之语，尤不足辨。喜乃小人，不过欲乘时以取富贵，安有此大志哉？喜之大罪，在其残暴。诏云："喜军中诸将，非劫便贼。惟云：贼何须杀，但取之，必得其用。"又云："喜闻天壤间有罪人死或应系者，必启以入军。""劳人义士，共相叹息。"然又云："义人虽忿喜不平，又怀其宽弛。""其统军，宽慢无章，放恣诸将，无所裁检，故部曲为之尽力。"盖喜专收集群不逞之徒，恣其残民而用之也。诏又云："喜自得军号以来，多置吏佐，是人加板，无复限极。为兄弟子侄，及其同堂群从，乞东名县，连城四五。皆灼然巧盗，侵官夺私。他县奴婢，入界便略。百姓牛犊，辄牵啖杀。喜兄茹公等，悉下取钱，盈村满里。诸吴姻亲，就人间征求，无复纪极。喜具知此，初不禁呵。""西救汝阴，纵肆兵将掠暴居民。奸人妇女。逼夺鸡犬。虏略纵横。百姓吁嗟，人人失望。近段佛荣求还，欲用喜代之西人闻其当来，皆欲叛走。"此等纵或加甚，必非全诬，惟明帝之杀之，初不以此耳，喜之罪固不容于死矣，诏又谓其"妄窃善称，声满天下，"盖其宗族、交游、部曲，相与称颂之，非人民之感戴之也。王景文为帝后兄，任扬州刺史。上虑一旦晏驾，皇后临朝，则景文自然成宰相，门族强盛，藉元舅之重，岁暮不为纯臣。泰豫元年（472），春，上疾笃，乃遣使送药杀之。手诏曰："与卿周旋，欲全卿门户，故有此处分。"案景文乃一坐谈玄理之人，而亦忌而杀之，天下尚有可信之人邪？帝每杀兄弟及大臣，必为手诏赐臣下自解说，其言多有理致，而景文求解扬州时答诏，言贵不必难处，贱不必易安，遭遇参差，莫不由命，其言尤为通达，帝盖亦长于玄理者。② 然史言帝好小数，异于常伦，《本纪》云：帝末年好鬼神，多忌讳。言语文书，有祸败凶丧及疑似之言应回避

---

① 宗族：吴喜姻亲为暴。

② 学术：宋明帝盖长玄理，而猜忌特甚。

者，数百千品。有犯必加罪戮。改骊字为马边瓜，亦以骊字似祸字故也。以南苑借张永，云且给二百年，期讫更启，其事类皆如此。宣阳门，民间谓之白门。上以白门之名不祥，甚讳之。尚书右丞江谧尝误犯，上变色曰："白汝家门。"谧稽颡谢，久之方释。太后停尸漆床，先出东宫。上尝幸宫，见之，怒甚，免中庶子官，职局以之坐者数十人。内外尝虑犯触，人不自保。宫内禁忌尤甚。移床、治壁，必先祭土神，使文士为文辞祝策，如大祭飨。《后废帝江皇后传》云：泰始五年（469），大宗访求太子妃，而雅信小数，名家女多不合。后弱小，门无强荫，以卜筮最吉，故为太子纳之。盖顾虑祸福大甚，遂至于此耳。① 名士之不免忌刻，此亦其一证也。参看第四章第四节。又案明帝之为人，似有心疾而失其常度者。《本纪》言：泰始、泰豫之际，更忍虐好杀，左右失旨、忤意，往往有斩剖断截者。此时帝固去死不远矣。《南史·本纪》云：夜梦豫章太守刘愔反，遣就郡杀之，此非有心疾者，何至于是邪？《明恭王皇后传》云：尝宫内大集，而裸妇人观之，以为欢笑。宋世宫闱，虽习于无礼，然帝苟为医家所谓平人，亦不至于是也。

第七节　宋治盛衰

宋氏开国，政事粗有可观，实由武、文二世之恭俭，而孝武帝及明帝坏之。《宋书·良吏传》云："高祖起自匹庶，知民事艰难。及登庸作宰，留心吏职。而王略外举，未遑内务。奉师之费，日耗千金。播兹宽简，虽所未暇。而绌华屏欲，以俭抑身。左右无幸谒之私，闺房无文绮之饰。故能戎车岁驾，邦甸不扰。大祖幼而宽仁，入纂大业。及难兴陕方，六戎薄伐；命将动师，经略司、兖；费由府实，役不及民。自此区寓晏安，方内无事。三十年间，氓庶蕃息。奉上供徭，止于岁赋。晨出莫归，自事而已。守宰之职，以六期为断。虽没世不徙，未及囊时，而民有所系，吏无苟得。家给人足，即事虽难，转死沟渠，于时可免。凡百户之乡，有市之邑，歌谣舞蹈，触处成群，盖宋氏之极盛也。暨元嘉二十七年（450），北狄南侵，戎役大起，倾资扫稸，犹有未供，于是深赋厚敛，天下骚动。自兹至于孝建，兵连不息。以区区之江东，斗地方不至数千里，户不盈百万，荐之以师旅，因之以凶荒，宋氏之盛，自此衰矣。晋世诸帝，多处内房。朝宴所临，东西二房而已。孝武末年，清暑方构。高祖受命，无所改作。所居惟称西殿，不制嘉名。大祖因之，亦有合殿之称。及世祖承统，制度奢广。犬马余菽粟，土木衣锦绣。追陋前规，更造正光、玉烛、紫极诸殿。雕栾绮饰，珠窗网户。嬖女幸臣，赐倾府藏。竭四海不供其欲，单民命未快其心。太宗继祚，弥笃浮侈。恩不恤下，以至横流。莅民之官，迁变岁属。蒲、密之化，事未易阶。岂

---

① 宗教：宋明帝多忌讳，由顾虑福祸，不关迷信。

徒吏不及古，民伪于昔，盖由为上所扰，致治莫从。"案治道之隆污，系于君心之敬肆。高祖以衲衣付会稽长公主，使戒后嗣之奢，已见第八章第一节。史又言："上清简寡欲，严整有法度。未尝视珠玉舆马之饰后庭无纨绮丝竹之音。宁州尝献虎魄枕，光色甚丽。时将北征，以虎魄治金创，上大悦，命捣碎，分付诸将。财帛皆在外府，内无私藏。宋台既建，有司奏东西堂施局脚床、银涂钉，上不许，使用直脚床，钉用铁。诸主出适，遣送不过二十万，无锦绣金玉。内外奉禁，莫不节俭。"又云；微时躬耕于丹徒，见第四章第二节。及受命，耨耕之具，颇有存者，皆命藏之，以留于后。文帝幸旧宫，见而问焉。左右以实对。文帝色惭。及孝武大明中，坏高祖所居阴室，江左诸帝既崩，以其所居为阴室。于其处起玉烛殿。与群臣观之。床头有土障。壁上挂葛灯笼、麻蝇拂。侍中袁颢，盛称上俭素之德。孝武不答，独曰："田舍公得此，以为过矣。"盖文帝已稍陵夷，至孝武而尽忘其本矣。史称文帝性存俭约，不好奢侈。其邻乎侈者，惟元嘉二十三年（446）筑北堤，立玄武湖于乐游苑，兴景阳山于华林园，史云役重人怨。然是岁固大有年也。以视孝武，其奢俭不可以道里计矣。至于明帝，则尤有甚焉。史称其时经略淮、泗，军旅不息。荒弊积久，府藏空竭。内外百官，并日料禄奉，而上奢费过度，务为凋侈。每所造制，必为正御三十，副御、次御，又各三十，须一物辄造九十枚。天下骚然，民不堪命。废帝元徽四年（476），尚书右丞虞玩之表陈时事曰："天府虚散，垂三十年。江、荆诸州，税调本少，自顷已来，军募多乏，其谷帛所人，折供文武。豫、兖、司、徐，开口待哺；西北戎将，裸身求衣；委输京都，益为寡薄。天府所资，惟有淮海，民荒财单，不及曩日。而国度引费，四倍元嘉。二卫台坊人力，五不余一。都水材官朽散，十不两存。备豫都库，材竹俱尽。东西二墎，砖瓦双匮。敕令给赐，悉仰交市。尚书省舍，日就倾颓。第宅府署，类多穿毁。视不遑救，知不暇及。寻所入定调，用恒不周，既无储稸，理至空尽。积弊累耗，钟于今日。"盖实自孝武以来，积渐所致也。《沈昙庆传》言：元嘉十三年（435），东土潦浸，民命棘矣。大祖省费减用，开仓廪以振之。病而不凶，盖此力也。大明之末，积旱成灾。虽敝同往困，而救非昔主。所以病未半古，死已倍之。并命比室，口减过半。《宋书·本纪》：大明八年（464），去岁及是岁，东诸郡大旱，甚者米一斗数百，都下亦至百余，饿死者十有六七。一斗，《南史》作一升。案作一斗者是也。《宋书·孔觊传》亦云：都邑一斗将百钱。政事之隆污，系于君心之敬肆，而民生之舒惨，即系于政事之隆污，可不戒哉。

高祖又非徒恭俭而已。①《宋书·本纪》云：先是朝廷承晋氏乱政，百司纵弛。桓玄虽欲釐革，而众莫从之。高祖以身范物，先以威禁。内外百官，皆肃然

---

① 学术：宋高祖、刘穆之任法。

奉职。二三日间，风俗顿改。元兴三年(404)。又云：晋自中兴以来，治纲大弛。权门并兼，强弱相陵，百姓流离，不得保其产业。桓玄颇欲釐改，竟不能行。公既作辅，大示轨则。豪强肃然，远近知禁。义熙七年(411)。《刘穆之传》云：从平京邑。时晋纲宽弛，威禁不行。盛族豪右，负势陵纵。小民穷蹙，自立无所。重以司马元显政令违舛，桓玄科条繁密。穆之斟酌时宜，随方矫正。不盈旬日，风俗顿改。《赞》曰："晋纲弛紊，其渐有由。孝武守文于上，化不下及；道子昏德居宗，宪章坠矣；重之以国宝启乱；加之以元显嗣虐；而祖宗之遗典，群公之旧章，莫不叶散冰离，扫地尽矣。主威不树，臣道专行。国典人殊，朝纲家异。编户之命，竭于豪门。王府之蓄，变为私藏。由是祸基东妖，难结天下。荡荡然王道，不绝者若綖。高祖一朝创义，事属横流。改乱章，布平道。尊主卑臣之义，定于马棰之间。威令一施，内外从禁。以建武、永平之风，变大元、隆安之俗。此盖文宣公之为也。为一代宗臣，配飨清庙，岂徒然哉？然则江左之不振，非徒兵力之衰颓，政散民流，实为其本。虽桓玄犹未尝不知此义，而卒莫之能革。高祖一朝矫之，此其所以能扫荡青、齐，廓清关、洛欤？孝武以后，佞幸专朝，毒流氓庶，而此风息矣，岂不惜哉？

第八节　后废帝之败

凡好用权术驾驭者，无不思为万全之谋，然终不能收万全之效，以此知智计之有时而穷，木如道义之足任矣。宋明帝是也。明帝诛钼宗戚，翦伐大臣，于可疑者，可谓除之殆尽，然卒失之于萧道成。

道成破薛索儿后，迁巴陵王休若。卫军司马，随镇会稽。又除桂阳王休范。征北可马，行南徐州事。张永沈攸之败，出镇淮阴。泰始六年（470），征为黄门侍郎，领越骑校尉。《南史·帝纪》云：明帝嫌帝非人臣相，而人间流言，帝当为天子，明帝愈以为疑。遣吴喜留军破釜，《齐书·本纪》云：以三千人北使。破釜，湖名，即今之洪泽湖也。在当时为一小湖。隋炀帝经此，元旱得雨，改名洪泽。宋熙宁中，开渠通淮，金时河夺淮流，此湖始大。自持银壶酒赐帝。帝戎衣出门迎，惧鸩不敢饮，将出奔。喜告以诚，先饮之，帝即酌饮之。喜还，明帝意乃悦。《齐书·本纪》云：大祖戎衣出门迎，即酌饮之，乃讳饰之辞。《王玄邈传》云：仕宋，位青州刺史。齐高帝之镇淮阴，为宋明帝所疑，乃北通魏。遗书结玄邈。玄邈长史房叔安进曰："夫布衣韦带之士，衔一餐而不忘，义使之然也。今将军居方州之重，托君臣之义，无故举忠孝而弃之三齐之士，宁蹈东海死耳，不敢随将军也。"玄邈意乃定。仍使叔安使建业，发高帝谋。高帝于路执之。并求玄邈表。叔安答曰："寡君使表上天子，不上将军。且仆之所言，利国家而不利将军，无所应问。"

荀伯玉劝杀之。高帝曰："物各为主；无所责也。"玄邈罢州还，高帝途中要之，玄邈严军直过。还都，启宋明帝，称高帝有异谋，帝不恨也。《垣崇祖传》云：高帝威名已著，宋明帝尤所忌疾，征为黄门郎，规害高帝，崇祖建策以免。由是甚见亲，参与密谋。元徽末，高帝惧祸，令崇祖入魏。崇祖即以家口托皇甫肃，勒数百人入魏界，更听后旨。崇祖所建之策，盖即通魏。《齐书·王玄邈传》，无高帝通魏语，亦无使房叔安于建业事；《垣崇祖传》，亦无崇祖建策以免语；盖皆为高帝讳。《南史·荀伯玉传》云：为高帝冠军刑狱参军。高帝为宋明帝所疑，被征为黄门郎，深怀忧虑。伯玉劝帝遣数十骑入魏界，安置标榜。魏果遣游骑数百，履行界上。高帝以闻。犹惧不得留，令伯玉占。伯玉言不成行，而帝卒复本任。由是见亲待。《齐书·伯玉传》同。游骑履行，恐为年常恒有之事，高帝未必因此获留，盖亦不免讳饰也。道成是时，盖有降魏之谋而未敢显叛，非事势迫急，亦不欲遽入魏。明帝或亦鉴于薛安都之覆辙，未敢遽迫之，故获复安本任。然至明年，卒复征还京师。《齐书·本纪》曰部下劝勿就征。太祖曰："诸卿暗于见事。主上自诛诸弟，为太子稚弱，作万岁后计，何关他族？惟应速发，缓必见疑。今骨肉相害，自非灵长之运，祸难将兴，方与卿等僇力耳。"此亦事后附会之谈。明帝既复道成本任，越一岁而复征之，必复有所措置。当时谋叛亦非易；若单骑入虏，则非有大志者所肯出；故复冒险就征耳。既至京师，拜散骑常侍，左卫率。泰豫元年（472），四月，明帝崩，长子昱即位，是为后废帝。年十岁。尚书令袁粲，顗从弟。护军将军褚渊湛之子。同辅政。遗诏以道成为右卫将军，领卫尉。寻解卫尉，领石头戍军事。是时之道成，尚非权重所寄。刘勔守尚书右仆射，为中领军。勔为明帝心腹宿将。道成之不就征，勔出镇广陵，似使之防道成者。勔不死，道成恐未必能以兵权雄于建业也。乃元徽二年（474），五月，江州刺史桂阳王休范反，而道成之机会至矣。

《宋书·休范传》云：休范素凡讷，少知解，不为诸兄所齿遇。大宗晚年，休祐以狠戾致祸，休仁以权逼不见容，休若素得人情，又以此见害，惟休范谨涩无才能，不为物情所向，故得自保。又云：大宗晏驾，主幼时艰，素族当权，近习秉政，休范自谓宗戚莫二，应居宰辅，事既不至，怨愤弥结。招引勇士，缮治器械。行人经过寻阳者，莫不降意折节，重加问遗；留则倾身接引，厚相资结。于是远近同应，从者如归。其言未免自相矛盾。盖当习于觊觎非分之世，又当上下互相猜忌之时，虽素谨愿者，亦将休于祸而求自全；而其下又有轻躁之士，欲翼戴之以立功名，而其祸不可逭矣。休范虽凡讷，翼戴之者似颇有人才。其叛也，大雷戍主杜道欣大雷，见第四章第三节。驰下告变，至一宿，休范已至新林，见第二节。朝廷震动。《齐书·本纪》曰：大祖与护军褚渊，征北张永，领军刘勔，仆射刘秉，长沙景王孙。游击将军戴明宝，骁骑将军阮佃夫，右军将军王道隆，中书舍人孙千龄，员外郎杨运长集中书省计议。莫有言者。太祖曰："昔上流谋逆，皆因淹缓，至于覆败，休范必远惩前失，轻兵急下，乘我无备。今应变之术，不宜念远。若偏师失律，则大沮众心。宜顿新亭、白下，坚守宫掖、东府以待贼。千里孤军，后无委积，求战不得，自然瓦解。我请顿新亭以当其锋。征北可以见甲守白下。中堂旧是置兵地，中堂，见第三节。领军宜屯宣阳门，为诸军节度。诸贵安坐殿中。右军诸人，不须竞出。我自前驱，破贼必矣。"因索笔下议，并注同。当时情势，欲不守建业不可得，《齐书》之云，恐亦事后附会之谈也。道成出次新亭，刘勔及前兖州刺史沈怀明据石头，张永屯白下，袁粲、褚渊、刘秉等入卫殿省。休范于新林步上。及新亭垒，自临城南，仅以数十人自卫。屯骑校尉黄回见其可乘，乃与越骑校尉张敬儿同往诈降。敬儿遽夺休范防身刀斩其首。休范左右数百人皆惊散。然休范所遣丁文豪、杜墨蠡等不相知闻。墨蠡急攻新亭垒，文豪直至朱雀桁。见第四章第三节。王道隆率羽林兵在朱雀门外，急召刘勔。勔至，命开桁。道隆怒曰："贼至但当急击，宁可开桁自弱邪？"勔不敢复言，遂战没。墨蠡等乘胜至朱雀门道隆为乱兵所杀。于是张永弃众于白下，沈怀明于石头奔散，抚军典签茅恬开东府纳贼。《通鉴》云：抚军长史褚澄开东府门纳南军。《考异》曰："《宋书》作抚军典签茅恬，《齐书》作车骑典签茅恬，盖皆为褚澄讳耳。今从《宋略》。"案澄，渊之弟，尚文帝女庐江公主。墨蠡径至杜姥宅。晋成帝杜皇后之母裴氏，立第于南掖门外，世谓之杜姥宅。宫省恇扰，无复固志。萧道成遣军主陈显达、任农夫、张敬儿、周盘龙等入卫。袁粲慷慨谓诸将帅曰："寇贼已逼，而众情离沮。孤子受先帝顾托，本以死报，今日当与诸护军同死社稷。"因命左右被马，辞色哀壮。于是显达等感激出战，斩墨蠡、文豪等。朝廷先以晋熙主燮刺郢州，明帝第六子，继晋熙王昶，时年四岁。以长史王奂行府州事，配以兵力，出镇夏口，本所以防休范也。至是，燮遣兵平寻阳。黄回之诈降也，休范以二子德宣、德嗣付回为质，至即斩之。德嗣弟青牛、智藏并伏诛。自来上流叛乱，建康形势，未有危于是役者，虽获戡定，只可云幸胜耳。然刘勔既死，张永又弃军，杀休范及回援宫城，功皆成于萧道成一人之手，遂尔乘时崛起矣。是役之后，道成遂与袁粲、褚渊、刘秉更日入直决事，号为四贵。

休范难平后二年，又有建平王景素之叛。景素，文帝第七子建平宣简王宏之子。宏好文籍，有贤名，景素亦有父风。泰始二年（466），为南徐州刺史。《传》云：时大祖诸子尽殂，众孙惟景素为长。建安王休祐诸子并废徙，无在朝者。景素好文章书籍，招集才义之士，倾身礼接。由是朝野翕然。后废帝凶狂失道，内外皆谓景素宜当神器。此言盖景素之党所造。惟废帝所生陈氏亲戚疾忌之。而杨运长阮佃夫，并大宗旧隶，贪幼少以久其权，虑景素立，不见容于长主，深相忌惮。元徽三年（475），景素防将军王季符失景素旨，单骑奔京邑，告运长、佃夫云：景素欲反。运长等便欲遣军讨之。齐王萧道成。及袁粲以下并保持之。景素亦驰遣世子延龄还朝，具自申理。运长等乃徙季符于梁州，景素稍为自防之计。与司马何季穆，录事参军殷沵，记室参军蔡履，中兵参军垣庆延，左右贺文超等谋之。以参军沈颙、毌丘文子、左暄，州西曹王潭等为爪牙。季穆荐从弟豫之为参军。景素遣豫之、潭、文超等去来京邑。多与金帛，要结才力之士。由是冠军将军黄回，游击将军高道庆，辅国将军曹欣之，前军韩道清，长水校尉郭兰之，羽林监垣祗祖，并皆响附。其余武人失职不得志者，莫不归之。时废帝单马独出，游走郊野，曹欣之谋据石斗，韩道清，郭兰之欲说齐王使同，若不同者图之。候废帝出行，因众作难，事克奉景素。景素每禁驻之，未欲匆匆举动。四年（476），七月，垣祗祖率数百人奔景素，云京邑已溃乱，劝令速入。景素信之，即便举兵。运长等声祗祖叛走，便纂严备办。齐王出屯玄武湖。在首都北。任农夫、黄回、李安民各领步军，张保率水军北讨。南豫州刺史段佛荣为都统。其余众军相继进。齐王知黄回有异图，故使安民、佛荣俱行以防之。景素欲断竹里，见第七章第一节。以拒台军。垣庆延、祗祖、沈颙等曰："今天时旱热，台军远来疲困，引之使至，以逸待劳，可一战而克也。"殷沵等固争，不能得。农夫等既至，放火烧市邑。而垣庆延等各相顾望，并无斗志。景素本乏威略，恇扰不知所为。时张保水军泊西渚。京口城西。景素左右勇士数十人，并荆楚快手。自相要结击水军，应时摧陷，斩张保。而诸将不相应赴，复为台军所破。台军既薄城池，沈颙先众叛走。垣祗祖次之。其余诸军，相系奔散。左暄骁果有胆力，欲为景素尽节，而所配兵力甚弱。犹力战不退。于万岁楼下横射台军，不能禁，然后退散。右卫殿中将军张倪奴，前军将军周盘龙攻陷京城。倪奴禽景素斩之。时年二十五。子延龄及二少子并从诛。垣庆延、祗祖、左暄、贺文超并伏诛。殷沵、蔡履徙梁州。何季穆先迁官，故不及祸。其余皆逃亡，直赦得免。景素既败，曹欣之反告韩道清、郭兰之之谋。道清等并诛。黄回、高道庆等，齐王抚之如旧。至九月，道庆乃伏诛。见《本纪》。

前废帝之败也，以佞幸亦叛，则无复腹心，而专恃数武人，故卒以粗疏偾事，后废帝亦然。《阮佃夫传》云：时废帝好出游走。始出宫，犹整羽仪，引队仗。俄而弃部伍，单骑与数人相随。或出郊野，或入市廛。内外莫不惧忧。佃夫密与直阁将军申伯宗、步兵校尉朱幼、于天宝，谋共废帝立安成王。即顺帝，见下。五年（477），春，帝欲往江乘射雉。江乘，见第三章第九节。帝每北出，常留队仗在乐游苑前，弃之而去。乐游苑，在今首都东北。佃夫欲称太后令，唤队仗还，闭城门，分人守石头、东府，遣人执帝废之，自为扬州刺史辅政。与幼等已成谋。会帝不成向江乘，故其事不行。于天宝因以其谋告帝。帝乃收佃夫、幼、伯宗于光禄外部赐死。佃夫、幼罪止身，其余无所问。盖以其党与众多故也。时为元徽五年四月。至六月，乃诛其党司徒左长史沈勃，散骑常侍杜幼文，游击将军孙超之，长水校尉杜叔文。《佃夫传》云：佃夫矜敖无所降意，入其室者，惟沈勃、张澹等数人而已。幼文者，骥子。《骥传》云：幼文所莅贪横，家累千金。女伎数十人，丝竹昼夜不绝。与沈勃、孙超之居止接近，常相从。又并与阮佃夫厚善。佃夫死，废帝深疾之。帝微行夜出，辄在幼文门墙之间，听其弦管。积久，转不能平。于是自率宿卫兵诛幼文、勃、超之。幼文兄叔文及诸子侄在京邑、方镇者并诛，惟幼文兄季文、弟希文等数人逃亡得免。案此可见废帝之出行，非徒游戏，实意在觇司诛杀也。于天宝以发佃夫之谋为清河太守、右军将军。升明元年（477），出为山阳太守。山阳，见第五章第六节。萧道成以其反覆，赐死。阮佃夫之力，似不足独行废立，观此举，则佃夫当日，似与道成有交关也。故佃夫之党甫除，而道成之谋遂龁矣。

《南史·齐高帝纪》曰：休范平后，苍梧王渐行凶暴，屡欲害帝。常率数十人直入镇军府。时暑热，帝昼卧裸袒。苍梧王立帝于室内，画腹为射的，自引满将射之。帝神色不变，敛板曰："老臣无罪。"苍梧左右王天恩谏曰："领军腹大，是佳射堋。一箭便死，后无复射。不如以骲箭射之。"乃取骲箭。一发即中帝脐。苍梧投弓于地，大笑曰："此手何如？"建平王举兵，帝出屯玄武湖，事平乃还。帝威名既重，苍梧深相猜忌。刻木为帝形，画腹为射堋。自射之。又命左右射，中者加赏。皆莫能中。时帝在领军府，苍梧自来烧之，冀帝出因作难。帝坚卧不动。苍梧益怀忿患。所见之物，呼之为帝，加以手自磨锭，曰："明日当以刃萧道成。"陈太妃骂之曰："萧道成有大功于国，今害之，谁为汝尽力？"故止。此等类乎平话之谈，固不足信。然《豫章王嶷传》曰：太祖在领军府，嶷居青溪宅。苍梧王夜中微行，欲掩袭宅内。嶷令左右舞刀戟于中庭。苍梧从墙间窥见，以为有备，乃去。其后苍梧见弑，王敬则将其首驰诣大祖，大祖尚疑为苍梧所诳，不敢开门。见《敬则传》。则苍梧是时，有轻行掩袭之计，似不诬也。《嶷传》又曰：大祖带南兖州，镇军府长史萧顺之在镇，忧危既切，期渡江北起兵。据此，顺之当同大祖渡江之谋。《南史·梁本纪》谓齐高谋出外，顺之以为一旦奔亡，则危几不测，不如因人之欲，行伊、霍之事，齐高深然之，与此岐异。彼盖梁人文饰之辞，不足信也。嶷谏曰："主上凶狂，人不自保。单行道路，易以立功。外州起兵，鲜有克胜。物情疑惑，必先人受祸。今于此立计，万不可失。"《垣崇祖传》曰：元徽末，太祖欲渡广陵。荣祖谏曰："领府去台百步，公走人岂不知？若单行轻骑，广陵人一旦闭门不相受，公欲何之？公今动足下床，便恐有叩台门者，公事去矣。"《幸臣·纪僧真传》曰：太祖欲度广陵起兵。僧真启曰："主上虽复狂衅，虐加万民，而累世皇基，犹固磐石。今百口北度，何必得俱？纵得广陵城，天子居深宫，施号令，目明公为逆，何以避此？如其不胜，则应北走胡中。窃谓此非万全策也。"《刘善明传》曰：元徽三年（475），出为西海太守，未详所治。行青、冀二州刺史。从弟僧副，太祖引为安城王抚军参军。苍梧肆暴，太祖忧恐，常令僧副微行，伺察声论。使僧副密告善明及东海太守垣崇祖曰："多人见劝，北固广陵，恐一旦动足，非为长算。今秋风行起，卿若能与垣东海微共动房，则我诸计可立。"善明曰："宋氏将亡，愚智所辨，胡房若动，反为公患。公神武世出，惟当静以待之，因机奋发，功业自定。不可远去根本，自诒猖獗。"遣部曲健儿数十人随僧副还诣领府。太祖纳之。《柳世隆传》云：为晋熙王安西司马。时世祖为长史，与世隆相遇甚欢。太祖之谋渡广陵也，今世祖率众下，同会京邑，世隆与长流萧景先等戒严待期。事不行。综观诸传，道成当时，渡江之计颇切。如能动房而以朝命还镇淮阴，实为上计。然废帝不必堕其计中。如此，则惟有据广陵起兵，而使萧赜帅江州之师，顺流而下矣。其计之不易遂，诚如诸人之说。又时李安民行会稽郡事，欲于东奉江夏王跻起兵，明帝子。则弥不得地利，亦弥不合人心矣。故诸计皆不行，而肘腋之变作。

时王敬则为直阁将军，结废帝左右杨玉夫、杨万年、陈奉伯等二十五人。七月七日夕，玉夫与万年同人，以帝防身刀弑帝。《南史·齐高帝纪》云：赍首，使奉伯藏衣袖中，依常行法，称敕开承明门出，囊贮之，以与敬则。敬则驰至领军府叩门，大声言报帝。门犹不开。敬则自门窦中以首见帝。帝犹不信。乃于墙上投进其首。帝索水洗视。敬则乃逾垣入。帝跣出。敬则叫曰：事平矣。帝乃戎服夜入殿中。殿中惊怖。及知苍梧死，咸称万岁。明旦，召袁粲、褚彦回、刘彦节入议。彦回渊字，彦节秉字。《南史》避唐讳，故书其字。帝以事让彦节。彦节未答。帝须髯尽张，眼光如电。次让袁粲，又不受。敬则乃拔刀在床侧跃，麾众曰："天下之事，皆应关萧公。敢有开一言者，血染敬则刀。"仍呼虎贲剑戟羽仪，手自取白纱帽加帝首，令帝即位，曰："今日谁敢复动？事须及热。"帝正色呵之曰："卿都自不解。"粲欲有言，敬则又叱之，乃止。帝乃下议，迎立顺帝。《齐书·王敬则传》略同。《褚渊传》云：袁粲、刘秉既不受任，渊曰："非萧公无以了此，"手取书授太祖，太祖曰："相与不肯，我安得辞？"事乃定。顺帝者，明帝第三子安成王准也。明帝次子法良，早夭未封。时年九岁。追废后废帝为苍梧王。后废帝之为人，盖颇材武，史言其好缘漆帐竿，去地丈余，如此者半食久乃下，亦可见其趫捷之一端。然其轻率寡谋，远较前废帝为甚，宜其败也。至史所言诸失德，则大抵皆过甚其辞。史言帝年渐长，喜怒乖节。左右有失旨者，辄手加扑打。徒跣蹲踞，以此为常。常着小袴褶，未尝服衣冠。或有忤意，辄加以虐刑。有白棓数十枚，各有名号。钳、凿、锥、锯，不离左右。尝以铁椎椎人阴破。左右人见之，有敛眉者。昱大怒，令此人袒胛正立，以矛刺胛洞过。阮佃夫腹心人张羊，佃夫败叛走，后捕得，自于承明以车轹杀之。杜延载、沈勃、杜幼文、孙超，皆手运矛铤，躬自脔割。执幼文兄叔文于玄武湖北，昱驰马执矟，自往刺之。天性好杀，以此为欢，一日无事，辄惨惨不乐。内外百司，人不自保。殿省忧惶，夕不及旦。又云：帝初嗣位，内畏太后，外惮诸大臣，犹未得肆志。自加元服，变态转兴。内外稍无以制。三年秋冬间，便好出游行。太妃每乘青篾车，遥相检摄。昱渐自放恣，太妃不复能禁。单将左右，弃部伍，或十里，二十里，或入市里，或往营署，日暮乃归。四年春夏，此行弥数。自京城克定，意志转骄，于是无日不出。与左右人解僧智、张五儿恒相驰逐。夜出开承明门。夕去晨返，晨出暮归。从行并执铤矛，行人男女，及犬、马、牛、驴，值无免者。民间扰惧，昼日不敢开门。道上行人殆绝。又云：制露车一乘，其上施篷，乘以出入。从者不过数十人。羽仪追之恒不及。又各虑祸，不敢近寻，惟整部伍，别在一处瞻望而已。果如所言，除之正自易易，尚安待深谋秘计邪？又谓帝非明帝子，盖亦有惭德者之加诬，不足信也。《废帝纪》云：先是民间讹言，谓大宗不男。陈太妃本李道儿妾，道路之言，或云道儿子也。昱每出入去来，常自称刘统，或自号李将军。《后妃传》则云：陈贵妃经世祖先迎入宫，在路太后房内。经二三年，再呼不见幸。太后因言于上，以赐太宗。始有宠。一年许衰歇。以乞李道儿。寻又迎还，生废帝。故民中皆呼废帝为李氏子。废帝后每自称李将军，或自谓李统。又云：太宗晚年瘘疾，不能内御。诸弟姬人有怀孕者，辄取以入宫。及生男，皆杀其母，而以与六宫所爱者养之。顺帝，桂阳王休范子也，以陈昭华为母焉。《齐书·刘休传》云：帝素肥，瘘不能御内。诸王妓妾怀孕，使密献入宫，生子之后，闭其母于幽房，前后十数。顺帝，桂阳王休范子也。苍梧王亦非帝子。陈太妃先为李道儿妾，故苍梧微行，常自称为李郎焉。案宫禁之事，民间何知焉？明帝仇诸弟特甚，又安肯杀其父而畜其子邪？

第九节　齐高篡宋

萧道成之得政，观上节所述，盖纯出一时之劫持，其无以善其后明矣。《齐书·高帝纪》：苍梧废，刘秉出集议，于路逢弟韫，韫开车迎问秉曰："今日之事，固当归兄邪？"秉曰："吾等已让领军矣。"韫捶胸曰："君肉中讵有血。"可见当时非以兵力劫持，政柄原无属道成之理也。故得政未几，而内外之难交作。

沈攸之以泰始五年（469）刺郢州。明帝崩，与蔡兴宗同在外蕃豫顾命。兴宗时为会稽太守。会巴西民李承明反，巴西，见第三章第六节。执太守张澹，蜀土骚扰。时荆州刺史建平王景素被征，蔡兴宗新除荆州刺史，未之镇，乃遣攸之权行荆州事。攸之既至，会承明已平，乃以攸之为荆州刺史。攸之自在郢州，便缮治船舸，营造器甲。至荆州，聚敛兵力。养马至千余。已皆分赋戍逻将士，使耕田而食，廪财悉充仓储。荆州作部，岁送数千人仗，攸之割留之，簿上云供讨四山蛮。装战舰数千艘，沉之灵溪里。灵溪，见第七章第三节。朝廷疑惮之。累欲征入，虑不受命，乃止。初张敬儿欲诈降休范，道成言："卿若能办，当以本州相赏。"敬儿，南阳冠军人。冠军，汉县，在今河南邓县西北。及敬儿既杀休范，道成以其人地既轻，不欲便使为襄阳重镇。敬儿求之不已，乃微动道成曰："沈攸之在荆州，公知其欲何所作？不出敬儿以防之，恐非公之利也。"道成笑而无言。乃以敬儿为雍州刺史。时元徽三年闰三月也。四年（476），又以其长子赜行郢州事。初元嘉中，巴东、建平二郡，军府富实，与江夏、竟陵、武陵，并为名郡。巴东、建平、武陵，皆见第三章第六节。江夏，见第三章第四节。竟陵，见第三章第九节。世祖于江夏置郢州，郡罢军府。竟陵、武陵，亦并残坏。为峡中蛮所破。至是，民人流散，存者无几。其年春，攸之遣军入峡讨蛮帅田五郡等。及景素反，攸之急追峡中军。巴东太守刘攘兵、建平太守刘道欣，并疑攸之自有异志，阻兵断峡，不听军下。时攘兵元子天赐，为荆州西曹。攸之遣天赐譬说之，令其解甲，一无所问。攘兵见天赐，知景素实反，乃释甲谢愆。攸之待之如故。复以攘兵为府司马。刘道欣坚守建平，攘兵譬说不回，乃与伐蛮军攻之，破建平，斩道欣。台直阁高道庆，家在江陵。攸之初至州，道庆时在家。牒其亲戚十余人，求州从事西曹。攸之为用三人。道庆大怒，自入州，取教毁之而去。① 此据《宋书·攸之传》。《南史》同。又云：道庆素便马，攸之与宴饮，于听事前合马槊。道庆稍中攸之马鞍。攸之怒，索刃槊。道庆驰马而出。至都，云攸之聚众缮甲，奸逆不久。杨运长等常相疑畏，乃与道庆密遣刺客。赍废帝手诏，以金饼赐攸之州府佐吏，进其阶级。案《佞幸传》云：攸之反，运长有异志，以此见诛，则运长实与攸之声势相倚，当时建业所患，固不在荆州也。高道庆亦为道成所杀。故此说殊不足信。《南史》云：道庆请以三千人袭之，朝议虑其事难济，高帝又保持不许。夫攸之兵备甚雄，岂三千人所可袭？其说更不足辩矣。废帝既殒，顺帝即位，遣攸之长子司徒左长史元琰赍废帝剚剒之具，以示攸之。元琰既至江陵，攸之便有异志。腹心议有不同，故其事不果。其年十一月，乃发兵反叛。《南史》云：齐高帝遣元琰赍废帝剚剒之具以示之。攸之曰："吾宁为王凌死，不作贾充生。"尚未得即起兵，乃上表称庆，并与齐高帝书推功。攸之有素书十余行，常韬在两当角，云是宋明帝与己约誓。又皇太后使至，赐攸之烛十挺，割之，得太后手令，曰："国家之事，一以委公。"明日遂举兵。案攸之之反，《宋史·本纪》在十二月丁巳，《南史》同。

沈攸之之兵既起，袁粲遂图谋丁内。时道成居东府，粲镇石头。升明元年八月。刘秉为丹阳尹；太后兄子王蕴，素好武事；皆与粲相结。将帅黄回、任候伯、农夫弟。孙昙瓘、王宜兴、彭文之、卜伯兴等，并与粲合。蕴本为湘州刺史，与沈攸之结厚。及道成辅朝政，蕴、攸之便连谋。会遭母忧，还都，停巴陵十余日，巴陵，见第三章第九节。更与攸之成谋。欲至郢州，因萧赜下慰之为变，据夏口，见第三章第九节。与荆州连横。赜觉其意，称疾不往，又严兵自卫。蕴计不得行，乃下。及是，道成入屯朝堂。秉从父弟领军将军韫入直门下省。卜伯兴为直阁。黄回诸将皆率军出新亭。粲谋先日矫太后令，使韫、伯兴率宿卫兵攻道成于朝堂，回率军来应。秉、候伯等并赴石头。本期夜发。秉素恇怯，骚动不自安，再铺后，便自丹阳郡车载妇女，尽室奔石头。部曲数百，赫奕满道。由此事泄。先是道成遣将薛渊、苏烈、王天生等领兵戍石头，云以助粲，实御之也。又领王

敬则为直阁，与卜伯兴共总禁兵。王蕴闻刘秉已奔，叹曰："今年事败矣。"时道成使蕴募人，已得数百。乃狼狈率部曲向石头。本期开南门，时已暗夜，薛渊等据门射之，蕴谓綮已败，即便散走。道成以报敬则，率所领收刘韫杀之。韫弟述出走，追禽杀之。并诛卜伯兴。又遣军主戴僧静向石头助薛渊，杀綮。刘秉逾城出走，于雊檐湖见禽，雊檐湖，《通鉴》作额檐湖。与二子承、俣并死。秉弟遐，为吴郡太守，道成遣张瓌诛之。瓌，永子。王蕴逃斗鸡场，见禽杀。时升明元年（477）即元徽五年。十二月也。

　　沈攸之之举兵也，遣其中兵参军孙同等三万人为前驱，司马刘攘兵等二万人次之。又遣王灵秀等骑二千出夏口，据鲁山。城名，见第七章第三节。攸之乘轻舸，从数百人，先大军下。住白螺洲。在今湖北监利县东南。以上据《齐书·柳世隆传》。闰十二月四日，攸之至夏口。时晋熙王燮征为扬州刺史。萧赜亦征为左卫将军，与燮俱下。闻攸之举兵，即据湓口城。湓口，见第三章第九节。武陵王赞为郢州，道成令周山图领兵卫送，赜为西讨都督，启山图为军副。攸之有顺流之志，府主簿宗俨之劝攻郢州。功曹臧寅，以为攻守势异，若不时举，挫锐损威。不从。初道成之谋渡广陵也，令赜率众东下。刘怀珍白道成曰："夏口是兵冲要地，宜得其人。"道成纳之。与赜书曰："汝既入朝，当须文武兼资人，与汝合意者，委以后事。柳世隆其人也。"于是赜举世隆自代。转为郢州行事。及是，世隆随宜拒应，攻者披却。黄回军至西阳。见第四章第三节。攸之素失人情，初发江陵，已有叛者，至是稍多。攸之大怒。令军中有叛者，军主任其罪。于是一人叛，遣十人追，并去不反。莫敢发觉。咸有异计。刘攘兵射书与世隆请降。世隆开门纳之。攘兵烧营而去。时升明二年正月十九日也。众于是离散，不可复制。攸之还向江陵。闻城已为张敬儿所据，乃与第三子文和至华容之鳢头林，华容，见第三章第九节。投州吏家。村人欲取之。与文和俱自经死。村人斩首送之。攸之初下，留元琰守江陵。张敬儿克城，元琰逃走。《南史》云：奔宠洲见杀。第二子懿先卒。第五子幼和，幼和弟灵和，及攸之孙四人，并为敬儿所禽，伏诛。攸之弟登之，为新安太守。新安，见第四章第三节。初沈庆之之死，其子文叔谓其弟文季曰："我能死，尔能报。"遂自缢。文季挥刀驰马去，收者不敢追，遂得免。至是为吴兴太守，吴兴，见第三章第九节。道成使督吴兴、钱塘军事，钱塘，见第四章第三节。收斩登之，诛其宗族。升明元年闰十二月。登之弟雍之，雍之弟荣之，皆先攸之卒。文和娶道成女，早死，有二女，道成迎还第内。后以雍之孙僧照为之后焉。攸之之举兵也，使要张敬儿及梁州刺史范柏年，司州刺史姚道和，湘州行事庾佩玉，巴陵内史王文和等。敬儿、文和斩其使，驰表以闻。柏年、道和、佩玉持两端，密相应和。攸之既平，遣王玄邈代柏年。柏年先诱降晋寿亡命李乌奴，晋寿，见第三章第六节。乌奴劝柏年据汉中不受命。柏年计未决，玄邈已至。柏年迟回魏兴不肯下。

魏兴，见第三章第六节。时道成孙长懋为雍州刺史，遣使说之，许启为府吏。柏年乃进襄阳。因执诛之。道和，后秦主兴之孙也。被征。以周盘龙代为刺史。时升明二年三月。令有司奏其罪，诛之。见《齐书·张敬儿传》。佩玉，王蕴为湘州时，为其宁朔长史、长沙内史。蕴去职，南中郎将王翙未之镇，权以佩玉行府州事。朝廷先遣南中郎将、中兵参军、临湘令韩幼宗领军戍防湘州，临湘，后汉县，在今湖南长沙县南。与佩玉共事不美。攸之难作，二人各相疑阻。幼宗密图佩玉。佩玉知其谋，袭杀之。黄回至郢州，遣任候伯行湘州事，又杀佩玉。道成以吕安国为湘州刺史，收候伯诛之。袁粲之举事也，黄回闻石头鼓噪，率兵赴之，而朱雀桁有戍军，受道成节度，不听夜过。会石头已平，因称救援。道成知而不言，抚之愈厚。遣其西上，流涕告别。回与王宜兴素不惬，虑或反告，因其不从处分，斩之。不乐停郢，固求南兖，遂率部曲辄还。改南兖州刺史。升明二年（478），四月，赐死。回之固求南兖，岂仍欲于肘腋之下，有所作为邪？彭文之先于二月下狱赐死。孙昙瓘于石头叛走，逃窜经时，至十月，乃于秣陵县禽获伏诛。秣陵，见第四章第三节。沈攸之反，杨运长有异志，道成遣骠骑司马崔文仲讨诛之。攸之本反覆小人，为政刻暴，《传》云：或鞭士大夫。上佐以下有忤意，辄面加詈辱。将吏一人亡叛同籍符伍充代者十余人。赋敛严苦，攸之平后，道成次子嶷为荆州刺史。《齐书》本传云：初沈攸之欲聚众，开民相告，士庶坐执役者甚众，一月遣三千余人。见囚五岁刑以下，不连台者皆原遣。以市税重滥，更定虎格，以税还民。禁诸市调及苗籍。二千石官长，不得与人为市。诸曹吏听分番假。百姓大悦。徒以军备充足，自谓可冀有成，实则久溺晏安，加以年衰气索，宜其亡不旋踵也。《南史》本传云：富贵拟于王者。夜中，诸厢都然烛达旦。后房服珠玉者数百人，皆一时绝貌。攸之既败，袁粲覆亡，黄回等诸将帅，亦诛锄殆尽。萧道成于是莫予毒也已。

升明二年（478），四月，萧道成受宋禅，是为齐太祖高皇帝。封宋顺帝为汝阴王，居丹阳宫。建元元年（479），五月，监人杀王，而以疾赴。宋宗室抗齐者：有明帝子晋熙王燮，齐受禅后。江夏王跻，齐受禅后。衡阳文王孙伯玉；长沙景王曾孙晃，临川烈武王曾孙绰，升明三年三月。及晋平剌王子十三人，升明三年（479）。案剌王诸子皆徙晋平，已见第六节。元徽元年（473），听还都。皆无成。明恭王皇后，《南史·传》云：刘晃、刘绰、卜伯兴等有异志，太后颇与相关。顺帝禅位，迁居丹阳宫，拜汝阴王太后。顺帝殂，更立第都下。建元元年（479），薨于第。盖亦非良死也。《齐·本纪》言："宋之王侯，无少长皆幽死，"亦云酷矣。

第十章 齐梁兴亡

第一节 齐武文惠猜忌杀戮

凡朝代之革易，其力有自外至者，亦有自内出者。自外至者，非敌国则乱民，往往杀人盈城，僵尸蔽野。然操政权者既悉易其人，政事之改观自易。自内出者，恒为前代之权臣。望实既归，托诸禅让。市朝无改，宗社已移。兵燹之灾，于兹可免。然人犹是人，政犹是政，欲望其除旧布新则难矣。故以社会之安宁论，革易自内者较优，以政治之改革论，革易自外者较善也。萧齐一代之事迹，几与刘宋孝建以后无殊，则足以证吾说矣。

齐高帝代宋后，四年而崩。太子赜立，是为世祖武皇帝。高帝十九男：长武帝。次为豫章文献王嶷。与武帝同母，且有贤名。高帝创业之际，亦尝出作方州，入参密计。《南史·荀伯玉传》云：建元元年（479），为豫章王司空谘议。时武帝居东宫，自以年长，与高帝同创大业，朝事大小，悉皆专断多违制度。左右张景真，偏见任遇，又多僭侈。武帝拜陵还，景真白服乘画舫舳坐胡床，观者咸疑是太子。① 内外只畏，莫敢言者。骁骑将军陈胤叔，先已陈景真及太子前后得失。伯玉因武帝拜陵之后密启之。上大怒。豫章王嶷素有宠。政以武帝长嫡，又南郡王兄弟并列，文惠太子，初封南郡王。故武帝为太子。至是，有改易之意。武帝东还，遣文惠太子、闻喜公子良宣敕诘责。并示以景真罪状，使以太子令收杀之。胤叔因白武帝，皆言伯玉以闻。武帝忧惧，称疾月余日。上怒不解。昼卧太阳殿。王敬则直入叩头，启请往东宫以慰太子。高帝无言。敬则因大声宣旨往东宫，命装束。又敕大官设馔。密遣人报武帝令奉迎。因呼左右索舆。高帝了无动意。敬则索衣以衣高帝，仍牵上舆。遂幸东宫。召诸王宴饮。因游玄圃园。高帝大饮，赐武帝以下酒，并大醉。尽欢，日暮乃去。是日无敬则，则东宫殆废。高帝重伯玉尽心，愈见信使。掌军国密事，权动朝右。武帝深怨伯玉。高帝临崩，

---

① 器用：齐武帝为太子宠张景真，武帝拜陵还，景真坐胡床，观者疑为太子。

指伯玉以属。武帝即位,伯玉忧惧。上闻之,以其与垣崇祖善,崇祖田业在江西,虑相扇为乱,加意抚之,伯玉乃安。永明元年(483),与崇祖并见诬伏诛。而胤叔为太子左率。《崇祖传》曰:武帝即位,为五兵尚书,领骁骑将军。初豫章王有盛宠,武帝在东宫,崇祖不自附。及破魏军,建元二年(480)。诏使还朝,与共密议。武帝疑之,曲加礼待。酒后谓曰:"世间流言,我已豁怀抱,自今已后,富贵见付也。"崇祖拜谢。及去后,高帝复遣荀伯玉敕以边事。受旨夜发,不得辞东宫。武帝以为不尽诚,心衔之。永明元年(483),诏称其与荀伯玉搆扇边荒,诛之。又《江谧传》曰:齐建元元年(479),位侍中。既而骠骑豫章王嶷领湘州,以谧为长史。三年(481),为左户尚书。寻迁掌吏部。高帝崩,谧称疾不入。众颇疑其怨不豫顾命。武帝即位,谧又不迁官,以此怨望。时武帝不豫,谧诣豫章王嶷,语间曰:"至尊非起疾,东宫又非才,公今欲何计?"武帝知之,出谧为南东海太守。南东海,见第九章第三节。未几,使御史中丞沈冲奏谧前后罪恶,请收送廷尉。诏赐死。《嶷传》言:建元中,武帝以事失旨,帝颇有代嫡之意,而嶷事武帝,恭悌尽礼,未尝违忤颜色,故武帝友爱亦深。盖高、武同起艰难,高帝鉴于宋代之所以亡知骨肉相争,为祸至烈,故不敢轻于易储;观下以长沙王晃属武帝语可见。而嶷亦小心谨慎,初虽或有夺宗之谋,继以知难而退,无足畏忌故得以荣禄终也。高帝第三子临川献王映,史称其善骑射,解声律,应接宾客,风韵韶美,其性质盖近乎文,亦不足忌。第四子长沙威王晃,少有武力。为豫州刺史,尝执杀其典签。史称高帝临崩,以晃属武帝,"处以辇毂近藩,勿令远出"。永明元年(483),以晃为南徐州刺史。入为中书监。时诸王蓄仗,在京都者,惟置捉刀左右四十人。晃爱武饰,罢徐州还,私载数百人仗。为禁司所觉,投之江中。帝闻之,大怒。将纠以法。豫章王嶷稽首流涕曰:"晃罪诚不足宥,陛下当忆先朝念白象。"白象,晃小字也。上亦垂泣。高帝大渐时,戒武帝曰:"宋氏若不骨肉相屠,他族岂得乘其衰弊?汝深戒之,"故武帝终无异意。然晃亦不被亲宠。当时论者,以武帝优于魏文,减于汉明。自此以下诸弟,年皆幼,更不足忌矣。然当时待藩邸颇严急。诸王不得读异书,五经之外,惟得看孝子图而已。又制诸王年未三十,不得娶妾,皆见《南史·齐高帝诸子传》。其为纳之轨物邪?抑节其蕃育?未可知也。要之一时之人心,不易骤变,故武帝虽鉴于宋氏之灭亡,勉自抑制,然其于诸弟,终不能泯其猜忌之心也。

武帝之猜忌,亦见之于异姓之臣。垣崇祖既死,复杀张敬儿。① 永明元年(483),五月。案敬儿在南北朝武人中,最为贪残好杀,沈攸之反,遣使报敬儿。敬儿劳接周至,为设酒食。谓之曰:"沈公那忽使君来?君殊可念。"乃列仗于听事前斩之。及攸

---

① 兵:张敬儿之伶。

之败，其留府司马边荣见敬儿。敬儿问曰："边公何不早来？"荣曰："沈公见留守，而委城求活，所不忍也。本不蕲生，何须见问？"敬儿曰："死何难得？"命斩之。泰山程邕之，素依随荣，至是，抱持荣曰："与边公周旋，不忍见边公前死，乞见杀。"兵不得行戮，以告敬儿。敬儿曰："求死甚易，何为不许？"先杀邕之，然后及荣。其至江陵也，诛伐之亲党，没入其财物数十万，悉以入私。在雍贪残。人间一物堪用，莫不夺取。于襄阳城西起宅聚物货，宅大小殆侔襄阳。又欲移羊叔子堕泪碑，于其处置台。纲纪谏曰："羊太傅遗德，不宜迁动。"敬儿曰："太傅是谁？我不识也。"以此等人莅民，民之受其荼毒，不待言矣。至此死晚矣。然武帝谓其招扇群蛮，规扰樊、夏，敬儿时为内任。妄设征祥，潜图问鼎：则莫须有之辞也。

高、武艰难创业，所期望于后嗣者至深。武帝子文惠太子长懋，当武帝镇盆城时，即使之劳接将帅。时年二十。事宁遣还都，高帝又命通文武宾客。敕出行日城中军悉受节度。将受禅，以襄阳兵马重地，不欲处他族，出为雍州刺史。会北虏南侵，上虑当出樊、沔，建元二年（480），乃征为中军将军，置府，镇石头。武帝即位，立为太子。太子善立名尚。礼接文士，蓄养武人，皆亲近左右，布在省闼。与同母弟竟陵文宣王子良，俱好释氏，立六疾馆以养穷民。而性颇奢丽。宫内殿堂，皆雕饰精绮，过于上宫。开拓玄圃园，与台城北堑等。其中起土山、地阁。楼观、塔宇，穷极奇丽。费以千万。多聚奇石，妙极山水。虑上宫望见，乃傍门列修竹，内施高鄣。造游墙数百间，施诸机巧，宜须鄣蔽，须臾成立，若应毁彻，应手迁徙。善制珍玩之物。织孔雀毛为裘，光采金翠，过于雉头远矣。以晋明帝为太子时立西池，乃启武帝，引前例，求于东田起小苑。① 上许之。永明中，二宫兵力全实，太子使宫中将吏，更番役作。营城包巷，制度之盛，观者倾都。上性虽严，多布耳目，太子所为，无敢启者。后上幸豫章王宅，还过太子东田，见其弥亘华远，壮丽极目。大怒，收监作主帅。太子惧，皆藏匿之。由是见责。太子素多疾，体又过壮，常在宫内，简于遨游。玩弄羽仪，多所僭拟。虽咫尺宫禁，而上终不知。十一年（493），薨。年三十六。武帝履行东宫，见太子服玩过制，大怒，敕有司随事毁除，以东田殿堂为崇虚馆。

《南史·豫章王嶷传》云：嶷薨后，忽见形于沈文季，曰："我未应便死，皇太子加膏中十一种药，使我痈不瘥；汤中复加药一种，使利不断。吾已诉先帝，先帝许还东邸，当判此事。"因胸中出青纸文书示文季，曰："与卿少旧，因卿呈上。"俄失所在。文季秘而不传，甚惧此事。少时，太子薨。据《本纪》：嶷薨于永明十年四月，太子薨于十一年正月。说虽不经，亦可见太子之猜忌矣。而鱼服侯子响之事，遂为亡齐之本。

子响，武帝第四子。豫章王嶷无子，养子响。后有子，表留为嫡。有司奏子

---

① 宫室：齐文惠太子起东田苑，占民地，盖甚广，明帝乃斥卖之。逼人占地。

响宜还本。乃封巴东郡王。子响勇力绝人。初为豫州刺史，后为江州，永明七年(489)，迁荆州。子响少好武。居西豫时，自选带仗左右六十人，皆有胆干。至镇，数在斋内杀牛、置酒，与之聚乐。令内人私作锦袍、绛袄，欲饷蛮交易器仗。长史刘寅等连名密启。上敕精检。寅等惧，欲秘之。子响闻台使至，不见敕，召寅及司马席恭穆，谘议参军江愈、殷昙粲，中兵参军周彦，典签吴修之、王贤宗、魏景渊杀之。上闻之，怒。遣卫尉胡谐之，游击将军尹略，中书舍人茹法亮领斋仗数百人，此据《宋书》。《南史》作羽林二千。检捕群小。敕子响：“若束手自归，可全其性命。”《齐书》云：谐之等至江津，筑城燕尾洲。胡三省曰：在江津西，江水至此合灵溪水。江津、灵溪，皆见第七章第三节。遣传诏石伯儿入城慰劳。子响曰：“我不作贼，长史等见负，今政当受杀人罪耳。”乃杀牛、具酒馔响台军。而谐之等疑畏，执录其吏。子响怒，遣所养数十人收集府州器仗。令二千人从灵溪西渡，刻明旦与台军对陈南岸。子响自与百余人袍骑将万钧弩三四张宿江堤上。明日，凶党与台军战。子响于堤上放弩，亡命王冲天等蒙楯陵城。台军大败。尹略死之。官军引退。上又遣丹阳尹萧顺之领兵继至。子响部下恐惧，各逃散。子响乃白服降。赐死。时年二十二。《南史》则云：谐之等至江津，筑城燕尾洲。子响白服登城，频遣信与相闻，曰：“天下岂有儿反？身不作贼，直是粗疏，今便单舸还阙，何筑城见捉邪？”尹略独答曰：“谁将汝反父人共语？”子响闻之，惟洒泣。又送牛数十头，酒二百石，果馔三十舆。略弃之江流。子响胆力之士王冲天不胜忿，乃率党渡洲攻台军，斩略，而谐之、法亮，单艇奔逸。上又遣丹阳尹萧顺之领兵继之。子响即日将白衣左右三十人乘舴艋中流下都。初顺之将发，文惠太子素忌子响，密遣不许还，令便为之所。子响及见顺之，欲自申明，顺之不许，于射堂缢之。及顺之还，上心甚怪恨。百日于华林为子响作斋，上自行香，对诸朝士嚬蹙。及见顺之，呜咽移时。左右莫不掩涕。他日，出景阳山，见第九章第七节。见一猿，透掷悲鸣。问后堂丞：“此猿何意？”答曰：“猿子前日堕崖致死，其母求之不见，故尔。”上因忆子响，歔欷良久不自胜。顺之惭惧成病，遂以忧卒。案子响击败台军之事，恐当以《齐书》之言为真。《茹法亮传》云：子响杀僚佐，上遣军西上，使法亮宣旨慰劳，安抚子响。法亮至江津，子响呼法亮，法亮疑畏不肯往。又求见传诏，法亮又不遣。故子响怒，遣兵破尹略军。然则激变之咎，实在法亮，特尹略已死，无可质证，乃以罪归之耳。至于遣破台军，则发踪指示，自由子响，《南史》举其罪而蔽诸王冲天，又讳饰之辞也。《齐书》亦云：上怜子响死，后游华林园，见猿对跳子鸣啸，上留目久之，因呜咽流涕，则《南史》所云上有憾于萧顺之者自真。顺之盖非良死？梁武篡齐，固与报父仇无涉，然其助明帝以倾武帝之嗣，则不能谓非复仇一念使然也。争夺相杀之祸，推波助澜，至于如此，可惊，亦可哀矣。

第二节　郁林王之败

文惠太子之死也，武帝立其长子昭业为太孙。永明十一年（493），七月，武帝崩。昭业立，是为郁林王。时年二十。竟陵王子良，为文惠母弟。少有清尚。礼才好士，倾意宾客，天下才学，皆游集焉。宋末守会稽。高帝建元二年（480），为丹阳尹。武帝即位，刺南徐州。永明二年（484），入为护军将军，兼司徒。十年（492），领尚书令。为扬州刺史。寻解尚书令，加中书监。数陈政事。又尝集学士，钞五经、百家，依《皇览》例，为《四部要略》千卷。招致名僧，讲论佛法。造经呗新声。道俗之盛，江左未有。论其地位声望，本可继文惠为储贰。然史称文惠薨，武帝检行东宫，见服御、羽仪，多过制度，以子良与太子善，不启闻，颇加嫌责。盖二人之罪，本相牵连；而竟陵之为人，亦文惠一流；武帝固知之，故卒舍之而立孙也。《南史·子良传》曰：武帝不豫，诏子良甲仗入延昌殿侍医药，日夜在殿内，太孙间日入参。武帝暴渐，内外惶惧，百僚皆已变服，物议疑立子良。俄顷而苏。问太孙所在。因召东宫器甲皆入。遗诏使子良辅政，明帝知尚书事。子良素仁厚，不乐时务，乃推明帝。诏云："事无大小，悉与鸾参怀，"子良所志也。太孙少养于子良妃袁氏，甚著慈爱。既惧前不得立，自此深忌子良。大行出大极殿，子良居中书省，帝使虎贲中郎将潘敞二百人仗屯大极殿西阶之下。成服之后，诸王皆出，子良乞停至山陵，不许。进位太傅，加侍中。隆昌元年（494），加殊礼。进督南徐州。其年，疾笃，寻薨。四月。高帝第五子《武陵昭王晔传》曰：大行在殡，竟陵王子良在殿内，太孙未至，众论喧疑。晔众中言曰："若立长则应在我，立嫡则应在太孙。"郁林立，甚见冯赖。《王融传》曰：融弘曾孙。魏军动，竟陵王子良于东府募人，板融宁朔将军、军主。融文辞捷速，有所造作，援笔可待，子良特相友好。晚节大习骑马，招集江西伧楚数百人，并有干用，融特为谋主。武帝病笃暂绝，子良在殿，太孙未入，融戎服绛衫，于中书省阁口断东宫仗不得进。欲矫诏立子良，诏草已立。上重苏，朝事委西昌侯鸾。俄而帝崩，融乃处分，以子良兵禁诸门。西昌侯闻，急驰到云龙门，不得进，乃曰："有敕召我。"仍排而入。奉太孙登殿，命左右扶出子良。指麾音响如钟，殿内无不从命。融知不遂，乃释服还省。叹曰："公误我。"郁林深怨融。即位十余日，收下廷尉狱。朋友、部曲，参问北寺，相继于道。请救于子良，子良不敢救。西昌侯固争不能得。诏于狱赐死。《十七史商榷》曰："融乃处分至无不从命一段，《齐书》所无，《南史》所添也。描摹情事，颇觉如绘。但李延寿既知此,则下文西昌侯固争不得一句,亦《齐书》所无,延寿何意又添此一句乎?"①案此可见古人史例,凡众说皆网罗之,虽相矛盾,亦不刊落,以待读者之自参。因当时行文通例如此,故不必更加解释。后人动以矛盾驳杂议古人,实非也。抑表里之不必如一久矣,鸾虽隐与子良为敌,何尝不可显争融之死乎?王氏之言,未为达也。《南史·李安民传》:子元履,为司徒竟陵王子良法曹参军,与王融游狎。及融诛,郁林敕元履随右将军王广之北征,密令于北杀之。广之先为安人所厚,又知元履无过,甚拥护之。会郁林败死。元履拜谢广之曰:"二十二载,父母之年,自此以外,丈人之赐也。"此段亦《齐书》所无。夫果武帝生时,即有召东宫器甲皆入之命,又有使子良辅政、明帝知尚书事之遗诏,何至大行在殡,众论犹疑?且绝而复苏,尚能问太孙所在,何以未弥留之际,一任子良昼夜在内,太孙间日入参乎?然则绝而复苏一节,必非情实明矣。殆子良欲自立而未果,且防卫未周,仓卒之间,明帝乃以东宫器甲,入而败之邪?《齐书·高祖十二王传》曰:"世祖以群王少弱,未更多难,高宗清谨,同起布衣,故韬末命于近亲,寄重权于疏戚。子弟布列,外有强大之势;支庶中立,可息觊觎之谋;表里相维,足固家国。"以为末命真出世祖,则为明帝所欺矣。

西昌侯鸾者,高帝次兄始安贞王道生之子也。时为右卫将军。郁林既立,鸾以遗诏为侍中、尚书令。王晏为尚书右仆射,转左仆射。萧谌为后军将军,领殿内事。萧坦之为射声校尉。晏等并武帝旧人,郁林深加委信,而皆转附于鸾。晏本随世祖盆城。即位后,犹以旧恩见宠。领大孙右卫率。徐孝嗣领左卫率。世祖遗旨,以尚书事付晏及孝嗣,令久于其职。谌于太祖为绝服族子。元徽末,世祖在郢州,欲知京邑消息,太祖遣谌就世祖宣传谋计,留为腹心,世祖在东宫,谌领宿卫。即位,为步兵校尉,斋内兵仗悉付之。心膂密事,皆使参掌。及卧疾延昌殿,敕谌在左右宿直。上崩,遗敕领殿内事如旧。坦之与谌同族。世祖时,亦以宗族见驱使。郁林深委信谌。谌每请急出宿,帝通夕不寐,谌还乃安。坦之亦见亲信,得入内见皇后。高宗辅政,有所匡谏,惟遣谌及坦之,乃得闻达。郁林被废日,闻外有变,犹密敕呼谌焉。徐孝嗣为右仆射,转丹阳尹;孝嗣,聿之子。沈文季为护军将军,转领军;亦无所可否。惟中书舍人綦毋珍之、朱隆之,直阁将军曹道刚、周奉叔,并为帝羽翼。帝又用阉宦徐龙驹为后阁舍人,亦为帝心腹。鸾先启诛龙驹,帝不能违。奉叔者,盘龙子,父子并以勇名。《齐书》言帝谋诛宰辅,出奉叔为青州刺史,以为外援。高宗虑其一出不可复制,与萧谌谋,称敕召奉叔,于省内杀之。《南史》则云:明帝令萧谌、萧坦之说帝,出奉叔为外镇树腹心。又说奉叔以方倍之重,奉叔纳其言。夫是时郁林所患,近在肘腋之间,青州孤寄海中,见第九章第五节。安能为援?《齐书》之言,其不实明矣。殆使谌、坦之胁帝出之,又乘奉叔自谓出外则可以无患,出不意而杀之也。《南史·恩幸传》云:有杜文谦者,吴郡钱塘人。钱塘,见第四章第三节。帝为南郡王,文谦

---

① 史籍:古人作史,并存矛盾之说。

侍五经文句。谓綦毋珍之曰："天下事可知灰尽粉灭，匪朝伊夕。不早为计，吾徒无类矣。"珍之曰："计将安出？"答曰："先帝故人，多见摈斥，今召而使之，谁不慷慨？近闻王洪范与赵越常、徐僧亮、万灵会共语，皆攘袂捶床。君其密报周奉叔：使万灵会、魏僧勔杀萧谌，则宫内之兵，皆我用也。即勒兵入尚书斩萧令，两都伯力耳。其次则遣荆卿、豫让之徒，因谘事左手顿其胸，则方寸之刃，足以立事，亦万世一时也。今举大事亦死，不举事亦死，二死等耳，死社稷可乎？"珍之不能用。果收送廷尉，与奉叔、文谦同死。观此，知郁林羽翼，为鸾所翦除者多矣。时中书令何胤，以皇后从叔见亲，使直殿省。郁林与胤谋诛鸾，令胤受事，胤不敢当，依违杜谏，帝乃止。谋出鸾于西州。扬州刺史治所。在台城西，故称西州。中敕用事，不复关谘。帝谓萧坦之曰："人言镇军与王晏、萧谌欲共废我，鸾时领镇军将军。似非虚传，兰陵所闻云何？"①坦之尝作兰陵令，故称之。坦之曰："天下宁当有此？谁乐无事废天子邪？昔元徽独在路上走，三年（496），人不敢近，政坐枉杀孙超、杜幼文等，故败耳。官有何事，一旦便欲废立？朝贵不容造此论，政当是诸尼师母言耳。岂可以尼姥言为信？官若无事除此三人，谁敢自保？安陆诸王在外，宁肯复还？道刚之徒，何能抗此？"坦之之言，既以无废立之虞，宽譬郁林，又以有外患怵之，此郁林所以不敢有所举动也。然帝又曰："兰陵可好听察，作事莫在人后，"其信坦之亦至矣。鸾既与谌、坦之定谋，曹道刚疑外间有异，密有处分，谌未能发。始兴内史萧季敞，始兴，见第三章第九节。南阳太守萧颖胄，南阳，见第三章第四节。并应还都。谌欲待二萧至，藉其威力以举事。鸾虑事变，以告坦之。坦之驰谓谌曰："废天子古来大事。比闻曹道刚、朱隆之等转已猜疑，卫尉明日若不发，事无所复及。"谌皇遽。明日，谌领兵先入，杀曹道刚、朱隆之。时道刚直阁省，谌先入，若欲论事，兵随后奄进，以刀刺之，洞胸死。因进宫内废帝。直后徐僧亮甚怒，大言于众曰："吾等荷恩，今日应死报。"又见杀。王晏、徐孝嗣、萧坦之、陈显达、王广之、沈文季系进。后宫斋内仗身，素隶服谌，莫有动者。此据《齐书·谌传》。《郁林纪》：谌初入殿，宿卫将士，皆操弓楯欲拒战。谌谓之曰："所取自有人，卿等不须动。"宿卫信之。及见帝出，各欲自奋。帝竟无一言。案帝时已以帛缠颈矣，又安能有言邪？遂弑帝而立其弟新安王昭文，是为海陵恭王。时隆昌元年七月二十二日也。郁林之败，与宋之前后废帝相似而又不同。宋前后废帝皆多所诛戮，郁林则未戮一人。往史诬蔑之辞虽多，然细观之，犹可见其有性情，善容止其文德实远在宋二废帝之上。《南史·本纪》曰：帝少美容止，好隶书。武帝特所钟爱。敕皇孙手书，不得妄出以贵之。进退音吐，甚有令誉。生而为竟陵文宣王所摄养，常在袁妃间。竟陵王移住西州，帝亦随住焉。性甚辩慧，哀乐过人。接对宾客，皆款曲周至。矫情饰诈，阴怀鄙愿。与左右无赖群小二十许人共衣食，同卧起。妃何氏，择其中美

---

① 宗教：郁林告萧坦之，明帝欲废己，坦之云诸尼师母言。

貌者，皆与交欢。密就富市人求钱，无敢不与。及竟陵王移西邸，帝独住西州，每夜，辄开后堂阁，与诸不逞小人至诸营署中淫宴。凡诸小人，并逆加爵位。皆疏官名号于黄纸，使各囊盛以带之。许南面之日，即便施行。又别作篇钩，兼善效人书，每私出还，辄扃篇封题如故，故人无知者。师史仁祖，侍书胡天翼闻之，相与谋曰："若言之二宫，则其事未易。若于营署为异人所殴打，及犬、物所伤，岂直罪止一身？亦当尽室及祸。年各已七十，余生宁足吝邪？"数日中，二人相系自杀，二宫不知也。文惠太子每禁其起居，节其用度。帝谓豫章王妃庾氏曰："阿婆，佛法言有福生帝王家，今见作天王，便是大罪。左右主帅，动见拘执，不如市边屠酤富儿百倍。"文惠太子自疾及薨，帝侍疾及居丧，哀容号毁，旁人见者，莫不鸣咽。裁还私室，即欢笑酣饮，备食甘滋。葬毕，立为皇太孙。问讯太妃，截壁为阁，于太妃房内往何氏间，每入辄弥时不出。武帝往东宫，帝迎拜号恸，绝而复苏，武帝自下舆抱持之。宠爱日隆。又在西州令女巫杨氏祷祀，速求天位。及文帝薨，谓由杨氏之力，倍加敬信，呼杨婆。宋氏以来，人间有《杨婆儿哥》，盖此征也。武帝有疾，又令杨氏日夜祷祈，令宫车早晏驾。时何妃在西州，武帝未崩数日，疾稍危，与何氏书，纸中央作一大喜字，而作三十六小喜字绕之。侍武帝疾，忧容惨戚，言发泪下。武帝每言及存亡，帝辄哽咽不自胜。武帝以此，谓为必能负荷大业。谓曰："五年中一委宰相，汝勿厝意。五年以后，勿复委人。若自作无成，无所多恨。"临崩，执帝手曰："若忆翁，当好作。"如此再而崩。大敛始毕，乃悉呼武帝诸伎，备奏众乐。素好狗马。即位未逾旬，便毁武帝所起招婉殿，以材赐阉人徐龙驹，于其处为马埒。驰骑坠马，面额并伤，称疾不出者数日。多聚名鹰、快犬，以梁肉奉之。及武帝梓宫下渚，帝于端门内奉辞，辒辌车未出端门，便称疾迁内。裁入阁，即于内奏胡伎，鞞铎之声，震响内外。自山陵之后，便于阁内乘内人车问讯，往皇后所生母宋氏间。因微服游走市里。又多往文帝崇安陵隧中，与群小共作诸鄙亵，掷涂、赌跳、放鹰、走狗，杂狡狯。极意赏赐左右，动至百数十万。每见钱，曰："我昔思汝，一个不得，今日得用汝未？"武帝聚钱上库五亿万，斋库亦出三亿万，金银布帛，不可称计，即位未期岁，所用已过半，皆赐与诸不逞群小。诸宝器以相击剖破碎之，以为笑乐。及至废黜，府库悉空。其在内，常裸袒，着红紫锦绣新衣、锦帽、红縠裈、杂采袒服。好斗鸡，密买鸡至数千价。武帝御物甘草杖，宫人寸断用之。徐龙驹为后宫舍人，日夜在六宫房内。帝与文帝幸姬霍氏淫通，改姓徐氏。龙驹劝长留宫内，声云度霍氏为尼，以余人代之。皇后亦淫乱，斋阁通夜洞开，外内淆杂，无复分别。史之所言如此，虽极诬诋之能事，然其性情真挚，容仪温雅，固仍有隐然可见者。其诬罔，亦稍深思之即可知，不待一一辩正也。《南史·江夏王锋传》曰：工书，为当时蕃王所推。南郡王昭业亦称工，谓武帝曰："臣书固应胜江夏王？"武帝答："阇梨第一，法身第二。"法身昭业小名，阇梨锋小名也。此足与郁林善隶书之说相证明。工书之说不诬，知其哀乐过人，接对宾客，款曲周至等语，皆不虚矣。武帝之欲立太孙，非偶然也。《安陆王子敬传》云：初子敬为武帝所留心。帝不豫，有意立子敬为太子代太孙。子敬与太孙俱入，参毕同出，武帝目送子敬，良久曰："阿五钝。"由此代换之意乃息。其说恐不足据。天王，胡三省曰："谓天家诸王，"见《通鉴》齐明帝建武元年（494）《注》。文帝，即文惠太子，郁林立追尊，庙号世宗。乃亦多作淫辞以诬之；不惟诬其身，抑且及其后；《南史·郁林王何妃传》云：妃禀性淫乱。南郡王所与无赖人游，妃择其美者，皆与交欢。南郡王侍书人马澄，年少色美，甚为妃所悦，常与斗腕较力，南郡王以为欢笑。又有女巫子杨珉之，亦有美貌，妃尤爱悦之，与同寝处如伉俪。及太孙即帝位，珉之为帝所幸，常居中侍。明帝为辅，与王晏、徐孝嗣、王广之并面请，不听。又令萧谌、坦之固请。皇后与帝同席坐，流涕覆面，谓坦之曰："杨郎好，年少无罪过，何可枉杀？"坦之耳语于帝曰："此事别有一意，不可令人闻。"帝谓皇后为阿奴，曰："阿奴暂去。"坦之乃曰："外间并云：杨珉之与皇后有异情，彰闻遐迩。"帝不得已，乃为敕。坦之驰报明帝，即令建康行刑，而果有敕原之，而珉之已死。此等记载，岂近情理乎？正足见其胁君专杀耳。天下尚安有直道？使即以其言为实，天下又安有信史邪？

第三节　明帝诛翦高武子孙

海陵既立，明帝遂大杀宗室，而其祸始于鄱阳王锵。锵高帝第七子也。隆昌元年（494），迁侍中、骠骑将军，开府仪同三司，领兵置佐。锵雍容得物情，为郁林所依信。郁林心疑明帝，诸王问讯，独留锵，谓曰："闻鸾于法身何如？"锵曰："臣鸾于宗戚最长，且受寄先帝，臣等年皆尚少；朝廷之干，惟鸾一人，愿陛下无以为虑。"郁林退，谓徐龙驹曰："我欲与公共计取鸾，公既不同，我不能独办，且复小听。"及郁林废，锵竟不知。延兴元年（494），海陵年号，即郁林之隆昌元年也。进位司徒，侍中如故。明帝镇东府，权威稍异。锵每往，明帝屣履至车迎锵，语及家国，言泪俱下，锵以此推信之。而宫、台内皆属意于锵，劝令入宫发兵辅政。制局监谢粲说锵及随王子隆曰："殿下但乘油壁车入宫，出天子置朝堂，二王夹辅号令，粲等闭城门上仗，谁敢不同？宣城公政当投井求活，岂有一步动哉？海陵即位，明帝封宣城公。东城人政共缚送耳。"子隆欲定计，锵以上台兵力，既悉度东府，且虑难捷，意甚犹豫。马队主刘巨，武帝时旧人，诣锵请间，叩头劝锵立事。锵命驾将入，复还回内，与母陆太妃别，日暮不成行。典签知谋告之。数日，明帝遣二千人围锵宅害锵，谢粲等皆见杀。凡诸王被害，皆以夜遣兵围宅，或斧斫关、排墙，叫噪而入，家财皆见封籍焉。遂杀子隆及安陆王子敬。子隆，武帝第八子，子敬，武帝第五子也。武帝诸子中，子隆最以才貌见惮，故与锵同夜见杀。时年二十一。子敬年二十三。第三子庐陵王子卿，代锵为司徒，寻复见杀。时年二十七。于是晋安王子懋起兵。子懋，武帝第七子也。武帝末刺雍州。隆昌元年（494），移刺江州。闻鄱阳、随郡二王见杀，欲起兵赴难。与参军周英、防阁陆超之议，传檄荆、郢，入讨君侧。防阁董僧慧攘袂曰："此州虽小，孝武亦尝用之。今以勤王之师，横长江，指北阙，以请郁林之过，谁能对之？"于是部分兵将。母阮在都，遣书密欲迎上。阮报同产弟于瑶之为计。瑶之驰告明帝。于是纂严。遣中护军王玄邈、平西将军王广之南北讨。使军主裴叔业与瑶之先袭寻阳。声云为郢府司马。子懋知之，遣三百人守盆城。叔业溯流直上，袭盆城。子懋闻叔业得盆城，乃据州自卫。子懋部曲多雍土人，皆踊跃愿奋，叔业畏之，遣于瑶之说子懋曰："今还都必无过忧，政当作散官，不失富贵也。"子懋既不出兵攻叔业，众情稍沮。中兵参军于琳之，瑶之兄也，说子懋重赂叔业。子懋使琳之往。琳之因说叔业，请取子懋。叔业遣军主徐玄庆将四百人随琳之入城。琳之从二百人仗自入斋。子懋笑谓之曰："不意渭阳，翻成枭獍。"琳之以袖障面，使人害之。时年二十三。高帝第十五子南平王锐，时为湘州刺史。叔业仍进湘州。锐防阁周伯玉大言于众曰："此非天子意。今斩叔业，举兵匡社稷，谁敢不同？"锐典签叱左右斩之。锐见害。伯玉下狱诛。郢州刺史晋熙王銶，高帝第十八子。时年十六。南豫州刺史宜都王铿，高帝第十六子。时年十八。皆见杀。时九月也。十月，复杀桂阳王铄，高帝第八子。衡阳王钧，高帝第十一子，出继衡阳元王道度。道度，高帝长兄也。钧时年二十二。江夏王锋，高帝第二子。锋有武力。明帝杀诸王，锋与书诘责，左右不为通。明帝深惮之。不敢于第收锋，使兼祠官于太庙，夜遣兵角中收之。锋出登车。兵人欲上车防勒，锋以手击却数人，皆应时倒地。遂逼害之。时年二十。建安王子贞，武帝第九子。时年十九。巴陵王子伦，武帝第十三子。时年十六。是月，以皇太后令，称帝早婴尪疾，降封为海陵王，而鸾即位，是为高宗明皇帝。改元建武。十一月，称王有疾，数遣御师觇视，乃殒之。时年十五。明年，建武二年（495）。六月，诛西阳王子明，武帝第十子。年十七。南海王子罕，武帝第十一子。年十七。邵陵王子贞。武帝第十四子。年十五。永泰元年（498），正月，复杀河东王铉，高帝第十九子。明帝诛高帝诸子，铉初以才弱年幼得全。及年稍长，建武四年（497），诛王晏，以谋立铉为名，铉免官，以王还第。禁不得与外人交通。永泰元年（498），明帝暴疾甚，乃见害。二子在孩抱，亦见杀。临贺王子岳，武帝第十六子。明帝诛武帝诸子，惟子岳及弟六人在后，时呼为七王。朔望入朝，上还后宫，辄叹息曰："我及司徒诸儿子皆不长，高、武子孙日长大。"永泰元年（498），上疾甚，绝而复苏，于是诛子岳等。延兴、建武中，凡三诛诸王，每一行事，明帝辄先烧香，呜咽涕泣，众以此辄知其夜当杀戮也。子岳死时年十四。司徒，胡三省曰：指帝弟安陆昭王缅。西阳王子文，武帝第十七子。年十四。衡阳王子峻，武帝第十八子。年十四。南康王子琳，武帝第十九子。年十四。永阳王子珉，武帝第二十子，明帝以继衡阳元王为孙。年十四。湘东王子建，武帝第二十一子。年十三。南郡王子夏，武帝第二十三子。年七岁。巴陵王昭秀，文惠太子第三子。年十六。桂阳王昭粲，文惠太子第四子。年八岁。于是高、武之子孙尽矣。高帝十九男：武帝外，豫章文献王嶷、临川献王映、长沙威王晃、安成恭王暠、始兴简王鉴，皆没于永明世。第九、第十三、第十四、第十七皇子皆早亡。其至郁林世者，惟武陵昭王晔殁于隆昌元年（494），系善终。余皆为明帝所杀。武帝二十三男：文惠太子、竟陵王子良、鱼复侯子响，事已见前。第六、第十二、第十五、第廿二皇子早亡。余亦皆为明帝所杀。文惠太子四子，郁林、海陵外，即昭秀、昭粲也。王鸣盛曰：通计高帝之子孙及曾孙三世，为明帝所杀者凡二十九人，而其子之见于史者，独有铉之二子，其实所杀必不止此数，当以其幼稚而略之也。

《南史·齐武帝诸子传》曰：高帝、武帝，为诸王置典签帅，一方之事，悉以委之。① 每至觐接，辄留心顾问。刺史行事之美恶，系于典签之口。莫不折节推奉，恒虑弗及。于是威行州部，权重蕃君。武陵王晔为江州，性烈直不可忤，典签赵渥之曰：“今出郡易刺史。”及见武帝，相诬，晔遂免还。南海王子罕戍琅邪，此系南琅邪，治白下，见《齐书·本传》。白下，见第九章第三节。欲暂游东堂，典签姜秀不许而止。还，泣谓母曰：“儿欲移五步亦不得，与囚何异？”秀后辄取子罕展伞、饮器等，供其儿昏，武帝知之，鞭二百，系尚方，然而擅命不改。邵陵王子贞尝求熊白，厨人答典签不在，不敢与。西阳王子明，欲送书参侍读鲍僎病，典签吴修之不许，曰：“应谘行事，”乃止。言行举动，不得自专。征求衣食，必须谘访。永明中，巴东王子响杀行事刘寅等，武帝闻之，谓群臣曰：“子响遂反。”戴僧静大言曰：“诸王都自应反，岂惟巴东？”武帝问其故。答曰：“天王无罪，而一时被囚。天王，释见上节。取一挺藕、一杯浆，皆谘签帅，不在则竟日忍渴。诸州惟闻有签帅，不闻有刺史。”竟陵王子良尝问众曰：“士大夫何意诣签帅？”参军范云答曰：“诣长史以下皆无益，诣签帅便有倍本之价，不诣谓何？”子良有愧色。及明帝诛异己者，诸王见害，悉典签所杀，竟无一人相抗。又《恩幸传》曰：故事，府州部内论事，皆签前直叙所论之事，后云谨签，日月下又云某官某签，故府州置典签以典之。本五品吏，宋初改为士职。宋氏晚运，多以幼少皇子为方镇，时主皆以亲近左右领典签，典签之权稍重。大明、泰始，长王临蕃，素族出镇，莫不皆内出教命，刺史不得专其任也。宗悫为豫州，吴喜公为典签。悫刑政所施，喜公每多违执。悫大怒曰：“宗悫年将六十，为国竭命，政得一州如斗大，不能复与典签共临。”喜公稽颡流血，乃止。自此以后，权寄弥隆。典签递互还都，一岁数反，时主辄与间言，访以方事。刺史行事之美恶，系于典签之口。莫不折节推奉，恒虑不及。于是威行州郡，权重蕃君。刘道济、柯孟孙等奸匿发露，虽即显戮，而权任之重不异。明帝辅政深知之，始制诸州急事，宜密有所论，不得遣典签还都，而典签之任轻矣。案《萧谌传》言：谌回附明帝，劝行废立，密召诸王典签约语之，不许诸王外接人物，谌亲要日久，众皆惮而从之。然则明帝之翦戮诸王，内外皆得典签之力，故能深知其弊，而思所以渐戢之也。众建亲戚，不过欲藉作屏藩，至于以幼小莅之，则其权不得不更有所寄；即长大而昏愚者，亦何独不然；于是本意失而更滋他祸矣。私天下之制，亦何一而可哉？吴喜公即吴喜，其人饶权略，亦有武干，而已不能制一衰迟之宗悫，果有桀骜欲擅土者，典签又岂足以制之？而不见童骏之子响，畏奭之子懋乎？

　　高、武子孙虽尽，而萧谌及王晏，亦旋见诛夷，并及其子弟亲族。谌以建武

①　封建：齐高武置典签，威行州部，权重蕃君，明帝始轻之。

二年六月诛。兄诞，为司州刺史，以梁武帝为别驾，使诛之。弟谌，与谌同豫废立，时方领军解司州围，于其还日诛之。晏之诛以四年正月。《晏传》云：高宗虽以事际须晏，而心相疑斥。初即位，始安王遥光便劝诛晏，帝曰："晏于我有勋，且未有罪。"遥光曰："晏尚不能为武帝，安能为陛下？"帝默然变色。时帝常遣心腹左右陈世范等出涂巷，采听异言。伧人鲜于文梁，与晏子德元往来，密探朝旨，告晏有异志。世范等又启上云："晏谋因四年南郊，与世祖故旧主帅于道中窃发。"未郊一日，敕停行。元会毕，乃召晏于华林省诛之。子德元、德和俱被诛。晏弟诩，为广州刺史，上遣南中郎将司马萧季敞袭杀之。太祖从子景先，与世祖款昵，常相随逐。建武世为中领军。其子毅，性奢豪，好弓马，为高宗所疑。晏败，并陷诛之。华林省，胡三省曰：省在华林园，故名。惟徐孝嗣爱好义学，不以权势自居，故得见容于建武之世焉。晏诛，以孝嗣为尚书令。王敬则以隆昌元年（494），出为会稽太守。帝既多杀害，敬则自以高、武旧臣，心怀忧恐。帝虽外厚其礼，亦内相巇备。闻其衰老，且以居内地，故得少安。三年中，萧坦之将斋仗五百人行武进陵，武进，见第五章第二节。敬则诸子在都，忧怖无计。上知之，遣敬则世子仲雄入东安慰之。永泰元年（498），帝疾，屡经危殆。以张瓌为平东将军吴郡太守，吴郡，见第三章第九节。置兵密防敬则。内外传言："当有异处分。"敬则闻之，窃曰："东今有谁？只是欲平我耳。"诸子怖惧。第五子幼隆，遣正员将军徐岳，密以情告徐州行事谢朓，朓敬则女夫。为计若同者，当往报敬则。朓执岳驰启之。敬则乃起兵。率实甲万人过江。张瓌遣将吏三千人迎拒于松江，闻敬则军鼓声，一时散走。瓌弃郡逃民间。朝廷遣左兴盛、刘山阳等三千余人筑垒于曲阿长冈。曲阿，见第四章第三节。沈文季为持节都督，屯湖头湖谓玄武湖。备京口路。敬则以旧将举事，百姓儋篙荷锸随逐之，十余万众。遇兴盛、山阳二寨，尽力攻之。官军不敌，欲退，而围不开，各死战。马军主胡松领马军突其后。白丁无器仗，皆惊散。敬则军大败。兴盛军容袁文旷斩之。《梁书·丘仲孚传》：为曲阿令，王敬则反，乘朝廷不备，反问始至，而前锋已届曲阿。仲孚谓吏民曰："贼乘胜虽锐，而乌合易离。今若收船舰，凿长冈埭写渎水以阻其路，得留数日，台军必至，则大事济矣。"敬则军至，值渎涸，果顿兵不得进，遂败散。子世雄、季哲、幼隆、少安在京师，皆见杀。长子元迁，领千人于徐州击虏，敕徐州刺史徐元庆杀之。

敬则事起，南康侯子恪在吴郡，子恪，豫章文献王嶷子。高宗虑有同异，召诸王侯入宫。晋安王宝义及江陵公宝览等住中书省，宝义，明帝长子。宝览，安陆昭王缅之子。高、武诸孙住西省。敕人各两左右自随，过此依军法。孩抱者乳母随入。其夜，大医煮药，都水办数十具棺材，须三更当悉杀之。子恪奔归，二更达建阳门。刺启时刻已至，而帝眠不起。中书舍人沈徽孚与帝所亲左右单景隽共谋，少留其事。须臾，帝觉，景隽启子恪已至。惊问曰："未邪？"景隽具以事答。明日，悉遣王侯还第。《齐书·竟陵王子良传》。《南史·豫章王嶷传》云：子恪，建武中为吴郡太守。敬则反，以奉子恪为名，而子恪奔走未知所在。始安王遥光劝上并诛高、武诸子孙。于是并敕竟陵王昭胄等六十余人人永福省。令大医煮椒二斛。并命办数十具棺材。谓舍人沈徽孚曰："椒热则一时赐死。"期三更当杀之。会上暂外，主书单景隽启依旨毙之。徽孚坚执，曰："事须更审。"尔夕三更，子恪徒跣奔至建阳门。上闻，惊觉曰："故当未赐诸侯命邪？"徽孚以答。上抚床曰："遥光几误人事。"及见子恪，顾问流涕。诸侯悉赐供馔。以子恪为太子中庶子。说少不同，恐不如《齐书》之可信。明帝之猜忌好杀，初无待于遥光之教。又士大夫之见解，往往右护同类，而薄视所谓佞幸者流，实则贤不肖之相去，其间亦不能以寸耳。观《南史》以高、武诸孙之获全，悉归功于沈徽孚，而谓单景隽早欲相毙，亦可见其说之久经传述，已遭改易也。

第四节　齐治盛衰

萧齐诸主，猜忌杀戮，固略与刘宋相同，而其政事之得失，亦复相类。齐高帝性极节俭。当其辅政时，即罢御府，省尚方诸饰玩。升明二年（478），又上表禁民间华伪，凡十七条。即位后，诏二宫诸王，悉不得营立邸邸，封略山湖。停大官池篽之税。《陈显达传》云：上即位，御膳不宰牲。显达上熊炙一盘，上即以充饭。《本纪》言：帝身不御精细之物。敕中书舍人桓景真曰："主衣中似有玉介导。此制始自大明末后泰始尤增其丽，留此置主衣，政是兴长疾源，可即时打碎。① 凡复有可异物，皆宜随例也。"后宫器物、阑槛以铜为饰者，皆改用铁。内殿施黄纱帐。宫人着紫皮履。华盖除金华瓜，用铁回钉。每曰："使我治天下十年，当使黄金与土同价。"欲以身率天下，移风易俗云。庶几媲美宋武帝矣。然及武帝，即稍陵夷。武帝永明元年（483），诏还郡县丞、尉田秩。又诏莅民之职，一以小满为限。《南史·恩幸传》云：晋、宋旧制，宰人之官，以六年为限。近世以六年过久，又以三周为期，谓之小满。而迁换去来，又不依三周之制，送故迎新，吏人疲于道路。② 五年（487），诏"远邦尝市杂物，非土俗所产者，皆悉停之。必是岁赋攸宜，都邑所乏，可见直和市，勿使逼刻。"此皆不得谓非善政。然帝性实猜忌、刻薄。故史虽称其为治总大体，以富国为先，然又云：颇不喜游宴雕绮之事，言尝恨之，未能遽绝。《南史·豫章王嶷传》言：帝奢侈，后宫万余人，嶷后房亦千余人，则《本纪》之言，已为婉约矣。而帝之失德，尤在拒谏。《嶷传》又言：颍川荀丕，献书于嶷，极言其失。嶷咨嗟良久，为书答之，为之减遣。而丕后为荆州西曹书佐，上书极谏，其言甚直，竟于州狱赐死。《齐书·竟陵王子良传》言：帝好射雉，左卫殿中将军邯郸超上书谏，帝虽为止，久之，超竟被诛。此则绝似宋孝武矣。其施政亦近严酷。永明三年（485），冬，富阳人唐寓之，以

---

① 生计：齐高帝打碎玉介导。
② 官制：《南史》言送故迎新，吏人疲于道路。邓元起以迎激变益州。

连年检籍，百姓怨望，聚党连陷桐庐、富阳、钱塘、盐官、诸暨、余杭。富阳，秦富春县，晋改曰富阳，今浙江富阳县。桐庐，吴县，在今浙江桐庐县西。钱塘，见第四章第三节。盐官，吴县，今浙江海宁县。诸暨，秦县，今浙江诸暨县。余杭，见第四章第三节。明年，遂僭号于钱塘。帝遣禁兵数千人平之。台军乘胜，百姓颇被掠夺。上闻之，收军主陈天福弃市，刘明彻免官、削爵，付东冶。天福，上宠将也，既伏诛，内外莫不震肃。《齐书·沈文季传》。此诚可谓能整饬纲纪。然豫章王嶷因此陈检籍之非，上答曰："欺巧那可容？宋世混乱，以为是不？蚁蚁何足为忧？已为义勇所破，官军昨至，今都应散灭。吾正恨其不辨大耳，亦何时无亡命邪？"又曰："宋明初九州同反。鼠辈但作，看萧公雷汝头。"亦见《沈文季传》。此则殊非仁者之言也。

明帝亦颇节俭。在位时，尝罢世祖所起新林苑，以地还百姓。建武元年十一月。废文惠太子所起东田，斥卖之。建武二年十月。断远近上礼。建武元年十月。又诏："自今雕文篆刻，岁时光新，可悉停省。蕃、牧、守、宰，或有荐献，事非任土，严加禁断。"十一月，诏曰："邑宰禄薄俸微，不足代耕，虽任土恒贡，亦为劳费，自今悉断。"是月，立皇太子，又诏"东宫肇建，远近或有庆礼，可悉断之。"二年（484），十月，纳皇太子妃褚氏，亦断四方上礼。细作、中署、材官、车府诸工，悉开番假，递令休息。建武元年十一月。申明守宰六周之制。建武三年正月。诏所在结课屋宅田桑，详减旧价。建武四年十一月。《本纪》言：帝于永明中舆、辇、舟乘，悉剔取金银还主衣库。世祖掖庭中宫殿、服御，一无所改。《皇后传》言：太祖创命，宫禁贬约。毁宋明之紫极，革前代之逾奢。衣不文绣，色无红采。永巷贫空，有同素室。世祖嗣位，运藉休平。寿昌前兴，凤华晚构，香柏文梩，花梁绣柱。雕金镂宝，颇用房帷。赵瑟吴趋，承闲奏曲。岁费旁恩，足使充牣。事由私蓄，无损国储。高宗仗素矫情，外行俭陋，内奉宫禁，曾莫云改。《萧颖胄传》云：上慕俭约，欲铸坏大官元日上寿银酒枪。尚书令王晏等咸称盛德。颖胄曰："朝廷盛礼，莫过三元，此一器既是旧物，不足为侈。"帝不悦。后豫曲宴，银器满席。颖胄曰："陛下前欲坏酒枪，恐宜移在此器也。"帝甚有惭色。此等颇近深文。《南史·本纪》言：帝用皂荚讫，授余溑与左右，曰："此犹堪明日用。"大官进御食有裹蒸，帝十字画之，曰："可四片破之，余充晚食。"此虽高帝，何以尚之？要之帝之俭德，实在武帝之上，更无论宋孝武、明帝也。帝亦有吏才。《本纪》云：持法无所借。制御亲幸，臣下肃清。《良政传》云："永明继运，垂心治术，仗威善断，犹多漏网。明帝自在布衣，晓达吏事。君临亿兆，专务刀笔，未尝枉法申恩守宰以之肃震。"[1] 一家哭何如一路哭，当时之人民，必有实受其益者矣。《传》又云："永明之世，十许年中，百姓无鸡鸣犬吠之警。都邑之盛，士女富逸。歌声

---

[1] 学术：齐明帝任法。

舞节，袨服华妆，桃花绿水之间，秋月春风之下，盖以百数。及建武之兴，虏难荐急，征役连岁，不遑启居，军国糜耗，从此衰矣。"此则时会为之，不能归咎于人事也。惟帝之迷信，亦与宋明帝同。史言其每出行幸，先占利害。南出则唱云西行，东游则唱云北幸。简于出入，竟不南郊。初有疾，无辍听览，秘而不传。及寝疾甚久，敕台省府署文簿求白鱼以为治，外始知之。自衣绛衣，服饰皆赤，以为厌胜。巫觋云：后湖水头径过宫内，致帝有疾。后湖，玄武湖。帝乃自至大官行水沟。左右启：大官无此水则不立。帝决意塞之，欲南引淮流，秦淮。会崩，事寝。此则亦由顾虑祸福大甚，有以致之也。

齐世政事，亦皆在佞幸手中。①《幸臣传》云："中书之职，旧掌机务。汉元以令、仆用事，魏明以监令专权。及在中朝，犹为重寄。晋令舍人，位居九品。江左置通事郎，管司制诰。其后郎还为侍郎，而舍人亦称通事。宋文世，秋当、周纠，并出寒门。孝武以来，士庶杂选。及明帝世，胡母颢、阮佃夫之徒，专为佞幸矣。齐初亦用久劳，及以亲信关讁表启，发署诏敕。颇涉辞翰者，亦为诏文。侍郎之局，复见侵矣。建武世，诏命殆不关中书，专出舍人。省内舍人四人，所置四省。其下有主书令史，旧用武官，宋改文吏，人数无员，莫非左右要密。天下文簿、板籍，入副其省。万机严秘，有如尚书。外司领武官，有制局监，领器仗、兵役，亦用寒人被恩幸者。"其"尚书八坐、五曹，各有恒任。系以九卿、六府，事存副职。咸皆冠冕缙绅，任疏人贵。伏奏之务既寝，趋走之劳亦息"矣。《幸臣传》所列者，为纪僧真、刘系宗、茹法亮、吕文显、吕文度五人。僧真、系宗，并高帝旧人，与于禅代之事。法亮，武帝江州典签。文显亦逮事高帝。文度则武帝镇盆城时知军队杂役者也。僧真、系宗，高帝世已为中书舍人，法亮、文显，则武帝时为舍人，其任遇并历明帝世无替。文度则武帝时为制局监云。《幸臣传》言：吕文显与茹法亮等，迭出入为舍人，并见亲幸。四方饷遗，岁各数百万。并造大宅，聚山开池。《南史·法亮传》云：广开宅宇。杉斋光丽，与延昌殿相垮。延昌殿、武帝中斋也。宅后有鱼池、钓台，土山、楼馆。长廊将一里。竹林、花、药之美，公家苑囿，所不能及。②郁林即位，除步兵校尉。时有綦毋珍之，居舍人之任。凡所论荐，事无不允。内外要职及郡丞、尉，皆论价而后施行。货贿交至，旬月之间，累至千金。帝给珍之宅，宅边又有空宅，从取、并取，辄令材官营作，不关诏旨。《赞》又言其"贿赂日积，苞苴岁通，富拟公侯，威行州郡。"《南史·吕文显传》云：时中书舍人四人，各住一省，世谓之四户。既总重权，势倾天下。四方守宰饷遗，一年咸数百万。舍人茹法亮，于众中语人曰："何须觅外禄？此一户内，年办百万。"盖约言之也。其后玄象失度，史官奏宜修祈禳之礼。王俭闻之，谓上曰："天文乖忤，此祸由四户。"仍奏文显等专擅怒和，

---

①　职官：晋宋齐中书专权，用佞幸，尚书、九卿皆疏。
②　宫室：花园式。

· 315 ·

极言其事。上虽纳之，而不能改也。案《齐书·佞幸传》云：永明中，敕亲近不得辄有申荐，人士免官，寒人鞭一百。上性尊严。吕文显尝在殿侧颊声高，上使茹法亮训诘之，以为不敬。故左右畏威承意，非所隶，莫敢有言也。虎贲中郎将潘敞，掌监功作，上使造禅灵寺，新成，车驾临视，甚悦。敞喜，要吕文显私登寺南门楼。上知之，系敞尚方，而出文显为南谯郡守，久之乃复。不能总揽事权，徒恃是等小数，诚无益耳。"制局小司，专典兵力。领护所摄，示总成规。若征兵动众，大兴民役，行留之仪，请托在手。断割牢廪，卖弄文符。害政伤民，于此为蠹"云。案江左士大夫，大抵优哉游哉，不亲细务，欲求政事之修举，诚不能不任寒人；而此曹综核之才，亦容有过人者。明帝言："学士不堪治国，惟大读书耳，一刘系宗足持如此辈五百人，"其言自非无因。然此辈徒能鳌务，不识远猷；持守文法或有余，开拓心胸则不足，欲与之大有为则难矣。齐初所尊者褚渊，所任者王俭，皆赞成禅让，以取富贵之徒，不徒不逮刘穆之，尚远在宋文帝所任诸臣之下也。此其为治之规模，所以尚不若宋氏欤？

第五节　东昏时内外叛乱

永泰元年（498），七月，明帝崩。帝长子巴陵隐王宝义，少有废疾，故立次子宝卷为太子。及是即位，是为东昏侯。明帝兄始安靖王凤卒于宋世。三子：曰遥光，遥欣，遥昌。遥光袭爵。《齐书·遥光传》云：高宗篡立，遥光多所规赞。性惨害。上以亲近单少，憎忌高、武子孙，欲并诛之，遥光计画参议，当以次施行。河东等七王一夕见杀，遥光意也。遥欣，建武元年（494），为荆州刺史。《齐书》本传云：高宗子弟弱小，宝义有废疾，故以遥光为扬州，居中，遥欣居陕西，在外。陕西，见第九章第三节。永泰元年（498），以雍州虏寇，诏遥欣领刺史，移镇襄阳，虏退不行。《梁书·刘季连传》云：季连，思考子。思考，遵考从父弟也。季连为遥欣长史。遥欣至州，多招宾客，厚自封殖，明帝甚恶之。季连族甥琅邪王会，为遥欣谘议参军。遥欣遇之甚厚。会多所愤忽。于公坐与遥欣竞侮季连。季连憾之。乃密表明帝，称遥欣有异迹。明帝纳焉。乃以遥欣为雍州刺史。明帝心德季连，四年（501），建武。以为益州刺史，令据遥欣上流。盖明帝虽忌遥欣，然任其兄弟久，故未能遽去之也。江祏者，姑为景皇后，始安贞王妃追尊。少为高宗所亲，恩如兄弟。高宗之崩，祏为右仆射，弟祀为侍中，刘暄为卫尉，暄，明帝后弟。遥光为中书令，徐孝嗣为尚书令，萧坦之为领军将军，六人更日帖敕，时呼为六贵。高宗虽顾命群公，而意寄多在祏兄弟。至是，更直殿内，动止关谘。帝稍欲行意，孝嗣不能夺，坦之虽时有异同，而祏坚意执制，帝深忿之。帝失德既彰，祀议欲立江夏王宝玄明帝第三子。刘暄初为宝玄郢州行事，执事过刻，不同祏议。欲立建安王宝寅。明帝第六子。密谋于遥光。遥光自以年长，属当鼎命，微旨动祏。祏以少主难保，劝祏立遥光。暄以遥光若立，己失元舅之望，不肯同。故祏迟疑久不决。初谢朓以启王敬则反谋，明帝甚嘉赏之，迁尚书吏部郎。祏与祀密谓朓曰："江夏年少轻脱，不堪负荷神器，不可复行废立。始安年长，入纂不乖物望。非以此要富贵，政是求安国家耳。"遥光又遣亲人刘沨，《南史·沨传》云：沨妹适江祏弟禧。与祏兄弟异常。自尚书比部郎为遥光谘议，专知腹心任。时遥光任当顾托，朝野向沨如云，朓忌之，求出为丹阳丞。虽外迁，而意任无改。密致意于朓，欲以为肺腑。朓自以受恩高宗，非沨所言，不肯答。少日，遥光以朓兼知卫尉。朓惧见引，即以祏等谋告左兴盛、刘暄。兴盛不敢言。祏闻，以告遥光。遥光大怒。乃称敕召朓，仍回车付廷尉，与孝嗣、祏、暄等连名启诛朓。案朓本疏逖，特以文章见知，祏、祀、遥光等，何必与之谋议？则朓初必参与密计可知。云以受恩高宗，不答刘沨，恐非其实也。朓临败，叹曰："我虽不杀王公，王公由我而死。"夫敬则子虽有命，敬则则未有反谋，小子何能为？朓遽告之，其倾险可想。一时人士皆如此，安得不乱哉？江祏既不决，遥光大怒，遣左右黄昙庆于青溪道中刺暄。昙庆见暄部伍人多，不敢发。事觉，暄告祏谋。帝处分收祏兄弟，同日见杀。祀弟禧早卒。有子廞，年十二，闻收至，赴井死。时永光元年七月也。遥光与遥欣密相影响。遥光当据东府号令，使遥欣便星速急下。潜谋将发，而遥欣病死，江祏被诛。帝召遥光入殿，告以祏罪。遥光惧，还省，便阳狂号哭。自此称疾不复入台。遥昌先卒寿春，豫州部曲，皆归遥光。及遥欣丧还葬武进，见第五章第二节。停东府前渚，荆州众送者甚盛。帝诛江祏后，虑遥光不自安，欲转为司徒还第，召入喻旨。遥光虑见杀。八月十二日，晡时，收集二州部曲，召刘沨及诸伧楚，欲以讨刘暄为名。夜遣数百人破东冶出囚，尚方取仗。又召骁骑将军垣历生。历生随信便至。劝遥光，令率城内兵夜攻台。城谓东府城。《南史·刘沨传》云：及遥光举事旦方召沨。沨以为宜悉呼佐史。沨之徒丹阳丞也，遥光以萧懿第四弟畅为谘议，领录事。及召入，遥光谓曰："刘暄欲有异志，今夕当取之。"遥光去岁暴风，性理乖错，多时方愈。畅曰："公去岁违和，今欲发动。"顾左右急呼帅视脉。遥光厉声曰："谘议欲作异邪？"因诃令出。须史，沨入。畅谓曰："公昔年风疾今复发。"沨曰："卿视今夕处分云何，而作此语？"及迎垣历生至，与沨俱劝夜攻台。既不见纳，沨、历生并抚膺曰："今欲作贼，而坐守此城，今年坐公灭族矣。"遥光意疑不敢出。天稍晓，遥光戎服出听事，停舆处分，上仗登城，行赏赐。历生复劝出军。遥光不肯，望台内自有变。至日中，台军稍至，围东城三面。十五日，遥光谘议参军萧畅与抚军长史沈昭略，庆之孙，文叔子。潜自南出，济淮还台。人情大沮。十六日，垣历生从南门出战，因弃稍降曹虎军。虎命斩之。遥光大怒，于床上自踯踊。使杀历生儿。其晚，台军射火箭烧东北角楼。至夜，城溃。遥光还小斋，帐中着衣帢坐，秉烛自照。令人反拒斋阖，皆重关。左右并逾屋散出。遥光闻外兵至，吹灭火，扶匐下床。军人排阖入，于暗中牵出斩首。时年三十二。此等人而亦作贼，岂不哀哉？刘飏遁走，还家园，为人所杀。此据《齐书·遥光传》，乃当时情实也。《南史·飏传》云：父绍，仕宋，位中书郎。飏母早亡，绍被敕纳路太后兄女为继室。飏年数岁，路氏不以为子。奴婢辈捶之无期度。飏母亡日，辄悲啼不食，弥为婢辈所苦。路氏生漼，飏怜爱之，不忍舍，恒在床帐侧。辄被驱捶，终不肯去。路氏病经年，飏昼夜不离左右。每有增加，辄流涕不食。路氏病差，感其意，慈爱遂隆。路氏富盛，一旦为飏立斋宇、筵席，不减侯王。漼有识，事飏过于同产。事无大小，必谘兄而后行。及遥光败，飏静坐围舍。漼为度支郎，亦奔亡。遇飏，仍不复肯去。飏曰："吾为人作吏，自不避死。汝可去，无相守同尽。"答曰："向若不逢兄，亦草间苟免。今既相逢，何忍独生？"因以衣带结兄衣。俱见杀。何胤闻之，叹曰："兄死君难，弟死兄祸，美哉！"此则加以文饰矣。《南史·遥光传》曰："天下知名之士：刘飏，飏弟漼，陆闲，闲子绛，司马端，崔庆远皆坐诛，"亦此等议论也。飏之为乱党无疑，其弟盖亦邂逅致死耳。其内行之矫伪，不问可知。乃当时之人，曲称美之如此，其时安得不乱哉？诏殡葬遥光尸，原其诸子。《南史·遥光传》云："东昏为儿童时，明帝使与遥光共斋居止，呼遥光为安兄，恩情甚至。及遥光诛后，东昏登旧宫土山望东府，怆然呼曰：安兄，乃呜咽，左右不忍视。见思如此。"此可见东昏之性情，尚颇温厚，而遥光之罪不容诛也。

江祏兄弟之欲立遥光也，密谓萧坦之。坦之曰："明帝取天下已非次，天下人至今不服。今若复作此事，恐四海瓦解。我期不敢言耳。"持母丧还宅。宅在东府城东。遥光起事，遣人夜掩取坦之。坦之科头着裈逾墙走。间道还台。假节督众军讨遥光。事平二十余日，帝遣延明主帅黄文济延明，殿名。领兵围坦之宅，杀之。子赏亦伏诛。遂杀曹虎及刘暄。虎武帝腹心，明帝本忌之，故亦见杀焉。诸子长成者皆伏诛。时九月也。

遥光之反也，遣三百人于宅掩取尚书右仆射沈文季，欲以为都督。而文季已还台。明日，与徐孝嗣守卫宫城，戎服共坐南掖门上。孝嗣欲要文季以门为应。四五目之，文季辄乱以他语，乃止。虎贲中郎将许准劝孝嗣行废立。孝嗣欲候东昏出游，闭城门，召百僚集议废之。虽有此怀，终不能决。文季托老疾，不预朝机。兄子昭略谓曰："阿父年六十，为员外仆射，谓为仆射而不与事。欲求自免，岂可得乎？"文季笑而不答。十月与孝嗣俱被召入华林园，赐药。昭略亦被召。骂孝嗣曰："废昏立明，古今令典，宰相无才，致有今日。"孝嗣曰："始安事吾欲以门应之，贤叔若同，无今日之恨。"孝嗣长子演，尚武帝女武康公主；三子况，尚明帝女山阴公主；俱见杀。昭略弟昭光，闻收兵至，家人劝逃去，昭光不忍舍母，入执母手悲泣，遂见杀。昭略兄子昙亮，已得逃去，闻昭光死，乃曰："家门屠灭，独用生何为？"又绝吭死。哀哉！是时之君臣，可谓俱不保其命矣。

六贵皆除，自宋以来，屠戮宗戚、大臣，未有若此之全胜者也，而患又起于外。敌可尽乎？于以见猜防杀戮之终无益，而执权势者当以与人同利害为尚矣。明帝之末，索虏寇雍州，诏太尉陈显达往救。永元元年（499），二月，败绩于马圈。事见下章。东昏以显达为江州刺史。初王敬则事起，遥光启明帝，虑显达为变，欲追军还。事寻平，乃寝。显达亦怀危怖。及东昏立，弥不乐还京师。得此授甚喜。已闻京师大相杀戮，又知徐孝嗣等皆死，传闻当遣兵袭江州，惧祸。十一月，十五日，举兵。破台军于采石。见第三章第九节。十二月十三日，至新林。潜军渡取石头。北上袭宫城。显达马稍，从步军数百人，于西州前与台军战，西州，见第二节。再合大胜。官军继至，显达不能抗，退走，被杀。时年七十三。诸子皆伏诛。

陈显达年老气衰，且夙无大略，其举兵，乃欲以急速徼幸于一胜耳，自未足为大患，而梁武帝萧衍据雍州，遂为齐室之大敌焉。衍顺之子。史言其欲助齐明倾齐武之嗣，以雪心耻，故当齐明篡夺之际，衍颇与其谋。然其志不止于此也。建武四年（497），魏孝文帝自率大军逼雍州，刺史曹虎渡沔守樊城。虎旧武帝腹心，明帝忌之，欲使刘暄为雍州。暄不愿出外，因江祐得留。乃以衍监雍州。明帝崩，遗诏以衍为刺史。陈显达之围建业也，豫州刺史裴叔业遣司马李元护率军来赴，实应显达也，显达败而还。东昏徙叔业为南兖。叔业以其去建业近，不欲。茹法珍等疑其有异志。去来者并云叔业将北入。叔业兄子植、飏、粲等，并为直阁、殿内驱使，弃母奔寿阳。说叔业以朝廷必见掩袭。法珍等以其既在疆场，急则引虏，且欲羁縻之，遣其宗人中书舍人长穆慰诱之，许不复回换。叔业忧惧不已，遣亲人马文范访衍曰："天下之事，大势可知，恐无复自立理。雍州若能坚据襄阳，辄当戮力自保。若不尔，回面向北，不失作河南公。"衍遣文范报曰："群小用事，岂能及远？多遣人相代，力所不办；少遣人，又于事不足；意计回惑，自无所成。惟应遣家还都以安慰之，自然无患。若意外相逼，当勒马步二万，直至横江，见第三章第九节。以断其后，则天下之事，一举可定也。若欲北向，彼必遣人相代，以河北一地相处，河南公宁可复得？如此，则南归之望绝矣。"衍之言如此，可见其早有异图，而其志又非叔业之比也。叔业遣子芬之等还质京师。又遣信诣房豫州刺史薛真度，魏豫州此时治县瓠。具访入房可否。真度答书劝以早降。云"临迫而来，便不获多赏。"数反，真度亦遣使与相报复，乃遣芬之及兄女夫韦伯昕等奉表降房。永元二年（500），正月，房以为豫州刺史。二月，以萧懿为豫州刺史往征。懿，衍之兄也。叔业寻死。植以寿春降房。三月，朝廷复遣护军崔慧景往征，而变故复起。

时慧景以年宿位重，不自安。江夏王宝玄镇京口。宝玄娶徐孝嗣女，孝嗣被诛离绝，恨望，密有异计。闻慧景北行，遣左右余文兴说其北取广陵，身举州以相应。慧景响应。时庐陵王宝源，明帝第五子。长史萧寅、司马崔恭祖守广陵。慧景以宝玄事告恭祖。恭祖先无宿契，口虽相和，心实不同。还以事告寅，共为闭城计，慧景袭取之。慧景子觉，为直阁将军，慧景密与之期，及是至，使领兵袭京口。宝玄本谓大军并来，见人少，失望，拒觉，走之。已而恭祖及觉以精兵八千济江。恭祖心本不同，至蒜山，在今江苏丹徒县西。欲斩觉，以军降，不果。觉等军器精严。谘议柳灯、长史沈佚复劝宝玄应觉。帝闻变，以右卫将军左兴盛督都下水陆众军。慧景率大众一时济江趣京口。宝玄仍以觉为前锋，恭祖次之，慧景领大都督，为众军节度。东府、石头、白下、新亭诸城皆溃。左兴盛走，慧景禽杀之。称宣德皇后令，文惠太子妃王氏。废帝为吴王。先是陈显达起事，王侯复入宫，竟陵王子良子巴陵王昭胄，惩往时之惧，谓王敬则事起，明帝召诸王侯入宫。与弟永新侯昭颖，逃奔江西，变形为道人。慧景举兵，昭胄兄弟出投之。慧景意更向之，故犹豫未知所立。此声颇泄，灯、恭祖始贰于慧景。萧懿自历阳步道征寿阳，时在小岘。历阳，见第三章第九节。小岘，见第九章第二节。帝遣密使告之。懿率军主胡松、李居士等自采石济，顿越城。见第四章第三节。慧景遣觉将精甲数千人度南岸，大败。人情离沮。崔恭祖与骁骑刘灵运诣城降。慧景乃将腹心数人潜去。至蟹浦，在白下西南。投渔人大叔荣之。荣之故慧景门人，时为蟹浦戍。为所斩。时年六十三。觉亡命，为道人，见执，伏法。宝玄逃奔，数日乃出，杀之。昭胄兄弟投奔胡松，各以王侯还第。不自安。子良故防阁桑偃，为梅虫儿军副，结前巴西太守萧寅，谋立昭胄。遣人说胡松。松许诺。事泄，昭胄兄弟与同党皆伏诛。

崔慧景之难甫平，萧懿之祸又起。《梁书·武帝纪》云：东昏即位，高祖谓从舅张弘策曰："政出多门，乱其阶矣。"时高祖长兄懿罢益州还，仍行郢州事。乃使弘策诣郢，陈计于懿："宜召诸弟，以时聚集。郢州控带荆、湘，西注汉、沔，雍州士马，呼吸数万，虎视其间，以观天下，可得与时进退。"懿闻之，变色，心弗之许。弘策还，高祖乃启迎弟伟及憺至襄阳。《南史·懿传》言：懿之讨裴叔业，武帝遣典签赵景悦说懿："兴晋阳之甲，诛君侧之恶。"懿不答。及崔慧景入寇，驰信召懿，懿时方食，投箸而起，率锐卒三千入援。武帝驰遣虞安福下都说懿曰："诛贼之后，则有不赏之功，当明君贤主，尚或难立，况于乱朝，何以自免？若贼灭之后，仍勒兵入宫，行伊、霍故事，此万世一时。若不欲尔，便放表还历阳，托以外拒为事，则威振内外，谁敢不从？一朝放兵，受其厚爵，高而无人，必生后悔。"长史徐曜甫亦苦劝，并不从。案《梁书》无懿传，懿事见其子《长沙嗣王业传》，与《南史·懿传》，均无懿罢益州行郢州之文；而《南史·懿传》，将武帝遣虞安福说懿之事，叙在懿破慧景之前，其事决不容如是之速；故颇启后人疑窦。《廿二史札记》谓懿在历阳，闻诏即赴，一二日已达京师，败慧景，时武帝方在襄阳，距京师二千里，岂能逆知其事，而遣使在未平慧景之先？然《南史·懿传》，初无武帝遣使，在未平慧景之先之明文，不过叙次失当；又其叙景福语，亦若在未平慧景之先者然，此则简策所载，原非唇吻所宣，不过约举其意，不容以此为难；罢益州行郢州事，《梁书·张弘策传》亦云然；似不应疑其子虚也。可见武帝之图齐久矣。然懿亦非必纯臣。懿既平慧景，授侍中、尚书右仆射。未拜，仍迁尚书令，都督征讨水陆诸军事。弟畅为卫尉，掌管钥。《梁书·安成康王秀传》。《梁书·安成康王秀传》云：东昏日夕逸游，出入无度，众颇劝懿，因其出举兵废之，懿不听。《长沙嗣王业传》云：茹法珍等说东昏曰："懿将行隆昌故事，陛下命在晷刻，"东昏信之，将加酷害。而懿所亲知之，密具舟江渚，劝令西奔。懿曰："自古皆有死，岂有叛走尚书令邪？"遂遇祸。《南史·懿传》，以具舟江渚者为徐曜甫。云懿寻见留省赐药，与弟融俱陨。谓使者曰："家弟在雍，深为朝廷忧之。"一似懿为愚忠之徒者。其实人能自拔于风气之外者甚鲜，一时之人，处相同之境地中，其情每不甚相远。当南北朝之世，上下交征，习于争夺相杀，安得有此纯臣？况懿与齐氏有不共之仇乎？《梁书·安成康王秀传》言：帝左右既恶懿勋高，又虑废立，并闲懿。懿亦危之。自是诸王侯咸为之备。及难作，临川王宏以下诸弟侄，各得奔避。方其逃也，皆不出京师，而罕有发觉。惟桂阳王融及祸。高祖义师至新林，秀与诸王侯并自拔赴军。高祖兄弟九人：长沙宣武王懿，桂林简王融，为齐东昏侯所杀。永阳昭王敷，衡阳宣王畅，皆早卒。南平元襄王伟，始兴忠武王憺，高祖启迎至襄阳。临川静惠王宏，安成康王秀，鄱阳忠烈王恢，皆高祖兵至新林乃出迎。可见其非无备豫；且其在京师，党羽未尝不众多也。东昏之作事，诚不可不谓之速，然敌不可尽，而荆、雍之兵旋起矣。

第六节　梁武代齐

梁武在雍州，颇饬武备，《本纪》云：至襄阳，潜造器械，多伐竹木，沉于檀溪，密为舟装之备。及建牙，收集得甲士万余人，马千余匹，船三千艘，出檀溪竹木装舰。然其地距建业远，且荆、郢扼其冲，使荆、郢与建业同心，武帝虽有雄图，亦未必能有所为也。乃荆州旋与之同，而风云遂急。此则当时事势之艰难，不能不为身当其局者扼腕者矣。

萧懿之死也，东昏侯先遣巴西、梓潼二郡太守刘山阳，巴西、梓潼，皆见第三章第六节。领兵三千，就萧颖胄共袭雍州。颖胄者，高帝从祖弟赤斧之子。时明帝第八子南康王宝融为荆州刺史，颖胄为长史，行府、州事。《齐书·颖胄传》云：梁王将起义兵，虑颖胄不识机变，遣王天虎诣江陵，声云山阳西上，并袭荆、雍，书与颖胄。或劝同义举。颖胄意犹未决。山阳至巴陵，见第三章第九节。迟回十余日不进。梁王复遣天虎赍书与颖胄，陈设其略。是时或云山阳谋杀颖胄，以荆州同义举。颖胄乃与梁王定契。斩天虎首，送示山阳。发百姓牛、车，声云起步军征襄阳。十一月十八日，山阳至江津，见第七章第三节。单车白服，从左右数十人诣颖胄。颖胄伏兵斩之。驰驿送山阳首于梁王。《梁书·颖胄传》云：山阳不敢入城，颖胄计无所出，夜呼席阐文、柳忱闭斋定议。阐文曰："萧雍州蓄养士马，非复一日。江陵素畏襄阳人，人众又不敌，取之必不可制：制之，岁寒复不为朝廷所容。今若杀山阳，与雍州举事，立天子以令诸侯，则霸业成矣。山阳持疑不进，是不信我。今斩送天虎，则彼疑可释，至而图之，罔不济矣。"忱亦劝焉。《忱传》语意略同。既畏襄阳，复虞建业，此为荆州同雍之实情，而山阳之畏懦不前，亦有以授之隙。《梁书·本纪》云：高祖遣参军王天虎、庞庆国诣江陵，遍与州、府书。及山阳西上，高祖谓诸将曰："我能使山阳至荆，便即授首，诸君试观何如。"山阳至巴陵，高祖复令天虎赍书与颖胄兄弟。谓张弘策曰："近遣天虎往，州、府人皆有书。今段乘驿甚急，止有两封书与行事兄弟，云天虎口具，及问天虎，而口无所说，行事不得相闻，不容妄有所道。天虎是行事心膂，彼闻，必谓行事与天虎共隐其事，则人人生疑。山阳惑于众口，判相疑贰。则行事进退无以自明，必漏吾谋内。是驰两空函定一州矣。"一似颖胄、山阳，全落武帝度内者，此则夸侈附会之辞，非其实也。①

颖胄既杀刘山阳，乃传檄京邑，声东昏侯之罪。以梁武为左将军，都督前锋诸军事；颖胄为右将军，都督行、留诸军事。《梁书武帝纪》：颖胄使告高祖：时月失利，当须来年二月，乃可进兵。高祖答以"坐甲十万，粮用自竭。况所藉一时骁锐，若顿兵十旬，必生悔吝。"然高祖实仍至明年二月，然后进兵。而《纪》又载曹景宗及王茂，劝迎南康王于襄阳然后进军之说，则荆、雍兵之东下，并不甚速，且二州间亦不无猜疑，惜乎东昏之无以乘之也。永元三年（501），即和帝中兴元年。宝融称相国。三月，称帝于江陵，是为和帝。以颖胄为尚书令，监八州军事，行荆州刺史。

梁武帝以二月发襄阳。以王茂、曹景宗为前军。时张冲为郢州刺史，东昏遣薛元嗣等领兵及粮运百四十余船送冲。竟陵太守房僧寄被代，还至郢，东昏敕留守鲁山。竟陵，见第三章第九节。鲁山，见第七章第三节。僧寄谓冲曰："臣虽未荷朝廷深恩，实蒙先帝厚泽，荫其树者不折其枝，实欲微立尘效。"冲深相许诺，共结盟誓。乃分部拒守。冲遣军主孙乐祖数千人助僧寄，据鲁山岸立城垒。茂等至汉口，轻兵济江逼郢城。冲置陈据石桥浦。茂等与战，不利。诸将议欲并军围郢，分兵以袭西阳、武昌。西阳，见第四章第三节。武昌，见第三章第九节。梁武言：汉口不阔一里，若悉众前进，贼必绝我军后。乃命王茂、曹景宗济岸，与荆州所遣邓元起等会于夏首，而自筑汉口城以守鲁山。命水军游遏江中，绝郢、鲁信使。三月，张冲卒，众推薛元嗣及冲长史程茂为主。荆州又遣萧颖达领兵来会。颖达，颖

---

① 史事：梁武初起时，史载其智计不足信。

胄弟。五月，东昏遣吴子阳等十三军救郢州，进据巴口。见第九章第二节。六月，西台遣卫尉席阐文劳军。赍颖胄等议，谓高祖曰："今顿兵两岸，不并军围郢，定西阳、武昌，取江州，此机已失。莫若请救于魏，与北连和，犹为上策。"高祖曰："汉口路通荆、雍，控引秦、梁，粮运资储，听此气息。所以兵厌汉口，连络数州。今若并军围城，又分兵前进，鲁山必阻沔路，所谓搤喉。若粮运不通，自然离散，何谓持久？邓元起近欲以三千兵往定寻阳，彼若欢然悟机，一郧生已足，脱距王师，故非三千能下，进退无据，未见其可。西阳、武昌，取便得耳，得便应镇守，守两城不减万人，粮储称是，卒无所出。脱贼军有上者，万人攻一城，两城势不得相救，若我分军应援，则首尾俱弱，如其不遣，孤城必陷，一城既没，诸城相次土崩，天下大事，于是去矣。若郢州既拔，席卷沿流，西阳自然风靡，何遽分兵散众，自诒其忧？北面请救，以自示弱，彼未必能信，徒诒我丑声，此之下计，何谓上策？卿为我白镇军：前途攻取，但以见付，事在目中，无患不捷，恃镇军静镇之耳。"此言缘饰非事实。《南史·吕僧珍传》言：武帝攻郢州久不下，咸欲走北，僧珍独不肯，累日乃见从，则当时实有情见势绌者。盖武帝之顿兵汉口，非徒与敌争锋，亦欲自通运路。济师益饷，持此为枢，势固不容轻释。然顿兵坚城，实犯兵家之忌。敌军援至，锐气方新，决战既无必胜之机，出奇又苦兵力不足。使不能一战而胜，成败正未可知也。子阳进据加湖，去郢三十里，傍州带水，筑栅垒以自固。加湖，《南史·韦叡传》作茄湖，在今湖北黄陂县东南。房僧寄死，众推助防张乐祖代之。七月，高祖命王茂等袭加湖。子阳大溃，窜走。众尽溺于江，茂虏其余而还。于是郢、鲁二城，相视夺气。张乐祖、程茂、薛元嗣相继请降。先是东昏遣陈伯之镇江州，为子阳等声援。加湖之捷，命搜所获俘囚，得伯之幢主苏隆之，厚加赏赐，使说伯之。反命，求未便进军。高祖曰："伯之此言，意怀首鼠。及其犹豫，急往逼之。"乃命邓元起率众，即日沿流。八月，高祖登舟，命诸将以次进路。《梁书·张弘策传》曰：郢城平，萧颖达杨公则诸将，皆欲顿军夏口，高祖以为宜乘势长驱，直指京邑。以计语弘策。弘策与高祖意合。又访宁远将军庾域，域又同。乃命众军即日上道。按是时兵势已强，下流之兵，新遭摧挫，卒难更集，风利不泊，愚智所知，断无顿兵不进之理，盖颖达等皆为荆州，不欲高祖遽成大功也。伯之收兵，退保湖口，鄱阳湖入江之口。留其子虎牙守盆城。高祖至，乃东甲请罪。于是上流兵势，如风利不得泊矣，其关键，实全在加湖一战也。

　　时外患未平，而内乱又作。张欣泰者，兴世子。崔慧景围城，欣泰入城领军守备。东昏侯以为雍州刺史。欣泰与弟欣时密谋，结太子右率胡松、前南谯太守王灵秀，南谯，宋郡，在今安徽巢县东。直阁将军鸿选等十余人并同契。会帝遣中书舍人冯元嗣监军救郢，茹法珍、梅虫儿及太子右率李居士，制局监杨明泰等相送中兴堂。宋孝武帝即位新亭，改新亭曰中兴堂。欣泰等使人怀刀，于坐斫杀元嗣、明泰。虫儿亦被创。居士逾墙得出。法珍散走还台。时明帝第六子建安王宝寅镇石头，灵秀往迎，率城内将吏、见力，载向台城。至杜姥宅，见第九章第八节。城上人射之，众散。欣泰初闻事发，驰马入宫，冀法珍等在外，城内处分，必尽见委，表里相应，因行废立。既而法珍得返，处分闭门上仗，不配欣泰兵。选在殿内，亦不敢发。少日，事觉，欣泰、松等皆伏诛。宝寅逃亡之日，戎服诣草市尉。胡三省曰：台城六门之外，各有草市，置尉司察之。尉驰以启帝。帝迎宝寅入宫问之。宝寅涕泣，称尔日不知何人，逼使上车，仍将去，制不自由。帝笑，复其爵位。

江州既破，梁武帝遂乘胜东下。时东昏侯以申胄监豫州事，屯姑熟。见第四章第一节。张璨镇石头。李居士总督西讨诸军事，屯新亭。九月，梁武前军次芜湖，见第三章第九节。申胄弃姑熟走。军东进，李居士迎战，败绩。新亭城主江道林出战被禽，余众散走，退保朱爵，即朱雀门。冯淮以自固。十月，东昏侯遣王珍国三万人陈于航南。珍国，广之子，时为青、冀二州刺史，梁武兵起，召还京师。三万人据《齐书·东昏侯纪》。《梁书·武帝纪》云十余万人，乃侈辞也。开航背水，以绝归路。又败绩。投淮死者，积尸与航等。后至者乘之以济。朱爵诸军望之皆溃。东昏悉焚烧门内，驱逼营署官府并入城，有实甲七万。亦据《东昏纪》。《梁书·武帝纪》云：有众二十万。梁武命诸军筑长围。时张稷以侍中兼卫尉，都督城内诸军，稷，璨之弟。王珍国结其腹心直阁张齐以要之，稷许诺。十二月，珍国于卫尉府勒兵入弑帝，奉首归梁武。时年十九。和帝之立，遥废帝为涪陵王，至是，又以宣德太后令，废为东昏侯。胡三省曰：荆、雍在西，谓帝以昏虐居东。

南北朝时，史所言无道之主甚多，其胪举罪状，连篇累牍，尤未有若东昏之甚者，然其见诬亦恐最甚也。史所言者：曰好弄而荒于政事也。《南史·本纪》云：帝在东宫，便好弄，不喜书学。尝夜捕鼠达旦，以为笑乐。又云：自江祏、遥光等诛后，无所忌惮。日夜于后堂戏马鼓噪为乐。合夕便击金鼓，吹角，令左右数百人叫，杂以羌、胡横吹诸伎。常以五更就卧，至晡乃起。王侯以下，节朔朝见，晡后方前，或际暗遣出。台阁案奏，月数十日乃报，或不知所在。阁竖以纸苞裹鱼肉还家，并是五省黄案。二年元会，食后方出，朝贺裁竟，便还殿西序寝，自已至申。百僚陪位，皆僵仆菜色。比起就会，忽遽而罢。又云：于苑中立店肆模大市。日游市中，杂所货物，与宫人阉竖，共为裨贩。以潘妃为市令，自为市吏录事，将斗者就潘妃罚之。帝小有得失，潘则予杖。乃敕虎贲威仪，不得进大荆子，阁内不得进实中获。虽畏潘氏，而窃与诸姊妹淫通。每游走，潘氏乘小舆，宫人皆露裈着绿丝縢，帝自戎服骑马从后。又开渠立埭，躬自引船。埭上设店，坐而屠肉。曰四出游走也。《南史·纪》又云：太子所生母黄贵嫔早亡，令潘妃母养之。拜潘氏为贵妃。乘外舆，帝骑马从后。着织成袴褶、金薄帽。执七宝缚稍。又有金银校具、锦绣诸帽数十种，各有名字。戎服急装，缚裤上着绛衫，以为常服。不变寒暑。陵冒雨雪，不避坑阱。驰骋渴乏，辄下马解取要边蠡器酌水饮之，复上驰去。马乘具用锦绣处患为雨所湿，织杂采珠为覆蒙，备诸雕巧。教黄门五六十人为骑客。又选营署无赖小人善走者为逐马。鹰犬左右数百人，常以自随。奔走往来，略不暇息。置射雉场二百九十六处。鬶中帷帐及步障，皆裌以绿红锦。金银镂弩，牙珧瑁帖箭。每出，辄与鹰犬队主徐令孙、媒翳队主俞灵韵齐马而走，左右争逐之。又云：陈显达卒，渐出游走。不欲令人见之，驱斥百姓，惟置空宅而已。是时率一月二十余出。既往无定处，尉司常虑得罪，东行驱西，南行驱北，应旦出，夜便驱逐。吏司奔驱，叫呼盈路，打鼓蹋闹，鼓声所闻，便应奔走。临时驱迫，衣不暇披，乃至徒跣走出。犯禁者应手格杀。百姓无复作业，终日路隔。从万春门由东宫以东至郊外数十里，皆空家尽室。巷陌县幔为高障，置人防守，谓之屏除。高障之内，设部伍羽仪。复有数部，皆奏鼓吹羌、胡伎、鼓角、横吹。夜反，火光照天。每三四更中，鼓声四出，幡戟横路。百姓喧走，士庶莫辨。或于市肆左侧过亲幸家。环绕宛转，周遍都下。老小震惊，啼号塞道。处处禁断，不知所过。疾患困笃者，悉捆移之。无人捆者，扶匐道侧，吏司又加捶打，绝命者相系。从骑及左右因之入富家取物，无不荡尽。工商莫不废业，樵苏由之路断。至于乳妇、昏姻之家，移产寄室。或舆病弃尸，不得殡葬。有弃病人于青溪边者，吏惧为监司所问，推至水中，泥覆其面，须臾便死，遂失骸骨。前魏兴太守王敬宾，新死未敛，家人被驱，不得留视，及家人还，鼠食两眼都尽。如此非一。又尝至沈公城，有一妇人当产不去，帝入其家，问何独在？答曰："临产不得去。"因剖腹看男女。又长秋卿王儇病笃，不听停家，死于路边。丹阳尹王志被驱急，狼狈步走，惟将二门生自随，藏朱雀航南酒炉中，夜方得羽仪而归。喜游猎，不避危险。至蒋山定林寺，一沙门病不能去，藏于草间，为军人所得，应时杀之。左右韩晖光曰："老道人可念。"帝曰："汝见獐鹿，亦不射邪？"仍百箭俱发。故贵人富室，皆数处立宅，以为避围之舍。每还宫常至三更，百姓然后得反，禁断又不即通，处处屯咽，或泥涂灌注，或冰冻严结，老幼啼号，不可闻见。时人以其所围处号为长围。及建康城见围，亦名长围，识者以为谶焉。沈公城，未详。蒋山，见第六章第四节。曰宫室、服御，恣为骄奢，因兴苛敛也。《南史纪》又云：三年（501），殿内火。合夕便发。其时帝犹未还，宫内诸房阁已闭，内人不得出，外人又不敢辄开。比及开，死者相枕。领军将军王莹率众救火，大极殿得全。内外叫唤，声动天地。帝三更中方还，先至东宫，虑有乱，不敢便入，参觇审无异，乃归。其后出游，火又烧璇仪、曜灵等十余殿及柏寝。北至华林，西至秘阁，三千余间皆尽。左右赵鬼，能读《西京赋》，曰："柏梁既灾，建章是营。"于是大起诸殿，芳乐、芳德、仙华、大兴、含德、清曜、安寿等殿。又别为潘妃起神仙、永寿、玉寿三殿。皆匝饰以金碧。其玉寿中作飞仙帐，四面绣绮，窗间尽画神仙。又作七贤，皆以美女侍侧。凿金银为书字。灵兽神禽，风云华炬，为之玩饰。椽桷之端，悉垂铃佩。江左旧物有古玉律数枚，悉裁以钿笛。庄严寺有玉九子铃，外国寺佛面有光相，禅灵寺塔诸宝珥，皆剥取以施潘妃殿饰。又凿金为莲华，以帖地，令潘妃行其上，曰："此步步生莲华也。"涂壁皆以麝香。锦幔珠帘，穷极绮丽。鏧役工匠，自夜达晓，犹不副速，乃剔取诸寺佛刹殿藻井仙人骑兽，以充足之。武帝兴光楼上施青漆，世人谓之青楼，帝曰："武帝不巧，何不纯用瑠璃？"潘氏服御，极选珍宝。主衣库旧物，不复周用，贵市人间，金银宝物，价皆数倍。琥珀钏一只直百七十万。都下酒租，皆折输金，以供杂用。犹不能足，下扬、南徐二州桥桁、塘埭丁，计功为直，敛取见钱，供大乐主衣杂费。①由是所在塘渎，悉皆隳废。又订出雄雉头、鹤氅、白鹭缞。百品千条，无复穷已。亲幸小人，

因缘为奸，科一输十。又各就州县，求为人输，准取见直，不为输送。守宰惧威，口不得道，须物之处，以复重求。如此相仍，前后不息。百姓困尽，号泣道路。少府大官，凡诸市买，事皆急速，催求相系。吏司奔驰，遇便房夺。市廛离散，商旅靡依。又以阅武堂为芳乐苑，穷奇极丽。当暑种树，朝种夕死，死而复种，卒无一生。于是征求人家，望树便取。毁彻墙屋，以移置之。大树合抱，亦皆移掘。插叶系华，取玩俄顷。划取细草，来植阶庭，烈日之中，至便焦燥。纷纭往还，无复已极。山石皆涂以采色。跨池水立紫阁。诸楼壁上，画男女私亵之象。明帝时多聚金宝。至是金以为泥，不足周用，令富室买金，不问多少，限以贱价，又不还直。曰赋役严急也。《南史纪》又云：自永元以后，魏每来伐，继以内难，扬、南徐二州人丁，三人取两，以此为率。远郡悉令上米准行，一人五十斛。① 输米既毕，就役如故。又先是诸郡役人，多依人士为附隶，谓之属名。又东境役苦，百姓多注籍诈病。遣外医巫，在所检占诸属名，并取病身。凡属名多不合役，止避小小假，并是役荫之家。凡注病者，或已积年，皆摄充将役。又追责病者租布，随其年岁多少。衔命之人，皆给货赂，随意纵舍。又横调征求。皆出百姓。曰迷信鬼神也。《南史·纪》又云：又偏信蒋侯神，迎来入宫，昼夜祈祷。左右朱光尚，诈云见神，动辄谮启，并云降福。始安之平，遂加位相国。末又号为灵帝。车服羽仪，一依王者。又曲信小祠，日有十数。师巫魔媪，迎送纷纭。光尚辄托云神意。后东入乐游，人马忽惊，以问光尚。光尚曰"向见先帝大瞋，不许数出。"帝大怒，拔刀与光尚等寻觅。既不见处，乃缚菰为明帝形，北向斩之，县首苑门上。乐游苑，见第九章第八节。曰不接朝士，乐近鄙人，群小恣为威福也。《南史·纪》又云：性讷涩少言，不与朝士接。又云：潘妃放恣，威行远近。父宝庆，与群小共逞奸毒。富人悉诬为罪，田宅赀财，莫不启乞。或云寄附隐藏，复加收没。计一家见陷，祸及亲邻。又虑后患，男口必杀。帝年未弱冠，好弄容或有之，然必不至如史所言之甚。果如所言，则是童骏，岂能诛戮宰执，翦除方镇？《齐书·江祏传》：祏既死，帝于后堂骑马致适，顾谓左右曰：江祏若在，我当复能骑此否？不能免于好弄，而亦未至于不可谏诲，东昏之为人，大致如此。四出游走，害至如史所言之烈，京师岂复可一日居？以当时之裂冠毁冕，习为故常，其见弑，何待兵临城下之日？宫室、服御，恣为奢侈，岂特东昏一人？文惠之孔雀裘，史固言其过于雉头。其东田之华美，恐亦非东昏诸宫殿之比矣。《王敬则传》言：敬则为会稽太守，会土边带湖海，民丁无士庶，皆保塘役，敬则以功力有余，悉评敛为钱送台库，以为便宜，武帝许之，此与东昏下扬、南徐二州桥航塘埭丁，计功为直，敛取见钱何异？赋役严急，恐自明帝已来即然，读上节所述可见。尼媪纷纭，群小恣横，亦不自东昏始。《纪》言帝初任徐世标为直阁，凡有杀戮，皆其用命，后稍恶其凶强，遣禁兵杀之，然则帝所用小人，或且自除之也。要之，史于帝之所为，皆附会为罪状；明明人所共有之事，于帝则指为罪大恶极；此真所谓文致。然其锻炼并不甚工。如云：帝尤惜金钱，不肯赏赐，茹

① 役法：永元后，杨、南徐人丁，三取两，远郡上米准行，一人五十斛，诸郡役人，依人士为附隶，谓之属名。

法珍叩头请之，帝曰："贼来独取我邪？何为就我求物？"后堂储数百具榜，启为城防，帝曰："拟作殿，"竟不与城防巧手，而悉令作殿，昼夜不休。又催御府细作三百人精仗，须围解以拟屏除。金银雕镂杂物倍急于常。此岂似能坚守围城者之所为？且与他诸奢侈之事，何由相容乎？帝之性，盖颇近材武；《南史·纪》言：帝甚有筋力，牵弓至三斛五斗。能担幢。初学担幢，每倾倒，在幢杪者必致踣伤。其后白虎幢七丈五尺，齿上担之，折齿不倦。始欲骑马，未习其事，俞灵韵为作木马，人在其中，行动进退，随意所适，其后遂为善骑。皆可见其材武。围城之际，被大红袍，登景阳楼望，弩几中之，亦非怯弱者所能为也。而其作事，亦能敏以赴机，《纪》云：明帝临崩，属后事，以隆昌为戒，曰："作事不可在人后，"故委任群小，诛诸宰臣，无不如意。案此亦由以近事为殷鉴使然也。故宰执竟为所斩艾。然方镇又相继背叛，荆、雍厚集其力，合从缔交，则其势实有不易抗者，帝之亡，亦非战之罪也。遥光之死，罪不及孥，宝夤见胁，亦遭宽释，宝玄、昭胄，则固罪有应得也。崔慧景之败也，收得朝野投宝玄及慧景军名，帝令烧之，曰："江夏尚尔，岂复可罪余人？"其措置实颇有思虑。郢、鲁二城，死者相积，竟无叛散，时以张冲及房僧寄比臧洪。席谦镇盆城，闻梁武兵东下，曰："我家世忠贞，陨死不二。"为陈伯之所杀。《齐书·张冲传》。马仙琕为豫州刺史，梁武使其故人姚仲宾说之，仙琕斩以徇。梁武兵至新林，仙琕尚持兵于江西，日抄运漕。建康陷，号哭经宿，乃解兵归罪。凡此效忠者之多，固不必悉由东昏之善用，然亦可见其非不可辅。加湖未捷之际，西师实颇蹈危机，一时败亡之君，支持危局，未有若是其坚凝者，正未可以成败论也。

萧颖胄之起兵也，遣杨公则下湘州。公则留长史刘坦行州事，而身率湘府之众，会于夏口。时义阳太守王抚之天门太守王智逊，武陵太守萧强等，并不从命，颖胄遣吉士瞻讨平之。义阳，见第八章第七节。天门，见第三章第九节。武陵，见第三章第六节。巴西太守鲁休烈，巴东太守萧惠训亦不从。巴西、巴东，皆见第三章第六节。颖胄遣刘孝庆进峡口拒之。为休烈及惠训子瓛所破，进至上明。见第六章第四节。江陵大震。颖胄驰告梁武：宜遣公则还援。梁武不听。颖胄遣蔡道慕屯上明以拒之，久不决。颖胄忧虑成气，十二月，病卒。《梁书·柳忱传》云：郢州平，颖胄议迁都夏口，忱谏以为巴峡未宾，不宜轻舍根本，摇动民志。颖胄不从。俄而巴东兵至硖口，迁都之议乃息。论者以为见机。盖当时荆雍之间，亦未尝不相忌，梁武之必厚集其力而不肯分兵，或并非但虞郢、鲁二城也。梁武之下也，留弟伟守襄阳，而以杜陵人韦爱为司马。秦杜县，汉曰杜陵，见第三章第五节。时州内储备及人皆虚竭，魏兴太守裴师仁，魏兴，见第三章第六节。齐兴太守颜僧都，齐兴、始平二郡，皆侨治武当。武当见第三章第九节。并据郡不受命，举兵将袭雍州。州内惊扰。爱素为州里所信服，乃推心抚御，率募乡里，得千余人，与僧都等战于始平郡南，大破之，百姓乃安。和帝司马夏侯详，与萧颖胄同创大举，凡军国大事，颖胄多决于详。时为尚书仆射。建议征兵雍州。遣卫尉席阐文往。伟乃割州府将吏，配弟憺赴之。瓒等闻建康将下，皆降。详又让荆州刺史于憺，荆州遂折而入雍。东昏侯之死也，宣德太后令：以梁武帝为大司马，录尚书事，扬州刺史，承制。中兴二年（502），正月，后临朝。二月，湘东王宝晊兄弟有异谋，被杀。安陆昭王缅三子：宝晊，宝览，宝宏《齐书·本传》云：东昏废，实晊望物情归之，坐待法驾。既而城内送首诣梁王。宣德太后临朝，以宝晊为大常。宝晊不自安，谋反。兄弟皆伏诛。《南史·王亮传》：亮为尚书左仆射。东昏遇杀，张稷等仍集亮于大极殿前西钟下坐议。欲立齐湘东嗣王宝晊。领军王莹曰："城闭已久，人情离解，征东在近，何不谘问。"张稷又曰："桀有昏德，鼎迁于殷，今实微子去殷，项伯归汉之日。"亮默然。朝士相次下床。乃遣国子博士范云贵东昏首送石头。又杀邵陵王宝攸，明帝第九子。晋熙王宝嵩，明帝第十子。桂阳王宝贞，明帝第十一子。鄱阳王宝寅奔虏。和帝东下，至姑熟，禅位于梁。旋死，年十五。

初萧颖胄弟颖孚在京师，庐陵人修灵祐，窃将南上，于西昌县山中，聚兵二千袭郡。此据《齐书》。《梁书·萧颖达传》云：颖孚自京师出亡，庐陵人循景智潜引与南归，至庐陵，景智及宗人灵祐与起兵。庐陵，见第三章第九节。西昌，吴县，今江西泰和县。内史谢纂奔豫章。颖孚、灵祐据郡求援。颖胄遣范僧简入湘州南道援之。僧简进克安成，以为内史，安成，见第三章第九节。颖孚为庐陵内史，合二郡兵出彭蠡口。东昏遣军主彭盆、刘希祖三千人受陈伯之节度，南讨二郡，仍进取湘州。颖孚走。希祖至安成，僧简见杀。颖孚收散卒据西昌。谢纂又遣兵攻之。颖孚奔湘州，寻卒。希祖移檄湘部。始兴内史王僧粲应之。此据《梁书·刘坦传》。始兴，《齐书·萧颖胄传》作湘东，皆见第三章第九节。湘部诸郡并起。僧粲遣军袭湘州，西朝行事刘坦拒之，屡战不胜。及闻建康下，僧粲散走，乃斩之。杨公则还州，群贼乃散。刘希祖亦以郡降。

陈伯之本为劫盗，后随王广之。建康平，遣还镇。伯之不识书，得文牒辞讼，惟作大诺而已。有事典签传口语，与夺决于主者。伯之与豫章人邓缮，永兴人汉诸暨县，吴改名永兴。诸暨，见第四节。戴永忠并有旧。及在州，用缮为别驾，永忠为记室参军。河南褚緭，京师之薄行者。齐末为扬州西曹，遇乱居间里。时轻薄互能自致，惟緭不达。高祖即位，緭频造尚书范云。云不好緭，坚拒之。緭益怒，私语所知曰："建武以后，草泽底下，悉化成贵人，吾何罪而见弃？今天下草创，饥馑不已，丧乱未可知。陈伯之拥强兵在江州，非代来臣，有自疑意。且荧惑守南斗，讵非为我出？今者一行。事若无成，入魏何遽减作河南郡？"遂投伯之书佐王思穆事之。大见亲狎。及伯之乡人朱龙符为长流参军，并乘伯之愚暗，恣行奸险。刑政通塞，悉共专之。伯之子虎牙，时为直阁将军，高祖手疏龙符罪，亲付虎牙。虎牙封示伯之。高祖又遣代邓缮。伯之并不受命。缮于是日夜说伯之云："台家府库空竭，复无器仗，三仓无米，东境饥流，此万代一时也，机不可失。"綝、永忠等每赞成之。伯之于是集府、州佐史，谓曰："奉齐建安王教，建安王，宝寅。率江北义勇十万，已次六合，今江苏六合县。见使以江州见力运粮速下。"时天监元年五月也。高祖遣王茂讨伯之。伯之趣豫章，太守郑伯伦坚守。伯之攻之，不能下。茂前军至，伯之表里受敌，败走。伯之之叛也，遣信还都报虎牙兄弟。虎牙等走盱眙。见第三章第九节。及是，伯之间道亡命出江北，与虎牙及褚緭俱入魏。四年（505），临川王宏北讨，命记室邱迟与伯之书，伯之乃于寿阳拥众八千来归。《纪》在五年三月。虎牙为魏人所杀。褚緭在魏，魏人欲擢用之，魏元会，緭戏为诗曰："帽上着笼冠，裤上着朱衣。不知是今是不知非昔非？"① 魏人怒，出为始平太守。魏始平郡，当在今陕西境。日日行猎，堕马死。一怒而北走胡、南走越者，可以鉴矣。

刘季连为益州，贪鄙无政绩，又严愎酷狠，郡县多叛乱。季连讨之，不克。高祖遣送季连弟及二子喻旨慰劳。季连受命，饬还装。高祖以邓元起为益州刺史。元起南郡人，季连为南郡时薄之。元起典签朱道琛，尝为季连府都录，无赖小人，季连欲杀之，逃免。至是，说元起曰："益州乱离已久，公私府库，必多耗失。刘益州临归空竭，岂复能远遣候递？道琛请先使检校，缘路奉迎。不然，万里资粮，未易可得。"元起许之。道琛既至，言语不恭。又历造府州人士，见物辄夺之。有不获者，语曰："会当属人，何须苦惜？"于是军府大惧，谓元起至必诛季连，祸及党与。竞言之于季连。季连亦以为然。又恶昔之不礼于元起也，益愤懑。遂矫称齐宣德皇后令，聚兵复反。收朱道琛杀之。天监元年（502），六月，元起至巴西。季连遣将拒战，互有得失。久之，乃败退。季连驱略居人，闭城固守。元起稍进围之。城中食尽，升米三千，亦无所籴，饿死者相枕。季连食粥累月。饥窘无计。二年（503），正月，高祖遣宣诏降季连，季连肉袒请罪。四月，元起入成都，蜀平。

---

① 民族：褚緭讥魏，魏人出之。

第十一章　元魏盛衰

第一节　冯后专朝

元魏之国情，实至孝文迁洛而一大变。① 孝文之为人，盖全出文明太后所卵育，其能令行于下，亦太后专政时威令凤行，有以致之；故后实北魏一朝极有关系之人物也。欲知后之得政，又必先知其前此两朝继嗣时之争乱。

《魏书》：大武皇帝十一男：贺皇后生景穆皇帝。越椒房生晋王伏罗。舒椒房生东平王翰。初封秦王。弗椒房生临淮王谭。初封燕王。伏椒房生楚王建闾。后改封广阳王。《北史》但名建。石昭仪生南安王余。其小儿、猫儿、虎头、《北史》作彪头，避唐讳。龙头，并阙母氏，皆早薨；无传。《殿本考证》云："凡十人，而云十一男者？ 盖其一不特阙母氏，并未有名，故木可得纪也。"案《北史》猫儿下多一真，则足十一之数矣。景穆帝为其子高宗文成帝濬即位后追谥。庙号恭宗。名晃。以大武帝延和元年（432），宋文帝元嘉九年。立为太子。时年五岁。真君五年（445），元嘉二十一年。监国。正平元年（451），元嘉二十八年。死。《魏书·阉官传》云：宗爱，不知其所由来。以罪为阉人。历碎职，至中常侍。正平元年（451），正月，世祖大会于江上，班赏群臣，以爱为秦郡公。恭宗之监国也，每事精察，爱天性险暴，行多非法，恭宗每衔之。给事中仇尼道盛，《北史》作侯道盛。案此等系或从本姓或据后所改之姓追书。侍郎任平城等，任事东宫，微为权势，世祖颇闻之。二人与爱并不睦。爱惧道盛等案其事，遂构告其罪。诏斩道盛等于都街。世祖震怒，恭宗遂以忧薨。是后世祖追悼恭宗，爱惧诛，遂谋逆。二年（452），元嘉二十五年。春，世祖暴崩，二月甲寅。爱所为也。尚书左仆射兰延，侍中和疋、薛提等秘不发丧。延、疋议以高宗冲幼，时年十三。欲立长君。征秦王翰，置之秘室。提以高宗有世嫡之重，不可废所宜立，而更求君。延等犹豫未决。爱知其谋。始爱负罪于东宫，而与吴王余素协。乃密迎余，自中宫便门入。矫皇后令皇

---

① 民族：魏史之矫诬。

后赫连氏，屈丐女。征延等。延等以爱素贱，弗之疑，皆随之入。爱先使阉竖三十人持仗于宫内，以次收缚，斩于殿堂。执秦王翰，杀之于永巷。而立余。余以爱为大司马、大将军、太师、都督中外诸军事，领中秘书，封冯翊王。爱既立余，位居元辅，录三省，兼总戎禁。坐召公卿，权恣日甚。内外惮之。群情咸以爱必有赵高、阎乐之祸。余疑之，遂谋夺其权。爱愤怒，使小黄门贾周等夜杀余。事在十月丙午朔。高宗立，诛爱、周等，皆具五刑，夷三族。《余传》云：余自以非次而立，厚赏群下，取悦于众。为长夜之饮，声乐不绝。旬月之间，帑藏空罄。尤好弋猎，出入无度。边方告难，余不恤之。百姓愤惋，而余宴如也。宗爱权恣日甚，内外惮之，余疑爱将谋变，夺其权，爱怒，因余祭庙，夜杀余。

《刘尼传》云：拜羽林中郎。宗爱既杀南安王余于东庙，秘之，惟尼知状。尼劝爱立高宗。爱自以负罪于景穆，闻而惊曰："君大痴人。皇孙若立，岂忘正平时事乎？"尼曰："若尔，今欲立谁？"爱曰："待还宫，擢诸皇子贤者而立之。"尼惧其有变，密以状告殿中尚书源贺。秃发傉檀子。本名破羌，大武赐姓，后又赐名。贺时与尼俱典兵宿卫。仍共南部尚书陆丽谋。于是贺与尚书长孙渴侯严兵守卫，尼与丽迎高宗于苑中。丽抱高宗于马上，入京城。尼驰还东庙，大呼曰："宗爱杀南安王，大逆不道。皇孙已登大位。有诏：宿卫之士，皆可还宫。"众咸唱万岁。贺及渴侯登执宗爱、贾周等。勒兵而入，奉高宗于宫门外入登永安殿。

《宋书·索虏传》云：初焘有六子：长子晃，字天真，为太子。次曰晋王。焘所住屠苏为疾雷击，屠苏倒，见厌殆死，左右皆号泣，晋王不悲，焘怒，赐死。《魏书》：晋王死于真君八年（448），即宋元嘉二十四年。次曰秦王乌奕干。与晃对掌国事。晃疾之，恶其贪暴。焘鞭之二百，遣镇枹罕。见第五章第一节。次曰燕王。次曰吴王，名可博真。次曰楚王，名树洛真。焘至汝南、瓜步，晃私取诸营卤获甚众。焘归闻知，大加搜检。晃惧，谋杀焘。焘乃诈死，使其近习召晃迎丧，于道执之。及国，罩以铁笼。寻杀之。《通鉴考异》引《宋略》云：焘既南侵，晃淫于内，谋欲杀焘。焘知之。归而诈死，召晃迎丧。晃至，执之。罩以铁笼，捶之三百，曳于丛棘以杀焉。以乌奕干有武用，以为太子。会焘死，使嬖人宗爱立博真为后。宗爱、博真恐为奕干所危，矫杀之而自立。博真懦弱，不为国人所附。晃子濬，字乌雷直勤，素为焘所爱。燕王谓人曰："博真非正，不宜立，真勤嫡孙应立耳。"乃杀博真及宗爱，而立濬为主。《魏书》之非实录不俟辩，自当以《宋书》为据。《魏书·高允传》云：恭宗季年，颇亲近左右，营立田园，以取其利。允谏不纳，则恭宗颇好贿，私取卤获，说自不诬。仇尼道盛、任平城，盖即其左右之见亲者。秦王既为太子，则本所当立，薛提非持正之论，反为干纪之人，故兰延、和疋疑不敢应；高宗即位，乃以其有谋立之诚，特诏其弟浮子袭兄爵也。宗爱虽为郡公，究属阉宦，安能为所欲为？观《宋书》之说，则知南安之立，本由大武乱命，故虽据非其所，仍能绵历八阅月也。《魏书·本纪》：文成即位之后，以元寿乐为太宰，都督中外诸军，录尚书事。寿乐，章帝之后。《传》云：有援立功。长孙渴侯为尚书令，加仪同三司。十一月，二人争权，并赐死。是月，临淮王谭薨。平南将军宋子侯周忸进爵乐陵王。陆丽为平原王。十二月，以周忸为太尉，陆丽为司徒，杜元宝为司空。遗子、遗，密皇后兄超之从弟。建业公陆俟进爵东平王。俟，丽之父。《丽传》云：封平原王。频让再三。诏不听。丽又启曰："臣父历奉先朝，忠勤著称，今年至西夕，未登王爵，愿裁过恩，听遂所讲。"高宗曰："朕为天下主，岂不能得二王封卿父子也？"乃以其父俟为乐平王。广平公杜遗进爵为王。周忸有罪，赐死。濮阳公闾若文进爵为王。明年，正月，杜元宝进爵京兆王。是月，杜遗薨。尚书仆射东安公刘尼进爵为王。封建宁王崇子丽为济南王。崇，明元帝子。尚书西平公源贺进爵为王。二月，杜元宝谋反，伏诛。建宁王崇，崇子济南王丽为元宝所引，各赐死。三月，安丰公闾虎皮进爵为河间王。七月，闾若文、永昌王仁谋反，仁，明元子永昌庄王健之子。赐仁死于长安，若文伏诛。又古弼与张黎，恭宗摄政时俱为辅弼。吴王立，弼为司徒，黎为太尉。高宗立，二人俱以议不合旨免。弼有怨谤之言，家人告其巫蛊，伏法。黎亦同诛。凡此，皆当与当时争位之事有关，其详则不可考矣。

文成帝在位十三年，以宋明帝泰始元年五月死。太子弘立，是为显祖献文皇帝。时年十一。车骑大将军乙浑矫诏杀尚书杨保年、平阳公贾爱仁、南阳公张天度于禁中。侍中司徒陆丽自汤泉入朝，浑又杀之。此汤泉在代郡，见《丽传》。以浑为太尉，录尚书事。七月，为丞相。位居诸王上。事无大小，皆决于浑。《顺阳公郁传》云：郁，桓帝后。高宗时，位殿中尚书。高宗崩，乙浑专权，隔绝内外，百官震恐，计无所出。郁率殿中卫士数百人，从顺德门入，欲诛浑。浑惧，逆出问郁曰："君入何意？"郁曰："不见天子，群臣忧惧，求见主上。"浑窘怖，谓郁曰："今大行在殡，天子谅阴，故未接百官，诸君何疑？"遂奉显祖临朝。后浑心规为乱，朝臣侧目。郁复谋杀浑，为浑所诛。《宜都王目辰传》云：为侍中尚书左仆射。与兄郁议欲杀浑，事泄，郁被诛，目辰逃隐得免。观此，则浑在当日，殆有废立之谋而未克遂也。至明年，正月，乃为文明皇后所杀。

《文成文明皇后传》云：冯氏，长乐信都人也。父朗，秦、雍二州刺史。母乐浪王氏。信都，见第四章第二节。乐浪，汉武定朝鲜所置四郡之一，治今平壤，此时已没于高句丽矣。后生于长安。朗坐事诛，后遂入宫。世祖左昭仪，后之姑也。雅有母德，抚养教训。年十四，高宗践极，以选为贵人。后立为皇后。高宗崩，故事，国有大丧，三日之后，御服、器物，一以烧焚，百官及中宫，皆号泣而临之，后悲叫，自投火中，左右救之，良久乃苏。案此事极可异，其时殆有欲杀后者？其即乙浑邪？抑非也？《传》又云：显祖即位，尊为皇太后。丞相乙浑谋逆，显祖年十三，居于谅暗，太后密定大策，诛浑。遂临朝听政。《烈帝玄孙丕传》云：显祖即位，累迁侍中。丞相乙浑谋反，丕以奏闻，诏丕帅元贺、牛益得收浑诛之。乙浑事之可考者，如是而已。浑妻庶姓，而求公主之号，为贾秀所拒，见《秀传》，其事无甚关系。魏史之阙略，诚令人如堕五里雾中也。

献文帝在位五年，以天安六年（471），即孝文帝延兴元年，宋明帝泰始七年。传位于子宏，是为高祖孝文皇帝。又五年（476）而死。孝文帝承明元年，宋后废帝元徽四年。《文明后传》云：高祖生，太后躬亲抚养，是后罢令不听政事。太后行不正，内宠李奕，显祖因事诛之，太后不得意。显祖暴崩，时言太后为之也。此十一字，《北史》作"遂害帝"三字。《通鉴考异》引元行冲《后魏国典》云："太后伏壮士于禁中，大上入谒，遂崩。"李奕者，顺之子。其见诛在皇兴四年（470），即宋明帝泰始六年，献文传位之前一年也。奕兄敷、式，敷次子仲良，敷从弟显德，妹夫宋叔珍，同时俱死。敷长子伯和，走窜岁余，为人执送，杀之。惟奕别生弟同，逃避得免；伯和庶子孝祖，年小藏免。实当时一大狱也。敷之获罪，由李䜣列其罪恶二十余条，大和初，太后追念奕兄弟，乃诛追念奕兄弟，乃诛而存问式子宪等焉。敷之诛，《帝纪》与慕容白曜连书。《白曜传》云：高宗崩，与乙浑共秉朝政。初乙浑专权，白曜颇所依附，缘此追以为责。及将诛也，云谋反叛，时论冤之。白曜之诛，非以依附乙浑，无待于言，或正以其与李奕等交关耳。白曜陷青、冀有功，在当时应有威望，然则奕之见诛，恐尚不仅以其为太后所宠也。案高祖之生，在皇兴元年八月，宋泰始三年（267）。其时显祖年仅十三，能否生子，实有可疑。后来后专朝政，高祖拱手不得有为，且几遭废黜，《高祖纪》云：文明太后以帝聪圣，后或不利于冯氏，将谋废帝。乃于寒月单衣闭室，绝食三朝。召咸阳王禧，将立之。元丕、穆泰、李冲固谏，乃止。帝初不有憾，惟深德丕等。《天象志》云：太后将危少主者数矣，帝春秋方富，而承事孝敬，故竟得无咎。然迄无怨言。比其死也，方修谅阴之仪，致史家讥其昧于《春秋》之义。《天象志》云：献文暴崩，实有酖毒之祸焉。其后文明皇太后崩，孝文皇帝方修谅暗之仪，笃孺子之慕，竟未能述宣《春秋》之义，而惩奸人之党。是以胡氏循之，卒倾魏室。岂不哀哉？又高祖之母思皇后李氏，绝无事迹可见。《文明后传》言："迄后之崩，高祖不知所生"，夫后之于高祖，绝非如宋章献后之于仁宗，何以为此讳匿？思皇后为李惠女，惠家遭文明后屠戮，后死后绝无平反。且高祖于冯氏甚厚，李氏甚薄，至世宗时犹然。李惠者，盖之子，盖即尚沮渠牧犍之妻武威公主者也。《外戚传》云：惠素为文明太后所忌。诬惠将南叛，诛之。惠二弟初、乐，与惠诸子同戮。后妻梁氏，亦死青州。尽没其家财。惠本无衅，天下冤惜焉。此事在大和元年（477），即宋顺帝之升明二年也。惠时为青州刺史。《传》又云：惠从弟凤，为定州刺史安乐王长乐主簿。后长乐以罪赐死，时卜筮者河间邢赞辞引凤，云长乐不轨，凤为谋主，伏诛。惟凤弟道念与凤子及兄弟之子皆逃免。后遇赦乃出。案凤之死在大和三年（479），即齐高帝建元元年也。长乐，文成帝子。《传》又云：大和十二年（488），高祖将爵舅氏，诏访存者，而惠诸以再罹挚戮，难于应命。惟道念敢先诣阙。乃申后妹及凤兄弟子女之存者。于是赐凤子屯爵柏人侯，安祖浮阳侯，兴祖安喜侯，道念真定侯，从弟寄生高邑子，皆加将军。十五年（491），安祖昆弟四人以外戚蒙见。诏谓之曰："卿之先世，内外有犯，得罪于时。然官必用才，以亲非兴邦之选。外氏之宠，超于末叶。从今已后，自非奇才，不得复以外戚，谬班抽举。既无殊能，今且可还。"后例降爵，安祖等改侯为伯，并去军号。高祖奉冯氏过厚，于李氏过薄，舅家了无叙用，朝野人士，所以窃议。大常高闾，显言于禁中。及世宗宠隆外家，并居显位，乃惟高祖舅氏，存已不沾恩泽。其事皆不可解。然则高祖果思后子邪？抑非思后子也？窃谓文明后为好专权势之人，岂有因生孙而罢政？且亦何必因此而罢政？岂高祖实后私生之子，后因免乳，乃不得不罢朝欤？此事固无证据可举，然以事理推之，实不得不作如是想。此等事，固永无证据可得也。冯朗为北燕末主弘之子。冯跋，史虽云其家于昌黎，遂同夷俗，然观其政事，即知其大与胡虏不同。乐浪王氏，亦久为衣冠之族。《齐书·魏虏传》亦云：冯氏黄龙人。又载一异说云："冯氏本江都人，江都，汉县，今江苏江都县。佛狸元嘉二十七年（450）南侵，略得冯氏。潜以为妾"，其说恐不足信。即谓可信，其为以文明人入野蛮部族，亦与燕、魏之为婚媾同也。高祖之教育，盖全受诸文明后，与佛狸母虽汉人，教育则全受诸鲜卑者大异，此其所以能去腥膻之乡，践礼教之域，毅然独断，大革胡俗欤？《北史·薛聪传》云：帝曾与朝臣论海内姓地人物，戏谓聪曰："世人谓卿诸薛是蜀人，定是蜀人不？"聪对曰："臣远祖广德，世仕汉朝，时人呼为汉人。九世祖永，随刘备入蜀，时人呼为蜀臣。今事陛下，是虏非蜀也。"帝抚掌笑曰："卿幸可自明非蜀，何乃遂复苦朕？"彼其胸中，盖无复丝毫以虏自居之意矣。谓非实有以吕易嬴之事，而彼且自知之，得乎？

孝文受禅时，年五岁。史言献文本欲传位于京兆王子推，景穆子。以任城王云亦景穆子。及元丕、源贺、陆馛、侯子。高允、赵黑固谏，乃止。此自为表面文字。献文死，文明后为大皇太后，临朝称制。至大和十四年（490）齐武帝永明八年。乃死。称制凡十五年。自乙浑诛至此，则二十五年矣。《后传》云：自太后临朝专政，高祖雅性孝谨，不欲参决，事无巨细，一禀于太后。太后多智略。猜忍，能行大事。生杀赏罚，决之俄顷，多有不关高祖者。是以威福兼作，震动内外。杞道德、即抱嶷，见《阉官传》。王遇、张祐、苻承祖等，拔自寒阉，岁中而至王公。太后所宠阉人，尚有赵黑。尝为选部尚书。出为定州刺史。又为尚书左仆射。李䜣之死，黑有力焉。又有剧鹏、李丰、王质、李坚、孟鸾等，皆见《阉官传》。王叡出入卧内，数年便为宰辅。赏责财帛，以千万亿计。金书铁券，许以不死之诏。《叡传》云：出入帷幄，太后密赐珍玩、缯采，人莫能知。率常以夜，帷车载往，阉官防致。前后巨万，不可胜数。加以田园、奴婢、牛马、杂畜，并尽良美。大臣及左右，因是以受赍锡，外示不私，所费又以万计。至其子椿，《传》犹称其僮仆千余，园宅华广，声伎自适，无乏于时。叡弟谌之孙超，史亦称其每食必穷水陆之味焉。《阉官传》云：李丰之徒数人，皆被眷宠，积赀巨万，第宅华壮。文明太后崩后，乃渐衰矣。又云：张祐岁月赏赐，家累巨万。王遇与抱嶷，前后赐奴婢数百人，马、牛、羊他物称是。二人俱号富室。王叡疾病，高祖、太后，每亲视疾。侍官省问，相望于道。将葬于城东，高祖登城楼以望之。诏为叡立祀，于都南二十里大道右起庙，以时祭荐。并立碑铭，置守冢五家。京都士女，诣称叡美，造新声而弦歌之，名曰中山王乐，诏班乐府，合乐奏之。初叡女妻李冲兄子延宾，次女又适赵国李恢子华，女之将行也，先入宫中，其礼略如公主、王女之仪。太后亲御大华殿，褥其女于别帐。叡与张祐侍坐。叡所亲及两李家丈夫、妇人，列于东西廊下。及车引，太后送过中路。时人窃谓天子、太后嫁女。张祐，太后为造甲宅，宅成，高祖、太后，亲率文武往燕会焉。抱嶷，幼时陇东人张乾王反叛，家染其逆，及乾王败，父睹生逃避得免，嶷独与母没入京师，遂为宦人。太后既宠之，乃征睹生，拜大中大夫。赏赐衣马。睹生将退，见于皇信堂，高祖执手谓之曰："老人归途，几日可达？好慎行路。"其上下渎乱如此，宜乎《天象志》谓太后专朝且多外嬖，虽天子犹依附之也。李冲虽以器能受任，亦由见宠帷幄。密加锡赉，不可胜数。《冲传》云：冲为文明太后所幸，恩宠日盛，赏赐月至数十万。密致珍宝御物，以充其第，外人莫得而知焉。冲家素清贫，至是始为富室。后性严明，假有宠待，亦无所纵。左右纤芥之愆，动加捶楚，多至百余，少亦数十。然性不宿憾，寻亦待之如初；或因此更加富贵。是以人人怀于利欲，至死而不思退。外礼民望元丕、游明根等，颁赐金帛、舆马。每至褒美王叡等，皆引丕等参之，以示无私。又自以过失，惧人议己，小有疑忌，便见诛戮。如李诉、李惠之徒，猜嫌覆灭者十余家，死者数百人，率多枉槛，天下冤之。案后奢侈之事见于史者，不可枚举。即以营建论：高祖尝为后经始灵塔；罢鹰师曹，以其地为报德佛寺。后与高祖游于方山，在今山西大同县北顾瞻川阜，有终焉之志。高祖乃诏有司营建寿陵于方山，又起永固石室，将终为清庙焉。大和五年（481）起作，齐建元三年。八年（484）而成。刊石立碑，颂太后功德。太后又立宣王庙于长安，太后父。燕思佛图于龙城；皆刊石立碑。后之侈，未知视胡灵后何如，杀戮则过之矣，而没身无患，至于孝文，犹称魏之盛世，岂不以距开创未久，兵力尚强，而代北之地，风气质朴，莫敢称兵以叛邪？至于南迁，而情势又异矣。

第二节　孝文迁洛

魏初风俗至陋。《齐书·魏虏传》述其情形云：什翼珪始都平城，犹逐水草，无城郭。① 木末明元帝。始土著居处。佛狸破凉州、黄龙，徙其居民，大筑城邑。《魏书·天象志》：天赐三年（406），六月，发八部人自五百里内缮修都城。魏于是始有邑居之制度。天赐三年（406），晋安帝之义熙二年也。截平城西为宫城。四角起楼女墙。门不施屋。城又无壍。南门外立二土门。内立庙。开四门，各随方色。凡五庙，一世一间瓦屋。其西立大社。佛狸所居云母等三殿，又立重屋，居其上。饮

---

① 畜牧：魏什翼珪居平城，尚遂水草，无城郭。尔朱牧亦盛。

食厨名阿真。厨在西，皇后可孙，恒出此厨求食。殿西铠仗库，屋四十余间。殿北丝、绵、布、绢库，土屋一十余间。伪太子宫在城东，亦开四门，瓦屋，四角起楼。妃妾住皆土屋。婢使千余人，织绫锦，贩卖，酤酒，养猪、羊，牧牛、马，种菜逐利。大官八十余窖，窖四千斛，半谷半米。又有悬食瓦屋数十间。置尚方作铁及木。其袍衣，使宫内婢为之。伪太子别有仓库。其郭城绕宫城南，悉筑为坊。坊开巷。坊大者容四五百家，小者六七十家。城西南去白登山七里。山边别立祖父庙。城西有祠天坛，立四十九木人，长丈许，白帻、练裙、马尾被立坛上。常以四月四日，杀牛马祭祀，盛陈卤簿，边坛弃驰，奏伎为乐。城四二里，刻石写《五经》及其国记，于邺取石虎文石屋基六十枚，皆长丈余以充用。国中呼内左右为直真。外左右为乌矮真。曹局文书吏为比德真。檐衣人为朴大真。带仗人为胡洛真。通事人为乞万真。守门人为可薄真。伪台乘驿贱人为拂竹真。诸州乘驿人为咸真。杀人者为契害真。为主出受辞人为折溃真。贵人作食人为附真。三公贵人，通谓之羊真。佛狸置三公、太宰、尚书令、仆射、侍中，与太子共决国事。殿中尚书知殿内兵马、仓库。乐部尚书知伎乐及角史、伍伯。驾部尚书知牛、马、驴、骡。南部尚书知南边州郡。北部尚书知北边州郡。又有俟懃地何，比尚书。莫堤，比刺史。郁若，比二千石。受别官，比诸侯。诸曹府有仓库，悉置比官。皆使通房、汉语，以为传译。兰台置中丞、御史，知城内事。又置九豆和官，宫城三里内民户籍不属诸军戍者悉属之。其车服：有大小辇，皆五层，下施四轮，三二百人牵之，四施绲索备倾倒。① 辂车建龙旗，尚黑。妃后则施杂采幰，无幢络。太后出，则妇女着铠骑马，近辇左右。房主及后妃常行乘银镂羊车，不施帷幔。皆偏坐，垂脚辕中。在殿上亦跂据。正殿施流苏帐、金博山、龙凤朱漆画屏风、织成幄。坐施氍毹。褥前施金香炉、琉璃钵、金碗、盛杂食器。设客长盘一尺。御馔圆盘广一丈。为四轮车，元会日六七十人牵上殿。蜡日逐除；岁尽，城门磔雄鸡；苇索、桃梗如汉仪。自佛狸至万民，献文帝。世增雕饰。正殿西筑土台，谓之白楼。万民禅位后，常游观其上。台南又有伺星楼。正殿西又有祠屋，琉璃为瓦。宫门稍覆以屋，犹不知为重楼。并设削泥采，画金刚力士。又规画黑龙相盘绕，以为厌胜。其文化，盖兼受诸中国及西域，然究不脱北狄本色，《魏虏传》云："佛狸已来，稍僭华典，胡风、国俗，杂相揉乱。"此胡风指西域言，国俗则鲜卑之本俗也。② 欲革之于旦夕之间，固非迁徙不为功矣。

孝文知北人之不乐徙也，乃借南伐为名以胁众。齐武帝永明十一年（493），房大和十七年也。八月，孝文发代都，声言南伐。九月，至洛阳。自发代都，霖

---

① 交通：魏辇五层四轮三二百人牵之，为四轮车。房车偏坐，垂脚辕中，在殿上亦跂据。

② 四裔：魏兼染胡风指西域。

雨不霁，孝文仍诏发轸。群臣稽颡马前。孝文乃言："今者兴动不小，动而无成，何以示后？若不南行，即当移都于此。"众惮南征，无敢言者。遂定迁都洛阳之计。其事详见《魏书·李冲传》。孝文此举，必有参与密谋者，今不可考，以意度之，必为汉臣，李冲当即其一也。当南伐时，即起宫殿于邺西，十一月，移居焉。而委李冲以新都营构之任。明年，齐明帝建元元年（494）。二月，北还。诏谕其下以迁都意。闰月，至平城。三月，临大极殿，谕在代群臣以迁移之略。其事详见《魏书·东阳公丕传》。《传》谓孝文诏群下各言其意，然无敢强谏者，盖逆知其不可回矣。当时赞孝文南迁，并为开谕众人，镇抚旧京者，有任城王澄、南安王桢、广陵王羽及李韶等，亦不过从顺其意而已，非真乐迁也。《于烈传》云：人情恋本，多有异议。高祖问烈，"卿意云何？"烈曰："陛下圣略渊深，非愚管所测。若隐心而言，乐迁之与恋旧，惟中半耳。"似直言，实亦巽辞也。明帝建武二年（495），大和十九年。六月，诏迁洛之民，死葬河南，不得还北。《文成五王传》：广川王略子谐，大和十九年（495）薨，有司奏王妃薨于代京，未审以新尊从于卑旧，为宜卑旧来就新尊？诏曰：迁洛之人，自兹厥后，悉可归骸邙岭，皆不得就茔恒、代。其有夫先葬在北，妇今丧在南，妇人从夫，宜还代葬。若欲移父就母，亦得任之。其有妻坟于恒、代，夫死于洛，不得以尊就卑。欲移母就父，宜亦从之。若异葬，亦从之。若不在葬限，身在代表，葬之彼此，皆得任之。其户属恒、燕，身官京洛，去留之宜，亦从所择。其属诸州者，各得任意。其年九月，遂尽迁于洛阳。

孝文之南迁，旧人多非所欲也，遂致激成反叛。[1]《魏书·高祖纪》：大和二十年（496），齐建武三年。十有二月，废皇太子恂为庶人。恒州刺史穆泰等在州谋反，道武都平城，于其地置司州，迁洛后改为恒州。遣任城王澄案治之。澄景穆子任城王云之子。乐陵王思誉坐知泰阴谋不告，削爵为庶人。景穆子乐陵王胡儿无子，显祖诏胡儿兄汝阴王天赐之第二子永全后之，袭封。后改名思誉。《恂传》云：恂不好书学。体貌肥大。深忌河、洛暑热，意每追乐北方。中庶子高道悦数苦言致谏，恂甚衔之。高祖幸嵩岳，大和二十年八月。恂留守金墉，见第三章第二节。于西掖门内与左右谋，欲召牧马，轻骑奔代。手刃道悦于禁中。领军元俨，勒门防遏，夜得宁静。厥明，尚书陆琇驰启高祖于南。高祖闻之骇惋。外寝其事，仍至汴口而还。引见群臣于清徽堂。高祖曰："古人有言，大义灭亲。今恂欲违父背尊，跨据恒、朔，今日不灭，乃是国家之大祸。"乃废为庶人。置之河阳。汉县，晋省，魏复置，在今河南孟县西。以兵守之。服食所供，粗免饥寒而已。恂在困踬，颇知咎悔。恒读佛经，礼拜，归心于善。高祖幸代，遂如长安。大和二十一年四月，齐建武四年（497）。中尉李彪，承间密表，告恂复与左右谋逆。高祖在长安，使中书侍郎邢峦与咸阳王禧献文子。奉诏赍椒酒诣河阳赐恂死。二十二年（498），齐明帝永泰元年。冬，御史台令史龙文观坐法当死，告廷尉：称恂前被摄之日，有手书自理不知状,而中尉李彪,侍御史贾尚,寝不为间。尚坐系廷尉。时彪免归,高祖在邺,尚书表收彪赴洛,会赦,遂不穷其本末。贾尚出系,暴病数日死。案恂死时年十五,废时年仅十四,安知跨据恒、朔?则其事必别有主谋可知。穆泰之叛也,史云:泰时为定州刺史,魏于中山置定州。自陈病久,乞为恒州,遂转陆叡为定州,以泰代焉。泰不愿迁都,叡未发而泰已至,遂潜相扇诱,与叡及安陆侯元隆、抚冥镇将鲁郡侯元业、骁骑将军元超,隆、业、超皆丕子。阳平侯贺头,射声校尉元乐平,前彭城镇将元拔,代郡太守元珍,镇北将军乐陵王思誉等谋,推朔州刺史阳平王颐为主。朔州,魏置,今山西朔县。颐,景穆子阳平幽王新成之子。颐伪许以安之,而密表其事。高祖乃遣任城王澄发并、肆兵以讨之。并州治晋阳,今山西阳曲县。肆州治九原,在今山西忻县西。澄先遣治书侍御史李焕单车入代,出其不意。泰等惊骇,计无所出。焕晓谕逆徒,示以祸福。于是凶党离心,莫为之用。泰自度必败,乃率麾下数百人攻焕郭门,冀以一捷。不克,单马走出城西,为人禽送。《澄传》:高祖遣澄,谓曰:"如其弱也,直往禽翦。若其势强,可承制发并、肆兵殄之。"澄行达雁门,太守夜告:"泰已握众,西就阳平城下聚结。"澄闻便速进。右丞孟斌曰:"事不可量。须依敕召并、肆兵,然后徐动。"澄不听,而倍道兼行。又遣李焕先赴,至即禽泰。澄亦寻到,穷治党与。《澄传》云:狱禁者凡百余人。高祖幸代,《纪》:大和二十一年正胐巡,二月至平城。亲见罪人,问其反状。泰等伏诛。陆叡赐死于狱。《新兴公丕传》:自高祖南伐以来,迄当留守之任。后又迁大傅,录尚书。冯熙薨于代都,熙,文明后兄。丕表求銮驾亲临。诏曰:"今洛邑肇构,跂望成劳。开辟迄今,岂有以天子之重,亲赴舅国之丧?朕纵欲为孝,其如大孝何?纵欲为义,其如大义何?天下至重,君臣道县,岂宜苟相诱引,陷君不德?令、仆已下,可付法官贬之。"《陆叡传》:叡表请车驾还代,亲临冯熙之丧,坐削夺都督恒、肆、朔三州诸军事。又诏以丕为都督,领并州刺史。丕前妻子隆,同产数人,皆与别居,后得宫人,所生同宅共产,父子情因此偏。丕父子大意不乐迁洛。高祖之发平城,太子恂留于旧京。及将还洛,丕前妻子隆,与弟超等,密谋留恂,因举兵断关,规据陉北。见第二章第二节。时丕以老居并州,虽不与其始计,而隆、超咸以告丕。丕外虑不成,口虽致难,心颇然之。及高祖幸平城,推穆泰等首谋,隆兄弟并是党。隆、超与元业等兄弟,并以谋逆伏诛。有司奏处孥戮。诏以丕应连坐,但以先许不死之身,躬非染逆之党,听免死,仍为大原百姓。其后妻二子听随。隆、超母弟及余庶兄弟,皆徙敦煌。见第二章第二节。案冯熙死于大和十九年三月。是岁,六月,诏恂赴平城宫。九月,六宫及文武,尽迁洛阳。《恂传》云:二十年(496),改字宣道。迁洛,诏恂诣代都。及恂入辞,高祖曰:"今汝不应向代,但太师薨于恒壤,朕既居皇极之重,不容轻赴舅氏之丧,欲使汝展哀舅氏"云云。此与十九年六月之诏,当即一事,叙于二十年改字之后,盖《传》之误。《丕传》所谓高祖发平城,太子留于旧京者,当即此时。高祖若至代都,称兵要胁之事,其势必不可免，代都为旧人聚集之地，势必难于收拾，故高祖拒而不往；又虑群情之滋忿也，乃使恂北行以慰抚之；自谓措置得宜矣，然魏以太子监国，由来旧矣；禅代，献文又特创其例矣。泰等是时，盖犹未欲显叛高祖，特欲挟太子据旧都，胁高祖授以监国之任？禅代盖尚非其意计所及。高祖本使恂往，意在消弭衅端，不意恂亦为叛党所惑，还洛之后，犹欲轻骑奔代也。然此必非恂所能为，洛京中人，必又有与叛党通声气者矣，亦可见其牵连之广也。恂既废，叛党与高祖调停之望遂绝，乃又谋推阳平，亦所谓相激使然者邪？穆泰者，崇之玄孙。以功臣子孙尚章武长公主。文明太后欲废高祖，泰切谏，乃止。高祖德之，锡以山河，宠待隆至。陆叡，俟之孙。沈雅好学，折节下士。年未二十，时人便以宰辅许之。又数征柔然有功。实肺腑之亲，心膂之任，乔木世臣，民之望也，而皆躬为叛首。《于烈传》言：代乡旧族，同恶者多，惟烈一宗，无所染预而已。当时情势，亦危矣哉？

南迁之计，于虏为损乎？为益乎？《齐书·王融传》：永明中，虏遣使求书，朝议欲不与，融上疏曰："今经典远被，诗史北流，冯、李之徒，必欲遵尚，直勒等类，居致乖阻。①何则？匈奴以毡骑为帷床，驰射为糇粮。冠方帽则犯沙陵雪，服左衽则风骧鸟逝。若衣以朱裳，戴之玄冕，节其揖让，教以翔趋，必同艰桎梏，等惧冰渊，婆娑蹰躇，困而不能前已。及夫春水草生，阻散马之适；秋风木落，绝驱禽之欢；息沸唇于桑墟，别蹑乳于冀俗；听韶雅如聋聩，临方丈若爱居；冯、李之徒，固得志矣，虏之凶族，其如病何？于是风土之思深，愎戾之情动；拂衣者连裾，抽锋者比镞；部落争于下，酋渠危于上；我一举而兼吞，卞庄之势必也。"其于魏末丧乱，若烛照之矣。《魏书·孙绍传》：绍于正光后表言："往者代都，武质而治安，中京以来，文华而政乱。故臣昔于大和，极陈得失；延昌、正光，奏疏频上。"今其所陈不可悉考，然谓武质而安，文华而乱，固已曲尽事情。离乎夷狄而未即乎中国，固不免有此祸。然遂终自安于夷狄可乎？子曰："朝闻道，夕死可矣"，一人如是，一族亦然。鸟飞准绳，岂计一时之曲直？是则以一时言，南迁于虏若为害，以永久言，于虏实为利也。孝文亦人杰矣哉！

《昭成子孙传》云：高祖迁洛，在位旧贵，皆难于移徙，时欲和合众情，遂许冬则居南，夏便居北。世宗颇惑左右之言，外人遂有还北之问。至乃榜卖田宅，不安其居。昭成玄孙晖，乃请间言："先皇移都，为百姓恋土，故发冬夏二居之诏，权宁物意耳。乃是当时之言，实非先皇深意。且北来迁人，安居岁久，公私计立，无复还情。陛下当终高祖定鼎之业，勿信邪臣不然之说。"世宗从之。《肃宗纪》：熙平二年（517），梁武帝天监十六年。十月，诏曰："北京根旧，帝业

---

① 民族：王融言冯李之徒，当尚中国文化，其本族必反之。

所基。南迁二纪，犹有留住。怀本乐业，未能自遣。若未迁者，悉可听其仍停。"此可见孝文虽雷厉风行，实未能使代都旧贵，一时俱徙，且于既徙者亦仍听其往还也。然以大体言之，南迁之计，固可谓为有成矣。

迁都之后，于革易旧俗，亦可谓雷厉风行。大和十八年（494），齐建武元年。十二月，革衣服之制。明年，六月，诏不得以北俗之语，言于朝廷。若有违者，免所居官。又明年，正月，诏改姓元氏。又为其六弟各聘汉人之女，前所纳者，可为姜媵，事见《咸阳王禧传》。《传》又载：孝文引见群臣，诏之曰："今欲断诸北语，一从正音。年三十以上，习性已久，容或不可卒革，三十以下，见在朝廷之人，语音不听仍旧。若有故为，当降爵、黜官。所宜深戒。"又曰："朕尝与李冲论此，冲言四方之语，竟知谁是？帝者言之，即为正矣，何必改旧从新？冲之此言，应合死罪。"乃谓冲曰："卿实负社稷，合令御史牵下。"又引见王公卿士，责留京之官曰："昨望见妇女之服，仍为夹领小袖。我徂东山，虽不三年，既离寒暑，卿等何为，而违前诏？"案民族根柢，莫如语言，语言消灭，未有不同化于他族者，不则一切取之于人，仍必岿然独立为一民族。就国史观之，往昔入居中原诸族，及久隶我为郡县之朝鲜、安南，即其明证。人无不有恋旧之心，有恋旧之心，即无不自爱其语言者。孝文以仰慕中国文化之故，至欲自举其语言而消灭之，其改革之心，可谓勇矣。其于制度，亦多所釐定，如立三长之制，及正官制，修刑法是也，别于他章述之。史称孝文"雅好读书，手不释卷。《五经》之义，览之便讲。学不师授，探其精奥。史传、百家，无不该涉。善谈庄、老，尤精释义。才藻富赡，好为文章。诗赋铭颂，任兴而作。有大文笔，马上口授，及其成也，不改一字。自大和十年（375）已后，诏册皆帝之文也。"此自不免过誉，然其于文学，非一无所知审矣。亦虏中豪桀之士也。

拓跋氏之任用汉人，始于桓、穆二帝。其时之卫操、姬澹、卫雄、莫含等，虽皆乃心华夏，非欲依虏以立功名，然于虏俗开通，所裨必大，则可想见。六修之难，晋人多随刘琨任子南奔，虏之所失，必甚巨也。事见第四章第二节。《卫操传》云：始操所与宗室、乡亲入国者：卫勤、卫崇、卫清、卫沈、段业、王发、范班、贾庆、贾循、李台、郭乳。六修之难，存者多随刘琨任子遵南奔。昭成愚憨，观其见获后对苻坚之语可知，见第六章第三节。其能用汉人，盖尚不逮桓、穆。其时汉人见用，著于魏史者，惟许谦、燕凤而已。据《魏书·传》：凤为昭成代王左长史，谦为郎中令，兼掌书记。道武性质，更为野蛮。破燕以后，不得不任用汉人，然仍或见诛夷，或遭废黜，实不能谓为能用汉人也。《道武本纪》谓参合陂之捷，始于俘虏之中，擢其才识，与参谋议。及并州平，初建台省，置百官，尚书郎已下，悉用文人。又云：帝初拓中原，留心慰纳。诸士大夫诣军门者，无少长，皆引入赐见，存问周悉，人得自尽。苟有微能，咸蒙叙用。此不过用为掾史之属而已，无与大计也。道武所用汉人，较有关系者，为许谦、燕凤、张衮、崔宏、邓渊、崔逞。谦、凤皆昭成旧人，其才盖非后起诸臣之敌。宏事略见第八章第六节。

渊以从父弟晖与和跋厚善见杀。逞使妻与四子归慕容德，独与小子留平城，道武嫌之，遂借答晋襄阳戍将书不合杀之。张衮以先称美逞及卢溥，亦见黜废。《逞传》言：司马休之等数十人，为桓玄所逐，皆将来奔，至陈留南，分为二辈一奔长安，一归广固。大祖初闻休之等降，大悦。后怪其不至，诏兖州寻访。获其从者，皆曰："闻崔逞被杀，故奔二处。"大祖深悔之。自是士人有过者，多见优容。此亦不过一时之悔而已，以道武之猜忍好杀，又安知惩前毖后邪？然既荐居中国之地，政务稍殷，终非鲜卑所能了，故汉人之见任者，亦稍多焉。崔浩见信于明元、大武二世，浩以谋覆虏诛，而大武仍任李孝伯；孝伯为顺从弟。《传》云：自崔浩诛后，军国之谋，咸出孝伯，世祖宠眷亚于浩。高允与立文成，初不见赏，《允传》云：高宗即位，允颇有谋焉，司徒陆丽等皆受重赏，允既不蒙褒异，又终身不言。文明后诛乙浑，乃引允与高闾入禁中，共参朝政；即可见此中消息。然允等之见任，实不过职司文笔而已，《允传》云：自高宗迄于显祖，军国书檄，多允文也。末年乃荐高闾以自代。《闾传》云：文明太后甚重闾，诏令书檄，碑铭赞颂皆其文也。《齐书·王融传》融上疏曰："虏前后奉使不专汉人，必介以匈奴，备诸觇获。且设官分职，弥见其情。抑退旧苗，扶任种戚。师保则后族冯晋国，总录则邦姓直勒渴侯，台鼎则丘颓、苟仁端，执政则目凌钳耳。至于东都羽仪，四京簪带，崔孝伯、程虔虬久在著作，李元和、郭季祐止于中书，李思冲饰虏清官，游明根泛居显职。"虏之遇汉人如何，当时固人知其情也。《允传》言：允谏诤，高宗常从容听之。或有触迕，帝所不忍闻者，命左右扶出。事有不便，允辄求见。高宗知允意，逆屏左右以待之。礼敬甚重。晨入暮出，或积日居中，朝臣莫知所论。或有上事陈得失者，高宗省而谓群臣曰："君父一也。父有是非，子何为不作书于人中谏之，使人知恶，而于家内隐处乎？岂不以父亲，恐恶彰于外也？今国家善恶，不能面陈，而上表显谏，此岂不彰君之短，明己之美？至如高允者，真忠臣矣。朕有是非，常正言面论。至朕所不乐闻者，皆侃侃言说，无所避就。朕闻其过，而天下不知其谏，岂不忠乎？汝等在左右，曾不闻一正言，但伺朕喜时，求官乞职。汝等把刀侍朕左右，徒立劳耳，皆至公王，此人把笔匡我国家，不过著作郎，汝等不自愧乎？"于是拜允中书令，著作如故。夫以言不忍闻，遂令左右扶出，所谓礼遇甚重者安在？高宗之爱允，不过以不彰其过而已，此实好谀恶直，岂曰能容谏臣？允之谏诤，史所举者，营建宫室，及婚娶丧葬，不依古式，此并非听者所不乐闻；又以不显谏自媚；而其见宠，尚不逮把持弓刀之人，虏之视汉人何等哉？然史又言："魏初法严，朝士多见杖罚，允历事五帝，出入三省，五十余年，初无谴咎"，盖允虽貌若謇直，实不肯触虏之忌，其不欲尽忠于虏，犹崔宏之志也。《传》又言：高宗既拜允中书令，司徒陆丽曰："高允虽蒙宠待，而家贫，布衣，妻子不立。"高宗怒曰："何不先言？今见朕用之，方言其贫。"是日，幸允第。惟草屋数间，布被缊袍，厨中盐菜而已。初与允同征游雅等，多至通官，封侯，及允部下吏百数十人，亦至刺史、二千石，而允为郎二十七年不徙官。时百官无禄允常使诸子樵采自给。又云：是时贵臣之门，皆罗列显官，而允子弟皆无官爵。盖允之仕虏，特不得已求免死而已。[①] 虽不逮崔浩之能密图义举，视屈节以求富贵者，其犹贤乎？允之见征，在大武神麚四年（431），宋文帝元嘉八年也。史云至者数百人，皆差次

---

① 民族：高允仕虏，特求免死。

叙用，盖大武之世征用汉人最盛者也。事见《魏书·本纪》。即李冲见宠衽席之上，实亦佞幸之流，高祖特以太后私昵，虚加尊礼，非真与谋军国大计也。此外李彪、宋弁、郭祚、崔亮之徒，或佐铨衡，或助会计，碌碌者更不足道。虏之桢幹，仍在其种戚之手。此辈一骄奢疲奭，而其本实先拨矣。此则非迁都所能求益，抑且助长其骄淫，所谓离乎夷狄，而未即乎中国也。

第三节　齐魏兵争

南北之兵争，至宋末而形势一变。宋初，中国尚全有河南，魏大武之南伐，中国虽创巨痛深，然虏亦仅事剽掠，得地而不能守也。及明帝篡立，四境叛乱，淮北沦陷，魏人始有占据河南之心，至孝文南迁，而虏立国之性质亦一变；于是所争者西在宛、邓，中在义阳，东在淮上矣。

淮北沦没之后，宋、魏之使命仍通。后废帝元徽元年（473），魏孝文帝延兴三年也。《魏书·本纪》云：十月，大上皇帝亲将南讨，诏州郡之民，十丁取一，以充行户，然其后南巡，仅至怀州而还。怀州，后魏置，治野王，今河南沁阳县。明年，九月，《纪》又云：以刘昱内相攻战，诏将军元兰等五将三万骑，及假东阳王丕为后继伐蜀汉，而《列传》及《宋书》，皆不载其事，《通鉴》因此未书其事，见《考异》。盖兵实未出也。及齐高帝建元元年（479），乃命元嘉出淮阴，大武子广阳王建闾之子，时为假梁王。《齐书·垣崇祖传》作伪梁王郁豆眷。元琛出广陵，薛虎子出寿春。代人。《北史》避唐讳作彪子。初，高帝策虏，必以送刘昶为名出兵，所攻必在寿春，徙垣崇祖为豫州刺史以防之。明年，二月，元嘉、刘昶马步号二十万攻寿春，《通鉴》：魏将薛道标趋寿阳，上使齐郡太守刘怀慰作军薛渊书以招之。魏人闻之，召道标还，使梁郡王嘉代之。为崇祖所破。攻钟离，见第八章第四节。又为徐州刺史崔文仲所败。虏又遣兵向司州。分兵出兖、青界，围朐山。见第九章第二节。戍主玄元度固守。青、冀二州刺史卢绍之遣子奂往援。潮水至，虏淹溺，元度出兵奋击，大破之。虏乃遣冯熙迎嘉等还。是岁，七月，角城戍主降魏。角城晋县，在今江苏淮阴县南。魏诏徐州刺史元嘉赴接。十月，又命冯熙为西道都督，与桓诞出义阳。诞者，大阳蛮酋，大阳，戍名，在今湖北蕲春县西北。自云桓玄之子，以宋明帝末降魏者也。时李安民行淮、泗诸戍。三年（475），魏大和五年。正月，破虏军于淮阳。见第九章第五节。冯熙向司州，冯熙，《齐书·魏虏传》作冯莎。荒人桓天生说熙云：诸蛮皆响应。熙至，蛮竟不动。熙大怒，于淮边猎而去。高帝未遑外略，既克，乃遣后军参军车僧朗北使。先是宋使殷灵诞、苟昭先在虏。闻高帝登极，灵诞谓虏典客曰："宋、魏通好，忧患是同，宋今灭亡，魏不相救，何用和亲?"及虏寇豫州,灵诞因请为刘昶司马,不获。僧朗至北,虏置之灵诞下,僧朗立席言曰:"灵诞昔是宋使,今成齐民,实希魏主,以礼见处。"灵诞交言,遂相忿詈。刘昶赂客贾奉君,于会刺杀僧朗。虏即收奉君诛之。殡敛僧朗,送丧随灵诞等南归,厚加赠赙。世祖践阼,昭先具以启闻。灵诞下狱死。灵诞既欲尽忠于宋,即宜终殁虏廷,乃复顾恋家园,随丧南返,足见外托尽忠一姓之名,而忘夷夏之大界者,必无端人正士也。永明元年(483),魏大和七年。魏使李彪来,齐使刘缵报聘,使命复通。五年(487),魏大和十一年。桓天生与雍、司蛮虏相扇动,据南阳故城,攻舞阴。见《齐书·陈显达传》。舞阴,汉县,后魏置郡,在今河南泌阳县西北。虏遣骑万余人助之。至比阳,亦作沘阳,汉县,在今河南泌阳县西。为戴僧静等所破。天生亦为舞阴戍主殷公愍所破。明年,天生复引虏出据隔城,在今河南桐柏县西北。遣曹虎讨拔之。十一年(493),魏大和十七年。二月,雍州刺史王奂辄杀宁蛮长史刘兴祖。上怒,遣中书舍人吕文显、直阁将军曹道刚领斋仗五百人收奂,镇西司马曹虎从江陵步道会襄阳。奂第三子彪,闭门拒守。司马黄瑶起,宁蛮长史裴叔业于城内起兵攻奂,斩之。彪及弟爽、弼,女婿殷叡皆伏诛。长子融,融弟琛,于都弃市。琛弟肃、秉并奔魏。奂,景文兄子,蕴之兄也,武帝本疑之,以王晏言得解,及是诛灭焉。是岁,七月,魏孝文借南伐为名,定迁都之计,事已见前。《齐书·魏虏传》云:北地人支酉,北地,见第二章第二节。聚数千人,于长安城北西山起义。使告梁州刺史阴智伯。秦州人王广,起义应酉,攻获伪刺史刘藻。《魏书·藻传》藻为秦州刺史。孝文南伐,以为东道都督。秦人纷扰。诏藻还州,人情乃定。不知宋人传闻不实邪?抑魏人自讳其丧败也。秦、雍间七州民皆响震,众至十万,各自保壁望救。宏遣弟伪河南王干、尚书卢阳乌击秦、雍义军,大败。时虏使赵郡王干督关右诸军事,卢渊为副。干,献文子。酉进至咸阳北浊谷,咸阳,见第六章第四节。围伪司空长洛王缪老生,《魏书》穆亮。大破之,老生走还长安。阴智伯遣数千人应接。酉等进向长安,所至皆靡。会世祖崩,宏闻关中危急,乃称闻丧退师。遣杨大眼等数万人攻酉。酉、广等皆见杀。案孝文此次南伐,虽云意在迁都,然其人初非无意于猾夏者,盖既欲迁都京洛,则宛、邓、义阳,皆迫圻甸,其形势,迥非立国平城时比矣。故《魏书·王肃传》,谓肃降魏,劝以大举,而其图南之志转锐也。明年,为明帝建武元年(494),魏大和十八年。齐使雍州刺史曹虎诈降,以刺魏情。魏遂使薛真度出襄阳,刘昶出义阳,元衍出钟离,刘藻出南郑。孝文亦自将南伐,至县瓠。又明年,建武二年(495),魏大和十九年。齐使王广之督司,萧坦之督徐,沈文季督豫以拒之。又使青、冀二州刺史张冲出兵,分其军势。魏孝文自渡淮攻钟离,为徐州刺史萧惠休所破。乃借冯诞死为名,诞,熙子,时为司徒。遣使临江,数明帝杀主自立之罪而还。刘昶与王肃围义阳,司州刺史萧诞固守。王广之遣萧衍等间道先进,内外合击,破之。元英围南郑，英，景穆子南安惠王桢之子。刺史萧懿固守，自春至夏六十余日。懿又使氐人杨元秀还仇池，说氐起兵，断房运道。英乃退入斜谷。参看下节。斜谷，在今陕西郿县西南。四年（497），魏大和二十一年。魏孝文又大举入寇。过赭阳、南阳，留兵攻之，而自南至新野。赭阳，后魏县，在今河南叶县西南。南阳，见第三章第四节。新野，见第三章第三节。十月，四面进攻，不克，乃筑长围守之。① 曹虎与南阳太守房伯玉不协，顿兵樊城不进。樊城，见第五章第二节。齐遣萧衍、张稷救雍州。十二月，又遣崔慧景总督众军。明年，为永泰元年（498），魏大和二十二年。正月，新野太守刘思忌，煮土为粥，血救兵不全。城陷。房缚思忌问之曰："今欲降未？"思忌曰："宁为南鬼，不为北臣。"乃杀之。于是湖阳、赭阳、舞阴、顺阳诸戍并弃城走。湖阳，汉县，在今泌阳县南。顺阳，见第三章第九节。舞阴城主，即黄瑶起也。房军追获之。王肃募人脔食其肉，亦可谓行如野番矣。② 二月，房伯玉降房。初薛真度南侵，为伯玉所破。《齐书·魏虏传》言：魏孝文因此怒，以南阳小郡，誓取灭之，故自率军向雍州。案孝文是役，似因先不得志于淮上而然，谓其甘心于南阳一城，似未必确，然其至南阳，使数伯玉三罪，而败薛真度居其一，则其未能忘情于丧败可知也。伯玉虽力屈而降，然房以为龙骧将军，不肯受。高宗知其志，月给其子希哲钱五千，米二十斛。后伯玉就房求南边一郡，为冯翊太守，此冯翊郡当在今河南境，未详所治。生子，幼便教其骑马，常欲南归。永元末，希哲入房，伯玉大怒曰："我力屈至此，不能死节，犹望汝在本朝，以报国恩。我若从心，亦欲间关求返。汝何为失计？"遂卒房中。亦可哀矣。齐又遣陈显达救雍州。崔慧景至襄阳，五郡已役，胡三省曰：五郡，谓南阳、新野、南乡、北襄城，并西汝南、北义阳二郡太守也。案南乡即顺阳郡治。北襄城治堵阳。西汝南，在今泌阳县西北。北义阳，在今河南信阳县南。乃分军助戍樊城。三月，慧景与萧衍等五千余人进行邓城。汉邓县，晋分置邓城县，在今湖北襄阳县北。房以大军乘之。慧景败绩。孝文帝自追之。至樊城，曹虎固守。房耀兵襄阳而还。先是明帝令徐州刺史裴叔业援雍州。叔业启：北人不乐远行，惟乐侵伐房界，则雍、司之贼，自然分张。上从之。徙叔业为豫州刺史。叔业围涡阳，后魏县，今安徽蒙城县，时为其南兖州治。分兵攻龙亢戍。在今安徽怀远县西北，房马头郡治此。房徐州刺史广陵王率二万人、骑五千匹至龙亢，叔业大败之。时王肃方攻义阳，孝文帝闻之，使解围赴涡阳。叔业见兵盛，委军遁走。明日，官军奔溃。房追之，伤杀不可胜数。叔业还保涡口。是岁，七月，明帝崩。九月，孝文称礼不伐丧，自县瓠还。明年，为东昏侯永元元年（499），魏大和二十三年。陈显达督崔慧景等军四万围南乡界马圈城。在今河南

---

① 史事：元嘉北伐，西路克捷，孝文入寇，秦雍起义，盖吴亦起关中，则刘裕人关，不守可惜。

② 报仇：黄瑶起杀王奂，王肃募人脔食其肉，盖房法也。

邓县东北。四十日，取之。遣兵进取南乡。三月，孝文复南伐，至马圈。显达走均口。均水入汉之口。《梁书》、《南史》皆作沟均口，沟当作洳，均乃后人旁注，误入正文。台军缘道奔退，死者三万人。孝文帝旋死，子宣武帝立。明年，裴叔业降魏。魏使奚康生、杨大眼入据，又以彭城王勰领扬州刺史，与王肃勒步骑十万赴之。齐以萧懿为豫州刺史。懿屯兵小岘，见第九章第二节。使胡松、李居仕据死虎，见第九章第四节。为肃所破。交州刺史李叔献屯合肥，见第三章第九节。亦为魏兵所禽。陈伯之又以水军败于肥口。寿春遂入于魏，魏置兵四万以戍之。案齐自高帝至明帝三世，皆颇有意于恢复。高帝尝敕垣崇祖曰："卿视吾，是守江东而已邪？所少者食。卿但努力营田，自然平殄残丑。"淮北义民桓磊块，于抱犊固与虏战，大破之。抱犊山，在今山东峄县北。徐州刺史崔文仲驰启。上敕曰："北间起义者众，深恐良会不再至，卿善奖沛中人，若能一时攘袂，当遣一佳将直入也。"事在建元三年（481），见《齐书·崔祖思传》。淮阳之捷，徐州人桓摽之、兖州人徐猛子等合义众数万，砦险求援。诏李安民赴救。安民留迟，虏急攻摽之等，皆没，上甚责之。周山图为兖州刺史，淮北四州起义，谓宋明帝时所失青、冀、徐、兖之地。上使自淮入清，倍道应赴。敕曰："若不藉此平四州，非丈夫也。"义众已为虏所没，山图仅拔三百家还淮阴。又以彭、沛义民起，遣曹虎领六千人入涡，王广之出淮上。广之家在彭、沛，启求招诱乡里、部曲，北取彭城。上许之，以为徐州刺史。广之引军过淮，无所克获，坐免官。武帝尝于石头造灵车三千乘，欲自步道取彭城。见《魏虏传》。又使毛惠秀画《汉武北伐图》，置琅邪城射堂壁上，游幸辄观览焉。见《王融传》。南琅邪，见第九章第三节。孔稚珪表劝明帝遣使与虏言和，帝不纳。永明中，祖冲之造《安边论》，欲开屯田，广农殖。建武中，明帝使冲之巡行四方，兴造大业可以利百姓者。会连有军事，事竟不行。四年（497），徐孝嗣又以缘淮诸镇，皆取给京师，费引既殷，漕运艰涩，聚粮待敌，每若不周，表立屯田。事御见纳。时帝已寝疾，又兵事未已，亦竟不施行。盖三主御宇，仅二十年，又非闲暇之时，故虽有志而未逮也。至东昏失寿春，而形势愈恶矣。《魏书·高闾传》：孝文攻钟离，未克，将于淮南修故城而置镇戍，以抚新附之民，赐闾玺书，具论其状。闾表曰："昔世祖以回山倒海之威，步骑数十万，南临瓜步，诸郡尽降，而班师之日，兵不戍一郡，土不辟一廛。夫岂无民？以大镇未平，不可守小故也。堰水先塞其原，伐木必拔其本。寿阳、盱眙、淮阴，淮南之原本也。三者不克其一，而留兵守郡，不可自全明矣。既逼敌之大镇，隔深淮之险，少置兵不足自固，多留众粮运难充。又欲附渠通漕，路必由于泗口；溯淮而上，须经角城；淮阴大镇，舟船素蓄，敌因先积之资，以拒始行之路，若元戎旋旆，兵士挫怯，夏雨水长，救援实难。"孝文乃止。及还，告闾，谓以彼诸将，并列州镇，至无所获。盖时淮北虽亡，而淮南之形势，尚称完固如此。魏孝文之渡淮，兵力不为不厚，而迄未能得志，乃裴叔业一叛，举寿春拱手而授诸人，内乱之招致外侮，诚可惧也。

第四节　梁初与魏战争

齐末荆、雍之衅既启，魏人颇有欲乘机进取者。元嵩时为荆州刺史，嵩，任城康王云之子。云见第一节。魏荆州，初置于上洛，今陕西商县。大和中改为洛州，移荆州于鲁阳，今河南鲁山县。后又移治穰城，今河南邓县。表言："流闻萧懿于建业阻兵，与宝卷相持，荆、郢二州刺史，并是宝卷之弟，必有图衍之志。臣若遗书相闻，迎其本谋，冀获同心，并力除衍。一衍之后，彼必还师赴救丹阳，当不能复经营疆垂，全固襄、沔，则沔南之地，可一举而收。缘汉曜兵，示以威德。思归有道者，则引而纳之；受疑告威者，则援而接之。总兵伫锐，观衅伺隙。若其零落之形已彰，息懈之势已著，便可顺流摧锋，长驱席卷。"诏曰："所陈嘉谋，深是良计。如当机可进，任将军裁之。"已而无所举动，盖以荆、郢已一故也。及梁武帝起兵，元英时在洛阳，又请躬指沔阴，据襄阳，进拔江陵；又命扬、徐俱举。英时行扬州事。事寝不报。英又奏欲取义阳。尚书左仆射源怀亦以为请。以梁武已克，遂停。此于魏为失机，若当时乘机进取，则齐、梁相持颇久，魏纵不能大有所获，中国亦必不能一无所失矣。内乱之招致外患，诚可惧也。

魏宣武帝即位时，年尚幼，诸王又颇有觊觎之心，国家未宁，实不能更图南牧。故其用兵，绝无方略。齐、梁相毙，既失乘衅之机，逮梁事已定，乃又信降人而轻动干戈焉。梁武帝天监二年（503），魏宣武帝景明四年。四月，时萧宝夤在魏，宝寅，《魏书》及《北史》皆作宝夤。伏诉阙下，请兵南伐，陈伯之亦请兵立效；魏乃以宝夤为扬州刺史，配兵一万，令且据东城，宋县，当在今江苏境。待秋冬大举；而以伯之为江州刺史，戍扬石。亦作羊石，城名，在今安徽霍丘县南。以任城王澄总督二镇，授之节度。澄云子。澄表言："萧衍频断东关，在今安徽巢县。欲令巢湖泛溢。若贼计得成，则淮南诸戍，必同晋阳之事。寿阳去江，五百余里，众庶皇皇，并惧水害。事贵应机，经略须早。纵混一不可必，江西自是无虞。"于是发冀、定、瀛、相、并、济六州二万人，马一千五百匹，令中秋之中，毕会淮南，魏冀州，治信都，见第四章第二节。定州，见第二节。瀛州，治乐成，今河北河间县。相州，见第八章第二节。并州，见第二节。济州，治碻磝，见第六章第五节。并寿阳先兵三万，委澄经略。三年（504），魏正始元年。三月，宝夤行达汝阴，见第四章第二节。东城已陷，遂停寿春。澄遣统军傅竖眼等进攻大岘、东关、九山、淮陵等地。大岘，见第七章第四节。九山在盱眙。淮陵侨县，在今安徽凤阳县境。澄总勒大军，络绎相接。既而遇雨，淮水暴长，澄引归寿春。《魏书·澄传》云：失兵四千余人，然有司奏夺其开府，又降三阶，恐所失必不止此矣。

元英以天监二年八月，进攻义阳。明年，围之。时城中众不满五千，食裁支半岁。魏军攻之，昼夜不息。刺史蔡道恭，随方抗御，皆应手摧却。相持百余日，前后斩获，不可胜计。虏甚惮之，将退。会道恭疾笃，乃呼兄子僧勰，从弟灵恩，及诸将帅，谓曰："吾受国厚恩，不能破灭寇贼，今所苦转笃，势不支久，汝等当以死固节，无令没有遗恨。"又令取所持节。谓僧勰曰："禀命出疆，冯此而已。即不能奉以还朝，方欲携之同逝，可与棺枢相随。"众皆流涕。五月，卒。虏知道恭死，攻之转急。先是朝廷遣郢州刺史曹景宗，及后将军王僧昞步骑三万救义阳。僧昞二万据凿岘，当在合肥与大小岘之间。景宗一万继后。僧昞军为元英所破。景宗亦不得前。马仙琕继之，尽锐决战，一日三交，皆不克。据《魏书·元英传》。八月，义阳粮尽，城陷。三关之戍闻之，亦弃城走。三关：东曰武阳；西曰平靖；中曰黄岘，亦作广岘；在今河南信阳县南。于是魏封英为中山王，而梁以南义阳置义州。南义阳，在今湖北安乡县西南。先一月，角城戍主柴广宗，亦以城降魏。角城，见上节。淮水上下游，同时告警矣，而梁州之变又起。

时有夏侯道迁者，谯国人。见第三章第三节。仕宋明帝。随裴叔业至寿春，为南谯太守。南谯，见第十章第十节。两家虽为姻好，而亲情不协，遂单骑奔魏。又随王肃至寿春。肃死，魏景明二年(501)，齐和帝中兴元年。道迁弃戍南叛。梁武帝以庄丘黑为梁、秦二州刺史，镇南郑。黑请道迁为长史，带汉中郡。黑死，武帝以王珍国为刺史。未至，道迁阴图归魏。初杨头之戍葭芦也，宋复以杨保宗子元和为征虏将军。孝武帝孝建二年(455)。元和继杨氏正统，群氐欲相宗推，而年少才弱，不能绥御。头母妻子弟，并为索虏所执，而头至诚奉顺，无所顾怀。雍州刺史王谟，请授头西秦州，假节，孝武帝不许。后立元和为武都王，治白水。《魏书·氐传》云：既为白水太守。白水，齐县，在今四川剑阁县东南。不能自立，复走奔索虏。元和从弟僧嗣自立，还戍葭芦。《魏书》云：僧嗣为元和从叔。案僧嗣为文度兄，文度与文德、文弘，当系昆弟，则作从叔为是。宋以为仇池太守。后又以为北秦州刺史、武都王。明帝泰始二年(466)。卒，弟文度自立。泰豫元年(472)，以为略阳太守，封武都王。文度贰于魏，魏献文帝授以武兴镇将。武兴，城名，在今陕西略阳县。既而复叛魏。后废帝元徽四年(476)，以为北秦州刺史。文度遣弟文弘伐仇池。文弘，《魏书》避献文讳，书其小名曰杨鼠。顺帝升明元年(477)，以文弘为略阳太守。魏使皮欢喜等攻葭芦，破之，皮欢喜，豹子子。《魏书·本传》但名喜。斩文度首。难当族弟广香，先奔虏，及是，虏以为阴平王、葭芦镇主。文弘退治武兴。宋以为北秦州刺史，袭封武都王。文弘亦使谢罪于魏。魏以为南秦州刺史、武都王。齐高帝建元元年(479)，广香反正。以为沙州刺史。范柏年诛，李乌奴奔叛，见第九章第一节。文弘纳之。帝以文弘背叛，进广香为西秦州刺史，子处为武都太守。以难当正胤后起为北秦州刺史、武都王，后起为文弘从兄子，则系难当之孙。镇武兴。三年（481），文弘归降，复以为北秦州刺史。魏孝文帝亦以文弘爵授后起，而以文弘子集始为白水太守。广香病死，氐众半奔文弘，半诣梁州刺史崔慧景。文弘遣后起进据白水。四年（482），后起卒，诏以集始为北秦州刺史、武都王，后起弟后明为白水太守。魏亦以集始为武都王。集始朝于魏，魏又以为南秦州刺史、武兴王。武帝永明十年（492），集始反，率氐、蜀、杂虏寇汉川。刺史阴智伯遣兵击败之。集始入武兴，以城降虏。氐人苻幼孙起义攻之。明帝建武二年（495），氐、虏寇汉中。梁州刺史萧懿，遣后起弟子元秀收合义兵。氐众响应。断虏运道。虏亦遣伪南梁州刺史仇池公杨灵珍据泥山，未详。以相拒格。参看上节。元秀病死，苻幼孙领其众。杨馥之聚义众屯沮水。出今陕西中部县，东流入洛。集始遣弟集朗迎拒州军，大败。集始走下辨。见第五章第一节。馥之据武兴。虏军寻退。馥之留弟昌之守武兴，自引兵据仇池。以为北秦州刺史、仇池公。四年（497），杨灵珍据城归附。攻集始于武兴，杀其二弟集同、集众。集始穷急，请降。以灵珍为北梁州刺史、仇池公、武都王。东昏侯永元二年（500），复以集始为北秦州刺史。梁武帝天监初，亦以为北秦州刺史、武都王。死，子绍先袭。魏亦以为南秦州刺史、武兴王。初，齐武帝以杨炅为沙州刺史、阴平王。《齐书·氐传》。下文又云：隆昌元年（494），以炅为沙州刺史，未知孰是。明帝建武三年（496），死，子崇祖袭。崇祖死，子孟孙立。及是，以孟孙为沙州刺史、阴平王。二年（495），以灵珍为北梁州刺史、仇池王。《南史·氐传》。《魏书·夏侯道迁传》云：以为征虏将军，假武都王，或在此授之后邪？灵珍助戍汉中，有部曲六百余人，道迁惮之。时绍先年幼，委事二叔集起、集义。武兴私署侍郎郑洛生至汉中，道迁使报绍先并集起等，请其遣军以为腹背。集起、集义贪保边蕃，不欲救之，而集朗还至武兴，使与道迁密议。据道迁叛后上魏主表。表又言："中于寿阳，横为韦缵所谤，理之曲直，并是杨集朗、王秉所悉"，则集朗与道迁同在寿阳。又案《魏书·道迁传》云：年十七，父母为结昏韦氏。道迁云：欲怀四方之志，不欲取妇。家人咸谓戏言。及至昏日，求觅不知所在。于后访问，乃云逃入益州。道迁之与武兴相勾结，当在此时。当狡焉思启之时，实不应令此等人在于疆场也。梁使吴公之等至南郑，知其谋，与府司马严思、臧恭、典签吴宗肃、王胜等共杨灵珍父子谋诛之。道迁乃伪会使者，请灵珍父子。灵珍疑而不赴。道迁乃杀五人。驰击灵珍，斩其父子。并送五首于魏。即遣驰告集朗求援。白马戍主尹天宝围南郑。阳平关，在今陕西沔县西北，南北朝时谓之白马戍。武兴军蹑其后。天宝之众宵溃。依山还白马。集朗禽斩之。道迁遂据城归魏。时天监四年正月也。魏正始元年闰十二月。魏授道迁豫州刺史，时魏豫州治县瓠。而以尚书邢峦督梁、汉诸军事。

　　邢峦至汉中，遣兵陷关城。此关城亦曰阳平关，在今陕西宁羌县西北。又遣统军李义珍攻晋寿。晋寿太守王景胤宵遁。时梁益州刺史邓元起，以母老乞归供养，诏许焉，以西昌侯渊藻代之。长沙嗣王业之弟。《梁书·元起传》云：元起以乡人庾黔娄为录事参军，又得荆州刺史萧遥欣故客蒋光济，并厚待之，任以州事。黔娄甚清洁，光济多计谋，并劝为善政。元起之克刘季连也，城内财宝无所私；勤恤民事，口不论财色；性本能饮酒，至一斛不乱，及是绝之；蜀土翕然称之。元起舅子梁矜孙，性轻脱，与黔娄志行不同，乃言于元起曰："城中称有三刺史，节下何以堪之？"元起由此疏黔娄、光济，而治迹稍损。夏侯道迁叛，尹天宝驰使报蜀，东西晋寿，并遣告急。此处于《梁书》元文有删节。元文云："夏侯道迁以南郑叛，引魏人。白马戍主尹天宝驰使报蜀。魏将王景胤、孔陵寇东西晋寿，并遣告急。"《南史》则云："道迁以南郑叛，引魏将王景胤、孔陵攻东西晋寿，并遣告急。"据《魏书·邢峦传》，则王景胤为梁晋寿太守，孔陵亦梁将，为王足所破者。疑《梁书》元文，当作魏将某某寇东西晋寿，太守王景胤，某官孔陵并遣告急，文有夺佚，传写者以意连属之，以致误缪，《南史》误据之，而又有删节也。① 东晋寿在今四川广元县，西晋寿在今四川昭化县境。众劝元起急救之。元起曰："朝廷万里，军不卒至。若寇贼浸淫，方须扑讨，董督之任，非我而谁？何事匆匆便救？"黔娄等苦谏，皆不从。高祖亦假元起都督征讨诸军，将救汉中。比是，魏已攻陷两晋寿。渊藻将至，元起颇营还装，粮储器械，略无遗者。以上《南史》同。渊藻入城，甚怨望。因表其逗留不忧军事。收付州狱。于狱自缢。《南史》则云：萧藻入城，《南史》避唐讳，单称渊藻为藻。求其良马。元起曰："年少郎子，何以马为？"藻恚，醉而杀之。② 元起麾下围城哭，且问其故。藻惧，曰："天子有诏。"众乃散。遂诬以反。帝疑焉。故吏广汉罗研诣阙讼之。帝曰："果如我所量也。"使让藻曰："元起为汝报仇，胡三省曰：谓协力诛东昏，报其父仇。汝为仇报仇，忠孝之道如何？"观史传之文，谓元起逗留不救汉中，必系渊藻之诬蔑。观下引邢峦及罗研所言蜀中空尽之状，盖因军资不足，欲遄征而未果也。于是魏以邢峦为梁、秦二州刺史。巴西人严玄思附魏，攻破其郡，杀太守庞景民。巴西，见第三章第六节。魏统军王足，频破梁军，遂入剑阁，围涪城。见第三章第六节。峦表曰："扬州、成都，相去万里。陆途既绝，惟资水路。萧衍兄子渊藻，去年四月十三日发扬州，今岁四月四日至蜀。水军西上，非周年不达。外无军援，一可图也。益州顷经刘季连反叛，邓元起攻围，资储散尽，仓库空竭，今犹未复。兼民人丧胆，无复固守之意。二可图也。萧渊藻是裙屐少年，未治治务。今之所任，并非宿将重名，皆是左右少年而已。三可图也。蜀之所恃，惟在剑阁。既克南安，宋郡，今四川剑阁县。已夺其险。从南安向涪，方轨任意。前军累破，后众丧魂。四可图也。渊藻是萧衍兄子，逃亡当无死理。脱军克涪城，复何宜城中坐而受困？若其出斗，庸、蜀之卒，惟便刀矟，弓箭至少，

---

① 史事：《梁书》之误。

② 史事：萧渊藻诬杀邓元起，梁武不能治，初已无刑政矣。

假有遥射，弗至伤人。五可图也。今若不取，后图便难。辄率愚管，庶几殄克。如其无功，分受宪坐。且益州殷实，户余十万，寿春、义阳，三倍非匹。可乘、可利，实在于兹。"诏曰："若贼敢窥窬，观机翦扑；如其无也，则安民保境，以悦边心；子蜀之举，更听后敕。"峦又表曰："昔邓艾、钟会，率十八万众，倾中国资给，裁得平蜀，所以然者，斗实力故也。况臣才绝古人，智勇又阙，复何宜请二万之众，而希平蜀？所以敢者？正以据得要险，士民慕义；此往则易，彼来则难；任力而行，理有可克。今王足前进，已逼涪城。脱得涪城，益州便是成禽之物，但得之有早晚耳。且梓潼已附，梓潼，见第三章第六节。民户数万，朝廷岂得不守之也？若守也，直保境之兵，则已一万，臣今请二万五千，所增无几。且臣之意算，正欲先图涪城，以渐而进。若克涪城，便是中分益州之地，断水陆之冲。彼外无援军，孤城自守，复何能持久？臣今欲使军军相次，声势连接，先作万全之计，然后图彼。得之则大克，不得则自全。又巴西、南郑，相离一千四百，去州迢递，恒多生动。昔在南之日，以其统绾势难，故增立巴州，镇静夷獠。梁州藉利，因而表罢。彼土民望，严、蒲、何、杨，非唯三五。族落虽在山居，而多有豪右。文学笺启，往往可观。冠带风流，亦不为少。但以去州既远，不能仕进。至于州纲，无由厕迹。巴境民豪，便是无梁州之分。是以郁怏，多生动静。比建义之始，严玄思自号巴州刺史，克城已来，仍使行事。巴州广袤一千，户余四万。若彼立州，镇摄华、獠，则大帖民情，从垫江已还，不复劳征，自为国有。"垫江，见第三章第六节。世宗不从。又王足于涪城辄还。足事《魏书》附见《崔延伯传》。云隶邢峦伐蜀，所在克捷，诏行益州刺史。遂围涪城，蜀人大震。世宗复以羊祉为益州，足闻而引退，后遂奔萧衍。遂不能定蜀。峦遣军主李仲迁守巴西。仲迁得梁将张法养女，有美色，甚惑之。散费兵储，专心酒色。公事谘承，无能见者。峦忿之切齿。仲迁惧，谋叛。城人斩其首，降梁将谯希远。遂复巴西。杨集义恐武兴不得久存，扇动诸氐，推绍先僭号。集起、集义并称王。引梁为援。邢峦遣传竖眼攻武兴，克之，执绍先，送于魏都。遂灭其国，以为武兴镇。复改镇为东益州。《北史·氐传》云：前后镇将唐法乐，刺史杜纂、邢豹，以威惠失衷，氐豪相率反叛，朝廷以西南为忧。正光中，魏子建为刺史，以恩信招抚，风化大行，远近款附，如内地焉。后唐永代子建为州，氐人悉反，永弃城东走，自此复为氐地。魏末，天下乱，绍先奔还武兴，复自立为王。周文定秦、陇，绍先称藩，送妻子为质。死，子辟邪立。大统十一年（545），于武兴置东益州，以辟邪为刺史。废帝二年（553），讨平之。先是氐酋杨法深据阴平称王，亦盛之苗裔也。从尉迟迥定蜀。军回，法深与其宗人崇集、陈伜各拥众相攻，乃分其部落，更置州郡以处之。案西魏大统十一年（545），为梁武帝大同十一年，废帝二年，元帝承圣二年也。《南史·武兴传》：杨孟孙死，子定袭封爵。绍先死，子智慧立。大同元年（535），克复汉中，智慧上表，求率户四千内附，诏许焉，即以为东益州。杨氏传世始末，大略如此。案恢复之略，必宜规取秦川，规取秦川，蜀、汉实其根本，第八章第七节已言之；而其地又据荆、郢上流，方舟而下，实有建瓴之势，从来立国江东者，不得巴、蜀，未有能久存者也。魏孝文时，元英攻梁州，召雍、泾、岐三州兵六千人，魏雍州治长安。泾州治今陕西泾县。岐州治雍，今陕西凤翔县。拟戍南郑，克城则遣。李冲表谏，言"敌攻不可卒援，食尽不可运粮，南郑于国，实为马腹。"乃止。盖南山之未易逾如此。乃道迁一叛，举梁州拱手而授诸人，而益州且几至不保，内奸之为祸，亦云烈矣。然亦非徒一二内奸，遂能为祸也。《南史·罗研传》：附《邓元起传》后。齐苟儿之役，临汝侯嘲之曰："卿蜀人乐祸贪乱，一至于此。"临汝侯渊猷，渊藻弟。齐苟儿，当时叛者，尝以十万众攻州城。对曰："蜀中积弊，实非一朝。百家为村，不过数家有食。穷迫之人，十有八九；束缚之使，旬有二三。贪乱乐祸，无足多怪。若令家畜五母之鸡，一母之豕，床上有百钱布被，甑中有数升麦饭，虽苏、张巧说于前，韩、白按剑于后，将不能使一夫为盗，况贪乱乎？"其时蜀中民生之困如此。据《魏书·本纪》所载，王足入蜀，所向摧陷，梁诸将败亡相系，奏报之辞，固难尽信，然蜀中兵力之不竞，则百喙莫能解矣。如此局势，犹使裙屐少年处之，梁武帝可谓知兵，可谓能用人乎？而未已也，犹子方失地于西，介弟又舆尸于东。

天监四年（505），魏正始二年。十月，武帝诏大举北伐。以临川王宏为都督。明年，魏正始三年(506)。三月，陈伯之自寿阳率众来降。五月，张惠绍克宿豫。见第七章第四节。此时为魏南徐州治。昌义之克梁城。东晋时侨立之梁郡，在今安徽凤阳县西南。韦叡克合肥。六月，迁豫州于此。裴邃克羊石。又克霍丘。戍名。隋时置县，即今安徽霍丘县也。六月，桓和克朐山。见第九章第五节。七月，又取孤山、固城。孤山，未详。固城，或云即抱犊崮也。魏以中山王英督扬、徐二道诸军，又以邢峦督东讨诸军事。峦复陷宿豫及淮阳。临川王宏次洛口，在凤阳西南，梁城之东。所领皆器械精新，军容甚盛。北人以为百数十年所未之有。而宏部分乖方，多违朝制。诸将欲乘胜深入，宏闻魏援近，畏懦不敢进。召诸将，议欲还师。诸将多不同。宏不敢便违群议，停军不前。吕僧珍欲遣裴邃分军取寿阳，大众停洛口。宏固执不听。乃令军中曰："人马有前行者斩。"自是军政不和，人怀愤怒。九月，洛口军溃。宏弃众走。其夜，暴风雨，军惊，宏与数骑逃亡。诸将求宏不得，众散而归。弃甲投戈，填满水陆。捐弃病者，强壮仅得脱身。张惠绍次下邳，见第三章第三节。闻洛口败，亦退。案是时梁人之兵力，必非不能敌魏，然以如是不和之众而与敌遇，则必无幸矣，亦无怪宏之不敢战也。然诸将所以不和，实因元帅不得其人之故，梁武此举，几于视国事如儿戏矣。

洛口之师既败，魏人遂乘机进取。十一月，围钟离。见第八章第四节。众号百万。连城四十余。钟离城北阻淮水，魏人于邵阳州两岸作浮桥，跨淮通道。邵阳州，在今安徽凤阳县北。元英据东岸，杨大眼据西岸以攻城。时城中众裁三千。昌义之督率之，随方抗御。魏军乃以车载土填堑，使其众负土随之，严骑自后蹙焉。人有未及回者，因以土进之。俄而堑满。英与大眼，躬自督战，昼夜苦攻。分番相代，坠而复升，莫有退者。又设飞楼及冲车以撞之。然不能克，魏诏邢峦帅师会之。峦言钟离不可取，弗听。峦又表言："征南军士，<small>元英时为征南将军。</small>从戎二时，疲敝死病，量可知已。彼牢城自守，不与人战；城堑水深，非可填塞；空坐到春，则士自疲苦。若信臣言也，愿赐臣停；若谓臣难行，求回所领兵统，悉付中山，任其处分。"又不许。峦累表求退，乃许之。更命萧宝夤往。《魏书·范绍传》云：任城王澄请征钟离，敕绍诣寿春，共量进止。澄曰："须兵十万。往还百日。"绍曰："十万之众，往还百日，须粮百日。顷秋已乡末，方欲征召，兵仗可集，恐粮难至。有兵无粮，何以克敌？"澄沉思良久，曰："实如卿言。"盖欲克钟离，必于春水生前，故自秋末以百日计也。时又诏绍诣钟离，与元英论攻取形势。英固言必克。绍观其城隍形势，劝令班师。英不从。魏朝诏英有云："师行已久，士马疲瘵，贼城险固，卒难攻屠"，盖动于绍与邢峦之说也，而英自诡四月必克，亦可谓贪功矣。梁武帝诏曹景宗往援，又诏韦叡会焉。进顿邵阳州。六年（507），<small>魏正始四年。</small>三月，春水生，淮水暴长六七尺。武帝先诏景宗等逆装高舰，使与魏桥等，为火攻计。及是，令景宗与叡，各攻一桥。景宗攻其南，叡攻其北。斗舰竞发，皆临敌垒。以小船载草，灌之以膏，从而焚其桥。敢死之士，拔栅斫桥。倏忽间，桥尽坏。军人奋勇，呼声动天地。魏人大溃。悉弃其器甲，争投水死。淮水为之不流。昌义之出逐元英，至于洛口。英以匹马入梁城。缘淮百余里，尸骸枕藉。生禽五万余。收其军粮、器械，积如山岳，牛、马、驴、骡，不可胜计。此为南北交战以来南朝所未有之一大捷，洵足寒鲜卑之胆已。元英、萧宝夤皆坐除名；任城王澄夺开府，降三阶；杨大眼徙营州为兵；<small>魏营州，治和龙。</small>亦可见其丧败之烈矣。

司州之陷也，魏人以为郢州，以司马楚之之孙悦为刺史。后以为豫州，而以娄悦行郢州事。天监七年（508），<small>魏宣武帝永平元年。</small>九月，魏郢州司马彭增，治中督荣祖潜引梁军。三关之戍并降。娄悦婴城自守。十月，魏阳关主许敬增以城内附。<small>阳关，未详。</small>诏大举北伐。使始兴王儋入清，王茂向宿豫。县瓠镇主白皂生<small>《魏书》作早生。</small>杀司马悦，<small>《梁书·马仙琕传》作司马庆增。按《魏书·列传》，悦字庆宗。</small>推乡人胡逊为刺史，以城内附。诏司州刺史马仙琕赴之。又遣直阁将军武会超、马广为援。仙琕进顿楚王城。<small>在今河南新蔡县境。</small>遣别将齐苟儿，<small>《南北史》同。《魏书》作苟仁。</small>以兵三千，助守县瓠。广、会超等守三关。魏中山王英以步骑三万赴之。与邢峦共攻县瓠。十二月，陷之。斩皂生，执苟儿。宁朔将军张道凝屯楚王城，弃城南走。英追击，斩之。八年（509），<small>魏永平二年。</small>正月，进攻武阳关，禽马广。遂攻黄岘、西关，武会超等亦退散。魏人遂复据三关。是月，魏镇东参军成景隽斩宿豫戍主严仲宝，以城内属。魏使杨椿以四万人攻之，不克。二月，其楚王城主李国兴亦复内附。白皂生之叛也，魏使其中书舍人董绍慰劳。至上蔡，见第九章第五节。被执，囚送江东。武帝放还，令通好，许以宿豫还魏，而要魏以汉中见归。魏人不许。

天监十年（511），魏永平四年。梁复有朐山之捷。是岁，三月，琅邪民王万寿据《魏书·本纪》。杀琅邪、东莞太守刘晰，《梁书·马仙琕传》、《魏书·本纪》同。《梁书·本纪》作邓晰。以朐山降魏，魏徐州刺史刘昶，使琅邪戍主傅文骥入据。梁使马仙琕攻之。魏使其荥阳太守赵遐及萧宝夤等先后往赴，皆无功。十一月，文骥以城降。昶退。诸军相寻奔遁。遇大寒雪，军人冻死及落手足者，三分之二。自朐山至于郯城，汉县，今山东郯城县。二百里间，僵尸相属。论者谓自魏经营江左，以钟离之败及是役，失利为最甚焉。《萧宝夤传》云：惟宝夤全师而归。《魏书》于是役，颇归咎于刘昶。然《游肇传》：肇，明根子。肇言："梁于朐山，必致死而争之。假令必得，亦终难全守。知贼将屡以宿豫，求易朐山，臣谓此言可许。"世宗将从之，寻而昶败。则亦不能全为昶咎，盖以地利论，朐山固非魏所能争也。初郁州接近边垂，即郁州，见第七章第二节。民俗多与魏人交市，及朐山叛，或与魏通，不自安；而张稷为青、冀二州刺史，宽弛无备，僚吏又颇侵渔。天监十二年（513），魏宣武帝延昌二年。二月，州人徐文角，从《梁书·康绚传》。《魏书·本纪》作徐玄明。《游肇传》云系年主。夜袭州城，害稷，以郁州降魏。魏使前兖州刺史樊鲁率众赴之。游肇复谏："以间远之兵，攻逼近之众，其势不敌。"世宗不纳。梁北兖州刺史康绚，遣司马茅荣伯讨平之。北兖州，在今江苏淮安县东南。

时魏以李崇为扬州刺史，守寿春。崇，文成元皇后兄诞之子。是岁，天监十二年（513）。五月，寿春大水。裴叔业长兄之子绚，为扬州治中，与别驾郑祖起等谋反正。诏假以豫州刺史。遣马仙琕赴之，不及，绚投水死。祖起等皆遇害。十三年（514），魏延昌三年。魏降人王足陈计，求堰淮水，以灌寿阳。高祖以为然。使水官陈承伯，材官将军祖暅视地形。咸谓淮内沙土，漂轻不坚实，其功不可就。高祖弗纳。发徐、扬人，率二十户取五丁以筑之。假太子石卫率康绚节，都督淮上诸军事，并护堰作。役人及战士，有众二十万。于钟离南起浮山，北抵巉石，在今盱眙县西。《昌义之传》称为荆山堰。案王足引北方童谣曰："荆山为上格，浮山为下格。"依岸以筑土，合脊于中流。十四年（515），魏延昌四年。堰将合，淮水漂疾，辄复决溃。众患之。或谓"江、淮多有蛟，能乘风雨，决坏崖岸，其性恶铁。"因是引东西二冶铁器数千万斤，沉于堰所。犹不能合。乃伐树为井干，填以巨石，加土其上。缘淮百里内，冈陵木石，无巨细必尽。负担者肩上皆穿。夏日疾疫，死者相枕，蝇虫昼夜声相合。是冬，又寒甚，淮、泗尽冻。十一月，魏遣杨大眼扬声决堰。绚命诸军撤营，露次以待之。遣其子悦挑战，斩魏咸阳王府司马徐方兴，魏军小却。先是九月。梁将赵祖悦袭据西硖石。今安徽凤台县北夹淮水之山曰硖石。西硖石在淮北岸。又遣昌义之、王神念水军溯淮而上，以逼寿春。李崇请援，表至十余。魏使崔亮救硖石，萧宝夤于堰上流，决淮东注。十二月，亮围硖石，不克。又与李崇乖贰。十五年（516），魏明帝熙平元年。正月，魏以李平为行台，节度诸军。与崔亮及李崇所遣水军李神合攻硖石。别将崔延伯、伊瓮生挟淮为营，舟舸不通，梁兵不能赴救。祖悦力屈降，被杀。李平部分诸军，将水陆并进以攻堰，而崔亮以疾请还，随表而发，魏师乃还。《梁书·康绚传》：十四年（515），十二月，魏遣其尚书仆射李昙定督众军来战，绚与徐州刺史刘思祖等距之。高祖又遣昌义之、鱼弘文、曹世宗、徐元和相次距守。昙定，李平字。《通鉴考异》曰："《魏纪》：十五年正月，乃遣李平节度诸军，《绚传》误也。"十五年（516），四月，堰成。其长九里。下阔一百四十丈。上广四十五丈。高二十丈。深十五丈九尺。夹之以堤。并树杞柳。军人安堵，列居其上。其水清洁，俯视居人坟墓，了然皆在其下。或谓绚曰："四渎天之所以节宣其气，不可久塞。若凿湫东注，则游波宽缓，堰得不坏。"绚然之。开湫东注。又纵反间曰："梁人所惧开湫，不畏野战。"魏人信之，果凿山深五丈，开湫北注。水日夜分流，湫犹不减。《魏书·萧宝夤传》云：宝夤于堰上流更凿新渠，引注淮泽，水乃小减。案魏人是时，既不能坏梁所作之堰，则惟有自凿渠以泄水，亦未必中梁反间之计也。其月，魏军竟溃而归。水之所及，夹淮方数百里。魏寿阳城戍，稍徙顿于八公山。见第六章第四节。《魏书·李崇传》云：崇于八公山之东南，更起一城，以备大水，州人号曰魏昌城。北南居人，散就冈垄。初堰起于徐州界，刺史张豹子，宣言于境，谓己必尸其事，既而绚以他官来监，豹子甚惭。俄而敕豹子受绚节度，每事辄先咨焉。由是遂谮绚与魏交通。高祖虽不纳，犹以事毕征绚。绚还后，豹子不修堰。至其秋八月，淮水暴长，堰悉决坏，奔流于海。魏以任城王澄为大都督，勒众十万，将出彭、宋，会堰自坏，遂不行。案淮堰大逆自然之势，即能勤修，恐亦无久而不坏之理。况四月成而八月即坏，又安能归咎于失修邪？用兵当取远势，不当斤斤于一地之得失。自寿阳而北，梁、楚之郊，所谓车骑之地，若能挫魏于此，则寿阳反在军后，其势自不可守。此正与佛狸南略江、淮，而洛阳、虎牢、滑台遂不可固同。与其疲民力以筑堰，曷不以其暇日，大简车徒，以奇兵出襄、邓拟许、洛，而正兵出于陈、宋之郊，与虏一决胜负之为得邪？

　　魏宣武帝之用兵，可谓绝无方略。既违邢峦之计，舍蜀不取，及其末年，乃复听降人淳于诞、李苗之说，而兴伐蜀之师焉。天监十三年（514），十一月，以高肇为大将军、平蜀大都督。步骑十五万，分四路出师。傅竖眼出巴北，羊祉出涪城，奚康生出绵竹，甄琛出剑阁。即以诞、苗为乡道。明年，正月，宣武帝死，兵罢。先是王足之寇蜀也，高祖使张齐往救，未至而足退。齐进戍南安。天监七年（508），魏永平元年。秋，使齐置大剑、寒家二戍。大剑戍，当在大剑山上。寒家戍，未详。迁巴西太守。初南郑没于魏，乃于益州西置南梁州。未详治所。《隋志》云：梁于巴西郡置南梁州，不得云益西。《梁书·齐传》：齐以天监十四年（515），迁巴西、梓潼二郡太守。十七年（518），迁持节都督南梁州诸军事、南梁州刺史。南梁州当以是时，迁于巴西也。州镇草创，皆仰益州取足。齐上夷獠义租，得米二十万斛；又立台传，兴冶铸，以应赡南梁。十二年（513），魏延昌元年。魏将傅竖眼寇南安，齐率众距之，竖眼退走。及是，高祖遣宁州刺史任大洪，从阴平入益州北境，欲扰动氐、蜀，以绝魏运路。此阴平为晋时所侨置，在今四川梓潼县西北。梁时曰北阴平郡，仍置阴平县，为郡治。魏军既还，大洪率氐、蜀数千，围逼关城，胡三省云：即白水关城。为魏益州刺史傅竖眼遣军所破。魏益州，时治晋寿。孝明既立，竖眼屡请解州，乃以元法僧代之。法僧既至，大失民和。葭萌人任令宗，葭萌，见第三章第六节。因众之患魏也，杀魏晋寿太守，以城归款。益州刺史鄱阳王恢，遣齐帅众三万迎令宗。克葭萌、小剑诸戍。进围州城。明年，魏孝明帝熙平元年(516)。五月，魏驿征傅竖眼于淮南，仍以为益州刺史。七月，齐兵少，不利，引还。葭萌复没于魏。小剑、大剑诸戍，亦捐城走。鄱阳王与张齐，较诸前人，差能经略，然蜀事败坏已久，亦非一时所能振起也。李苗之劝魏取蜀也，曰："巴、蜀孤县，去建业辽远，偏兵独戍，溯流十千。牧守无良，专行劫剥。官由财进，狱以货成。士民思化，十室而九。若命一偏将，可传檄而定。"其说略与邢峦同。然魏至宣武、孝明之时，亦实已衰敝，蜀纵可取，魏亦未必能取之矣。宣武非有志于拓土者，末年之伐蜀，颇疑高肇欲借此以立功名也，参看下章二节。

第十二章　元魏乱亡

第一节　魏政荒乱（上）

魏孝文帝既废太子恂，大和二十一年（497），齐明帝建武四年。立子恪为皇太子，即世宗宣武皇帝也。① 母曰昭皇后，高氏，肇之妹。案废太子恂之母为贞皇后，林氏。《魏书·皇后传》云：后平原人。平原，见第二章第三节。叔父金闾，起自阉官，有宠于常太后。高宗乳母即位尊为保太后，后尊为皇太后。官至尚书、平凉公。金闾兄胜，为平凉太守。平凉，见第六章第三节。金闾，显祖初为定州刺史。定州，见第十一章第二节。未几，为乙浑所诛。兄弟皆死。胜无子，有二女，入掖庭。后容色美丽，得幸于高祖，生皇子恂。以恂将为储贰，大和七年（483），齐武帝永明元年。后依旧制薨谥曰贞皇后。及恂以罪赐死，有司奏追废后为庶人。案恂之立，在大和十七年（493）齐永明十一年。六月，其死以二十一年，传云年十五，则即生于大和七年（483）。使其甫生即有建为储贰之意，何以迟至十七年（493）始立？若云建储之计，决于十七年前后，何以甫生即杀其母？其事殊为可疑。案孝文之立皇后，事在大和十七年四月，是为废皇后冯氏，太师熙之女。二十年（496）齐建武三年。七月废。明年，七月，立昭仪冯氏为皇后，是为幽皇后。亦熙女。《皇后传》云：母曰常氏。本微贱，得幸于熙。文明大皇太后欲家世贵宠，乃简熙二女，俱入掖庭，时年十四。其一早卒。后有姿媚，偏见爱幸。未几，疾病。文明太后乃遣还家为尼。高祖犹留意焉。几余而太后崩。高祖服终，颇存访之。又闻后素疹痊除，遣阉官玺书劳问。遂迎赴洛阳。及至，宠爱过初。专寝当夕，宫人希复进见。拜为左昭仪。后立为皇后。废后之废，《传》云由后谮构也。又《昭后传》云：冯昭仪宠盛，密有母养世宗之意。后自代如洛阳，暴薨于汲郡之共县。汉县，今河南辉县。或云：昭仪遣人贼后也。世宗之为皇太子，三日一朝幽后。后拊念，慈爱有加。高祖出征，世宗入朝，必久留后宫，

---

① 民族：魏史之诬。废太子恂及宣武母可疑。冯幽后之死可疑。

亲视桥沐。母道隆备。魏初固无适庶之别，即长幼之别，亦不甚严。宣武死时年三十三，溯其生年，亦在大和七年（483），与废太子长幼之别实微，而宣武母贵矣，何以当时即有立恂为储贰之意而杀其母邪？废太子有无叛逆之意不可知，然在河阳，则必无能为，高祖非好杀者，其废恂既待自归，杀恂何如是之果？然则恂之死，殆亦由于幽后之谮搆邪？《齐书·魏虏传》云：初伪太后冯氏兄昌黎王冯莎二女：大冯美而有疾，为尼。小冯为宏皇后。生伪太子恂。后大冯疾差，宏纳为昭仪。宏初徙都，恂意不乐，思归桑乾。宏制衣冠与之，恂窃毁裂，解发为编，服左衽。大冯有宠，日夜谮恂。宏出邺城马射，恂因是欲叛北归，密选宫中御马三千匹置河阴渚。皇后闻之，召执恂，驰使告宏。宏徙恂无鼻城，在河桥北二里。寻杀之，以庶人礼葬。立大冯为皇后。便立伪太子恪。是岁，伪大和二十年（496）也。依此说，则实无所谓贞皇后其人者，不知信否。然魏世皇后略无事迹者，其有无实皆有可疑，正不独贞后一人也。

废后虽废，幽后亦不久即败。《魏书·皇后传》云：后始遣归，颇有失德之闻。高祖频岁南征，后遂与中宫高菩萨私乱。及高祖在汝南，不豫，后便公然丑恣。中常侍双蒙等为其心腹。是时，彭城公主，高祖妹。宋王刘昶子妇也，年少嫠居。北平公冯夙，后之同母弟也，后求婚于高祖。高祖许之。公主志不愿。后欲强之。婚有日矣，公主密与侍婢及家僮十余人，乘轻车、冒霖雨赴县瓠，案高祖以大和二十二年三月至县瓠，九月自县瓠返，十一月至邺，明年五月还洛。奉谒高祖。自陈本意。因言后与菩萨乱状。高祖闻而骇愕，未之全信。而秘匿之。惟彭城王侍疾左右，具知其事。彭城王勰，高祖弟，见下。此后，后渐忧惧，与母常氏，求托女巫，祷厌无所不至。愿高祖疾不起，一旦得如文明太后辅少主称命者，赏报不赀。又取三牲宫中妖祠，假言祈福。专为左道。母常，或自诣宫中，或遣侍婢与相报答。高祖自豫州北幸邺，后虑还见治检，弥怀危怖。骤令阉人托参起居。皆赐之衣裳，殷勤托寄，勿使漏泄。亦令双蒙充行，省其信不。惟小黄门苏兴寿，密陈委曲。《阉官刘腾传》云：高祖之在县瓠，腾使诣行所。高祖问其中事，腾具言幽后私隐，与陈留公主所告符协。高祖问其本末，戒以勿泄。至洛，执问菩萨等六人，迭相证举，具得情状。高祖以疾卧含温室，夜引后，并列菩萨等于户外。后临入，令阉人搜衣中，稍有寸刃便斩。后顿首泣谢。乃赐坐东楹。去御筵二丈余。高祖令菩萨等陈状。又让后曰："汝母有妖术，可具言之。"后乞屏左右，有所密启。高祖敕中侍悉出，惟令长秋卿白整在侧，取卫直刀拄之。后犹不言。高祖乃以丝坚塞整耳，自小语呼整，再三，无所应，乃令后言。事隐，人莫知之。高祖乃唤彭城、北海二王，亦高祖弟，见下。令入坐，言"昔是汝嫂，今乃他人，但入勿避。"二王固辞不获命。及入，高祖云："此老妪乃欲白刃插我胁上，可穷问本末，勿有所难。"高祖深自引过，致愧二王。又曰："冯家女不能复相废逐，且使在宫中空坐，有心乃能自死，汝等勿谓吾犹有情也。"高祖素至孝，犹以文明太后故，未便行废。良久，二王出，乃赐后辞，死诀，再拜稽首，涕泣歔欷，令入东房。及入宫后，帝命阉人有所问于后。后骂曰："天子妇亲面对，岂令汝传也？"高祖怒，敕召后母常入，示与后状。后挞之百余，乃止。高祖寻南伐，后留京师，虽以罪失宠，而夫人嫔妾，奉之如法，惟令世宗在东宫无朝谒之事。案高祖引问幽后之后，召彭城、北海王入，二王犹固辞，何以彭城公主言后淫乱时，彭城王独不屏退？《高祖本纪》言其少而善射，有膂力。年十余岁，能以指弹碎羊髆骨。及射禽兽，莫不随所志毙之。说虽非实，不合全虚。观其东征西讨，不皇宁处，确非荏弱之人，虽曰病卧，既已搜幽后之身，无复寸刃矣，何必令白整以刀拄之乎？观高祖谓二王之言，所深憾者，似在常之厌魅，何以后又召其入宫？云以文明太后故，冯家女不能相废逐，又何以废废后如扫落叶邪？其可疑岂直一端而已。

高祖弟六人：曰咸阳王禧，曰赵郡灵王干，曰广陵惠王羽，曰高阳文穆王雍，曰彭城武宣王勰，曰北海平王详。干与高祖同年殁。羽，世宗景明二年（501），齐和帝中兴元年。以淫员外郎冯俊兴妻，为俊兴所击死。高祖时，勰最见信任，《勰传》言：高祖草创，勰以侍中长直禁内，参决军国大政，万几之事，无不豫焉。而任城王澄亦次之。澄，云子，见第十一章第四节。据《本纪》：大和二十三年（499），齐东昏侯永元元年。二月，陈显达陷马圈。三月，庚辰，车驾南伐。丙戌，不豫。勰、侍疾禁中，且摄百揆。丁酉，车驾至马圈。戊戌，与显达等战，破之。庚子，帝疾甚，北次谷塘原。当在今邓县、南阳间。甲辰，诏赐皇后冯氏死。诏司徒勰征太子，于鲁阳见第四章第二节。践阼。以北海王详为司空公，王肃为尚书令，广阳王嘉为尚书左仆射，嘉，建闾子。建闾，见第十一章第一节。尚书宋弁为吏部尚书，与侍中太尉公禧，尚书右仆射任城王澄等六人辅政。四月，丙午朔，帝崩于谷塘原之行宫。至丁巳而世宗即位于鲁阳，史称其居谅暗，委政宰辅焉。《勰传》言：高祖前在县瓠不豫，勰内侍医药，外总军国之务。密为坛于汝水之滨，依周公故事，乞以身代。为此矫诬，意欲何为，殊不可测。《任城王澄传》云：陈显达入寇汉阳，是时高祖不豫，引澄入见清徽堂，诏曰："显达侵乱，沔阳不安，朕不亲行，莫攘此贼。朕疾患淹年，气力惙敝，如有非常，委任城大事。是段任城必须从朕。"夫气力惙敝，犹必亲行，元魏当时情形，何至危急如此？《勰传》言：行次淯阳，清水，今白河。高祖谓勰曰："吾患转恶，汝其努力。"车驾至马圈，去贼数里，显达等出战，诸将大破之。孝文疾患如此，而勰等犹敢以之冒进，至去敌仅数里，有如此大胆之臣子乎？杀后之事，据《后传》曰：高祖疾甚，谓勰曰："后宫久乖阴德，自绝于天，若不早为之所，恐成汉末故事。吾死之后，可赐自尽别宫，葬以后礼，庶掩冯门之大过。"高祖崩，梓宫达鲁阳，乃行遗诏。北海王详奉宣遗旨。长秋卿白整入授后药。后走呼，不肯引决，曰："官岂有此也？是诸王辈杀我耳。"整等执持强之，乃含椒而尽。殡以后礼。梓宫次洛南，咸阳王禧知审死，相视曰："若无遗诏，我兄弟亦当作计去之，岂可令失行妇人，宰制天下，杀我辈也？"夫此时之受遗旨及奉宣遗旨者，即前此彭城公主陈后淫乱时独得在侧与闻，及高祖引问后后，唤令入坐之人；其授药者，亦即引后时敕中侍悉出，惟令在侧以刀拄后者也。然则与后罪状相终始者，惟此三人耳。生则六宫奉以后礼，死犹以后礼殡之，终莫能言其罪状，然则史所载后之罪状，其可信乎？而其载后临命及咸阳王之辞，则可谓婉而彰矣。《任城王澄传》：弟嵩。高祖疾甚，将赐后死，曰："使人不易可得。"顾谓澄曰："任城必不负我，嵩亦当不负任城，可使嵩也。"于是引嵩入内，亲诏遣之。《通鉴考异》曰："按《冯后传》，梓宫至鲁阳，乃行遗诏赐后死，安有高祖遣嵩之事？"

《勰传》言：勰受顾命时，泣言震主之声必见忌。高祖久之曰："吾寻思汝言，理实难夺。"乃手诏世宗曰："吾百年之后，其听勰辞蝉舍冕，遂其冲挹之性。"世宗即位，勰跪授高祖遗敕数纸。咸阳王禧疑勰为变，停在鲁阳郡外，久之乃入，谓勰曰："汝非但辛勤，亦危险至极。"东宫官属，多疑勰有异志，窃怀防惧。既葬，世宗固以勰为宰辅。勰频口陈遗旨，请遂素怀。世宗对勰悲恸，每不许之。勰频烦表闻，辞义恳切。世宗难违遗敕，犹逼以外任，乃以勰为定州刺史。定州，见第十一章第二节。所谓遗敕，盖即出勰时所造也。勰既内侍医药，外总军国之务，岂有反不与于顾命之理？然则与于顾命之人，其遗诏又可信乎？而赐幽后死之诏视此矣。然究极言之，即高祖之死，尚有可疑，而遗诏更不足论矣。

彭城既出，任城旋亦被排。《澄传》云：世宗初，有降人严叔懋者，告王肃潜通宝卷，澄信之，乃表肃将叛，辄下禁止。咸阳、北海二王奏澄擅禁宰辅，免官归第。《肃传》言：肃与禧等参图谋谟。自鲁阳至于京洛，行途丧纪，委肃参量。禧兄弟并敬而昵之。惟澄以其起自羁远，一旦在己之上，以为憾焉。然则当时禧与详为一党，肃亦附和之，而澄孤立也。在孝文时，最有权力者为勰，次则澄，至此则局面一变矣。

孝文死之明年，为宣武之景明元年（500），齐东昏侯永元二年也。裴叔业以寿阳叛，勰与王肃同赴之。是年，十月，复以勰为司徒，录尚书事。明年，宣武帝景明二年(501)，齐和帝中兴元年。正月，宣武始亲政，听勰以王归第，而以详为大将军，录尚书事。《勰传》云：时咸阳王禧，渐以骄矜，颇有不法，北海王详阴言于世宗，世宗深忌之。又言勰大得人情，不宜久在宰辅，劝世宗遵高祖遗敕。禧等又出领军于烈为恒州，非烈情愿，固强之，烈深以为忿。烈子忠，尝在左右，密令忠言于世宗云："诸王等意不可测，宜废之，早自览政。"时将祫祭，王公并斋于庙东坊，世宗遣于烈将宿卫壮士六十余人召禧、勰、详等。卫送至于帝前。诸公各稽首归政。而烈复为领军。自是长直禁中，机密大事，皆所参焉。五月，禧与妃兄兼给事中黄门侍郎李伯尚谋反，事泄遁逃，诏烈遣直阁叔孙侯将虎贲三百人追执之，赐死私第。越三年，为正始元年（504）梁武帝天监三年也。五月，详见杀。《详传》言详贪冒无厌，多所取纳。公私营贩，侵剥远近。嬖狎群小，所在请托。珍丽充盈，声色侈纵。建节第宇，开起山池，所费巨万矣。又于东掖门外大路之南，驱逼细人，规占第宅。至有丧枢在堂，请延至葬而不见许，乃令舆衬巷次。行路哀嗟。详母高太妃，颇亦助为威虐，亲命殴击，怨响嗷嗷。妃宋王刘昶女，不见答礼。宠妾范氏，爱等伉俪。及其死也，痛不自胜。乃至葬讫犹毁隧视之。又蒸于安定王燮妃高氏。燮，景穆子安定靖王休之子。高氏即茹皓妻姊。详既素附于皓，又缘淫好，往来稠密。详虽贪侈聚敛，朝野所闻，而世宗礼敬尚隆，冯寄无替。军国大事，总而裁决。每所敷奏，事皆协允。详常别住华林园之西隅，华林园，见第三章第一节。与都亭宫馆，密迩相接。亦通后门。世宗每潜幸其所，肆饮终日。与高太妃相见，呼为阿母。伏而上酒，礼若家人。临出，高每拜送，举觞祝言："愿官家千万岁寿，岁岁一至妾母子舍也。"初世宗之亲政也，详与咸阳王禧、彭城王勰并被召入，共乘犊车，防卫严固，高时皇迫，以为详必死，亦乘车傍路，哭而送至金墉。见第三章第二节。及详得免，高云："自今而后，不愿富贵，但令母子相保，共汝扫市作活也。"至此，贵宠崇盛，不复言有祸败之理。后为高肇所谮，云详与皓等谋为逆乱。于时详在南第，世宗召中尉崔亮入禁，敕纠详贪淫，及茹皓、刘胄、常季贤、陈扫静等专恣之状。夜即收禁皓等南台。又虎贲百人，围守详第。至明，皓等皆赐死。详单车防守，还华林之馆。十余日，徙就大府寺。诏免为庶人。别营坊馆，如法禁卫，限以终身。遂别营馆于洛阳县东北隅。二旬而成。将徙详居之。会其家奴数人，阴结党辈，欲劫出详。密抄名字，潜托侍婢通于详。详始得执省，而门防主司，遥见突入，就详手中，揽得陈奏。至夜，守者以闻；详哭数声而暴死。详贪淫之迹，固非必由于虚构，然世宗宠寄甚隆，则知其诛之初不以此。亲政之际，咸阳、彭城，皆遭黜斥，而详反膺宠寄，则知二王之黜，实由详之谮构。当此之际，岂特无被祸之虞？高太妃顾哭而送之，非未知其事之真，则史传之失实也。《咸阳王禧传》云：禧性骄奢，贪淫财色。姬妾数十，意尚不已。衣被绣绮，车乘鲜丽。远有简娉，以恣其情。由是诛求货贿。奴婢千数。田业盐铁，遍于远近。[1]臣吏僮隶，相继经营。世宗颇恶之。然其诛之则亦并不以此也，亦可见其纲纪之废弛矣。

茹皓等事，并见《魏书·恩幸传》。皓为直阁，率常居内，留宿不还。传可

---

[1] 赋税：《咸阳王禧传》言其田业盐铁，遍于远近。

门下奏事。领华林诸作，多所兴立。为山于天渊池西。天渊池，见第八章第一节。采掘北邙及南山佳石；北邙，见第七章第七节。南山，谓洛阳南方之山。徙竹汝、颍；罗峙其间。经构楼馆，列于上下。树草栽木，颇有野致。世宗心悦之，以时临幸。皓资产盈积。起宅宫西，朝贵弗之及也。皓旧吴人，既宦达，自云本出雁门。见第二章第二节。雁门人谄附者，因荐皓于司徒，请为肆州大中正。肆州，见第十一章第二节。府、省以闻，诏特依许。娶仆射高肇从妹，于世宗为从母。又为弟娉安丰王延明妹。延明，文成子安丰匡王猛之子。延明耻非旧流，不许。详劝解之，云"欲觅官职，如何不与茹皓昏姻也？"延明乃从焉。初赵修及皓之宠，详皆附纳之，又直阁将军刘胄，本为详所荐，常感详恩，密相承望，并共来往。高肇乃搆之世宗，云皓等将有异谋。世宗乃召崔亮，令奏皓、胄、常季贤、陈扫静四人擅势纳贿及私乱诸事。季贤起于主马。世宗初好骑乘，用是获宠。与茹皓通知庶事。势望渐隆。引其兄为朝请、直寝，娶武昌王鉴妹；季贤又将娶洛州刺史元拔女；洛州，见第十一章第四节。并结托帝戚，以为荣援云。扫静为世宗典栉疏；又有徐义恭，善执衣服；并以巧便，旦夕居中，爱幸相伴。二人皆承奉茹皓，皓亦并加接眷，而扫静偏为亲密，与皓常在左右，略不归休。义恭小心谨慎，谦退少语。皓等死后，弥见幸信。长侍左右，典掌秘密。世宗不豫，义恭昼夜扶侍，崩于怀中。此外，世宗朝佞幸见于《传》者，尚有王仲兴、寇猛、赵邕，而赵修最横。修本给事东宫，为白衣左右，颇有膂力。世宗践阼，仍充禁侍，爱遇日隆。亲政旬月之间，频有转授。每受除设宴，世宗亲幸其宅，诸王公卿士百僚悉从。世宗亲见其母。修之葬父也，百僚自王公以下，无不吊祭。酒牺祭奠之具，填塞门街。于京师为制碑铭，石兽、石柱，皆发民车牛，传致本县，财用之费，悉自公家。凶吉车乘将百两，道路供给，亦皆出官。时将马射，世宗留修过之。帝如射宫，修又骖乘。修恐不逮葬日，驿赴窆期。左右求从及特遣者数十人。修道路嬉戏，殆无戚容。或与宾客奸掠妇女裸观。从者噂沓喧哗，诟詈无节。莫不畏而恶之。是年，又为修广增宅舍，多所并兼。洞门高堂，房庑周博，崇丽拟于诸王。其四面邻居，赂入其地者，侯天盛兄弟，越次出补长史大郡。修起自贱伍，暴致富贵，奢敖无礼，物情所疾。因其在外，左右或讽纠其罪。自其葬父还也，旧宠少薄。初王显只附于修，后因忿阋，密伺其过，列修葬父时路中淫乱不轨，又云与长安人赵僧擢谋匿玉印。高肇、甄琛等构成其罪，乃密以闻。诏鞭之一百，徙敦煌为兵。敦煌，见第二章第二节。琛与显监决其罚，遂杀之。仲兴与修，并见宠任。世宗游幸，仲兴常侍从，不离左右。外事得径以闻。百僚亦耸体而承望焉。仲兴世居赵郡，见第二章第三节。自以寒微，云旧出京兆霸城，见第五章第六节。故为雍州大中正。雍州，见第十一章第四节。寇猛以膂力为千牛备身，历转遂至武卫将军。出入禁中，无所拘忌。自以上谷寇氏，上谷，见第三章第八节。得补燕州大中

正。魏燕州,治今河北昌平县。家渐富侈。宅宇高华,妾隶充溢。赵邕以赵出南阳,
见第三章第四节。徙属荆州,见第十一章第四节。为南阳中正,父为荆州大中正,邕后
亦为荆州大中正。世宗崩后,出为幽州刺史。魏幽州治蓟,见第四章第二节。在州贪
纵,与范阳卢氏为婚,范阳,魏郡,晋废,后魏复为郡,治今河北涿县。女父早亡,其
叔许之,而母不从。母北平阳氏,北平,见第二章第二节。携女至家,藏避规免,邕
乃考掠阳叔,遂至于死。案宣武之溺于群小,纲纪荡然,实自文明太后之世,相
沿而来,不得独为宣武咎,然其驾驭之才,不如文明太后,则群小之纵恣弥甚
矣。白龙豫且,困于鱼服,诸人既皆托于帝戚,又安知其不有觊觎之心哉?高肇
之发其谋,恐不得云莫须有也。

　　永平元年(508),梁武帝天监七年。宣武弟京兆王愉反,彭城王亦因之见杀。
愉,大和二十一年(497),齐明帝建武四年。为徐州刺史。世宗初,为护军将军。
迁中书监。《愉传》云:世宗为纳顺皇后妹为妃,顺皇后,世宗后,于烈弟劲之女。而
不见礼答。在徐州,纳妾李氏。本姓杨,东郡人,夜闻其歌,悦之,遂被宠嬖。罢州还
京,欲进贵之,托右中郎将赵郡李恃显为之养父,就之礼逆。东郡,见第三章第三节。顺皇
后召李入宫,毁击之,强令为尼于内,以子付妃养之。李产子宝月,岁余,后父于
劲,以后久无所诞,乃上表劝广嫔侍,因令后归李于愉。旧爱更甚。愉好文章,
时引才人宋世景等,共申燕喜;招四方儒学宾客严怀真等数十人,馆而礼之;所
得谷帛,率多散施;又崇信佛道;用度常至不接。与弟广平王怀,颇相夸尚,竞
慕奢丽,贪纵不法。于是世宗摄愉禁中推案,杖愉五十,出为冀州刺史。愉既势
劣二弟,广平王及清河王怿。潜怀愧恨;又以幸妾屡被顿辱;在州谋逆。遂杀长史
羊灵引及司马李遵。《北史·羊祉传》:弟灵引,甚为高肇所昵。京兆王愉,与肇深相嫌
忌。及愉出镇冀州,肇以灵引为愉长史,以相间伺。灵引恃肇势,每折愉。及愉作逆,先斩
灵引于门。时论云:非直愉自不臣,抑亦、由肇及灵引所致。此亦私曲之论。愉乃妄人,其
为州,自不得不有人以监之,灵引之折愉,或系裁抑其非法也。称得清河王密疏,云高肇
谋杀害主上。遂为坛于信都之南,信都,冀州治,见第四章第二节。柴燎告天,即皇
帝位。立李氏为皇后。世宗诏尚书李平讨愉。愉出拒,频败,遂婴城自守。愉知
事穷,携妾及四子数十骑出门,诸军追之,见执。诏征赴京师,申以家人之训。
愉每止宿亭传,必携李手,尽其私情。虽锁絷之中,饮食自若,略无愧惧之色。
至野王,见第五章第一节。愉语人曰:“虽主上慈深,不忍杀我,吾亦何面目见于至
尊?”于是歔欷流涕,绝气而死。或云:高肇令人杀之。《飔传》云:言于朝廷,
以其舅潘僧固为冀州乐陵太守。乐陵,见第三章第四节。京兆王愉搆逆,僧固见逼从
之。尚书令高肇,性既凶愎,贼害贤俊;又肇之兄女,入为夫人,顺皇后崩,世
宗欲以为后,飔固执以为不可;肇于是屡谮飔于世宗。世宗不纳。因僧固之同
逆,诬飔北与愉通,南招蛮贼。飔国郎中令魏偃,前防阁高祖珍,希肇提携,搆
成其事。肇初令侍中元晖昭成六世孙。以奏世宗,晖不从。令左卫元珍言之。珍,

平文第四子。高，凉王孤六世孙。世宗访之于晖。晖明飀无此。世宗更以问肇。肇以偓、祖珍为证，世宗乃信之。召飀及高阳王雍、广阳王嘉、清河王怿、广平王怀及肇等入，宴于禁中。至夜，皆醉，各就别所消息。俄而元珍将武士赍毒酒杀之。愉、怿皆反状明白，史皆以为高肇诬构，其非实录明矣。

《魏书·世宗纪》言其雅性俭素。又云：雅爱经史，尤长释氏之义，每至讲论，连夜忘疲。案《邢峦传》称峦当世宗初，奏曰："粟帛安国，育民之方；金玉虚华，损德之物。故先王深观古今，去诸奢侈。服御尚质，不贵雕镂。所珍在素，不务奇绮。至乃以纸绢为帐扆，铜铁为辔勒。轻贱珠玑，示其无设。府藏之金，裁给而已，更不买积，以费国资。逮景明之初，承升平之业，四疆清宴，远迩来同，于是蕃贡继路，商贾交入，诸所献贸，倍多于常。虽加以节约，犹岁损万计。珍货常有余，国用恒不足。若不裁其分限，便恐无以支岁。"无政事则财用不足，虽躬行俭素何益？况其嬖溺近幸如此，所谓俭素者，又安在邪？溺情释氏，则亦只足以废事而已矣。

第二节 魏政荒乱（下）

世宗怠荒已甚，当其时，在朝诸臣，几无一乃心君国者，然有一独立不倚之人焉，曰高肇。肇者，世宗母文昭皇后之兄也。世宗初立皇后于氏，景明三年(502)，梁武帝天监元年。太尉烈弟劲之女也，是为顺皇后。生子昌。后以正始元年(504) 梁天监三年。十月死。永平元年（508），梁天监七年。三月，昌亦死。七月，立夫人高氏为皇后。文昭皇后弟偓之女也。《肇传》云：景明初，世宗追思舅氏，征肇兄弟等录尚书事。未几，为尚书左仆射，领吏部，冀州大中正。冀州，见第十一章第四节。尚世宗姑高平公主。迁尚书令。肇出自夷土，肇自云本渤海蓨人。五世祖顾，晋永嘉中避乱入高丽。父飏，孝文初入魏。飏，汉县，《汉书·地理志》作脩，《景帝纪》、《周亚夫传》作条，在今河北景县境。时望轻之。及在位居要，留心百揆，孜孜无倦，世咸谓之为能。世宗初，六辅专政，后以咸阳王禧无事搆逆，由是遂委信肇。肇既无亲族，颇结朋党。附之者旬月超升，背之者陷以大罪。以北海王详位居其上，构杀之。又说世宗防卫诸王，殆同囚禁。时顺皇后暴崩，世议言肇为之。皇子昌薨，金谓王显失于医疗，承肇意旨。及京兆王愉出为冀州刺史，畏肇恣擅，遂至不轨。肇又潜杀彭城王勰。由是朝野侧目，咸畏恶之。因此专权，与夺任己。又尝与清河王怿，于云龙门外庑下忽忿诤，大致纷纭。太尉高阳王雍和止之。高后既立，愈见宠信。肇既当衡轴，每事任己。本无学识，动违礼度。好改先朝旧制，出情妄作；减削封秩，抑黜勋人；由是怨声盈路矣。延昌初，梁天监十一年(512)。迁司徒。虽贵登台鼎犹以去要，怏怏形乎辞色。众咸嗤笑之。案北海、京兆、彭城三王之事，已见上节，其死是否肇之所致？其叛是否由肇激成无俟深辩。愉之叛，以其妾被顿辱，顿辱其妾者，顺皇后也，顺皇后者，于忠之从妹，忠则害肇之人也。《飑传》言肇欲摄总飑而元晖不从。《晖传》言：晖为侍中，领有卫将军，深被亲宠。凡在禁中要密之事，晖别奉旨藏之于柜，惟晖入乃开，其余侍中、黄门，莫有知者。侍中卢昶，亦蒙恩眄，故时人号曰饿虎将军、饥鹰侍中。迁吏部尚书，纳货用官，皆有定价，出为冀州刺史。下州之日，连车载物，发信都至汤阴间，首尾相继，道路不断。其车少脂角，即于道上所逢之牛，截去角以充其用。其为人何如邪？又晖尝欲害其从弟寿兴，事见《昭成子孙传》，而独厚于飑乎？信都，冀州治，见第四章第二节。汤阴，即荡阴，见第三章第一节。《飑传》言：世宗诏宿卫队主率羽林虎责幽守诸王，乃由京兆、广平，暴虐不法，如京兆、广平之所为，欲无防禁得乎？《怿传》云：肇谋去良宗，屡谮怿及愉等，愉不胜忿怒，遂举逆冀州；因愉之逆，又构杀飑；怿恐不免。肇又录囚徒，以立私惠。怿因侍宴酒酣，乃谓肇曰："天子兄弟，讵有几人，而炎炎不息？"又言于世宗曰："臣闻唯名与器，不可以假人，减膳录囚，人君之事，今乃司徒行之，讵是人臣之义？"所谓忿争，盖亦此类。世宗耽于游宴，故肇为之录囚，此亦未必僭逆，此自怿之褊衷。史云肇屡谮怿，怿究何尝见害乎？可见诸王之不终，与肇无涉，至以顺皇后母子之死，归罪于肇，则更所谓莫须有者矣。附之者超升，背之者陷罪，以及予夺任己等辞，则居尚书中者，固易加以此等罪状也。减削封秩，抑黜勋人，正见其能综核名实，予夺不苟耳。《张彝传》云：陈留公主寡居，彝意愿尚主，主亦许之，高肇亦望尚主，主意不可，肇怒，谮彝于世宗，称彝擅立刑法，劳役百姓，此亦近乎诬罔。彝之为人，本近严酷也。

延昌四年（515），梁天监十四年。正月，宣武帝死。其第二子诩，母曰胡充华。生于永平三年（510），梁天监九年。延昌元年（512），梁天监十一年。立为太子。领军将军于忠，与侍中崔光，迎诩即位，是为肃宗孝明皇帝。时高肇为大都督，伐蜀。忠与门下省议：引高阳王雍入居西柏堂，省决庶政；任城王澄为尚书令，总摄百揆。奏中宫，请即敕授。御史中尉王显，与中常侍、给事中孙伏连等寝门下之奏，欲以高肇录尚书事。忠于殿中收显杀之。入蜀兵罢，肇还，雍与忠潜备壮士十余人于舍人省，肇入省，壮士搤而拉杀之。忠既居门下，又总禁卫，遂秉朝政，权倾一时。尚书左仆射郭祚，尚书裴植，叔业兄子，见第十章第五节。劝雍出忠，忠并矫诏杀之。又欲杀雍，崔光固执，乃免雍太尉，以王还第。自此之后，诏命生杀，皆出于忠。先是尊皇后高氏为皇太后，胡充华为皇太妃。及高肇死，皇太后出俗为尼。神龟元年（518），死于瑶光寺，梁天监十七年也。至是，遂尊皇太妃为皇太后，居崇训宫。忠又领崇训卫尉。为尚书令。太后旋临朝称制。解忠侍中及崇训卫尉。未几，出忠为冀州刺史。冀州，见第十一章第四节。史云：世宗崩后，高太后将害灵太后。胡后谥。中常侍刘腾以告侯刚。刚以告忠。忠请计于崔光。光曰："宜置胡嫔于别所，严加守卫，理必万全。"忠等从之。具以此意启灵太后。

故太后深德腾等。熙平二年（517），梁天监十六年。四月，复以为尚书右仆射。神龟元年（518），三月，复仪同三司。旋死。案高后之为人，未必能杀胡后，此说恐亦不足信也。后聪明多才艺。能亲览万机，手笔断决。道武玄孙叉，京兆王黎之曾孙。后妹夫也，为侍中、领军将军，深为后所信委。太傅清河王怿，参决机事，以叉恃宠骄盈，裁之以法，叉遂令通直郎宋维告司染都尉韩文殊欲谋逆立怿。怿坐禁止。后穷治无实，得免，犹以兵卫守于宫西别馆。此据《叉传》。《维传》云：告文殊父子欲谋逆立怿，怿坐被录禁中。文殊父子惧而逃遁。鞫无反状，以文殊亡走，县处大辟。置怿于宫西别馆，禁兵守之。维应反坐。叉言于太后，欲开将来告者之路，乃黜为燕州昌郡郡守。及叉杀怿，征为散骑侍郎。太后反政，以叉党除名。寻追其诬告清河王事，赐死。《怿传》则云：叉党人宗准爱，希叉旨告怿谋反，禁怿门下，讯问左右及朝贵，贵人分明，乃得雪释。昌平，汉县，后魏初省，后复置郡。今河北昌平县。久之，叉恐怿终为己害，乃与侍中刘腾密谋。《腾传》云：吏部尝望腾意，奏其弟为郡，带戎，人资乖越，怿抑而不与，腾以为恨，遂与叉害怿。后在嘉福，未御前殿，腾诬怿欲害帝。肃宗闻而信之。案肃宗时年十一耳，怿之诛非自为政可知。然《怿传》及他篇，多以怿为正人，而《灵后传》云：后逼幸怿，恐得其实，则觊觎之意，亦不敢保其必无也。乃御显阳殿。腾闭永巷门，灵太后不得出。怿入，叉使人防守之。腾称诏召集公卿，议以大逆论。咸畏惮叉，无敢异者。夜中杀怿。于是假为灵太后辞逊之诏，幽之北宫。时正光元年（520），七月，梁普通元年也。腾自执管钥，肃宗亦不得见，裁听传食而已，太后不免饥寒。叉遂与高阳王雍等辅政。以腾为司空公。叉为外御，腾为内防。迭直禁闼，共裁刑赏。相州刺史中山王熙起兵讨叉、腾，相州，见第八章第二节。熙，英子。为其长史柳元章等所执。叉遣尚书左丞卢同杀之，传首京师。太后从子都统僧敬，此据《后传》。《外戚传》：名虔，字僧敬。与备身左右张车渠等谋杀叉，复奉太后临朝，不克。僧敬坐徙边，车渠等死。胡氏多废黜。初奚康生领右卫将军，与叉同谋废后。子难，娶左卫将军侯刚女，刚长子，即叉妹夫也。叉以其通姻，深相委托。三人多俱宿禁内，时或迭出。叉以难为千牛备身。康生性粗武，叉稍惮之，见于颜色。明年，正光二年（521），梁普通二年。肃宗朝后于西林园。文武侍坐，酒酣迭舞。康生顾视太后，为杀缚之势。太后解其意而不敢言。日暮，太后欲携肃宗宿宣光殿。侯刚曰："至尊已朝讫，嫔御在南，何劳留宿？"康生曰："至尊陛下儿，随陛下将东西，更复访问谁？"群臣莫敢应。后自起，援肃宗臂，下堂而去。肃宗引前入阁，左右竞相排，阁不得闭，康生夺难千牛刀斫直后元思辅，乃得定。肃宗既上殿，康生时有酒势，将出处分，遂为叉所执，锁于门下。处斩刑。难以侯刚子婿，恕死徙安州。魏置，在今河北密云县东。后尚书卢同为行台，又令杀之。时灵太后、肃宗同升于宣光殿。左右侍臣，俱立西阶下。康生既被囚执，内侍贾粲给太后曰："侍臣怀恐不安，陛下宜亲安慰。"太后信之。适下殿，粲便扶肃宗，于东序前御显阳，还闭太后于宣光殿。武卫将军于景，忠弟。亦以谋废叉，黜为怀荒镇将。怀荒，六镇之一，见下节。初叉之专政，矫情自饰。劳谦待士。时事得失，颇以关怀。而才术空浅，终无远致。得志之后，便骄愎。耽酒好色，与夺任情。政事怠惰，纲纪不举。刘腾尤骄恣。八坐九卿，旦造其宅，参其颜色，方赴省府。亦有历日不能见者。公私属请，惟在财货。舟车之利，水陆无遗。山泽之饶，所在固护。剥削六镇，见下节。交通互市，岁入利息，以巨万计。逼夺邻居，广开宅宇。天下咸患苦之。正光四年（523），梁普通四年。三月，腾死，防卫微缓。又亦颇自宽，时宿于外。每日出游，留连他邑。灵太后微察知之。五年（524），梁普通五年。秋，后对肃宗谓群臣曰："隔绝我母子，不听我往来儿间，复何用我为？放我出家，我当永绝人间。"欲自下发。肃宗与群臣大惧，叩头泣涕，殷勤苦请，后意殊不回。肃宗乃宿于嘉福殿。积数日，遂与后密图叉。后瞋忿之言，欲得往来显阳，皆以告叉。叉殊不为疑，乃劝肃宗从太后意。于是太后数御显阳，二宫无复禁碍。丞相高阳王雍，虽位重于叉，而甚畏恽，欲进言于肃宗而事无因。会太后与肃宗，南巡洛水，雍邀请车驾，遂幸雍第。日晏，肃宗及太后至雍内室，从者莫得入，遂定图叉之计。解叉领军。后又出宿，又解其侍中。孝昌元年（525），梁普通六年。四月，太后复临朝。刘腾追夺爵位；发其冢，散露骸骨；没入财产。叉除名为民。未几，有人告叉及其弟爪谋反，并赐死于家。出贾粲为济州刺史，济州，见第十一章第四节。未几，遣使驰驿杀之。叉之解领军也，灵太后以其腹心尚多，恐难卒制，权以侯刚代之，寻出为冀州刺史，在道又加削黜焉。

灵后再临朝后，朝政疏缓，威刑不立，牧守所在贪惏。郑俨污乱宫掖，与徐纥并为中书舍人，共相表里，势动内外。俨本太后父胡国珍司徒参军，得幸于后。纥，世宗时即为舍人，谄附赵修。修诛，坐党徒枹罕。后复见用。又事元叉，得其欢心。至此，复曲事郑俨，因得总摄中书门下之事。枹罕，见第五章第一节。李神轨崇子。亦领中书舍人，时云见幸帷幄，与俨为双，莫能明也。高阳王雍以太师录尚书事，后又进位丞相；东平王略，中山王英子，熙之弟。城阳王徽，景穆子城阳王长寿之孙。先后为尚书令；亦惟谄附俨、纥而已。后性奢侈，又信佛法。自其初听政时，即锐于缮兴，在京师起永宁等佛寺，外州各造五级浮图。又数为一切斋会，施物动至万计。兼曲赉左右，日有数千。《任城王澄传》。正光后，四方多事，加以水旱，国用不足。预折天下六年租调而征之。《食货志》。孝昌二年（526），梁普通七年。十一月，税京师田租亩五升，借赁公田者亩一斗。① 闰月，税市人出入者各一钱。店舍为五等。三年（527），梁大通元年。二月，诏凡输粟瀛、定、岐、雍四州者，瀛、岐、雍州，皆见第十一章第四节。定州，见第十一章第二节。官斗二百斛赏一阶；入二华州

---

① 赋税：魏孝昌二年税京师田租，亩五升，借贷公田者亩一斗。

者，华州，钱大昕云：盖初治李闰堡，世宗时移治古冯翊。案李闰堡，见第六章第八节。冯翊，见第二章第二节。北华州，治杏城，见第三章第八节。五百石赏一阶。不限多少，粟毕授官。盖其财政，已至山穷水尽之境矣。案肃宗在位十二年，而胡灵后之见幽者凡六年，以魏事败坏，悉蔽其罪于后，实非平情之论。魏之败坏，乃其政权始终在亲贵及代北旧人手中所致，自文明太后以来，非一朝一夕之故矣。观元魏之乱亡，而知《春秋》之讥世卿，为有由也。

第三节 北方丧乱

自道武至大武之世，人民之叛魏者甚多，已见第八章第五节。[①] 此等叛乱，至孝文、宣武之朝，迄仍不绝。孝文大和五年（481），即齐高帝建元三年，沙门法秀谋反，伏诛。十三年（489），即齐武帝永明七年，兖州人王伯恭聚众劳山，自称齐王，东莱镇将孔伯孙讨斩之。十四年（490），即齐永明八年，沙门司马御惠自言圣王，谋破平原郡，禽获伏诛。二十一年（497），即齐明帝建武四年，先是定州人王金钧讹言，自称应王，州郡捕斩之。二十三年（499），即齐东昏侯永元元年，幽州人王惠定聚众反，自称明法皇帝，刺史李肃捕斩之。宣武景明元年（500），即齐永元二年，齐州人柳世明聚众反，齐、兖二州讨平之。正始二年（505），即梁武帝天监五年，秦州人王智聚众，自号王公，寻推秦州主簿吕苟儿为主。二月，诏右卫将军元丽等讨，七月，降之，秦、泾二州平。案时反于泾州者为屠各陈瞻，苟儿则羌也，见《杨椿传》。正始四年（507），即梁天监六年，夏州长史曹明谋反，伏诛。永平二年（509），即梁天监八年，泾州沙门刘慧汪聚众反，诏华州刺史奚康生讨之。三年（506），即梁天监九年，秦州沙门刘光秀谋反，州郡捕斩之。秦州陇西羌等镇将赵偶反，州军讨平之。四年（507），即梁天监十年，汾州刘龙驹聚众反，诏谏议大夫薛和讨之。延昌三年（514），即梁天监十三年，幽州沙门刘僧绍聚众反，自号净居国明法王，州郡捕斩之。四年（515），即梁天监十四年，沙门法庆聚众反于冀州，杀阜城令，自称大乘，元遥破斩之。明帝熙平二年（517），即梁天监十六年，余贼复相聚攻瀛州，刺史宇文福讨平之。神龟元年（518），即梁天监十七年，秦州羌、东益州南秦州氐皆反。河州人却铁忽聚众反，自称水池王。后诣行台源子恭降。正光二年（521），即梁普通二年，东益、南秦州氐反，河间王琛讨之，失利。至五年（524），即梁普通五年，而破六汗拔陵反，时局不可收拾矣。魏兖州，初治滑台，见第六章第五节。后移瑕丘，见第九章第五节。是称东兖，而滑台称为西兖。大和中，又于涡阳置兖州，是为南兖。涡阳，见第十一章第三节。劳山，在今山东即墨县东南。东莱镇，后改为光州，今山东掖县。平原郡，后魏治聊城，在今山东平原县南。定州，见第十一章第二节。幽州见第十二章第一节。齐州，治历城，今山东历城县。秦州，见第十一章第三节。泾州，见第十一章第四节。夏州，治岩绿，在今陕西横山县西。华州，见第二节。

① 民族：义民抗魏。

陇西，见第二章第二节。汾州，治蒲子，在今山西隰县东北。冀州，见第十一章第四节。阜城，汉县，在今河北阜城县东。瀛州、东益州，皆见第十一章第四节。南秦州，治骆谷，在今甘肃成县西南。河州，今甘肃导河县。《魏书·良吏传》云："魏初，拥节分符，多出丰、沛，政术治风，未能咸允。虽动诒大戮，而贪虐未悛。亦由网漏吞舟，时挂一目。高祖肃明纲纪，赏罚必信，肇革旧轨。时多奉法。世宗优游而治，宽政遂往。大和之风，颇以陵替。肃宗驭运，天下涽然。其于移风革俗之美，浮虎还珠之政，九州百郡，无所闻焉。"然则魏之吏治，实以孝文之时为最整敕，然据《本纪》所载：则大和十二年（488），齐永明六年。梁州刺史临淮王提，魏梁州，初治仇池，夏侯道迁降魏，乃移治南郑。提，大武子临淮王谭之子。坐贪纵配北镇。见第八章第三节。十三年（489），齐永明七年。夏州刺史章武王彬，又以贪财削封。彬，景穆子章武王大洛之子。汝阴王天赐、南安王桢，并坐赃贿，免为庶人。天赐、桢，皆景穆子。十五年（491），齐永明九年。济阴王郁，以贪残赐死。郁，景穆子济阴王小新成之子。此等皆系亲贵，获罪较难，而终不免于获罪，可见其贪残之甚；抑此等皆系亲贵，故其获罪得以备书于史，俾后人有所考见，此外地位较微，为史所不载者，盖不知凡几矣，又可见其贪残者之多也。大和七年（483），齐永明元年。二月，诏曰："朕每思知百姓疾苦，以增修宽政，故具问守宰苛虐之状于州郡使者。今秀、孝、计掾，对多不实，甚乖朕虚求之意。宜案以大辟，明冈上必诛。然情犹未忍，可恕罪听归。申下天下，使知复犯无恕。"以死罪胁秀、孝、计掾，举发州郡罪状，可谓闻所未闻。明年，齐永明二年（484）。正月，诏陇西公琛、尚书陆叡为东西二道大使，褒善罚恶。是岁，始颁官禄。禄行之后，赃满一匹者死。虏何爱于中国人？观其用法之严，而知其吏治之恶矣。

州郡如此，镇将尤甚。魏旧制，缘边皆置镇，都大将统兵备御。《官氏志》。其后则内地亦置之。肃宗正光五年（524）改镇为州诏曰："大祖道武皇帝，应期拨乱，大造区夏；世祖大武皇帝，篡戎丕绪，光阐王业；躬率六师，扫清逋秽。诸州镇城人，本充牙爪，服勤征旅。契阔行间，备尝劳剧。逮显祖献文皇帝，自北被南，淮、海思乂。便差割强族，分卫方镇。高祖孝文皇帝，远遵盘庚，将迁嵩、洛。规过北疆，荡辟南境。选良家酋帅，增戍朔垂。戎捍所寄，实惟斯等。"此魏置镇之大略也。《魏书·袁翻传》：翻于正始、熙平之间，议选边戍事曰："自比缘边州郡，官至便登；疆场统戍，阶当即用。或值秽德凡人，或遇贪家恶子。不识字民温恤之方，惟知重役残忍之法。广开戍逻，多置帅领，或用其左右姻亲，或受人财货请属，皆无防寇御贼之心，惟有通商聚敛之意。其勇力之兵，驱令钞掠，若值强敌，即为奴虏；如有执获，夺为己富。其羸弱老小之辈，微解金铁之工，小闲草木之作，无不搜营穷垒，苦役百端。自余或伐木深山，或耘草平陆；贩贸往还，相望道路。此等禄既不多，资亦有限，皆收其实绢，给其虚粟；穷其力，薄其衣；用其工，节其食；绵冬历夏，加之疾苦，死于沟渎者，常十七八焉。是以吴、楚间伺，审此虚实，皆云粮匮兵疲，易可乘扰，故驱率犬羊，屡犯疆场。频年以来，甲胄生虮，十万在郊，千金日费。为弊之探，一至于此。皆由边任，不得其人，故延若斯之患。贾生所以痛哭，良有以也。"此南边诸镇之情形也。北边则尤有甚焉。《世宗纪》：景明四年（503），梁天监二年。十一月，诏尚书左仆射源怀抚劳代都、北镇，随方拯恤。《怀传》载怀表曰："景明已来，北蕃连年灾旱。案观下文所言，当时北蕃饥荒，恐不尽系天灾，而实由于人事。延昌二年（513），梁天监十一年也，二月，以六镇大饥，开仓振赡，可见其饥荒久而未抒矣。六镇，见下。高原陆野，不任营殖。惟有水田，少可蒲亩。主将参寮，专擅腴美。瘠土荒畴，以给百姓。因此困敝，日月滋甚。诸镇水田，请依《地令》，分给细民。先贫后富。若分付不平，令一人怨讼者，镇将已下，联署之官，各夺一时之禄；四人已上，夺禄一周。北镇边蕃，事异诸夏，往日置官，全不差别。沃野一镇，沃野，汉县，魏置镇，在今绥远临河县境黄河西岸。自将已下，八百余人，黎庶怨嗟，佥曰烦猥。边隅事鲜，实少畿服。请主帅吏佐，五分减二。"《传》云：时细民为豪强陵压，积年枉滞，一朝见申者，日有百数。所上事宜，便于北边者，凡四十余条。可见其积弊之深，民生之困矣。而身为将士者，亦未尝不抑郁思乱。《北齐书·魏兰根传》曰：正光末，李崇为都督，讨茹茹，以兰根为长史。因说崇白："缘边诸镇，控摄长远。昔时初置，地广人稀。或征发中原，强宗子弟；或国之肺腑，寄以爪牙。中年已来，有司乖实，号曰府户。役同厮养，官婚班齿，致失清流。而本宗旧类，各各荣显。顾瞻彼此，理当愤怨。更张琴瑟，今也其时。静境宁边，事之大者，宜改镇立州，分置郡县。凡是府户，悉免为民。入仕次叙，一准其旧。文武兼用，维恩并施。此计若行，国家庶无北顾之虑矣。"崇以奏闻，事寝不报。逮破六汗拔陵既叛，崔暹败于白道，见下。广阳王渊又上书曰：渊，嘉之子，嘉见第一节。渊《北史》避唐讳作深，《魏书·本纪》作渊，《死传》亦作深，盖后人所改。《通鉴》亦依《北史》作深。"昔皇始以移防为重。盛简亲贤，拥麾作镇。配以高门子弟，以死防遏。不但不废仕宦，至乃偏得复除。当时人物，忻慕为之。及大和在历，仆射李冲，当官任事。凉州土人，悉免厮役；丰、沛旧门，仍防边戍。自非得罪当世，莫肯与之为伍。征镇驱使，但为虞候、白直。一生推迁，不过军主。然其往世房分留京者，得上品通官，在镇者便为清途所隔。或投彼有北，以御魑魅。多复逃胡乡。乃峻边兵之格，镇人浮游在外，皆听流兵捉之。于是少年不得从师，长者不得游宦，独为匪人，言者流涕。自定鼎伊、洛，边任益轻。惟底滞凡才，出为镇将。转相模习，专事聚敛。或有诸方奸史，犯罪配边，为之指踪。过弄官府。政以贿立，莫能自改。及阿那瓌背恩，纵掠窃奔，命师追之，十五万众度沙漠，不日而还。边人见此援师，便自意轻中国。尚书令臣崇，时即申闻，求改镇为州。将允其愿，抑亦先觉。朝廷未许。今日所虑，非止西北，将恐诸镇，寻亦如此。天下之事，何易可量？"《渊传》云：时不纳其策。东西敕勒之叛，朝议更思渊言，遣兼黄门侍郎郦道元为大使，欲复镇为州，以顺人望。会六镇尽叛，不得施行。六镇，在代郡北塞，东至濡源。其自西徂东之次，曰怀朔，曰武川，曰抚冥，曰柔玄，曰怀荒，曰御夷。怀朔，在今绥远固阳县境。武川，已见第一章。抚冥，镇城所在未详。柔玄，在今察哈尔兴和县境。怀荒、御夷二镇，后改为蔚州，蔚州，即今察哈尔蔚县也。六镇自西徂东之次，依胡三省说，见《通鉴》齐明帝建武元年（494）注。案崔暹之败，事在正光五年七月。其年八月，《纪》载诏诸州军贯，元非犯配者，悉免为民。镇改为州，依旧立称。《郦道元传》云：肃宗以沃野、怀朔、薄骨律、在今宁夏灵武县西南。武川、抚冥、柔玄、怀荒、御夷诸镇，并改为州。其郡县戍名，令准古城邑。诏道元持节兼黄门侍郎，与都督李崇，筹宜置立。裁减去留，储兵积粟，以为边备。而《李崇传》言：临淮王彧、李叔仁败，亦见下。诏引丞相、令、仆、尚书、侍中、黄门于显阳殿，使陈良策。吏部尚书元修义景穆子汝阴王天赐之子。谓宜得重贵，镇压恒、朔。皆见第十一章第二节。诏欲遣崇。然仍责其改镇为州之表，开诸镇非异之心，致有今日之事。则魏朝当日，始终不甚以此策为然；加以六镇尽叛，政令格不能行，诏旨自成虚语矣。然此时即能行之，恐于势亦已无及也。

魏明帝正光五年（524），梁武帝之普通五年也。三月，沃野镇人破洛韩拔陵反，杀镇将。诏临淮王彧讨之。彧，提之孙。五月，败于五原。朔州治，见第十一章第二节。安北将军李叔仁寻败于白道。在今绥远归绥县北。武川陷。诏尚书令李崇为大都督。崔暹出东道，广阳王渊出北道，皆受崇节度。崇至五原。七月，崔暹大败于白道之北。贼遂并力攻崇。崇与渊力战相持，至冬，乃引还平城。渊表崇长史祖莹，诈增功级，盗没军资，崇坐免官爵，征还，以后事付渊。崇之将班师也，留别将费穆守朔州。穆招离聚散，颇得人心。时北境州镇，悉皆沦没，惟穆独据一城，四面抗拒。久之，援军不至；兼行路阻塞，粮仗俱尽；亦弃城南走。明年，魏孝昌元年（525），梁普通六年。三月，拔陵别帅王也不卢等攻陷怀朔。至六月，乃为柔然主阿那瓌所破，南移渡河。而恒州卒于又明年七月失陷，孝昌二年（526），梁普通七年。恒州，见第十一章第二节。行台元纂南走。代北遂不可收拾矣。而杜洛周、鲜于修礼复起。

初李叔仁为破六韩拔陵所逼，求援。广阳王渊赴之。前后降附二十万人。渊与元纂，表求于恒州北别立郡县，安置降户，随宜振赡，息其乱心。不从。而遣黄门侍郎杨昱，分散之于冀、定、瀛三州就食。渊谓纂曰："此辈复为乞活矣。"孝昌元年（525），八月，柔玄镇人杜洛周反于上谷。此依《魏书·本纪》。《梁书·侯景传》作吐斤六周，云柔玄镇兵。上谷，见第三章第八节。攻没郡县。南围燕州。见第十二章第一节。九月，诏幽州刺史常景为行台，征虏将军元谭为都督讨之。谭，献文子赵郡灵王干之子。二年（526），正月，谭次军都，燕州治。为洛周所败。以别将李琚代谭。四月，又败没于蓟城之北。蓟，幽州治。五月，燕州刺史崔秉南走中山。定州治。七月，洛周遣其别帅曹纥真寇掠幽州。常景遣都督于荣邀于栗园，胡三省曰：

当在固安县界。大破之，斩纥真。九月，景又破洛周，斩其武川王贺拔文兴，别帅侯莫陈升。然至十一月，幽州卒陷，景被执。

鲜于修礼，本怀朔镇兵，据《梁书·侯景传》。为五原降户。以孝昌二年（526），正月，反于定州。诏长孙稚为大都督，稚，字承业，史或书其字。《北史》作名幼。与河间王琛讨之。齐郡顺王简子，继河间孝王若。简、若，皆文成子。琛与稚有隙，前到呼沱，稚未欲战，而琛不从。稚至五鹿，在河北濮阳县南。为修礼所邀，琛不赴。贼总至，遂大败。稚与琛并除名。修礼及杜洛周之叛也，其余降户，犹在恒州，欲推广阳王渊为主，渊上书乞还京师，令左卫将军杨津代为都督。及是，五月。复以渊为大都督，章武王融为左都督，融，彬子。裴衍为右都督，衍，植之弟。北讨。初朔州毛普贤，为渊统军，后与修礼同反。见《甄琛传》。修礼常与葛荣谋，《梁书·侯景传》云：荣怀朔镇将。后稍信普贤，荣常衔之。渊使人喻普贤，普贤乃有降意。又使录事参军元晏说贼程杀鬼，果相猜贰。葛荣遂杀普贤、修礼而自立。此据《渊传》。《本纪》云：八月，贼帅元洪业斩鲜于修礼请降，为贼党葛荣所杀。荣以新得大众，上下未安，遂北度瀛洲。渊便率众北转。荣东攻。章武王融战败于白牛逻，《纪》云在博野。博野，今河北蠡县。殁于陈。渊退走，趋定州。闻刺史杨津疑其有异志，止于州南佛寺。召都督毛谥等六七人，臂肩为约，危难之际，期相拯恤。谥疑渊意异，乃密告津，云渊谋不轨。津遣谥讨渊。渊走。逢贼游骑，引诣葛荣。为荣所杀。三年（527），梁大通元年。荣陷殷州。在今河北隆平县东。东围冀州。先是以安乐王鉴为相州刺史、北讨大都督，鉴，文成子安乐王长乐之孙。相州，见第八章第二节。与裴衍共救信都。冀州治。鉴谋反，降荣。八月，都督源子邕怀子。此据《本纪》。《列传》作子雍。与衍合围鉴，斩首传洛。十一月，信都陷。时除子邕冀州刺史。子邕上书曰："贼中甚饥，专仰野掠。今朝廷足食，兵卒饱暖。高壁深垒，勿与争锋。彼求战不得，野掠无所获。不盈数旬，可坐制凶丑。"时裴衍复表求行。诏子雍与衍速进。子雍重表固请，不听。遂与衍俱进。至阳平郡东北漳曲，阳平，见第二章第二节。荣率贼十万，来逼官军。子邕、衍并战殁。明年，武泰元年（528），梁大通二年。正月，杜洛周陷定州，瀛州亦降。二月，为荣所并。三月，荣陷沧州。在今河北南皮县东南。遂独雄于河北矣。

破洛韩拔陵之叛也，高平酋长胡琛，亦起兵攻镇以应之。正光五年（524），四月。高平镇，后为原州，今甘肃固原县。别将卢祖迁击破之，琛北遁。时秦州刺史李彦，刑政过猛，为下所怨。六月，城民薛珍、刘庆、杜超等禽彦，推其党莫折大提为帅。据《彦传》。《萧宝夤传》杜超作杜迁。诏雍州刺史元志讨之。南秦州城人孙掩、张长命、韩祖香据城，杀刺史崔游，以应大提。大提遣城人卜朝《通鉴》作卜胡。袭克高平。大提寻死，子念生代立。据《萧宝夤传》，念生为大提第四子。僭称天子。七月，诏元修义为西道行台，率诸将西讨。李苗上书，以为"食少兵精，利于速战；粮多卒众，事宜持久。今陇贼猖狂，非有素蓄；虽据两城，本无德义；其势在于疾攻，日有降纳，迟则人情离沮，坐受崩溃。今宜且勒大将，深沟高垒，坚守勿战；别命偏师，精卒数千，出麦积崖，在今甘肃天水县东南。以袭其后；则汧、岐之下，群妖自散"。于是诏苗为统军，与别将淳于诞出梁、益，隶行台魏子建。东益州刺史，见第十一章第四节。念生遣其兄天生下陇东寇。据《本纪》、《宝夤传》及《梁书·羊侃传》：皆云天生为念生子。八月，元志大败于陇东，退守岐州。见第十一章第四节。元修义性好酒，遂遇风病，神明昏丧，虽至长安，竟无部分之益。九月，更以萧宝夤为西道行台、大都督，率崔延伯、北海王颢西讨。颢，详子。十一月，天生攻陷岐州，执元志。遂寇雍州，屯于黑水。在今陕西城固县北，南流入汉。十二月，魏子建招降南秦氐、民，复六郡、十三戍，斩韩祖香。张长命畏逼，乃告降于萧宝夤。先是凉州幢帅于菩提、呼延雄执刺史宋颖，据州反。七月。吐谷浑主伏连筹讨之。于菩提弃城走，追斩之。城民赵天安复推宋颖为刺史。是月，莫折念生遣兵攻凉州，天安复执颖以应之。魏凉州，治姑臧，见第二章第二节。孝昌元年（525），梁普通六年。正月，萧宝夤、崔延伯击天生，破之黑水。天生退走入陇西。泾、岐及陇东悉平。先是高平人攻杀卜朝，共迎胡琛。正光五年十一月。琛遣其将万俟丑奴、宿勤明达寇泾州。延伯、宝夤会于安定。见第二章第二节，甲卒十二万，铁马八千，军威甚盛。四月，延伯为丑奴所败，战殁。延伯与奚康生、杨大眼并称名将，其死也，朝野叹惧焉。十月，吐谷浑复讨赵天安，降之。天水吕伯度兄弟，天水，见第二章第二节。始与莫折念生同逆。后保于显亲，后汉侯国，后为县，在今甘肃天水县西北。聚众讨念生。战败，降于胡琛。琛资其士马，还征秦州。大败念生将杜粲于成纪。见第三章第八节。又破其金城王莫折普贤于水洛城。在今甘肃庄浪县南。遂至显亲。念生身自拒战，又大奔败。伯度乃背胡琛，袭琛将刘拔，破走之。遣其兄子忻和率骑东引魏军。念生事迫，乃诈降于萧宝夤。魏朝嘉伯度之功，授以泾州刺史。而元修义停军陇口，久不西进。念生复反。伯度终为万俟丑奴所杀。贼势更盛，萧宝夤不能制。胡琛与念生交通，事破六韩拔陵寖慢。拔陵遣其臣费律至高平，诱琛斩之。其众尽并于万俟丑奴。孝昌三年（527），梁大通元年。正月，宝夤大败于泾州。北海王颢寻亦败走。岐、豳、东秦、北华州俱陷。豳州，今陕西邠县。东秦州，秦州陷后，置于汧城。汧，汉县，后魏曰汧阴，在今陕西陇县南。北华州，见上节。宝夤还雍州。莫折天生乘胜寇雍州。宝夤部将羊侃隐身堑中射之，毙，其众乃溃。有司奏处宝夤死罪，诏恕为民。四月，复以为雍州刺史、西讨大都督。自关以西，皆受节度。九月，念生为其常山王杜粲所杀，合门皆尽。粲据州，请降于宝夤。十二月，粲又为骆超所杀，亦遣使归魏。南秦州城民辛琛，亦自行州事，遣使归罪。十月，魏朝复宝夤旧封。而宝夤自以出军累年，糜费尤广，一旦覆败，内不自安。魏朝颇亦疑阻。乃遣御史中尉郦道元为关中大使。宝夤谓密欲取己，弥以忧惧。长安轻薄之徒，因相说动。道元行达阴槃驿，阴槃，汉县，在今陕西长武县西北。宝夤密遣其将郭子恢等攻杀之。遂叛魏，自号为齐。遣子恢东攻潼关，见第三章第三节。张始荣围华州。见上节。魏诏尚书仆射行台长孙稚讨之。初宝夤之败，北地功曹毛洪宾，据郡引寇，钞掠渭北。北地，见第二章第二节。时杨椿为雍州刺史，其兄子侃为录事参军，请讨之。洪宾通书送质，乞自效。及是，与其兄遐，纠率乡义，将攻宝夤。宝夤遣其将卢祖迁击遐，为遐所杀。又遣其将侯终德攻遐。时薛凤贤反于正平，后魏郡，在今山西新绛县西南。薛修义屯聚河东，见第二章第二节。分据盐池，攻围蒲坂，见第三章第四节。东西连结，以应宝夤。杨侃为稚行台左丞。稚军次弘农，见第二章第二节。侃劝其"北取蒲坂，飞棹西岸。置兵死地，人有斗心。华州之围，可不战而解；潼关之贼，必望风溃散。诸处既平，长安自克。"稚从之。令其子子彦等领骑于弘农北渡。围城之寇，各自散归，修义亦即逃遁。子恢为官军所败。稚又遣子彦破始荣于华州。终德因此势挫，还图宝夤。宝夤战败，奔万俟丑奴。时武泰元年（528）梁大通二年。正月也。

以上皆孝明之世叛乱之较大者；其较小者：在清河则有崔畜。在广川则有傅堆。清河，见第五章第三节。广川，见第九章第五节。孝昌元年（525），三月，畜杀太守董遵，堆执太守刘莽反。青州刺史安乐王鉴讨平之。在朔州则有鲜于阿胡、库狄丰乐。朔州，见第十一章第二节。孝昌二年四月据城反。在平原则有刘树、刘苍生。孝昌二年十一月反。州军破走之。刘树奔梁。在徐州则有任道棱。孝昌三年（527），正月，袭据萧城。州军讨平之。萧，今江苏萧县。在东郡则有赵显德。东郡，魏治滑台，见第六章第五节。显德，孝昌三年二月反。诏都督李叔仁讨之。四月，别将元斌之斩显德。在齐州则有刘钧、房须。孝昌三年（527），三月，钧执清河太守邵怀，须屯据昌国城。六月，诏李叔仁讨钧，平之。须，《彭城王勰传》作顷。昌国，汉县，在今山东淄川县东北。在陈郡则有刘获、郑辨。孝昌三年（527），七月，反于西华。州军讨平之。西华，汉县，在今河南西华县南。在营州则有刘安定、就德兴。营州，见第十一章第四节。安定、德兴，正光五年（524），据城反。城人王恶儿斩安定以降。德兴东走，自号燕王。孝昌二年（526），九月，攻陷平州。至孝庄帝永安元年（528），十一月，乃遣使来降。平州，治肥如，今河北卢龙县北。在巩县一带，又有李洪。《本纪》：武泰元年（528），二月，群盗烧劫巩县以西，关口以东，公路涧以南。诏李神轨为都督，讨平之，《神轨传》云：蛮帅李洪，扇动诸落。伊阙以东，至于巩县，多被烧劫。巩县，见第五章第一节。关盖谓函谷关。公路涧，未详。伊阙，见第六章第五节。虽为患不广，然是处蜂起，势成燎原矣。

叛乱之兴，固非仅恃兵力所能戡定，然即以兵力论，其不足恃亦已甚。神龟二年（528），梁天监十七年。征西将军张彝第二子仲瑀上封事，求铨别选格，排抑武人，不使预在清品。羽林虎贲千余人焚彝第，殴伤彝，烧杀其长子始均。彝亦旋死。官为收掩羽林凶强者八人斩之，不能穷诛群竖，即为大赦，以安众心。史云:"有识者知国纪之将坠矣。"论当时兵事者:路思令曰:"窃以比年以来,将帅多是宠贵子孙;军幢统领,亦皆故义托附。贵戚子弟,未经戎役。衔杯跃马,志逸气浮。轩眉攘腕,便以攻战自许。及临大敌,怖惧交怀。雄图锐气,一朝顿尽。乃令羸弱在前以当锐,强壮居后以安身。兼复器械不精,进止不集。任羊质之将,驱不练之兵,当负险之众,敌数战之虏。是以兵知必败,始集而先逃;将又怖敌,迁延而不进。国家便谓官号未满,重爵屡加;复疑赏赉之轻,金帛日赐。帑藏空虚,民财殚尽。致使贼徒更增,胆气益盛;生民损耗,荼毒无聊。"辛雄曰:"秦、陇逆节,将历数年;蛮左乱常,稍已多战;凡在戎役,数十万人。三方师众,败多胜少。迹其所由,不明赏罚故也。兵将之勋,历稔不决;亡军之卒,宴然在家;致令节士无所劝慕,庸人无所畏慑。进而击贼,死交而赏赊,退而逃散,身全而无罪。赏罚陛下之所易,尚不能全而行之,攻敌士之所难,欲其必死,宁可得也?"高谦之曰:"自正光已来,边城屡扰,命将出师,相继于路,军费戎资,委输不绝。至于弓格赏募,咸有出身;槊刺斩首,又蒙阶级;故四方壮士,愿征者多。若使军帅必得其人,赏勋不失其实,何贼不平?何征不捷?而诸守帅,或非其才。多遣亲者,妄称入募,虚受征官,身不赴陈,惟遣奴客充数而已,对寇临敌,曾不弯弓。则是王爵虚加,征夫多阙。贼虏何可殄除?忠贞何以劝诫也?"以此政令,用此将士,无怪契胡一人,莫之能御矣。[1]

第四节 尔朱荣入洛

两晋之世,五胡作害中州,不久皆力尽而毙,而元魏崛起北方,独获享祚几百五十年者?自道武登国元年(386),即晋孝武帝大元十一年,至明帝武泰元年(528),即梁武帝大通二年,凡百四十三年。以是时中原之地,丧乱方剧,代北僻处一隅,与于战争之事较少,民力较完,抑且风气较质朴,便于战斗故也。元魏南迁以来,此等情形,迄未尝变,故及其衰敝,而尔朱、高、宇文诸氏,又起自代北,纷纷南下焉,而六镇则其先驱也。魏之所以兴,正其所以亡也。

尔朱荣,北秀容人。秀容,见第六章第八节。其先居尔朱川,未详。因为氏。常领部落,世为酋帅。高祖羽健,登国初,为领民酋长。率契胡武士千七百人,从平晋阳,定中山。胡三省曰:"尔朱氏,契胡种也。"又曰:"契胡,尔朱之种人也。"见《通鉴》梁武帝中大通二年(530)《注》:案昔人于中国言姓氏,于夷狄言种姓。契胡,盖其氏族或部落之名也。以居秀容川,诏割方三百里封之,长为世业。曾祖郁德,祖代

---

① 民族:契胡,西域种?铜铸像,西域俗?

勤，父新兴，继为酋长。家世豪强。财货丰赢。牛羊驼马，色别为群，谷量而已。魏朝每有征讨，辄献私马，兼备资粮，助神军用。正光中，四方兵起，荣遂散畜牧，招合义勇，给其衣马。秀容内附胡民乞伏莫干破郡，杀太守，魏秀容郡，治秀容，在今山西忻县北。南秀容牧子万于乞真反叛，杀大仆卿陆延；事在正光五年八月，见《纪》。并州牧子素和婆仑崳作逆；并州，见第十一章第二节。荣前后讨平之。内附叛胡乞步落，坚胡刘阿如等作乱瓜、肆；魏瓜州，治敦煌，见第二章第二节。肆州，见第十一章第二节。敕勒北列步若反于沃阳；汉县，后汉省，后魏复置，在今察哈尔凉城县西。荣并灭之。敕勒斛律洛阳作逆桑乾，事在孝昌二年三月，见《纪》。桑乾，见第四章第二节。西与费也头牧子迭相犄角，荣率骑破洛阳于深井，未详。逐牧子于河西。孝昌二年（526），梁普通七年。八月，荣率众至肆州。刺史尉庆宾畏恶之，闭城不纳。荣怒，攻拔之。乃署其从叔羽生为刺史，执庆宾于秀容。自是荣兵威渐盛，朝廷亦不能罪责也。鲜于修礼之叛也，荣表东讨。杜洛周陷中山，明帝声将北讨，以荣为左军，不行。及葛荣吞洛周，荣表求遣骑三千，东援相州，见第八章第二节。不许。荣遣兵固守滏口。大行陉名，在今河南武安、河北磁县之间。复上书，求慰喻阿那瑰，直趋下口，胡三省曰："盖指飞狐口。"案飞狐口，在今河北涞源、察哈尔蔚县间。以蹑其背；北海王颢之兵，镇抚相部，以当其前；而自诡自井陉以北，井陉，见第六章第八节。滏口以西，分防险要，攻其肘腋。并严勒部曲，广召义勇，北捍马邑，见第三章第八节。东塞井陉。荣之意，是时惟在中原，所苦者，未能得间而入耳。

胡灵后与明帝，母子之间，嫌隙屡起。帝所亲幸者，太后多以事害焉。武泰元年（528），梁大通二年。正月，潘充华生女。郑俨与太后计，诈以为男，大赦改元。二月，明帝死。事出仓卒，时论咸言郑俨、徐纥之计。太后乃奉潘嫔女即位。经数日，见人心已安，始言潘嫔本实生女，今宜更择嗣君。遂立故临洮王宝晖世子钊。宝晖，高祖孙，年始三岁。初李崇北讨，高凉王孤六世孙天穆，孤，平文帝第四子。奉使慰劳诸军。路出秀容，尒朱荣见其法令齐整，深相结托。天穆遂为荣腹心。及是，荣与天穆等密议，乃抗表请赴阙，问侍臣帝崩之由；以徐、郑之徒，付之司败；然后更召宗亲，推立年德。太后甚惧，以李神轨为大都督，将于大行杜防。荣抗表之始，遣从子天光、亲信奚毅、及仓头王相入洛，与从弟世隆，密议废立。天光乃见长乐王子攸，彭城王勰第三子。具论荣心。子攸许之。天光等还北，荣发晋阳，见第三章第四节。犹疑所立，乃以铜铸高祖及咸阳王禧等六王子孙像，此据《魏书·荣传》。《北史》六王作五王。惟子攸独就。师次河内，重遣王相，密迎子攸。子攸与兄彭城王劭、弟始平王子正潜渡赴之。时四月九日也。十一日，荣奉子攸为主，是为敬宗孝庄皇帝。废帝朗中兴二年（553），谥为武怀皇帝。孝武帝大昌元年（568），改谥孝庄，庙号敬宗。以荣为使持节、都督中外诸军事、大将军、开府、尚书、领军将军、领左右、谓领左右千牛备身。大原王。是日，荣济河。太后乃下发入道。内外百官，皆向河桥迎驾。河桥，见第三章第三节。荣惑武卫将军费穆之言，谓天下乘机可取，《魏书·穆传》：穆弃朔州南走，投荣于秀容。既而诣阙请罪。诏原之。荣向洛，灵太后征穆，令屯小平。及荣推奉孝庄帝，河梁不守，穆遂弃众先降。穆素为荣所知，见之甚悦。穆潜说荣曰："公士马不出万人。今以京师之众，百官之盛，一知公之虚实，必有轻侮之心。若不大行诛罚，更树亲党，公还北之日，恐不得度大行而内难作矣。"荣心然之。及元颢入洛，穆降，颢以河阴酷滥，事起于穆，引入诘让，出而杀之。一似荣之滥杀，由穆指踪，更无疑义者。然《北齐书·慕容绍宗传》言：荣称兵入洛，私告绍宗曰："洛中人士繁盛，骄侈成俗，若不加除翦，恐难制驭。吾欲因百官出悉诛之，尔谓可不？"则其翦戮朝士之计，早定于入洛之先矣。又《魏书·荣传》云：荣性好猎。元天穆从容谓荣曰："大王勋济天下，四方无事，惟宜调政养民，顺时搜狩。"荣便攘肘谓天穆曰："太后女主，不能自正，推奉天子者，此是人臣常节。葛荣之徒，本是奴才，乘时作乱，妄自署假，譬如奴走，禽获便休。顷来受国大宠，未能开拓境土，混一海内，何宜今日，便言勋也？又闻朝士，犹自宽纵。今秋欲共兄戒勒士马，校猎高原，令贪污朝贵，入围搏虎。仍出鲁阳，历三荆，悉拥生蛮，北填六镇。回军之际，因平汾胡。明年，简练精骑，分出江、淮。萧衍若降，乞万户侯；如其不降，径度数千骑，便往搏取。待六合宁一，八表无尘，然后共兄奉天子巡四方，观风俗，布政教，如此乃可称勋耳。今若止猎，兵士懈怠，安可复用也？"此段言辞，多出附会，然欲令朝贵入围搏虎之语则真。荣本不知中国情形，意谓但藉杀戮立威，即可以胁众戴已，此其本怀。费穆多亦不过附和之，不能匡正而已。谓其谋本出于穆，恐未必然也。元颢之杀穆，或以其不为己用，或则当时有搆之者耳，不能以此证实穆之罪状也。小平津，见第五章第六节。晋阳，见第五章第二节。荆州，见第十一章第四节。延兴初，于安昌置南荆州，在今河南信阳县西北，与沘阳之东荆，谓之三荆。乃谲朝士，共相盟誓。将向河阴西北三里。至南北长堤，悉令下马西度。即遣胡骑四面围之。妄言丞相高阳王欲反。杀百官、王公、卿士二千余人，皆敛手就戮。此据《北史》。《魏书·荣传》云：十三日，荣引迎驾百官于行宫西北，云欲祭天。列骑围绕。责天下丧乱，明帝卒崩之由，云皆缘此等贪虐，不相匡弼所致。因纵兵乱害。王公卿士，皆敛手就戮。死者千三百余人。皇弟、皇兄，亦并见害。又命二三十人拔刀走行宫。庄帝及彭城王、霸城王俱出帐。此处亦采《北史》。庄帝兄劭，本封彭城王，弟子正为霸城公。庄帝即位后，以劭为无上王，子正为始平王。上文采《魏书》，于渡河之际，已书子正为始平王，与《北史》此处称子正为霸城王，皆非也。荣先遣并州人郭罗察，《通鉴》察作刹。共西部高车叱列杀鬼，在帝左右，相与为应。及见事起，假言防卫，抱帝入帐。余人即害彭城、霸城二王。乃令四五十人迁帝于河桥。沈灵太后及少主于河。时又有朝士百余人后至，仍于堤东被围。遂临以白刃，唱云："能为禅文者出，当原其命。"御史赵元则出作禅文。荣令人诚军士，言"元氏既灭，尔朱氏兴"。其众咸称万岁。荣遂铸金为己像，数四不成。时荣所信幽州人刘灵助善卜占，言今时人事未可。荣乃曰："若我作不去，当迎天穆立之。"灵助曰："天穆亦不吉，惟长乐王有王兆耳。"荣亦精神恍惚,不自支持。遂便愧悔。至四更中,乃迎庄帝。《魏书·荣传》云:外兵参军司马子如等切谏,陈不可之理。荣曰:"愆误若是,惟当以死谢朝廷。今日安危之机,计将安出?"献武王等曰:"未若还奉长乐,以安天下。"于是还奉庄帝。十四日,舆驾入宫。《北齐书·神武纪》云:神武恐谏不听,请铸像卜之,乃止。《周书·贺拔岳传》云:荣既杀害朝士,时齐神武为荣军都督,劝荣称帝。左右多同之。岳进言,荣寻亦自悟,乃尊立孝庄。岳又劝荣诛齐神武,以谢天下。左右咸言:"高欢虽言不思难,今四方尚梗,事藉武臣,请舍之,收其后效。"荣乃止。史家文饰之辞,敌国诽谤之语,皆不足信。神武是时,位卑言轻,未必能与于是议;即或有言,亦不过随众附和;断无诛之可以谢天下之理也。望马首叩头请死。其士马三千余骑。既滥杀朝士,乃不敢入京,即欲向北,为移都之计。持疑经日,始奉驾向洛阳宫。及上北芒见第七章第七节。视宫阙,复怀畏惧,不肯更前。武卫将军泛礼苦执,不听。复前入城,不朝戌。北来之人,皆乘马入殿。诸贵死散,无复次序。庄帝左右,惟有故旧数人。荣犹执移都之议,上亦无以拒焉。又在明光殿重谢河桥之事,誓言无复二心。庄帝自起止之。因复为荣誓言无疑心。荣喜。因求酒。及醉,熟寐。帝欲诛之,左右苦谏,乃止。即以床舆向中常侍省。荣夜半方寤,遂达旦不眠。自此不复禁中宿矣,荣女先为明帝嫔,欲上立为后。帝疑未决。给事黄门侍郎祖莹曰:"昔文公在秦,怀嬴入侍,事有反经合义,陛下独何疑焉?"上遂从之。荣意甚悦。于时人间犹或云荣欲迁都晋阳,或云欲肆兵大掠,迭相惊恐。人情骇震。京邑士子,十不一存。率皆逃窜,无敢出者。直卫空虚,官守旷废。荣闻之,上书谢愆。请追尊无上王帝号。复追尊为孝宣皇帝。诸王、百官及白身,皆有追赠。又启帝,遣使巡城劳问。于是人情遂安。朝士逃亡者,亦稍来归阙。五月,荣还晋阳,乃令元天穆向京,为侍中、太尉公,录尚书事、京畿大都督、兼领军将军、封上党王。树置腹心在列职。举止所为,皆由其意。七月,诏加荣柱国大将军。是时之庄帝,盖不但仅亦守府而已。荣之将入洛也,郑俨走归乡里。俨,荥阳人也,荥阳,见第三章第二节。其从兄仲明,先为荥阳太守。俨与仲明欲据郡起众,寻为其部下所杀。徐纥走兖州,投泰山太守羊侃,泰山,见第三章第四节。说令举兵。魏攻侃,纥说侃乞师于梁,遂奔梁。参看第六节。

尔朱荣乃粗才,必不能定中原,成大业,然其用兵则颇饶智勇,以其出自代北,习于战斗也。此可见代北劲悍之风,尚未全替,周、齐继元魏之后,复能割据中原数十年,为有由矣。时中原叛者尚多,孝庄帝永安元年(528),即明帝武泰元年也。五月,齐州人贾结聚众反,夜袭州城,会明退走。七月,光州人刘举,聚众数千,反于濮阳,八月,讨平之。二年(529),梁武帝中大通元年,二月,燕州人王庆祖,聚众上党,尔朱荣讨禽之。齐州、光州,皆见第三节。濮阳,见第三章第四节。燕州,见第一节。上党,见第二章第二节。而西方之万俟丑奴,东方之葛荣,及新起之邢杲,声势最大。永安元年(528),六月,葛荣使其仆射任褒,率车三万余乘,南寇沁水。见第四章

第二节。魏以元天穆为大都督讨之。八月，荣围相州，刺史李仁轨闭门自守。贼锋过汲郡。见第三章第三节。所在村坞，悉被残略。尔朱荣启求讨之。九月，乃率精骑七千，马皆有副，倍道兼行，东出滏口。葛荣自邺以北，列陈数十里，箕张而进。荣潜军山谷为奇兵，身自陷陈，出于贼后，表里合击，大破之。于陈禽葛荣。余众悉降。荣以贼徒既众，若即分割，恐其疑惧，或更结聚。乃普告勒："各从所乐，亲属相随，任所居止。"于是群情喜悦，登即四散。数十万众，一朝散尽。待出百里之外，乃始分道押领，随便安置，咸得其宜。擢其渠帅，量才授用。新附者咸安。时人服其处分机速。于是冀、定、沧、瀛、殷五州悉平。冀州、瀛州，皆见第十一章第四节。定州，见第十一章第二节。沧州、殷州，皆见第三节。十月，槛送葛荣于洛阳，斩于都市。邢杲者，河间人。河间，汉县，后魏为郡，在今河北河间县西南。魏兰根之甥。见《北齐书·兰根传》。为幽州平北府主簿。杜洛周、鲜于修礼为寇，瀛、冀诸州人多避乱南向。杲拥率部曲，屯据鄚城，鄚，汉县，在今河北任邱县北。以拒洛周、葛荣，垂将三载。广阳王渊等败后，杲南度，居青州北海界。北海，见第九章第五节。灵太后命流人所在，皆置郡县，选豪右为守令以抚镇之。时青州刺史元世儁表置新安郡，以杲为太守，未报，会台以杲从子子瑶资荫居前，乃授河间太守，杲深耻恨。永安元年（528），六月，反。所在流人，先为土人陵忽，率来从之。旬朔之间，众逾十万。东掠光州，尽海而还。遣李叔仁讨之。十月，失利于潍水。时泰山太守羊侃反正，行台于晖攻之，十二月，诏晖回师讨杲，次于历下。是岁，葛荣余党韩楼复据幽州反。幽州，见第一节。明年，永安二年(529)，梁中大通元年。正月，晖所部都督彭乐，率二千余骑，北走于楼，乃班师。三月，诏元天穆与高欢讨杲。破之济南，见第七章第四节。杲降。送洛阳，斩于都市。于是大敌之未平者，惟一万俟丑奴，而南方之师，乘虚至矣。

第五节　梁武政治废弛

孟子曰："国家闲暇，及是时，明其政刑，虽大国，必畏之矣；及是时，般乐怠敖，是自求祸也。"斯言也，观于梁世而益信。南北朝时，南北兵争，论者皆谓北强南弱，其实不然。当时兵事，南方惟宋元嘉二十七年（450）一役，受创最巨，然魏亦无所得。此后宋明帝之失淮北，齐东昏之失寿春，皆内乱为之，非魏之力征经营也。梁武得国，魏政日衰，继以内乱。自此至东西分裂，凡三十三年；至高欢死，侯景叛魏，则四十六年。此数十年，实为南方极好之机会。生聚教训，整军经武；恢复国土，攘除奸凶；在此时矣。乃不徒不能发愤为雄，并政刑亦甚废弛，致有可乘之机会而不能乘，而反以招祸，此则可为痛哭流涕者也。

梁武帝之为人也，性甚恭俭，亦能勤政恤民，①《梁书·本纪》云：帝"勤于政务，孜孜无怠。每至冬月，四更竟，即敕把烛看事。执笔触寒，手为皴裂。日止一食。膳无鲜腴，惟豆羹、粝食而已。身衣布衣。木绵皂帐。一冠三载，一被二年。后宫衣不曳地，旁无锦绮。不饮酒。不听音声。非宗庙、祭祀、大会、飨宴及诸法事，未尝作乐。历观古昔，人君恭俭庄敬，艺能博学，罕或有焉。"此非虚语。下引《循吏传序》，可以参观。又其敕责贺琛自述之辞，虽或过实，亦必不能全虚也。然实非政事之才，故绝不能整饬纲纪。其时散骑常侍贺琛，尝启陈事条，读之最可见当时政俗之弊，今节录其辞如下；其一事曰："户口减落，诚当今之急务。虽是处凋流，而阙外弥甚。郡不堪州之控总，县不堪郡之裒削，更相呼扰，莫得治其政术，惟以应赴征敛为事。百姓不能堪命，各事流移。或依于大姓，或聚于屯封。盖不获已而窜亡，非乐之也。国家于关外，赋税盖微？乃致年常租课，动致逋积，而民失安居，宁非牧守之过？东境户口空虚，皆由使命繁数。大邦大县，舟舸衔命者，非惟十数。穷幽之乡，极远之邑，亦皆必至。每有一使，属所搔扰。驽困邑宰，则拱手听其渔猎；桀黠长吏，又因之而为贪残。纵有廉平，郡犹掣肘。故邑宰怀印，类无考绩。细民弃业，流冗者多。虽年降复业之诏，屡下蠲赋之恩，而终不得反其居也。"案流移之弊，当时实为极甚。天监十七年（518），正月朔，诏曰："夫乐所自生，含识之常性；厚下安宅，驭世之通规。朕矜此庶氓，无忘待旦。丞弘生聚之略，每布宽恤之恩。而编户未滋，迁徙尚有。轻去故乡，岂其本志？资业殆阙，自返莫由。巢南之心，亦何能弥。今开元发岁，品物惟新，思俾黔黎，各安旧所。将使郡无旷土，邑靡游民；鸡犬相闻，桑柘交畛。凡天下之民，有流移他境，在天监十七年正月一日以前，可开恩半岁，悉听还本。蠲课三年。其流寓过远者，量加程日。若有不乐还者，即使著土籍为民。准旧课输。若流移之后，本乡无复居宅者，村司、三老及余亲属，即为诣县告村内官地、官宅，令相容受，使恋本者还有所托。凡坐为市、隶诸职，割盗、衰灭，应被封籍者，其田宅、车牛，是民生之具，不得悉以没入皆优量分留，使得自止。其商贾富室，亦不得顿相兼并。逋叛之身，罪无轻重，并许首出，还复民伍。若有拘限，自还本役。并为条格，咸使知闻。"其后大通元年（529），大同元年（535）、十年（544），中大同元年（546），大清元年（547），皆有逋叛流移，听复宅业，蠲课役五年之诏。而大同七年（541），诏曰："凡是田桑、废宅没入者，公创之外，悉以分给贫民，皆使量其所能，以受田分。如闻顷者，豪家富室，多占取公田，贵价僦税，以与贫民。②伤时害政，为蠹已甚。自今公田悉不能假与豪家。"又诏："州牧多非良才，守宰虎而傅翼。至于民间，诛求万端。或供厨帐，或供厩库，或遣使命，或待宾客，皆无自费，取给于民。又复多遣游军，称为遏防。奸盗不止，暴掠繁多。或求供设，或责脚步，又行劫纵，

---

① 学术：梁武之贤引本纪，败于不能任法，郭祖琛即位，即纵渊藻，用周舍、徐勉、何敬容，近综核，然大处宽纵无益也，莫敢逆耳，实自满也，不知核。

② 地权：占取公田，由于假乃贵价僦税。传屯，邸冶，僧尼越出地界，于中樵苏采捕，而小民不禁。

更相枉逼。良人命尽，富室财殚。此为怨酷，非止一事。亦频禁断，犹自未已。外司明加听采，随事举奏。又复公私传屯、邸冶，爰至僧尼，当其地界，止应依限守视。乃至广加封固，越界分断，水陆采捕，及以樵苏。遂至细民，措手无所。凡自今，有越界禁断者，禁断之身，皆以军法从事。若是公家创内，止不得辄自立屯，与公竞作，以收私利。至百姓樵采，以供烟爨者，悉不得禁；及以采捕，亦勿诃问。若不遵承，皆以死罪结正。"先是天监七年（508），已有"薮泽山林，毓材是出，斧斤之用，比屋所资，而顷世相承，普加封固，岂所谓与民同利，惠兹黔首？凡公家诸屯戍见封燀者，可悉开常禁"之诏。及大同十二年（546），又诏："四方所立屯传、邸冶、市垄、桁渡、津税、田园，新旧守宰，游军戍逻，有不便于民者，尚书州郡，各速条上，当随言除省，以舒民患。"其求民瘼，未尝不勤。然《南史·郭祖深传》，载祖深舆榇诣阙上封事，言"朝廷擢用勋旧，为三垂州郡。不顾御人之道，惟以贪残为务。迫胁良善，害甚豺狼。江、湘之人，尤受其弊。自三关以外，是处遭毒。而此勋人，授化之始，但有一身。及被任用，皆募部曲。而扬、徐之人，逼以众役，多投其募。利其货财，皆虚名上簿。止送出三津，名在远役，身归乡里。又惧本属检问，于是逃亡他境。侨户之兴，良由此故。"则所以致民流移者，实即当时之官吏也。空言无施，虽切何补？况又有害之者乎？三关、三津，皆未详。其二事曰："今天下宰守，所以皆尚贪残，罕有廉白者？良由风俗侈靡，使之然也。淫奢之弊，其事多端。粗举二条，言其尤者。今之燕喜，相竞夸豪。① 积果如山岳，列肴同绮绣。露台之产，不周一燕之资。而宾主之间，裁取满腹，未及下堂，已同见腐。又歌姬舞女，本有品制。今虽庶贱，皆盛姬、姜。务在贪污，争饰罗绮。故为吏牧民者，竞为剥削。虽致赀巨亿，罢归之日，不支数年，便已消散。乃更追恨向所取之少，今所费之多。如复傅翼，增其搏噬。一何悖哉？其余淫侈，著之凡百。习以成俗，日见滋甚。欲使人守廉隅，吏尚清白，安可得邪？"其三事曰："斗筲之人，藻棁之子，既得伏奏帷扆，便欲诡竞求进。不说国之大体。不知当一官，处一职，贵使理其紊乱，匡其不及；心在明恕，事乃平章。但务吹毛求疵，擘肌分理。运挈缾之智，徽分外之求。以深刻为能，以绳逐为务。迹虽似于奉公，事更成其威福。犯罪者多，巧避滋甚。旷官废职，长弊增奸，实由于此。"其四事曰："自征伐北境，帑藏空虚。今天下无事，而犹日不暇给者，良有以也。夫国弊则省其事而息其费。事省则养民，费息则财聚。止五年无事，必能使国丰民阜；若积以岁月，斯乃范蠡灭吴之行，管仲霸齐之由。今应内省职掌，各检所部。凡京师冶署、邸肆应所为，或十条宜损其五，或三条宜除其一。及国容戎备，在昔宜多，在今宜少；虽于后应多，即事未须；皆悉减省。应四方屯传、邸冶，或旧有，或无益，或妨民，有所宜除除之，有所宜减减之。凡厥兴造，凡厥费财，有非急者，有役民者；又凡厥讨召，凡厥征求，虽关国计；权其事宜，皆息费休民。不息费则无以聚财，不休民则无以聚力。故蓄其财者，所以大用之也；息其民者，所以大役之

---

① 饮食：梁时贺琛言燕会者之侈。

也。若言小事不足害财，则终年不息矣；以小役不足妨民，则终年不止矣。扰其民而欲求生聚殷阜，不可得矣。耗其财而务赋敛繁兴，则奸诈盗窃弥生。是弊不息，而其民不可使也，则难可以语富强而图远大矣。自普通已来，二十余年，刑役荐起，民力凋流。今魏氏和亲，疆场无警，若不及于此时，大息四民，使之生聚；减省国费，令府库蓄积；一旦异境有虞，关、河可扫，则国弊民疲，安能振其远略？事至方图，知不及矣。"观其言，当时政俗之弊，略可见矣。《梁书·良吏传》曰："齐末昏乱，政移群小。赋调云起，徭役无度。守宰多倚附权门，互长贪虐，掊克聚敛，侵愁细民。天下摇动，无所措其手足。高祖在田，知民疾苦。及梁台建，仍下宽大之书，昏时杂调，咸悉除省。于是四海之内，始得息肩。逮践皇极，躬览庶事。日昃听政，求民之瘼。乃命辎轩，以省方俗。《本纪》：帝即位之后，即分遣内侍，周省四方。天监三年（504），六月，又诏可分将命，巡行州部。其有深冤巨害，抑郁无归，听诣使者，依源自列。置肺石以达穷民。《本纪》：天监元年（502），诏可于公车府谤木、肺石旁，各置一函。若肉食莫言，山阿欲有横议，投谤木函。若从我江、汉，功在可策；次身才高妙，摈压莫通；大政侵小，豪门陵贱；若欲自申，并可投肺石函。六年（507），诏四方士民，若有欲陈言刑政，可各诠条，布怀于刺史、二千石。有可申采，大小以闻。大同二年（536），诏画可外牒，或致纰缪。凡政事不便于民者，州、郡、县即时皆言，勿得欺隐。如使怨讼，当境任失。而今而后，以为永准。务加隐恤，舒其急病。元年，始去人赀，计丁为布。身服浣濯之衣。御府无文饰。宫掖不过绫采，无珠玑锦绣。大官撤牢馔，每日膳菜蔬。饮酒不过三盏。以俭先海内。每选长吏，务简廉平。皆召见御前，亲勖治道。"又著令："小县有能，迁为大县；大县有能，迁为二千石。"剖符为吏者，往往承风焉。帝之志在恤民，盖无疑义。然徒法不能自行。当时后军参军郭祖深，又尝诣阙上封事，言"愚辈各竞奢侈，贪秽遂生，颇由陛下，宠勋大过，驭下大宽，故廉洁者自进无途，贪苟者取人多径。直弦者沦溺沟壑，曲钩者升进重沓。饰口利辞，竞相推荐；讷直守信，坐见埋没。劳深勋厚，禄赏未均；无功侧入，反加宠擢。昔宋人卖酒，犬恶致酸，陛下之犬，其甚矣哉！"则帝于督责之术，实有所未尽也。《魏书·岛夷传》曰："衍所部刺史、郡守，初至官者，皆责其上礼。献物多者，便云称职；历贡微少，言为弱惰。故其牧守在官，皆竞事聚敛，劫剥细民，以自封殖。多妓妾、梁肉、金绮，百姓怨苦，咸不聊生。又发召兵士，皆须锁械，不尔便即逃散。其王侯贵人，奢淫无度。弟兄子侄，侍妾或及千数，至乃回相赠遗。其风俗颓丧，纲维不举若此。"虽敌国诽谤之辞，亦不能谓其全属子虚也。帝所任者，周舍、徐勉。舍豫机要二十余年，性极俭素，身后更蒙褒奖。勉当王师北伐时，候驿填委，参掌军书，劬劳凤夜，动经数旬，乃一还宅；而亦不营产业，家无蓄积。可谓股肱心膂之臣。然终不能有裨于时者，盖其所为，亦不免贺琛所谓以深刻为能，绳逐为务，即能尽其用，已不克大有所为，况帝又宽纵于上乎？周舍卒后，朱异代掌机密，《南史·朱异传》云：自徐勉、周舍卒后，外朝则何敬容，内省则异。敬容质悫无文，以纲维为己任。异文华敏洽，曲营世誉。二人行异，而俱见幸。《敬容传》云：自晋、宋以来，宰相皆文义自逸，敬容独勤庶务。简文频于玄圃，自讲老、庄，学士吴孜，每日入听，敬容谓孜曰："昔晋氏丧乱，颇由祖尚虚玄，胡贼遂覆中夏，今东宫复袭此，殆非人事，其将为戎乎？"免职出宅，无余财货。其为人，亦可谓庸中佼佼者，然亦不过能应簿书期会而已。周舍卒于普通五年（524），徐勉卒于大同元年（535）。居权要二十余年，徒以善窥人主意旨，曲能阿谀闻，而又贪冒财贿，《南史》本传，言其产与羊侃相垺。《恩幸传》云：陆验、徐驎，并吴人。验，朱异故尝有德，言于武帝拔之，与驎递为少府丞、大市令，并以苛刻为务，百贾畏之。异尤与之昵。世人谓之三蠹。观下引鱼弘之事，可谓文臣武将，取之各有其道矣。遂酿大清之祸。盖帝至晚岁，实已耄荒，而又不免于自满，国内、国外，情形如何，实非所深悉也。贺琛书奏，帝大怒，召主书于前，口授敕责琛。其辞多自辩白，实则饰非拒谏而已。詑詑之声音颜色，拒人于千里之外。尚安能自闻其过哉？郭祖深言：当时"执事，皆同而不和，答问唯唯而已。入对则言圣旨神衷，出论则云谁敢逆耳"。好谀恶直者，固势必至此也。《魏书·岛夷传》曰："衍好人佞己，末年尤甚。或有云国家强盛者，即便忿怒；有云朝廷衰弱者，因致喜悦。朝臣左右，承其风旨，莫敢正言。"此其所以招侯景之祸也。

当时将帅，亦极骄横。羊侃可谓乃心华夏者，侃归国，事见下节。侯景作乱，台城被围时，守御惟侃是杖，亦可谓有将帅之才。然史言其豪侈，乃殊出意计之外。《南史·侃传》云：性豪侈。善音律。姬妾列侍，穷极奢靡。初赴衡州，于两艒艒起三间通梁水斋，饰以珠玉，加之锦绣。盛设帷屏，列女乐。乘潮解缆，临波置酒。缘塘傍水，观者填咽。大同中，魏使阳斐、与侃在北尝同学，有诏命侃延斐。同宴宾客，三百余人，食器皆金玉杂宝。奏三部女乐。至夕，侍婢百余人，俱执金花烛。侃不饮酒，而好宾游，终日献酬，同其醉醒。以贺琛之言衡之，其所费为何如邪？衡州，梁置，治含洭，在今广东英德县西。① 夫侃，晚而归国；其归国也，乃在败逋之后；势不能多有所携，而其富厚如此，何所取之，实不能令人无惑。观于鱼弘之贪暴，《南史·弘传》：尝谓人曰："我为郡有四尽：水中鱼鳖尽，山中獐鹿尽，田中米谷尽，村里人庶尽。"而知当时武将之剥民，或更甚于文吏矣。此等人，尚安能驱之使立功业哉？

帝于诸王，宽纵尤甚，遂为异日之祸根。② 帝八子：长昭明太子统，以天监元年（502）立，中大通三年（531）卒。有五子：曰华容公欢，曰枝江公誉，曰曲江公督，曰詧，曰鉴。次子豫章王综，实齐东昏侯子也，其事别见下节。三子晋安王纲，昭明太子母弟也。昭明太子之薨，帝犹豫，自四月上旬至五月二十一日，乃决立纲为太子。而封欢为豫章郡王，誉为河东郡王，督为岳阳郡王，詧为武昌郡王，鉴为义阳郡王，以慰其心。昭明太子母曰丁贵嫔，以普通七年（526）卒。

---

① 兵、生计：羊侃、鱼弘之富。
② 封建：梁武宽纵出理外，观渊藻，则非耄荒私为之也。

《南史·太子传》曰：太子遣人求得善墓地。将斩草。有卖地者，因阉人俞三副求市。若得三百万，许以百万与之。三副密启帝，言太子所得地，不如今所得地于帝吉。帝末年多忌，便命市之。葬毕，有道士，善图墓，云"地不利长子，若厌伏，或可申延。"乃为蜡鹅及诸物，埋墓侧长子位。宫监鲍邈之、魏雅，初并为太子所爱，邈之晚见疏于雅，密启帝云：雅为太子厌祷。帝密遣检掘，果得鹅等物，大惊，将穷其事。徐勉固谏，得止。于是惟诛道士。由是太子迄终，以此惭慨。故其嗣不立。后邵陵王临丹阳郡，因邈之与乡人争婢，议以为诱略之罪，牒宫。简文追感太子冤，挥泪诛之。案此事为《梁书》所无。**不足以消弭争端，而复授以争夺之资，同室操戈之机，伏于此矣。第四子曰南康简王绩，第五子曰庐江威王续，并先帝卒。**绩卒于大通三年(531)，续卒于中大同二年（536）。**第六子曰邵陵携王纶。第七子曰湘东王绎，即元帝也。第八子曰武陵王纪。史惟于绩无贬辞。于续即言其贪财，而纶悖戾尤甚。**《南史·纶传》：普通五年（524），摄南徐州事。在州轻险躁虐，喜怒不恒。车服僭拟，肆行非法。遂游市里，杂于厮隶。尝问卖鳝者曰："刺史何如？"对者言其躁虐。纶怒，令吞鳝以死。自是百姓皇骇，道路以目。尝逢丧车，夺孝子服而着之，匍匐号叫。签帅惧罪，密以闻。帝始严责。纶不能改。于是遣代。纶悖慢愈甚。乃取一老公短瘦类帝者，加以衮冕，置之高坐，朝以为君。自陈无罪。使就坐，剥裈，棰之于庭。忽作新棺木，贮司马崔会意，以幨车挽歌，为送葬之法，使妪乘车悲号。会意不堪，轻骑还都以闻。帝恐其奔逸，以禁兵取之。将于狱赐尽。昭明太子流涕固谏，得免。免官，削爵土，还第。大通元年（527），复封爵。中大通四年（532），为扬州刺史。纶素骄纵，欲盛器服，遣人就市赊买锦采丝布数百匹，拟与左右职局防阁为绛衫，内人帐幔。百姓并关闭邸店不出。台续使少府市采，经时不能得。敕责，府丞何智通具以闻。因被责还第。恒遣心腹马容、戴子高、戴瓜、李撤、赵智英等于路寻何智通。于白马巷逢之，以稍刺之，刃出于背。智通以血书壁作邵陵字乃绝。帝悬钱百万购贼。西州游军将宋鹊子条姓名以启。敕遣舍人诸昙粲领斋仗五百人围纶第。于内人槛中禽瓜、撤、智英。子高骁勇，逾墙突围，遂免。纶锁在第。昙粲并主帅领仗身守视，免为庶人。经三旬，乃脱锁。顷之，复封爵。后预伐衡州刺史元庆和，于坐赋诗十二韵。末云："方同广川国，寂寞久无声。"大为武帝所赏，曰："汝人才如此，何虑无声？"旬日间，拜郢州刺史。初昭明之薨，简文入居监抚，纶不谓德举，而云时无豫章，故以次立。及庐陵之没，纶觖望滋甚。于是伏兵于莽，用伺车驾。而台舍人张僧胤知之，其谋颇泄。又纶献曲阿酒百器，上以赐寺人，饮之而毙。上乃不自安，颇加卫士，以警宫内。而纶亦不惧。帝竟不能有所废黜。西州，见第十章第二节。曲阿，见第四章第三节。**案《南史》言诸王之恶，多为旧史所无：其中邵陵王纶当侯景难作后，差能尽忠君父，而史乃言其再谋弑逆；故颇有疑其不实者。然其辞必不能尽诬。而帝之宽纵，又不但己子，于昆弟，于昆弟之子，无不如是者。史所载者：如临川静惠王宏，**①《南史·本传》云：宏自洛口之败，常怀愧忌。都下每有妖发，辄以宏为名。屡为有司所奏。帝每贳之。十七年（518），帝将幸光宅寺，有士伏于骠骑航，待帝夜出。帝将行，心动，乃于朱雀航过。事发，称为宏所使。帝泣谓宏曰："我人才胜汝百倍，当此犹恐颠

---

① 生计：梁临川王宏之富，亦高利贷夺人产业。

坠，汝何为者？我非不能为周公、汉文，念汝愚故。"宏顿首曰："无是无是。"于是以罪免。而纵恣不悛。奢侈过度。修第拟于帝宫。后庭数百千人，皆极天下之选。所幸江无畏，服玩拟于齐东昏潘妃，宝履直千万。好食鲭鱼头，常日进三百。其佗珍膳，盈溢后房，食之不尽，弃诸道路。宏未几复为司徒。普通元年（520），迁太尉、扬州刺史，侍中如故。七年（526），薨。宏恣意聚敛。库室垂有百间，在内堂之后，关篗甚严。有疑是铠仗者，密以闻。宏爱妾江氏，寝膳不能暂离。上佗日送盛馔与江，曰："当来就汝欢宴。"惟携布衣之旧射声校尉邱佗卿往，与宏及江大饮。半醉后，谓曰："我今欲履行汝后房。"便呼后阁舆，径往屋所。宏恐上见其赌货，颜色怖惧。上意弥言是仗。屋屋检视。宏性爱钱，百万一聚，黄榜标之；千万一库，悬一紫标。如此三十余间。帝与佗卿屈指计，见钱三亿余万。余屋贮布、绢、丝、绵、漆、蜜、纻、蜡、朱砂、黄屑、杂货，但见满库，不知多少。帝始知非仗，大悦，曰："阿六，汝生活大可。"方更剧饮，至夜，举烛而还。宏都下有数十邸，出悬钱立券。每以田宅、邸店，悬上文券，期讫便驱券主，夺其宅。都下、东土百姓，失业非一。帝后知，制悬券不得复驱夺，自此后，贫庶不复失居业。宏又与帝女永兴主私通。因是遂谋弑逆。许事捷以为皇后。帝尝为三百斋，诸主并豫。永兴乃使二僮，衣以婢服。僮逾阃失屦，阁帅疑之，密言于丁贵嫔。欲上言，惧或不信，乃使宫帅图之。帅令内舆人八人，缠以纯锦，立于幕下。斋坐散，主果请间。帝许之。主升阶，而僮先趋帝后，八人抱而禽之。帝惊，坠于宸。搜僮得刀。辞为宏所使。帝秘之。杀二僮于内。以漆车载主出。主恚死，帝竟不临。宏性好内乐酒，沉湎声色。侍女千人，皆极绮丽。**如南平元襄王伟**，《南史·本传》云：齐世青溪宫，改为芳林苑。天监初，赐伟为第。又加穿筑。果木珍奇，穷极涧靡，有侔造化。立游客省，寒暑得宜，冬有笼炉，夏设饮扇，每与宾客游其中。命从事中郎萧子范为之记。梁蕃邸之盛无过焉。**如临贺王正德**，临川靖惠王子。《南史·本传》云：少而凶愚。招聚亡命，破冢屠牛。兼好弋猎。齐建武中，武帝胤嗣未立，养以为子。及平建康，生昭明太子，正德还本。自谓应居储嫡，心常怏怏。普通三年（522），奔魏。魏不礼之。又逃归。武帝泣而诲之，特复本封。正德志行无悛。常公行剥掠。东府有正德及乐山侯正则，潮沟有董当门子遑，南岸有夏侯夔世子洪，为百姓巨蠹。多聚亡命。黄昏杀人于道，谓之打稽。时勋豪子弟多纵恣，以淫盗屠杀为业，父祖不能制，尉逻莫能御。后正则为劫杀沙门徙岭南死。洪为其父奏系东冶，死于徙。遑坐与永阳王妃王氏乱诛。三人既除，百姓少安，正德淫虐不革。六年（525），为轻车将军，随豫章王北伐，辄弃军走，为有司所奏，下狱，免官削爵土，徙临海郡。未至，道追赦之。八年（527），复封爵。大通四年（530），特封临贺郡王。后为丹阳尹，坐所部多劫盗，复为有司所奏，去职。出为南兖州，在任苛刻，人不堪命。广陵沃壤，遂为之荒，至人相食啖。既累试无能，从是黜废，转增愤恨，乃阴养死士，常思国衅。其后与侯景通之事，见第十三章第二节。正则，正德弟也。恒于第内私械百姓令养马。又盗铸钱。大通二年（530），坐匿劫盗，削爵，徙郁林。与西江督护新山顾通室。招诱亡命，将袭番禺。未及期而事发，遂鸣鼓会将攻州城。刺史元景仲命长史元孝深讨之。正德败逃于厕。村人缚送之。诏斩于南海。东府，见第三章第九节。临海，见第四章第三节。番禺，南海都治，亦广州治，见第七章第五节。郁林，见第三章第九节。**其罪恶无不骇人听闻。有一于此，纲纪已不可问，况其多乎？** 帝之不诛齐室子孙，颇为史家所称道，事见《南史·齐高帝诸子传》。《廿二史札记》曰："宋之于晋，齐之于宋，每当革易，辄取前代子孙尽殄之。梁武父顺之，在齐时，以缢杀鱼复侯子响事，为孝武所恶，不得志而死，故梁武赞齐明帝除孝武子孙以复私仇，然亦本明帝意，非梁武能主之也。后其兄懿又为明帝子东昏侯所杀，故革易时亦尽诛明帝子以复之，所谓自雪门耻也。至于齐高子孙，犹有存者，则皆保全而录用之。"又云："高、武子孙，已为明帝杀尽，惟豫章王一支尚留。"案齐明帝十一男：长巴陵隐王宝义，次东昏侯，三江夏王宝玄，五庐陵主宝源，六鄱阳王宝寅，八和帝，九邵陵王宝攸，十晋熙王宝嵩，十一桂阳王宝贞。史云余皆早天，谓第四、第七二皇子也。东昏侯、和帝外，宝玄为东昏侯所杀。宝攸、宝嵩、宝贞，皆以中兴二年（532）见杀。宝玄亦死于是年，史书薨，然恐实非良死也。宝寅奔虏。宝义封巴陵郡王，奉齐后，天监七年（508）薨，盖以幼有废疾，故独得全也。宝攸，《南史》本传作宝修，《本纪》亦作宝攸。然其纵恣亲贵，诒害于民如此，以一家哭何如一路哭之义衡之，觉列朝之诛戮功臣、亲贵者，其流毒，反不若是之巨矣。

帝之诒讥后世者，为信佛法。其实信佛法而无害于政事，初未足以召乱，帝之所以召乱者，亦以其纲纪之废弛耳。郭祖深言："都下佛寺，五百余所，穷极侈丽。僧尼十余万，资产丰沃。所在郡县，不可胜言。道人又有白徒，尼则皆畜养女，皆不贯人籍。[①] 天下户口，几亡其半。而僧尼多非法。养女皆服罗纨。蠹俗伤法，抑由于此。请精加检括。若无道行，四十已下，皆使还俗附农。罢白徒养女，听畜奴婢。婢惟着青布衣。僧尼皆令蔬食。如此，则法兴俗盛，国富人殷。不然，恐方来处处成寺，家家剃落，尺土一人，非复国有。"僧尼之害治如此，崇信之者，复何以为国哉？帝之学问，在历代帝王中，自当首屈一指。当其在位时，修饰国学，增广生员；立五经馆，置五经博士；又撰吉、凶、军、宾、嘉五礼一千余卷。史称"自江左以来，年逾二百，文物之盛，独美于兹"，《南史·本纪》赞。良亦有由，然粉饰升平之为，终非所以语于郅台之实也。

第六节　梁纳元颢

魏至明帝之朝，政事紊乱，干戈四起，势已不能与梁竞。为梁人计者，实宜厚集其力，为一举廓清之计，而不宜轻用其锋。以北朝是时之衰乱，梁苟能出全力以乘之，河北、河东，纵难全复；河南、关中，必可全而有也。梁若有力以出关中，必非萧宝寅、万俟丑奴等所能御。河南、关中既下，秣马厉兵，再接再厉，而六合之澄清有望矣。然梁武本非能用兵之人，亦未尝实有恢复之志。疆场无事，偷安岁久，兵力之不振，实更甚于其有国之初。故北方虽有机可乘，而梁人用兵，仍不越乎淮上。若言大举，则始终思藉降人之力。独不思降人若本无能为，辅之

---

① 户口：郭祖琛言僧尼及白徒、养女皆不贯籍。

安能有济？若有雄略，又安肯为我不侵不叛之臣？辅而立之，岂非自树一敌邪？

梁武帝普通五年（524），魏孝明帝正光五年也。武帝复谋北伐。使裴邃率骑三千，先袭寿春。邃时为豫州刺史镇合肥。入其郛。以后军失道不至，拔还。时诸将北征，多所克获。魏遣河间王琛援寿春，安乐王鉴援淮阳。见第九章第五节。初魏徐州刺史元法僧，据镇自立。法僧，道武子阳平王熙之曾孙。《梁书》本传云：普通五年（524），魏室大乱，法僧遂据镇称帝。诛锄异己。立诸子为王部署将帅，欲议匡复。既而魏乱稍定，将讨法僧。法僧惧，乃遣使归款，请为附庸。欲议匡复，乃其归梁后之饰说。法僧乃一妄人，刺益州时，杀戮自任，威怒无恒，致合境皆叛，招引外寇，具见《北史》本传。且归梁时年已七十有二矣，复何能为？梁乃赐之甲第，女乐金帛，前后不可胜数，谓方事招携，欲以抚悦初附，何不回此赀财，以饷战士邪？法僧之叛，《魏书·本纪》谓其自称宋王，其本传及《北史》皆云称尊号，与《梁书》合。《通鉴考异》云：法僧立诸子为王，则必称帝，其说是也。时又有元略者，中山王英之第四子也。其兄熙起兵而败，略奔梁。梁封为中山王。法僧降，以为大都督，令诣彭城诱接初附。寻与法僧同征还。后豫章王综入魏，长史江革及将士五千人，悉见禽虏，魏明帝悉遣还以征略。梁乃备礼而遣之。魏人将讨之，法僧惧，六年（525），魏孝昌元年。正月，遣使归款，请为附庸。魏安乐王鉴攻之，不克。魏又使临淮王彧、见第三节。安丰王延明、见第一节。尚书李宪讨之。法僧请还朝。高祖遣朱异迎之，而使豫章王综顿彭城，总督诸军。五月，裴邃卒于军。诏中护军夏侯亶代焉。与魏河间王琛、临淮王彧等相拒，频战克捷。时方修宿豫堰，宿豫，见第七章第四节。又修曹公堰于济阴，宋郡，在今安徽盱眙县西。有密敕：班师合肥，以休士马，须堰成复进。而豫章王之变起。① 初综母吴淑媛，本在齐东昏侯宫，后得幸于武帝，七月而生综。综自信为东昏侯子。《南史》本传云：在西州，于别室岁时设席，祠齐氏七庙。又累微行至曲阿，拜齐明帝陵。闻俗说：以生者血沥死者骨，渗即为父子，综乃私发齐东昏墓，出其骨沥血试之。既有征矣，在西州生次男，月余日，潜杀之，既瘗，夜遣人发取其骨，又试之。每武帝有敕疏至，辄忿恚形于颜色。徐州所有练树，并令斩杀，以帝小名练故。西州，见第十章第二节。曲阿，见第四章第三节。降意下士，以伺风云之会。又为入北之备。《南史》本传又云：轻财好士，分施不辍。常于内斋，布沙于地，终日跣行，足下生胝。日能行三百里。于徐州还，频载表陈便宜，求经略边境。累致意尚书仆射徐勉，求出镇襄阳。为南兖，颇勤于事，而不见宾客，其辞讼则隔帏理之；方辐出行，垂帷于舆；每云恶人识其面也。诸侯王、妃、主及外人，并知此怀，惟武帝不疑。帝性严，群臣不敢轻言得失，综所行，帝亦弗之知也。尝使人入北，与萧宝寅相知，呼为叔父，许举镇归之。及是，敕综退军，综惧南归则无因复与宝寅相见，乃与数骑夜奔延明。此据《梁书》。《南史》本传云：武帝晓别玄象，知当更有败军失将，恐综为北所禽，手敕综令拔军，每使居前，勿在人后，综恐帝觉其意，遂奔。又云：综至魏，改名缵。追服齐东昏斩衰。八月，有司奏削爵土，绝其属籍。改子直姓悖氏。未及

---

① 报仇：梁豫章王综。

旬日，有诏复属籍。封直永新侯。久之乃策免。吴淑媛俄遇鸩而卒，有诏复其品秩，谥曰敬。使直主其丧。及萧宝寅据长安反，综复去洛阳欲奔之。魏法：度河桥不得乘马，综乘马而行，桥吏执之，送洛阳。陈庆之之至洛也，送综启求还。时吴淑媛尚在，敕使以综小时衣寄之。信未达而庆之败。未几，终于魏。后梁人盗其枢来奔，武帝犹以子礼，祔葬陵次。案陈庆之至洛时，吴淑媛尚在，不得云俄遇鸩，此亦古人博采兼存，不加注释之一证。或谓俄遇鸩之俄字，乃承上久之二字而言，则于语气不合也。于是众军皆溃。魏人遂复据彭城。时魏扬州刺史长孙稚，拥强兵而久不决战，议者疑其有异图。魏之遣河间、临淮二王及李宪，外声助稚，实防之也。七年（526），魏孝昌二年。鲜于修礼反，遂调稚北讨。初魏咸阳王禧之死也，其长子通亦见杀。通窃入河内，太守陆琇，初与通情，闻禧败，乃杀之。河内，见第二章第二节。通弟翼，会赦，诣阙上书，求葬其父；又频年泣请；世宗不许。翼乃与弟昌、晔来奔。翼弟显和，昌弟树，后亦来奔。武帝封翼为咸阳王，以为青、冀二州刺史。翼谋举州归魏，为武帝所移。树，武帝封为魏郡王，后改封邺王，数为将。是夏，淮堰水盛，寿阳将没，帝乃使树北道军稍进。夏侯亶通清流涧，在今安徽滁县西北。韦放自北道会焉。放，叡子。两军既合，所向皆下，凡克城五十二。十一月，魏扬州刺史李宪降。于是久为敌据之寿春克复。诏依前代，于寿阳置豫州，以合肥为南豫州。以夏侯亶为二州刺史。大通三年（531），卒于镇。明年，为大通元年（529），魏孝昌三年。正月，司州刺史夏侯夔出义阳道。夔，亶弟。攻平静、穆陵、阴山三关，克之。平静，即平靖，见第十一章第四节。穆陵，亦作木陵，在今湖北麻城县北。阴山，在麻城县东北。时谯州刺史湛僧智围魏东豫州刺史元庆和于广陵，今河南息县。夔自武阳会焉。武阳，义阳三关之一，见第十一章第四节。九月，庆和降。诏以僧智领东豫州，镇广陵。又遣领军曹仲宗攻涡阳。见第十一章第三节。涡阳城主王伟降。诏以涡阳置西徐州。二年（530），魏明帝武泰，孝庄帝永安元年。二月，魏孝明帝死，国大乱。四月，其郢州刺史元愿达以义阳降。愿达，明元孙，《南史》作显达。诏改为北司州。以夏侯夔为刺史。四月，魏北海王颢、见第三节。临淮王彧、汝南王悦孝文子。并来奔。时魏以颢为相州刺史，御葛荣。颢至汲郡，属尔朱荣入洛，推奉庄帝，遂盘桓顾望，图自安之策。先是颢启其舅范遵为殷州刺史，遵以葛荣见逼，未得行，颢令遵权停于邺。颢既怀异谋，乃遣遵行相州事，代前刺史李神，为己表里之援。相州行台甄密，先受朝旨，委其守邺。知颢异图，恐遵为变，遂相率废遵，还推李神，摄理州事。然后遣军候颢逆顺之势。颢遂与子冠受来奔。或时为东道行台，以尔朱荣杀害元氏，故来奔。旋北还。悦则清狂不惠。故三人中惟颢为梁所资焉。六月，魏北青州刺史元世儁，南荆州刺史李志皆以城降。胡三省曰："魏北青州治东阳，去梁境甚远。《五代志》：东海郡，梁置南北二青州，郡领怀仁县。又《注》云：梁置南北二青州，意元世儁以怀仁之地来降也。"案怀仁，东魏县，在今江苏赣榆县西。南荆州，见第四节。泰山太守羊侃，后魏泰山郡，治钜平，在今山东泰安县西南。祖规，为宋徐州从事，以薛安都降北陷魏。父祉，每有南归之志。常谓诸子曰："人生安可久淹异域？汝等可归奉本朝。"侃至是，将举河、济，以成先志。兖州刺史羊敦，魏兖州，初治滑台，后移瑕丘。亦称东兖，而称滑台为西兖。大和中，于涡阳置兖州，正光中移于谯城，谓之南兖。西兖，孝昌三年（527），尝移于定陶，后复。滑台，见第六章第五节。瑕丘，见第九章第五节。涡阳，见第十一章第三节。谯城，见第三章第三节。定陶，秦县，在今山东定陶县西北。侃从兄也，密知之，据州拒侃。侃率精兵三万袭之，弗克。仍筑十余城守之。魏主闻之，使授侃骠骑大将军、司徒、泰山郡公，长为兖州刺史。侃斩其使以徇。魏人大骇。十月，以于晖为行台，与徐、兖行台崔孝芬，大都督刁宣等攻之。南军不进。侃乃溃围南奔。是月，魏豫州刺史邓献以地降。治县瓠。此时梁用兵颇致克捷，惟曹义宗围魏荆州，见第十一章第四节。为费穆所破，义宗被禽。益州刺史萧渊猷，长沙宣武王子。遣樊文炽、萧世澄围小剑戈，见第十一章第四节。魏益州刺史邢虬，遣子子达，行台魏子建，遣别将淳于诞拒破之。禽世澄等十一人，文炽为元帅，先走获免。事在普通六年（525）。魏遂分安康置东梁州，以诞为刺史。事在大通元年（529）。安康，汉安阳县，晋改曰安康，在今陕西汉阴县西。则梁仍为失利：此魏孝明之世南北搆兵之大略也。

大通二年（530），北方既大乱，梁武帝乃立元颢为魏主，遣东宫直阁将军陈庆之卫送北归。颢于涣水即魏帝号。涣水，出陈留，入宿县，至灵璧县入淮。今上流已湮，下流即永城以东之浍河也。授庆之前军大都督。发自铚县。秦县，在今安徽宿县西南。进拔荥城。胡三省曰："《春秋》沙随之地，杜预《注》以为即梁国宁陵县北之沙阳亭，俗谓之堂城。荥堂字相近，意即此地而字讹也。"案宁陵，汉县，在今河南宁陵县南。遂至睢阳。秦县，在今河南商邱县南。魏将邱大千，有众七万，分筑九城以距。庆之攻之。自旦至申，陷其三垒。大千乃降。济阴王元晖业景穆子济阴王小新城之曾孙。率二万人，来救梁、宋，来屯考城。汉县，在今河南考城县东南。庆之攻陷其城，生擒晖业。仍趋大梁，今河南开封县。望旗归款。时中大通元年（529）魏永安二年。五月朔也。魏乃以杨昱椿子。为东南道大都督，镇荥阳，见第三章第三节。尚书仆射尔朱世隆见第四节。镇虎牢；见第四章第二节。尔朱世承荣从弟。镇崿阪。《本传》云：守辕辕，见第三章第四节。初元颢之北也，魏元天穆方总众以讨邢杲。颢据鄷城，见第四章第二节。天穆集文武议所先。议者咸以杲众甚盛，宜先经略。行台尚书薛琡，以为邢杲聚众无名，虽强犹贼；元颢皇室昵亲，来称义举，此恐难测；宜先讨颢。天穆以群情不欲，遂先讨杲。此据《北齐书·琡传》。《魏书·尔朱荣传》云：朝廷以颢孤弱，不以为虑，诏穆先平齐地，然后回师征颢。及是，庆之率众而西，攻荥阳，未能拔，而天穆大军将至。士众皆恐。庆之乃解鞍秣马，宣喻众曰："吾至此以来，屠城略地，实为不少；君等杀人父兄，略人子女，又为无算；天穆之众，并是仇雠。我等裁有七千，房众三十余万。今日之事，义不图存。房骑不可争力平原，及未尽至，须平其城。"一鼓悉使登城，克之。执杨昱。时五月二十二日。俄而魏陈外合，庆之率骑三千，背城逆战。大破之。天穆单骑获免。进赴虎牢，尒朱世隆弃城走。不暇追报世承，寻为元颢所禽，杀之。于是孝庄帝出奔。五月二十三日。二十四日至河内。其临淮王彧、安丰王延明率百僚迎颢入洛阳。二十五日。元天穆率众四万，攻陷大梁；分遣王老生、费穆兵二万据虎牢，刀宣、刀双入梁、宋。庆之随方掩袭，并皆降款。天穆与十余骑北渡河。《周书·杨宽传》：邢杲反，宽以都督从元天穆讨平之。属元颢入洛，天穆惧，计无所出，集诸将谋之。宽曰："吴人轻佻，非王之敌；况悬军深入，师老兵疲，强弩之末，何能为也？愿径取成皋，合兵伊、洛，戮带定襄，于是乎在。此事易同摧朽，王何疑焉？"天穆然之，乃引军趣成皋。寻以众议不同，乃回赴石济。盖魏是时军气不振，故天穆未能悉力与庆之决战也。石济，见第八章第七节。自发铚县，至于洛阳，十四旬，平三十二城，四十七战，所向无前，其兵锋可谓锐矣。然魏之兵力，未大损也。初元颢之逼虎牢也，或劝魏孝庄帝赴关西。孝庄以问其中书舍人高道穆。道穆对曰："关西残荒，何由可往？元颢兵众不多，乘虚深入，由将帅征提，不得其人耳。陛下若亲率宿卫，高募重赏，背城一战，破颢孤军，必不疑矣。如恐成败难测，便宜车驾北渡，循河东下，征天穆合于荥阳，向虎牢；别征尒朱荣军，令赴河内，以犄角之。旬月之间，何往不克？"帝曰："高舍人议是。"尒朱荣闻庄帝渡河，即时驰传，与之会于长子。见第三章第四节。于是魏人重来之计决，而元颢之势危矣。《梁书·陈庆之传》云：初元子攸止单骑奔走，宫卫嫔侍，无改于常。颢既得志，荒于酒色，乃日夜宴乐，不复视事。《魏书·颢传》云：颢以数千之众，转战辄克，据有都邑，号令自己，天下人情，想其风政。而自谓天之所授，颇怀骄怠。宿昔宾客近习之徒，咸见宠待，干扰政事。又日夜纵酒，不恤军国。所统南兵，陵窃市里。朝野莫不失望。时又酷敛，公私不安。案颢固非能有为之人，然其猜忌陈庆之，则亦势所必至，无足为怪。当日情势，遣兵大少，非不足定颢，则颢位既定之后，必反为所戕，其事至显，而梁当日，一遣庆之，遂无后继，此其举措，所以为荒缪绝伦也。又《杨昱传》：谓昱之败，陈庆之等三百余人伏颢帐前请曰："陛下渡江，三千里无遗镞之费，昨日一朝杀伤五百余人，求乞杨昱以快意。"颢不可，而曰："自此之外，惟卿等所请。"于是斩昱下统帅三十七人，皆令蜀兵剖腹取心食之。则南兵骄横残暴，亦自实情。实非吊民伐罪之师。遣此等兵，虽善战，亦不能定国也。与安丰、临淮，共立奸计，将背朝恩。庆之心知之，乃说颢曰："今远来至此，未伏尚多。若知人虚实，方更连兵。宜启天子，更请精兵。并勒诸州：有南人没此者，悉须部送。"颢欲从之。元延明说颢曰："陈庆之兵不出数千，已自难制，今增其众，宁复肯为用乎？"颢乃表高祖曰："河北河南，一时已定，惟尒朱荣尚敢跋扈，臣与庆之，自能禽讨。今州郡新服，政须绥抚，不宜更复加兵，摇动百姓。"高祖遂诏众军，皆停界首。颢前以庆之为徐州刺史，因固求之镇。颢曰："主上以洛阳之地，全相任委。忽闻舍此朝寄，欲往彭城，谓君遽取富贵，不为国计。手敕频仍，恐成仆责。"庆之不敢复言。惟有坐待丧败矣。《王规传》言：庆之克复洛阳，百僚称贺，规退曰："孤军无援，深入寇境；威势不接，馈运难继。将是役也，为祸阶矣。"此固人人之所知，而梁武漫不加省，举朝亦莫以为言，怠荒至此，何以为国？况求克敌乎？

元颢入洛后二日，魏行台崔孝芬、大都督刀宣即破颢后军都督侯暄于梁国，见第二章第三节。斩之。及尔朱荣与孝庄帝会，即日反旆。旬日之间，兵马大集。资粮器仗，继踵而至。于是魏军声势骤盛。颢都督宗正珍深、河内太守元袭固守不降。荣攻克之，斩以徇。孝庄如河内。荣与颢相持于河上。颢令延明缘河据守。荣无舟船。有夏州人为颢守河中渚，求破桥立效。荣率军赴之。及桥破，应接不果，皆为颢所屠。荣怅然，将图还计。黄门侍郎杨侃及高道穆，并固执不可。以为大军若还，失天下之望。并教以缚筏造船，处处遣渡。属马渚诸杨，云有小船，求为乡道。《周书·杨揔传》：元颢入洛，孝庄欲往晋阳就尔朱荣，诏揔率其宗人，收船马渚。揔未至，帝已北度大行，揔遂匿所收船，不以资敌。及尔朱荣奉帝南讨，至马渚，揔乃具船以济王师。马渚，在硖石东。硖石，见第四章第二节。七月，荣乃令尔朱兆等率精骑夜渡。兆，荣从子。颢子冠受，率马步五千拒战，兆大破禽之。延明闻冠受见禽，遂自逃散。颢率麾下数百骑及南兵勇健者，自辕辕而出。至临汝，宋县，治所未详。部骑分散，为临颍县卒所斩。临颍，汉县，在今河南临颍县西北。颍弟瑱，潜窜，为人执送，斩于都市。延明南奔，后死于江南。陈庆之马步数千，结陈东反。荣亲自来追。直嵩高山水洪溢，军人死散。庆之乃落发为沙门，间行至豫州。豫州程道雍等潜送出汝阴，见第四章第二节。乃得归。

第七节　孝庄帝杀尔朱荣

元颢败后，尔朱荣复继平内乱。其年，九月，侯渊讨韩楼于蓟，破斩之。幽州平。《周书·宝炽传》：葛荣别帅韩娄、郝长众数万人据蓟城不下，以炽为都督，从骠骑将军侯深讨之，炽手斩娄。深即渊，避唐讳改字。明年，梁中大通三年（531），魏庄帝永安三年，长广王晔建明元年，前废帝即节闵帝普泰元年，后废帝中兴元年。正月，东徐州城民吕文欣、王赦等杀刺史元大宾，据城反。魏东徐州，治下邳，见第三章第三节。以樊子鹄为行台讨之。二月，克之。东徐平。事亦见《魏书·鹿念传》。万俟丑奴以去年夏僭号。从《尔朱天光传》。《本纪》在七月，盖魏朝至此始闻之。九月，陷东秦州。见第三节。是岁，除尔朱天光雍州刺史，率贺拔岳、侯莫陈悦等讨之。天光初行，惟配军士千人。诏发京城已西路次民马给之。时东雍赤水蜀贼断路胡三省曰：东雍州时治郑县。赤水，《水经注》：在郑县北。郑县，见第三章第三节。诏侍中杨侃先行晓喻。蜀持疑不下。天光遂入关击破之。简取壮健，以充军士。悉收其马。至雍，见第三章第五节。又税民马。合得万匹。以军人寡少，停留未进。荣遣责之，杖天光一百。而复遣二千人往赴。天光令贺拔岳率千骑先驱。至岐州界长城，岐州，见第十一章第四节。与丑奴行台尉迟菩萨遇，破禽之。丑奴弃岐州，走还安定。置栅于平亭。泾州，治安定，见第十一章第四节。平亭，在泾州北。天光至岐，与岳合势。于汧、渭之间，停军牧马。宣言待至秋凉，别量进止。丑奴谓为实，分遣诸军，散营农稼。天光袭破之。丑奴弃平亭，欲趋高平。见第三节。天光遣岳轻骑急追，禽之。天光逼高平，城内执送萧宝夤。囚送魏都。斩丑奴，赐宝夤死。泾、豳、二夏，北至灵州，并来归降。豳州、夏州、灵州，皆见第三节。二夏，谓夏州及东夏州。东夏州，在今陕西北境，治所未详。其党万俟道洛、费连少浑犹据原州。见第三节。天光使造高平李贤，令图道洛。贤绐道洛出城。天光至，遂克之。遣都督长孙邪利率二百人行原州事。道洛袭杀邪利。天光与岳、悦驰赴之。道洛还走入山，西依牵屯。见第六章第六节。荣责天光失邪利，不获道洛，复使杖之一百。天光与岳、悦等复赴牵屯。道洛入陇，投略阳贼帅白马龙涸胡王庆云。略阳，见第二章第二节。龙涸，亦作龙鹤，今四川松潘县。道洛骁果绝伦，庆云得之甚喜。乃自称皇帝，以道洛为将军。《纪》在六月。天光率诸军入陇。至庆云所居水洛城，见第三节。禽庆云、道洛。悉坑其众，死者万七千人。分其家口。于是三秦、河、渭、瓜、凉、鄯善，咸来归顺。据《魏书·天光传》。《周书》鄯善作鄯州。三秦，秦州，见第十一章第三节。东秦、南秦、河、凉州，皆见本章第三节。瓜州，见第四节。渭州，后魏置于陇西郡。陇西，见第二章第二节。鄯州，治西都，今青海乐都县。贼帅宿勤明达，降天光于平凉，见第六章第三节。复北走，收聚部类，攻降人叱干麒麟。麒麟请救。天光遣岳讨之。未至，明达走于东夏。岳闻尒朱荣死，不追之，还泾州以待天光。天光亦下陇，与岳图入洛之策。迨前废帝立，乃复出夏州，遣将讨禽之焉。

尒朱荣破葛洪后，为大丞相，进位太师。及平元颢，又造立名目，称为天柱大将军。荣寻还晋阳，遥制朝廷。亲戚腹心，皆补要职、百僚，朝廷动静，莫不以申。至于除授，皆须荣许，然后得用。庄帝虽受制权臣，而勤于政事。朝夕省纳，孜孜不已。以选司多滥，与吏部尚书李神儁议正纲纪。荣乃大相嫌责。曾关补定州曲阳县令，曲阳，见第六章第八节。神儁以阶悬不奏，别更拟人，荣大怒，即遣其所补者，往夺其任。荣使入京，虽复微蔑，朝贵见之，莫不倾靡。及至阙下，未得通奏，恃荣威势，至乃忿怒。神儁遂上表逊位。荣欲用其从弟世隆摄选，世隆时为尚书左仆射。上亦不违。荣曾启北人为河内诸州，欲为犄角势。上不即从。元天穆入见论事，上犹未许。天穆曰："天柱有大功，为国宰相。若请普代天下官属，恐陛下亦不得违。如何启数人为州，便停不用？"帝正色曰："天柱若不为人臣，朕亦须代；如犹存臣节，无代天下百官理。"荣闻，大怒，曰："天子由谁得立？今乃不用我语。"皇后复嫌内妃嫔，甚有妒恨之事。帝遣世隆语以大理。后曰："天子由我家置立，今便如此。我父本即自作，今亦复决。"世隆曰："兄止自不为。若本自作，臣今亦得封王。"荣见帝年长明晤，为众所归，欲移自近，皆使由己。每因醉云："入将天子拜谒金陵，后还复恒、朔"；而侍中朱元龙，辄从尚书索大和中迁京故事；于是复有移都消息。荣乃暂来向京，言看皇后娩难。帝惩河阴之事，终恐难保，乃与城阳王徽，见第二节。侍中杨侃、李彧，尚书右仆射元罗谋。皆劝帝刺杀之。惟胶东侯李侃晞、济阴王晖业言：荣若来，必有备，恐不可图。李彧，庄帝舅延寔之子。尚帝姊丰亭公主。任侠交游。尔朱荣之死，武毅之士，皆彧所进。孝静初被杀。延寔为青州刺史，尔朱兆入洛，亦见害。侃晞，凤之孙。与鲁安等同杀荣。后奔邺。皆见《魏书·外戚传》。又欲杀其党与，发兵拒之。帝疑未定。而京师人怀忧惧。中书侍郎邢子才之徒，已避之东出。荣乃遍与朝士书，相任留。中书舍人温子昇以书呈帝。帝恒望其不来，及见书，以荣必来，色甚不悦。武卫将军奚毅，建义初，建义，亦孝庄年号，后乃改永安。往来通命，帝每期之甚重，然以为荣通亲，不敢与之言。毅曰："若必有变，臣宁死陛下难，不能事契胡。"帝曰："朕保天柱无异心，亦不忘卿忠款。"是年，八月，荣将四五千骑向京。时人皆言其反，复道天子必应图之。九月初，荣至京。有人告云："帝欲图之。"荣即具奏。帝曰："外人亦言王欲害我，岂可信之？"于是荣不自疑，每入谒帝，从人不过数十，皆不持兵仗。帝欲止。城阳王曰："纵不反亦何可耐，况何可保邪？"北人语讹尔朱为人主，上又闻其在北言我姓人主。先是长星出中台，扫大角。恒州人高荣祖，颇明天文，荣问之曰："是何祥也？"答曰："除旧布新象也。"荣闻之悦。又荣下行台郎中李显和曾曰："天柱至那无九锡？安须王自索也？亦是天子不见机。"都督郭罗察曰："今年真可作禅文，何但九锡？"参军褚光曰："人言并州城上有紫气，何虑天柱不应？"荣下人皆陵侮帝左右，无所忌惮，事皆上闻。奚毅又见求闻。帝即下明光殿与语。帝又疑其为荣，不告以情。及知毅赤诚，乃召城阳王及杨侃、李彧，告以毅语。荣小女嫁与帝兄子陈留王，小字伽邪，荣尝指之曰："我终当得此女婿力。"徽又云："荣虑陛下终为此患，脱有东宫，必贪立孩幼；若皇后不生太子，则立陈留，以安天下。"并言荣指陈留语状。十五日，天穆到京。《魏书·荣传》云：帝既图荣，荣至入见，即欲害之，以天穆在并，恐为后患，故隐忍未发。驾迎之。荣与天穆并从入西林园宴射。荣乃奏曰："近来侍官皆不习武，陛下宜将五百骑出猎，因省辞讼。"先是奚毅言："荣因猎挟天子移都，至是，其言相符。"十八日，召温子昇，告以杀荣状。并问以杀董卓事。子昇具道本末。上曰："王允若即赦凉州人，必不应至此。"良久，语子昇曰："朕之情理，卿所具知。死犹须为，况不必死？宁与高贵乡公同日死，不与常道乡公同日生。"上谓杀荣、天穆，即赦其党，便应不动。应诏王道习曰："尔朱世隆、司马子如、自云晋南阳王模之后，时为金紫光禄大夫。朱元龙，比来偏被委付，具知天下虚实，谓不宜留。"城阳王及杨侃曰："若世隆不全，仲远、天光，岂有来理？"仲远，荣从弟，见下。帝亦谓然，无复杀意。城阳曰："荣数征伐，要间有刀，或能很戾伤人，临事愿陛下出。"乃伏侃等十余人于明光殿东。其日，荣与天穆并入。坐食未讫，起出。侃等从东阶上殿，见荣、天穆已至中庭，事不果。十九日是帝忌日。二十日荣忌日。二十一日，暂入，即向陈留王家。饮酒极醉。遂言病动，频日不入。上谋颇泄。世隆等以告荣。荣轻帝，不谓能反。①《魏书·荣传》云：荣启将入朝，世隆与荣书，劝其不来。荣妻北乡郡长公主亦劝不行。荣并不从。《世隆传》云：庄帝将图荣，或榜世隆门，以陈其状。世隆封以呈荣，劝其不入。荣自恃威强，不以为意。遂手毁密书，唾地曰："世隆无胆，谁敢生心？"《北史》则云：庄帝之将图荣，每屏人言。世隆惧变，乃为匿名书，自榜其门，曰："天子与侍中杨侃，黄门马道穆等为计，欲杀天柱。"以此书与北乡郡公主。并以呈荣，劝其不入。又劝其速发。皆不见从。案当时恐无肯泄密谋于尒朱氏者，且谁能榜世隆之门？《北史》所言盖是，此可见荣之难于告语矣。北乡郡，《魏书·帝纪》作乡郡，当从之。《五代志》：上党郡乡县，石勒置武乡郡，后魏去武字为乡郡。魏收《志》无北乡郡。二十五日旦，荣、天穆同入。其日大欲革易。上在明光殿东序中，西面坐。荣与天穆，并御床西北小床上南向坐。城阳入，始一拜，荣见光禄卿鲁安等持刀从东户入，即驰向御坐。帝拔千牛刀手斩之。《魏书·荣传》云：帝先横刀膝下，遂手刃之。安等乱斫，荣与天穆、菩提，同时并死。时年三十八。得其手板，上有数牒启，皆左右去留人名。非其腹心，悉在出限。帝曰："竖子若过今日，便不可制。"天穆与荣子菩提亦就戮。于是内外喜叫，声满京城。既而大赦。以上叙荣事，以《北史·本传》为主。案荣本粗才，无可成大业之理。《北史·荣传》云：性甚严暴。弓箭刀稍不离于手。每有瞋嫌，即行忍害。左右恒有死忧。曾欲出猎，有人诉之，披陈不已，荣怒，即射杀之。又云：荣好射猎，不舍寒暑。法禁严重，若一鹿出，乃有数人殒命。曾有一人，见猛兽便走，谓曰："欲求活邪？"即斩之。自此猎如登战场。曾见一猛兽，在穷谷中，乃令余人，重衣空手搏之，不令伤损。于是数人被杀，遂禽得之。列围而进，虽险阻不得回避。其为人，盖与魏道武相类。然道武行之代北可也，荣行之中原，则不可一日居矣。然北魏本出窃据，非如后汉之足以维系人心；况尒朱氏安知名分？徒恃大赦，欲安反侧，安可得邪？

尒朱氏之族：天光较有才略，然时方督师下陇，与洛邑声势不相接；仲远刺徐州，去洛邑亦较远，且其人本无能为；惟兆刺汾州，见第三节。去晋阳、洛邑皆近，兆又夙从荣征伐，故荣一死，而兆之师即至焉。庄帝之杀荣，遣奚毅、崔渊镇北中。北中郎府城，在河桥北岸。今河南孟县南。是夜，尒朱世隆奉乡郡长公主，率荣部曲，焚西阳门出走。便欲还北。司马子如曰："事贵应机，兵不厌诈。天下汹汹，惟强是视。于此际会，不可以弱示人。若必走北，即恐变故随起。不如分兵守河桥，回军向京。出其不意，或可离溃。假不如心，犹足示有余力，使天下观听，惧我威强。"世隆从之。还攻河桥，禽奚毅等害之。据北中城，南逼京邑。庄帝以杨津为并州刺史，北道大行台，经略并、肆。肆州，见第十一章第二节。李叔

仁为大都督，讨世隆。魏兰根为河北行台，节度定、相、殷三州。后代以薛崇尚。定州，见第十一章第二节。相州，见第八章第二节。殷州，见本章第三节。帝临大夏门，集群臣博议。百僚怔惧，计无所出。李苗请断河桥。城阳王及高道穆赞成其计。苗乃募人，以火船焚河桥。官军不至，苗战殁。然世隆因此退走。至建州，后魏置，今山西晋城县东北。刺史陆希质拒守。城陷，世隆尽屠之，以泄其忿。停高都，后魏郡，在晋城东北。尒朱兆自晋阳来会。共推大原太守行并州刺史长广王晔为主。景穆子南安王桢之孙。尒朱仲远亦率众向京师。庄帝使源子恭镇大行丹谷。在晋城东南。郑先护为大都督，与贺拔胜等拒仲远。胜与仲远战于滑台东，滑台，见第六章第五节。失利，遂降之。先护部众逃散。尒朱兆攻丹谷，都督崔伯凤战殁，羊文义、史仵龙降，源子恭奔退。兆轻兵倍道，与尒朱度律荣从父弟。自富平津上，富平津，即孟津，见第二章第二节。率骑涉渡。《北史·景穆十二王传》：任城王云之孙世儁，尒朱兆寇京师，为都督，守河桥。兆至河，世儁便隔岸遥拜。遂将船五艘迎兆军，兆因得入。京都破残，皆世儁之罪，时论疾之。《魏书》无"遂将船"以下二十一字。案世儁虽无守意，然兆之得济，必不能恃其所将之五船也。十一月三日，大风鼓怒，黄尘涨天。骑叩宫门，宿卫乃觉。弯弓欲射，袍拨弦，矢不得发。一时散走。庄帝步出云龙门，为兆骑所系。兆先令卫送晋阳。留洛旬余，扑杀皇子，污辱妃嫔，纵兵房掠，乃归晋阳。十三日，害帝于五级寺。时年二十四。并害陈留王览。即伽邪。城阳王徽走山南。至故吏寇弥宅。弥怖徽云："官捕将至。"令避他所，使人于路邀害之，送尸于兆。史言尒朱荣死后，徽总统内外，算略无出，忧怖而已。性多嫉妒，不欲人居其前。每入参谋议，独与帝决。朝臣有上军国筹策者，并劝帝不纳。乃云："小贼何虑不除？"又吝惜财物。有所赏赐，咸出薄少。或多而中减，与而复追。徒有糜费，恩不感物。案徽诚非匡济之才，然时事势实艰难，亦不能为徽咎也。庄帝先以高道穆为南道大行台，外托征蛮，阴为不利则南行之计，未及发，为尒朱世隆所害。

长广王之立也，以世隆为尚书令，先赴京师。世隆与兆会于河阳。见第十一章第二节。兆让世隆曰："叔父在朝多时，耳目应广，如何不知不闻，令天柱受祸？"按剑瞋目，声色甚厉。世隆逊辞拜谢，然后得已。深恨之。时尒朱度律留镇洛阳，仲远亦自滑台入京，世隆乃与兄弟密谋，别行拥立。广陵王恭，献文子广陵惠王羽之子。以元叉专权，托称瘖病，绝言垂一纪。居于龙华佛寺，无所交通。世隆欲立之。而度律意在南阳王宝炬。孝文子京兆王愉之子。乃曰："广陵不言，何以主天下？"世隆兄彦伯，密相敦喻。又与度律同往龙华佛寺，知其能言。三月晔至邙南，世隆等遂废之而立恭。是为《魏书》所谓前废帝。《北史》从西魏追谥，称为节闵帝。兆以己不与谋，大恚，欲攻世隆。诏令华山王鸷兼尚书仆射、北道大使慰喻之，兆犹不释。鸷，平文子高凉王孤之六世孙。《魏书》以为尒朱氏党。云：兆为乱，庄帝欲率诸军亲讨，鸷与兆阴通，乃劝帝曰："黄河万仞，宁可卒渡？"帝遂自安。

及兆入殿，鸷又约止卫兵。帝见逼，京邑破，皆由鸷之谋。案时魏朝兵力，自不足用，庄帝即亲讨，亦何能为？逮兆既入殿，又岂卫兵所能格邪？此等传说，自近虚诬。然观此时特令鸷喻止兆，则其为尒朱氏之党不疑也。世隆复遣彦伯自往喻之，兆乃止。《北史·世隆传》曰：世隆与兄弟密谋。虑元晔母干豫朝政，伺其母卫氏出行，遣数十骑如劫贼，于京巷杀之。寻又以晔疏远，欲推立节闵帝。夫当时元魏之君，奚翅仅亦守府？况于其母？既视置君如弈棋矣，亲疏又何择焉？《天光传》言：兆入京后，天光曾轻骑向都见世隆等，乃还雍，世隆等议废立，遣告天光，天光亦与定策。然则当时之废立，盖专以犄兆，即无神武之兵，尒朱氏之内难亦必作。然其毒痛四境，使人人有时日曷丧之怀，则并其内难之作而亦有所不能待矣。

　　时天光控关右，仲远居大梁，仲远时仍为徐州刺史，不之镇而居大梁，后又移屯东郡。大梁，见上节。东郡，见第三节。兆据并州，世隆处京邑，各自专恣。除天光史言其"差不酷暴"，彦伯史言其"差无过患"外，均极贪虐，而仲远尤甚。于大家富族，诬之以反，没其家口；簿籍财物，皆以入己；丈夫死者，投之河流；如此者不可胜数。诸将妇有美色者，莫不被其淫乱。东南牧守，下至民俗，比之豺狼。世隆既总朝政，生杀自由。公行淫佚。信任近小，随其与夺。度律亦所至为百姓患毒。世隆之入洛也，主者欲追李苗赠封，世隆曰："吾尒时群议：更一二日，便欲大纵兵士，焚烧都邑，任其采掠，赖苗京师获全，天下之善士也，不宜追之。"尒朱兆既纵掠京邑，先令卫送庄帝于晋阳，乃自于河梁监阅财货。贪暴如此，虽与之天下，岂能一朝居？况乎怨仇者之日伺其侧邪？

第八节　齐神武起兵

　　尒朱世隆等既立节闵帝，是月，镇远将军崔祖螭即聚青州七郡之众围东阳。青州治，见第六节。刘灵助时为幽州刺史，亦起兵于蓟。幽州治。渤海蓨人高翼，魏渤海郡，因宋侨置之旧，治灵济城，在今山东高苑县西北。蓨，见第二节。为山东豪右，葛荣乱作，魏朝即家拜为渤海太守。至郡未几，贼徒愈盛，翼部率合境，徙于河、济之间。魏因置东冀州，以翼为刺史。尒朱荣弑庄帝，翼保境自守，谓诸子图之。事未辑而卒。翼三子：乾、昂、季式，皆轻侠。孝庄居藩，乾潜相托附。及立，遥除龙骧将军、通直散骑常侍。乾兄弟皆受葛荣官爵。庄帝寻遣右仆射元罗巡抚三齐，乾兄弟相率出降。孝庄以乾为给事黄门侍郎。尒朱荣以乾前罪，不应复居近要，庄帝乃听乾解官归乡里。乾与昂俱在乡里，阴养壮士。尒朱荣闻而恶之。密令刺史元仲宗此据《北齐书·昂传》。《魏书》、《北史·本纪》皆作巘。案巘为昭成孙常山王遵之玄孙，字子仲，见《魏书·昭成子孙传》。《北史》同。诱执昂，送晋阳。庄帝末，荣入洛，以昂自随，禁于驺牛署。荣死，庄帝即引见劳勉之。乾闻荣死，驰赴洛阳。庄帝以为河北大使，令招集乡闾，为表里形援。昂亦请还乡里，招集部曲。尔朱兆入洛，遣其监军孙白鹞至冀州，托言普征民马，欲待乾兄弟送马，因收之。乾乃潜勒壮士，袭据州城。杀白鹞。执元仲宗，推封隆之行州事。隆之亦蓨人。为河内太守。尔朱兆入洛，隆之持节东归。与乾等定计，袭克州城。受刘灵助节度。① 灵助本以方技见信尔朱荣。其举兵也，《魏书》言其驯养大鸟，称为己瑞；又妄说图谶；作诡道厌祝之法。然又言幽、瀛、沧、冀之民悉从之；瀛州，见第十一章第四节。沧州，见本章第三节。《北齐书·叱列延庆传》亦云：诸州豪右咸相结附；如李元忠宗人憼及安州刺史卢曹等皆是，见《北齐书·元忠传》。安州，见第二节。卢曹，《北史》作卢胄。则其声势亦颇盛。灵助本幽州大侠，非徒恃邪术惑民者也。灵助至博陵之安国城，今河北安国县。与魏侯渊及定州刺史叱列延庆、定州，见第十一章第二节。延庆，尔朱世隆姊婿，时为山东行台。殷州刺史尔朱羽生等战，败死。四月，尔朱仲远使其都督魏僧勔等攻崔祖螭，斩之。《通鉴考异》曰：《北齐·李浑传》：普泰中，崔社客反于海、岱，攻围青州，以浑为征东将军都官尚书行台赴援。而社客宿将多谋，诸城各自保固，坚壁清野。诸将议有异同。浑曰："社客贼之根本。若简练骁勇，衔枚夜袭，径趋营下，出其不意，咄嗟之间，便可擒殄。如社客就擒，则诸郡可传檄而定。"诸将迟疑。浑乃速行。未明达城下。贼徒惊骇。擒社客，斩首送洛阳。按其年时事迹，与祖螭略同。未知社客即祖螭，为别一人也？然齐神武之兵旋起矣。

北齐高祖神武皇帝高欢，亦渤海蓨人。祖谧，魏侍御史，坐法徙居怀朔镇。见第三节。神武累世北边，习其俗，遂同鲜卑。② 神武深沉有大度。轻财重士，为豪侠所宗。初给镇为队主。转为函使。后从杜洛周。与尉景、善无人，神武姊夫。善无，见第三章第八节。段荣、武威人。祖信，仕沮渠氏。入魏，以豪族徙北边。家于五原。武威，见第二章第二节。五原，见第三章第八节。蔡儁广宁石门人。父普，北方扰乱，奔走五原，守战有功。儁豪爽有胆气，高祖微时，深相亲附。广宁，后魏郡，石门，后魏县，在今山西寿阳县境。图之，不果。奔葛荣。又亡归尔朱荣于秀容。从荣徙并州。荣以为亲信都督。又以为晋州刺史。晋州，东雍州改，今山西临汾县。尔朱兆将赴洛，召神武。神武使长史孙腾，辞以绛蜀、汾胡欲反，不可委去。兆恨焉。及兆入洛，执庄帝以北，神武闻之，大惊。《魏书·兆传》：腾还具报。王曰："兆等猖狂，举兵犯上，吾今不同，猜忌成矣。今也南行，天子列兵河上，兆进不能度，退不得还，吾乘山东下，出其不意，此徒可以一举而擒。"俄而兆克京师，孝庄幽絷，都督尉景，从兆南行，以书报王，王得书，大惊。又使孙腾伪贺兆，因密觇孝庄所在，将劫以举义，不果。《魏书·兆传》：王得书大惊，召腾示之，曰："卿可驰驿诣兆。示以谒贺。密观天子，今在何

---

① 宗教：刘灵助。

② 民族：神武累世北边，遂同鲜卑。尔朱兆分与神武之众，《齐书·慕容绍宗传》谓为鲜卑，故神武诈言特以六镇人配契胡为部曲，不得欺汉儿。

处？为随兆军府？为别送晋阳？脱其送并，卿宜驰报，吾当于路要迎。"腾晨夜驱驰，已遇帝于中路。王时率骑东转，闻帝已渡，于是西还。案神武此时，兵力实未足与兆敌，史所传恐未必可信也。神武之所以兴者，实缘得六镇之众，而其所以得此众者，则史之所传又互异。《北齐书·本纪》云：费也头纥豆陵步藩入秀容，逼晋阳。兆征神武。神武将往。贺拔焉过儿请缓行以弊之。神武乃往，逗留，辞以河无桥，不得渡。步藩军盛，兆败走。初孝庄之诛尒朱荣，知其党必有逆谋，乃密敕步藩，令袭其后。步藩既败兆等，兵势日盛。兆又请救于神武。神武内图兆，复虑步藩之难除，乃与兆悉力破之，藩死。兆深德神武，誓为兄弟。葛荣众流入并、肆者二十余万，为契胡陵暴，皆不聊生。大小二十六反，诛夷者半，犹草窃不止。兆患之，问计于神武。神武曰："六镇反残，不可尽杀。宜选王素腹心者，私使统焉。若有犯者，直罪其帅，则所罪者寡。"兆曰："善。谁可行也？"贺拔允时在坐，请神武。神武拳殴之，折其一齿，曰："生平天柱时奴辈伏处分如鹰犬，今日天下，安置在王，而阿鞠泥敢诬下罔上，请杀之。"兆以神武为诚，遂以委焉。神武以兆醉，恐醒后或致疑贰，遂出。宣言"受委统州镇兵，可集汾东受令"。乃建牙阳曲川，陈部分。阳曲，见第二章第二节。兵士素恶兆而乐神武，莫不皆至。居无何，又使刘贵请兆：以"并、肆频岁霜旱，降户掘黄鼠而食之，皆面无谷色，徒污人国土。请令就食山东，待温饱而处分之"。兆从其议。其长史慕容绍宗谏曰："今四方扰扰，人怀异望，高公雄略，又握大兵，将不可为。"兆曰："香火重誓，何所虑也？"绍宗曰："亲兄弟尚尔难信，何论香火？"时兆左右已受神武金，因谮绍宗与神武旧有隙。兆乃禁绍宗而催神武发。神武乃自晋阳出滏口。见第四节。路逢尒朱荣妻北乡长公主自洛阳来，马三百匹，尽夺易之。兆闻，乃释绍宗而问焉。绍宗曰："犹掌握中物也。"于是自追神武。至襄垣，汉县，后魏置郡，在今山西襄垣县北。会漳水暴长，桥坏。神武隔水拜曰："所以借公主马，非有他故，备山东盗耳。王受公主言，自来赐追。今渡河而死不辞，此众便叛。"兆自陈无此意。因轻马渡，与神武坐幕下。陈谢。遂授刀引头，使神武斫己。神武大哭曰："自天柱薨背，贺六浑更何所仰？愿大家千万岁，以申力用。今旁人搆间至此，大家何忍复出此言？"兆投刀于地，遂刑白马而盟，誓为兄弟。留宿夜饮。尉景伏壮士欲执之。神武啮臂止之，曰："今杀之，其党必奔归聚结，兵饥马瘦，不可相支。若英雄崛起，则为害滋甚。不如且置之。兆虽劲捷，而凶狡无谋，不足图也。"旦日，兆归营，又召神武。神武将上马诣之。孙腾牵衣，乃止。兆隔水肆詈，驰还晋阳。兆心腹念贤，领降户家累别为营。神武伪与之善，观其佩刀，因取之以杀其从者，从者尽散。于是士众咸悦，倍愿附从。神武遂前行。屯邺。《魏书·尒朱兆传》云：初荣既死，庄帝诏河西人纥豆陵步蕃等，令袭秀容。兆入洛后，步蕃兵势甚盛，南逼晋阳。兆所以不暇留洛，回师御之。兆虽骁果，本无策略，频为步蕃所败。于是部勒士马，谋出山东。令人频征献武王于晋州。乃分三州、六镇之人，令王统领。既分兵别营，乃引兵南出，以避步蕃之锐。步蕃至于乐平郡，治沾城，在今山西昔阳县西南。王与兆还讨破之，斩步蕃于秀容之石鼓山。其众退走。兆将数十骑诣王，通夜宴饮。后还营招王。王知兆难信，未能显示，将欲诣之。临上马，长史孙腾牵衣而止。兆乃隔水责骂腾等。于是各去。王还自襄垣东出，兆归晋阳。谓欢受兆命统众，在破步蕃之前，亦无请就食山东之事，与《齐书·本纪》异。《齐书·慕容绍宗传》云：纥豆陵步藩逼晋阳，尔朱兆击之，累为所破，欲以晋州征高祖，共图步藩。绍宗谏曰："今天下扰扰，人怀觊觎，高晋州才雄气猛，英略盖世，譬诸蛟龙，安可借以云雨？"兆怒曰："我与晋州，推诚相待，何忽辄相猜阻，横生此言？"便禁止绍宗，数日方释。遂割鲜卑隶高祖。其谓分众在平步蕃之前与《魏书》同，而又谓所分者为鲜卑。今案费也头为河西强部。《北史·尔朱荣传》曰：庄帝恒不虑外寇，惟恐荣为逆。常时诸方未定，欲使与之相持，及告捷之日，乃不甚喜。《魏书·尔朱天光传》言：前废帝立后，天光复出夏州，遣将讨宿勤明达，擒之送洛，时费也头帅纥豆陵伊利、万俟受洛干等据有河西，未有所附，天光以齐献武王起兵，内怀忧恐，不复北事伊利等，但微遣备之而已。费也头盖北方诸部中仅存而未服于尔朱氏者，故庄帝因而用之也。庄帝诛尔朱荣后，所遣经略防守之兵甚多，无一能奏效者，牵制之师，盖以此为最尽力矣。然谓其能南逼晋阳，亦似大过。《魏书·孝庄纪》：永安三年（528），十二月，河西人纥豆陵步蕃、破落韩常大败尔朱兆于秀容，此即兆入洛而步蕃犄其后之事，其战事固犹在代北也。当时抗尔朱氏者，刘灵助、高乾兄弟，皆在山东，尔朱兆部勒士马欲东出，盖以此故？步蕃盖以此时踵其后而逼晋阳？晋阳为尔朱氏根本之地，兆自不得不回师御之。其所统者，盖即《魏书·兆传》所云六镇之兵，亦即《齐书·慕容绍宗传》所谓鲜卑？三州，盖谓并、肆及兆所刺之汾州？其兵盖多出六镇？固非必鲜卑种人，然亦必所谓累世北边，习其俗，遂同鲜卑者。其中葛荣降众必多，皆有家累，故《齐书·神武纪》侈言其数为二十余万也。其分属神武，自当在破步蕃之前。兆回攻步蕃所以屡败者，盖正以所将者为此曹，心怀怨恨之故。故一分诸神武而即克。然则兆之分兵，实迫于势不得已，非因醉而然也。[①]《齐书·神武纪》，叙此于既破步蕃之后，实为大误。然其建牙而东，则必在求就食山东得请之后，《魏书》叙神武得众之时虽不误，而漏去请就食山东一节，一似神武既平步蕃，径行东出者，当时情事，亦不可见矣。神武在尔朱荣时已为晋州，而《齐书·慕容绍宗传》谓兆欲以晋州征高祖，一似以此为共图步蕃之报者？盖兆征神武入洛而神武不从，嫌隙已搆，兆于是时，盖有欲夺神武晋州之意，至此，乃又

---

① 史事：尔朱兆分众与齐神武真相。

以许仍旧贯为并力之报也。绍宗谏兆，未知究在何时，然必非因其征神武而发。何则？征神武，则神武且为兆用，而又何猜焉？兆所分诸神武者，未知究有若干人，然必不能甚众。观韩陵战时，神武众尚不满三万可知。然此众虽寡弱，而于尔朱氏蓄怨甚深，故神武得因之而起也。

节闵帝普泰元年（531），梁武帝中大通三年也。二月，神武军次信都。_{冀州治。}高乾、封隆之开门以待，遂据冀州。尔朱度律白节闵帝，封神武为渤海王，征使入觐。神武辞。神武自向山东，养士缮甲，禁侵掠，百姓归心。乃诈为书，言尔朱兆将以六镇人配契胡为部曲。众皆愁怨。又为并州符，征兵讨步落稽。发万人，将遣之。孙腾、尉景为请留五日。如此者再。神武亲送之郊，雪涕执别。人皆号恸，哭声动地。神武乃喻之曰："与尔俱失乡客，义同一家。不意在上，乃尔征召？直向西，已当死；后军期，又当死；配国人，又当死；奈何？"众曰："惟有反耳。"神武曰："反是急计，须推一人为主。"众愿奉神武。神武曰："尔乡里难制。不见葛荣乎？虽百万众，无刑法，终自灰灭。今以吾为主，当与前异。不得欺汉儿，不得犯军令，生死任吾则可；不尔，不能为，取笑天下。"众皆顿颡，"死生惟命。"明日，椎牛飨士，喻以讨尔朱之意。六月，庚子，遂建义于信都。尚未显背尔朱氏。赵郡柏人李元忠，_{赵郡，见第二章第三节。柏人，见第五章第三节。}善方技，见有疾者，不问贵贱，皆为救疗。家素富实。其家人在乡，多有举贷求利，元忠每焚契免责。[①] 乡人甚敬重之。永安初，就拜南赵郡太守。_{南赵郡，大和时分赵郡置，在今河北隆平县东。}直洛阳倾覆，元忠弃官还家，潜图义举。会神武率众东出，便自往奉迎。时高乾亦将十数骑迎谒。神武密遣元忠举兵逼殷州，令乾伪往救之。乾入见尔朱羽生，羽生与乾俱出，因擒之。遂平殷州。斩羽生首来谒。神武抚膺曰："今日反决矣。"乃以元忠为殷州刺史。_{《本纪》云：镇广阿。案广阿，汉侯邑，后废，后魏置县，在今河北隆平县东。}八月，尔朱兆率步骑二万出井陉。_{见第六章第八节。}元忠弃城还信都。孙腾以为朝廷隔绝，不权立天子，则众望无所系。十月，举章武王融子渤海太守朗为帝。《魏书》称曰后废帝，《北史》但曰废帝。于时度律、仲远之军，皆与兆会。屯于广阿，众号十万。神武乃广纵反间，或云世隆兄弟谋欲害兆，复言兆与神武同图仲远等。于是两不相信，各致猜疑，徘徊不进。仲远等频使斛斯椿、贺拔胜喻兆。兆轻骑三百，来就仲远。同坐幕下。兆性粗犷，意色不平。手舞马鞭，长啸凝望。深疑仲远等有变，遂趋出驰还。仲远遣椿、胜等追而晓譬，兆遂拘迫将还，经日放遣。仲远等于是奔退。神武乃进击兆军，兆大败。十一月，神武攻邺。明年，_{梁中大通四年（532），魏孝武帝永熙元年。}正月，拔之。二月，后废帝如邺。

---

① 生计：豪侠者家人举贷求利，焚契免责。

　　尒朱氏中，世隆、天光，较有智计。齐神武之起兵也，仲远、度律等，皆不以为虑，惟世隆独深忧恐。广阿战后，兆与仲远、度律，遂相疑阻，久而不和。世隆请前废帝纳兆女为后，兆乃大喜。世隆厚礼喻兆赴洛。深示卑下。随其所为，无敢违者。又累使征天光，天光不从。《周书·贺拔岳传》：天光将率众距齐神武，道问计于岳。岳报曰："王家跨据三方，士马殷盛，高欢乌合之众，岂能为敌？然师克在和，但愿同心戮力耳。若骨肉离隔，自相猜贰，则图存不暇，安能制人？如下官所见：莫若且镇关中，以固根本，分遣锐师，与众军合势，进可以克敌，退可以克全。"此说不知岳当日果有是言，抑系后来附会？然使当日，天光不尽众东出，则必可以后亡，当时事势，神武欲进取关中，固不易也。后令斛斯椿苦要之，曰："非王无以克定，岂可坐视宗家之灭也？"天光不得已，东下。《北史·椿传》：椿谓贺拔胜曰："天下皆怨毒尒朱，吾等附之，亡无日矣。不如图之。"胜曰："天光与兆，各据一方，俱禽为难。"椿曰："易致耳。"乃说世隆追天光等赴洛讨齐神武。此非实录。在尒朱、高二氏之间，椿与胜皆忠于尒朱氏者也。于是兆与天光、度律，更自信约。闰三月，天光自长安，兆自并州，度律自洛阳，仲远自东郡，同会于邺。众号二十万。神武马不满二千，步兵不至三万，乃于韩陵为圆陈，连牛驴以塞归道，四面赴击，大败之。韩陵，山名，在今河南安阳县东北。《北齐书·高昂传》云：韩陵之战，高祖不利，军小却，兆等方乘之，高岳、韩匈奴等以五百骑冲其前，斛律敦收散卒蹑其后。昂与蔡儁以千骑自栗园出，横击兆军，兆众由是大败。是日无昂等，高祖几殆。《北史·贺拔胜传》云：韩陵之役，尒朱兆率铁骑陷陈，出齐神武后，将乘其背而击之。度律恶兆之骁悍，惧其陵己，勒兵不进。胜以其携贰，遂以麾下降齐神武。度律军以此免退，遂大败。案此役胜负，固在几微之间，然尒朱氏积失人心，而又自相乖离，欲求幸胜，实不易也。于是兆趋并州，仲远奔东郡。天光、度律，将赴洛阳，斛斯椿与都督贾显智倍道先还。四月朔，椿等据河桥。世隆请出收兵，前废帝不许。此据《魏书》。《北史》则云：彦伯欲领兵屯河桥，世隆不从。世隆令其外兵参军阳叔渊单骑驰赴北中，见上节。简阅败众，以次纳之。斛斯椿诡说叔渊曰："天光部下，皆是西人，闻其欲掠京邑，迁都长安，宜先内我，以为其备。"叔渊信而纳之。椿既至桥，尽杀世隆党附。度律欲攻之，会大雨，士马疲顿，弓矢不能施用，遂西走。于澶波津为人擒执。澶波津，在河桥西。天光亦被执。囚送于齐神武。神武攻尒朱兆时，致之洛阳，斩之。斛斯椿令行台长孙稚诣阙奏状，别使贾显智、张劝率骑掩执世隆与其兄彦伯，俱斩之。叱列延庆时为定州刺史，亦在军中，与仲远走渡石济。见第七节。仲远奔梁。延庆北降齐神武。后为孝武帝中军大都督。神武入洛，杀之。青州刺史尒朱弼，亦欲奔梁为其部下所杀。神武至河阳，见第十一章第二节。使魏兰根观察前废帝。兰根，庄帝末为定州，为侯渊所败，走依高乾。乾以兰根宿望，深礼遇之。大仆卿綦儁主仍前废帝，而兰根与高乾及黄门侍郎崔㥄固主废之。时梁武帝复遣兵送汝南王悦，置之境上，乃遣使迎之。既至，清狂如故，乃舍之，是岁十二月，悦被杀。而立平阳王修。修，广平文穆王怀子，孝文帝孙也。

是为孝武帝,《魏书》谓之出帝。神武还邺。七月,神武入自滏口,大都督库狄干入自井陉,讨尔朱兆。兆大掠晋阳,北走秀容。并州平。神武以晋阳四塞,乃建大丞相府而定居焉。兆既至秀容,分兵守险,出入寇抄。神武扬声讨之,师出而止者数四。兆意怠。神武揣其岁首当宴会,遣窦泰以精骑驰之,一日一夜行三百里,而自以大军继之。明年,孝武帝永熙二年(533),梁中大通五年。正月,泰奄至兆庭。军人因宴休堕,忽见泰军,惊走。追破之于赤洪岭。胡三省曰:杜佑曰:石州离石县有赤洪水,即离石水,赤洪其别名也,高欢破尔朱兆于赤洪岭,盖近此。案离石,今山西离石县。兆自缢。兆弟智虎,前废帝以为肆州刺史,与兆俱走。神武禽之于岢岚南山。岢岚,后魏县,在今山西岚县北。赦之。后死于晋阳。尔朱荣子菩提,与荣俱死。又罗、文殊皆早卒。文畅,姊为魏孝庄帝后,神武纳之,待其家甚厚。文畅及弟文略皆素佟。文畅与丞相司马任胄,主簿李世林,都督郑仲礼、房子远等相狎,谋害神武,事捷共奉文畅。谋泄,以姊宠,止坐文畅一房。任胄,延敬子。延敬初从葛荣,荣败,降。随神武起兵。后为魏尚书左仆射,斛斯椿衅发,弃家北走。胄少在神武左右。兴和末,神武攻玉壁,还,以晋州西南重要,留西河公岳为行台镇守,以胄隶之。胄饮酒游纵,不勤防守。神武责之。胄惧,遂潜遣使送款于周。为人纠列。穷治未得其实。神武特免之。谓胄曰:"我推诚于物,谓卿必无此理。且黑獭降人,首尾相继,卿之虚实,于后何患不知。"胄内不自安,乃谋害神武。事发,及子弟并诛。时武定三年(545)也。文畅时年十八。静帝使人往晋阳,欲拉杀文略,神武特奏免之。遗令恕文略十死。恃此益横。后为齐文宣所杀。尔朱氏自荣入中国,至兆之死,凡六年。席有为之资,值可为之时,而其运祚短促至此,诚蛮夷不知中国情形,徒肆暴戾者之殷鉴也。

第九节　魏分东西

高欢虽灭尔朱氏,然时北方诸族,不为欢下者尚多,如斛斯椿,如贺拔氏兄弟,皆其佼佼者也。而宇文氏遭遇时会,遂获创立基业,与欢对峙。

后周之先,为匈奴之裔君临鲜卑部落者,已见第三章第八节。侯豆归子陵,仕燕。魏道武攻中山,陵从慕容宝御之,宝败,归魏。天兴中,随例迁武川。陵生系。系生韬。韬生肱。破六汗拔陵作乱,其伪署王卫可孤,徒党最盛。肱纠合乡里,斩可孤,其众乃散。后避地中山,陷于鲜于修礼。为定州军所破,没于陈。四子:长颢,与卫可孤战殁。次连,与肱俱死。次洛生,葛荣破鲜于修礼,以为渔阳王,领肱余众。尔朱荣擒葛荣,定河北,随例迁晋阳。次泰,字黑獭,即周大祖文皇帝也。荣诛洛生,复欲害泰。泰自理家冤,辞旨慷慨,荣感而免之。泰与贺拔岳有旧,岳讨元颢,以别将从。孝武帝图高欢,以斛斯椿及岳兄弟为心腹。岳长兄允为侍中，胜为荆州刺史。荆州，见第十一章第四节。初尒朱天光入洛，使岳行雍州，见第十一章第四节。侯莫陈悦行华州事。华州，见第二节。普泰中，梁中大通三年（531）。以岳为雍州，悦为岐州刺史。岐州，见第十一章第四节。天光率众赴洛，岳与悦下陇赴雍，禽其弟显寿，以应高欢。《周书·文帝纪》：天光东拒齐神武，留弟显寿镇长安。秦州刺史侯莫陈悦，为天光所召，将军众东下。岳知天光必败，欲留悦共图显寿，而计无所出。大祖谓岳曰："今天光尚迩，悦未有二心，若以此事告之，恐其惊惧。然悦虽为主将，不能制物。若先说其众，必人有留心。进失尒朱之期，退恐人情变动，乘此说悦，事无不遂。"岳大喜。即令大祖入悦军说之。悦遂不行。乃相率袭长安。令大祖轻骑为前锋。大祖策显寿怯懦，闻诸军将至，必当东走，恐其远遁，乃倍道兼行。显寿果已东走。追至华山，擒之。此说恐出文饰。观悦后附齐神武，此时恐已有叛尒朱氏之心，不待大祖之计也。华山，后魏郡，今陕西大荔县。孝武即位，加岳关中大行台。《北史·薛孝通传》曰：齐神武起兵河朔，尒朱天光自关中讨之，孝通以关中险固，秦、汉旧都，须预谋镇遏，以为后计。纵河北失利，犹足据之。节闵深以为然。问谁可任者？孝通与贺拔岳同事天光，又与周文帝有旧，二人并先在关右，因并推荐之。乃超授岳关西大行台、雍州牧，周文帝为左丞，孝通为右丞，赍诏书驰驿入关授岳等，同镇长安。后天光败于韩陵，节闵遂不得入关，为齐神武幽废。观此，知以关中为退据之资，当时事势实尔，东西魏之分立，非偶然矣。

永熙二年（533），梁中大通五年。孝武密令岳图欢。岳自诣北境，安置边防。率众趣平凉西界。平凉，见第六章第三节。先是费也头万俟受洛干，铁勒斛拔弥俄突、纥豆陵伊利等，并拥众自守，至是皆款附。秦、南秦、河、渭四州刺史，又会平凉，受岳节度。惟灵州刺史曹泥不应召，而通使于欢。秦州，见第十一章第三节。南秦州、河州、灵州，即薄骨律镇，皆见本章第三节。渭州，见第七节。《周书·文帝纪》：大祖谓岳曰："今费也头控弦之骑，不下一万；夏州刺史斛拔弥俄突，胜兵之士，三千余人；及灵州刺史曹泥；并恃其僻远，常怀异望。河西流民纥豆陵伊利等，户口富实，未奉朝风。今若移军近陇，扼其要害，示之以威，服之以德，即可收其士马，以实吾军。西辑氐、羌，北抚沙塞，还军长安，匡辅魏室，此桓、文举也。"此言不知果出周文以否，然实当时西方之形势也。夏州，见第三节。欢乃遣左丞翟嵩使至关中，间岳及悦。三年（534），梁中大通六年。岳召悦曾于高平。原州治，见第三节。将讨曹泥，令悦为前驱。悦诱岳入营，令其婿元洪景斩岳于幕中。岳左右奔散。悦遣人安慰，云："我别禀意旨，止在一人，诸君勿怖。"众皆畏服，无敢拒遣。悦心犹豫，不即抚纳。乃还入陇，止水洛城。见第三节。其士众散还平凉。诸将以都督寇洛年最长，推总兵事。洛素无雄略，威令不行。岳之为关西大行台，以泰为左丞，领府司马。及次平凉，表为夏州刺史。于是大都督赵贵言于众，共推泰。《周书·赫连达传》：少从贺拔岳征讨，有功，拜都将。及岳为侯莫陈悦所害，军中大扰。赵贵建议迎大祖。诸将犹豫未决。达曰："宇文夏州昔为左丞，明略过人，一时之杰。今日之事，非此公不济。赵将军议是也。达请轻骑告哀，仍迎之。"诸将或欲南追贺拔胜，或云东告朝廷。达又曰："此皆远水，不救近火，何足道哉？"贵于是谋遂定，令达驰往。泰乃率帐下轻骑，驰赴平凉。贺拔胜使其大都督独孤信入关，抚岳余众，泰已统岳兵矣。孝武帝闻岳被害，遣武卫将军元毗宣旨慰劳，追岳军还洛阳。亦敕追侯莫陈悦。悦不应召。泰表言："军士多是关西之人，不愿东下。乞少停缓，徐事诱导。"孝武诏泰即统岳众。且曰："今亦征侯莫陈悦。若其不来，朕当亲自致罚。宜体此意，不过淹留。"泰奉此诏后，表有"臣以大宥既颁，忍抑私憾"之语，则时孝武已赦悦罪。泰又表乞少停缓。而与悦书，约同东下。不则"枕戈坐甲，指日相见"。悦诈为诏书，与秦州刺史万俟普拨，《北齐书》本传：名拨，字普拨。令与悦为党援。普拨疑之，封诏呈泰。泰表言："今若召悦，授以内官，臣亦列旟东辕，匪伊朝夕。若以悦堪为边捍。乞处以瓜、凉一藩。瓜州，见第四节。凉州，见第三节。不然，则终致猜虞，于事无益。"初原州刺史史归，为岳所亲任。河曲之变，反为悦守。悦遣其党王伯和、成次安将兵二千人助归镇原州。泰遣都督侯莫陈崇率轻骑一千袭归，禽之。并获次安、伯和等。表崇行原州事。万俟普拨又遣骑二千来从军。三月，泰进军。四月，出陇。留兄子导镇原州。导，颢之子。军出木峡关，在今甘肃固原县西南。大雨雪，平地二尺。泰知悦怯而多猜，乃倍道兼行，出其不意。悦果疑其左右有异志者。左右亦不安。众遂离贰。闻大军且至，退保略阳。留一万余人，据守水洛。泰至，围之，城降。即率轻骑数百趋略阳。悦召其部将议之。皆曰："此锋不可当。"劝悦退保上邽。见第三章第三节。悦弃城，南据山水之险，设陈候战。悦先召南秦州刺史李弼，从《周书》。《魏书》作李景和。景和，弼字也。弼妻，悦之姊也，特为悦所信委。弼遣人诣泰，密许翻降。至暮，乃勒所部，使上驴驼。复绐悦帐下云："仪同欲还秦州，汝等何不装办？"众谓为实，以次相惊。皆散走，趋秦州。弼先驰据城门，以慰辑之。遂拥众以归泰。悦由此败。案悦之败，似由众皆欲走秦州，而悦遏之，故然。弼果有意叛悦？抑众已溃散，乃不得已而率之投泰，乃以摇惑军心为功；尚未可知也。悦之失，首在不能抚纳岳众；次则不敢与泰决战，而欲避入险僻之区，致逆众心；其失在于无勇。若能奋力迎战，泰之兵力，实亦有限，非不可敌也。与子弟及麾下数十骑遁走。泰曰："悦本与曹泥应接，不过走向灵州。"乃令导要其前，都督贺拔颖等追其后。至牵屯山，见第六章第六节。追及悦，斩之。《魏书·悦传》云：悦部众离散，猜畏旁人。不听左右近己。与其二弟并儿及谋杀岳者八九人，弃军逃走。数日之中，盘回往来，不知所趣。左右劝向灵州，而悦不决。言下陇之后，恐有人所见。乃于中山令从者悉步，自乘一骡，欲向灵州。中路，追骑将及望见之，遂缢死野中。弟、息、部下，悉见擒杀。惟先谋杀岳者悦中兵参军豆卢光走至灵州，后奔晋阳。案《周书·李贤传》，大祖令导追悦，以贤为前驱。转战四百余里。至牵屯山，及之。悦自到于陈。贤亦被重创，马中流矢。则《魏书》之言，似失其实。泰入上邽。令李弼镇原州，夏州刺史跋也恶蚝镇南秦州，渭州刺史可朱浑元还镇渭州，《元传》在《北齐书》，云：悦走，元收其众，入据秦州，为周攻围苦战，结盟而罢。后仍奔高欢。赵贵行秦州事。征幽、泾、东秦、岐四州粟以给军。豳州，见第三节。泾州，见第十一章第四节。《周书·刘亮传》：悦之党豳州刺史孙定儿据州不下，泾、秦、灵等州，悉与相应，大祖令亮袭斩之，于是诸州皆即归款。自关以西，大致平定。是岁，正月，高欢西伐费也头，虏纥豆陵伊利，迁其部于河东。欢所得于西方者，如是而已。是时孝武帝志欲与欢决战，其欲并召泰及侯莫陈悦东下盖以此？使泰从命而东，不过行间之一将，且其势未必能与欢敌，在关西则有负嵎之势，且可自擅于远，泰固筹之熟矣。然当时欲与欢抗，自以持重为善，泰之计固未为失也。

秦州既捷，孝武征二千骑镇东雍州，见第七节。仍令泰稍引军而东。泰乃遣大都督梁御，率步骑五千，镇河、渭合口，为图河东之计。泰之讨侯莫陈悦也，悦使请援于高欢。欢使其都督韩轨，将兵一万据蒲坂。雍州刺史贾显度送船与轨，请轨兵入关。泰因梁御之东，乃逼召显度赴军。御遂入雍州。孝武进泰关西大都督。于是以寇洛为泾州刺史，李弼为秦州刺史，前略阳守张献为南岐州刺史。南岐州，《魏书·地形志》不言治所。钱大昕曰：以《隋志》考之，当治固道郡之梁泉县。按梁泉，后魏县，今陕西凤县。南岐州刺史卢待伯拒代，遣轻骑袭禽之。待伯自杀。时斛斯椿为侍中，密劝孝武帝置阁内都督、部曲。又增武直人数百；直阁已下，员别数百；皆选天下轻剽以充之。又说帝数出游幸，号令部曲。别为行陈，椿自约勒，指挥其间。军谋、朝政，一决于椿。尒朱荣之败，汝南王悦在梁，椿归之；后又归尒朱兆；兆败，与贾显智等覆尒朱氏；及是又图高欢；一似其人反覆无常者。史于椿尤多贬辞。然原其心而论之，椿实忠于魏朝，亦未尝不睼睼于尒朱氏，观其力谋和解兆与世隆、度律等可知。尒朱氏既不可辅，爱其身以有为，而不忍轻于一掷，此亦厚自期许者宜然，不能以硁硁小节责之也。贺拔胜始降尒朱仲远，又降高欢，又与武帝图欢，迹亦与椿相似，亦当以此观之。尒朱荣之死，胜与田怡等奔赴荣第。时宫殿之门，未加严防，怡等议即攻门。胜止之曰："天子既行大事，必当更有奇谋，吾众旅不多，何轻尔？"怡乃止。乃世隆夜走，胜随至河桥，以为臣无仇君之义，遂勒所部还都。于轻重之际，尤有权衡，非徒激于意气者比。要之椿与胜，以古义衡之，俱可谓有君子之风也。[1] 初后废帝之立也，以高乾为侍中，又拜司空。时乾遭丧，未得终制。及孝武立，乃表请解职，行三年之礼。诏听解侍中。既去内侍，朝廷罕所关知，居常怏怏。帝望乾为己用。华林园宴罢，独留乾。谓曰："司空奕世忠良，今日复建殊效。相与虽则君臣，实亦义同兄弟。宜立盟约，以敦情契。"殷勤逼之。乾不谓帝便有异图，遂不固辞，亦不启高欢。及帝置部曲，乾乃启欢。欢召乾诣并州，面论时事。启乾复为侍中。屡启，诏书竟不施行。乾知变难将起，求为徐州。将发，帝知乾漏泄前事，乃诏欢云："曾与乾邕，乾字。私有盟约，今复反覆两端。"欢便取乾前后启论时事者，遣使封送帝。帝遂赐乾死。乾弟慎、昂皆奔欢。封隆之、孙腾为侍中，皆逃归乡里。欢召

---

[1] 生计：豪侠者家人举贷求利，焚契免责。

隆之至晋阳。腾亦奔晋阳。娄昭，欢妻弟也，亦辞疾归晋阳。于是孝武与欢之相图，如箭在弦上矣。帝以斛斯椿兼领军。分置督将及河南关西诸刺史。华山王鸷在徐州，欢使邸珍夺其管籥。建州刺史韩贤，建州，见第七节。济州刺史蔡儁济州，治碻磝，见第六章第五节。皆欢党，帝省建州以去贤，而以贾显智为济州。儁拒之。五月，帝下诏云将南伐。发河南诸州兵。增宿卫守河桥。六月，帝密诏欢：言"宇文黑獭，事资经略，故假称南伐"。欢谋迁帝于邺。遣骑三千镇建兴。益河东及济州兵。于白沟虏船，不听向洛。白沟，在今河南阳武、封丘二县间。诸州和籴粟，运入邺城。于是孝武下诏罪状欢，欢亦宣告诛斛斯椿，而兵事作。欢以高昂为前锋。武帝征兵关右。召贺拔胜赴行在所。遣大行台长孙稚、大都督颍川王斌之安乐王鉴弟。共镇虎牢。汝阳王暹镇石济。见第八章第七节。行台长孙子彦稚子。帅前弘农太守元洪略镇陕。见第六章第一节。贾显智率豫州刺史斛斯元寿椿弟。伐蔡儁。欢使窦泰与莫多娄贷文逆显智，韩贤逆暹。元寿军降。泰、贷文与显智遇于长寿津。在今河南滑县东北。显智阴约降，引军退。军司元玄菟觉之，驰还请益师。孝武遣大都督侯几绍赴之。战于滑台东，显智以军降，绍死之。七月，孝武躬率大众屯河桥。欢至河北十余里，再遣口申诚款。孝武不报。欢乃引军渡河。孝武问计于群臣。或云南依贺拔胜，或云西就关中，或云守洛口死战。帝未决，而元斌之与斛斯椿争权，弃椿径还，给帝曰："欢兵至矣。"乃决西行。《周书·王思政传》曰：齐神武潜有异图，帝以思政可任大事，拜中军大将军大都督，总宿卫兵。思政乃言于帝曰："高欢之心，行路所共知矣。洛阳四面受敌，非用武之地。关中有崤、函之固，一人可御万夫。且士马精强，粮储委积。进可以讨除逆命，退可以保据关、河。宇文夏州，纠合同盟，愿立功效。若闻车驾西幸，必当奔走奉迎。藉天府之资，因已成之业；一二年间，习战陈，劝耕桑，修旧京；何虑不克？"帝深然之。《北史·裴侠传》：孝庄授侠东郡太守。及孝武与齐神武有隙，征兵，侠率所部赴洛阳。王思政谓曰："当今权臣擅命，王室、日卑，若何？"侠曰："宇文泰为三军所推，居百二之地，所谓己操戈矛，宁肯授人以柄？虽欲抚之，恐是据于蒺藜也。"思政曰："奈何？"侠曰："图欢有立至之忧，西巡有将来之虑，且至关右，日慎一日，徐思其宜耳。"思政然之。《周书·柳庆传》云：魏孝武将西迁，除庆散骑侍郎，驰传入关。庆至高平，见大祖，共论时事。大祖即请奉迎舆驾，仍命庆先还复命。时贺拔胜在荆州。帝屏左右谓庆曰："高欢已屯河北，关中兵既未至，朕欲往荆州，卿意何如？"庆对曰："荆州地非要害，众又寡弱，外迫梁境，内拒欢党，危亡是惧，宁足以固鸿基？"帝深纳之。台此三者观之，具见当日西行实非良图，然舍此又无他策。《北史·斛斯椿传》云：帝以椿为前驱大都督。椿因奏请率精骑二千，夜渡河掩其劳弊。帝始然之。黄门侍郎杨宽曰："高欢以臣伐君，何所不至？今假兵于人，恐生他变。今度河，万一有功，是灭一高欢，生一高欢矣。"帝遂敕椿停行。椿叹曰："顷荧惑人南斗。今上信左右间搆，不用吾计，岂天道乎？"此非实录。孝武与椿，相信有素，何至临时，更生疑忌？椿即掩击克捷，亦岂能遽为高欢？《周书·文帝纪》云：齐神武稍逼京邑，魏帝亲总六军，屯于河桥，令左卫元斌之、领军斛斯椿镇武牢，遣使告大祖。大祖谓左右曰："高欢数日行八九百里，晓兵者所忌，正须乘便击之，而主上以万乘之重，不能决战，方缘津据守。且长河万里，捍御为难，若一处得度，大事去矣。"此乃附会之谈。决战须视兵力，岂能藉万乘之空名徼幸？荡阴之役，晋惠帝独非万乘乎？战而不捷，则并关西亦不可得至矣。孝武当日，前驱之师，无不迎降、奔北者，人心士气，亦既可知，岂能徼幸于一捷？决战尚不可恃，况以二千骑掩袭？即获小胜，又何裨于大局邪？《北史·魏宗室传》：常山王遵之曾孙毗，武帝少亲之。及即位，出必陪乘，入于卧内。帝与齐神武有隙，议者各有异同，惟毗数人，以关中帝王桑梓，殷勤叩头请西入。策功论赏，与领军斛斯椿等十三人为首。然则劝入关者，椿固十三之一也。事势所限，虽有善者，亦如之何哉？以为由于元斌之之一言，则愈疏矣。

孝武帝之征兵于西也，宇文泰令前秦州刺史骆超，率精骑一千赴洛，而传檄方镇，罪状高欢。七月，泰发自高平。前军至于弘农，见第二章第二节。欢稍逼京邑，泰又以赵贵为别道行台，自蒲坂济，趋并州；遣大都督李贤将轻骑一千赴洛。是月，孝武帝自洛阳率轻骑入关。高欢入洛阳，以清河王亶为大司马，居尚书下舍，承制决事。亶，孝文子清河文献王怿之子。欢归至弘农。初北地三原人毛鸿宾。北地，见第二章第二节。三原，见第五章第六节。世为豪右。与兄遐，共起兵以拒萧宝夤。明帝改北地郡为北雍州，以鸿宾为刺史；改三原县为建中郡；以旌其兄弟。孝武与高欢隙，令鸿宾镇潼关，为西道之寄。九月，欢攻潼关，克之，执鸿宾。至并州，以忧恚卒。命长史薛瑜守之。此从《北齐书》。《周书·大祖纪》作薛瑾，《北史》同。大都督库狄温守封陵。见第八章第七节。于蒲津西岸筑城，以守华州，以薛绍宗为刺史。使高昂行豫州事。还至洛阳，立清河世子善见，亶之世子。是为孝静帝。时年十一。魏于是分为东西。欢以孝武既西，恐逼崤、陕；洛阳复在河外，接连梁境；北向晋阳，形势不能相接；乃议迁邺。诏下三日便发。四十万户，狼狈就道。欢留洛阳部分毕，乃还晋阳。自是军国政务，皆归相府已。孝武帝至关中，闰十二月，见弑，立南阳王宝炬，见第七节。是为西魏文帝。

贺拔胜至广州，治鲁阳，今河南鲁山县。犹豫未进，武帝已入关。胜还军南阳，令长史元颖行州事，自率所部，将赴关中。进至淅阳，今河南淅川县。闻高欢已平潼关，乃还荆州。州人邓诞，执元颖，引欢军。时欢已遣行台侯景、大都督高昂赴之。胜战败，奔梁。在南三年，乃还长安。其兄允，为欢所杀。樊子鹄据兖州不服欢。南青州刺史大野拔率众就之。南青州，今山东沂水县。欢遣娄昭等攻之。大野拔斩子鹄以降。侯渊之平韩楼，为平州刺史，镇范阳。见第一节。尔朱荣死，太守卢文伟，诱渊出猎。闭门拒之。渊帅部曲，屯于郡南，为荣举哀，勒兵南向。庄帝使东莱王贵平为大使，慰劳燕、蓟，渊乃诈降，执贵平自随。元晔立授渊定州刺史。后随尔朱兆拒高欢于广阿。兆败，渊从欢，破尔朱氏于韩陵。永熙初，除齐州刺史。齐州见第三节。孝武末，渊与樊子鹄及青州刺史东莱王贵平相连结，又遣使通诚于高欢。及孝武入关，复还顾望。清河王亶承制，以汝阳王暹为青州刺史。渊不时迎纳。城人刘桃符等，潜引暹入据西城。渊争门不克，率骑出奔。会承制以渊行青州事，渊乃复还。贵平自以斛斯椿党，不受代。渊率轻骑夜趣青州。城人执贵平出降。渊自惟反覆，虑不获安，遂斩贵平，传首于邺，明不同于斛斯椿。及樊子鹄平，诏以封延之为青州刺史。渊既不获州任，情又恐惧，遂劫光州库兵反。光州，见第三节。其部下督帅叛拒之。渊奔梁。达南青州境，为卖浆者所杀，传首于邺。

第十节　东西魏争战

东西魏分立后，高欢、宇文泰，剧战凡十余年，各不逞志，于是东西分立之局定；而高欢死后，侯景背叛，祸转中于梁矣。

高欢还军之后，宇文泰进攻薛瑜，虏其卒七千。梁武帝大同元年（535），西魏文帝大统元年，东魏孝静帝天平二年（535）也。正月，西魏渭州刺史可朱浑道元率所部降于东魏。东魏将司马子如攻潼关。宇文泰军于霸上。见第五章第六节。子如回军，自蒲津攻华州。刺史王罴击走之。二年（536），西魏大统二年，东魏天平三年。正月，高欢袭夏州，禽其刺史斛拔弥俄突，留将张琼、许和守之，迁其部落五千户以归。灵州刺史曹泥，与其女夫凉州刺史刘丰请内属于东魏。宇文泰遣兵围之，水灌其城，不没者四尺。高欢命阿至罗虏绕出西魏军后，西魏军乃还。欢迎泥、丰，拔其户五千以归。二月，欢又令阿至罗逼秦州，自以众应之。三月，其刺史万俟普拨亦归于东魏。宇文泰勒轻骑追之，不及。此时关中形势，已颇完固，非挑诱一二叛人，所能倾覆矣。

是岁，十二月，高欢自晋阳西伐，次于蒲津。使高昂趋上洛，见第三章第五节。窦泰入潼关。三年（537），西魏大统三年，东魏天平四年。宇文泰军于广阳，县名，在今陕西大荔县境。召诸将曰："贼今犄吾三面，又造桥于河，示欲必渡，是欲缀吾军，使窦泰得西入耳。欢起兵以来，泰每为先驱，其下多锐卒，屡胜而骄。今出其不意袭之，必克。克泰，则欢不战而自走矣。"诸将咸曰："贼在近，舍而远袭，事若蹉跌，悔无及也。"泰曰："欢前再袭潼关，吾军不过霸上；今者大来，亦未出郊，贼顾谓但自守耳。又狃于得志，有轻我之心。乘此击之，何往不克？贼虽造桥，不能径渡。此五日中，吾取窦泰必矣。"《周书·达奚武》、《苏绰传》，均谓泰此策惟武及绰同之，《宇文深传》又谓大祖将袭泰，诸将咸难之，大祖乃隐其事，阳若未有谋者，而独问策于深，深劝其袭泰，恐未必可信。于是率骑六千还长安，声言欲保陇右，而潜出军。窦泰卒闻军至，惶惧，依山而陈。未及成列，泰纵兵击破之。尽俘其众万余人。斩泰，传首长安。《北齐书》云：泰自杀。高昂陷洛州，执刺史泉企。闻泰殁，弃城走。高欢亦撤桥而退。企子元礼归复洛州。是为东魏西征一小挫。

是岁，六月，宇文泰遣于谨取杨氏壁。胡三省曰：盖华阴诸杨遇乱筑壁以自守者。华阴，见第三章第三节。七月，征兵会咸阳。今陕西咸阳县。八月，率李弼等十二将东伐。取弘农。高欢率众十万出壶口，山名，在今山西临汾县西南。趋蒲坂。又遣高昂以三万人出河南。是岁，关中饥。泰既平弘农，因馆谷五十余日。时战士不满万人。闻欢将渡，乃引军入关。欢遂渡河，逼华州。刺史王罴严守。乃涉洛，军于许原西。许原，在洛南。泰据渭南，征诸州兵皆未会。乃召诸将谓之曰："高欢越山渡河，远来至此，吾欲击之，何如？"诸将咸以众寡不敌，请待欢更西，以观其势。泰曰："欢若得至咸阳，人情转扰。今及其新至，便可击之。"即造浮桥于渭。令军人赍三日粮，轻骑渡渭。辎重自渭南夹渭而西。十月，至沙苑。在今陕西大荔县南。距欢军六十余里。欢闻泰至，引军来会。李弼曰："彼众我寡，不可平地置陈。此东十里有渭曲，可先据以待之。"遂进军。至渭曲，背水东西为陈。命将士皆偃戈于葭芦中，闻鼓声而起。欢军至，大破之。欢夜遁。追至河上，复大克获。虏其卒七万。留其甲士二万，余悉纵归。收其辎重、兵甲。《北齐书·神武纪》云：弃器甲十有八万。还军渭南，所征诸州兵始至。乃于战所准当时兵士，人种树一株，以旌武功。案此役，东魏之兵力，远优于西魏；且已得渡河；当时西魏形势，实极危迫，纵不至举陇以东而弃之，然长安不守，则意中事。何者？东魏兵数既多，无论屯聚或分道而进，其势皆不易遏止也。长安若陷，所征之兵能集与否？集而能整与否？俱不可知；即曰能之，东魏遂不能久据关中，复收众而返，而西魏之受创已深矣。故曰：此役为西魏一大危机也。然东魏遂一蹶不振者，实失之恃众而寡虑。《北齐书·斛律羌举传》曰：从高祖西讨。大军济河，集诸将议进趣之计。羌举曰："黑獭聚凶，强弱可知。若欲固守，无粮援可恃。今揣其情，已同困兽。若不与战，径趣咸阳，咸阳虚空，可不战而克，拔其根本，彼无所归，则黑獭之首，悬于军门矣。"诸将议有异同，遂战于渭曲，大军败绩。又《薛琡传》云：高祖大举西伐，将度蒲津，琡谏曰："西贼连年饥馑，无食可啖，故冒死来入陕州，欲取仓粟。今高司徒已围陕城，粟不得出。但置兵诸道，勿与野战，比及来年麦秋，人民尽应饿死。宝炬、黑獭，自然归降。愿王无渡河也。"侯景亦曰："今者之举，兵众极大，万一不捷，卒难收敛。不如分为二军，相继而进。前军若胜，后军合力；前军若败，后军乘之。"高祖皆不纳，遂有沙苑之败。夫如薛琡之说，则失之轻进；如羡举之说，则失之轻战；如侯景之说，则又失之于临战之时；一人三失。其败宜矣。自经此挫，东魏遂不复能渡河、入关矣。

然西魏欲图进取，力亦不足，此东西所以遂成相持之局也。宇文泰既捷于沙苑，遣左仆射冯翊王元季海为行台，与开府独孤信，率步骑二万向洛阳。洛州刺史李显趋荆州。贺拔胜、李弼渡河围蒲坂。牙门将高子信开门纳胜军，事亦见《周书·薛善传》。东魏将薛崇礼弃城走。胜等追获之。泰遂进军蒲坂，略定汾、绛。于是许和杀张琼，以夏州降。初泰自弘农入关，高昂围弘农，闻军败，退守洛阳。独孤信至新安，见第二章第三节。昂复走渡河，信遂入洛阳。东魏颍州长史贺若统，颍州，治长社，见第七章第六节。贺若统，从《周书·本纪》。《北齐书·尧雄传》作贺若徽。《周书·宇文贵传》亦作统，而云刺史。与密县人张俭，密县，见第三章第五节。《北史·本纪》云：俭荥阳人。执刺史田迅，举城降。西魏都督梁回入据之。荥阳郑荣业、郑伟等攻梁州，见第十二章第三节。擒其刺史鹿永吉；清河崔彦穆、檀深攻荥阳，擒其郡守苏定；皆附西魏。东魏将尧雄、赵育、是云宝《北齐书·尧雄传》作是育宝。《北史》作是宝。《梁书·陈庆之传》作元云宝，一本作是元宝。《周书·文帝纪》作是云宝。《通鉴》同。案《魏书·官氏志》有是云氏，后改是氏。出颍川，治颍阴，今河南许昌县。欲复降地。泰遣宇文贵、梁迁等逆击，大破之。赵育降。东魏复遣将任祥，率河南兵与尧雄合。西魏将怡峰，复与贵、迁等击破之。又遣韦孝宽取豫州。《北齐书·尧雄传》：雄都督郭丞伯、程多宝等举豫州降敌，执刺史冯邕。是云宝杀其阳州刺史邢椿，以州降。阳州，治宜阳，见第三章第三节。四年（538），西魏大统四年，东魏元象元年。东魏贺拔仁攻南汾州，今山西吉县。拔之。任祥、尧雄与侯景、高昂、万俟受洛取颍州，梁回等遁走。二月，尧雄又取阳州。七月，侯景、高昂围独孤信于金墉。西魏文帝与宇文泰来救。东魏使库狄干率诸将先驱，高欢总众继进。八月，宇文泰至穀城，汉穀成县，后汉曰穀城，晋省，在洛阳西北。莫多娄贷文、可朱浑元来逆。临陈斩贷文。元单骑遁免，悉虏其众。送弘农。遂进军瀍东。是夕，景等解围夜去。及旦，泰率轻骑追之，至于河桥。景等北据河桥，南属邙山为陈。战，东魏将高昂、李猛、宋显等皆死，而西魏右军独孤信、李远，左军赵贵、怡峰并不利，皆弃其卒先归。后军李虎、念贤遇信等，亦与俱还。由是班师。洛阳亦失守。留长孙子彦守金墉，高欢渡河，亦弃城。西魏军至弘农，守将皆已西走，所虏降卒在弘农者，因相与闭门拒守。进攻，拔之，诛其魁首数百人。关中留守兵少，而前后所虏东魏士卒，皆散在民间，乃谋为乱。李虎等至长安，计无所出，乃与公卿辅魏太子钦出次渭北。沙苑所俘军人赵青雀、雍州民于伏德等遂反。青雀据长安子城。伏德保咸阳，与太守慕容思庆各收降卒，以拒还师。长安大城民皆相率拒青雀，每日接战。华州刺史宇文导袭咸阳，斩思庆，擒伏德。南渡渭，与泰会。攻青雀，破之。关中乃定。此数年中，西魏经营东方，不为不力；兵锋亦甚锐利；然终至挫衄，关中且几致大乱者，失之力小而任重也。观于此，而知西魏之只足自保，不能进取矣。

是岁，十一月，侯景攻陷广州。见第九节。十二月，是云宝袭洛阳，东魏将王元轨弃城走。赵刚袭广州，拔之。自襄广以西城、镇，复为西魏。襄州，今河南叶县。六年（540），西魏大统六年，东魏兴和二年。侯景出三鸦，在今河南南召县北，接鲁山县界。将侵荆州。宇文泰遣李弼、独孤信各率骑五千出武关，景乃退还。盖东魏兵力，重于河北，故在河南，尚不能与西魏争也。初河桥战后，王思政镇弘农，以玉壁险要，请筑城移镇之。在今山西稷山县西南。八年（542），西魏大统八年，东魏兴和四年。十月，高欢出兵围之。不能克。大寒，士卒多死，乃还。是为东魏出河北又一挫衄。九年（543），西魏大统九年，东魏武定元年。二月，东魏北豫州刺史高慎，与吏部郎中崔暹有隙，暹时被高欢子澄委任，慎恐其构己，每不自安。东魏又遣镇城奚寿兴典兵事，慎但知民务而已。遂执寿兴，以虎牢归西魏。据《周书·李棠传》。宇文泰以慎所据辽远，难为应接。诸将亦皆惮行。惟李远曰："北豫远在贼境，高欢又屯兵河阳，见第十一章第二节。常理实难救援。但兵务神速，事贵合机，古人有言：不入虎穴，安得虎子？若以奇兵，出其不意，事或可济。脱有利钝，故是兵家之常。如其顾望不行，便无克定之日。"泰喜曰："李万岁所言，万岁，远字。差强人意。"乃授远行台尚书，前驱东出。泰率大兵继进。远乃潜师而往，拔慎以归。泰围斛律金于河阳。三月，高欢至河北。泰还军瀍上。欢渡河，据邙山为陈。泰夜登山，未明击之。中军右军皆捷，而左军赵贵不利，遂败退。欢追至陕，西魏使达奚武御之。《北齐书·封子绘传》曰：高祖总命群僚，议其进止。子绘言曰："贼帅才非人雄，偷窃名号。遂敢驱率亡叛，送死伊、瀍，天道祸淫，一朝瓦解。虽仅以身免，而魂胆俱丧。混一车书，正在今日。天与不取，反得其咎。伏愿大王不以为疑。"高祖深然之，但以时既盛暑，方为后图，遂命班师。《陈元康传》曰：大会诸将，议进退之策。咸以为野无青草，人马疲瘦，不可远追。元康曰："两雄交战，岁月已久。今得大捷，便是天授。时不可失，必须乘胜追之。"高祖曰："若遇伏兵，孤何以济？"元康曰："王前涉沙苑还军，彼尚无伏，今奔败若此，何能远谋？"高祖竟不从。及疾笃，谓世宗曰："邙山之战，不用元康之言，方贻汝患，以此为恨，死不瞑目。"此非实录。沙苑尚致丧败，况此时尚未入关，人马疲瘦，又迫盛暑邪？然西魏东略之不易得志，则观于是役而弥可见矣。欢使刘丰生追奔，拓地至弘农而还。北豫、洛皆复入东魏。

中大同元年（546），西魏大统十二年，东魏武定四年。春，西魏凉州刺史宇文仲和反。瓜州民张保，害刺史成庆以州应仲和。凉州，见第三节。瓜州，见第四节。宇文泰遣独孤信讨之。五月，禽仲和。迁其民六千余家于长安。瓜州都督令孤延起兵，禽张保。瓜州亦平。此为西魏之小衅，东魏自不能乘机也。邙山之败，宇文泰命王思政镇弘农，命举代己者。思政进所部都督韦孝宽。是岁，九月，高欢自邺西伐，围玉壁。孝宽拒守六旬，不能下。会欢有疾，烧营而退。明年，正月朔，欢死，其后嗣不复能为吞并之计，西魏力亦不足，东西战争之势杀矣。

第十三章　梁陈兴亡

第一节　侯景乱梁（上）

侯景，朔方人，或云雁门人。朔方，见第八章第五节。雁门，见第二章第二节。此据《梁书·景传》。《南史》云：景怀朔镇人。怀朔，见第十二章第三节。少而不羁，见惮乡里。及长，骁勇，有膂力，善骑射。《南史》云：景右足短，弓马非其长。案景右足短之说，他无所见，恐非其实。以选为北镇戍兵，北镇，见第八章第三节。《南史》云：为镇功曹史。稍立功效。尔朱荣自晋阳入，景始以私众见荣。荣甚奇景，即委以军事。会葛贼南逼，荣自讨，命景先驱。以功擢为定州刺史，大行台。定州，见第十一章第二节。自是威名遂著。齐神武入洛，景复以众降之。仍为神武所用。《南史》云：高欢微时，与景甚相友好。及欢诛尔朱氏，景以众降。仍为欢用，稍至吏部尚书。景性残忍酷虐。驭军严整，然破掠所得财宝，皆班赐将士，故咸为之用，所向多捷。总揽兵权，与神武相亚。魏以为司徒、南道行台，案事在大同八年（542），即东魏兴和四年。拥众十万，专制河南。《南史》云：欢使拥兵十万，专制河南，杖任若己之半体。又云：时欢部将高昂、彭乐，皆雄勇冠时。景常轻之，言似豕突尔，势何所至？案欢所用，战将多而有谋略者少；又欢居晋阳，去河南较远，势不能不专有所任；此景之所以有大权也。神武疾笃，谓子澄曰："侯景狡猾多计，反覆难知，我死后，必不为汝用。"乃为书召景。景知之，虑及于祸，《南史》云：将镇河南，请于欢曰："今握兵在远，奸人易生诈伪，大王若赐以书，请异于他者。"许之。每与景书，别加微点，虽子弟弗之知。及欢疾笃，其世子澄矫书召之。景知，惧祸，因用王伟计求降。《北齐书·神武纪》亦云：世子为神武书召景。景先与神武约，得书书背微点乃来。书至无点，景不至。① 又闻神武疾，遂拥兵自固。案神武猜忌性成，从未闻以将帅为腹心，而自疏其子弟；况文襄在神武世，与政已久，神武与景有约，文襄安得不知？说殆不足信也。大清元年（547），西魏大统十三年，东魏武定五年。乃遣其行台郎中丁和来，上表请降。《本纪》事在二月。云：景求以豫章、广、颍、洛阳、西扬、东荆、北荆、襄、东豫、南兖、西兖、齐等十三州内属。《景传》载景

---

① 史事：神武与侯景约，为书加微点说不足信。

降表，则云与豫州刺史高成，广州刺史郎椿，襄州刺史李密，兖州刺史邢子才，南兖州刺史石长宣，齐州刺史许季良，东豫州刺史丘元征，洛州刺史朱浑愿，扬州刺史乐恂，北荆州刺史梅季昌，北扬州刺史无神和等。《廿二史考异》云："豫章之章字衍。洛阳之阳当作扬。广州刺史下，夺'暴显颍州刺史司马世云荆州刺史'十四字，当据《通鉴考异》补。朱浑愿，当依《考异》作仐朱浑愿。《纪》有西扬，《传》作北扬；《纪》有东荆，《传》但云荆；未审谁是。"案豫州，见第十二章第六节。广州，见第十二章第九节。后移襄城，今河南方城县。颍州，见第十二章第十节。洛州，见第十一章第四节。扬州，见第十二章第十节。西扬，未详。东荆，见第十二章第四节。北荆，魏收《志》不言治所。或云治其首郡伊阳，在今河南嵩县东北。襄州，见第十二章第十节。东豫州，见第十二章第六节。南兖州，正光中移治谯城，见第三章第三节。西兖州，治定陶，在今山东定陶县西北。后移左城，在今定陶县西南。齐州，见第十二章第三节。北扬州，治项城，见第三章第三节。荆州，见第十一章第四节。景之叛也，颍州刺史司马世云应之。景入据颍城。诱执豫、襄、广诸州刺史。高澄遣韩轨等讨之。景以梁援未至，又请降于西魏。三月，宇文泰遣李弼援之。《魏书》作李景和，弼字。轨等退去。《周书·文帝纪》云：景请留收辑河南，遂徙镇豫州。于是遣王思政据颍川，见第十二章第十节。弼引军还。七月，景密图附梁。大祖知其谋，追还前后所配景将士。景惧，遂叛。案景之降梁，在降西魏之先，事甚明白，安得云此时始有是谋？盖至此乃与西魏绝耳。《周书·王悦传》云：侯景据河南来附，大祖先遣韦法保、贺兰愿德等率众助之。悦言于大祖，大祖纳之，乃遣追法保等。而景寻叛。《裴宽传》言：宽从法保向颍川。景密图南叛，军中颇有知者，以其事计未成，外示无贰。景往来诸军间，侍从寡少。军中名将，必躬自造。至于法保，尤被亲附。宽谓法保曰："侯景狡猾，必不肯入关。虽托款于公，恐未可信。若杖兵以斩之，亦一时之计也。如曰不然，便须深加严警。不得信其诳诱，自诒后悔。"法保纳之。然不能图景，但自固而已。盖时西魏欲召景入关，而景不肯，遂至彼此相图。① 西魏兵力，未足取景，然其将帅严警有备，景亦不能图之，故弃颍川而走豫州也。景非不侵不叛之臣，此自西魏所知。为之出师，原不过相机行事。而当时事机，并不甚顺。必欲乘衅进取，势非更出大兵不可。然此时西魏，亦甚疲敝；兼之景既不易驾驭，又须抗拒东魏及梁；利害纷纭，应付非易，故西魏始终以谨慎出之。此自不失为度德量力。而梁之贪利冒进者，乃自诒伊戚矣。

梁武帝既纳元颢而无成，其年，中大通元年(529)，魏孝庄帝永安二年。十一月，魏巴州刺史严始欣以城降。见第十一章第四节。遣萧玩等援之。明年，中大通二年(530)，魏永安三年。正月，始欣为魏所破斩。玩亦被杀。是岁，六月，又遣元悦还北。高欢欲迎立之而未果，事已见前。其明年，中大通三年(531)，魏节闵帝普泰

---

① 史事：西魏不援侯景。王思政之没。

元年。魏诏有司不得复称伪梁，罢细作之条；无禁邻国还往；盖颇有意于与南言和矣。是年，南兖州城民王买德，逼前刺史刘世明以州降。十一月，梁使元树入据。四年（532），魏孝武帝永熙元年。二月，复以元法僧为东魏王。盖欲并建法僧与树。魏以樊子鹄为东南道行台，率徐州刺史杜德讨元树。树城守不下。七月，子鹄使说之。树请委城南还。子鹄许之。树恃誓约，不为战备。杜德袭擒之。送魏都，赐死。时梁以羊侃为兖州刺史，随法僧还北。行次官竹，《水经注》：睢水自睢阳东南流，历竹圃，世人谓之梁王竹园。官收其利，因曰官竹。睢阳，见第十二章第六节。闻树丧师，军亦罢。十二月，魏尒朱仲远来奔。以为定洛将军，封河南王，北侵。随所克土，使自封建。亦无所成。五年（533），魏永熙二年。四月，青州人耿翔，袭据胶州，《魏志》云：治东武陵。陵字当系城字之讹。东武，汉县，今山东诸城县。杀刺史裴粲，来降。六月，魏以樊子鹄为青、胶大使，督济州刺史蔡儁讨之。师达青州，翔拔城走。是月，魏建义城主兰保，杀东徐州刺史崔祥，以下邳降。《魏书·纪》云：东徐州城民王早、简实等杀刺史崔庠，据州入萧衍。六年（534），魏永熙三年。十月，以元庆和为镇北将军，封魏王，率众北侵。闰十二月，据濑乡。胡三省曰：即陈国苦县之赖乡。案其地在今河南鹿邑县东。是岁，魏始分为东西。明年，为大同元年（535），西魏文帝大统元年，东魏孝静帝天平二年。东魏东南道行台元宴击元庆和，破走之。六月，庆和又攻南顿，见第八章第六节。为东魏豫州刺史尧雄所破。北梁州刺史兰钦攻汉中，西魏梁州刺史元罗降。《北史》在七月，《梁书》在十一月。二年（536），西魏大统二年，东魏天平三年。九月，魏以侯景节度诸军入寇。十月，梁亦下诏北伐。侯景攻楚州，治楚城，在今河南息县西。刺史桓和陷没。景仍进兵淮上，陈庆之击破之。十一月，诏北伐众军班师。十二月，与东魏通和。自此岁通使聘，直至侯景来降，而兵衅始启。《北史·本纪》：东魏孝静帝武定二年（544），二月，徐州人刘乌黑聚众反，遣道行台慕容绍宗平之。《北齐书·慕容绍宗传》云：梁刘乌黑入寇徐方，《北史》作梁人刘乌黑。此特人民之叛魏，非两国有战事。

　　侯景之来降也，高祖诏群臣廷议。尚书仆射谢举及百辟等议，皆云纳景非宜。高祖不从。《梁书·景传》。下文又云：初大同中，高祖尝夜梦中原牧守，皆以地来降。旦见朱异，说所梦。异曰："此岂宇内方一，天道前见其征乎？"及景归附，高祖欣然自悦，谓与神通。乃议纳之。而意犹未决。曾夜出视事，至武德阁，独言："我国家犹若金瓯，无一伤缺。今便受地，讵是事宜？脱致纷纭，非可悔也。"异接声而对曰："侯景据河南十余州，分魏土之半，输诚送款，远归圣朝，若拒而不容，恐绝后来之望。此诚易见，愿陛下无疑。"高祖深纳异言，又信前梦，乃定议纳景。①《异传》略同。此乃归罪于异之辞，不足为信，观前文叙廷议事，并无异欲纳景之说可知。高祖是时，于北方降者，无所不纳，何独至于景而疑之？《南史·谢举传》云：侯景来降。帝询诸群臣。举及朝士，皆请拒之。帝从朱异言纳

---

① 史事：谓梁武纳侯景由朱异不足信。

之，以为景能立功赵、魏。举等不敢复言。《南史》后出，但主博采，亦不足信也。乃下诏：封景为河南王，大将军、使持节、董督河南北诸军事、大行台，承制辄行，如邓禹故事。遣北司州刺史羊鸦仁，督土州刺史桓和之，土州，治龙巢，在今湖北随县东北。仁少刺史湛海珍，仁州，治已吾，在今河南宁陵县南。精兵三万，趋县瓠应接。七月，鸦仁入县瓠。诏以县瓠为豫州，寿春为南豫州。改合肥为合州，北广陵为淮州，项城为殷州，合州为南合州。以西阳太守羊思建为殷州刺史。高澄以书喻侯景云："若能卷甲来朝，当授豫州刺史，即使终君之世；所部文武，更不追摄；宠妻爱子，亦送相还。"景报书曰："为君计者，莫若割地两和，三分鼎峙。燕、卫、晋、赵，足相奉禄；齐、曹、宋、鲁，悉归大梁。"观此，知景之意，亦仅在于河南，无意进取河北也。六月，以鄱阳王范总督汉北、征讨诸军事。范，鄱阳忠烈王恢之子。八月，命群帅大举北伐。以南豫州刺史渊明为大都督。渊明，长沙宣武王懿之子。《南史·范传》云：为雍州刺史。范作牧莅人，甚得时誉；抚循将士，尽获欢心。于是养士马，修城郭，聚军粮于私邸。时庐陵王续。为荆州，既是都督府，又素不相能，乃启称范谋乱。范亦驰启自理。武帝恕焉。时论者犹谓范欲为贼。又童谣云："莫匆匆，且宽公。谁当作人主？草覆车边己。"① 时武帝年高，诸王莫肯相服。简文虽居储贰，亦不自安。而与司空邵陵王纶，特相疑阻。纶时为丹阳尹，威震都下，简文乃选精兵，以卫宫内。兄弟相贰，声闻四方。范以名应谣言，而求为公。未几，加开府仪同三司。范心密喜，以为谣验。武帝若崩，诸王必乱，范既得众，又有重名，谓可因机，以定天下。乃更收士众，希望非常。大清元年（547），大举北侵，初谋元帅，帝欲用范。时朱异取急外还，闻之，遽入曰："嗣王雄豪盖世，得人死力，然所至残暴非常，非吊人之材。昔陛下登北顾亭以望，谓江右有反气，骨肉为戎首。今日之事，尤宜详择。"帝默然曰："会理何如？"南康简王续子。对曰："陛下得之，臣无恨矣。"会理懦而无谋。所乘襻舆施版屋，冠以牛皮。帝闻，不悦。行至宿豫，见第七章第四节。贞阳侯明《南史》避唐讳，渊明但称明。请行，又以代之，而以范为征北大将军，总督汉北征讨诸军事。内相乖离如此，安冀克捷？况范与会理、渊明等，无一为将帅之才，而必用为元帅，安得不召舆尸之祸邪？《明传》云：代为都督，趋彭城。《敕》曰："侯景志清邺、洛，以雪仇耻，其先率大军，随机抚定。汝等众军，可止于寒山，在今江苏铜山县东南。筑堰引清水，以灌彭城。大水一沈，孤城自殄，慎勿妄动。"观此，知武帝欲以扫荡北方之责，全委诸侯景，即使克捷，景又安可制邪？《传》又云：明师次吕梁，见第九章第五节。作寒山堰，以灌彭城。水及于堞，不没者三版。魏遣将慕容绍宗赴援。时魏以绍宗为东南道行台，与高欢从父弟

---

① 宗教：莫匆匆云云似谶。

清河王岳及潘乐共御渊明。明谋略不出，号令莫行。诸将每谘事，辄怒曰："吾自临机制变，勿多言。"众乃各掠居人。明亦不能制，惟禁其一军，无所侵略。绍宗至，决堰水，明命诸将救之，莫肯出。魏军转逼，人情大骇。胡贵孙谓赵伯超曰："不战何待?"伯超惧不能对。贵孙乃入陈苦战。伯超拥众弗敢救。乃使具良马，载爱妾自随。贵孙遂没。伯超子威方将赴战，伯超使人召之，遂相与南还。明醉不能兴，众军大败。明见俘执。十一月，北人怀其不侵略，谓之义王。《羊侃传》云：大举北侵，以侃为冠军将军，监作寒山堰。堰立，侃劝明乘水攻彭城，不见纳。既而魏援大至。侃频言乘其远来可击；且日，又劝出战；并不从。侃乃率所领顿堰上。及众军败，侃结陈徐还。观此，知当日梁兵，真同儿戏，他时台城被围，援军四集而不能救，而徒以扰民，其机已兆于此矣。渊明既败，慕容绍宗进围潼州。治夏丘，今安徽泗县。刺史郭凤弃城走。十二月，景围谯城，不下。攻城父，见第五章第三节。拔之。遣其行台左丞王伟、左民郎中王则诣阙献策：求诸元子弟，立为魏主，辅以北伐。诏遣元贞为咸阳王，贞，树子。须渡江，许即伪位。乘舆副御，以资给之。齐遣慕容绍宗追景。景退入涡阳。见第十一章第三节。相持于涡北。景军食尽。士卒并北人，不乐南渡。其将暴显等，各率所部，降于绍宗。景军溃。与腹心数骑，自硖石济淮。硖石，见第六章第四节。稍收散卒，得马步八百人，奔寿春。羊鸦仁、羊思建并弃城，魏进据之。恢复河南，遂成画饼矣。

侯景之去颍川也，王思政分布诸军，据其七州、十二镇。景既败，东魏使高岳、慕容绍宗、刘丰生攻之。宇文泰遣赵贵帅军至穰，魏荆州治，见第十一章第四节。并督东西诸州兵，以救思政。东魏起堰，引洧水以灌城。自颍川以北，皆为陂泽，兵不得至。贵还。大清三年（549），西魏大统十五年，东魏武定七年。四月，绍宗、丰生共乘楼船，以望城内。大风暴起，船飘至城下。城上人以长钩牵船，弓弩乱发。绍宗穷急，赴水死。丰生浮向土山，复中矢而毙。陈元康劝高澄自以为功。澄从之，自将而往。六月，陷之。思政见俘。《周书·崔猷传》言：思政初赴景，大祖与书曰："崔宣猷智略明赡，有应变之才。若有所疑，宜与量其可否。"思政初顿兵襄城，后欲于颍川为行台治所，遣使人魏仲奉启陈之，并致书于猷。猷复书曰："襄城控带京、洛，实当今之要地。如有动静，易相应接。颍川既邻寇境，又无山川之固。贼若充斥，径至城下。莫若顿兵襄城，为行台治所；颍川置州，遣郭贤镇守；则表里胶固，人心易安。纵有不虞，岂能为患?"仲见大祖，具以启闻。大祖即遣仲还，令依猷之策。思政重启，求与朝廷立约："贼若水攻，乞一周为断；陆攻请三岁为期；限内有事，不烦赴援。过此以往，惟朝廷所裁。"大祖以思政既亲其事，兼复固请，遂许之。及颍川没，大祖深追悔焉。案颍川之败，实败于无援。小敌之坚，大敌之禽，若终无援师，即据襄城何益？自侯景之败，思政即势成孤悬，不拔之还，即宜豫筹救援之策。赵贵之兵，纵云沮于水不得至，岂出他道牵掣之师，亦不能筹画邪？而当时绝不闻有是，是弃之也。岂思政为孝武腹心，宇文泰终不免于猜忌欤？亦可异矣。

第二节　侯景乱梁（中）

侯景之济淮也，莫适所归。时鄱阳王范为南豫州刺史，未至，马头戍主刘神茂，马头，见第八章第七节。为监州韦黯所不容，驰谓景曰："寿阳去此不远，城池险固。王次近郊，黯必郊迎，因而执之，可以集事。得城之后，徐以启闻，朝廷喜王南归，必不责也。"景执其手曰："天教也。"及至，而黯授甲登陴。景谓神茂曰："事不谐矣。"对曰："黯懦而寡知，可说下也。"乃遣豫州司马徐思玉夜入说之。黯乃开门纳景。据《南史·景传》。《梁书·景传》云：监州韦黯纳之，其辞较略。《萧介传》云：高祖敕防主韦黯纳之，则恐非其实也。景遣于子悦驰以败闻，自求贬削。优诏不许。复求资给。即授南豫州刺史。光禄大夫萧介表谏，言"景必非岁暮之臣。今既亡师失地，直是境上一匹夫。陛下爱匹夫而弃与国之好，臣窃不取也。"不听。而以鄱阳王范为合州刺史，镇合肥。其措置，实不免于姑息矣。

《梁书·傅岐传》云：大清二年（548），渊明遣使还，述魏人欲更通和好。敕有司及近臣定议。朱异言："且得静寇息民，于事为便。"议者并然之。岐独曰："高澄既新得志，其势非弱，何事须和？此必是设间，故令贞阳遣使，令侯景自疑；当以贞阳易景。景意不安，必图祸乱。今若许澄通好，正是堕其计中。且彭城去岁丧师，涡阳新复败退，今便就和，益示国家之弱。"朱异等固执。高祖遂从异议。《南史·侯景传》云：魏人更求和亲，帝召公卿谋之，张绾、朱异咸请许之。景闻，未之信，乃伪作邺人书，求以贞阳侯换景。帝将许之。舍人傅岐曰："侯景以穷归义，弃之不祥。且百战之余，宁肯束手受絷？"谢举、朱异曰："景奔败之将，一使之力耳。"帝从之。复书曰："贞阳朝至，侯景夕返。"景谓左右曰："我知吴儿老公薄心肠。"案邺人之书，似不易伪为；即能伪之，武帝复书，亦未必轻率至是；此说殆不足信。不则景妄为此言，以激怒其众也。然即不以渊明易景，当时与北言和，亦非所宜。傅岐之议，可谓洞烛事机。史言岐在禁省十余年，机事密勿，亚于朱异，而武帝于此，独不用其议，盖偷安苟且之念，入之深矣。是岁，六月，遣使通好于北。侯景累启绝和，及请追使。又致书朱异，辞意甚切。异但述敕旨以报之。案和议合宜与否，别是一事。国家和战之计，要非降人所得与。若如景之所为，是国家当守小谅，为匹夫报仇也，其悖亦甚矣。既决意言和，而景有此请，便宜乘机，加以诛责，乃又优容不断，又曷怪景之生心乎？鄱阳王及羊鸦仁累启称景有异志，朱异并抑不奏闻。异盖以常理度之，谓景必不能叛也。然事有出于意计之外者，而其变化，遂非恒情所能测度矣。故曰："日中必熭，操刀必割"也。

是岁八月，侯景举兵反。《南史·景传》：景上言曰："高澄狡猾，宁可全信？陛下纳其诡语，求与通和，臣亦所窃笑也。臣行年四十有六，未闻江左有佞邪之臣，一旦入朝，乃致嚣藉。宁堪粉骨，投命仇门？请乞江西一境，受臣控督。如其不许，即领甲临江，上向闽越。非惟朝廷自耻，亦是三公肝食。"帝使朱异宣语答景使曰："譬如贫家，畜十客五客，尚能得意，朕惟有一客，致有忿言，亦是朕之失也。"景又知临贺王正德怨望朝廷，密令要结，正德许为内应，景遂发兵反。以诛朱异等为辞。攻马头木栅，执太守刘神茂、戍主曹璆等。武帝闻之，笑曰："是何能为？吾以折棰笞之。"于是诏鄱阳王范为南道都督，封山侯正表临川靖惠王子，正德之弟。时为北徐州刺史，治钟离，见第八章第四节。为北道都督，柳仲礼为西道都督，裴之高邃兄子。为东道都督。又令邵陵王纶董督众军。景闻之，谋于王伟。伟曰："莫若直掩扬都，临贺反其内，大王攻其外，天下不足定也。兵闻拙速，不闻工迟，即今便须进路。不然，邵陵及人。"案景乃羁旅之臣，众又寡弱，即极剽悍，安敢遽犯京师？纵使幸胜，亦将何以善其后乎？景上武帝书，虽绝悖慢，然其"表疏跋扈，言辞不逊"，亦《南史·景传》语。为朝廷所优容久矣，实未可指为反迹，故武帝不以为意，及其既叛，尚以谈笑处之也。然则无正德之许，景必不敢遽叛。《正德传》云：正德阴养死士，常思国衅。侯景反，知其有奸心，徐思玉在北，经与正德相知，至是，景遣思玉至建业，具以事告。又与正德书曰："今天子年尊，奸臣乱国，以景观之，计日必败。大王属当储贰，中被废辱，天下义士，窃所愤慨，岂得顾此私情，弃兹亿兆？景虽不武，实思自奋。"正德得书大喜，曰："侯景之意，暗与人同，天赞我也。"遂许之。谓景之要结正德，在其举兵之后，必不然矣。九月，景发寿春，声云游猎，伪向合肥，遂袭谯州。南谯州，今安徽滁县。助防董绍先开城降之。高祖闻之，遣太子家令王质率兵三千，巡江遏防。景进攻历阳，见第三章第九节。太守庄铁又降。帝问羊侃以讨景之策。侃求以二千人急据采石，见第三章第九节。令邵陵王袭取寿春。使景进不得前，退失巢窟，乌合之众，自然瓦解。议者谓景未敢便逼都城，遂寝其策。陈庆之子昕，为临川太守，临川，见第七章第一节。敕召之还。昕启云："采石急须重镇，王质水军轻弱，恐虏必济。"乃版昕为云骑将军，代质，而追质为丹阳尹。时正德都督京师诸军，屯丹阳郡，先遣大船数十艘，伪称载荻，实拟济景。景至江将渡，虑王质为梗，俄而质退，而陈昕尚未下渚，景遂自采石济。马数百匹，兵八千人。京师不之觉。景分袭姑熟，见第四章第一节。遂至慈湖。见第七章第一节。皇太子见事急，入启帝曰："请以事垂付，愿不劳圣心。"帝曰：

"此是汝事，何更问为？"太子仍停中书省指授。于是以宣城王大器都督城内诸军事，大器，简文帝长子，即哀太子也。羊侃为军师将军副焉。十二月，侃卒。朱异以明年正月卒。正德守朱雀航。景至，正德率所部与之合。石头、白下皆弃守。景百道攻城，不克。伤损甚多。乃筑长围，以绝内外。十一月，景立正德为帝。攻陷东府城。于城东西各起土山，以临城内。城内亦作两山以应之。材官将军宋嶷降贼，又为贼立计，引玄武湖水以灌城。阙前御街，尽为洪波矣。十二月，景造诸攻具，百道攻城，又不克。时梁兴四十七年，在位及闾里士大夫，莫见兵甲；宿将已尽，后进少年，并出在外，城中惟羊侃、柳津、韦黯，津老疾，黯懦而无谋，军旅指拨，一决于侃，《南史·羊侃传》。而侃又卒，平荡之事，自不得不期望援军。援军最先至者，为南徐州刺史邵陵王纶。直指钟山，见第四章第三节。为贼所败。退奔京口。已而鄱阳世子嗣、范子。西豫州刺史裴之高、司州刺史柳仲礼、前衡州刺史韦粲、宣猛将军李孝钦、南陵太守陈文彻等皆至。共推仲礼为大都督。仲礼者，津子。《南史·仲礼传》云简文帝为雍州，津为长史。及入居储宫，津从，仲礼留在襄阳，马仗、军人悉付之。稍迁司州刺史。侯景潜图反噬，仲礼先知之，屡启求以精兵三万讨景，朝廷不许；及景济江，朝野便望其至，兼畜雍、司精卒，见推总督；景素闻其名，甚惮之。《梁书·韦粲传》云：粲建议推仲礼为大都督。报下流众军。裴之高自以年位，耻居其下，累日不决。粲乃抗言于众曰："今者同赴国难，志在除贼。所以推柳司州者？政以久捍边疆，先为侯景所惮；且士马精锐，无出其前。若论位次，柳在粲下；语其年齿，亦少于粲；直以社稷之计，不得复论。今日形势，贵在将和。若人心不同，大事去矣。裴公朝之旧齿，年德已隆，岂应复挟私情，以沮大计？粲请为诸君解释之。"乃单舸至之高营，切让之。于是诸将定议。仲礼方得进军。军次新亭。贼列陈于中兴寺。相持至晚，各解归。是夜，仲礼入粲营部分。令粲顿青塘。青塘当石头中路，粲虑栅垒未立，贼必争之，颇以为惮。仲礼使直阁将军刘叔胤助粲。直昏雾，军人迷失道，比及青塘，夜已过半，垒栅至晓未合。景登禅灵寺门阁望粲营未立，便率锐卒来攻。军副主王长茂劝据栅待之，粲不从。令军主郑逸逆击之，刘叔胤以水军截其后。叔胤畏懦不敢进逸遂败。贼乘胜入营。左右牵粲避贼，粲不动。犹叱子弟力战。兵死略尽，遂见害。子尼，及三弟助、警、构，从弟昂皆战死，亲戚死者数百人。《南史·仲礼传》曰：韦粲见攻，仲礼方食，投箸，被练驰之。骑能属者七十。比至，粲已败。仲礼因与景战于青塘，大败之。景与仲礼交战，各不相知。仲礼稍将及景，贼将支伯仁自后砍仲礼，中肩，马陷于淖。贼聚稍刺之。骑将郭山石救之以免。自此壮气外衰，不复言战。神情敖很，凌蔑将帅。邵陵王纶亦鞭策军门，每日必至，累刻移时，仲礼亦弗见也。纶既忿叹，怨隙遂成。而仲礼常置酒高会，日作优倡。毒掠百姓。污辱妃主。父津，登城谓曰"汝君父在难，不能尽心竭力，百代之后，谓汝为何？"仲礼闻之，言笑自若。晚又与临城公大连不协。大连，亦简文子，时为东扬州刺史，以兵至，见下。东扬州，治会稽。景尝登朱雀楼与之语，遗以金环。是后开营不战。众军日固请，皆悉拒焉。案谓仲礼一战而伤，遂气索不敢复战，殊不近情；谓其与侯景通，亦近溢恶：《南》《北史》主博采，鲜别择，所言固不尽可信也。当日者，诸军独力皆不足破景，欲解台城之围，非齐力决战不可。然将骄卒惰，久成痼疾，不有严令，孰肯向前？而一时诸将，无一材望足资统率者。不得已，就兵之最强者求之，柳仲礼遂以小器出承其乏。得之既不以其道，自为众情所不服，虽膺都督之任，依然号令不行，欲决战，仍非独力前进不可，此自非仲礼所乐为；诸军亦无不如是；如其向前，亦徒为韦粲耳，然并此亦无第二人也。遂成相杖不战之局矣。此正与寒山之役，齐师决堰，诸军莫肯出战同。故曰：观于寒山，而知台城之围之不可解也。① 时邵陵王之兵，与临城公大连再至南岸，亦无功。荆州刺史湘东王绎，遣世子方等、司马吴晔、天门太守樊文皎下援。与鄱阳世子，及永安侯确，邵陵王纶子。前高州刺史李迁仕，前司州刺史羊鸦仁共破东府前栅，营青溪东。旋为景将宋子仙所破，文皎死之。《南史·景传》云：是时邵陵王与柳仲礼，甚于仇敌；临城公与永安侯，逾于水火。诸军之情形，固如出一辙也。

时城中疾疫，死者大半。景军亦饥，不能复战。东城东府城。有积粟，其路为援军所断；且闻湘东王下荆州兵；彭城刘邈，乃说景乞和，全师而返。景与王伟计，遣任约至城北，拜表伪降，以河南自效。帝曰："吾有死而已，宁有是议？且贼凶逆多诈，此言云何可信？"既而城中日蹙，简文乃请帝许和，更思后计。帝大怒曰："和不如死。"迟回久之，曰："尔自图之，无令取笑千载。"乃听焉。景请割江右四州之地，谓南豫州、西豫州、合州、光州。南豫州、合州皆见第一节。西豫州，今安徽怀宁县。光州，今河南潢川县。并求宣城王大器出送，然后解围济江。仍许遣其仪同于子悦、左丞王伟入城为质。傅岐议：以宣城王嫡嗣之重，不容许之，乃请石城公大款出送。大款，大器弟。诏许焉。遂于西华门外设坛为盟誓。遣尚书仆射王克，兼侍中上甲乡侯韶，散骑常侍萧瑳，与于子悦、王伟等登坛共盟。武卫将军柳津出西华门下，景出其栅门，与津遥相对，刑牲歃血。韶，长沙宣武王懿孙。时大清三年二月也。景之渡江也，武帝召封山侯正表入援。正表率众次广陵，闻正德为景所推，遂托舫粮未集，盘桓不进。景以正表为南兖州刺史，封南郡王。正表既受景署，遂于欧阳立栅，欧阳，在今江苏仪征县境。以断援军。又欲进攻广陵。南兖州刺史南康王会理遣军击破之。正德走还钟离，遂降魏。会理与前青、冀二州刺史湘潭侯退，鄱阳忠烈王恢子。西昌侯世子或西昌侯渊藻，长沙宣武王懿子，时为南徐州刺史。

---

① 史事：台城之围，何以不能解。

率众三万，至于马邛州。在台城北。景虑其自白下而上，断其江路，请悉勒聚南岸；又启称永安侯、赵威方频隔栅诟臣，乞召入城；敕并从之。《南史·本传》云：确知此盟多贰，欲先遣赵威方人，确因南奔。纶闻之，逼确使入。后与景猎钟山，引弓将射景，弦断不得发，贼觉，杀之。景运东城米于石头，食遂足。湘东王绎师于武城，在湖北黄陵县南。湘州刺史河东王誉次巴陵，见第三章第九节。前信州刺史桂阳王慥顿江津，慥，桂阳简王融之子。江津，见第七章第三节。未进，亦有敕班师。景知援军号令不一，终无勤王之效。又闻城中死疾转多，谓必有应之者。王伟又说景曰："王以人臣，举兵背叛，围守宫阙，已盈十旬，逼辱妃主，陵秽宗庙，今日持此，何处容身？愿且观其变。"景然之。乃抗表陈帝十失。请诛君侧之恶臣，清国朝之秕政，然后还守藩翰。三月朔旦，城内以景违盟，举烽鼓噪。景决石阙前水，胡三省曰：景前决玄武湖水积于此。百道攻城，昼夜不息，城遂陷。景矫诏遣石城公大款解外援军。于是诸军并散。《南史·柳仲礼传》：仲礼及弟敬礼、羊鸦仁、王僧辩、赵伯超，并开营降贼。僧辩者，湘东王使督舟师援台者也，才至而宫城陷。景留敬礼、鸦仁，而遣仲礼、僧辩西上，各复本位。饯于后渚。敬礼谓仲礼曰："景今来会，敬礼抱之，兄便可杀，虽死无恨。"仲礼壮其言，许之。及酒数行，敬礼目仲礼，仲礼见备卫严，不敢动，遂不果。后景征晋熙，敬礼与南康王会理谋袭其城，刻期将发，建安侯萧贲告之，遂遇害。贲者，正德弟正立之子。正德为侯景所立，贲出投之。专监造攻具，以攻台城。常为贼耳目。后贼恶其反覆，杀之。羊鸦仁出奔江西，将赴江陵，于路为人所害。惟赵伯超为贼用。景降萧正德为大司马。撤二宫侍卫，而使其党防守。武帝忧愤感疾。五月，崩。年八十六。景密不发丧。二十余日，乃迎皇太子即位，是为大宗简文皇帝。正德知为贼所卖，密书与鄱阳王，期以兵入，贼遮得，矫诏杀之，时六月也。

先是景以武帝手敕召南康王会理，而使其党董绍先据南兖州。会理僚佐咸劝距之。会理用其典签范子鸾计，谓处江北功业难成，不若身赴京师，图之肘腋，遂以城输绍先。至都，景以为司空，兼尚书令。祖皓起义，期以会理为内应，景矫诏免会理官。后景往晋熙，都下虚弱，会理与柳敬礼谋取王伟，事觉，与弟通理皆遇害。祖皓起义，见下。又使萧邕代西昌侯渊藻据南徐州。以任约为南道行台，镇姑熟。使李贤降宣城。见第三章第九节。于子悦、张大黑入吴。太守袁君正迎降。子悦、大黑，肆行毒虐，吴人各立城栅拒守。景又遣侯子鉴入吴。收子悦、大黑还京诛之。戴僧遏据钱唐，东扬州刺史临城公大连据州，吴兴太守张嵊据郡，吴兴，见第三章第九节。景使宋子仙、赵伯超、侯子鉴、刘神茂等攻破之。文成侯宁于吴西乡起兵，亦为景党孟振、侯子荣所破杀。景又以郭元建为北道行台，总江北诸军，镇新秦。宋郡，今江苏六合县。前江都令祖皓起兵，袭杀董绍先，亦为景所破，更以侯子鉴监南兖州。鄱阳王范弃合肥，出东关，见第十一章第四节。请兵于魏，遣二子为质。魏人据合肥，竟不出师助范。范屯于栅口，今安徽裕溪口，在芜湖东北。待援兵总集，欲俱进。江州刺史寻阳王大心闻之，遣要范西上，以溢城处之。大心，简文子。溢城，即溢口城，见第三章第九节。景出顿姑熟。范将裴之悌、夏侯威生以众降。景以之悌为合州刺史，威生为南豫州刺史。范至溢城，以晋熙为晋州，晋熙，晋郡，治怀宁，今安徽潜山县。遣子嗣为刺史。江州郡县，辄更改易。寻阳政令所行，惟存一郡。初庄铁降景，又奉其母奔大心。大心以铁旧将，厚为其礼。军旅之事，悉以委之。仍以为豫章内史。铁据豫章反。大心令中兵参军韦约等击之。铁败绩，又乞降。嗣先与铁游处，请援之。范从之。乃遣将侯瑱，率精甲五千救铁。夜袭破韦约等营。于是二藩衅起，人心离贰。范居溢城，商旅不通，音使距绝。范数万之众，皆无复食，人多饿死。范恚，发背薨。嗣犹据晋熙。城中食尽，士乏绝。简文帝大宝元年（550），七月，任约、卢晖略攻晋熙。嗣中流矢，殁于陈。约进袭江州。大心遣司马韦质拒战，败绩。时帐下犹有勇士千余人，咸说大心轻骑往建州，以图后举。此建州置于苞信县，在今河南商城县西。劝往此者，盖以便于入齐也。而大心母陈淑容不肯行。大心乃止。遂与约和。于是景之兵锋，直逼荆、郢矣。

第三节　侯景乱梁（下）

先是上流之地，湘东王绎刺荆州，岳阳王詧刺雍州，武帝内弟张缵刺湘州。缵，弘策子，出后伯父弘籍。大清二年（548），征缵为领军，俄改雍州刺史，而以河东王誉刺湘州。缵素轻少王，州府迎候及资待甚薄。誉深衔之。至州，遂托疾不见缵，仍检校州、府庶事，留缵不遣。侯景寇京师，湘东王绎军于武城，见上节。誉饬装当下援，缵密报绎曰："河东起兵，岳阳聚米，将来袭江陵。"绎惧，沈米、断缵而归。因遣谘议周弘直至誉所，督其粮、众。三反，誉不从。绎大怒。七月，遣世子方等讨誉。方等，绎长子也。母曰徐妃，以嫉妒失宠。而绎第二子方诸母王氏，以冶容幸嬖。王氏死，绎归咎徐妃。方等意不自安。绎闻之，又恶方等。方等益惧。时武帝年高，欲见诸王长子，绎遣方等，方等欣然登舟。遇侯景乱，绎召之。方等启曰："昔申生不爱其死，方等岂顾其生？"绎省书，知无还意，乃配步骑一万，使援台城。贼每来攻，方等必身当矢石。及是，求征誉。临行，谓所亲曰："吾此段出征，必死无二。死而获所，吾岂爱生？"及至麻溪，在今湖南长沙县北。军败溺死。绎遣鲍泉继之。初绎命所督诸州并发兵下，岳阳王詧遣司马刘方贵为前军，出汉口。及将发，绎又使喻詧自行。詧辞颇不顺。绎怒。而方贵先与詧不协，潜与绎相知，刻期袭詧。未及发，会詧以他事召方贵。方贵疑谋泄，遂据樊城拒命。樊城，见第五章第二节。詧遣军攻之。时张缵弃所部，单舸赴江陵。绎乃厚资遣缵，若将述职，而密援方贵。缵次大堤，胡三省曰：《沈约志》：华山郡，治大堤。《五代志》：襄阳郡汉南县，宋置华山郡。唐并汉南入宜城。曾巩曰：宋武帝筑宜城之大堤为城。案宜城，今湖北宜城县。樊城已陷。詧擒方贵兄弟及党与，并斩之。缵因进至州。誉迁延不受代，而密图之。缵惧，请绎召之。绎乃征缵于誉。誉留不遣。州助防杜岸兄弟绐缵曰："岳阳殿下，势不仰容。不如且往西山，以避此祸。使君既得物情，远近必当归集。以此义举，事无不济。"缵深以为然。因与岸等结盟誓，又要雍州人席引等于西山聚众。缵服妇人衣，乘青布舆，与亲信十余人出奔。引等与杜岸驰告誉。誉令中兵参军尹正与岸等追讨，并擒之。缵惧不免，因请为沙门。誉以誉危急，率众三万，骑千匹伐江陵以救之。大雨暴至，众颇离心。绎与岸弟峛有旧，密要之。峛乃与兄岸，弟幼安及杨混各率其众降。誉夜遁。初誉因张缵于军，至是，先杀缵而后退焉。杜岸之降也，请以五百骑袭襄阳。誉至，岸奔其兄峛于广平。晋渡江，侨置广平郡于襄阳，宋以汉南阳郡之朝阳为实土。案朝阳，在今河南邓县东南。誉遣尹正、薛晖等攻之，获峛、岸等。并其母、妻、子女杀之。尽诛诸杜宗族、亲旧。其幼稚疏属下蚕室。又发掘其坟墓，烧其骸骨，灰而扬之。其酷虐如此。鲍泉围湘州，久未能拔，绎命王僧辩代之。大宝元年（550），四月，克湘州，斩誉。誉自称梁王，称藩于魏。魏遣兵助戍襄阳。台城之陷也，邵陵王纶奔禹穴，在今浙江绍兴县。东土皆附。南郡王大连惧，图之。纶觉，去至寻阳。寻阳王大心欲以州让之，纶不受。至郢州，刺史南平王恪以州让之，恪，南平元襄王伟之子。纶又不受。河东王誉请救，纶欲往救之，以军粮不继而止。与绎书劝止之。绎不听。纶大修器甲，将讨侯景。绎闻其盛，八月，遣王僧辩帅舟师一万逼之，纶走。于是侯景之兵锋，绎实当之矣。

江州之陷，绎遣徐文盛率众军下武昌。文盛，宁州刺史，闻国难，召募得数百人来赴。是岁，九月，侯景率舟师上皖口。皖水入江之口，在今安徽怀宁县西。十二月，绎又遣尹悦、王珣、杜幼安助文盛。任约以西台益兵，告急于景。二年（551），闰三月，景自率众二万，西上援约。至西阳，见第四章第三节。徐文盛不敢战。文盛妻石氏，先在建业，至是，景载之以还。文盛深德景，遂密通信使，都无战心。众咸愤怨。初郢州之平，绎以子方诸为刺史，鲍泉为长史，行府、州事。方诸与泉，不恤军政，惟蒱酒自乐。景访知其无备，兵少，四月，遣宋子仙袭陷之，执方诸及泉。尽获武昌军人家口。文盛等大溃，奔归江陵。王珣、尹悦、杜幼安并降于贼。景遂乘胜西上。绎先遣王僧辩东下代文盛，军次巴陵，会景至，僧辩因坚壁拒之。景设长围，筑土山，昼夜攻击，不克。军中疾疫，死伤大半。绎遣胡僧祐、陆法和援巴陵。景遣任约以精卒数千逆击，六月，僧祐等击破之，禽约。王僧辩督众军追景，而陈霸先之兵亦来会。

陈霸先，吴兴长城人。长城，见第三章第九节。为广州刺史萧映僚佐。映，始兴忠武王憺子。讨破交州叛贼李贲。映卒，以霸先为交州司马，与刺史杨暕讨贲，平之。除西江督护、高要太守。高要，汉县，梁置郡，今广东高要县。时大清元年（547）也。二年（548），冬，侯景寇京师，霸先将率兵赴援。广州刺史元景仲，法僧子也，欲图霸先。《北史·道武七王传》云：侯景遣诱召之，诈奉为主，景仲将应之。霸先知其计，与成州刺史王怀明，成州，今广西苍梧县。行台选郎殷外臣等密议戒严。三年（549），七月，集义兵于南海，驰檄以讨景仲。景仲穷蹙，自缢死。霸先迎定州刺史萧勃镇广州。定州，治郁林，见第三章第九节。勃，武帝从弟吴平侯昺之子。初衡州刺史韦粲，自解还都征侯景，以临贺内史欧阳頠监衡州。衡州，治曲江，今广东曲江县。临贺，见第三章第九节。京城陷后，岭南互相吞并。高州刺史兰裕，攻始兴内史萧绍基，夺其郡。高州，治高凉，在今广东阳江县西。始兴，见第三章第八节。裕以兄钦与頠有旧，遣招之。頠不从。裕攻之。頠请援于勃。勃令霸先救之，悉擒裕等。仍监始兴郡。十一月，霸先遣杜僧明、胡颖将二千人顿于岭上。僧明，广陵临泽人。梁大同中，卢安兴为广州南江督护，僧明与兄天合及周文育，并为所启，与俱行。安兴死，僧明复副其子雄。及李贲反，逐交州刺史萧谘，谘奔广州。台遣子雄与高州刺史孙冏讨贲。时春草已生，瘴疠方起，子雄请待秋。广州刺史萧映不听。谘又促之。子雄不得已，遂行。至合浦，死者十六七。众并惮役溃散，禁之不可，乃引其余兵退还。萧谘启子雄及冏与贼交通，逗留不进。梁武帝敕于广州赐死。子雄弟子略、子烈，并雄豪任侠，家属在南江，天合乃与周文育等率众结盟，奉子略为主，以攻萧映。霸先时在高要，闻事起，率众来讨，大破之。杀天合。禽僧明及文育等，并释之，引为主帅。案陈武生平，用降将最多，详见《廿二史札记》，其气度必有大过人者，僧明、文育，特其一耳。[1] 颖，吴兴东迁人，为广州西江督护。霸先与其同郡，待之甚厚。萧谘，鄱阳王范之子。临津，宋县，在今江苏高邮县东北。合浦，汉郡，治徐闻，今广东海康县。后汉治合浦，今广东合浦县。梁、陈间复治徐闻。东迁，晋县，今为镇。属浙江吴兴县。并结始兴豪杰，同谋义举。郡人侯安都、张偲等率千余人来附。萧勃闻之，遣说停霸先。霸先不听。使间道驰往江陵，秉承军期节度。时蔡路养南康土豪。起兵据南康，见第七章第五节。勃遣腹心谭世远为曲江令，与路养相结，同遏义军。大宝元年（550），霸先发自始兴，次大庾岭。在今江西大庾县、广东南雄县之间。路养出军顿南野，秦县，在今江西南康县西南。依山水立四城以拒。霸先与战，大破之。路养脱身窜走。霸先进顿南康。六月，修崎头古城，在大庾县东。徙居焉。高州刺史李迁仕据大皋，在江西吉安县南。遣主帅杜平虏等率千人入灂石、鱼梁。灂石，指灂江十八滩，在今江西赣县至万安县间。鱼梁，在万安县南。迁仕之兵，盖以援台至此。霸先命周文育击走之。迁仕奔宁都。吴阳都县，晋更名，今江西宁都县。宁都人刘蔼等资迁仕舟舰、兵仗，将袭南康。霸先遣杜僧明等率二万人据白口，《通鉴考异》引《大清纪》云：于雩都县连营相拒，则其地当在雩都。雩都，汉县，今江西雩都县东北。筑城以拒之。迁仕亦立城以相对。二年（551），三月，僧明等攻拔其城，生擒迁仕送南康。霸先斩之。湘东王绎命霸先进兵定江州，仍授江州刺史。九月，又以王僧辩刺江州，而以霸先为东扬州

----

① 史事：陈武用降将。侯瑱、鲁悉达不降齐。

刺史。

侯景之东还也，以丁和为郢州刺史，留宋子仙、时灵护等助和守御。以支化仁、阎洪庆等守鲁山城。见第七章第三节。王僧辩率巴陵诸军，沿流讨景。攻鲁山，化仁降。攻郢，擒灵护。子仙行战行走。至白杨浦，胡三省曰：盖去郢城未远。大破之，生擒子仙送江陵。鄱阳王范及其子嗣之死也，侯瑱领其众，依于庄铁。铁疑之。瑱惧，诈引铁谋事，因而刃之。据有豫章。侯景将于庆南略，至豫章，瑱穷蹙，降于庆。庆送瑱于景。景以瑱与己同姓，托为宗族，待之甚厚。留其妻子及弟为质，遣瑱随庆平定蠡南诸郡。蠡南，谓彭蠡湖以南。及是，瑱起兵袭之，庆败走。景尽诛瑱妻、子及弟。湘东王绎授瑱南兖州刺史。七月，僧辩军次溢城，贼行江州事范希荣弃城走。八月，晋熙人王僧振、郑宠起兵袭城，伪刺史夏侯威生、仪同任延遁。绎命僧辩且顿江州，须众军齐集。顷之，命江州众军，悉同大举。于是发江州。命侯瑱率锐卒轻舸，袭南陵、鹊头等戍，至即克之。南陵，见第七章第五节。鹊头，见第九章第二节。三年（552），元帝承圣元年。二月，霸先与僧辩会于白茅洲，在江西德化县北，与安徽宿松县接界。登坛盟誓。

侯景之东还也，二年（551），八月，废大宗为晋安王，幽于永福省。害皇太子大器、寻阳王大心、西阳王大钧、武宁王大威、建平王大球、义安王大昕、绥建王大挚，皆简文子。及寻阳王诸子二十人。矫为大宗诏，禅位于豫章嗣王栋。欢子。遣使害南海王大临于吴郡，南郡王大连于姑孰，安陆王大春于会稽，新兴王大壮于京口。亦皆简文子。大壮，《南史》作大庄。初景既平京邑，便有篡夺之心，以四方须定，且未自立。既巴陵失律，江、郢丧师，猛将外奸，雄心内沮，便欲伪僭大号，遂其奸心。其谋臣王伟云：“自古移鼎，必须废立，”故景从之。其太尉郭元建闻之，自秦郡驰还，谏景曰：“四方之师，所以不至者？政为二宫万福。若遂行弑逆，结怨海内，事几一去，虽悔无及。”王伟固执不从。此据《梁书·景传》。《南史》则云元建谏废简文，景意遂回，欲复帝位，以栋为大孙，王伟固执不可。又《南史·简文纪》云：景纳帝女溧阳公主。公主有美色，景惑之，妨于政事。王伟每以为言。景以告主，主出恶言。伟知之，惧见谮，乃谋废帝而后间主，苦劝行弑，以绝众心。此亦不根之谈。伟小人，安知远虑。知远虑，不事景矣。十月，景弑大宗。十一月，遂废栋而自立。先是张彪起义于会稽若邪山，事在大宝元年(550)，《纪》在十一月，《景传》在十二月。彪，南郡王前中兵参军。若邪山，在今浙江绍兴县南。攻破浙东诸县。景遣田迁、赵伯超、谢答仁等东伐彪。是年，正月，彪遣别将寇钱唐、富春。钱唐，见第四章第三节。富春，即富阳，晋避太后讳改，见第十章第四节。田迁进军与战，破之。十月，景司空东道行台刘神茂，仪同尹思合、刘归义、王晔，云麾将军桑乾王元頵等据东阳归顺。东阳，见第五章第六节。仍遣元頵及别将李占、赵惠朗下据建德江口。建德，秦县，今浙江建德县。尹思合收景新安太守元义，夺其兵。新安，见第四章第二节。张彪攻永嘉，见第七章第二节。永嘉太守秦远降。十一月，景以赵伯超为东道行台，镇钱唐。遣田迁、谢答仁等东征神茂。十二月，答仁等至建德，攻元頵、李占栅，大破之。执頵、占送景。明年，大宝三年(552)，即元帝承圣元年。谢答仁攻刘神茂。刘归义、尹思合等弃城走。神茂孤危，复降。初海宁程灵洗，吴海阳县，晋曰海宁，在今安徽休宁县东。据黝、歙以拒景。汉黝县，宋曰黝，在今安徽黝县东。歙县，见第九章第六节。景军据有新安，新安太守西乡侯隐奔依灵洗，灵洗奉以主盟。刘神茂建义，灵洗攻下新安，与之相应。及是，景偏帅吕子荣进攻新安，灵洗复退保黝、歙。景败，子荣走，灵洗复据新安，进军建德。二月，王僧辩军至芜湖。见第三章第九节。芜湖城主宵遁。景遣史安和、宋长贵等率兵二千，助侯子鉴守姑熟。见第四章第一节。追田迁还京师。三月，景往姑熟，巡视垒栅。诫子鉴曰："西人善水战，不可与争锋。若得马步一交，必当可破。汝但坚壁，以观其变。"子鉴乃舍舟登岸，闭营不出。僧辩等遂停军十余日。贼党大喜，告景曰："西师惧吾之强，必欲遁走。不击，将失之。"景复命子鉴为水战之备。子鉴乃率万余人渡洲，并引水军俱进。僧辩逆击，大破之。子鉴仅以身免。僧辩进军次张公洲。即蔡洲，见第四章第三节。景以卢晖略守石头，纥奚斤等守捍国城。在今江苏江宁县南。悉逼百姓及军士家累入台城。僧辩焚景水栅，入淮。至禅灵寺渚。景大惊，乃缘淮立栅。自石头迄青溪十余里，楼雉相接。僧辩遣杜崱问计于陈霸先。霸先曰："前柳仲礼数十万，隔水而坐，韦粲之在青溪，竟不渡岸，贼乃登高望之，表里俱尽。今围石头，须渡北岸。诸将若不能当锋，请先往立栅。"霸先即于石头城西横陇筑栅。众军次连八城，直出西北。贼恐西州路断，西州，见第十章第二节。亦于东北果林筑五城，以遏大路。景自率侯子鉴、于庆、史安和、主僧贵等拒守。使王伟、索超世、吕季略守台城。景列陈挑战，僧辩率众军奋击，大破之。侯子鉴、王僧贵各弃栅走。卢晖略、纥奚斤并以城降。景既退败，不入宫，敛其散兵，屯于阙下。遂将逃窜。王伟揽辔谏曰："自古岂有叛天子？今宫中卫士，尚足一战，宁可便走？弃此欲何所之？"景曰："我在北，打贺拔胜，败葛荣，扬名河朔，与高王一种人。今来南，渡大江，取台城如反掌，打邵陵王于北山，破柳仲礼于南岸，皆乃所亲见。今日之事，恐是天亡。乃好守城，我当复一决耳。"仰观石阙，逡巡叹息。久之，乃以皮囊盛二子《通鉴》云：江东所生。挂马鞍，与其仪同田迁、范希荣等百余骑东奔。王伟委台城窜逸。侯子鉴等奔广陵。王僧辩命众将入据台城，侯瑱、裴之横率精甲五千，东入讨景。景至晋陵，见第四章第三节。劫太守徐永，东奔吴郡。进次嘉兴。见第三章第四节。赵伯超据钱唐拒之。景退还吴郡。达松江，而侯瑱军奄至。景众未陈，皆举幡乞降。景不能制，乃与腹心数十人单舸走。推堕二子于水，自沪渎入海。沪渎，见第七章第二节。羊侃第三子鹍，随侃台内，城陷，窜于阳平，宋县，未详今地。景呼还，待之甚厚。及景败，鹍密图之，乃随其东走。景于松江战败，惟余三舸下海，欲向蒙山。在今山东蒙阴县。会景倦，昼寝，鹢语海师："此中何处有蒙山？汝但听我处分。"遂直向京口。至胡豆洲，此据《羊侃传》。《景传》作壶豆洲。在今江苏镇江县北。景觉，大惊。问岸上人，云郭元建犹在广陵。景大喜，将依之。鹢拔刀叱海师，使向京口。景欲投水，鹢抽刀斫之。景乃走入船中，以小刀抉船底。鹢以稍入，刺杀之。送尸于王僧辩。传首西台。僧辩收贼党王伟等二十余人，送于江陵。赵伯超降于侯瑱，亦送江陵。陈霸先出广陵，郭元建奔齐。

侯景之为人也，可谓酷虐无伦。其犯建康，初至便望克定，号令甚明，不犯百姓。既攻城不下，人心离沮；又恐援军总集，众必溃散；乃纵兵杀掠。交尸塞路。富室豪家，恣意哀剥。子女玉帛，悉入军营。及筑土山，不限贵贱。昼夜不息，乱加殴棰。疲羸者因杀之以填山。号哭之声，响动天地。时百姓不敢藏隐，并出从之，旬日之间，众盈数万。东府之陷，景使卢晖略率数千人持长刀夹城门，悉驱城内文武，裸身而出，贼交兵杀之。死者二千余人。台城之陷，悉卤掠乘舆服玩，后宫嫔妾。初城中积尸，不暇瘗埋；又有已死而未敛，或将死而未绝者；景悉聚而烧之，臭气闻十余里。性残忍，好杀戮，恒以手刃为戏。方食，斩人于前，言笑自若，口不辍飧。或先断手足，割舌，劓鼻，经日乃杀之。于石头立大春碓，有犯法者捣杀之。又禁人偶语，不许大酺，有犯则刑及外族。东阳人李瞻起兵，为贼所执，送诣建业，景先出之市中，断其手足，剖析心腹，破出肝肠。祖皓之败，射之，箭遍体，然后车裂以徇。城中无少长皆斩之。此据《梁书·景传》。《南史》作埋而射之。元頵、李占被执送京口，景截其手足，徇之，经日乃死。刘神茂降，送建康，景为大剉碓，先进其脚，寸寸斩之，至头方止，使众观之以示威。每出师，戒诸将曰："若破城邑，净杀却，使天下知吾威名。"故诸将以杀人为戏笑。百姓虽死，亦不从之。然景之南奔也，高澄悉命先剥景妻子面皮，以大铁镬盛油煎杀之。女以入宫为婢。男三岁者并下蚕室。后齐文宣梦猕猴坐御床，乃并煮景子于镬。其子之在北者歼焉。则初非景一人如是，盖代北之风气然也。魏道武等，亦特此风气中之一人耳。简文帝时，景尝矫诏自加宇宙大将军，都督六合诸军事。及僭位，王伟请立七庙，并请七世讳，敕大常具祭祀之礼。景曰："前世吾不复忆，惟阿爷名摽；且在朔州；伊那得来啖是？"床上常设胡床及筌蹄，着靴垂脚坐。① 或跂户限。或走马敖游，弹射鸦鸟。自为天子，王伟不许轻出，郁快更成失志，曰："吾不事为帝，与受摈不殊。"岂特沐猴而冠而已。

是时王师杀掠之酷，亦几不减于景。台城之被围也，援兵至北岸，百姓扶老携幼以候之，才得过淮，便竞剥掠。贼党有欲自拔者，闻之咸止。景之走，王克开台城引裴之横入宫，纵兵蹂掠。时都下户口，百遗一二，大航南岸，极目无

---

① 器用：侯景床上垂脚坐。

烟，老小相扶竞出，才度淮，王琳、杜龛军人掠之，甚于寇贼，号叫彻于石头。王僧辩谓为有变，登城问故，亦不禁也。是役也，可谓江南一浩劫。台城初被围，男女十余万，贯甲者三万，及景违盟，疾疫且尽，守埤者止二三千人，并悉羸懦。景攻台时，食石头常平仓，既尽，便掠居人。尔后米一升七八万钱，人相食，有食其子者。此据《南史·景传》。《梁书》云：米斛数十万，人相食者十五六。《魏书·岛夷传》云：城内大饥，人相食。米一斗八十万。皆以人肉杂牛、马肉而卖之。军人共于德阳堂前立市，屠一牛得绢三千匹，卖一狗得钱二十万。皆熏鼠、捕雀而食之。至是，雀、鼠皆尽，死者相枕。大宝元年（550），时江南大饥，江、扬弥甚。旱蝗相系，年谷不登。百姓流亡，死者涂地。父子携手，共入江、湖；或弟兄相要，俱缘山岳；芰实荇花，所在皆罄；草根木叶，为之凋残；虽假命须臾，亦终死山泽。其绝粒久者，鸟面鹄形，俯伏床帷，不出户牖，莫不衣罗绮，怀金玉，交相枕藉，待命听终。于是千里绝烟，人迹罕见，白骨成聚，如丘垄焉。代北残暴之风，江南淫靡之俗，合而成此大灾，只可谓人类所造之恶业，人类还自受之而已矣。①

第四节　江陵之变

简文帝之崩也，四方劝进于湘东者相属。湘东以巨寇未平，未欲即位。然简文之立，湘东谓其制于贼臣，始终仍用大清年号，则其怀自立之心久矣。《南史·豫章王栋传》云：栋既废，及二弟桥、樛，并锁于密室。景败走，兄弟相扶出。初王僧辩之为都督，将发，谘元帝曰："平贼之后，嗣君万福，未审有何仪注?"帝曰："六门之内，自极兵威。"僧辩曰"平贼之谋，臣为己任，成济之事，请别举人。"② 由是帝别敕宣猛将军朱买臣，使行忍酷。会简文已被害，栋等与买臣遇见，呼往船共饮，未竟，并沉于水。案王僧辩乃一热中之士，惟思乘时以立功名，《梁书·僧辩传》：赵伯超降于侯瑱，送至，既出，僧辩顾坐客曰："朝廷昔惟知有赵伯超耳，岂识王僧辩？社稷既倾，为我所复，人之兴废，亦复何常？"器小易盈，情见乎辞矣。于逆顺之际，初无所择。故一战而败，即不惜屈膝于异族，以奉渊明。而何爱于简文及豫章？况元帝为人，猜忍至极，僧辩征陆纳时，以欲待部下之集，见疑规避，几遭诛戮，陆纳事见下。《僧辩传》曰：世祖研之，中其左髀，流血至地。僧辩闷绝，久之方苏。即送付廷尉。并收其子侄，并皆系之。会岳阳王军袭江陵，人情骚扰，未知其备。世祖遣左右往狱，问计于僧辩。僧辩具陈方略。乃赦为城内都督。此时又安敢批其逆鳞邪？故谓湘东授意僧辩，使贼嗣君，而僧辩不肯从者，必失实之辞

---

① 风俗：代北残暴之风，江南淫靡之俗，合成梁末大灾。

② 史事：王僧辩不肯作成济，不足信。

也。然朱买臣之贼豫章，即非承湘东之旨，亦必窥其意而为之，则无疑矣。大宝三年（552），十一月，湘东即位于江陵，是为世祖孝元皇帝。

柳仲礼之入援也，竟陵郡守孙暠，以郡降西魏。竟陵，见第三章第九节。宇文泰使符贵往镇之。及台城陷，仲礼降景，景遣西上，湘东王以为雍州刺史，使袭襄阳。仲礼方观成败，未发。及南阳围急，杜岸请救，仲礼乃以别将夏侯强为司州刺史，守义阳，自帅众如安陆。见第三章第九节。使司马康昭讨孙暠，暠执符贵以降。仲礼命其将王叔孙为竟陵太守，军副马岫为安陆太守，置孥于安陆，而以轻兵师于漴头，在湖北安陆县西北。将侵襄阳。岳阳王詧告急于魏，遣妃王氏及世子嶚为质。宇文泰遣杨忠、长孙俭救之。陷随郡。见第四章第三节。进围安陆。大宝元年（550），西魏大统十六年。正月，仲礼来援，忠逆击，破禽之。马岫以城降。王叔孙亦斩孙暠降。元帝遣子方略为质。并送载书，请魏以石城为限，石城，竟陵郡治，见第三章第九节。梁以安陆为界。忠乃旋师。据《周书·杨忠传》。《南史·梁本纪》：是年，正月，使少子方略质于魏。魏不受质，而约为兄弟。《元帝诸子传》云：方略年数几。至长安，即得还。魏命詧发丧嗣位，策命为梁王。邵陵王纶之败也，与子确等十余人轻舟走武昌。时纶长史韦质，司马姜律，先在于外，闻纶败，驰往迎之。于是复收散卒，屯于齐昌。齐郡，在今湖北蕲春县西北。将引魏军共攻南阳。任约闻之，使铁骑二百袭纶。纶无备，又败。走定州。治蒙笼城，在今湖北麻城县西。定州刺史田龙祖迎纶。纶以龙祖荆镇所任，惧为所执，复归齐昌。行至汝南，《隋志》：安陆郡吉阳，梁立汝南郡，在今湖北应山县北。西魏所署汝南城主李素，纶之故吏，闻纶败，开城纳之。纶乃修浚城池，收集士卒，将攻竟陵。西魏安州刺史马岫闻之，报于西魏。安州，安陆。西魏遣杨忠、侯几通率众赴焉。二年（551），西魏大统十七年。二月，忠等至于汝南。纶婴城自守。会天寒大雪。忠等攻之，不能克，死者甚众。后李素中流矢卒，城乃陷。忠等执纶，纶不为之屈，遂害之。《周书·杨忠传》云：纶与前西陵郡守羊思达，要随、陆土豪段珍宝、夏侯珍洽合谋，送质于齐，欲来寇掠。汝南城主李素，纶故吏也，开门纳焉。梁元帝密报大祖，大祖乃遣忠督众讨之。诘旦陵城，日昃而克。擒纶，数其罪而杀之。忠闲岁再举，尽定汉东之地。于是汉东之地，入于西魏矣。初大同元年（535），魏梁州民皇甫圆、姜宴反正，《周书·杨乾运传》。北梁州刺史兰钦因攻汉中，魏梁州刺史元罗降，梁遂复梁州。是岁，十月，宇文泰遣王雄出子午，见第五章第四节。伐上津、在今湖北郧西县北，路通陕西之山阳县。魏兴；见第三章第六节。达奚武出散关，伐南郑。明年，大宝三年（552），即元帝承圣元年。西魏废帝元年，不立年号。春，王雄陷上津、魏兴，以其地置东梁州。达奚武围南郑，梁梁州刺史宜丰侯循鄱阳忠烈王恢子。《南北史》皆作修。力屈降。八月，东梁州民叛魏，围州城。泰复遣王雄攻之。明年，承圣二年（553），魏废帝二年。春，平之。迁其豪帅于雍州。事见《周书·泉企传》。于是汉中之地，亦入于西魏矣。其东方之地，则东魏于大清二年（548），东魏武定六年。以辛术为东徐州刺史、淮南经略使。术本为东南道行台，与高岳等同破侯景及渊明。明年，大清三年（549），武定七年。萧正表以北徐州降魏。侯景使王显贵守寿阳，亦降魏青、冀二州刺史明少遐，东徐州刺史湛海珍，北青州刺史王奉伯，各举州附于魏。《隋志》：东海郡怀仁县，梁置南北二青州。下邳郡，梁置东徐州。案怀仁，东魏县，在今江苏赣榆县西。下邳，见第三章第四节。初北兖州刺史定襄侯祇，南平元襄王伟子，与湘潭侯退，及前潼州刺史郭凤，同起兵，将赴援，至是，凤谋以淮阴应景，淮阴，见第四章第二节。祇等力不能制，并奔魏。景以萧弄璋为北兖州刺史。州民发兵拒之。景遣厢公丘子英，直阁将军羊海赴援。海斩子英，率其众降于魏。魏人遂据淮阴。鄱阳王范出东关，魏又据合肥。事见上节。柳仲礼使夏侯强守司州，魏又使潘乐取之。城镇先后附魏者二十余州。辛术遂移镇广陵。大宝元年（550），齐文宣帝天保元年。齐篡东魏。明年，大宝二年（551），齐天保二年。五月，齐合州刺史斛斯显攻历阳，见第三章第九节。陷之。江北之地尽矣。《南史·元帝纪》云："自侯景之难，州郡大半入魏。自巴陵以下至建康，以江为限。荆州界北尽武宁，东晋郡，今湖北荆门县北。西拒峡口。自岭以南，复为萧勃所据。文轨所同，千里而近。人户著籍，不盈三万。中兴之盛，尽于是矣。"其形势实至蹙也。

武陵王纪，以大同三年（537）为益州刺史，至是已十六年矣。纪在蜀，南开宁州、越巂，宁州，见第三章第六节。越巂，汉郡，治邛都，在今四川西昌县东南。晋徙治会无，今四川会理县。宋还治邛都。齐没于獠。西通资陵、吐谷浑；内修耕桑、盐铁之功；外通商贾远方之利；故能殖其财用，器甲殷积。大宝元年（550），六月，纪遣世子圆照领兵三万东下，受元帝节度，元帝命且顿白帝。见第七章第三节。七月，元帝遣报武帝崩问。十一月，纪总戎将发，元帝又书止之曰："蜀中斗绝，易动难安，弟可镇之，吾自灭贼。"又别纸云："地拟孙、刘，各安境界，情深鲁、卫，书信恒通。"三年（551），四月，纪称帝。元帝遣万州刺史宋篷袭圆照于白帝。万州，治石城，今四川达县。纪第二子圆正，时为西阳太守，西阳，见第四章第三节。召至，锁于省内。承圣二年（553），五月，纪东下，次西陵。见第七章第三节。元帝命陆法和立二城于峡口，名七胜城，锁江以断峡。湘州刺史王琳，本兵家，元帝居藩，琳姊妹并入后庭见幸，琳由此未弱冠得在左右。少好武，遂为将帅。琳果劲绝人，又能倾身下士。麾下万人，多是江、淮群盗。平景之功，与杜龛俱为第一。恃宠纵暴于建业。王僧辩禁之不可，惧将为乱，启请诛之。琳亦疑祸，令长史陆纳率部曲前赴湘州，身径上江陵。将行，谓纳等曰："吾若不返，子将安之？"咸曰："请死相报。"泣而别。及至，帝以下吏，而以子方略为湘州刺史。时承圣元年十月也。于是陆纳及其将潘乌累等反。袭陷湘州。十一月，纳遣潘乌累等攻破衡州。此衡州治衡阳，今湖南衡阳县。十二月，分兵袭巴陵，为湘州刺史萧循所破。循降魏后，宇文泰使还江陵。营州刺史李洪鸦，营州，治营阳，今湖南道县。自零陵率众出空灵滩，零陵，汉郡，治零陵，在今广西全县北。后汉徙治泉陵，在今湖南零陵县北。空灵滩，据《王僧辩传》，《本纪》作空云，在今湖南湘潭县北。称助讨纳。朝廷未达其心，深以为虑。乃征王僧辩兵上，就循南征。二年（553），二月，李洪雅降贼。贼将吴藏等据车轮，洲名，在湖南湘阴县北。夹岸为城，前断水势。士卒骁猛，皆百战之余。僧辩乃不战以骄之。五月，因其无备，陷其二城。贼归保长沙。时武陵拥众上流，内外骇惧，元帝乃遣王琳以和解之。六月，湘州平。僧辩旋于江陵，因被诏会众军西讨，而武陵之难已平矣。初兴势杨乾运，兴势，晋县，今陕西洋县。为方隅豪族，魏除安康郡守。安康，见第十二章第六节。汉中之复，乾运亦来归。求为梁州刺史，不得，而以为潼州刺史。此从《南史·纪传》。《周书·乾运传》云：纪称尊号，以乾运威服巴、渝，拜梁州刺史，镇潼州。潼州，今四川绵阳县。乾运兄子略，说乾运送款关中。乾运深然之。乃令略将二千人镇剑阁。又遣其婿乐广镇安州。今四川剑阁县。会宇文泰遣乾运孙法洛及使人牛伯友等至，略即夜送乾运，乾运乃使入关送款。氐酋杨法琛，求为黎州刺史，不得，以为沙州刺史，亦遣使通西魏。大同元年（535）汉中之复，法琛为北益州刺史阴平王，见《梁书·本纪》。《通鉴》：大宝元年（550），黎州民攻刺史张贲，贲弃城走，州民引法琛据黎州，命王、贾二姓诣纪，请法琛为刺史。纪深责之，因其质子。使杨乾运攻之。法琛使降魏，而据剑阁以拒乾运。明年，乾运破之，焚平兴。平兴，法琛治所也。胡三省曰：魏以武兴为东益州，梁盖以为北益州。平兴，宋县，在今四川昭化县西北。黎州，今四川广元县。沙州，胡三省曰：盖即以平兴为之。时元帝以纪东下，请救于魏，又请伐蜀。据《周书·尉迟迥传》。宇文泰与群公会议。诸将多有异同。惟尉迟迥以为"纪既尽锐东下，蜀必空虚，王师临之，必有征无战。"乃令迥督甲士一万二千，骑万匹伐蜀。承圣二年（553），春，前军临剑阁。乐广降。杨干运又降。六月，迥至潼州，大飨将士，引之而西。纪之次西陵也，军容甚盛。时陆纳未平，蜀军复逼，元帝甚忧。陆法和告急，旬日相继。帝乃拔任约于狱，以为晋安王司马，撤禁兵以配之，并遣宣猛将军刘棻，共约西赴。六月，纪筑连城，攻绝铁锁。元帝复于狱拔谢答仁为步兵校尉，配众一旅上赴。纪顿兵日久，频战不利，师老粮尽，智力俱殚；又魏人入剑阁，成都虚弱；忧懑不知所为。先是元帝已平侯景，执所俘馘，频遣报纪。圆照镇巴东，留执不遣。启纪云："侯景未平，宜急征讨。已闻荆镇，为景所灭，疾下大军。"纪谓为实然，故仍率众沿江急进。于路方知侯景已平，便有悔色，召圆照责之，圆照曰："侯景虽诛，江陵未服，宜速平荡。"纪亦以既居尊位，宣言于众："敢谏者死。"蜀中将卒，日夜思归。所署江州刺史王开业进曰："宜还救根本，更为后图。"江州，治犍为，今四川彭山县。诸将佥以为然。圆正、刘孝胜独言不可，孝胜，纪长史，纪僭号，以为尚书仆射。纪乃止。闻王琳将至，潜遣将军侯叡，傍险出陆法和后，临水筑垒，以御琳及法和。元帝书遗纪，遣使喻意，许其还蜀，专制岷方。纪不从。既而侯叡为任约、谢答仁所破；又陆纳平，诸军并西赴；纪频败，知不振，遣往江陵，论和缉之计。元帝知纪必破，遂拒而不许。于是两岸十余城俱降。七月，陆法和揣纪师老卒惰，令将樊猛，率骁勇三千，轻舸百余，乘流直上，出不意薄之。纪众惊骇，不及整列，皆弃舰登岸，赴水死者以千数。获纪及其第三子圆满，俱杀之于峡口。法和收圆照兄弟三人。圆照及纪第四子圆普，第五子圆肃。《南史·圆照传》云：次弟圆正，先见锁在江陵，元帝使谓曰："西军已败，汝父不知存亡。"意欲使其自裁，频看知不能死，又付廷尉狱，并命绝食，于狱啮臂啖之，十三日死。并命绝食，当兼指圆正及圆照兄弟三人言之也。纪之东下，留永丰侯㧑为益州刺史，㧑，武帝弟安成康王秀之子。见兵不满万人。仓库空竭，军无所资。尉迟迥至，乃为城守之计。迥进军围之。纪至巴郡，见第三章第六节。闻迥来侵，遣谯淹回援，为迥分兵所破。㧑前后战数十合，皆不克，乃降。时八月也。案纪果有觊觎天位之心，则当台城被围时，宜倾蜀中之众东下，以图一决，其时元帝未必能阻，乃裴回不进，至景已将平，忽又称帝，岂不进退失据？史言其东下时，黄金一斤为饼，百饼为籯，至有百籯；银五倍之；其他锦罽缯采称是。每战，则悬金帛以示将士，终不赏赐。宁州刺史陈知祖请散金银募勇士，不听，恸哭而去。自是人有离心，莫肯为用。岂非妄庸人哉？然唇亡齿寒，蜀既亡，江陵亦益危矣。

时东方寇氛，亦甚炽烈。郭元建之奔齐也，陈霸先纳其部曲三千人而还。王僧辩启霸先镇京口。承圣元年（552），齐天保三年。三月，齐以其清河王岳为南道大都督，潘乐为东南道大都督，及行台辛术，率众南伐。五月，术围严超达于秦郡。见上节。霸先命徐度领兵，助其固守。齐众七万，填堑，起土山，穿地道，攻之甚急。霸先自率万人解其围。纵兵四面击之。齐平秦王中流矢死，斩首数百级。齐人乃收兵而退。七月，广陵侨民朱盛、张象潜结兵袭齐刺史温仲邕，遣使来告。霸先率众济江以应之。会齐人来聘，求割广陵之地，王僧辩许焉，仍报霸先，霸先乃引还。元帝承制授霸先南徐州刺史。及王僧辩征陆纳，又命霸先代镇扬州。二年（553），齐天保四年。九月，齐遣郭元建率众二万，大列舟舰于合肥，谋袭建业，又遣其大将邢景远、步大汗萨、东方老等继之。霸先驰报江陵。元帝诏王僧辩次于姑孰，即留镇焉。十一月，僧辩遣侯瑱帅精甲三千人筑垒于东关，见第十一章第四节。征吴郡太守张彪，吴兴太守裴之横继之。十二月，宿豫土民东方光据宿，见第七章第四节。东方光，《齐书》作东方白额。据城归化。江西州郡，皆起兵应之。三年（554），齐天保五年。正月，霸先攻广陵。秦州刺史严超达围泾州。治石梁戍，在今安徽天长县西北。侯瑱出石梁，为其声援。霸先遣杜僧明助东方光。三月，齐将王球攻宿豫，僧明逆击，大破之。六月，齐遣步大汗萨救泾州。又征其冀州刺史段韶攻宿豫。韶留兵围守，自将步骑数千人，倍道赴泾州，破严超达。回赴广陵，霸先亦引还。韶遣辩士喻东方光。光请盟。盟讫，韶执而杀之。图江北之事，更无所成，而精兵良将，已萃于下游矣。武陵王之败也，元帝授王琳衡州刺史，又改广州。琳友人主书李膺，帝所任遇，琳告之曰："琳蒙拔擢，常欲毕命以报国恩。今天下未平，迁琳岭外，如有不虞，安得琳力？何不以琳为雍州刺史，使镇武宁？琳自放兵作田，为国御捍也。"膺然其言，而不敢启。王琳虽无足取，自不失为一战将，琳去，上游弥空虚矣。

承圣三年（554），西魏废帝三年。九月，魏遣于谨、宇文护、杨忠、韦孝宽等步骑五万入寇。其启衅之因：《周书·于谨传》云：帝密与齐氏通使，将谋侵轶。《文帝纪》则云：梁元帝遣使请据旧图，以定疆界；又连结于齐，言辞悖慢。此皆所谓强为之辞。《长孙俭传》：俭除荆州刺史，密陈攻取之谋，于是征俭入朝，问其经略。俭对曰："湘东即位，已涉三年，观其形势，不欲东下。国家既有蜀土，若更平江、汉，抚而安之，收其贡赋，以供军国，天下不足定也。"此当是启衅之实情。江陵陷后，以俭元谋，赏奴婢三百口，遂令镇江陵。而《于谨传》言岳阳王詧"仍请王师"，或亦足以促其生心耳。十月，丙寅，虏兵至襄阳。萧詧帅众会之。元帝征王僧辩及王琳，仓卒皆不得至，惟徐世谱、任约以军次马头岸。见第七章第三节。世谱，鱼复人。善水战。从陆法和讨任约，随王僧辩攻郢州，皆有功。仍随僧辩东下，恒为军锋。时为衡州刺史。江陵陷后，世谱、约皆退巴陵，约后降于齐。鱼复，汉县，以鱼复浦名，在今四川奉节县东，后移治白帝。于是树木栅于外城，广轮六十里。以领军胡僧祐都督城东、城北诸军事，左仆射王褒都督城西、城南诸军事。虏以十一月丙申至，悉众围城。戊申，胡僧祐、朱买臣等出战，买臣败绩。辛亥，魏军大攻。帝出枇杷门，亲临陈督战。胡僧祐中流矢薨，军败。反者斩西门守卒，以纳魏军。帝见执。如萧詧营，甚见诘辱。他日，见长孙俭，谲俭云："埋金千斤于城内，欲以相赠，"俭乃将帝入城。此可见魏人之贪。帝因述詧相辱状。谓俭曰："向聊相谲，欲言耳，岂有天子自埋金乎？"俭乃留帝于主衣库。十二月，辛未，魏人戕帝。据《南史·本纪》。其下文云：梁王詧遣尚书傅准监行刑，帝谓之曰："乡幸为我宣行。"准捧诗流泪不能禁，进土囊而殒之。詧使以布帊缠尸，敛以蒲席，束以白茅，以车一乘，葬于津阳门外。盖魏欲戕帝，而使詧行之也。詧诚可谓枭獍矣。愍怀太子元良帝弟第四子方矩更名。及始安王方略等皆见害。简文子临川王大款、桂阳王大成亦遇害。惟汝南王大封，《南史·传》云：魏克江陵遇害则误。《北史·萧大圜传》云：元帝令大封充使，大圜副焉，其实质也。周保定二年（562），大封为晋陵县公。《南史·元帝纪》亦云：大封为俘归长安，与传异。大圜，亦简文子。于谨收府库珍宝，及宋浑天仪，梁日晷，铜表，魏相风乌，铜蟠螭趺，大玉径四尺、围七尺，及诸翚翟法物以归。虏百官及士民十余万人，没为奴婢，其免者二百余家而已。[1] 兼据《周书·文帝纪》及《于谨传》。《梁书·本纪》云："乃选百姓男女数万口，分为奴婢，驱入长安，小弱者皆杀之，"数字上疑夺十字。

---

[1] 阶级：于谨陷江陵，梁人十余万为奴婢。

　　元帝之亡，论者多咎其不肯迁都建业，其实亦不尽然。当时江陵、建业，皆隔江是敌，形势之浅露正同，而江陵，元帝居之有年矣，其完富，亦非建业新遭兵燹者比，江陵不可守，岂建业独可守乎？敬帝即位之后，齐氏大举入犯，其兵力，曷尝薄于西魏之师，若如元帝之所为，建业亦安有不亡者哉？《南史·元帝纪》云：武陵之平，议者欲因其舟舰，迁都建业。宗懔、黄罗汉皆楚人，不愿移。帝及胡僧祐，亦俱未欲动。仆射王褒，左户尚书周弘正，骤言即楚非便。宗懔及御史大夫刘瑴，以为建业王气已尽，且诸宫洲已满百，于是乃留。及魏军逼，朱买臣按剑进曰："惟有斩宗懔、黄罗汉，可以谢天下。"帝曰："曩实吾意，宗、黄何罪？"诸宫洲已满百者？下文云：江陵先有九十九洲，古老相承，云洲满百当出天子。桓玄之为荆州，内怀篡逆，乃遣凿破一洲，以应百数，随而崩散，竟无所成。宋文帝在蕃，一洲自立，俄而篡统。后遇元凶之祸，此洲还没。大清末，枝江杨之阁浦复生一洲，群公上疏称庆，明年而帝即位。承圣末，其洲与大岸相通，惟九十九云。此本不足信之说，不欲迁者，不过姑借以为言，元帝亦未必真信此也。《周书·王褒传》云：元帝以建业凋残，方须修复，江陵殷盛，便欲安之。又其故府臣寮，皆楚人也，并愿即都荆、郢。尝召群臣议之。领军将军胡僧祐，吏部尚书宗懔，大府卿黄罗汉，御史中丞刘瑴等曰："建业虽是旧都，王气已尽。且与北寇邻接，止隔一江，若有不虞，悔无及矣。臣等又尝闻之：荆南之地，有天子气，今陛下龙飞缵业，其应斯乎？天时人事，征祥如此，臣等所见，迁徙非宜。"元帝深以为然。时褒及尚书周弘正咸侍坐，乃顾谓褒等曰："卿意以为何如？"褒性谨慎，知元帝多猜忌，弗敢公言其非，当时唯唯而已。后因清间密谏，言辞甚切。元帝颇纳之。然其意好荆楚，已从僧祐等策。明日，乃于众中谓褒曰："卿昨日劝还建业，不为无理。"褒以宣室之言，岂宜显之于众，知其计之不用也，于是止不复言。谓建业凋残，方须修复，又与寇止隔一江，皆系实情，当时梁与齐干戈日接，与西魏则和好也。然则主不迁者，实未必专为乡里之私。迁之利究何在，求之于史，并无切实之说。则以不迁为失计者，特事后追咎之辞，或竟出于欲迁者之附会，亦未可知也。枝江，见第七章第三节。帝之失，首在信敌国过深。夫狃焉思启封疆者，何国蔑有？况在巴蜀已亡，襄阳作伥，武宁而外，即为敌境之时乎？而帝信魏人之和好，将精兵良将，尽行遣往下流，剩一王琳，又迁诸岭外，于是江陵宿将，惟一胡僧祐，精兵盖无一人焉，此而可恃以为安乎？元帝敕王僧辩曰："国家猛将，多在下流，荆、陕之众，悉非劲勇，"此是实情。御武陵时，即须拔任约、谢答仁而用之，可见其将才之乏也。然江陵兵力虽薄，谓当时即有必亡之势，则又未必然，此又误于帝之不能坚守。《周书·于谨传》云：谨率众出讨，大祖饯于青泥谷，见第五章第六节。长孙俭问谨曰："为萧绎之计将如何？"谨曰："耀兵汉、沔，席卷渡江，直据丹阳，今湖北枝江县境。是其上策。移郭内居民，退保子城，峻其陴堞，以待援至，是其中策。若难于移动，据守罗郭，是其下策。"俭曰："揣绎定出何策？"谨曰："必用下策。"俭曰："何也？"对曰："萧氏保据江南，绵历数纪，属中原多故，未遑外略；又以我有齐氏之患，必谓力不能分；且绎懦而无谋，多疑少断，愚民难与虑始，皆恋邑居，既恶迁移，当保罗郭；所以用下策也。"夫弃城而逆走，安能必所走者之必可守？攻者不足，守者有余，南北朝时，以重兵攻一小城而不能下者多矣。然则谨所谓上策，特史家文饰，侈其兵威之辞，所谓中策，乃上策也。《梁书·王僧辩传》曰：世祖遣李膺征僧辩，僧辩命侯瑱等为前军，杜僧明等为后军。处分既毕，乃谓膺云："秦兵骁猛，难与争锐，众军若集，吾便直指汉江，截其后路。千里馈粮，尚有饥色，况贼越数千里者乎？此孙膑克庞涓时也。"此亦良谋。魏师至凡二十八日而城败，《南史·本纪》。从来下流应援，本无如是之速，即僧辩亦未料及江陵之遂破也。或咎下流应援之过迟，又非其实矣。江陵之守，若更能绵亘旬月，于谨即不为庞涓，亦必敛兵而退。谨谓梁人以我有齐患，谓力不能分，此乃当时实在情势。观长孙俭观其形势，不欲东下之语，则魏人本意，原冀元帝迁都建业，乃乘虚而取江陵，其不能用甚厚之兵力可知，一大创之，则此后不敢复至，而江陵安如泰山矣。故曰：元帝之失策，不在不迁建业，而在不能坚守江陵也。①《南史·本纪》曰：魏人烧栅，朱买臣、谢答仁劝帝乘暗溃围，出就任约。帝素不便驰马，曰："事必无成，徒增辱耳。"答仁又求自将。帝以问王褒。褒曰："答仁侯景之党，岂是可信？成彼之勋，不如降也。"答仁又请守子城，收兵可得五千人。帝然之，即授城内大都督，以帝鼓吹给之，配以公主。既而又召王褒谋之，答仁请入不得，欧血而去。遂使皇太子、王褒出质请降。论者或又以是为帝之失计，此又不然。《周书·王褒传》云：褒本以文雅见知，一旦总戎，深自勉厉，尽忠勤之节。被围之后，上下猜惧，元帝惟于褒深相委信，此必非偶然。又言褒从元帝入子城，犹欲固守，然则谓元帝听其言，致误溃围、守城之计，非传者之诬，则必任约、谢答仁，有其灼然不可信者在也。元帝猜忌，自难为辩，然传述之辞，亦多过其实。帝多杀戮，自系实录，然当时如此者实非帝一人，如萧詧其忍虐，岂不更甚于帝乎？杀机既动矣，亲戚相屠，既已成习矣，徒为徐偃、宋襄，岂遂有禅于大局？《南史·本纪》云：帝性好矫饰，多猜忌。于名无所假人，微有胜己者，必加毁害。帝姑义兴昭长公主子王铨，兄弟八九人，有盛名，帝妒害其美，遂改宠姬王氏兄王珩名琳，以同其父名。忌刘之遴学，使人鸩之。如此者甚众。改宠姬兄名同人父名，何以能败其名。有学问者多矣，杀一刘之遴何益？此等皆传者之过也。《侯景传》云：王伟及吕季略、周石珍、严亶俱送江陵。伟尚望见全，于狱为诗赠元帝下要人，又上五百字诗于帝。帝爱其才，将舍之。朝士多忌，乃请曰："前日伟作檄文，有异辞句。"元帝求而视之。《檄》云："项羽重瞳，尚有乌江之败；湘东一目，宁为四海所归？"帝大怒，使以钉钉其舌于柱，剐其肠，仇家脔其肉至骨，方刑之。石珍及亶，并夷三族。其杀之之法诚酷矣，杀之之由，是否如史之所云，亦难遽断。且当时用此等酷刑者，亦非帝一人也。观其于任约、谢答仁，尚能释而用之，临难时又能擢王褒于文臣之中，则亦非全不能用人者，惟究非豁达大度之流，故其下可任之才甚少，如陈武帝，帝即用之未尽其才也。洒落君臣契，飞

———————

① 史事：元帝失策不在不迁，而在信敌不备及不能坚守。

腾战伐名，杜陵所以慨想于孙吴之世欤？

江陵既亡，宇文泰命萧詧主梁嗣，居江陵东城，资以江陵一州之地。其襄阳所统，尽入于魏。詧乃称皇帝于其国。惟上疏则称臣，奉正朔。仍置江陵防主，统兵居于西城，名曰助防，外示助詧备御，内实兼防詧也。江陵陷时，宿将尹德毅谓詧曰："人主之行，与匹夫不同。魏虏贪惏，肆其残忍，多所诛夷；俘囚士庶，并充军实；此等戚属，咸在江东，痛心疾首，何日能忘？悠悠之人，不可户说，涂炭至此，咸谓殿下为之。殿下既杀人父兄，孤人子弟，人尽仇也，谁与为国？魏之精锐，尽萃于此。若殿下为设享会，固请于谨等为欢，彼无我虞，当相率而至。豫伏武士，因而毙之。分命果毅，掩其营垒，斩馘逋丑，俾无遗噍。江陵百姓，抚而安之。文武官僚，随即铨授。魏人慑息，未敢送死。僧辩之徒，折简可致。然后朝服济江，入践皇极，缵尧复禹，万世一时。暑刻之间，大功可立。愿殿下恢弘远略，勿怀匹夫之行。"詧不从。既而阖城长幼，被虏入关，又失襄阳之地，詧乃追悔曰："恨不用尹德毅之言。"居常怏怏，遂以忧愤，发背而死。乌乎！哀莫大于心死，梁武当攻郢不下，进退惟谷之际，尚不肯求援于异族，虽裴叔业欲入虏，亦劝止之，而詧托庇于非类，以主其祀，春秋飨祭，祝史将何辞以告？而詧亦何颜以入其父祖之庙乎？

第五节　陈武帝却齐师

江陵既陷，建业复危，斯时之中国，几于不国矣。梁任公曰："旷观我国之历史，每至群阴交搆，蜩螗沸羹之际，则非常之才出焉，"则陈武帝其人也。

梁元帝第九子晋安王方智，为江州刺史。江陵既陷，王僧辩与陈霸先奉为梁王，太宰、承制，奉迎还建康。江陵陷之明年，敬帝绍泰元年(555)，齐天保六年。二月，即位，是为敬帝。时年十三。而齐即以是月，遣其上党王涣，神武第七子。纳贞阳侯渊明为梁主。齐文宣与王僧辩书，属其迎接。渊明亦频与僧辩书。僧辩不纳。三月，涣陷谯郡。见第十章第十节。至东关。见第十一章第四节。裴之横拒之。营垒未周，齐军大至，兵尽矢穷，没于陈。案是时下流兵力，未为甚乏，僧辩何以遣之横孤军迎敌，不筹应援，甚可疑也。之横既死，僧辩遂谋纳渊明。具启定君臣之礼。渊明复书，许齐师不渡江。僧辩又报书，许遣其第七子显，显所生刘，并弟子世珍为质。仍遣左民尚书周弘正至历阳奉迎，历阳，见第三章第九节。因求以敬帝为太子。渊明许之。又许众军不渡。僧辩遂使送质于邺。渊明求渡卫士三千，僧辩止受散卒千人。七月，渊明白采石济，采石，见第三章第九节。入京师，即伪位。以敬帝为皇太子。此时齐人若果有吞并江南之心，其师必不临江而返。齐人当日，盖亦如梁之纳元颢，以偏师要幸而已。其兵锋，尚不及陈庆之之锐也。有何不可拒，而必迎立之哉？僧辩在梁世，功名不为不高，而其晚节不终如此，小人岂知自爱哉？渊明既即伪位，大赦，惟宇文黑獭、贼督等不在赦例，是时之中国，则纯乎一齐而已矣。

时陈霸先为南徐州刺史，镇京口。九月，江、淮人报云：齐兵大举至寿春。王僧辩谓齐军必出江表，遣记室参军江旰报霸先，仍使整舟舰器械。霸先因与薛安都谋袭之。使安都率水军，自京口趋石头，自率马、步，从江乘罗落会之。江乘，见第三章第九节。自江乘至罗落桥，为自京口趋建康之大路。安都至石头北，弃舟登岸。僧辩弗之觉也。石头城北接冈阜，雉堞不甚危峻，安都被甲、带长刀，军人捧之，投于女垣内。众随而入。进逼僧辩卧室。霸先大军亦至。僧辩正视事，与其子颁走出阁，据南门楼，乞命拜请。霸先命纵火焚之。方共颁下就执。尔夜斩之。《南史·僧辩传》云：陈武宿有图僧辩志，及闻命，留江旰城中，衔枚而进，知谋者惟侯安都、周文育而已。外人但谓旰征兵捍北。时寿春竟无齐军，又非陈武之谲，殆天授也。然陈武亦可谓善于乘机矣。《传》又云：僧辩平建业，遣陈武守京口，推以赤心，结廉、蔺之分；且为第三子颁许娶陈武章后所生女，未婚而僧辩母亡，然情好甚密，可见陈武此举，纯出公义。抑《梁书·僧辩传》言：僧辩既就执，陈武谓之曰："我有何辜，公欲与齐师致讨？"此语最堪注意。陈武既不能屈膝于异族，僧辩倒行逆施，何所不至？寿春虽无齐师，安知不忽焉而有？陈武果听其调遣而出江西，安知不为裴之横之续邪？要之陈武之于中国，有存亡绝续之功，则不可诬矣。僧辩既伏诛，陈武乃黜渊明，复立敬帝。封渊明为建安郡王，后复以为大传。《齐书·渊明传》云：霸先奉表朝廷，云僧辩阴谋篡逆，故诛之。方智请称臣，永为蕃国。齐遣行台司马恭及梁人盟于历阳。明年，诏征明，霸先犹称藩将，遣使送明，会疽发背死。明以疽发背死，不知信否，则方智请称臣为蕃国，其说之信否，亦不可知矣。即谓为信，是时之臣齐，亦文而非实，而膺惩之师，且旋起矣。

吴兴太守杜龛，崱兄岑之子，王僧辩婿也。吴兴，见第三章第九节。僧辩以吴兴为震州，以龛为刺史。霸先诛僧辩，密使兄子蒨还长城立栅以备之。蒨，陈武帝兄始兴昭烈王道谈子。长城，见第三章第九节。十月，龛与义兴太守韦载同举兵反。据《陈书·本纪》。《载传》云：高祖诛王僧辩，乃遣周文育轻兵袭载。未至而载先觉，乃婴城自守。案陈武生平，用降将最多，其豁达大度，实古今罕匹。载降后陈武重用之，载亦为陈武尽力。载虽久随僧辩，似不至遣兵袭之也。义兴，见第五章第六节。时蒨收兵才数百人，战备又少。龛遣其将杜泰领精兵五千，乘虚掩至。日夜苦攻。蒨激厉将士，身当矢石。相持数旬，泰乃退走。周文育攻韦载。载所属县卒，并霸先旧兵，多善用弩。载收得数十人，系以长锁，命所亲监之。约曰："十发不两中则死。"每发辄中，所中皆毙。文育军稍却。因于城外据水立栅相持。霸先闻文育军不利，自将征之，克其水栅，而齐寇至。

时徐嗣徽为秦州刺史，秦州，即秦郡，见第三节。其从弟嗣先，王僧辩之甥也，与嗣徽弟嗣宗、嗣产，俱逃就嗣徽。嗣徽据其城以入齐。又要南豫州刺史任约，共举兵应杜龛、韦载。南豫州时治宣城。齐人资其兵食。嗣徽等以京师空虚，率精兵五千，掩至阙下。时侯安都宿卫宫省，闭门偃旗帜，示之以弱。夜令士卒，密营御敌之具。将旦，贼骑又至。安都率甲士三百人，开东西掖门与战，大败之。贼乃退还石头。霸先遣韦载族弟翙，赍书喻载以诛王僧辩之意，并奉梁敬帝敕，敕载解兵。载得书，乃以众降。霸先厚加抚慰。即以翙监义兴郡。所部将帅，并随才任使。引载恒置左右，与之谋议。而卷甲还都。命周文育进讨杜龛。十一月，己卯，齐遣兵五千，渡据姑孰。见第四章第一节。霸先命徐度于冶城寺立栅，南抵淮渚。冶城，在今江苏江宁县西。齐又遣其安州刺史翟子崇、楚州刺史刘仕荣、淮州刺史柳达摩安州，治定远，在今安徽定远县东。楚州，治钟离，见第八章第四节。淮州，治淮阴，见第四章第二节。领兵万人，于胡墅渡。胡墅，在今江苏江浦县南。米粟三万，马千匹。入于石头。时萧轨为大都督，至江而还。霸先问计于韦载。载曰："齐军若分兵先据三吴之路，略地东境，则时事去矣。今可急于淮南即侯景故垒筑城，以通东道转输。别令轻兵，绝其粮道，使进无所虏，退无所资，则齐将之首，旬日可致。"霸先从其计。癸未，霸先遣侯安都领水军夜袭胡墅，烧齐船千余艘。周铁虎率舟师断齐运输。仍遣韦载于大航筑城，使杜棱据守。齐人又于仓门、水南立二栅，以拒官军。仓门，石头仓城门。水南，秦淮河之南。甲辰，嗣徽等攻冶城栅。霸先领铁骑精甲，出自西明门袭击之。贼众大溃。嗣徽留柳达摩等守城，自率亲属、腹心往采石迎齐援。十二月，癸丑，霸先遣侯安都领舟师袭嗣徽家口于秦州，俘获数百人。官军连舰塞淮口，断贼水路。丙辰，霸先尽命众军，分部甲卒，对冶城立航渡兵，攻其水南二栅。柳达摩等渡淮置陈。霸先督兵疾战。纵火烧栅，烟尘涨天。贼溃。争舟相排挤，死者以千数。时百姓夹淮观战，呼声震天地。军士乘胜，无不一当百。尽收其船舰。贼军慑气。是日，嗣徽、约等领齐水步万余人还据石头。霸先遣兵往江宁，见第九章第一节。据要险以断贼路。贼水步不敢进，顿江宁浦口。霸先遣侯安都领水军袭破之。嗣徽等乘单舸脱走。尽收其军资器械。丁巳，拔石头南岸栅，移渡北岸，起栅以绝其汲路。又堙塞东门故城中诸井。齐所据城中无水，水一合贸米一升，米一升贸绢一匹。己未，官军四面攻城。自辰讫酉，得其东北小城。及夜，兵不解。庚申，柳达摩使侯子钦、刘仕荣等诣霸先请和。霸先许之。乃于城门外刑牲盟约。其将士部曲，一无所问，恣其南北。辛酉，霸先出石头南门，陈兵数万，送齐人归北者。

是月，杜龛以城降。明年，敬帝大平元年（556），齐天保七年。正月，癸未，诛尨于吴兴。① 据《陈书·本纪》。《梁书·尨传》云：尨闻齐兵还，乃降。案齐兵之还在辛酉，而《陈书·本纪》纪尨之诛在癸未，相距二十一日，明是尨降后得朝命乃诛之。乃《南史·尨传》云：尨好饮酒，终日恒醉，勇而无略。部将杜泰，私通于文帝，说尨降，尨然之。其妻王氏曰："霸先仇隙如此，何可求和？"因出私财赏募，复大败文帝军。后杜泰降文帝，尨尚醉不觉，文帝遣人负出项王寺前斩之。其言野矣。《梁书·尨传》云：尨遣军副杜泰攻陈蒨于长城，反为蒨所败，与《陈书·文帝纪》合。又云：霸先遣将周文育讨尨，尨令从弟北叟出距，又为文育所破，走义兴，亦与《陈书·武帝纪》合。乃《南史·尨传》谓其频败陈文帝军，又谓其妻出私财赏募，又大败文帝军，是又不根之辞也。《梁书》云：尨以霸先既非贵素，兵又猥杂，在军府日，都不以霸先经心；及为本郡，每以法绳其宗门，无所纵舍；霸先衔之切齿。《南史》略同。然则陈武帝之诛尨，乃所以报私怨者邪？抑尨岂能用法之人乎？是皆所谓自比于逆乱，设淫辞而助之攻者也。初僧辩之诛，弟僧智举兵据吴郡。霸先遣黄他攻之，不能克。又使裴忌讨之。忌勒部下精兵，轻行倍道，自钱唐直趋吴郡。夜至城下，鼓噪薄之。僧智疑大军至，轻舟奔杜尨。后奔齐。僧愔，亦僧辩弟，亦奔齐。《梁书·侯瑱传》：瑱为江州刺史，王僧辩使僧愔率兵与瑱共讨萧勃。及高祖诛僧辩，僧愔阴欲图瑱而夺其军。瑱知之，尽收僧愔徒党。僧愔奔齐。《南史·瑱传》同。其《僧辩传》则云：僧愔为谯州刺史，征萧勃。及闻兄死，引军还。吴州刺史羊亮，隶僧愔下，与僧愔不平，密召侯瑱，见禽。僧愔以名义责瑱。瑱乃委罪于将羊鲲，杀之。僧愔复得奔齐。未知孰是。谯州，即谯郡，见上。吴州，治鄱阳，见第四章第三节。初张彪攻侯子鉴，不克，仍走向剡。汉县，今浙江嵊县。及侯景平，王僧辩遇之甚厚。引为爪牙，与杜尨相似，世谓之张、杜。渊明篡立，以为东扬州刺史。东扬州，见第二节。是时亦起兵围临海，太守王怀振遣使求救。临海，见第四章第三节。此从《陈书·世祖纪》。《南史·彪传》云：剡令王怀之不从，彪自征之。陈蒨与周文育轻兵往会稽掩彪。彪将沈泰等与长史谢岐迎蒨。蒨因其未定，逾城入。彪走出。文育时顿城北香岩寺，蒨夜往赴之。因共立栅。彪来攻，不能克。还入若邪山。见第三节。蒨遣章昭达以千兵往，重购之。若邪村民斩彪，传其首。于是僧辩余孽，在肘腋间者略尽矣，而齐师又至。

大平元年（556），二月，陈霸先遣侯安都、周铁虎率舸舰备江州，仍顿梁山起栅。梁山，见第九章第一节。是月，齐人来聘。使侍中王廓报聘。三月，戊戌，齐遣水军仪同萧轨、库狄伏连、尧难宗、东方老，侍中裴英起，东广州刺史独孤辟恶，洛州刺史李希光，并任约、徐嗣徽等，据《陈书·本纪》。《南史》徐嗣徽下又有王僧愔。《梁书·敬帝纪》则但书齐大将萧轨。《北齐书·高乾传》云：命仪同萧轨，率李希光、东方老、裴英起、王敬宝。又云：五将名位相伴。英起以侍中为军师。萧轨与希光，并为都督。军中抗礼，不相服御。竞说谋略，动必乖张。故致败亡。东广州，见第一节。洛州，见第十一章第四节。率众十万出栅口。见第二节。向梁山。帐内荡主黄丛逆击败之，烧

---

① 史事：史记杜尨事之诬，尨，僧辩婿。

其前军船舰。齐顿军保芜湖。见第三章第九节。霸先遣沈泰、裴忌就侯安都，其据梁山以御之。四月，丁巳，霸先诣梁山军巡抚。五月，甲申，齐兵发自芜湖。丙申，至秣陵故治。今江宁县南之秣陵关。霸先遣周文育顿方山，在江宁东南。徐度顿马牧，胡三省曰：牧马之地。杜棱顿大航南。己亥，霸先率宗室、王侯，及朝臣、将帅，于大司马门外白虎阙下刑牲告天，以齐人背约。发言慷慨，涕泗交流，同盟皆莫能仰视。士卒观者益奋。辛丑，齐军于秣陵故县跨淮立桥栅，引渡兵马。其夜，至方山。侯安都、周文育、徐度等各引还京师。癸卯，齐兵自方山进及儿塘。在方山西北。游骑至台。周文育、侯安都顿白土冈。在方山北。旗鼓相望，都邑震骇。霸先潜撤精卒三千配沈泰，渡江袭齐行台赵彦深于瓜步，见第八章第七节。获舟舰百余艘，陈粟万斛。即日，天子总羽林禁兵顿于长乐寺。六月，甲辰，齐兵潜至钟山龙尾。钟山，见第四章第三节。龙尾，在钟山东北。丁未，进至幕府山。在今首都北，长江南岸。霸先遣钱明领水军出江乘，见第三章第九节。要击齐人粮运，获其船米。齐军大馁，杀马驴而食之。庚戌，齐军逾钟山。霸先众军分顿乐游苑东及覆舟山北，断其冲要。覆舟山，见第七章第三节。乐游苑，在覆舟山南。壬子，齐军至玄武湖西北，幕府山南，将据北郊坛。玄武湖，见第九章第八节。众军自覆舟东移，顿郊坛北，与齐人相对。其夜，大雷震电，暴风拔木，平地水深丈余。齐军昼夜坐立泥中，悬鬲以爨。而台中及潮沟北，水退路燥，官军每得番休。引玄武湖水，南径台城，入秦淮支流，曰潮沟。是时食尽，调市人馈军，皆是麦屑为饭，以荷叶裹而分给，间以麦饵，兵士皆困。会陈蒨遣送米三千石，鸭千头。霸先即炊米煮饭，誓申一战。士及防身，计粮数裹，人人裹饭，混以鸭肉。据《南史·本纪》。《陈书·孔奂传》云：齐军至后湖，都邑骚扰；又四方壅隔，粮运不继，三军取给，惟在京师；乃除奂建康令。时累岁兵荒，户口流散，勒敌忽至，征求无所，高祖刻日决战，乃令奂多营麦饭，以荷叶裹之。一宿之间，得数万裹。军人旦食讫，弃其余，因而决战，遂大破贼。案时建康荒残已甚，虽战于我境，故军反饱，我众反饥，齐师初至时，韦载重护东路，陈武运筹，每重断敌粮道以此。此亦可见梁元不欲迁都为有由也。甲寅，少霁，霸先命众军秣马蓐食，通明攻之。乙卯，自率帐内麾下出幕府山南，吴明彻、沈泰等众军，首尾齐举，纵兵大战。侯安都自白下引兵横出其后。白下，见第九章第三节。齐师大溃。斩获数千人。相蹂藉而死者，不可胜计。生执徐嗣徽及其弟嗣宗，斩之以徇。追奔至于临沂。晋县，在今首都东北。江乘、摄山、钟山诸军，相次克捷。摄山，今江宁栖霞山。房萧轨、东方老、裴英起等将帅凡四十六人。据《陈书·本纪》。《南史》此处多一王僧智。其《僧辩传》云：僧辩既亡，僧智得就任约，约败走，僧智肥不能行，又遇害。其军士得窜至江者，缚荻筏以济，中江而溺，流尸至京口，翳水弥岸。《北齐书·高乾传》云：是役将帅俱死；士卒得还者十二三；所没器械军资，不可胜纪。《南史》云：惟任约、王僧愔得免。《僧辩传》同。先是童谣云："虏万夫，入五湖，城南酒家使虏奴。"自晋、宋以后，经纬在魏境，江、淮以北，南人皆谓为虏。是时以赏俘贸酒者，一人裁得一醉。亦可见其荒残之甚已。处如此困境，而能克敌卫国，陈武帝诚可谓天锡智勇，观于此，而知人定胜天，而笑王僧辩等之徒自怯也。裴之横一战而败，遽迎渊明，僧辩何至怯弱如此？故其先已通敌与否，终有可疑，惟无明确证据耳。① 丁巳，众军出南州，烧贼船舰。己未，斩刘归义、徐嗣产、傅野猪于建康市。《南史·王僧辩传》：徐嗣徽与任约、王晔、席毫渡江。及战败，嗣徽堕马，嗣宗援兄见害，嗣产为陈武军所擒死，任约、王晔得北归。是日，解严。庚申，萧轨、东方老、王敬宝、李希光、裴英起皆伏诛。初齐师之去石头，求霸先子侄为质。霸先遣弟子昙朗往。霸先母弟南康忠壮王休先之子。《陈书·昙朗传》云：时四方州郡，并多未宾；京都虚弱，粮运不继；在朝文武，咸愿与齐和亲。高祖难之，而重违众议。乃言于朝曰："今在位诸贤，且欲息肩偃武，若违众议，必谓孤惜子侄。今决遣昙朗，弃之寇庭。且齐人无信，窥窬不已，谓我浸弱，必当背盟。齐寇若来，诸君须为孤力斗也。"高祖虑昙朗惮行，或奔窜东道，乃自率步骑往京口迎之，以昙朗还京师。仍使为质于齐。齐果背约，复遣萧轨等随嗣徽渡江。高祖与战，大破之，虏萧轨、东方老等。齐人请割地，并入马牛以赎之。② 高祖不许。及轨等诛，齐人亦害昙朗于晋阳。案萧轨等以乙卯见获，庚申伏诛，相距仅五日，齐朝且不及闻败报，安能遣使？割地求赎之请，其出于军中败将可知。二月使节犹通，三月大军遽至，齐朝信誓如此，况于败将？匹夫不可狙，况国乎？无怪陈武之不许也。陈武明知昙朗之不返，而决遣之，此时又不以私爱害公义，其公忠体国为何如？以视梁武帝惜一渊明，遽欲与北言和者，其度量之相越，岂可以道里计哉？明年，二月，遣徐度入东关。度至合肥烧齐船三千艘。是月，南豫州刺史沈泰奔齐，齐亦不能更为之援矣。

大平二年（557），即陈武帝永定元年。十月，陈霸先受梁禅，是为陈高祖武皇帝。从来人君得国，无如陈武帝之正者。记曰："礼，时为大。尧授舜，舜授禹；汤放桀武王伐纣；时也。"人君之责，在于内安外攘而已。当强敌侵陵，干戈遍地之际，岂可以十余龄之稚子主之哉？陈武帝与宋武帝，并有外攘之功，陈武之所成就，似不如宋武之大，然此乃时势为之，论其功绩，则陈武实在宋武之上。③ 且宋武自私之意多，陈武则公忠体国。宋武乃一武夫，陈武则能幸庄严寺讲经，可见其于学问非无所知；而又非如梁武帝之仅长于学问，而不宜于政事。宋武于并时侪辈，无不诛夷，陈武则多能收用降将，其度量之宽广，盖又有大过人者。陈武诚文武兼资，不世出之伟人哉！敬帝逊位后，旋死。《南史·刘师知

---

① 史事：王僧辩见通敌否可疑。
② 史事：谓齐人请赎萧轨、东方老等之诬。
③ 史事：陈武得国正，功大于宋武。公忠体国，度量大。

传》云：陈武帝入辅，以师知为中书舍人，掌诏诰。梁敬帝在内殿，师知常侍左右。① 及将加害，师知诈令帝出。帝觉，绕床走曰："师知卖我，陈霸先反。我本不须作天子，何意见杀？"师知执帝衣，行事者加刃焉。既而报陈武帝曰："事已了。"武帝曰："卿乃忠于我，后莫复尔。"—武夫岂不足了敬帝，而待师知执衣；观乃忠于我，后莫复尔之言，又似武帝初不之知者；有是理乎？师知后为宣帝所诛，此言盖宣帝之党造作以诬之也。② 敬帝之见杀，自不能谓非陈武之意，然此乃革易之际，事势不得不然。萧庄尚有居为奇货者，况敬帝乎？是时情势，兀臬已甚，使有藉其名而起者，又必九州云扰，且至牵引外寇矣。周余黎民，靡有孑遗，黄台之瓜，岂堪三摘？又安能顾一人而诒忧大局乎？

第六节　陈平内乱（上）

国门之外，强敌虽除，然梁室遗孽，尚思蠢动；又是处武夫专横，土豪割据，陈氏开创之艰难，实十倍于宋、齐、梁三朝而未有已也。

陈武帝之迎萧勃为广州刺史也，梁元帝力不能制，遂从之。江表定，以王琳代为广州。琳至小桂岭，当在曲江县北。遣其将孙玚监州。勃率部下至始兴，见第三章第九节。以避琳兵锋。《陈书·欧阳颋传》。孙玚闻江陵陷，弃州还。勃复据广州。大平二年（557），二月，勃举兵自广州度岭，顿南康。见第七章第五节。初梁元帝承制，以始兴为东衡州，以欧阳颋为刺史。勃至始兴，颋别据一城，不往谒，闭门高垒，亦不拒战。勃怒，遣兵袭颋，尽收其赀财马仗。寻赦之，还复其所，复与结盟。荆州陷，颋委质于勃。及是，勃以颋为前军都督，顿豫章之苦竹滩。在今江西丰城县西北。使傅泰据墟口城。在今江西南昌县西南。新吴洞主余孝顷，据《陈书·周文育传》。《纪》作南江州刺史，盖即新吴置南江州耳。新吴，汉县，在今江西奉新县西。举兵应勃。遣其弟孝劢守郡城，自出豫章，据于石头。豫章，见第三章第九节。《水经注》：赣水经豫章郡北，水之西岸有石盘，谓之石头。勃使其子孜将兵与孝顷会。使周文育讨之。于豫章立栅。官军食尽，并欲退还。文育不许。周迪者，临川南城人也。临川，见第七章第一节。南城，汉县，今江西南城县。少居山谷，有膂力，能挽强弩，以弋猎为事。侯景之乱，迪宗人周续，起兵于临川，梁始兴王萧毅，以郡让续，迪召募乡人从之。续所部渠帅，皆郡中豪族，稍骄横，续颇禁之，渠帅等并怨望，乃相率杀续，推迪为主。迪乃据有临川之地，筑城于工塘。在今江西

---

① 史事：纪梁敬帝见贼之诬。

② 史籍：《北齐书·慕容俨传》、《周书·贺若敦传》为极端诬罔之例。

临川县东南。大平元年（556），除临川内史。文育讨勃，迪按甲保境，以观成败。文育使长史陆山才说迪。迪乃大出粮饷，以资文育。文育烧所立栅伪退。孝顷望之，大喜，因不设备。文育由间道兼行，信宿达芊韶。在今江西新建县南。芊韶上流则欧阳頠、萧勃，下流则傅泰、余孝顷，文育据其中间，筑城飨士。贼徒大骇。欧阳頠乃退入泥溪，在今江西新淦县南。作城自守。文育遣周铁虎与陆山才袭擒之。三月，前军丁法洪生俘傅泰。萧孜、余孝顷退走。萧勃在南康，闻之，众皆股栗，莫能自固。其将谭世远斩勃欲降。四月，勃故主帅兰敳袭杀世远，敳仍为夏侯明彻所杀。《梁本纪》云：亡命夏侯明彻，《陈书·周文育传》云：明彻世远军主。明彻持勃首以降。萧孜、余孝顷犹据石头。高祖遣侯安都助文育攻之。孝顷弃军走。孜请降。豫章平。五月，孝顷亦遣使诣丞相府乞降。文育送欧阳頠于高祖，高祖释之。萧勃死后，岭南扰乱，乃授頠衡州刺史。未至岭南，頠子纥，已克定始兴。及頠至，岭南皆慑伏。乃进广州，尽有越地。改授广州刺史。

　　萧勃乃一妄人，附从之者，亦皆土豪之流，出其境则无能为，未足惮也，而王琳则异是。西魏之寇江陵也，梁元帝请援于齐。齐使其清河王岳为西南道大行台，统潘乐等救江陵。明年，敬帝绍泰元年（555），齐天保六年。正月，次义阳，荆州已陷。因略地，南至郢州，获刺史陆法和。齐朝知江陵陷，诏岳旋师。岳留慕容俨据郢。梁使侯瑱都督众军攻之。俨食尽请和。瑱还镇豫章。据《陈书·瑱传》。此实录也。《北齐书·俨传》，侈陈瑱攻击之烈，俨守御之坚，无一语在情理之中，真可发一大噱。俨，魔后，《梁书·侯瑱传》作恃德，乃其字也。及敬帝立，齐文宣以城在江表，据守非便，诏还之。于是上流之齐师亦退矣，而王琳窃发。初梁元帝征琳赴援，除琳湘州刺史。琳师入长沙，知魏已陷江陵，立萧詧，乃为元帝举哀，遣别将侯平率舟师攻梁。琳屯兵长沙，传檄诸方，为进趋之计。时长沙蕃王萧韶见第二节。及上游诸将，推琳主盟。侯平虽不能渡江，频破梁军；又以琳兵威不接；翻更不受指麾。琳遣将讨之，不克。又师老兵疲，不能进。乃遣使奉表诣齐，并献驯象。又使献款于魏，《周书·权景宣传》：梁将王琳在湘州，景宣遗之书，谕以祸福，琳遂遣长史席墅，因景宣请举州款附。求其妻子。亦称臣于梁。陈武帝立敬帝，以侍中、司空征之，琳不从命。乃大营楼舰。大平二年（557），八月，遣周文育、侯安都率众讨之。时两将俱行，不相统摄，因部下交争，稍不平。十月，战于沌口，见第三章第九节。败绩。安都、文育，并为琳所擒。后自琳所逃归。琳乃移湘州军府就郢城。又遣樊猛袭据江州。梁元帝孙永嘉王庄，方等子。江陵陷时，年七岁，逃匿民家。后琳迎还湘中，卫送东下。及敬帝立，出质于齐。琳乃请纳庄为梁主。齐文宣遣兵援送。仍册拜琳为梁丞相、都督中外诸军、录尚书事。琳乃遣兄子叔宝，率所部十州刺史赴邺，奉庄纂梁祚于郢州。据《北齐书·琳传》。《文宣纪》：天保九年（558），十一月，王琳遣使请立萧庄为梁主，仍以江州内属，令庄居之。《通鉴考异》云：琳时在溢城，盖始居江州，后迁郢州耳。时永定二年（558）齐天保九年。三月也。先是侯瑱据中流，兵甚强盛；又以本事王僧辩；虽外示臣节，未有入朝意。余孝顷初为豫章太守，及瑱镇豫章，乃于新吴县别立城栅，与瑱相拒。瑱留军人妻子于豫章，令从弟滃知后事，悉众以攻孝顷。自夏及冬，弗能克。乃长围守之。尽收其禾稼。滃与其部下侯平不协，平率所部攻滃，虏掠瑱军府妓妾、金玉，归于高祖。瑱既失根本，兵众皆溃，轻归豫章，豫章人拒之，乃趋溢城，投其将焦僧度。僧度劝瑱投齐。瑱以高祖有大量，必能容己，乃诣阙请罪。高祖复其爵位。大平元年七月。及是，诏瑱与徐度率舟师为前军以讨琳。七月，又遣吏部尚书谢哲谕琳。诏临川王蒨西讨，以舟师五万发京师。谢哲反命，琳请还镇湘川，诏追众军，缓其伐。盖时内忧外患孔多，故高祖不欲竟其诛也。扶风郿人鲁悉达，侯景之乱，纠合乡人保新蔡，新蔡，秦县，晋置郡，今河南新蔡县。梁侨置，在今安徽霍丘县东。力田蓄谷。时兵荒饥馑，京都及上川，饿死者十八九，有存者，皆携老幼以归之，悉达分给粮廪，所济活者甚众。仍于新蔡置顿以居之。招集晋熙等五郡，尽有其地。晋熙，见第二节。使其弟广达，领兵随王僧辩讨侯景。景平，梁元帝授悉达北江州刺史。梁北江州，在今湖北黄冈县。抚绥五郡，甚得民和。士卒皆乐为之用。王琳授悉达镇北将军，高祖亦授以江州刺史，陈北江州，治南陵，见第九章第四节。各送鼓吹女乐。悉达两受之，迁延顾望，皆不就。高祖使沈泰潜师袭之，不能克。琳欲图东下，以悉达制其中流，恐为己患，频遣使招诱。悉达终不从。琳不得下，乃连结于齐，共为表里。齐遣其清河王岳助之。相持岁余，悉达裨将梅天养惧罪，引齐军入城。悉达勒麾下数千人，济江而归高祖。永定三年（559），六月，遣临川王蒨往皖口皖水入江之口，在今安徽怀宁县西。置城栅，使钱道戢守焉。是月，高祖崩。帝第六子昌，帝为长城侯时，尝立为世子。帝一至五子皆无考。逮平侯景，镇京口，梁元帝征帝子侄入侍，与兄子顼俱西。顼，始兴昭烈王第二子。荆州陷，又与顼俱迁关右。武帝即位，频遣使请诸周，周人许之，而未即遣，及武帝崩，乃遣之，而王琳梗于中流，未得还。皇后章氏，与中书舍人蔡景历等定议迎立蒨，是为世祖文皇帝。详见第八节。时王琳辅萧庄，次于濡须口。即栅口，见第二节。齐遣扬州道行台慕容俨率众临江，为其声援。十一月，琳寇大雷，见第四章第三节。遣侯瑱、侯安都、徐度御之。瑱为都督。又遣吴明彻袭溢城，为琳将任忠所败。瑱与琳相持百余日，未决。天嘉元年（559），周武成二年，齐天保十年。二月，东关春水稍长舟舰得通。琳引合肥、巢湖之众，舳舻相次而下，其势甚盛。瑱率军进虎槛洲。见第九章第四节。战，琳军稍退，却保西岸。是时西魏遣大将史宁蹑其上流，瑱闻之，知琳不能持久，收军却据湖浦，《北齐书·琳传》云：引军入芜湖。以待其敝。及史宁至，围郢州，琳恐众溃，乃率船舰来下，去芜湖十里而泊。明日，齐人遣兵数万助琳。琳引众向梁山，欲越大军，以屯险要。梁山,见第九章第一节。齐行台刘伯球,率兵万余人助琳水战;慕容俨子子会,领铁骑二千,在芜湖西岸博望山南,为其声势。琳令军中晨炊蓐食,顿芜湖洲尾以待之。将战,有微风至自东南,众军施拍纵火。章昭达乘平虏大舰,中江而进,发拍中于贼舰。其余冒突、青龙,各相当直。又以牛皮冒蒙冲小船,以触贼舰,并镕铁洒之。琳军大败。其步兵在西岸者,自相蹂践。马骑并淖于芦荻中,弃马脱走以免者十二三。尽获其舟舰、器械。并擒刘伯球、慕容子会。自余俘馘以万计。琳与其党潘纯陁等乘单舸艋冒陈走。《北齐书·琳传》云:时西南风忽至,琳谓得天道,将直取扬州。侯瑱等徐出芜湖蹑其后。比及兵交,西南风翻为瑱用。琳兵放火燧以掷船者,皆反烧其船。琳船舰溃乱,兵士投水死者十二三,其余皆弃船上岸,为陈军所杀殆尽。至溢城,犹欲收合离散,众无附者,乃与妻妾、左右十余人入齐。初琳命左长史袁泌,御史中丞刘仲威同典兵侍卫萧庄。及兵败,泌降。仲威以庄投历阳。琳寻与庄同降邺都。先是萧詧遣其大将王操,略取琳之长沙、武陵、南平等郡。永定二年(558)。琳亦遣其将雷文柔袭陷监利。永定三年(559)。武陵,汉郡,治义陵,在今湖南溆浦县南。后汉移治临沅,在今湖南常德县西。南平,吴南郡,晋改曰南平。南齐治孱陵,在今湖北公安县南。陈后移治作唐,在今湖南安乡县北。监利,吴县,后梁是时为郡,今湖北监利县。及琳与陈相持,称蕃乞师于詧,詧许之,师未出而琳败。从来论琳者,或以为忠于梁室而恕之,且有称之者。曾亦思渊明之入,中国既不国矣!拯中国于被发左衽者谁乎?即以忠于一姓论:陈武自立之后,琳亦立萧庄,犹可说也,当其立敬帝时,何名拒之?萧詧者,亲结虏以剚刃于琳之君之腹者也,琳顾称臣焉;且以妻子之故而献款于虏焉;忠臣顾如是乎?国士顾如是乎?阳托效忠一姓之名,阴行割据自私之实,惟利是视,琳之谓矣,又何取焉?①

王琳之入寇也,以孙玚为郢州刺史,总留府之任。史宁奄至,助防张世贵举外城以应之。玚兵不满千人,乘城拒守,周人苦攻不能克。及闻大军败王琳,乘胜而进,周兵乃解。玚于是尽有中流之地,遣使奉表诣阙。先是齐军守鲁山,见第七章第三节。至是,亦弃城走。诏南豫州刺史程灵洗守之。分荆、郢置武州,治武陵,以吴明彻为刺史,而以玚为湘州刺史。玚怀不自安,固请入朝。不忠于一姓,而忠于民族、国家;且举可以自擅之地而奉诸朝廷;可谓君子矣。时三月也。

江陵陷后,巴、湘之地,并属于周,周遣梁人守之。至是,陈人围逼湘州,遏绝粮援。《周书·贺若敦传》云:陈将侯瑱、侯安都等围逼湘州,遏绝粮援,考诸《陈书·纪传》,实敦等先犯巴、湘,乃遣侯瑱等出讨,其初围逼湘州之师,非瑱等自行也。周使贺若敦率步骑六千,渡江赴救。八月,敦率马、步一万,奄至武陵。吴明彻不能拒,引军还巴陵。九月,周将独孤盛领水军,将趣巴、湘,与敦水陆俱进。侯

---

① 史事:王琳不受陈武之征,盖欲自擅,誉琳之缪。

瑱自寻阳往御。遣徐度率众会瑱于巴丘。在今湖南岳阳县西南。十月，瑱袭破独孤盛于杨叶洲，在湘江口。尽获其船舰。盛收兵登岸，筑城以保之。十二月，周巴陵城主尉迟宪降，遣巴州刺史侯安都守之。巴州,治巴陵。独孤盛收余众遁。明年，天嘉二年(561)，周保定元年。正月，周湘州城主殷亮降，湘州平。二月，以侯瑱为湘州刺史。三月，瑱薨，以徐度为之。四月，分荆州置南荆州，镇河东，晋侨郡,今湖北松滋县。以吴明彻为刺史。七月，贺若敦自拔遁归，人畜死者十七八。据《陈·本纪》。此实录也。《周书·敦传》，侈陈敦守御之功，与《北齐书·慕容俨传》，同一可笑。其尤甚者，乃云：相持岁余，瑱等不能制，求借船送敦度江。敦虑其或诈，拒而弗许。瑱复遣使谓敦曰："骠骑在此既久，今欲给船相送，何为不去？"敦报云："湘州是我国家之地，为尔侵逼，敦来之日，欲相平殄，既未得一决，所以不去。"瑱后日复遣使来，敦谓使者云："必须我还，可舍我百里，当为汝去。"瑱等留船于江，将兵去津路百里。敦觇知非诈，徐理舟楫，勒众而还。夫瑱死在三月，而敦之遁在七月，乃絮絮述其使命往复如此，敦岂共鬼语邪？武陵、天门、见第三章第九节。南平、义阳、东晋分南平郡置，在今湖南安乡县西南。河东、宜都郡悉平。宜都,见第三章第六节。陈始获以江为界矣，然东南之地，仍多未定。

第七节　陈平内乱（中）

王琳之叛，不徒招引齐寇，扰乱缘江也，于今闽、浙之地，牵引亦广。时周迪欲自据南川，胡三省曰:自南康至豫章之地，谓之南川。乃总召所部八郡守宰结盟，声言入赴。朝廷恐其为变，因厚抚慰之。琳至溢城，余孝顷举兵应琳，琳以为南川诸郡，可传檄而定，乃遣其将李孝钦、樊猛等南征粮饷。猛等与余孝顷合，众且二万，来趋工塘，连八城以逼迪。临川周敷，为郡豪族。性豪侠，轻财重士，乡党少年任气者咸归之。周迪之代周续也，以素无簿阀，恐失众心，倚敷族望，深求交结。敷未能自固，事迪甚恭。迪大冯杖之。渐有兵众。迪据临川之工塘，敷镇临川故郡。黄法𣿎者，巴山新建人。巴山,梁郡，在今江西崇仁县西南。新建,吴县,亦在崇仁西南境。侯景之乱，于乡里合徒众。太守贺诩下江州，法𣿎监知郡事。高祖将逾岭入援，李迁仕作梗中途，侯景又遣于庆至豫章，法𣿎助周文育破之。梁元帝以为新淦县令。新淦,汉县，在今江西清江县北。敬帝大平元年（557），割江州四郡置高州，以法𣿎为刺史，镇于巴山。萧勃遣欧阳頠攻法𣿎，法𣿎与战，破之。及是，率兵援迪。迪使周敷顿临川故郡，截断江口。出战，屠八城，生擒李孝钦、樊猛、余孝顷，送于京师。收其军实器械山积，并房其人马，迪并自纳之。时永定二年七月也。孝顷子公扬，弟孝劢，犹据旧栅，扇动南土。十月，高祖复遣周文育及迪、法𣿎讨之。熊县朗者，豫章南昌人。南昌,汉县，在今江西南昌县东。世为郡著姓。侯景之乱，稍聚少年，据丰城县为栅，吴富城县，晋改曰丰城，在今江西丰城县西南。桀黠劫盗多附之。梁元帝以为巴山太守。荆州陷，昙朗兵力稍强，劫掠邻县，缚卖居民，山谷之中，最为巨患。侯瑱据豫章，昙朗外示服从，阴欲图瑱。侯平之反瑱，昙朗为之谋主。瑱败，昙朗获瑱马仗、子女甚多。及萧勃逾岭，欧阳頠为前军，昙朗给頠共往巴山袭黄法氍。又报法氍，期共破頠。约曰："事捷，与我马仗。"及出军，与頠犄角而进，又给頠曰："余孝顷欲相掩袭，须分留奇兵，甲仗既少，恐不能济。"頠乃送甲三百领助之。及至城下，将战，昙朗伪北，法氍乘之，頠失援，狼狈退归，昙朗取其马仗。时巴山陈定，亦拥兵立寨，昙朗伪以女妻定子。又谓定曰："周迪、余孝顷，并不愿此婚，必须以强兵来迎。"定乃遣精甲三百，并土豪二十人往迎。既至，昙朗执之，收其马仗，并论价折赎。盖土豪中最反复桀黠者也。大平元年（485），以桂州刺史资领丰城县令。及是，亦率军来会。众且万人。文育遣吴明彻为水军，配周迪运粮。自率众军入象牙江，城于金口。在今江西新建县西南。金口，金溪口，奉新县小溪。公飓领五百人伪降，谋执文育。事觉，文育囚之，送京师。以其部曲分隶众军。乃舍舟为步军，进据三陂。在金口西南。王琳遣将曹庆，率兵二千人，以救孝劢。庆分遣主帅常众爱与文育相拒，自率所领径攻周迪、吴明彻军。迪等败绩。文育退据金口。昙朗因其失利，害之。时永定三年（559），五月也。

时令侯安都继攻孝劢及曹庆、常众爱等。安都白宫亭湖出松门，蹑众爱后。宫亭湖，鄱阳湖彭蠡口以南。松门，山名，在新建县北。文育见害，安都回取大舰，值琳将周炅、周协南归，与战，破之。生擒炅、协。孝劢弟孝猷，率部下四千家，欲就王琳，遇炅、协败，乃诣安都降。安都进军禽奇洲，破曹庆、常众爱等。焚其船舰。《本纪》：侯安都败众爱等于左里，禽奇洲当距左里不远。左里，见第七章第五节。众爱奔庐山，为村人所杀。余众悉平。熊昙朗既杀周文育，据豫章。将兵万余人袭周敷，径至城下。敷与战，大败。昙朗尽执文育所部诸将，据新淦县，带江为城。王琳东下，世祖征南川兵，周迪、黄法氍欲沿流应赴，昙朗乃据城列舰断遏。迪等与法氍，因率南川兵筑城围之，绝其与琳信使。及王琳败走，昙朗党援离心，迪等攻陷其城，虏其男女万余口。昙朗走入村中，村民斩之，传首京师。于是尽收其党族，无少长皆弃市，时天嘉元年三月也。

留异，东阳长山人。长山，后汉县，今浙江金华县。世为郡著姓。异为乡里雄豪，多聚恶少，陵侮贫贱，守宰皆患之。梁代为蟹浦戍主，蟹浦，见第十章第五节。历晋安、安固二县令。吴东安县，晋改曰晋安，今福建南安县。汉安阳县，晋改曰安固，今浙江瑞安县。侯景之乱，还乡里召募士卒。东阳郡丞与异有隙，异引兵诛之，及其妻子。太守沈巡援台，让郡于异。异使兄子超监知郡事，率兵随巡出都。及京城陷，异随临城公萧大连。大连板为司马，委以军事。景将宋子仙济浙江，异奔还乡里。寻以其众降于子仙。大连趣东阳之信安岭，后汉新安县，晋改曰信安，今浙江衢县境。欲之鄱阳，见第四章第三节。异乃为子仙乡道，令执大连。侯景署异为东阳太守，收其妻子为质。刘神茂拒景，异外同神茂，而密契于景。及神茂败绩，为景所诛，异独获免。侯景平后，王僧辩使异慰劳东阳。仍纠合乡闾，保据岩阻。其徒甚盛，州郡惮焉。元帝以为信安令。荆州陷，王僧辩以异为东阳太守。世祖平定会稽，异虽转输粮馈，而拥擅一郡，威福在己。大平元年（557），除缙州刺史，领东阳太守。又以世祖长女丰安公主配异第三子贞臣。永定二年（558），征异为南徐州刺史。异迁延不就。世祖即位，改授缙州刺史，领东阳太守。异频遣其长史王渐为使入朝，渐每言朝廷虚弱，异信之，虽外示臣节，恒怀两端，与王琳潜通信使。琳又遣使往东阳署守宰。及琳败，世祖遣沈恪代异为郡，实以兵袭之。异出下淮抗御。当在今兰溪县。恪与战，败绩，退还钱唐。异乃表启逊谢。是时众军方事湘、郢，乃降诏书慰喻，且羁縻之。异知朝廷终讨于己，乃使兵戍下淮及建德，以备江路。建德，见第三节。湘州平，世祖乃下诏命侯安都讨之。天嘉二年十二月。异本谓官军自钱唐江而上，安都乃由会稽、诸暨步道袭之。诸暨，见第十章第四节。异闻兵至，大恐，弃郡奔桃支岭，在今浙江缙云县境。立栅自固。明年，春，《纪》在三月。安都大破其栅。异与第二子忠臣奔陈宝应。异党向文政，据有新安，见第四章第三节。程灵洗子文季为新安太守，随安都讨异，降之。文政，新安人，见《陆缮传》。

熊昙朗之亡，周迪尽有其众。王琳败后，世祖征迪出镇湓城，又征其子入朝。迪趑趄顾望，并不至。豫章太守周敷，本属于迪，至是，与黄法氍率其所属诣阙，世祖录其破昙朗之功，并加官赏。迪闻之，甚不平，乃阴与留异相结。及王师讨异，迪疑惧不自安，乃使其弟方兴袭周敷。敷与战，破之。又别使兵袭华皎于湓城。皎时为寻阳太守，监江州事。事觉，尽为皎所擒。天嘉三年（562），三月，以吴明彻为江州刺史，都督众军，与黄法氍、周敷讨之。明彻至临川，攻迪，不能克，乃遣安成王顼总督讨之。此据《迪传》。《本纪》：九月，迪请降，诏安成王顼督众军以招纳之。迪众溃，妻子悉擒，脱身逾岭依陈宝应。《纪》：四年（563），正月，临川平。东昌县人修行师应迪，东昌，吴县，在今江西泰和县西。攻庐陵太守陆子隆。庐陵，见第三章第九节。子隆击败之。行师乞降。送于京师。以黄法氍为江州刺史，周敷为临川太守。六年（565），征法氍为中卫将军。

陈宝应，晋安侯官人也。[①] 晋安，晋郡，在今福建闽侯县东北。侯官，汉治县，后汉改曰侯官，亦在今闽侯县境。世为闽中四姓。父羽，有材干，为郡雄豪。梁代晋安数反，累杀郡将，羽初并扇惑，合成其事，后复为官军乡道破之，由是一郡兵

---

① 封建：南北朝时土豪为郡县世袭者，如陈羽与子宝应其一例也。

权，皆自己出。侯景之乱，晋安太守宾纪侯萧云以郡让羽。羽年老，但治郡事，令宝应典兵。是时东境饥馑，会稽尤甚，死者十七八，平民男女，并皆自卖，而晋安独丰沃。宝应自海道寇临安、永嘉及会稽、余姚、诸暨；后汉临水县，晋改曰临安，在今浙江杭县北。永嘉，见第七章第二节。又数载米粟，与之贸易，多致玉帛子女；其有能致舟乘者，亦并奔归之；由是大致资产，士众强盛。侯景平，元帝因以羽为晋安太守。高祖辅政，羽请归老，求传郡于宝应。高祖许之。时东西岭道，寇贼拥隔，宝应自会稽趋于海道贡献。高祖受禅，授闽州刺史，领会稽太守。世祖嗣位，命宗正录其本系，编为宗室。并遣使条其子女，无大小，并加封爵。其宠可谓盛矣。而宝应取留异女为妻，侯安都之讨异也，宝应遣助之。又以兵资周迪。留异又遣第二子忠臣随之。天嘉四年（563），秋，迪复越东兴岭。东兴、南城、永城县民，皆迪故人，复共应之。东兴，吴县，在今江西黎川县东北。永城，吴县，在今黎川县北。世祖遣章昭达征迪。迪又散于山谷。《纪》在十一月。诏昭达由建安南道度岭，建安，见第八章第一节。又命益州刺史领信义太守余孝顷都督会稽、东阳、临海、永嘉诸军，自东道会之。《纪》在十二月。时益州地已入周，陈盖命孝顷遥领。信义，梁县，在今江苏昆山县东，时盖以为郡。昭达逾东兴岭，顿于建安。宝应据建安之湖际，此据《宝应传》。《昭达传》云：据建安、晋安二郡之界。水陆为栅。昭达与战，不利。因据其上流，命兵士伐木带枝叶为筏，施拍于其上。缀以大索，相次列营，夹于两岸。宝应数挑战，昭达按甲不动。俄而暴雨，江水大长，昭达放筏冲突宝应水栅，水栅尽破。又出兵攻其步军。方大合战，余孝顷出自海道适至，因并力乘之。宝应大溃。奔山草间，窘而就执。并其子弟二十人及留异送都，斩于建康市。异子侄及同党无少长皆伏诛，惟贞臣以尚主获免。《纪》天嘉五年十一月。

侯景之乱，百姓皆弃本业，群聚为盗，惟周迪所部，独不侵扰。并分给田畴，督其工作。民下肆业，各有赢储。政教严明，征敛必至。余部乏绝者，皆仰以取给。迪性质朴，不事威仪。轻财好施。凡所周赡，豪釐必均。讷于语言，而襟怀信实。临川人皆德之，并共藏匿，虽加诛戮，无肯言者。章昭达度岭，与陈宝应相抗，迪复收合出东兴。时宣城太守钱肃镇东兴，以城降迪。以吴州刺史陈详为都督，讨迪。吴州，治鄱阳。至南城，与贼相遇，战败，死之。迪众复振。时周敷又从军，至定川县，未详。与迪相对，迪给敷共盟，敷许之，为迪所害。世祖遣都督程灵洗击破之。迪又与十余人窜于山谷。日月转久，相随者亦稍苦之。复遣人潜出临川郡市鱼鲑。足痛，舍于邑子。邑子告临川太守骆牙。《南史》作骆文牙。牙执之，令取迪自效。因使心腹勇士，随入山中。诱迪出猎，伏兵于道旁斩之。传首京师。《纪》在天嘉六年七月。

淳于量当梁元帝时，出为桂州刺史。桂州，今广西桂林县。荆州陷，量保据桂州。王琳拥割湘、郢，累遣召量，量外虽与琳往来，而别遣使从间道归于高祖。

琳平后，频请入朝。天嘉五年（564），征为中抚大将军。量所部将士，多恋本土，并欲逃入山谷。世祖使湘州刺史华皎征衡州界黄洞，且以兵迎量。天康元年（566），至都。至此，武人及豪右之割据者略尽矣，而以宣帝之篡，复召湘、广之变。

第八节　陈平内乱（下）

继嗣之争，乃南北朝之世召祸之最烈者也，而陈氏亦以此致变。陈文帝之立，实已非正，然时武帝之子未归，君位不可久旷；且文帝究有功于天下，为众所服；故未至大变，至宣帝则异是矣。

文帝之被征也，侯安都随之还朝。《安都传》云：时世祖谦让弗敢当；太后又以衡阳王故，未肯下令；群臣犹豫不能决。安都曰："今四方未定，何暇及远？临川王有功天下，须共立之。今日之事，后应者斩。"便按剑上殿，白太后出玺，又手解世祖发，推就丧次。其情形，实与迫胁无异。昌之还也，居于安陆。见第三章第九节。明年，王琳平，二月，乃由鲁山济江。鲁山，见第七章第三节。百僚表以为湘州牧，封衡阳王。诏可。三月，入境。诏令主书舍人，缘道迎接。济江，中流船坏，以溺薨。《安都传》云：昌之将入也，致书于世祖，辞甚不逊。世祖不怿，乃召安都从容言曰："太子将至，须别求一蕃，吾将老焉。"安都对曰："自古岂有被代天子？臣愚不敢奉诏。"因自请迎昌。昌济汉而薨。武帝有再造华夏之功，安都事帝亦久，而以逢迎时主之故，绝其胤嗣，亦酷矣。《蔡景历传》云：高祖崩时，外有强寇，世祖镇于南皖，朝无重臣，宣后呼景历及江大权、杜棱定议，《棱传》云：侯瑱、侯安都、徐度等并在军中，朝廷宿将，惟棱在都，独典禁兵。乃秘不发丧，疾召世祖。景历躬共宦者及内人，密营敛服。时既暑热，须治梓宫，恐斤斧之声，或闻于外，仍以蜡为秘器。文书诏诰，依旧宣行。荀朗者，颍川颍阴人。颍阴，汉县，今河南许昌县。侯景之乱，招率徒旅，据巢湖间，无所属。台城陷后，简文帝密诏授朗豫州刺史，令与外蕃讨景。景使宋子仙、任约等频往征之。朗据山立寨自守，子仙不能克。时京师大饥，百姓皆于江外就食。朗更招致部曲，解衣推食，以相振赡。众至数万人。侯景败于巴陵，朗出自濡须，见第六节。截景，破其后军。王僧辩东讨，朗遣其将范宝胜及弟晓领兵二千助之。承圣二年（553），率部曲万余家济江，入宣城郡界立顿。齐寇据石头城，朗自宣城来赴，与侯安都等大破齐军。时亦随世祖拒王琳于南皖。宣太后与景历秘不发丧，晓在都微知之，乃谋率其家兵袭台。事觉，景历杀晓，仍系其兄弟。世祖即位，并释之。因厚抚慰朗，令与侯安都等共拒王琳。荀晓是时，权位尚微，衡阳未归，袭台纵克，将何所奉？观世祖既还，太后犹以衡阳故不肯下诏，则晓之谋袭台，究系自有异志？抑承太后之旨而为之？亦殊难言之矣。朗亦鲁悉达之伦，当时缘江尚未平定，其未致召变者亦幸也。景历之有功于世祖，盖不让安都，然以其为文人，故不为世祖所忌，而安都卒不终。《安都传》云：自王琳平后，安都勋庸转大，又自以功安社稷，渐用骄矜。数招聚文武之士，或射御驰骋，或命以诗赋，第其高下，以差次赏赐之。斋内动至千人。部下将帅，多不遵法度。检问收摄，则奔归安都。世祖性严察，深衔之。安都弗之改，日益骄横。每有表启，封讫，有事未尽，乃开封自书之，云又启某事。①及侍燕酒酣，或箕踞倾倚。尝陪乐游禊饮，乃白帝曰："何如作临川王时？"帝不应。安都再三言之。帝曰："此虽天命，抑亦明公之力。"燕讫，又启便借供帐水饰，将载妻妾，于御堂欢会。世祖虽许其请，甚不怿。明日，安都坐于御坐，宾客居群臣位，称觞上寿。初重灵殿灾，安都率将士带甲入殿，帝甚恶之，自是阴为之备。又周迪之反，朝望当使安都讨之，帝乃使吴明彻讨迪。又频遣台使，案问安都部下，检括亡叛。安都内不自安。天嘉三年（562），冬，遣其别驾周弘实，自托于舍人蔡景历，并问省中事。景历录其状具奏之，希旨称安都谋反。世祖虑其不受制，明年，春，乃除安都江州刺史。自京口还都，部伍入于石头。世祖引安都燕于嘉德殿。又集其部下将帅，会于尚书朝堂。于坐收安都，因于嘉德西省。又收其将帅，尽夺马仗而释之。因出景历表以示于朝。明日，于西省赐死。安都固非纯臣，然史所载之罪状，其辞多诬，则至易见矣。文帝之诛安都，可谓谋之至深，稍或不慎，其召变亦易耳。

文帝长子曰伯宗，立为太子。帝弟安成王顼，与衡阳献王同迁关右，事已见前。永定元年（557），遥袭封始兴郡王。世祖嗣位，以本宗乏飨，徙封安成郡王，而自封其第二子伯茂为始兴王，以奉昭烈王祀，荥阳毛喜，与顼俱往江陵，俱迁关右。世祖即位，喜自周还，进和好之策。朝廷乃遣周弘正等通聘。事在天嘉元年（560），周明帝武成二年。周命杜杲来使。世祖遣使报聘，并赂以黔中数州之地，仍请画界分疆。周使杲再来。陈以鲁山归周。周拜顼柱国大将军，使杲送之还国。喜于郢州奉迎。顼之入关，妻柳氏，子叔宝、叔陵并留于穰。魏荆州治，见第十一章第四节。又遣喜入关，以家属为请。仍迎之还。时天嘉三年（562）也。顼既还，授侍中、中书监。寻授扬州刺史。天康元年（566），授尚书令。是岁，四月，文帝崩。太子立，是为废帝。顼与仆射到仲举，中书舍人刘师知、阴不佞等并受遗诏辅政。师知与仲举，恒居禁中，参决众事。顼为扬州刺史，与左右三百人入居尚书省。师知、仲兴、不佞与尚书右丞王暹谋，矫敕顼还东府。众人犹

---

① 文学：薛安都表启，封讫，有事未尽，开封自书，史以为骄横，盖武人本不能自书也。

豫，未敢先发。不佞素以名节自立，又受委东宫，_{世祖以为东宫通事舍人。}乃驰诣相府，面宣敕令。毛喜时为顼骠骑府谘议参军，领中记室，止之曰："今若出外，便受制于人，譬如曹爽，愿作富家翁，不可得也。"顼使与吴明彻筹焉。_{明彻时为丹阳尹。}明彻曰："殿下亲实周、召，德冠伊、霍，社稷至重，愿留中深计，慎勿致疑。"顼乃称疾。召师知，留之与语，使喜先入，言之于后。_{世祖沈皇后。}后曰："此非我意。"喜又言于废帝。帝曰："此自师知等所为。"喜出报顼，顼因因师知，自入见后及帝，草敕请画，以师知付廷尉。其夜，于狱中赐死。遄、不佞并付治。顼素重不佞，特赦之，免其官而已。乃以仲举为贞毅将军、金紫光禄大夫。仲举子郁，尚文帝女信义长公主。宫至中书侍郎。出为宣城太守，文帝配以士马。是年，迁为南康内史。以国哀未之任。仲举既废，居私宅，与郁皆不自安。右卫将军韩子高，少以文帝亲侍。及长，稍习骑射，颇有胆决，愿为将帅。帝配以士卒。子高亦轻财礼士，归之者甚众。将士依附之者，子高尽力论进，文帝皆任使焉。郁每乘小舆，蒙妇人衣，与子高谋。前上虞令陆昉及子高军主告言其事。顼收子高、仲举及郁，并付廷尉，于狱赐死。《子高传》言其求出为衡、广诸镇。《毛喜传》云：子高始与仲举通谋，其事未发，喜请高宗曰："宜简选人马，配与子高；并赐铁炭，使修器甲。"高宗惊。喜曰："子高甚轻狷，脱其稽诛，或忿王度，宜推心安诱，使不自疑，图之一壮士力耳。"高宗深然之，卒行其计。盖时四方平定未久，故深虑外州之有变也。然外变卒不可免。光大元年（567），三月，《纪》书南豫州刺史余孝顷谋反伏诛。其后高祖章后废帝之诏曰："韩子高小竖轻佻，推心委杖，阴谋祸乱，决起萧墙。元相虽持，但除君侧。又以余孝顷密迩京师，便相征召。殃慝之咎，凶徒自擒。宗社之灵，祅氛自灭。"则孝顷之变，实继子高而作，《子高传》谓其死在光大元年八月者误也。《华皎传》云：子高诛后，皎不自安，乃有反谋，《纪》亦书其反于光大元年五月，疑子高之死，实在天康元年八月，《纪》误后一年。子高谋之于内而败，孝顷谋之于近畿而亦败而上流之变作矣。

华皎，晋陵暨阳人。_{暨阳，见第八章第七节。}世为小吏。皎，梁代为尚书比部令史。侯景之乱，事景党王伟。高祖南下，文帝为景所囚，皎遇之甚厚。景平，文帝为吴兴太守，以皎为都录事，军府谷帛，多以委之。及平杜龛，仍配以人马甲仗，犹为都录事。稍擢为暨阳、山阴令。_{山阴，见第二章第二节。}王琳东下，皎随侯瑱拒之。琳平，镇湓城，知江州事。时南州守宰，多乡里酋豪，不遵朝宪，文帝令皎以法驭之。王琳奔散，将卒多附于皎。后随吴明彻征周迪，授湘州刺史。皎起自下吏，善营产业。湘川地多所出，所得并入朝廷。又征伐川洞，多致铜鼓，并送于京师。① 韩子高诛后，皎内不自安，密启求广州，以观时主意。顼伪许之，而诏书未出。皎亦遣使句引周兵，又崇奉萧岿为主。士马甚盛。诏乃以吴明彻为湘州刺史，实欲以轻兵袭之。时光大元年五月也。是时虑皎先发，乃前遣明彻率众三万，乘金翅直趋郢州。又遣淳于量帅众五万，乘大舰以继之。又令徐度与杨文通，别从安城步道出茶陵，汉改成县，晋改曰安复，今江西安福县西。茶陵，汉县，今湖南茶陵县东。巴山太守黄法慧，别从宜阳出澧陵，汉宜春县，晋避太后讳，改曰宜阳，今江西宜春县。澧陵，汉侯国，后汉为县，今湖南醴陵县。与郢州程灵洗，参谋讨贼。先是萧詧以天嘉三年（562）死，伪谥宣皇帝，庙号中宗。子岿嗣。伪谥孝明皇帝，庙号世宗。及是，皎与巴州刺史戴僧朔，巴州，见第六节。并附于岿。皎遣子玄响为质，仍请兵伐陈。岿上其状于周。周武帝命其弟卫公直督荆州总管权景宣、大将军元定等赴之，因而南伐。岿亦遣其柱国王操，率水军二万，会皎于己陵。直屯鲁山，定攻围郢州。皎于巴州之白螺，列舟舰与王师相持。白螺，见第九章第九节。未决，闻徐度趋湘州，乃率兵自巴、郢因便风下战。淳于量、吴明彻等大败之。权景宣统水军，与皎俱下，一时奔北，船舰器仗，略无孑遗。皎与戴僧朔单舸走。至巴陵，不敢登岸，径奔江陵。时九月也。元定等无复船渡，步趋巴陵。巴陵城邑为官军所据，乃向湘州。至水口，不得济，食且尽，诣军请降。俘获万余人，马四千余匹，送于京师。程灵洗出军蹑定，因进攻周沔州，克之，擒其刺史裴宽。周沔州，在今湖北汉川县东南。陆子隆督武州诸军事，武州，见第六节。皎以子隆居其心腹，频遣使招诱，子隆不从，皎因遣兵攻之，不能克。及皎败，子隆出兵以袭其后，因与王师相会。寻迁荆州刺史。是时荆州新置，治于公安，蜀汉县，在今湖北公安县东北。城池未固，子隆修建城郭，绥集夷夏，甚得民和焉。宇文直既败，归罪于萧岿柱国殷亮，岿不敢违命，遂诛之。吴明彻乘胜攻克岿之河东郡。见第六节。明年，光大二年（568），周天和三年。明彻进攻江陵，引江水灌城。岿出顿纪南，以避其锐。纪南，见第七章第三节。周江陵副总管高琳，与岿尚书仆射王操拒守。岿马军主马武、吉彻等击明彻，明彻退保公安，岿乃还江陵。宣后废废帝诏曰："密诏华皎，称兵上流，国祚忧惶，几移丑类。乃至要招远近，协力巴、湘；支党纵横，寇扰黟、歙。见第九章第六节，第十三章第三节。又别敕欧阳纥等，攻逼衡州，岭表纷纭，殊淹弦望。"当时牵动之广，声势之盛可知，此举败而顼之篡势成矣。

宣后废废帝诏又曰："张安国蕞尔凶狡，穷为小盗，仍遣使人蒋裕，钩出上京，即置行台，分选凶党。贼皎妻吕，春徒为戮，纳自奚官，藏诸永巷，使其结引亲旧，规图戕祸。荡主侯法喜等，太傅麾下，恒游府朝，唉以深利，谋兴肘

---

① 民族：华皎征伐川洞，多致铜鼓。

腋。适又荡主孙泰等，潜相连结，大有交通，兵力殊强，指期挺乱。皇家有庆，历数遒长，天诱其衷，同然开发。"《世祖沈皇后传》云：后忧闷，计无所出，乃密赂宦者蒋裕，令诱建安人张安国，建安，见第八章第一节。使据郡反，冀因此以图高宗。安国事觉，并为高宗所诛。时后左右近侍，颇知其事，后恐连逮党与，并杀之。案建安距京邑大远，势不相及，故《通鉴》疑其事而不取，见《考异》。窃疑当时欲使安国据以建义者，实非建安郡，《后传》之文，非史氏言之不审，则传写或有佚夺也。使据郡反一语，使据之下，容有夺文。此次外钩盗党，内结武夫，实为废帝亲党最后之一举，其计亦败，事乃无可为矣。光大二年（568），十一月，以大皇太后令，废帝为临海郡王。大建二年（570），四月薨，时年十九。顼立，是为高宗孝宣皇帝。刘师知等之矫诏出高宗也，始兴王伯茂劝成之。师知等诛后，高宗恐伯茂扇动朝廷，令入居禁中，专与废帝游处。蒋裕与韩子高等谋反，伯茂并阴预其事。案既入居禁中，复何能为？此语亦必诬也。既废帝为临海王，其日，又下令降伯茂为温麻侯。时六门之外有别馆，以为诸王冠婚之所，名曰婚第，至是，命伯茂出居之，于路遇盗，殒于军中。世祖第三子鄱阳王伯山，本为南徐州刺史，高宗不欲令处边，光大元年（567），徙为东扬州。废帝后父王固，为侍中、金紫光禄大夫，奶媪往来禁中，颇宣密旨。事泄。比将伏诛，高宗以固本无兵权，且居处清洁，止免所居官，禁锢。《废帝纪》曰：帝仁弱，无人君之器，世祖忧虑不堪继业，既居冢嫡，废立事重，是以依违积载。及疾将大渐，召高宗谓曰："吾欲遵泰伯之事。"高宗初未达旨，后寤，乃拜伏涕泣固辞。其后宣太后依诏废帝焉。《孔奂传》：奂为五兵尚书，世祖不豫，台阁众事，并令到仲举共奂决之。及世祖疾笃，奂与高宗及仲举，并吏部舍人袁枢，中书舍人刘师知等，入侍医药。世祖尝谓奂等曰："今三方鼎峙，生民未乂，四海事重，宜须长君。朕欲近则晋成，远隆殷法，卿等须遵此意。"奂流涕歔欷而对曰："皇太子春秋鼎盛，圣德日跻，安成王介弟之尊，足为周旦，若有废立之心，臣等愚诚，不敢闻诏。"世祖曰："古之遗直，复见于卿。"天康元年（566），乃用奂为太子詹事。此等则皆高宗之党所造作之言语也。

欧阳頠之至广州也，王琳据有中流，頠白海道及东岭，奉使不绝。时頠弟盛为交州刺史，次弟邃为衡州刺史，合门显贵，名振南土。又南致铜鼓、生口，献奉珍异，前后委积，颇有助于军国焉。天嘉四年（563），薨，子纥嗣。大建元年（569），征纥为左卫将军。其部下多劝之反。遂举兵攻衡州，始兴之衡州。刺史钱道戢告变。遣章昭达讨纥。《纪》在十月。昭达倍道兼行，达于始兴。纥出顿洭口。洭水、溱水合口，在今广东英德县西南。多聚沙石，盛以竹笼，置于水栅之外，用遏舟舰。昭达败之，禽纥，送于京师。《纪》大建二年二月。以沈恪为广州刺史。四年（572），征还。萧引者，思话曾孙，侯景之乱，与弟彤及宗亲百余人奔岭表。时欧阳颁为衡州刺史，引往依焉。章昭达平番禺，始北还。大建十二年（580），时广州刺史马靖，甚得岭表人心，而兵甲精练，每年深入俚洞，又数有战功，朝野颇生异议。高宗以引悉岭外物情，且遣引观靖，审其举措，讽令送质。既至番禺，靖即悟旨，尽遣儿、弟下都为质。然至后主至德二年（584），卒以临池县侯方庆为广州刺史，<small>方庆，南康愍王昙朗之子。</small>袭靖诛之。章昭达子大宝，为丰州刺史，<small>胡三省曰：陈丰州治闽县。案闽，隋县，今福建闽侯县。</small>在州贪纵。三年（585），后主以大仆卿李晕代之。大宝袭杀晕；举兵反。<small>《纪》在三月，《传》云四月。</small>遣将杨通寇建安。建安内史吴慧觉据郡城距之。通累攻不克。官军稍近，人情离异，大宝计穷，乃与通俱逃。台军主陈景祥追禽之。于路死。传首，夷三族。成，远隆殷法，卿等须遵此意。"夐流涕歔欷而对曰："皇太子春秋鼎盛，圣德日跻，安成王介弟之尊，足为周旦，若有废立之心，臣等愚诚，不敢闻诏。"世祖曰："古之遗直，复见于卿。"天康元年（566），乃用夐为太子詹事。此等则皆高宗之党所造作之言语也。

欧阳颁之至广州也，王琳据有中流，颁白海道及东岭，奉使不绝。时颁弟盛为交州刺史，次弟邃为衡州刺史，合门显贵，名振南土。又南致铜鼓、生口，献奉珍异，前后委积，颇有助于军国焉。天嘉四年（563），薨，子纥嗣。大建元年（569），征纥为左卫将军。其部下多劝之反。遂举兵攻衡州，<small>始兴之衡州。</small>刺史钱道戢告变。遣章昭达讨纥。<small>《纪》在十月。</small>昭达倍道兼行，达于始兴。纥出顿洭口。<small>洭水、溱水合口，在今广东英德县西南。</small>多聚沙石，盛以竹笼，置于水栅之外，用遏舟舰。昭达败之，禽纥，送于京师。<small>《纪》大建二年二月。</small>以沈恪为广州刺史。四年（572），征还。萧引者，思话曾孙，侯景之乱，与弟彤及宗亲百余人奔岭表。时欧阳颁为衡州刺史，引往依焉。章昭达平番禺，始北还。大建十二年（580），时广州刺史马靖，甚得岭表人心，而兵甲精练，每年深入俚洞，又数有战功，朝野颇生异议。高宗以引悉岭外物情，且遣引观靖，审其举措，讽令送质。既至番禺，靖即悟旨，尽遣儿、弟下都为质。然至后主至德二年（584），卒以临池县侯方庆为广州刺史，<small>方庆，南康愍王昙朗之子。</small>袭靖诛之。章昭达子大宝，为丰州刺史，<small>胡三省曰：陈丰州治闽县。案闽，隋县，今福建闽侯县。</small>在州贪纵。三年（585），后主以大仆卿李晕代之。大宝袭杀晕；举兵反。<small>《纪》在三月，《传》云四月。</small>遣将杨通寇建安。建安内史吴慧觉据郡城距之。通累攻不克。官军稍近，人情离异，大宝计穷，乃与通俱逃。台军主陈景祥追禽之。于路死。传首，夷三族。

第十四章　周齐兴亡

第一节　齐篡东魏

北齐基业，虽创自神武，而其能整顿内治，则颇由于文襄。文襄者，神武长子，名澄，文宣篡魏后，追谥为文襄皇帝，庙号世宗。武明皇后娄氏所生也。后为神武微时妃。《齐书》本传云：少明悟。强族多聘之，并不肯行。及见神武于城上执役，惊曰："此真吾夫也。"乃使婢通意。又数致私财，使以聘己。父母不得已而许焉。盖实奸通，非聘娶也。《传》又云：神武既有澄清之志，倾产以结英豪，密谋秘策，后恒参与，此乃妄说。《传》又云：神武逼于茹茹，欲取其女而未决，后曰："国家大计，愿不疑也。"及茹茹公主至，后避正室处之。①《北史·彭城太妃尒朱氏传》云：荣之女，魏孝庄后也。神武纳为别室，敬重逾于娄妃。《冯翊太妃郑氏传》云：名大车。初为魏广平王妃，迁邺后，神武纳之。宠冠后庭。神武之征刘蠡升，文襄蒸于大车。神武还，一婢告之，二婢为证。神武杖文襄一百而幽之。武明后亦见隔绝。时彭城尒朱太妃有宠，生王子浟，神武将有废立意。文襄求救于司马子如。子如来朝，伪为不知者，请武明后。神武告其故。子如曰："消难亦奸子如妾，如此事正可覆盖。妃是王结发妇，常以父母家财奉王；王在怀朔被杖，背无完皮，妃昼夜供给看创；后避葛贼，同走并州，贫困，然马矢，自作靴；恩义何可忘？夫妇相宜；女配至尊，男承大业；又娄领军勋；何宜摇动？一女子如草芥，况婢言不必信？"神武因使子如鞫之。子如见文襄，尤之曰："男儿何意畏威自诬？"因告二婢反辞，胁告者自缢。乃启神武曰："果虚言。"神武大悦，召后及文襄。武明后遥见神武，一步一叩头，文襄且拜且进，父子夫妻，相泣，乃如初。观此数事，神武于父子夫妻之际薄矣。北夷本不严嫡庶之别，所重特在贵族，娄后之家世，自远不逮尒朱氏等，然神武不替文襄者？创业之际，长子未可轻动；抑文襄颇有吏才，政事实赖之；又娄后女配至尊，其弟昭，即子如所谓娄领军者，亦有勋绩；此正如汉高不替吕后、惠帝，为有种种牵制故也。《后传》又云：文宣将受魏禅，后固执不许，帝所以中止，此又妄说。文宣欲受禅，岂其谋及于后？且后亦曷尝能终止文宣之篡乎？其后孝昭、武成之篡，后若成之，则其地位使然，且亦二王势力已成，非真后之能有所作为也。读史者或以后为能通知政事，能豫政，其说实误，故一辩之。北夷入中国，多以不知政理败，如尒朱

---

① 婚姻：神武娄后避正室，以处茹茹公主。神武纳尒朱荣女，敬重逾于娄后。

荣即是，齐神武虽有才，政事尚不能不藉文襄为助，况于娄后邪？早豫军国筹策。天平三年（536），梁武帝大同二年。入辅朝政。时年十六。元象元年（538），梁大同四年。摄吏部尚书。《北齐书·本纪》云：魏自崔亮以后，选人常以年劳为制，文襄乃釐改前式，铨擢惟在得人。又沙汰尚书郎，妙选人地以充之。至于才名之士，咸被荐擢。假有本居显位者，皆致之门下，以为宾客。盖颇能于武人、勋贵之外，有所任用矣。《纪》又云：兴和二年（540），梁大同六年。加大将军，领中书监，仍摄吏部尚书。自正光以后，天下多事，在任群官，廉絜者寡。文襄乃奏吏部郎崔暹为御史中尉，纠劾权豪，无所纵舍。于是风俗更始，私枉路绝。案《孙腾传》云：腾早依附高祖，契阔艰危，勤力恭谨，深见信待。及高祖置之魏朝，寄以心腹，遂志气骄盈，与夺由己。求纳财贿，不知纪极。生官死赠，非货不行。府藏银器，盗为家物。亲狎小人，专为聚敛。在邺，与高岳、高隆之、司马子如号为四贵。非法专恣，腾为甚焉。腾、隆之、子如皆为尚书令、仆，岳为京畿大都督。《论》曰："高祖以晋阳戎马之地，霸图攸属，治兵训旅，遥制朝权，京台机务，委寄深远。孙腾等俱不能清贞守道，以治乱为怀。厚敛货财，填彼谿壑。赖世宗入辅，责以骄纵，厚遇崔暹，奋其霜简。不然，则君子属厌，岂易间焉？"《循吏传》曰："高祖以战功诸将，出牧外藩。不识治体，无闻政术。非惟暗于前言往行，乃至始学依判、付曹。聚敛无厌，淫虐不已。虽或直绳，终无悛革。此朝廷之大失。"可见当时内外皆残民以逞之徒矣。《高隆之传》云：入为尚书右仆射。时初给民田，贵势皆占良美，贫弱咸受瘠薄。[1] 隆之启高祖，悉更反易，乃得均平。魏自孝昌已后，天下多难，刺史、太守，皆为当部都督。虽无兵事，皆立佐僚，所在颇为烦扰。[2] 隆之表请：自非实在边要，见有兵马者，悉皆断之。自军国多事，冒名窃官者，不可胜数。隆之奏请检括，获五万余人。而群小喧嚣，隆之惧而止。夫隆之等虽贪暴，然遇有益于公，无损于私者，则亦未尝无整顿之心，此实自古暴君污吏皆然。委寄深远，宜若可行其志，然犹以群情弗顺，有所慑惮而止，可见整顿之不易矣。文襄作辅，于崔暹之外，又任宋游道、卢斐、毕义云等，加以直绳。三人皆见《北齐书·酷吏传》。游道初为殿中侍御史，以风节著。孝庄即位，除左兵郎中，与尚书令临淮王彧相失，上书告之，解职。后除司州中从事。神武自大原来朝，见之曰："此人宋游道邪？常闻其名，今日始识其面。"迁游道别驾。后日，神武之司州飨朝士，举觞属游道曰："饮高欢手中酒者大丈夫，卿之为人，合饮此酒。"及还晋阳，百官辞于紫陌，神武执游道手曰："甚知朝贵中有憎忌卿者，但用心；莫怀畏虑，当使卿位与之相似。"于是启以游道为中尉。文襄执请，乃以崔暹为御史中尉，以游道为尚书左丞。文襄谓暹、游道曰："卿一人处南台，一人处北省，当使天下肃然。"游道入省，劾太师咸阳王坦，

---

① 地权：初给民田，贵势良美，贫弱瘠薄。高隆之启齐高祖，乃反易。
② 职官：魏孝昌后刺史太守皆为当部都督，虽无兵事，皆立佐僚。

· 457 ·

太保孙腾，司徒高隆之，司空侯景，录尚书元弼，尚书令司马子如，官贷金银，催征酬价，虽非指事赃贿，终是不避权豪。① 又奏驳尚书违失数百条。省中豪吏王儒之徒，并鞭斥之。始依故事，于尚书省立门名，以记出入早晚。令、仆已下皆侧目。为高隆之所诬，处其死罪，朝皆分为游道不济，而文襄闻其与隆之相抗之言，谓杨遵彦曰："此真是鲠直，大刚恶人。"遵彦曰："譬之畜狗，本取其吠，今以数吠杀之，恐将来无复吠狗。"诏付廷尉，游道坐除名。文襄使元景康谓曰："卿早逐我向并州，不尔，他经略杀卿。"游道后至晋阳，以为大行台吏部。卢斐，文襄引为相府刑狱参军。毕义云为尚书都官郎中。文襄令普句伪官，专以车辐考掠，所获甚多，然大起怨谤。会为司州吏所讼，文襄以其推伪众人怨望，并无所问，乃拘吏数人斩之，因此锐情讯鞫，咸名日盛。紫陌，在邺城西北五里。遵彦，愔字。神武虽间以旧恩，有所纵舍，如尉景司马子如是也。《景传》云：景以勋戚，每有军事，与库狄干常被委重，而不能忘怀财利，神武每嫌责之。转冀州刺史，又大纳贿。发夫猎，死者三百人。库狄干神武坐，请作御史中尉。神武曰："何意下求卑官？"干曰："欲捉尉景。"神武大笑。令优者石董桶戏之。董桶剥景衣，曰："公剥百姓，董桶何为不剥公？"神武诫景曰："可以无贪也？"景曰："与尔计，生活孰多？我止人上取，尔割天子调。"神武笑不答。历位太保、太傅。坐匿亡人见禁止。使崔暹谓文襄曰："语阿惠：儿富贵，欲杀我邪？"神武闻之，泣诣阙曰："臣非尉景，无以至今日。"三请，帝乃许之。于是黜为骠骑大将军、开府、仪同三司。神武造之。景志，卧不动，叫曰："杀我时趣邪？"常山君谓神武曰："老人去死近，何忍煎迫至此？"又曰："我为尔汲水胝生。"因出其掌。神武抚景，为之屈膝。先是景有果下马，文襄求之，景不与，曰："土相扶为墙，人相扶为王，一马亦不得畜而索也？"神武对景及常山君责文襄而杖之。常山君泣救之。景曰："小儿惯去，放使作心腹，何须干啼湿哭，不听打邪？"常山君，景妻，神武姊也。《北史·司马子如传》曰：文襄辅政，以贿为崔暹劾在狱，一宿而发尽白。辞曰："司马子如本从夏州策一杖投相王，王给露车一乘，牚特牛犊。犊在道死，惟牚角存，此外皆人上取得。"神武书敕文襄曰："马令是吾故旧，汝宜宽之。"文襄驻马行街，以出子如，脱其锁。子如惧曰："非作事邪？"于是除削官爵。神武后见之，哀其憔悴，以膝承其首，亲为择虱。赐酒百瓶，羊五百口，粳米五百石。然文襄能行其意者盖多。《宋游道传》曰：兖州刺史李子贞，在州贪暴，游道案之。文襄以贞建义勋，意将含忍。游道疑陈元康为其内助，密启云："子贞、元康交游，恐其别有请属。"文襄怒，于尚书都堂集百僚扑杀子贞。则虽豫建义之勋者，亦不必尽蒙宽宥；而亲要如元康，亦时有不能庇右者矣。《崔暹传》言：暹前后表弹尚书令司马子如，及尚书元羡，雍州刺史慕容献。又弹太师咸阳王坦，禧子。并州刺史可朱浑道元罪状极笔。并免官。其余死黜者甚众。高祖书与邺下诸贵曰："咸阳王、司马令，并是吾对门布衣之旧。尊贵亲昵，无过二人，同时获罪，吾不能救，诸君其慎之。"高祖如京师，群官迎于紫陌，高祖握暹手而劳之曰："往前朝廷岂无法官？而天下贪婪，莫肯纠劾。中尉尽心为国，不避豪强，遂使远迩肃清，群公奉法。冲锋陷阵，大有其人，当官正色，今始见之。今荣华富贵，直是中尉自取。高欢父子，无以相报。"赐暹良马，使

---

① 生计：官贷金银。放债交易，遍于州郡。

骑之以从。且行且语。遄下拜，马惊走，高祖亲为拥之而授辔。魏帝宴于华林园，此邺下之华林园。谓高祖曰："自顷朝贵，牧、守、令长，所在百司，多有贪暴，侵削下人。朝廷之中，有用心公平，直言弹劾，不避亲戚者，王可劝酒。"高祖降阶跪而言曰："惟御史中丞崔暹一人。谨奉明旨，敢以酒劝。并臣所射赐物千匹，乞回赐之。"其所以风厉之者至矣。自是之后，诸勋贵亦颇知敛迹，如尉景获罪后，授青州刺史，史言其操行颇改。司马子如起行冀州事，亦能自厉改。不可谓非整顿之效也。从来恶直丑正之论，无如《北齐书·杜弼传》之甚者，不可不辞而辟之。①《传》曰：弼以文武在位，罕有廉洁，言之于高祖。高祖曰："弼来，我语尔。天下浊乱，习俗已久。今督将家属，多在关西，黑獭常相招诱，人情去留未定。江东复有一吴儿老翁萧衍者，专事衣冠礼乐，中原士大夫望之，以为正朔所在。我若急作法网，不相饶借，恐督将尽投黑獭，士子悉奔萧衍，则人物流散，何以为国？尔宜少待，吾不忘之。"及将有沙苑之役，弼又请先除内贼，却讨外寇。高祖问内贼是谁？弼曰："诸勋贵掠夺万民者皆是。"高祖不答，因令军人皆张弓挟矢，举刀按矟以夹道。使弼冒出其间，曰："必无伤也。"弼战栗汗流。高祖然后喻之曰："箭虽注不射，刀虽举不击，矟虽按不刺，尔犹顿丧魂胆，诸勋人身触锋刃，百死一生，纵其贪鄙，所取处大，不可同之，循常例也。"弼于时大恐，因顿颡谢曰："愚痴无智，不识至理，今蒙开晓，始见圣达之心。"夫兵之所以可畏者，以其将杀伤人也，若明知其注而不射，举而不击，按而不刺，则人孰未尝见兵？弼即畏懦，何至战栗汗流？高欢乃一犷悍之夫，安知衣冠礼乐为何事？且果如所言，其任高澄以裁勋贵，又何为乎？稍深思之，即知此传所云，并非实录，而为不快于督责之治者所造作矣。《北史·文襄纪》云：少壮气猛，严峻刑法。高慎西叛，侯景南翻，非直本怀很戾，兼亦有惧威略，亦此等人所造作也。其《论》曰："文襄志在峻法，急于御下，于前王之德，有所未同。盖天意人心，好生恶杀，虽吉凶报应，未皆影响，总而论之，积善多庆。然文襄之祸生所忽，盖有由焉。"此论亦必有本，可谓怨毒之情，形于辞表矣。果如此曹之意，则欲求辅弼者，必纵其虐民而后可乎？此真所谓盗憎主人者也。又案《陈元康传》云：高仲密之叛，高祖知其由崔暹故也，将杀暹，世宗匿而为之谏请，高祖曰："我为舍其命，须与苦手。"世宗乃出暹而谓元康曰："卿若使崔暹得杖，无相见也。"暹在廷，解衣将受罚，元康趋入，历陛而升，且言曰："王方以天下付大将军，有一崔暹，不能容忍邪？"高祖从而宥焉。又云：侯景反，世宗逼于诸将，欲杀崔暹以谢之。密语元康。元康谏曰："今四海未清，纲纪已定。若以数将在外，苟悦其心，枉杀无辜，亏废刑典，岂直上负天神，何以下安黎庶？晁错前事，愿公慎之。"世宗乃止。《暹传》云：显祖初嗣霸业，司马子如挟旧怨，言暹罪重，谓宜罚之。高隆之亦言：宜宽政网，去苛察法官，黜崔暹，则得远近人意。显祖从之。及践阼，谮毁之者犹不息。帝乃令都督陈山提等搜暹家。甚贫匮，惟得高祖、世宗与暹书千余纸，多论军国大事。帝嗟赏之。仍不免众口。乃流暹于马城。昼则负土供役，夜则置地牢。岁余，奴告暹谋反，锁赴晋阳。无实。释而劳之。寻迁大常卿。帝谓群臣曰："崔大常清正，天下无双，卿等不及。"《崔季舒传》云：时勋贵多不法，文襄无所纵舍，外议以季舒及崔暹等所为，甚被怨疾。及文襄遇难，文宣将赴晋

阳，黄门郎阳休之劝季舒从行，曰："一日不朝，其间容刀。"季舒性爱声色，心在闲放，遂不请行，欲恣其行乐。司马子如缘宿憾，及尚食典御陈山提等共列其过状，由是季舒及遥，各鞭二百，徙北边。天保初，文宣知其无罪，追为将作大匠。再迁侍中。俄兼尚书左仆射，仪同三司。大被恩遇。夫文宣犹知季舒、遥之无罪，况于神武及文襄？然当武夫撝变之时，遥即几罹不测；至文宣，则竟为所胁，而遥、季舒并不免流徙、鞭责之祸，可见当时恶直丑正之徒，其势甚可畏也。《元康传》又云：世宗入辅京室，崔遥、崔季舒、崔昂等并被任使，张亮、张徽纂并高祖所待遇，然委任皆出元康之下，时人语曰："三崔二张，不如一康。"又云：元康溺于财利，受纳金帛，不可胜纪，放责交易，遍于州郡，为清论所讥。然则当时遥等虽云锋利，而真被宠任之徒，仍有为霜简所不及者矣。刬除贪暴，其难如此，而岂得如《弼传》所云，复故纵舍之哉，马城，汉县，晋废，在今察哈尔怀安县北。

文襄之为中书监也，移门下机事，总归中书。《北齐书·崔季舒传》。以其中兵参军崔季舒为中书侍郎，令监察魏主动静。武定五年（547），梁武帝大清元年。正月，神武死，文襄秘丧，至六月乃发。七月，魏主诏以文襄为使持节、大丞相、都督中外诸军、录尚书、大行台、渤海王，而以其母弟洋为尚书令、中书监、京畿大都督。八月，文襄朝于邺，固辞丞相。魏主诏复前大将军，余如故。《魏书·孝静帝纪》曰：文襄尝侍饮，大举觞曰："臣澄劝陛下酒。"帝不悦曰："自古无不亡之国，朕亦何用此活？"文襄怒曰："朕朕，狗脚朕。"文襄使季舒殴帝三拳，奋衣而出。明日，使季舒劳帝，帝亦谢焉。赐绢。季舒未敢受，以启文襄。文襄使取一段。帝束百匹以与之，曰："亦一段耳。"帝不堪忧辱，咏谢灵运诗曰："韩亡子房奋，秦帝鲁连耻。本自江海人，忠义动君子。"常侍侍讲荀济知帝意，乃与华山王大器、鸷子。鸷高凉王孤六世孙。元瑾密谋，于宫内为山，而作地道向北城。至千秋门，门者觉地下响动，以告文襄。文襄勒兵入宫，曰："陛下何意反邪！臣父子功存社稷，何负陛下邪？"将杀诸妃。帝正色曰："王自欲反，何关于我？我尚不惜身，何况妃嫔？"文襄下床叩头，大啼谢罪。于是酣饮，夜久乃出。居三日，幽帝于含章堂。大器、瑾等皆见烹于市。《荀济传》云：燔杀之。见《北史·文苑传》。盖时侯景尚未平，故文襄未能遽篡也。六年（548），梁大清二年。正月，侯景败；七年（549），梁大清三年。六月，颍川亦平；于是篡谋转急。七月，文襄如邺。八月，为盗所杀。时年二十九。《北齐书·文襄纪》云：初梁将兰钦子京，为东魏所虏，王命以配厨。① 钦请赎之；王不许。京再诉，王使监厨苍头薛丰洛杖之，曰："更诉当杀尔。"京与其党六人谋作乱。将欲受禅，与陈元康、崔季舒等屏斥左右署拟百官。京将进食，王却之。谓诸人曰："昨夜梦此奴斫我，宜杀却。"京闻之，置刀于盘，冒言进食。王怒曰："我未索食，尔何遽来？"京挥刀曰："来将杀汝。"王自投伤足，入于床下。贼党去床，因而

————

① 政治：文襄获陈将之子，以配厨所杀。古者不近刑人以此？

见杀。《北史》略同。案此卷《齐书》实亡，盖后人取《北史》补之。《陈元康传》云：世宗将受魏禅，元康与杨愔、崔季舒并在世宗坐，将大迁除朝士，共品藻之。世宗家苍头奴兰固成，《北史·元康传》云：固成，一名京。先掌厨膳，甚被宠昵。先是世宗杖之数十。其人性躁，又恃旧恩，遂大忿恚。与其同事阿改，《北史》云弟阿改。谋害世宗。阿改时事显祖，常执刀随从。云若闻东斋叫声，即加刃于显祖。是日，东魏帝初建东宫，《魏书·本纪》：八月，辛卯，诏立皇子长仁为皇太子。案时齐将篡而为魏立太子者，盖欲先行废立，后乃禅代也。群官拜表，事罢，显祖出东止车门，别有所之，未还而难作。固成因进食，置刀于盘下，而杀世宗。元康以身捍蔽，被刺伤重，至夜而终。杨愔狼狈走出。季舒逃匿于厕。盖魏人阴谋，欲并澄与洋而歼之也。而洋以邂逅得脱，乃入诛京等。旋归晋阳。明年，梁简文帝大宝元年（550），魏武定八年，齐文宣天保元年。五月，如邺，遂废魏主而自立。明年，十二月，遇鸩死。是为北齐显祖文宣皇帝。文宣之篡，高德政与杨愔实成之。时德政从文宣于晋阳，愔居邺。史言娄太后及勋贵多弗顺，然时篡势已成，必无人能阻之者，德政与愔，亦乘已成之势而成之耳，非能有所作为也。事见《北史·文宣纪》及《齐书·德政传》，以其无甚关系，今略之。

第二节　文宣淫暴

自元魏分裂以来，东西南三方，遂成鼎峙之势，地广兵强，实推东国，然其后齐反灭于周者，则以北齐诸主，染鲜卑之习大深，以致政散民流，不能自立也。北齐乱君，实以文宣为首。

《北史·文宣纪》云：帝沉敏有远量，外若不远，内鉴甚明。文襄年长英秀，神武特所爱重，百僚承风，莫不震惧，而帝善自晦迹，言不出口，恒自贬退，言咸顺从，故深见轻，虽家人亦以为不及。文襄嗣业，帝以次长见猜嫌。帝后李氏，色美，每预宴会，容貌远过靖德皇后，文襄弥不平焉。帝每为后私营服玩，小佳，文襄即令逼取。后恚，有时未与，帝笑曰："此物犹应可求，兄须何容恡?"文襄或愧而不取，便恭受，亦无饰让。每退朝还第，辄闭阁静坐，虽对妻子，能竟日不言。或祖跣奔跃，后问其故，对曰："为尔慢戏，"此盖习劳而不肯言也。及登极之后，神明转茂。外柔内刚，果于断割，人莫能窥。又特明吏事，留心政术。简靖宽和，坦于任使。故杨愔等得尽匡赞，朝政粲然。兼以法驭下，不避权贵。或有违犯，不容勋戚。内外莫不肃然。至于军国机策，独决怀抱，规谋宏远，有人君大略。又以三方鼎峙，缮甲练兵。左右宿卫，置百保军士。① 每临行陈，亲当矢石。锋刃交接，惟恐前敌不多。屡犯艰厄，常致克捷。既征伐四克，威振戎夏，六七年后，以功业自矜，遂留情耽湎，肆行淫暴。或躬自鼓舞，歌讴不息，从旦通宵，以夜继昼。或袒露形体，涂傅粉黛，散发胡服，杂衣锦彩，拔刀张弓，游行市肆。勋戚之第，朝夕临幸。时乘鹿车，白象、骆驼、牛、驴，并不施鞍勒。或盛暑炎赫，日中暴身；隆冬酷寒，去衣驰走；从者不堪，帝居之自若。街坐巷宿，处处游行。多使刘桃枝、崔季舒负之而行。或担胡鼓而拍之。亲戚贵臣，左右近习，侍从错杂，无复差等。征集淫妪，悉去衣裳，分付从官，朝夕临视。或聚棘为马，纽草为索，逼遣乘骑，牵引来去，流血洒地，以为娱乐。凡诸杀害，多令支解，或焚之于火，或投之于河。沉酗既久，弥以狂惑。每至将醉，辄拔剑挂手，或张弓傅矢，或执持牟槊，游行市廛。问妇人曰："天子何如？"答曰："颠颠痴痴，何成天子？"帝乃杀之。或驰骋衢路，散掷钱物，恣人拾取，争竞喧哗，方以为喜。三台构木，高二十七丈，两栋相距二百余尺，工匠危怯，皆系绳自防，帝登脊疾走，都无怖畏；时复雅舞，折旋中节；旁人见者，莫不寒心。② 又召死囚，以席为翅，从台飞下，免其罪戮。③ 果敢不虑者，尽皆获全；危怯犹豫者或致损跌。沉酗既久，转亏本性。怒大司农穆子容，使之脱衣而伏，亲射之，不中，以橛贯其下窍，入肠。虽以杨愔为宰辅，使进厕筹。以其体肥，呼为杨大肚。马鞭鞭其背，流血浃袍。以刀子剺其腹。崔季舒托俳言曰："老小公子恶戏，"因掣刀子而去之。又置愔于棺中，载以轜车，几下钉者数四。曾至彭城王浟宅，谓其母尔朱曰："忆汝辱我母婿时，何由可耐？"手自刃杀。又至故仆射崔暹第，谓暹妻李曰："颇忆暹否？"李曰："结发义深，实怀追忆。"帝曰："若忆时，自往看也。"亲自斩之，弃头墙外。尝在晋阳，以稍戏刺都督尉子耀，应手而死。在三台大光殿上，锯杀都督穆嵩。又幸开府暴显家，有都督韩哲无罪，忽众中召斩之数段。魏安乐王元昂，后之姊婿，其妻有色，帝数幸之，欲纳为昭仪，召昂令伏，以鸣镝射一百余下，凝血垂将一石，竟至于死。后帝自往吊，哭于丧次，逼拥其妻。仍令从官脱衣助缲，兼钱彩，号为信物，一日所得，将逾巨万。后啼不食，乞让位于姊，太后又为言，帝意乃释。所幸薛嫔，甚被宠爱，忽意其轻与高岳私通，无故斩首，藏之于怀。于东山宴，劝酬始合，忽探出头投于桙上。支解其尸，弄其髀为琵琶。一坐惊怖，莫不丧胆。帝方收取，对之流泪，云"佳人难再得，甚可惜也"。载尸以出，被

---

① 民族："百保军士"，案此即所谓百保鲜卑，亦未必皆鲜卑人也。高欢调和汉鲜卑，鲜卑亦未必真鲜卑。

② 宫室：三台构木，工匠皆系绳自防。

③ 交通：齐文宣使死囚，以席为翅，自台飞下。

发步哭而随之。至有闾巷庸猥人无识知者，忽令召斩。邺下系徒，罪至大辟，简取随驾，号为供御囚，手自刃杀，持以为戏。兼以外筑长城，内营宫殿，赏赍过度，天下骚然。内外懵懵，各怀怨毒。而素严断临下，加之默识强记，百僚战栗，不敢为非。案文宣本性，或尚较文襄为深沉，其吏才亦不让文襄。《文襄纪》言其情欲奢淫，动乖制度。尝于宫西造宅，墙院高广，听事宏壮，亚大极殿，神武入朝责之乃止，使其获登大位，亦未必愈于文宣也。文宣淫暴之事，多在天保六七年后，非徒本性，实亦疾病使然，观其冒犯寒暑，临履危险，多为人所不堪可知，《本纪》又云：至于末年，每言见诸鬼物，亦云闻异音声，亦其有疾之一证。即其耽于麴蘖，亦未必非病状也。特有狂易之疾者，发为何种行动，仍系习染使然，文宣虽云有疾，非染于鲜卑之俗，其淫暴，亦当不至如是其甚耳。

《北齐书·本纪》述文宣淫虐之事云：诸元宗室，咸加屠剿。永安、上党，并致冤酷。高隆之、高德政、杜弼、王元景、李蒨之等，皆以非罪见害。案诸元被戮，见于史者，有咸阳王禧之子坦，高阳王雍之子斌，济阴王小新成之曾孙晖业，临淮王彧之弟孝友，昭成五世孙景皓，无上王之子彭城王韶。坦之死，以其子酒醉诽谤，妄说图谶，坦因此配北营州，和龙。死于配所。斌，天保二年（551）从讨契丹，还至白狼河，今大凌河。以罪赐死，未知罪状为何。晖业亦死于是年，以骂元韶"不及一老妪，背负玺与人，何不打碎之？"晖业在魏宗室中，颇有学问、气节。其在晋阳，无所交通，而撰魏藩王家世，为《辨宗录》三十卷，盖不胜其宗国之痛焉。孝友与之俱死。孝友，史亦称其明于政理，盖皆忌之也。景皓：天保时，诸元帝室亲近者，多被诛戮，疏宗如景安之徒，议欲请姓高氏，景皓不肯，曰："岂得弃本宗，逐他姓？大丈夫宁可玉碎，不能瓦全。"景安以此言白文宣，遂被诛，家属徙彭城。元韶：齐神武以孝武帝后配之。《传》云：韶性行温裕。以高氏婿，颇膺时宠。能自谦退。临人有惠政。好儒学，礼致才彦。爱林泉，修第宅，华而不侈。可谓曲意求全矣，然亦卒不免。《传》又云：文宣剃韶须髯，加以粉黛，衣妇人服以自随，曰："我以彭城为嫔御，"讥元氏微弱，比之妇女。十年（559），天保十年。大史奏云："今年当除旧布新。"文宣谓韶曰："汉光武何故中兴？"韶曰："为诛诸刘不尽。"乃诛诸元以厌之。遂以五月诛元世哲、景武等二十五家。余十九家，并禁止之。韶幽于京畿地牢，绝食，啖衣袖而死。及七月，大诛元氏。自昭成已下，并无遗焉。或父祖为王，或身尝贵显，或兄弟强壮，皆斩东市。其婴儿，投于空中，承之以槊。前后死者，凡七百二十一人。悉投尸漳水。剖鱼多得爪甲，都下为之久不食鱼。《北史》同。又云：世哲从弟黄头，使与诸囚自金凤台各乘纸鸱以飞。黄头独能飞至紫陌。见上节。仍付御史狱，毕义云饿杀之。《本纪》纪五月诛二十五家、禁止十九家，并同《韶传》，而无七月大屠剿之事。《北史》则诛二十五家、禁止十九家之下又云:"寻并诛之,男子无少长皆斩,所杀三千人,并投漳水,"与《韶传》所云七百二十一人者,多寡悬殊。《纪》又书八月癸卯,诏诸军民:"或有父祖改姓,冒入元氏,或假托携认,妄称姓元者,不问世数远近,悉听改复本姓,"《北史》亦同,岂《传》之所云,特就二十五家、十九家言之,《纪》则并当时滥及者数之,故其数不同邪?弃本宗,逐他姓,而卒遭骈戮之惨,亦可哀矣。然虽如是,元氏之获漏网者,仍非无之。景安以改姓获免。赐姓高氏。景安叔父种之子豫,景安告景皓时,漫言引之,云相应和。豫占云:"尔时以衣袖掩景皓口,云兄莫妄言。"及问景皓,所列符同,亦获免。元文遥者,昭成六世孙。文襄时为大将军府功曹。齐受禅时为中书舍人。后被幽执,不知所由。积年,文宣自幸禁狱释之。遂见任用,历武成、后主之世焉。元蛮者,江阳王继之子,孝昭元皇后之父,十年大诛元氏,孝昭为之苦请,因是追原之,赐姓步六孤氏,见《北齐书·外戚传》。昭成之后,又有名士将者,武成时位将作大匠,见《北史·魏诸宗室传》。即元坦家属徙彭城,亦未闻其更行追戮也。《十七史商榷》云:"《新唐书·宰相世系表》,序元魏之后,闻于唐世者甚多,然所列者,皆是后周韩国公谦及隋兵部尚书平昌公岩之后,则知元氏惟西魏尚有存者,而东魏已绝,"其说实为非是。惟屠戮多而所存廑耳。王氏又云:"《洛阳伽蓝记》第四卷云:河阴之役,诸元歼尽,王侯第宅,多题为寺,未及三十年,而元氏子孙三千人,又被高洋尽杀之;且前代之翦灭,不过阴行酖害,此则骈斩于市"云云,则诚蛮夷猾夏者百世之龟鉴矣。

永安简平王浚,神武第三子;上党刚肃王涣,神武第七子;其被祸俱在天保九年(558)。陈永定二年。史言浚小时本与文宣有隙,后又以直谏被祸;涣之被祸,则以术士言亡高者黑衣,文宣问左右:"何物最黑?"对曰:"莫过漆,"帝以涣第七为当之;此皆非其真。史又言浚豪爽有气力,善骑射;涣材武绝伦,尝率众送萧渊,破东关,斩裴之横,威名甚盛;则或其见杀之由耳。先一年,文宣在晋阳,浚时为青州刺史,见第十二章第六节。涣录尚书事。文宣征浚,浚谢疾不至。文宣怒,驰驿收之。又使库直都督破六韩伯昇之邺征涣。涣至紫陌桥,见第一节。杀伯昇以逃,冯河而渡,土人执以送帝。既至,盛以铁笼,俱置北城地牢下。饮食溲秽,共在一所。是年,帝亲将左右,临穴歌讴,令浚等和之。浚等皇怖且悲,不觉声战。帝为怅然,因泣,将赦之。长广王湛,神武第九子,即武成帝。先与浚不睦,进曰:"猛虎安可出穴?"帝默然。浚等闻之,呼长广小字曰:"步落稽,皇天见汝。"左右闻者,莫不悲伤。浚与涣皆有雄略,为诸王所倾服,帝恐为害,乃自刺涣,又使壮士刘桃枝就笼乱刺。稍每下,浚、涣辄以手拉折之,号哭呼天。于是薪火乱投,烧杀之。填以石土。后出,皮发皆尽,尸色如灰。帝以浚妃陆氏配仪同刘郁捷,涣妃李氏配冯文洛,皆帝家旧奴,令杀浚、涣,故以配焉。① 又神武第十二子博陵文简王济，尝从文宣巡幸，在路忽忆太后，遂逃归，帝怒，临以白刃，因此惊恍。又清河王岳，为高归彦所构，_{归彦，神武族弟。}属文宣召邺下妇人薛氏入宫，即《纪》所云薛嫔。而岳先尝唤之至宅，由其姊也，帝悬薛氏姊而锯杀之，让岳，以为奸民女。岳曰"臣本欲取之，嫌其轻薄不用，非奸也。"帝益怒。天保六年（555），_{梁敬帝绍泰元年。}十一月，使归彦就宅切责之。岳忧悸不知所为，数日而死。时论纷然，以为遇鸩焉。案观长广王猛虎不可出穴之语，则知高氏弟兄相忌，初非独文宣一人，此当时风气使然，无足为怪，至其杀之之惨酷，则自由文宣有狂易之疾故也。

高隆之：齐受禅，进爵为王，寻以本官录尚书事。天保五年（554），_{梁元帝承圣三年。}见杀。《传》云：初世宗委任崔暹、崔季舒等，及世宗崩，隆之启显祖，并欲害之，不许。显祖以隆之旧齿，委以政事，季舒等仍以前隙，乃谮云："隆之每见诉讼者，辄加哀矜之意，以示非己能裁。"显祖以其委过要名，非大臣义，禁止尚书省。隆之曾与元昶宴饮，酒酣，语昶曰："与王交游，当生死不相背。"人有密言之者。又帝未登庸之日，隆之意常侮帝，帝将受魏禅，大臣咸言未可，隆之又在其中，帝深衔之，因此遂大发怒，令壮士筑百余下放出。渴将饮水，人止之，隆之曰："今日何在？"遂饮之。因从驾死于路。帝末年追忿隆之，诛其子德枢等十余人，并投漳水。又发隆之冢，出其尸，斩截骸骨，投之漳流。高德政：受禅之日，除为侍中。天保七年（556），迁尚书右仆射，仍兼侍中。其《传》云：德政与尚书令杨愔纲纪政事，多有弘益。显祖末年，纵酒酣醉，所为不法，德政屡进忠言，帝不悦。谓左右云："高德政恒以精神凌逼人。"德政甚惧，乃称疾，屏居佛寺，兼学坐禅，为退身之计。帝谓杨愔曰："我大忧德政，其病何似？"愔以禅代之际，因德政言情切至，方召致诚款，常内忌之，由是答云："陛下若用作冀州刺史，病即自差。"帝从之。德政见除书而起。帝大怒，召德政谓之曰："闻尔病，我为尔针。"亲以刀子刺之，血流沾地。又使曳下斩去其趾。刘桃枝捉刀不敢下。帝起临阶砌，切责桃枝曰："尔头即堕地。"因索大刀自带，欲下阶。桃枝乃斩足之三指。帝怒不解，禁德政于门下。其夜，开城门，以毡舆送还家。旦日，德政妻出宝物满四床，欲以寄人。帝奄至其宅，见而怒曰："我府藏犹无此物。"诘其所从得，皆诸元赂之也。遂曳出斩之。时妻出拜，又斩之。并其子祭酒伯坚。德政死后，显祖谓群臣曰："高德政常言宜用汉人，除鲜卑，此即合死。② 又教我诛诸元，我今杀之，为诸元报仇也。"案德政之死，在天保十年八月，正大诛诸元之后，德政乘机胁取其赂，而仍不能为之救

---

① 阶级：文宣以第之妃赐奴。朝士赐人为奴。
② 民族：文宣言：高德政言宜用汉人，除鲜卑，合死。杜弼言鲜卑车马客。

解；如文宣言，则且从而下石焉；亦可谓险巇矣，足见伪朝之无正士也。杜弼亦以是年夏见杀。弼时为胶州刺史。见第十三章第一节。其《传》云：弼性质直。前在霸朝，多所匡正。及显祖作相，致位僚首。初闻揖让之议，犹有谏言。显祖尝问弼云："治国当用何人？"对曰："鲜卑车马客，会须用中国人。"显祖以为讥我。高德政在要，不能下之，德政深以为恨，数言其短。又令主书杜永珍密启弼：在长史日，受人请属，大营婚嫁。显祖内衔之。弼恃旧，仍有公事陈请。上因饮酒，遂遣就州斩之。既而悔之，驿追不及。王元景，名昕，猛六世孙。为秘书监。《传》云：显祖以昕疏诞，骂之曰："好门户，恶人身。"又有谮之者曰："王元景每嗟水运不应遂绝。"帝愈怒，乃下诏徙幽州。后征还，判祠部尚书事。帝怒临漳令嵇晔，临漳，见第三章第三节。及舍人李文师，以晔赐薛丰洛，文师赐崔士顺为奴。郑子默私诱昕曰："自古无朝士作奴。"昕曰："箕子为之奴，何言无也？"子默遂以昕言启显祖，仍曰："王元景比陛下于殷纣。"帝后与朝臣酣饮，昕称病不至，帝遣骑执之，见其方摇膝吟咏，遂斩于御前，投尸漳水。亦天保十年（559）也。李蒨之事，其详无所见。案高隆之、高德政，位高权重，皆有取死之道焉，史所言致死之由，不必实也。其杀王昕、杜弼，自为淫刑，然观高德政、杜弼，皆以讥鲜卑获罪，文宣种族之见，亦可谓深矣，安得尽委之于狂易哉？

文宣之营三台，《本纪》书其事于天保九年八月，云：先是发丁匠三十余万，营三台于邺下，因其旧基而高博之。大起宫室及游豫园。至是，三台成，改铜雀曰金凤，金兽曰圣应，冰井曰崇光云。此为文宣侈靡之一端，至其起长城，则意在守御北方，虽曰劳民，不能尽目为暴政也。

文宣亦薄有武略。惟其时关西无隙可乘；南方陈武帝崛兴，力亦足以攘外，始纳渊明，继辅萧庄，皆致失利；故其力，仅用之于北边焉。魏世北边大敌，本为柔然。宣武帝时，柔然衰乱，其主阿那瓌奔魏，魏人辅之还北，一时颇见驯伏。六镇乱作，魏人始畏柔然。逮东西既分，乃竞与结好。西魏文帝，以元昱之女，称为化政公主，昱孝武时舍人。妻阿那瓌兄弟塔寒。又自纳阿那瓌女为后。加以金帛诱之。阿那瓌遂留东魏使元整，不报信命。又掠范阳、见第四章第二节。秀容，见第六章第八节。杀元整，转谋侵害。孝静帝元象元年（538），梁武帝大同四年。神武志在绥抚。会阿那瓌女妻文帝者遇疾死，因遣相府功曹参军张徽纂使阿那瓌，间说之云："文帝及周文，既害孝武；又杀阿那瓌之女；妄以疏属假公主之号，嫁彼为亲。又阿那瓌渡河西讨时，周文烧草，使其马饥，不得南进。"又论"东魏正统所在。言其往者破亡归命，魏朝保护，得存其国。若深念旧恩，以存和睦，当以懿亲公主，结成姻媾；为遣兵将，伐彼叛臣。"阿那瓌乃归诚于东魏。东魏以常山王骘妹乐安公主妻之，改封为兰陵郡长公主。兴和三年（541），梁大同七年。阿那瓌以其孙女号隣和公主，妻神武第九子长广王湛。兴和四年(542)，梁大同八年。又以其爱女，号为公主妻神武。武定四年(546)，梁中大同元年。自此东魏边塞无事。至武定末，贡献相寻。齐受禅，亦岁时来往不绝。天保三年（552），梁元帝承圣元年。阿那瓌为突厥土门所破。突厥，自其初起时，即亲附西魏，西魏尝以长乐公主妻之。大统十七年(551)，梁简文帝大宝二年，即文宣天保二年也。案西魏文帝后本乙弗氏，以纳蠕蠕主故，废而杀之。《北史·襃后传》云：年十六，帝纳为妃。及帝即位，以大统元年(535)，册为皇后。生男女十二人。多早夭，惟太子及武都王戊存焉。帝更纳悼后，命后逊居别宫，出家为尼。悼后犹怀猜忌，复徙后居秦州，依子刺史武都王。帝虽限大计，恩好不忘。后密令养发，有追还之意。然事秘禁，外无知者。六年(540)，春，蠕蠕举国渡河，颇有言房为悼后之故兴此役。帝曰："岂有百万之众，为一女子举也？虽然，致此物论，朕亦何颜以见将帅邪？"乃遣中常侍曹宠賫手敕，令后自尽。年三十一。及文帝山陵毕，手书云：万岁后欲令后配襃。公卿乃议追谥曰文皇后，祔于太庙。案后之废，在大统四年(538)，年二十九。自其十六归帝，至此仅十有四年，而生男女十二人，足见其情好之笃。而帝竟不能庇其命，亦可哀矣。《蠕蠕传》云：阿那瓌率众度河，以废后为言，文帝不得已，遂敕废后自杀，与《后妃传》岐异。观下述阿那瓌以蠕蠕公主妻神武，而敕秃突佳留住，待见外孙乃归，恐以《蠕蠕传》之言为信；抑非蠕蠕有是言，当时魏朝，亦未必有欲害文后者也。然以惮于御敌之故，而使文后死于非命，魏之军人，亦可耻矣。兰陵公主之适蠕蠕也，自晋阳北迈，资用器物，神武亲自经纪，咸出丰渥。蠕蠕公主之来也，阿那瓌女妻神武者，号曰蠕蠕公主。武明皇后亦避正室以处之。阿那瓌使其弟秃突佳来送女，仍戒曰："待见外孙，然后返国。"神武尝有病，不得往公主所，秃突佳怨恚，神武即自射堂舆疾就之。观此诸事，可见当时宇文、高氏畏北狄之甚。齐既与柔然睦，而柔然为突厥所破，突厥又凤睦于西魏，固无怪文宣之欲经略之也。又宇文氏为慕容氏所破，别种窜于松漠之间者为奚、契丹，至南北朝末，亦渐强盛，能犯塞。此等虽未必大敌，然必边塞安，乃能尽力于西南二方，文宣乘间暇之时，出兵经略，固不能谓为非计也。

文宣之用兵于北垂，事起天保三年（552）。梁承圣元年。《北齐书·本纪》：是岁，三月，讨库莫奚于代郡，大破之。获杂畜十余万，分赉将士各有差。以奚口付山东为民。二月，阿那瓌为突厥所破，自杀。其太子庵罗辰，及瓌从弟登注俟利发，注子库提，并拥众来奔。茹茹余众，立注次子铁伐为主。九月，帝自并州幸离石。见第三章第四节。十月，至黄栌岭。在今山西汾阳县西北，接离石县界。仍起长城，北至社干戍，① 胡三省云：此长城盖起于唐石州，北抵武州之境。案唐石州，今山西离石县。武州，今山西五寨县。社干戍，《通鉴》作社平戍，胡《注》云：《齐纪》作社干。四百余里。立三十六戍。四年（553），梁承圣二年。二月，送铁伐、登注、库

_____

① 民族、长城：北齐筑长城，案此时之筑长城，可见契丹稍强。

提还北。铁伐寻为契丹所杀。国人立登注为主，仍为其大人阿富提等所杀。国人复立库提。九月，契丹犯塞。帝北讨。十月，至平州。见第十二章第三节。从西道趋长堑。胡三省曰：曹操征乌丸，出卢龙塞，堑山堙谷，五百余里，后人因谓之长堑。案卢龙塞，在今河北迁安县北。诏司徒潘相乐率精骑五千，自东道趋青山。未详。复诏安德王韩轨率精骑四千，东趋断契丹走路。帝至阳师水，胡三省曰：《唐志》：贞观三年（629），以契丹，室韦部落置师州及阳师县于营州之废阳师镇，即此。倍道兼行，掩袭，大破之。虏获十余万口，杂畜数十万头。乐又于青山大破契丹别部。所虏生口，皆分置诸州。十二月，突厥复攻茹茹。茹茹举国南奔。帝自晋阳北讨突厥，迎纳茹茹。乃废库提，立庵罗辰，置之马邑。见第三章第八节。亲追突厥于朔州。见第十一章第二节。突厥请降，许之而还。五年（554），梁承圣三年。三月，庵罗辰叛。帝亲讨，大破之。辰父子北遁。四月，茹茹寇肆州。见第十一章第二节。帝自晋阳讨之。至恒州见第十一章第二节。黄瓜堆，在今山西山阴县北。虏骑散走。五月，北讨茹茹，大破之。六月，茹茹率部众东徙，将南侵。帝率轻骑于金山下邀击之。金山，未详。茹茹闻而远遁。十二月，北巡。至达速岭，在今山西平鲁县西北。览山川险要，将起长城。六年（555），梁绍泰元年。六月，亲讨茹茹。七月，顿白道，见第十二章第三节。留辎重，亲率轻骑五千追茹茹，及于怀朔镇。见第十二章第三节。帝躬当矢石，频大破之。遂至沃野。见第十二章第三节。获口二万余，牛、羊数十万头。是年，发夫一百八十万人筑长城，自幽州北夏口胡三省云：盖即居庸下口。案居庸关，在今河北昌平县察哈尔延庆县之间。至恒州，九百余里。据《赵郡王琛传》，筑城时在六月。十二月，先是自西河总秦戍未详。筑长城，东至于海。前后所筑，东西凡三千余里，率十里一戍，其要害置州镇，凡二十五所。八年（557），陈永定元年。于长城内筑重城，自库洛拔而东，至于坞纥戍，库洛拔，《通鉴》作库洛枝。坞纥戍，《通鉴》作坞纥戍。未详为今何地。凡四百余里。八年筑城之役，亦见《赵郡王叡传》。经略北边之事，盖至此而粗毕，故自是不复北出，亦无复大举矣。史所称帝之雄武，大抵皆指此诸役言之。《纪》于天保四年（553）伐契丹之役云："帝亲逾山岭，为士卒先，指麾奋击。"又云："是行也，帝露头袒膊，昼夜不息，行千余里，惟食肉饮水，壮气弥厉。"五年四月之役云："大军已还，帝率麾下千余骑，遇茹茹别部数万，四面围逼。帝神色自若，指画形势，虏众披靡，遂纵兵溃围而出。虏走，追击之。伏尸二十里。获庵罗辰妻子及生口三万余人。"前所引《北史·本纪》，谓帝每临行陈，亲当矢石云云，即櫽栝是诸役而为言也。当时北边安静，远国来朝贡者颇多，此数年中，奚、契丹、突厥外，尚有肃慎、地豆干亦来朝，皆见《本纪》。其功绩似不无足称，然亦不过使北边暂告安静而已。当时之茹茹、突厥及奚、契丹，兵力皆不甚强；史于文宣武功，又不免铺张扬厉；实亦无甚足称也。柔然、突厥、奚、契丹之事，参看第十六章。

第三节 孝昭武成篡夺

北齐之事，始坏于文宣，而大坏于武成。文宣嗣子幼弱，致启孝昭、武成二世之争夺，自此宗室之中，猜忌觊觎，互相屠戮，奸臣因之窃柄。孝昭在兄弟中，似较修饬，然享年不永；武成荒淫，实更甚于文宣；诒谋不臧，至后主而益昏荡。政治内素，强敌外陵，于是太宁之后，不及二十年，而齐祚迄矣。

文宣母弟四人：常山王演，神武第六子。襄城王淯，神武第八子。长广王湛，见上节。博陵王济神武第十二子。是也。襄城为人，盖无能为；博陵年幼；故惟常山、长广二王为亲逼。常山：天保五年（554），梁元帝承圣三年。除并省尚书令。七年（556），梁敬帝大平元年。从文宣还邺。文宣以尚书奏事，多有异同，令与朝臣先论定得失，然后敷奏。八年（557），陈武帝永定元年。转司空，录尚书事。九年（558），陈永定二年。除大司马，仍录尚书。《孝昭纪》云：文宣溺于游宴，帝密撰事条将谏，其友王晞以为不可，帝不从，因间极言，遂逢大怒。帝性颇严，尚书郎中，剖断有失，辄加捶楚；令史奸慝，并即考竟。文宣乃立帝于前，以刀环拟胁；召被罚者，临以白刃，求帝之短，咸无所陈，方见解释。后赐帝魏时宫人，醒而忘之，谓帝擅取，遂以刀环乱筑，因此致困。皇太后日夜啼泣。文宣不知所为。先是禁王晞，乃舍之，令侍帝。《晞传》云：文宣昏逸，常山王数谏，帝疑王假辞于晞，欲加大辟。王私谓晞曰："博士，明日当作一条事，为欲相活，亦图自全，宜深体勿怪。"乃于众中杖晞二十。帝寻发怒，闻晞得杖，以故不杀，髡钳鞭配甲坊。居三年，王又因谏争，大被殴挞，闭口不食。太后极忧之。帝谓左右曰："惚小儿死，奈我老母何？"于是每问王疾。谓曰："努力强食，当以王晞还汝。"乃释晞令往。后王承间苦谏，遂至忤旨。帝使力士反接，拔白刃注颈，骂曰："小子何知？欲以吏才非我。是谁教汝？"催遣捶楚。乱杖挟数十。会醉卧得解，盖常山当文宣之世，实已屡濒于危，特以太后故得免耳。十年（559），陈永定三年。十月，文宣死于晋阳。太子殷立，是为废帝。尚书令杨愔，与左仆射平秦王归彦，侍中燕子献，黄门侍郎郑子默，名颐。同受遗诏辅政。愔在文宣朝，称为贤相，史称自天保五年（566）以后，维持匡救，实有赖焉。尚大原长公主。归彦，文宣诛高德政，金宝财货，悉以赐之，盖亦颇得宠信。子献，尚阳翟长公主。子默，文宣为大原公时，为东阁祭酒。与宋钦道特相友爱。钦道为文宣大将军主簿。后令在东宫教太子习事。钦道文法吏，不甚谙识古今，而子默以文学见知，有疑事必询焉。二人幸于两宫，虽诸王大臣，莫不敬惮，盖又与废帝关系较深者也。并以二王威望先重，咸有猜忌之心。初在晋阳，以大行在殡，天子谅暗，议令常山王在东馆。欲奏之事，皆先谘决。二旬而止。仍欲以常山王随梓宫至邺，留长广王镇晋阳。执政复生疑贰，而王又俱从至于邺。子献立计，欲处大皇太后于北宫，武明后。政归皇太后。文宣后李氏。自天保八年（557）以来，爵赏多滥，愔先自表解其开封王，诸叨窃恩荣者，皆从黜免，由是嬖宠失职之徒，尽归心二叔。归彦初虽同德，寻以疏忌之迹，尽告两王。《归彦传》云：济南自晋阳之邺，杨愔宣敕，留从驾五千兵于西中，阴备非常，至邺数日，归彦乃知之，由是阴怨杨、燕。杨、燕等欲去二王，问计归彦，归彦诈喜，请共元海量之，元海亦口许心违，驰告长广。元海者，上洛王思宗子，思宗，神武从子也。可朱浑天和道元季弟。尚东平公主。时为领军大将军。又每云："若不诛二王，少主无自安之理。"钦道面奏帝：称"二叔威权既重，宜速去之。"帝不许，曰："可与令公共详其事。"愔等议出二王为刺史，以帝仁慈，恐不可所奏，乃通启皇太后，具述安危。宫人李昌仪者，胡三省曰：昌仪盖亦内职，而《北史·后妃传》无之，盖太后女官之名。高仲密之妻，坐仲密事入宫，太后以昌仪宗情，甚相昵爱，以启示之，昌仪密启大皇太后。愔等又议不可令二王俱出，乃奏以长广王为大司马、并州刺史，常山王为太师、录尚书事。及二王拜职，于尚书省大会百僚，愔等并将同赴，子默止之，不听。长广且伏家僮数十人于录尚书后室。仍与席上勋贵数人相知。并与数勋胄约："行酒至愔等，我各劝双杯。彼必致辞。我一曰捉酒，二曰捉酒，三曰何不捉？尔辈即捉。"及宴，如之。于是愔及天和、钦道，皆被拳杖乱殴击，头面血流。各十人持之。子献素多力，头又少发，排众走出省门。斛律光逐而擒之。使执子默于尚药局。《孝昭纪》云：帝戎服，与平原王段韶、平秦王高归彦、领军刘洪徽入自云龙门。于中书省前遇散骑常侍郑子默，又执之。二叔率高归彦、贺拔仁、斛律金拥愔等唐突入云龙门。见都督叱利骚，招之，不进，使骑杀之。开府成休宁拒门，归彦喻之，乃得入。《孝昭纪》：帝至东阁门，都督成休宁抽刃呵帝，帝令高归彦喻之，休宁厉声大呼不从。归彦既为领军，素为兵士所服，悉皆弛杖，休宁乃叹息而罢。《归彦传》云：孝昭将入云龙门，都督成休宁列仗拒而不纳，归彦喻之，然后得入。进而柏阁、永巷，亦如之。送愔等于御前。长广王及归彦在朱华门外。太皇太后临昭阳殿。太后及帝侧立。常山王以砖叩头，进而言曰："臣与陛下，骨肉相连。杨遵彦等欲擅朝权，威福自己。王公以还，皆重足屏气，共相唇齿，以成乱阶。若不早图，必为宗社之害。臣与湛等为国事重；贺拔仁、斛律金等惜献皇帝基业；共执遵彦等领入宫。未敢刑戮。专辄之失，罪合万死。"帝时默然。领军刘桃枝之徒陛卫，叩刀仰视，帝不睨之。太皇太后令却仗，不肯。又厉声曰："奴辈即今头落，"乃却。《孝昭纪》：时庭中及两廊下卫士二千余人，皆被甲待诏。武卫娥永乐，武力绝伦，又被文宣重遇，抚刃思效。废帝性吃讷，兼仓卒不知所言；太皇太后又为皇太后誓言帝无异志，惟去逼而已；高归彦敕劳卫士解严，永乐乃纳刀而泣。帝乃令归彦引侍卫之士向华林园，以京畿军入守门阁，斩娥永乐于园。与《杨愔传》不同，当以《孝昭纪》为确，观永乐被害，桃枝安然无患可知。《武成纪》

帝既与孝昭谋诛诸执政，迁太傅，录尚书事，领京畿大都督，正使之守御门阁也。乃让帝曰："此等怀逆，欲杀我二儿，次及我，尔何纵之？"帝犹不能言。太皇太后怒且悲。王公皆泣。太皇太后又曰："岂可使我母子受汉老妪斟酌？"① 太后拜谢。常山王叩头不止。太皇太后谓帝曰："何不安慰尔叔？"帝乃曰："天子亦不敢与叔惜，岂敢惜此汉辈？但愿乞儿性命，儿自下殿去，此辈任叔父处分。"遂皆斩之。长广王以子默昔谮己，作诏书，故先拔其舌，截其手焉。以上据《杨愔传》。时废帝乾明元年二月也。即孝昭帝皇建元年(560)，陈文帝天嘉元年。以赵彦深代总机务。彦深者，幼孤贫，司马子如用为尚书令史。后荐诸神武，为大丞相功曹参军，专掌机密。历文襄、文宣之世。以温柔谨慎称。盖委蛇自保之流，故能历武成、后主之世而无患。杨愔固非端人，至彦深，则每况愈下矣。后主时，赵郡王俨作乱，见下节。率京畿军士三千余人屯千秋门。广宁、安德二王广宁王孝珩，文襄第二子。安德王延宗，文襄第五子。适从西来，欲助成其事，曰："何不入？"中常侍刘辟疆曰："人少。"安德王顾众而言曰："孝昭帝杀杨遵彦，止八十人，今乃数千，何言人少？"孝昭杀杨遵彦止八十人，未知信否，然时二王非有兵权，徒党必不能多；勋胄特以利合，或则年少好事，岂能为之力战？陛卫之士，自足御之，而废帝吃讷不能发言，遂使二王幸而获济矣。《废帝纪》云：文宣登凤台，召太子使手刃囚，太子恻然有难色，再三不断其首。文宣怒，亲以马鞭撞太子三下。由是气悸语吃，精神时复昏扰。然则教之杀人者，适所以使之见杀于人也。② 亦可哀矣。

杨愔等既死，于是以常山王演为大丞相、都督中外诸军、录尚书事，长广王湛为大传、录尚书、京畿大都督。演寻如晋阳。有诏：军国大政，咸谘决焉。八月，太皇太后令废帝为济南王。演即位于晋阳，是为孝昭皇帝。

孝昭之诛杨愔等，谓长广王湛曰："事成，以尔为皇太弟。"及践阼，乃使湛在邺主兵，立子百年为皇太子。湛甚不平。时留济南于邺，除领军库狄伏连为幽州刺史，以斛律丰乐光弟，名羡。为领军，以分湛之权。湛留伏连，不听丰乐视事。乃与河阳王孝瑜伪猎，谋于野，暗乃归。孝瑜，文襄长子。本传云：孝瑜养于神武宫中，与武成同年相爱，将诛杨愔等，孝瑜豫其谋。及武成即位，礼遇特隆。《孝昭纪》云：帝以尊亲而见猜斥，乃与长广王期猎，谋之于野，疑即与武成谋之传误也。既而大史奏言："北城有天子气。"孝昭以为济南应之，使平秦王归彦之邺，迎济南赴并州。时高元海以散骑常侍留邺典机密，湛先咨焉，并问自安之计。元海说梁孝王惧诛入关事。请以数骑入晋阳，先见太后求哀，后见主上，请去兵权，以死为限，求不干朝政，必保泰山之安，此上策也。若不然，当且表云：威权大重，恐

---

① 民族：武明后曰：岂可使我母子受汉老妪斟酌，此可见高氏以鲜卑自居。

② 道德：教之杀人者，适使之见杀于人。

取谤众口，请青、齐二州刺史，沉静自居，必不招物议，此中策也。更问下策。曰："发言即恐族诛。"逼之。答曰："济南世嫡，主上假太后令而夺之，孝昭即位，武明后复为太后，文宣后降居昭信宫，称昭信太后。今集文武，示以此敕，执丰乐，斩归彦，尊济南，号令天下，以顺讨逆，此万世一时也。"湛大悦，狐疑竟未能用，乃令数百骑送济南于晋阳。既至，孝昭杀之。时皇建二年九月也。陈天嘉二年（561）。十一月，孝昭死，征湛入即位，是为世祖武成皇帝。

孝昭之篡也，高归彦以司空兼尚书令。孝昭死，归彦迎武成于邺，进位太傅，领司徒。武成以前翻覆之迹，渐忌之。河清元年（562），陈天嘉三年。二月，出为冀州刺史。至州，不自安，谋逆。望车驾入晋阳，乘虚入邺。为其郎中令吕思礼所告。诏段诏袭之。城破，归彦单骑北走，至交津，《水经注》：白马河入衡漳之口，在武隧县南。武隧，汉县，后汉曰武遂，北齐省，在今河北武强县东北。见获，锁送邺，并子孙十五人皆弃市。明年，河清二年（563），陈天嘉四年。高元海亦被捶马鞭六十，出为兖州。先是已杀文宣次子大原王绍德。及是，复杀河南王孝瑜，及其弟河间王孝琬。孝琬弟延宗，亦被捶几死。绍德之死，《后妃传》谓由武成淫其母，生女，绍德愠，母惭，杀其女，即昭信皇后也。《传》云：武成践阼，逼后淫乱，云："若不许，我当杀尔儿。"后惧，从之。后有娠，绍德至阁，不得见，愠曰："儿岂不知邪？姊姊腹大，故不见儿。"后闻之，大惭，由是生女不举。帝横刀诟曰："尔杀我女，我何不杀尔儿？"对后前筑杀绍德。后大哭。帝愈怒。裸后乱挝挞之。号天不已。盛以绢囊，流血淋漓，投诸渠水，良久乃苏。犊车载送妙胜尼寺。后性爱佛法，因此为尼。《南阳王绰传》云：绰兄弟皆呼父为兄兄，嫡母为家家，乳母为姊姊，妇为妹妹。本传谓系修旧怨，《传》云：武成因怒李后，骂绍德曰："尔父打我时，竟不来救，"以刀环筑杀之。其说两岐，盖特以其为废帝母弟而杀之；至孝瑜之见杀，则其故自与归彦、元海之见忌同也。《孝瑜传》云：武成尝使和士开与胡后对坐握槊，孝瑜谏曰："皇后天下之母，不可与臣下接手。"帝深纳之。后又言赵郡王父死非命，不可亲。由是叡及士开皆侧目。士开密告其奢僭。叡又言"山东惟闻河南王，不闻陛下。"帝由是忌之。介朱御女，名摩女，本事太后，孝瑜先与之通，后因太子婚夜，孝瑜窃与之言。武成大怒。顿饮其酒三十七杯。使娄子彦载以出，酖之于车。至西华门，烦热躁闷，投水而绝。赵郡王叡，琛子，琛，神武弟，以乱后庭，因杖而毙。武成后通和士开，可信与否，尚在疑似之间，观下节自见，谓孝瑜因谏后与士开握槊而招怨，更不足信矣。孝琬，文襄第三子。《传》云：突厥与周师入大原，武成将避之而东，孝琬叩马谏，请委赵郡王部分之，必整齐，帝从其言。孝琬免胄将出，帝使追还。孝琬以文襄世嫡，骄矜自负。河南王之死，诸王在宫内，莫敢举声，惟孝琬大哭而出。又怨执政，为草人而射之。和士开与祖珽谮之云："草人拟圣躬也。又前突厥至州，孝琬脱兜鍪抵地，云岂是老姬？须著此？此言属大家也。"初魏世谣言："河南种谷河北生，白杨树头金鸡鸣。"珽以说曰："河南河北，河间也。金鸡鸣，孝琬将建金鸡而大赦。"帝颇惑之。时孝琬得佛牙，置于第内，夜有神光照室，玄都法顺请以奏闻，不从。帝闻，使搜之，得镇库稍幡数百。帝闻之，以为反状。讯其诸姬。有陈氏者，无宠，诬对曰："孝琬画作陛下形哭之。"然实是文襄像，孝琬时时对之泣。帝怒，使武卫赫连辅玄倒鞭挝之。孝琬呼阿叔。帝怒曰："谁是尔叔？敢唤我作叔？"孝琬曰："神武皇帝嫡孙，文襄皇帝嫡子，魏孝静皇帝外孙，何为不得唤作叔也？"帝愈怒，折其两胫而死。案文襄第二子广宁王孝珩，第四子兰陵王长恭，一名孝瓘，武成世皆无患；第五安德王延宗，虽被挝几死，亦获保全；而孝琬独见杀者？盖由其以文襄世嫡自负，故为武成所忌也。《延宗传》云：河间死，延宗哭之泪赤。又为草人以像武成，鞭而讯之，曰："何故杀我兄？"奴告之。武成覆卧延宗于地，马鞭挝之二百，几死。其明年，河清三年（564），陈天嘉五年。遂杀孝昭太子乐陵王百年。《百年传》云：河清三年（564），五月，白虹围日再重，又横贯而不达；赤星见，帝以盆水承星影而盖之，一夜盆自破；欲以百年厌之。会博陵人贾德胄教百年书，百年尝作数敕字，德胄封以奏。帝乃发怒，使召百年。百年被召，自知不免，割带玦留与妃斛律氏。见帝于玄都苑凉风堂。使百年书敕字，验与德胄所奏相似。遣左右乱捶击之。又令人曳百年绕堂，且走且打，所过处血皆遍地。气息将尽，曰："乞命，愿与阿叔作奴？"遂斩之。弃诸池，池水尽赤。于后园亲看埋之。妃把玦哀号，不肯食，月余亦死。玦犹在手，拳不可开。时年十四。其父光自擘之，乃开。《孝昭纪》云：初帝与济南约不相害。及舆驾在晋阳，武成镇邺，望气者云邺城有天子气，帝尝恐济南复兴，乃密行鸩毒。济南不从，乃扼而杀之。后颇愧悔。初苦内热，频进汤散。时有尚书令史，姓赵，于邺城见文宣从杨愔、燕子献等西行，言相与复仇。帝在晋阳，与毛夫人亦见焉。遂渐危笃。备禳厌之事。诸厉方出屋梁，骑栋上，歌呼自若，了无惧容。时有天狗下，乃于其所讲武以厌之。有兔惊马，帝坠而绝肋。太后视疾，问济南所在者三。帝不对。太后怒曰："杀之邪？不用吾言，死其宜矣。"临终之际，惟扶服床枕，叩头求哀。遣使诏追长广王入纂大统，手书云："宜将吾妻子，置一好处，勿学前人也。"《百年传》亦云：帝临崩，遗诏传位于武成，并有手书，其末曰："百年无罪，汝可以乐处置之，勿学前人。"说虽荒诞，谓孝昭杀济南而悔，及其临死属武成之语则或真，亦可哀矣。《废帝纪》云：初文宣命邢邵制帝名殷，字正道，帝从而尤之曰："殷家弟及，正字一止，吾身后儿不得也。"邵惧，请改焉。文宣不许，曰："天也。"因谓孝昭帝曰："夺时但夺，慎勿杀也。"与史纪孝昭属武成之语颇相类，此则殊不足信。大抵帝王必有所私昵之人，丧败之后，私昵为之不平，又感激私恩，乃造作此等言语，以见其能前知，流俗无识，则亦相与传之云尔。其实富贵中人，大多神识昏瞀，不能悬鉴未来，亦且不暇豫虑后事也。① 是岁，又杀神武第四子平阳靖翼王淹。《淹传》云：河清三年（564），薨于晋阳，或云以鸩终。神武第五子彭城景思王浟，车驾临幸常留邺，是岁，二月，群盗田子礼等谋劫浟为主，不从，遇害。

　　因宗室之间，猜忌甚深，遂有传位太子之举。武成后胡氏，生子纬，以河清元年（562），立为太子。次子白东平王俨。《祖珽传》云：皇后爱少子，愿以为嗣。武成以后主体正居长，难于移易。珽私于和士开曰："君之宠幸，振古无二，

----

① 史籍：谓帝王前知，乃其亲昵所造。实多昏瞀，不能远虑，亦且沉溺不暇远虑。

宫车一日晚驾，欲何以克终？"士开因求策焉。琏曰："宜说主上云：襄、宣、昭帝子俱不得立，今宜命皇太子早践大位，以定君臣之分。若事成，中宫、少主皆德君，此万全计也。君此且微说，令主上粗解，琏当自外论之。"士开许诺。因有彗星出，大史奏云除旧布新之征，琏于是上书，帝从之。河清四年（565），即后主天统元年，陈天嘉六年。四月，传位于纬，是为后主。时年十岁。案武成时年二十有九，何至虑及其将死？则《琏传》之言，不足信也。帝盖亦自有此意？其不肯废长立幼亦以此？然君臣之位，又岂可以虚名定哉？

第四节　武成后主荒淫

　　神武诸子，孝昭才性，似为最优。《本纪》云：帝聪敏有识度。深沉能断，不可窥测。自居台省，留心政术。闲明簿领，吏所不逮。及正位宸居，弥所刻厉。轻徭薄赋，勤恤人隐。内无私宠，外收人物。日昃临朝，务知人之善恶。每访问左右，冀获直言。曾问舍人裴泽在外议论得失。泽率尔对曰："陛下聪明至公，自可远侔古昔，而有识之士，咸言伤细，帝王之度，颇为未弘。"帝笑曰："诚如卿言。朕初临万几，虑不周悉，故致尔耳。此事安可久行？恐后又嫌疏漏。"泽因被宠遇。其乐闻过如此。雄断有谋。于时国富兵强，将雪神武遗恨，意在顿驾平阳，为进取之策，参看下节。远图不遂，惜哉！说虽过情，然其视文襄、文宣为优，则必不诬矣。至武成而大坏。
　　《恩幸传》云：高祖、世宗，情存庶政，文武任寄，多桢干之臣，惟郭秀小人，有累明德。秀事高祖，为尚书右丞。天保五年（554）之后，虽罔念作狂，所幸之徒，惟左右驱驰，内外亵狎，其朝廷之事，一不与闻。太宁之后，奸佞寖繁，盛业鸿基，以兹颠覆。《后主纪》云："武成爱狎庸竖，委以朝权；帏薄之间，淫侈过度；灭亡之兆，其在斯乎？后主以中庸之姿，怀易染之性。永言先训，教匪义方。始自襁褓，至于传位，隔以正人，闭其善道。养德所履，异乎春诵夏弦。过庭所闻，莫非不轨不物。辅之以中宫奶媪，属之以丽色淫声。纵轥绁之娱，恣朋淫之好。语曰：从恶若崩，盖言其易。"然则后主之荒淫，亦不翅武成为之也。武成诚亡齐之罪魁矣。武成、后主之世，嬖幸极多，其乱政最甚者，实为和士开、穆提婆、高阿那肱、韩长鸾等数人。士开：初为武成开府参军，甚相亲狎。文宣知其轻薄，责以戏狎过度，徙长城。后武成复请为京畿士曹参军。及践阼，累除侍中，又除右仆射。武成寝疾，士开入侍医药。武成谓其有伊、霍之才，殷勤属以后事。临崩，握士开之手曰："勿负我也。"仍绝于其手。士开虽小人，然不能谓其无才。《齐书·佞幸传》谓其说世祖云："自古帝王，尽为灰烬，尧、舜、桀、纣，竟复何异？陛下宜及少壮，恣意作乐，纵横行之，即是一日快活敌千年；国事分付大臣，何虑不办? 无为自勤苦也。"① 世祖大悦。又谓寿阳陷没, 后主使于黎阳临河筑城戍, 曰: "急时且守此, 作龟兹国子。更可怜人生如寄, 惟当行乐, 何因愁为?" 此乃其时士大夫见解如此, 乃傅会为此说耳。自古荒淫之人, 皆惟溺其事, 安论其理邪? 武成好握槊, 士开善于此戏, 以此得幸。《胡后传》又谓士开每与后握槊, 因此与后奸通云。案观下文所述, 后之见禁, 实以赵王俨之故, 则史所叙后淫乱之迹, 不必尽信。穆提婆, 本姓骆, 后其母陆令萱佞媚穆昭仪, 养之为女, 见下。乃改姓穆氏。令萱以配入掖庭。后主襁褓之中, 令其鞠养, 谓之乾阿奶。遂大为胡后所眤爱。令萱奸巧多机辩, 取媚百端。宫掖之中, 独擅威福。天统初, 奏引提婆, 入侍后主。朝夕左右, 大被亲狎。高阿那肱: 父市贵, 从高祖起义, 那肱为库典, 从征讨, 以功勤, 擢为武卫将军。妙于骑射, 便辟善事人。每宴射之次, 大为世祖所爱重。又谄悦和士开, 尤相褒狎, 士开每为之言, 弥见亲待。韩凤, 字长鸾。有膂力, 善骑射。稍迁都督。后主居东宫, 世祖简都督二十人, 送令侍卫, 凤在其数, 数唤共戏云。此外又有宦官、神武时, 宦者惟阁内驱使, 不被恩遇。历天保、皇建之朝, 亦不至宠幸, 但渐有职任。武成时, 有至仪同、食干者,② 而邓长颙任参宰相, 干豫朝权。又有陈得信, 亦参时宰。与长颙并开府、封王。后主朝, 多授开府, 罕止仪同, 亦有加光禄大夫, 金章紫绶者。多带侍中、中常侍, 此二职乃至数十人。史称其"败政虐民, 古今未有。""一戏之赏, 动逾巨万; 丘山之积, 贪惏无厌"焉。苍头, 高祖时有陈山提、盖丰乐、刘桃枝等。天保、太宁之朝, 渐以贵盛。至武平时, 皆以开府封王。其不及武平者, 则追赠王爵。又有何海及子洪珍皆为王, 尤为亲要。洪珍侮弄权势, 鬻狱卖官。胡小儿,③ 史丑多之徒胡小儿等数十, 成能舞工歌, 亦至仪同、开府、封王。眼鼻深险, 排突朝贵, 尤为人士之所疾恶。及以音乐、沈过儿, 官至开府、仪同。王长通, 年十四五, 便假节通州刺史。使鬼等见幸者, 时又有开府薛荣宗, 常自云能使鬼。及周兵之逼, 言于后主曰: "臣已发遣斛律明月, 将大兵在前去。" 帝信之。经古冢, 荣宗谓舍人元行恭: "是谁冢?" 行恭戏之曰: "林宗冢。" 复问: "林宗是谁?" 行恭曰: "郭元贞父。" 荣宗前奏曰: "臣向见郭林宗从冢出, 着大帽吉莫靴, 捶马鞭, 问臣: 我阿贞来否?" 是时群妄多类此。以上据《北齐书》及《北史·佞幸传》。皆盛于武成之朝, 而诒诸后主者也。武成传位元子, 名号虽殊, 政犹己出, 及其身, 朝局尚无大变动, 至武成死而波澜迭作矣。

武成死于天统四年十二月。陈废帝光大二年(568)。时年三十二。黄门侍郎胡长粲, 武成皇后从兄。领军娄定远, 昭子。录尚书赵彦深, 左仆射和士开、高文遥, 即元文遥赐姓。领军綦连猛、高阿那肱, 右仆射唐邕同知朝政, 时人号为八贵。武成之死也, 和士开秘丧三日不发。黄门侍郎冯子琮, 其妻, 胡皇后之妹也。《子琮

---

① 风俗:《齐书·佞幸传》载和士开说武成行乐, 伪《列子·杨朱篇》即此等见解。

② 职官: 食干, 食县干。

③ 民族: 胡小儿眼鼻深险。

传》云：子琮素知和士开忌赵郡王叡及娄定远，恐其矫遗诏，出叡外任，_{叡时为}太尉，录尚书事。夺定远禁卫之权，乃谓士开曰："但令在内贵臣，一无改易，王公已下，必无异望。"乃发丧。文遥以子琮太后妹夫，恐其奖成太后干政，说赵郡王及士开出之，拜郑州刺史。郑州，治颖阴，见第十三章第八节。至州未几，太后为齐安王纳子琮长女为妃，齐安王廓，武成第四子。子琮因请假赴邺，遂授吏部尚书，俄迁右仆射，乃摄选。观此，知武成甫死，太后与赵郡王，业已互相龃龉矣。明年，天统五年(569)，陈宣帝大建元年。正月，杀定州刺史博陵王济。济，神武第十二子也。其传云：天统五年（569），在州语人云，"计次第亦应到我。"后主闻之，阴使人杀之。案是时神武第十子任城王浩尚存，济安得作此语？济之死，必别有其故可知矣。至二月而赵郡王之变作。《和士开传》云：叡与娄定远等谋出士开，引诸贵人，共为计策。《北史》云：仍引任城、冯翊二王及段韶、安吐根，共为计策。冯翊王润，神武第十四子也。安吐根，安息胡人。曾祖入魏，家于酒泉。吐根，魏末充使蠕蠕。天平初，蠕蠕使至晋阳。吐根密启本蕃情状，神武得为之备。神武以其忠款，厚加赏赉。其后与蠕蠕和亲，结成婚媾，皆吐根为行人也。在其本蕃，为人所谮，投奔神武。属太后觞朝贵于前殿，叡面陈士开罪失。太后曰："先帝在时，王等何不道？今日欲欺孤寡邪？但饮酒，勿多言。"叡辞色愈厉。或曰：《北史》作"安吐根继进曰。""不出士开，朝野不定。"叡等或投冠于地，或拂衣而起，言辞咆勃，无所不至。明日，叡等共诣云龙门，令文遥入奏。太后不听。段韶呼胡长粲传言："太后曰：梓宫在殡，事大匆促，欲王等更思量。"赵郡王等遂并拜谢，更无余言。《北史》云：长粲复命，太后谓曰："成妹母子家计者，兄之力也。"厚赐叡等而罢之。太后及后主召见问士开。士开曰："先帝群官之中，待臣最重。陛下谅暗始尔，大臣皆有觊觎心。若出臣，正是翦陛下羽翼。宜谓叡等曰：令士开为州，待过山陵，然后发遣。《北史》作"宜谓叡等云：文遥与臣，同是任用，岂得一去一留？并可以为州，且依旧出纳，待过山陵，然后发遣。"叡等谓臣真出，必心喜之。"后主及太后然之，告叡等如士开旨。以士开为兖州刺史。《北史》多文遥为西兖州刺史句。山陵毕，叡等促士开就路。士开载美女、珠帘，及条诸宝玩，诣定远谢。定远喜，谓士开曰："欲得还入不？"士开曰："在内久，常不自安，今得出，实称本意，不愿更入，但乞王保护，长作大州刺史。今日远出，愿得一辞觐二宫。"定远许之。士开由是得见太后及后主。进说曰："观朝贵意，势欲以陛下为乾明，济南年号。臣出之后，必有大变。"因恸哭。帝及太后皆泣。问计将安出？士开曰："臣已得入，复何所虑？正须数行诏书耳。"于是诏出定远为青州刺史；责叡以不臣之罪，召入而杀之。《叡传》云：入见太后，出至永巷，遇兵被执，送华林园，于雀离佛院令刘桃枝拉而杀之。时年三十六。复除士开侍中、尚书、右仆射。定远归士开所遗，加以余珍赂之。武平元年(570)，陈宣帝大建二年。封淮阳王。除尚书令，录尚书事，复本官，悉得如故。观此传所言，叡不臣之迹，较然甚明。段韶、娄定远，特劫于势无可如何，初非与之为党，亦显而易见。士开藉定远之力乃得入见，可见叡之跋扈。当日者，与谓齐之社稷，与叡共安危，毋宁谓太后、后主，与士开同利害，曷怪武成临终，殷勤托付哉？《叡传》所言，叡之邪正，适与此传反，其不足信亦明矣。

文遥、定远既出，唐邕专典外兵，参看第八节。綦连猛、高阿那肱别总武任，惟胡长粲常在左右，兼宣诏令。从幸晋阳，后主富于春秋，庶事皆归长粲。胡长仁者，武成皇后长兄也。言于后，发其阴私，请出为州，后主不得已，从焉。长仁初以内戚，历位尚书左仆射，尚书令。武成崩，参豫朝政。封陇东郡王。左丞郦孝裕，郎中陆仁惠、卢元亮，厚相结托，人号为三佞。孝裕劝其求进。和士开深疾之。于是奏除孝裕为章武郡守，章武，见第八章第五节。元亮为淮南郡守，淮南郡，治寿春。仁惠为幽州长史。孝裕又说长仁曰："王阳卧疾，和士开必来，因而杀之，入见太后，不过百日失官，便代其处。"士开知其谋，更徙孝裕为北营州建德郡守。建德，后魏郡，未详今地。长仁每干执事，求为领军。将相文武，抑而不许，以本官摄选。长仁意犹未尽。天统五年（569），陈大建元年。从驾自并还邺。夜发滏口，见第十二章第四节。帝以夜漏尚早，停于路旁。长仁后来，谓是从行诸贵，遂遣门客程牙驰骑呼问。帝遣中尚食陈德信问是何人。牙不答而走。帝命左右追射之。既而捉获。令壮士扑之，决马鞭二百。牙一宿便死。士开因此，遂令德信列长仁倚亲骄豪，无畏惮。据《北史·长仁传》。《北齐书》云："后长仁倚亲骄豪，无畏惮"，则以德信之弹文为事实矣。由是除齐州刺史。齐州，见第十二章第三节。及辞，于昭阳列仗引见，长仁不敢发语，惟泣涕横流。到任，启求暂归，所司不为奏。怨愤，谋令人刺士开。其弟告之。士开密与祖孝征珽字。议之。孝征引汉文帝杀薄昭故事，于是敕遣张固、刘桃枝驰驿诣齐州，责长仁谋害宰辅，遂赐死。案长仁亲太后兄，而其死也，太后不能庇，恐其罪状，亦不止于欲谋杀士开矣。《祖珽传》：珽以言禅事，拜秘书监，加仪同三司，大被亲宠。既见重二宫，因志于宰相。先与黄门侍郎刘逖友善，乃疏赵彦深、和士开罪状，令逖奏之。逖惧不敢通，其事颇泄。彦深等先诣帝自陈。武成。帝大怒，鞭二百，配甲坊。寻徙于光州。见第十二章第三节。为深坑置诸内，桎梏不离其身。夜中以芜青子烛熏眼，因此失明。武成崩，后主忆之，就除海州刺史。东魏改青州为海州，治龙沮，见第九章第五节。是时陆令萱外干朝政，其子穆提婆爱幸，珽乃遗陆媪弟悉达书。和士开亦以珽能决大事，欲以为谋主，故弃除旧怨，虚心待之。与陆媪言于帝。珽由是入为银青光禄大夫、秘书监，加开府仪同三司。盖时士开势亦甚危，故明知珽之倾险，而亦欲引以自助也，然卒不免于赵郡王之祸。

赵郡王俨，在武成时，已拜开府、侍中、中书监、京畿大都督、领军大将军，领御史中丞，迁大司徒、尚书令、大将军、录尚书事、大司马。帝幸并州，俨常居守。《传》云：帝每称曰："此黠儿也，当有所成，"以后主为劣，有废立意。此与《和士开传》谓胡后欲立俨，而武成以后主体正居长，难于移易者又不同，足见史说多不尽信。和士开、骆提婆忌之。武平二年（571），陈大建三年。出俨居北宫，五日一朝，不得复每日见太后。每日，《北史》作无时。四月，诏除太保，余官悉解。犹带中丞，督京畿。以北城有武库，欲移俨于外，然后夺其兵权。治书侍御史王子宜，与俨左右开府高舍洛，中常侍刘辟疆说俨曰："殿下被疏，正由士开间构。何可出北宫，入百姓丛中也？"俨谓侍中冯子琮曰："士开罪重，儿欲杀之。"子琮心欲废帝而立俨，因赞成其事。俨乃令子宜表弹士开罪，请付禁推。子琮杂以他文书奏之。后主不审省而可之。俨诳领军库狄伏连曰："奉敕令领军收士开。"伏连以谘子琮，且请覆奏。子琮曰："琅邪王受敕，何须重奏？"伏连信之。伏五十人于神虎门外，诘旦，执士开送御史。俨使冯永洛就台斩之。俨徒本意，惟杀士开，及是，因逼俨曰："事既然，不可中止。"俨遂率京畿军士三千余人，屯千秋门。后主急召斛律光。光入见后主于永巷。帝率宿卫者步骑四百授甲将出战。光曰："小儿辈弄兵，与交手即乱。至尊宜自至千秋门，琅邪必不敢动。"皮景和亦以为然。景和时为领军将军。后主从之。光步道使人走出曰："大家来。"俨徒骇散。帝驻马桥上呼之。俨犹立不进。光就谓曰："天子弟杀一汉，何所苦？"① 执其手，强引以前。帝拔俨带刀环乱筑辫头，良久，乃释之。② 收伏连及高舍洛、王子宜、刘辟疆、都督翟显贵于后园，帝亲射之而后斩。皆支解，暴之都街下。文武职吏，尽欲杀之。光以皆勋贵子弟，恐人心不安；赵彦深亦云：《春秋》责帅；于是罪之各有差。自是太后处俨于宫内，食必自尝之。陆令萱说帝；何洪珍与和士开素善，亦请杀之；未决，以食舆密迎祖珽问之。珽称周公诛管叔，季友酖庆父，帝纳其言。以俨之晋阳。九月下旬，帝启太后曰："明日欲与仁威出猎，仁威，俨字。须早出早还。"是夜四更，帝召俨，使刘桃枝杀之。时年十四。有遗腹四男，皆幽死。《北史·冯子琮传》云：和士开居要日久，子琮旧所附托，中虽阻异，其后还相弥缝。时内外除授，多由士开奏拟，子琮既恃内戚，兼带选曹，自擅权宠，颇生间隙。时陆媪势震天下，太后与之结为姊妹，而和士开于太后有丑声，子琮欲阴杀陆媪及士开，因废帝而立琅邪王俨。以谋告俨，俨许之。乃矫诏杀士开。及俨见执，言子琮教己。太后怒，又使执子琮，遣右卫大将军侯吕芬就内省以弓弦绞杀之。此与《俨传》谓俨徒本意惟欲杀士开者绝异。《胡后传》言：后自武成崩后，数出诣佛寺，又与沙门昙献通。乃置百僧于内殿，托以听讲，日夜与昙献寝处。以献为昭玄统。帝闻太后不谨而未之信。后朝太后，见二少尼，悦而召之，乃男子也。于是昙献事亦发。皆伏法。帝

---

① 民族：斛律光说赵郡王俨，谓"天子弟杀一汉，何所苦"？
② 民族：北齐后主筑赵郡王俨辫头。

自晋阳奉太后还邺，至紫陌，见第一节。卒遇大风雪，舍人魏僧伽明风角，奏言即时当有暴逆事。帝诈云邺中有急，弯弓缠矟，驰入南城。令邓长颙幽太后北宫。仍有敕：内外诸亲，一不得与太后相见。久之，帝迎复太后。太后初闻使者至，大惊，虑有不测。每太后设食，帝亦不敢尝。周使元伟来聘，作《述行赋》，叙郑庄公克段而迁姜氏，文虽不工，当时深以为愧。然则冯子琮之死，究出太后意？抑其逆谋竟与太后相连？又不可知矣。要之，和士开虽小人，然当时倾侧冒利之徒，其不知利害，罔顾大局，恐尚皆出士开下也。《封隆之传》：隆之弟子孝琰，为通直散骑常侍，以本官兼尚书左丞，其所弹射，多承意旨。有僧尼以他事诉竟者，辞引昙献，上令有司推劾，孝琰案致极法，由是正授左丞，仍令奏门下事。

赵王既死，南阳王绰遂见杀。《绰传》云：绰实武成长子，以五月五日辰时生，至午时，后主乃生，武成以绰母李夫人非正嫡，故贬为第二，其见忌宜矣。绰时为定州刺史。《绰传》言其好微行，游猎无度，恣情强暴，云学文宣伯为人。后主闻之，诏锁赴行在所。至而宥之。问在州何者最乐？对曰："多取蝎，将蛆混看极乐。"后主即夜索蝎一斗，比晓，得三二升。置诸浴斛，使人裸卧斛中，号叫宛转。帝与绰临观，喜噱不已。谓绰曰："如此乐事，何不早驰驿奏闻？"绰由是大为后主宠，拜大将军，朝夕同戏。韩长鸾闻之，除绰齐州刺史。将发，长鸾令绰亲信诬告其反。奏云："此犯国法，不可赦。"后主不忍显戮，使宠胡何猥萨后园与绰相扑，搤杀之。其说非实，显而易见。武成第四子齐安王廓，《传》云：性长者，无过行，其为人盖无足忌，故免于患。第五子北平王贞，武成行幸，总管留台事积年。阿那肱承旨，令冯士干劾系于狱，夺其留后之权。第六子高平王仁英，第七子淮南王仁光，位清都尹。次河西王仁几，次乐平王仁邕，次颖川王仁俭，次安乐王仁雅，次丹阳王仁直，次东海王仁谦。皆养于北宫。琅邪死后，诸王守禁弥切。武平末年，仁邕以下，始得出外。供给俭薄，取充而已。

赵王俨之变，所以戡定甚易，盖颇有赖于斛律光，然未几，光亦遭族诛之惨，立乱朝者，诚无以自全哉！光父金，先世本朔州敕勒部人。高祖侯倍利，道武时率户内附。父那瓌，为领民酋长。金初从破六韩拔陵，后诣云州降。后魏正光中，改朔州为云州。稍南出，为杜洛周所破，与兄平脱身归尔朱荣。后从神武为将。金老寿。光，神武时久刺晋州，后移朔州，乾明后刺并州。弟羡，字丰乐，久刺幽州。《北齐书·光传》，侈陈光之功绩，几于为齐之长城，其实所争者不过汾州、宜阳间之小戍，且亦无大克捷，读第六节自见，《光传》盖阿私斛律氏者之所为，不足信也。① 光之所以见忌者，徒以仍世贵显，男尚公主，女为皇后，又兄弟并膺边任故耳。武平二年（571），陈大建六年。周人围宜阳，光赴之，还军未至邺，敕令便放兵散。光以为军人多有功勋，未得慰劳，乃密通表请使宣

---

① 史籍：《北齐书·斛律光传》阿好者所为。

旨，军仍且进。朝廷发使迟留，军还将至紫陌，光仍驻营待使。帝心甚恶之。急令舍人追光入殿见，然后宣劳散兵。拜光左丞相。光忿祖珽。穆提婆求娶光庶女，不许。帝赐提婆晋阳之田，光言于朝曰："此田神武以来，常种禾饲马数千匹，以拟寇难，今赐提婆，无乃阙军务也？"① 由是祖、穆积怨。周将韦孝宽忌光，乃作谣言，令间谍漏其文于邺。祖珽因续之，令小儿歌之于路。提婆闻之，以告其母。遂相与协谋，以谣言启帝，曰："斛律累世大将；明月声震关西；明月，光字。丰乐威行突厥；女为皇后，男尚公主，谣言甚可畏也。"帝以问韩长鸾，长鸾以为不可，事寝。祖珽又见帝请间。惟何洪珍在侧。帝曰："前得公启，即欲施行，长鸾以为无此理。"珽未对，洪珍进曰："若本无意则可，既有此意，而不决行，万一泄露，如何？"帝曰："洪珍言是也。"犹豫未决。会丞相府佐封士让密启云："光前西讨还，敕令放兵散，光令军逼帝京，将行不轨，事不果而止。家藏弩甲，奴僮千数；每遣使丰乐、武都处，武都，光长子，见下。阴谋往来，若不早图，恐事不可测。"启云军逼帝京，会帝所疑亿。谓何洪珍云："人心亦大圣，我前疑其欲反，果然。"帝性至怯实，恐即变发，令洪珍驰召祖珽告之。又恐追光不从命。珽因云："正尔召之，恐终不肯入。宜遣使赐其一骏马，云明日将往东山游观，王可乘此马同行。光必来奉谢，因引入执之。"帝如其言。顷之，引入凉风堂，刘桃枝自后拉而杀之。于是下诏称光谋反，今已伏法，其余家口，并不须问。寻而发诏尽灭其族。敕使中领军贺拔伏恩等十余人驿捕羡。遣领军大将军鲜于桃枝、洛州行台仆射独孤永业便发定州骑卒续进，仍以永业代羡。伏恩等至，羡出见，遂执之，死于长史听事。光四子：长武都，梁、兖二州刺史，遣使于州斩之。次须达，先卒。次世雄，次恒伽，并赐死。少子钟，年数岁，获免。羡之死，及其五子世达、世迁、世辨、世酉、伏护，余年十五以下者宥之。案光虽再世为将，兄弟又并握兵，然自乾明以来，中朝政变迭乘，光皆若不闻者；亦不闻有人与之相结，光女为乐陵王妃，死状甚惨，光亦无怨怼意；其不足忌可知，而后主畏忌之如是，可见其度量之不广矣。

斛律光以武平三年（572）陈大建四年。七月死，八月，其女为皇后者遂废。拜右昭仪胡氏为皇后，长仁女也。十月，又拜弘德夫人穆氏为左皇后。十二月，废胡后为庶人。明年，武平四年(573)，陈大建五年。二月，拜穆氏为皇后。《后妃传》云：穆氏名邪利，本斛律后从婢也。母名钦霄，本穆子伦婢也，转入侍中宋钦道家，奸私而生后，莫知氏族。或云后即钦道女子也。钦道伏诛，因此入宫。有幸于后主。陆大姬知其宠，养以为女。《佞幸传》云：穆后立，令萱号曰大姬，此即齐朝母氏之位号也，则此时尚未有大姬之号。武平元年（570），六月，生皇子恒。虑

① 畜牧：晋阳田，自神武以来，常种禾，饲马数千匹。

皇后斛律氏怀恨，先令母养之，立为皇太子。陆以国姓之重，穆、陆相对，又奏赐姓穆氏。斛律后废，陆媪欲以穆夫人代之，太后不许。祖孝征请立胡昭仪。其后陆媪于太后前作色而言曰："何物亲侄女？作如此语言。"太后问有何言？曰："不可道。"固问之，乃曰："语大家云：太后多行非法，不可以训。"太后大怒，唤后出，立剃其发，送令还家。案太后见幽，不知此时已迎复不？即已迎复，与后主猜忌甚深，安能立剃后发，即送回家？其不足信可知。《北史·穆提婆传》曰：令萱，自太后已下，皆受其指麾。斛律皇后之废也，太后欲以胡昭仪正位后宫，力不能遂，乃卑辞厚礼，以求令萱，说较《后妃传》为近理。《祖珽传》云：和士开死后，仍说陆媪出赵彦深，以珽为侍中。在晋阳，通密启请诛琅邪王。其计既行，渐被任遇。太后之被幽也，珽欲以陆媪为太后，撰魏太后故事，为大姬言之。大姬亦称珽为国师、国宝。由是拜尚书左仆射。斛律光甚恶之。常谓诸将云："边境消息，处分兵马，赵令尝与吾等参论之，盲人掌机密以来，全不共我辈语，正恐误他国家事。"珽颇闻其言，因其女皇后无宠，以谣言闻上。令其妻兄郑道盖奏之。珽又附陆媪，求为领军。后主许之。诏须覆奏，取侍中斛律孝卿署名。孝卿密告高元海。元海语侯吕芬、穆提婆云："孝征汉儿，两眼又不见物，岂合作领军也？"[1]明旦，面奏具陈珽不合之状。并书珽与广宁王孝珩交结，无大臣体。珽亦求面见。帝令引入。珽自分疏。并云："与元海素相嫌，必是元海谮臣。"帝弱颜，不能讳，曰："然。"珽列元海共司农卿尹子华、大府少卿李叔元、平准令张叔略等结朋树党。遂除子华仁州刺史，仁州，梁置，后入魏。治赤坎城，在今安徽灵璧县东南。叔元襄城太守，襄城，见第三章第四节。叔略南营州录事参军。魏孝昌中，营州陷，永熙二年（533），置南营州，治英雄城，在今河北徐水县西南。陆媪又唱和之，复除元海郑州刺史。珽自是专主机衡，总知骑兵外兵事。委任之重，群臣莫比。《元海传》云：河清二年（563），元海为和士开所谮，被棰马鞭六十，出为兖州刺史。元海后妻，陆大姬甥也，故寻被追任使。武平中，与祖珽共执朝政。元海多以大姬密语告珽。珽求领军，元海不可，珽乃以其所告报大姬。大姬怒，出元海为郑州刺史。《珽传》又云：自和士开执事以来，政体隳坏，珽推崇高望，官人称职，内外称美。复欲增损政务，沙汰人物。始奏罢京畿府，并于领军。案此事在武平二年十月，正琅邪王俨死后，盖因俨以此作乱故也。事连百姓，皆归郡县。宿卫、都督等，号位从旧。官名、文武章服，并依故事。又欲黜诸阉竖及群小辈，推诚延士，为致治之方。陆媪、穆提婆议颇同异。珽乃讽御史中丞丽伯律，令劾主书王子冲纳贿，知其事连穆提婆，欲使赃罪相及，望因此坐，并及陆媪。犹恐后主溺于近习，欲因后党为援，请以皇后兄胡君瑜为侍中、中领军，又征君瑜兄梁州

---

① 民族：穆提婆谓：孝征祖珽汉儿……岂合作领军……。韩长鸾言汉儿文官，连名总署。

刺史君璧，欲以为御史中丞。陆媪闻而怀怒，百方排毁。即出君瑜为金紫光禄大夫，解中领军，君璧还镇梁州。皇后之废，颇亦由此。王子冲释而不问。斑日益以疏。又诸宦者更共谮毁之。后主问诸大姬。闵默不对。三问。乃下床曰："老婢合死。本见和士开道孝征多才博学，言为善人，故举之。比来看之，极是罪过。人实难知，老婢合死。"后主令韩长鸾检案，得其诈出敕受赐十余事。以前与其重誓，不杀，遂解斑侍中、仆射，出为北徐州刺史。斑求见后主。韩长鸾积嫌于斑，遣人推出柏阁。斑固求见面，坐不肯行。长鸾乃令军士曳牵而出，立斑于朝堂，大加诮责。上道后，令追还，解其开府、仪同、郡公，直为刺史。观此，知胡、穆之兴替，实祖斑与陆令萱、穆提婆母子之争耳。祖斑小人，安得忽有整顿政事之想？盖居机衡之地者，无论如何邪曲，其所为，终必有为群小所不便之处，故韩长鸾及诸阉宦，群起而攻之，此乃势所不免，而非斑之能出身犯难也。斑虽无行，究系士人，斑败，穆提婆遂为尚书左仆射；高阿那肱录尚书，后且进位丞相；韩长鸾为领军大将军；共处衡轴，朝局益不可问矣。段韶之弟孝言，为东部尚书，抽擢之徒，非贿则旧。祖斑执政，将废赵彦深，引为助。又托韩长鸾，共构祖斑之短。及斑出，除尚书右仆射，仍掌选举。恣情用舍，请谒大行。富商大贾，多被铨擢。所用人士，咸是倾险放纵之流。寻迁左仆射，特进，侍中如故。

是时王师来讨，江、淮失陷，见第七节。于是兰陵王长恭见杀，武平四年五月。盖忌之也。无几，又有崔季舒等见杀之事。十月。季舒时待诏文林馆，监撰《御览》。《后主纪》：武平三年（572），二月，敕撰《玄洲苑御览》，后改名《圣寿堂御览》。八月，《圣寿堂御览》，成敕付史阁。后改名《修文殿御览》。季舒素好图籍，暮年转更精勤，实已无意于政事。祖斑受委，奏季舒总监内作。斑被出，韩长鸾以为斑党，亦欲出之。属后主将适晋阳，季舒与张雕虎议，张雕虎从《本纪》。本传作张雕，《北史》作张雕武，皆避唐讳也。以为寿春被围，大军出拒，信使往还，须禀节度；兼道路小人，或相惊恐，云大驾向并，畏避南寇；若不启谏，必动人情。遂与从驾文官，连名进谏。时贵臣赵彦深、唐邕、段孝言等，初亦同心，临时疑贰。季舒与争，未决。长鸾遂奏云："汉儿文官，连名总署，声云谏止向并，其实未必不反，宜加诛戮。"帝即召已署表官人集含章殿。以季舒、张雕虎、侍中。刘逖、封孝琰、皆散骑常侍。裴泽、郭遵等皆黄门侍郎。为首，并斩之殿庭。长鸾令弃其尸于漳水。自外同署，将加鞭挞，赵彦深执谏获免。季舒等家属男女徙北边，妻、女、子妇配奚官，小男下蚕室，没入赀产。张雕虎者，见《齐书·儒林传》中。尝入授后主经书。后主甚重之，以为侍读，与张景仁并被尊遇。其《传》云：胡人何洪珍，有宠于后主，欲得通婚朝士，以景仁在内，官位稍高，遂为其兄子娶景仁第二息子瑜之女。因此表里，恩遇日隆。雕以景仁宗室，自托于洪珍。倾心相礼，情好日密。公私之事，雕尝为其指南。时穆提婆、韩长鸾与洪珍同侍帷幄，知雕为洪珍谋主，甚忌恶之。洪珍又奏雕兼国史。寻除侍中，加开府，奏度支事。大被委任，言多见从。特敕奏事不趋，呼为博士。雕自以出于微贱，致位大臣，厉精在公，有匪躬之节。论议抑扬，无所回避。宫掖不急之费，大存减省。左右纵恣之徒，必加禁约。数讥切宠要，献替帷扆。上亦深倚杖之。方委以朝政。雕便以澄清为己任，意气甚高。长鸾等虑其干政不已，阴图之。刘逖见《文苑传》，云：初逖与祖珽，以文义相待，结雷、陈之契。又为弟俊聘珽之女。珽之将免赵彦深等也，先以造逖，仍付密契，令其奏闻。彦深等颇知之，先自申理。珽由此疑逖告其所为。及珽被出，逖遂遣弟离婚，其轻交易绝如此。然则季舒等之见杀，其中又有赵彦深、祖珽之争焉，真匪夷所思矣。张雕虎亦非正士，而为韩长鸾所疾，其故，正与祖珽之见疾同，要而言之，则不容有政治耳。

武平五年（574），陈大建六年。二月，南安王思好反。思好本浩氏子，上洛王思宗元海之父。养以为弟。累迁朔州刺史，甚得边朔人心。《传》云：后主时，斫骨光弁奉使至州，思好迎之甚谨，光弁倨敖，思好衔恨，遂反。帝闻之，使唐邕、莫多娄敬显、刘桃枝、中领军库狄士连驰之晋阳，帝敕兵续进。思好兵败，投水死。其麾下二千人，桃枝围之，且杀且招，终不降以至尽。此岂似徒有憾于斫骨光弁者耶？北齐是时，即无外患，内乱亦必作，然外患既迫，内乱且欲起而不及矣。

《后主本纪》总述当时荒淫之状云：帝言语涩讷，无志度。不喜见朝士。自非宠私昵狎，未尝交语。性懦不堪，人视者即有忿责。其奏事者，虽三公、令、录，莫得仰视，皆略陈大旨，惊走而出。每灾异、寇盗、水旱，亦不贬损，惟诸处设斋，以此为修德。雅信巫觋，解祷无方。盛为无愁之曲，帝自弹胡琵琶而唱之，侍和之者以百数。人间谓之无愁天子。尝出见群厉，尽杀之。或剥人面皮而视之。任陆令萱、和士开、高阿那肱、穆提婆、韩长鸾等宰制天下，陈德信、邓长颙、何洪珍参预机权。各引亲党，超居非次。官由财进，狱以赂成。其所以乱政害人，难以备载。诸宦奴婢、阉人、商人、胡户、杂户、歌舞人、见鬼人滥得富贵者将万数，庶姓封王者百数，不复可纪。开府千余，仪同无数，领军一时二十。连判文书，各作依字，不具姓名，莫知谁也。诸贵宠祖祢追赠官，岁一进，位极乃止，宫掖婢皆封郡君。宫女宝衣玉食者，五百余人。一裙直万匹，镜台直千金。竞为变巧，朝衣夕弊。《穆后传》云：武成时，为胡后造真珠裙袴，所费不可称计，被火所烧。后主既立穆皇后，复为营之。属周武遭太后丧，诏侍中薛孤、康买等为吊使，又遣商胡赍锦采三万匹，与吊使同往，欲市真珠，为皇后造七宝车。周人不与交易。① 然而竟造焉。颜之推《观我生赋注》云："武成奢侈，后宫御者数百人，食于水陆贡献珍异，至乃厌饱。裈衣悉罗缬锦绣珍玉织成，五百一段。尔后宫掖遂为旧事。"故曰：后主之侈靡，其原实

① 商业：北齐后主使商胡至周市珍珠，盖西域通市在周境。

自武成开之也。承武成之奢丽，以为帝王当然。乃更增益宫苑。造偃武修文台。其嫔嫱诸宫中，起镜殿、宝殿、玳瑁殿。丹青雕刻，妙极当时。又于晋阳起十二院，壮丽逾于邺下。所爱不恒，数毁而又复。夜则以火照作，寒则以汤为泥，百工困穷，无时休息。凿晋阳西山为大佛像，一夜然油万盆，光照宫内。又为胡昭仪起大慈寺。未成，改为穆皇后大宝林寺。穷极工巧。运石填泉，劳费亿计。人牛死者，不可胜纪。《文襄六王传》云：初文襄于邺东起山池游观，时俗眩之。孝瑜遂于第作水堂、龙舟，植幡稍于舟上。数集诸弟，宴射为乐。武成幸其第，见而悦之，故盛兴后园之玩。于是贵贱慕敩，处处兴造。则后主之侈于宫室，亦自武成启之也。御马则藉以毡罽，食物有十余种。将合牝牡，则设青庐、具牢馔而亲观之。狗则饲以粱肉。马及鹰、犬，乃有仪同、郡君之号。犬于马上设褥以抱之。斗鸡亦号开府。犬、马、鸡、鹰，多食县干。鹰之入养者，稍割犬肉以饲之，至数日乃死。又于华林园立贫穷村舍，帝自弊衣为乞食儿。又为穷儿之市，躬自交易。尝筑西鄙诸城，使人衣黑衣为羌兵鼓噪陵之，亲率内参临拒。或实弯弓射人。自晋阳东巡，单马驰骛，衣解发散而归。又好不急之务。曾一夜索蝎，及且得三升。特爱非时之物，取求火急，皆须朝征夕办。当势者因之，贷一而责十焉。赋敛日重，徭役日繁。人力既殚，帑藏空竭，乃赐诸佞幸卖官。或得郡两三，或得县六七。各分州郡。下逮乡官，亦多降中者。故有敕用州主簿，敕用郡功曹。于是州县职司，多出富商大贾。竞为贪纵，人不聊生。爰自邺都，及诸州郡，所在征税，百端俱起。凡此诸役，皆渐于武成，至帝而增广焉。然未尝有帷薄淫秽，惟此事颇优于武成云。案后主虽荒淫，不甚暴虐，谓其尽杀群厉，剥人面皮，似近于诬。一夜索蝎，与《南阳王传》所言，似即一事，其说之不足信，前已辨之矣。后主受病之根，在于承武成而以为帝王当然一语，故曰诒谋之不臧也。

第五节　周篡西魏

从来北狄入中国者，其能否有成，恒视其能否通知中国之情形。以此言之，则尔朱荣不如高欢，高欢又不如宇文泰。欢之任其子澄以绳抑勋贵，特因诸勋贵纵恣大甚，纲纪荡然，不得不如是耳，非真能留意政事也，而泰则颇知治体。泰之平侯莫陈悦也，周惠达归之。惠达初从贺拔岳。泰任以后事。营造戎仗，储积食粮，简阅士马，时甚赖焉。赵青雀之叛，辅魏太子出渭桥以御之者，即惠达也。时惠达辅魏太子居守，总留台事。史称自关右草创，礼乐阙然，惠达与礼官损益旧章，仪轨稍备，其人盖亦粗知治制。为大行台仆射，荐行台郎中苏绰于泰。泰与语，悦之。即拜大行台左丞，参典机密。后又授大行台度支尚书，领著作，兼司农卿。辅泰凡十二年。自大统元年(535)至十二年（546），即自梁大同元年至中大同元年。

史称绰之见泰，指陈帝王之道，兼述申、韩之要。① 指陈帝王之道，不过门面语，兼述申、韩之要，则实为当时求治之方，盖为治本不能废督责，而当文武官吏，竞为贪虐之乱世为尤要也。绰始制文案程序，朱出墨入；及计帐、户籍之法。又减官员，置二长。并置屯田，以资军国。又为六条诏书，奏施行之。一治心身，二敦教化，三尽地利，四擢贤良，五恤狱讼，六均赋役。牧、守、令长，非通六条及计帐者，不得居官。饬吏治以恤民生，可谓得为治之要矣。泰于绰，实能推心委任。凡所荐达，皆至大官。泰或出游，常豫署空纸以授绰，须有处分，随事施行，及还，启之而已。泰又欲放《周官》改官制，命绰专掌其事。未几而绰卒，令卢辩成之。辩亦累世以儒学名者也。泰又立府兵之制，以整军戎。建国之规模粗备。

西魏文帝，以大统十七年（551）死。梁简文帝大宝二年。太子钦立，是为废帝。废帝二年（553），梁元帝承圣二年，废帝不建年号。尚书元烈谋杀宇文泰，事泄而死。废帝仍欲谋泰。时泰诸子皆幼；犹子章武公导、中山公护，复东西作镇，故惟托意诸婿，以为心膂。李远子基，李弼子晖，于谨子翼，俱为武卫将军，分掌禁旅，故密谋遂泄。据《周书·李远传》。案泰长子毓，即明帝，当魏恭帝元年，年已二十一，不为甚幼，盖其人本无能为，故泰不得不以后事属宇文护也。泰使尉迟纲典禁旅，密为之备。纲者，迥之弟。其父俟兜，娶泰姊昌乐长公主。迥与纲少孤，依托舅氏。明年，泰废帝，立齐王廓，宝炬第四子。是为恭帝。仍以纲为中领军，总宿卫。是年，泰死，梁敬帝之大平元年（556）也。泰长子宁都郡公毓，其妻，独孤信之女也。次子曰宋献公震，前卒。第三子略阳郡公觉，母魏孝武帝妹，立为世子。《周书·李远传》云：大祖嫡嗣未建，明帝居长，已有成德，孝闵处嫡，年尚幼冲，乃召群公谓之曰："孤欲立嫡，恐大司马有疑。"大司马即独孤信，明帝敬后父也众皆默，未有言者。远曰："夫立子以嫡不以长，《礼经》明义，略阳公为世子，公何所疑？若以信为嫌，请即斩信。"便拔刀而起。大祖亦起曰："何事至此？"信又自陈说。远乃止。于是群公并从远议。出外，拜谢信曰："临大事不得不尔。"信亦谢远曰："今日赖公，决此大议。"案信在诸将中不为特异，大祖何至惮之？疑传之非其实也。泰长兄邵惠公颢，与卫可孤战死。次兄曰杞简公连，与其父俱死定州。三兄曰莒庄公洛生，为尔朱荣所杀。参看第十二章第九节。颢长子什肥，连子光宝，洛生子菩提，皆为齐神武所害。颢次子导，夙从泰征伐，死魏恭帝元年（537）。导弟护，泰初以诸子并幼，委以家务，故泰死，宇文氏之实权集于护。《周书·于谨传》曰："大祖崩，孝闵帝尚幼，中山公护虽受顾命，《护传》云：大祖西巡，至牵屯山，遇疾，驰驿召护。护至泾州见大祖，而大祖疾已绵笃。谓护曰："吾形容若此，必是不济。诸子幼小，寇贼未宁。天下之事，属之于汝。宜勉力以成吾志。"护涕泣奉命。行至云阳而大祖崩。护秘之，至长安，乃发丧。牵屯

① 学术：苏绰用申韩。

山，见第六章第六节。泾州，见第十一章第四节。云阳，见第三章第五节。而名位素下，群公各图执政，莫相率服。护深忧之。密访于谨。谨曰："凤蒙丞相殊眷，情深骨肉，今日之事，必以死争之。若对众定策，公必不得辞让。"明日，群公会议。谨曰："昔帝室倾危，人图问鼎，丞相志任匡救，投袂荷戈，故得国祚中兴，群生遂性。今上天降祸，奄弃群僚。嗣子虽幼，而中山公亲则犹子，兼受顾托，军国之事，理须归之。"辞色抗厉，众皆悚动。护曰："此是家事，素虽庸昧，何敢有辞？"谨既大祖等夷，护每申礼敬，至是，谨乃趋而言曰："公若统理军国，谨等便有所依。"遂再拜。群公迫于谨，亦再拜。因是众议始定。观此，便知泰死后宇文氏急于图篡之故，盖不篡则魏相之位，人人可以居之，不徒若护之名位素下者，不能久据，即宇文氏亦且濒于危；既篡则天泽之分定，而护亦居亲贤之地，不复以名位素下为嫌矣。于是泰既葬，护使人讽魏恭帝，恭帝遂禅位于觉，是为周孝闵皇帝。

　　然众究不可以虚名劫也，于是赵贵、独孤信之谋起焉。《贵传》云：孝闵帝即位，晋公护摄政，贵自以元勋佐命，每怀怏怏，有不平之色。乃与信谋杀护。及期，贵欲发，信止之。寻为开府宇文盛所告，被诛。信以同谋坐免。居无几，晋公护又欲杀之，以其名望素重，不欲显其罪，逼令自尽于家。时闵帝元年二月也。陈武帝永定元年(557)，闵帝亦不建年号。及九月而闵帝亦废。《纪》云：帝性刚果，见晋公护执政，深忌之。司会李植，军司马孙恒，以先朝佐命，入侍左右，亦疾护之专。乃与宫伯乙弗凤、贺拔提等潜谋，请帝诛护。帝然之。又引宫伯张光洛同谋。光洛密白护。护乃出植为梁州刺史，恒为潼州刺史。潼州，今四川绵阳县。凤等遂不自安。更奏帝，将召群公入，因此诛护。光洛又白之。时小司马尉迟纲统宿卫兵，护乃召纲，共谋废立。令纲入殿中，诈呼凤等论事。既至，以次执送护第，并诛之。纲乃罢散禁兵。帝方悟无左右。独在内殿，令宫人持兵自守。护又遣大司马贺兰祥逼帝逊位。遂幽于旧邸。月余日，以弑崩。时年十六。植、恒等亦遇害。观闵帝欲召群公而诛护，则知是时朝贵之不服护者仍多矣。李植者，远之子，护并逼远令自杀。植弟叔谐、叔谦、叔让亦死。惟基以主婿，又为季父穆所请得免。远兄贤，亦坐除名。贺兰祥者，父初真，尚大祖姊建安长公主，祥年十一而孤，长于舅氏。与护中表，少相亲爱，军国之事，护皆与祥参谋。亦尉迟纲之流也。时与纲俱掌禁旅，递直殿省者，尚有蔡祐。祐父事大祖。闵帝谋害护，祐常泣谏，不从。盖时闵帝尚在幼冲，欲图摇动护，实非易也。闵帝既废，护乃迎大祖长子毓而立之，是为世宗明皇帝。明年，建元武成。陈永定三年(559)。正月，护上表归政。许之。军国大政，尚委于护。帝性聪睿，有识量，护深惮之。有李安者，本以鼎俎得幸于护，稍被升擢，至膳部下大夫。二年(560)，陈帝天嘉元年。四月，护密令安因进食加以毒药弑帝。于是迎立大祖弟四子鲁公邕，是为高祖武皇帝。百官总己，以听于护。

自大祖为丞相，立左右十二军，总督相府。大祖崩后，皆受护处分。凡所征发，非护书不行。护第屯兵禁卫，盛于宫阙。事无巨细，皆先断后闻。保定元年（561），陈天嘉二年。以护为都督中外诸军事。令五府总于天官。二年（562），陈天嘉三年。侯莫陈崇从高祖幸原州，高祖夜还，京师窃怪其故。崇谓所亲曰："吾昔闻卜筮者言：晋公今年不利，车驾今忽夜还，不过是晋公死耳。"于是众皆传之。有发其事者。高祖召诸公卿于大德殿责崇。崇惶恐谢罪。其夜，护遣使将兵就崇宅逼令自杀。《崇传》云："初魏孝庄帝以尔朱荣有翊戴之功，拜荣柱国大将军，位在丞相上。荣败后，此官遂废。大统三年（537），梁大同三年。魏文帝复以大祖建中兴之业，始命为之。其后功参佐命，望实俱重者，亦居此职。自大统十六年（550）梁大宝元年。以前，任者凡有八人。大祖位总百揆，督中外军。魏广陵王欣，元氏懿戚，从容禁闱而已。欣，献文子广陵王羽之子。此外六人，各督二大将军，分掌禁旅，当爪牙御侮之寄。当时荣盛，莫与为比。故今之言门阀者，咸推八柱国家云。"六人者，李虎、李弼、独孤信、赵贵、于谨及崇也，而为护所杀者三焉。初大祖创业，即与突厥和亲，谋为掎角，共图高氏。是年，乃遣杨忠与突厥东伐。期后年更举。先是护母阎姬，与皇第四姑，及诸戚属，并没在齐，皆被幽系。护居宰相之后，每遣间使寻求，莫知音息。至是并许还朝。四年（564），陈天嘉五年。皇姑先至，护母亦寻还。周为之大赦。护与母睽隔多年，一旦聚集，凡所资奉，穷极华盛。每四时伏腊，高祖率诸亲戚，行家人之礼，称觞上寿。荣贵之极，振古未闻。是年，突厥复率众赴期。护以齐氏初送国亲，未欲即事征讨，复虑失信蕃夷，更生边患，不得已，遂请东征。护性无戎略，此行又非本心，遂至败绩。周与突厥伐齐之事，详见下节。天和二年（567），陈废帝光大元年。护母薨。寻有诏起令视事。高祖以护暴慢，密与卫王直图之。七年（572），诛护后改元建德。陈宣帝大建四年。三月十八日，护自同州还。魏华州，西魏改为同州，见第十二第二节。帝御文安殿见护讫，引护入含仁殿朝太后。帝以玉珽自后击之。护踣于地。又令宦者何泉以御刀斩之。泉惶惧，斫不能伤。时卫王直先匿于户内，乃出斩之。初帝欲图护，王轨、宇文神举、宇文孝伯颇豫其谋，参看第十五章第一节。是日轨等并在外，更无知者。杀护讫，乃召宫伯长生览等告之。即令收护诸子及党与，于殿中杀之。李安亦豫焉。齐王宪白帝曰："李安出自皂隶，所典惟庖厨而已。既不预时政，未足加戮。"高祖曰："公不知耳，世宗之崩，安所为也。"护世子训，为蒲州刺史，蒲州，周置，今山西永济县。征赴京师，至同州，赐死。昌城公深使突厥，遣赍玺书就杀之。《于翼传》言：翼迁大将军，总中外宿卫兵事，晋公护以帝委翼腹心，内怀猜忌，转为小司徒，拜柱国，虽外示崇重，实疏斥之。武帝之图护，盖未尝用一兵；并王轨等数人，临事亦无所闻；可谓藏之深而发之卒矣。卫王直，大祖第四子，帝母弟也。大祖第五子齐王宪，才武。世宗时为益州刺史。后为雍州牧。数与齐人战。护雅相亲委，赏罚之际，皆得豫焉。护诛，以宪为大冢宰，实夺其权也。直请为大司马，帝以为大司徒。建德三年（574），_{陈大建六}年。帝幸云阳宫，直在京师举兵反。袭肃章门。宫门。司武尉迟运纲子。时辅太子居守。闭门拒守。直不得入，遁走。追至荆州，获之。免为庶人。因于别宫。寻诛之，及其子十人。宇文护虽跋扈，亦不可谓无才。《周书·护传论》曰："大祖崩殂，诸子冲幼，群公怀等夷之志，天下有去就之心，卒能变魏为周，俾危获又者，护之力也。"大祖诸子，较长者无才，有才者多幼，微护，宇文氏之为宇文氏，盖有不可知者矣。其居相位时，政事亦似未大坏。《传》言护"凡所委任，皆非其人；兼诸子贪残，僚属纵逸，恃护威势，莫不蠹政害民"；或死后加罪之辞也。至周武帝之为人，则性极雄武。《周书·本纪》云："帝沉毅有智谋。初以晋公护专权，常自晦迹，人莫测其深浅。及诛护之后，始亲万机。克己厉精，听览不怠。用法严整，多所罪杀。号令恳恻，惟属意于政。群下畏服，莫不肃然。性既明察，少于恩惠。凡布怀立行，皆欲逾越古人。身衣布衣，寝布被，无金宝之饰。诸宫殿华绮者，皆撤毁之，改为土堦数尺，不施栌栱。其雕文、刻镂、锦绣、纂组，一皆禁断。后宫嫔御，不过十余人。劳谦接下，自强不息。以海内未康，锐情教习。校兵阅武，步行山谷，履涉勤苦，皆人所不堪。平齐之役，见军士有跣行者，亲脱靴以赐之。每宴会将士必自执杯劝酒，或手付赐物。至于征伐之处，躬在行陈。性又果决，能断大事。故能得士卒死力，以弱制强。破齐之后，遂欲穷兵极武，平突厥，定江南，一二年间，必使天下一统，此其志也。"帝之为人，盖极宜于用兵。周之政治，本较齐为修饬，而帝以雄武乘齐人之昏乱，遂成吞并之势矣。

第六节　周齐兵事

当高欢、宇文泰之世，东西仍岁战争，而彼此地丑德齐，莫能相尚。及文宣篡魏，宇文泰遂以其年东伐。盖以有辞可藉，姑出兵以尝之也。是岁，九月，泰发长安。时连雨，自秋及冬，诸军马驴多死。十一月，至陕城。见第六章第一节。于弘农北造桥济河。弘农，见第二章第二节。文宣亲戎，次于城东。晋阳城东。泰闻其军容严盛，自蒲坂还。蒲坂，见第三章第四节。河南自洛阳，河北自平阳以东，皆入于齐。尔后八年，西魏用兵于南，取蜀，陷江陵；齐则用兵于柔然、突厥、奚、契丹；魏、齐初无甚争战，盖彼此皆知敌之无衅可乘也。陈敬帝大平元年（556），_{齐天保七年，魏恭帝三年。}宇文泰死。《北齐书·文宣纪》云："尝于东山游燕，以关、陇未平，投杯震怒，召魏收于御前，立为诏书，宣示远近，将事西伐。是岁，周文帝殂，西人震恐，常为度陇之计。"此乃侈辞。沙苑之战，神武尚致丧败，况西魏此时，立国已久，根基已固邪？文宣盖亦明知其事之难，故兵竟不出也。明年，陈武帝永定元年(557)，齐天保八年，周闵帝元年。周闵帝篡魏。又明年，陈永定二年(558)，齐天保九年，周明帝元年。三月，齐北豫州刺史司马消难降于周。北豫州，治虎牢，见第十一章第四节。消难，子如子也。尚神武女。在州不能廉洁，为御史所劾。又与公主情好不睦，主潜诉之。文宣在并，驿召上党王涣，涣斩使者东奔，朝士私相谓曰："上党亡叛，似赴成皋，若与司马北豫州连谋，必为国患。"言达文宣，文宣颇疑之。消难惧，故降周。周使达奚武、杨忠拔之以归。此亦徒得一齐之叛臣耳。又明年，陈永定三年(559)，齐天保十年，周明帝武成元年。齐文宣死，孝昭立，《纪》谓其意在顿驾平阳，为进取之计。按《北齐书·卢叔武传》云：叔武，《北史》作叔彪，实名叔虎，避唐讳。肃宗即位，召为太子中庶子，问以世事。叔武劝讨关西，曰："强者所以制弱，富者所以兼贫。大齐比之关西，强弱不同，贫富有异，而戎马不息，未能吞并，此失于不用强富也。轻兵野战，胜负难必，是胡骑之法，非深谋远算，万全之术也。宜立重镇于平阳，与彼蒲州相对。蒲州，见上节。深沟高垒，运粮积甲，筑城戍以属之。彼若闭关不出，则取其黄河以东。长安穷蹙，自然困死。如彼出兵，非十万以上，不为我敌。所供粮食，皆出关内。我兵士相代，年别一番；谷食丰饶，运送不绝。彼来求战，我不应；彼若退军，即乘其弊。自长安以西，民疏城远，敌兵来往，实有艰难，与我相持，农作且废，不过三年，彼自破矣。"帝深纳之。又愿自居平阳，成此谋略。令元文遥与叔武参谋，撰《平西策》一卷。未几，帝崩，事遂寝。此《本纪》之言所由来也。案关、陇户口，或较少于东方；然西魏之地，本逾函谷，扼三鸦，攻守之计，非但蒲津一路；况周是时，已取全蜀，并襄阳，兵饷所资，又岂必专恃关、陇？则叔虎之言，亦失之夸矣。然使孝昭在位，虽不足言兼并，或可与周相抗，孝昭死而武成荒淫，志不在敌，至后主昏乱弥甚，于是东西搆兵，只有东略之师，更无西入之计矣。

陈文帝天嘉二年 (561)，齐武成之太宁元年，而周武帝之保定元年也。周于玉壁置勋州，玉壁，见第十二章第十节。以韦孝宽为刺史。案东魏及齐，国都在邺，其兵马重镇，则在晋阳。自潼关东出，取洛阳，度河北上，以摇动邺与晋阳较难，而自蒲津度河东出较易；自东方西入，欲图摇动长安者亦然。故神武之攻西魏，始终重在汾北；周武帝亦卒出此而后成功；而此时齐孝昭欲顿驾平阳，周亦注重于此一路之防守也。四年 (563)，齐河清二年，周保定三年。九月，周杨忠率骑一万，与突厥伐齐。十二月，复遣达奚武率骑三万出平阳以应忠。武成自邺赴救。明年，陈天嘉四年(564)，齐河清三年，周保定四年。正月，杨忠至晋阳，战，大败。齐段韶追之，出塞而还。《周书·杨忠传》云：朝议将与突厥伐齐，公卿咸曰："非十万不可"，忠独曰："师克在和，不在众，万骑足矣"，与《本纪》言忠率骑一万相合；而《齐书·本纪》言：忠率突厥阿史那木可汗等二十余万人；《段韶传》言突厥从北结陈而前，东距汾河，西被风谷；山名，在大原西，接交城县界。则周兵寡而突厥颇众。然《韶传》又言：周人以步卒为先锋，从西山而下；而《杨忠传》谓突厥引上西山不肯战；则突厥此役，实未与于战事，故杨忠以寡弱而败也。《北齐书·武成纪》言：突厥自恒州分为三道，杀掠吏人，恒州，见第十一章第二节。《周书·杨忠传》言：突厥纵兵大掠，自晋阳至栾城，后汉县，晋省，魏复置，北齐又废，在今山西栾城县北。七百余里，人畜无遗；则周虽丧败，而齐之受创亦深矣。齐使斛律光御达奚武。武闻杨忠败，亦还。武成归宇文护之母以通好，已见上节。突厥复率众赴期，护不欲行，又恐失信突厥，或生边患，不得已，征二十四军及左右厢散隶，暨秦、陇、蜀之兵，诸蕃国之众，凡二十万，十月，复东征。至潼关，遣尉迟迥以精兵十万为先锋。权景宣率山南之兵出豫州，县郡。杨檦出轵关。大行八陉之一，在今河南济源县西北。护连营渐进，屯军弘农。尉迟迥围洛阳。十二月，与齐救兵战于邙山，见第七章第七节。大败。《周书·宇文护传》云：护本令堙断河阳，见第十一章第二节。遏其救兵，然后同攻洛阳。诸将以为齐兵必不敢出，惟斥候而已。直连日阴雾，齐骑直前。围洛之军，一时溃散。惟尉迟迥率数十骑捍敌，齐公宪又督邙山诸将拒之，乃得全军而返。《齐炀王宪传》云：晋公护东伐，以尉迟迥为先锋，围洛阳。宪与达奚武、王雄等军于邙山。自余诸军，各分守险要。齐兵数万，奄至军后。诸军怔怯，并各退散。惟宪与王雄、达奚武拒之，而雄为齐人所毙，三军震惧。《达奚武传》言：至夜收军，宪欲待明更战，武欲还，固争未决。武曰："洛阳军散，人情骇动，若不因夜速还，明日欲归不得。武在军旅久矣，粗见形势，大王少年未经事，岂可将数营士众，一旦弃之乎？"宪从之，乃全军而返。《齐书·段韶传》云：尉迟迥等袭洛阳，诏遣兰陵王长恭、大将军斛律光击之。军于邙山之下，逗留未进。世祖召谓曰："今欲遣王赴洛阳之围，但突厥在北，复须镇御，王谓如何？"韶曰："北狄侵边，事等疥癣，西羌窥边，便是膏肓之病，请奉诏南行。"世祖曰："朕意亦尔。"乃令韶督精骑一千，发自晋阳。五日便济河。韶旦将帐下二百骑，与诸军共登邙阪，聊观周军形势。至大和谷，邙山谷名。便直周军。即遣驰告诸营，追集兵马。乃与诸将结陈以待之。韶为左军，兰陵王为中军，斛律光为右军。周人仍以步人在前，上山逆战。韶以彼徒我骑，且却且引，待其力弊，乃下马击之。短兵始交，周人大溃。其中军所当者，亦一时瓦解，投坠溪谷而死者甚众。洛城之围，亦即奔遁。尽弃营幕。从邙山至谷水，三十里中，军资器物，弥满川泽。综观诸传之文，周军当日，实以斥候不明而败，谓其未断河阳之路，尚属恕辞。何者？长恭与光，至邙山已久，并非仓卒奄至也。至已久而逗留不进，必待段韶迫之，然后能战，则齐之将帅，亦并无勇气，而周竟丧败如此，谓其同于儿戏，亦不为过矣。此实由元戎威令不行，诸将治军不肃，有以致之，《宇文护传》谓其性无戎略，信哉！时权景宣已降豫州，闻败，亦弃之。杨檦以战败降齐。杨忠出沃野，见第十二章第三节。应接突厥，闻护退，亦还。周与突厥无能为如此，而武成一遭侵伐，即急还护母以言和；《段韶传》言：宇文护因边境移书，请还其母，并通邻好。世祖遣黄门徐世荣乘传赍周书问诏。韶以"护外托为相，其实王也，既为母请和，不遣一介之使，申其情理，乃据移书，即送其母，恐示之弱。如臣管见，且外许之，待通和后，放之未晚。"不听。《周书·护传》言：护报阎姬书后，齐朝不即发遣，更令与护书，要护重报，往返再三，而母竟不至，朝议以其失信，令有司移书，移书未送而母至，则齐终据护私书而还其母也。亦可见武成求和之亟矣。邙山捷后，亦不闻乘胜更有经略；其无能为，实更甚矣。陈废帝光大二年（568），齐后主天统四年，周天和三年。两国遂通和。是岁，武成死。宣帝大建元年（569），齐天统五年，周天和四年。周盗杀孔城防主，以其地入齐，孔城，后魏新城郡治，在今河南洛阳县南。两国衅端复起。齐兰陵王长恭、斛律光，周齐王宪等互争宜阳及汾北之城戍。宜阳，见第三章第三节。至三年（571）齐武平二年，周天和六年。四月，而周陈公纯等取宜阳，六月，齐段韶取汾州。见第十二章第三节。然初无与于胜负之大计；而此数年中，两国使命，亦仍相往来；则特疆场上衅而已，《周》、《齐》两书诸列传，侈陈战绩，乃邀功、夸敌之辞，不足信也。是岁，九月，段韶卒。明年，陈大建四年（572），齐武平三年，周建德元年。三月，周杀宇文护。六月，齐杀斛律光。《周书·于翼传》曰：先是与齐、陈二境，各修边防，虽通聘好，而每岁交兵，然一彼一此，不能有所克获。高祖既亲万机，将图东讨，诏边城镇并益储偫，加戍卒。二国闻之，亦增修守御。翼谏曰："宇文护专制之日，兴兵至洛，不战而败，所丧实多。数十年委积，一朝麋散。虽为护无制胜之策，亦由敌人有备故也。且疆场相侵，互有胜败，徒损兵储：非策之上者。不若解边严，减戍防，继好息民，以待来者。彼必喜于通和，懈而少备，然后出其不意，一举而山东可图。若犹习前踪，恐非荡定之计。"帝纳之。于是周、齐之争，内急而外缓，而齐人是时，荒纵已甚，敌皆能识其情，而陈人经略之师起矣。

第七节　陈取淮南

华皎之乱，陈与梁、周启衅。大建二年（570），周天和五年。章昭达复伐梁。时萧岿与周军，大蓄舟舰于青泥中。昭达遣偏将钱道戢、程文季袭之，焚其舟舰。周军于峡下南岸筑垒，峡，谓西陵峡。名曰安蜀城。于江上横列大索，编苇为桥，以度军粮。昭达命军士为长戟，施于楼船之上，仰割其索。索断粮绝。因纵兵以攻其城，降之。岩告急于周襄州总管卫公直。襄州，见第十二章第十节。直令赵闉、李迁哲救之，并受江陵总管陆腾节度。迁哲守江陵外城，程文季与雷道勤夜袭入之。迁哲不能抗。陆腾遣甲士出击，道勤中流矢死，文季仅以身免。昭达又决龙川宁朔堤，引水灌城。《水经注》：纪南城西南有赤坂冈，冈下有渍水，东北流入城，又东北出城，西南注于龙陂。陂在灵溪东。纪南、灵溪，皆见第七章第三节。迁哲塞北堤以止水。腾率将士战于西堤，陈兵不利。昭达乃还。周武帝使杜杲来，论保境息、民之意。宣帝许之。使命复通。三年（571），齐武平二年，周天和六年。帝遣使如齐谋伐周。齐人弗许。四年（572），齐武平三年，周建德元年。杜杲复来。帝使谓之曰：“若欲合从图齐，当以樊、邓见与，方可表信。”杲答曰：“合从图齐，岂惟敝邑之利？必须城镇，宜待得之于齐，先索汉南，使臣不敢闻命。”是岁，华皎朝于周。至襄阳，谓卫公直曰：“梁主既失江南诸郡，人少国贫，望借数州，以裨梁国。”直然之，遣使言状。武帝许之。以基、平、鄀三州归于岩。基州，西魏置，在今湖北钟祥县南。平州，周置，今湖北当阳县。鄀州，西魏置，在今湖北荆门县北。盖周之意，始终在翼梁以敌陈也。是时周无衅可乘，而齐政荒乱，宣帝乃舍西而图东。

　　大建五年（573），齐武平四年。三月，分命众军北伐。以吴明彻都督征讨诸军事，出秦郡。见第十三章第三节。黄法氍出历阳。齐遣其历阳王步骑来援，于小岘筑城。法氍遣樊毅御之大岘，大破其军。大小岘，见第九章第二节。吴明彻至秦郡，克其水栅。初王琳之归齐也，齐孝昭帝遣琳出合肥，鸠集义故，更图进取。琳乃缮舰，分遣招募。淮南伧楚，皆愿戮力。陈合州刺史裴景晖，琳兄珉之婿也，请以私属，道引齐师。孝昭委琳与行台右丞卢潜率兵应赴。沉吟不决。景晖惧事泄，挺身归齐。孝昭令琳镇寿阳。其部下将帅，悉听以行。乃除琳扬州刺史。琳水陆戒严，将观衅而动。属陈氏结好于齐，齐乃使琳更听后图。琳在寿阳，与行台尚书卢潜不协，更相是非。被召还邺。武成置而不问。及是，敕领军将军尉破胡等出援秦州，令琳共为经略。《北齐书·源文宗传》云：赵彦深密访文宗。文宗，贺曾孙，名彪，《齐书》、《北史》皆称其字，疑实名虎，以避唐讳改也。文宗曾为泾、秦二州刺史，知江、淮间事，故彦深访之。文宗曰：“朝廷精兵，必不肯多付诸将，数千已下，复不得与吴、楚争锋，命将出军，反为彼饵。尉破胡人品，王之所知。进既不得，退又未可，败绩之事，匪伊朝夕。国家待遇淮南，得失同于蒿箭。如文宗计者：不过专委王琳，淮南招募三四万人，风俗相通，能得死力。兼令旧将，淮北捉兵，足堪固守。且琳之于昙顼，不肯北面事之明矣。窃谓计之上者。若不推赤心于琳，别遣余人掣肘，更成速祸，弥不可为。”彦深叹曰：“弟此良图，足为制胜千里。但口舌争来十日，已不见从。时事至此，安可尽言？”因相顾流涕。案王琳一人，岂有足御陈大军之理？① 盖齐人是时，已决弃淮南，特以琳委之于陈，胜则为意外之捷，不胜则于齐无所损耳。所以决弃淮南者？以一与陈连兵，则恐周人乘衅而至，其精兵之不肯多付诸将者以此。然则陈宣大举，亦系乘周、齐之衅而动。此固兵机宜然，然克捷之后，遂忘其本来，而自谓兵力足恃则误矣。此其所以旋败于周邪？琳背父母之邦而投戎狄，而敌人乃更令其代己受祸。为汉奸者，亦可以憬然悟矣。琳进战，大败，单马突围仅免。还至彭城，后主令便赴寿阳，并许召募。明彻既破破胡，遂降秦郡。五月。进兵仁州。见第四节。六月。至于峡口。见第六章第四节。七月。进围寿阳。堰肥水以灌其城。时魏皮景和等屯于淮南，竟不赴救。十月，城陷，琳被执，明彻斩之。皮景和等遁去。此盖源文宗所谓淮南得失，同之蒿箭，但令旧将，固守淮北者，乃齐人是时已定之策，非必景和等之弩怯也。史称琳有忠义之节，已辩于前。又称其"轻财爱士，得士卒之心"。其败也，"吴明彻欲全之，而其下将领，多琳故吏，争来致请，并相资给，明彻由此忌之，故及于难"。又言"琳被执，百姓泣而从之，明彻恐其为变，杀之，哭者声如雷。有一叟，以酒脯来，号酹尽哀，收其血，怀之而去。田夫野老，知与不知，莫不为之歔欷流泣。观其诚信感物，虽李将军之恂恂善诱，殆无以加焉"。此真所谓淫辞。夫琳，不过一轻侠之徒。其在建业，既因恃功为暴，虽王僧辩之宽纵，亦不能舍之。张载之见害也，陆纳等抽其肠，系诸马脚，使绕而走，肠尽气绝，又脔割，备五刑而斩之。琳之徒党，所为如是，曾是百姓，冒死以从此等人，而为之流泣乎？王僧辩之子颙，随琳入齐，为竟陵郡守。竟陵，见第三章第九节。闻琳死，乃出郡城南，登高冢上号哭，一恸而绝。汉奸末路，亦可悲矣。时黄法氍亦克历阳，五月。进取合州。六月。诸军所向克捷。淮南之地尽复。于是南豫州还治历阳，先治宣城。豫州还治寿阳，而于黄城置司州。明彻进攻彭城。七年（575），齐武平六年。九月，大败齐师于吕梁。见第九章第五节。时周人攻齐之师，亦已起矣。

第八节　周灭北齐

陈取淮南，齐人所以视同蒿箭者，以备周也，然亦因此而更启周人之轻视。《周书·韦孝宽传》云：武帝志在平齐，孝宽上疏陈三策。② 其第一策曰："臣在边积年，颇见间隙。不因际会，难以成功。是以往岁出军，徒有劳费。长淮以

---

① 史事：陈攻淮南时，北齐实以备用而弃之。

② 史事：周武帝灭齐战略。

南，旧为沃土，陈氏以破亡余烬，犹能一举平之，齐人历年赴救，丧败而返。内离外叛，力尽计穷。《传》不云乎？仇有衅焉，不可失也。今大军若出轵关，见第六节。方轨而进；兼与陈氏，共为犄角；并令广州义旅，出自三鸦；广州，见第十三章第一节。三鸦，见第十二章第十节。又募山南骁锐，沿河而下；复遣北山稽胡，北山，谓稽胡所据之山，在长安之北。绝其并、晋之路；凡此诸军，仍命各募关、河以外劲勇之士，厚其爵赏，使为前驱；岳动川移，雷骇电激，百道俱进，并趋虏廷，必当望旗奔溃，所向摧殄。一戎大定，实在此机。"其第二策曰："若国家更为后图，未即大举，宜与陈人，分其兵势。三鸦以北，万春以南，胡三省曰：《新唐志》：武德五年，析龙门置万春县，盖以旧地名名县也。案万春，今山西河津县。广事屯田，豫为贮积：募其骁悍，立为部伍。彼既东南有敌，戎马相持，我出奇兵，破其疆场。彼若兴师赴援，我则坚壁清野，待其去远，还复出师。常以边外之师，引其腹心之众。我无宿春之费，彼有奔命之劳。一二年中，必自离叛。然后乘间电扫，事等摧枯。"其第三策曰："大周土宇，跨据关、河，南清江、汉，西兼巴、蜀，塞表无虞，河右底定，惟彼赵、魏，独为榛梗。今若更存遵养，且复相时，臣谓宜还崇邻好，申其盟约。安人和众，通商惠工。蓄锐震威，观衅而动。斯则长策远驭，坐自兼并也。"此三策，洵为当时进取之良图。周武帝气锐才雄，遂取其第一策。

齐氏政治虽乱，兵力夙强，非一举摧破其大军，终难期廓清底定，故周武攻取之方，乃在攻其所必救，以致其一战。建德四年（575），齐武平六年，陈大建七年也。七月，武帝召大将军已上于大德殿，告以出师方略，曰："今欲数道出兵，水陆兼进。北拒大行之路，东扼黎阳之险。黎阳，见第五章第三节。若攻拔河阴，汉平阴县，三国魏改曰河阴，在今河南孟津县东。兖、豫则驰檄可定。然后养锐享士，以待其至。但得一战，则破之必矣。王公以为何如？"群臣咸称善。于是部分诸军。使齐王宪以二万人出黎阳，于翼以二万人出陈、汝，侯莫陈芮以一万人守大行，李穆以三万人守河阳。又使杨坚以舟师三万，自渭入河。而自率众六万，直指河阴。八月，攻其大城，克之。进攻子城，未克。闰月，齐大丞相高阿那肱自晋阳御之，师次河阳。九月，周师还。齐王宪、李穆、于翼降拔三十余城，皆弃不守。水师亦焚舟而退。是役也，周武帝谓有疾故退师，恐系托辞。或谓以浅攻尝之，亦未必然。以予观之，似以河阴距长安较远，应接非易，恐战或不捷，复为邙山之续，故宁知几而退也。明年，周建德五年(576)，陈大建八年。十月，武帝谓群臣曰："前入贼境，备见敌情。观彼行师，殆同儿戏。晋州本高欢所起，控扼要重，今往攻之，彼必来援。吾严军以待，击之必克。然后乘破竹之势，鼓行而东。足以穷其窟穴，混同文轨。"诸将多不愿行。帝曰："若有沮吾军者，当以军法裁之。"遂复总戎东伐。分兵守诸要害。癸亥，自攻晋州。壬申，克之。以梁士彦为刺史，留精兵一万守之。时齐主猎于祁连池，即天池，山名，在今山西宁武县西南。闻之，乃还晋阳，自将来救。十一月，己卯，周主班师，留齐王宪为后拒。是日，齐主至晋州。宪亦引军度汾。齐师遂围晋州。癸巳，周主至长安。丁酉，复东伐。十二月，戊申，至晋州。庚戌，战于城南，齐师大败。《周书·文帝纪》曰：初齐攻晋州，恐王师卒至，于城南穿堑，自乔山属于汾水。帝率诸军八万人置陈，东西二十余里。齐主亦于堑北列陈。申后，齐人填堑南引。帝大喜，勒诸军击之。齐人便退。齐主与其麾下数十骑走还并州。齐众大溃。军资甲仗，数百里间，委弃山积。《齐书·高阿那肱传》曰：周师逼平阳，后主于天池校猎，晋州频遣驰奏，从旦至午，驿马三至。肱曰："大家正作乐，何急奏闻？"至暮，使更至，云平阳城已陷，贼方至，乃奏知。明早，旦即欲引，淑妃又请更合一围。及军赴晋州，令肱率前军先进，仍留节度诸军。后主谓肱曰："战是邪？不战是邪？"肱曰："勿战，却守高梁桥。"在今山西临汾县北。安吐根曰："一把贼，马上刺取掷汾河中。"帝意未决。诸内参曰："彼亦天子，我亦天子，彼尚能远来，我何为守堑示弱？"帝曰："此言是也。"于是渐进。后主从穆提婆观战，东偏颇有退者，提婆怖曰："大家去，大家去。"帝以淑妃奔高梁。开府奚长乐谏曰："半进半退，战之常体。今兵众齐整，未有伤败，陛下舍此安之？御马一动，人情惊乱，且速还安慰之。"武卫张常山自后至，亦曰："军寻收回，甚整顿。围城兵亦不动。至尊宜回。不信臣言，乞将内参往视。"帝将从之。提婆引帝肘曰："此言难信。"帝遂北驰。《北史·冯淑妃传》曰：淑妃名小怜，大穆后从婢也。穆后爱衰，以五月五日进之，号曰续命。慧黠，能弹琵琶，工歌舞，后主惑之。晋州告亟，帝将还，淑妃请更杀一围，帝从其言。及帝至晋州，城已欲没矣。作地道攻之，城陷十余步。将士乘势欲入。帝敕且止，召淑妃共观之。淑妃妆点，不获时至。周人以木拒塞城，遂不下。旧俗相传：晋州城西石上有圣人迹，淑妃欲往观之。帝恐弩矢及桥，故抽攻城木造远桥。监作舍人以不速成受罚。帝与淑妃度桥，桥坏，至夜乃还。称妃有功勋，将立为左皇后，即令使驰取袆翟等皇后服御。仍与之并骑观战。东偏少却，淑妃怖曰："军败矣。"帝遂以淑妃奔还。至洪洞戍，在今山西洪洞县北。淑妃方以粉镜自玩，后声乱唱贼至，于是复走。内参自晋阳以皇后衣至，帝为按辔，命淑妃着之，然后去。其言颇类平话，未必尽信。综全局而观之，齐师不能坚战，自为致败之由，然其大失，尚不在此。周人是时，欲诱齐师一战之策，仍与去年无异，特所攻者近而少，则兵力益得厚集，且应援较易，决战更有把握耳。《隋书·赵煚传》：武帝出兵巩、洛，欲收齐河南之地。煚谏曰："河南洛阳，四面受敌，纵得之不可以守。请从河北直指大原，倾其巢穴，可一举以定。"帝不从，师竟无功。《宇文敬传》：武帝将出兵河、洛以伐齐，敬进策曰："齐氏建国，于今累叶，虽曰无道，藩屏之寄，尚有其人。今之用兵，须择其地。河阳冲要，精兵所聚，尽力攻围，恐难得志。如臣所见；彼汾之曲，戍小山平，攻之易拔，用武之地，莫过于此。愿陛下详之。"帝不纳，师竟无功。《鲍宏传》：帝尝问宏取齐之策。宏对曰："先皇往日，出师洛阳，彼有其备，每不克捷。如臣计者：进兵汾、潞，直指晋阳，出其不虞，斯为上策。"帝从之。此等庸有事后附会之谈，然攻平阳胜于攻洛阳，则无足惑，以其道里近而地势亦较平坦也。周人既厚集其力而来，齐人自亦宜厚集其力以待之。平阳虽云重镇，必难当周举国之师，则救之宜如沃焦捧漏。乃周师既发七日，齐主尚猎于天池；周师以己酉发，齐主以丙辰猎于天池。又七日，周主已至晋州，齐主乃以其日还晋阳；又七日，乃自晋阳南下，庚午。则发二日而晋州已陷矣。此误于赴救之大迟也。周人是时，盖以晋州委齐，诱使攻城，以敝其力。故不特周主引还，即齐王宪亦渡汾不战。晋州若陷，所失不过梁士彦万人，不下而齐力已敝，则决战之机至矣。为齐人计者：度能速下晋州而所伤不多，则宜攻之，不则当别思方略。乃遂引兵急攻，此则为周人所致矣。而攻之又不能下。齐人以己卯至，即攻城，至庚戌战，凡三十二日。顿兵坚城，主反为客，锐气已堕，故周武度其可破，引兵再来。是时之计，盖以高阿那肱不战而却守高梁桥之说为较得，此又所以挫周人新锐之气也。乃后主又不能用，则不战而先自败矣。故曰：战不能坚，尚其失之小焉者也。战之明日，辛亥。周武帝至晋州，仍率诸军追齐主。诸将固请还师。帝曰："纵敌患生，卿等若疑，朕将独往。"诸将乃不敢言。武帝盖度齐之不能整，而亦使之不及整也。高阿那肱守高壁，岭名，在今山西灵石县东南。望风退散，周师遂至并州。

　　齐师之败也，后主弃军先还。后三日，入晋阳。癸丑。谓朝臣曰："周师甚盛，若何？"群臣咸曰："一得一失，自古皆然。宜停百赋，安慰朝野。收拾遗兵，背城死战，以存社稷。"帝意犹豫，欲向北朔州。乃留安德王延宗、广宁王孝珩等守晋阳。若晋阳不守，即欲奔突厥。群臣皆曰不可。帝不从。密遣送皇太后、皇太子于北朔州。丙辰，帝幸城南军劳将士。其夜，欲遁。诸将不从。丁巳，穆提婆降周。陆令萱自杀。诏除安德王延宗为相国，委以备御。延宗流涕受命。帝乃夜斩五龙门而出。欲幸突厥。从官多散。领军梅胜郎叩马谏，乃回之邺。在并将卒，咸请于延宗曰："王若不作天子，诸人实不能出死力。"延宗不得已，即皇帝位。《北齐书·唐邕传》曰：周师来寇，丞相高阿那肱率兵赴援，邕配割不甚允，因此有隙。肱谮之。遣侍中斛律孝卿宣旨责让，留身禁止。寻释之。车驾将幸晋阳，敕孝卿总知骑兵、度支，事多自决，不相谘禀。邕自霸朝以来，常典枢要，历事六帝，恩遇甚重，一旦为孝卿所轻，负气郁怏，形于辞色。帝平阳败后，狼狈还邺都，邕惧那肱谮之，恨孝卿轻己，遂留晋阳，与莫多娄敬显等宗树安德王为帝。信宿城陷，邕遂降周。然则当日立延宗者，亦未必皆无私意。然以大体言之，则失望于后主，而欲图拥戴以拒敌者必多也。邕初为高祖直外兵曹，擢为世宗大将军府参军。世宗崩，事出仓卒，显祖部分将士，镇压四方，夜中召邕支配，造次便了。显祖甚重之。显祖频年出塞，邕必陪从，专掌兵机。识悟闲明，承变敏速。自督帅以还，军吏以上，劳效由绪，无不谙练。每有顾问，占对如响。或于御前简阅，虽三五千人，邕多不执文簿，暗唱官位姓名，未尝缪误。凡是九州军士，四方勇募，强弱多少，番代往还，及器械精粗，粮储虚实，精心勤事，莫不谙知。史所言者如此，虽或过情，其为本兵长才，则决无疑义，乃以高阿那肱之私憾，斛律孝卿之骄纵而失之，用人如此，此亦齐之所以速亡欤？众闻之，不召而至者相属。延宗倾覆府藏，及后宫美女，以赐将士。籍没内参千余家。见士卒，皆亲执手，陈辞自称名，流涕呜咽。众争为死。周军围晋阳，望之如黑云四合。庚申，延宗拥兵四万出城。周武帝率诸将合战。齐军退。帝乘胜逐北，际昏，率千余骑入东门。诏诸军绕城置陈。至夜，延宗与莫多娄敬显自门入，夹击之。延宗本命敬显拒城南，亲当周主于城北。城中军却，人相蹂践，大为延宗所败，死伤略尽。齐人欲闭门，以阃下积尸，扉不得合。帝从数骑，崎岖危险，仅得出门。时四更也。齐人既胜，皆入坊饮酒，延宗不复能整。诘旦，周武帝还攻东门，克之。又入南门。延宗战，力屈，走至城北，于民家见禽。晋阳遂陷。以上兼采《周书·武帝纪》及《齐书·延宗传》。《延宗传》曰：周武帝出城，饥甚，欲为遁逸计。齐王宪及柱国王谊谏，以为去必不免。延宗叛将段畅，亦盛言城内空虚。周武帝乃驻马鸣角收兵，俄顷复振。案是时，周、齐兵力，相去悬殊，齐人仅一小捷，何益于事？周人所失，不过入城之千人耳，其绕城置陈之兵自在也，武帝何遽欲走？又何至走即不免？果其奔溃者众，又岂俄顷所能振邪？[1] 后十三日，癸酉，武帝率军趋邺。

后主以延宗出战之日入邺。后四日，甲子，皇太后从北道至。引文武一品已上入朱雀门，赐酒食，给笔纸，问以御周之方。群臣各异议。帝莫知所从。《广宁王孝珩传》曰：后主自晋州败奔邺，诏王公议于含光殿。孝珩以"大敌既深，事藉机变。宜使任城王领幽州道兵入土门，扬声趋并州；独孤永业领洛州兵趋潼关，扬声趋长安；臣请领京畿兵出滏口，鼓行逆战。敌闻南北有兵，自然溃散"。又请出宫人、珍宝，以赐将士。帝不能用。案是时周师方锐，断非虚声所能慑之使退；齐锐气已堕，孝珩逆战，亦必不能胜也。又引高元海等议，依大统故事，以明年陈大建九年（577），周建德六年。正月朔，传位于太子恒，是为幼主。时年八岁。周军续至。人皆汹惧，无有斗心。朝士出降，昼夜相属。清河王岳之子劢奏后主曰："今所翻叛，多是贵人，至于卒伍，犹未离贰。请追五品已上家属，置之三台，因胁之曰：若战不捷，即退焚台。此曹顾惜妻子，必当力战。且王师频北，贼徒轻我，背城一决，理必破之。"后主不能用。于是黄门侍郎颜之推，中书侍郎薛道衡，侍中陈德信等劝后主往河外募兵，更为经略。若不济，南投陈国。从之。《之推传》曰：帝窘急，计无所从。之推因宦者侍中邓长颙进奔陈之策。[2] 仍劝募吴士千余人，以为左右，取青、徐路，共投陈颙国。帝甚纳之。以告丞相高阿那肱等。肱不愿入陈，乃云："吴士难信，不须募之。"劝帝送珍宝、累重向青州，且守三齐之地，若不可保，徐浮海南度。丁丑，大皇太后、大上皇后主。先趋济州。见第十二章第九节。癸亥，幼主又自邺东走。壬辰，周武帝至邺。癸巳，围

---

① 史事：齐延宗捷后，周武帝欲走之诬。
② 民族：颜之推劝北齐后主投陈。

之。遂入邺。遣尉迟勤率骑二千追后主。后主以乙亥渡河，入济州。其日，幼主禅位于任城王湝。为任城诏，尊后主为无上皇，幼主为守国天王。留大皇太后于济州，遣高阿那肱留守。大上皇并皇后携幼主走青州。韩长鸾、邓长颙等数十人从。大上皇既至青州，即为入陈之计。而高阿那肱召周军，约生致齐主。屡使人告："贼军在远，已令人烧断桥路。"大上所以停缓。《肱传》：后主自晋州北驰，有军士告称肱遣臣招引西军，今故闻奏。后主令侍中斛律孝卿检校。孝卿云：此人妄语。还至晋阳，肱腹心告肱谋反，又以为妄，斩之。乃颠沛还邺。侍卫逃散，惟肱及内官数十骑从行。后主走度大行，令肱以数千人投齐州，仍遣觇候。每奏云：周兵未至，且在青州集兵，未须南行。及周将军尉迟迥至关，肱遂降。时人皆云肱表款周武，必仰生致齐主，故不速报兵至，使后主被禽。然则谓肱约降而卖后主，特时人测度之辞。肱虽不忠，此说似属诬蔑；谓其在晋州时即有叛意，尤必无之理也。周军奄至青州，大上窘急，将逊于陈，与长鸾、淑妃等十数骑至青州南邓村，为尉迟勤所获。送邺。

任城王湝，时为瀛州刺史，瀛州，见第十一章第四节。后主奔邺，加大丞相。安德王称尊号，使修启于湝，湝执送邺。幼主禅位，令斛律孝卿送禅文及玺绂，不达。此从《湝传》。《后主纪》云：孝卿以之归周，《周书·武帝纪》则云：被执送邺。初幼主即位，以广宁王孝珩为太宰，孝珩与呼延族、莫多娄敬显、尉相愿同谋，期正旦五日，孝珩于千秋门斩高阿那肱，相愿在内以禁兵应之，相愿时为领军。族与敬显自游豫园勒兵出，废后主而立孝珩。既而阿那肱从别宅取便路入宫，事不果。乃求出拒西军。肱及韩长鸾恐其为变，出为沧州刺史。见第十二章第三节。至州，以五千人会任城王于信都。见第十一章第四节。召募，得四万余人。周遣齐王宪、杨坚讨之。战败，湝、孝珩俱被禽。周武帝以湝已下大小三十王归长安。孝珩以十月卒。是月，周诬后主与穆提婆等谋反，与湝、延宗等数十人无少长皆赐死。惟高平王仁英以清狂，安乐王仁雅以瘖疾获免。俱徙蜀。神武子孙，存者一二而已。时惟文宣第三子范阳王绍义及齐疏属高宝宁能拒周。

绍义，后主奔邺，以为尚书令、定州刺史。定州，见第十一章第二节。周武帝克并州，以封辅相为北朔州总管。北朔州齐之重镇，诸勇士多聚焉。前卒长赵穆，司马王当万等谋执辅相，迎任城王于瀛州。事不果。便迎绍义。绍义至马邑，辅相及其属韩阿各奴等数十人，皆齐叛臣。及肆州以北城戍二百八十余从辅相者，皆反为齐。肆州，见第十一章第二节。绍义与灵州刺史袁洪猛引兵南出，灵州，见第十二章第三节。欲取并州。至新兴，见第二章第二节。而肆州已为周守。前队二仪同以所部降周。周兵击显州，后魏置，在今山西孝义县西。执刺史陆琼。又攻陷诸城。绍义还保北朔。周将宇文神举军逼马邑，绍义遣杜明达拒之，大败。绍义曰："有死而已，不能降人。"遂奔突厥。众三千家，令之曰："欲还者任意。"于是哭拜别者大半。突厥他钵可汗谓文宣为英雄天子，以绍义重踝似之，甚见爱重。凡齐人在北者，悉隶绍义。高宝宁，《齐书》本传云：代人也，不知其所从来，《北史》

同，而其《阴寿传》及《周书·文帝纪》则皆云宝宁为齐之疏属。武平末，为营州刺史，镇黄龙。① 周师将至邺，幽州行台潘子晃征黄龙兵，保宁率骁锐并契丹、靺鞨万余骑将赴救，至北平，后魏郡，今河北卢龙县。知子晃已发蓟，见第四章第二节。又闻邺都不守，便归营州。周武帝遣使招慰，不受，而上表绍义劝进。绍义遂即皇帝位。署宝宁为丞相，以赵穆为天水王。他钵闻宝宁得平州，亦招诸部各举兵南向，云共立范阳王作齐帝，为其报仇。周武帝大集兵于云阳，将亲北伐，遇疾暴崩。绍义闻之，以为天赞己，范阳人卢昌期亦叛周，表迎绍义。范阳，见第四章第二节。俄为宇文神举攻灭。保宁引绍义集夷夏兵数万骑来救。至潞河，神举已屠范阳，绍义乃回入突厥，宝宁还据黄龙。周人购之于他钵，又使贺若义往说之。他钵伪与绍义猎于南境，使义执之。流于蜀，死蜀中。宝宁至隋世，尚与突厥合兵为寇。开皇三年（583），陈后主至德元年。幽州总管阴寿出塞击之。宝宁弃城奔碛北。寿班师，留开府成道昂镇之。宝宁寻引契丹、勿吉之众来攻。寿患之，以重赏购之，又遣人阴间其所亲任者。宝宁走契丹，为其麾下所杀。北边平。

第九节　陈失淮南

甚哉，陈宣帝之不度德、不量力也，闻齐亡而遽欲进取淮北也。周之攻齐也，凡四阅月而齐亡，建德五年十月，至六年正月入邺。而陈之攻齐也，则历二年而仅得淮南之地耳。自大建五年三月至七年二月。且周之攻齐也，是存亡生死之争也，而陈之攻齐，则齐迄视淮南如蒿箭。陈之与周，强弱见矣。不争之于齐未亡之日，而争之于齐既亡之后乎？陈果欲复淮北，则齐师败于晋州之后，即当亟起与周分功。齐必不能分兵捍御，淮北之地，唾手可得。进取山东，后主可以卵翼，藉其名以抚用任城、广宁、范阳、高宝宁等，周虽强，必不能取之如拉枯朽也。大建七年九月，陈已有吕梁之捷，此后一年余，周、齐之争方剧，陈竟熟视若无睹，至齐地已定，周人之锐气方新，乃忽欲进取淮北，是诚何心哉？于时蔡景历谏，以为"师老将骄，不宜过穷远略"。毛喜亦谏，以为"淮左新平，边民未又，周氏始吞齐国，难与争锋，岂以敝卒疲兵，复加深入？且弃舟楫之工，践车骑之地，去长就短，非吴人所便。不若安民保境，寝兵复约，然后广募英奇，顺时而动"。帝皆不听。且以景历为沮众，出为豫章内史。未行，为飞章所劾，以在省之月，臧污狼藉，免官、削爵土，徙居会稽。盖度出兵之举，弗顺者必多，

---

① 民族：周之灭齐，高宝宁为营州刺史，以契丹、靺鞨入救。北走后，又引契丹勿吉之众来攻。

故以是威众也。史官论之曰："李克以为吴之先亡，由数战数胜，数战则民疲，数胜则主骄，以骄主驭疲民，未有不亡者也"，岂不信哉！

大建九年（577），周建德六年。以吴明彻为大都督，北伐。十月，军至吕梁。周徐州总管梁士彦拒战，明彻频破之。士彦守城不敢复出。明彻仍迮清水，以灌其城。环列舟舰于城下，攻之甚急。周以王轨为行军总管救之。轨轻行，自清水入淮口。横流竖木，以铁锁贯车轮，遏断船路。欲密决其堰。诸将闻之，甚恐。议欲破堰拔军，以舫载马。马主裴子烈曰："若决堰下船，船必倾倒，不如前遣马出，于事为允。"适会明彻苦背疾甚笃，知事不济，遂从之。乃遣萧摩诃率马军数千前还。明彻仍自决其堰，乘水势以退军。及至清口，水势渐微，舟舰并不得渡。众军皆溃。明彻穷蹙就执。时大建十年二月也。周宣政元年（578）。寻以忧愤遘疾，卒于长安。时年六十七。明彻之败，实不得谓非人谋之不臧也。《陈书·萧摩诃传》：摩诃谓明彻曰："闻王轨始断下流，其两头筑城，今尚未立。公若见遣击之，彼必不敢相拒。水路未断，贼势不坚。彼城若立，吾属且为虏矣。"明彻奋髯曰："搴旗陷陈，将军事也，长算远略，老夫事也。"摩诃失色而退。一旬之间，周兵益至。摩诃又请曰："今求战不得，进退无路，潜军突围，未足为耻。愿公引步卒乘马皭徐行，摩诃领铁骑数千，驱驰前后，必当使公安达京邑。"明彻曰："弟之此计，乃良图也。然步军既多，吾为总督，必须身居其后，相率兼行，弟马军宜须在前，不可迟缓。"摩诃因率马军夜发。先是周军长围既合，又于要路下伏数重。摩诃选精骑八十，率先冲突，自后众骑继焉。比旦，达淮南。明彻兵力，不为不厚，任王轨断其下流，且合长围，而不出兵力争，殊不可解。《周书·王轨传》言：是役惟萧摩诃以二千骑先走得免，则摩诃之能突围不虚。长围既合，尚能突走，况于筑城未立之际乎？明彻固拒其请，何哉？无他，骄耳。明彻本非将才，迹其生平用兵，败多胜少，况于是时，衰迟不振，陈宣用之，实为失策。《陈书·徐陵传》云：废帝即位，高宗入辅，谋黜异志者，引陵豫其谋。大建元年（569），除尚书右仆射。二年（570），迁左仆射。陵抗表推周弘正、王劢等。高宗苦属之。陵乃奉诏。及朝议北伐，高宗曰："朕意已决，卿可举元帅。"众议以中权将军淳于量位重，共署推之。陵独曰："不然。吴明彻家在淮左，悉彼风俗，将略人才，当今亦无过者。"于是争论，累日不能决。都官尚书裴忌曰："臣同徐仆射。"陵应声曰："非但明彻良将，裴忌即良副也。"是日，诏明彻为大都督，令忌监军事。遂克淮南数十州之地。高宗因置酒举杯属陵曰："赏卿知人。"夫徐陵非知兵之人，其举明彻，岂有真知灼见？当时盈廷争论，至于累日不决，必有深知其不可者，高宗顾违众而用之，岂以篡立之际，陵与明彻，皆尝与谋，故其言易人邪？① 决策如彼，用人如此，不败何待？

明彻既败，乃分命众军以备周。淳于量为大都督，总水陆诸军事。孙玚都督荆、郢水陆诸军事。樊毅都督清口上至荆山缘淮众军。清口，泗水入淮之口。荆山，在今安徽怀远县西南。任忠都督寿阳、新蔡、霍州等众军。霍州，治濡县，在今安徽霍山县北。樊毅遣军渡淮北，对清口筑城。霖雨，城坏，自拔而还。是岁，六月，周武帝死，宣帝立。十二月，周以滕王逌为行军元帅，南伐。明年，陈大建十一年(579)，周大象元年。正月，杀王轨，停南伐诸军。九月，复以韦孝宽为行军元帅，率杞国公亮及梁士彦南伐。然仍遣杜杲来使。盖周在是时，亦无意于大举也。陈复遣淳于量、樊毅、任忠等拒之，皆无功。豫州、寿阳。霍州相继陷。南北兖、南兖治广陵，北兖治淮阴。晋三州，晋州，治怀宁。及盱眙、见第三章第九节。山阳、见第五章第六节。阳平、在今江苏宝应县西。马头、见第八章第七节。秦、见第十三章第三节。历阳、见第三章第九节。沛、治石梁，在今安徽天长县东北。北谯、今安徽全椒县。南梁等九郡，胡三省曰：南梁，自《宋志》有之，不知其实土。梁冯道根行南梁太守，戌阜陵，盖自是为实土。案阜陵，见第三章第九节。并自拔还京师。谯、涡阳。北徐州又陷。淮南之地，遂尽没于周矣。

---

① 史事：陈任吴明彻取淮南，盖以其与立已。

第十五章　南北统一

第一节　隋文帝代周

　　周武帝之生平，颇与后周世宗相似。武帝之灭齐，犹世宗之破北汉也；其破陈，取淮南，犹世宗之破南唐也；破陈而即伐突厥，犹世宗之破南唐而即伐契丹也；而其北伐遇疾，赍志身死，国祚旋移，二者亦无不相类。史事不能相同也，而其相类至于如此，岂不异哉。

　　武帝宣政元年（578），陈宣帝之大建十年也，五月，北伐突厥。至云阳，遇疾。六月，还京。其夜，死于途。参看第十四章第八节。时年三十六。太子赟立，是为宣帝。武帝生平，所最信任者，为宇文孝伯。孝伯，安化县公深之子，深文帝族子也。孝伯与高祖同日生，大祖甚爱之，养于第内。及长，又与高祖同学。高祖即位，欲引置左右，托言与孝伯同业受经，思相启发，由是晋公护弗之猜也，得入为右侍上士。恒侍左右，出入卧内。朝之机务，皆得与焉。次则王轨及宇文神举。神举，文帝族子。诛宇文护之际，惟三人者颇得与焉。而尉迟运平卫剌王之乱，总宿卫军事，亦称帝之信臣。武帝寝疾，驿召孝伯赴行在所。帝执其手曰："吾自量必无济理，以后事付君。"是夜，授司卫上大夫，总宿卫兵马事。又令驰驿入京镇守，以备非常。而尉迟运总侍卫兵还京师。宣帝之为皇太子，武帝尝使巡西土，因讨吐谷挥。轨与孝伯并从。《轨传》云：军中进止，皆委轨等，帝仰成而已。时宫尹郑译、王端等并得幸。帝在军中，颇有失德，译等皆与焉。军还，轨等言之于高祖。高祖大怒，乃挞帝，除译等名，仍加捶楚。后轨与孝伯等屡言宣帝之短，神举亦颇与焉。《神举传》。而轨言之最切。《周书》诸人列传，谓皆由宣帝多过失，《隋书·郑译传》，则谓轨欲立武帝第三子秦王赞，未知事究如何，要之，诸人当武帝时，皆有权势，其见忌于宣帝，自有其由；王轨等之死，亦是一疑案。①《轨传》云：轨尝与小内史贺若弼言："皇太子必不克负荷。"弼深以为然，劝轨言之。轨后因侍坐，乃谓高祖曰："皇太子仁孝无闻，复多凉德，恐不了陛下家事。愚臣短暗，不足以论是非，陛下恒以贺若弼有文武奇才，识度宏远，而弼

---

　　① 史事：王轨之狱。

比每对臣，深以此事为虑。"高祖召弼问之。弼乃诡对曰："皇太子养德春宫，未闻有过，未审陛下何从得闻此言？"既退，轨诮弼曰："平生言论，无所不道，今者对扬，何得乃尔翻覆？"弼曰："此公之过也。皇太子国之储副，岂易攸言？事有蹉跌，便至灭门之祸。本谓公密陈臧否，何得遂至昌言？"轨默然。久之，乃曰："吾专心国家，遂不存私计。向者对众，良实非宜。"后轨因内宴上寿，又将高祖须曰："可爱好老公，但恨后嗣弱耳。"高祖深以为然。但汉王次长，又不才，此外诸子并幼，故不能用其说。《孝伯传》：孝伯为东宫左宫正，白高祖曰："皇太子四海所属，而德声未闻。臣忝宫官，实当其责。且春秋尚少志业未成。请妙选正人，为其师友，调护圣质，犹望日就月将，如或不然，悔无及矣。"帝曰："正人岂复过君？"于是以尉迟运为右宫正，孝伯仍为左宫正。寻拜宗师中大夫。及吐谷浑入寇，诏皇太子征之，军中之事，多决于孝伯。俄授京兆尹。入为左宫伯。转右宫伯。尝因侍坐，帝问之曰："我儿比来，渐长进不？"答曰："皇太子比惧天威，更无罪失。"及王轨因内宴将帝须，言太子之不善，帝罢酒，责孝伯曰："公常语我云太子无过，今轨有此言，公为诳矣。"孝伯再拜曰："臣闻父子之际，人所难言。臣知陛下不能割情忍爱，遂尔结舌。"帝知其意，默然。久之，乃曰："朕已委公矣，公其勉之。"《隋书·贺若弼传》，谓弼知太子不可动摇，故诡辞以对，与《孝伯传》不能割情忍爱之说合，则《轨传》谓高祖深以轨言为然者不仇矣。孝伯虽言太子之失，而其辞甚婉。《尉迟运传》云：运为宫正，数进谏，帝不能纳，反疏忌之。时运又与王轨、宇文孝伯等皆为高祖所亲待，轨屡言帝失于高祖，帝谓运与其事，愈更衔之，是运实未尝言帝之失。《神举传》亦不过谓其颇与焉而已。乐运以强直称，其《传》云高祖尝幸同州，召运赴行在所。既至，谓曰："卿来日见太子不？"运曰："臣来日奉辞。"高祖曰："卿言太子何如人？"运曰："中人也。"时齐王宪以下，并在帝侧，高祖顾谓宪等曰："百官佞我，皆云太子聪明睿知，惟运独云中人，方验运之忠直耳。"因问运中人之状。运对曰："班固以齐桓公为中人，管仲相之则霸，竖貂辅之则乱，谓可与为善，亦可与为恶也。"高祖曰："我知之矣。"遂妙选宫官以匡弼之。运之言，亦不过如宇文孝伯耳。然则始终力言太子之不善者，王轨一人而已。《宣帝纪》云：帝惮高祖威严，矫情修饰，以是过恶遂不外闻，与孝伯太子比惧天威，更无罪失之说合，则宣帝在武帝世，实无大过恶。宣帝为武帝长子，次汉王赞，次秦王贽，《轨传》云武帝以汉王不才，故不能用其说，而《隋书·郑译传》，谓轨欲立秦王，其说亦隐相符合，然则轨之力毁太子，又恶知其意果何在邪？《译传》云：轨每劝帝废太子而立秦王，由是太子恒不自安。其后诏太子西征吐谷浑，太子乃阴谓译曰："秦王上爱子也，乌丸轨上信臣也，今吾此行，得毋扶苏之事乎？"译曰："愿殿下勉著仁孝，毋失子道而已，勿为佗虑。"太子然之。既破贼，译以功最，赐爵开国子，邑三百户。后坐褻狎皇太子，帝大怒，除名为民。太子复召之，译戏狎如初。因言于太子曰："殿下何时可得据天下？"太子悦而益昵之。夫译以功最受赏，则谓军中之事，皆由轨及宇文孝伯者为不仇矣。何时得据天下之言，又何其与勉著仁孝之语，大不相类也？**而齐王宪，自武帝之世，即专征伐，见猜疑，参看第十四章第五节。**《宪传》云：宪自以威名日重，潜思屏退。及高祖欲亲征北蕃，乃辞以疾。高祖变色曰："汝若惮行，谁为吾使？"宪惧曰："臣陪奉銮舆，诚为本愿，但身婴疹疾，不堪领兵。"帝许之。果宪欲屏退，抑帝不欲其领兵，亦不可知也。**其不能见容于宣帝，自更不待言矣。帝即位未逾月，即杀宪。**《宪传》云：高祖未葬，诸王在内治服，司卫长孙览总兵辅政，而诸王有异志，奏令开府于智察其动静。及高祖山陵还，诸王归第，帝又命智就宅候宪。因是告宪有谋。帝乃遣小冢宰宇文孝伯诏宪：晚共诸王俱至殿门。宪独被引进。帝先伏壮士于别室，执而缢之。宪六子：贵，先宪卒。质、寔、贡、乾禧、乾洽，并与宪俱被诛。《孝伯传》云：帝忌齐王宪，意欲除之，谓孝伯曰："公能为朕图齐王，当以其官位相授。"孝伯叩头曰："先帝遗诏，不许滥诛骨肉，齐王陛下之叔父，戚近功高，社稷重臣，栋梁所寄，陛下若妄加刑戮，微臣又顺旨曲从，则臣为不忠之臣，陛下为不孝之子也。"帝不怿。因渐疏之。乃与于智、王端、郑译等密图其事。后令智告宪谋逆，遣孝伯召宪入，遂诛之。孝伯既不肯害宪矣，何以召宪时必遣孝伯？孝伯又何以肯承命召宪？岂真全不知帝之将杀之邪？明年，宣帝大成元年(579)。及传位，改元大象。陈宣帝大建十一年。二月，又杀王轨。神举时为并州总管，使人鸩诸马邑。又赐宇文孝伯死。尉迟运求外出，为泰州总管，亦以忧死。《孝伯传》曰：帝诛轨，尉迟运惧，私谓孝伯曰："吾徒必不免祸，为之奈何？"孝伯对曰："今堂上有老母，地下有武帝，为人臣子，知欲何之？且委质事人，本徇名义，谏而不入，将焉逃死？足下若为身计，宜且远之。"于是各行其志。运出为泰州总管。《运传》云：运至州，犹惧不免，大象元年(579)，二月，遂以忧薨于州。

宣帝，史以为无道之主，然其人初非大恶，特武帝束之大严，《纪》云：帝之在东宫也，高祖虑其不堪承嗣，遇之甚严。朝见进止，与诸臣无异。虽隆寒盛暑，亦不得休息。性既嗜酒，高祖遂禁醪醴不许至东宫。帝每有过，辄加棰朴。尝谓之曰："古来太子，被废者几人？余儿岂不堪立邪？"于是遣东宫官属录帝言语动作，每月奏闻。此等如束湿薪之教往往一纵弛即不可收拾。而实未亲正人，又年少无学识，其举动遂多可笑耳。《纪》言其每对臣下，自称为天。以五色土涂所御天德殿，各随方色。又于后宫与皇后等列坐，用宗庙礼器罇彝珪瓒之属以饮食。此等皆孩稚所为耳。史所谓侈君者，亦有二科：其一惟务行乐，他无所知。① 一则颇欲有所兴作，釐正制度。然生长深宫，不知世务。所兴所革，皆徒眩耳目，不切实际。非惟无益，反致劳民伤财。二者之治害或惟均，然原其本心，固不可同日而语。汉武帝即属于后一类，参看《秦汉史》第五章第二节。周宣帝亦其伦也。《本纪》言帝于国典朝仪，率情变改；又云：后宫位号，莫能详录，可见其所改之多。变改必不能专于后宫，史不能详记耳。又言其每召侍臣论议，惟欲兴造变革；又云：未尝言及治政，盖意在创制立法，而不重目前之务也。王莽以为制定则天下自平，与公卿旦夕论议，不省狱讼，亦系此等见解。此等人往往阔于事情，然谓其规模不弘远，不可得也。即可见其欲兴作，釐正制度。其所行者，亦不得谓无善政。如即位之岁，即遣大使巡察诸州。又诏制九条，宣下州郡，一曰：决狱科罪，皆准律文。二曰：母族绝服外者听昏。三曰：以杖决罚，悉令依法。四曰：郡县当境贼盗不擒获者，并仰录奏。五曰：孝子顺孙，义夫节妇，表其门闾。才堪任用者，即宜申荐。六曰：或昔经驱使，名位未达；或沉沦蓬革，文武可施；宜并采访，具以名奏。七曰：伪齐七品以上，已敕收用，八品以下，爰及流外，若欲入仕，皆听豫选，降二等授官。八曰：州举高才博学者

---

① 政治：侈君有二科，周宣与汉武同科。

为秀才，郡举经明行修者为孝廉，上州上郡岁一人，下州下郡三岁一人。九曰：年七十以上，依式授官。鳏寡困之，不能自存者，并加禀恤。此即苏绰制六条诏书之意。明年，正月，受朝于露门，帝服通天冠，绛纱袍，群臣皆服汉、魏衣冠，一洗代北之俗。胡三省《通鉴注》曰：以此知周之君臣，前此盖胡服也。① 又明年，大象二年（580），陈大建十二年。二月，幸露门学，行释奠之礼。三月，追封孔子为邹国公，立后承袭。别于京师置庙，以时祭享。皆可见其能留意于文教：此盖自文帝以来，即喜言创制改革，故帝亦习染焉而不自知也。然其亡谓且有害之事亦甚多。即位之明年，二月，即传位于太子衍。后更名阐。自称天元皇帝。所居称天台。冕二十有四旒。车服、旗鼓，皆以二十四为节。皇帝衍称正阳宫。衍时年七岁耳。帝耽酗于后宫，或旬日不出。公卿、近臣请事者，皆附奄官奏之。初诏营郢宫。大象元年（579），二月，停之，而发山东诸州兵，增一月功为四十五日役，起洛阳宫。常役四万人，迄于晏驾。史言帝所居宫殿帷帐，皆饰以金玉珠宝，光华炫耀，极丽穷奢，及营洛阳宫，虽未成毕，其规模壮丽，逾于汉、魏远矣。为太子时，立妃杨氏，隋文帝之女也。即位后立为皇后。传位后，改称天元大皇后。是年四月，立妃朱氏为天元帝后。朱氏，静帝所生母也。吴人。坐事没入东宫。年长于帝十余岁，疏贱无宠，以静帝故，特尊崇之。帝所宠元氏，魏宗室晟之女。陈氏，高氏隶山提之女。陈山提，见第十四章第四节。《北史》云介朱氏之隶，误。西阳公温，杞国公亮之子也。妻尉迟氏，迥之孙女，有容色。以宗妇例入朝，帝逼而幸之。亮方为行军总管伐陈，闻之惧，因谋反。还至豫州，夜将数百骑袭行军元帅韦孝宽营，为孝宽所击斩。帝即诛温，追尉迟氏入宫，立为妃。七月，取法于后妃四星，改称朱氏为天皇后，立元氏为天右皇后，陈氏为天左皇后。明年，二月，又取五帝及土数惟五之义，以杨后为天元大皇后，朱后为天大皇后，陈氏为天中大皇后，元氏为天右大皇后，而立尉迟氏为天左大皇后焉。尝遣使简京兆及诸州士民之女，以充后宫。事在大象元年五月，见《本纪》。又诏仪同以上女，不许辄嫁。致贵贱同怨，声溢朝野。乐运所陈帝八失之一，见《运传》。帝好出游。即位之年，八月，幸同州。见第十四章第五节。十月乃还。明年，正月，东巡狩。三月乃还。八月，幸同州。十一月，幸温汤。又幸同州。十二月，幸洛阳。帝亲御驿马，日行三百里。四皇后及文武侍卫数百人，并乘驿以从。仍令四后方驾齐驱。或有先后，便加谴责。人马顿仆相属。又明年，三月，行幸同州。增候正前驱戒道为三百六十重。自应门至于赤岸泽，在长安北。数十里间，幡旗相蔽，鼓乐俱作。又令虎贲持钑马上称警跸，以至于同州。四月，幸中山祈雨。中山，亦作仲山，在云阳西。至咸阳宫，雨降，还宫。令京城士女于衢巷作音乐迎候。其后游戏无恒，出入不饰，羽仪仗卫，晨出暮还，陪侍之官，皆不堪命。武帝时尝断佛、道二教，经像悉

---

① 服饰：周至宣帝始革胡服。

毁。大象元年（579），初复佛像及天尊像。十月，帝与二像俱南面而坐，大陈杂戏，令京城士民纵观。十二月，御正武殿，集百官及宫人、内外命妇，大列伎乐。又纵胡人乞寒，用水浇沃为戏。散乐杂戏，鱼龙烂漫之伎，常在目前。好令京城少年为妇人服饰，入殿歌舞，与后宫观之，以为戏乐。京兆郡丞乐运，舆榇诣朝堂，言帝八失，有云："都下之民，徭赋稍重。必是军国之要，不敢惮劳，岂容朝夕征求，惟供鱼龙烂漫，士民从役，只为俳优角抵？纷纷不已，财力俱竭，业业相顾，无复聊生。"则其游戏举动，诒害于人民甚烈矣。游戏无节如此，度支自不免竭蹶。大象二年（580），正月，乃税入市者人一钱。此盖史纪其征敛之至苛者，其为史所不载者，又不少矣。

乐运之陈帝八失也，帝大怒，将戮之。内史元岩绐帝曰："乐运知书奏必死，所以不顾身命者，欲取后世之名。陛下若杀之，乃成其名也。"帝然之，因而获免。翼日，帝颇感悟，召运谓之曰："朕昨夜思卿所奏，实是忠臣。先皇明圣，卿数有规谏，朕既昏暗，卿复能如此。"乃赐御食以赏之。则帝亦不尽拒谏。《颜之仪传》云：周祖初建储宫，盛选师傅，以之仪为侍读。太子后征吐谷浑，在军有过行，郑译等并以不能匡弼坐谴，惟之仪以累谏获赏。即拜小宫尹。宣帝即位，迁御正中大夫。帝后刑政乖僻，昏纵日甚，之仪犯颜骤谏。虽不见纳，终亦不止。深为帝所忌。然以恩旧，每优容之。及帝杀王轨，之仪固谏，帝怒，欲并致之法。后以其谅直无私，乃舍之。案帝于之仪，任之甚重，见下。谓其欲致之法，恐亦莫须有之辞也。斛斯征者，高祖以其治经有师法，令教授皇子。帝时为鲁公，与诸皇子等咸服青衿，行束脩之礼。及即位，迁大宗伯。上疏极谏。帝不纳。郑译因谮之。遂下征狱。狱卒张元哀之，以佩刀穿狱墙出之。此虽酷暴，然征因遇赦获免，亦未闻帝之更事追求也。然帝之用刑确不详，而又偏于严酷。初高祖作《刑书要制》，用法严重。及帝即位，以海内初平，恐物情未附，乃除之。大象元年（579），八月，大醮于正武殿，又告天而行焉。乐运初以帝数行赦宥，上疏极谏，及其陈帝八失，则云："变故易常，乃为政之大忌，严刑酷罚，非致治之弘规。若罚无定刑，则天下皆惧，政无常法，则民无适从。岂有削严刑之诏，未及半祀，便即追改，更严前制？今宿卫之官，有一人夜不直者，罪至削除，因而逃亡者，遂便籍没，此则大逆之罪，与十杖同科，虽为法愈严，恐人情转散。请遵轻典，并依大律，则亿兆之民，手足有所措矣。"《本纪》言：帝摈斥近臣，多所猜忌。常遣左右，伺察群臣。动止所为，莫不钞录。小有乖违，辄加其罪。自公卿已下，皆被楚挞。其间诛戮、黜免，不可胜言。每笞棰人，皆以百二十为度，名曰天杖。宫人内职亦如之。后妃嫔御，虽被宠嬖，亦多被杖背。于是内外恐惧，人不自安。皆求苟免，莫有固志。重足累息，以逮于终。盖帝之为人，凡事皆任情而动，又承武帝酷法之后，遂致有斯弊耳。

　　鲜卑立国，本无深根固柢之道，周武帝虽云英武，亦仅能致一时之富强耳，故嗣子不令，国祚即随之倾覆焉。大象二年（580），五月，宣帝死。帝之即位也，以郑译为内史下大夫，委以朝政。俄迁内史上大夫。译颇专擅。帝幸东京，译擅取宫材，自营私第，坐是复除名为民。刘昉数言于帝，帝复召之，顾待如初。刘昉者，武帝时以功臣子入侍皇太子，及帝嗣位，以技佞见狎，出入宫掖，宠冠一时。授大都督。迁小御正。与御正中大夫颜之仪，并见亲信。译与杨坚，有同学之旧，昉亦素知坚。宣帝不念，召昉及之仪俱入卧内，属以后事。昉遂与译谋，引坚辅政。《周书·颜之仪传》云：宣帝崩，刘昉、郑译等矫遗诏，以隋文帝为丞相，之仪知非帝旨，拒而弗从。昉等草诏署记，逼之仪连署。之仪厉声谓昉等曰："主上升遐，嗣子冲幼，阿衡之任，宜在宗英。方今贤戚之内，赵王最长，以亲以德，合膺重寄。公等备受朝恩，当思尽忠报国，奈何一旦，欲以神器假人？之仪有死而已，不能诬罔先帝。"昉等知不可屈，乃代之仪署而行之。案隋文帝在周世，既无大权，亦无重望，之仪安知其将篡？《传》所载之仪之言，必非实录。《隋书·郑译传》，谓之仪与宦者谋，引大将军宇文仲辅政，仲已至御坐，译知之，遽率开府杨惠及刘昉、皇甫绩、韦孝宽外孙。为宫尹中士。卫刺王作乱，城门已闭，百僚多有遁者，绩闻难赴之。于玄武门遇皇太子。太子下楼，执绩手，悲喜交集。武帝闻而嘉之。迁小宫尹。宣政初，拜鉴伯下大夫。累转御正下大夫。柳裘俱入，柳裘本仕梁。梁元帝为魏军所逼，遣裘请和于魏。俄而江陵陷，遂入关中。时为御饰大夫。宣帝不念，留侍禁中。仲与之仪见译等，愕然，逡巡欲出，高祖因执之，则更东野人之言矣。《隋书·高祖纪》：宣帝即位，以后父，征拜上柱国、大司马。大象初，迁太后丞、右司武。俄转大前疑。每巡幸，恒委居守。位望益隆，帝颇以为忌。帝有四幸姬，并为皇后，诸家争宠，数相毁谮。帝每忿怒，谓后曰："必族灭尔家。"因召高祖，命左右曰："若色动即杀之。"高祖既至，容色自若，乃止。大象二年（580），五月，以高祖为扬州总管。将发，暴有足疾，不果行。《郑译传》云：高祖为宣帝所忌，情不自安。尝在永巷，私于译曰："久愿出藩，公所悉也。敢布心腹，少留意焉。"译曰："以公德望，天下归心。欲求多福，岂敢忘也？谨即言之。"时将遣译南征。译请元帅。帝曰："卿意如何？"译对曰："若定江东，自非懿戚重臣，无以镇抚。可令隋公行。且为寿阳总管，以督军事。"帝从之。乃下诏，以高祖为扬州总管，译发兵俱会寿阳以伐陈。谓高祖为宣帝所忌，全系事后附会之谈，实则当日伐陈，尚系以郑译为主，高祖但以宿将懿戚，与之偕行耳。《李德林传》云：郑译、刘昉，初矫诏召高祖受顾命，辅少主，总知内外兵马事。诸卫既奉敕，并受高祖节度。译、昉议欲授高颎祖冢宰，译自摄大司马，昉又求小冢宰。高祖私问德林曰："欲何以见处？"德林曰："即宜作大丞相，假黄钺，都督内外诸军事。不尔，无以压众心。"及发丧，便即依此。以译为相府长史，带内史上大夫，昉但为丞相府司马。译、昉由是不平。观此，便知译、昉所以引高祖之故，而亦知高祖所以克成大业之由。盖译、昉之意，原欲与高祖比肩共揽朝权，而不意高祖究系武人，兵权既入其手，遂抑译、昉为僚属也。此译、昉之所以不终。抑高祖位望素轻，当日安知其将篡？此又尉迟迥等之起，韦孝宽等之所以为高祖尽力欤？彼固以为扶翼周朝，不以为助成高祖之篡夺。抑尉迟迥等之。起兵，未尝非觊觎权势，亦未必知高祖之将篡，而志在扶翼周朝也。及迥等既败，则高祖之权势坐成，而其篡夺，转莫之能御矣。此乃事势邂逅使然，即高祖，亦未必自知其成大业如此之易也。自来篡夺之业，必资深望重，大权久在掌握而后克成，而高祖独以资浅望轻获济，此又得国者之一变局矣。

高祖之骤获大权，实得武人拥戴之力。《隋书·卢贲传》：贲辑司武上士，时高祖为大司武，贲知高祖非常人，深自推结。及高祖初被顾托，群情未一，乃引贲置于左右。高祖将之东第，百官皆不知所去，高祖潜令贲部伍仗卫，因召公卿谓曰："欲求富贵者，当相随来。"往往偶语，欲有去就。贲严兵而至，众莫敢动。出崇阳门至东宫，门者拒不纳。贲谕之，不去。嗔目叱之，门者遂却。既而高祖得入。贲恒典宿卫。当日之情形，实类陈兵劫迫，此周之宗戚，所以束手而不敢动也。观此，而知周宣帝之废尉迟运为自诒伊戚矣。东宫即正阳宫也，时以为丞相府，而静帝入居天台。汉王赞为右大丞相，高祖为左大丞相。百官总己，以听于左大丞相。《刘昉传》云：时汉王赞居禁中，每与高祖同帐而坐。昉饰美妓进于赞，赞甚悦之。昉因说赞曰："大王先帝之弟，时望所归。孺子幼冲，岂堪大事？今先帝初崩，群情尚扰，王且归第，待事宁之后，入为天子，此万全之计也。"赞时年未弱冠，性识庸下，闻昉之说，以为信然，遂从之。其说未知信否，然赞即居禁中亦未必能与高祖相持也。于是京城之大权，尽归于高祖矣。

时尉迟迥为相州总管。高祖令迥子惇赍诏书以会葬征迥，以韦孝宽代之。迥留惇举兵。迥弟子勤，时为青州总管，亦从迥。众数十万。荥州刺史宇文胄，荥州，魏之北豫州，见第十一章第四节。胄，什肥子，见下。申州刺史李惠，申州，江左之司州，后魏之郢州也，见第十一章第四节。东楚州刺史费也利进，东魏东楚州，治宿豫，后周改泗州，盖史以旧名称之。东潼州刺史曹惠达，《五代志》：下邳郡夏丘县，梁置潼州，盖时尚未废。夏丘，汉县，今安徽泗县。各据州以应迥。高祖以韦孝宽为元帅讨之。惇率众十万入武陟。今河南武陟县。为孝宽所败。孝宽乘胜进至邺。迥与子惇、祐等悉其卒十三万陈于城南。勤率众五万，自青州来赴，以三千骑先至。战，又败。迥自杀。勤、惇、祐东走，并追获之。郧州总管司马消难，郧州，周置，今湖北安陆县。闻迥不受代，举兵应迥。使其子泳质于陈以求援。高祖命襄州总管王谊讨之。襄州，见第十二章第十节。消难奔陈。王谦者，雄之子，时为益州总管，亦举兵。隆州刺史阿史那瓌为画三策，梁南梁州，西魏改曰隆州，今四川阆中县。曰：

"亲率精锐，直指散关，见第八章第五节。上策也。出兵梁、汉，以顾天下，中策也。坐守剑南，发兵自卫，下策也。"谦参用其中下二策，遣兵镇始州。西魏置，今四川剑阁县。高祖以梁睿为行军元帅讨之。益州刺史达奚慦，总管长史乙弗虔等攻利州，西魏置，今四川广元县。闻睿至，众溃。密使诣睿，请为内应以赎罪。谦不知，并令守成都。睿兵奄至，谦自率众迎战，又以慦、虔之子为左右军。行数十里，军皆叛。谦以二十骑奔新都。汉县，今四川新都县。县令王宝斩之。慦、虔以成都降。高祖以其首谋，斩之。阿史那瓖亦诛。皆七月中事也。尉迟迥时已衰暮；王谦徒藉父勋，本无筹略，司马消难则一反覆之徒耳；《消难传》云：性贪淫，轻于去就，故世之言反覆者，皆引消难云。韦孝宽时亦年老无奢望，孝宽平迥后即死，时年七十二。且事出仓卒，诸镇即怀异志，亦不及合谋；而高祖所以驾驭之者，亦颇得其宜；此其戡定之所以易也。《隋书·李德林传》：韦孝宽为沁水泛涨，兵未得度，长史李询上密启云：大将梁士彦、宇文忻崔弘度并受尉迟迥饷金，军中慴慴，人情大异。高祖得询启，深以为忧。与郑译议，欲代此三人，德林独进计曰："公与诸将，并是国家贵臣，未相伏驭，以挟令之威使之耳。安知后所遣者能尽腹心，前所遣者独致乖异？又取金之事，虚实难明。即令换易，彼将惧罪。恐其逃逸，便须禁锢。然则郧公以下，必有惊疑之意。且临敌代将，自古所难。如愚所见：但遣公一腹心，明于智略，为诸将旧来所信服者，速至军所，观其情伪，纵有异志，必不敢动。"丞相大悟，即令高颎驰驿往军所，为诸将节度，竟成大功。《柳裘传》云：尉迥作乱，天下骚动，并州总管李穆，颇怀犹豫，高祖令裘往喻之，穆遂归心，高祖。《周书·穆传》云：尉迟迥举兵，穆子荣欲应之，穆弗听。时迥子谊为朔州刺史，穆执送京师。此等皆隋事成败之关键。

周文帝子十三人：长明帝。次宋献公震，前卒。次闵帝。次武帝。次卫剌王直，以谋乱并子十人被诛，次齐炀王宪，与子并为宣帝所杀；已见前。次赵僭王招。次谯孝王俭。次陈惑王纯。次越野王盛。次代奰王达。次冀康公通。次滕闻王逌。俭与通亦前卒。赵、陈、越、代、滕五王，大象元年五月，各之国。宣帝疾，追入朝。《隋书·高祖纪》曰：周氏诸王在藩者，高祖恐其生变，以赵王招将嫁女于突厥为辞征之。比至，帝已死。五王与明帝长子毕剌王贤谋作乱。高祖执贤斩之，并其子弘义、恭道、树娘等。寝赵王等之罪。因诏五王剑履上殿，入朝不趋，用安其心。九月，赵王伏甲以宴高祖，《周书·招传》云：招邀隋文帝至第，饮于寝室；《隋书·元胄传》亦云：招要高祖就第；其说当是。《高祖纪》云：高祖置酒肴造赵王第，欲观所为，恐非。为高祖从者元胄所觉，获免。胄，魏昭成帝六代孙。齐王宪引致左右，数从征伐，官至大将军。高祖初被召入，将受顾托，先呼胄，次命陶澄，并委以腹心。恒宿卧内。及为丞相，每典军在禁中。又引弟威俱入侍卫。于是诛招及盛，并招子员、贯、乾铣、乾铃、乾鉴，盛子忱、悰、恢、憼、忻。十月，复诛纯及其子谦、让、议。十一月，诛达及其子执、转，逌及其子祐、裕、礼、禧。而俭之子乾恽，毕剌王之弟酆王贞及其子德文，宋王寔，出后宋献公。闵帝子纪厉王康之子湜，康武帝世为利州刺史,有异谋,赐死。宣帝弟汉王赞并其子道德、道智、道义,秦王贽并其子靖智、靖仁,曹王允,道王充,蔡王兑,荆王元,静帝弟邺王衍,从《本纪》。《传》作衍,则与静帝初名同矣。郢王术亦皆被杀。于是宇文泰之子孙尽矣。泰三兄,惟邵惠公颢有后。颢长子什肥,为齐神武所害;第三子护,武帝时与诸子皆被诛;亦已见前。什肥被害时,子胄,以年幼下蚕室。天和中,与齐通好,始得归。举兵应尉迟迥,战败被杀。颢次子导,有五子:曰广、亮、翼、椿、众。广、翼皆前死。亮,宣帝时以反诛,子明、温皆坐诛。温出后翼。广子洽、椿、众,椿子道宗、本仁、隣武、子礼、献,众子仲和、孰伦,亦皆被杀。惟德帝从父兄仲之孙洛,静帝死后,封介国公,为隋国宾云。周于元氏子孙,无所诛戮,见《周书·元伟传》。且待之颇宽,《周书·明帝纪》:闵帝元年(557),十二月,诏元氏子女,自坐赵贵等事以来,所有没入为官口者,悉宜放免。而高祖于宇文氏肆意屠剿,读史者多议其非,然宇文氏代魏时,元氏已无能为,而隋高祖执权时,宇文氏生心者颇众,势亦有所不得已也。《廿二史札记》云:隋文灭陈,不惟陈后主得善终,凡陈氏子孙,自岳阳王叔慎以抗拒被杀外,其余无一被害者,皆配往陇右及河西诸州,各给田业以处之。同一灭国也,于宇文氏则殄灭之,于陈则悉保全之,盖隋之篡周,与宇文有不两立之势,至取陈则基业已固,陈之子孙,又皆孱弱不足虑,故不复肆毒也。

内外之敌皆除,隋高祖遂以陈大建十二年二月代周。周静帝旋见杀。隋室之先,史云弘农华阴人,华阴,见第三章第三节。汉太尉震之后,此不足信。高祖六世祖元寿,仕魏,为武川镇司马,因家焉,盖亦代北之族。然高祖时胡运既迄,文化大变,高祖所为,皆以汉人自居,不复能以胡人目之,五胡乱华之局,至此终矣。

第二节　陈后主荒淫

甚哉,积习之不易变也!荒淫、猜忌,为江左不振之大原,陈武帝崛起岭峤,豁达大度,今古罕俦;且能以恭俭自厉;至文帝,尚能守其遗风;《高祖纪》言:升大麓之日,居阿衡之任,恒崇俭政,爱育为本。有须调发军储,皆出于事不可息。加以俭素自率。常膳不过数品。私宴曲宴,皆瓦器蚌盘;肴核庶羞,裁令充足而已;不为虚费。初平侯景,及立绍泰,子女玉帛,皆班将士。其充闱房者,衣不重采,饰无金翠。歌钟女乐,不列乎前。及乎践阼,弥厉恭俭。《世祖纪》云:世祖起自艰难,知百姓疾苦。国家资用,务从俭约。常所调敛,事不获已者,必咨嗟改色,若在诸身。主者奏决,妙识真伪,下不容奸,人知自厉矣。一夜内刺闱取外事分判者,前后相续。每鸡人伺漏,传更签于殿中,乃敕送者:"必投签于阶石之上,令锵然有声,"云"吾虽眠,亦令惊觉也。"始终梗概,若此者多焉。《后妃传》云:世祖性恭俭,嫔嫱多阙。庶几积习可以渐变矣。乃至后主,卒仍以此败，岂不哀哉！

　　大建十四年（582），正月，陈宣帝崩。太子叔宝立，是为后主。宣帝次子始兴王叔陵，性强梁。尝刺江、湘二州，又为扬州，皆极暴横。宣帝初不之知，后虽稍知之，然素爱叔陵，责让而已，不能绳之以法也。第四子长沙王叔坚，亦桀黠凶虐。与叔陵俱招聚宾客，各争权宠，甚不平。文帝第五子新安王伯固，性轻率。与叔陵共谋不轨。宣帝弗豫，叔坚、叔陵等并从后主侍疾。叔陵阴有异志。乃令典药吏曰："切药刀甚钝，可砺之。"及宣帝崩，仓卒之际，又命其左右于外取剑。左右弗悟，乃取朝服所佩木剑以进。叔陵怒。叔坚在侧闻之，疑有变，伺其所为。及翼日小敛，后主哀顿俯服，叔陵袖剉药刀趋进，斫后主中项。后主闷绝于地。又斫太后数下。宣帝后柳氏。后主乳媪吴氏，乐安君。时在太后侧，自后掣其肘。后主因得起。叔陵仍持后主衣。后主自奋得免。叔坚手搤叔陵，夺去其刀。仍牵就柱，以其褶袖缚之。时吴媪已扶后主避贼。叔坚求后主所在，将受命焉。叔陵因奋袖得脱。此据《叔陵传》。《叔坚传》云：叔坚自后扼叔陵，禽之。并夺其刀，将杀之。问后主曰："即尽之，为待邪？"后主不能应。叔陵旧多力，须臾，自奋得脱。突走出云龙门，驰车还东府。放囚以充战士。又遣人往新林，追其所部兵马。仍自被甲、着白布帽，登城西门，招募百姓。召诸王将帅，莫有应者，惟伯固闻而赴之。伯固时为扬州刺史。是时众军并缘江防守，台内空虚。叔坚乃白太后，使太子舍人司马申以后主命召萧摩诃，令讨之。摩诃时为右卫将军。叔陵聚兵仅千人，自知不济，遂入内，沉其妃沈氏及宠妾七人于井，率人马数百，自小航渡，秦淮上航，当东府门。欲趋新林，以舟舰入北。为台军所邀，与伯固皆被杀。叔陵诸子，即日并赐死。一场叛乱，不过自寅至巳而已，真儿戏也。

　　叔陵既平，叔坚以功进号骠骑将军，为扬州刺史。寻迁司空，将军、刺史如故。时后主患创，不能视事，政无大小，悉委叔坚决之，于是势倾朝廷。叔坚因肆骄纵，事多不法。后主由是疏而忌之。至德元年（583），出为江州刺史。未发，又以为骠骑将军，重为司空，实欲去其权势。叔坚不自安。稍怨望。乃为左道厌魅，以求福助。其年冬，有人上书告其事。案验并实。此据《陈书·本传》。《南史》云：阴令人造其厌魅，又令人上书告其事，案验令实。后主召叔坚，囚于西省，将杀之。其夜，令近侍宣敕，数之以罪。叔坚对曰："臣之本心，非有他故，但欲求亲媚耳。臣既犯天宪，罪当万死。臣死之日，必见叔陵，愿宣明诏，责于九泉之下。"后主感其前功，乃赦之。

　　司马申以功除太子左卫率，兼中书通事舍人。迁右卫将军。申历事三帝，内掌机密，颇作威福。性忍害，好飞书谮毁，朝之端士，遍罹其殃。性又果敢。善应对。能候人主颜色。有忤己者，必以微言谮之，附己者因机进之。是以朝廷内外，皆从风而靡。初宣帝委政于毛喜。喜数有谏争，事并见从。自吴明彻败后，帝深悔不用其言，谓袁宪曰："一不用喜计，遂令至此。"由是益见亲重。喜乃言无回避。时后主为皇太子，好酒，每共亲幸人为长夜之宴，喜尝言之宣帝，后主遂衔之。即位后，稍见疏远。及被始兴王伤，创愈置酒，引江总以下，展乐赋诗。醉酣而命喜。于时山陵初毕，未及逾年，喜见之不怿。欲谏而后主已醉。乃详为心疾，升阶，仆于阶下。移出省中。后主醒乃疑之。谓江总曰："我悔召毛喜。知其无疾，但欲阻我欢宴，非我所为耳。"乃与申谋曰："此人负气，我欲将乞鄱阳兄弟，鄱阳王伯山，文帝第三子。听其报仇，可乎？"对曰："终不为官用，愿如圣旨。"傅缚争之曰："若许报仇，欲置先皇何地？"后主乃曰："当乞一小郡，勿令见人事耳。"乃以喜为永嘉内史。傅𬤊者，亦为中书舍人。性木强。不持检操。负才使气，陵侮人物，朝士多衔之。会施文庆、沈客卿以便佞亲幸，专制衡轴，而缚益疏。文庆等因共谮缚受高丽使金。后主收缚下狱。缚素刚，因愤恚，于狱中上书。略云："陛下顷来，酒色过度。小人在侧，宦竖弄权。恶忠直若仇雠，视生民如草芥。后宫曳绮绣，厩马余菽粟。百姓流离，僵尸蔽野。货贿公行，帑藏损耗。神怒民怨，众叛亲离。恐东南王气，自斯而尽。"书奏，后主大怒。顷之，意稍解，遣使谓缚曰："我欲赦卿，卿能改过不？"缚对曰："臣心如面，臣面可改，则臣心可改。"后主益怒。令宦者李善度穷治其事，遂赐死狱中。时又有章华者，亦以不得志，祯明初上书极谏。书奏，后主大怒，即日命斩之。施文庆者，家本吏门，至文庆，好学，颇涉书史。后主之在东宫，文庆事焉。及即位，擢为中书舍人。大被亲幸。自大建以来，吏道疏简，百司弛纵，文庆尽其力用，无所纵舍，分官联事，莫不振惧。又引沈客卿、阳惠朗、徐哲、暨惠景等，云有吏能。后主信之。然并不达大体，督责苛碎，聚敛无厌。王公大人，咸共疾之。后主益以文庆为能，尤亲重内外众事，无不任委。客卿，至德初为中书舍人，兼步兵校尉，掌金帛局。旧制：军人、士人、二品清官，并无关市之税。① 后主盛修宫室，穷极耳目，府库空虚，有所兴造，恒苦不给。客卿每立异端；惟以刻削百姓为事。奏请不问士庶，并责关市之估，而又增重其旧。于是以阳慧朗为大市令，暨慧景为尚书金仓都令史。二人家本小吏，考校簿领，豪𫘪不差。纠谪严急，百姓嗟怨。而客卿居舍人，总以督之。每岁所入，过于常格数十倍。后主大悦。寻加客卿散骑常侍、左卫将军，舍人如故。惠朗、慧景奉朝请。祯明三年（589），客卿遂与文庆俱掌机密。案为治之道，必不能废督责，而督责之术，惟无朋党者为能施之。南朝君主，好言吏事，好用寒人，实不能谓为无理。② 其为史所深诋者，则史籍皆出于士大夫之手，正所谓朋党之论也。然以此求致治则可，以此事聚敛而中人主之欲，则为民贼矣。不龟手之药一也，或以封，或不免于洴澼絖，则其所以用之者异也，夫

---

① 赋税商业：旧制军人、士人二品清官并无关市之税。

② 学术：南朝君主用寒人，亦督责之术，而乱者由求逸乐，此有天下而不恣睢之邪说。文法吏之弊。

恶可以不审？况乎出于文法之外，而使之参与大计哉？抑督责之家，每戒主劳而臣逸，谓不可躬亲细务，而遗其大者远者耳，非谓自求逸豫也。若其自求逸豫，则为有天下而不恣睢，命之曰桎梏之邪说。南朝君主，多好吏事而不治，病正坐此，而后主亦然。以江总为尚书令，不持政务，日与后主游宴后庭。共陈暄、孔范、王瑗等十余人，当时谓之狎客。国政日颓，纲纪不立。有言者，辄以罪斥之。于是危亡迫于眉睫而不自知矣。而其时女谒尤盛。

后主皇后沈氏，贤而无宠，而宠张贵妃及龚、孔二贵嫔。后无子，孙姬生子胤。姬因产卒，后哀而养之，以为己子。时后主年长，未有胤嗣，宣帝因命以为嫡孙。大建五年(573)。后主即位，立为皇太子。后卒废之而立张贵妃之子深焉。祯明二年(588)。据《袁宪传》，太子颇不率典训，然后主之废之，则初不以此。后主第八子会稽王庄，性严酷，数岁，左右有不如意，辄劖刺其面，或加烧爇，以母张贵妃有宠，后主甚爱之。《陈书·后妃传》述后主之恶德云：魏征考览记书，参详故老，云：后主初即位，以始兴王叔陵之乱，被伤卧于承香阁下，时诸姬并不得进，惟张贵妃侍焉。至德二年（584），乃于光照殿前起临春、结绮、望仙三阁。阁高数丈，并数十间。其窗牖、壁带、悬楣、栏、槛之类，并以沉檀香木为之。又饰以金玉，间以珠翠。外施珠帘，内有宝床、宝帐。其服玩之属，瑰奇珍丽，近古所未有。每微风暂至，香闻数里；朝日初照，光映后庭。其下积石为山，引水为池；植以奇树，杂以花药。后主自居临春阁，张贵妃居结绮阁，龚、孔二贵嫔居望仙阁，并复道交相往来。又有王、李二贵人，张、薛二淑媛，袁昭仪、何婕好、江修容等七人，并有宠，递代以游其上。以官人有文学者袁大舍等为女学士。后主每引宾客，对贵妃等游宴，则使诸贵人及女学士与狎客共赋新诗，互相赠答。采其尤艳丽者，以为曲词。被以新声，选宫女有容色者以千百数，令习而歌之，分部迭进，持以相乐。其曲有《玉树后庭花》、《临春乐》等，大指所归，皆美张贵妃、孔贵嫔之容色也。张贵妃才辩强记，善候人主颜色。是时后主怠于政事，百司启奏，并因宦者蔡脱儿、李善度进请。后主置张贵妃于膝上共决之。李、蔡所不能记者，贵妃并为条疏，无所遗脱。《南史》此下又云：因参访外事。人间有一言一事，贵妃必先知白之。由是益加宠异，冠绝后庭。而后宫之家，不遵法度，有挂于理者，但求哀于贵妃，贵妃则令李、蔡先启其事，而后从容为言之。大臣有不从者，亦因而谮之。所言无不听。于是张、孔之势，熏灼四方。《南史》此下云：内外宗族多被引用。大臣、执政，亦从风而靡。阉宦、便佞之徒内外交结。贿赂公行、赏罚无章，纲纪督乱矣。术家所坊，同床其一后主引张贵妃共决事，方自谓有裨治理，而恶知其弊之至于此哉？

第三节　隋并梁陈

　　自周灭北齐之后，北方吞并之形势已成，隋文帝篡立之初，内忧未弭，故与陈仍敦邻好。然开皇元年（581），陈大建十三年。三月，以贺若弼为楚州总管，镇广陵；此据《隋书·本纪》。《弼传》楚州作吴州。韩擒虎为庐州总管，镇庐江；见第三章第九节。已稍为用兵之备矣。司马消难之来降也，陈以樊毅督沔、汉诸军事，使任忠趋历阳，宜阳侯慧纪高祖从孙。为前军都督，趋南兖州。诸军并无甚功绩。惟樊毅等据甑山，镇名，消难以之来降，在今湖北汉川县南。周罗㬋攻陷胡墅。见第十三章第二节。大建十四年（582），隋开皇二年。九月，隋以长孙览、元景山为行军元帅，来伐。仍命高颎节度诸军。景山出汉口，甑山守将弃城遁。明年，陈后主至德元年（583），隋开皇三年。陈遣使请和于隋，归隋胡墅。高颎乃以礼不伐丧，奏请班师。盖隋是时之志，仅在复消难叛时所失之地而已。

　　至德三年（585），隋开皇五年。梁主萧岿死，伪谥孝明皇帝，庙号世宗。子琮嗣。初尉迟迥等起兵，岿将帅皆密请兴师，与迥等为连衡之势，进可以尽节周氏，退可以席卷山南。岿以为不可。《隋书·柳庄传》：庄仕后梁，为鸿胪卿。高祖辅政，萧岿令庄奉书入关。时三方搆难，高祖惧岿有异志，庄还，执手使申意于梁主。庄言于岿曰。"尉迥虽曰旧将，昏耄已甚；消难、王谦，常人之下者；非有匡合之才。况山东、庸、蜀，从化日近，周室之恩未洽。在朝将相，多为身计，竞效节于杨氏。以臣料之，迥等终当覆灭，隋公必移周国。未若保境息民，以观其变。"岿深以为然。众议遂止。未几，消难奔陈，迥及谦相次就戮。岿谓庄曰："近者若从众人之言，社稷已不守矣"案高祖初辅政时，未必有篡周之势，说已见第一节。庄之说，乃事后附会之谈，不待深辨。梁欲尽节于周，本无此理；即谓欲尽节，在当时，亦岂易辨高祖与尉迟迥等之顺逆邪？然使迥等而成，必不能责萧岿之不协力；岿即与之协力，亦未必能遂据山南；迥等而败；则祸不旋踵矣。利害明白，中智所知，又岂待庄之决策哉。开皇二年（582），隋文帝纳岿女为晋王妃；晋王广，即炀帝。又欲以其子炀尚兰陵公主；由是罢江陵总管，岿专制其国。及琮立，复置总管以监之。后二岁，陈祯明元年（587），隋开皇七年。隋征琮入朝，遣崔弘度将兵戍之。军至鄀州，见第十四章第九节。琮叔父岩及弟𪩘等虏居民奔陈。宜黄侯慧纪时为荆州刺史，以兵迎之。隋遂废梁国。先是隋已以杨素为信州总管，今四川奉节县。及梁亡，而顺流之势成矣。

　　祯明二年（588），隋开皇八年也。十月，隋置淮南行台于寿春，以晋王广为尚书令。旋命晋王广、秦王俊、文帝第三子。清河公杨素并为行军元帅以伐陈。于是晋王广出六合，秦王俊出襄阳，杨素出信州，荆州刺史刘仁恩出江陵，王世积出蕲春，汉县，北齐以为齐昌郡，见第十三章第四节。韩擒虎出庐江，贺若弼出吴州，燕荣出东海。东魏海州，隋改为东海郡，今江苏东海县。合总管九十，兵五十一万八千，皆受晋王节度。

萧岩、萧巘之至也，后主忌之，远散其众，以岩为东扬州，巘为吴州刺史。使领军任忠出守吴兴，欲以襟带二州。使南平王巍镇江州，永嘉王彦镇南徐州。皆后主子。寻诏二王赴明年元会，命缘江诸防船舰，悉从二王还都，为威势以示梁人之来者。由是江中无一斗船。上流诸州兵，皆阻杨素军不得至。然都下甲士，尚十余万人。及闻隋军临江，后主曰："王气在此，齐兵三度来，周军再度至，无不摧没，虏今来者必自散。"《南史·施文庆传》曰：时湘州刺史晋熙王叔文，高宗第十二子。在职既久，大得人和，后主以其据有上流，阴忌之。自度素与群臣少恩，恐不为用，无所任者，乃擢文庆为都督、湘州刺史，配以精兵，欲令西上。仍征叔文还朝。文庆深喜其事。然惧居外后执事者持己短长，因进沈客卿以自代。尚书仆射袁宪，骠骑将军萧摩诃及文武群臣共议，请于京口、采石，各置兵五千；并出金翅二百，缘江上下；以为防备。文庆恐无兵从己，废其述职；而客卿又利文庆之任，己得专权；俱言于朝曰："必有论议，不假面陈，但作文启，即为通奏。"宪等以为然。二人赍启入白后主，曰："此是常事，边城将帅，足以当之，若出人船，必恐惊扰。"及隋军临江，间谍数至，宪等殷勤奏请，至于再三。文庆曰："元会将逼，南郊之日，太子多从，今若出兵，事便废阙。"后主曰："今且出兵，若北边无事，因以水军从郊，何为不可？"又对曰："如此，则声闻邻境，便谓国弱。"后又以货动江总。总内为之游说。后主重违其意，而迫群官之请，乃令付外详议。又抑宪等。由是未决而隋师济江。《孔范传》云：时孔贵人极爱幸，范与结为兄妹，宠遇优渥，言听计从，朝廷公卿咸畏。范因骄矜，以为文武才能，举朝莫及。从容白后主曰："外间诸将，起自行伍，匹夫敌耳，深见远虑，岂其所知？"后主以问施文庆。文庆畏范，益以为然。自是将帅微有过失，即夺其兵，分配文吏。隋师将济江，群官请为备防，文庆沮坏之，后主未决，范奏曰："长江天堑，古来限隔，虏军岂能飞度？边将欲作功劳，妄言事急。臣自恨位卑，虏若能来，定作太尉公矣。"或妄言北军马死。范曰："此是我马，何因死去？"后主笑以为然，故不深备。案史所言施文庆、沈客卿罪状，皆近深文周内。二人者盖文法之吏。凡文法吏，往往不知大局，即遇非常之事，亦以寻常公务视之，此等人吾数见不鲜矣。谓孔范自负才能，亦非其实。如范者，岂知以才能自负？徒知取媚而已。文法之吏，狃于故常；谐臣媚子，惟知谐媚；承当时上下相猜之习，惟求中于时主之心，大兵压境，灭亡在即，而仍无所委任，无所措置，此则当时朝局之真相。故曰：猜忌与荒淫，同为江左灭亡之大原因也。谐臣媚子，惟知谐媚，即国亡家破，彼亦漠然无所动于其中，此真隋文帝所谓全无心肝者。文法之吏，似愈于彼矣，然狃于故常，罔知大局，虽国事由彼而败坏，彼尚以为世运如此，吾之所为固未尝误也。野老早知今日事，朝臣犹护昔年非，处存亡绝续之交，而以国事付诸此等人之手，诚使旁观者不胜其叹息矣。

祯明三年（589），隋开皇九年。正月，乙丑朔，贺若弼自广陵济京口。韩禽虎趣横江济采石，自南道将会弼军。丙寅，采石戍主徐子建驰启告变。丁卯，召公卿入议军旅。以萧摩诃、樊毅、鲁广达并为都督。遣南豫州刺史樊猛帅舟师出白下。散骑常侍皋文奏将兵镇南豫州。庚午，贺若弼攻陷南徐州。辛未，韩禽虎又陷南豫州。时樊猛第六子巡摄行州事，及家口并见执。猛与左卫将军蒋元逊、南康嗣王方泰领水军于白下游奕，以御隋六合兵。隋行军元帅长史颍漰流当之。猛及元逊并降。方泰所部将士离散，乃弃船走。方泰，昙朗子。文奏败还。隋军南北道并进。辛巳，贺若弼进据钟山。见第四章第三节。初弼镇广陵，后主以萧摩诃为南徐州刺史，委以备御之任。是年元会，征摩诃还朝，弼乘虚济江袭京口。摩诃请兵逆战。后主不许。及弼进军钟山，摩诃又请曰："贺若弼悬军深入，声援犹远；且其营垒未坚，人情皇惧；出兵掩袭，必大克之。"后主又不许。任忠入赴，后主召摩诃以下于内殿定议。忠执议曰："客贵速战，主贵持重，宜且益兵坚守宫城，遣水军分向南豫州及京口，断寇粮道。待春水长，上江周罗睺等众军，必沿流赴援。此良计也。"而众议不同。任蛮奴请不战而己度江攻其大军。司马消难言于后主曰："弼若登高举烽，与韩禽虎相应，鼓声交震，人情必离。请急遣兵北据蒋山，见第六章第四节。南断淮水。质其妻子，重其赏赐。陛下以精兵万人，守城莫出。不过十日，食尽，二将之头，可致阙下。"孔范冀欲立功，志在于战，案此说亦未必实。范在此时，不过束手无策，乃姑徇后主之意请战而已。乃曰："司马消难狼子野心，任蛮奴淮南伧士，语并不可信。"事遂不行。隋军既逼，蛮奴又欲为持久计。范又奏请作一决，"当为官勒石燕然。"后主从之。案隋当是时，兵力固较任约、徐嗣徽等为厚，而陈是时兵力，亦远厚于武帝时。武帝之御任约、徐嗣徽，其得策，全在断其后路，而陈此时乃徒为孤注一掷之计，其轻亦甚矣。轻为用兵之大忌，此陈之所以速亡也。甲申，后主遣众军与贺若弼合战。中领军鲁广达陈兵白土冈，见第十三章第五节。居众军之南偏，与弼旗鼓相对。任忠次之。樊毅、孔范又次之。萧摩诃最居北。众军南北亘二十里，首尾进退，各不相知。广达躬擐甲胄，手执枹鼓，率厉敢死，冒刃而前。隋军退走。逐北至营，杀伤甚众。如是者数四。弼分军趣北。孔范出战，兵交而走。诸将支离，陈犹未合，骑卒溃散，驻之弗止。萧摩诃无所用力，为隋军所执。后同汉王谅反，见杀。弼乘胜至乐游苑。见第九章第八节。广达犹督散兵力战，不能拒。弼进攻宫城，烧北掖门。广达督余兵苦战，斩获数十百人。会日暮，乃解甲，面台再拜恸哭，谓众曰："我身不能救国，负罪深矣。"士卒皆涕泣歔欷。于是就执。入隋，遘疾不治卒。是时韩禽虎自新林至石子冈。在今江宁县南。任忠驰入台见后主言败状。启云："陛下惟当具舟楫，就上流众军，臣以死奉卫。"后主信之，敕忠出部分。忠辞云："臣处分讫，即当奉迎。"
后主令宫人装束以待忠，久望不至。忠乃率数骑往石子冈降韩禽虎。仍引禽虎经
朱雀航趣宫城。自南掖门入。台城遂陷。后主闻兵至，自投于井。及夜，为隋军
所执。丙戌，晋王广入据京城。三月，己巳，后主与王公、百司，发自建业，入
于长安。隋仁寿四年（604），十一月，薨于洛阳。隋师之至也，宗室王侯在都者
百余人。后主恐其为变，乃并召入，令屯朝堂，使豫章王叔英宣帝第三子。总督
之，而又阴为之备。及六军败绩，相率出降。因从后主入关。至长安，隋文帝并
配于陇西及河西诸州，各给田业以处之。大业二年（606），炀帝以后主第六女女
媜为贵人，绝爱幸，因召陈氏子弟尽还京师，随才叙用，由是并为守宰，遍于天
下焉。《陈书·世祖九王传》。

　　隋师之济江也，荆州刺史宜黄侯慧纪率将士三万，船舰千余，沿江而下，欲
趣台城。遣南康太守吕肃将兵据巫峡，《南史·慧纪传》。案巫峡恐系西陵峡之误。杨
素击之。肃力战，久之乃败。慧纪至汉口，为隋秦王俊所拒，不得进。闻肃败，
尽烧公安之储，公安，见第十三章第八节，时为荆州治。伪引兵东下。时晋熙王叔文自
湘州还朝，因推为盟主，而叔文已请降于隋矣。水军都督周罗睺，与郢州刺史荀
法尚守江夏。见第三章第四节，时为郢州治。晋王广遣使以慧纪子正业来谕。又使樊
猛喻罗睺。上流城戍悉解甲。慧纪及巴州刺史毕宝巴州，治巴陵，今湖南岳阳县。乃
恸哭俱降。罗睺亦降。王世积以舟师自蕲水趣九江。与陈将纪瑱战于蕲口，蕲水
入江之口。破之。建业平，世积乃移书告谕。陈江州司马黄偲弃城走。南川守将并
诣世积降。杨素兵下荆门，山名，在今湖北宜都县西北，与江北岸虎牙山相对。别遣庞
晖略地，南至湘州。刺史岳阳王叔慎，宣帝第十六子。与助防遂兴侯正理诈降，缚
晖斩之。招合士众，数日之中，兵至五千人。衡阳太守樊通，衡阳，见第五章第七
节。武州刺史邬居业武州今湖南常德县。皆请赴难。隋遣薛胄为湘州刺史，闻庞晖
死，请益兵。隋遣行军总管刘仁恩救之。未至，薛胄兵次鹅羊山，未详。叔慎遣正
理及樊通等拒之。战，自旦至于日昃，隋兵迭息迭战，正理兵少不敌，于是大
败。胄乘胜入城，禽叔慎。时邬居业来赴，刘仁恩亦至。战，居业又败。仁恩虏
叔慎、正理、居业及其党与十条人，秦王斩之汉口。叔慎时年十八。初后主除王
勇为东衡州刺史，《南史》作王猛，云本名勇。清子。清为新野、东阳二郡太守，文帝攻杜
龛，龛告难于清，清引兵援之。欧阳頠初同清，中更改异，杀清而归陈武帝。猛终文帝世，
不听音乐，疏食布衣，以丧礼自处，宣帝立，乃求位。见《王淮之传》。领始兴内史，与
广州刺史陈方庆共取马靖，事见第十三章第八节。祯明二年（588），徙镇广州。未
之镇，而隋师济江。勇遣高州刺史戴智烈迎方庆，欲令承制，总督征讨诸军事。
是时隋行军总管韦洸帅兵度岭，宣文帝敕云："若岭南平定，留勇与丰州刺史郑
万顷且依旧职。"丰州，见第十三章第八节。方庆闻之，恐勇卖己，乃率兵以拒智

烈。智烈与战，败之。斩方庆于广州，虏其妻子。勇又令其将王仲宣、曾孝武迎西衡州刺史衡阳王伯信。文帝第七子。伯信惧，奔清远。汉县，梁置郡，今广东清远县。孝武追杀之。时韦洸兵已上岭。郑万顷初居周，深被隋文帝知遇，万顷随司马消难奔陈。乃率州兵拒勇，遣使由间道降于隋军。而陈将徐璒，以南康拒守，南康，见第七章第五节。韦洸至岭下，逡巡不敢进。初高凉洗氏，高凉，高州治，见第十三章第三节。世为南越首领。罗州刺史冯融，治石龙郡，在今广东化县东北。为其子高凉太守宝聘其女为妻。融本北燕苗裔。大父业，以三百人浮海归宋，留于新会。宋郡，今广东新会县。自业及融，三世为守牧。他乡羁旅，号令不行。夫人诫约本宗，使从民礼。自此政令有序，人莫敢违。李迁仕据大皋口，遣召宝，夫人止宝勿往，而自袭破其将杜迁虏，与陈武帝会于灨石。事见第十三章第三节。及宝卒，岭表大乱，夫人怀集百越，新州晏然。欧阳纥反，夫人发兵拒境，帅百越迎章昭达。时夫人子仆为石龙太守，诏册夫人为石龙大夫人。至德中，仆卒。陈亡，岭南未有所附，数郡共奉夫人，号为圣母，保境安民。晋王广遣陈后主遗夫人书，谕以国亡，令其归化。夫人遣其孙魂迎韦洸入广州。王勇计无所出，乃降。萧巘、萧岩拥兵拒守。隋行军总管宇文述讨之。燕荣以舟师自海至。陈永新侯君范，自晋陵奔巘。晋陵，见第四章第三节。巘战败，彼执。岩、君范降。送长安斩之。南方悉平。